KB265200

▲ 백두산 천지와 철쭉(작가 박세훈)

▲ 황매산(작가 김현태)

▲ 몽골의 사막과 낙타(작가 김현태)

▲ 보은 임한리(작가 김현태)

▲ 만경포구(작가 김현태)

▲ 대관령(작가 김현태)

▲ 경주 감포(작가 김현태)

한 · 권 · 으 · 로 · 끝 · 내 · 는

리더수업

한·권·으·로·끝·내·는

지 은 이 | 조영재
펴 낸 이 | 김원중

편　　집 | 구선희, 이민수
디 자 인 | 김윤경
제　　작 | 허석기
관　　리 | 김선경

초판인쇄 | 2012년 3월 7일
초판발행 | 2012년 3월 12일

출판등록 | 제301-1991-6호(1991.7.16)

펴 낸 곳 | (주)상상나무
도서출판 상상예찬
주　　소 | 서울시 마포구 상수동 324-11
전　　화 | (02)325-5191
팩　　스 | (02)325-5008
홈페이지 | http://smbooks.com

ISBN 978-89-93484-38-0 (03810)

값 27,000원

한·권·으·로·끝·내·는

리더 수업

조영재 지음

Leader Study

상상나무

머리말

지난 4년간의 세월은 하늘이 필자에게 내려준 사가독서(賜暇讀書)의 시간이었다. 평생 처음 시간 여유를 가지고 천여 권의 다양한 책과 독서상우(讀書尙友)하면서, 자신과 나라와 역사와 주위를 돌아볼 시간을 가질 수 있었다.

천학박식(淺學薄識)한 필자가 졸서(拙書)의 제목을 《한권으로 끝내는 리더수업》이라 하여 출간하는 이유는 다음과 같다.

첫째, 그동안 여러 이유로 독서의 시간을 제대로 가질 수 없었던 분들, 특히 정치 · 행정 · 교육 · 사회 · 문화 · 예술 · 체육 · 산업현장 등 각 분야의 리더와 리더를 꿈꾸는 젊은이들이 시간이 허락되는 대로 이 책의 내용을 주제별로 잠시 읽어 보면 좋지 않을까하는 뜻에서이다.

둘째, 남녀노소 모든 국민들이 현재 어떤 연령, 어떤 환경에 처해 있든지 최고 리더의 자리에 있다고 가정하고 세상을 살피면서 주위와 역사 앞에 어떤 마음과 몸가짐으로 살아야 할 것인가에 대해서도 깊이 생각해 보았으면 하는 뜻에서이다.

빌 게이츠는 "하버드대 졸업장보다 독서하는 습관이 더 소중하다"고 했으며, 오프라 윈프리는 "책은 자유로 들어가는 통행증"이라고 했다. 빌 게이츠를 꿈꾸는 청소년들, 자유인이 되고 싶은 모든 분들은 책을 많이 읽어야겠다.

요즘 독자들은 간단명료한 책을 선호하고 있는 것이 현실이다. 현대 지식산업사회는 누구나 읽고 알아야 할 것들이 많아졌다. 따라서 책이 두껍고 내용이 지루하면 독자들의 귀한 시간을 낭비하게 된다. 그러한 점을 잘 알면서 900여 쪽이나 되는 책을 내는 뜻을 말하고자 한다.

이 책 한 권의 글자 수는 일반도서 3권에 해당된다. 이것을 한 권의 책으로 펴내는 이유는 이렇다. 독자가 이 책을 읽고 난 후, 읽어볼 만한 내용들이 있고, 여러 권의 책을 읽은 것과 같다는 평을 듣는 것이, 3권의 책을 사서 보게 하는 것보다 시간상으로나 금전적으로나 독자를 위한 길이라고 생각하기 때문이다.

이 책은 각 분야의 지도자 등 세상일에 관심이 많은 분들이 알아야 할 내용에 관한 필자의 생각, 다양한 책과 신문 등의 내용을 활용하여 기술했다. 그 내용을 보면 역사상 저명인사들의 예화 150건, 명언명구 1,400건, 영혼의 활력소인 명시 45편과 노래 9건, 수필 17건, 고사성어 100건, 성서의 가르침 140구절, 불경의 가르침 53구절, 공자 · 맹자 · 노자 등 선현들의 가르침 128구절, 서양 현인들의 가르침 103구절, 한국의 정치 · 경제 · 과학기술 · 교육 · 지방자치 · 남북통일 · 선거 등에 관한 개혁 · 개선방안 152건, 각종 학설 · 이론 · 원칙 · 법 · 제도 등 450건, 리더화술의 윤활유인 유머 79쪽, 국내외 인사의 인명 1,830명, 국내외 사회현상 통계자료 82건 등이 축약되어 있다.

이 책에는 600권 책과 300쪽 신문의 일부 핵심내용들이 들어 있다. 그러므로 이 책을 읽는 것은 이들 책과 신문을 접하는 것과 거의 같다고 할 수 있다. 이보다 더욱 깊이 알고 계신 분들도 물론 많을 것이다. 다만 이 책은 책과 신문 등의 내용을 자세히 읽지 못하는 시간적으로 어려운 분들을 위한 집약적인 참고자료용으로 기술하였음을 미리 말씀드린다. 책에서 인용한 신문내용 중 조선일보가 많은 것은 고교시절 필자가 새벽 3시 반이면 일어나 서울 효창동에서 조선일보를 배달한 인연으로 지금도 조선일보 구독자가 되어 매일 집에서 읽고 있기 때문이다.

책의 내용은 7개 Part(편)로 나누고, 각 Part를 다시 72개의 장(Chapter)으로 나누어 정리해 보았다. 120여 개 주제를 다루었기 때문에 한 주제에 대해 폭넓은 기술을 하면 너무 면수가 늘어나므로 요점 위주로 간략히 썼다. 이점 독자제현의 해량 있기를 바란다.

각종 금언 · 이언 · 잠언 등의 경구(aphorism), 속담(saying), 시구와 고금동서의 성현 · 학자 · 정치인 · 기업인 · 종교인 · 문화예술인 · 체육인 등 각 분야 명인들의 명언 · 명문들을 많이 인용했다. 이들 명문 한 줄의 지혜가 때로는 필자의 글 여러 줄보다 깊고 넓은 함의(含意)를 지니고 있다고 생각하기 때문이다.

맹자는 '명언'에 대해 "가까운 것을 가리켜 말하지만 먼 뜻을 담고 있는 것, 그것이 명언이다(言近而旨遠者善言也-孟子 盡心下)"라고 했다. 독자제현께서도 공사생활에 이 명언들을 잘 음미하고 활용하여 삶을 풍요롭게 하는데 도움이 되었으면 한다.

명언 등을 인용한 경우 그 자료의 출전을 가능한 한 밝히되 본문에서는 인용된 자료의 색인번호만 표기하고 뒷부분에 따로 참고자료 목록을 정리해 두었다. 글은 한글 위주로 기술했으나 필요시 한자 · 영문 등의 원문도 병기했다.

세상물정에 어둡고 여러 면으로 부족한 필자가 여러 주제들을 다루다 보니 실체와 시대에 부합하지 아니하는 부분과 기술상의 미숙함, 어휘 · 문장의 부적절, 잘못 인용된 원문, 오탈자 등이 있을 것이다. 이 점 독자제현께서 지적해 주시면 다음 기회에 수정 · 보완하고자 한다. 가감 없는 질책 주시기 바란다.

끝으로 오랜 기간 원고정리와 자료검색을 위해 수고한 한밭대 4학년 'Mr.성실' 정재익 군과 귀중한 작품사진을 활용할 수 있도록 제공해 주신 사진작가 김현태 · 박세현 회장님께 깊은 감사의 말씀을 드린다. 또한 졸서(拙書)의 출판을 흔쾌히 맡아주신 (주)상상나무 김원중 대표이사님과 편집진 여러분께도 깊이 감사드린다. 끝으로 사랑하는 아내 임영숙, 두 딸 정윤 · 민정이와 손주 명우 · 수연의 앞날에 큰 축복 있기를 기원하는 뜻으로 이 책을 펴낸다.

계룡산 왕가봉 아래 덕천서가에서

저자 조 영 재

목차

Part 3_ 인간의 삶 꿈 가치관 성격 시간

Part 4_ 품성 언행 예의 문장

Part 5_ 성공하고 행복한 삶

Part 6_ 건강하고 맛있는 삶

Part 7_ 과학기술 경제 정치 기업 방송대 독서

Part 1

하늘

땅

사람

호국

독도

UN

일

정직

새대한민국

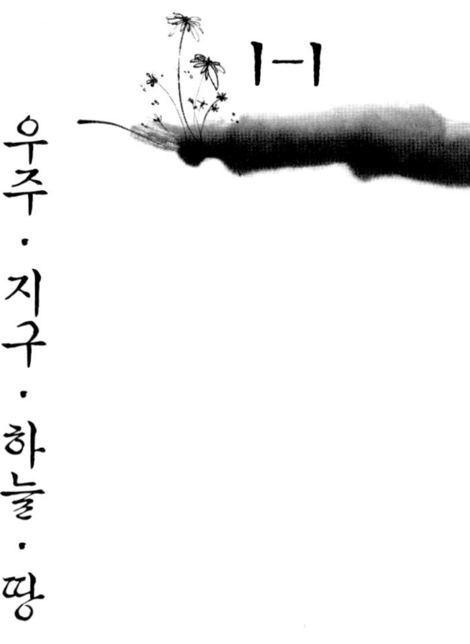

1-1 우주·지구·하늘·땅

태초에 하나님이 천지를 창조하시니라 하나님이 가라사대 빛이 있으라 하시매 빛이 있었고 빛을 낮이라 칭하시고 어두움을 밤이라 칭하시니라 저녁이 되며 아침이 되니 이는 첫째 날이니라 하나님이 자기 형상(形像) 곧 하나님의 형상대로 사람을 창조하시되 남자와 여자를 창조하시고 하나님이 그들에게 복을 주시며 그들에게 이르시되 생육하고 번성(蕃盛)하여 땅에 충만하라, 땅을 정복하라, 바다의 고기와 공중의 새와 땅에 움직이는 모든 생물을 다스리라 하시니라 여호와 하나님이 동방의 에덴에 동산을 창설하시고 그 지으신 사람을 거기 두시고 여호와 하나님이 그 땅에서 보기에 아름답고 먹기에 좋은 나무가 나게 하시니 동산 가운데에는 생명나무와 선악(善惡)을 알게 하는 나무도 있더라.

In the beginning God created the heavens and the earth. And God said, "Let there be light," and there was light. God called the light "day," and the darkness he called "night." And there was evening, and there was morning -- the first day. So God created man in his own image, in the image of God he created him; male and female he created them. God blessed them and said to them, "Be fruitful and increase in number; fill the earth and subdue it. Rule over the fish of the sea and the birds of the air and over every living creature that moves on the ground." Now the LORD God had planted a garden in the east, in Eden; and there he put the man he had formed. And the LORD God made all kinds of trees grow out of the ground -- trees that were pleasing to the eye and good for food. In the middle of the garden were the tree of life and the tree of the knowledge of good and evil. - **창세기 제1장(천지창조)~제2장(에덴동산)중 일부**

□ 하늘은 크고 땅은 오래 간다. 하늘과 땅이 크고 오래갈 수 있는 것은 자기를 고집하며 살지 않기 때문이다. 그러므로 오래 살 수 있는 것이다(天長地久 天地所以能長且久者 以其不自生 故能長生). – 노자, 《도덕경(道德經)》

□ 지구의 둘레에 아름다운 푸른색 섬광이 비친다. – 유리 가가린, 인류 최초의 우주비행사(1961.4.12 · 보스토크 1호)

□ 우주는 한 권의 커다란 책이다. 그리고 인생은 커다란 학교다. – 임어당

□ 주 하나님이 가라사대 "나는 알파와 오메가라 이제도 있고 전에도 있었고 장차 올 자요 전지전능한 자라"하시더라("I am the Alpha and the Omega." says the Lord God, "who is and who was, and who is to come, the Almighty"). – 요한계시록 1 : 8

□ 그래도 지구는 돌고 있다. – 갈릴레오 갈릴레이

■ ■ ■

천장지구(天長地久), 참으로 끝없이 크고 넓어 헤아리기 어려운 것이 우주(宇宙)이다. 우주에 관한 이야기, 즉 우주론(cosmology)을 문외한인 필자가 말한다는 것은 무모한 일이다. 그러나 우리 인류가 그 속에서 살다 그 곳으로 돌아가야 하는 존재이므로 현재까지 밝혀지고 알려진 내용들 일부를 여기 정리해 본다.

성경 창세기에서 천지창조(The Beginning)는 앞면에 옮긴 대로 하느님이 하늘, 땅, 동식물 등 모든 생명체와 인간까지를 6일 동안에 만드신 것으로 되어있다. 천문학(astronomy)에서 우주(cosmos, universe)란 모든 천체 또는 모든 물질 · 복사가 존재할 수 있는 한의 전 공간을 말한다. 원래 그리스어 kosmos는 질

서를 뜻하는 말로, 혼돈을 뜻하는 kaos에 대립하는 개념이다. 동양에서는 사방상하(四方上下)를 우(宇)라 하고 고왕금래(古往今來)를 주(宙)라 하여 천지(天地)를 가리키는 말이다.

우주를 인식하는 고전적 학설로는 지구를 둘러싼 항성들이 붙박힌 천구(天球)가 지구를 중심으로 돌고 있다는 프톨레마이오스의 천동설(天動說; 地球中心說)이 있었으나 1543년 폴란드의 니콜라우스 코페르니쿠스가 지구가 태양주위를 돌고 있다는 지동설(地動說; 太陽中心說)을 주장, 과학적으로 인식하게 되었다.

우주에는 우리 지구와 태양이 속해 있는 은하계 외에 가장 가까이 있는 안드로메다 성운(은하)을 포함 일천억 개가 넘는 무수히 많은 은하계가 존재하고 있으며, 우주는 초속 3천km 또는 3만km 이상의 속도로 계속 팽창하고 있다고 한다.

우리가 살고 있는 은하계의 지름은 약 10만 광년(1광년 거리는 9조4천6백억km), 중심부에서의 두께는 약 1만5천 광년으로 태양은 이 중심부에서 약 3만 광년 떨어진 변두리에 자리한다.

태양도 다른 행성들처럼 은하계의 중심둘레를 회전하고 있다. 태양의 속도는 초속 250km로, 태양은 약 2억 년 걸려서 은하계 속을 한 바퀴 도는 셈이다. 은하계를 이루는 천체는 행성만이 아니고 행성에 섞여 성간물질(星間物質)이라고 하는 희박한 물질이 은하면 위에 모여 있다. 이 성간물질의 주성분은 주로 수소기체로, 수소원자는 파장 21cm의 전파를 방출하는데 이 전파는 성간물질에 차단되지 않아 지구에 도달된다. 은하계의 총질량은 태양의 약 2천억 배이고, 은하계에는 100개 정도의 구상성단(球狀星團)이 흩어져 있고, 구상성단은 수만 내지 수십만에 이르는 태양과 같은 항성들이 공처럼 밀집되어 있다.

우주에는 우리 은하계나 안드로메다 성운과 같은 소우주(小宇宙), 즉 다른 은하계가 무수히 존재한다. 안드로메다 성운은 우리 은하계 바로 이웃에 있는 은하인데, 그 거리는 약 200만 광년이다. 우리 은하계에서 300만 광년 거리 범위 내에 약 20개의 은하들이 있어 국부은하군(局部銀河群)을 이루고 있고, 처녀자리가 보이는 방향의 10° 사방의 범위에는 약 2천5백 개의 은하들이 무리를 이루고 있는데 그 거리는 약 3천4백만 광년에 이른다.

성경 창세기(Genesis 1:1)에서는"태초에 하나님이 천지를 창조하시니라(In

the beginning God created the heavens and the earth)"라고 하여 하나님이 우주를 창조한 것으로 기록하고 있다.

불교에서는 "적진성세계(積塵成世界), 석계작미진(析界作微塵)", 즉 "티끌이 모여 세계를 이루는 것이요, 세계가 쪼개지면 미세한 먼지가 되는 것이다"라 하여 우주 생성소멸을 성주괴공(成住壞空)의 과정으로 설명한다. 성주괴공에 걸리는 시간, 즉 만들어지고, 머물고, 흩어지고, 본래 자리인 공으로 돌아가는 4단계 과정을 거치는 시간단위를 겁(劫) 이라고 하며, 성 · 주 · 괴 · 공에는 각각 20겁씩 80겁이 걸린다고 한다. 1겁을 약 56억7천만년 이라고 하므로 대략 6백억 년 후에는 지구가 멸망할 것으로 본다. (2)

겁(kalpa · 범어)에 대한 사전적 설명은 다음과 같다. 겁은 시간단위로서 가장 길고 영원하며, 무한한 시간, 겁파(劫波)라고도 한다. 세계가 성립되어 존속하고 파괴되어 공무(空無)가 되는 하나하나의 시기를 말하며 측정할 수 없는 시간, 즉 몇 억 몇 만 년이나 되는 극대한 시간의 한계를 가리킨다. 그 길이를 잡아함경《雜阿含經》에서는 다음과 같이 설명한다. 사방과 상하로 1 유순(由旬 ; 약 15km)이나 되는 철성(鐵城)안에 겨자씨를 가득히 채우고 100년마다 겨자씨 한 알씩을 꺼낸다. 이렇게 겨자씨 전부를 다 꺼내어도 겁은 끝나지 않는다. 또, 사방이 1유순이나 되는 큰 반석(盤石)을 100년마다 한 번씩 흰 천으로 닦는다. 그렇게 해서 그 돌이 다 마멸되어도 겁은 끝나지 않는다고 한다. 대비바사론(大毘婆娑論)과 대지도론(大智度論) 등에도 같은 내용의 비유가 있다. 앞의 것을 겨자겁(芥子劫), 뒤의 것을 반석겁(盤石劫)이라 한다.

겁을 소(小) · 중(中) · 대(大)로 나누어 이 세계의 성(成) · 주(住) · 괴(壞) · 공(空)이 진행하는 기간을 일대겁(一大劫)이라 하기도 한다. 불타가 발심해서 성불할 때까지 수행에 소요된 시간을 삼아승기겁(三阿僧祇劫), 백대겁(百大劫)이라 한다. 아승기(asamkhya)는 무수(無數)라 옮기며 헤아릴 수 없다는 의미이다. (405)

물리학자들은 우주탄생 초기 강력한 에너지의 대폭발(빅뱅, Big Bang)이 일어났고, 이 과정에서 입자들이 쏟아져 나와 우주를 형성한 것으로 보고 있으며, 우주의 나이는 137억 년 정도로 보고 있다. 우주의 생성과 별 · 인간 등의 존재의 근거, 즉 우주의 비밀에 대해 서울대 물리학부 김수봉 교수는 다음과 같이 과학

적인 설명을 하고 있다. (552)

"우주가 생성되는 바로 그 순간은 성냥개비를 100억분의 1로 쪼개고 또 쪼갠 것과 같은 아주 작은 '점' 과 같은 공간에 모든 물질이 갇혀 있었다. 밀도와 온도는 상상할 수 없을 정도로 높았다. 물질은 지금과는 전혀 다르게 쿼크, 전자, 중성미자 등 소립자로 존재했다. 대폭발과 함께 처음에는 엄청난 에너지로 몹시 빠르게 움직였다. 우주가 팽창하고 온도가 내려가면서 이 소립자들은 더 이상 자유롭게 돌아다니지 못하고 서로 합쳐졌다. 우주대폭발(빅뱅) 뒤 3분쯤 됐을 때 수소와 헬륨이 생겨났다. 이 두 원소가 핵융합을 일으켰다. 더 복잡한 원소가 만들어졌고 이들이 모여 별(星)들이 됐다. 인간을 포함한 우주의 모든 물질이 이들 원소로 비롯됐다. '사람이 죽으면 별이 된다' 는 옛말은 과학적으로 맞다."

스위스 제네바의 유럽원자핵공동연구소(CERN)는 2011년 6월 5일 "가장 기초적인 반물질인 반 수소 309개를 1,000초 이상 잡아두는 데 성공해 불가사의로 남아 있는 반물질의 성질을 연구하기 위한 충분한 시간이 확보됐다"고 밝혔다. 물리학자들은 137억 년 전 빅뱅으로 우주가 탄생한 직후 물질과 반물질이 같은 양으로 존재했다가, 반물질이 순식간에 사라지면서 물질만 남게 됐다고 추정한다. 아직 그 이유는 모른다. 우주 탄생의 비밀을 풀 열쇠가 반물질에 있는 셈이다. 물질과 반물질이 만나면 강력한 에너지를 내고 둘 다 사라진다.

'반(反)물질' 이란 물질과 반대되는 극(極)을 지닌 소립자로 구성됐다. 물질의 기본 단위인 원자는 마이너스 성질의 전자, 플러스 성질의 양성자, 자기장의 방향만 지녔고 극(極)이 없는 중성자로 구성돼 있다. 반물질은 이와 정반대인 플러스 성질의 양전자, 마이너스 성질의 반양성자, 중성자와 자기흐름이 반대인 반중성자로 구성된다. 우주의 탄생인 빅뱅 직후 함께 만들어진 물질과 반물질 중 왜 물질만 남아서 우주를 구성하고 있는지, 어딘가 반물질로만 이뤄진 또 다른 세계가 존재하는지 물리학계는 아직 밝혀내지 못했다. (553)

우리가 살고 있는 태양계에는 수성 · 금성 · 지구 · 화성 · 목성 · 토성 · 천왕성 · 해왕성(명왕성은 1930년 발견 이후 태양계(太陽系)의 9번째 행성으로서 명왕성(冥王星)으로 불렸으나, 2006년 국제천문연맹(International Astronomical Union:IAU)으로부터 행성 지위를 박탈당하여 왜 소행성(dwarf planet)으로 분류되어 새로운 분류 명칭을 부여받았다) 등 8개의 행성(行星)과

30개가 넘는 위성, 화성과 목성 사이에 발견된 1,000여 개의 소행성(小行星), 그리고 계속 발견되고 있는 혜성(彗星) 등이 있다. 태양과 지구 사이의 평균거리는 약 1.5억km로, 초속 30만km의 빛으로 약 500초 걸리는 거리이다. 태양계의 가장 바깥쪽을 도는 명왕성은 이 거리의 약 40배인 60억km로 빛으로 5시간 반 정도 걸린다. 태양(Sun)의 지름은 약 139만km로 지구지름의 109배, 부피는 지구의 130만 배, 질량은 2×1032g로 지구의 33만 배, 평균밀도는 지구 $1cm^3$당 5.52g에 대해 약 4분의 1인 1.41g이다. 태양은 지구처럼 고체껍질이 아닌 거대한 고온의 기체껍질이며, 기체를 이루는 주 원소는 대부분이 수소(H)이고 다음이 헬륨(He), 나트륨(Na), 마그네슘(Mg), 철(Fe) 등이다. 표면온도는 6,000℃, 태양은 지구에 대해서 약 27일 주기로 자전하고 있으며 태양이 1초 동안 우주 공간에 방출하는 에너지양은 9.2×1,022 Kcal이고, 지구 표면에서 태양광선에 수직하게 놓은 $1cm^2$의 넓이에 1분 동안 들어오는 태양복사의 에너지는 약 2cal에 가깝다. 태양이 지구에 주는 가장 큰 영향은 에너지원인 태양광과 열, 그리고 이에 따른 기후변화와 4계절이다. 미국 항공우주국(NASA)의 새 태양탐사 망원경 SDO가 2010년 3월 30일 촬영한 태양의 모습 사진에서 태양표면에서 불길이 치솟아 오르는 모습이 관측되었는데 붉은 빛을 띠는 부분은 섭씨 6만도, 청색과 녹색을 띠는 부분은 섭씨 100만도를 넘는다고 한다. (554)

지구(Earth)는 은하계의 항성인 태양을 도는 행성들 중의 하나이며, 태양계에서는 안쪽에서 세 번째 궤도(첫 번째 수성, 두 번째 금성, 네 번째 화성)를 자전하면서 태양주위를 공전하고 있다. 지구는 자신의 위성으로 달을 수반한다. 지구의 나이는 45억년으로 보며, 엷은 대기층으로 둘러싸여 있고, 또 특유한 지구자기(地球磁氣)를 가지며, 고등생물이 서식하는 점에서 태양계에서는 독특한 존재이다. 지구의 기원에 대해서는 고온기원설(칸트, 알프벤 등), 저온기원설(바이재커, 슈미트 등)이 있으나, 저온기원설이 보다 광범한 지지를 받고 있다. 태양과 지구의 평균거리는 1,496억km, 공전주기는 0.9973×24시간이다. 지구의 공전속도는 초당 220km이고, 지구의 평균 반지름은 6,371km이다. 지구상의 바다 면적은 약 361.3×$106km^2$이며, 육지 면적은 약 131.06×$106km^2$이며, 해수의 양은 1,320×$106km^3$로 지구 전체의 수자원 1,357×$106km^3$의 약 97%를 차지한다. 나머지 3%가 담수이며, 담수 중 약 4분의 3인 29.2×$106km^3$가 만년빙이나 대륙빙 또는 빙산의 형태로 남극이나 그린랜드 지방에 분포되어 있고 나머지 4분의 1이 지표수, 지하수 및 대기권내 수분의 형태로 지구상에 산재해 있다. (184)

약 45억 년 전, 지구는 '쌍둥이' 였다고 한다. '테이아' 라는 이름의 행성이 지구의 쌍둥이 형제다. 지구와 같은 궤도에서 태어난 이 행성은 끔찍한 충돌로 사라졌다. 테이아는 지구로 일부 흡수됐고 그 결과 지구에 중력이 더해졌다.

이 충돌은 지구에 엄청나게 긍정적인 영향을 끼쳤다. 중력이 높아지면서 대기가 지구에 머물 수 있게 된 것이다. 과학자들은 "대기권은 쉼 없이 지구를 강타하는 운석으로부터 우리를 보호해주는 매우 중요한 존재"라고 말한다. 또 충돌의 잔재로 만들어진 달은 지구에 규칙적인 계절과 안정적인 기후를 선사했다.

전문가들은 "그런 의미에서 지구는 '행운의 행성'"이라고 말한다. 복잡다단한 생명의 생존을 돕는 태양 주위를 지구가 아주 적당한 거리에서 공전하고 있기 때문이다.

또 과학계에 따르면 목성은 지구에 생명이 꽃피는 것을 도와주는 '좋은 이웃' 이다. 목성의 높은 중력이 지구로 날라오는 운석을 전부 끌어들이고 있기 때문이다. (555)

달(Moon)은 지구에 가장 가까운 천체이며, 지구의 주위를 돌고 있는 유일한 천연 위성이다. 지구에서 달까지의 거리는 평균 384,400km로 지구-태양 거리의 400분의 1이다. 달의 반지름은 지구의 4분의 1, 태양의 400분의 1인 1,738km(적도반지름)로 지구에서는 태양과 달이 모두 같은 크기로 보인다. 달의 질량은 지구의 81,301분의 1(7.352×1,025g)인데, 태양계에서 이와 같이 큰 질량비를 갖는 위성을 거느리고 있는 행성은 지구밖에 없다. 달의 표면적은 지구의 14분의 1, 평균밀도는 3.34g/cm^{3}로서 지구 평균밀도인 5.52g/cm^{3}의 0.6배이다. 달의 표면은 130℃ 이상의 고온이고, 대기가 존재하지 않기 때문에 해가 진 뒤 암흑세계에서는 영하 수백도 이하로 내려간다고 한다. 2010년 3월 18일 AP통신 보도에 의하면, NASA연구진은 2009년 6월 발사된 달 궤도탐사선(LRO)이 보내온 자료 분석 결과 달의 남극 분화구 속의 온도는 태양계에서 가장 추운 명왕성(영하 230℃) 보다도 더 낮은 영하 238℃라고 한다. 또한 NASA는 달 북극에서 40여개의 분화구를 발견했으며, 달이 얼음 형태의 물 6억 톤을 머금고 있다고 2010년 3월 1일 공식 발표했다. 달의 표면은 밝은 암석으로 된 육지와 어두운 암석으로 된 바다로 이루어져 있다. 달의 경우 바다는 현무암, 육지는 화강암으로 되어 있다. 바다는 평탄하고 낮으며, 육지는 크고 작은 크레이터(요지; 凹地)로 온통 덮여 있다. 달의 생성에 대해서는 지구로부터의 분리설, 태양계 운석의 하나를 지구가 포획한 것이라는 포획설, 지구의 한 고리가 큰 덩어리로 응집되어 생겼다는 링(ring)설 등이 있다. 과거 수천만 년 동안 두 개의 달이 지구 주변을 공전했을 가능성이 크다는 연구결과가 나왔다. 미 켈리포니아대 지구행성과학과 마틴 젓지 박사 연구팀은 컴퓨터 시뮬레이션을 통해 달 뒤쪽의 거대한 산지(山地)가 지구를 함께 돌던 또 다른 위성과의 충돌로 만들어진 것으로 보인다고 발표했다. 연구 결과는 영국에서 발행하는 과학저널 네이처 2011년 8월 4일자에 실렸다. (556)

햇빛이 영원히 비치지 않는 달의 남극 지역 크레이터에 38억 리터의 물이 존재하는 것으로 밝혀졌다. 올림픽 규격 수영장 1,500개를 채울 수 있는 양이다. 또 이 지역 달 표토 층에는 초저온 상태의 얼음이 약 5.6% 포함돼 있었다. 지구의 사하라 사막보다 수분이 두 배 더 많다. 2010년 10월 달 크레이터에 우주선 부스터를 충돌시켜 물의 존재를 확인했던 미국 항공우주국(NASA) 연구팀이 당시 관찰한 자료를 1년여에 걸쳐 분석, 과학저널 사이언스 2010년 10월 21일자에 6편의 논문으로 발표했다. 달 극지방의 표면에는 물외에 수소 · 은 · 탄화수소 등 다양한 광물 성분도 발견됐다. 달을 미래 우주 탐사의 전진기지로 활용할 수 있을 것이라는 기대가 크다고 한다. (557)

미국 휴스턴대 우주시스템 작동연구소 데이비드 크리스웰 소장은 인공로봇을 활용 달표면 적도 부근에 태양광 발전용 패널을 설치하여 인류 에너지난을 해결할 수 있는 방법이 있다고 주장한다.

'달 태양발전 프로젝트', 즉 「루나링(Lunar ring · '달의 고리' 라는 뜻)프로젝트」는 2010년 일본기업 시미즈(清水)건설이 발표한 바 있다.

달의 패널에 모인 태양광 에너지를 마이크로파로 전환, 손실 없이 100%지구로 송신, 지구에서 받아 인류가 쓰고도 남을 태양광 발전 에너지를 활용하도록 하는 프로젝트를 추진할 수 있다는 것이다.

달 표면에는 지구에 비해 10배 정도 높은 수치인 매일 약 13,000TW(테라와트 · 1테라와트는 1조 와트)의 태양에너지를 받는데 이 정도면 지구인구의 100배

인 6,500억 명이 사용할 수 있는 양이다. (964)

또한 우주에는 무수한 별(star)들이 있는 바, 별이란 항성(恒星; 붙박이 별, fixed star)과 행성(行星 또는 惑星; 떠돌이 별, planet)의 총칭이다. 항성은 태양처럼 스스로 빛을 내고 있고, 행성은 태양의 빛을 반사하는 천체로 태양계에 속한다. 우리 은하계에는 약 1,000억 개의 항성이 소속하고 있는데 변광성, 연성(連星) 또는 쌍성(雙星), 거성(巨星), 왜성(矮星) 등 여러 종류로 분류된다. 항성이 내는 막대한 빛은 태양의 내부에서처럼 수소의 원자핵 4개가 뭉쳐서 헬륨 원자핵이 생기는 원자핵 융합반응에서 발생하는 에너지이다. 별은 밝기의 등급에 따라 1등성에서 6등성으로 구분한다. 1등성보다 2,512배 밝은 별은 0등성, 또 이보다 2,512배 더 밝은 별은 -1등성이 된다. 밤하늘에서 가장 밝은 항성인 시리우스(Sirius; 천랑성, The Dog Star, 지구에서 8.8광년 거리 위치)는 -1.57등성, 태양은 -26.7등성, 보름달의 밝기는 평균 -12.5등성이다. 미국 외계생명체 탐사(SETI; Search for Extraterrestrial Intelligence) 연구소 책임연구원 쇼스탁(Shostak)박사는 미국 캘리포니아주 햇크릭에 2007년 세워진 최초의 외계생명체 탐사전용 '앨런 전파망원경' 등의 도움으로 앞으로 15년 내에 외계생명체의 신호를 포착할 수 있을 것이라고 한다. 과학자들은 우주가 120억 년에서 150억 년 전의 빅뱅(Big Bang)에서 시작되었고, 크기는 930억 광년이나 되는 데 지금도 계속 팽창하고 있다. 그리고 지금부터 46억 년 전에 태양계가 태어났다고 본다. 천문학자들은 태양이 50억 ~ 60억 년 쯤 후에는 지름도 현재보다 50~100배 정도 늘어나고 1,000배 쯤 밝아질 것으로 보고 있다. 태양이 이렇게 팽창하면 지구와 태양 사이 거리도 줄어 지구 표면온도는 섭씨 1,000도 이상으로 올라가고, 바닷물이 모두 증발하고 대기도 사라져 생명체가 살 수 없게 될 것이라고 한다. (558)

한 과학저술가는 태어난 지 40억 년 된 지구는 6,500만 년 전 운석과의 충돌로 인한 공룡멸종 사건 등 여러 재앙을 겪었고, 우주가 종말(The End)하는 날, 즉 우주의 나이는 140억 살이라고 주장한다. (559)

또한 2010년 3월 12일 서울대 물리천문학부 이명균 교수와 연구원 박홍수, 황호성씨는 은하와 은하 사이를 떠돌아다니고 있는 구상성단 무리를 최초로 발견했는데 이 연구는 국제학술지 사이언스 2010년 3월 12일자에 발표됐다고 공개했다. 이 구상성단은 100만개의 별이 축구공채처럼 둥글게 모여 있고 평균 나이는 120억 년이며 지구에서 5,400만 광년 거리에 있는 것을 찾아냈으며, 연구팀은 미국 뉴멕시코주에 있는 지름 2.5m 크기의 천체망원경과 정밀 디지털 카메라, 분광기 등을 통해 얻은 관측 자료를 분석, 이 같은 사실을 밝혀냈다 한다.

지구가 속한 태양계와 비슷한 형태의 태양계가 발견됐다. 유럽남부천문대(ESO)는 지구에서 불과 127광년 떨어진 위치에 7개의 행성이 한 개의 항성(恒星 · 태양처럼 스스로 빛을 내는 고온의 천체) 주위를 도는 태양계가 존재한다고 발표했다. 지금껏 발견된 태양계 중 가장 규모가 크며 우리 태양계와도 유사하다고 AP통신은 보도했다. ESO의 발표에 따르면, 새 태양계는 항성 HD10180과 7개의 행성으로 구성돼 있다. 이 행성들은 대부분 지구의 15~25배 크기에 수소 · 메탄 · 암모니아로 가득 찬 '목성형 행성' 이라 생명체가 존재할 가능성은 없는 것으로 알려졌다. 학계는 지구와 유사한 환경의 태양계와 행성을 발견한 사실에 고무돼 있다. 미국 카네기 과학연구소의 앨런 보스 박사는 이번 발견이 "외계 태양계에 지구와 비슷한 행성이 무수히 많다는 것을 증명한다"고 말했다.

미국 캘리포니아 주립대학의 우주 물리학자들이 최근 지구 외에 생명체가 살고 있을 만한 가장 훌륭한 행성으로 '글리제 581(Gliese 581)' 을 발견했다고 발표했다. 지구로부터 약 20광년쯤 떨어져 있는 이 행성은 무게는 지구의 서너 배 정도이며 울퉁불퉁한 암석들로 뒤덮여 있고 중력도 지구와 비슷하여 만일 우리가 그곳에 갈 수 있다면 별 어려움 없이 직립하여 걸을 수 있을 것이라 한다. 공전 주기는 지구보다 훨씬 짧아 고작 37일이며 달처럼 자전을 하지 않아 한 면은 언제나 밝고 다른 면은 어둡다고 한다. 이들 우주 물리학자들이 사용한 장치는 칠레 러시아 소재 유럽남부천문대(ESO)의 지름 3.6m 망원경에 부착된 분광기(HARPS, 고해상도 전파행성추적)인데, 한국천문연구원 김승리 외계행성 연구 그룹장은 "행성은 질량이 작고 스스로 빛을 내지 못해 직접 관측하기 어렵다"면서 "분광기로 행성이 별에 미치는 효과를 파악해 간접적으로 행성의 존재를 확인한다"고 설명했다. 김 그룹장은 "중심별과의 거리, 온도 등을 고려할 때 글리제(581g)가 현재 가장 지구와 닮은 행성"이라면서 "10년 뒤 구경 25m의 거대마젤란망원경으로 외계 행성을 직접 촬영할 수 있게 되면 글리제 581h 등 후속 행성도 발견할 수 있다"고 말했다. (560)

언론은 미국 항공우주국(NASA)이 지구에서 600광년 밖에 있고 1년 290일 평균기온 22도(지구평균기온 16도)인 "제2의 지구(Earth 2.0)"를 찾았다고 한다.

항공우주국(NASA)은 지구처럼 물이 있을 가능성이 크고 온도가 적절해 외계 생명체가 존재할 수 있는 환경을 갖춘 행성을 태양계 밖에서 발견했다고 밝혔다.

'케플러-22b'로 명명된 이 행성은 지구에서 600광년 떨어져 있다. 지구의 2.4배 크기인 이 행성은 태양과 같은 항성의 주위를 290일 주기로 돌고 있다. 지구보다 공전주기는 짧지만, 항성의 온도가 태양보다 낮기 때문에 너무 뜨겁거나 차갑지 않아 액체상태의 물이 존재할 수 있는 영역에 있다고 NASA측은 밝혔다. NASA는 케플러-22b의 밝기 등을 분석해 표면 온도가 섭씨 22도 정도일 것으로 추정했다. 이는 생명체가 살기에 적당한 환경이라고 뉴욕타임즈는 전했다. 미국 천문학자 제프 마시 UC버클리대 교수는 NASA의 발표에 대해 "집(지구)과 비슷한 별을 찾으려는 인류의 획기적인 발견"이라고 말했다.

NASA가 물과 생명체가 존재하기에 적합한 조건을 지닌 행성을 발견했다고 밝힌 것은 이번이 처음이다. 2011년 9월 제네바대 연구팀과 유럽남부천문대 연구진이 지구로부터 36광년 떨어진 곳에서 행성 'HD85512b'를 발견했다고 밝혔고, 앞서 5월에는 프랑스 국립과학연구센터가 20광년 밖에 있는 '글리제 581d'가 지구의 환경과 비슷하다는 연구 결과를 발표한 바 있다.

NASA 연구팀은 2011년 2월 생명체가 존재할 가능성이 있는 행성이 54개 있다고 발표했으며, 케플러-22b는 이 가운데 처음으로 NASA가 공식 확인한 행성이다. NASA는 우주로 쏘아 올린 케플러 우주망원경을 통해 2009년 케플러-22b를 처음 발견했으며 이후 계속 관찰해 왔다.

다만 NASA 연구팀은 케플러-22b를 구성하는 성분이 지구처럼 암석인지, 아니면 가스나 액체인지는 아직 확인되지 않았다고 밝혔다. 암석 형태일 경우 액체 상태의 물이 존재하기 쉽다.

NASA는 "케플러-22b의 발견은 '수퍼지구(Super Earth · 지구와 같은 암석 형태로 이뤄져 있으면서 질량이 지구보다 무거운 행성)'를 찾는 데 있어 한 걸음 진전한 것"이라고 말했다. (561)

우주의 탄생에 대하여 2010년 10월 출간된 저서 《위대한 설계》에서 영국의 저명한 천체물리학자 스티븐 호킹은 공동 집필자인 미국 물리학자 믈로디노프와 함께 이렇게 주장한다. “신이 우주를 창조하지 않았다.” 그는 “우주의 기원으로 여겨지는 ‘빅뱅(우주의 대폭발)’ 은 신의 개입으로 이루어졌다기보다는 중력의 법칙에 따라 불가피하게 발생한 것”이라면서 “중력과 같은 법칙이 있기 때문에 우주는 ‘무(無)’ 로부터 스스로를 창조할 수 있었던 것”이라고 설명한다. 즉 우주와 인류 등이 신이 만든 것이 아니라 자연발생적으로 생겨났다는 것이다. 호킹은 유일한 우주가 아니라 다수(多數)의 우주를 가정하는 양자이론과 M이론을 바탕으로 “우리의 우주는 수많은 우주들 중 하나에 불과하다”면서 “엄청나게 많은 우주들이 ‘무(無)’ 에서 창조됐다”고 말한다. 과학자들이 약 140억 년 전 빅뱅 직후에 생성된 ‘우주의 재료’ 를 실험실에서 만들어 냈다. ‘미니 빅뱅’ 실험에 성공한 셈이다. 영국 BBC는 2010년 11월 8일 “스위스 제네바에 있는 유럽원자핵공동연구소(CERN) 연구팀이 입자 가속 · 충돌기에서 납 이온(전자와 양성자의 수가 같지 않은 원자)을 빛의 속도로 충돌시켜 우주 생성 초기 물질로 추정되는 끈적끈적한 ‘자유 입자’ 를 만들어냈다”고 보도했다. 물질을 이루는 기본 단위인 원자(原子)는 핵(중성자와 양성자의 결합체)과 전자로 이뤄져 있는데 자연 상태에서 양성자(+성질)와 전자(−성질)의 수는 같다. 연구팀은 납 원자에서 전자를 제거한 후 이를 CERN에 있는 원형(원주 27㎞)의 입자 가속 · 충돌기 앨리스(ALICE)에 넣고 빠른 속도로 부딪치게 했다. 충돌 직후 앨리스 안의 온도는 태양 중심 온도의 100만 배인 섭씨 10조도까지 치솟았고, 뜨거운 열로 인해 강하게 결합해 있던 중성자와 양성자가 분리된 후 녹아내려 끈적끈적한 ‘쿼크-글루온 플라스마’가 만들어졌다. 많은 천체 물리학자들은 우주를 생성시킨 빅뱅 직후에 이 물질이 만들어졌고, 이 물질이 원자를 탄생시킨 ‘초기입자’ 였을 것으로 추정한다. 우주 생성의 비밀을 밝히기 위한 앨리스 연구에는 전 세계 33개국, 약 1,000명의 과학자들이 참여 중이다. (562)

‘빛 보다 빠른 우주선이 가능하다’ 는 과학자들의 견해가 있다. 미국 베일러대 연구팀은 우주의 암흑에너지(Dark energy)를 조정해 우주선의 추진력으로 활용하면 워프 드라이브(warp drive · 공간이동)가 가능할 것이라 한다. 2000년대에 들어서 발견된 암흑에너지는 빅뱅 이후 우주를 갈수록 빠른 속도로 팽창시키는 원인으로 지목된다. 우주선 앞부분에 있는 암흑에너지를 ‘0’ 이하로 떨어뜨리면 이 주변의 시간과 공간은 수축하는 반면 빛 부분의 시공간은 팽창한다고 주장한다. 이 시공간 차는 우주선 자체가 움직이지 않아도 파도타기 하는 '서퍼' 처럼 빛보다 빨리 나아갈 수 있도록 힘을 실어 준다는 설명이다. 멕시코의 물리학자 미켈 알쿠 비에레가 제시한 끈 이론의 최신 가설인 '알쿠비 에레 추진력' 이다. 우주 웹사이트 스페이스 닷컴은 연구진이 가로세로 높이 각 10m의 우주선을 암흑에너지를 활용해 움직이게 하려면 목성질량(지구질량의 약 318배)을 에너지로 바꾸는 데 필요한 만큼의 엄청난 에너지가 들어갈 것으로 측정했다고 전했다. (942)

부처님은 반야심경(摩訶般若波羅蜜多心經의 약칭)에서 물질은 곧 기(氣)와 다르지 않고 같은 것임을 다음과 같이 가르치고 있다. (437)

사리자여!

물질이 기와 다르지 않고 기는 물질과 다르지 않아서

물질이 곧 기이고 기가 곧 물질이며

감각, 생각, 의지와 경험, 최후인식도 역시 그러하다(舍利子 色不異氣 氣不異色 色卽是氣 氣卽是色 受想行織 亦復如是).

지구에는 현재 1,800만 종의 지구생명체가 살고 있다고 한다. 최근 유난히 외계생명체의 존재에 대한 과학자의 논의가 활발했다. 영국왕립학회의 회장이며 천문학자인 마틴리스 경은 몇 차례의 학술회의에서 "외계인이 우리를 이미 주시하지만 인식의 한계 때문에 우리가 알지 못할 수도 있다"고 했고 천체물리학자 스티븐 호킹은 "우주에는 1,000억 개의 은하계에 각각 수억 개의 별이 존재하므로 지구에만 생명체가 진화했을 가능성은 거의 없다"고 단언한다. 지구의 생명체는 태양으로부터 방출되어 오는 에너지에 의해 그 생명력을 유지해 가고 있다. 지구대기에 의한 영향을 고려하지 않았을 때 지구상에서 태양광선에 수직인 1cm^{2}의 면적이 1분 동안 받는 태양에너지의 양은 약 1,400 W/m^{2}이며, 이 값을 태양상수(solar constant)라고 한다. 태양을 중심으로 하여 지구까지의 거리를 반지름으로 한 구를 생각해본다면 이 때 표면적은 4π×(1.5×1,013)2cm^2, 즉 2.8×1,027cm^{2}이므로 태양이 매 분마다 주위의 공간으로 방출하고 있는 에너지의 총량은 3.9×1,026W라는 막대한 양이 된다. 지구가 받는 태양복사의 총량은 지구의 반지름을 r이라 하면 지구의 단면적에 해당되는 πr2에 태양상수를 곱한 값이다. 그런데 지구는 축을 중심으로 자전하기 때문에 복사량이 퍼지는 지구의 표면적은 4 πr2 이며, 지표면의 단위면적에 대한 에너지는 태양상수의 25%가 된다. 태양상수를 1,400W/m²라고 하면 지표면의 단위면적당 평균 에너지는 350W/m²가 된다. (192)

2011년 5월 16일 미국 플로리다주 케네디 우주센터에서 마지막 비행을 떠난 우주왕복선 인데버호에는 우주인 말고도 특별한 생명체가 동승했다. 이름은 타티그레이드(Tardi-grade) '느림보 동물' 이란 뜻의 이 생명체는 일반인들에게는 잘 알려져 있지 않지만 과학자들 사이에서는 극한의 생존조건에서도 살아남는 놀라운 생명력으로 유명한 '동물' 이다. 타티그레이드(크기 1.5mm)는 16일간 우주비행에서 우주라는 극한의 환경에서 생명을 어떻게 유지할 수 있는지 정보를 축적하고 이를 과학자들에게 제공해 인간을 포함한 유기체의 생명을 보존하는 과학기술을 발전시키도록 하기 위해서 동승했다. (563)

언론은 "미, 달 표면 배타적 권리주장… '우주판골드러시' 시작?"이란 제목으로 미국이 우주개발 '깃발 꽂기' 에 나섰다고 보도하고 있다.

미국은 유인우주선으로는 유일하게 자신들이 첫발을 내디딘 달 표면에 대한 배타적 권리를 주장하는 한편, 사상 최대 크기의 최첨단 화성탐사선도 쏘아올렸다. 지구권을 넘어 태양계 행성탐사로까지 확대된 우주경쟁에서 선두자리를 분명히 하겠다는 뜻이다.

미국 항공우주국(NASA)은 달에 아폴로 우주선들이 착륙했던 지점 주변을 출입금지 구역으로, 그 상공을 비행금지 구역으로 설정하는 방안을 검토하고 있다고 일본 아사히신문이 보도했다. "아폴로 우주선이 착륙했던 지점과 달 표면에 남긴 기기가 조만간 손상될 염려가 있어 '미국의 재산' 을 보호하고자 지침 초안을 만들었다"는 것이다. (564)

빌 게이츠와 함께 마이크로소프트를 창업한 억만장자 폴 앨런이 초대형 비행기를 활용해 우주로 화물과 사람을 실어 나르는 우주여행 사업을 시작한다고 시애틀 타임스 등이 보도했다. 앨런은 이날 미국 시애틀에서 기자회견을 갖고 자신이 세운 '스트라토런치' 란 회사가 추진하는 새로운 우주비행 사업 구상을 밝혔다. 그는 "5년 내에 시험발사를 마치고 2020년까지 상업 운행에 들어갈 수 있을 것으로 예상한다"고 말했다.

스트라토런치 우주여행의 가장 큰 특징은 우주선을 지구 궤도에 쏘아올리기 위해 로켓 대신 비행기를 이용한다는 점이다. 이를 위해 길이가 약 117m에 달하는 대형 날개 아래 동체 두 개가 나란히 붙어 있고, 두 동체 사이에 우주선을 탑재하는 형태의 초대형 비행기를 제작한다. 날개에 붙어 있는 6개의 엔진이 추진체 역할을 해 최대 540t의 무게를 지상 3만 피트(약 9,144m)높이까지 실어 나른다. (565)

앞으로 몇년 뒤에는 10억 원만 있으면 4박 5일간 우주여행을 할 수 있는 세상이 될 것 같다. 러시아 오비털 테크놀로지사(社)가 2016년까지 347km 상공에서 지구를 내려다보며 휴가를 즐길 수 있는 '우주호텔' 을 짓는다고 발표했다. 계획에 따르면 여행자는 지상에서 우주 적응훈련을 받고 소유즈 로켓에 탑승해 이틀에 걸쳐 우주 호텔로 날아간다. 호텔에서는 무중력 상태를 즐기며 우주의 경치를 감상한다. 맛없는 일반 우주식(食)대신 우주여행 도우미들이 지구에서 준비해간 야생 버섯을 곁들인 송아지 요리와 감자수프 등을 제공받는다. 비용은 4박 5일간 숙박비 14만 7000달러와 소유즈 로켓 요금 78만 5000달러 등을 합해 94만 2,000달러(약 10억1,265만원)정도다. (566)

여기 우주비행사와 평화운동가가 우주에 대하여 한 말을 적어 본다. (896)

창조력으로 가득 찬 우주, 질서와 조화를 지향하는 우주, 무한한 생명으로 가득 넘치는 우주, 그 자체가 살아있는 우주, 끊임없이 변화하고 영원히 율동해 마지않는 우주- 이 한없는 우주의 힘이 우리의 생명에도 똑같이 통하고 있습니다. 마치 한 방울의 바닷물에도 큰 바다의 성질이 갖추어져 있는 것처럼.

– 알렉산드르 페레브로프, 러시아 우주비행사

우주에서 관측한 것 중 가장 아름다운 광경은 지구, 그 중에서도 특히 아름다운 광경은 지평선에서 태양이 떠오를 때와 질 때, 즉 일출과 일몰 풍경이었습니다. 반대로 지구의 오염된 모습을 보면 서글펐습니다. 야간에 런던 상공을 비행했을 때 템스 강이 인(燐) 때문에 녹색 빛을 띤 형광색으로 빛나고 있어 얼마나 오염되었는지 알 수 있었습니다.

– 이케다 다이사쿠, 일본 평화운동가

자연

이니스프리의 호도

예이츠(William Butler Yeats)

이제 나는 가련다 이니스프리로 가련다
거기 진흙과 나뭇가지로 작은 집 짓고
아홉 이랑의 콩밭 갈며 꿀벌도 치며
벌소리 잉잉대는 숲속에 홀로 살으리

그러면 거기 평화가 있겠지
안개 낀 아침부터 귀뚜라미 우는 저녁 까지
그곳은 밤중조차 훤하고 낮은 보랏빛
저녁에는 홍방울새 가득히 날고

이제 나는 가련다 밤이나 낮이나
기슭에 나직이 호숫물 찰삭이는 소리
가로에서나 회색포도(鋪道) 위에서나
내 가슴 속 깊이 그 소리만 들리나니.

The Lake Isle of Innisfree

I will arise and go now, and go to Innisfree,
And a small cabin build there, of clay and wattles made;
Nine bean-rows will I have there, a hive for the honey-bee,
And live alone in the bee-loud glade.
And I shall have some peace there, for peace comes dropping slow,
Dropping from the veils of the morning to where the cricket sings;

□ 동물만큼 기분 좋은 친구는 없다. 그들은 질문은 물론, 비판도 하지 않는다. – G.엘리어트
□ 모든 살아있는 생물은 자신을 사랑한다(Every living creature loves itself). – 키케로
□ 자연은 자기를 사랑한 자를 한 번도 배반한 적이 없다. – 워즈워드
□ 대지는 우리에게 온갖 책보다 많은 것을 가르쳐 준다. – 생 텍쥐페리
□ 자연은 살아있는 한 권의 책이다. 불가해하면서도 뚜렷하고 명백하다. – 괴테

■ ■ ■

자연(nature)이란 말은 그리스어로 피지스(physis)라고 하며, 피지스는 피오마이(生成; 태어나다)라는 동사에서 유래했다. 즉 나와서, 자라고, 쇠약해져, 사멸하는 것이 자연이고, 자연은 그 안에서 생명력을 가지고 스스로의 힘으로 생성 발전한다.

아리스토텔레스(Aristotle 383~322 B.C.)의 정의에 따르면 자연이란 "그 자체 안에 운동의 원리를 가진 것"이다. 이와 같은 그리스의 자연관에서는, 자연은

인간에 대립하는 것이 아니고 오히려 그러한 생명적 자연의 일부로서 그것에 포괄되어 있다. 자연은 인간에 대하여 이질적 · 대립적이 아니고 그것과 동질적으로 조화하고 신(神)마저도 거기에서는 자연을 초월하는 것이 아니고 거기에 내재적이다. 탈레스(Thales 640~546 B.C.)의 말처럼 "만물은 신들로 가득 차 있다." 그리스에서는 자연은 인간이나 신까지도 포괄하고 있는, 살아 있는 그대로의 자연이며, 일종의 범 자연주의가 밑바탕에 있었다고 할 수 있다. 이것이 중세 기독교 세계에 들어서면 이 그리스의 범 자연주의는 분해되어, 하느님과 인간과 자연과의 분명한 계층적 · 이질적 질서로 바뀐다. 거기에서는 자연도 인간도 하느님에 의해서 창조된 것이며 하느님은 완전히 초월적 존재가 된다. 인간도 이제는 자연의 일부가 아니고, 자연은 인간과는 독립적으로 하느님에 의해 창조된 것이다. 자연과 인간은 서로 독립적이며 객관화되고 실험적 조작을 가하여 과학적으로 파악하려는 근대 실증주의적 태도의 원천이 된다. 자연의 이 비인간화로 인해, 자연으로부터 모든 인간적 요소, 즉 빛깔 · 냄새 등의 「제2성질」이나 「목적의식」 등을 추방하고 오로지 크기 · 형태 · 운동 등의 자연자체의 요소를 인과적으로 분석하지 않으면 안 된다고 하는 데카르트(Decarte 1596~1650)의 「기계론적 자연관」에 이르게 된다.

인간의 오랜 동안의 지혜의 축적인 과학기술의 진보는 보다 대규모의 자연개조를 가능하게 했고, 오늘날 토목기술의 진보는 한발과 홍수에 대비한 하천제방을 축조하고 수로를 만들게 했다. 현대에 와서 각국에서 실시하고 있는 개발 사업은 그 대부분이 자연개조를 포함하고 있으며 황폐한 사막에서의 농작물 재배도 가능하게 했다. 1933년부터 10년 간에 걸쳐 실시한 미국의 테네시강 유역 개발사업(TVA), 1948년부터 1951년까지 실시한 소련의 볼가 돈 운하사업, 그리고 1960년대 초부터 시작한 한국의 국토종합 개발사업 등은 국가가 계획적으로 전개한 대규모 자연 개조사업의 예이다.

천재지변과 인공적인 자연 파괴로부터 자연을 지키기 위해 최근에는 각국에서 자연보호(conservation of nature) 노력을 거국적으로 기울이고 있다. 각국은 인간을 둘러싸고 있는 일체의 자연환경, 예를 들면 식물 · 동물 · 미생물 · 토양 · 암석 · 물 또는 산악 · 하천 · 해양 · 대기 등을 물리적 · 화학적 파괴로부터 지키기 위해 자연을 가꾸고, 정화하고, 살기 좋은 환경을 보전하여 자연의 균형을 유지하고 자연자원을 합리적으로 관리·보전하려는 노력들을 기울이고 있는 것이다.

인간은 자연에서 온 존재이기 때문에 자연과 오래 동떨어져 살 수 없는 것이다. 베트남의 영적 지도자인 틱낫한(釋一行)은 "자연은 우리의 어머니이다. 때문에 우리가 만약 자연에서 떨어져 산다면 병에 걸리게 된다"고 했다.

1872년 미국에서 세계 최초로 미국 서부의 Yellow Stone 지역을 국립공원으로 지정 보호하게 되었고, 독일은 1935년 자연보호법을 제정했으며, 1911년에는 일본·캐나다·소련·미국 사이에 「물개 보호 조약」이 체결되었고, 1916년에는 미국과 캐나다 사이에 「철새보호조약」이 체결되어 자연보호를 위한 국제협력이 이루어지기에 이르렀다. 우리나라는 1933년 8월에 칙령(勅令) 제224호로 조선총독부 보물고적 명승천연기념물 보존회가 설립되었다. 현재는 문화재 보호법(1962.1.), 산림법(1962.12.), 조수보호 및 수렵에 관한 법률(1967.3.), 관광기본법(1975.12.), 공원법(1967.3.) 등이 제정되어 자연보호에 기여하고 있다. (425)

자연보호활동 단체로는 UN기구로 국제자연보호연맹(The International Union for Conservation of Nature and National Resources; IUCN)이 있고, 한국환경보호협의회, 한국자연보호운동협의회, 한국야생동물보호협회 등이 있다.

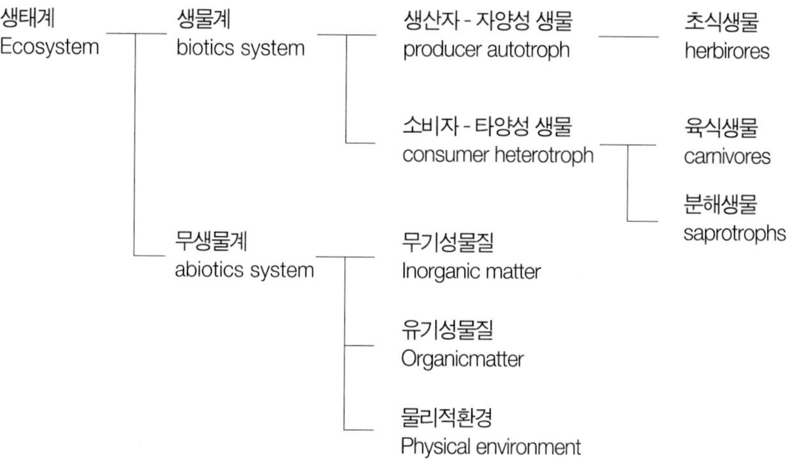

자연생태계는 어느 환경 내에 있는 생물군이 생명유지에 관련된 모든 조건과의 관계라고 할 수 있다. 이는 기본적으로 에너지를 태양으로부터 흡수하여 무기물을 유기물화하여 생물체에 제공하며 생물체는 호흡과 대사, 그리고 죽음으로서 다시 에너지를 자연환경으로 되돌리는 일련의 과정을 포함한다. 각 생태계는 무생물적 인자와 생물적 인자로 구분된다. 생태계의 생물학적 구성은 생물(biotics)과 무생물(abiotics)로 구분되고, 생물은 그 영양성에 따라 자양성(autotroph)과 타양성(heteratroph)으로 나눈다. 또 이들은 영양물질의 단계적 흐름에 따라 생산자(producer)와 소비자(consumer)로 나눌 수 있으며, 자양성 생물은 생산자로, 타양성 생물은 소비자로 볼 수 있다. 생태계의 구성을 도표로 보면 아래와 같다. (184)

생물의 자연환경적응과 진화 · 발전 · 도태 · 변이 등과 관련하여 자연선택(自然選擇 · natural selection)이라는 용어가 있다. 자연선택은 자연도태(自然淘汰)라고도 하는데, 동종생물의 개체사이에 일어나는 생존경쟁에서 환경에 적응한 것이 생존하여 자손을 남기게 되는 자연현상을 말한다. 생물은 다산이며, 또 개체마다 다소 다르다는 변이성을 가지는 데 기인한다. 찰스 다윈은 품종개량에서 행해지는 인위선택으로부터 유추(類推)하여, 자연선택을 생물진화의 주된 요인으로 제창했다. 오늘날에 있어서도 진화요인론(進化要因論)과 관계가 깊은 집단유전학(集團遺傳學)의 주요한 개념이 되어 있다.

가축이나 농작물에 다양한 품종이 생기게 된 것은, 인간이 자기의 목적에 적당한 형질을 가진 것만을 선택해 내는 방법을 오랜 세월에 걸쳐 계속해 왔기 때문으로, 이러한 선택작용을 인위선택 또는 인위도태라고 한다. 물론 인위선택의 토대를 이루는 것은 개체간의 변이(變異)이다. 즉 사람은 여러 변이종(變異種) 중에서 자기가 목적하는 형질에 조금이라도 가까운 것을 선택하고, 이와 같은 선택을 계속해 나가면 변이가 누적되어 처음과는 다른 특수화된 가축이나 재배식물을 얻게 되는데, 이것이 품종이 된다는 것이다.

다윈은 자연계에 있어서도 이와 같은 선택작용이 행해진다고 보았다. 즉, 자연계에 있어서는 생활조건에 적합한 생물체는 생존하고, 적합하지 않은 것은 사멸한다.

생물 개체 간에는 끊임없이 이와 같은 생존을 위한 경쟁이 일어나고 있으며,

그 결과 생활조건에 가장 잘 적응한 것이 자손을 남기게 된다. 즉, 적자(適者)는 생존에 유리한 형질을 자손에게 전하고, 이것이 대를 거듭하게 되면 가축이나 작물의 경우와 같이, 적용된 형질은 점차 누적되어 결국에는 선조와는 다른 형질을 가진 종으로 변해 간다고 했다. (425)

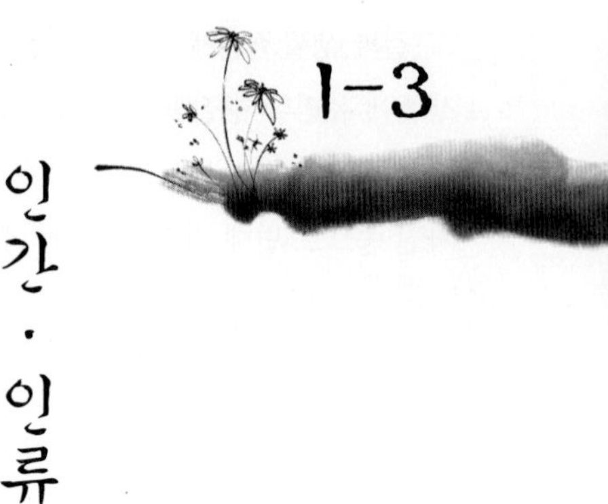

인간 · 인류

당신이 날 사랑해야 한다면

E.B.브라우닝(Elizabeth Barret Browing)

당신이 날 사랑해야 한다면 다른 아무것도 아닌 오직
사랑을 위해서만 사랑해 주세요.
이렇게 말하지 마세요
'그녀의 미소와 – 외모와 – 부드러운 말씨 때문에
그녀를 사랑해'
연민으로 내 볼에 흐르는 눈물
닦아주는 마음으로 사랑하지 마세요
그저 사랑만을 위해 사랑해 주세요.
사랑의 영원함으로

당신이 언제까지나

사랑을 할 수 있도록…

If Thou Must Love Me

If thou must love me, let it be for nought

Except for love' s sake only.

Do not say

'I love her for her smile - her look - her way

Of speaking gently

Neither love me for

Thine own dear pity 's wiping my cheek dry, -

But love me for love' s sake, that evermore

Thou may' st love on,

through love' s eternity…

- □ 자신을 죽여 인(仁: 지극한 경지)을 이룬다(殺身以成仁). – 《논어》 위령공편
- □ 사랑은 키우고, 베풀고, 지켜주며 쉼 없이 흐르는 에너지다. 그것의 영원한 목표는 행복한 삶이다. – 스마일리 블랜튼
- □ 인간에게는 여섯 개의 쓸모 있는 기관이 있다. 그 중 세 개는 스스로 컨트롤 할 수 없지만, 세 개는 어떻게든 컨트롤 할 수 있다. 눈 · 귀 · 코가 앞의 것이고, 입 · 손 · 발이 뒤의 것이다. – 《탈무드》
- □ 인간은 만물의 척도이다. – 프로타고라스
- □ 인간은 자신이 행복하면 차츰 그 행복을 크게 생각하여 남에게 나누어 주고 싶어 한다. – 벤담
- □ 하늘과 땅 사이에는 정말 많은 게 있지 학교에서 배운 것만으로는 꿈도 꿀 수 없을 정도로. – 세익스피어

■ ■ ■

동양의 유가(儒家)에서는 천지만물 가운데 오직 인간만이 가장 귀한 존재라고 했다(天地之間萬物之中 惟人而最貴 · 童蒙先習). 그리스의 철학자 프로타고라스(Protagoras; 481 ~ 411 · B.C.)는"인간은 만물의 척도이다(Man is the measure of all things)." 라고 했다.

지구환경이 종말로 치닫게 된 원인은 기계론적인 우주관을 참 진리로 믿고 그 이론을 바탕으로 자연을 정복하려고 한 인간의 오만으로부터 시작된 것이다. 자연은 결코 분석하고 정복할 대상이 아니었음에도 불구하고 서구의 과학자들은 우주 자연과 인간은 동일한 생명체요 지구와 인간은 공생체이기 때문에 지구가 멸망의 위기에 처하면 인류도 종말을 고할 수밖에 없다는 창조적 생명 법칙을 도외시했다.

지구에는 오대양 육대주가 있고, 우주에는 오운육기(五運六氣)가 있듯이 인간에게는 오장육부가 있다. 인간의 뼈는 산맥이요, 혈관은 강과 하천이며 털과 머리카락은 산과 들의 초목이며, 피부는 옥토를 상징한다. 바닷물이 지구의 70%를 차지하듯이 우리 몸도 물이 70%를 차지하고 있으며, 우리 몸에 흐르는 피도 바닷물처럼 염분으로 구성되어 있다. 하늘과 땅은 양과 음이니 남자와 여자가 양과 음이다. 지구가 기울어 4계절이 생기듯, 심장도 인체의 정중앙에 있지 않고 왼쪽으로 기울어져서 네 가지 체질(태음, 태양, 소음, 소양 등)이 생겨났다.

우주에 셀 수 없는 에너지(파동, 주파수, 기 등)의 흐름이 있는 것처럼 인간의 몸속에도 셀 수 없는 에너지의 흐름이 있다. 우리 몸속에는 우주의 비밀이 모두 들어 있다. 우주가 곧 나 자신이고 내가 곧 우주다. 1년에 12달 365일이 있듯이 우리의 몸에는 12경락과 365경혈이 있다. 1년을 24절기로 나누듯이 사람의 뼈도 24갈비뼈와 365골절로 나누어져 있으며, 우주에 60조가 넘는 별이 있듯이 인체에도 60조가 넘는 세포가 있다. 우주의 심장은 블랙홀과 화이트홀이다. 그것의 모양 또한 인간의 심장과 동일하게 생겼으며 내뿜고 빨아들이는 음양운동으로 우주가 숨 쉬고 있는 것 또한 심장의 박동시스템과 동일하다. 하늘에 해와 달이 있듯이 사람에게는 두 눈이 있고, 하늘에 밤과 낮이 있는 것처럼 사람도 잘 때와 깰 때가 있다. 하늘에 천둥과 번개가 있듯이 사람에게는 기쁨과 분노가 있고, 하늘에 비와 이슬이 있듯이 사람에게는 콧물과 눈물이 있다. (138)

생물학적으로 인간은 척추동물문(脊椎動物門), 포유강(哺乳綱), 영장목(靈長目)에 속하는 사람과(科)로 분류된다. 두발로 직립보행(二足 直立步行)한다는 점과 여러 신체적 특징, 그리고 독특한 생활방법인 문화를 지닌다는 점에서 다른 동물과 구별된다. 인간은 60억×10억×10억 개의 원자(60조가 넘는 세포)로 이루어진 생물체이며, 인체의 구성 원소는 다른 동물과 별 차이가 없다. 산소 65%, 탄소 18%, 수소 10% 외에 질소 3%, 인 1%, 칼륨 0.35%, 염소 0.15%, 나트륨 0.15%, 마그네슘 0.05%, 황 0.25%, 칼슘 1.6%, 철 0.008%, 요오드 0.00004% 등 13가지 원소로 되어 있다.

인간의 몸이 완성되려면 260개의 뼈와 4~6 리터 정도의 혈액, $2m^2$의 피부, 약 500만 가닥의 털, 6~7kg의 지방, 649개의 근육과 10만 km의 혈관 등이 필요하다. 또한 신체의 각종 기관인 심장 1개, 폐 2개, 신장 2개, 위 1개, 간 1개, 6~7m의 소장도 있어야 한다. 손톱, 발톱, 머리 부분의 눈, 코, 귀, 입술, 치아, 뇌 등 여러 기관들이 필요하다.

심장은 하루에 1만 번 정도, 호흡은 23,000번 정도 작동하는데 생명이 유지되는 한, 단 한 번도 그 운동을 멈추지 않는다. 신체는 뛰어난 방어기능과 조절기능을 가지며 일생동안 40kg의 표피를 스스로 생성, 사용하고 버리며, 하루에 0.25리터의 땀을 분비한다. 눈, 귀, 코, 혀, 피부 등의 감각능력은 어떤 첨단 기계보다 섬세하며, 인간의 후각은 무려 4,000여 가지의 냄새를 식별한다. 더욱 놀라운 것은 전세계 70억 명(UN이 2011년 말 기준 추계 세계인구 6,974,360,000명, 통계청 추계 2011년 말 한국인구 48,989,000명)의 인간 중에서 나와 똑같은 사람은 없다는 사실이다. "세상에 하나 뿐인 존재"인 것은 우선 모든 사람의 손 끝 무늬인 지문이 다르고, 눈 속에 있는 홍채가 다르고, 특정 바이러스나 알레르기에 반응하는 면역체계 또한 다르다. 목소리의 고유톤이 구분되고, 글씨체 또한 다르고, 머리카락도 다르다. 같은 부모가 여러 명의 자녀를 낳아도 같은 유전자를 가진 아이를 낳을 확률은 1,000조분의 1이다.

사람이 지을 수 있는 표정은 무려 7,000여 가지이며, 이 표정들은 자신이 파악하기도 전에 놀라운 속도로 얼굴 위에 나타났다가 사라진다.

뇌 속에는 무려 1,000억 개의 신경세포, 즉 뉴런(neuron)이 만들어져 있다. 우리의 뇌는 학습하면서 스스로를 업그레이드 하는 놀라운 능력이 있다. 지금 이

순간에도 우리 뇌의 신경회로, 즉 시냅스(synapse)는 끊임없이 활동한다. 책을 읽거나 텔레비전을 보거나 대화를 하거나 하는 등의 어떤 경로를 통해 새로운 정보를 받으면, 뇌는 그것을 토대로 자신을 업그레이드 한다. 신경회로의 변화는 수치로 환산할 수 없을 정도로 엄청나다. 한 사람의 뇌가 만들어 낼 수 있는 조합은 우주의 원자 개수보다 더 많다. 갓 태어난 아기의 뇌는 생존본능과 관련된 몇 가지 기능만 타고난 상태이다. 하지만 세상의 빛을 만난 순간부터 여러 가지 감각을 통해 다양한 경험을 하게 되고, 이 경험은 매우 빠른 속도로 뉴런을 생성하고 각각의 회로를 연결하여 정보를 전달하고 기억을 저장한다. 뇌의 기능 또한 빠르게 발달해 만 3세 아이의 뇌는 어른 뇌의 70~80% 까지 따라 잡을 만큼 성장한다. 그리고 뇌가 자라는 만큼 자신의 정체성을 인식하는 것도 더 한 발 가까워진다.

사람의 뇌는 크게 8부분으로 구성되어 있다. 대뇌(대뇌의 오른쪽을 우뇌, 왼쪽을 좌뇌라 함), 소뇌, 뇌간, 대뇌피질, 전두엽, 두정엽, 측두엽, 후두엽 등 8부분이며 이 중 전두엽은 대뇌피질에서 가장 중요한 지적인 기능을 담당한다. 창의적인 기능, 종합적 사고기능이 전두엽에 가장 많이 몰려있다. 전두엽은 어떤 상황이 위험한지 아닌지 여부를 결정하고, 계획을 세우거나 목표지향적인 행위를 주관한다. 만약 전두엽이 손상되면 계획을 세우거나 복잡한 행동이나 아이디어를 구상하는 일이 불가능하고 새로운 환경에 적응하지 못하게 된다. (363)

2010년 5월 출판된 책 《감춰진 생물들의 치명적 사생활》이라는 책에서 저자 마티크럼프는 "인체 내에는 최소한 90조 개의 세균이 있는데, 이들은 대부분 한쪽만 이득을 보고, 다른 쪽은 이득도 손해도 보지 않는 공생방식, 즉 편리공생의 형태로 기생하면서 우리 체중의 10%를 차지하고 있다"고 밝히고 있다. 인간의 탄생에 대해 성경(창세기 2 : 7)에서는 "여호와 하나님이 흙으로 사람을 지으시고 생기를 그 코에 불어 넣으시니 사람이 생령(生靈)이 된지라(the LORD God formed the man from the dust of the ground and breathed into his nostrils the breath of life, and the man became a living being · 창세기 2 : 7)"라고 인류 첫 창조의 상황을 기술하고 있다.

인류의 진화는 지금부터 약 6,000만 년 전 신생대 초기에 존재했던 반원류(半猿類)와 원류(猿類)로부터 갈라져 나와 신생대 제4기인 지금부터 약 200만 년 전

플라이스토세(홍적세)에 나타난 원인(猿人), 원인(原人), 구인(舊人), 현생인류를 단계적 시원(始原)으로 본다.

제1간빙기 이전인 약 200만 년 전 동아프리카의 진잔트로프스를 가장 원시적인 인류로 보고 있다. 그런데 2009년 10월 사이언스지는 440만 년 전 인류의 조상인 아르디피테쿠스 라미두스(Ardipithecus ramidus), 일명 아르디(Ardi)의 모습을 복원하여 공개했다. 아르디는 지금까지 발견된 가장 오래된 호미니드(사람과의 동물)로 120cm의 키에 50kg의 몸무게를 가진 여성이다.

과학자들은 인류의 어머니인 아르디가 살던 환경이 풀이 자라나는 삼림지대이며, 아르디는 남자와 짝을 이루고 살며 아이들을 길렀을 것이라고 한다. (567)

자바의 피터칸트로프스, 중국의 시난트로프스(北京原人)로 대표되는 원인(原人)은 40만년 내지 50만 년 전 원인이며, 구인은 곧 네안데르탈인으로 제 3간빙기에서 제 4간빙기 초에 걸쳐 살았다. 오늘날의 현생인류와 동류인 신인(新人)은 호모 사피엔스(Homo sapiens)이다. 인류의 진화단계를 원인(猿人), 원인(原人), 구인(舊人), 신인(新人)으로 구분했을 때, 가장 진화한 단계가 호모 사피엔스(지혜 있는 인간이라는 뜻)이다. 대체로 4~5만 년 전부터 지구상에 널리 분포되어 후기석기문화를 가지며, 농경 · 목축이라는 혁명적 생산수단을 발명하여 마침내 문명의 꽃을 피우기 시작했다.

인류의 조상으로 추정되는 화석유골 2구(약 20세 여성 1구, 8~9세 남자아이 1구)가 언론에 공개됐다. 남아프리카 공화국에서 발견된 이 유골들의 명칭은 오스트랄로피테쿠스 세디바(Australopithecus sediba)이다. 발견자들은 오스트랄로피테쿠스 세디바가 약 190만 년 전에 생존했으며, 원인(猿人; 유인원의 특징을 많이 지닌 고대 인류의 조상. 주로 오스트랄로피테쿠스속을 말한다)과 고대 인류(Homo Erectus 등 호모속 고대 인류)의 연결고리라고 주장하고 있다. (568)

현재 논란이 있기는 하지만 기존의 통설은 인류가 오스트랄로피테쿠스 아파렌시스(인류 직계조상인 猿人) → 호모 하빌리스(Homo Habillis; 1959 탄자니아에서 발견된 고대 인류로 약 240만 년 전 출현한 것으로 추정한다) → 호모 에렉투스(Homo Erectus; 약 180만 년 전에 출현한 것으로 추정되는 고대 인류. 불을 사용하는 등 인류와 근접한 생활을 했을 것으로 추정한다) → 인류의 단계를 밟아 진화했다고 한다.

인류사의 여러 수수께끼들이 최근 유전자 분석이라는 신무기로 잇달아 베일을 벗고 있다. 과학자들은 컴퓨터와 유전자 분석기(sequencer)로 인류의 오랜 수수께끼들을 하나씩 밝혀내고 있다.

스페인 그라나다대 연구팀은 400만 년 전의 고대 인류 치아 화석 속에 들어있는 유전자를 분석, 현생 인류가 고대 인류 중 인류에 가장 가까운 네안데르탈인과 약 100만 년 전에 분화된 것으로 나타났다고 밝혔다. 이는 당초 알려진 것보다 50만년이나 앞선 것이라고 한다. (569)

또한 미국의 과학전문지 네이처(Nature 2010.8.11)는 인류의 석기 사용연대가 지금까지 알려진 250만 년 보다 90만 년이 늘어난 340만 년 전으로 추정된다는 연구결과를 소개하고 있다.

캐나다 몬트리올대 연구팀이 인간 염색체에서 발견된 특이한 디엔에이(DNA)가 네안데르탈인의 게놈(유전정보의 집합체)에서 비롯했다는 연구결과를 영국 옥스퍼드대 월간학술지 《분자생물학과 진화》 최신호에 발표했다고 과학저널〈디스커버리〉가 2011년 7월 18일 보도했다. 네안데르탈인은 80만~40만 년 전 아프리카를 떠나 유럽과 서아시아 지역에서 번성하다 3만 년 전께 갑자기 사라진, 사람속(HOMO 屬)의 일종이다. 반면 현생 인류는 8만~5만 년 전 아프리카를 떠난 것으로 추정된다. 연구팀을 이끈 다미앙라부다 박사는 "이번 연구 결과는 두 종이 피를 섞었다는 가설을 확증하는 것이며, 그런 이종교배는 주로 중동지역에서 이뤄졌다"고 밝혔다. 미국 유전학자 닉 패터슨도"하플로타입의 존재는 현생인류의 조상과 네안데르탈인의 피가 섞였기 때문이라는 데 의심의 여지가 거의 없다"고 평가했다. 학계에선 네안데르탈인이 현생인류의 직계조상인 호모 사피엔스의 아종(亞種)인지, 전혀 다른 종인지를 놓고 이견이 맞서왔다. 이번 연구결과는 그 둘이 유전자 교환을 통한 번식이 가능한 동종에 속한다는 점을 시사한다. (570)

레이 커즈와일(Ray Kurzweil), 빌 매키븐(Bill Mckibben) 등의 미래학자나 트랜스 휴머니스트(Transhumanist; 인간이 기술을 통해 진화하거나 주어진 물리적 한계를 초월할 수 있다고 주장하는 학자)들은 인류의 과학기술능력이 앞으로 20~30년 후 부터는 인간의 수명이 무한히 늘어나갈 것이며 인류도 호모 사피엔스 단계를 지나 트랜스휴먼(Transhuman; 기술을 통해 지적, 육체적 능력이 혁명적으로 진화된 인간, 포스트 휴먼으로 가는 중간 단계), 포스트휴먼(Posthuman; 20~30년 후의 미래에 나타날 불로장생하는 새로운 인간으로 늙지도 병들지도 않으며, 생물학적 한계를 뛰어넘는 인간)단계로 진화한다고 한다.

인류의 진화전문가인 베네수엘라의 미래학자 호세 코르데이로(Jose Cordeiro, 44)박사는 우리가 죽기 전에 불로불사의 신인류 시대가 올 것이라고 한다.

과학기술의 발달과 인류의 지혜는 오늘날 인류 삶의 수준을 크게 끌어올려 놓았다. 선진국들은 1인당 국민소득이 3만 달러, 5만 달러를 넘어섰고, IT, BT, NT, GT(Green Technology)시대를 구가하고 있으며, 수십 년 내에 불로장생의 세상을 만들 것을 꿈꾸고 있다. 그러나 이와 같은 통념(conventional wisdom)에 대해 세계적인 석학들인 조지프 나이 하버드대 교수와 대니얼 드레즈너 터프스대 교수 등은 ①경제성장이 계속되지는 않을 것이며, 금세기 내에 성장이 멈추게 될지도 모른다. ②중국의 부상이 전쟁으로 이어지지는 않을 것이다 ③은퇴연령은 낮은 게 아니라 높다 ④각종 보안조치가 우리를 더 안전하게 만들지는 못한다. ⑤개별국가의 주권은 약해지기는커녕 오히려 강화됐다 등 11가지를 지적하면서 마지막 12번째 주장은 "그래도 통념은 여전히 옳다"고 지적했다. (571)

반면 후진 빈곤국가에서는 국민소득이 100달러도 못되고, 끼니도 제대로 먹지 못하고, 먹는 물까지 부족한 상태에서 허덕이고 있다. 이와 같은 빈부국간의 격차와 갈등 외에도 아직도 계속되고 있는 전쟁과 살상과 파괴, 그리고 환경파괴와 자원부족, 지진 · 해일 등의 천재지변으로 인한 참화와 참상이 매일 거듭되고 있다. 자유 · 평화 · 평등 · 생존과 번영, 행복 등의 문제가 해결되어 70억의 모든 인류가 인간으로서의 인권과 존엄성을 누리며 자유와 평화 속에 행복한 삶을 구가하려면 더 많은 시간, 그리고 인류의 사랑과 지혜가 열리도록 더 많은 범세계적 노력들을 기울여 나가야 하겠다.

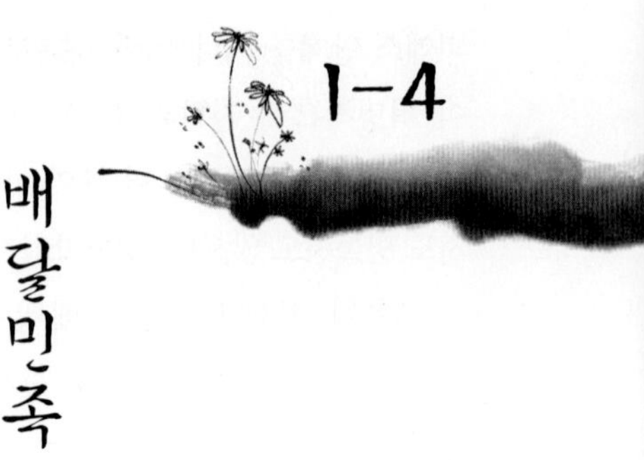

배달민족

휘날리는 태극기

작사, 작곡 정동주

휘날리는 태극기는 우리들의 표상이다
힘차게 약진하는 우리 대한민국이다
너도 나도 손을 잡고 광명으로 보존하자
청년아 나가자 민국번영에
힘차게 울리어라 평화의 종을
우리는 백의 민족 단군의 자손

휘날리는 태극기는 우리들의 표상이다
유구하고 청사깊은 반만년의 무궁화꽃

숭고한 금수강산 자손만대 계승하자
나가자 겨레야 국토통일에
힘차게 울리어라 평화의 종을
우리는 백의민족 단군의 자손

□ 홍익인간(弘益人間), 그것은 사랑이요 자비요 인(仁)이요 큰 나눔이다. - 조영재

□ 소매가 길어야 춤이 잘되고, 밑천이 많아야 장사가 잘된다(長袖善舞 多 · 善賈). - 《한비자》

□ 자기를 수양하고 남을 탓하지 아니하면, 어려움에 처하는 일을 면하게 된다(修己而不責人 則免於難). - 《좌전(左傳)》

□ 생각의 힘, 생각하는 모든 것은 현실이 된다. - 용문 채규덕

□ 아무리 큰 공간 설사 그것이 하늘과 땅 사이일 지라도 사랑은 모든 것을 메울 수 있다. - 괴테

□ 역사는 영원히 되풀이된다. - 투키디데스

□ 역사는 과거와 현재의 끊임없는 대화이다. - 에드워드 H.카

□ 역사는 모든 것을 미래까지도 가르쳐준다. - 라마르틴

■ ■ ■

우리 배달민족(倍達民族)은 시들거나 넘어질 줄 모르고 뜨겁게 다시 솟는 태양 같은 푸른 민족이다. 우리 민족은 역사 이래 6 · 25를 빼더라도 931회(대륙방면 침범 438회, 해양방면 침범 493회)의 외침을 받았으나 쓰러지지 않았고, 100년 전 민족말살을 위해 식민역사까지 다시 쓰게 했던 일본 제국주의의 살인적 만행 앞에서도 굴하지 않고 다시 일어섰다. 1919년 3 · 1 독립만세운동을 비롯하여 광복군 부대의 청산리 전투, 안중근 의사의 동양침략자 이등박문 참살, 이봉창 의사의 일본 천황 저격 등 끝없는 자존의 투쟁을 통해 민족정기를 되살려 왔다. 또한 해방된 지 64년인 2009년 11월 25일, 한국은 경제협력개발기구(OECD) 개발원조위원회(DAC)에 가입, 24번째 회원국이 됨으로써 공식적으로 선진국이 되었다. 원조를 받던 나라에서 주는 나라가 된 것이다.

한편, 김연아 · 박태환 · 추신수 · 이정수 · 모태범 · 이승훈 · 이상화 · 곽윤

기 · 김성일 · 성시백 · 이은별 · 이호석 · 박승희 등 젊은 메달리스트들은 2010년 벤쿠버 동계 올림픽과 2008년 북경올림픽에서 대한민국을 세계의 스포츠 강국 대열에 올려놓음으로써 5천만 국민들을 행복의 세계로 끌어올려 놓았다.

오늘날 지구상에는 각기 다른 역사적 · 문화적 전통을 지닌 3천여 민족이 살고 있다고 한다. 그러나 우리 민족처럼 유구한 역사 문화적 전통을 지닌 민족은 많지 않다. 우리 배달민족의 뿌리와 시원(始原)과 역사를 보는 입장과 시각은 여러 가지가 있을 수 있다. 민족사관, 식민사관, 실증사관, 주체사관, 사대사관 등의 시각 그리고 강단사학적 입장, 재야사학적 입장 등이다. 어느 입장을 취하던 과거의 문헌사료나 유적 · 유물 등의 실증적 자료가 일부라도 있다면 민족의 올바른 역사를 밝혀본다는 차원에서 관계 자료와 사료 등을 적극적으로 살펴볼 필요가 있다.

고금의 문헌과 민족사학자들이 주장하는 찬란 · 웅대했던 우리 민족 고대사를 보자. 일부 사학자들의 주장, 삼국사기(三國史記), 삼국유사(三國遺事), 환단고기(桓檀古記 · 계연수), 단기고사(檀記古史 · 발해 대야발), 조선상고사(朝鮮上古史 · 신채호), 고조선연구(古朝鮮硏究 · 정인보), 배달민족사(倍達民族史 · 안호상), 한민족의 뿌리사상(송호수), 징심록부도지(澄心錄符都誌 · 신라 박제상), 태백일사(太白逸史 · 이맥), 환단고기(임승국 역), 고대 배달문명과 우주의 비밀(서천복) 등 한국의 문헌, 중국과 일본 쪽의 문헌인 사기(史記), 수서(隨書), 당서(唐書), 양서(梁書), 만주원류고(滿洲源流考), 상서(尙書), 대변경(大辯經), 고사변(古史辯), 맹자(孟子), 일본서기(日本書紀) 등을 토대로 인류창세에 관한 이야기와 우리 민족 고대사에 관한 이야기들을 다시 살펴본다.

태초의 인류 탄생은 "여와신이 흙으로 사람 형상을 만들고, 혼을 불어 넣어 7일 만에 이루어 마쳤다(女渦鍊造成而注之魂七日而成 · 한민족의 뿌리사상)"고 한다. 그리고 지금부터 21,960여 년 전인 제4빙하기 이후에 나반(那般)과 아만(阿曼)이 최초에 천하(天河)의 동서에 있다가 칠월칠석날 만나 오색인종을 낳았다고 한다. (《한민족의 뿌리사상》이 신사기 인용)

민족사학계에서는 배달민족 상고사(上古史)를 황궁선조(9200~8199 B.C.), 유인선조(8199~7199 B.C.), 환국(7199~3898 B.C.), 배달제국(3898~2333 B.C.), 단군조선 제국(2333~238 B.C.) 등으로 서술하고 있다.

배달민족의 뿌리는 기원전 9,200년경 파밀고원 북동쪽 천산주 지역을 다스린 민족의 직계 조상인 황궁천인(黃穹天人) 선조이다. 황궁천인께서는 네 분의 천인(天人; 인류 4대문명의 시조)들이 각각 운해주(파밀고원 동쪽), 성생주(파밀고원 남쪽), 월식주(파밀고원 서쪽)와 천산주(天山洲; 파밀고원 북동쪽)로 분거할 때 각각에게 천지의 이치와 다스림의 근본이 들어 있는 통치의 신표인 천부3인(天符三印 · 천부조화경, 천부교화경, 천부치화경)을 나누어 주고, 황궁천인께서는 자신의 후손들을 이끌고 가장 험난한 천산주에 자리를 잡고 무리를 다스리게 되었다. (315)

이때가 지금으로부터 11,200여 년 전이다. 이 때, 인간들의 잘못으로 인하여 더럽혀진 마고성(麻姑城)을 씻어내기 위하여 "마고(麻姑)께서 천수(天水; 하늘의 물)를 사용하여 운해주, 월식주에 대홍수가 일어났고 그로 인해 지구의 중심이 이울어져 삭(朔)과 판(板)의 현상(6개월은 낮, 6개월은 밤)이 시작되었다. (381)

황궁천인 선조는 통치의 신표인 천부인을 장자인 유인 선조에 물려주어 다스리다가 B.C. 7199년 유인 선조는 다시 장자인 환인천제(桓因天帝) 안파견(安巴堅)에게 물려주었다. 안파견 환인께서는 천산에 거하면서 환국(桓國 7199~3898 B.C.)을 세워 다스렸는바 환국에는 12개의 작은 나라들이 있었으니 비리국, 양운국, 구막한국, 구다천국, 일군국, 우루국(또는 필라국), 객현한국, 구모액국, 매구여국(또는 직구다국), 사납아국, 선비이국(또는 시위국), 수밀이국이다. 나라 전체의 크기는 남북이 5만 리, 동서가 2만 리나 되는 방대한 나라였다.

환국에는 5색인종(황인족, 백인족, 현인족, 적인족, 남인족)이 함께 살았으며 오훈(五訓)의 율법이 있었다. 오훈의 율법은 첫째 율법이 성신불위(誠信不僞; 너희는 성실하고 거짓이 없게 하라), 둘째 경근불태(敬勤不怠; 부지런하여 게으름이 없게 하라), 셋째 효순불위(孝順不違; 효도하여 부모님의 뜻을 어기지 않게 하라), 넷째 염의불음(廉義不淫; 깨끗하고 정의로워 음란하지 않게 하라), 다섯째 겸화불투(謙和不鬪 ; 겸손하고 온화하여 서로 간에 다툼이 없게 하라) 이었다.

환국에서는 위아래 차등이 없게 했고, 남녀권리가 평등했으며, 노소가 화락하고 순리가 통해 병이 생기지 않았고, 원통한 일이 있으면 풀어주고, 유비무환으로 만백성이 감화했고 사해의 백성들이 찾아 돌아왔다 한다.

환국은 안파견 환인 뒤를 이어 혁서(赫胥), 고시리(古是利), 주우양(朱于襄),

석제임(釋提壬), 구을리(邱乙利), 지위리(智爲利) 환인 등 7세 3,301년간 다스렸다.

배달제국은 환국의 마지막 임금인 지위리 환인이 후손에게 천부인을 넘겨주니 이분이 거발한(居發桓) 환웅(桓雄)이다.

천부인을 물려받은 거발한 환웅은 지금부터 6,200여 년 전(3898 B.C.)에 배달제국(倍達帝國; 3898~2333 B.C.)을 세워 사람들에게 하늘의 교훈, 즉 개천(開天)의 이념을 가르쳤다.

먼저 무여율법(無餘律法) 4조를 제정하여 백성들이 착한 행실을 하고, 악한 자는 귀양 보내거나 태워 없애버리게 했다. 또한 궁실을 짓고, 배를 만들어 순행하고, 화식하는 법을 가르치고, 1년의 역법(365일 5시간 48분 46초 = 365.242199074일로 현대 역법의 수와 정확히 일치함)을 제정하고, 풍백(風伯), 우사(雨師), 운사(雲師)의 직책을 임명하여 곡식, 형벌, 질병 등 인간의 366가지를 주관하도록 했다. (315)

이때 소도(蘇途)와 네 집이 한 우물(井)을 사용하고, 스무 집이 세금을 함께 내게 하여 화평하고, 해마다 풍년이 들어 곡식이 산과 같았다. 이에 백성들이 태백환무(太白歡舞)의 노래를 지었다 한다. 환웅 천황은 구전으로 전해오던 천부인을 신하인 신지 혁덕(神誌 赫德)에게 명하여 문자(녹도 문자; 鹿圖 文字)로도 제정하게 하고, 인륜의 길인 삼륜(三倫; 愛倫, 禮倫, 道倫)과 아홉 가지 맹서(盟誓)를 지키도록 가르쳤다.

배달제국의 14대 천황인 치우천황은 공손 헌원(公孫 軒轅; 중국의 시조왕인 黃帝의 이름)을 탁록(啄鹿)의 뜰 지역에서 괴멸시켰다. 사기(史記) 등의 기록에 의하면 탁록의 전투에서 치우천황에게 패퇴한 황제 헌원은 그가 세상을 마치도록 일찍이 편안한 베개에 눕지를 못했다 한다. 치우천황 때에는 수도를 대능하(大凌河) 유역인 청구(青邱)로 옮겨 황하를 중심으로 하북, 산동, 강소, 절강 지역을 회척(恢拓)하여 "해동산북 천왕관경(海東山北 天王管境; 바이칼호 동쪽 회계산 북쪽이 모두 천왕이 다스리는 땅이다)을 구가하게 되었다. (353)

배달제국은 1,565년간 18분의 환웅 천황이 다스렸으며, 2333 B.C. 거불단(居弗檀) 환웅이 웅씨족의 비왕(裨王)으로 있던 아들 왕검(王儉)에게 나라를 넘기니, 왕검께서 37세 되던 해에 배달제국 뒤를 이어 단군조선제국(檀君朝鮮帝國; 고조선 2333~238 B.C.)을 세우셨다.

단군조선제국은 4,300여 년전 배달제국의 18세 환웅인 거불단 환웅으로부터 천부인을 물려받은 단군왕검이 B.C. 2333년, 즉 단기(檀紀)1년에 아사달(阿斯達; 송호수 박사는 아사달이 하얼빈이라고 함)의 단목(檀木)에서 세운 나라이다.

필자가 이 책을 쓰기 시작한 서기 2011년 개천절(開天節 · the National Foundation Day)인 10월 3일 오늘은 단기 4344년 10월 3일이다. 오늘은 바로 환인천제께서 환국(桓國)을 세우신 날을 기준으로 하면 환기(桓紀)9210년, 환웅천제께서 배달제국을 맨 처음 세우신 날을 기준으로 하면 개천(開天) 5909년, 단군왕검께서 단군조선 제국을 세우신 날을 기준으로 하면 단기 4344주년이 되는 날이다. 앞으로 우리 배달민족의 건국연도, 즉 대한민국의 기원(紀元 · an era)을 단군천황이 고조선을 건국한 해를 기준하여 단기(檀紀)로 할 것인가, 환웅천황이 배달제국을 건국한 개천(開天)으로 할 것인가, 환인천제가 환국을 건국한 환기(桓紀)로 할 것인가도 다시 한 번 논의 · 검토되어야 한다. 다시 말해 서기 2012년인 올해를 단기 4345년으로 할 것인가, 개천 5910년으로 할 것인가, 환기 9210년으로 할 것인가의 문제를 관련문헌 등 역사적인 증거사료를 가지고 학계의 충분한 논의를 거쳐 다시 정해야 할 것이다. 필자는 개천 5910년이 고증될 수 있다면 그 기준이 좋을 것으로 본다.

단군왕검은 거불단 환웅과 웅씨족의 왕녀 경도씨(慶都氏) 사이에서 B.C. 2370년 5월 2일 신단수 밑에서 태어나셨다.

조선제국의 제1세 단군이신 왕검께서는 배달제국의 옛 지역을 통일하고 진한(眞韓) · 번한(番韓) · 마한(馬韓)의 삼한으로 나누어 통치했는데, 이중 진한은 중앙정부인 왕검께서 직접 다스렸고, 분국인 번한은 배달제국 치우천황의 후손인 치두남(蚩頭南; B.C. 2333~? 재위)에게 다스리게 했으며, 마한은 웅백다(熊伯多; 2333~2278 B.C. 재위 55년)에게 맡기어 다스리게 했다.

그리고 재위 원년에 8조의 율법을 제정하여 천하에 조서를 내리고 다스렸다. 서기 2012년인 지금부터 4,345년 전에 내린 8조의 율법 요지는 ①마음을 깨끗하고 정성스럽게 하고 ②하늘 법과 인심은 하나이며 ③너희는 어버이로부터 어버이는 하늘로부터 태어났으니 충효할 것 ④부부는 화합할 것 ⑤형제는 우애할 것 ⑥겸양하고 정직할 것 ⑦인간과 만물을 사랑할 것 ⑧약자를 돕고 악행하지 말 것 등이다.

B.C. 2181년 제3세 가륵(嘉勒) 단군께서 을보륵(乙普勒) 박사에게 국문을 만들게 했는데 이것이 가림토(加臨土)인 국문정음(國文正音) 38자이다.

이 가림토가 삼천오백년 후 세종대왕께서 훈민정음을 창제하는 원문이 되었는데 조선왕조실록에도 '한글의 모양은 옛 글자를 모방했다' 고 기록된 바 있다.

가림토 38자 중 훈민정음 28자와 같은 모양의 글자가 20여자가 되는 것을 보면 알 수 있다. 어떻든 우리 한글은 신비한 문자이며, 자음과 모음의 위치를 바꾸어 만들 수 있는 글자가 무려 일만 일천자에 이른다고 한다.

B.C. 1282년 제22세 색불루(索弗婁) 단군 재위 시에는 백성들에게 예의, 농사짓는 방법, 누에치는 법, 베 짜는 법, 활쏘기, 글쓰기 등을 가르치도록 했다.

①사람을 죽인 자는 사형에 처하고 ②도둑질한 자는 노비로 삼고 ③사람을 상하게 한 자는 곡식으로 죄 값을 치르게 하는 등 「8조의 금법(禁法)」을 만들어 시행케 했다. 단군조선 제국은 47세 단군이신 고열가 왕검을 끝으로 47대 2,096년간의 치세로 마감하게 되었다.

이와 같은 단군조선, 즉 고조선의 역사에 대해 우리나라의 학계는 고증(考證)을 이유로 아직 명확한 답을 내놓지 못하고 있다. 이에 관해 최근 「대동강 문명권」이란 제목으로 신문에 보도된 기고내용을 보자.

「그런데 북한에서는 실로 명쾌한 답을 제시하고 있다. 단군은 실존 인물이고 고기(古記)에 나오는 평양은 곧 현재의 평양을 가리킨다. 1990년대 단군릉 일대를 발굴했을 때 약 5,000년 전 부부의 유골이 발견됐는데 이들이 바로 단군 부부로 밝혀졌다는 것이다. 더 나아가서 북한 학계는 평양일대에서 고인돌, 집터, 성터 등이 계속 발견되었으며, 이것들은 대동강 유역에 구석기시대부터 매우 발달한 고대 문화가 존재했다는 증거라고 설명한다. 예컨대 약 4,800년 전 고인돌 무덤에서 하늘의 별자리를 표시한 구멍들이 발견되었는데, 이는 세계의 다른 어느 지역보다 3,000년 정도 천문학이 앞선 증거라는 것이다.

우선 북한 학계가 자세한 발굴과정 보고서를 공개하지 않기 때문에 사실 자체를 명확하게 확인할 수는 없지만, 고대에 대동강 유역에서 선진문화가 발전해 있었던 것은 분명하다. 문제는 북한이 이를 과장하여 '대동강 문명권' 을 설정하고 이것이 세계 5대 문명중 하나라고 주장하는 점이다. 이는 세계사 교과서에서 흔히 거론하는 세계 4대 문명론을 수정하는 놀라운 주장이다. '민족의 성지' 인 대동강 유역은 고대 이집트 문명권이나 중국의 황하 문명권과 어깨를 나란히 하는 세계 최선진 지역으로 자리매김 되었다. 우리민족의 역사를 찬미하는 데에 반대할 생각은 없지만 이건 아무래도 너무 무리한 주장이라는 느낌을 지울 수 없다.' (968)」

단군신화는 삼국유사와 제왕운기를 통해 널리 알려졌지만 단군이 나라를 세운 날, 즉 개천절을 알려주는 자료는 단군교의 후신 대종교에 전해 오는 '삼일신고봉장기(三一神誥奉藏記)' 다.

대종교 기본 경전인 삼일신고가 전해진 경위를 밝힌 이 글은 발해 때 만들어졌다고 한다. 거기에 "한배검(단군)이 무진년(戊辰年) 상달(음력 10월) 초사흗날에 신령한 대궐에 거동하사 삼일신고를 가르쳤다"는 대목을 건국으로 본 것이다.

일제 강점기 개천절은 민족의식을 높이는 데 큰 역할을 했다. 해방 후 정부는 1949년 개천절(10월 3일)을 4대 국경일의 하나로 선포하면서 양력으로 바꿔 매년 날짜가 달라지지 않도록 했다.

일본에도 개천절 비슷한 날이 있다. 메이지 정부는 1872년 일본서기(日本書記) 등 고대기록에 근거해 초대 천황 진무(神武)가 즉위했다는 2월 11일을 기원절(紀元節)로 정해 대대적으로 기념했다. 기원절은 2차 대전 패전 후 1948년 폐지됐지만 1967년 '건국기념일' 로 부활했다. 개천절은 꼭 단군이 나라를 세운 날이어서 기념하는 것은 아니다. 조상들이 오랜 세월 단군을 받들어 왔고, 그런 믿음이 어려울 때 우리를 하나로 묶어 주는 힘이었기에 의미가 있다. 그런 힘은 21세기에도 여전히 필요하다. (969)

단군조선 제국 치세가 끝난 단기 2571년(AD 238) 이후 통일신라가 시작된 단기 3009년(AD 676)까지 약 400여 년 동안 배달민족은 부여, 고구려, 백제, 신라, 발해 등으로 나뉘면서 이웃 배달민족 또는 이민족과의 흥망을 건 싸움을 계속했다.

여기 배달민족 혼의 고향인 고구려 건국이야기 한 토막을 보자.

《삼국사기》와 〈광개토대왕비〉에 의하면 고구려는 시조인 동명성왕(東明聖王 · 재위 BC 37 ~ BC 19) 주몽(朱蒙)에 의해 BC 37년에 건국, 한반도북부 · 만주지역 · 중국일부를 지배하다가 28대 보장왕 27년 AD 668년에 나당연합군에 의해 패망했다. 주몽은 천제의 아들 해모수(解慕漱)와 태양신 하백(河伯)의 딸 유화(柳花)사이에서 알로 태어났다고 전한다.

신용하 교수는 "고조선 건국 주도 세력은 한강에서 농사짓던 韓부족"이라고 저서에서 다음과 같이 주장했다. "고조선은 한강을 중심으로 한 한(韓)부족이 만주지역의 예(濊)부족·맥(貊)부족과 연합해서 세운 국가로 '한(韓)' 부족은 대대로 고조선의 제왕을 배출하면서 국가 형성을 주도했다."

신용하 교수는 고조선(古朝鮮)의 기원을 다룬 연구서 《고조선 국가형성의 사회사》에서 "한강 유역에서는 B.C. 1만년쯤부터 단립(短粒)벼를 선택해서 전기 신석기시대(B.C 1만년~B.C. 6000년)에 이미 농경생활이 시작됐다"고 주장한다. 농경생활의 도구인 '뾰족밑 빗살무늬토기' 도 '한(韓)' 부족이 발명해서 사용했다는 것이다. 한반도에서 '뾰족밑 빗살무늬토기' 가 출토된 곳은 남쪽으로는 남해안과 낙동강 유역에서 북으로는 청천강까지, 동으로는 강원도 양양 오산리까지 퍼져 있는데, 그 중앙 지점이 한강 유역이다. 신 교수는 한강에서 발굴된 '뾰족밑 빗살무늬토기' 는 늦게 잡아도 B.C. 6500년 ~ B.C. 5000년경에 사용됐다며 B.C. 5000년으로 추정하는 기존 학계보다 1,500년 정도 올려 잡는다. 신 교수는 '한(韓)' 부족은 태양을 숭배했고, 천손(天孫) 의식을 가졌으며, 남성 군장(君長)의 지휘를 받는 부계(父系) 부족공동체 사회였으며, 왕을 '한', '가한' 이라고 부르고 기원을 만든 부족이었다고 설명한다. 신용하 교수의 "한부족 고조선 주도설"은 고고학 발굴 성과에 크게 의존하고 있다.

우리나라에서 가장 오래된 노(櫓)가 발굴됐다. 경남 창녕군 비봉리 패총(사적 제486호) 일대를 조사 중인 국립김해박물관은 "약 7,000년 전인 신석기시대의 노를 발굴했다"고 2010년 8월 밝혔다.

노는 2004년 1차 조사에서 8,000년 전 배가 출토된 지점에서 동북쪽으로 9m 떨어진 장소에서 나왔다. 당시 배에 딸린 노는 발견되지 않았다. 노는 온전한 모습으로 발견됐으며 전체 길이 181cm, 자루 66cm, 물갈퀴 115cm이다. 김해박물관은 "비봉리 일대는 강물과 바닷물이 드나들면서 퇴적돼 수분을 유지하고 있기 때문에 목제 노가 잘 보존될 수 있었다"며 "이번에 발굴된 노는 1차 조사에서 확보한 배와 함께 신석기시대 생활상 및 배와 노의 기원을 연구하는 데 도움이 될 것"이라고 밝혔다. (982)

여러 학자들의 주장을 종합해보면 우리 민족은 천손민족이며, 홍익인간 정신 · 다물정신(다물이란 고토 수복의 뜻) · 화랑정신 · 자주정신 · 저항정신 · 의병정신 · 화백회의 · 삼강오륜 · 천지인 사상 · 조의선인 사상 · 사해동포 정신 · 만인평등 · 남녀동권 등의 정신과 전통을 계승해오고 있다고 한다.

그리고 일부 국내학자 그리고 중, 일, 러시아의 일부 학자들에 의하면 중국이 자국의 고대 황제 등의 통치자나 학자 등으로 생각하는 소호금천씨(少昊金天氏), 요(堯), 순(舜), 맹자(孟子), 공자(孔子) 등이 동이족, 즉 우리 배달민족이라는 주장을 하고 있다.

그리고 많은 학자들이 고대 이래 같은 시대의 중국의 역대 왕조들은 300년도 못 가 전부 망했는데, 같은 시대 우리나라(배달제국, 단국조선 제국 등)는 수천 년의 긴 역사를 간직한 채 그 광활한 지역을 어떻게 통치할 수 있었느냐에 대한 의문을 갖는다. 그것은 위대한 민족의 정신과 통치철학이 있었기 때문에 가능했던 것이다. 그 정신이 바로 홍익인간(弘益人間), 즉 '널리 사람들을 크게 이롭게 한다' 는 정신이다. (389)

홍익인간이란 용어는 삼국유사(三國遺事)에 처음 등장한다. 환인이 환웅을 불러놓고 삼위산과 태백산 일대가 홍익인간할 수 있는 곳이니 너희가 가서 다스리라 하면서, 무리 3천 명과 통치자의 신표로 천부3인을 주어서 보냈다는 것이다. (389)

홍익인간은 환인, 환웅, 단군에게 계승되어 오늘날 대한민국까지 계승되어 온 우리 배달민족의 철학이며, 통치이념인 것이다.

루마니아의 게오르규(Gheorghiu 1916~?) 신부는 "홍익인간이란 단군의 통치이념은 이 지구상에서 가장 강력한 법률이며 가장 완전한 법률"이라고 지난 1986년 4월 18일자 프랑스의 유력한 주간지 '라프레스 프랑세스' 지를 통해 발표한 바 있다.

신부의 신분으로 왜 모세의 10계명이 아닌 홍익인간 정신을 가장 완전하다고 했을까? 그는 또 우리나라에 다녀가면서 "한국 민족이 낳은 홍익인간 사상은 미래 21세기의 태평양 시대를 주도할 세계의 지도 사상이다"라고 역설한 바 있다.

홍익인간이란 큰사랑 정신으로 인(人)은 인야(仁也)라 했는데 인(仁)보다 더 큰 사랑 정신이다. 석가는 자비(慈悲)로, 예수는 박애(博愛)로 인간애를 베풀었다. 성인 공자는 사람이 인(仁)을 이루기가 얼마나 어려운가를 설명하고 있다.

"시퍼런 칼날 위에도 설 수 있으나 인(仁)을 이룰 수는 없다"고 했으니 인(仁)을 이루기가 얼마나 어렵다는 표현인가?

인(仁)이란 사람의 사랑이다. 너와 나와의 진정한 이해와 협력의 사랑이다. 나아가 인류애이며 부모자식간의 사랑이다. 이보다 더 큰 사랑은 인간에게는 없다.

홍익인간이란 그러한 사랑보다 더 큰 지신(地神)의 만물지모(萬物之母)로서의 한없는 사랑이며, 이 사랑보다 더 큰 천신(天神)의 사랑이다. 곧 하느님 사랑이다. 인신(人神), 지신(地神), 천신(天神)의 사랑, 즉 천지인(天地人)을 통합한 사랑정신이 곧 홍익인간 정신이다. (370)

유교에서 말하는 '사람이 지켜야 할 다섯 가지 도리' 인 오륜(五倫) 즉, 군신유의, 부자유친, 부부유별, 장유유서, 붕우유신(君臣有義, 父子有親, 夫婦有別, 長幼有序, 朋友有信)도 순(舜)임금이 글(契)을 불러 사도(司徒; 문교장관)를 명하고 인간에게 윤리를 가르치라 해서 만들었다는 것인데 글(契)은 동이족이고 순임금도 동이족이라는 것이다. 《맹자》에 보면 순임금이 "저풍(諸馮)에서 태어나 부하(負夏) 땅에 옮겨 살다가 명조에서 죽었는데 그는 동이족이다"라고 했다. 결국 오륜을 만든 글이나 명령한 순임금 모두 동이족이니 결국 삼강오륜의 출처는 동이문화, 즉 배달민족의 문화인 것이다. (389)

동이족, 즉 배달민족의 나라였던 배달제국, 단군조선, 고구려, 부여, 백제, 신라 등이 한 때 또는 오랜 기간 중국과 일본의 옛 영토 상당부분을 지배한 적이 있다는 사실은 여러 문헌에 나온다.

태양 안에서 산다는 세발 달린 까마귀를 말하는 상상의 새 삼족오(三足烏) 벽화를 많이 남긴 고구려 광개토대왕 등의 국토 개척사는 잘 알려진 바다.

여기서는 백제가 중국과 일본을 점령했었다는 AD 6세기 전후의 문헌기록 두 가지만 소개한다.

당나라 때 지은 주서(周書)에는 "백제가 진(晉), 송(宋), 제(齊), 양(梁)나라 적엔 중국(中原)의 양자강 왼쪽(北쪽)을 차지했다가, 후위(後魏; AD 6세기) 당시에는 중국(中原) 전체를 차지했다(百濟 自晉宋齊梁據江左 後魏宅中原 · 周書卷四十九)"고 기록되어 있고, 당서(唐書)에는 "백제가 서녘바다를 건너 중국 남녘인 월주(越州, 江蘇省, 浙江省)를, 또 남녘바다를 건너 일본을 차지했다.(唐書日 百濟

西渡海至越州 宋祈新書曰 百濟西界至越州 南倭皆渝海 · 文獻備考 卷十四, 歷代國境二, 百濟)"고 했다. (79)

일부 학자들 주장대로 라면 우리 배달민족은 민족의 최초 조상이신 황궁천인(黃穹天人) 선조로부터는 11,200여년, 환국(桓國)을 세우신 안파견 환인천제(安巴堅 桓因天帝)로부터는 9,200여년, 배달제국(倍達帝國)을 세우신 거발한(居發桓) 환웅(桓雄)으로부터는 5,900여년, 단군조선 제국(檀君朝鮮帝國)을 세우신 단군왕검(檀君王儉)으로부터는 4,345년의 장구한 역사를 이어왔다.

신채호(申采浩, 1880~1936) 선생은 우리 역사를 "아(我)와 비아(非我)의 투쟁(鬪爭)의 역사(歷史)"라고 말한 바 있다.

때로는 청(淸)의 침략군 앞에 항복한 일(1637.1.30. 인조가 청군의 살육, 강탈 등 백성피해를 줄이기 위해 남한산성에서 나와 삼전도(三田渡)에서 청태종(淸太宗) 앞에 항복한 굴욕의 역사), 그리고 1910년 일본 제국주의 세력에 의해 강제합병 당한 일도 있었으나, 배달민족은 유구한 세월 동안 930여 회의 주변 강대국과의 존망을 건 투쟁을 하면서 민족의 얼과 문화와 역사를 면면히 지켜왔다. 이것은 열강의 침략에 맞서 민족의 자존과 평화를 지키려는 끝없는 자주독립의 정신, 곧 저항정신의 발로라고 평가하지 않을 수 없다.

한국의 민족성에는 무서운 잠재력이 있다. 1900년대 초반 영국 일간 '데일리 메일' 의 특파원으로 두 차례 한국에 와서 러일전쟁과 3 · 1운동을 취재한 뒤 《대한제국의 비극》과 《한국의 독립운동》 등의 책을 낸 바 있는 프레드릭 매킨지는 저서에서 한국 · 한국인에 대해 다음과 같이 썼다.

"짧은 기간 한국을 돌아본 사람들은 사회적인 모순만을 보게 돼 반감과 공포로 가득 차게 된다. 그러나 한국 사람들을 좀 더 알게 되면 그들이야 말로 친절하고 악의를 모르며, 천진난만하고 진리를 탐구하며, 또 매우 사랑스럽고도 정을 느끼게 하는 성품을 갖고 있다는 사실을 깨닫게 된다. 이것은 내 생생한 경험담이다. (중략) 나보다도 한국인을 더 잘 아는 사람들과 이야기하다 보면 내 생각이 조금도 틀림없다는 걸 알게 된다. 한국인은 기회만 주어지면 무엇이든지 할 수 있는 사람들이다. 일본은 애초부터 한국인을 경멸했다. 나무꾼이나 지게꾼으로밖에는 쓸모가 없는 사람들로 만들려고 했다. 한국인의 민족적 이상을 말살시켜 일본인으로 만들되 지배계급과는 다른 열등한 일본인으로 만들려고 했다. 1910

~1919년 일본의 제국주의 통치는 무자비했다. 이 시기 조선총독부 총독이었던 데라우치 마사타케(寺內正毅)는 '한국인은 집어삼켜 씨를 말려야 할 민족'이라고 공공연히 말했다." (983)

《나의 심장은 코리아로 벅차오른다》의 저자 함영준은 한국인에게는 두 가지 피가 흐른다고 썼다. "하나는 만주 대륙을 호령하던 북방 몽골계 적손으로서 선천적으로 유전화한 '전사(fighter) 기질'이요, 다른 하나는 한반도 농경사회에서 중국과의 교류를 통해 후천적으로 체득화한 '선비(scholar)기질'이다. 이 두 가지 피가 어떻게 결합되느냐에 따라 한국인의 삶과 역사가 결정되었다.(434)

'전사기질', '선비기질' 외에 홍익인간 정신을 바탕으로 하는 '민주시민의식'을 키워나가야 한다. 정직하고, 진실하고, 법과 약속을 잘 지키고, 이웃과 함께 가는 삶의 자세. 이 시민의식이야말로 글로벌시대, 행복시대에 가장 필요한 정신이고 삶의 자세인 것이다.

한국인의 머리는 세계 최고수준이다.

지능지수(IQ)테스트를 하면 한국인은 항상 전세계에서 1, 2위를 다툰다. 2004년 스위스 취리히 대학에서 세계 180개국 국민들의 평균 IQ를 측정한 결과 한국인이 106으로 1위, 일본 2위 105, 3위 타이완 104이다. 2003년 영국 얼스터대학과 핀란드 헬싱키대학이 185개국을 조사한 결과 1위가 홍콩 107, 2위 한국 106, 3위가 일본 · 북한 105순으로 나타났다.

국제 올림피아드 · 바둑 등에서 한국인의 머리가 좋은 이유에 대해 전문가들은 3가지 이유를 든다. 세계적으로 우수한 한글, 교육열, 그리고 학문을 숭상하는 문화전통이다. 이는 한국인의 선비기질을 보여주는 좋은 증거이다. (434)

여러 학자들이 21세기를 한국 최대의 국운 융성기로 보고 있다.

2002년 2월부터 중국 사회과학원을 주축으로 중국은 동북공정(東北工程, 東北邊疆歷史與現狀系列硏究工程의 줄임말; 동북 변경지역의 역사와 현상에 관한 체계적인 연구 과제), 하상주단대공정(夏商周斷代工程) 등을 추진하고 있다.

그런데 이것들은 오랜 기간 만주 · 요하 · 송화강 일대 중원을 누볐던 우리 동이족 배달민족의 역사인 고조선 · 고구려 · 발해 등 주변 민족의 역사를 중국의 역사에 편입하려고 시도하고 있는 것이라 한다. 최근 조선일보는 "중정부, 2004년 합의 깨고 고구려 역사 왜곡"이라는 제목으로 다음과 같이 보도했다.

「중국은 외국인들이 자주 찾는 재외공관의 홈페이지에 버젓이 고구려사를 자신들의 역사로 소개해 놓았다. 주(駐)프랑스 · 호주 · 우크라이나 대사관은 "고구려는 중국 고대 변방의 소수 민족 정권"이라고 기술했다. 이 가운데 주호주대사관은 "고구려는 중국 역사상 중원 왕조 관할 범위 내에서 주로 활동했으며, 역대 왕조와 종속관계를 유지하며 중원 왕조의 제약과 관할을 받았던 지방정권"이라고 주장했다. 중국관영 CCTV는 홈페이지에 '중국 고구려 왕성' 이란 제목의 기사에서 고구려의 첫 도읍지 졸본성(卒本城)을 "중국 고구려 왕성"이라고 소개하고 "고구려는 중국 고대 변경의 소수민족 정권"이라고 주장했다.

고구려사 왜곡은 중국이 2002년부터 중국 국경 안에서 전개된 모든 역사를 중국사로 편입시키기 위해 추진해 온 '동북공정' 의 핵심 내용이다. 중국 정부가 국가기관 홈페이지에 동북공정을 홍보하면서 왜곡된 우리나라 역사를 기술하는 것은 2004년 8월 한 · 중 양국 간에 맺은 '구두양해사항' 합의에 어긋난다. 양국은 당시 외교 차관 간에 중국 정부 차원의 고구려사 왜곡 중지와 시정 추진, 고구려사 문제의 해결 및 동 문제의 정치화 방지 노력 등에 합의했었다.」 (조선 2011.9.19 최현묵 기자)

이는 중국과 중국 역사학계에 대한 국제적 신뢰를 떨어뜨리는 어리석은 짓이라고 하지 않을 수 없다. 역사에 대한 고증, 재평가, 수정 등은 충분한 객관적 사실의 뒷받침과 세계 학계의 공인을 받은 후 이루어져야 하기 때문이다. 민족과 국가의 역사란 어느 일방이 강제로 다른 나라, 다른 민족의 이름과 역사를 지우고, 자신들의 역사라고 넣고 빼고 할 수 있는 것이 아니다. 중국 동북공정이 기도하고 있는 동이 배달민족 역사에 대한 왜곡, 편입 시도는 후일 중국이라는 문명국가의 위신에 커다란 오점으로 작용할 것이라고 필자는 생각한다. 세계문명시대로 가고 있는 지금 중국정부는 깊이 생각해야 할 것이다.

2002년 한일 양국 정상의 합의로 설치되었던 한일역사 공동위원회의 제2기 활동결과보고(2010.3.)에서 일본군 위안부 문제 등 여러 문제와 함께 일본이 한국 침략을 정당화하기 위해 조작, 주장해오던 "임나일본부설이 잘못된 것"으로 한일 양측 참가진이 의견 접근을 보고 있다고 한일 언론들은 보도하고 있다.

고대 이래로 수천 년 동안 각축의 역사를 벌여왔던 한중, 한일, 중일 간의 지난 역사에 대한 재정립 문제는 한중일 간 또는 한중일러 간 지난 역사 재평가와 재정립을 위한 긴 여정의 공동 노력들을 요구하고 있다. 21세기는 인류 평화, 인류 화합, 인류 문명의 세기가 되어야 하며, 앞으로 인류는 민족 간, 종교 간, 국가 간의 갈등과 살육의 전쟁을 지양하고 공생, 공영, 공존하면서 공동 행복을 위한 평화의 세계사를 써나가야 하기 때문이다.

배달민족의 과거 역사가 영광이었든 치욕이었든 이제 지난날의 역사는 역사로 돌려야 한다. 인류공동 문명 시대, 글로벌 협력의 시대, 인류 행복의 시대, 만국 평화 · 세계 평화의 시대를 여는데 배달민족, 그리고 대한민국 국민이 홍익인간의 정신으로 앞에 서자. 이 길이 배달민족 60여 년의 한이 돼 온 남북통일을 앞당기고, 200만의 다문화 가족을 따뜻하게 끌어안고, 지구상의 3천여 민족, 240여 나라가 함께 행복과 평화와 공존공영을 누리는 가장 좋은 길이라고 생각한다.

동아일보 보도(2009.12.11)에 의하면 일본인의 조상은 주로 한반도에서 건너간 사람들이었다는 사실이 대규모 유전자 조사에서 밝혀졌다고 한다.

인간게놈연구회(HUGO) 아시아지역 컨소시엄은 한국, 일본, 중국을 포함해 아시아 73개 민족의 염색체를 조사해 각 민족들의 이동 경로를 밝혀냈다고 한다. 이번 연구는 2004년부터 한국, 중국, 싱가포르 과학자들이 주도해 시작됐으며 일본, 필리핀, 태국 등 아시아 10개국 90여 명의 과학자가 참가했다. 이번 연구는 호모 사피엔스, 즉 10만여 년 전 아프리카에서 처음 등장한 현생 인류가 어떻게 아시아의 각 지역으로 퍼졌는지에 대한 것이다. 김형래 국립보건원장은 "각 민족의 염색체를 비교한 결과 중국에서 한반도, 다시 일본으로 인류의 이동 경로가 뚜렷하게 나타났다"고 밝혔다.

구체적으로는 알타이족이 중국을 거쳐 한반도에 정착한 뒤 다시 일본으로 이동했다는 뜻이다. 다만 일본에 이미 거주하고 있던 원주민과 한반도에서 건너간 사람들 사이에서 '민족 융합'이 일어났을 수는 있다. 김 원장은 "컨소시엄에 참가한 일본인 과학자들도 이런 사실을 다 인정했다"고 말했다.

프로젝트 당시 생명공학연구원에서 염색체 분석을 맡았던 박종화 테라젠 바이오 연구소장은 "한국인과 일본인, 중국인은 다른 민족과 비교했을 때 매우 닮았다"며 "연구마다 조금씩 다르지만 한국인과 중국인의 차이가 5%라면 일본인과는 4.2%에 불과하며 유럽인과는 58%나 차이가 난다"고 말했다. 중국과 일본과 한국은 전체 인류 안에서는 형제라고 할 정도로 유전자가 비슷하다는 뜻이다. 한국인은 경기도 안성과 안산시 주민 90여 명의 염색체를 분석했으며, 일본은 도쿄 오키나와 등에 사는 사람들을 조사했다. 그러나 이번 연구는 북방계 민족의 이동을 조사하지 않았다는 점에서 미완의 연구라는 지적도 있다. 컨소시엄에 몽골 등 중앙아시아와 북아시아 연구진이 참가하지 않았기 때문이다.

김 원장은 "다른 연구를 보면 현생 인류 일부가 북쪽으로 이동해 동아시아로 온 것도 맞을 것"이라며 "한국인은 남쪽과 북쪽에서 온 인류가 합쳐진 것으로 보인다"고 말했다. 한편 이번 연구에서는 또 언어를 공유하는 민족이 대체적으로 유전자가 비슷하다는 사실도 알아냈다. 이제 지난날 무력으로 이웃나라를 정복, 식민 지배하던 정복자의 시대는 끝났다. 앞으로 이웃나라보다 우위에 서고 대접받을 수 있는 길은 경제, 기술, 문화예술, 스포츠, 예의 도덕면에서 앞서 가는 것밖에 없다.

필자는 이 모든 것 중에서 과학기술이 가장 중요하다고 본다. 추월할 수 없는 월등한 기술력이야말로 경제력이며 국방력이며 국력이기 때문이다. 이제는 버튼 하나만 눌러 적과 적국을 초토화시킬 수 있는 신 과학기술 무력의 시대로 가고 있다. 미사일, 핵, 전자무기, 무인전투기 등 새로운 무기체계가 계속 개발되고 있다.

"美, 음속 10배 비행폭탄 시험 성공, 세계 어디든 1시간 내 정확히 폭격"

최근 신문은 위 제목의 기사에서 '미국이 곧 시속 마하 10이상의 정밀타격 비행폭탄을 개발하게 될 것' 이라고 다음과 같이 보도했다.

'마하10(시속 1만2000km)이상의 속도로 날아가 전 세계 어느 곳의 목표물도 1시간 내에 정밀 타격한다.' 미국이 추진하고 있는 이 같은 개념의 '신속 글로벌 타격(Prompt Global Strike · PGS)' 이 조만간 현실화될 것으로 보인다. 미국 국방부는 2011년 11월 17일(현지시각) 제어장치가 부착된 '극초음속 비행폭탄' (로봇폭탄)의 시험비행에 성공했다고 밝혔다. 극초음속(hypersonic)은 통상 마하 5(시속 6000km)이상을 뜻한다. (970)

적이 핵미사일을 발사하면 즉시 적국 내에서 그 핵미사일을 폭파시킬 수 있는 새로운 광(光)무기체계 등을 보유하고 있다면 누가 감히 그 나라를 상대로 전쟁을 일으킬 수 있겠는가?

어느 나라가 인간생활에 꼭 필요한 가장 편리하고 경제적인 특허기술을 가지고 있다면, 그 특허기술 또는 특허제품 등을 쓰고 싶은 나라는 상당한 로열티를 주고라도 그 기술 또는 제품을 사다 쓸 수밖에 없을 것이다.

기술과 제품에 대한 로열티야말로 현대의 국제관계에 있어 조공과 같은 의미를 갖는다고 할 수 있다. 종교, 인종, 자원확보 등을 이유로 하는 전쟁들이 아직도 일부지역에서 일어나고 있다. 그러나 이제 영토전쟁, 식민전쟁, 이념전쟁의 시대는 종말을 고했다고 본다. 그러나 기술전쟁, 경제전쟁, 문화예술 스포츠 전쟁은 더욱 소리 없이 가열되고 있다.

서기 1500년대 조선 명종시대, 1592년 임진왜란 발발을 정확히 예언했다는 역학의 대가 격암 남사고(格菴 南師古, 1509~1571) 선생의 격암유록(格菴遺錄)에 다음과 같은 기록이 있다.

동방조선에 크나 큰 운수가 돌아오네…

금수강산 우리 동방에 천하의 새기운이 모여 돌아오네.

태고 이후에 처음 있는 즐거운 도이네.

무궁화동산 조선이 처음으로 세계의 중심이 되네.

세계 모든 백성들이 부모의 나라로 섬기네.

만승천자가 나와 왕중왕이 되네

(回來朝鮮大運數 … 錦繡江山我東方 天下聚氣運回鮮 太古以後初樂道 始發中原槿花鮮 列邦諸民父母國 萬乘天子王之王…)

이 예언이 적중한다면, 필자는 그것이 우리나라가 세계 최고 유일의 기술들을 많이 개발, 그로 인해 세계 각국으로부터 존경을 받고 매년 수조억불의 특허기술 사용료를 우리나라에 바치는 상황일 것이라고 생각한다.

앞으로 그렇게 되어야 한다. 그렇게 되도록 우리 정부는 과학기술에 대한 파격적 지원과 육성책을 강구해야 한다. 과학기술부도 신설하여 부총리급을 장관으로 임명하고 과학기술에 관한 교육, 시험연구시설과 인력지원, 민간부문 과학기술투자에 대한 세제지원 등의 시책도 획기적으로 개선해 나가야 할 것이다.

언론보도(조선 2011.1.9)를 보면, 미국 외교전문지 포린폴리시의 분석에서 "다극화 시대… 다시 떠오르는 민족주의"를 지적하고 ①중국이 급부상하는 근본적 동력이 사회주의의 외형을 띠고 있지만 사실은 한(漢)족의 정체성에 기반 한 새로운 민족주의며 ②러시아도 푸틴 체제 이후 과거 레닌적 보편주의의 틀을 버리고 슬라브 민족주의, 퇴행적 제국주의로 회귀하고 있고 ③통합 유럽도 각기 민족주의로 회귀하고 있다고 지적하고 있다.

우리 한국 사람들이 우리 민족, 우리 고대사를 말할 때 너무 국수주의적인 민족 우월주의에 빠져서는 안 되겠다는 것을 지적하고 싶다.

민족사학자들의 주장처럼 우리 고대사가 사실이라면, 그것이야말로 자랑스럽고 가슴 뛰는 일이 아닐 수 없다. 그러나 역사는 역사고 과거는 과거다.

200만 다문화 가족들이 우리 국민이 되어 함께 살고 있고, 700만 재외 동포들이 세계 200여 개국에 나가 살고 있다. 이런 세계화 시대에 글로벌 시민의식에 걸맞는 사고와 언행이 필요하다고 본다. 우리가 국내외 학술활동을 펼치거나 공사간의 대화나 논술에서 근거자료 없이 배달민족의 역사를 너무 과장하거나 다른 나라 사람들이 공감하기 어려운 언행이 있어서는 곤란하다. 특히 외국인과의 대화나 저술, 학술발표 등을 할 때 이 점을 유념하는 것이 세계시민으로서의 에티켓이다.

조선일보 보도(2009.2.3)에 따르면 재미 사회학자 미국 스탠퍼드대 종신교수이며 아시아 태평양 연구소장을 맡고 있는 신기욱 박사는 “한국의 단일민족 의식은 한국에 배타성과 편협성을 가져왔고, 사상적 빈곤을 낳았으며, 남북에서 정치적 독재를 도왔다”, “한국은 이미 단일민족 사회가 아니다. 100만 명 넘는 외국인들이 살고 있다”는 요지의 말을 했다고 한다.

단일민족 의식은 다문화 가정시대에는 걸맞지 않는 의식이며, 학계 일부에서는 창의력 개발에 걸림돌이 된다고 지적한다.

글로벌시대인 오늘날의 창의력은 여러 가지 정보, 관념, 착상, 물질적 소재들이 결합되어야 새롭고 유용한 것을 만들어 낼 수 있는 힘이기 때문이다. 창의력은 인간 두뇌의 다양성을 필요로 하고, 여러 문화를 접촉, 여러 관점으로 사물을 관찰할 때 시너지효과가 촉진된다.

현재 세계 인구의 2.5%가 자기가 태어난 나라에 살지 않고 다른 나라에 산다. 미국은 국민의 10%, 호주는 22%, 캐나다는 18%가 다른 나라에서 태어난 사람들인 데 비해 한국은 고작 1.8%에 불과하다.

국제경영개발원(IMD)의 분석에 의하면 한국은 과거 10년 간 외국 문화를 포용하는 정도가 평균 53개국 조사대상국 중에서 49위에 불과하다.

최근의 글로벌시대는 기업 환경을 시장으로 보지 않고, 관계망 또는 네트워크로 본다. 이런 글로벌시대에서는 복합문화에 기초를 두고 국제적으로 네트워크를 만들어 신뢰를 구축하고 시너지효과를 창출하는 데서 기업이 성장할 수 있다.

한국이 선진국 중에서도 1등 국가가 되기 위해서는 단일민족이라는 의식구조를 지양하고, 다른 종족과 문화를 포용하고 개방하는 사회로 가야 한다는 지적(조선 2010.7.3)을 경청할 필요가 있다.

우리의 민족의식 문제는 시간을 가지고 학계와 시민단체 등이 좀 더 깊이 있는 검토를 할 필요가 있다. 대한민국이 2010년 11월 11일 「서울 G20 정상회의; G20 SEOUL SUMMIT 2010」를 개최하고, 같은 날에 세계최초로 서울에서 열린 세계 각국의 글로벌기업 CEO 120여 명의 모임인 「서울 비즈니스 서밋; SEOUL G20 BUSINESS SUMMIT」도 주최하는 등 글로벌리더국으로 가고 있는 오늘 21세기 지구촌 시대의 관점에서 지난날을 되돌아보고 민족문제에 대한 좌표를 재정립해야 할 것이다.

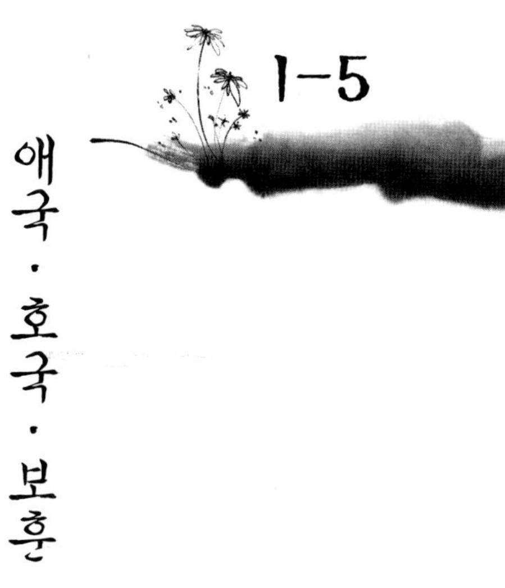

1-5 애국·호국·보훈

동작동 국군묘지

유안진

가장 소중한 것을 바치는 것보다
더 소중한 것은 없다
더 위대한 것도 없다
사람이라면 인간이라면
자식을 둔 어머니라면
한번쯤 도달했을 장엄한 이 전율

그대들 꽃같은 나이 앞에
살아 있음이 미안스럽고

살아 주절거려온 언어가 송구스럽고
해마다 현충일(顯忠日)에 늦잠 잔 것도 너무 죄스럽다

소쩍새 밤마다 목놓아 우는
동작동 바로 뒷동네 살면서.

- □ 신에게는 아직도 12척의 전선이 남아 있사오니 나아가 죽기로써 싸운다면 능히 해낼 수 있을 것입니다. – 충무공 이순신
- □ 나라 위해 몸바치는 것은 군인의 본분이다. – 안중근 의사
- □ 위대한 인물이 많은 나라가 위대한 나라이다. 위대한 인물은 반드시 조국을 위하여 조국의 생명의 피가 되어야 한다. – 이 준 열사
- □ 인간은 자기 자신만을 위하여 태어난 것이 아니라, 조국을 위하여 태어났다. – 플라톤
- □ 인간최고의 도덕은 무엇인가? 애국심이다. – 나폴레옹 보나빠르트
- □ 용기가 없는 곳엔 자유가 없다. 나라를 지키다 죽은 이에게 지상(至上)의 명예를 주는 나라야말로 가장 훌륭한 시민들이 다스리는 나라이다. – 페리클레스
- □ 국가를 위해서 죽는 것은 결코 비운(悲運)이 아니다. 그것은 하나의 아름다운 죽음으로서 스스로를 불멸의 것으로 만드는 것이다. –코르네이유
- □ 국가는 하루도 믿음이 없어서는 안 된다. – 아리스토텔레스
- □ 나라에 의가 지켜지지 않으면 비록 클지라도 반드시 망할 것이요, 사람에게 착한 뜻이 없으면 힘이 있을 지라도 반드시 상하고 말 것이다. – 《회남자》
- □ 조국을 위해 울 수 있는 국민이 있는 나라는 칠흑 같은 암흑 속에서도 기필코 일어 날 수 있다. – 페이턴
- □ 조국의 상실 이상 가는 슬픔은 없다. – 에우리피데스
- □ 국민 여러분! 국가(祖國)가 여러분을 위하여 무엇을 할 수 있는가를 묻지 말고 여러분이 조국을 위하여 무엇을 할 수 있는가를 물어야 합니다. – J · F · 케네디
- □ 조국이 위기에 처해 있을 때, 이를 슬퍼하지 않는 자는 조국을 사랑하지 않는 자이다. – 네크라소프
- □ 나는 내 조국이 옳기를 바란다. 하지만 옳거나 그르거나 나는 어쨌든 내 조국 편이다. – J.J.크리텐든
- □ 모든 국민은 각자 자기의 천직에 전력을 다하라. 이것이 조국에 봉사하는 것이다. – 괴테

□ 조국은 어머니보다도 아버지보다도 또 그 밖의 모든 조상들보다도 더욱 귀하고 더욱 숭고하고 더욱 신성한 것이다. 우리는 조국을 소중히 여기고 조국에 순종해야 한다. – 소크라테스

□ 애국심이란 그대가 이 나라에 태어났기 때문에 이 나라가 다른 어떤 나라보다도 고귀하고 우월하다는 그대의 신앙이다. – 버나드 쇼

□ 인간은 국가를 통해서만 그 행복을 궁극적으로 실현할 수 있다. – 플라톤

□ 위대한 덴마크의 건설은 위대한 국민정신의 건설에 있다. – 그룬트비히

□ 겨레여 우리에겐 조국이 있다. 내 사랑 바칠 곳은 오직 여기뿐 심장에 더운 피가 식을 때까지 즐거이 이 강산을 노래 부르자. – 이은상

□ 용서는 하지만 잊지는 말자. 과거를 망각한 자는 반드시 같은 잘못을 다시 범한다. – 독일 야드바셈 유대인 학살기념관

□ 애국심은 동포를 사랑하는 마음에서 가장 먼저 나오고 민족주의는 동포보다 다른 민족을 증오하는 마음에서 가장 먼저 나온다. – 샤를 드골

□ 선행을 표창하고 공훈을 기록해주는 것은 나라의 훌륭한 법전이다(褒善錄功 國之令典). – 왕안석

□ 충신은 두 임금을 섬기지 않고, 열녀는 지아비를 바꾸지 않는다(忠臣不事二君 烈女不更二夫). – 왕촉(王燭 중국 전국시대 제나라 대신)

□ 나는 다만 달릴 뿐이다. 내 조국 에티오피아가 시련을 이겨냈다는 사실을 전 세계에 알리고 싶었다. – 비킬라 아베베, 1960. 9. 1(로마 올림픽 마라톤 맨발의 금메달리스트)

■ ■ ■

애국(愛國 · love of one's country · patriotism)이란 말 그대로 자신의 나라를 사랑하는 것이다.

사랑하는 행위와 방법은 여러 가지가 있을 것이다. 마음 속 깊이 나라 잘 되기를 희구하며 기도하는 것도 애국이요, 수돗물 한 방울, 전기 한 등, 쌀 한 톨 아끼는 것도 애국이며, 국군병사가 되어 국토방위의 의무를 다하는 것도 애국이요, 아껴 쓰고 나누어 쓰고 바꾸어 쓰고 다시 쓰는 운동(아나바다 운동) 등 소비절약 운동에 솔선참여 하는 것들이 모두 크게 보면 모두 애국하는 마음의 발로라고 할 것이다.

나라의 주권과 독립을 위해 투쟁하고 목숨을 바치는 것, 나라를 지키기 위해 군인, 무사, 의병이 되어 싸우는 것도 애국이요, 국가의 명에 따라 외국에 파병되

어 국가의 명예를 걸고 그 외국의 주권을 지켜주기 위해 싸우는 것도 애국이다. 또한 민주와 자유, 그리고 경제발전을 위해 시민, 학생, 정치인, 기업인들이 헌신 노력하는 것 또한 애국이다.

마키아벨리는 국가의 존재이유는 개인과는 다르다는 전제 아래, 로마 공화국처럼 수호해야 할 충분한 가치를 가진 국가가 중대한 위협에 처했을 때 공화국 시민은 국가의 방어를 첫 번째 의무로 삼아야 함을 다음과 같이 역설했다.

"절대적으로 자기 조국의 안전이 걸린 문제일 때, 정당한가 정당하지 않은가, 자비로운가, 잔혹한가, 칭찬받을 가치가 있는가 치욕스러운가는 전적으로 고려할 필요가 없기 때문이다. 그 대신 모든 양심의 가책을 제쳐놓고 인간은 모름지기 어떤 계획이든, 조국의 생존과 조국의 자유를 유지하는 계획을 최대한 따라야 한다."

세계 역사상 유일하게 1세기 만에 국권회복, 민주주의, 경제발전, 선진국 진입 등을 동시에 이룩했고, 수백만 명이 희생된 6 · 25전쟁을 치러야 했던 대한민국은 최근 100년 동안에도 수백만의 애국충절들이 피를 흘려야만 했다.

500여 년 전인 1492년에 시작된 임진왜란 당시의 충무공 이순신 장군, 최초의 의병장이며 정암진 전투에서 왜군 2천명을 죽인 홍의장군(紅衣將軍) 곽재우, 고경명 · 조헌 · 권율, 그리고 1636년 병자호란 당시의 삼학사를 비롯한 수많은 충신 · 열사 · 의병 등 위국충절들이 피로써 대한민국을 지켰다. 1910년 한일합방 이후 100년 동안 수백만의 애국충절들이 목숨 바쳐 또다시 대한민국을 지켜주었다. 얼마나 처절하고 숙연하고 자랑스런 대한민국의 역사인가.

상해 임시정부 대통령을 지낸 민족사학자 박은식은 의병정신을 "우리민족의 본성(國性)"이라고 했다. 그는 우리가 어느 침략자에게도 정복당하거나 동화되지 않는 것은 바로 의병정신이 있었던 덕이라고 했다. 하얼빈에서 침략자 이토히로부미를 사살한 안중근 의사가 스스로 '대한의군 참모중장(大韓義軍 參謀中將)'이라고 부른 것도 의병정신의 연장이다.

영국언론인 매킨지는 한말 일제침략에 맞서는 의병을 취재해 이렇게 썼다. "그들은 몸은 허약하고 얼굴은 그을렸으며 피로해 보였다. 그러나 영롱한 눈초리와 자신만만한 미소를 보았을 때 나는 확연히 깨달았다. 그들은 애국심이 무엇인지 보여주고 있었다."

정부가 현충일(6월 6일)을 거국적으로 추념하고, 곽재우장군이 의병을 일으킨 1592년 4월 22일을 양력으로 환산한 6월 1일을 국가기념일인 '의병의 날'로 정한 것은 잘한 일이다.

충신(忠臣), 열사(烈士), 의사(義士), 의병(義兵), 애국지사(愛國志士), 독립투사(獨立鬪士), 학도의용군(學徒義勇軍), 전몰군경(戰歿軍警), 육탄용사(肉彈勇士) 등의 단어들은 우리 국민과 나라를 지키기 위해 몸 바쳐 투쟁한 애국과 호국(護國)의 영령(英靈)들에 대한 호칭들이다.

어느 나라이건 이와 같은 애국자들이 있는 한편, 자신을 위하여 나라와 겨레를 배반하고 국가의 주권(主權)이나 이권(利權)을 남의 나라에 팔아먹는 반역(反逆)과 매국(賣國)의 무리들도 있게 마련이다.

애국자가 될 것인가? 비애국자로 살 것인가? 반역의 무리가 될 것인가? 모든 사람들이 때때로 생각해 봐야 할 중요한 삶의 방향이라 할 것이다.

애국, 호국(참전자 포함) 등에 공이 있는 국가유공자 본인과 그 유족에 대해서는 국가보훈처에서 연금, 보훈보상금, 무공명예수당, 참전명예수당, 치료, 자녀 학습보조비 지급 등으로 지원하고 있다.

2011년 3월 31일 현재 그 세부 내용을 보면 다음과 같다. ①건국 훈포장 · 대통령 표창 받은 건국유공자 153명(유족 6,824명) ②전몰 순직과 전공상군경 · 무공수훈자 · 보국수훈자 · 재일학도의용군인 · 4.19혁명 희생자와 공로자 · 순직공상 공무원 · 특별공로 순직자 · 6.18 자유상이자 등이 총 324,195명(유족 127,184명 포함) ③6 · 25 참전 유공자 183,604명, 월남 참전유공자 139,075명 ④고엽제 후유(의)증 환자 총 103,537명 ⑤5 · 18 민주유공자중 사망 · 부상 · 행불자(197명) 포함 본인 및 유족 총 4,096명 ⑥특수임무 공로자 3,195명(유족 383명 포함) ⑦중장기 복무 제대 군인 45,762명 등으로 국가보훈처가 지원하고 있는 대상자는 본인 645,448명, 유족 164,953명으로 지원대상자는 총 810,441명이다.

대한민국 정부는 애국 및 호국 충절, 그리고 전몰, 순직, 공상 등의 군경과 공무원에 대하여 한정된 예산으로 연금, 학자금 등을 지원하고 있으며, 일제 강점기 해외에서 독립지사 또는 광복군 등으로 투쟁하다가 돌아가신 애국지사 중 시신 등 유해를 찾지 못해 국내로 모셔오지 못한 경우와, 6 · 25 참전 또는 월남 참전군인 중 유해를 찾지 못한 전몰장병들에 대한 유해 발굴노력을 계속하고 있다. 필자 또한 1990년대 초 국무총리실 사회복지심의관(당시 공무원 2급 이사관)으로 재직 당시 중국 상해 등에 모셔져 있던 임시정부 선열 10여 분의 유해를 당시 외무부, 국가보훈처, 국방부 등 관계부처가 협력하여 중국정부당국의 협조를 받아 조국 대한민국으로 모셔 와 서울 국립현충원에 모시는 일을 총괄 조정 · 지휘하여 성공리에 유해봉환이 이루어지도록 한 바 있었다.

대한민국이 다시는 외침이나 북한 공산주의자들에 의해 침략을 받아 국권이 무너지는 일이 없도록 하기 위하여, 그리고 우리 국민과 후손들이 한국인으로 태어난 것을 자랑스럽게 생각하고, 조국 대한민국을 위해 죽는 것이 결코 비운이 아니고 역사에 길이 추앙받는 가장 영광스러운 선택이었다고 생각하도록 하기 위하여 몇 가지 제언을 하고자 한다.

첫째, 일제로부터의 국권회복을 위해 싸우다 해외에서 순국한 안중근 의사를 비롯한 애국지사 등의 유해발굴과 조국으로의 봉환, 그리고 국내외 전투에서 산화 · 실종된 호국영령(護國英靈)들(2011.8.31현재 41,000여위)의 유해를 최후의 한 분까지 적극적으로 끝까지 찾아, 서울 · 대전 등의 국립현충원에 봉환 · 안장해 드려야 한다.

이명박 대통령이 현충일 추념사에서 밝힌 대로 과감하고 파격적인 '국가보훈발전 기본계획'을 새롭게 수립하여 독립유공자와 6 · 25 전사자, 그리고 월남전 등 해외 참전 전사자 · 실종자 등의 유해를 지속적으로 적극 발굴하여 국립현충원에 모심으로써 '국가를 위해 희생한 분은 국가가 끝까지 책임진다'는 국가적 의지를 실천으로 보여주어야 한다.

1차 대전 당시 전사한 호주의 군인 윌리엄 무어의 유해를 94년 만에 발굴하여 조국 호주의 전몰용사 공원묘지에 안장한 것(동아 2010.7.21), 미국이 1919년 1차대전 당시 프랑스에서 사망한 토머스 코스텔로(Costello) 일병의 유해를 91년 만에 발굴한 것, 6 · 25 참전 미군인 로버트 랑웰(Langwell) 해군 소위의 발굴한 유해를 한국군으로부터 인계받아 60년 만에 알링턴 국립묘지에 안장, 조국 미국의 품에 묻히게 한 것(조선 2010.8.2), 17세의 나이로 6 · 25 전쟁에 참전했다 사망한 머레이(Murray)상병 단 1명의 유해 환국과 안장을 위해 주(州)전역에 조기를 게양한 미국 웨스트버지니아주의 조치 등(조선 2011.8.22)은 '조국은 호국전사를 끝까지 잊지 않고 있다' 는 것을 보여준 감동적인 사례이다.

우리 정부당국도 애국과 호국 전사자들의 유해에 대해서는 '내 자식의 유해를 찾아야 한다' 는 부모 이상의 뜨거운 관심을 가지고 DNA분석 등 최신 감식기술을 동원하고, 유해발굴 사업예산을 늘려 적극적 · 지속적인 노력을 기울여야 할 것이다. 또한 2009년 5월 미국인들이 캘리포니아 주의 리버사이드 국립묘지에서 메모리얼데이(미국 현충일)를 앞두고 시민 300여 명이 참여해 그곳에 안장된 148,000명 모두의 이름을 부르는 자발적인 롤콜(roll call) 행사를 벌여, 자원봉사자들이 15분씩 번갈아 가며 24시간 내내 그들 영웅의 이름을 불렀다는데(조선 2010.4.5), 우리도 형식적인 소규모 행사보다는 서울과 대전에 안장되고 위패가 봉안된 22만여 명의 이름을 한 명 한 명 불러주는 가칭 '한국의 영웅 이름 부르는 날' 행사를 매년 한 번씩이라도 거행할 것을 제안한다.

둘째, 국가유공자 예우법, 참전유공자 예우법, 고엽제후유의증환자지원 등에 관한 법률, 518 민주화운동 유공자 예우법 등 보훈정책 관련법을 재검토하여 획기적인 예우 및 지원확대 방안을 마련하고 시행하여야 한다.

셋째, 국가유공자나 참전유공자 중 특히 사망자(순직자 포함), 중상자, 무공수훈자 등의 경우에는 그 유족들이 최소 3대까지는 중산층 평균소득 수준의 생활이 가능하도록 하고, 주택 · 교육 · 취업 등은 국가가 책임지는 적극적인 지원 대책을 세워야 한다. 최근 "가난한 건국 부통령 후손들... 며느리 · 손녀는 무허가 집에 거주, 독립운동 헌신 초대부통령 이시영 묘 국유지에 방치, 명문고 나온 손자들 돈 없어 대학 졸업 못해" 등의 보도내용(조선 2011.6.7)에 안타까움을 금할 수 없다.

또한 국가보훈처가 6 · 25때 전사한 오빠와 관련해 소송을 통해 보상금을 신청한 김명복 씨에게 2011년 4월 '고인에 대한 보상금 5,000원으로 결정됐다' 는 통지서를 보냈다가 국회 소관상임위의 권택기 국회의원이 "자장면 한 그릇 보다도 못한 사망보상금으로 전사자와 그 유가족에게 모욕을 주는 정부는 더 이상 정부가 아니다"고 지적한 후 당시 5,000원을 지금가치로 따져 900만원으로 보상금을 지급하기로 했다(조선 2011.10.18/11.26)는 소식 또한 참으로 어이없는 일이 아닐 수 없다.

넷째, 고엽제후유의증환자 본인과 2세 등에 대한 판정과 인정기준을 대폭 완화하여 국내 고엽제 피해자들의 고통을 덜어 주고, 베트남에서 태어나고 있는 고엽제로 인한 선천성 기형아들에 대한 해외원조협력사업(ODA)을 확대 적용하여 그들의 전쟁후유증 치유도 도와주는 인류애를 발휘해야 한다.

다섯째, 6 · 25전쟁(한국전쟁) 당시 참전하여 우리나라를 지켜준 미국을 비롯한 60개국(전투부대 파견 16개국, 의료지원 팀파견 5개국, 시설 · 물자지원은 전후복구 지원 7개국 포함 39개국으로 최종확인, 동아일보 2011.10.17)의 국민과 참전용사들에 대한 감사 · 보은의 마음과 정성을 더욱 기려나가야겠다. 현재 국가보훈처가 '유엔참전용사 재방한 행사', 'UN 참전국 청소년 초청 평화캠프' 등을 계속하고 있는 바, 이들 사업의 내실을 더 높여 나아가도록 예산지원을 늘려야 한다.

여섯째, 군복무 가산점 제도를 강화하고, 국가보훈처를 부로, 국가보훈부 장관은 국무위원급으로 격상 · 개칭하여야 한다.

일곱째, 6 · 25전쟁기간 중에 발생한 납북자(약 10만여 명)의 진상규명과 생사확인, 가족상봉, 송환(사망자는 유해) 관련 사업을 적극 추진해야 한다.

2011년 10월 이스라엘 정부가 2006년 팔레스타인 무장정파 하마스에 납치된 이스라엘의 길라드 살리트 병장(25세)을 넘겨받는 대신, 이스라엘에 수감된 팔레스타인 재소자 1,027명을 풀어주기로 했다. 이는 단 한명의 군인, 국민의 목숨도 포기하지 않는다는 이스라엘 정부의 대국민 약속을 지키기 위한 정책의지이다. (984)

"이스라엘 군의 인명중시 한국 국방부도 배워라"는 언론의 사설(매경 2011.10.14)내용을 우리 정부도 잘 헤아려 납북자 송환 정책에 반영시켜야 할 것이다.

여기 서울과 대전국립현충원에 있는 묘비명 몇 쪽을 적어 본다.

'얼마나 조국을 사랑했기에 청춘도 정든 임도 모두 버리고 그대 몸은 부서져 가루가 되고 피는 흘러 이슬이 되었거니 그대 흘린 피! 이 땅 적시어 생명되어 흐르리.'

'잘 다녀올 테니 아이들 잘 보살피고 몸조심하시라며 우리 세식구 남겨둔 채 입대하시던 당신 모습, 조국을 위해 청춘을 불사른 장하신 당신 명복을 빕니다!'

'너의 착하던 그 모습이 한 줌의 재로 돌아오다니.'

'그 어느 날 통일의 큰 꿈 이뤄져 평양 가는 첫 기차 서울 떠나는 기적소리 울릴 때 임이여 무덤 헤치고 일어나소서.'

우리 역사상 호국충절들은 참 많았다.

왜구의 침략 · 약탈에 고통 받는 것을 안타까워한 나머지 "내가 죽으면 동해바다에 묻어다오. 죽은 다음 바다의 용이 되어 나라를 지키겠다"고 하여 동해바다에 수중릉을 만들게 한 신라의 문무왕도 그 중의 하나이다.

임진, 정유 양란 중에 23전 23승의 전무후무한 해전사를 기록하고 명량해전에서 장렬하게 전사한 충무공 이순신 장군, 일편단심으로 나라를 섬기고 결코 두 마음을 품지 않은 신라의 '박제상' 이야기는 너무도 유명하다.

박제상은 왜국에 볼모로 억류되어 있는 내물왕의 셋째 아들인 미사흔(美斯欣)을 구출하기 위해 왜국으로 건너가서 온갖 고생 끝에 마침내 왕자를 탈출시키는데 성공했으나 자기 자신은 왜왕에게 잡혀 갔다.

이때 왜왕은 "네 어찌 몰래 왕자를 보냈느냐"하고 물으니, 박제상은 "나는 신라의 신하요, 왜국의 신하가 아니다. 이제 오직 우리 임금님의 뜻을 이루려고 한 것인데 어찌 그대에게 다시 무엇을 말하겠는가?"라고 대답했다. 이에 왜왕은 크게 화를 내며 "네 이미 나의 신하가 되었는데 신라의 신하라고 하느냐? 그렇다면 반드시 형을 쓸 것이요. 만일 왜국의 신하라고 한다면 반드시 녹을 후하게 주겠다"고 했다.

그러나 박제상은 "차라리 신라의 개나 돼지가 될지언정 왜국의 녹을 받고 싶지 않다"라고 대답했다. 왜왕은 대노하여 박제상의 다리의 가죽을 벗기고 갈대를 베어 그 위를 맨발로 걷게 하고(지금 갈대에 피 같은 흔적이 있는 것은 박제상의 피라고 전한다) 다시 "네가 어느 나라의 신하냐"고 묻자 "신라의 신하다"라고 대답했다. 또 시뻘겋게 달군 쇠위에 세우고 "네가 어느 나라의 신하이냐?"고 물었으나 역시 "신라의 신하다"라고 했다. 왜왕은 그를 굴복시킬 수 없음을 알고 기시마(木島)란 곳에서 불태워 죽였다. 이는 신의를 위해 목숨을 바쳐 충절을 다한 귀감이라고 하겠다. (311)

최근 언론에 보도된 국가보훈과 관련된 내용 몇 가지를 보자.

"2000년부터 서울 용산 전쟁기념관의 대리석벽에 전몰군경의 이름이 새겨졌다. 국군 · 경찰 17만 585명과 유엔군 3만 7,645명의 이름이다. 그제 이곳 3구역

103번 코너 대리석벽 46열과 47열에 여섯 용사의 이름이 더해졌다. 윤영하 소령, 한상국 상사, 조천형 중사, 황도현 중사, 서후원 중사, 박동혁 병장. 2002년 서해교전에서 순국한 해군 고속정 참수리 357호의 용사들이다.

여섯 용사들의 이름을 벽에 새기는 데는 반나절이면 충분했다. 그러나 그 이름들이 거기까지 오는 데엔 꼬박 5년이 걸렸다. 아테네의 장례식에서 웅변가 데모스테네스가 자랑스럽게 한 말을 새겨들어야 할 사람들이 많다. '전사자를 끝까지 예우하는 곳은 아테네뿐이며 그것이 아테네를 강하게 만든다.'" (971)

"잠시 우리 주변을 돌아보자."

생존해 있는 30여 만 명의 6 · 25전쟁 참전용사들에게는 2011년 12월 현재 월 8만원의 참전수당이 주어진다. 이들이 목숨 걸고 싸운 6 · 25전쟁은 해방전쟁으로 둔갑하고, 공산폭도를 진압했던 제주4 · 3사건은 민중항쟁으로 왜곡되고 있다. 최근 전역한 직업군인 80%는 본의 아니게 사오정이 되어 직업전선을 헤맨다.

이제 호국보훈의 달은 호국보훈의 정신을 기리는 일회성 행사 위주에서 구체적인 보훈정책을 가다듬는 계기로 발전되어야 한다. 선진국의 보훈정책 중 우리가 벤치마킹할 수 있는 제도를 찾아내고, 예산염출을 위한 국민적 공감대를 형성하는 장을 마련해야 한다.

예를 들어, 미국은 모든 제대군인에게 의료혜택, 공무원 임용시 우대, 대부지원 등이 주어지고, 연금은 기여금 없이 전액 국가가 부담한다. 캐나다는 이러한 기본혜택 외에 제대군인에 대한 토지분양 제도를 두고 정착을 지원한다. 호주는 연금은 기본이고, 자녀수당, 약제수당, 집세수당이 주어지며, 간호사의 방문간호는 물론, 헬기수송까지 지원한다.

혹자는 그들이야말로 부자나라이기 때문이라고 항변할 수도 있다. 그러나 국가예산에서 보훈예산이 차지하는 비율을 보면 호주는 5.0%, 독일은 3.0%를 상회하고, 미국은 2.5% 수준을 유지하고 있는 데 비해 우리나라는 1.7% 수준에 머물고 있다. 그만큼 호국보훈에 대한 우리의 정성이 부족하다는 방증이다.

참전 노병들은 현역 장병들의 자화상인 동시에 장차 현역을 지원할 젊은이들의 미래상이다.

보조금 8만원을 들고 파고다공원을 전전하는 참전용사를 보고 누가 유사시

전쟁터로 뛰어들려 하겠는가? 인생의 황금기에 사오정이 되어 직업전선을 헤매는 군의 간부들을 보고 누가 직업군인의 길을 걸으려 할 것인가?

"2011년 7월 13일 백악관에서 르로이 페트리 미군 상사에게 최고 무공훈장을 주는 수여식이 열렸다. 페트리 상사는 2008년 아프가니스탄 전장에서 동료에게 날아온 수류탄을 손으로 낚아채 동료들을 구하고 대신 자신의 오른팔을 잃었다. 오바마 대통령은 그의 차가운 금속의수(義手)와 손을 맞잡아 격려했다. CNN은 정규 뉴스를 중단하고 훈장수여식을 처음부터 끝까지 생중계 했다. 영국 윌리엄 왕자는 지난 4월 결혼식 때 아프간 전에서 큰 화상을 입은 병사를 초청했고, 순국군인들의 가족도 초대했다. 우리는 2002년 제 2연평해전 전사자 6명의 영결식 때 대통령은 물론 국무위원이 한명도 참석하지 않았다. 연평해전 기념식은 2008년에야 정부주관으로 치러졌다. 한 나라가 전쟁영웅을 비롯해 나라 위해 희생한 이들을 어떻게 대접하느냐를 보면 그 나라의 수준과 미래를 알 수 있다." (972)

"모름지기 부국의 원천은 강병이요, 강병의 뿌리는 보훈에 있음을 잊지 말자." (973)

"선진국에서 일상처럼 만나는 것이 참전용사와 전사자를 기리는 기념물입니다. 런던 중심가에는 2차 세계대전 전사자 기념비가 있고, 파리 개선문에는 1차 세계대전 참전 무명용사를 기리는 '영원한 불꽃'이 1년 내내 꺼지지 않습니다. 모스크바의 젊은이들은 결혼식을 마치고 크렘린 궁 근처의 무명용사 묘지를 가장 먼저 찾는다지요. 미국 버지니아주의 알링턴 국립묘지는 전몰장병 기념일(Memorial Day)이 되면 헌화하는 참배객들로 거대한 물결을 이룹니다. 미군 실종자 · 포로전담사령부(JPAC)는 매년 유해 발굴을 위해 1억 달러가 넘는 돈을 쏟아 붓습니다. 400여 명의 최정예 군인들이 세계 곳곳의 미군 전투지역에서 조사 · 발굴 작업을 합니다. 지난 4월에는 한국전쟁 당시 북한 땅에서 숨진 미군 유해 6구를 송환했지요. '그들이 집에 돌아올 때까지(Until they are home)'를 모토로 국가를 위해 목숨 바친 용사들과 그 가족들을 예우하는 것입니다." (366)

우리나라 청소년들은 모국에 대해 갖는 자긍심이 일본보다는 높지만 중국과 미국에 비해서는 낮은 것으로 나타났다. 전쟁이 나면 나라를 위해 싸우겠다는 청소년도 미국과 일본보다 많지만 중국보다는 적었다.

국가보훈처가 동서리서치에 의뢰해 2010년 9월 1일부터 10월 7일까지 한국, 미국, 일본, 중국 4개국의 초중고 청소년 600명씩을 대상으로 설문조사한 결과 '모국 국민이라는 사실에 얼마나 자긍심을 갖고 있는가?' 라는 질문에 응답한 점수가 중국은 84.2점, 미국은 70.6점, 한국 62.9점, 일본 55.3점을 기록했다.

'전쟁이 일어난다면 나라를 위해 싸우겠는가' 라는 질문에 중국 청소년들이 74.8점으로 가장 높았고 한국은 56.3점, 미국 49.7점, 일본 29.3점이었다.

'귀화, 국제결혼, 이민 등으로 새롭게 우리 사회 구성원이 된 사람들을 이웃이나 동료로 충분히 인정할 수 있는가' 라는 질문에는 한국이 71.3점으로 가장 높았고 중국(69.8점), 미국(64.6점), 일본(61.7점) 등의 순이었다. (974)

"미군의 전몰용사 예우"라는 제목의 조선일보 권경복 국제부차장의 '조선데스크' 에 실린 글 일부를 보자.

"몇 해 전 미 텍사스주 육군 3군단을 방문했을 때 참전용사의 유해를 운구했다는 영관급 장교를 만난 적이 있다. 그는 "전몰용사에 대한 예우는 진심을 담아야 한다"며 늘 두 가지 메시지를 명심한다고 했다. 하나는 '당신은 잊히지 않는다(You are not forgotten)' 이다. 다른 하나는 '우리는 당신을 결코 잊지 않을 것이다(We will never forget you)' 이다. 전자는 떠나는 전몰용사에게 보내는 마음이고, 후자는 남은 사람들이 가져야 할 마음가짐이다. 두 가지 마음이 합쳐져서 우러나오는 최상의 예우는 가슴 벅찬 모습일 수밖에 없다."

독립유공자 후손이 선대호국충열의 충혼을 기리기 위해 전재산을 바쳐 기념사업들을 한 미담이 있어 여기 적는다.

1920년 10월 21일부터 26일까지 중국길림성 화룡현 이도구와 삼도구 일대에서 대한독립군 1,500여명이 일제 정규군 2개사단 50,000여 명과의 전투에서 적 3,300여명을 살상, 대첩을 이끈 백야(白冶) 김좌진(金佐鎭)장군〔이 청산리대첩 이후 일제는 김좌진장군을 '북만(北滿)의 악마' 라고 했음〕의 손녀인 김을동 국회의원과 그 아들 송일국(MBC TV사극 '주몽' 으로 국민배우가 되었음)에 관한 이야기이다.

김을동 의원과 송일국 씨는 2005년 10월 당시 두 사람의 전재산 20여 억 원과 정부의 지원으로 백야께서 항일독립투쟁을 전개했던 중국 흑룡강성 해림시 해랑로 철남가에 「한중우의공원」을 조성하고, 그곳에 역사문화관 · 연수관 · 복지관 등을 지어 한국청소년들의 애국과 호국교육, 수련, 그리고 한중우호협력에 크게 기여하고 있다.

이 이야기는 필자가 중국 충칭시(重慶市) 역사탐방을 가서 현지에 있는 대한민국임시정부 청사와 독립군 총사령부 청사를 견학했을 때 임시정부 청사는 정부가 예산을 들여 깨끗하게 잘 보수·관리되고 있는데 반해, 총사령부 청사는 지저분한 음식점(휴업 중 이었음)으로 되어 있어 이 사실을 김을동의원께 전해 드리다가 알게 된 것이다.

11월 17일은 '순국선열의 날' 이다. 순국선열이라 함은 1905년 11월 17일 망국의 을사늑약이 체결된 날을 전후하여 1945년 8월 14일까지 국내외에서 조국독립을 위해 가족과 자신의 안위를 버리고 일제에 항거하다가 순국한 분들을 가리킨다. 순국선열의 날은 일제가 침탈한 국권을 회복하기 위해 소중한 생명을 바친 선열의 독립정신과 희생정신을 후세에 길이 전하고, 그분들의 얼과 위훈을 기리기 위한 법정기념일이다.

그리고 이날은 임시정부가 1939년 11월 21일 개회한 임시의정원 제31회 총회에서 차이석(車利錫)선생 등 6인이 "나라를 빼앗긴 치욕의 날을 절대 잊지 말고 독립의지를 다지며 순국선열의 숭고한 희생정신을 영원히 기억하자"고 발의하여 실질적인 망국일 11월 17일을 '순국선열공동기념일' 로 제정한 것이 그 효시이다.(975)

끝으로 펠로폰네소스 전쟁 당시 아테네의 정치가이자 웅변가인 페리클레스가 기원전 430년에 행한 전사자 추도연설 일부를 읽어 본다.

"…우리의 헌법은 이웃 나라들의 법과는 차원이 다릅니다. 우리는 다른 국가를 모방하기보다 그들에게 본보기가 되고 있습니다. 우리의 정부는 소수가 아니라 다수 편을 듭니다. 우리의 정부 체제를 민주주의라고 부르는 이유는 바로 그 때문입니다.… 지금까지 우리는 세상의 모든 바다와 육지를 도로 삼아 가는 곳마다 적의에서든 선의에서든 불멸의 기념비를 세우며 우리의 용맹성을 보여주었습니다. 나라를 잃어선 안 된다는 확고한 결심 아래 고결하게 싸우다 전사한 그 사람들 덕분에 오늘날의 아테네가 있으며, 살아남은 우리도 조국의 대의를 위해서라면 기꺼이 목숨을 바칠 각오가 돼 있습니다. 영웅들에게는 온 세상이 무덤입니다.…" (442)

독도

독도는 우리땅

노래 정광태

울릉도 동남쪽 뱃길 따라 이 백리
외로운 섬 하나 새들의 고향
그 누가 아무리 자기네 땅이라고 우겨도
독도는 우리땅
경상북도 울릉군 울릉읍 독도리
동경 백 삼십이 북위 삼십 칠
평균기온 십이도 강수량은 천삼백
독도는 우리땅
오징어 꼴뚜기 대구명태 거북이

연어알 물새알 해녀 대합실
십칠만 평방미터 우물 하나 분화구
독도는 우리땅
지증왕 십삼년 섬나라 우산국
세종실록지리지 오십쪽의 세째줄
하와이는 미국땅 대마도는 몰라도
독도는 우리땅
러일전쟁직후에 임자없는 섬이라고
억지로 우기면 정말 곤란해
신라장군 이사부 지하에서 웃는다
독도는 우리땅.

□ 천지개벽이 두 번 돼도 독도는 우리 땅이다 – 이명박 대통령 특별기자회견(2011. 4. 11)
□ 지위가 높아질수록 몸이 위험해지고, 재물이 많아질수록 목이 위태로워진다(位尊身危財多命殆). – 《후한서》
□ 과거를 놓아준 만큼 미래가 열립니다. 습관과 우리가 신뢰하는 모든 것과 하루에 몇 번씩 이라도 이별을 고하세요. – 안젤름 그륀
□ 아는 자가 되지 말고 언제까지나 배우는 자가 되어라. – 오쇼 라즈니쉬

■ ■ ■

앞의 노래는 가수 정광태가 부른 「독도는 우리땅」의 가사이다.

여기 한 때 외로운 섬이었던 독도(獨島)이야기를 적어 본다.

독도(獨島, Dokdo)는 울릉도(鬱陵島) 동남쪽 약 55마일 해상에 있는 울릉도의 속도(屬島)이다. 울릉도의 속도로는 독도 외에 죽도(竹島 · 울릉도에서 2km 거리), 관음도(觀音島 · 울릉도에서 140m 거리 · 2012. 6 교량 준공 예정) 등이 있다. 독도는 동도(東島)와 서도(西島) 두 개의 큰 섬과 주변에 인접한 89개의 바위섬으로 구성된 화산섬이며, 행정구역상으로는 경상북도 울릉군 울릉읍 독도리 1-96번지이다.

독도의 경위도는 동경 131도 52분 10.4초(독도의 동도 최고위점 기준), 북위

37도 14분 26.8초, 서도의 경위도는 동경 131도 51분 54.6초, 북위 37도 14분 30.6초에 위치한다. 독도는 한국 해안으로부터는 216.8km(울진군 죽변리 기점), 일본 해안(시마네현 히노마사끼)으로부터는 211km이며, 독도에서 가장 가까운 섬 울릉도와는 87.4km, 일본의 오키시마(隱岐島)와는 157.5km 거리에 있다. 울릉도에서는 독도가 가시거리에 들어오지만 일본에서는 가시거리에 독도가 없다. 이것은 국경개념이 명확하지 않았던 고대사회에서 '보이는 곳까지가 삶의 터전' 이었다는 한 · 일 양국의 공통된 인식(관습)에 근거하여 독도가 우산국 사람들의 생활터전이었다고 할 수 있다. 면적은 187,554m² 이다.

서도는 높이 168.5m, 둘레 2.6km, 면적 88,740m²이고, 동도는 높이 98.6m, 둘레 2.8km, 면적 73,297m²이며, 부속도의 총면적은 25,517m²이다. 동 · 서도 사이는 폭 151m, 깊이 10m 미만, 길이 330m의 바닷물 길로 나뉘어 있다. 동도와 서도 두 섬을 제외한 다른 섬들은 해수면 아래에 있다. 바위틈에 풀들이 나있고, 수목으로는 사철나무 자연 군락지가 있고 일부 지역에 소나무 등이 있다. 일본사람들이 독도를 죽도(竹島)라고 부르지만 독도에 대나무는 없다. 오징어, 문어, 전복, 해삼 등 해산물이 풍부하여 연중 어민들의 고기잡이가 이루어지고 있으며, 옛날에 많이 잡히던 바다사자인 강치는 일본인 등의 남획으로 지금은 거의 멸종되었으며 가끔 물개와 물범만 나타난다. (390)

독도주변 심해저에는 가스 하이드레이트(gas-hydrate)가 6억 톤(3,000억 달러 이상의 가치)가량 매장되어 있는 것으로 추정하고 있다.(헌정 2008. 12) 일본 정부가 이 해저자원이 탐나서 독도 영유권을 주장하며 한국 발목 잡기 쇼를 연출하고 있다면 그것은 "바보의 쇼"이다. 그것은 남의 집 창고 안에 있는 보물이 탐난다고 제 집 창고라고 억지떼를 쓰고 있는 것과 같다.

독도는 경제적 가치 외에 군사적으로도 국가안보상 중요한 가치와 의미가 있다. 지난 1905년 러 · 일전쟁의 최후를 장식한 이른바 '동해의 대해전' 에서 독도의 군사적 가치는 유감없이 발휘되었다. 1905년 8월 19일에는 독도에 망루를 준공했기에, 러시아 함대를 맞아 대승을 거두게 된 것이다. 현재 우리나라 정부에서는 독도에 고성능 방공레이더 기지를 구축하여 전략적 기지로 관리하고 있으며, 이곳 관측소에서 러시아의 태평양함대와 일본 및 북한 해 · 공군의 이동상황을 손쉽게 파악하여 동북아 안보와 국가안보에 필요한 군사정보를 제공하고 있다.

독도에는 샘골에 우물이 하나 있어 먹고 있지만 다른 곳은 음용수로 쓰지 않으며, 겨울철에는 한파를 견디기 어려워 사람이 살기에는 힘든 섬이다.

2011년 9월 1일 현재 독도에 거주하는 주민은 주민등록부상 9명이며, 독도리 이장은 김성도 씨(71)이다. 500톤급 선박이 접안할 수 있는 시설이 있고, 울릉읍에서 1회 470명까지 승선할 수 있는 여객선이 매일 운행하고 있으며, 헬기 착륙장과 어업인 숙소(주민 숙소)도 있다. 등대는 1954년에 세운 무인등대를 1998년에 유인등대로 바꾸어 등대 관리소장을 포함 3명이 관리하고 있으며, 경북 지방 경찰청소속 독도경비대가 독도를 지키고 있다.

삼국사기에는 신라 지증왕 13년인 서기 512년 하슬라주의 군주 이사부(異斯夫)장군이 울릉도를 중심으로 한 해상왕국 우산국을 정벌 · 복속시킨 이래 독도가 우산도(于山島)로 불렸다는 기록이 있다. 대한민국의 영토인 독도에 대하여 일본이 1952.1.28. 자국의 영토라고 억지 주장, 제국주의적 마각(馬脚)을 드러내고 있어 “독도 문제”가 한 · 일 양국 간에 불편한 외교문제로 되어 있다. 독도의 역사에 관하여 간략하게 정리해 본다. (이하 내용은 참고문헌 390, 391, 인터넷, 언론보도 등 참조)

(1) 독도는 신라의 이사부 장군이 서기 512년(지증왕 13년) 나무로 만든 사자를 많이 만들어 여러 전선에 나누어 싣고 울릉도(당시 우산국) 해안에 도착, “항복하지 않으면 이들 맹수를 풀어 밟아 죽이겠다”고 위협하는 등으로 우산국을 신라에 복속시킨 때부터 우리 땅이 되었다. 그 당시 나무사자(木偶獅子)로 위협하면서 이사부 장군이 한 말이 “우산국 사람들은 어리석고 사나워서 위력으로는 굴복시키기 어렵지만 계략으로는 굴복시킬 수 있다(于山國人 愚悍 難以威降 可以計服)”였다. 독도는 신라시대 이래 무릉도(武陵島), 삼봉도(三峯島), 가지도(可支島), 우산도(于山島), 석도(石島) 등으로 불리었다.

(2) 조선의 세종실록지리지 (1454년 편찬) 강원도 울진현조(蔚珍縣條)에는 다음과 같은 기록이 있다. “우산(于山; 독도)과 무릉(武陵; 울릉도) 두 섬이 현의 정동(正東)쪽 바다 가운데 있다. 두 섬 사이가 멀리 떨어져 있지 않아, 바람이 불고 날씨가 맑으면 멀리 바라볼 수 있다. 신라 때는 우산국이라 불렀다(于山武陵二島在縣正東海中 二島相距不遠 風日淸明則可望見 新羅時稱 于山國).” 신동국여지승

람(1530년 편찬)에도 독도가 조선 땅으로 기록되어 있다.

(3) 일본이 1592~98년 임진왜란을 일으켰을 때, 왜군은 독도를 거쳐 울릉도에도 침략하여 주민을 학살하고 노략질했다. 이에 주민피살을 막기 위해 조선조정이 울릉도를 비워두는 공도(空島)정책을 강행했다. 이 틈에 일본 도쿠가와 막부는 조선조정 몰래 일본 어부 2가문에게 1618년 울릉도에 건너가는 『죽도도해면허(竹島渡海免許)』와 1656년 독도에 건너가는 『송도도해면허(松島渡海免許)』를 내주었는데 이것은 외국에 건너갈 수 있는 허가장이었다.

이에 울릉도에 건너온 일본 어부들과 안용복(安龍福) 등 조선 어부들 사이에 1693년 큰 충돌이 일어나고 이를 계기로 일본의 대마도 도주가 중심이 되어 울릉도(및 독도)를 일본 영토로 만들려는 외교 분쟁을 일으켰다. 수년간 논쟁이 전개되었으나 조선정부의 강경한 대응에 일본도 굴복하여 1696년 1월 도쿠가와 막부 관백(關白, 집정관)은 울릉도(및 독도)가 조선 영토임을 재확인하고 일본 어부들의 울릉도(및 독도) 고기잡이를 엄금했으며, 『죽도도해면허』와 『송도도해면허』를 취소했다. 동래 출신 어부 안용복도 이 때 울릉도와 독도를 지키기 위해 활동했다.

일본 정부가 역사적으로 독도가 일본 고유 영토라고 주장하는 근거중 하나는 17세기 도쿠가와 막부가 발행한 죽도(당시는 울릉도를 지칭)도해면허(渡海免許)와 송도(당시의 독도)도해면허인 바 도해면허란 외국에 건너가는 허가장이므로 당시 울릉도와 독도가 일본 영토가 아니었음을 증명 · 확인하는 것일 뿐이다.

(4) 17세기 한일 간에 울릉도 영유권 문제가 야기되자 조선의 동래사람 안용복(安龍福) 등이 숙종 19년(1693년)과 22년(1696년)에 두 차례 외교사절로 가서 일본막부에 항의, 일본으로 하여금 울릉도와 함께 독도(이때부터 독도에 대한 호칭은 우산도로 정착됨)가 조선의 영토임을 확인했다.

(5) 일본 정부가 독도를 일본에서 처음 기록했다고 지적한 1667년의 일본 관찬 고문헌 「은주시청합기」(隱州視聽合記)도 울릉도(당시 일본측 호칭 다케시마 · 竹島)와 독도(당시 일본측 호칭 마쓰시마 · 松島)는 조선 영토이고 일본의 서북쪽 경계는 오키시마(隱岐島)를 한계(限界)로 한다고 기록하고 있다. 일본 실학자 하야시시헤이(林子平)가 1785년에 편찬한 「삼국접양지도」(三國接壤之圖)는 나라별 색깔을 달리하여 조선은 황색으로, 일본은 녹색으로 표시했는데, 동해 가

운데 울릉도와 독도(우산도)를 조선 색깔인 황색으로 정확하게 칠했을 뿐 아니라 그 옆에 '조선의 것(朝鮮ノ持二)' 이라 써서 울릉도와 독도(우산도)가 조선의 영토임을 명료하게 표시했다.

(6) 일본 최고국가기관인 태정관은 "울릉도(죽도)와 독도(송도)는 조선의 영토이고 일본과 관계없는 땅"이라는 내무성의 결정품의서를 재검토한 결과 1877년 3월 20일자로 울릉도와 독도가 조선 영토임이 명백하다는 것을 재확인하고, '품의한 취지의 울릉도(죽도)와 그 외 1도인 독도(송도)는 일본과 관계없다는 것을 심득(心得, 마음에 익힐 것)할 것' 이라는 요지의 훈령을 내무성에 내려 보냈다. 내무성은 1877년 4월 9일자로 태정관의 이 결정 훈령을 시마네현에 보내서 울릉도(죽도)와 독도(송도)는 일본 영토가 아니고 조선 영토이므로 시마네현 지도에서 빼라고 훈령했다. 이 일본 공문서(일본국립 공문서관 소장) 자료는 독도가 한국 영토임을 더욱더 분명하게 증명해 주는 것이다.

1900년 광무 4년 대한제국은 칙령 제41호로 울릉도를 울도군이라 칭하고 울릉전도와 죽도(竹島)·석도(石道)를 관할하도록 정했는데, 석도는 '돌로 된 섬' 이라는 뜻의 '돌섬' 을 한자로 옮긴 것이다. 전라도 방언에서는 '돌' 을 '독' 이라 하여 전라도 남해안 출신의 울릉도 이주민들은 '돌섬' 이라 불렀으며, '독섬' 을 한자로 표기하면서 '독도(獨島)' 가 되었다고 한다. 독도가 행정지명으로 처음 언급된 것은 1906년 울릉군수 심흥택(沈興澤)이 중앙정부에 올린 보고서로 알려져 있다.

(7) 1904년 8월 한일협약을 맺고 이른바 보호정치를 실시하게 되자 일본은 1905년(광무9년) 2월 22일 강치잡이 업자 '나카이' 를 앞세워 시마네현 고시(島根縣 告示) 40호를 공포했고, 고시내용은 타케시마(죽도·일본은 독도를 죽도라고 부름)를 국제법상 주인이 없는 무주지(無主地 terra nullius)를 선점(先占·occupation)한 것으로 간주하여 일본 영토라고 고시한 것이다. 당시 이 사실을 알게 된 심흥택 울도(울릉도)군수는 1906년 "본군(本郡)소속 독도가…" 라고 하면서 강원도 관찰사에게 보고서를 올렸고, 당시 국가 최고기관인 의정부에서는 일본의 영토 편입이 사실 무근이므로 재조사하라는 지령(제3호/1906년)을 내림으로써 대한제국이 독도를 통치하고 있었음을 확실히 보여주고 있다. 이 무렵 일본 이토히로부미(伊藤博文)는 1905년 11월 17일 고종과 대신들을 병력으로 위협하

여 을사조약(乙巳條約)을 체결하고, 한국의 외교권 접수, 통감부설치 등을 통해 한국을 지배하기 시작했다.

그 후 1910년 한국이 일본에 병탄된 후부터 독도(독도, DOKDO)라는 명칭은 사라지고 일본명 타케시마(Takeshima), 프랑스명 리앙쿠르 암초(Liancourt Rocks), 영국명 호네스트 암초(Hornest Rocks) 등으로 불리어지게 되었다.

(8) 제2차 세계대전에서 일본이 패망 · 항복한 후 일본을 점령한 연합군 최고사령부는 1946년 1월 29일 연합군 최고사령부(GHO)지령 「스캐핀(SCAPIN)」 제677호 제 3조에서 일본의 주권이 미치는 범위를 혼슈 · 홋카이도 · 큐슈 · 시코쿠섬 등 4대 섬과 연합국이 지정하는 작은 섬 등에 한정하고 울릉도와 함께 리앙쿠르암(Liancour Rocks · 독도) · 제주도를 일본의 영토에서 제외되는 곳으로 명시했다. 이것은 독도가 한국 영토임을 최종판결한 국제 문서였다. 그리고 스캐핀 제 677호에 의해 독도는 한국(당시 미군정)에 반환됐다. 연합국 최고사령부는 1952년에 해체될 때까지 독도를 일본 영토로 귀속시킨다는 내용의 지령을 발표한 적이 없을뿐더러, 1946년 6월 22일의 스캐핀 제1033호에서는 일명 '맥아더라인' 을 설정해 일본 선박들을 독도의 12해리(약 22.2km)이내에 진입하지 못하도록 했다.

(9) 샌프란시스코 조약의 준비물인 1950년 "연합국의 구(舊) 일본 영토 처리에 관한 합의서(Agreement Respecting the Disposition of Former Japanese Territories)" 제3항은 독도(Liancourt Rocks)가 대한민국의 완전한 영토라고 규정하고 있다. 또 샌프란시스코 강화조약에 의거해 1952년 4월 재독립한 일본은 그 1개월 후 발행한 616쪽의 샌프란시스코 강화조약 해설서 "대(對) 일본 평화조약"에서 연합국이 독도를 일본에서 제외하여 한국에 넣었다고 기술했으며, 책머리에 실은 "일본영역도"에도 독도를 명백하게 한국 영토에 넣고, 일본 영토에서 제외했다. 또한 1952년 1월 18일 당시 이승만 대통령이 한반도 주변 수역에 한국의 주권을 선언한 해양선, 즉 평화선(일명 이승만 라인)에도 독도가 들어있었고, 이를 미군정도 승인했다.

(10) 그 후 다음과 같이 몇 가지 독도와 관련된 일들이 있었다. ①1954년 일본정부가 독도 문제를 국제사법재판소(IJC)에 위임할 것을 제의했으나 한국정부는 거부함 ②1981년 울릉도 주민 최종덕씨가 최초로 독도에 주민등록 이전함 ③

1982년 독도 일대를 천연기념물 336호로 지정 ④2008년 일본 정부 '중학교 사회과목 새 학습 지도요령 해설서'에 독도 영유권을 주장하는 기술 넣음 ⑤일본외무성 홈페이지에 독도가 자국 영토라는 주장을 담은 내용을 10개국어로 게재함.

(11) 일본이 독도를 자국 영토라고 주장한 1905년으로부터 100년이 되는 해인 2005년 2월 23일, 일본의 시마네현 의회는 매년 2월 22일을 "죽도(죽도; 독도의 일본식 표기)의 날"로 지정하는 조례안을 의결 · 통과시켰다.

(12) 정병준 이화여대 교수가 2008년 미국에서 찾아내 발간한 저서 '독도 1947'(돌베개)에 수록한 지도는 미국 국방부가 1949년 11월 2일자로 작성해 도쿄의 맥아더 연합군 최고사령관에게 보낸 것으로 국무부가 마련한 '대일 강화조약 초안'과 함께 송부됐다. 이 초안의 영토 조항 6조는 '일본은 한국 본토 및 근해의 모든 것들에 대한 권리권원을 포기하며, 여기에는 제주도, 거문도, 울릉도, 리앙쿠르암(독도) 및 동경 124도15분 경도선의 동쪽까지, 북위 33도 위도선의 북쪽까지 포함된다'라고 하여 독도가 한국 영토에 속한다고 명백하게 밝혔다. 정 교수는 독도를 한국 영토로 표시하고 있는 또 다른 미국 정부 지도가 1947년 10월 14일 미국무부 정책기획단이 패전국 일본의 영토를 확정하기 위해 작성했다는 것을 밝혀냈다. (572)

위에서 간략히 살펴본 바와 같이 이사부 장군이 우산국을 복속 · 병합한 서기 512년부터 독도에 대한 영토주권(territorial sovereignty)은 역사적 · 지리적 · 국제법적으로 대한민국에 속해 있고, 독도는 대한민국의 오래된 고유 영토이었다. 그럼에도 불구하고 일본은 국제사법재판소(ICJ; International Court of Justice)에의 제소 빌미를 만들기 위해, 1952년 이래 독도 영유권 문제에 대한 억지주장을 끊임없이 제기하면서 이웃나라에 대한 제국주의적 침략의 망상을 버리지 못하고 있다.

그러나 손자병법에 "적을 알고 나를 알면 100번을 싸워도 위태롭지 않다(知彼知己 百戰不殆)"라고 했다. 백전불태(百戰不殆)를 위해 그리고 역지사지(易地思之)차원에서 일본이 독도를 일본의 영토라고 주장하는 역사적 근거를 간략히 살펴본다. 이 내용은 박유하 교수의 저서 《화해를 위해서 - 교과서, 위안부, 야스쿠니, 독도》에서 일부를 발췌한 것이며, 이는 한국 측 입장을 배제한 일본 측 주장 중심으로 정리한 것이므로 오해 없기를 바란다.

(1) 근대이전

일본은 예전부터 독도의 존재를 알고 있었다. 그것은 많은 문헌과 지도 등에 명확히 나타난다. 일본은 78년 동안이나 울릉도를 실제로 경영했고, 독도는 그때 울릉도를 오가며 들르던 곳이었다.

한국은 '무릉' 이라는 이름의 섬이 독도라고 하지만, 한국 측이 독도를 실제로 인지하고 있었다는 직접적인 증거는 없다.

또 한국 측은 우산도가 독도라고 하지만, 우산도는 독도가 아니라 울릉도만을 지칭하는 것이거나 울릉도 옆의 작은 섬만을 포함한 것이라고 보아야 한다.

(2) 근대초기

1876년에 조선과 일조수호조약 및 일조통상장정을 맺으면서 '일본인 어민 처우규칙' 이 만들어졌다. 조선반도와의 왕래가 용이해지자 울릉도에는 일본인 상인들이 많이 건너가게 되었고, 특히 시마네현과 돗토리현 사람들이 많이 이주하여 상업과 어업에 종사하게 되었다. 이때 시마네현은 울릉도의 소유권에 대해 메이지 정부에 문의했고 메이지 정부는 울릉도와 다른 한 섬이 조선령이라는 판단을 내렸는데, 이때 언급한 다른 한 점이란 독도가 아니라 울릉도 옆에 있는 작은 섬이었다.

(3) 해방 이후

1945년 일본은 패전의 결과로 미국을 비롯한 연합국최고사령부의 점령 하에 놓이게 되었는데, 이때 쓰여진 1946년 1월의 연합국최고사령관훈령 677호는 일본이 독도에 대해 정치상 혹은 행정상의 권력을 행사하는 것을 잠정적으로 정지했다. 그리고 1946년의 1033호, 일본 어선의 조업구역을 규정한 맥아더 관련문서에는 독도가 빠져 있다.

또한 1951년의 샌프란시스코 조약에서 일본이 그 독립을 승인하고 모든 권리, 권원 및 청구권을 포기한 '조선' 에 독도가 포함되지 않는다는 것은 미국기록공개문서 등에 명확히 나타나 있다. 말하자면 대일 평화조약 이전의 일련의 조치는 어디까지나 잠정적인 임시조치였던 것이다.

한국은 스캐핀 677호를 근거로 독도의 영유권을 주장하지만, 일본과 연합국

간의 조약은 샌프란시스코 평화조약이 최종적인 조약이므로 이것이 유효하다고 보아야 한다.

그럼에도 한국은 1952년 1월, 일방적으로 이승만 라인을 선포했는데, 그것은 유진오의 〔한일협정이 열리기까지〕라는 글에 의하면 평화조약이 비준되기 이전에, 즉 일본이 아직 연합군 통치하에 있을 때 그렇게 하는 것이 유리하다고 생각했기 때문이다. 한국은 말하자면 일본이 주권을 회복하기 전에 일방적으로 일본 땅 독도를 불법 점거한 것이다.

한일협정이 성사되기까지 십수년이나 시간이 걸린 것은 이러한 문제가 있기 때문이기도 했다. 그럼에도 결국 양국은 국교정상화 때 독도 문제에 관해 합의를 이루지 못하고 결국 '분쟁 해결에 관한 교환공문'을 주고받는데 그쳤다. 이후 한국은 일본의 독도 반환요구에 대해 대화를 거부하며 일본의 주장을 늘 자국 영토에 대한 야심으로 간주하고 침략주의 · 제국주의의 발로라고만 몰아붙이고 있다.

그런데 1994년에 한국과 일본이 유엔 해양법조약에 함께 가입하게 되었고, 영해를 침범한 어선을 어선이 속한 국가가 관리해 오던 방식에서 200해리 내 연안국이 관리할 수 있는 방식으로 바뀌게 되어 1965년의 일한협정을 파기할 필요가 생겼다. 이때 한국은 그 200해리의 기점을 독도로 하자고 했다. 그런데 한국 어선들은 일본 연안에 와서 치어까지 싹쓸이하곤 하여 남획이 심각한 상황이었다. 한국 자신이 새 조약에 맞추어 조업을 하게 되면 1,253억 원~5,000억 원이 손해라고 말한 것으로 보아 그 어획량이 엄청난 것이었음을 알 수 있다. 한일 간의 분기점을 정하는 문제에서 합의를 보지 못해 일본은 1998년에 어쩔 수 없이 어업협정을 일방적으로 파기할 수밖에 없었다. 그리고 1999년 1월 신 어업조약을 맺게 되었고, 이때 양국은 독도를 공동관리 구역으로 하는 데 동의했다.

1997년 한국은 일본이 수차에 걸쳐 항의했음에도 불구하고 독도에 접안시설을 설치했다. 한국은 이 문제를 대화로 풀려하지 않았고 또 다시 일방적으로 행동에 나선 것이다.

일본은 독도 문제를(평화적 수단에 의해서 해결하기 위해) 국제사법재판소에 제소하자고 제의했으나 한국은 이제껏 거부하고 있다. 그것은 한국 측 주장에 설득력이 없기 때문이다. (471)

2010년 4월 6일에도 일본 정부는 각의를 열어 "독도는 일본 땅"이라는 내용이 명시된 외무성의 외교청서(外交靑書; 외교백서와 유사함)를 의결했는 바, 이는 일본 문부성이 중고등학교 교과서에 이어 초등학교 교과서 5종 전부에 "독도는 일본 땅"이라는 내용을 담도록 조치한 때(2010.3.30)로부터 1주일 만이다.

또한 에다노 유키오 당시 일본 행정쇄신상은 2010년 3월 27일 "한반도가 일본침략을 받은 것은 역사적 필연이었다"는 망언을 한 바 있다. 일본 측의 이와 같은 망발에 대해 우리나라의 전문가 등 일각에서는 이렇게 지적하고 있다. ①최근 일본의 기미가요 부활, 독도 영유권을 주장하는 외교청서 발표와 교과서 재(再)등재 등은 "독도를 다시 침탈하려는 구 일본 제국주의식 침략정책" ②일본의 제국주의적 침략주의와 우경화가 극히 우려스럽다. ③여야 의원 50명이 "대마도가 대한민국 영토이고 반환받아야 한다"는 결의안을 국회에 제출한 만큼 이제는 우리도 행동에 옮겨야 한다. 우리 대한민국도 대마도의 영유권을 교과서에 싣도록 하자. ④패전국 일본이 경제력이 커지자 다시 한 번 제국주의적 침략 야욕을 품기 시작한 것 같다. ⑤그동안 여러 국내 민간단체들이 독도사랑, 독도지키기, 독도는 우리땅 알리기 등의 운동을 다각적으로 전개해왔고, 2010.4.30 자 조선일보에 의하면 미국에 있는 한국인 유학생 단체인 "미국 유학생 모임" 회원들이 "진실을 말해(Speak the truth)"라는 제목의 경쾌한 노래를 만들어 전파하고 있고, 곧이어 동영상도 만들어 유튜브 · 트위터 · 페이스북 등 소셜네트워크 사이트에 올릴 예정이며, 워싱턴대의 한인학생회는 한국의 독도 자선 팔찌 나누기 운동본부와 함께 미국 젊은이들에게 "독도는 한국 땅-한국의 동해(DOKDO IS KOREAN TERRITORY-EAST SEA IN KOREA)"라는 영어문구가 새겨진 팔찌 10만 개를 배포한다고 하는 바, "한국 정부 또는 민간단체에서 독도가 한국 고유 영토라는 역사적 · 지리적 · 국제법적 근거 그리고 동해 즉, 한국해(Korean Sea) 홍보에 관한 종합적인 내용을 소책자로 만들어 국내와 해외에 보급하고, 보다 상세한 내용은 인터넷 사이트에 올려 계속 홍보하는 것도 일본의 제국주의적 독도 침탈 야욕을 분쇄하는 방법 중의 하나이다" 등이다.

"대마도가 한국 영토이므로 영유권을 주장하고 대마도를 한국 영토로 귀속시켜야 한다"는 주장을 펴고 있는 백제현 국회의원의 말을 들어보자. (589)

「아무런 근거 없이 일본의 독도 영유권 주장에 한반도의 대마도 영유권 주장으로 막연하게 맞서는 것이 아니다. 역사적으로나 국제법적으로나 충분한 근거가 있다. 또한 "일본이 현재 독도를 자기 영토라고 주장하고 분쟁화하려는 의도는 대마도의 진실을 숨기기 위한 방패막이로 활용하려는 것일 수 있으며 독도가 한 · 일간 분쟁화되고 있는 한 영토문제가 대마도로 옮겨가지 않을 것임을 일본이 잘 알고 있기 때문"이라는 국제법 전문가들의 견해에 동의하며, 일본의 독도 영유권 주장에 소극적으로 대응하는 것보다 역사적으로나 지리적으로 한반도의 부속도서였던 대마도 영유권문제를 적극적으로 제기하는 것이 더 낫다고 판단했기 때문이다.

사실 대마도는 부산에서 최단거리가 49.5km로 일본 후쿠오카(134km)보다 훨씬 가깝고 1822년 편찬된 '경상도읍지', '삼국접양지도', '조선팔도지도 원본' 등 부산 동래부의 부속도서로서 지리적, 역사적, 문헌상으로 우리 땅임을 밝히는 문서가 있다.

특히, 1854년에 일본이 미국과 오가사와라(小笠原) 군도의 영유권을 놓고 분쟁을 벌였을 때 독도가 조선 땅이라 기재된 하야시시헤이의 '삼국접양지도'(1785)를 공식적으로 사용해 미국 측을 이겨낸 역사적 사실을 공표해 하야시의 지도가 일본의 공식지도로서 독도를 한국령으로 인정하고 있는 점에 주목해야 한다.

또한, 미국 정부가 미국 의회의 지시로 미 · 일 조약체결(1858년)에 따라 페리 제독의 정찰결과를 토대로 일본의 지도를 작성하도록 지시한 미 국가기록문서소(NARA ; The U.S National Archives and Records Administration)의 당시 기록과, 1862년 미 · 일 영토협상 후 미국에서 작성된 1864~1868년 일본 지도의 대마도 우리 영토 표기, 당시의 영국 지도에도 대마도를 우리의 영토로 표기하고 '대마도는 일본 영토에서 제외된다' 고 지도에 직접 기록되어 있는 것 등 대마도가 한반도의 부속도서라는 역사적 배경과 자료들은 상당하다. 하지만 한일합방 후 일제 강점기에 일본은 대마도가 한민족의 영토인 것을 잘 알고 대마도 관련 역사를 왜곡하고 은폐해 왔다.

대한민국은 건국 직후인 1948년 8월에 대마도 반환 요구를 했으나, 일본 측에서 의견이 분분하자 9월에 다시 대마도 속령에 관한 성명을 발표했고, 이후에도 국제적으로 1951년 샌프란시스코 강화조약 교섭 시 거듭 미국에 대마도 영유권 문제를 제기한 바 있다. 그 후 초대 대통령인 이승만 대통령은 1949년 1월 8

일 신년 기자회견에서 대마도의 영유권을 주장하며 일본에게 대마도의 반환을 요구한 것이 대내적으로 알려졌고, 곧이어 이무헌 의원을 비롯한 31명의 제헌의원들이 '대마도 반환요구결의안'을 국회에 제출(1949. 2. 19)하기도 했다. 또한 18대 국회(2008. 7. 22)에도 '대마도의 대한민국 영토 확인 및 반환 촉구 결의안'이 국회의원 50명의 서명을 받아 발의된 바 있다. 당시 일본은 2차 세계대전 패전 직후라 거의 잿더미 상태였기 때문에 대마도가 한반도의 부속도서라는 사실을 부분적으로 인정하고 위기의식을 가졌던 것으로 판단된다. 이는 '국경 쓰시마의 방위와 개발에 관한 건'이라는 일본 정부의 대마도 관련 문서에서 이승만 대통령의 대마도 반환 요구에 대해 "만약 유엔이 승인하면 대마도는 일본 영토에서 제외된다"라고 언급된 부분이 확인된다. 그러나 이는 일본에 주둔한 미국 맥아더 사령부에 의해 사실상 거부되었다.

따라서 1868년 이후 일본이 실효적 지배를 하고 있다고 하지만, 일본은 '삼국접양지도'를 통하여 국제사회에 대마도가 우리의 고유 영토임을 공인(Recognition)해 주었고, 일본은 실효적 지배 전인 1862년 자국 스스로 제 외국에 우리 조선의 영토임을 공인하고 지도로 표기했기 때문에 국제법에 따르면 이는 우리 대한민국의 영토로 확실히 공인된 것으로, 명치유신 후 1871년 대마도를 이마리현에 예속시키고, 1877년 다시 나가사키현에 편성하여 제 외국의 동의 없이 임의로 약취해간 것으로 해석된다.

국제법적으로는 한번 공인되면 후에 이 영토를 다른 국가가 귀속하는 것은 금반언(禁反言)의 원칙에 의해 불법이라고 보고 있고, 국제법상 영토시효 100년이 지나지 않은 건국 직후인 1948년 8월 이후에 이승만 대통령이 대마도 반환 요구를 거듭한 사실이 있기 때문에 이후 60여 년밖에 지나지 않은 현재의 시점에 '일본이 불법적으로 삼킨 우리 영토를 반환해야 한다'는 주장은 국제법적으로도 설득력이 있다.

이러한 한 · 일 간의 역사를 볼 때 우리는 반드시 공세적인 태도를 취해야 할 것이다. 우선 대마도가 한반도의 부속도서임을 유엔을 비롯한 국제사회에 각인시키기 위해서, 민 · 관 · 학계 등이 참여하는 대마도 반환에 관한 '범국가적 · 범국민적인 대책기구'를 구성하고, 경남 마산시가 기념하고 있는 '대마도의 날(6월 19일)'을 범국가적 · 범국민적 기념행사가 될 수 있도록 해야 한다. 그리고 대마도 영유권 문제를 확대시켜 국제적으로 분쟁지역으로 만들어 나갈 장기적인 계획을 수립하여 이를 범정부적으로 실행하고 현재의 독도와 같이 외교적인 문제로 만들 필요가 있다…」

사단법인 한민족학세계화본부 총재 권천문 박사는 종교뉴스(2011.11.11.자)에 기고한 글("일본은 대마도(對馬島)를 즉각 반환하라")에서 '대마도가 한국 영토'이고 '대한민국 국회는 신 한 · 일 어업협정'을 파기하라고 주장하고 있다. 주장 일부를 들어보자.

「1948년 8월 18일, 대한민국이 건국한지 3일 뒤 이승만 건국 대통령은 첫 기자 회견을 열고 대일 관계에 관해 중대한 발언을 했다.

"우리는 일본에 대마도를 한국에 반환할 것을 요구한다."

"대마도는 상도(上島) 및 하도(下島)의 두 섬으로 되어 한일 양국의 중간에 위치한 우리 영토인데 삼백오십 년 전 일본이 불법으로 탈취해 간 것이다."

이승만 건국 대통령의 이러한 "대마도 한국 영유권"발언에 당시 일본 요시다 시게루 내각이 반발하자 이 대통령은 9월 9일에 "대마도 속령에 관한 성명"을 발표하고 대마도가 한국 영토임을 확인했다. 또한 1949년 1월 8일 연두 회견에서 이 대통령은 다시 한 번 대마도 반환문제를 강력히 제기했다.

이 대통령은 회견에서 "대일 배상문제는 임진왜란 시부터 기산해야 한다"며 "특히 대마도는 별개로 취급한다"라고 강조했다. 이어 "대마도가 우리 영토라는 것은 더 말할 것도 없거니와 350년 전 일본인들이 그 섬에 침입해 왔고 우리 도민들은 민병을 일으켜 일본인과 싸웠다. 그 역사적 증거는 도민들이 이를 기념하기 위하여 대마도 여러 곳에 건립했던 비석을 일본인들이 뽑아다가 도쿄박물관에 갖다 둔 것으로도 넉넉히 알 수 있을 것이다"라고 설명했다. 이 대통령은 "이 비석도 찾아 올 것이다"라고 했다. "1870년대에 대마도를 불법으로 삼킨 일본이 포스담 선언에서 불법으로 소유한 영토를 반환하겠다고 했기 때문에 우리에게 조속히 돌려주어야한다"라고 덧붙였다.

이 대통령은 1949년 12월 31일 대통령 연말기자회견에서 거듭 "대마도는 우리의 실지(失地)를 회복하는 것이다. 일본이 아무리 억지를 부려도 역사는 어찌할 수 없을 것이다"라고 강력히 대마도 영유권을 주장했다.

이 대통령은 "평화선"을 선언하고 일본 어선의 접근을 막았다. 이승만 저서

“Japan Inside Out”에는 ‘한국과 일본 사이에는 오래된 명확한 해상경계가 있다’ 라고 했다. 이승만 대통령의 강력한 의지가 있을 때에는 일본이 독도(獨島)라는 말조차 없었다.

최근에 들어서 일본의 침략근성은 독도를 자기네 땅이라고 주장하며 제7광구 대륙붕까지 자기네 영토라고 우긴다.

710km² 상도, 하도의 대마도는 울릉도와 제주도보다 더 가까운 거리, 생활전통과 문화재를 통해 한민족의 맥이 그대로 느껴지는 대마도, 일본의 역사서 《서기》가 한국 땅이라고 입증하고 있는 대마도, 대한민국 전 국민은 대마도 반환을 강력히 요구하며 총 궐기할 것을 촉구한다.」

최근 보여 주고 있는 일본 정부와 국회의원들의 오만하고 제국주의적인 자세를 보면서, 필자는 일본 정부에 충고하고자 한다. 히로히토 일본 천황이 1945.8.14. 무조건 항복(unconditional surrender)을 선언하고, 1945년 9월 2일 미국군함 미주리호 함상의 서더랜드 대장 앞에서 당시 외상 시게미츠 마모루가 항복문서에 서명하던 사진들을 일본 정부와 국회의원들은 다시 되돌아보기 바란다. 그리고 일본 정부가 어린애 장난 같은 제국주의 침략의 망상을 버리고 착한 일본 국민들에게 이웃나라와 선린우호 하는 좋은 길을 제시해 주기 바란다. 그리고 지난날 식민지배와 2차대전 당시 한국과 중국을 비롯한 여러 이웃나라에게 저질렀던 침략만행들에 대해 진정으로 반성 · 참회 · 속죄하는 자세를 보여주기를 거듭 촉구하는 바이다. 대한민국 제3대 외무부장관(1951~1955)을 역임했던 변영태 전 국무총리의 독도 문제에 관한 발언을 들어보자. “독도는 일본의 한국 침략에 대한 최초의 희생물이다. 해방과 함께 독도는 우리 품에 안겼다. 독도는 한국 독립의 상징이다. 이 섬에 손을 대는 자는 모든 한민족의 완강한 저항을 각오하라. 독도는 단 몇 개의 바윗덩어리가 아니라 우리 겨레의 영예의 닻이다. 이것을 잃고서야 어찌 독립을 지킬 수가 있겠는가. 일본이 독도 탈취를 꾀하는 것은 한국 재침략을 의미하는 것이다.” (573)

독도학회 회장인 신용하 교수는 2011년 12월 “독도 국제재판준비 예산은 필요없다”란 제목으로 다음과 같이 신문기고문에 썼다.

「독도는 이미 국제법상 합법적 한국 영토로 판정되어 있다. 광복 이후만 보아도 연합국은 연합국최고사령관지령(SCAPIN 제677호)에 의해 독도를 한국 영토로 판정하여, 1948년 8월 15일 대한민국 정부가 수립되자 한국 정부에 인수인계했다. 연합국은 1950년 '연합국의 구(舊)일본 영토 처리에 관한 합의서' 에서도 독도를 '대한민국의 완전한 영토' 로 판정 · 합의했다. 일본은 1951년 샌프란시스코 평화조약에서 독도를 일본 영토로 표기하려고 맹렬한 로비를 전개했으나, 연합국이 들어주지 않아서 실패했다. 일본이 1952년 4월 28일 재(再)독립한 다음 달인 1952년 5월 25일 마이니치 신문사가 일본 외무성의 도움을 받아 발행한 '대(對)일본평화조약 해설서' 에 실린 연합국 승인의 '일본영역도(日本領域圖)' 에는 독도가 사실대로 한국 영토에 포함되어 있고, 일본 영토에서 제외되어 있다. 또 한국 · 일본 · 서양에서 발견 · 발굴된 수많은 고문헌과 고지도들은 역사적으로 독도가 한국 영토임을 증명하고 있다. 일본 영토라고 증명하는 것은 아직까지 단 한 점도 없다.

독도는 이처럼 역사적으로나 지리적으로나 국제법상으로나 대한민국의 완벽한 영토이다. 대한민국은 독도 영유권을 모두 갖고 있고, 일본은 영유권 탈취 목적의 장기 전략전술과 로비력만 갖고 있다. 그러므로 한국은 이미 국제사회와 국제법에서 공인된 대한민국의 독도 영유권을 일본이 요구한다고 해서 국제재판에 가져가는 어리석은 모험을 해서는 절대 안 된다. 독도는 국제재판이 필요 없는 대한민국의 완벽한 영토이다. 외교부가 할 일은 국제재판을 준비하는 것이 아니라, 한국 독도 영유권의 진실을 국제사회에 적극 홍보하는 일이다.

현재 세계체제에서 주권(主權)의 최고단위는 국가이다. 독도 영유권에 대해 일본을 포함해서 어느 국가도 국제재판소에 소송권이 없다. 만일 일본이 독도 영유권을 국제재판의 안건으로 만들려면 반드시 대한민국의 동의서를 얻어서 제출해야 한다. 대한민국이 국제재판을 거절하면 독도 영유권은 아예 국제재판소의 안건조차 되지 않는 것이다.

한국의 독도 영유권 자체에는 지금도 하자가 없다. 문제가 생긴 것은 최근 독도 영유권 관리상의 허점 때문이다. 1996년 일본이 독도를 일본 EEZ 기점으로 채택했을 때 한국은 1997년 울릉도를 한국 EEZ 기점으로 채택했고, 1999년 신(新)한 · 일 어업협정에서는 독도를 한 · 일 공동수역이라고 하는 '중간수역(中間水域)' 에 넣었다. 이것은 일본의 전술에 속아서 독도 영유권 관리에 허점이 생긴 것이다. 따라서 독도 영유권을 국제재판에 부칠 일이 아니라 관리상의 허점을 교

정해야 한다. (574)

2010년 한국교원단체 총연합회가 10월 25일을 "독도의 날"로 정하고 일선 학교에서 독도 특별수업을 하도록 한 것은 우리국민과 학생들에게 나라 땅, 영토에 대한 인식을 새롭게 하는 계기를 만들어 준다는 점에서 잘한 일이라고 생각된다.

일본은 2차대전에서 연합군에 항복한 후 조용히 있다가 우리나라가 6·25전쟁 중이었던 1952년부터 독도 영유권을 계속 주장해오고 있다.

또한 일본 정부는 각료회의(2011.4.1)에서 독도 영유권을 주장한 2011년도 외교청서의 내용을 확정했다. 한국의 외교백서에 해당하는 일본 외교청서는 '한일간에는 독도를 둘러싼 영유권 문제가 있지만 역사적 사실에 비추어도 국제법상으로는 명백하게 일본 고유 영토라고 하는 독도에 관한 일본 정부의 입장은 일관하다' 는 내용을 지난해에 이어 올해도 명기했다. 독도가 일본 영토라는 일본 측 주장은 외교청서는 1963년판부터, 방위백서는 1978년부터, 교과서는 1993년부터 주장·표기해오고 있다. (575)

지난날 회한의 역사를 가슴 속에 묻고, 서로 돕고 사랑하는 홍익인간의 새로운 역사를 쓰고자 하는 우리 대한민국 국민들은 일본의 이러한 제국주의적 야욕에 대해 이 시점에 어떻게 대응해야 할 것인가?

국제법상 영토취득 요건에 발견과 함께 실효적 지배(effective rule)가 추가된 것은 18세기 이후의 일이다. (474)

이명박 대통령은 2011년 4월 1일 특별 기자회견에서 "천지개벽이 두 번 돼도 독도는 우리 땅"이라고 기자 질문에 답한 바 있다. (576)

그렇다. 독도는 국제법상 영토취득 요건인 발견과 함께 실효적 지배를 하고 있는 우리 영토이므로 일본의 야욕은 무시해도 좋을 것이다. 우리가 실효적으로 지배하고 있는 우리 영토인 독도를 일본이 침탈하는 길은 전쟁을 일으켜 무력으로 침탈하는 길 밖에 없다. 그러나 무력 공격해 온다고 일본에 빼앗길 리도 없지만 그 경우 일본은 다시 제국주의적 침략자가 되어 국제사회의 지탄을 받게 될 것이다.

그러므로 우리는 무시하되 아직도 버리지 못하고 있는 일본 정부의 영토 확장을 위한 식민 제국주의적 망상에 대해 국제사회에 널리 알릴 적극적인 대책을 강구해야 할 것이다. 그리고 우리 영토인 독도는 비무장지대(DMZ)와 함께 계속 세계에 알리고 가꾸어 나가야 할 것이다.

또한 대한민국의 땅인 독도를 찾는 우리 국민과 외국 관광객들이 대한민국의 가장 동쪽에 있는 동도 · 서도를 관광하는데 불편함이 없도록 정부는 「독도 영토관리 사업」을 좀 더 규모 있게 보완하여 계획대로 추진해야 할 것이다. 2008년 9월 독도영토관리대책단이 마련한 28개 독도개발사업의 핵심 사업인 독도 방파제 설치, 체험관 · 홍보관 설치, 독도 종합 해양 과학기지 구축, 울릉도 사동항 2단계 사업은 물론 헬기 이착륙장 확장, 장기 거주주민 숙소확장, 그리고 관광객 중 희망자는 숙박할 수 있는 호텔시설(필요시 해상호텔) 등도 건설하도록 해야 한다.

그리고 울릉도에 해군전진기지를 구축하고 차기호위함〈FFX〉도 배치하여 독도유사시 신속히 대응할 수 있도록 해야 한다. 또한 미국이 알래스카 입주자들에게 매년 5만 달러의 거주지원비를 주어 알래스카에 입주하도록 유도했던 것처럼 보다 적극적인 주민입주지원책도 검토되어야 할 것이다.

한편 우리나라 학생들과 국민들에게 그 간의 일본의 교과서 공정 등 제국주의적 야욕의 실체를 좀 더 적극적으로 알려주기 위한 내실 있는 계획도 추진되어야 할 것이다. 그리고 최초로 독도 콘서트를 개최하는 등 독도사랑과 독도홍보 운동을 하고 있는 가수 김장훈과 같은 독도맨들이 국내외에서 적극적인 활동을 할 수 있도록 관련단체와 개인들에 대한 많은 국민적 지원이 이어져야 할 것이다.

등산 아웃도어 브랜드인 (주)블랙야크가 독도수호 사업을 적극 후원하고 있는 것처럼 더 많은 기업들이 적극적인 관심과 지원을 해주는 것이 바람직하다고 본다. 그리고 민간단체에서 북한에 선전물을 날려 보내는 것처럼, "독도의 일출영상 자료" 등 독도 관광 홍보물을 몇 종류 만들어 각국에 홍보하는 것도 필요하다고 본다.

그리고 '일본이 독도 영유권 주장을 중단해야 한다'는 「한일 기독교 연맹」의 성명에 서명했다가 일본 보수 세력의 반발로 민주당을 탈당한 도이 류이치(土肥隆一)의원 같은 양심적인 일본의 지성인들을 더 많이 설득하여 잘못된 길을 가고 있는 일본 정부를 일본인들 스스로가 깨우쳐 주도록 하는 방안도 생각해 볼 필요가 있다.

요즘 일본 국민 사이에 역사에 대한 올바른 양식과 양심이 되살아나고 있어 한일양국 관계개선을 위해 크게 다행한 일이다.

앞에 말한 도이류이치의원에 이어 일본의 교직원노조가 교육자적인 양심에 입각한 주장을 하기 시작한 것이다. 산케이(産經)신문에 의하면 일본도쿄 교직원노조가 다음과 같이 특별성명을 발표 · 주장했다고 보도(2011. 10. 28자)하고 있다.

「"독도(일본명 다케시마)가 '일본의 고유 영토', '한국의 불법으로 점거' 라는 정부의 일방적 견해를 학교에서 교육할 경우 감정적 내셔널리즘을 학생들에게 심어주는 것이 될 수 있다"고 주장했다. 도쿄도 교직원노동조합은 '2012년도 중학교 신 교과서 검토' 라는 자료를 통해 "독도는 중국과 영유권 분쟁을 빚고 있는 센카쿠(尖閣)열도, 러시아가 실효 지배하는 쿠릴열도(일본명 북방영토)와는 다르다"면서 "(독도가)일본의 고유 영토라고 말할 수 있는 근거가 없다"고 밝혔다.」(577)

일본 도쿄도 교직원 노조가 발표한 독도와 관련된 내용의 요지는 다음과 같다.

① 독도가 일본의 고유 영토라는 일본 정부의 공식입장을 부정한다.

② 2010년 신학기부터 전학교에 채택할 것을 강권하고 있는 "신일본 역사교과서"는 일본의 일방적이고 역사적, 국제법적 근거가 없는 것이며, 일본 정부의 일방적 견해를 학교에서 교육할 경우 감정적 내셔널리즘을 어린 학생들에게 심어주는 것이 될 수 있다.

③ 독도는 중국과 영유권 분쟁을 빚고 있는 센카쿠제도와 러시아가 실효적 지배를 하고 있는 쿠릴열도(북방 4개섬)와는 다르기 때문에 일본의 고유 영토라고 말할 근거가 없다.

④ 옛 일본 재생기구인 극우단체가 집필하고 이쿠호샤(育鵬社)가 출판한 왜곡된 역사교과서를 채택할 수 없도록 특단의 대책을 강구해야 한다.(왜곡역사교과서 불채택운동)

⑤ 시마네현(島根縣)이 주동하는 독도가 일본 고유 영토라는 주장 행위는 일본의 과거 침략, 식민지배의 나쁜 주장을 정당화하는 부당한 주장이다(북해도 교직원노조의 성명내용). (991)

최근 독도 문제 대응책 등과 관련하여 제시된 몇 가지 의견들을 요점만 옮겨 적는다.

"해안경비대 대신 해병대 주둔하도록 하자" (전 한나라당 홍준표 대표)

"사안별 · 단계별 대응대책 매뉴얼 만들자" (조선 2011.8.5 사설)

"독도가 언제는 남의 땅이었느냐" (독도주민 김성도 씨 SBS TV 2011. 8. 7)

"독도 영유권에 관한 한 한국이 일본에 비해 압도적인 우위를 점하고 있다는 점을 감안할 때, 일본의 행동 하나하나에 지나치게 과민 반응하거나 과잉 대응하는 것은 금물이다. 더욱이 일본의 도발에 빌미라도 제공하는 일은 최대한 회피하는 것 또한 전략적 '독도사랑'의 한 방법이 된다는 점을 지적해 주고 싶다." (조선 2011.8.12 이원석 국민대 일본학 연구소장)

"지금 일본이 바라는 건 선례(先例)를 남기는 것이다. 한국은 이들에게 유리한 선례가 남지 않도록 대응해야 한다. 독도가 자신들의 영토라는 주장을 계속하고 국회의원들까지 방한했다는 기록을 꾸준히 쌓아가면서 만에 하나 한국이 효과적이고 적절한 대응을 할 수 없을 정도로 국력이 약해졌을 때 강점하려는 그들의 속내를 읽어야 한다. 따라서 한국에서 자주 쓰는 '실효적 지배' 라는 표현도 삼가야 한다. 독도는 그냥 대한민국의 영토다. 일본을 상대할 때 지켜야 할 첫째 원칙은 '먼저 열 받으면 진다' 는 것이다. 집요하고 욕심 많은 상대보다 더 집요하고 더 철저해야만 우리가 이길 수 있다. 그리고 집요함과 철저함에 거품은 필요 없다." (1005)

"독도 영유권 공고화를 추진해 나가기 위해서는 영유권 근거강화, 국제사회의 올바른 인식제고, 국제분쟁지역화 방지 등의 노력을 전개해 나가야 한다."

거듭 말하지만 독도와 관련한 우리의 입장은 간단명료하다. 독도에 대한 영유권 분쟁은 없으며, 따라서 독도 문제는 사법적 해결의 대상이 아니라는 점이다. 소위 센카쿠 열도(중국명 ; 다오위다오, 釣魚島) 문제에 있어, 일본도 동 지역을 실효적으로 지배하고 있으면서 사법적 해결을 원치 않고 있다.

이와 관련하여 우리가 유의해야 할 점은 독도에 대한 우리의 과도한 조치를 빌미로 일본이 독도를 국제분쟁화할 경우, 독도 문제에 대한 우리의 입지가 상대적으로 약화될 수 있다는 점이다. 즉, 독도에 대한 우리의 과도한 조치로 일본이 의도적으로 강경한 대응조치를 택하여 독도 부근에서 충돌 사건 등이 발생할 경우, 독도가 국제분쟁지역으로 부각되고 일본에 의한 유엔 안보리 보고 또는 일본이 우호적이라고 생각하고 있는 국제사법재판소(ICJ) 제소 가능성이 있기 때문이다.

유사한 사건으로 그리스·터키간의 에게(Aegea)해 도서분쟁 사건을 짚어 보자. 에게해 상의 도데카니스 군도는 터키·그리스 간에 영토분쟁(터키가 실효적 지배)이 있는 지역인데, 1976년 8월 터키 정부가 동 도서에 공, 해군 주둔을 시작하자 그리스가 이를 유엔 안보리에 보고했고, 안보리는 결의 395를 통하여 동 문제를 ICJ에 회부토록 권고한 바 있다. 물론, 터키의 반대로 ICJ 재판은 없었으나, 이로 인해 터키는 외교적으로 큰 부담을 껴안고 타격을 입은 바 있다.

그렇기 때문에 독도와 관련한 문제는 장기적인 전략 하에 차분하고 단호하면서 냉철하게 대응해 나가야 한다. 감정적이고 단편적인 즉흥 대응 조치 등은 일시적으로는 가슴이 시원할 수 있을지 모르지만, 일본이 바라는 바대로 말려들어갈 수 있다는 점을 항상 깊이 염두에 두어야 할 것이다. 앞에서 살펴 본대로 독도는 누가 뭐래도 우리 고유의 영토이며, 계속 우리가 실효적 지배를 하고 있는 만큼 사법적으로 해결 되어서도 안 되고 그렇게 될 수도 없는 문제이다. 따라서 독도 문제는 장기적인 전략과 대응 속에서 꾸준하게 각종 자료를 확보해 나가고 우리의 실효적 지배를 점진적으로 강화해 나가면서 냉철한 머리와 차분한 감정을 유지해 단호하게 대처해 나갈 필요가 있다.

앞으로도 일본은 독도 문제에 관하여 계속 시비를 걸어올 것이며 빈도수와 강도(强度)도 더 강해질지도 모른다. 이런 때일수록 우리는 감정에 치우친 대응에 앞서 차분하면서도 엄중 단호하게 대처하여 성숙한 자세를 견지해 나갈 필요가 있다. (578)

현 시점에서 우리 정부는 독도 문제에 관하여 대마도 반환요구 문제를 포함, 다시 한 번 깊이 있게 검토하여 의연하고도 실효성 있고 적극적인 종합 대응방안을 마련, 실천해 나가야 할 것이다.

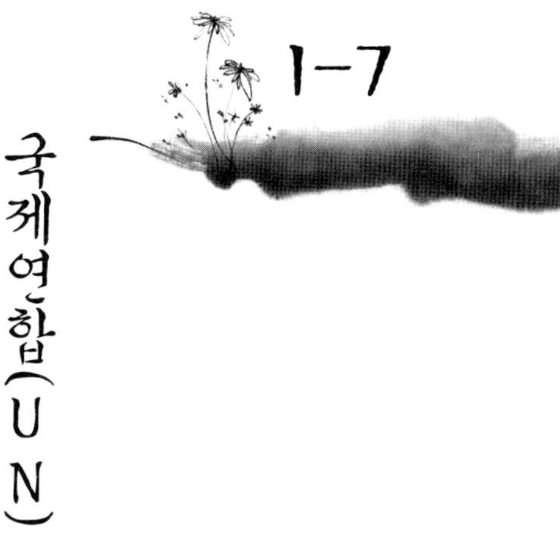

1-7 국제연합(UN)

가지 않은 길(The Road Not Taken)

프로스트(Robert Frost)

노란 숲에 두 길이 나 있었다
나는 한 나그네로 두 길을 모두 갈 수 없기에
오랫동안 서서
덤불로 굽어드는 한길을
바라보다가

그리곤 그 만큼 아름답고
풀이 무성하고 덜 밟혔기에
더 나은 다른 길을 택했다

하기야 이 길도 사람들이 다니다보면
밟히게 되겠지만

두 길 모두 그날 아침
사람의 발걸음이 더럽히지 않은 낙엽 속에 똑같이 묻혀 있었네
오, 나는 첫 번째 길은 다른 날로 미루었네
하지만 길은 길로 이어진다는 것을 알기에
내가 다시 돌아오리라고는 생각지 않았다

먼 훗날 나는 어디선가 탄식하며
이렇게 말하리라
숲 속에 두갈래 길이 있었다고, 그리고
나는 사람들이 덜 다닌 길을 택했노라고
그리하여 그 때문에 인생길이 온통 달라졌다고.

□ 외교는 원래 많은 일을 할 수 있지만 무력이 뒷받침하는 외교는 훨씬 더 많은 일을 할 수 있다. – 코피아난, 전 UN사무총장
□ 인간의 역사를 통틀어 우리 앞에는 그 어느 때보다도 위험한 고비가 놓여있습니다. 그 고비를 다 함께 직면해야만 무사히 헤쳐 나갈 수 있습니다. 그리고 바로 그것이 우리가 유엔을 창설한 이유입니다. – 코피아난
□ 고르바초프 공산당 서기장, 평화를 원한다면, 소련과 동유럽의 번영을 원한다면, 자유를 원한다면, 이 문 앞으로 나오십시오! 이 문을 허물어 버리십시오! – 로널드 레이건
□ 악은 폭력을 통해서만 지탱될 수 있기 때문에 악을 무너뜨리면 폭력은 완전히 삼가야 한다.– 마하트마 간디
□ 화와 복이 스스로 찾아가는 문은 없다. 부르는 사람에게 찾아갈 따름이다(禍福無門 唯人自김). – 중국 속담
□ 산 만나면 길 트고 물 만나면 다리 놓는다(逢山開道 遇水架橋). – 《삼국지》

■ ■ ■

UN(United Nations; 국제연합)은 제2차 세계대전 후 설립된 유일한 범세계적인 국제기구이다. UN은 제1차 세계대전 후 국제연맹(League of Nations)이 제2차 세계대전 발발과 더불어 붕괴된 뒤를 이어, 세계 평화유지와 인류복지의 향상을 목적으로 1945.10.24 국제연합헌장(The Charter of the United Nations)에 의해 설립되었다.

제2차 세계대전 중 연합국 측은 1941년 8월의 대서양헌장(미 · 영 공동선언), 1942년의 연합국 공동선언을 거쳐, 1943년 모스크바에 모여 미국, 영국, 소련, 중국에 의한 모스크바 선언에서 설립의 일반원칙을 정하고 1944년 8월에서 10월에 걸친 덤바튼 오크스(Dumbarton Oaks)회의에서 위의 4개국이 안보리 표결절차 등이 미결된 채로 〈일반 국제기구의 설립에 관한 제안〉에 합의했으며 이를 다시 1945년 2월 미국, 영국, 소련 등 3국의 얄타(Yalta)회담에서 결정했고, 그 해 4월에 개최되었던 샌프란시스코(San Francisco) 국제연합회의 참가국 50개국이 6월 26일 조인함으로써 원회원국이 되었다(뒤에 폴란드 가입).

국제연합헌장은 1945년 10월 24일에 5대 강국(미, 영, 소, 불, 중)을 포함한 29개국이 비준서를 기탁(나머지 22개국은 그 해 12월 27일 까지 기탁)함으로써 발효되었고, UN의날(10월 24일)도 그 날을 기념하고 있다. UN 헌장은 UN의 조직 · 기능 · 활동원칙을 규정한 다원적 국제조약의 성질을 지닌 국제연합의 기본법이며, 전문과 19장 111조로 이루어져 있고, 원문은 중국, 프랑스, 러시아, 스페인어 및 영어로 씌어져 있다. UN헌장의 목적은 ①국제평화와 안전유지 ②국가 간의 우호협력관계 유지 ③세계평화와 분쟁해결을 위한 적절한 조치 ④경제 · 사회 · 문화 · 인도 분야의 국제협력과 인권신장 ⑤위의 공동목적 달성을 위한 각국 행동조절의 중심역할 등이다.

UN헌장 상의 UN기구는 총회(General Assembly), 안전보장이사회(Security Council), 경제사회이사회(Economic and Social Council), 신탁통치이사회(Trusteeship Council), 국제사법재판소(International Court of Justice), 사무국(Secretariat) 등 6개의 주요기관을 두고 있다. UN에는 6개 주요 기구 이외에도 UN사무국 산하국, UN 산하기구, UN전문기구, 정부 간 기구, UN독립기구 등이 있다. 유엔사무국에는 유엔사무국 평화유지활동국(DPKO),

유엔사무국 정무국(DPA), 유엔 제네바사무소(UNOG), 유엔사무국 감사실(OIOS), 아시아태평양 경제사회위원회(ESCAP), 유엔 인권고등판무관실(OHCHR), 유엔 군축사무국(DDA), 유엔사무국 총회회의운영국(DGAACS), 유엔난민 고등판무관실(UNHCR) 등 사무국 산하국이 있으며, 5년 임기의 사무총장(Secretary-general) 밑에 30여 명의 사무차장(Under Secretary-general)과 사무차장보가 있고 약 2만 명의 직원이 있다.

UN 산하기구로는 세계식량계획(NFP), 유엔환경계획(UNEP), 유엔 마약통제 및 범죄예방 사무소(ODCCP), 유엔대학(UNU), 유엔아동기금(UNICEF), 유엔개발계획(UNDP) 등 20여 개가 있으며, UN전문기구로는 유엔식량농업기구(FAO), 유엔교육과학문화기구(UNESCO), 국제통화기금(IMF), 국제노동기구(ILO), 세계보건기구(WHO), 세계지적재산권기구(WIPO), 세계기상기구(WMO), 세계은행(World Bank) 등 17개가 있다. 그리고 정부 간 기구로 경제협력개발기구(OECD), 아시아개발은행(ADB), 세계관광기구(WTO), 국제형사법원(ICC) 등 12개가 있고, UN독립기구로는 세계무역기구(WTO), 국제원자력기구(IAEA) 등이 있다.

UN은 1948년 12월 10일 세계인권선언(The Universal Declaration of Human Rights)을 채택, 회원국들에게 인권에 대한 기본원칙을 제시·권고하고 있다. 그 내용은 총 30개조로 이루어져 있다.

제1조 모든 사람은 태어날 때부터 자유롭고, 존엄하며, 평등하다. 모든 사람은 이성과 양심을 가지고 있으므로 서로에게 형제애의 정신으로 대해야 한다.

제2조 모든 사람은 인종, 피부색, 성, 언어, 종교 등 어떤 이유로도 차별받지 않으며, 이 선언에 나와 있는 모든 권리와 자유를 누릴 자격이 있다.

제3조 모든 사람은 자기 생명을 지킬 권리, 자유를 누릴 권리, 그리고 자신의 안전을 지킬 권리가 있다.

제4조 어느 누구도 노예가 되거나 타인에게 예속된 상태에 놓여서는 안 된다. 노예제도와 노예매매는 어떤 형태로든 일절 금지한다.

제5조 어느 누구도 고문이나, 잔혹하거나, 비인도적이거나, 모욕적인 취급 또는 형벌을 받지 아니한다.

제11조 범죄의 소추를 받은 사람은 자신을 변호하는 데 필요한 모든 것을 보

장받아야 하고, 누구든지 공개재판을 통해 유죄가 입증될 때까지 무죄로 추정될 권리가 있다.

제20조 모든 사람은 평화적인 집회 및 결사의 자유를 누릴 권리가 있다.

제21조 모든 사람은 직접 또는 자유롭게 선출된 대표자를 통해, 자국의 정치에 참여할 권리가 있다. 모든 사람은 자기 나라의 공직을 맡을 권리가 있다.

제22조 모든 사람은 사회의 일원으로서 사회보장을 받을 권리가 있다.

제30조 이 선언에서 말한 어떤 권리와 자유도 다른 사람의 권리와 자유를 짓밟기 위해 사용될 수 없다. '어느 누구에게도 남의 권리를 파괴할 목적으로 자기 권리를 사용할 권리는 없다' 등이다.

UN회원국들은 환경문제에 관한 공동 노력으로 "지속가능한 개발(sustainable development)을 위한 노력을 계속하고 있다. 지속가능한 개발의 의미는 미래세대가 미래의 필요(need)를 손상함이 없이 현재의 필요를 충족시키는 개발"이다. 다시 말한다면 현재를 살아가는 우리가 필요한 것을 얻으면서도 미래의 후손들에게 해가 되지 않는 것을 개발하는 것을 의미한다.

최근 환경문제 등의 해결을 위해 전 세계적 네트워크를 통한 NGO 활동영역이 확대되고 있는 바 그 대표적인 예로 그린피스(Green Peace)가 있다. 인터넷을 통한 회원 수는 4억 명이 넘고, 이들은 우리와 후손의 생명과 직결된 문제를 국제기구나 정부에만 맡길 수 없다는데 뜻을 같이 하고 있으며, 각자의 삶의 영역에서 정부의 환경정책 등을 감시하고 이웃나라의 지나친 환경오염정책을 국제적 이슈화하여 대응하는 등의 활동을 하고 있다.

UN의 재정은 회원국들의 분담금, 특별기부금, 사업수입 등으로 충당되나 대부분은 분담금으로 충당한다. 분담금은 총회가 정한 분담률 표에 따라 정해지는데 분담률은 각국의 지불능력과 수혜도에 따라 정해진다. 어떤 나라도 UN 연간 예산의 1/3 이상을 분담해서는 안 되고, 0.02% 이하로 밑돌 수 없도록 되어 있다.

"지구촌 대통령" 또는 "속세의 교황"이라고 불리는 UN 사무총장은 상임이사국을 포함한 안보리의 권고에 따라 총회에서 선임되며 초대 사무총장에는 노르웨이의 트리그브리, 2대 총장은 스웨덴의 다그 함마슐트, 3대는 버마의 우탄트, 4대는 오스트리아의 쿠르트 발트하임, 5대는 페루의 하비에르 페레스 데 케야르이며, 우리 한국의 반기문 총장은 제8대 UN 사무총장이며 유엔총회에서 2011. 6. 21(현지시간)제 9대 사무총장으로(2012. 1. 1 ~ 2016. 12. 31) 만장일치 재선임 되었으므로 2012년부터 또 한번 5년 간의 '세계 대통령' 이라는 중책을 맡게 됐다.

세계 경제 대통령이라고 불리는 국제통화기금(IMF)총재에 첫 여성 총재가 선출되어 화제가 되고 있다. '세계 경제 대통령에 오른 비(非)경제 학자' 2011년 6월 28일 국제통화기금(IMF) 64년 역사상 최초의 여성 총재에 오른 크리스틴 라가르드(55) 프랑스 재무장관에 대한 언론들의 평가다.

라가르드는 도미니크 스트로스칸 전 총재가 '성추문' 으로 사퇴하면서 실추시킨 IMF의 명예를 되살려 놓을 최적의 카드라는 기대를 받고 있다. 186개 회원국을 거느린 IMF총재의 권한은 막강하다. 금융위기에 처한 회원국에 구제금융을 제공하려면 총재 서명이 있어야 하는데, 이 서명 하나가 한 나라의 운명을 좌지우지 한다. 차관을 지원받는 국가의 화폐정책과 이자정책, 조세체계를 쥐락펴락한다. IMF의 차관 지원액은 2010년 말 현재 1950억 달러에 달한다. (579)

1950년 한국전쟁(6 · 25전쟁)은 UN 창설 후 최초로 UN군이 참전한 전쟁(16개국 참전, 한국군 전사자 137,899명, UN군 전사자 총 40,670명, 그중 미군전사자 36,940명)이며, UN이 아니었으면 한반도는 공산화되었을 가능성이 크다.

이런 점에서 한국은 UN이 있었기 때문에 자유 민주주의를 지키고 한강의 기적을 이룰 수 있었다고 할 수 있다.

한국과 북한은 구소련이 붕괴된 이후인 1992년에야 UN에 동시 가입하고 정식 회원국으로서 활동에 참여할 수 있게 되었다.

우리는 자유 대한민국을 지키고 경제를 부흥시키기 위한 UN의 여러 측면의 희생적이고 전폭적인 지원의 은덕을 잊어서는 안 될 것이다. 하루빨리 세계 제1의 경제대국이 되어 유엔의 분담금을 1/3까지 늘리고, 거액의 특별기부금을 출연하여 UN이 세계평화와 빈곤국가 지원, 문맹퇴치 등의 활동을 보다 적극적으로 수행할 수 있도록 해야 할 것이다.

1950년 6월 25일 소련 · 중국을 등에 업고 남침해 온 북한공산 집단에 대해, 즉각적이고도 강력한 조치로 우리 대한민국을 지켜주었고 그 후의 전화(戰禍)복구와 경제개발을 적극 지원해 준 유엔, 그리고 미국을 비롯한 참전 16개국 등의 희생과 은혜를 우리 국민들은 영원히 기억하고 보답해야 할 것이다.

여기 국제연합(UN) 「헌장 전문(前文 · Preamble)」을 적어 본다.

우리 연합국 국민들은,

우리 일생 중에 두 번이나 말할 수 없는 슬픔을 인류에 가져온 전쟁의 불행에서 다음 세대를 구하고, 기본적 인권, 인간의 존엄 및 가치, 남녀 및 대소 각국의 평등권에 대한 신념을 재확인하며, 정의와 조약 및 기타 국제법의 연원으로부터 발생하는 의무에 대한 존중이 계속 유지될 수 있는 조건을 확립하며, 더 많은 자유 속에서 사회적 진보와 생활수준의 향상을 촉진할 것을 결의했다.

그리고 이러한 목적을 위하여 관용을 실천하고 선량한 이웃으로서 상호간 평화롭게 같이 생활하며, 국제평화와 안전을 유지하기 위하여 우리들의 힘을 합하며, 공동이익을 위한 경우 이외에는 무력을 사용하지 아니한다는 것을, 원칙의 수락과 방법의 설정에 의하여 보장하고, 모든 국민의 경제적 및 사회적 발전을 촉진하기 위하여 국제기관을 이용한다는 것을 결의하면서, 이러한 목적을 달성하기 위하여 우리의 노력을 결집할 것을 결정했다. 따라서, 우리 각자의 정부는, 샌프란시스코에 모인, 유효하고 타당한 것으로 인정된 전권위임장을 제시한 대표를 통하여, 이 국제연합헌장에 동의하고, 국제연합이라는 국제기구를 이에 설립한다.

PREAMBLE

WE THE PEOPLES OF THE UNITED NATIONS DETERMINED

· to save succeeding generations from the scourge of war, which twice in our lifetime has brought untold sorrow to mankind, and

· to reaffirm faith in fundamental human rights, in the dignity and worth of the human person, in the equal rights of men and women and of nations large and small, and

· to establish conditions under which justice and respect for the obligations arising from treaties and other sources of international law can be maintained, and

· to promote social progress and better standards of life in larger freedom,

AND FOR THESE ENDS …

1-8

광개토대왕과 이인구

廣開土大王陵碑 說明碑文

이 비는 중국 지린성(吉林省) 지안시(集安市)에 있는 고구려 제19대 광개토대왕릉비와 같은 석질 · 형태 · 글씨로 제작된 것이다. 높이 6.39미터에 무게 38톤에 이르는 이 비는 동양에서 가장 크고 높다. 4면에 새겨진 1,802자의 비문은 고구려의 건국사실과 왕위계승, 광개토대왕의 정벌활동, 그리고 왕릉을 지키는 제도와 대왕의 유훈이 담겨 있어서, 한국 고대 고구려의 웅장한 역사를 알려주는 증표(證票)이기도 하다.

이 비가 있는 현장을 직접 찾아보기도 어렵고, 이 비를 둘러싸고 주변국들이 역사왜곡을 벌이기도 하여 우리에게 커다란 우려를 주고 있다. 독립기념관 겨레의 큰 마당에 광개토대왕릉비(複製碑)를 다시 새겨 세우는 이유는 민족의 웅대한 역사를 복원하고 원래의 비가 예상치 않은 손상을 입었을 때를 대비하며 후세들에게 자긍심을 심어주는 데 있다.

글씨는 타이완 중앙연구원과 중국 베이징대학에 소장된 정탁본(精拓本)을 모본(母本)으로 삼았고, 선문대학교 역사학과 이형구(李亨求) 교수가 고증했으며, 정과 망치를 사용하여 손으로 새겼다.

이 건립 사업은 재단법인 계룡장학재단 이인구(李麟求) 이사장의 큰 뜻과 지원으로 이루어졌다.

2004년 10월 26일

독립기념관장

□ 너희는 먼저 그의 나라와 의를 구하라. 그리하면 이 모든 것을 너희에게 더하시리라(But seek first his kingdom and his righteousness, and all these things will be given to you as well). – 마태복음 6 : 33

□ 장부가 세상에 나서 쓰일 진대, 목숨을 다해 충성을 바칠 것이요, 만일 쓰이지 않으면 물러가 밭가는 농부가 된다 해도 또한 족할 것이다. – 충무공 이순신

□ 조국을 위해, 민족을 위해 무엇을 할 것인가? 이것만이 나의 희망이요, 나의 목표이다. – 간디

□ 배달겨레의 영원한 제왕이신 광개토대왕이시여, 말달리며 천하를 호령하던 그 웅혼을 21세기 후손들이 다시 펼칠 수 있도록 하여 주소서. – 조영재

□ 우리나라를 망하게 한 것은 일본도 아니요 이완용도 아니요 나 자신입니다. – 도산 안창호

■ ■ ■

「공(公)은 한산 이씨로 청사에 빛나는 고려 말의 충신 목은 이색(牧隱 李穡)의 20대 손으로 휘(諱)는 인구(麟求)요 호(號)는 유림(裕林)이시다.

공(公)의 조부께서는 휘를 돈직(敦稙)이라 했고 호를 일송(一松)이라 했다. 한말 나라가 망함에 손수 의병을 일으켜 충청도와 경상도에서 일본군과 일본경찰에 맞서 싸우시다가 총상을 입으신 끝에 분사(憤死)하시었다. 광복이 되자 한국독립유공자협회에서 그 공을 기리고저 공적비를 세워 후손들에게 귀감이 되게 했다.

공(公)은 한창 청소년이던 시절, 이 지역 명문 대전고등학교 전신인 대전중학교에 수석으로 입학하시었으나 고등학교 2학년 재학 중에 비극적인 6 · 25 전란을 맞게 됨에 스스로 나라를 지키고저 학도의용군에 자원입대하여 펜 대신 총을 들고 전선에 뛰어들어 육군중령으로 예편할 때까지 20년을 국가에 충성을 다하셨다. 공(公)은 뜻한 바 있어 불혹의 40에 계룡건설(鷄龍建設)을 창업했으니 처음 도급순위 충남 51개 업체 중 51순으로 말석에 불과했으나 땀과 노력, 365일 하루도 빠지지 않는 출근 등 심혈을 쏟은 끝에 전국적인 대규모 건설사로 비약적 발전을 이룩했고 해외에까지 진출하는 선도적 위치에 이르렀다. 이는 공(公)의 개인적 영광이자 향토기업을 사랑하는 우리 충청인 모두의 자랑이 아닐 수 없다. 특히 공(公)은 기왕의 향토기업들이 성공하면 서울로 떠나가던 관행을 과감히 버리고 오직 향토애와 향토정신으로 지역에 뿌리를 내리고 지역발전에 공헌을 쏟으셨다.

공(公)은 특히 2007년 12월 태안 앞 바다의 비극적 기름유출사고로 전국민이 실망하고 있을 때 손수 자비를 들여 이 분야의 세계적 석학들을 초청해 구제방책을 강구하는 한편 살을 에는 추운 겨울바람도 아랑곳 하지 않고 계룡직원들과 함께 기름띠를 수거하는 수범을 보이셨다. 2선 국회의원(國會議員), 자유민주연합당(自由民主聯合黨) 부총재 등 정치에도 큰 족적(足跡)을 남기신 공(公)께서는 정계를 은퇴하신 후 뜻을 함께 하는 동지들과 함께 계룡장학재단(鷄龍奬學財團)을 설립하시어 민족의 혼이 남아 있는 곳이라면 일본이나 중국땅 어디든 찾아가 현장을 확인하고 광개토대왕(廣開土大王)의 비(碑)를 원형과 똑같이 복제하여 천안에 있는 독립기념관에 세우시는 등 민족얼을 계승하시고자 노심초사하셨다. 모교인 대전고등학교와 충남대학교에 학업을 닦을 기숙사를 마련해 주시는 등 '기업의 이윤을 사회에 환원한다' 는 신념으로 살아오셨으며 특히, 100억 원의 사재를 털어 유림공원(裕林公園)을 조성하여 대전시에 기증하심으로 시민에게 널리 사랑받는 명품휴식처가 되게 하시는 등 많은 기부문화의 수범을 보이셨다.

공(公)은 학문에 대한 열정도 남달라 법학박사, 철학박사, 경제학박사, 경영학박사 등 숱한 명예박사를 취득하셨고 '일하는 보람으로 산다', '토지개혁과 복지사회', '충남정신의 뿌리와 창조', '한밭정신의 뿌리와 창조' 등의 명저는 길이 후학들의 교본이 되고 있다. 공(公)은 무공훈장, 국민훈장, 산업훈장, 새마을 대훈장, 향군대훈장, 월남장 등 400여 개의 훈포장과 감사장들을 받았다.」

위의 글은 계룡건설산업주식회사의 창업자이며 명예회장인 이인구(李麟求) 회장의 공적비가 세워진다면 그 비문에 새겨야 할 내용들을 어느 분이 적어본 것이다.

이 책에서 이인구 명예회장을 소개하는 것은, 이회장님이 필자가 존경하는 분이기 때문이다. 15대 총선당시 필자는 대전 유성구에서, 이회장님은 대전 대덕구에서 당선되어 나라와 지역발전을 위해 국회에서 4년간 함께 의정활동을 한 바 있다.

현재 필자는 대전광역시 유성구 노은동의 왕가산(王駕山)밑에 터 잡고 있는 열매마을 아파트 1108동 201호에 살고 있고, 이회장님은 1107동 501호에 거주하신다.

알기 쉽게 말하자면 국회의원 동창이고, 이웃사촌이며 필자가 정치현장 경험을 할 수 있도록 도와준 인연이 있다.

1996년 15대 총선당시 자민련 공천을 받기 전까지 필자는 이회장님을 잘 알지 못했다. 그 분은 대전 중구 쪽에 살았고, 필자는 고향인 대전 유성을 떠나 국무총리실에서 공직생활을 계속하고 있었기 때문에 만나볼 기회가 없었다. 그런데 한참 선배뻘 되시는 그 분이 필자의 얼굴도 잘 모르는 상태에서 주위 사람들이 전하는 말(유성초 · 중 졸업, 고시합격, 총선출마위해 총리실 1급 관리관 명예퇴직, 어렸을 때 계룡산 나무꾼 등)만 듣고 JP에게 추천을 했고, JP는 필자를 사전에 만나 보지도 않은 채, 공천헌금 한 푼 내 놓은 일도 없는데 그 분의 추천만 믿고 공천장을 받으러 상경하라고 연락한 것이다. 15대 총선 당시의 이야기는 필자의 자서전인 《떡장수 아들의 꿈(고려원, 1995.10)》에 보다 자세히 소개된 바 있다. 필자가 이회장님을 존경하는 것은 이런 인연 때문만이 아니다.

앞에 소개한 바와 같이 그 분은 우리 역사에 길이 빛날 고려 말의 충신이신 목은(牧隱)선생의 후손이며, 기울어가는 나라를 살리기 위해 의병을 일으켜 싸우시다 전상(戰傷)을 입어 분사(憤死)하신 독립유공자의 친손(親孫)이시다. 더욱 귀감이 되는 것은 1950년 6 · 25가 발발하자 17세 고교 2학년 학생의 몸으로 학도병에 자원입대하여 적도(敵徒)로부터 조국을 지키기 위해 목숨 걸고 싸운 호국용사라는 점이다. 이 회장님은 1951년 5월 육군종합학교에 입학, 동기 중 수석으로 졸업, 소위로 임관되어 군 생활을 중령으로 마치고 예편했다. 육군종합학교에 입학당시 판정관이 장교신분령상 20세가 되어야 하는데, 18세 밖에 안 되어 불합격 판정을 했다가 팬티아래를 보고 즉석에서 성인으로 인정, 판정을 번복하여 합격판정을 내렸는데 그 일 이후 이인구 소위는 "잠지소위"라는 별명을 오랜 기간 들었다고 한다. (479)

이 회장님이 훌륭한 점은 이러한 충절정신 외에 또 있다. 큰 발자취를 남기면서 일가(一家)를 이룬 분들이 다 그렇듯이 참으로 부지런하고, 검소하고, 성실하고, 최선을 다하는 삶의 자세로 평생을 살아오신 분이다. 그 분은 해외 출장, 업계회의 등 특별한 일이 없는 한 토요일 · 일요일에도 사원들은 휴무일인데 본인은 회사에 출근하여 사업구상, 서류정리, 신문기고문 작성 등의 일들을 처리하는 휴일이 없는 분이다. 그 분의 이런 최선을 다하는 자세가 지방의 가장 작은 건설회사를 40년 만에 2011년 우리나라 도급순위 20위, 매출액 1조 4,000억 원의 건실한 대형 종합건설회사로 키워냈다. 지금 이글을 쓰고 있는 왕가서재(王駕書齋)도 계룡건설이 계룡산 자락인 왕가산(王駕山) 바로아래 12,340평(40,720.9m²)의 높고 넓은 대지 위에 2003년 9월 준공 · 분양한 아파트 내에 있다. 국립대전현충원, 한밭대, 충남대, 계룡산동학사, 대덕연구단지, 자운대, 계룡대, 정부 제3청사, 세종특별자치시가 인근에 있어 도보 산책 또는 짧은 시간의 드라이브도 가능한 좋은 위치이다. 한양에서 내려온 세종대왕이 어가를 세워 놓고 쉬어갔다는 왕가산 바로 아래 조금 높은 대지여서 공기가 매우 쾌적하고, 지하철 월드컵역 1, 2번출구에서 100m인근 10차선 대로변이라 교통편도 좋고, 노은 농수산물 도매시장이 바로 옆에 있어 더욱 좋다. 총 634세대(23평, 37평, 46평, 61평형)이며, 지하 1층 708대, 지하 2층 372대, 옥외 145대가 주차할 수 있어 주차장이 언제나 여유롭다. 15층 또는 18층으로 12개동 634세대 모두 남향으로 되어 있고, 단지 조성 시에 단지 서북쪽에 함께 건립된 대전수정초등학교가 바로 옆에서 보석처럼 빛나고 있다.

이 회장님은 1992년 「계룡장학재단」을 설립하여 현재까지 10,944명에게 장학금 35억여 원을 지원했다. 그리고 1970년 1월 계룡건설을 창립한 이후 이웃돕기, 지역개발과 복지사업 지원, 재난구조 활동의 솔선수범, 시민공원의 조성 헌납, 학교기숙사 등의 건립 지원 등 많은 사회공헌활동을 40여 년간 지속적으로

해오고 있다. (586)

이회장님은 우리 역사에 대한 깊은 관심과 애정을 실천으로 보여주고 있는 보기 드문 인물이다.

사업, 정치, 사회봉사활동 등으로 무척 바쁜 가운데에서도 우리 역사를 깊이 생각해 왔고, 우리나라 최대기업도 하지 못한 일을 이회장님이 해낸 것이다. 중국 길림성에 있는 「광개토대왕릉비」를 실물과 똑같은 형태와 크기로 복제하여 한국에 세운 것이다. 1600여 년 전 중원 땅과 만주벌판을 호령하던 국강상광개토경평안호태왕(國岡上廣開土境平安好太王)은 재세시에 다음과 같이 유훈(遺訓)을 남겼다.

"…만일 내가 죽은지 1만년 후 나의 무덤을 수호할 자들은 내가 돌아다니며 직접 데리고 다닌 한족(韓族)이나 예족(穢族)들에게만 수호 · 소제하는 일을 맡게 하라…."

이 유훈의 말씀은 「광개토대왕릉비」에 적혀 있는 일부 비문 내용을 한글로 해석한 것이다. 광개토대왕릉비는 중국 길림성 집안시 통구현(吉林省集安市通溝縣)에 있으며, 4각 돌기둥으로 높이 6.39m, 무게 38t, 비의 아랫부분 폭은 제 1면 1.48m, 제 2면 1.35m, 제 3면 2.00m, 제 4면이 1.46m나 된다.

비문은 총 1,802자이며, 제 1단은 제 1면의 첫 행부터 6행까지 고구려의 세계(世系)를 서술하고 있고, 제 2단은 제 1면 7행부터 제 3면 제 8행까지 광개토대왕의 치적을, 마지막 제 3단은 제 3면 제 8행 제 16자부터 4면 끝가지인데 주로 광개토대왕의 유훈으로 수묘인(守墓人)과 입비(立碑)등에 관하여 기록되어 있다. 광개토대왕릉비의 뒷면에는 대왕 재위 당시의 광활한 고구려 영토에 대한 큰 지도가 상세하게 그려져 있다.

광개토대왕은 역시 대왕다웠다. 비문에 기록된 바에 의하면 대왕 붕어(崩御) 후 1만년 뒤에 왕릉 수호를 한민족(韓族)이나 예족(穢族)에게 맡기라고 말씀하셨다. 대왕의 유훈을 따른다면 앞으로 8,400년 이후에나 우리 배달민족인 한민족(韓族)이 수호를 맡으라는 유훈의 말씀이다. 천제(天帝)의 명을 거역하여 송구한 일이지만 필자의 짧은 생각으로는 앞으로 8,400년 후가 아닌 50년이나 100년 이내에 대한국민(大韓國民)이 왕릉수호를 직접 해야 하는 것 아닌가 생각한다.

그런데 이 회장께서 비문에 새겨있는 유훈을 오래전부터 알고 계셨는지는 알 수 없지만 우리 역사를 위해 아주 큰일을 하신 것이다.

이회장님은 앞으로 대한민국이 통일되고 중국이 무시 못할 강대국이 될 경우 영토분쟁의 빌미가 될 광개토대왕비의 존립이 위태로울 수 있다고 판단한 것이다. 실제로 중국의 문화 혁명 당시 홍위병(紅衛兵)들이 이 비를 쇠사슬로 묶어 파괴를 기도한 바 있었다는 증언도 있다 한다.

바쁘신 가운데 나라와 역사의 미래를 생각하신 이회장님은 2004년 10월 26일 마침내 천안 독립기념관에 「광개토대왕릉비 복제비」를 설치하고, 역사적인 제막식을 거행한 것이다. 물론 이 일은 2001년초 이 회장께서 우리 역사와 후손들을 위해 우리 땅에 복제비라도 건립하겠다는 뜻을 품게 되었고, 마침내 참으로 험난한 대업(大業)의 큰 걸음을 마칠 수 있게 된 것이다.

계룡장학재단의 복제비 건립사업추진의결, 중국 현지 조사단(15명) 결성과 현지 학술답사, 복제비 제작 용역계약, 대왕비의 석재와 같은 중국현지의 석괴(石塊)채석장 선정, 석재 성분분석, 석공과 장학재단 관계자 현지 실측, 모형비제작, 독립기념관과의 복제비 건립 조인식, 중국 하북성 석가장시(石家莊市) 사전 허가, 석가장시 태행산(太行山)의 원석계약과 120톤의 대형원석 채굴, 1차 90톤, 2차 80톤 가공축소, 80톤 원석 인천항으로 운반, 온갖 어려움을 극복, 2002년 4월 천안 독립기념관으로 특수운반이송, 중국과 한국의 고도기술진인 수많은 석공 등의 동원, 원비와 똑같은 실측자료에 의한 모형비 제작, 건립 등 온갖 어려움 속에서 추진하게 된 것이다.

이 과정에서 이회장님과 관계 인사들의 끝없는 지혜와 땀과 시간과 자금 동원이 필요했던 것은 두말할 필요도 없을 것이다. 짧게 정리해 보면, 이인구 회장께서 중국에 있는 광개토대왕릉비를 복제하여 천안독립기념관에 제막했고 이는 우리 배달민족의 가장 위대한 제왕이신 광개토대왕의 명령(유훈)을 이인구 회장께서 1단계로 이행작업을 한 것이다.

광개토대왕릉비 복제 및 한국 내 제막"계획"은 이인구회장께서 대업을 완성하신 수년 전에도 우리나라 최대의 대기업 창업주이며 회장이었던 분의 특명으로 이 대업을 추진한 바 있었다 한다. 그러나 중국 쪽의 여러 난관에 봉착, 결국은 성공하지 못했다 한다. 거대기업도 하지 못한 이 일을 지방의 건설사 이인구 회장께서 여러 난관을 뚫고 성사시킨 것이다.

이회장님이 하신 또 다른 큰일에 관한 이야기이다.

조선시대 병자호란(丙子胡亂 · 1636~1637)당시 인조는 한성에서 대피하여 남한산성에 몽진했고, 청태종의 12만 대군에 완전 포위되어 고립무원의 상태에 있었다. 이때 죽어가는 백성들을 살리기 위해 항복하자는 주화론자인 최명길(崔鳴吉 · 1586~1647)이 있었고, 끝까지 싸우자는 주전론자, 즉 척화파(斥和派) 3학사가 있었다.

충정공(忠正公) 홍익한(洪翼漢 · 1586~1637 · 영의정에 추증)

충정공(忠貞公) 윤집(尹集 · 1606~1637 · 영의정에 추증)

충열공(忠烈公) 오달제(吳達濟 · 1609~1637 · 영의정에 추증) 세 분이다.

병자호란 당시 인조가 삼전도(三田渡)에 설치된 수항단(受降壇)에서 청태종 앞에 이마를 땅에 대며 절하는 삼배구고두(三拜九叩頭)의 굴욕적인 항복(1637.1.30)을 했다.

청태종는 인조의 항복을 받은 후 척화파 3학사를 심양으로 끌고 갔다. 온갖 회유와 협박으로 청태종의 신하가 될 것을 종용했지만, 3학사는 끝까지 충절을 굽히지 않아 마침내 청태종 앞에서 참형에 처해져 장렬한 최후를 마쳤다. 청태종는 3학사를 참형에 처했으나, 비록 적국의 신하지만 조국에 대한 충절과 충성심은 가히 청나라 모든 사람들의 본보기가 될 만하다고 높이 평가하고 '삼한산두(三韓山斗)' 라는 휘호를 내려 추모비를 세우고 사당(祠堂)을 지어 넋을 기리도록 명했다. '삼한산두' 란 '조선의 태산과 북두' 라는 말로 비록 조선의 신하지만 태산같이 높고 북두칠성 같이 빛나는 분들이라는 뜻이다.

이 추모비는 국민당 정부의 혁명에 의해 청나라가 망할 때 데모대에 의해 파괴되었고, 1935년 만주거주 조선인 200인이 뜻을 모아 삼학사비가 중건되었다. 그러나 그 후 1960년대 중국 문화 혁명 때 삼학사비는 홍위병들에 의해 또다시 파괴되었는데 이회장님이 이사장으로 있는 계룡장학재단에서 세 조각으로 파괴되어 있던 삼학사비를 심양 현지에 2005년 7월 30일 재중건하고 비두(碑頭)인 '삼한산두' 도 찾아내서 중건비에 다시 쓰게 되었다.

한편, 이회장님은 이 삼학사비를 복제하여 2005년 8월 31일 천안 독립기념관 겨레의 마당에서 「삼학사비 재중건비 제막식」을 거행했다.

재중건비는 청금석(靑金石)으로 만들어졌으며, 비석의 크기는 용두, 비신, 비대까지 포함 3m 90cm에 달하며, 비신의 길이 2m, 비신의 폭 83cm, 두께 26cm에 달하는 규모 있는 비(碑)이다.

이회장님은 삼학사비의 재중건 사업을 추진하게 된 뜻을 다음과 같이 밝히고 있다.

"국난을 당했을 때 나라를 지키기 위하여 자신의 생명을 초개같이 버리면서도 끝까지 충절을 지키신 선조님들의 애국충절의 기개를 후손들에게 널리 알리고, 또 이러한 선열들의 정신을 이어 받아 앞으로도 제2, 제3의 삼학사와 같은 분들이 계속 나타나기를 간절히 기원하는 마음에서이다."

이회장님은 충무공 이순신 장군과 함께 우리 민족의 영원한 호국충절의 사표인 안중근 의사와 관련된 자료 수십 점을 오랜 세월 일본인 등의 협력을 받아 수집했다. 그리고 그 자료를 오래 전에 국내에 있는 지인께 전달하면서, 신문 등 언론에 안중근 의사와 관련된 새로운 사실들의 보도를 부탁했다 한다. 그런데 그 지인이 자료들을 잃어버려 언론에 보도되지 않았다.

또한 상해에 있던 대한민국 임시정부〔상해 프랑스 조계(租界)내 김신부로(金神父路)지역에 임시정부조직 1919.4.17~1932.5 절강성 항주로 임시정부 옮김 · 1937. 11 중경으로 임시정부 옮김〕청사 건물을 복제하여 국내(독립기념관)에 옮기고자 했으나 김대중정부의 반대로 성사시키지 못했다 한다.

이러한 일은 큰 재력이 있다고 아무나 할 수 있는 일이 아니다. 우리 역사와 민족에 대한 뜻 깊은 고뇌를 하는 사람이 아니면 생각할 수 없는 일이다. 그리고 이 일을 꼭 내가 하지 않으면 안 되겠다는 역사에 대한 투철한 사명의식이 있어야 한다.

이 회장께서 국회의원으로 의정활동하면서 나라를 위해 하신 일은 수없이 많다. 수백 가지 하신 일 중 네 가지만 적어 본다.

13대 국회의원(임기 1988. 5. 31~1992. 5. 30) 당시

① 대북한 협력기금 500억 원 조성을 정부에 제안했고

② 종전의 보훈법(현 국가유공자 예우법)상 유공자가 사망시 그의 자(子)가 예우혜택을 받도록 되어 있는데, 아들이 없고 딸만 있을 경우, 딸은 자(子)가 아니므로 혜택받을 수 없었는데 '자(子)를 자녀(子女)로 개정' 하도록 법률개정을 발의하여 아들딸이 함께 보훈혜택을 받을 수 있도록 했고

③ 서해안 고속도로, 대전 통영 간 고속도로, 대전남부 순환도로 등이 건설될 수 있도록 사업계획 추진과 예산 지원이 되도록 노력했고 15대 국회의원(1996. 5. 31~ 2000. 5. 30) 당시 건교 · 예결위원을 하면서

④ 서울 · 부산 · 대구 · 인천에 운영 중이던 지하철이 대전광역시와 광주광역시에도 건설되도록 했다. (479)

필자가 이인구 회장을 진심으로 존경하는 이유는 바로 다음과 같은 점이다.

① 우리 역사와 민족에 대한 깊은 애정과 관심과 사명감을 가진 인물이다.

② 충절의 후손답게 선대 충절들에 대한 지극한 존경심과 그 호국 충절정신 선양을 위한 노력을 끊임없이 해나가고 있는 인물이다.

③ 그리고 광개토대왕릉비가 말없이 말하고 있는 바와 같이 배달민족 또 한번의 웅비에 대한 간절한 염원, 그리고 나라와 겨레를 위해서는 목숨 바쳐 헌신하겠다는 애국애족의 굳은 결의를 실천해 나가고 있는 인물이라는 점이다.

애국애족에 대한 이와 같은 관심, 염원, 사명감, 헌신적 열정 등이 있었기 때문에 이회장님은 공사 간 바쁘신 가운데에서도 누구도 생각해내지 못했던 위와 같은 일들을 실천으로 보여준 것이다.

우리의 '역사를 위해서' 그리고 '후대를 위해서' 그 일을 생각해냈고, 실천에 옮긴 것이라고 필자는 생각한다. 이회장님은 고려 말의 충신 문정공(文靖公) 이색(李穡 · 1328~1396)의 20대 손이라 한다. 목은(牧隱)선생은 공민왕 때 대사성(大司成), 우왕 때 정당문학(政堂文學)등을 역임했고, 위화도 회군으로 우왕이 강화로 유배되자 조민수(曺敏修)와 함께 창(昌)을 즉위시키는 등 고려 왕실의 보전을 위해 이성계의 세력을 견제하다가 이성계가 득세하자 장단 등에 유배되기도 했다. 문하에 권근(權近) · 김종직(金宗直) · 변계량(卞季良) 등을 배출, 학문과 정치에 큰 발자취를 남겼다.

필자도 올바른 것, 의리 있는 것, 정직한 것, 역사에 대해 관심이 많은데 이회장님도 그런 것 같다.

나라와 역사를 위해 또 다른 큰일을 하실 수 있도록 이인구 회장님께서 만수무강하시기를 진심으로 기원한다.

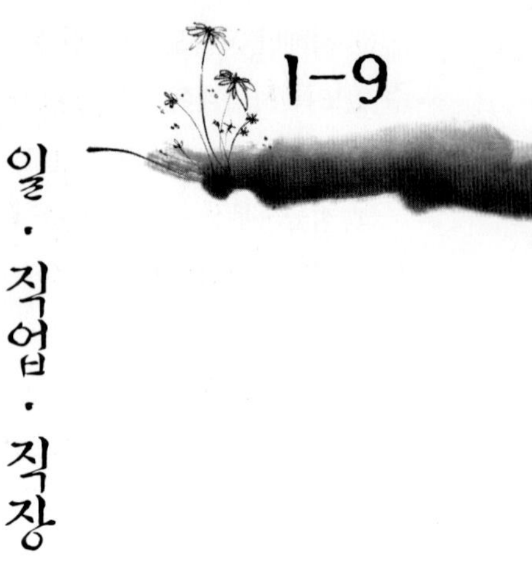

1-9 일·직업·직장

인내하라.
한겨울 설한을 견딘 나무일수록 그 꽃이 아름답고
한여름 폭염을 견딘 나무일수록 그 열매가 향기로운 법
지금은 보리개떡이 아니면 초근목피인 그대 인생도
언젠가는 주지육림 산해진미로 상다리가 부러지는 날이 오리라.

그대여.
그대가 진실로 행복한 인생을 기대한다면
그대에게 부여된 생로병사 희로애락을 모두 사랑으로 껴안으라.
무궁화 삼천리 화려강산에 그대가 태어났다는 사실도 사랑하고,
그대가 나이를 먹는다는 사실도 사랑하고,
때로는 독감을 앓거나 두통으로 시달릴 수 있다는 사실도 사랑하라.

분노해야 할때는 분노할 수 있는 인간이 되고,
슬퍼해야 할때는 슬퍼할 수 있는 인간이 되라.
기쁨이 있다면 기쁨을 느끼고,
즐거움이 있으면 즐거움을 느끼는 인간이 되라.
그러나 그대의 목숨은 그대 자신의 소유가 아니다

– 이외수 · 《청춘불패》

□ 땀 흘려 일하라, 그 땀 속에 길과 돈과 사랑과 행복이 들어 있다. – 조영재

□ 우리는 일하기 위해서 태어난 것이다. 내가 일할 수 있는 인간이라는 것을 아는 자는 행복하다. – 워나메이커

□ 일이 즐겁다면 인생은 낙원이다. 일이 의무라면 인생은 지옥이다. – 맥심 고리키

□ 경험은 최고의 교사이다. 다만 수업료가 지나치게 비싸다고나 할까. – 칼라일

□ 일은 권태, 악덕(惡德), 탐욕의 삼대 악에서 우리를 멀리 한다. – 볼테르

□ 나의 처세 신조는 일이다. 자연계의 신비를 규명해, 이것을 인류의 행복에 이바지하려는 일이다. 만물을 밝게 바라보고, 인류를 행복의 각도에서 바라보는 일이다. – 에디슨

□ 하루 동안 일하지 않으면 하루 동안 먹지 않는다(一日不作 一日不食). – 백장 선사

□ 일은 인생에 맛을 내는 소금이다. – T.풀러, 《격언집(格言集)》

□ 직업은 생활의 방편이 아니다. 생활의 목적이다. 일한다는 것은 인생의 가치이고, 인생의 환희이며, 행복인 것이다. – 로댕

□ 근심 걱정을 치료하는 데는 위스키보다 일이 낫다. – 에디슨, 《금주에 관한 회견》

□ 세상에서 가장 무서운 것은 가난도 걱정도 병도 아니다. 그것은 생에 대한 권태이다. – 마키아벨리

□ 나는 일하다가 죽고 싶다. – 러셀

□ 나폴레옹은 수필가로, 세익스피어는 양모 사업가로, 링컨은 상점 경영인으로 실패했다. 하지만 그들은 분야를 옮겨 자신에게 맞는 일을 찾아 노력했으며 결과는 우리가 아는 그대로다. – 프랭크 미할릭

□ 내가 만일 세상을 떠난다면 한 달 동안은 시청자들이 눈물지을 수밖에 없을 정도의 국민배우가 되고 싶다. – 박영규

□ 자신이 하는 일을 사랑하고 그것이 중요하다고 느끼는 것, 그 외에 다른 어떤 것이 이보다 더 즐거울 수 있을까. – 캐서린 그레이엄

□ 일은 좋은 습관과 검소와 순결을 필연적으로 낳고 그 결과 건강과 부를 준다. – 보들레르

□ 어떤 직업이라도 자신이 지배하는 한 유쾌하고, 복종하는 한 불쾌하다. – 알랭

□ 처해 있는 위치에 따라 기품이 달라지고, 먹고 입는 것에 따라 몸이 달라진다(居移氣養移體). – 《맹자》 진심편
□ 신은 하늘 아래 어딘가에 그대만이 할 수 있는 일을 마련해 놓았다. – 호러스 부쉬엘

■ ■ ■

"지위가 높은 자는 3중의 하인이다. 나라의 종이요, 명성의 종이요, 일의 종이다"라고 F.베이컨은 말했다.

《맹자(孟子)》 고자하(告子下)편에는 이렇게 가르치고 있다.

"하늘이 장차 어떤 사람에게 큰일을 맡기려 할 때에는 반드시 먼저 그 마음과 뜻을 괴롭게 하며, 그 근육과 뼈를 수고롭게 하며, 육체와 살을 주리게 하며, 몸을 궁핍케 하여 하는 일들을 거슬리고 어렵게 하는 것이니 마음을 담금질하고 성품을 인내하게 함으로써 그 능하지 못한 것을 더 잘할 수 있도록 해주기 위함이다(天將降大任於是人也 必先苦其心志勞其筋骨 餓其體膚 空乏其身 行拂亂其所爲所位動心忍性 曾益其所不能)."

미국 16대 대통령 링컨이 백악관에서 구두를 닦고 있을 때 비서가 그런 일을 하지 말라고 했다.

"세상에 천한 직업은 없고 다만 천한 사람이 있을 뿐이다"라고 링컨이 대답했다 한다.

링컨 대통령은 옳은 말을 했다. 그 일이 "하기 좋고, 즐겁고, 힘들고, 냄새나고, 자랑스럽고, 건강을 돕고, 건강을 해치고"의 차이는 있을 것이다. 그러나 세상을 위해 필요한 일이라면 누군가는 그 일을 해야 하며, 그 일 자체가 천한 일일 수는 없는 것이다. 어떤 일을 하든지 그 일이 자신이나 이웃, 그리고 인류를 위해 필요한 일이라면 힘들더라도 내가 하고 있는 일이 이 세상을 위해 필요한 누군가는 해야 할 일을 지금 내가 하고 있다는 보람과 자부심을 가지고 해야 한다.

지금으로부터 37년 전인 1975년, 박정희 대통령이 현대건설 정주영 사장에게 "지금 당장 중동에 다녀오십시오"라고 말했다. 우리 관리들을 보냈더니 돌아와서 하는 말이, "낮에는 너무 더워 일을 할 수 없고, 공사에 필요한 물도 없어 도대체 공사를 할 수 없는 나라"라는 보고입니다. 정주영 사장은 대답했다. "1년 12달

비가 오지 않으니 1년 내내 공사를 할 수 있고, 모래 · 자갈이 현장에 많으니 자재 조달이 쉽습니다. 물은 배에 싣고 가면 되고, 낮에는 천막에서 자고, 밤에 횃불을 켜고 일하면 됩니다."

삼성 창업주인 이병철 회장이 아들 이건희 회장에게 당부했다는 목계(木鷄)의 자세도 배울 필요가 있다. 《장자》 달생편의 목계고사에 나오는 이 자세는 지도자가 자기평정과 무언 속에 덕과 위엄을 갖추어야 한다는 것이다. (12)

리더가 되고자 하는 대한민국 청소년 여러분! 정주영 회장의 개척자적 도전정신과 목계가 가르쳐주는 이병철 회장의 리더십을 배웁시다.

역사상 훌륭한 분들이 참 많다. 그 중의 한 분이 동의보감(東醫寶鑑)을 지으신 허준(許浚 · 1546~1615)선생이시다. 어렸을 때 가난하여 쑥을 뜯어서 말려가지고 그것을 판돈으로 서당에 다니며 공부를 했다 한다. 서자 출신이기 때문에 과거문과(科擧文科)에는 응시할 수 없어서 의원과(醫院科)에 응시하여 합격하고도 공부를 계속하여 마침내 내의(內醫)를 거쳐 어의(御醫 · 임금의 주치의)에 이르렀다. 그 후 정쟁에 휘말려 13년간 유배(귀양살이)를 당했지만, 오랜 유배 기간 동안 동의보감이라는 역사에 남는 명저를 저술했다.

동의보감은 25권 3,100페이지에 달하는 방대한 저서이며 그 책은 당시 중국 의학인들이 '천하의 보배' 라고 극찬했을 정도로 오늘날까지도 의학의 명저로 손꼽히며, 수많은 인명을 구해내고, 환자들이 건강을 찾아 힘 있게 일할 수 있도록 해주고 있는 것이다. 마음에 안 맞더라도 누군가 해야 할 일이라면 힘든 일, 고된 일, 남이 안하려는 일까지도 내가 먼저 최선의 열정을 다해 시원시원하게 멋지게 해내자! 그것이 그대가 세상에 사는 「존재이유 1」이다.

한신대 윤평중 교수는 자기의 영역, 자기의 직분에서 최선을 다하고 있는지 다음과 같이 조언하고 있다.

'나는 가수다' 는 현대적 정명론(正名論)의 진수를 보여준다. 가수는 노래로 심금을 울려야 하며 문인(文人)은 글로써 세계의 비밀을 드러낸다. 기자와 과학자는 사실을 존중해야 하며, 정치인은 공공성을 구현하는 존재이고, 성직자는 돈과 권력의 쓰나미를 막아주는 영혼의 방파제여야 한다. 그러나 현실은 어떠한가? 안타깝게도 우리 사회에는 진짜를 빙자한 협잡꾼과 프로로 가장한 아마추어가 너무 많다. (581)

보험업계에 의하면 남자 백수는 종군기자만큼 위험하다고 한다.

남성 무직자의 상해(傷害)위험도가 전쟁터에 나간 종군기자나 오지탐험가와 같은 수준이고, 특전사 요원보다 위험한 것으로 나타났다. 생명보험협회의 '직업별 위험등급표(직업코드집)' 에 따르면 남성 무직자(19~60세)는 가장 위험한 1등급이다. 1등급에는 종군기자나 헬기조종사, 스턴트맨, 오지탐험가, 빌딩 외벽 청소원 등이 포함돼 있다.

남자 무직자의 위험도가 높은 것은 가족의 생계를 책임지기 위해 여러 직업을 알아보는 과정에서 다칠 확률이 높기 때문이다. 또 오랫동안 무직 상태에 있으면서 알코올 중독에 빠지거나, 스스로 교통사고를 내 보험금을 타내는 등의 '역선택' 을 할 수도 있다고 봤다. 2등급은 특전사, 경찰특공대, 격투기선수 등이고, 3등급은 항공기 조종사, 유흥업소 종업원 등, 4등급은 연기자, 일반 경찰·군인 등이며, 비위험 등급에는 국회의원, 기업임원, 노조임원, 주부 등이 들어 있다. (582)

요즘 2030의 실업문제 ,즉 20~30대 청년백수의 문제가 심각한 상태이다. 「2011년 10월 20대(20~29세) 취업자 수는 363만 명으로 1년 전과 똑같았던 반면 50대(50~59세) 취업자는 525만 명으로 1년 사이 무려 30만 명이 늘었다. 실업률 통계를 보면 세대 간 고용 격차가 더 확연히 드러난다. 20대 실업률은 그동안 많이 떨어졌다고 하지만 여전히 전체 평균 실업률 2.9%를 훨씬 넘는 6.7%에 머물러 있는 반면, 50대는 1.8%로 사실상 일할 의사가 있는 사람은 거의 다 취업했다고 보면 된다.

"역전된 20대와 50대 일자리"

이런 현상은 사실 최근에 벌어진 일이 아니다. 2006년 이후 20대 취업자 수는 매년 줄어들고 있는 반면 50대 취업자 수는 계속 급증세를 타고 있다. 1997년 외환위기 때는 20대나 50대 모두 고용률이 위기 전 수준을 회복하지 못했다. 그러나 2008년 글로벌 금융위기 이후에는 양상이 달라졌다. 50대는 곧바로 고용률이 위기 전 수준을 회복했지만 20대는 그 이전부터 이어진 하락세를 되돌리지 못했다. 여기에는 인구 구조 변화의 영향도 있겠지만 연령별로 취업기회가 다르다는 현실도 어느 정도 작용하고 있다고 여겨진다…」(583)

성경은 "게으른 자여 개미에게로 가서 그 하는 것을 보고 지혜를 얻으라(Go

to the ant, you sluggard; consider its ways and be wise. – 잠언 6 : 6)"라고 가르치고 있다. 성경은 이어서 "좀 더 자자, 좀 더 졸자, 손을 모으고 좀 더 눕자 하면 / 네 빈궁이 강도같이 오며 네 곤핍이 군사같이 이르리라(A little sleep, a little slumber, a little folding of the hands to rest / and poverty will come on you like a bandit and scarcity like an armed man – 잠언 6 : 10~11)"라고 가르친다.

또 성경의 다른 곳에서는 "누구든지 일하기 싫어하거든 먹지도 말게 하라"(If anyone will not work, neither shall he eat – 데살로니가 후서 3 : 10)고 가르친다.

청년들이여! 종달새처럼 개미처럼 즐겁게 명랑하게 내 할 일들을 찾아 해내자!

오늘날 직장인의 절반 이상이 현재 자신의 직업을 단순히 돈을 벌기 위한 수단으로 여기는 것으로 조사됐다. 2010년 11월 15일 취업 포털 잡코리아가 직장인 590명을 대상으로 조사한 결과 "생계수단으로서 현 직장에 다니고 있다"는 응답자가 56.6%로 나타났다. "자아실현을 위해"라고 응답한 사람은 18.8%였고 "왜 일하는지 모르겠다"(5.1%)는 답도 있었다. 이들이 현재 일에서 의미를 찾지 못하는 이유로 "낮은 연봉과 열악한 근무환경"(36.6%)을 가장 많이 꼽았다. 한편 기업 인사담당자들은 2010년에 들어온 신입사원들에게 100점 만점에 평균 65점을 줬다. 같은 날 취업 · 인사포털 인크루트가 밝힌 2010년 신입사원을 채용한 기업 인사담당자 334명 대상의 조사 결과, 신입사원이 "만족스럽다"고 답한 인사담당자는 28.1%에 그쳤고, "보통"(50.3%)이라는 의견이 절반 이상이었다.(584)

중국 철학자 펑여우란(馮友蘭)은 젊은 시절 서양학자로부터 "중국에도 철학이 있느냐"는 놀림을 받았다. 분발한 그는 7권짜리 《중국철학사 신편》을 쓰는 데 평생을 바쳤다. 1990년 95세에 세상을 뜰 때도 원고가 손에 들려 있었다. 그 마지막 모습은 그가 생전에 자주 읊조렸다는 이상은(李商隱)의 당시(唐詩) 구절 그대로다. '봄누에는 죽어서야 실뽑기 그치고(春蠶到死絲方盡) 촛불은 재 돼야 비로소 눈물 마른다(蠟燭成灰淚始乾).'

미국 장수(長壽)학자 토머스 펄스가 100세 넘은 노인 169명을 조사했더니 평균 78세까지 생업에 종사했다고 한다. 자연수명은 자꾸 늘어나는데 일할 수 있는 기간을 가리키는 노동수명은 제자리걸음이다. 자연수명과 노동수명의 격차가 벌어질수록 은퇴자의 맥빠진 삶은 길어질 수밖에 없다.

독일 철학자 훔볼트는 "일은 먹는 것이나 자는 것보다 인간에게 필수적"이라고 했다. 일하는 것은 곧 살아 있다는 증거다. 너무 오래 멈춰 있으면 얼어붙는다. 계속 일하도록 노력하라. 일하는 것이 오래 사는 길이다.

"피할 수 없다면 즐기라"고 했다. 이왕 맡겨진 일이라면 내가 했으니 짧은 기간 동안 이만큼 할 수 있는 거야. "부장님이 시켜서 했지만 이건, 내 업무이고 내 능력이야"라고 생각해보자. (256)

세계 제 2의 갑부인 워렌 버핏(Warren Edward Buffett)은 이렇게 조언한다.

"자기 자신에게 많이 투자하라! 대부분의 사람들은 잠재력의 아주 작은 부분만 투자한다. 열정을 따라가라. 하고 싶은 일을 찾아라. 하지만 돈만 보고 직업을 선택하지 말라. 매일 아침 들뜬 마음으로 출근할 수 있어야 한다. 나는 내 영웅인 벤자민 그레이엄 밑에서 일하게 되었을 때 매일매일 출근하는 것이 즐거웠다. 심지어 나는 첫 월급을 받기까지 얼마를 받기로 했는지도 몰랐을 정도이다." (150)

우리가 일을 하는 첫째 목적은 먹고살기 위해서이다. 그러나 일은 생계 수단일 뿐만 아니라 삶의 보람과 행복을 느끼는 바탕이 되기도 한다.

공자께서 가르치셨다. "아는 자는 좋아하는 자만 못하고, 좋아하는 자는 즐기는 자만 못하다(知之者 不如好之者 好之者 不如樂之者 · 논어 옹야편)"고. 청년들이여! 죽고 싶을 만큼 힘든 삶일 지라도 현재 살아 있으니 최대의 축복인 것이다. 모든 일에 의미를 부여하라. 그리고 보다 의미 있는 것을 찾아 즐겨라!

사람의 생활이란 일과 가정, 개인생활의 균형이 맞아야 한다.

누구에게나 하루 24시간이 주어진다. 그 중에 일하는 시간이 몇 시간을 차지하는가.

2006년 7월 경제협력개발기구(OECD)의 고용전망보고서에 따르면 2005년 우리나라 근로자의 실질노동시간은 1인당 연평균 2,351시간(주당 45.21시간)에 달했다. OECD 회원국 가운데 연평균 노동시간이 2,000시간 이상인 나라는 우리나라가 유일하다고 한다. (256)

공병호는 행복에 대해 이렇게 말한다.

"행복은 셀프입니다. 없는 것 생각하면 못 삽니다. 여건이 부실해도 노력해야 됩니다. 나에게는 죽까(죽기 아니면 까무러치기), 맨딩(맨땅에 헤딩하기), 깡벌(깡다구 있게 벌떡)이란 3대 정신이 있습니다. 인생이라는 라운드에 우리는 쓰러질지라도 드러눕지 않고 일어나 매순간 역경과 고난에서 이겨 챔피언 벨트를 획득해야 합니다." (199)

비전헬퍼(Vision Helper) 교사 이지성은 저서 《행복한 달인》의 신문광고에서 말한다.

「이 세상에서 가장 축복받은 사람은 누구일까? 철학자 야스퍼스는 "자신의 일을 즐길 줄 아는 사람은 신이 주신 최고의 행복을 누리는 사람"이라고 말했다. 《행복한 달인》을 통해 우리가 가장 먼저 발견하는 것은 우리 삶이 행복하지 못한 이유가 '자기 자신의 시각' 때문이라는 사실이다. 이 책에 등장하는 정주영, 오프라 윈프리, 파블로 카잘스, 유일한 등 7명의 행복한 달인은 '사랑과 열정으로 충만한 마음을 가진 사람은 자신의 적성이 전혀 맞지 않고, 재능이라곤 눈곱만큼도 없으며, 몸서리 쳐지도록 싫은 일조차도 성공적으로 해낼 수 있다' 는 것을 감동적으로 증명해준다. 일을 바라보는 우리의 시각이 얼마나 고정관념에 빠져 있는지를 충격적으로 전달한다. '행복한 달인' 은 '자신의 일을 최고로 즐길 줄 아는 경지' 에 오른 사람들이다. 그래서 행복한 달인들의 얼굴은 다른 사람을 행복하게 만든다. 행복에는 전염성이 있다. 가정에서 아빠가 먼저 행복한 달인이 되면 온 가족이 행복해진다. 직장에서 사장이나 팀장이 먼저 행복한 달인이 되면 모든 직원이 행복해진다.」 (976)

"어미 딸이 쌍절구질 하듯 한다"라는 속담처럼 직장의 CEO나 관리자 또는 평직원들 모두는 직장 내의 분위기가 상하좌우 호흡이 척척 맞고, 일과 사업들이 일취월장 발전해나가기를 바란다.

그래야만 서로 행복한 얼굴이 될 수 있기 때문이다. 지금 하고 있는 자신의 일을 긍정적으로 생각하자. 즐거운 열정으로 일하자. 하고자 하는 일을 멋지게 해내자! 그렇게 할 수 있도록 상하좌우가 조금씩만 배려하고 솔선하자 !

《30대, 평생 일자리에 목숨 걸어라》에서 저자 김상훈, 이동영은 "직장생활 길어야 10년! 평생 먹고 살 '나만의 일자리' 를 찾아라."고 조언하면서 다음과 같이 말을 잇는다.

"남들은 어떻게 되든 말든 나만은 회사의 붙박이가 될 거라고 생각하지만, 오너가 아닌 이상 사장도 잘리는 세상이다. 내가 능력이 있고 없고의 문제가 아니다. 경영악화로 회사가 통째로 날아가는 판이니 어떤 회사도 당신의 인생을 책임져주지 않는다. 그러니 지금 당장 구조조정도 없고 정년퇴직도 없는 나만의 '평생일자리'를 만들어라."

오너 CEO가 아닌 직장인들은 귀담아 들을 만한 조언이다.

동아일보(2010. 8. 18)는 사설 "낡은 프레임에 갇힌 직업관, 미래세대 앞길 막는다"에서 다음과 같이 제언했다.

「현대사회에서는 직업의 부상(浮上)과 쇠퇴가 일어나는 주기가 갈수록 짧아지고 있다. 기술의 빠른 진보와 수명 연장으로 미래세대는 일생 동안 커리어플랜을 몇 번씩 바꾸며 살아가야 할 판이다. 직업선택에서도 당장의 수입과 인기보다는 거시적이고 장기적인 안목이 절실하다. 기성세대는 거대한 흐름을 읽지 못하고 과거의 낡은 프레임에 갇혀 있다. 한 취업 포털이 지난해 직장인 408명을 대상으로 '선호하는 자녀의 미래직업'을 조사한 결과 1위는 변호사, 판사, 2위는 공무원, 3위는 의사, 간호사 등이었다. 변호사, 의사 같은 전문직도 고소득을 보장받던 시대에서 멀어져가고 있다. 한마디로 자격증 하나로 평생을 보장받던 시대는 종언을 고했다.

자녀의 적성이나 소질과 무관하게 부모와 교사들이 좋다고 생각하는 직종에 아이들을 몰아넣는 일은 실패하기 쉽다. 국가적으로도 인적 자원의 왜곡이며 낭비다. 자녀의 머리가 좋으면 유럽 부모들은 예술을, 미국은 과학 분야를 권유한다고 한다. 우수한 두뇌들이 법률과 의료 쪽에 편중되는 나라는 한국밖에 없을 것이다. 미래의 성장 동력인 과학기술 분야에 기업가 정신을 갖고 뛰어드는 인재가 많은 나라가 희망적이다.

직업 전문가들은 고령화와 감성, 문화적 욕구에 대한 갈증이 커지는 시대 추세로 볼 때 미래에는 지금까지와는 전혀 다른 분야에서 유망 직업이 부상할 것이라고 예측한다. 기성세대는 자신들의 낡은 직업관(觀)으로부터 아이들을 풀어줘 수십 년 후에도 살아남을 경쟁력을 갖추도록 지원하는 편이 현명하다.」

한편 일자리를 외국에서 찾는 사람들이 급속히 늘고 있다.

한국산업인력공단에 따르면 공단을 통해 해외에서 취업한 이들은 2003년 193명에서 2010년에는 40여개국 2,771명으로 10배 이상 늘었다. 우만선(53) 산업인력공단 취업지원팀장은 "먹고살기 위해 1960년대 독일로 떠났던 광부 · 간호사와는 다르다"며, "부족함 없이 자랐지만 더 큰 꿈을 펼치기 위해 해외로 떠나는 '글로벌 프런티어(Global Frontier)' 세대"라고 말했다. 진출국가도 곳곳으로 확산되고 있다.

미국 · 일본 · 캐나다 등 선진국 위주에서 중국 등 신흥국과 중동 국가로까지 범위를 넓히고 있다. 직종도 정보기술(IT)이나 기계 · 금속 분야의 기술직 위주에서 사무 · 회계직이나 호텔 · 항공사 등 서비스 직종으로 다양화하고 있다.

평가도 좋다. 중국 베이징 르네상스 호텔의 메이 린(30) 영업팀장은 "한국인 직원은 책임감 있고 성실하다"고 말했다. (586)

미래에는 어떤 직업이 좋을까?

'2010미래직업박람회' 에서 미래직업관 파트를 담당한 한국고용정보원 이랑 연구원은 소위 뜨는 미래 직업에 대해 LED관련 시스템 개발자나 하이브리드 동력시스템 개발자 등이 주목받게 될 것이라고 전망했다. 또 스마트폰 시장과 관련해 어플리케이션을 개발하는 어플개발자와 증강현실(AR. Agumented Reality) 같은 새로운 기술발전으로 주목받는 증강현실 엔지니어 등도 더불어 인기를 얻게 될 것이라고 했다. "친환경에너지 또는 녹색성장과 관련된 사람들의 관심도 뜨거운데요. 온실가스처리연구원, 제품환경컨설턴트, 기후변화전문가 등도 점차 유망직업 대열에 들어설 것으로 기대됩니다"라고 조언한다. 'Touch Your Future!' 를 슬로건으로 한 이 박람회는 4D라이더 디렉터, 산업잠수사, 항공관련 직업군, 3D입체영상 제작기술관련 직업 등 30여 종의 다양한 첨단 직업을 체험해 볼 수 있도록 했다.

한국과학기술기획평가원(KISTEP)이 선정한 '과학기술분야 유망 신직업군' 에 따르면 10년 뒤에는 '금융공학 전문가' 와 '뇌 분석 및 뇌질환 전문가' 가 유망할 것으로 나타났다. 이승룡 KISTEP 기술예측단 부연구위원은 "지난해 10월부터 국내외 문헌을 조사해 미래 직업 후보군을 만들고, 학자, 최고경영자(CEO) 등 전문가 1,180명을 설문조사해 선정했다"고 밝혔다. 현재도 인기 직종인 금융공학 전문가는 10년 뒤 유망성 부문에서 1위를 차지했다. 금융공학 전문가에 속하는 금융상품 개발자, 국제금융 전문가, 애널리스트, 위험관리자(리스크 매니저)는 직업별 고소득 예상에서도 1~4위를 휩쓸었다. (587)

청소년들이 진로를 결정할 때 어떤 곳을 통해 정보를 얻는 것이 좋을까?

직업이나 학과정보는 한국직업정보시스템(www.know.work.go.kr)과 청소년워크넷(www.work.go.kr/youth), 커리어넷(www.careernet.re.kr) 등을 통해 알아보면 된다. 하지만 진로결정이 쉬운 것만은 아니다. 혼자서 결정하기 어려워 고민하는 경우 전문상담가의 도움을 받는 것도 현명한 방법이다. 한국청소년상담원, 진학진로정보센터 등을 활용하면 좋다고 이랑 연구원은 조언한다.

참고로 여기 「불독형 상사를 응대하는 방법」을 옮긴다 ①상대의 흥분이 가라앉을 때까지 잠깐 시간을 갖고 기다린다. ②일단 자리에 앉도록 권한 뒤 시선을 맞춘다. ③상대가 진정된 것을 확인한 뒤, 자기 입장을 간략하게 말한다. ④가급적 정면대결을 피한다. ⑤언제든지 서로 친해질 수 있는 마음의 준비를 한다. 본인이 "불독형 상사"라고 생각되는 관리자는 이런 것들이 논의되고 있다는 점을 참고하기 바란다.

"다른 것을 생각하라(Think Different)"의 대표 주자였던 스티브 잡스 정신, 이 정신이야 말로 새로운 지식경쟁, 과학기술경쟁시대 직업인 모두가 본받아야 할 창조정신의 출발점이다. 여기 애플사의 광고를 읽으며 그 정신을 배우자.

「미친 자들을 위해 축배를. 부적응자들. 반항자들. 사고뭉치들. 네모난 구멍에 박힌 둥근 말뚝 같은 이들. 세상을 다르게 바라보는 사람들. 그들은 규칙을 싫어합니다. 또 현실에 안주하는 것을 원치 않습니다. 당신은 그들의 말을 인용할 수도 있고, 그들에게 동의하지 않을 수도 있으며, 또는 그들을 찬양하거나 비난할 수도 있습니다. 당신이 할 수 없는 한 가지는 그들을 무시하는 것입니다. 왜냐하면 그들이 세상을 바꾸기 때문입니다. 그들은 인류를 앞으로 나아가도록 합니다. 어떤 이들은 그들을 보고 미쳤다고 하지만, 우리는 그들을 천재로 봅니다. 자신이 세상을 바꿀 수 있다고 믿을 만큼 미친 자들…. 바로 그들이 실제로 세상을 바꾸기 때문입니다.」

지난 세월 살아오면서 필자에게 꿈이야 말로 나의 빵이었고 신앙이었고 열정적인 삶의 에너지였다. 겸손치 못한 이야기지만 아직은 "30대의 젊음, 30대의 열정, 30대의 꿈"을 가지고 살고 있으며 하늘이 주시는 날까지는 30년 젊다는 마음을 가지고 열정적으로 최선을 다해 살고자 한다.

앞으로 30년 이내에 이루고자 하는 꿈이 여러 가지 있다.

그중 첫 번째 꿈은 "통일된 자랑스런 나라 새 대한민국"을 만드는 것이다. 두 번째는 인류로부터 사랑받는 시인이 되는 것이다. 이 두 가지 꿈 중에 첫 번째는 가능할 것이다, 그러나 두 번째 꿈은 자신할 수 없다. 첫 번째는 필자의 힘이 부족하면 모든 국민의 힘이 보태질 것이기 때문에 가능성을 확신할 수 있다. 그러나 두 번째 꿈은 필자만의 노력으로 해내야 하기 때문에 확신한다고 말하기 어려운 것이다. 그러나 현재로서는 확신한다. 천둥벌거숭이 같은 이야기지만 필자에게 아직은 자신감과 젊음과 열정이 넘치고 있다고 생각하기 때문이다.

정직

소 망

강희백

새해에는
영혼의 평화를 누리게 하여주소서
욕망 경쟁 타락의 유혹으로부터 벗어나
초탈의 마음으로 세상을 균형되게 보게 하여주소서

온건한 추구가 삶의 길임을 알고
정직한 성취를 위하여 끊임없이 노력하고
번뇌를 삭이며 난관을 극복하고
자기를 돌보는 기도를 하게 하여주소서

따뜻한 태양 아래 만물이 은혜로운 성장을 하듯
정성을 기울여 하는 일이 이루어져서
보람의 기쁨을 함께 하게 하여주소서

□ 부지런한 부자는 하늘도 못 막는다. – 한국 속담
□ 정직은 최선의 정책이다(Honesty is the best policy).– 영국 속담
□ 만일 진실로 당신이 성실한 사람이 아니라면, 당신은 절대로 위대한 사람이 아니다. – 벤자민 프랭클린
□ 악의가 공격하고 무지가 조롱해도, 결국 승리하는 것은 진실이다. – 윈스턴 처칠
□ 하루를 행복하려면 이발을 하고, 한 달을 행복하려면 이사를 하고, 1년을 행복하려면 결혼을 하고, 평생을 행복하려면 정직하라. – 영국 속담
□ 일찍 일어나는 새가 벌레를 잡는다. – W. 캠든
□ 성실함은 하늘의 도요, 성실해지려고 노력함은 사람의 도이다. – 자사
□ 근면하면 가난을 극복하고, 조심하면 화근을 모면하고, 신중하면 피해를 예방하고, 경계하면 재난을 방지한다.(力勝貧 謹勝禍 愼勝害 戒勝災). – 유향(劉向)
□ 게으름은 온갖 악의 근본이요, 부지런함은 온갖 선의 근원이다. – 《열반경》
□ 게으른 자여 개미에게로 가서 그 하는 것을 보고 지혜를 얻으라(Go to the ant, you sluggard; consider its ways and be wise! 잠언 6:6).
□ 내가 가장 먼저 해야 할 일은 나 자신에게 진실해야 한다는 점이다. 스스로는 진실하지 못하면서 남이 나에게만 진실하길 바라선 안 된다. 그대가 자신에게 진실하다면 그 어떠한 사람도 그대에게 진실로 다가올 것이다. – 세익스피어

■ ■ ■

필자는 인간이 갖추어야 할 가장 기본적인 중요한 품성과 자세를 정직 · 성실 · 근면이라고 생각한다. 이 정성근(正誠勤) 3품성을 갖춘 사람은 성공하여 꿈을 이루고, 경제적으로도 어려움에 처하는 일이 없을 것이다. 일찌기 《서경(書經)》 홍범편에서는 인간의 세 가지 덕(三德)으로 정직(正直 · 바르고 곧은 것), 강극(剛克 · 강함으로 이기는 것), 유극(柔克 · 부드러움으로 이기는 것)이라고 가르치고 있고, 소크라테스는 "사는 것이 중요한 문제가 아니라 바르게 사는 것이 중요한 문제다"라고 조언하고 있다.

예수께서도 "진리를 알찌니 진리가 너희를 자유케 하리라(Then you will

know the truth, and the truth will set you free, 요한복음 8:32)"라고 가르치고 있다.

"늑대가 나왔다고 거짓말로 소리 지르자 동네 사람들이 곧이 듣고 몰려들었다. 목동은 뻔뻔스런 얼굴로 모여든 사람들을 보고 재미있어 했다. 그 후 정말 늑대가 나왔는 데 목동은 쫓기면서 구함을 청했으나, 아무도 곧이 듣지 않고 나타나지를 않아 목동은 늑대에게 먹히고 말았다."

이솝우화는 인간이 거짓말을 하면 안 된다는 것을 가르쳐주는 오랜 교훈이다.

특히 정치판에서 거짓말하는 정치인에 대한 한국과 미국사회의 감도(感度)는 크게 다르다.

2009년 9월 미국하원은 버락 오바마 미국 대통령의 상 · 하원 합동 연설 도중 "당신 거짓말하고 있어(You lie)"라고 외친 공화당 조 윌슨 하원의원에 대한 비난 결의안을 통과시켰다. 하원의사(議事)운영위원회는 의사당에서 의원이 해도 되는 말과 해서는 안 되는 말을 추가하는 쪽으로 의원 행동지침도 개정키로 했다. 하면 안 되는 말에는 '대통령은 거짓말쟁이다', '대통령은 지적으로 부정직하다' 등이 포함됐다.

선진국에서 '거짓말쟁이' 라는 말은 비록 그 대상이 대통령이 아니라 일반인이라 하더라도 함부로 해서는 안 되는 표현이다. '거짓말' 에 대한 감도가 그만큼 예민하다는 얘기이다. 리처드 닉슨 대통령은 워터게이트 사건 당시 도청도 문제였지만 '위증(僞證)' 때문에 더 궁지에 몰렸다.

정치인의 거짓말과 막말, 말 바꾸기가 난무하는 우리 정치풍토에서 보면 '거짓말' 운운한 윌슨 의원의 표현은 시빗거리의 축에 끼기도 어려울 것이다. 그 정도의 말 때문에 윤리위원회에 회부돼 징계를 받은 의원이 있다는 말을 들어본 적이 없다. 한국과 미국의 정치권은 이처럼 '거짓말' 이라는 표현을 대하는 태도부터 차이가 있다. (612)

미국 명문대에서 "MBA의 윤리서약"에 서명하는 학생들이 늘어나고 있다고 한다.

"나는 최대한 성실하게 행동하며, 윤리적 방식으로 일을 추구할 것이다." 2009년 6월 4일 졸업하는 하버드 경영대학원생 800여명 중 20%는 의대생들의 '히포크라테스 선서' 와 비슷한 'MBA 서약(oath)' 에 서명했다. 학생들이 자발적으로 만든 서약이다. 전 세계를 강타한 경제위기의 주원인으로 월스트리트의 끝없는 탐욕과 비(非)윤리성이 지목되는 상황에서, 미국 경영대학원들 사이에서 졸업예정자들이 'MBA 서약' 에 서명하고 교육과정에서 윤리경영과 기업의 사회적 의무를 강조하는 프로그램이 강화되고 있다고 뉴욕타임스가 보도했다.

하버드의 MBA서약은 "관리자로서 나의 목적은 '더 큰 선(善 · the greater good)' 에 봉사하는 것"이라는 문구로 시작한다. 이어 "내 좁은 야망을 추구함으로써 기업과 사회를 해롭게 하는 행동을 하지 않겠다", "내 직업이 사회의 웰빙(well-being)에 계속 기여할 수 있도록 나 자신과 내가 관리하는 다른 이들을 발전시켜 나간다" 등등이다. 컬럼비아대 경영대학원 학생들도 교수 · 학생이 합의해 만든 윤리 규범에 의무적으로 서약한다. "컬럼비아 경영대학원 공동체의 평생 회원으로서, 나는 진실 · 성실 · 존중이라는 원칙들을 고수하겠다. 거짓말하거나 남을 속이거나 훔치지 않을 것이며, 이런 짓을 하는 이들을 관용하지도 않을 것이다"라는 내용이다. (613)

"사람이 행하는 모든 행동을 하늘과 조상은 다 지켜보고 있어요. 공자가 말하기를 '인간사어(人間私語) 천청약뢰(天聽若雷)하고 암실기심(暗室欺心) 신목여전(神目如電)이니라' 했습니다. 즉, '인간들이 귓속말로 해도 하늘은 우뢰 소리같이 듣고, 어둠 속에서 양심을 속일지라도 하늘은 번개처럼 보고 있다' 고 했지요. 이 세상 모든 것이 숨을 자리는 없습니다." (992) 어느 학교 동문회지에 실린 기고문의 내용이다.

옛날 중국의 관리인 양진(楊震)이 뇌물을 가지고 온 자가 아무도 보는 사람이 없으니 안심하고 받아달라고 하자, "하늘이 알고 신이 알고 내가 알고 그대가 안다(天知 神知 我知 子知)"는 사지(四知)의 이유를 들어 뇌물을 물리친 것은 너무나 잘 알려진 일이다.

대한민국의 정치인, 공무원, 기업인, 그리고 갑남을녀(甲男乙女)들이여! 이 세상에 비밀이 있다는 어리석은 생각을 이제는 버리자. 유리와 같은 세상이다. 리더를 꿈꾸는 이들이여! 모든 일을 정직하고 바르게 말하고 행하시라!

우리나라도 진정한 선진국이 되기 위해서는 정직한 국민성이 전제되어야 한다. 그 일환으로 정직교육, 정직선서, 정직한 학생 표창 확대, 정직성 점수를 유치원 때부터 평가하여 성적에 크게 반영하고 거짓말이나 사기성 있는 언행을 일

삼는 사람은 사회 각 분야에서 발붙이고 성공할 수 없도록 하는 시스템을 만들어 정착시켜 나가야 할 것이다.

「몇 년 전 충격적인 통계를 보았다. 거짓말 관련 범죄에 관한 것인데 우리나라의 위증죄는 일본의 16배, 무고죄는 39배, 사기죄는 26배로 나타났다. 인구 당 사건수로 보면 우리는 일본 국민보다 무려 50배 내지 100배 가까이 거짓말을 많이 하는 셈이다. 이웃한 두 나라 사이에서 어떻게 이런 차이가 날 수 있을까?…"

우리 사회의 가장 큰 특징은 거짓말을 너무 많이 한다는 점이다. 조금이라도 이익이 되면 쉽게 거짓말을 한다. 거짓에 대한 부끄러움을 잊어버렸다. 거짓은 자기 정체성을 해치고, 사회의 신뢰 관계를 좀먹는다. 거짓말하는 사회에서는 모든 것이 모래 위에 집짓기와 같다.

전체 인구의 5%만 정직하다면 그 사회는 제대로 유지될 수 있다고 한다. 이제부터라도 스스로 정직해지려는 정신적 쇄신이 절실하다. 거짓은 남과 비교하는 상대적 문제가 아니라 자기 영혼과 관련된 절대적 문제이다.」(614)

한동안 우리사회를 시끄럽게 했던 '세종시 원안추진? 축소? 수정? 연기?' 이런 문제도 우리 지도층의 정직성 결여를 크게 우려케 했던 현안 문제였다.

국민 앞에 수차례 공약을 다짐해 왔고 헌법재판소 판결까지 받은 중대 사안을 특별한 사정변경도 없는 상황에서 수정 · 연기하려는 의도를 보임으로써 총리 · 대통령 등 지도자의 정직성에 대한 국민의 신뢰를 크게 손상시켰기 때문이다. 신뢰가 무너진 우리사회는 이제부터라도 정직 제 1주의 사회로 다시 일으켜 세워야 한다.

자신에게 먼저 정직해야 한다는 것에 대해 《하늘 호수로 떠난 여행》에서 저자 류시화는 이렇게 말하고 있다. "너 자신에게 정직하라. 세상 모든 사람과 타협할지라도 너 자신과 타협하지는 말라. 그러면 누구도 그대를 지배하지는 못할 것이다. 누가 너에게 도움을 청하러 오거든 신이 도와 줄 것이라고 말하지 말라. 마치 신이 존재하지 않는 것처럼 네가 나서서 도우라"

김진현 세계평화포럼 이사장도 한강의 기적을 이룬 우리나라에 사회공동선과 미덕의 리더십 등 도덕성 제고가 필요하다며 언론에 다음과 같은 제목의 조언을 하고 있다.

〈새 문명 창조와 자멸의 기로에 선 대한민국〉

세계사적 관점에서 대한민국 변화의 가장 큰 특징은 그 전개의 대극성(對極性)이다. 전통적 대륙국가에서 1945년 이후 일거에 해양국가로 바뀌었다. 개화에 완강히 저항했던 '최후의 은둔국'은 아시아에서 국제회의를 가장 많이 하고 무역 의존도가 80%를 넘고 증권시장의 외국인 주식비율이 40%나 되는 '열린사회'가 되었다. 1894년 이후 다섯 번의 '국제전쟁'을 겪고 북한 3대 세습왕조의 핵(核)을 머리에 이고 살면서도 '휴전'이라는 60년 임시 평화에 도취되어 전쟁과 안보 위험을 잊은 나라가 되었다.

대한민국은 1945년 이후 독립한 140개 가까운 비(非)서양 국가 중 민주정치, 시민권리, 언론 자유와 1인당 소득 2만 달러를 성취한 유일한 나라이다. 교육, 과학기술의 선진화, 정보화, 문화와 사회적 가치 다원성 등 일부 지표는 서양 선진국을 능가한다. 나는 이를 '대한민국 근대화혁명'이라고 부른다. 하지만 단순히 압축 성장의 성공이란 표현으로는 부족한 이런 경이와 기적 뒤에는 자칫 자멸과 해체를 가져올 수 있는 대극성을 극복해야 하는 도전이 기다리고 있다.

한국의 민주화 '운동', 비정부기구(NGO) '활동', 언론 '자유'는 선진국보다 훨씬 역동적인데도 투표율은 40%에 그치고 국회와 정당문화는 조폭이나 말썽 많은 업자(業者)단체 수준에 머물고 있다. 교육열과 교육비 지출은 세계 최고이고 K-pop이 지구를 휩쓸고 있지만 안으로는 사회 해체현상이 극단적으로 전개되고 있다. 세계 최저의 출산률, 세계 최고의 이혼률 · 낙태율 · 자살률, 다른 나라와 비교가 불가능할 정도로 높은 사기죄와 위증죄 비율이 증명하듯 반(反)인륜, 신(新)야만 사회가 되었다. 이제 더 이상 발전과 역(逆)발전, 개방과 사회 해체, 자유와 탐욕, 성장과 반(反)문명의 대극적 팽창은 지속될 수 없다. 이제 대극적 변화의 주동력이었던 경제 제일주의나 민주화 만능주의의 효용은 끝났다.

지금 우리 앞에는 대한민국 근대화혁명을 기반으로 극단의 대극성을 극복 · 승화하여 인류의 지속 가능한 새 문명 대안 만들기에 앞장서느냐 아니면 대극성의 내부 충돌로 그간의 성취를 침식시켜 자멸로 가느냐의 두 갈래 길이 놓여 있다. 우리는 흔히 한국이 세계적으로 웅비(雄飛)하는 길을 세계적 인물과 세계적 기업의 성공에서 찾고 있다. 그런 유능한 그릇들이 필수조건에는 틀림없지만 유능한 그릇이 많다는 것이 한 나라나 사회 공동체를 자동적으로 힘 있고 존경받는 선진국, 선진(先進) 모범국으로 만드는 것은 아니다. 그리스 · 이탈리아 · 스페인은 세계적 예술인, 노벨상 수상자, 기업인들이 많은 나라이다. 그러나 그들의 국력이나 국격(國格)은 오늘의 허약한 모습 그대로일 뿐이다. 사회 공동선과 미덕의 리더십이 없는 모범국은 없다. (615)

여기 필자의 공직생활 중에 있었던 "정직한 보고"와 관련한 에피소드 한 토막을 소개한다.

"1976년 무더운 초여름이었다. 남부세무서 소득세과장으로 부임한지 몇 달 되지 않았을 때였다. 군 출신 국세청장이 각 일선 세무서를 업무 독려차 순시를 다니고 있었다. 일선 세무서의 과장들로부터 업무 추진 실적을 보고받는 것이 청장의 주요한 일정이었다. 그때 부가가치세 납세자 권형 조사라는 업무가 있었는데 이는 부가가치세 납세자들의 사업 실태를 파악, 과표를 매기는 업무였다. 그 업무를 일선서의 각 과장들이 분담하여 과표매기는 일을 하도록 되어 있었는데, 그 추진 실적을 보고하게 되었다. 나는 맡은 부분을 아주 열성적으로 추진해 나갔다. 너무나 열심히 추진했기 때문에 이미 목표의 55퍼센트를 추진한 상태였고 아직도 처리할 시간이 충분히 남아 있었다. 다른 과장들은 실적이 적었음에도 브리핑할 땐 60퍼센트, 70퍼센트로 진도가 추진되었다고 허위 보고를 했다. 나는 거짓말하기 싫었으므로 있는 그대로 55퍼센트로 보고했다. 나의 보고를 받은 고 재일 국세청장은 '다른 과장들은 모두 실적이 60퍼센트, 70퍼센트 되는데 당신만 왜 55퍼센트요?' 라며 질책을 했다. 사실은 내가 다른 과장들 보다 더 열심히 했고 실적도 훨씬 좋았었는데 말이다. '열심히 했습니다만 여기까지밖에 못했습니다. 앞으로 한 달 이상의 기간이 더 남아 있으니, 그동안 100퍼센트 완료하겠습니다.' 그러나 나의 정직한 항변은 통하지 않았다. 3일 후 나는 서울 남부세무서 소득세과장에서 전주세무서 총무과장으로 좌천발령이 났다. 열심히 일하지 않는다는 것이었다. 당시 그 사건은 세무공무원 사회에서 유명해졌다. "조 아무개 과장이 요령도 없이 너무 정직하게 보고했기 때문에 시골로 좌천이 됐다더라." 나는 억울했지만 어쩔 방법이 없었다. 전주로 내려간 나는 친구들과 상의를 해보았다. 친구들은 하나같이 길이 있다면 다른 부처로 가는 것이 좋겠다고 말했다. 나중에 들은 얘기지만, 국세청장이 나에 대한 사실을 뒤늦게 보고 받은 모양이었다. '조 과장은 실제 다른 과장들보다 더 많이 일을 했음에도 불구하고 정직하게 보고하는 바람에 그만 좌천을 당했다' 는 애기를 들은 모양이었다. 얼마 후

청장은 자기의 판단이 잘못되었음을 알고 본청 감사계장으로 발령을 내주겠다고 했으나 나는 이미 뜻한 바가 있어 국무총리실에 전출하기로 내락을 받고 있었으므로 그대로 전주에 있겠다고 정중히 거절했다." (졸저, 《떡장수아들의 꿈》에서 옮김)

아직도 우리 사회에는 너무 정직해서 손해 보는 일들이 있다. 젊은이들이여! 손해를 보는 한이 있더라도 그대는 정직하고 진실하여라. 그리고 정직한 자만이 이루고 승리하는 날이 오고 있음을 기억하라.

끝으로 박정희 대통령을 직접 만나 본 맥도널드 더글라스사 데이빗 심슨이 말하는 대통령의 올곧고 정직한 지도자의 모습을 보자.

한국이 월남전에 군사를 파병하는 조건으로 구입할 수 있었던 M-16, 이 소총의 제조 수출업체는 미국의 맥도날드 더글라스사였다. 미국 정부의 지원을 받아 한국 수출권을 따낸 뒤 서울을 방문한 맥도날드 더글라스사의 CEO인 데이빗이 박정희 대통령을 만난 것이다. 그가 찾아왔을 때 한국은 무더운 여름이었다. 박정희 대통령은 자기보다 몇 배는 더 커 보이는 집무실 책상 위에 에어컨도 꺼 놓은 채 런닝 차림으로 앉아 한 손으로는 무언가를 열심히 적고 다른 손으로는 부채질을 하고 있었다. 아무리 가난한 나라라고 하지만 부채질을 하고 있는 작은 그를 보며 한 나라의 대통령이라고는 도저히 생각할 수 없었다. 손님을 맞이하기 위해 대통령은 옷걸이에 걸려 있던 양복저고리를 입었다. 데이빗은 그제서야 그가 대통령임을 알 수 있었다. 박대통령은 말했다. "기름 한 방울 나지 않는 나라에서 에어컨을 튼다는 것은 낭비 아니겠소! 이 뜨거운 볕 아래서 살 태우며 일하는 국민들에 비하면 나는 신선놀음이오." 데이빗은 그가 지금까지 만나봤던 여러 후진국의 대통령과는 너무나 다른 사람임을 알고 놀랐다.

데이빗은 대통령에게 M-16 수입결정에 대한 사례금으로 100만 달러 수표가 든 봉투를 건네었다. 그러자 대통령은 "내 봉급으로는 3대를 일해도 만져보기 힘든 큰돈이구려"하더니, 잠시 후 수표가 든 봉투를 데이빗에게 돌려주며, 의아해하고 있는 그를 향해 말을 잇는다. "자, 이돈 100만 달러는 이제 내 돈이오. 내 돈이니까 내 돈을 가지고 당신 회사와 거래를 하고 싶소. 지금 당장 이 돈의 가치만큼 총을 가져오시오. 난 돈보다는 총으로 받았으면 하는데, 당신이 그렇게 해주리라 믿소. 데이빗 당신이 나에게 준 이 100만 달러는 내 돈도, 그렇다고 당신

돈도 아니오. 이 돈은 천리 타향 저 멀리 월남에서 피를 흘리며 싸우고 있는 내 아들과 형제들의 땀과 피와 바꾼 것이오. 그런 돈을 어찌 한 나라의 아버지로서 내 배를 채우는데 사용할 수 있겠소. 이 돈은 다시 가져가시오. 대신 이 돈만큼의 총을 우리에게 주시오." 데이빗은 그런 깨끗하고 정직한 대통령을 보면서 대한민국의 밝은 미래를 볼 수 있었고 대통령의 뜻대로 소총을 더 보내기로 약속했다. 데이빗은 일어나면서 방금 전과는 사뭇 다른 박정희 대통령의 환한 웃음을 보며 인사를 드리고 그 자리를 나왔다. (12)

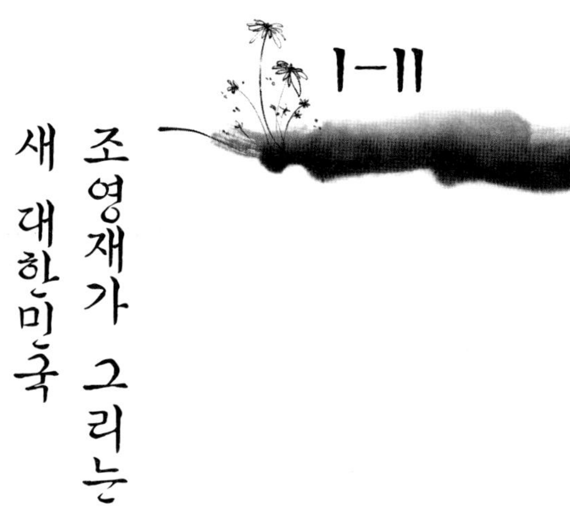

1-11 조영재가 그리는 새 대한민국

자랑스런 나라 새 대한민국

조영재

(바다로 493번 대륙으로 438번 모두 931차례 외적과 맞서
광개토대왕 · 을지문덕 · 세종대왕 · 이순신장군 · 논개 · 안중근 · 류관순 · 김좌진 ·
김구 · 이승만과 박정희 대통령 · 김주열 · 한준호 등
억만 호국영령과 배달겨레 하나 되어 목숨 던져 지켜온 나라
가장 가난한 나라에서 60년 만에
민주의 나라 세계 열 세번째 부자나라 만든 한강의 기적 이룬 나라
하느님이 보우하사 홍익인간(弘益人間) 큰 뜻
9211년(환인 · 환웅 천제시대 4866년, 단군천제 이래 4345년)이어온 나라
이제 다시 '정직하고 사랑넘치고 부강한 새 대한민국'

만들기 위해 환기(桓紀) 9211년 개천절을 그리며 겨레 뜻 모아
여기 또 한번 코리아 기적(Korea Miracle)의 웅자(雄姿)를 펼친다

온 국민이 정직한 나라

내가 하는 모든 일은 '하늘 신 나 그대가 안다(天知 神知 我知 子知)' 는 것을
모두가 너무 잘 알고 있는 나라
정직이 최고 경쟁력이고 기술력이고 상품력이고 국력인 나라
정치도 행정도 기업도 교육도 모두 정직을 앞세우는 나라
그리하여 온 국민이 정직하고 약속 잘 지키는 나라
거짓말쟁이는 발붙일 수 없는 나라
세계 어디서든 '코리안' 하면 '정직한 사람들' 로 통하는 나라

사심 버린 지도자들이 이끄는 나라

돈 지연 학연 혈연 버린 지공무사(至公無私)의 사람들만 지도자 될 수 있는 나라
그런 지도자들이 '자기를 버리고 모두의 지혜를 모아, 열과 성을 다해' 일하는 나라
그런 지도자들이 학교, 회사, 단체, 지역, 나라, 인류를 위해 밤새워 고뇌하며 이끄는 나라
거짓말 뇌물 난투극 탈세 부정축재 모르는 사람들이
대통령 국회의원 공직자 기업인 문화예술체육인 되어 땀 흘려 일하는 나라
열심히 일하고 서로 사랑하는 나라

열심히 일하면 누구나 잘 사는 나라

돈 없어 못 먹고 학교 못가는 젊은이 없는 나라
부모께 효도하고 형제우애하며 친구 간에 신의 지키는 나라
선생님이 자식처럼 학생 가르치는 나라 자기가 할 일 끝까지 책임지는 나라
걸인 노숙자 집 없는 사람 보육원 없는 나라
감옥이 텅 빈 나라

과학 기술력이 언제나 세계 최강인 힘있는 나라

과학기술인과 기업인이 가장 우대받고 존경받는 나라
언제나 최고 최신의 과학기술력을 자랑하는 나라
최고의 과학기술이 만들어낸 의약으로 누구나 무병장수하는 나라

현대판 조공인 특허권 사용료를 매년 1,000조 달러 이상 받아들이는 나라
핵공격도 버튼 하나로 적의 머리 위에 폭파시켜 아무도 도전 못하는 힘있는 나라
팔천만이 하나 된 부강한 나라
10년 내 팔천만 대한국민 하나 되는 나라
20년 내 다섯 손가락 안에 드는 큰 부자 나라
모두가 수소비행접시 타고 부모님 댁 외갓집 처갓집
백두산 금강산 남산 계룡산 지리산 한라산 에베레스트 남극 북극 오가는 나라
모두가 행복한 자랑스런 나라 새 대한민국
어린이와 여성이 특히 행복한 나라
어르신들 즐겁게 오래 사는 나라
자랑스런 호국 후손들이 잘 사는 나라
토머스 모어의 유토피아처럼 6시간 일하고 잠 푹 자는 여유로운 나라
가난한 나라 돕고 꿈나무들에게 꿈을 주는 나라
세계어인 최고 소리글 한글을 국어로 쓰는 나라
다양한 문화, 가장 많은 종교가 함께 어깨동무한 나라
코리아란 말 한마디에 세계의 온겨레가 아리랑 부르며 펄펄뛰는 나라
모두가 부러워하는 지상낙원 같은 나라
참으로 멋지고 행복한 자랑스런 나라 새 대한민국.

□ 빈곤 외침 변방을 살아온 지난날의 역사를 마감하고 21세기는 풍요와 평화와 행복과 강한 힘을 가진 나라 새 대한민국의 역사를 다시 쓰자. – 조영재

□ 하늘과 땅의 도는 넓음이요 두터움이요 높음이요 밝음이요 길음이요 오래감이다(天地之道 博也 厚也 高也 明也 悠也 久也). – 《중용》 26장

□ 애국심이란 국민을 공경하고 신뢰함을 기뻐하며 또한 그 국민 가운데 태어났음을 자랑스럽게 여기는 마음이요 그 국민을 위하여 활동하고 자기를 희생시키려는 마음이다. – 피히테

□ 부모와 조국은 우리가 선택할 수 없는 숙명이다. – 조갑제

□ 세계는 진실 · 법 · 평화의 세 토대 위에 서 있다. – 《탈무드》

□ 공평하고 지극히 바른 가운데 온 세상을 평화롭게 하라(大公至正 協和萬邦). – 청의 건륭제

□ 네 시작은 미약했으나 네 나중은 심히 창대하리라. 청컨대 너는 옛 시대 사람에게 물으며 열조의 터득한 일을 배울 지어다(Your beginnings will seem humble, so prosperous will your future be. Ask the former generations and find out what their fathers learned). – 욥기 8 : 7 ~ 8 : 8

■ ■ ■

2011년 9월 어느 날 TV연속극에서 "꿈은 인생의 사탕이다. 꿈이 없는 인생은 쓰다"라는 대사가 나오는 장면을 보며 '멋진 글 솜씨' 라고 생각한 일이 있다.

또 2011년 12월 5일 TV '승승장구' 프로에 나온 가수 임재범이 '그래미(Grammy)상 수상' 이 자신의 꿈이라고 말하는 장면을 보면서 그의 넘치는 깡과 끼로 보아 충분히 기대해 볼 만하겠다는 생각이 들었다.

앙드레 말로는 "모든 것은 꿈에서 시작된다. 꿈 없이 가능한 것은 없다"라고 했다. 마르쿠스 아우렐리우스는 "큰 꿈을 꾸어라. 오직 큰 꿈만이 사람들의 영혼을 움직일 수 있는 힘을 갖는다"고 했다.

'조영재가 그리는 새 대한민국' 은 고난 속에서의 청소년 시절, 고시합격과 35년 간의 공직생활, 14년 간의 정치인생, 그리고 최근 4년간의 벤처기업 회장직을 수행하면서 생각했던 달라져야 할 우리나라 새 모습에 대한 필자의 생각들을 옮겨 본 것이다.

필자가 만일 대한민국 국정의 책임자가 될 수 있다면 똑바르고 유능하며 책임감 있는 천하의 영재들을 발탁, 국민의 뜻을 물어 새 대한민국을 만드는 청사진을 그리게 될 것이다. 여기 '조영재가 그리는 새 대한민국' 은 그 중의 한 부분을 제시한 것이다.

이 책을 집필하는 이유 또한 이 나라 모든 이들의 뜻을 모아 풍요롭고, 힘있고, 멋지고, 행복하고, 자랑스러운 새 대한민국 만드는 일을 새롭게 시작해 보자는 것이다. 정치인이나 장관, 단체나 기업의 회장이나 대표이사 등 책임 있는 자리에 있는 자는 그 조직과 구성원, 그리고 조직의 목표를 위해 목숨 걸고 일한다는 책임감과 열정이 있어야 한다. 특히 정치 지도자는 그 옛날 요(堯) · 순(舜) · 탕왕(湯王) · 주공(周公) 등 훌륭한 제왕들이 그러했듯이 좌이대단(坐以待旦), 즉 잠도 자지 않고 앉아서 새벽을 맞는 불철주야 고뇌하며 최선을 다해 할 일을 해내는 멸사헌신의 자세로 일해야 한다.

또한 지도자가 될 사람은 나름대로 나라와 조직에 대한 새로운 구상과 실천전략을 가지고 있어야 한다. 몇 마디의 말이나 몇 꼭지의 구상만 가지고 지도자가 되겠다고 말하는 것은 말꾼의 말장난에 지나지 않는다.

우리나라 각 분야 지도자들이 우리나라의 과거, 현재를 알고 미래에 대한 기초적인 그림이라도 가지고 있어야 한다. 그 일에 보탬이 되었으면 하는 뜻에서 필자는 이 책을 쓰고 있는 것이다. 그리고 그것을 위해 하늘 · 땅 · 사람 · 대한민국 · UN · 직업 · 가정 · 꿈 · 태교 · 인성 · 재물 · 건강 · 음식 · 행복 · 친구 · 지도자 · 정치 · 과학기술 · 정책 · 복지 · 독서 · 나눔 등 120여 가지 주제에 대하여 주제별로 짤막한 이야기들을 정리하여 졸서(拙書)를 만들어 보고자 하는 것이다.

앞으로 만일 필자가 앞에서 말한 그런 새 대한민국을 만드는 데 어떤 역할을 수행할 수 있도록 하기 위해서는 2가지 중요한 전제조건이 필요하다.

하나는 그 일을 해낼 만한 위치에 있어야 한다는 것이고, 다른 하나는 그런 위치에 가기 위한 얼마간의 자금이 뒷받침되어야 할 것이다.

그런데 필자는 현재 두 가지 조건을 모두 갖추지 못한 상태이다. 그 두 가지는 모두 현재로서는 쉬운 일이 아닌 것이다. 그러나 필자는 앞으로 20년 내에 그 두 가지 조건을 다 충족할 수 있다는 당찬 꿈을 가지고 있다. 어떤 친구는 필자에게 용기를 준다.

"친구는 하늘과 같은 공정심과 정직함, 그리고 세상을 변혁시킬 만한 경륜과 능력과 열정이 충분하지 않은가? 그러므로 친구가 그리는 대한민국이 많은 사람들에게 공감을 줄 수 있다면 대한민국을 사랑하는 뜻있는 분들이 자금과 함께 다른 일도 성원해주지 않겠는가? 30억 원 내외의 자금만 있다면 친구는 전국에 200여만 지인들도 있고 하니 수개월 내에 전국 3,000여 읍면동, 시군구, 시도 단위에 훌륭한 분들로 조직책을 정해 정당도 만들어 낼 능력과 인맥이 있지 않은가?"라고.

물론 그럴 자신이 있다. 그런 자신감과 열정이 있기 때문에 필자는 자금을 댈 분들과 함께 하거나 아니면 필자 스스로라도 자금을 마련해서 앞으로 그런 대한민국을 만들기 위해 20여 년 뛰고 또 뛸 각오를 하고 있는 것이다.

"조영재가 그리는 새 대한민국"은 2012년부터 2031년까지 20년 내에 모든 일들이 이루어질 수 있도록 모든 분들이 함께 힘을 모아야만 이루어 낼 수 있는 일이다. 어느 것은 2016년 이내에 그리고 어느 것은 2030년 내에 이루어질 수도 있다. 그러나 필자는 그 모든 일들이 2025년까지는 이루어지기를 바라며 그렇게 되도록 최선을 다할 것이다.

그리하여 그 때 우리 국민들이 Honest Korea, Justice Korea, Happy Korea, Lovely Korea, Proud Korea, Great Korea를 구가하며 손에 손잡고 진심으로 자랑스럽게 '대 ~ 한민국'을 외치며 사는 세상이 되도록 하고자 하는 것이다. 양극화, 부정부패, 탈세, 북한의 도발 이런 말들은 '듣기 힘든' 옛날이야기가 되도록 해야 한다.

여기 제시되는 내용들은 필자의 짧은 인생경험과 좁은 소견으로 생각해본 개혁(reform) · 쇄신(renovation) · 개선(improvement) · 재편(reorganization) · 재설계(redesign)방안 들이다. 현실 적합성, 경제적 효율성과 재원의 가능성, 사회 안정성, 국민적 합의성, 이념적 적합성 등의 면에서 문제가 될 수 있는 측면도 있을 것이다. 이것들은 만일 필자가 정책입안의 책임 있는 자리에 있게 된다면 이런 방향으로 우리 사회를 새롭게 개조 · 업그레이드 시켜 나가겠다는 뜻이다. 물론 이들 정책의 입안 · 수립과정에는 많은 의견들이 수렴되고 반영되어야 할 것이다.

국가백년대계를 위해 필요한 일이라면 정부가 거액의 기채(起債)를 해서라도 추진해야 할 것이며, 내용 중 가감할 부분은 좋은 쪽으로 수정 · 보완되어야 할 것이다.

제시된 내용 중 헌법 개정, 법령 제 · 개정 등이 필요한 경우는 그 절차를 밟아서 해야 한다. 그리고 특별히 전 국민의 뜻을 물어 추진해야 할 중요 부분은 국민투표에 붙여야 한다. 국민투표 전에 충분한 전문가들의 논의, 외국 예의 참고, 공청회 등 필요한 여론 수렴이 이루어져야 함은 당연하다. 여기 제시된 방안 이외에 기존에 집행되고 있는 정책과 제도들은 물론 계속 개선 · 발전시켜서 추진해 나가야 한다.

정책 선택에 있어 완전한 것, 절대선은 있을 수 없다. 다만 그 당시에 사심 없이 역사를 위해 최선의 선택을 했느냐의 문제가 있을 뿐이다. 이 책 여러 장 · 절에서 제시한 150여 가지 정책개선 내용들은 앞으로 충분한 논의를 거치고 국민적 동의를 얻어 정책으로 결정 · 집행하게 될 때 그 정당성과 실효성이 있게 되는 것이다.

부족하지만 이 절에서는 '조영재가 그리는 새 대한민국'의 모습을 10개 분야로 나누어 요점만 정리하여 본다. 물론 여기 제시된 내용 외에도 수많은 정책안이 있지만 지면 관계로 싣지 않았음을 말해 둔다. 내용이 너무 길어지지 않도록 상세한 부연 설명은 생략했다.

(1) 개헌, 특별법 제정

'새 대한민국 만들기'가 국민적 공감과 지지를 얻는다면 그 역사적 과업을 추진하기 위해 먼저 다음과 같은 내용의 개헌이 필요하다.

① '새 대한민국 만들기'의 역사적 대업을 앞장서서 추진해 나갈 큰 일꾼인 대통령의 임기(현재 5년 임기)를 조금 늘려서 6년 단임제로 한다. 그리고 대통령은 임기 중 당원이 될 수 없도록 헌법 · 정당법 등을 개정한다. 우리나라 대통령은 지공무사(至公無私)의 자세로 만인을 품에 안고 만인과 소통하며, 모든 이의 지혜를 모아 국민과 나라와 인류역사를 창조 · 개척해 나가야할 단 한 번의 기회를 부여받은 사람이기 때문이다. 또한 모든 공직자가 다 그렇지만 특히 대통령은 그의 말 · 행동 · 생각 · 자세 · 정책 하나 하나가 국운의 방향을 좌우할 수 있는 막중한 자리이다. 그렇기 때문에 새 대한민국의 첫 대통령은 "부강하고 행복한 통일 새 대한민국에 대한 청사진을 가진 사람, 우리 역사 앞에 깊은 사명감을 가진 사람, 불굴의 용기를 가진 사람, 멸사봉공 · 위국헌신의 열정을 가진 사람, 국내외 널리 인재를 모아 함께 자랑스런 '새 대한민국'을 만들 사람, 정직 · 진실 · 정의가 강물처럼 넘쳐흐르는 나라를 만들겠다는 공의감과 결의를 가진 사람, 과학기술 강국에의 꿈과 철학이 있는 사람, 기업들이 창의와 혁신으로 세계적인 기업으로 번창해 나가도록 뒷받침해 줄 사람, 가난과 병고와 외로움에 힘들어하는 약한 국민들의 편이 되어 힘이 되어줄 사람…, 그리고 밤낮 없이 일해도 지칠 줄 모르는 의지력과 건강을 가진 사람"이면 좋을 것이다. 특히 그 대통령은 어떤 사람들처럼 망명을 하거나, 측근으로부터 총격을 당하거나, 부정축재로 감옥에 들어가거나, 바위 위에서 떨어지거나, 적에게 과도

한 협력자금을 주어 그 돈이 핵개발 등 무기 개발에 전용되게 했다는 의혹을 받거나, 자식 · 친인척 · 비서 등 측근들이 부정 · 비리 문제로 처벌을 받거나 하는 일이 결코 있어서는 안 된다는 것을 유념해야 할 것이다.(대통령 임기 개헌 필요)

② 감사원을 대통령 소속에서 입법부인 국회소속으로 한다.(개헌 필요)

③ 깡패국회 · 망치국회 등의 이미지로 각인되어 있는 국회의 위상을 획기적으로 제고할 수 있도록 필요한 국회 관련법을 개정 · 보완한다.

④ 헌법상 독립성이 보장된 국가청렴위원회를 신설하여 총리 · 장관 · 국회의원 · 대법관 등을 비롯한 행정 · 사법 · 입법부 등 고위직(공무원 3급 이상)에 대한 엄격한 부정의 예방 · 감시 · 단속업무를 수행하도록 하여 고위 공직자의 부정 · 비리행위를 원천 봉쇄한다.(개헌 필요)

⑤ 대법원의 대법관을 증원(현 14명을 30명으로)하고, 대법원장을 제외한 대법관의 정년(현재 6년)을 종신제로 하여 최종심인 대법원의 판결이 6개월 이내에 신속히 이루어지고, 또 대법관이 압력 · 돈 · 퇴임 후 걱정 없이 법과 양심에 따라 공정하고 신속한 판결을 하도록 한다.(대법관 임기조항 개헌)

⑥ 「범법행위 일제신고 및 특별사면 등에 관한 법률」의 제정 및 시행

ㅁ 입법취지 : 모든 국민에게 기존(이법 시행 6개월 이전)에 저지른 형사범법행위 일체를 신고하도록 하고, 신고한 범법행위 일체는 수사 · 처벌 없이 사면(기소유예 또는 감경)함으로써 온 국민을 지난날의 범죄로 인한 형벌 공포로부터 해방시켜, 새 대한민국 건설에 적극 동참하도록 하는 새 출발의 계기 마련

ㅁ 대상 범법행위 : 내란 · 외환(간첩포함) · 수뢰 · 탈세 · 절도 · 사기 등 형법 · 국가보안법 등 각 법령상 일체의 형사범법행위

ㅁ 범법행위에 대한 신고 · 사면 등 : 신고는 보안과 비밀이 철저히 지켜지도록 엄격히 관리하여, 신고한 범죄는 신고 즉시 간첩죄를 포함 일체 사면(일부 범죄는 감경)되고, 후일 신고한 범죄사실이 드러나도 수사 · 처벌하지 아니함. 물론 기존의 범법행위로 처벌받은 자, 수형중인 자, 수사 · 기소중인 자 모두 형집행 정지 · 사면 · 복권되도록 한다. 다만 신고하지 아니한

범법행위 또는 범법신고행위 이후에 저지른 범법행위에 대해서는 엄격한 법 적용으로 범법행위 엄단, 사회분위기 조성. 그리고 신고한 범법행위가 타인이나 국가 등에 경제적인 손실을 입힌 경우에는 범법행위자가 스스로 변상하거나, 정부 등이 장기 저리융자로 지원하여 변제할 수 있도록 함.

이 법의 근본 취지는 범법·범죄행위의 원인이 대부분 우리 사회 문제에서 기인하는 것이므로 범법자에 대한 응징보다 용서하고 이해하고 포용하여 함께 새 나라를 만드는데 기꺼운 마음으로 동참하게 하자는 것이다. 어렵더라도 5천만이 하나가 되어, 진정한 제2의 코리아 기적을 이루기 위해 범죄자까지도 한 번의 마지막 기회를 주어, 온 국민이 함께하는 대화합의 새 출발을 이끌자는 뜻임.

(2) 정부기구, 행정, 지방자치, 공직선거

① 대통령의 인사는 능력 있고 신망 있는 인사들을 대거 기용하여 국민에게 감동을 주고 국정에 새바람을 불어넣도록 하고, 제1야당 추천인사 3명 내외를 입각시키는 인사 관행을 만든다.

② 과학기술부(장관은 부총리급)를 신설하여, 국력과 국부와 국방력의 원천인 과학기술 진흥정책을 총괄하게 하고, 과학기술 진흥정책·예산·과학기술 인력양성 등에 국정의 중점을 두도록 한다.

③ 통일부 장관을 부총리급으로 하고, 적극적인 남북대화·통일기반 조성·통일정책 수립·통일 이후의 국민동질성 회복과 국가정치 행정 경제 사회 발전계획·통일을 위한 북한 경제개발 협력지원 등에 적극적인 노력을 기울이도록 한다,

④ 중앙정부의 지출예산은 전년도 수입(국세 관세 등 조세와 기타수입 등)범위 내에서 편성·집행하도록 한다.

⑤ 2012년 1월 현재 16개 시도, 226개 시군구를 개편하여 1개의 특별시, 1개의 특별자치도, 1개의 특별자치시, 8개의 주, 그리고 특별시 밑에 10개의 구, 각 주 밑에 10개의 시를 둔다.

※북한은 직할시 1개(평양), 특별시 2개(나진·남포)와 9개도의 행정구역으로 되어 있음.

※일본은 현재 1도(都)·1도(道)·2부(府)·43현(縣)등 47개 광역자치단체를

9개 내외의 도(道)또는 주(州)로 통합 · 재편하려고 함

※중국의 충칭(重慶)시는 2012년 1월 현재 면적 82,300 km2, 인구 3,400만의 특별자치시로 되어 있음.

⑥ 중앙정부와 지자체의 행정편제(본부 : 국 · 과 · 팀 등)를 현실에 맞게 통합 · 신설 · 개편하고, 국가 · 지방공무원의 정원을 $\frac{1}{4}$이상 축소 재조정한다.

⑦ 검찰과 법원의 인력은 필요한 범위 내에서 증원하여 특별한 경우 외에는 4개월 내에 신속한 수사가 이루어지고, 법원의 판결이 1심 6개월 내, 2심 3개월 내, 최종심인 3심 3개월 내에 이루어지도록 하여, 수사나 소송지연으로 인한 국민피해를 최소화한다.

⑧ 싱가포르처럼 국가 공무원의 보수를 5년 내에 점진적으로 인상하여 현 수준의 50%이상 그리고 대기업의 80%이상 수준이 되도록 한다. 지방공무원의 경우는 지방 재정형편에 맞추어 점진적으로 인상한다.

⑨ 공직자의 수뢰 · 공금횡령 · 유착 등의 부정행위에 대한 처벌을 강화하여 공직자가 먼저 청렴과 공정에 대한 모범을 보이도록 한다.

⑩ 공직선거(대통령, 국회의원, 자치단체장, 지방의회의원 등) 후보자는 과거에 파렴치범 등(간첩, 병역의무 면탈, 강절도, 강간, 수뢰, 사기, 탈세)의 전과가 있거나 재산축적과정에 명백한 불법 · 비리가 있었던 자는 입후보할 수 없도록 하여 선거직 공직자의 도덕성 검증을 강화한다.

⑪ 대통령, 국회의원, 지방자치단체장 등의 공직 선거시 정당 또는 후보자의 임기중 공약사업비 총액은 당해 연도사업비 예산총액의 500%를 초과할 수 없도록 한다.

⑫ 공직자(군인, 경찰 등 포함)의 인사고과 평정시 청렴성, 정직성, 성실성, 책임성 등에 대한 평가비중을 강화한다.

⑬ 공장 하나 세우는데 30여 개 법령에 따른 절차를 거쳐야 하고, 직장 보육시설 만드는데 300여 개의 관련법규를 확인하고 인가절차를 밟는 데만 4~5개월 정도 걸리며, 이는 "어지간한 회사를 만들기보다 어렵고 까다롭다"는 보도(조선 2011.1.4) 내용처럼 한국의 국가경쟁력 순위 하락의 주요인이 되고 있는 현행의 복잡한 규제법령을 전면 재검토하여 2016년까지

제1차 개선작업을 완료하도록 한다.

⑭ 매년 군 · 경 · 일반공무원, 교원, 검찰, 법관, 과학기술인, 농어민, 봉사단체, 문화 · 예술 · 체육인, 기업체 등의 임직원, 재외동포, 여성, 발명자 · 농민 등 20여 개 분야별로 우수 · 모범자 1명씩 선정하여 '자랑스런 국민' 으로 국민훈장 등 포상(부상으로 10억 원 지급)하고, 본인 사망 시 국립현충원에 안장하는 등 국가유공자로 예우함으로써 모범적 삶의 자세에 대한 사회의 존경심과 자긍심을 높인다.

※연간 추정소요예산 약 250억 원(25명×10억 원)

⑮ 교육감의 직선제도를 시도지사와 런닝메이트 제도로 개선하고, 교육감이 선거캠프 · 선거요원 별도관리 등을 할 수 없도록 함으로써 시도지사의 교육에 대한 관심과 지원 열의를 높이고 시도 교육감의 막대한 선거비용 지출에 따른 비리요인을 차단한다.

⑯ 시도 교육청의 교육위원선거도 주민 직선제방식에서 교육감처럼 시군구의 단체장 선거시 런닝메이트로 하도록 함으로써 직선으로 인한 폐해를 줄인다.

⑰ 정당의 사무실과 상근직을 대폭 축소하여 정당 운용비용을 줄인다. 공직선거 후보자에 대한 정당의 공천은 선거시 마다 비당원이 다수 참여하는 후보 선정위원회를 구성, 당원투표와 주민여론조사 등을 실시하여 그 결과에 따라 하되, 당원투표 30%, 주민 여론조사 70%의 비중으로 공천대상자를 결정하여, 당 대표자 등이 공천헌금 등을 받고 임의로 공천하거나 후보 결정 과정에 돈봉투 선거 소지를 줄이도록 법제화 한다.

⑱ 기초자치단체의 부단체장(임명직)에게 일부 예산, 인사, 인허가 등에 대한 강력한 부서 권한과 책임을 부여함으로써 선거직단체장의 포퓰리즘적 결정에 대해 충분한 행정경험에 기초한 신중한 판단과정을 사전에 거치도록 한다.

⑲ 재외동포 20만 이상 거주 지역을 기준으로 재중, 재미, 재일, 재구주 동포 중 1명, 그리고 세계 한상회의 관련자 1명, 기타 유명인사 1명 등 재외동포 6명을 국회의원 비례대표로 영입하여 입법 등 의정활동에 참여할 수 있도록 법제화한다.

⑳ 선거직 자치단체장(광역 · 기초)은 임기중 당적을 가질 수 없도록 하여 자치단체장이 막중한 책임을 수행함에 있어 불편부당한 입장이 되어 어느 당, 어느 단체, 어느 지역 사람과도 거부감 없는 대화와 소통과 화합이 가능하도록 한다.

㉑ 선거로 당선된 공직자(국회의원, 지방자치단체장, 지방의회의원 등)가 임기중 다른 선거직에 출마하기 위하여 사퇴할 경우, 당선 당시 국가 또는 지방자치단체가 부담한 선거비용 일체를 중도 사퇴자가 부담하도록 공직선거법을 개정한다.

㉒ 「1등국가만들기위원회」를 설치하여 매 분기마다 '선진국을 넘어 1등 국가'가 되기 위한 정치 · 외교 · 통일 · 행정 · 교육 · 국방 · 사법 · 지방자치 · 문화 · 예술 · 체육 · 경제 · 국민의식 · 법령제도 등에 관한 개선 · 개혁방안 마련과 추진상황 점검 · 시정 업무를 수행하도록 한다. 특히 1등 선진국의 가장 중요한 요소인 사회기반구조(social infrastructure), 즉 법치주의 확립 · 부정부패 차단 · 소득계층과 세대 간 갈등의 해소를 위한 제도적 · 실천적 노력을 기울여 나가야 한다. 이를 위해 위원장은 국무총리가 맡고, 위원은 약간 명의 장관 등 국내외 인사 30명 내외로 하며 매년 $\frac{1}{3}$정도의 위원을 교체하여 새로운 의견이 제시될 수 있도록 한다.

㉓ 다양한 분야의 인적자원을 가지고 있는 헌정회에 상설의 「국정쇄신 자문위원회」를 두도록 하여 정치 · 통일외교 · 행정 · 경제 · 교육 · 과학기술 · 국방 · 문화 · 체육 · 예술 등 각 분야에 관한 제도와 정책개선 의견을 종합하여 연4회 대통령 등에 건의할 수 있도록 제도화한다.

(3) 과학기술 · 국방 · 보훈

① 전자무기, 광무기, 핵무기, 로봇, 신에너지 등 연구개발예산을 확대 지원한다.

② 과학기술 · 연구개발분야 근무자(공공분야, 민간연구분야 포함)에 대한 과학기술 연구수당을 신설 또는 증액하여 보수총액의 10%이상 되도록 지급하고, 과학기술 인재들에 대한 승진우대 등의 지원을 강화한다.

③ 과학기술부(부총리급)의 외청으로 「신기술 지원청」을 신설하여 IT · BT ·

ET · NT · WT(weapon technology)등 각종 기술분야의 신기술개발 중소기업에 대한 지원을 강화하고, 기업 간 개발기술의 상호 접목 지원 등 기술협력강화로 신기술의 업그레이드를 적극 지원한다.

④ 공공기관 · 기업 · 단체나 연구소 등에서 비용과 기술 · 장비 등을 직접 지원하여 연구개발한 경우에도 관련 지적재산권의 40%이상은 개발자 등에게 배당하는 법령을 제 · 개정하여 시행한다.

⑤ 특허법과 관련하여 현재 특허 등록 시에 납부해야 하는 등록료(150만원 내외) 외에 등록 이후 20년 동안 매년 납부해야 하는 특허연차료(5만원~10만 원 정도)를 현실에 맞게 합리적으로 재검토 인하조정 하거나 수입 발생 시에 납부 하도록 조정해야 한다. 등록된 특허가 산업화 또는 특허권 임대 등의 수입을 발생할 경우에는 연차료를 부과해도 되겠지만 수입도 없는 상태에서 특허 건수가 많은 경우 매년 수백만 원의 연차료 부담 때문에 가난한 발명자들이 특허권을 헐값에 내주거나 연차료 미납으로 인한 등록말소로 인하여 각 분야 특허기술들의 업그레이드에 지장을 주기 때문이다.

⑥ 과학기술관련 대학 · KAIST 등 과학기술계 학생에 대한 학비 · 기숙사비 감면 · 도서구입비 등의 지원을 강화한다.

⑦ 획기적인 신기술발명가 등을 선정, 1998년부터 시행하고 있는 신지식인(2011년 6월말 현재 → 3885명)에 대해 가장 유용한 기술 1건씩을 제출케 하고 그 중 매년 100건을 선정, 기술의 산업화자금 20억 원씩을 지원하여 발명가들의 사기를 진작하고, 신기술개발을 지원한다.

※연간 추정소요예산 약 500억 원(100건×5억 원)

⑧ 최빈국 대한민국을 60년 만에 선진국이 되게 한 주인공이며 전사(戰士)들인 과학기술인 · 기업인 · 근로자들의 국가발전에 대한 공훈을 기리고 앞으로 20년 내 5위권의 1등 국가로 재도약하기 위한 새로운 국민적 결의를 다지기 위하여 「한국명예의 전당」을 서울에 건립 · 운영한다.

㉮ 부지 5,000평 내외

㉯ 건평 30,000평(지상 15층, 지하 6층)

㉰ 명예의 전당배치

1관 과학기술인의 전당 2관 기업인의 전당 3관 근로자의 전당

4관 교육자의 전당 5관 농수축산인의 전당 6관 문화예술체육인의 전당 7관 공직자의 전당 8관 기타 분야

※ 1개관 당 1,000평씩 배정

㉣ 운영방법

- 매 2년마다 각 관별로 최고의 인물 1명씩 선정, 봉헌하고 공적사항 · 대형인물사진 등 전시
- 1인당 2평 내외 활용

㉤ 기타사항 – 「한국명예의 전당 건립운영에 관한 법률」을 제정하고, 봉헌되는 인사에 대해서는 희망시 사후에 국립현충원 특별묘역에 안장할 수 있도록 함.

⑨ 군 병력 유지규모는 남북한 간 상호감군 합의하여, 2017년까지 $\frac{1}{2}$이하로 감군하도록 적극 노력한다.

⑩ 대치중인 적이 핵무기와 대륙간 탄도미사일을 개발, 보유, 위협하고 있는데, 교전당사국이 300km 미사일도 개발 · 보유할 수 없다는 것은 말이 안된다. 우리도 사정거리 최소 3,000km 정도의 핵위협에 대응할 수 있도록 해야 한다. 만약 어떤 이유이던 미군이 철수하거나 한국방위에서 손을 떼게 된다면 누가 우리를 지켜야 하는가.

⑪ 보훈가족의 생활수준이 중산층 중급정도 이상이 될 수 있도록 저소득 보훈가족에 대한 지원을 적극 확대한다.

⑫ 중국 충칭(重慶)시에 있는 마지막 대한민국 임시정부청사 바로 옆에 있는 대한독립군 총사령부청사(약 300평)를 정부가 매입 또는 장기 임차하여, 복원 · 개축 · 관리함으로써 독립군 등 독립선열들에 대한 보훈의 예를 제대로 해야 할 것이다. 현재 임시정부청사는 정부가 매입 · 관리를 깨끗하게 잘 하고 있으나 독립군청사는 매입 · 관리가 전혀 안 되고 있어 필자를 비롯한 한국의 역사탐방객들이 보기 민망한 상태에 있었음.

(4) 교육

① 도서벽지 → 농촌 → 중소도시 → 대도시 별로 단계적으로 2020년까지 의무교육제를 고등학교까지 확대 시행한다.

② 유치원 초 · 중 · 고교 학생들에 대하여 학업평가 외에 인성평가(정직성 · 성실성 · 규칙준수 등)를 강화하고 특히 정직성 · 규칙준수 · 약속 지키기 등 지도를 강화한다. 학업성적이 아무리 좋아도 정직성 평가점수가 우수하지 않으면 우등생 · 모범생 표창을 받을 수 없도록 하여 정직한 국민만들기 교육에 중점을 둔다. 그리하여 한국민의 정직성 글로벌 지수를 높이는데 초기 교육의 주안점을 두도록 한다.

③ 2018년까지 주요 외국어(영, 불, 독, 중, 일, 러, 서반아어 등) 즉시 통역 · 번역기술을 개발하여 휴대전화 등에 장착 활용하는 등으로 초중고교에서의 외국어 수업시간을 줄이고, 국어 · 역사 · 과학 · 문학 · 예술 · 체육 등에 대한 교육시간을 늘린다.

④ 매년 전국의 각 고교(2011년 현재 2,253개교)별로 저소득층 자녀 중 정직성 · 효행 · 예절 · 성적 등에 모범인 학생 1~2명씩 선발하여, 국내 또는 외국대학의 유학비용 전액을 국가가 지원하는 저소득층 모범학생 국가장학제도를 확대, 시행한다.

※연간 추정소요예산 약 900억 원(3,000명×3,000만 원)

⑤ 고교교육과정에 자유민주주의 · 공산주의(북한체제중심), 사회주의, 6 · 25 등에 대한 교육을 강화하고, 특히 보수, 우익, 좌익, 친북과 종북 등의 개념과 북한에서 쓰고 있는 용어(무산계급 · 유산계급 · 진보 · 반동 · 민주화 등)에 대한 진의를 확실하게 교육하여 친북세력들의 용어에 현혹되지 않도록 한다.

⑥ 정부 · 공공기관 · 단체 · 민간기업 등의 고졸자 의무채용 비율을 합리적으로 재조정하여 정부 · 공공기관 · 민간기업 등에 2016년부터 시행한다.

(5) 기업

① 신설될 신기술지원청에서 매년 IT · BT · ET · NT · WT 등 각 기술분야별로 1~2건씩 우수 신기술 · 제품들을 선정, 업체당 20억 원 정도의 신기술특별지원금을 무상 또는 무보증 장기무이자 지원하여, 신기술개발과 제품의 생산판매 등을 적극 지원한다.

※ 연간추정 소요예산 : 100개 기술 · 제품×20억 원 = 2,000억 원

② 공산품 · 건축물 등의 제조원가(또는 건설원가) 및 공장도가격 표시 · 공개제 시행으로 상품 등의 유통 마진을 소비자가 알 수 있도록 함으로써, 유통 마진율의 소비자 감시 효과가 나타나도록 한다.

③ 신기술지원청이 기업체 간에 관련 혁신기술을 상호 접목할 수 있도록 다리 역할을 해줌으로써 각 분야 기술수준의 업그레이드가 신속히 이루어지도록 지원한다.

④ 현재 국내 몇 개 벤처기업에서 개발완료하여 산업화 추진 중에 있는 특허기술인 '신기술 모터' 그리고 전력 · 전선 · 충전 등이 필요 없는 '저비용 영구 자력 발전기' 기술 등에 대하여 관련기관에서 경제성, 효율성, 안전성, 환경성 등 기술의 유용성을 평가하여 충전이나 유류 · 개스가 필요 없는 자동차, 전선 없는 고속철과 경전철, 충전이 필요 없는 휴대폰과 컴퓨터기기, 빈곤층 가정과 농어촌의 무비용 자가발전기, 코드 없는 무비용 냉장고, 에어컨, 보일러, 전투로봇, 무인 잠수기, 무인 헬기, 해저자원개발용 침수형 로봇(Immersible Robot) 등 전 분야에 활용하여 세계 최강의 경제강국, 국방강국을 실현하고 연간 1조 달러 이상의 특허권 사용료를 받아들이는 나라를 만들도록 한다.

⑤ 특히 기업에 대한 수사나 재판은 신속히 이루어지도록 필요한 법령 개정작업을 추진하여, 수년씩 장기 수사 · 재판 등으로 인한 기업의 손실과 도산 피해를 줄인다.

(6) 가난 · 양극화 · 복지 · 일자리 창출

① 시가표준액 30억 원 이상의 부동산 소유자, 연간소득(근로, 배당, 사업소득 포함) 6억 원 이상 소득자, 10억 원 이상의 상속 · 증여 받은 자에 대한 세율을 인상 · 조정한다.

② 고액 법인소득(연간 50억 원 이상)에 대한 법인소득세율을 인상 · 조정한다.

③ 저소득층(연간소득 1,700만 원 이하) 근로자가구 519,000세대(2011. 9. 1 현재)에 대해 소득수준별로 가구당 매년 15,000원~120만 원씩 국세청이 지급하는 근로장려금을 2018년까지 세대당 최소 3,000만 원 이상의 근로

소득이 확보될 수 있도록 점진적으로 인상한다.

④ 저소득층이 주로 대출받아 쓰고 있고, 빈곤층을 더욱 빈곤하게 만드는 현재의 이자제한법과 대부업 상 최고 이자율을 합리적으로 재조정 · 인하하고, 기존의 고이율 대출금에 대해서는 정부가 저리대출로 전환시켜 변제할 수 있도록 한다. 또한 연간가계대출이자 부담 56조원, 그리고 대학생신용불량자 28,000명에 대한 이자율 인하조정과 원금 변제방안 등의 대책이 마련되어야 한다.

⑤ 농축수산 분야의 부채탕감 특별대책을 마련하고, 일시적 자금 회전 애로 농가에 대한 장기 저리대출 지원제도를 획기적으로 개선한다.

⑥ 노숙자, 걸인, 지하철 등에서의 구걸인 등에 대한 정부차원의 근본 개선대책을 마련 2015년까지 시행한다.

⑦ 5년 이상 장기 월세 · 전세 중인 저소득층에 대한 장기저리의 적립식 아파트 공급사업 확대 추진으로 저소득층 주택 마련을 적극 지원한다.

⑧ 죽어라 일해도 최저생계비도 벌지 못하는 신 빈곤층 382만 명(우리나라 빈곤층 비율은 2009년 20.9%, 352만 가구 922만 명으로, OECD평균 10.6%의 2배임)에 대한 최저 생계비지원 확보방안을 2015년까지 마련 · 시행한다.

⑨ 2015년까지 비정규직 근로자 800만 명에 대해, 임금을 정규직의 70~80% 지급을 의무화하고 특별한 결격 사유가 없는 한 2년 이상 근무자는 정규직으로 의무 전환하되, 정규직 전환 첫해는 정규직 보수의 80%, 두 번째 해는 85%, 3년째는 90%, 4년째부터는 기존 정규직과 같은 수준으로 단계적으로 인상하도록 하는 방안을 마련하여 2016년부터 시행하도록 한다.

⑩ 대규모 국가과학농업단지(가칭임 · 약칭은 → 과학농단) 사업을 추진한다. 농어촌개발, 농어촌 과학영농 청년인력 보강, 저소득 고학력자 일자리(200만 명 내외)창출, 청년(15세~29세)실업자 110만 명 청년실업률 22%문제(869)의 결정적 해결, 가난한 무재산계층(집과 땅 등의 재산이 없는 가정) 100만 세대의 내 집 · 내 땅 마련과 빈곤대물림의 악순환 고리를 일시에 끊어주는 혁명적 효과도 가져올 것이다. 현재 남의 집에서 전월세살이하는

가구는 전체 가구의 41%인 2,000만 명이며, 서울 등 대도시는 전월세 폭등으로 생존권을 위협받고 있으며, 내 집 마련의 꿈이 무산되고 있다. (551)

㉮ 광역자치단체(필요시 서울 · 인천 · 경기 등 수도권 포함) 별로 '한국과학농업단지사업' (가칭 한국과학농업단지사업 : Korea Dream Farm Complex Project · 약칭 KDFCP)을 추진한다.

㉯ 과학농단별 부지 규모는 16개 광역단체별로 국 · 공 · 사유 산지(필요시 그린벨트 포함) 등을 활용하되, 입지 여건에 따라 5,000만 평~3억 평씩 국가 · 지방자치단체 · 신설될 한국과학농업단지청(약칭 → 과학농단청) · 농어촌개발공사 · 농협 · 산업은행 등이 협력하여 조성한다.

※한국과학농업단지청 신설 대신 농어촌개발공사, 농촌진흥청 등의 기구 · 기능을 재조정 개편하여 농어촌지원청을 신설 · 운여하는 방안도 대안이 될 수 있다.

㉰ 과학농단의 단지조성과 관리는 과학농단청이 주관한다.

㉱ 단지 입주 자격 조건은 △35세 이하의 해당지역 출신자(초 · 중 · 고 졸업 기준) △부모와 본인 재산총액이 1억 미만인 자 △20년 이상 현지입주 영농할 자 △결혼한 부부 △농수축산업 계통의 고교 · 대학 졸업자 △군 복무 후 예편자순으로 우선권을 준다. 직장을 구하지 못해 힘들고 화가 나 있는 앵그리세대인 20대 희망자가 부족한 지역에는 30대~40대희망자도 입주할 수 있도록 한다.

㉲ 과학농단의 임대 · 분양은 대농(3ha)의 3분의 1수준인 세대당 농지(주택용지 포함) 3,000평 내외로 하고 조건은 △현지 거주 직접 영농하여야 하며 △5년간은 무상임대이며 △임대영농자에게는 조립식 주택(20평 내외) 1동, 영농용 차량(1톤 포터) 1대, 트랙터(5세대당 1대)와 콤바인(10세대 당 1대) 등을 무상 지원하는 외에 △매월 영농 보조비로 세대당 월 50만 원을 무상 지원하며 △5년간 영농을 마친 세대에 대해서는 단지조성 당시 원가(임대규모 3,000평의 경우 토지대 평당 5만 원, 단지 조성비 평당 5만 원 등 합계 평당 10만 원일 경우 → 10만원×3,000평=3억 원)를 무이자로 30년 동안 매년 12회에 걸쳐 납부(연간 총 납부액 약

1,000만 원)하는 조건으로 분양한다.

㉳ 과학농단의 영농은 유기농이나 수경재배 · 창의농법 · 공장형축산, 기타 여러 재배방식의 야채 · 과일 · 한약재 · 삼(蔘) · 비타민나무 · 곡물 등이나 소 · 돼지 · 닭 · 오리 등의 축산 등(부업으로 가내수공업 등도 가능) 어느 것이든 가능하다. 필요시 노동집약형 중소형공장도 가능하다.

㉴ 과학농단은 전체 조성 대금을 완납한 경우에도 20년 전에는 매도할 수 없게 하거나, 20년 이전에 매도시에는 조성 원가 전액에 대해 임대기간 중 연 3%의 이자를 함께 변제한 경우에만 매도할 수 있도록 한다.

㉵ 과학농단 입주자에 대한 영농기술지도는 과학농단청과 농촌진흥청이 지원한다.

㉶ 기타 수산물양식 등의 사업은 정부가 별도 계획을 수립 · 시행한다.

㉷ 과학농단 입주자(200만 명+α명 내외)는 우리나라 인구 증가율이 극소함으로 고학력 저소득 계층 청년실업 해소와 빈곤층세대(약 100만 세대)의 내 재산 마련에 지속적인 도움을 줄 것이다.

㉸ 이를 위해 「한국과학농업단지사업법」(가칭)을 제정하여 2017년부터 과학농단 임대와 입주를 시작한다.

㉹ 과학농단사업 규모 및 사업비추정

• 총 사업 규모

△ 총 사업부지 : 5,000평×100만 세대 = 50억 평(165억㎡)

△ 과학농단 총 입주세대 : 100만 세대(200만 명 +α → 남 100만, 여 100만, +α)

※ +α는 영농자 외의 부모 형제 등 추가 가족수임(300만 추정).

• 총 사업비 : 260조 원(영농보조비는 1년분 계산)

△ 토지비(사유산지 매입분) : 100조 원(20억 평×5만 원)

△ 단지 조성비 : 100조 원(토지정리 · 도로 · 수도 · 농업용수 · 전기 등)

△ 주택지원비 : 30조 원(조립식 100만 동×3,000만 원)

△ 영농차량지원비(포터 1톤) : 15조 원(100만 대×1,500만 원)

△ 콤바인 : 5조 원(10만 대×5,000만 원)

△ 트랙터 : 4조 원(20만 대×2,000만 원)

△ 연간 영농보조비 : 6조 원(100만 세대×50만 원×12개월)

※과학농단사업비의 이 거대재원은 중앙정부, 농단관할 광역자치단체, 과학농단기금(별도설립) 등이 혁명적 결단을 하여 안배 · 분담하되 현물(토지) · 현금 등으로 출자한다.

㉺ 과학농단사업은 필요시 한국국제협력단(KOICA), 한국농어촌공사, 한국과학농업단지청(신설) 등이 외국과 협력하여 저개발국 등에도 단지를 마련, 현지인과 함께 희망하는 한국인 젊은 부부 영농팀을 파견, 현지에서 수익성 있는 과학영농사업과 함께 농촌계몽운동, 학습지도 등을 병행 추진한다.

⑪ 광역자치단체(필요시 기초단체도 추진)별로 교통 등의 입지조건이 갖추어진 위치에 국공유지 30~50만평 정도를 확보하여 「벤처지원 및 일자리 창출단지」를 조성한다. 그리고 지역특성에 맞는 벤처기업과 신규중소기업 또는 기존 고용 인력보다 500명 이상의 추가 인력을 채용하고자 하는 대기업 등에 회사 · 공장 · 기숙사 등 부지를 장기분할납부 등 조건으로 임대 또는 불하하고, 상하수도 · 버스와 지하철 등 교통시설 · 학교시설 등 필요한 사항을 적극 지원함으로써 광역단체별로 3~20만 명 정도의 추가 고용창출이 가능하도록 한다. 장애인 고용확대, 청년 실업문제(대졸실업자 포함), 노인 일자리 제공, 저소득층의료비지원 방안 등에 대한 종합대책을 마련 2016년까지 단계적으로 시행한다.

⑫ 2010년 우리나라 출산율(가임여성이 평생동안 낳은 아이 수)이 1.22명까지 떨어져 있는 상태이며, 아이 출산 전후 두 달 동안에 출산전 검사비용, 출산용품 준비, 분만비용, 산후조리원비 등 800만 원 내외의 출산비용이 필요하다고 한다. 1,000만 원에 가까운 출산비용은 당사자들에게 큰 부담이 되고 있으며 실제로 저출산의 가장 큰 이유는 경제적 부담이며 그 비율이 46%라 한다. 이로 인해 출산기피현상, 그리고 베이비푸어 현상마저 나타나고 있다.(1046)

이제 인구의 감소추세를 줄이기 위해 적극적인 출산장려책을 써야할 때가 되었다. 현재 일부 자치단체에서 첫아이, 둘째, 셋째 출산을 구분하여 출산지원금을 일정액씩 지급하고 있다. 이제 중앙정부도 적극 나설 때가 되었다. 2016년부터 첫아이는 500만 원, 둘째 1,000만 원, 셋째이상 2,000만 원씩 출산장려금을 지원하는 정책을 검토 · 시행하자.

※ 연간추정소요예산 약 5조 원(50만 명×1000만 원)

⑬ 그 외 무상보육, 기초 노령연금, 기초생활 수급자 지원확대, 무상급식, 무상의료 그리고 대학의 반값 등록금 문제 등은 재정상황 등과 연계 검토하여 시행하되 저소득층 우선의 선택 복지차원에서 종합 검토하여 점진적으로 시행한다.

(7) 법과 사회질서 유지

① 2012년 2월 2일 MBN '커지는 사법불신' 에 보도된 내용이다.

법률소비자연맹(대표 김대인)의 최근 여론조사(1,106명 대상) 결과에 의하면 ㉮ '법원의 재판이 불공정하다' 는 국민이 77.02% ㉯ 우리 사회가 '유전무죄, 무전유죄' 라는 인식을 가진 국민이 77.76% ㉰ 판검사 비리를 수사하는 '특별수사청 신설에 찬성' 하는 국민이 82.28%라 한다. 법치국가이며 선진국이 된 우리나라 수사 · 재판에 대한 국민의 압도적 불신사태는 대단히 심각한 문제이다. 특히 원성이 높은 위법 수사와 위법 판결에 따른 사법불신 해소를 위해 명백한 위법수사나 판결의 경우 책임 있는 검찰관이나 법관에 대해 손해배상 또는 구상권 행사 등을 할 수 있는 근거법을 명문화하는 문제 등이 검토되어야 한다.

② 담배꽁초 · 휴지 투기행위, 공직자 비리, 탈세, 불법 시위, 간첩, 폭력, 강절도, 성폭행 등의 범법행위에 대한 엄격한 법적용으로 법질서를 확립함으로써, 준법 시민들에게 안락한 사회 분위기를 제공한다.

③ 매년 각 읍면동(2012. 1. 1 현재 3,477개)별로 모범 가정(정직, 효행, 친절, 이웃에 대한 봉사 등)을 선발하여 상금 3,000만 원씩 지급, 모범 가정을 격려한다.

※ 연간 추정 소요예산 : 3500가정×3000만 원 = 1,050억 원

④ 1억 원 이상 해외계좌 사전신고제를 실시하고, 미신고자는 처벌(벌금중과 · 징역 등)함으로써 재산 도피와 범죄 후 해외도피 행위를 방지한다.

⑤ 사기 · 거짓말 · 청탁 등이 발붙일 수 없도록 하는 「정직사회체제 구축방

안」을 마련, 2017년부터 시행함으로써, 거짓말 · 사기 · 청탁 등의 행위를 강력 규제하고 정직한 사람이 성공하고, 사기꾼은 발붙일 수 없는 사회분위기를 조성한다.

⑥ 간첩 · 종북 · 친북 행위는 자유민주국가인 대한민국을 전복 · 부인하는 반국가 사범이므로 어느 범죄보다도 철저히 단속하며, 이들 범법행위자는 공직자가 될 수 없도록 엄격한 법 규정을 만들어 시행함으로써 젊은 세대와 부모들에게 역사의 교훈이 되도록 해야 한다.

⑦ 인터넷 · 문자전화 등 오프라인을 통해 개인 · 단체 등을 모함하거나 친북 · 사회불안 조성 등의 내용을 퍼뜨리는 행위를 엄단하는 법령 제 · 개정과 단속체제 보강 등의 철저한 예방 · 단속 대책을 마련 · 시행한다.

(8) 국민생활 · 이웃돕기

① 근로시간 : 근로기준법상 1일 근로시간(휴게시간 제외)현재 8시간을 토머스모어의 《유토피아》에서의 근로시간과 같은 6시간으로 개정하고, 1주간 근로시간도 현 40시간에서 35시간 내로 개정하며 2010년 국내근로자 연간노동시간 2,193시간(OECD평균 1,749시간보다 444시간 많음)도 줄이도록 하여 2018년부터 시행하여, 근로자들이 충분한 휴식, 건강관리, 취미생활, 가족과 함께하는 시간을 많이 갖도록 한다.

② 출산장려 시책 : 빈곤층 가구 352만 가구에 대해 3번째 자녀부터는 대학까지 교육비와 생활비를 지원함으로써 빈곤층이 경제적인 이유로 출산을 기피하는 현상이 완화되도록 한다.

③ 전 재산 기부자 지원 : 전 재산을 기부(1억 원 이상)한 후 경제적 어려움을 겪는 경우, 국가가 기부액 일부를 보조해 줄 수 있도록 하는 법을 개정, 기부문화 확산을 지원한다.

④ 탈세목적이 아닌 진정한 기부의 경우 세금을 면제하도록 관련세법을 개정하여, 우리 사회의 기부문화를 키우도록 하고, 거액 기부자가 세금 폭탄을 맞는 일이 없도록 한다.

(9) 남북대화 협력 · 통일

① 남북한 정상회담을 적극 추진한다.

② 남북 간 평화 · 협력 · 지원방안 마련을 위한 협의를 적극 추진한다. 특히, 북한에 대한 식량 · 비료 지원, 농업 · 공업 · 관광 등 산업개발 지원, 산림 녹화 지원, 고속도로 · 철도건설 등 사회간접자본 건설을 적극 지원한다.

③ 통일부 주관 하에 국내외 전문가의 의견 등을 광범하게 수렴하여 통일의 방안 · 비용 · 통일의 효과 등에 대한 국민적 합의를 도출, 2016년까지 그 청사진(가칭 한반도 통일백서)을 발표하여 사전에 국민 · 세계 · 북한에 제시 · 예고하고 필요시 수정하면서 통일에 대비한다.

④ 남북 간 핵무기개발, 군축, 통일전 협력방안, 통일 방안, 통일정부수립방안, 통일 후 국민동질성 확보, 교육 · 경제 · 사회개발 등 통일국가 운영방안 등을 적극 협의 · 확정하여 추진한다.

※ 남북 간의 대화 및 통일방안 마련을 위해 필요시 남북과 미, 중, 러, 일 등과의 6자 회담을 적극 활용하되, 통일정부 수립은 늦어도 2025년 이전에 가능하도록 적극 추진한다.

※ 매년 북한지원 · 협력예산은 정부 일반회계예산의 5%(20억 달러) 이상이 되도록 한다.

(10) 북한 협력사업 적극추진

대통령 소속으로 「통일협력위원회(위원장 통일원 장관 겸임)」를 설치하여 2015년부터 다음 사업들을 적극 추진한다.

북한 동포는 우리와 피를 나눈 민족이고 형제들이다. 우리는 북한 경제를 살리고, 북한 국민을 굶주림에서 해방되게 하고, 한겨레 · 한국민 · 한경제 · 한나라로서 북한 동포들과 함께 가지 않으면 안 될 운명 공동체이다.

누가 앞장서서 언제, 어떻게 할 것이냐의 문제만 남아 있을 뿐이다.

고난받던 우리 한민족이 일제의 침탈에서 해방되었듯이, 북한 동포들도 고난으로부터 벗어나야 한다.

언제까지 우리 한민족이 굶주림의 지옥에서 고통받아야 하는가?

5,000만 대한민국국민이 형의 입장에서 2,700만 북한동포들을 돕자. 북한이

좋아지고 형제우애를 되살릴 수 있게 되면 우리 대한민국도 더 부강해지고 세계를 다시 한 번 놀라게 할 것이다.

아우를 아끼고 사랑하는 큰마음으로 북한을 적극 돕자. 북한이 "한강의 기적"의 동생인 "압록강의 기적"을 이루어 또하나의 한국이 되어 20년 내에 세계에 우뚝 서게 하자.

그러기 위해 우리 대한민국이 해야 할 일 몇 가지를 제시한다.

물론 이 일들은 사전에 북한 당국과 형제로서 허심탄회한 대화와 협의 · 협력을 통해 결정되어야 할 것이다.

① 앞의 제 (6)항 ⑩호의 「국가과학농업단지」사업을 북한의 12개 각 시도(평양 1직할시, 나진 · 남포 2특별시, 9개도)별로 실시하도록 하여, 북한에서 400~500만 국민의 생업을 새로 마련해주고, 새로운 과학 영농의 기틀을 다지게 한다. 이 「과학농단」사업에 필요한 토지와 인력 · 자금은 북한 당국 책임 하에 추진하되, 한국은 노하우와 북한 과학농단 사업에 필요한 자금 · 장비 · 비료 · 주택건립 등을 적정선에서 지원하는 것으로 한다.

※북한에는 2012년 1월 현재 ①평안북도 ②평안남도 ③황해북도 ④황해남도 ⑤강원도 ⑥자강도 ⑦량강도 ⑧함경북도 ⑨함경남도 등 9개도와 평양직할시, 나선과 남포특별시 등 12개 시도가 있다.

② 국내외에서 농축산업과 관련된 종자 · 번식 · 재배기술과 물가스 난방 · 발전기술 등의 여러 혁신 기술들이 개발 · 산업화되고 있다. 한 예로 최근 국내 벤처기업(주식회사 보경원예 · 충남아산 소재)에서는 8일 만에 사료용 보리를, 1달 만에 추수용 보리를 수경재배 해내는 기술을 발명, 산업화했다. 이와 같은 최신기술들이 북한 농축산업에 접목될 수 있도록 하면 좋을 것이다.

③ 신설될 통일 협력위원회가 우리나라 산림청, 그리고 북한 당국과 협력하여 북한의 황폐화된 산림녹화사업을 적극 추진하도록 지원한다. 목재용 수목과 유실수 등 경제적 수익도 볼 수 있는 수종, 그리고 미래의 삼천리금수강산을 더욱 빛낼 조선소나무 등 수종이 식재되도록 하면 더욱 좋다.

④ 「남북한 연결 관광벨트 조성사업」을 적극 추진하여 21세기 관광의 시대를 맞아 국내외 관광객들이 많이 찾을 수 있도록 추진한다. 평양 · 압록강 · 백

두산(천지) · 금강산 · 서울 · 인천 · 설악산 · 세종시 · 지리산 · 부산(해운대) · 제주 등이 관광벨트가 되면 좋다. 제주와 금강산 등에는 승마장 · 골프장 · 사철 눈 위에서 즐길 수 있는 지하 스키장 · 노천온천 등 다양한 관광시설이 들어서도록 하면 금상첨화일 것이다.

⑤ 대체에너지 신기술이 산업화될 때까지 러시아가스를 한국에 가져다 쓸 수 있도록 가스관 연결 사업을 추진한다. 또한 최근 새로 개발된 "영구에너지 발전기술과 물을 불로 만들어 발전하는 물 발전기"를 북한지역에 지원, 전력난을 완전히 해소하고, 겨울철 전기난방으로도 충분히 사용할 수 있게 한다.

⑥ 일반산업 · 의약 · 국방 · 무기 등 여러 분야의 과학기술협력을 추진하고, 철도 · 도로 · 선박 · 항로 등의 연결 · 교류사업을 확대 추진한다.

⑦ 한국내 외국인 취업 · 근로의 경우, 적절한 수의 북한동포를 우선 취업 · 근로할 수 있게 제도화하여 북한 동포에게 경제적 혜택이 갈 수 있도록 한다.

⑧ "2025년까지 500조 원 조성"을 목표로 하는 「북한 협력기금」을 2013년까지 설치한다. 그리하여 5,000만 한국민이 2,700만 북한형제들을 돕기 위한 절약운동을 펼치고 대학생 이상 모든 국민이 매 식사시마다 절식, 절약운동 등으로 현금 또는 쌀을 기부할 수 있도록 한다.

⑨ 당분간(2020년까지) 북한 외의 해외자원봉사자 파견을 줄이고, 북한지역에 매년 10만 명 정도의 자원봉사인력이 파견되도록 하여, 노력봉사 · 어학 · 새마을운동 · 건강의료 등의 봉사활동을 하도록 하며, 북한 내 각 시도 등 주요 지역별로 자원봉사센터를 마련 요원들의 숙식 · 건강관리 · 봉사활동 연결 등의 지원을 한다.

⑩ 세계적인 원격 교육시스템으로 평가받고 있는 한국방송통신대학교의 원격교육시스템을 북한에 접목, 방송대 교육을 통한 한국의 학사 · 석사 학위 이수교육을 받을 수 있도록 한다. 또한 이 방송대 교육 · 강의 시스템은 북한동포의 한국학위 취득 효과 외에 남북한 간의 언어 · 어휘 · 문화 · 예술 · 역사 · 교육 등에 나타나 있는 정서 · 용어 등의 이질적 변화를 동질화하는데 기여하게 될 것이다.

⑪ 그 외 남한측 통일협력위원회가 북한당국(북한측에도 통일협력위원회 설

치)과 협력하기로 결정한 북한 협력 사업들을 적극 추진한다.

(11) 기타

① 우리 민족의 건국연도, 즉 대한민국의 기원(紀元 · an era)문제에 대해 ㉮단군천황이 고조선을 건국한 해를 기준으로 현행대로 단기(檀紀 · 2012년은 단기 4345년임)로 할 것인지, ㉯민족사학자들 주장대로 환웅천황이 배달제국을 건국한 해를 기준으로 개천(開天 · 올해는 개천5906년)으로 할 것인지, ㉰환인천제가 환국을 세운 환기(桓紀 · 올해는 9211년)로 할 것인지 학계의 연구와 국민적 논의를 거쳐 재정립할 필요가 있다.

② 헌법 제 20조가 규정하고 있는 종교의 자유를 보장하고 종교 간의 갈등 · 대립 없는 화합의 사회를 더욱 다지기 위해 공개적으로 타종교를 비방 · 폄훼하거나 종교시설을 훼손 · 파괴하는 행위 등에 대한 형사처벌을 강화하도록 관련법을 개정한다.

③ 중국의 동북공정과 고구려 역사의 중국역사 편입기도, 일본의 독도 영유권 주장 등에 대하여, 빠른 시일 내에 학계의 종합적인 연구와 논의를 거쳐, 국민에게 그 실상을 알리고, 현시점에서 정부차원의 종합적인 대응책을 강구해 나가야 한다.

④ 한국 · 중국 · 일본은 인종적 DNA가 동일민족과 거의 유사하다는 학계의 주장(한민족과 유럽인은 58%, 한민족과 중국한족은 5%, 한민족과 일본인은 4.2% 정도의 DNA차이를 보인다고 함)이 있다. 다시 한 번 연구 확인하도록 하여 그게 사실이라면 사실상 형제국가의 관계로 나갈 수 있도록 한중일 민족문화 공동체(KOCHIJA) 관계조성과 동아시아 경제공동체 창설 · 운영에 관한 grand design을 만들고, 그에 따라 한중일이 하나의 문화공동체, 경제공동체 관계를 통한 형제국가연합형태로 발전하고, 3국의 상생발전과 세계평화, 인류행복에 큰 역할을 할 수 있도록 주도적 노력을 기울여야 한다. 이 일은 중국이나 일본보다 한국이 주도하는 것이 여러 면에서 바람직하다. 필요하다면 미국 · 러시아의 참여와 지원방안도 마련, 함께 활용하도록 한다. 이를 위해 ㉮한중일 경제문화협력위원회 창설 ㉯한중일 경제문화협력센터 빌딩 건립 ㉰한중일 경제문화협력사무국 설치 · 운영

등의 사업을 2018년부터 추진할 수 있도록 관계국과 협의한다.

⑤ 외교부에 적절한 규모의 부서(국제정책협력팀 등)를 설치하여 190여 개 주재국의 과학기술 · 정치 · 행정 · 사법 · 교육 · 국방 · 산업경제 · 문화예술 · 체육 · 지방자치 · 국민예절 · 국민의식 등과 관련하여 본받을 만한 좋은 법률 · 제도 · 정책 · 관습 · 준법의식 등 일체의 문물에 대해 관련 자료를 지속적으로 수집하여 국내 활용여부를 검토, 단계적으로 시행 · 적용하도록 한다. 또한 주재국이 원하는 우리나라의 관련 자료들은 보안을 필요로 하는 경우 외에는 즉시 협력하도록 하여 행복한 대한민국, 행복한 인류세계를 만드는 데 적극 노력한다. 필요시에는 UN에도 관련 업무를 담당하는 기구를 설치 운영하여 UN회원국 간에 유기적인 협력이 이루어질 수 있도록 반기문 총장 등에 건의한다.

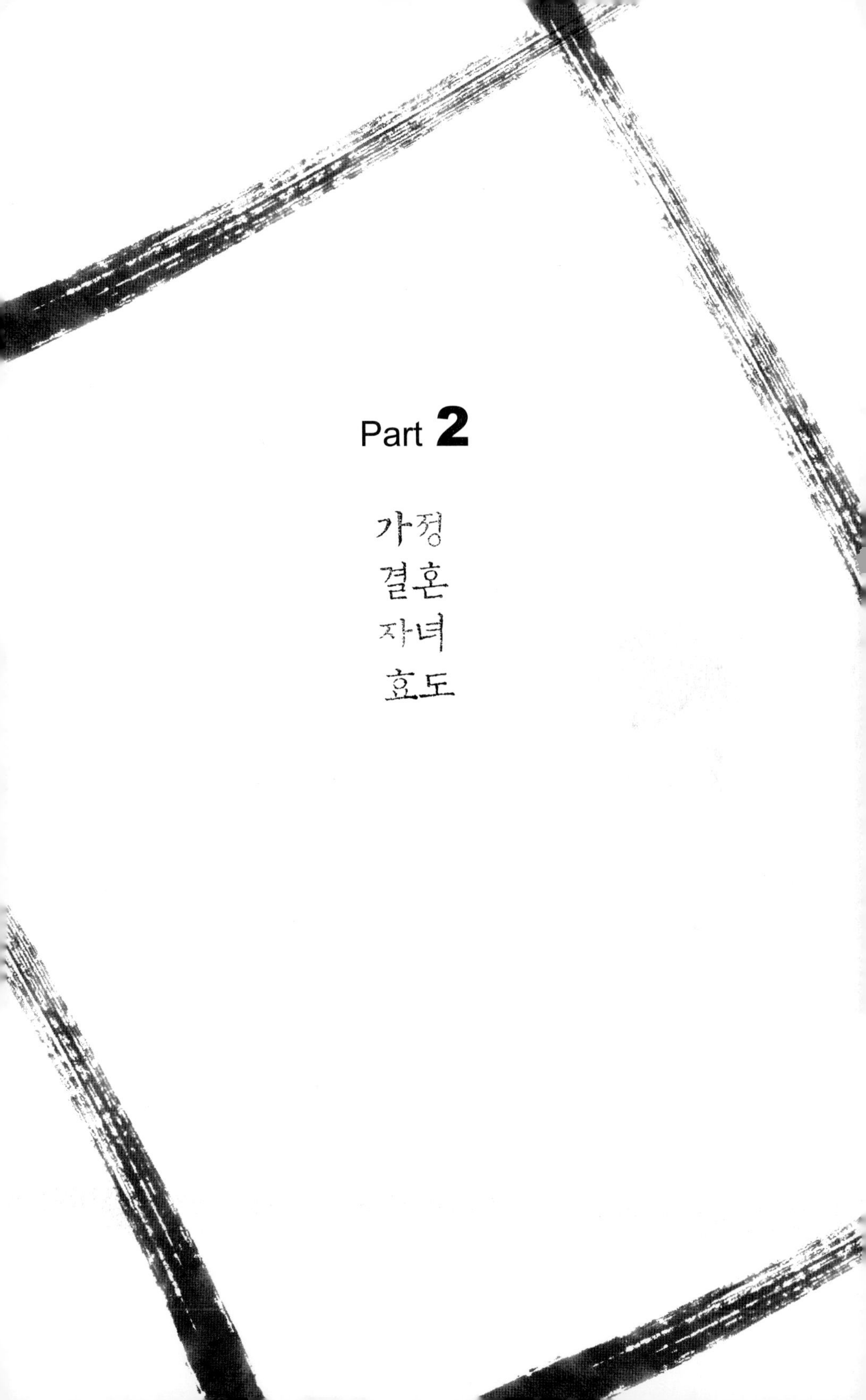

Part 2

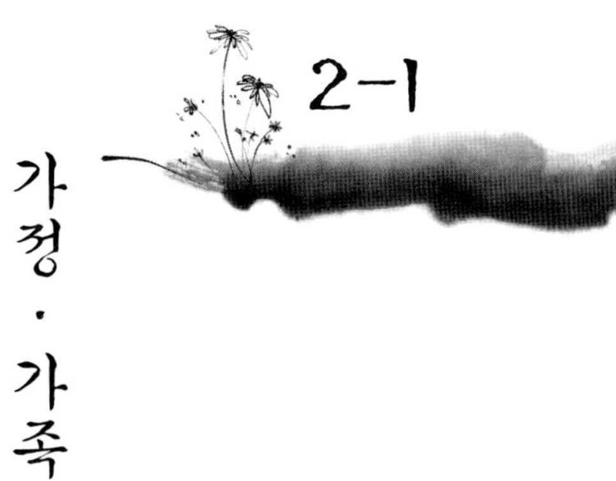

가정
결혼
자녀
효도

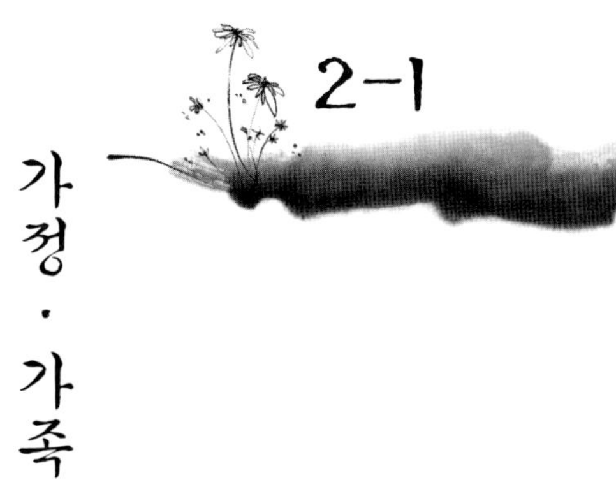

2-1 가정 · 가족

정(情)을 느끼다

고향의 돌담집마루에는
넉넉함과 정이 있습니다.
빨간고추가 널린 마당 한켠으로
쏟아지는 햇살의 풍요로움
뚝뚝한 어머니가 차려낸
따뜻한 밥
한 그릇
늘 우리들 포근하게 하는
고향의 모습...

– 다정다감(행복PLUS KORAIL 사보 2011. 9)에서

□ 가족이니까 사랑하는 게 아니라, 사랑하기 때문에 가족이다. – 이외수
□ 가족은 끊어지지 않는 사슬이다 – 코모다 마키, 한국에 시집온 일본 여성
□ 가정보다 더 나은 학교는 없고, 부모보다 더 영향력 큰 교사는 없다.
□ 자기 가정을 훌륭히 다스릴 줄 아는 사람이 국가의 일에도 가치 있는 인물이 될 것이다. – 소포클레스
□ 이 세상에서 가정의 행복보다 더 중요한 것은 없다. – 도스토예프스키
□ 가정은 민족의 행운과 불운의 원천이다. – 마르틴 루터
□ 국가의 기본은 한 가정에 있다. 모든 가정이 제각기 바로 잡히면 그 국가는 바로 잡힐 수 있다. – 《대학》
□ 가정은 생의 안식처요, 마음의 보금자리이다. – 안병욱
□ 자기 집보다 더 즐거운 곳은 없다. – 키케로
□ 왕국을 통치하는 것보다 한 가정을 다스리는 일이 더 어렵다. – 몽테뉴
□ 가정은 나의 대지이다. 나는 거기서 나의 정신적인 영양을 섭취하고 있다. – 펄벅
□ 되는 집에는 가지 나무에 수박 열린다. – 한국 속담
□ 왕이건 백성이건 자기 가정에서 평화를 발견하는 사람이 가장 행복한 사람이다. – 괴테
□ 가족은 행복을 저축하는 곳이지 채굴하는 곳이 아니다. 서로 얻으려고만 하는 가정은 늘 불안하고 주려고 하는 가정은 늘 화목하다. 하루에 조금씩 가정에 행복을 저축하자. – 《채근담》
□ 우리의 시작과 끝에는 언제나 가족이 있다. – 앤터니 브란트
□ 예의가 사람을 만든다. 마음이 사람을 만든다. 이 두 가지보다 더 진실한 것은 가정이 사람을 만든다는 말이다. – 스마일즈
□ 가정이야말로 인생의 안식처요, 큰 사람이 작아지고 작은 사람이 커지는 곳이다. – H. G. 웰스
□ 징징거리지 마라, 화내지 마라, 다만 이해해라. – 스피노자
□ 이 세상에 태어나 우리가 경험하는 가장 멋진 일은 가족의 사랑을 배우는 것이다. – 조지 맥도날드

■ ■ ■

가정(家庭, home)이란 부부를 중심으로 혈연관계자가 함께 살고 있는 사회의 가장 작은 집단을 말한다. 부부, 자식, 부모, 조부모, 형제자매 등 가족이 공동생활을 하는 조직체인 동시에 가족이 공동생활을 하는 장소, 즉 집이다. 영어로는 공동생활을 하는 인간관계를 강조하는 뜻에서의 home, 가족이 공동생활을 하는

구체적인 건물을 가리키는 house, 가장을 중심으로 하는 가족의 의미를 강조하는 family 등이 혼용된다.

가족공동체의 구성, 운영방법 등은 생활에 필요한 물자의 조달방법이나 생산방법의 차이에 따라 역사적으로 달라진다. 그러한 의미에서, 부부라는 남녀가 모여서 상부상조하고, 인간의 가능성을 최대로 발휘하는 조직체인 가정이 생성·발전해 왔으며, 사회구성의 최소단위가 되어 왔다.

그 사회가 편안하려면 가정들이 편안하고 행복해야 한다. 가족 간의 유대가 돈독하고 가정경제가 풍요하면 가정은 행복하고 사회는 화합하게 된다. 그러므로 유교의 경전인 《대학(大學)》에서는 "나라를 다스림은 가정을 평화롭게 하는데 있다(治國 在齊其家)"라고 했고, 마르틴 루터는 "가정은 민족의 행운과 불운의 원천이다"라고 했다.

가정은 사랑과 행복과 평화와 자유를 누리게 해주는 기본단위이다. 가정은 시작과 끝이다. 가정은 자녀들의 윤리와 도덕과 가치관 형성의 교육장이고, 그것들을 정립시켜 주는 것은 부모의 책임이다. 부모의 언행이 자녀들의 의식 속에 입력된다. 아버지가 아들 앞에서 어머니를 인격적으로 모욕하고 무시하면 차후에 아들도 결혼하면 자기 부인을 인격적으로 모욕하고 무시하게 되며, 어머니가 딸 앞에서 아버지를 인격적으로 모욕하고 무시할 때 차후에 딸이 자기 남편의 인격을 무시하고 모욕하게 된다. (322)

행복한 가정을 만들어가기 위해서는 가장을 중심으로 가정의 장단기 계획들, 즉 가정의 경제, 자녀 출산과 교육, 결혼, 건강관리, 노후관리 등에 관한 충분한 대비가 있어야 할 것이다.

가족의 일반적 특질은 ①성과 혈연의 공동체 ②거주의 공동체 ③가계(家計)의 공동체 ④ 애정의 결합체 ⑤운명의 공동체라는 점이며, 집단적 특성으로는 ①1차적(기초적) 집단 ②공동사회 집단 ③폐쇄적 집단 ④형식적·제도적 집단이면서 그 안에서의 인간관계는 비형식적·비제도적이다.

가족의 형태는 부부와 미혼자녀가 그 구성원의 중심을 이루는 것을 핵가족(nuclear family)이라 하는데, 이 용어는 미국의 인류학자 G.P. 머도크가 처음 쓴 것이다. 이는 종래 쓰던 소가족(small family), 대가족(large family)과 유사한 개념이다.

가족은 인류의 가장 기초적인 집단이며, 인간사회 형성의 최초의 규정자이고, 인류의 제1의적 · 제1차적 집단이라고 할 수 있다. '처성자옥(妻城子獄)' 이란 말도 있기는 하지만, '내 집만한 곳은 없다(There is no place like home)' 라는 말처럼 가정이야말로 행복과 사랑과 휴식과 재충전의 원천이라 할 것이다.

할아버지, 할머니, 아버지, 어머니, 삼촌, 고모, 형제자매 등 수십 명의 친족들이 어울려 오손도순 살던 40~50년 전의 우리 대가족제도는 이제 그 형태가 너무 많이 바뀌어가고 있다.

언론(조선일보 2010. 7. 25)은 "가족의 재구성… 핏줄에서 정(情)으로 - 이혼 · 재혼 늘면서 전통적 '부부 + 자녀' 형태 감소… 다섯 식구 성(姓)이 제각각인 가족도" 라는 제목의 기사에서 다음과 같이 보도하고 있다.

경기도 일산에 사는 주부 백모씨 가족은 동네에서 '다둥이네' 로 통하는데, 아들 넷에 막내딸 하나, 다섯 남매이며, 그 중 아들 둘은 백씨가 전 남편 사이에서, 다른 둘은 현 남편과 전 부인 사이에서, 그리고 딸은 백씨와 현 남편 사이에서 낳은 자녀라 한다.

또 경기도 파주에 사는 조씨의 다섯 식구도 성이 제각각이다. 엄마는 조씨, 지금 남편과 조씨 사이에 난 막내딸은 김씨, 아들과 큰딸은 친부(親父)의 성을 따른 신씨라 한다.

조씨네처럼 재혼으로 결합한 부부와, 성이 다른 자녀로 구성된 가족을 사회학자들은 '패치워크(patchwork, 자투리 조각보를 이어 만든 수공예품)가족' 이라 부른다. 패치워크 가족뿐 아니다. 싱글맘(엄마 + 자녀) · 싱글대디(아빠 + 자녀) 가족비율은 1990년 7.8%에서 2007년엔 8.6%로 늘었고, 자녀 없는 부부만의 가족(8.3%→14.6%)과 1인 가족(9.0%→20.1%)도 급증하는 추세이며, 전통적인 가족 형태인 '부부+자녀 가족' 은 51.9%에서 42.0%로 줄었다고 한다. 그리고 과거에는 보기 어려웠던 혈연관계가 섞이지 않은 '공동체 가족' 이며, 떨어져 살지만 정서적 연대를 유지하는 '원(遠)거리 가족' , 출신 국적이 다른 '다문화 가족' , 심지어 동성애 커플이나 사이버 세계에서 결혼생활을 하는 '사이버 가족' 도 속속 탄생하고 있다.

통계청의 '2010인구주택 총조사' 에 따르면 부부와 미혼자녀로 구성되거나 여기에 할아버지나 할머니까지 함께 사는 가구의 비율은 지난 2000년 56.6%에서 2010년엔 43.2%로 10년 새 13.4%포인트 감소했다.

반면 편부 · 편모와 미혼자녀가 함께 사는 한 부모 가족, 부모 없이 조부모와 미혼 손 자녀가 사는 조손(祖孫)가구, 자녀 없이 부부 둘만 사는 가구, 혼자 사는 1인 가구 등 표준 가족의 형태에서 벗어난 이른바 '반쪽 가족' 의 비율이 같은 기간 37.9%에서 55.7%로 17.8%포인트 증가했다. 우리나라 가족에서 '반쪽 가족' 비율이 50%를 넘어선 것은 2010년이 처음이다.

전문가들은 '반쪽 가족' 이 늘어난 원인의 하나로 '이혼' 을 꼽고 있다. 국내 이혼 건수는 1990년대 들어 급증, 2003년 16만 6,000건으로 최고치를 기록한 후 2005년부터는 연간 12만 건 수준을 유지하고 있다. 이혼한 후 재혼하지 않고 혼자 또는 자녀를 키우며 살아가는 사람이 2010년 126만 7,000명을 기록, 5년 전에 비해 40.2%(36만 3,000명) 증가했다. 부모가 이혼할 경우 자녀들은 주로 어머니와 함께 사는 것으로 나타났다. 편부 · 편모 가구 중 '모+미혼 자녀' 가구의 수가 124만 7,000가구로 '부+미혼자녀' 가구(34만 7,000가구)의 3.6배에 달했다. 편부 · 편모 가족이 늘고 고령화로 인해 노부부만 사는 경우가 급증하면서 '2인가구' 비율이 2010년 24.3%를 기록, 처음으로 4인가구(22.5%)를 제쳤다. 또 1인 가구 비율도 23.9%에 달했다. 한국보건사회연구원은 "가족해체의 주원인이 과거 사별에서 지금은 이혼으로 바뀌었다"면서 "우리 사회가 편부 · 편모 가족을 정상적인 가족 형태로 받아들이는 자세가 필요하다"고 말했다. 아주대 사회과학부 김정호 교수는 "부모의 이혼으로 자녀들의 양육문제가 자주 발생한다"면서 "이혼 가정의 양육비 지원을 위한 제도적인 보완이 필요하다"고 조언한다. (588)

우리나라의 전국 맞벌이 가구(507만 가구)가 홑벌이 가구(491만 가구)를 추월했다고 한다.

부부가 함께 벌지 않으면 점점 생계를 꾸리기도 힘들다는 통념이 통계로도 드러났다.

통계청이 발표한 '맞벌이 가구 및 경력단절여성 통계 집계 결과' 자료에서 "2011년 6월 현재 결혼관계가 유지되고 있는 전국 1,162만 가구를 조사한 결과, 맞벌이 가구가 507만 가구로 홑벌이 가구 491만 가구보다 많은 것으로 나타났다"고 밝혔다. 남편은 돈을 벌고 아내는 살림을 하는 전통적인 부부의 분업구조가 깨지고 있는 것이다.

비율로 따지면 맞벌이는 전체의 43.6%, 홑벌이는 42.3%였다. 맞벌이도 홑벌이도 아니고 노인 부부처럼 부부 모두 경제활동을 하지 않는 가구가 나머지 14.1%를 차지했다. 이번 통계는 분기마다 발표되는 '지역별 고용조사'를 활용해 처음 작성된 것이어서 맞벌이 가구 비율이 어떻게 변화해 왔는지 알 수는 없다. (589)

한편 조선일보 최보식 선임기자와의 인터뷰에서 음악인생 50년을 맞은 마에스트로 정명훈(서울시향 예술감독)은 "결혼 전에는 음악밖에 몰랐죠. 그게 전부였죠. 하지만 이제는 삶의 최고 가치를 가정에 두고 있어요. 가족 때문에 내 음악을 그만둬야 한다면 미련 없이 버립니다. 순서가 확실히 정해졌어요"라고 질문에 답했다 한다. (1006)

가정과 관련하여 자주 쓰이는 말 몇 쪽을 여기 적어 본다.

'월인(越人)은 월(越)이 편안하고, 초인(楚人)은 초(楚)가 편안하다.(荀子)'

'자식 자랑은 반 병신, 마누라 자랑은 온 병신(한국 속담)'

'왕국을 통치하는 것보다 한 가정을 다스리는 일이 더 어렵다(몽테뉴의 수상록)'

'집 다스리기는 어렵지만 천하 다스리기는 집 다스리는 것보다는 쉽다. 집안은 가깝지만 천하는 멀기 때문이다(家難而天下易 家親而天下疏也 · 近思錄).'

끝으로 《사는 맛 사는 멋》(황창연 신부 저)에 나오는 「자녀와 행복한 가정 꾸미기 십계명」을 옮겨 소개하니, 이를 잘 지켜 행복이 샘솟는 가정 이루시기 바란다.

① 하루에 한 번 자녀를 안아주어라.

② 하루에 한 번 자녀를 칭찬해라.

③ 언제나 내 탓이라고 말해라.

④ 남과 비교하지 마라.

⑤ 자녀들과 하루에 10분 웃어라.

⑥ 자녀와 맛있는 요리를 만들어 먹어라.

⑦ 함께 여행을 다녀라.

⑧ 함께 감사해라.

⑨ 함께 운동해라.

⑩ 하느님께 기도해라. (480)

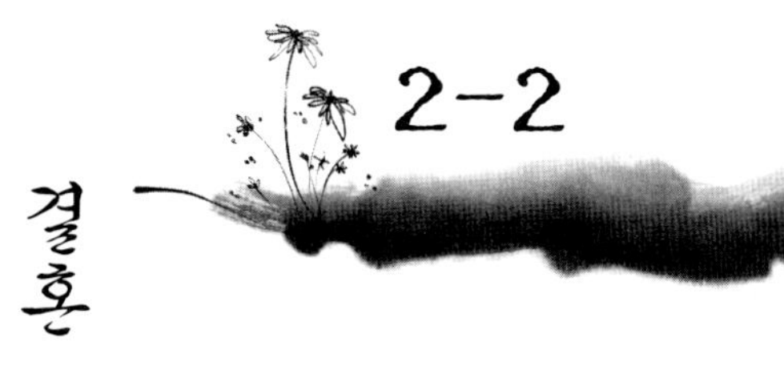

2-2 결혼

한 잎의 여자

오규원

나는 한 여자를 사랑했네, 물푸레나무 한 잎같이
쬐그만 여자, 그 한 잎의 여자를 사랑했네
물푸레나무 그 한 잎의 솜털, 그 한 잎의 마음,
그 한 잎의 영혼, 그 한 잎의 눈, 그리고 바람이
불면 보일 듯 보일 듯한 그 한 잎의 순결과 자유를
사랑했네

정말로 나는 한 여자를 사랑했네. 여자만을 가진
여자, 여자 아닌 것은 아무것도 안 가진 여자,

여자 아니면 아무것도 아닌 여자, 슬픔같은 여자,
병신같은 여자, 시집같은 여자, 그러나 누구나
영원히 가질 수 없는 여자, 그래서 불행한 여자

그러나 영원히 나 혼자 가지는 여자, 물푸레나무
그림자같은 여자.

- □ 결혼, 그것은 한권의 책이다. 그 제1장은 시로 쓰여져 있으나 나머지 장은 산문이다. – 비발리 니코르스
- □ 결혼 이전에는 눈을 크게 뜨고, 결혼 이후에는 반쯤 닫으라. – B. 프랭클린
- □ 결혼, 그것은 하나를 창조하려는 두 사람의 의지이다. – 니체
- □ 결혼이란 단 한 사람의 상대를 위해 남은 사람 모두를 단념해야 하는 행위이다. – 무어
- □ 결혼이란 주인과 여주인과 두 사람의 노예로 이루어지는 작은 공동사회이다. 그러나 아무리 세어 봐도 인원은 두 사람이다. – 엄부로스 비어스
- □ 행복한 결혼이 극히 드문 까닭은 부인들이 망(網)을 만드는데 정신이 쏠려 바구니를 만드는 노력을 하지 않기 때문이다. – 스위프트
- □ 남자란 일반적으로 자기 아내가 잔소리를 늘어놓는 것보다 식탁에 맛있는 음식을 차리는 편을 좋아한다. – 사무엘 존슨
- □ 남편을 삼을 생각이면 고고학자(考古學者)가 제일이다. 일반적인 남편과는 반대로 아내가 늙어갈수록 관심을 보일 테니까. – 아가사 크리스티
- □ 올바른 결혼의 기초는 상호의 오해에 있다. – O. 와일드
- □ 서둘러 결혼할 것은 없다. 결혼은 과일과 달라 철이 지나는 일은 없다. – 톨스토이
- □ 가정을 '인형의 집'이 되게 하지 말고 '두 사람의 집'으로 만들기 위해 모든 정신을 쏟아 주십시오. – 입센
- □ 돈 때문에 결혼하는 사람처럼 나쁜 것은 없고, 연애 때문에 결혼하는 사람처럼 어리석은 것은 없다. – S. 존슨
- □ 나는 나 자신이 남자가 아니라는 사실을 기뻐합니다. 남자였다면 나는 여자와 결혼하지 않으면 안 되니까요. – 스탈 부인
- □ 사랑은 결혼보다 재미있다. 소설은 역사보다 재미있기 때문이다. – 칼라일
- □ 결혼식, 두 사람이 한 사람이 되려고 하며, 그 중의 한 사람은 무(無)가 되려고 하고, 또 한 사람은 무와도 같은 존재가 함께 있어도 힘들지 않은 사람이 되려고 하는 의식. – A. 비어스, 미국작가

□ 당신도 맹인이 되세요. 나도 맹인이 될 테니까. 그리하여 모든 것을 버리도록 노력합시다. – 비랑데로

□ 서둘러서 한 결혼이 순조로운 경우는 극히 드물다. – 세익스피어

□ 서둘러 결혼하면 천천히 후회한다. – 영국 속담

□ 절대로 가장 절박한 상황까지 나아가서는 안 된다. 그것이 부부생활의 첫 번째 비결이다. – 토스토예프스키

□ 연인은 한 병의 포도주이고, 아내는 포도주의 병이다. – 보들레르

□ 결혼은 곧 신앙이다. – 캘빈

□ 결혼, 어떤 나침반도 일찍이 항로를 발견한 적이 없는 거친 바다. – 하이네

□ 결혼이란 약혼 때부터 죽을 때까지의, 결코 지루하지 않은 긴 대화이다. – 앙드레 모로아

□ 부부생활은 길고 긴 대화와 같은 것이다. – 니체

□ 나는 이미 결혼했고, 남편은 잉글랜드다. – 엘리자베스 1세

□ 인간적인 사랑의 최고의 목적은 종교적인 사랑의 경우와 마찬가지로 사랑하는 사람과 하나(合一)가 되는 일이다. – 보봐르

□ 결혼하는 편이 나으냐, 아니면 하지 않는 것이 나으냐고 묻는다면 나는 어느 쪽이라도 후회할 것이라고 대답한다. – 소크라테스

□ 결혼하는 자는 바보다. 하지 않는 자는 더욱 바보다. – 버나드 쇼

□ 결혼 이전에는 눈을 크게 뜨고 보라. 결혼하고 나서는 한 눈을 감으라. – T. 퓰러

□ 독신생활보다 더 좋고 훌륭한 것은 아무것도 없다. – 호라티우스

■ ■ ■

결혼에 대해서는 찬성과 반대 또는 양비론 등 여러 입장들이 있다.

남녀가 결혼하는 것은 백 가지 복의 근원이다(異性之合 百福之源)이란 말처럼 결혼이야말로〈1 + 1 = 2〉가 아닌 〈1 + 1 = 3～20〉이 될 수 있는 인간의 결합임에 틀림없다. 결혼, 즉 남녀가 부부관계를 맺는 것은 당사자에게는 성적 · 심리적 · 경제적인 결합을 뜻하는 중요한 행위지만, 사회적으로는 그 사회의 기초적 구성단위인 가정, 가족을 형성하는 단초가 되며, 나아가서는 종족보존의 중요한 기능도 가진다. 결혼은 당사자에게는 화복(禍福)의 근원이 될 수 있으며, 또한 인류사회를 위해서는 출산과 가정경제 활동을 통해 한 지역, 한 나라 나아가 세계를 발전시키는 큰 토대가 되어 온 것임에 틀림없다. 또한 결혼 그것은 하나를 창조하려는 두 사람의 의지이다.

결혼하는 이유, 즉 결혼의 필요성에 대해 웰스(Wells)는 다음 4가지를 들고 있다.

① 배우자와 애정과 동료의식을 발전시켜 나갈 수 있다.

② 성적인 욕구를 충족시킨다.

③ 경제적 · 정서적 · 심리적 안정을 유지하게 해 준다.

④ 배우자에 의해 사회적으로 신분이 보장된다.

온전한 사랑의 속성으로 프롬(E. Fromm)은 그의 저서 《사랑의 예술(The Art of Loving)》에서 다섯 가지를 들고 있다.

첫째, 사랑한다는 것은 관심을 갖는다(Care Concern)는 것이다.

둘째, 사랑한다는 것은 무한한 책임(Responsibility)을 진다는 것이다.

셋째, 사랑한다는 것은 존중하고 존경(Respect)한다는 것이다.

넷째, 사랑한다는 것은 모든 것을 이해(Understanding)한다는 것이다.

다섯째, 사랑한다는 것은 모든 것을 다 주는(Giving) 것이다.

통계청의 발표(2011.4.19)에 따르면 우리나라 남성의 초혼연령은 2005년 30.9세에서 2010년 31.8세로 늘어났고, 여성의 초혼연령도 27.7세에서 28.7세로 늘어 만혼(晩婚)이 심화되고 있는 것으로 나타났다. 한국여성과 외국남성의 결혼은 2009년 8,158건으로 전년보다 117건 늘어난 반면, 한국남성과 외국여성의 결혼은 251,000건으로 전년보다 3,000건 줄어들었다.

언론보도(동아 2010. 8. 2)는 "미국판 왕실결혼"이란 제목으로 미국의 빌 클린턴 전 대통령과 힐러리 클린턴 현 국무장관의 외동딸 첼시(30세)가 지난달 31일 뉴욕의 한 저택에서 오랜 연인인 마크 메즈빈스키(32세, 투자금융가)와 성대한 결혼식을 올렸는데, 현지 언론은 야외예식장 준비, 웨딩드레스, 식장(저택)대여, 꽃값, 파티 등의 비용으로 300만~500만 달러의 비용이 든 것으로 추산했다. 결혼관계는 당사자의 사망이나 이혼으로 끝나게 되는데, 최근의 높아지는 이혼율을 보면서 성경의 가르침을 되새겨 본다.

"창조시로부터 저희를 남자와 여자로 만드셨으니 이러므로 사람이 그 부모를 떠나서 그 둘이 한 몸이 될찌니라. 이러한즉 이제 둘이 아니요 한 몸이니 그러므로 하나님이 짝지어주신 것을 사람이 나누지 못할지니라 하시더라(But at the beginning of creation God made them male and female. For this reason a man will leave his father and mother and he united to his wife, and the two will become one flesh. So they are no longer two, but one. Therefore what God has joined together, let man not separate. 마가복음 10:6~9).

조선일보가 통계청의 '2010 인구센서스' 를 분석한 결과, 40대 남성 미혼자는 45만 632명으로 10년 전(2000년 · 13만 4,685명)에 비해 3.3배 늘었다. 우리나라 40대 남성 9명 중 1명꼴로 미혼인 셈이다. 30대 후반(35~39세) 여성 미혼자도 8명 중 1명꼴인 25만 6374명으로 10년 전 8만 8354명에 비해 2.9배 증가했다. 남성은 40대, 여성은 30대 후반 연령대를 넘어서면 결국 결혼을 하지 못하고 홀로 살아갈 확률이 높아진다. 우리나라 전체 가구(1,700만 가구)의 24%를 차지하는 1인 가구(414만 가구)에 합류할 가능성이 있는 미혼 남녀가 현재 70만 명에 달하는 셈이다. 40대 남성 미혼자 중 2010년 한해 결혼한 사람은 3만 5,000여 명에 그쳤다. 30대 후반 여성도 2010년에 2만 6,000명만 결혼했다.

조남훈 한양대 명예교수는 "통상 50대까지 결혼을 못하면 평생을 1인 가정으로 살게 되는 경우가 많다"면서 "급증세를 보이기 시작한 40대 남성과 30대 후반 여성 미혼자들이 10년 후 우리나라 가족구조를 크게 바꾸어 놓을 가능성이 있다고"고 말했다. (590)

결혼비용은 얼마나 필요한가?

결혼정보회사 선우가 유성열 백석대 교수와 공동 연구해 발표한 '2009년 결혼비용조사 연구보고서' 에 따르면 신혼부부 356쌍의 평균 결혼비용은 2000년 8,378만 원에서 2009년 1억 7,542만 원으로 증가했다.

신혼집을 장만하는 데 들인 돈은 2000년 평균 4,629만 원 정도였지만 2009년에는 1억 2,714만 원이었다. 전체 결혼비용에서 집 장만 비용이 차지한 비중은 같은 기간 55.9%에서 72.5%로 높아졌다. 반면 결혼식 비용은 2000년 1,099만 원에서 2009년 1,053만 원으로 46만 원이 줄었고, 전체 결혼비용에서 차지하는 비중도 13.3%에서 6%로 낮아졌다. (591)

결혼한 날을 기념하는 결혼기념일(Wedding aniversary)의 명칭은 주기별로, 1주년 기념일은 지혼식(paper wedding), 5주년 기념일은 목혼식(wooden wedding), 10주년 석혼식(tin wedding), 15주년 수정혼식(crystal wedding),

20주년 도기혼식(china wedding), 25주년 은혼식(silver wedding), 30주년 상아(또는 진주)혼식(ivory wedding), 40주년 모직(또는 녹옥)혼식(wool wedding), 50주년 금혼식(gold wedding), 60주년 금강혼식(diamond wedding, 영국 · 미국은 75주년을 금강혼식으로 씀) 등으로 부른다.

어떤 이는 '결혼은 제복이다' 라고 규정하고, 결혼을 하면 가장 먼저 철학이 죽고, 그 다음으로 시가 죽고 마지막으로 이상주의가 죽는데 그 이유는 철학이나 시나 이상주의는 제복이란 단어와 가장 어울리지 않는 단어들이기 때문이라 한다.

어떻든 성(性)과 성(姓)이 다르고 살아온 과정과 삶의 방향이 달랐던 두 사람이 만나 뜻 맞아 즐겁고 행복하게 산다는 것은 참으로 쉽지 않은 일이다. 그러기에 하이네는 "결혼행진곡을 들으면 언제나 나는 싸움터로 향하는 군대의 행진곡을 상기한다"고 했다. 어떤 사람은 결혼에 대해 "현실에서도 킹카와 퀸카 부부가 더 행복하게 사는 것은 아니다. 멋진 외모에 갖출 것은 다 갖춘 남녀의 결합이 반드시 성공적인 것도 아니다. 결혼이란 100점짜리와 100점짜리가 만나서 200점으로 사는 것이 아니기 때문이다. 결혼이란 200점짜리와 30점짜리가 만나서 100점을 만들어 나가는 삶의 예술이다"라고 말하고 있다. (135)

요컨대 성공적인 결혼을 위해서는 첫째 결혼 전에 자기와 성공적인 결혼생활을 할 수 있는 사람을 잘 골라 결혼하고, 두 번째는 일단 결혼 후에는 상대방이 성공적인 결혼생활을 하고 있다고 생각되도록 자기가 최선을 다해 상대방의 행복을 위해 노력하는 길, 이 두 가지 길밖에 없는 것이다.

결혼한 분들, 결혼하실 분들 어찌 하시렵니까?

결혼과 관련된 각국의 속담을 보자

①러시아 : 싸움터에 나갈 때는 한 번, 바다에 나갈 때는 두 번, 결혼할 때는 세 번 기도하라.

②프랑스 : 남자들은 자유를, 여자들은 행복을 잃을 각오로 하는 제비뽑기.

③중국 : 결혼은 경험의 부족, 이혼은 이해의 부족, 재혼은 기억력의 부족.

④아프리카 : 결혼에는 고통이 있지만 독신에는 행복이 없다. (592)

결혼과 관련하여 재미있는 내용의 글(조선 2011. 4. 26 · 윤희영의 News English)일부를 옮겨본다.

「결혼은 함께 살 수 있을 것 같은 사람이 아니라 없으면 못살 것 같은 사람(the person you think you can' t live without)과 해야 한다. 그러나 보조개와 사랑에 빠진 많은 남자들(many man in love with a dimple)이 그 여자 전체와 결혼하는 실수를 저지른다(make the mistake of marrying the whole girl).

결혼이란 제 1장은 시(詩)로 쓰여지고(be written in poetry) 나머지 장들은 산문(散文)으로 쓰여지는(the remaining chapters in prose) 책과 같다고 한다. 남편은 "아내가 개 입술에 키스해 주면서(kiss the dog on the lips) 물이든 술이든 내가 마신 잔으로는 마시지 않으려(won' t drink from my glass) 한다"고 투덜대고, 아내는 "남자가 아내에게 차 문을 열어주는 경우는 차가 새 차이거나 아내가 새 아내(be either a new car or a new wife)일 때 뿐"이라고 되받아친다. 튜립의 꽃말(the language of flowers)은 '완벽한 사랑' (perfect love)이다. 빨간색의 꽃말은 '사랑의 고백' (declaration of love), 노란색의 꽃말은 '가망 없는 사랑' (hopeless love)이다….

행여나 나중에 "marrige(결혼)는 mirage(신기루)로 발음해야 한다"는 소리나 하지 말고 백년해로하기(share the happily married years together) 바란다.」

부부

부부의 정

이원수

아무런 혈연도 없으면서 혈연의 창조자가 되는 부부.
세상에 가장 좋은 사람 가장 사랑하는 사람으로 만나,
차츰 예사로운 사람으로 여기고
때로는 시들하게 생각하면서도 가장 미더운 사람,
가장 믿고 의지할 사람으로 생각되는 부부.
화려하고 황홀하다가도 초라하고,
미운데도 드러나서 탓도 하고, 원망도 하는 가운데,
나 자신이 상대와 하나로 뭉쳐져서 새로운 하나가 되는 부부.
고마우면서도 고맙다하지 않고,

즐거우면서도 즐겁다 말하지 않는 가운데서 서로 믿고 만족하며 사는 부부.
남에게는 자랑하지 않으면서 가장 자랑스럽게 여기고 알뜰하게 위하게 되는 부부.
아무리 가까운 타인과의 사이와도 비길 수 없이 더 가까운 사이.
그 사이에서 인간은 온갖 행동과 노력이 준비되고 이루어지고 하는
인생의 총본부, 세계의 총본부가 되는 부부.

□ "다음 세상이 있다면 자기의 두 손으로 태어날게요. 그래서 자기를 위해서 열심히 일할게요. 우리 조금만 참고 힘내요. 우리 세 식구 사랑으로 여기까지 왔으니, 앞으로도 포기하지 말고 힘차게 살아요. 늘 미안하고, 사랑해요." – 어느 아내가 남편에게 쓴 쪽지편지. (1007)

□ 아내들이여 자기 남편에게 복종하기를 주께 하듯 하라. – 에베소서 5:22

□ 이와 같이 남편들도 자기 아내 사랑하기를 제 몸같이 할찌니 자기 아내를 사랑하는 자는 자기를 사랑하는 것이라. – 에베소서 5:28

□ 돌로 쌓아올린 성보다 사랑으로 쌓은 성이 더 튼튼하다. – 뤄크르크스

□ 세상에서 가장 행복한 사람은 누구인가? 좋은 아내를 얻은 남자다. – 《탈무드》

□ 좋은 아내의 자질이란 온화한 성격과 재치와 겸손과 부지런함이다. – 《탈무드》

□ 남편은 아내가 그리스어를 말할 때보다, 식탁에 맛있는 저녁밥이 차려져 있을 때를 더 기뻐한다. – S . 존슨

□ 남편 속에는 한 사람의 사나이가 있을 뿐이다. 아내 속에는 한 사람의 남자, 한 사람의 아버지, 한 사람의 어머니가 있으며 다시 한 사람의 여인이 있다. – 발자크

□ 성공으로 통하는 길은 자신의 남편을 믿고 있는 여자들로 혼잡하기 이를 데 없다. – 버나드 쇼

□ 유순한 아내란 남편에게 복종함으로써 남편을 지배한다. – 파브리어스 사이러스

□ 아내란 두 종류밖에 없다. 양보하는 아내와 양보를 시키는 아내다. – 베크

□ 남자에게는 자신의 아내가 집이다. – 《탈무드》

□ 세 가지 충실한 친구란 오래된 아내, 늙은 개, 그리고 언제라도 쓸 수 있는 용돈. – 프랭 클린

□ 좋은 아내란 남편이 비밀에 붙이고 싶어 하는 사소한 일을 언제나 모르는 척한다. 그것이 결혼생활의 기본예절이다. – S. 몸

□ 부부관계를 지속시키는 비결이라구? 그것은 함께 있는 시간을 가능한 줄이는 것이야. – 폴뉴먼

□ 여자는 복종하는 척하면 할수록 주권을 장악할 수 있다는 것을 충분히 알고 있다. – 뮈세

- □ 남자들이 가장 속기 쉬운 것은 다음 세 가지 – 먼저 경마(競馬), 가발, 그리고 아내.
  – 프랭클린
- □ 남편이란 우러러보고 평생을 같이 할 사람이다(良人者 所仰望而終身也).
  –《맹자》이루하편
- □ 가정주부의 일만큼 시지프스의 형벌과 꼭 닮은 것은 없다. – 보브와르
- □ 아내와 자식을 가진 남자는 운명을 저당잡힌 것과 같다. – F. 베이컨
- □ 부부 싸움은 칼로 물 베기(夫婦戰 水割刀). –《동언해(東言解)》
- □ 부부나 연인끼리의 문제에는 절대로 말참견하는 것이 아니다. 거기에는 세상이 알지 못 하는 두 사람밖에 알지 못하는 무엇인가가 있는 것이다. – 도스토예프스키
- □ 부부 싸움은 개도 안 말린다. – 한국 속담
- □ 이 방 저 방 서방(書房)이 제일이라. – 한국 속담
- □ 안방에 가면 시어머니 말이 옳고, 부엌에 가면 며느리 말이 옳다. – 한국 속담
- □ 아내가 어질면 남편이 화를 당하는 일이 적다(妻賢夫禍少). –《홍루몽(紅樓夢)》
- □ 결혼 전에는 두 눈을 크게 뜨고 보라. 결혼하고 나서는 한 눈을 감으라. – T. 폴리
- □ 아내는 청춘의 연인이고, 장년의 반려이며, 노년의 보모이다.
  – F. 베이컨,《결혼과 독신생활》
- □ 눈이 보이지 않는 아내와 귀가 들리지 않는 남편이 이상적인 부부이다. – 몽테뉴
- □ 부부란 사슬로 결합된 벗이다. 그러므로 부부는 발을 맞추어 걸어야 한다. 그렇지 않으면 사슬에 마음이 쏠려 걸을 수 없게 된다. – 맥심 고리키
- □ 부부가 진정으로 사랑하면 칼날같이 좁은 침대에 누워도 잘 수 있지만, 서로 미워하면 6미터나 되는 침대도 비좁다. –《탈무드》

■ ■ ■

가장 이상적이고 행복한 부부는 오래오래 화락하게 함께 살다가 함께 죽는 부부, 즉 해로동혈(偕老同穴 · 詩經)하는 부부이다. 죽을 때까지 함께 산다는 것은 일찍 이혼하고 헤어지거나 한쪽이 오래 전에 먼저 세상을 떠나고 다른 쪽은 홀로 살게 되는 것보다 행복하고 바람직한 것이다. 요즘에는 이혼하고 재혼하거나 사별하고 재혼하는 것이 보통이지만 옛 법도는 재혼이 쉽지 않았기 때문이다. 그렇기 때문에 결혼 주례자는 대부분 "백년해로하는 부부가 되라"고 덕담을 한다.

물론 오래 같이 살면서도 요즘 부부들은 상대방에 대해 "웬수(또는 웬쑤)"라는 끔찍한 표현을 쓰는 경우도 가끔 목격한다. 평생 고락을 함께할 반려자인 부

부가 서로 만나 성공적이고 행복한 인생을 살아가도록 하기 위하여 고금의 현인, 명사들은 앞에서와 같이 좋은 조언들을 해주고 있다.

아내는 남편의 가장 큰 보물이다. 그 보석을 갈고 닦아 광채를 내는 사람은 바로 남편이다. 여자는 칭찬과 격려를 들으면 들을수록 빛을 내는 존재이다. 남편의 사랑과 보살핌을 먹고 화사하게 피어나는 꽃이다.

지금 당신의 아내를 돌아 보라. 아내의 얼굴에 칙칙하게 그늘져 있다면, 활기가 없고 주눅이 들어 있다면, 그것은 남편의 책임이다. 왕으로 군림하고 싶은 남편들이여! 먼저 당신의 아내를 왕비로 만들어라. 아내가 밥이나 하고 빨래나 하는 하녀 꼴을 하고 있다면 당신은 목에 힘을 주어도 머슴에 불과할 뿐이다. 아내를 가꿔 주고 머리 위에 왕비의 관을 씌워 주어라! 그러면 비로소 당신도 왕이 될 것이다.

부부관계의 중요성에 관한 조언을 읽어 보자.

"부부가 서로 사랑하고 의지한다면 백년해로도 짧겠지만 눈만 뜨면 한 치 양보도 없이 아웅다웅 싸우는 사이라면 오래 사는 삶 자체가 재앙이다.

톨스토이는 중년 이후 지겹도록 싸운 아내가 자기 시신에 손도 대지 못하게 하라는 유언을 남길 만큼 아내를 싫어했다. 링컨의 아내 메리 토드는 남편이 극장에서 총 맞아 죽을 때까지 끊임없이 잔소리를 퍼부었다. 소크라테스는 크산티페에게 온갖 모욕을 받으며 살았다. 아무리 훌륭한 작가 · 철학자 · 대통령이라 해도 부부가 서로 사랑하며 행복하게 지내지 않으면 삶에서 누릴 수 있는 기쁨은 없다. …부부는 사랑의 끈으로 묶여 있어야 행복하다. 고령화 사회로 진입한 오늘날 부부를 이해하는 가치기준이 새로워져야 한다. 부부가 서로에게 축복이 되려면 경청, 칭찬, 안아주기, 함께 여행하기, 다정한 대화하기, 함께 살림하기, 단점 눈감아 주기, 서로에게 자유 시간 허락하기 같은 훈련이 필요하다." (480)

부부가 화목하고 행복하게 살아가기 위한 일들을 생각해보자.

먼저, 부부싸움 문제이다. 세계평화, 인류구제, 남북통일 같은 큰 문제 때문에 갈등하고 싸우는 부부는 거의 없고, 대부분 왜 양말을 뒤집어 벗어 놓느냐, 왜 신문 보고 나서 제자리에 두지 않느냐, 늦게 들어오면서 왜 전화를 하지 않느냐, 왜 내 말을 무시하느냐 등 사소하고 일상적인 문제로 싸우게 된다.

부부싸움은 아내가 먼저 시작하는 경우가 80%이상이라 한다. 가끔씩 언론에 보도되는 가정폭력(the domestic violence)문제와 관련하여 참고할 만한 이야기를 소개한다.

영국에선 물리적 폭력뿐 아니라 배우자에게 고함을 치는 것도 가정폭력으로 간주돼야 한다는 판결이 나왔다. 언성을 높이는 것은 물론, 배우자에게 돈을 주지 않는 것도 가정폭력이라고 판시했다. 영국 대법원은 미레 옘쇼(35)라는 여성이 남편의 가정폭력을 이유로 가출한 뒤 자신이 머물 집을 마련해 달라며 제기한 소송에 대해 원고 승소 판결을 내렸다. 원고는 남편이 두 아이 앞에서 고함을 지르고 자신을 인간 취급도 하지 않았으며 생활비도 주지 않았고 아이들을 빼앗아 갈 것이라고 위협했다며 소송을 제기했다. 신체적 상해를 가하거나 때리겠다고 위협한 적은 없다고 한다. 이에 대해 법원은 이제 폭력의 정의(the definition of violence)도 바뀌어야 한다며 학대행위는 모두 법에 저촉된다고 봐야 한다는 의견을 냈다. 가정폭력은 다양한 의미를 담고 있을 수 있다면서 신체적 폭력 경계에 국한되지 않는 행위들에 대해서도 폭력 혐의를 적용할 때가 됐다는 것이다.(593)

부부싸움에 전문가들은 윈윈게임, 즉 지는게 이기는 것이니까 적당히 이기고 적당히 저주라고 충고한다. 부부는 전생의 원수끼리 만난다고 한다. 그래서 그런지 언제부터인가 부부사이를 '웬수' 또는 '평생 웬수' 라고 부르는 사람들이 있다. 결혼한지 얼마의 세월(5년, 10년, 또는 30년, 50년)이 지났건, 아내 또는 남편 쪽에서 상대방을 조금이라도 웬수처럼 생각하고 있다면 이것을 풀고 갈 대책과 노력을 기울여야 한다. 인간이 노력해서 안 될 일이 없다. 또한 부부란 얼마나 귀한 인연인가? 또 얼마나 오랜 세월 상대가 건강하고 잘되기를 기도하는 마음으로 살아 왔는가?

옛날부터 여자가 시집살이 편하게 하는 지혜로 시집가면 '벙어리 3년, 장님 3년, 귀머거리 3년을 살라' 는 충고의 말이 전해져 왔다.

전문가들은 또한 '아침 키스가 연봉을 높인다' 고 하면서 남편이 아침에 출근할 때 가볍게 키스하고 나서 "파이팅 !"을 외치며 하이파이브(high – five ; 우정, 승리의 기쁨 등을 나누기 위해 손을 들어 상대의 손바닥을 마주치는 행동)를 하고 출근하면, 집을 나서는 사람도 집에 있는 사람도 즐겁고 행복한 하루를 열게 될 것이라고 조언한다.

사람은 온 몸에 접촉수용체 세포를 가지고 태어나기 때문에 아이들의 경우 부모가 자주 어루만져주고 접촉을 해 주어야 면역세포가 살아나서 건강해 진다고 한다. 육체적 접촉이 결핍된 아이들은 영양실조증과 증상이 비슷한 마라스므스(Marasmus)라는 특이한 병에 걸리게 된다는 것을 르네스피츠 박사가 발견했는데 부부간에도 서로 자주 만져주어야 건강해 진다고 한다. 전문가들은 자주 몸도 만지고 마음도 만져주라고 조언한다.

《맹자(孟子)》 만장상(萬章上)에 '남녀거실 인지대륜야(男女居室 人之大倫也), 즉 남녀가 한 방에서 거처함은 사람의 큰 도리이다' 라고 했다. 부부가 결혼하여 가정을 이루고 한 방을 쓰면서 자녀를 낳아 기르는 것이야말로 사회의 가장 큰 바탕이며 도리인 것이다.

미국 노스캐롤라이나 대학 연구진이 부부 65쌍을 관찰한 결과 부부 간에 고맙다는 말을 자주하면 서로 긍정적인 마음이 생길 확률이 10배나 증가했으며 오해가 줄어 관계도 돈독해졌다 한다.

부부 상담전문가인 워싱턴 대학교의 심리학자 존 고트먼 교수는 오랫동안 행복한 관계를 유지하려면 긍정적인 말을 부정적인 말보다 다섯 배 정도 더 많이 해야 한다고 주장한다. 그는 700쌍 이상의 부부들을 관찰해 이 사실을 확인했다. 그는 비디오 촬영을 통해 부부들의 대화를 분석해 행복한 결혼생활과 이혼여부를 결정짓는 가장 중요한 변수를 찾아냈다. 그것은 부부간에 주고받는 긍정적인 대화와 부정적인 대화의 비율이었다.

분석 결과, 금슬이 좋은 부부들은 비난이나 무시와 같은 부정적인 발언을 한 번 했다면 칭찬과 같은 긍정적인 표현을 적어도 다섯 번 이상 하는 것으로 나타났다. 반면 긍정적인 대화와 부정적인 대화의 비율이 5:1 이하로 떨어지면 결혼생활에 금이 가기 시작해, 고트먼 박사는 이를 '마법의 비율 5:1' 이라고 명명했다. 행복한 결혼생활을 원한다면 상대방에게 부정적인 메시지 하나를 전달할 때마다 적어도 다섯 개 이상의 긍정적인 메시지를 전달해야 한다. (176)

2005년 5월 31일, 기네스북은 1925년 6월 1일 결혼한 영국인 퍼시애로스미스씨(105세)와 그의 부인 플로렌스(100세)씨가 결혼기간(80년)과 부부 나이합산(205세)에서 세계신기록을 세웠다고 발표했는데, BBC와의 인터뷰에서 부인 플로렌스는 "우리도 남들처럼 종종 다투곤 했지만 그 날을 넘기지 않고 문제를 해결했지요. 화가 난 채로 잠자리에 든 적이 없었어요. 그래서 늘 키스를 나누며 꼭 껴안은 채 잠들 수 있었답니다", "행복한 결혼생활을 위해서는 배우자에게 '미안하다' 고 말하는 것을 두려워해서는 안 됩니다"라고 말했다. (176)

참으로 천생배필(predestined couple)이라고 아니할 수 없다.

통계청 조사결과 2004년과 2009년 하루 평균 가족 식사시간은 37분 미만, 가족 보살피는 시간은 26분, 가족과 교류하는 시간은 9분이었다. 혼자 식사하면 빨리 먹고 일어서야 한다는 생각 때문에 뇌에서 포만감 호르몬이 분비되기 전에 과식하는 경우가 많기 때문에 건강을 위해 가족과 함께 밥을 먹는 것이 좋다고 한다. (594)

부부 간에 이루어지는 성(性)은 세상에서 가장 친밀하고 아름다운 대화이다. 부부의 성은 단순한 육체적 결합이 아니라 정서적, 정신적으로도 하나가 되는 것이어야 한다. 성에 있어서 중요한 것은 횟수가 아니라 얼마나 깊이 하나 됨을 체험하는가이다.

부부가 멋진 섹스파트너가 되기 위해서는 '성이란 나보다는 상대의 즐거움을 위한 것' 이란 생각을 가져야 한다. 침대 밖에서 이루어지는 전희가 중요한 바, 그것은 바로 친밀한 대화와 따뜻한 스킨십이다. 최고의 성감대는 몸이 아니라 마음, 바로 마음을 관장하는 뇌에 있다. 황홀하고 멋진 밤을 원한다면 일상의 모든 말과 행동이 전희가 될 수 있음을 기억하라. 연인처럼 자주 사랑을 표현하고, 예쁘다고 칭찬하며, 어려움을 나누려는 노력을 기울여야 달콤한 대가를 얻을 수 있다고 전문가는 조언한다. (3)

대체로 아내들은 직관력이 뛰어나다. 직접 사업을 하지는 않지만 전체적인 흐름이나 앞으로의 추세, 중요한 투자에 대한 판단 등에 있어 놀라운 감각을 발휘한다. 그래서 중요한 결정을 내릴 때 아내의 조언에 귀를 기울이면 큰 도움을 받게 된다. (140)

어느 날, 급고독 장자의 집을 방문한 부처님께서는 장자의 교만한 며느리 옥야를 불러 세상에는 일곱 가지 형의 아내가 있다고 다음과 같이 그 유형을 가르치셨다.

"첫째, 살인자와 같은 아내이다. 마음이 깨끗하지 못하여, 남편을 존경치 않고 따라서 다른 남자에게 정신을 파는 여인이다.

둘째, 도둑과 같은 아내이다. 남편이 얼마나 애쓰는 가를 모르고 자신의 사치만을 생각하는 여인이다.

셋째, 상전과 같은 아내로 가정사를 돌보지 아니하며, 자신은 거드름을 피우고 나타나면서도 먹고 입는 욕심에는 바삐 설치며, 항상 거칠고 험한 말투로 남편을 꾸짖고 책망하는 그러한 아내이다.

넷째, 어머니 같은 아내로 남편에 대하여 자상한 애정을 보이고, 어머니가 자식을 대하듯이 남편을 보살피며, 남편의 수입을 소중히 아는 아내이다.

다섯째, 누이동생 같은 아내로 남편을 섬기되 정성을 다하며, 오빠에게 대하듯이 정 깊은 사랑과 너그러운 마음을 가지고 남편을 섬기는 아내이다.

여섯째, 친구와 같은 아내로 항상 남편을 보고 기뻐하기를 마치 오랜만에 만난 친구 대하듯이 하고 행실이 똑바르고 상냥하며, 남편을 존경하는 아내이다.

일곱째, 하녀와 같은 아내가 있다. 남편을 충실하게 잘 섬기고 존경하여 그 어떤 행위도 잘 참으며, 자기 자신만을 위해 무엇인가를 요구하지 않고, 사악한 감정을 품지 않으며, 원한을 품지 않고 성을 내지 않고 항상 행복하게 해주려고 애를 쓰는 아내이다.

부처님께서 물었다. '옥야여, 그대가 좋아하는 아내는 어떤 모습의 아내이며, 그대는 어떤 아내가 되고자 하느냐.' 부처님의 이러한 가르침을 듣고 옥야는 지난날의 자신의 행위를 부끄럽게 생각하며 마지막 경우인 하녀와 같은 아내가 되겠다고 대답했다." 옥야는 지난날의 행실을 고치고 남편의 내조를 잘하는 아내가 되었다 한다. (446)

모든 사람은 자기 나름의 취향(취미)을 가지고 있다(Everyone has his taste). 중국의 고서인 《학림옥로(鶴林玉露)》에 "빙잠(氷蠶)은 추운 것을 모르고, 불쥐(火鼠)는 뜨거운 줄을 모르고, 요충(蓼蟲)은 쓴 것을 모르고, 낭저(蝍蛆 · 구너기)는 구린 것을 모른다"고 했다. 부부도 서로 취향, 취미가 다른 것을 인정, 서로 이해해 주어야 한다.

우스갯소리로 남편의 유형에 애처가, 공처가, 경처가 등이 있다고 한다.

아내의 유형에는 ①현재 상태에 만족하고, 낙천적 삶을 살아가는 현실안주형 ②내조와 자녀교육, 살림을 아주 잘 하는 프로형 ③자신의 성공을 위해 자신감을 가지고 자신의 꿈을 펼치기 위해 열심히 노력하는 자아실현형 ④일과 자신의 꿈

사이에서 균형을 잡고 생계유지에 땀 흘리는 생계유지형 아내 등 4가지가 있다고 한다. (174)

최근 어느 대학 심리학 강의에서 주부가 일생 동안 하는 일에 관해 다음과 같은 통계를 발표했다. ①35,000번의 식사 준비 ②10,000~40,000번의 이부자리 정리하기 ③길이 1마일, 넓이 1/10마일의 바닥 청소 ④7,000번의 화장실 부대시설(변기)청소. (82)

참으로 어려운 고역의 삶이 아닐 수 없다.

"예쁜 아내를 만나면 3년이 행복하고, 착한 아내를 만나면 평생이 행복하고, 지혜로운 아내를 만나면 삼대가 행복하다"는 말이 있다. 그런데 영화 '귀여운 여인' 으로 전세계 남성들의 선망의 대상이 되었던 줄리아 로버츠(Julia Roberts)는 1993년 가수 라일 로벳과 결혼했으나 2년 만에 헤어지고, 지금은 다니엘 모러와의 사이에 세자녀를 두고 행복에 빠져 있다. 편당 출연료가 2,000만 달러가 넘는 그녀도 남편에게는 그저 사랑스런 여인이 되고 싶은 모양인지 "사랑은 우주가 단 한사람으로 좁혀지는 기적이라고 생각한다. 나에게 우주는 내 남편 한 사람 뿐이다"라고 말했다. (237)

한국남성의 가사노동 시간은 하루 42분이며 5년 전보다 6분 늘어났지만, 중국 3시간에 비하면 아주 짧은 편임을 한국 남성들은 생각해 봐야겠다. 통계청에 따르면, 현재 한국의 남성 전업주부(專業主夫, househusband, stay-at, home dad)가 17만 9천명이고 이는 2003년 10만 6천명 이후 매년 늘어나고 있는 수치이다. 미국과 영국에서는 남성 전업주부가 각각 16만 명과 20만 명을 넘어섰다고 한다.

독일 루르대 연구진에 따르면 결혼한 남성이 독신 남성보다 의사를 찾는 경우는 6%, 1주일에 한 번 건강달리기를 하는 사람은 20%가량 더 많았다. 그리고 결혼한 사람이 건강에 더 신경 쓰는 이유는 아내 잔소리 때문이며, 결혼한 남자는 평균 10년 정도 오래 살고, 신체연령은 3년 정도 젊었다.

남성우위 시대였던 옛날 동양에서는 남성우월의 시대 관념이 지배하여 '열녀는 두 지아비를 섬기지 않는다(貞女 不更二夫 · 史記 田單傳)' 고 했다.

삼종지도(三從之道)라 하여 여자는 어려서는 아버지를, 시집가서는 남편을, 남편 죽은 후에는 아들을 따를 것을 도리라 했고, 또한 칠거지악(七去之惡)이라

하여 아내를 내쫓아도 되는 7가지 사유(허물) 즉, 불순구고(不順舅姑, 시부모에게 불순한 것), 무자(無子, 아이를 낳지 못하는 것), 음행(淫行, 행실이 음탕한 것), 질투(嫉妬, 질투하는 것), 악질(惡疾,나쁜 병이 있는 것), 구설(口舌, 말이 많아 남의 입에 오르내리는 것), 도절(盜竊, 도둑질 하는 것) 등의 경우를 인정하는 폐습이 있었다. 그러나 삼불거(三不去)라 하여 내쫓아서는 안 되는 세 가지 경우가 있었는데, 내보내도 갈 곳이 없는 경우(有所取無歸不去), 부모 3년상을 함께 한 경우(與共更三年喪不去), 가난하고 천하게 살다가 부귀하게 된 경우(前貧賤後富貴不去) 등 세 경우이다(大戴禮 本命篇).

통계청이 2011년 부부의 날(5월 21일)을 맞아 각각 11,900여 명의 기혼남성과 기혼여성을 상대로 설문조사한 결과를 토대로 내놓은 '우리나라 부부의 자화상' 자료를 보자. ①결혼생활의 만족도를 나타낸다고 볼 수 있는 '결혼을 해야 한다'고 생각하는 남성은 79.7%, 여성은 65.2% ② '이혼을 해서는 안 된다' 고 답한 비율은 남성 71.7%, 여성이 58.6% ③ '배우자에게 만족한다' 고 답한 남편 70.6%, 아내 60.8%로 여성이 남성보다 부정적인 경향이 컸다.

부부관계에 대하여 성경(고린도전서 7:3~4)은 다음과 같이 가르치고 있다.

"남편은 그 아내에게 대한 의무를 다하고 아내도 그 남편에게 그렇게 할지라(The husband should fulfill his marital duty to his wife, and likewise the wife to her husband)."

"아내가 자기 몸을 주장하지 못하고 오직 그 남편이 하며 남편도 이와 같이 자기 몸을 주장하지 못하고 오직 그 아내가 하나니(The wife' s body does not belong to her alone but also to her husband. in the same way, the husband' s body does not belong to him alone but also to his wife)."

남편에게 아내는 참으로 존귀(尊貴)한 존재이다. 평생을 인생 반려자(伴侶者 · companion)로 해로(偕老 · grow old together)하는 존재이기 때문이다.

우리 인생에서 아내가 남편의 반려자가 되어 백년해로 한다는 뜻은 무엇인가? 자기의 모든 것을 남편에게 바친다는 것이다. 평생 남편의 뜻을 살펴 남편을 건강하게, 편안하게, 그리고 인생의 성공자가 되어 행복을 느낄 수 있도록 도와주고 밀어주고 끌어준다는 것이다.

일평생 내내 식사, 청소, 세탁은 물론, 함께 걷고, 뛰고, 웃고, 울고, 기도하고,

때로는 싸우기도 하면서, 즐거운 밤 자리와 함께 귀한 자식까지 낳아준다. 남편 일들이 잘 되면 잘되는 대로, 안되면 안 되는 대로 나의 일로 여겨 희락(喜樂)을 함께한다. 일찍 들어오면 일찍 들어오는 대로, 늦게 들어오면 늦는 대로, 술 마시면 술 마시는 대로, 술 안 마시면 안 마시는 대로, 안색이 좋거나 나쁘거나 새벽부터 밤까지 형이 되고, 동생이 되고, 부모가 되고, 팬이 되고, 동지가 되어 걱정해 주고 조언해 주면서 운명을 함께 해준다.

아내가 아니라면 이 세상 어느 누가 천금만금(千金萬金)을 준다 한들 인생을 다 바쳐 한 남자를 위해 이런 희생적 헌신(犧牲的獻身)을 해 주겠는가?

세상의 남편들이여! 아내가 잘났건 못났건 예쁘건 밉건 아내의 일생을 한번 깊이 생각해 보라. 그리고 그 아내를 하늘처럼, 신처럼, 어머니처럼, 애인처럼, 다이아몬드로 만들어진 세상에서 가장 귀한 보물처럼 사랑하고, 모셔라!

최근 고은(1933~) 시인도 기자에게 “아내가 신(神)… 나는 그를 섬기며 산다”고 소개하고 젊은 부부들에게 “아내를 사랑하기보다 존경하고 섬기며 살아야 한다”고 조언하고 있다. (595)

최근 신문에서 처가살이가 늘어나 ‘신(新)모계사회’ 현상이 나타나고 있다고 다음과 같이 보도하고 있다.

‘겉보리 서 말만 있어도 처가살이 안 한다’는 말은 옛말이다. 육아 등 경제적 이유로 처가살이를 하는 남성이 점점 늘어나고 있다. 통계청의 ‘2010인구주택 총조사’ 결과에 따르면, 처가살이를 하는 남성은 20년 만에 3배(1990년 1만 8,088명 → 2010년 5만 3,675명)로 늘어난 반면, 시집살이를 하는 여성은 절반 넘게(1990년 44만 4,634명 → 2010년 19만 8,656명)줄었다. 이는 장인 · 장모나 시부모가 가족의 생계를 책임지고 의사 결정권을 가진 경우만 따진 통계다.

장인 · 장모가 부양하는 처가살이 말고도, 처가 근처에 터를 잡고 사는 경우는 이제 흔한 풍경이다. 전문가들은 이를 ‘신(新)모계사회’ 현상으로 해석한다. (596)

어느 책(3) 표지에 쓰여 있는 구절 “잘 살고 싶다면, 성공하고 싶다면 내 남자 여자부터 챙기자……”라는 문구를 온 세상 부부들은 생각해 보아야 할 것이다. 남편과 아내가 상대에게 바라는 것, 즉 배우자로부터 채움 받기를 바라는 욕구 5가지는 다음과 같다. (3)

〈남편이 바라는 것〉

①성적인 만족감 ②취미활동이나 관심에 동반자가 되어 줌 ③쉴 수 있는 분위기 ④아름다운 몸매 ⑤칭찬, 인정, 존경

〈아내가 바라는 것〉

①부드러운 보살핌(인정, 배려, 사랑, 관심, 이해) ②대화의 상대가 되어 줌 ③신뢰할 수 있는 기둥 ④재정적 안정감 ⑤가사에 동참

「한국여성민우회」는 남편의 바람직한 생활자세로 다음과 같은 '남풍당당 남편 11계명' 을 제시한다.

①가정 일에 주체적 · 능동적으로 참여한다. ②본가와 처가를 동등하게 생각한다. ③집안에서 나의 일은 스스로 한다. ④자기 기분에 따라 가족 전체의 행동을 결정하지 않는다. ⑤퇴근 후 소비향락적인 생활을 절제한다. ⑥가족만 생각하지 않고 이웃사회를 위해 돈과 시간을 투자한다. ⑦자녀와 내용 있는 대화를 풍부히 한다. ⑧집에서 TV시청시간을 적절히 조절한다. ⑨성공한 일 중 아내의 몫이 절반이라고 생각한다. ⑩아내도 자기실현욕구가 있는 한 인간임을 인정한다. ⑪아내와 대화를 즐기며 아내의 친구 · 친지와도 친교를 갖는다.

필자가 생각하는 행복하고 건강한 부부생활을 위한 "부부 10계명"을 여기 적고, 앞으로 필자는 이 계명을 지키기 위해 충실히 노력하고자 한다.

①당신을 선택한 것은 나머지 수억 명을 버린 것임을 명심한다. ②당신을 하늘처럼 모시고 꽃처럼 사랑하고, 행복한 인생길을 걷도록 노력한다. ③당신을 최대한 인정하고 배려한다. ④당신을 존중하고 이해한다. ⑤당신을 끝까지 책임지고 모든 것을 다 줄 것이다. ⑥당신에게 되도록 많은 시간을 할애하고 대화할 것이다. ⑦당신의 건강을 책임지고 관리할 것이다. ⑧경제적으로 힘들지 않도록 노력할 것이다. ⑨내가 이루고자 하는 그 길에서 성공을 거둘 것이다. ⑩나의 성공이 절반은 당신 몫이라고 인정할 것이다.

'부부란 3개월 사랑하고, 3년을 싸우고, 30년을 참고 견디는 사이' 라고 한다. (597)

필자와 동문수학한 대산철강 주식회사 한평용 회장은 「부부싸움 12345원칙」을 필자에게 설명해 준 일이 있는데 남편들이 귀담아 들을 이야기가 아닌가 하여

소개한다.

일, 일어난 일만 가지고 다투어라.

이, 이기려고 하지 마라.

삼, 삼가야 할 말은 끝까지 삼가하라.

사, 사과는 먼저 하라.

오, 오래 다투지 마라. 10~20분이면 족하다.

최근 여성들이 늙은 남편을 부담스러워한다는 다음과 같은 기사가 있다.

어느 나라건 '늙은 남편'을 조롱하는 농담은 넘쳐난다. 일본에서는 "비 오는 가을날 구두에 붙은 낙엽"신세로 비유된다. 아무리 떼내려 해도 달라붙는다는 뜻이다. 실제 인구조사 결과도 씁쓸하다. 몇 년 전 일본 에히메현에서 노인 3,100명을 조사했더니 여성은 남편 있는 쪽이 없는 쪽보다 사망 위험이 두 배 높았고, 남성은 그 반대였다. "늙은 남편이 아내에게 의존하는 경향이 높기 때문"이라고 했다. 한국보건사회연구원은 여성의 71.8%가 "늙은 남편을 부담스러워한다"는 여론조사를 발표했다. 평균수명이 길어지면 그만큼 돌봐야 하는 기간도 늘어날 것이라는 여성 쪽 걱정이었다. 늘 듣던 말 같은데 남성에겐 점점 더 내몰리는 느낌이다. 그러나 납북된 남편을 36년이나 기다려온 할머니도 있다. 지난주에야 남편 소식을 듣고 "결혼했답니까? 그럼 됐습니다. 남자는 여자가 있어야 살지"라고 했다고 한다. (598)

문정희 시인은 시에서 「남편」을 다음과 같이 그린다.

아버지도 아니고 오빠도 아닌
아버지와 오빠 사이의 촌수쯤 되는 남자
내게 잠 못이루는 연애가 생기면
제일 먼저 의논하고 물어보고 싶다가도
아차, 다 되어도 이것만은 안 되지 하고
돌아누워 버리는
세상에서 제일 가깝고 제일 먼 남자
이 무슨 웬수인가 싶을 때도 있지만
지구를 다 돌아다녀도

내가 낳은 새끼들을 제일로 사랑하는 남자는
이 남자일 것 같아
다시금 오늘도 저녁을 짓는다
그러고 보니 밥을 나와 함께
가장 많이 먹는 남자
나에게 전쟁을 많이 가르쳐 준 남자

끝으로 황창현 신부가 조언하고 있는 남편과 아내가 지켜야 할 10계명을 여기 옮긴다. (480)

「지혜로운 아내 십계명」
① 부드러운 말로 잔소리해라.
② 자신을 예쁘게 꾸며라.
③ 집을 깔끔하게 가꾸어라.
④ 맛있는 요리 가짓수를 늘려라.
⑤ 다른 남편과 비교하지 마라.
⑥ 혼자만 말하지 마라.
⑦ 남편에게 감사와 감탄을 자주 해주어라.
⑧ 남편에게 혼자 있을 시간을 주어라.
⑨ 함께 여행을 다녀라.
⑩ 남편 취미에 동참해라.

「현명한 남편 십계명」
① 아내에게 져주어라.
② 아내 편을 들어라.
③ 살림살이를 도와주어라.
④ 예쁘다고 칭찬해 주어라.
⑤ 음식을 맛있게 먹어라.
⑥ 남들 앞에서 아내 흉을 보지 마라.

⑦ 일주일에 한 번 아내 대신 요리해라.

⑧ 결혼기념일, 생일을 꼭 챙겨주어라.

⑨ 함께 여행 다녀라.

⑩ 아내와 손잡고 성당에 가라.

2-4 아버지

아버지는 누구인가

아버지란 기분이 좋을 때 헛기침을 하고, 겁이 날 때 너털웃음을 웃는 사람이다.

아버지의 마음은 먹칠을 한 유리로 되어 있다.

그래서 잘 깨지기도 하지만, 속은 잘 보이지 않는다.

아버지란 울 장소가 없어 슬픈 사람이다.

아버지는 아침식탁에서 성급하게 일어나서 머리가 셋달린 용과 싸우러 나간다.

아버지는 노릇을 제대로 하고 있는지 늘 자책한다.

아버지란 자식을 결혼시킬 때 속으로는 한없이 울면서도 얼굴에는 웃음을 짓는다.

아들딸이 밤늦게 돌아올 때에 어머니는 열 번 걱정하는 말을 하지만,

아버지는 열 번 현관을 쳐다본다.

아버지의 최고의 자랑은 자식들이 남의 칭찬을 받을 때이다.

아버지가 가장 꺼림직하게 생각하는 속담이 있다.

"가장 좋은 교훈은 손수 모범을 보이는 것이다."

아버지는 '아들, 딸이 나를 닮아 주었으면' 하고 생각하면서도,

동시에 '나를 닮지 않았으면' 하는 생각을 한다.

사람들은 아버지를 이렇게 생각한다.

4세 때, 우리 아빠는 무엇이나 할 수 있다.

7세 때, 우리 아빠는 아는 것이 정말 많다.

12세 때, 아빠는 모르는 것이 많다.

14세 때, 우리 아버지는 아무것도 모른다.

25세 때, 아버지를 이해하지만 기성세대는 갔습니다.

30세 때, 아버지의 의견도 일리가 있지요.

40세 때, 여보! 우리가 이 일을 결정하기 전에, 아버지의 의견을 들어 봅시다.

50세 때, 아버님은 훌륭한 분이셨어.

60세 때, 아버님께서 살아 계셨다면, 꼭 필요한 조언을 해주셨을 텐데….

아버지란 돌아가신 후에야 보고 싶은 사람이다.

어머니의 가슴은 봄과 여름을 왔다 갔다 하지만,

아버지의 가슴은 가을과 겨울을 오고간다.

아버지! 뒷동산의 바위 같은 이름이다.

– 김형일,《백세청년》

□ 자신의 아이를 제대로 아는 아버지야 말로 현명한 아버지다. – 세익스피어

□ 아버지는 끝까지 우리를 지켜보는 사람입니다. 세상 모든 사람이 외면할지라도, 그 아버지의 마음을 아는 사람은 결코 인생을 포기하지 않습니다. – 김홍식

□ 아버지는 곧 나다. 따라서 우리가 스스로를 충분히 이해하면 내가 곧 아버지라는 것과 아버지는 나의 바깥에 있지 않다는 것을 이해하게 된다. – 탁닛한

□ 부모는 이 세상에서 가장 좋은 복전(福田)이다. –《성선천자 소문경》

□ 아버지의 모습은 아이 가슴속에 영원히 남는 거야. 아버지는 아이와 영원히 함께 있는 것이지. – 게리 스텐리

□ 아버지는 새처럼 끊임없이 둥지를 만드는 사람이었다. – 김대호

□ 내가 이루고 싶었던 그 많은 희망들 중에서 가장 순수한 희망만을 남겨놓고 떠나간다. 딸아! 이 세상 어디선가 누군가에게 행해질 불의를 깨달을 수 있는 능력을 네가 키웠으면 좋겠다. – 체 게바라
□ 부모가 자식에게 남겨 줄 수 있는 가장 귀중한 유산은 날마다 그들과 잠깐이라도 시간을 함께하는 것이다. – 베티스타
□ 한 사람의 아버지가 백 사람의 선생보다 낫다. – 조지 허버트
□ 아버지의 침묵 속에는 사랑한다는 말이 담겨 있다. – 이철환
□ 훌륭한 부모인지 아닌지를 판단하는 확실한 기준은 자녀가 어린 시절을 '즐겁게' 회상하느냐 아니냐 하는 것이다. – 외르크 치틀라우

■ ■ ■

"엄부자모(嚴父慈母)", "부산모해(父山母海)"란 말이 있다. "엄한 아버지와 자애로운 어머니", "아버지 존재는 산 같고 어머니 은혜는 바다와 같다"는 뜻이다.

"남전생옥(藍田生玉)"이라는 고사성어도 있다. "남전에서 옥이 나온다"는 것으로 삼국지에서 손권이 신하 제갈근에게 한말로 "현명한 아버지(제갈근)가 재능있는 아들(제갈각)을 낳는 것을 칭찬하는 말"이다.

또 이런 조언도 있다. "아버지 되기는 쉽다. 그러나 아버지답기는 어렵다(세링 그레스의 말)."

"아버지의 사랑은 보이지도 잡히지도 않는다. 그래서 몇 십 년이 흐른 뒤에야 그 사랑을 깨닫는다. 가족의 앞날을 바라보며 살기에 자존심이 무너지는 자리에서도 너털웃음을 짓는 아버지, 당신은 힘들 때도 눈물 한 방울 보이지 않는 강인한 분입니다. 그러나 우리는 압니다. 아버지의 술잔엔 늘 보이지 않는 눈물이 담긴 것을…."(599)

아버지는 주로 양육과 보호의 역할을 하는데 구체적으로 보면 다음과 같다.

①어렸을 때 수호자의 역할과 바깥세상과의 연락관 ②아들이 자라 취학 전 단계가 되면 남성의 모델 혹은 승인자 ③학교에 입학하는 오이디프스 콤플렉스 시기가 되면 아버지는 아들의 충동과 감정을 제어 조절하는 견제자 역할과 건강한 방식으로 경쟁하도록 지도하는 역할 ④아동기의 한가운데가 되면 성장하는 아들의 멘토로서 사물을 파악하고 기량을 습득하는 숙달감(mastery)을 가르치는 동

시에 남자의 세계에 입문하도록 돕는다. ⑤청소년기에는 아들이 바라는 모든 특징을 갖춘 영웅으로서의 아버지 역할을 수행한다. ⑥청소년기 후반이 되면 십대 아들은 이제 아버지와 결별하고 아버지는 "추락한 영웅"으로 전락한다. ⑦아들이 성인이 되면 아버지는 다시 성숙한 남성으로 안내하는 "멘토"역할을 맡아 아들이 성인으로 진입하는 전환을 수월하게 만들어 준다. ⑧더 시간이 흘러 아들이 중년이 되면 이제 아버지는 아들과 '함께 늙어가는' 존재가 된다. 더불어 성인기의 부침을 지혜롭게 경험하는 '현명한 노인' 으로 다시 부상한다. ⑨그리고 아들이 중년의 말미에 이르면 아버지는 '연로한 노인' 으로 한때 아들이 아버지를 의지했던 것처럼 아들을 의지한다. 그러면서도 아들이 생의 마지막 문제에 대비할 수 있도록 도움을 준다.

아버지 역할과 관련된 어느 책의 재미있는 내용을 읽어 보자.

"아버지가 없으면 자녀들 인격 형성에 나쁜 영향을 끼친다. 물론 오바마처럼 아버지와 상관없이 훌륭히 자라는 자녀도 있지만 보통 사람들에게 아버지는 행복과 불행을 결정하는 바탕이다.

어렸을 때 아버지가 비행기나 목마를 태워주면 아이들은 까르르거리며 자지러지게 좋아한다. 목마 탈 때 50센티미터밖에 안 되는 아이가 1미터 70센티미터 되는 아버지 목에 타면 2미터가량 하늘 위에 떠 있는 아찔한 상황이지만 아이들은 좋아한다. 아버지가 자기를 절대로 떨어뜨리지 않을 거라는 흔들리지 않는 믿음이 있기 때문이다.

김성묵 씨가 쓴 「아버지 사랑합니다」를 보면 아버지 역할이 얼마나 중요한지 후삼국을 통일한 '왕건' 을 통해 잘 말하고 있다. 왕족 출신인 궁예와 평민 출신인 견훤, 호족 출신인 왕건이 있었는데 결국 좋은 아버지를 둔 왕건이 나라를 통일한다." (480)

"한 사람의 아버지가 백 사람의 선생보다 낫다(조지 허버트)"는 말처럼 아버지의 자녀에 대한 인생교육의 역할은 매우 크다고 할 수밖에 없다.

아동 정신 분석학자 제임스 헤르조그(James Herzog)는 아버지 기아(father hunger)라는 용어를 처음 만들었다. 발달연구가 마이클 램과 롭 팔코비츠는 아버지가 자녀에게 미치는 영향에 대한 다양한 연구물들을 제시했다. 그 증거들은 정서적으로 참여적인 아버지가 없을 경우 아들에게 해로운 영향을 준다는 것에 대해 의견일치를 보이고 있다. 특히 아들의 자기 통제감, 자아 존중감, 인지 능력, 정서적 자기조절, 남성감, 공감, 학교성적, 사회성, 그리고 전체적인 안녕 영역에서 그 효과가 두드러졌다. (141)

아버지는 아들에게 험한 밤 바닷길을 제시해 주는 등대와 같은 존재요. 높은 산봉우리와 같이 높이 솟아 있어서 아들로 하여금 우러러 보는 존재요. 늘 부딪치는 인간관계의 문제를 해결할 때 원용하는 전략의 원천이요, 이념과 힘든 삶의 질곡에서 이겨낼 힘과 용기와 끈기를 주는 원천이다. 아버지는 아들에게 하나의 작은 영웅인 것이다.

근세 이후 전통적으로 아버지는 가정의 대표자요, 권위자요, 교육자요, 정의의 대표자요, 재판관이자 법의 집행자였다. 이에 반해 어머니는 보조자요, 추종자요, 보육자요, 자비의 대표자였다. 하지만 현대에 와서 이 기능의 역할이 변했거나 변하고 있어서, 아버지가 도리어 종속적인 위치에 놓여, 권위자와 교육자의 위치에서 멀어진 듯하다. 권위자로서의 지위도 내놓았고 교육자로서의 역할도 포기하다시피 하고 있다.

그렇다면 요즘 아이들에게 아버지는 과연 어떤 존재인가?

아버지는 집에 오래 머물지 않는 사람, 일찍 나가고 늦게 들어오는 사람, 가정일이나 가족보다 회사일이 더 소중한 사람, 그리고 한 달에 한 번씩 월급봉투를 가져오는 사람, 자녀에게 소홀하게 하는 것이 미안하여 마지못해 휴일에 외식을 시켜주는 사람, 어쩌다가 성적표를 받아온 날 점수를 보고는 무서운 폭군으로 돌변하는 종잡을 수 없는 사람정도로 생각하는 것은 아닌지.

아버지란 자녀, 특히 아들에게는 이 세상의 그 어떤 존재보다 소중하다. 아들에게 그는 두려움과 극복의 대상이기 때문이다. 아버지가 계시지 않는 경우는 아버지의 이미지를 밖에서 선택한다. 즉 학교 선배, 스포츠 스타, 텔런트나 기수가 아버지의 이미지를 대체한다. 남자들은 어떤 형태로든 아버지 이미지를 간직한 채 일생을 살아간다. 그러므로 아들에게 아버지는 도덕적으로 지배적인 이미지로서 중요한 구실을 한다. (241)

조선일보가 2010년 5월 유치원 · 초등 · 중학생 자녀를 둔 서울시내 직장인 아버지 100명(평균 41.2세)을 무작위로 선정, 직접 설문 조사한 결과 ①자녀가 다니는 학교 이름조차 모르는 사람이 6명 ②자녀학교와 학년, 반과 번호까지 알고 있는 경우는 26명 ③자녀의 담임교사 이름을 아는 아버지는 24명 ④자녀의 몸무게에 대해서는 66명이 정확히 수치를 적었고 ⑤신발수치를 알고 있는 아버지는 78명 ⑥친한 친구(짝꿍)를 알고 있는 경우는 57명 ⑦자녀가 좋아하는 캐릭터는 51명이 알고 있었다. (600)

세계적인 베스트셀러 《누가 내 치즈를 옮겼을까》, 《1분 경영》, 《1분 엄마》, 《1분 아빠》, 《1분 세일즈맨》등의 저자 스펜서 존슨(Spencer Jonson)은 좋은 부모(리더)가 되기 위한 1분 팁(Tip; 조언)을 요청받고 좋은 부모(리더)와 나쁜 부모(리더)는 1분 차이에 있다면서 다음과 같이 말했다. "대개 엄마는 칭찬은 잘하는데 꾸중이 서툴고, 아빠는 질책은 잘하는데 칭찬에 인색하다"고 말했다.

"물론 질책을 하는 것도 아빠의 중요한 역할 중 하나죠. 하지만 질책을 꼭 해야 한다면 30초 동안 잘못된 행동을 꾸중한 뒤 나머지 30초 동안에는 '나는 너를 사랑한단다. 너는 사랑스러운 아이란다' 라는 말을 해주어야 합니다. 그런데 대부분 아빠들이 이것을 잊는 것 같습니다. 아빠들에게 또 하나 낯설고 어려운 것이 아이들이 올바른 일을 했을 때 칭찬해 주는 것입니다. 그러나 아이의 입장에서 아빠에게 칭찬받는 것은 굉장히 놀라운 일일 수 있습니다."

어머니가 임신하게 되면 몸 안에서 프로게스테론, 에스트로겐, 프로락틴, 옥시토신 등 네 종류의 호르몬이 분비된다. 프로게스테론과 에스트로겐은 난소에서 분비되는 성호르몬으로 여성의 몸을 여성스럽게 만든다. 출산 직후부터 뇌에서 분비되는 프로락틴과 옥시토신은 산모가 어머니로서 자식을 양육하는 행동을 준비하게끔 작동한다.

그동안 학계에서는 남자들이 아버지가 되는 과정에서 어머니처럼 호르몬이 변화를 겪지 않는 것으로 알려져 왔다. 그런데 배우자가 임신한 동안 체내에서 프로락틴, 코티졸, 테스토스테론 등 호르몬이 변화한다는 사실을 1999년 캐나다의 앤스토리 교수가 밝혀냈다. 코티졸은 임신 중에 여자 몸에서도 분비되는 스트레스 호르몬이고, 테스토스테론은 남성 호르몬이다. 또한 임신 기간에 예비 아버지들의 75%가량이 피로, 식욕 이상, 체중 증가를 경험한 사실이 밝혀졌다. 이처럼 사내들이 여자를 임신시켜놓고 얼렁뚱땅 몇 달을 보낸 뒤 그냥 아버지가 되는 것은 아니라는 사실이 과학적으로 입증되었다. (187)

요즘 '친구 같은 아빠' 를 뜻하는 프렌디(친구를 뜻하는 '프렌드〈friend〉' 와 아빠를 친근하게 부를 때 쓰는 단어 '대디〈daddy〉'를 합친 말. 지난 2007년 여성가족부가 '친구 같은 아빠', '가족과 함께하는 아빠'라는 개념으로 만든 용어다) 라는 용어가 지구촌 곳곳에서 각광을 받고 있다.

노르웨이는 그 선두에 있다. 노르웨이 남자들은 "육아는 누구에게도 양보할 수 없는 아버지의 권리"라고 믿는다. 정부가 법적으로 보장하는 출산 후 8주간의 아버지의 휴가를 노르웨이 아버지의 95%(2007년 기준)가 사용했다. 지난해엔 현직 장관이 육아휴직을 신청해 화제가 됐다.

20대 일본여성들은 '이케맨(잘 나가는 남자)'보다 '이쿠맨(육아를 하는 남자)'을 결혼상대 1순위로 여긴다"는 말을 하고 있다. 아빠가 육아에 적극적인 아이들은 울 때도 '아빠 아빠~' 하고 운다 한다. (601)

통계청에 의하면 워킹맘인 부인이 밖에 나가 일하고 남편이 집에서 가사를 전담하는 남성전업주부(專業主夫), 홈대디(home daddy)가 2009년 현재 15만 1000쌍에 달한다. 김외숙 한국방송통신대학교 가정학과 교수는 "사회가 바뀌는 만큼 가족 구성원 각자가 자신들이 가정에 공헌할 수 있는 역할을 융통성 있고, 개방적인 자세로 받아들여야 한다"고 말했다.

맞벌이 부부가 늘어나면서 가족구조와 성역할이 달라지는 세태를 반영하는 요즘에는 집안일은 물론 아이교육에도 적극적인 수퍼대디(Super daddy)들이 각급 학교 아버지회 활동 등에 적극 참여하고 있다. 적지 않은 사람들이 "난 아버지처럼 살지 않겠다. 아버지처럼 내 아이를 키우지 않겠다"고 되뇌이던 사람들이 어느 날 문득 자신도 모르게 아버지를 닮아 있는 것을 깨닫고 놀라는 경우가 있다. 미국의 심리학자 스테판 폴터는 이런 현상을 파더팩터(Father Factor)라고 했다.

아버지도 어머니처럼 자식에게 좀 더 많은 시간을 할애하여 같이 놀아주고, 가르쳐 주고, 깨우쳐 주고, 무한한 정도 주고, 늦은 밤에는 자식 귀가 길에 동네 앞에 나가 마중해 주고 싶은 심정은 어머니와 같은 것이다. 다만 가정경제문제에 신경 쓰느라 시간이 부족하고 엄마와는 다른 근엄한 모습의 가르침을 주고 싶을 뿐이다. 부모의 마음(parent's heart)은 아버지라고 다를 게 없는 것이다. 실제 세계적 명문가들을 살펴보면, 큰 인물을 만드는데 결정적 역할을 한 것은 바로 아버지다. 그렇다면 역사를 이끌었던 리더들의 아버지는 과연 그들에게 무엇을 가르쳤을까?

세계적 대문호 톨스토이에게는 19살부터 시작해 평생 실천한 습관이 하나 있는데 그것은 일기쓰기였다. 이런 습관은 자신의 아홉 명의 자녀들에게도 그대로 전수되었는데 가족들은 일기를 쓰면서 상대방에 대해 이해하려고 노력하게 됐고 자연스럽게 화목한 가족 분위기가 만들어졌다고 한다.

빌 게이츠 아버지는 부자였지만 아들에게 창업자금을 한 푼도 주지 않았다. 큰 돈을 아이에게 물려주면 아이는 창의적인 사람으로 자라지 못할 것이란 철학이 확고했기 때문이었다. 빌게이츠 역시 "나에겐 딱 한 가지 분명한 것이 있다. 그것은 자녀들에게 많은 돈을 남겨주고 싶지 않다는 것이다. 그건 그들을 위해서 그다지 좋은 일이 아니라고 여기기 때문"이라고 말하고 있다.

미국 35대 대통령 존 F. 케네디는 매우 부유한 집에서 자랐다. 하지만 케네디의 아버지는 풍족한 집안 환경이 오히려 아이들에게 나쁜 영향을 줄까 염려하여 용돈을 거의 주지 않았다. 만약 아이들이 용돈을 더 받고 싶다면 아버지에게 타당성 있는 이유를 제시해야 했으며, 토론을 통해 그 타당성이 인정될 때만 용돈을 더 받을 수 있었다. 당시 케네디는 형인 조셉에게 열등감을 느끼고 있었는데, 그에 관한 장황한 편지를 아버지에게 보냈다. 그런데 케네디의 아버지는 단 한 번도 그 일로 아들을 야단치지 않고 오히려 그때마다 격려의 답장을 보내 케네디의 사기를 북돋워 주었다고 한다. 경제 개념이나 자기 관리에 있어서는 엄격했지만 한편으로는 격려와 칭찬으로 자신감을 키워 준 아버지의 교육 덕에 케네디는 인생을 개척할 수 있는 힘을 얻을 수 있었고, 결국 미국 35대 대통령이 되었다.

흑인 인권운동 선구자였던 마틴 루터 킹 목사에겐 그보다 더 유명한 어머니 앨버타가 있다. 그녀는 자식들을 늘 부드럽게 대했고 용기를 주는 말로 힘을 실어주었다. 간혹 아이들이 인종차별을 당할 때면 "잊지 마라. 너희는 누구와 비교해도 뒤지지 않는다"라며 평등과 자유, 평화에 대한 신념을 심어 주었다. 또한 그녀는 독실한 기독교인이었는데, 그녀의 종교적 성향은 마틴 루터 킹이 인권운동을 펼칠 때 비폭력주의를 실천하는데 절대적인 영향을 미쳤다.

마하트마 간디는 어렸을 때 호기심으로 배운 담배가 어느덧 끊을 수 없는 지경에 이르렀다. 담배에 대한 유혹을 참을 수 없었던 그는 길가에서 남이 버린 꽁초를 주워 피우기도 했으며, 결국 집안의 돈을 훔쳐 담배를 사는 상황에까지 치닫고 만다. 그러나 곧 그런 행동이 얼마나 우매하고 죄스러운 것인지 깨닫고 자기 잘못을 가감 없이 적어 아버지에게 보여주었다. 그런데 어떤 부모든 심하게 책망하고 체벌을 할 수 있는 그 상황에서 간디의 아버지는 그를 야단치지 않았다. 오히려 아무 말 없이 오랫동안 아들을 껴안아 주었다. 그리고는 뒤돌아서서 자식을 잘못 키웠다는 죄책감에 눈물을 흘릴 뿐이었다. 자신 때문에 아버지가 괴로워하면서 자책하는 모습을 본 간디는 큰 충격을 받았고, 그 이후 전혀 다른 사람이 되었다. 간디의 아버지가 자식을 걱정하고 사랑하는 마음을 보여주지 않았더라면 세계적인 비폭력주의자인 간디는 존재하지 않았을 것이다.

이렇듯 세상을 이끈 위인 뒤에는 그를 있게 한 부모가 반드시 존재한다. 링컨, 이율곡, 아인슈타인, 에디슨 등 역사적으로 이름을 남긴 이들을 보면 인생의 위기마다 부모로부터 받은 가치관의 힘이 절대적으로 작용했다. 이는 심리발달학에서 이미 오래전에 입증된 것으로, 어릴 적 부모로부터 물려받은 영향은 성인이 된 후의 삶에 절대적인 영향을 미친다.

아버지가 물려줄 위대한 유산은 책 읽는 본보기이다. 영국의 명재상 윈스턴 처칠은 아버지가 언제나 《로마제국 쇠망사》의 문장들을 암기하고, 연설을 하거나 글을 쓸 때 인용하는 것을 보고 자랐다. 그리고 처칠 역시 아버지가 했던 그대로 이 책을 수없이 읽으며 지혜와 교훈을 얻어 2차 대전을 승리로 이끌었다.

"소매가 길어야 춤을 잘 추고, 돈이 많아야 장사를 잘하듯, 머릿속에 책이 5,000권 이상 들어 있어야 세상을 제대로 뚫어 보고 지혜를 판단할 수 있다." 이는 다산 정약용이 보냈던 편지이다.

여기 「아버지를 사랑하는 모임」이 좋은 아버지가 되기 위해 아버지들께 드리는 10계명을 소개한다.

〈좋은 아버지가 되기 위한 십계명〉

① 자녀들과 함께 여행을 자주 가라.

② 가족들에게 가끔 편지를 써라.

③ 일주일에 하루를 '가족의 날'로 정하고 즐거운 시간을 보내라.

④ 자녀를 하루에 한 번 이상 안아주고 자주 서점에 데려가라.

⑤ 부모의 고향을 찾아가 어른들께 효도하는 모습을 보여주라.

⑥ 자녀들과 한 약속은 반드시 지켜라.

⑦ 아버지는 자녀의 인격형성에 가장 큰 영향을 미치는 존재임을 명심하라.

⑧ 교통신호나 공중도덕을 잘 지키는 모범을 보여주라.

⑨ 아내와 화목한 모습을 보여 주라. 자녀들은 부부가 화목할 때 정서적 안정을 얻는다.

⑩ 실수한 것에 대해서는 분명히 인정하라.

"아버지는 나의 가장 친한 친구이자 가장 훌륭한 롤(role)모델이었다. 그는 훌륭한 아버지였고, 코치였고, 멘토였다. 그가 없었다면 오늘의 나도 없었을 것이다." 1996년 미국 남자 프로골프(PGA)신인상을 수상하고 계속된 우승행진으로 미국 남자 골프 역사를 연거푸 갈아치우는 위업을 남겼던 타이거 우즈의 말이다.

프로이트는 "아들이 아버지에 대한 증오와 원한의 감정과 아버지를 사랑하고 보살피는 감정 모두에 대해 더 의식적이 될 때 이 둘을 더욱더 조화롭게 통합하여 살아갈 수 있다"고 했다. 그리고"아버지와 아들은 삶의 초기단계 - 유아기, 잠재기, 청년기, 성인기 - 를 함께 지내오면서 부자관계에서만 줄 수 있는 도움과 지도를 서로에게 준다. 그러면서 생의 마지막 여행기에 이르러서도 서로를 도울 수 있다. 아버지와 아들사이의 이끎은 삶의 마지막 순간까지 계속된다. 서로 친밀하고 상호 참여적인 관계를 맺는 아버지와 아들은 언제나 소진되지 않고 회복된 느낌을 받으며, 과거를 뒤돌아보기보다 앞을 내다보며 나아갈 수 있다"고 했다. (141)

여기 "말문 닫은 청소년, 아버지와 고민 상담 3%뿐" 제하의 언론보도내용을 보자.

청소년들은 고민을 상담하는 대상으로 부모나 스승이 아닌 주로 친구(51.1%)를 선택하는 것으로 나타났다. 특히 아버지(3%)나 스승(1.4%)이라는 응답은 매우 저조했다. 통계청이 발표한 '2011년 청소년 통계' 에 따르면 청소년 연령이 높아질수록 아버지와 대화하는 빈도가 감소했다. '아버지와 대화를 자주 하느냐' 는 질문에 중학생은 매우 자주한다가 15.1%, 자주 한다가 35%에 달했지만, 고등학생은 각각 9.1%, 28.7%로 낮았다. '고민이 있을 때 누구와 문제를 상담하느냐' 는 질문에 아버지를 꼽은 15세~24세 청소년은 3%에 불과했다. 또 스승은 월등히 낮은 1.4%를 기록했다. 반면 19%가 어머니를 꼽아 아버지와 스승보다 훨씬 높았다. 그 외 친구나 동료 51.1%, 형제자매 6.2%, 선후배 2.1%, 스스로 해결 16.2%로 나타났다.

아버지를 고민 상담 대상자로 여기지 않는 까닭은 큰 인식 차이 때문으로 풀이된다. 직업을 선택하는 기준에서도 크게 엇갈린다. 아버지는 수입(39.9%)을 가장 많이 꼽은 반면 자녀는 안정성(26.9%)을 제일로 고려했다. 지난해 청소년들이 가장 많이 고민한 문제는 공부(38.6%)와 직업(22.9%)인 것으로 나타났다. 특히 2002년 조사 때 외모라는 응답이 19.7%로 2위를 차지한 것과 비교하면 현재 취업난이 심각한 수준임을 암시했다. (602)

아들딸들이여! 부모님은 하늘과 땅이며 나를 오늘 여기 있게 해준 분들이다. 아버지 어머니의 은혜를 늘 생각하자. 아버지 어머니는 언제나 그대들 편이고, 세상을 떠날 때에도 그대들의 평온과 행복만을 빌며 떠나시는 분들이다. 그리고 5월 8일 어버이날(Parent' s Day)도 새겨 두자.

2-5 어머니

어머니의 마음

양주동 작시. 이흥렬 작곡

낳실 제 괴로움 다 잊으시고 기를 제 밤낮으로 애쓰는 마음
진자리 마른자리 갈아 뉘시며 손발이 다 닳도록 고생하시네
하늘 아래 그 무엇이 넓다 하리오 어머님의 희생은 가이 없어라

어려선 안고 업고 얼려 주시고 자라선 문 기대어 기다리는 맘
앓을 사 그릇될 사 자식 생각에 고우시던 이마 위에 주름이 가득
따위에 그 무엇이 높다 하리오 어머님이 정성은 지극하여라

사람의 마음속엔 온 가지 소원 어머님의 마음속엔 오직 한 가지

아낌없이 일생을 자식 위하여 살과 뼈를 깎아서 바치는 마음
인간의 그 무엇이 거룩하리오 어머님의 사랑은 그지 없어라

□ 여자는 약하나 어머니는 강하다(Woman is weak, but mother is strong).
  – 세익스피어
□ 어머니는 모든 것이다. 슬픔 속의 위안이며, 불행 속의 희망이고, 나약함 속의 강한 힘이다. 어머니는 사랑과 자비, 동정과 용서의 뿌리이다. – 칼릴 지브란
□ 태양이 있는 곳은 언제나 따뜻하고, 어머니가 있는 곳에서 자식은 행복하다.
  – 러시아 속담
□ 자식은 힘들 때 부모님을 찾고 부모님은 힘들 때 자식에게 감춥니다. – 광동제약
□ 저울 한쪽 편에 세계를 놓고, 다른 한쪽 편에 나의 어머니를 놓는다면, 세계를 올려놓은 쪽이 훨씬 가벼울 것이다. – 랑구랄
□ 다른 사람들은 우리를 사랑하다 말다 하지만 어머니는 한결같이 사랑하신다. 다른 사람들은 점점 더 의심이 많아지지만 어머니는 여전히 우리를 믿어주신다. – 아모르 R. 웰스
□ 많은 일을 겪은 어머니에게는 지혜와 고난의 주름이 새겨져 있다. 그 주름은 크나큰 위엄을 느끼게 하며, 고난이 근심과 다르다는 것을 말해준다. – 와리스 디리
□ 어머니는 우리의 마음에 열(熱)을 주고, 아버지는 빛(光)을 준다. – 쟌 파울
□ 어머니는 생명체 중에서 가장 성스러운 본보기이다. – 내슈빌
□ 천사들이 속삭이는 사랑의 말 속에서도 찾을 수 없다. '어머니'란 말보다 헌신적인 말을. – 에드가 엘런 포
□ 어머니의 눈물을 닦을 수 있는 사람은 어머니를 울게 한 아들뿐이다. – 중국 속담
□ 키스해 주는 어머니도 있고 꾸중하는 어머니도 있지만 사랑하기는 마찬가지다. – 펄벅

■ ■ ■

이런 이야기가 있습니다.

하루는 하느님이 천사를 불러 지상에서 가장 아름다운 것을 가져오라고 말했습니다. 천사는 급히 지상으로 내려가 사방을 살펴보았습니다. 가장 먼저 꽃들이 눈에 띄었습니다. 천사는 꽃들이 너무 아름다워 한 송이를 꺾어 들고 길을 걸었습니다.

이번에는 방긋방긋 웃고 있는 어린아이의 모습이 눈에 띄었습니다. 천사는 어

린아이의 웃음 또한 너무 아름다워 그 웃음을 꺾어 들고 다시 길을 걸었습니다. 그러자 이번에는 아기를 품에 안고 있는 엄마의 사랑스러운 모습이 눈에 띄어 마지막으로 엄마의 사랑을 손에 쥐고 다시 길을 걸었습니다. "이 세 가지만 들고 가면 하느님도 기뻐하실거야." 천사는 그런 생각을 하며 부지런히 걸음을 재촉했습니다.

그런데 한참 길을 가다 보니 꽃이 시들어버렸습니다. 그래서 그대로 버렸습니다. 그런데 조금 더 길을 걸어가다 보니 이번에는 어린아이가 자라 처음 보았을 때와는 달리 웃음이 능글맞고 징그러웠습니다. 그래서 그것 또한 버렸습니다. 그러나 아무리 시간이 지나도 아기를 안고 있던 엄마의 사랑은 그대로 변함이 없었습니다. 그래서 천사는 지상의 가장 아름다운 것으로 엄마의 사랑을 가지고 하느님께 갔습니다.

《좋은생각 2010. 7》에는 이미혜님의 어머님을 애타게 그리는 글이 실렸습니다.

"엄마는 어떤 존재일까요? 엄마 품에 안기면 어떤 느낌일까요? 나는 늘 궁금했습니다. 초등학교 다니는 내내 소풍 도시락에서도, 운동회에서도 엄마를 느끼지 못했으니까요. 대신 한 가지는 분명히 알았습니다. 엄마가 없으면 소풍도, 운동회도 슬프다는 걸요. 할머니께 들었습니다. 내가 세 살 때 엄마가 하늘나라로 가셨다고요. 그래서 나는 엄마 얼굴도, 부드러운 손길도, 사랑도 모릅니다.

엄마가 있을 때로 돌아간다면, 엄마 품에 안겨 따뜻한 숨결을 느끼고 싶습니다….

그러던 꼬마가 어느덧 세 살배기 딸을 둔 엄마가 되었습니다…."

'신은 언제 어디에나 있을 수 없어서 어머니를 만들었다' 는 유태 격언은 참으로 신의 마음 그리고 어머니의 마음을 잘 표현한 격언이다.

맹자를 가르치기 위해 어머니가 공동묘지 근처에서 시장 근처, 서당 근처로 세 번씩 집을 옮겨 살았다는 맹모삼천지교(孟母三遷之敎 · 후한서)는 자녀교육을 향한 우리 어머니들의 한결같고 하나같은 마음이다.

「토지」를 쓴 박경리 선생은 '창조하고 보호하고 성장하게 하는 것, 이것이 어머니의 마음입니다' 라고 했다.

김창제 목사는 그의 저서에서 어머니에 대하여 다음과 같이 쓰고 있다. (322)

"어머니는 집안 태양(內太陽)이므로 가정에 태양이 비추지 않는 구석구석을 비추어 주어야 한다. 또 어머니는 땅이라고도 한다. 땅은 거짓이 없고 심은 대로 낳는다. 인간들은 더럽고 나쁜 것을 땅에 파묻는다. 그러나 땅은 모든 것을 포용한다. 또 어머니를 바다와 소금이라고도 한다. 바다는 빗물이나 더럽고 나쁜 것이 쓸려 들어가도 포용해주고, 소금은 음식의 맛을 내게 해준다…

인간은 3세계(모태, 육신 지상생활, 사후 영계)에서 살게 돼 있다.

1세계는 모태세계(어머니 뱃속)로서, 아기가 10개월 동안 있으면서 지상에서 생활할 수 있도록 완벽한 육체를 갖추고 나와야 지상에서 생활에 지장이 없게 된다. 성경에는 '네 부모를 즐겁게 하며 너 낳은 어미를 기쁘게 하라' (잠언 23:25), '네 아버지와 어머니를 공경하라. 이것이 약속 있는 첫 계명이니 이는 네가 잘되고 땅에서 장수하리라' (에베소서 6:2~3)고 가르치고 있다."

고려장(高麗葬)시키려고 모시고 가는 산속길에서 자식이 돌아가는 길에 헤매지 않도록 하기 위해 자식 지게 위에 실려가면서 나뭇가지를 꺾어 길가에 계속 던져 주는 끝없는 사랑의 마음, 그것이 어머니 마음(mother' s heart)인 것이다.

정호승 시인은 신문에 어머니의 사랑이야기를 이렇게 쓰고 있다.

홀어머니를 모시고 살아가던 한 청년이 그만 교통사고를 당해 두 눈을 잃게 됐다. 청년은 어머니의 정성스러운 위로와 간호에도 불구하고 깊은 상실감에 빠져 있었다. 그러던 어느 날 한쪽 눈을 기증받게 되었다는 소식을 듣게 되었다. 그러나 청년은 크게 기뻐하지 않았다. 두 눈을 다 기증받아 예전과 같아지길 고대했기 때문이다. "애야 한쪽이라도 어떠냐. 그래도 수술을 받으려무나." 그는 어머니의 간청에 못 이겨 수술을 받았다. 그리고 붕대를 풀던 날, 왈칵 울음을 쏟아내었다. 어머니의 한쪽 눈이 없었기 때문이다. 하지만 어머니는 아들을 보며 이렇게 말했다. "애야, 두 눈을 다 주고 싶었지만 이다음에 앞 못 보는 어미를 네가 돌보아야 할 걸 생각하니 그럴 수 없었단다." 이 이야기를 예화에 불과하다고 할 수가 없다. 어머니의 사랑엔 이런 희생이 바탕을 이룬다. 자신의 모든 것을 다 주어도 아까워하지 않는 사랑, 그것이 바로 모성이며 사랑의 본질이다. (603)

영국 주부 로레인 앨러드는 2007년 임신 넉 달 무렵 간암에 걸렸다. 그녀는 태아를 위해 항암치료를 거부한 끝에 아들을 낳았고 두 달 뒤 숨졌다. 또한 2008년 중국 쓰촨성 지진 때는 무너진 집 잔해를 온몸으로 막고 웅크린 채 숨진 여인의 품에서 아이가 숨쉬고 있었다. 아기 포대기에서 발견된 휴대전화에 문자메시지가 떠 있었다. "사랑하는 나의 보배야, 살아남으면 기억해다오 내가 널 사랑했다고."

한국전쟁 당시, 북한의 압록강까지 진격했던 국군과 유엔군이 중공군의 인해전술(人海戰術)로 다시 후퇴하던 '1 · 4후퇴 작전' 때의 일이다.

미군대령 '스미스'가 강원도 평창의 어느 작은 다리를 통과하던 무렵, 다리 밑에서 '갓난 어린애'의 울음소리가 들려 다리 밑에 가보니, 그 추운 엄동설한에, 젊은 어미가 옷을 전부 벗은 나체로 얼어 죽고 그 젖가슴을 헤집고 애기가 울어대고 있었다. 자신은 얼어 죽더라도 애기를 감싸고 죽은 엄마! 그 애기를 데려간 '스미스' 대령은 전쟁터를 옮겨 다니며 부대에서 기르다가 귀국 후에도 계속 훌륭하게 길러서 그 애기가 잘 자라 지금은 서울의 큰 교회 목사가 되어 있다는 우리 곁의 유명한 일화도 있다. 참으로 한없이 크고 깊고 뜨거운 어머니의 사랑, 어머니의 마음이다.

어느 작가는 현대 여성들이 넘어야 할 4개의 산맥이 있는데 직장 · 결혼 · 임신 · 육아이며, "아침에 어린 것을 깨우는 것부터 전쟁이다"라고 하소연한다.

엄마의 나쁜 유형으로 ①아이를 의존적으로 만드는 매니저형 엄마 ②아이를 산만하게 만드는 갈대형 엄마 ③아이를 반항적으로 만드는 CCTV형 엄마 ④아이를 방황하게 만드는 방임형 엄마 등 4가지를 제시한다. (174)

지금 이 책을 들고 계신 어머님께서는 어느 형의 어머니이십니까? 한 번쯤 짚어보실 일이 아닌가 합니다.

어느 예술전문 직업여성은 직장이 있는 어머니를 119소방대원 같은 삶이라고 지적한다. 사실 여자로서 자식으로서 어머니로서 또한 한 사람의 직업인으로서 한 사람의 예술가로서 세상의 이모저모를 쉴 새 없이 관통해 간다는 것은 쉬운 일이 아니다.

때로는 소모도 있고 실패도 있고 부채의식도 있고 손상도 있고 죄도 있고 허무도 있고 절망도 있고 모독도 있고 무엇보다도 그치지 않는 노동이 있다. 특히나 한국적 문화에서 가정과 자기 일을 가진 '겸직' 여성들은 누구나 119소방대원 같은 삶을 살아가게 된다. 단 하루도 사이렌 소리를 듣지 않고 지나가는 날이 드물기 때문이다. (161)

엄마의 자녀교육에 대해서는 맹자어머니 그리고 율곡어머니인 신사임당 등의 사례가 모범이 되어 왔다. 요즘에는 세계경제를 지배하고 있는 유태인의 자녀교육법이 사례로 많이 인용되고 있다.

"어머니는 아이들이 세상에 태어나 처음으로 경험하는 우주와도 같은 존재입니다. 아이들은 어머니라는 창을 통해 세상을 배우고 익힙니다. 사소한 말버릇에서부터 행동습관, 인격형성에 이르기까지 아이들에게 미치는 어머니의 영향은 평생을 좌우한다고 해도 지나치지 않을 것입니다. 사람들은 유태인 어머니들을 '이디시마마' 라고 부릅니다. 아이들을 '즐겁게 보살핀다' 는 뜻에서 그렇게 부르는 것입니다. 《유태인 엄마의 특별한 자녀교육법》(허회숙. 조미현 저)."

전문가들은 유태인 어머니들처럼 자녀에게 "벌을 주고 난 후에는 꼭 안아 주라"고 다음과 같이 조언하고 있다.

벌을 줄 때도 애정표현을 잊지 않는다.

자녀를 벌하는 것은 성장을 돕는 하나의 수단이다. 성경(잠언 22:6)에 "마땅히 행할 길을 아이에게 가르치라. 그리하면 늙어도 그것을 떠나지 아니하리라"는 구절이 있듯이 자녀가 '가야할 길' 로 가도록 하기 위해서는 벌을 주어야 한다.

그러나 벌을 줄 때도 한편으로는 애정표현을 수반하지 않으면 안 된다. 벌주는 것만으로 그친다면 부모의 권위로 아이들을 지배하는 것이 되기 때문에, 아이는 그 개성을 자유롭게 발현시키지 못하고 위축되고 말 것이다. 그렇게 된다면 벌은 어린이의 성장을 돕는 수단이 될 수 없다.

"오른손으로 벌을 주고 왼손으로 안아 주라"는 유태인의 옛 격언도 벌과 애정표현을 같이해야 한다는 것을 나타낸 말이다. 실제로 유태인은 도구를 써서 어린이를 때리는 잔혹한 짓은 하지 않고 흔히 손으로 때린다. 그리고 유태인에게 안아 주는 행위는 최고의 사랑의 표현이다. (93)

이규태 선생은 조선일보의 이규태코너(6594호) '아! 우리 어머니' 에서 한국 특유의 이머전시 크라이(emergency cry · 절규)와 전통 한국의 어머니상을 이렇게 썼다.

"절규를 이머전시 크라이라고 한다. 이 절규가 나라나 문화권에 따라 다르다. 회교도들은 알라를 찾고 불교도들은 관세음보살을 찾는다. 찰스 다윈이 아프리카 원시림에 들어가면서 그 신비함에 어리둥절하여 자신도 모르게 내뱉은 소리가 오 마이 갓- 곧 오 하느님이라고 했듯 기독교도들의 이머전시 크라이는 하느님이다. 육당 최남선이 백두산에 올라 천지를 접했을 때 자신도 모르게 나온 첫 소리가 '애고머니!' 였다고 기행문에 적고 있다. 한국인은 남녀노소 없이 놀라고 반가울 때도 '어머', '어머니' 를 외치는 이 세상 유일한 어머니 절규의 나라다. 곧 최후의 귀의와 구원을 어머니에게서 찾는 - 세상에서 가장 농도 짙은 모성국가라는 증거이기도 하다…."

일제 때 조사된 한국 어머니의 노동량을 보면 한국의 아버지들보다 76%를 더 일하고, 근면하다는 일본 어머니들보다 82%, 미국 어머니들보다는 330%나 많이 보다 고되게 일한 것으로 조사되었다. 한국의 어머니는 첫 닭이 울기 전에 일어나 서천에 달이 질 때까지 일하고 추운 겨울밤일지라도 아기에게 젖을 물리고 등짝을 드러내고도 곤히 잘도 주무셨던 어머니다. 그러면서도 단 한 번도 피로한 기색이며 과중한 일에 짜증낸 얼굴을 보인 적이 없으며 너희들 때문에 고생한다고 내색하는 법 더욱 없었다.

신경숙은 요즘 국내외에서 인기를 모은 소설 《엄마를 부탁해》에서 시골 엄마의 '부엌일' 로부터의 스트레스와 그 푸는 방법에 대해 다음과 같이 썼다.

"끝이 보여야 말이지. 그래두 농사일은 봄에 씨앗을 뿌리믄 가을에 거두잖여, 시금치씨를 뿌린 곳에선 시금치가 나고 옥수수씨를 뿌린 디선 옥수수가 나고… 한디 그놈의 부엌일은 시작도 없고 끝도 없어야. 아침밥 먹음 곧 점심때고 또 금세 저녁때고 날 밝으면 또 아침이고… 반찬이라도 뭐 다른 것을 만들 여유가 있음 덜했겠는디 밭에 심은 것이 똑같으니 맨 그 나물에 그 반찬. 그걸 끝도 없이 해대고 있으니 화딱증이 날 때가 있었지. 부엌이 감옥 같을 때는 장독대에 나가 못생긴 독 뚜껑을 하나 골라서 담벼락을 향해 힘껏 내던졌단다. 내가 그랬다는 것을 니 고모는 모른다. 알면 미친년이라고 하지 않았겄냐, 멀쩡한 독 뚜껑을 집어던지곤 했으니. 너의 엄마는 이삼일 안에 새 뚜껑을 구해다가 독을 덮어놓았다고 했다…

- 너도 밥하기 싫음 접시라두 하나 던져서 깨보련? 아구, 저 아까운 거 싶은디도 속이 뻥 뚫리기도 헐 것이다. 하긴 결혼도 안했으면서 밥하기 싫고 말고가 있겠냐마는. 너의 엄마는 깊은 숨을 내쉬었다." (455)

국제 아동 권리기관 '세이브더 칠드런' 이 2009년 5월 7일 발표한 '2009년 어머니 보고서' 에 따르면 한국은 어머니가 되기 좋은 나라 순위에서 조사대상인 158개국 가운데 50위를 차지했다. 1위는 스웨덴이었다.

'어머니 보고서' 란 세이브더칠드런이 2000년부터 세계 각국의 의료, 경제수준, 영아사망률, 여성 평균 수명, 교육수준 등의 지표를 토대로 여성과 아이들의 생활환경 수준을 평가하는 자료다. 이 보고서에 따르면 한국 여성의 평균 수명은 82세, 출산사망률은 6100명중 1명, 의료전문가에 의한 출산률은 100%, 피임도구 사용률은 67%, 여성의 평균 교육기간은 15년, 여성의 정치적 참여율은 14% 등으로 나타났다. 이밖에 5세 이하 유아 사망률은 1000명중 5명, 상급학교 진학률은 96%, 안전한 식수에 대한 접근도는 92%로 조사됐다.

한국은 2000년 첫 조사에서 21위(조사대상 106개국), 2001년 22위(94개국), 2003년 21위(117개국), 2004년 16위(119개국) 등 20위 안팎을 기록했지만, 2008년 49위(146개국)로 순위가 떨어졌다.

2009년 조사에서는 스웨덴에 이어 노르웨이, 호주가 2,3위를 차지했으며 아이슬란드, 덴마크, 뉴질랜드, 핀란드, 아일랜드, 독일이 뒤를 이었다. 아시아권국가 가운데 일본은 34위, 중국은 57위를 기록했다. (604)

중국 한(漢)나라의 효자인 한백유(韓伯兪)는 어느 날 어머니의 매를 맞고 몹시 울었는데 어머니가 어찌된 일이냐고 묻자 '전에는 어머니에게 맞으면 언제나 아팠으므로, 어머니가 아직 건강하신 줄 알고, 그때마다 기뻐했는데, 오늘은 조금도 아프지 않으니, 어머니가 그만큼 쇠약하신 것이 슬펐습니다. 그래서 울었습니다' 라고 했다고 한다. 《설원(說苑)》

부처님은 《부모은중경(父母恩重經)》에서 ①회탐수호은(懷耽守護恩: 잉태하여 지켜준 은혜) ②임산수고은(臨産受苦恩: 해산시 고통 받으신 은혜) ③생자망우은(生子忘憂恩: 자식 낳고 걱정 잊은 은혜) ④인고토감은(咽苦吐甘恩: 쓴것 삼키고 단것 뱉어 먹여준 은혜) ⑤회건취습은(廻乾就濕恩: 진자리 마른자리 가려 뉜 은혜) ⑥유포양육은(乳哺養育恩: 젖 먹여 키워준 은혜) ⑦세탁부정은(洗濯不淨恩: 더러운 것을 씻어준 은혜) ⑧원행억념은(遠行憶念恩: 자식이 멀리 감을 걱정해준 은혜) ⑨위조악업은(爲造惡業恩: 자식 위해 악업 거듭하신 은혜) ⑩구경연민은(究竟憐愍恩: 끝까지 불쌍히 여기시는 은혜) 등 10가지 부모의 은덕을 설하셨다.

이 내용을 정리하면서 필자도 30여 년 전에 타계하신 어머님 생각에 눈시울이 붉어진다. 필자의 어머니는 36살에 아버님을 일제의 징용에 보내시고 집도 절도 없이 아버님 생사도 모른 채 40여 년간 6남매(3남 3녀)를 떡광주리 이고 다니시며 떡장수 등을 하면서 키워 주셨다.

필자가 서울에 있는 고등학교에 입학했을 때 입학식에 오셔서 몇 푼의 돈을 손에 쥐어주시며 "공부 열심히 해서 훌륭한 사람이 되거라"하시면서 눈물을 글썽이던 모습이 지금도 눈에 선하다. 떡장수로 일곱 식구 끼니 연명하시기도 어려운 가운데서도 책 사기 위해 돈을 달라면 즉시, 옆집에 가서라도 책값을 빌려 주시던 어머니, 자신은 자식들 남긴 음식과 반찬으로 끼니를 때우면서도 자식들은 배 굶기지 않으려고 밤잠 안 자며 떡 만드시고, 새끼 꼬고, 삼베 짜시던 어머니…. 좋아하시는 홍시감도 제대로 못 사드리고 좋은 옷 한 벌, 해외여행 한 번 모시지 못한 어머니….

불효자는 풍수지탄(風樹之歎 : 부모를 여의고 효행을 다하지 못한 자식의 슬픔)에 울며, 극락왕생하시기를 기도드릴 뿐이다.

여기 부모은중경 중 자식들이 생각해 보아야 할 내용 일부를 다시 옮긴다. ① 부처님께서 대중을 거느리고 남방으로 가시다가 한곳에 이르러 한 무더기의 삭은 뼈를 보시고 뼈에 절을 하시고 나서, 제자 아난과 대중들에게 다음 요지의 말씀으로 가르치신다. "남자의 뼈는 희고 무거운 데 남자는 세상에 있을 때 강의도 듣고 경도 외우고 삼보께 예배도 했기 때문이며, 여인의 뼈는 검고 가벼운바 여인은 세상에 있으면서, 아들 낳고 딸을 기르는 데 있어 한 번 아이를 낳으려 하면 엉긴 피를 서말 석되나 흘리고, 여덟섬 여덟말의 흰 젖을 먹여야 하는 까닭이다"라고 하셨다. ②또한 자식이 커서 어른이 되어 80살이 되어도 100살 부모님은 자나 깨나 여러 가지로 자식 걱정하시느라 피가 마르고 편할 날이 없다. ③그러기에 어떤 사람이 그 '왼쪽 어깨에 아버지를, 오른쪽 어깨에 어머니를 메고 살갗이 닳아 뼈에 이르고 뼈가 패어 골수에 이르도록 수미산을 돌고 돌아도 부모의 깊은 은혜는 능히 다 갚지 못한다' 고 가르치셨다.

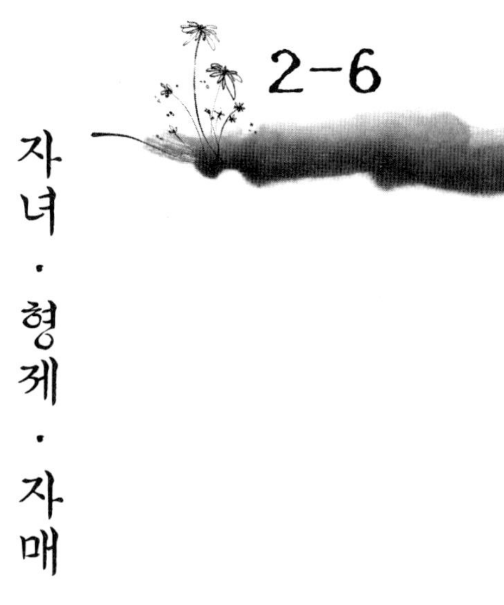

2-6 자녀 · 형제 · 자매

오빠 생각

최순애 작사

뜸북 뜸북 뜸북새 논에서 울고
뻐꾹뻐꾹 뻐꾹새 숲에서 울 때
우리오빠 말 타고 서울 가시며
비단구두 사가지고 오신다더니

기럭 기럭 기러기 북에서 오고
귓들 귓들 귀뚜라미 슬피 울건만
서울 가신 오빠는 소식도 없고
나뭇잎만 우수수 떨어집니다

□ 형 미칠 아우 없고 아비 미칠 아들 없다. – 한국 속담

□ 무구(無垢)와 온갖 완전한 가능성을 가지고 있는 자식이 끊임없이 태어나지 않았더라면 세계는 얼마나 가공한 것이었겠는가. – 러스킨

□ 자식을 가지는 것은 얼마나 자랑스러운 일인가. 자식이 식사를 하는 모습을 바라보고, 자식이 성장하는 모습을 바라보는 것은. 또 밤에 자식이 천사처럼 잠자는 모습을 바라보는 것은. – 폐거

□ 아들은 아내를 맞을 때까지 내 자식이지만, 딸은 한평생 내 자식이다. – 유럽 속담

□ 어린이는 어른의 아버지이다. – 워즈워드, 《내마음은 설렌다》

□ 자식은 부모의 행위를 비치는 거울이다. – H.스펜서

□ 가장 좋은 냄새는 빵 냄새이고, 가장 좋은 맛은 소금 맛이며, 가장 좋은 사랑은 자식에의 사랑이다. – 스페인 속담

□ 5년간은 왕자처럼, 10년간은 노예처럼, 그 뒤는 친구처럼 아들을 다루라. – 인도 속담

□ 형제는 자연에 의해 주어진 친구이다. – 플루타르코스, 《윤리론집(倫理論集)》

□ 형제는 돈보다도 귀하다. 돈은 자신이 보호하지 않으면 안 되지만, 형제는 자신을 보호해 준다. 돈은 감정이 없지만, 형제는 동정이 있다. – 소크라테스

□ 아동기에는 아버지의 보호만큼 아이에게 필요한 것이 없다. – 지그문트 프로이트

□ 아이들의 성장 속도란 바로 내게서부터 떠나는 속도와 비례한다는 것, 이젠 애착과 집착을 갖는 것으로부터 꽉 쥔 손을 풀어야 할 때이다. – 오정희

□ 이러므로 너희가 더욱 힘써 너희 믿음에 덕을, 덕에 지식을, 지식에 절제를, 절제에 인내를, 인내에 경건을, 경건에 형제 우애를, 형제 우애에 사랑을 공급하라(For this very reason, make every effort to add to your faith goodness; and to goodness, knowledge; and to knowledge, self-control; and to self-control, perseverance; and to perseverance, godliness; and to godliness, brotherly kindness; and to brotherly kindness, love. 베드로 후서 1:5 – 7).

□ 노엽게 한 형제와 화목하기가 견고한 성을 취하기보다 어려우니라. – 잠언 18:19

□ 나는 너희에게 이르노니 형제에게 노하는 자마다 심판을 받게 되고 형제를 대하여 라가(Raca)라 하는 자는 공회에 잡히게 되고 미련한 놈이라 하는 자는 지옥불에 들어가게 되리라. 그러므로 예물을 제단에 드리다가 거기서 네 형제에게 원망들을 만한 일이 있는 줄 생각나거든 예물을 제단 앞에 두고 먼저 가서 형제와 화목하고 그 후에 와서 예물을 드리라. – 마태복음 5:22~24

■ ■ ■

'무자식 상팔자' 라고도 하고 처성자옥(妻城子獄 : 아내는 성이고 자식은 감옥이다)이라고도 한다.

자식은 큰 짐일 수도 있고 보화일 수도 있다. 무자녀 주의자들 지적대로 말썽꾸러기 자식은 큰 짐 또는 원수처럼 느낄 때도 있지만 때로는 황홀한 보화처럼 느낄 때가 많다.

노매드 미디어 & 트래블 윤용인 대표는 신문에 부모로서 느낄 수 있는 행복을 이렇게 썼다.

"어린 새처럼 입만 빠금빠금 벌리며 먹이를 받아먹던 아이가 식탁에 앉아 밥 한 그릇을 비워내는 모습은 식탐마저도 대견할 정도로 보기 좋다. 씩씩하게 한 수저의 밥을 제 입에 퍼 담는 아이를 뿌듯하게 바라보며 부모는 삶의 용기를 뱃속에 담는다….

소주 한 잔을 걸치고 귀가한 새벽, 세상모른 채 자고 있는 아이의 모습을 빨간 눈으로 바라볼 때 부모의 마음에 하얀 평화가 내린다. 오늘이 어제 같고, 어제가 그제 같은 일상이지만, 그제보다 어제, 어제보다 오늘 더 커져가는 아이의 발을 확인하는 기쁨은 부모만이 누릴 수 있는 한아름의 실감인 것이다. 부모 되지 않은 자에게 아이는 선택이겠지만, 부모된 자에게 새끼는 낮과 밤을 지켜주는 가슴 속 해와 달인 것이다." (605)

남성우월시대에는 남아선호사상이 팽배해서 "딸은 두 번 서운하다"(날 때, 시집보낼 때)는 속담까지 생겼다. 지금은 남녀평등을 지나 여권 상위시대로 가고 있고, 여아 선호풍조로 바뀌어 "딸 덕에 부원군 된다"는 풍조가 생겨나고 있다.

한국의 육아정책연구소가 2010년 1월 12일 발표 한 '한국 아동패널 2008' 조사(2008. 4~7월에 아이 낳은 2,078가구 대상)에 따르면 아내가 임신 중인 아버지의 37.4%는 딸을, 26.6%는 아들을 바랐던 것으로 나타났다. 어머니도 딸(37.9%)을 아들(31.3%)보다 선호한 것으로 조사됐다. 실제 출생 성비(여아 100명당 남아 수)도 1998년 110.2명에서 2008년 106.4명으로 낮아졌다. 자연적인 출생 성비는 103~107명이기 때문에 남아선호사상이 완전히 퇴색됐다고 볼 수 있다. 또 이번 조사에서는 2008년 출산아기의 44.6%가 제왕절개분만으로 태어난 것으로 집계됐다. 외국은 우리보다 제왕절개분만률이 현저히 낮아 노르웨이

16.6%, 덴마크 20.3%, 스웨덴 16.5%, 유럽연합과 일본은 20%선이다.

또한 미국의 브리검영(Brigham Young)대학의 로라 파딜라 워커(Padila Walker)교수는 1년간 395가정의 10대 형제들을 관찰한 결과, 형이나 오빠 등 남자형제보다 누나 등 여자형제 있는 집안이 더 화목하고 행복했다고 한다. 대체로 형이나 오빠 등 남자형제보다는 언니나 누나 등 여자형제가 동생들에게 더 잘해주는 것으로 나타났다. (606)

"하나는 외롭습니다. 자녀에게 가장 좋은 선물은 동생입니다", 「아이낳기 좋은세상 만들기 운동본부」의 위 홍보문구처럼 1자녀 갖기 세태 하에서 이제는 아들딸 구분 말고 셋 이상 낳아 잘 키우도록 정부가 출산 장려시책을 보다 적극 전개해 나가야 하겠다.

자녀를 둔 부모들은 자녀들이 덕성(德性)·지성(知性)·체력(體力)을 잘 연마하여 훌륭한 인격과 능력을 갖춘 인물로 키워내야 한다. 예로부터 "신하를 잘 알기는 임금만한 사람 없고, 자식을 잘 아는 것은 부모만한 사람 없다(知臣莫如君 知子莫如父·한비자)"고 했다. 어렸을 때부터 자녀의 품성·지능·능력을 깊이 관찰하여 부모가 잘 지도해 나가야 한다.

1983년 발표된 가드너의 다중지능이론에 의하면 "인간지능은 한 분야의 능력인 단일지능이 아니라 여러 분야의 지능으로 나뉘어진다"고 한다. 현재 밝혀진 지능분야만 해도 언어, 논리수학, 공간, 신체운동, 음악, 인간친화, 자기이해, 자연 친화지능 등이 있으며, 뇌 연구의 발달에 따라 더 다양한 지능분야가 밝혀질 것이라 한다. (363)

캐나다의 벨로루시 연구팀은 1996년 6월~1997년 12월에 태어난 벨로루시의 신생아 1만 4,000명을 2개 그룹으로 나눈 뒤 6개월 동안 한 그룹은 집중적으로 모유 수유를 권했고, 다른 그룹은 별다른 요구를 하지 않았다. 이에 따라 권유를 받은 그룹의 아이들은 다른 아이들보다 더 모유 수유율이 높았다.

연구팀이 이후 6년 6개월이 지난 뒤 IQ(지능지수)를 측정한 결과 모유 수유를 권한 그룹의 점수가 다른 그룹에 비해 5%정도 높았고 학습능력도 더 뛰어난 것으로 나타났다. IQ테스트는 소아과 전문의에 의한 검사와, 학교 교사에 의한 읽기·쓰기·산수 등에 대한 평가로 이뤄졌으며, 양쪽 결과 모두 모유 수유 그룹의 점수가 높았다.

연구에 참여한 캐나다 맥길대의 마이클 크래머(Kramer)교수는 "모유 수유 시간을 자주 가질수록 아이들과 더 가깝게 교감하는 정신적 측면도 지능발달에 작용했을 것"이라며 "아이들의 모유 수유에 많은 시간을 투자한 어머니들이 더 똑똑한 아이를 갖게 됐다"고 분석했다.

미국 소아과협회는 적어도 아기가 다른 음식을 섭취하기 전인 초기 6개월 동안은 모유를 먹이도록 권고하고 있다. (607)

아동 인지발달을 세계적으로 연구한 스위스의 심리학자 피아제는 아동의 인지발달을 4단계로 구분했다. 먼저 출생 후 2세까지는 「감각운동기」로, 감각운동기관을 통해 세상을 탐색하며 대상영속성의 개념이 나타난다. 2~7세의 「전조작기」는 사고기능이 발달하나 자기중심적인 특징을 보이며, 언어가 급속하게 발달한다. 7~11세의 「구체적 조작기」에는 논리적 사고력이 발달하지만 그 사고 과정은 자신이 관찰한 실제 사실에만 한정된다. 11세 이후의 「형식적 조작기」에는 추상적 상징에 대해서 논리적으로 생각할 수 있고, 가설적 연역적 추론이 가능해진다고 한다. (363)

남자아이와 여자아이의 언어능력 차이는 남녀의 뇌에서 언어를 담당하는 부위에 차이가 있다는 데서 출발한다. 남자아이의 뇌는 분석적이고 언어적인 활동을 할 때 주로 좌뇌를 사용한다. 그러나 여자아이는 양쪽 뇌를 동시에 사용한다. 1995년 예일대학의 베넷 셰이위츠(Bennett Shaywitz)등은 자기공명영상(MRI) 장치를 사용해 남녀가 말을 할 때 뇌의 어떤 부분을 사용하는지를 관찰했다. 그 결과 남자는 말을 할 때 주로 좌뇌를, 여자는 좌뇌와 우뇌를 모두 사용한다는 것을 알아냈다.

여자아이가 언어를 구사할 때 양쪽 뇌를 모두 사용할 수 있는 것은 뇌량이 남자아이보다 10%쯤 더 두텁고 넓기 때문으로 추측된다. 뇌량이 넓으므로 좌뇌와 우뇌의 연결이 긴밀하고 효율적일 수 있는 것이다. 반면 남자아이의 뇌량은 여자아이에 비해 좁기 때문에 좌뇌와 우뇌 간의 소통이 원활하지 않다. 그런데 감정의 뇌는 우뇌에 있고, 언어의 뇌는 좌뇌에 있다 보니 남자아이는 감정을 언어로 표현하는데 어려움을 느끼게 된다. (363)

스텐포드 대학의 한 연구소에서 4세 아동의 정서지능을 측정해 18세가 될 때까지 삶에 어떤 변화가 나타나는지 관찰했다. 연구결과, 정서지능이 높을수록 성적이 우수하고, 대인관계도 좋은 것으로 나타났다.

아동의 정서지능은 '애착'을 통해서 발달된다. '애착'이란 자녀와 부모 사이를 묶어 주는 강한 애정관계를 말하는데, 아동의 인지적, 사회적, 정서적 발달에서 중요한 역할을 수행한다. 쉽게 말해서 부모의 사랑을 듬뿍 받고 자라 정서지능이 높은 아이일수록 정서가 안정되고 가슴이 따뜻한 인재로 자랄 확률이 큰 것이다. (그림책《이 세상 무엇보다 사랑해》· 조선일보)

부모들이여! 자녀가 정서가 안정되고 따뜻한 인재가 되기를 바란다면 어렸을 때 더 큰 사랑으로 더 많이 안아주고 자녀에게 정을 주기를….

"취학 전의 어린 자녀를 둔 부모가 가장 잘해야 하는 역할은 무엇일까? 크게 나누어 첫 번째는 민감할 것, 두 번째는 자극을 많이 제공할 것, 세 번째는 이용 가능성이 높은 부모가 되는 것이다. 첫 번째, 민감해야 한다는 것은 아이의 생각이나 기분, 욕구 등을 잘 헤아리는 감각을 말한다. 두 번째, 자극을 많이 제공해야 하는데, 영유아기 아이들은 호기심이 왕성하고 무엇이든지 해보려고 한다. 이 시기의 부모는 흥미롭고 다양한 교육적 자극을 제공하여 자녀가 다각적인 환경 변화를 스스로 탐색하고 부모와의 상호작용을 통해 역량을 높일 수 있도록 해야 한다. 세 번째, '이용 가능성'이 높은 부모가 되는 것은 보다 적극적인 자세를 필요로 한다. 상담실에서 만나는 아이들 중에는 엄마가 옆에 있는 데도 생전 처음 보는 내게 다가와 도움을 청하는 아이들이 있다. 이것마저 힘든 아이들은 어려운 일이 생기면 누군가에게 도움을 청할 생각도 못하고 혼자서 해보려다 이내 포기하고 만다. 이 아이들은 어려서부터의 경험을 통해 엄마는 자신이 필요할 때 이용하기 어려운 존재라는 결론을 내린 것이다. 어린 아이에게는 위험으로부터 보호해 주고 불안할 때 위로가 되어주며 자신이 필요할 때마다 이용할 수 있는 대상이 바로 부모가 되어야 한다.

부모는 자녀에게 든든한 '빽'이요 안전한 기지 역할을 해야 한다. 또한 자동문처럼 아이가 필요할 때는 언제나 스르르 열려주어야 한다. 아이의 실수나 고의가 아닌 잘못에 대해서는 너그럽게 용서해 주는 것이 좋다. 부모의 이런 모습을 보면서 아이는 관용과 관대함을 배운다. 또 '잘했다', '착하다'는 칭찬보다 '노력했구나!', '즐거웠구나!' 하는 과정에 대한 관심, 그리고 아이를 존중하고 있다는 느낌을 전하는 것이 아동중심 양육법의 중요한 가치이다. 평가를 받고 자란 사람은 타인도 평가하지만, 존중받고 자란 사람은 타인도 존중하게 된다는 것은 자녀교육 불변의 진리이다.” (212)

또 자녀의 마음을 헤아리는 부모가 되어야 하겠다.

젊은이들에게 자기 삶에 가장 큰 고통을 준 사람에 대한 설문조사를 한 결과, 부모를 1위(39.2%)로 꼽았다. “커서 뭐가 될래?”, “네가 하는 게 뻔하지.”, “너 때문에 내가 못살아” 등은 부모가 해서는 안 되는 말들이다. 또한 부모가 자녀의 이야기를 들어주기만 해도 관계회복에 효과가 있다고 한다. (1008)

정영숙 부산대 심리학과 교수팀은 부산시내 초등학교 5~6학년 남녀 379명을 대상으로, 어머니로부터 학업성취에 대한 압력을 어느 정도 받는지와 그에 따라 자신이 어느 정도의 스트레스를 받는지 설문문항을 이용해 측정했다. 이어 어머니가 “넌 할 수 있어”, “다음에는 잘할 거야”, “엄마는 널 사랑해” 등의 말로 격려하고 지지했을 때 원래 받았던 스트레스를 어느 정도 극복하는지 24문항의 설문조사로 살펴봤다.

연구결과 남녀 모두 어머니의 학업성취 압력이 높을수록 학업 스트레스가 증가하고 열등감, 무력감, 불안, 우울 등의 심리적 타격을 많이 받았다. 즉 “공부하라”는 강요는 아들 · 딸 관계없이 정서에 부정적인 영향을 줬다.

연구팀은 이어 어머니가 자녀를 격려 · 지지했을 때 이미 받은 심리적 타격이 어느 정도 회복되는지 조사했다. 아들은 우울, 불안, 무력감 등이 줄어들었지만 딸은 거의 변화가 없었다. 정교수는 “딸은 아들과 달리 어머니에게서 ‘공부하라’는 꾸중을 들으면 이후 달래줘도 마음이 풀리지 않는다는 의미”라고 말했다.

아들과 딸의 반응이 왜 다를까? 정교수는 “딸은 동성(同性)인 어머니와 원래 정서적으로 친밀한 친구 같은 사이이기 때문에 한 번 달래준다고 해서 특별한 고마움이나 감동을 느끼지는 않는다”며, “반면 아들은 어머니의 말을 ‘규율’ 비슷하게 받아들이기 때문에 어머니가 격려해 주면 특별히 고맙게 생각해 마음이 움직인다고 말했다.” 딸의 경우 ‘친구’의 지나가는 말 한마디에 큰 영향을 받지 않는 셈이고, 아들은 직장상사에게 칭찬을 받으면 기분이 좋아지는 것에 비유할 수 있다는 설명이다. (608)

다중지능 이론의 창안자인 하버드대학 교육학과 교수 하워드 가드너(Howard Gardner)는 리더가 되려면 보통 사람에 비해 3~4가지 지능이 좋아야 한다고 말했는데, 이는 대부분 여성에게서 돋보이는 지능이다. 그는 우선 「언어지능」이 뛰어나야 한다고 보았다. 사람들에게 설득력 있게 말을 할 수 있어야 하기 때문이다. 또한 「사람들을 이해하는 지능」이 높아야 하고, 자신을 돌아보는 「자성지능」도 갖춰야 한다고 했다. 여자아이는 대개 가드너 교수가 말하는 리더의 지능을 가지고 있다. 언어능력이 발달해 언어지능이 높고, 공감능력이 발달해 인간친화지능, 자기이해지능이 높은 편이기 때문이다. 여자아이는 이미 리더가 될 만한 고지를 점령하고 있는 것이다.

실제로 세계적인 여성 CEO들은 여자의 뇌가 가진 능력을 잘 이용했다. 여성 CEO하면 누구나 가장 먼저 떠올리는 미국의 컴퓨터 제조회사 휴렛팩커드의 전 회장 칼리 피오리나는 탁월한 추진력과 천부적인 언어감각을 자랑했다. 거기에 하나 더 추가된 것은 "무슨 일이 있어도 절대 포기하지 말라, 가장 큰 승리는 대개 최후에 오는 법이다"라는 좌우명이다. 한국 최초의 성공한 여성기업가로 평가받는 애경그룹의 장영신 전 회장도 탁월한 리더십과 정도경영으로 유명하다. 그녀는 무엇보다 개척정신이 중요하다고 강조한다. 알파걸의 대표적인 역할모델인 미국의 방송인이자 경영자 오프라 윈프리는 훌륭한 경영자가 되려면 비즈니스에 대해서 아는 것도 중요하지만 사람을 가슴으로 관리하는 것이 중요하다고 말한다. 성주인터내셔널의 김성주 사장도 세계가 주목하는 여성 CEO 중의 하나이다. 그녀는 술대접, 골프사교, 탈세, 뇌물 등의 관행을 거부한 투명경영으로 유명하다.

몇몇 여성 CEO의 성공이유를 살펴보면 여자의 뇌가 가진 강점이 고스란히 녹아있다. 천부적인 언어감각, 정도경영, 사람중시, 투명경영, 경청 등이 그것이다. 이것은 모두 공감능력에서 비롯된다. 공감능력을 가진 리더는 직원을 필요와 욕구를 충족하기 위해 이용하는 도구로 보지 않고, 감정을 가진 사람으로 본다. 그들도 사적인 시간과 공간이 필요한 개인적인 삶을 산다는 것을 이해한다. 그래서 친절한 리더십, 따뜻한 리더십이 나올 수 있는 것이다.

하지만 공감능력 하나만으로는 리더가 될 수 없다. 리더가 되는데 중요한 '도전정신, 추진력, 끈기' 가 뇌에 상대적으로 부족하기 때문이다. 이러한 뇌의 특성을 보완하려면 여자아이는 의식적으로라도 더 많이 도전해 보도록 하고, 스스로 리더가 되어 다른 사람을 이끌어 보게 하고 뭐든 시작한 일은 끝까지 해내도록 하는 훈련을 많이 시켜야 한다. 여자아이를 당당한 리더로 키우고 싶다면 다음 몇 가지를 명심하자.

첫째, 다양한 장난감을 사준다.

둘째, 스스로 도전해서 실패하고 성공하는 기회를 만든다.

셋째, 많이 뛰어 놀도록 한다.

넷째, 주체적 사고를 심어준다.

다섯째, 여성적인 것을 강요하지 않는다.

여섯째, 이성인 아버지가 딸 아이 교육에 많은 시간을 할애한다.

여자아이는 엄마를 많이 닮는다. 여자아이의 역할 모델은 엄마지만 정신분석학의 창시자로 알려진 지크문트 프로이트(Sigmund Freud)의 말에 따르면 여자아이가 엄마를 닮으려고 하는 것은 아빠의 마음에 들기 위해서라고 한다. 따라서 엄마의 열 마디 보다 아빠의 한마디가 여자아이에게는 더 큰 영향을 줄 수 있다. 특히 초등학교 저학년 때까지는 자신감, 독립심, 자율성을 키워갈 때인 만큼 아빠의 관심과 격려가 더욱 필요하다. 딸과 더 많은 시간을 보내고 많은 경험을 함께 해야 한다. 알파걸이라는 신조어를 만든 킨들런은 아빠가 가진 대범하고 장난스러운 성향이 여자아이의 유머감각 발달에 도움을 주며 긴장을 완화시켜 준다고 지적한다. 또한 아빠와 관계가 좋은 여학생은 주관이 두렷하고 새로운 경험에 대해 겁을 덜 내며 적극적이라고 말했다. 무엇보다 아빠를 보고 남자들을 다루는 법, 특히 경쟁상황에서 대처하는 법을 배우게 된다. 요컨대 여자아이로서 가지는 핸디캡을 아빠가 교육에 참여함으로써 해결할 수 있다는 말이다.

그렇다면 남자아이를 잘 키우기 위한 구체적인 방법은 어떤 것이 있을까?

첫째, 감정을 솔직하게 표현하는 모습을 많이 보여준다.

우리는 흔히 남자다움은 감정을 억제하는 것이라고 생각한다. 아이가 다쳐서 울 때도 남자니까 참아야 한다고 말한다. 그런 특징이 굳어지지 않게 하려면 어릴 적부터, 특히 아빠가 감정을 솔직하게 표현하는 모습을 보여주는 것이 필요하다. 남자아이의 역할모델은 아빠이기 때문이다.

둘째, 스킨십을 자주해 준다.

셋째, 부정적 감정을 받아주고 말로 표현하는 연습을 시킨다.

넷째, 공부를 못한다고 혼내지 않는다.

앞서서 여러 번 말했지만 남자아이의 학습능력은 생각보다 늦게 발달된다. 유아기나 아동기의 남자아이가 부모의 바람만큼 못하는 것은 아이의 머리 탓이라기보다는 발달의 순서가 다른 탓임을 이해해야 한다. 현실적으로 남자아이만 따로 모아놓고 가르치는 것이 어려운 만큼, 아이가 기초 정도만 파악했다면 만족하고 너무 잘하기를 기대하지 말라. 윽박질러 자존감을 낮춰 놓지만 않으면 때가 되면 남자아이도 다 잘한다.

다섯째, 몸으로 느낄 수 있는 체험학습을 많이 시킨다.

여섯째, 경쟁에서 배우게 하고 승부욕을 자극한다.

남자아이들은 여자아이에 비해 승부욕이 강하다. 어린 남자아이가 밥을 잘 먹지 않을 때, 누가 빨리 먹는지 내기를 하자고 하면 정신없이 숟가락질을 하기 시작한다. 조금은 유치해 보이지만 남자아이의 이런 습성은 꽤 오랫동안 지속된다. 한 가지 주의할 점은 아이가 경쟁이나 승부를 즐기기 전에 도덕적 규칙을 먼저 일러주어야 한다는 사실이다. 규칙을 지키지 않는 경쟁이나 승부는 이겨도 이긴 것이 아니라는 것을 반드시 가르쳐 준다.

일곱째, 애완동물이나 식물을 키워보게 한다.

여덟째, 운동에너지를 발산하도록 한다.

남자아이가 발달시켜야 하는 대근육은 여자아이가 발달시켜야 하는 양보다 많다. 남자아이가 산만해 보일 정도로 분주하게 움직이는 것은 운동에너지가 넘쳐나기 때문이다. 집 안에서 뛴다고 혼낼 것이 아니라 하루에 한 시간은 밖에서 마음껏 뛰어놀도록 한다. 아빠와 자전거를 타든지, 농구를 하든지, 달리기 시합을 하든지 다 괜찮다. 땀이 나도록 신나게 뛰어놀고 나면 왕성한 운동에너지를 분출할 수 있을 뿐더러 아빠와도 더욱 가까워진다. (363)

《탈무드》에는 '아들에게 근면함을 가르치지 않는 부모는 그 아들에게 절도를 가르치는 것과 다름없다'는 조금은 파격적인 격언이 나온다. 이에 대해 한 학생이 랍비에게 물었다. "부모가 아들에게 부지런함을 가르치지 않는 것이 어째서 그 아들을 도둑으로 만드는 것과 같다는 거죠?" 랍비가 대답을 주었다. "자식에게 부지런히 일하는 것을 가르치는 부모는 자식에게 포도밭을 물려주는 것과 같다. 울타리가 쳐진 포도밭에는 여우같은 동물이 드나들지 못하듯이, 부정한 생각이 자식의 마음속에 들어가지 못한다는 뜻이다."

예전에는 형제자매들이 많아 남자형제, 여자형제도 많고 남매의 수도 많았으나 요즘 어린이들은 형제 특히 남자형제나 여자형제의 수가 극히 적어 독신자녀인 경우도 많다.

형우제공(兄友弟恭 : 형은 아우를 아껴주고 아우는 형을 공경함)이라는 말이 있다. 형제가 화목하면 집안이 평안하고 형제가 재산 등의 문제로 다투게 되면 집안이 시끄러워지고 때로는 재벌가 형제의 재산싸움으로 사회가 시끄러운 경우도 있다. 여기 송강의 훈민가 16수 중, 1수와 2수를 읽어 보며 부모은혜와 형제우애를 다시 한 번 생각해 보자.

아바님 날 나흐시고 어마님 날 기르시니
두분곳 아니면 이몸이 사라시랴
하늘가튼 은덕을 어대다혀 갑사오리(정철, 훈민가 16수중 1수)

형아 아우야 네 살을 만져보와
뉘손대 타나관대 양재조차 가타산다.
한 입 먹고 길러나이셔 닷마음을 먹디마라(훈민가 16수중 2수)

그리고 어느 책에서 읽었던 "지워지지 않는 낙서"라는 이야기를 적는다.

「지난봄, 우리 가족은 마당이 있는 집으로 이사를 했다.

이삿짐을 풀자마자 나에게 주어진 일은 담벼락에 빼곡이 써있는 낙서를 지우는 일이었다. 서툰 글씨, 어딘지 모를 주소와 간략한 약도….

"야, 다 지웠다."

그런데 참 이상한 일이었다. 다음날 아침 눈을 비비고 나와 보니 어제 애써 지운 글씨들이 모두 되살아나 있었다. "어? 이상하다. 도깨비가 왔다 갔나? 아니면 달빛에 글씨가 살아나는 요술 담장인가?"

정말 모를 일이었다. 나는 영문을 알지 못한 채 다시 낙서를 지우고 엄마한테 검사까지 받았다.

"깨끗하게 잘 지웠네, 우리 착한 딸."

엄마는 머리를 쓰다듬으며 칭찬해주셨다.

그러나 이상한 일은 그날만이 아니었다. 다음날에도, 또 그 다음날에도 이상한 일이 일어났다. 매번 누군가 전날과 똑같은 낙서를 가득 해놓곤 하는 것이었다.

"대체 누가 이런 짓을…."

나는 낙서를 지우면서 누군지 잡히기만 하면 혼을 내주겠다고 마음먹고 저녁내내 망을 보기로 했다. 그런데 그날 저녁 두 소년의 그림자가 담장에 어른거렸다. 범인이 분명했다.

"형, 아빠가 하늘나라에서 이거 보고 이사 간 집 찾아올 거라고 그랬지?"

"물론이지. 아빠는 집배원이셨으니까 금방 찾아오실 거야."

형제는 하늘나라로 간 아버지가 자기들이 이사 간 집을 찾아오지 못할까봐 담장에 약도를 그리고 또 그렸던 것이다.

나는 그 이후 낙서를 지울 수가 없었다.」

형제간의 우애와 화목한 생활에 대한 가정의례 전문가의 가르침을 여기 적어본다.

"형제는 부모를 한 가지 하여 나왔으니 형제 몸은 곧 부모의 분신이라. 나무의 가지와 같으니 즐겁고 슬픔을 평생에 함께하는 둥지니라. 형은 아우를 사랑하고 아우는 형을 공경하여 우애하니 형이 허물이 있은 즉 아우가 화한 낯으로 간하며 아우가 허물이 있은 즉 형도 또한 화한 낯으로 깨우치되 매를 때린 즉 불가니라. 형 몸은 부모의 몸이요 아우의 몸 또한 부모의 몸이니 만약 형이 아우에게 매질하면 부모에게 불효가 되느니라. 그러므로 형제는 성내지 아니하며 다투지 아니하고 매질을 아니 하며 재리를 생각지 않느니라. 만약 재리를 탐한즉 점점 불화하니 서로 이별하여 금수와 같이 종래에는 서로 격이 깊느니라. 그러므로 형이 밥 먹은즉 아우를 돌아보고 아우가 밥 먹은즉 형을 돌아보라. 형은 선령을 계승하여 제사를 받들므로 그 가문의 주인이요 형은 부모와 같으니 아우는 형을 좇아 매사를 청하여 행함이 아우의 도리이니라. 형제가 서로 위하여 그 마음을 얻으면 부모 마음이 편안하며 그 가정이 가지런하므로 스스로 복과 수가 느는 길이 되느니라. 형제가 동행하면 맹수도 침범하지 못하며 도적도 해치지 못하니 이는 자기만을 꾀하지 않고 생사를 같이하는 의리니라. 형제가 화합하면 무슨 일을 못하며 사람이 어찌 업신여기리오." (137)

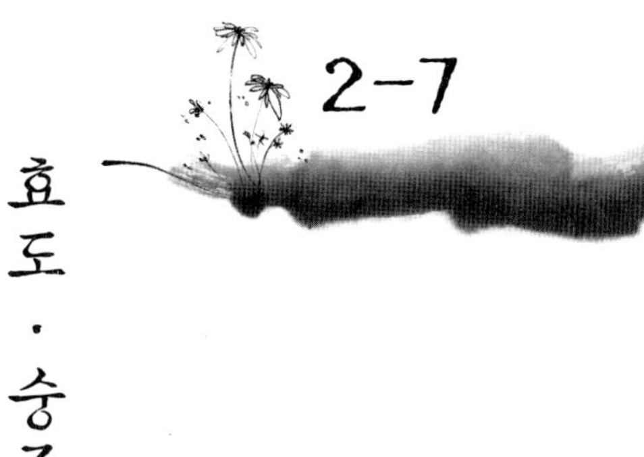

효도 · 숭조

孝는 관심

전덕기

자고 깰 때마다 혹 어떠신지?
비가 내리면 바람이 차면
혹 건강은 어떠신지
먹음직스런 음식을 보면
잡수시게 하고자 사들이게 되니
시시때때 떠나지 않는 관심

실천하는 행동되어
사랑을 빚는다

□ 슬프도다 ! 부모는 나를 낳았기 때문에 평생 고생만 했다. – 《시경(詩經)》

□ 은혜를 모르는 자식을 가진 부모의 고통은 살무사에게 물린 아픔보다도 더 심한 것이다. – 셰익스피어

□ 아버지가 누더기를 걸치면 자식은 모르는 척하지만, 아비가 돈주머니를 차고 있으면 자식들은 모두 다 효자가 된다. – 셰익스피어

□ 한 분의 아버지가 백 명의 스승보다 더 낫다. – 허버트

□ 죽은 후에 큰 상을 차려 권하는 것보다 살아 있을 때 한 잔 술이 낫다(死後大卓 不如生前一杯酒).

□ 눈 먼 자식이 효자 노릇 한다. – 한국 속담

□ 신체 · 머리 · 피부는 부모님께 물려받은 것이니 이를 손상시키지 않는 것이 바로 효도의 첫걸음이다(身體髮膚 受之父母 不敢毁傷 孝之始也). – 《효경(孝經)》

□ 너는 너의 하나님 여호와의 명령한 대로 네 부모를 공경하라. 그리하면 너의 하나님 여호와가 네게 준 땅에서 네 생명이 길고 복을 누리리라(Honor your father and your mother, as the LORD your God has commanded you, so that you may live long and that it may go well with you in the land the LORD your God is giving you) – 신명기 5 : 16

□ 겨울에는 따스하게 해드리고 여름에는 시원하게 해드리며 저녁에는 잠자리를 보아드리고 아침에는 문안을 드린다(冬溫而夏淸 昏定而晨省). – 《예기(禮記)》곡례상

□ 내 자식들이 해 주기 바라는 것과 똑같이 네 부모에게 행하라. – 소크라테스

□ 나무가 고요하고자 하나 바람이 멈추지 않고, 자식이 효도하고자 하나 어버이가 기다려주지 않는다(樹欲靜而風不止 子欲養而親不待). – 《한시외전(漢詩外傳)》

□ 5형(刑)에 속하는 죄가 3천 가지이지만 그 죄가 불효보다 더 큰 것은 없다. – 공자

□ 삼년 동안 아버지가 지키던 도를 고치지 말아야 가히 효자라 할 수 있다(三年 無改於父之道 可謂孝矣). – 《논어》 학이편

□ 자식이 효도하면 부모가 즐겁고 집안이 화목하면 만사가 잘 되느니라(子孝 雙親樂 家和萬事成). – 대원군

■ ■ ■

《시경(詩經)》 효행편에 나오는 공자의 효에 관한 가르침 몇 가지를 읽어 본다. ①“아버지 나를 낳으시고 어머니 나를 기르시니 아아 애달프도다. 나를 낳아

기르시느라고 애 쓰시고 수고하셨도다. 그 깊은 은혜를 갚고자 한다면 넓은 하늘도 다함이 없도다(父兮生我 母兮鞠我 哀哀父母 生我劬勞 欲報之德 昊天罔極).”

② “효자가 어버이를 섬길 때에는 집에 계시면 공경하는 마음을 다하여 섬기고, 봉양할 때는 즐거운 마음으로 섬기고 편찮으실 때는 걱정하는 마음을 다하여 섬기고, 상을 당했을 때는 슬퍼하는 마음을 다하여 섬기고, 제사를 지낼 때는 엄숙한 마음을 다해서 섬겨야 한다. 이 다섯 가지가 갖추어진 뒤에야 어버이를 섬길 수 있을 것이다(孝子之事親也 居則致基敬 養則致基樂 病則致基憂 喪則致基哀 祭則致基嚴 五者備矣 然後 能事親).”

③“대개 효도라는 것은 덕의 근본이요, 모든 교육은 여기서부터 생겨나는 것이다. 사람의 모든 신체는 부모에게서 물려받은 것으로 자신의 신체를 감히 훼손시키지 않는 것이 효도의 시작이요, 벼슬길에 나아가 세상에 도를 행하여 후세에 명성을 날려서 부모의 이름을 드러나게 하는 것이 효도의 끝이다. 효도는 어버이를 섬기는 데서 시작하여 그 다음으로 임금을 섬기고, 벼슬길에 나아가 도를 행하는 입신에서 끝나는 것이다(夫孝 德之本也 敎之所由生也니 身體髮膚 受之父母 不敢毁傷 孝之始也 立身行道 揚名於後世 以顯父母 孝之終也 夫孝 始於事親 中於事君 終於立身).”

예로부터 효도는 덕의 근본뿌리(德之根本)요, 백가지 행실의 바탕(百行之源)이며, 만 가지 선행의 근원(萬善之源)이라고 여겨 왔다.

④“어버이를 사랑하는 사람은 감히 타인을 미워하지 않고, 어버이를 공경하는 사람은 감히 타인을 업신여기지 않는다. 사랑과 공경을 다하여 어버이를 섬기면 덕과 가르침이 백성에게 퍼져 온 세상의 모범이 된다. 이것이 대개 천자가 효도하는 방법이다(愛親者 不敢惡於人 敬親者 不敢慢於人. 愛敬盡於事親 而德敎加於百姓 刑于四海 蓋天子之孝也).”

⑤“대개 효도라는 것은 하늘의 변함없는 법칙이며, 땅의 마땅한 의리이고, 백성의 정당한 행실이다. 하늘과 땅의 법칙을 백성은 본받아야 한다. 임금은 하늘의 밝음을 본받고 땅의 유익함을 근거로 해서 천하를 순리대로 다스려야 한다(夫孝 天之經也 地之義也 民之行也 天地之經 而民是則之 則天之明 因地之利 以順天下).”

⑥ 다섯 가지 큰 벌을 받을 만한 죄가 3천 가지나 되지만 불효보다 큰 죄는 없

다(子日 五刑之屬三千 而罪莫大於不孝).”

오형(五刑)이란 중국에서 옛날부터 행해지던 다섯 가지 체형(體刑)을 말한다. 얼굴에 먹칠을 새겨 넣는 묵형(墨刑), 코를 베는 의형(劓刑), 다리를 자르는 비형(剕刑), 남자의 생식기를 제거하는 궁형(宮刑), 사형의 대벽(大辟)을 말한다.

맹자는 군자의 세 가지 즐거움(君子有三樂 · 盡心章句上)으로

① 부모구존 형제무고(父母俱存 兄弟無故)

– 즉 부모가 살아계시고 형제가 무고한 것

② 앙불괴어천 부부작어인(仰不愧於天 俯不怍於人)

– 즉 하늘을 우러러 두려울 것이 없고 사람들에게 부끄럽지 않은 것

③ 득천하영재 이교육지(得天下英才 而教育之)

– 즉 천하의 영재를 얻어 가르치는 것

그러나 천하의 왕 노릇하는 것은 그 안에 들지 못한다고 했다.

《예기(禮紀)》에 의하면 효에는 세 가지가 있으니, “가장 큰 효는 부모를 존경하는 것이며, 다음은 부모를 욕되게 하지 않는 것이며, 그 다음은 부모가 의식주에 궁하지 않게 봉양하는 일이다”라고 했다(大孝 · 尊親 · 其次 · 弗辱 · 其下 · 能養).

《맹자(孟子)》에 의하면 가장 큰 효(大孝)는 “평생토록 부모를 공경하고 사모하는 것(終身 慕父母)”이라 했다.

까마귀는 어미가 늙어서 먹이를 구하지 못하면 새끼가 먹이를 물어다 어미를 공양한다. 이것을 반포지효(反哺之孝)라고 하며 까마귀를 효조(孝鳥)라고 한다.

공자는 《논어(論語)》에서 ‘효제야자 기위인본지여(孝悌也者 基爲人本之與)’, 즉 “부모에 효도하고 형제우애하며 어른을 공경하는 것은 인간 세상에서 가장 근본 된 사랑”이라 했고, 또 “그 가장 근본된 것이 사람 마음 가운데 바로서야 인간이 살아갈 길이 열린다(本立而道生)”고 했다.

금세기 최고의 지성 토인비에게 어느 기자가 물었다. 만약 지구가 멸망해서 다른 별로 이주할 때 오직 한 가지만을 가져가야 한다면 선생님은 도대체 무엇을 가져가겠느냐고, 토인비는 촌각의 망설임도 없이 대답했다. 한국의 가족 제도를 가지고 가겠노라고.

효를 바탕으로 하는 동양, 특히 한국의 (1)3강(君爲臣綱, 父爲子綱, 夫爲婦綱),

⑵3행(三行 = 三道, 養父母, 治喪禮, 修祭禮), ⑶오륜(父子有親, 君臣有義, 夫婦有別, 長幼有序, 朋友有信), ⑷오상Ⅰ(漢書 : 仁, 義, 禮, 智, 信) ⑸오상Ⅱ(書: 父義, 母慈, 兄友, 弟恭, 子孝), ⑹육행 → 1. 효(孝 · 부모에게 효도) 2. 우(友 · 형제간의 우애) 3. 목(睦 · 가족, 친척 간의 화목) 4. 인(婣 : 부모 명에 따르는 결혼) 5. 임(任 : 벼슬길) 6. 휼(恤 : 어려운 이웃을 도움) ⑺칠거(七去 · 안씨가훈 : 不順父母去, 無子去, 淫去, 妬去, 有惡疾去, 多言去, 竊盜去) ⑻팔형(八刑) ①불효(不孝 : 불효자) ②불목(不睦 : 가족화목을 깨트리는 자) ③불인(不姻 : 부모의 결혼명령을 거역하는 자) ④부제(不悌 : 형을 공경하지 않는 자) ⑤불임(不任 : 직무를 이행치 않는 자) ⑥불휼(不恤 : 이웃의 불행을 외면하는 자) ⑦조언(造言 : 나쁜 거짓말을 만들어 내는 자) ⑧난민(亂民 : 민심을 어지럽히는 자) 등의 여러 관습과 법도를 토인비는 이상적인 인간관계라고 보았던 것이다.

육친(六親)이라 하면 ①아버지(父) ②어머니(母) ③형(兄) ④아우(弟) ⑤처(妻) ⑥자식(子)의 6가지 가족관계를 포괄하는 뜻이다.

맹자는 다음 5가지를 5불효(五不孝)로 지목했다.

① 게을러서 생업을 태만히 하여 가난하거나 또 부모를 위하여 해야 할 도리를 제대로 이행하지 않는다거나 해서 부모를 효양하는 일을 소홀히 하는 행위가 첫째 불효이다(惰其四肢, 不顧父母之養 一不孝也).

② 술과 도박으로 부모의 효양을 소홀이 하는 것이 두 번째 불효다(博奕好飮酒, 不顧父母之養 二不孝也).

③ 돈만 알고 처자식만 편애하여 부모를 돌볼 줄 모르는 행위가 세 번째 불효다. 까마귀도 늙은 어미를 돌보는 오자지 반포(烏子之 反哺)와 제비도 옛 주인을 알아본다는 현조지 지주(玄鳥之 知主)라는 말도 있는데, 하물며 사람으로서 자기의 처자식만 알고 재물에 인색하여 부모를 놀라보는 보본성신(報本精神)이 결여한 놀부 같은 인간성을 경계한 말이라 할 것이다(好貨財私妻子 不顧父母之養 三不孝也).

④ 눈과 귀의 만족을 채우기에 급급하다가 드디어는 부모까지 욕되게 하는 행위를 네 번째 불효라고 했다(從耳目之欲 以爲父母戮 四不孝也).

⑤ 다섯 번째로 맹자는 이성을 잃고 싸움질이나 좋아하고 성질이 사나와서 부모를 위태롭게 하는 것을 큰 불효의 하나라고 경계했다(好勇鬪狠 以危父母 五不

孝也).

여기 옛사람들의 효행사례 몇 가지를 간략히 적어 본다.

(1) 조선 철종 임금 때 상덕(尙德)이라고 하는 효자는 큰 흉년이 들어 부모님께서도 굶주리게 되자 자기의 넓적다리 살을 베어 부모님께 드리고, 어머님께서 종기가 나서 고생을 하시자 입으로 종기의 상처를 매일 빨아서 낫게 했다. 이런 상덕의 효행이 임금님의 귀에 들어가자 임금님께서 재물을 후하게 내리고, 그 집에 효자의 정문을 세우도록 하여 후세 사람들에게 전하도록 했다.

(2) 또 도씨라고 하는 사람은 효심은 지극했으나 너무나 가난했다. 하루는 숯을 팔아 홀어머님이 좋아하는 고기를 사 가지고 집으로 돌아오는데 난데없이 솔개가 날아와 고기를 낚아채 가버렸다. 도씨는 슬피 울며 집에 돌아와 보니 솔개가 고기를 집 안 마당에 떨어뜨려 놓았다.

하루는 병석의 어머님이 때 아닌 홍시가 먹고 싶다고 하여 감나무를 찾아 나섰다. 이 나무 저 나무 감나무를 찾아 혹시 남은 홍시를 찾다 날이 어두워졌다. 그때 호랑이가 나타나 도씨의 가랑이 사이로 기어들며 등에 타라는 시늉을 했다. 도씨가 호랑이 등에 타니 호랑이는 백 여리를 달려 어느 산동네에 내려 놓았다. 도씨는 어느 집을 찾아 하룻밤 신세를 지게 되었다. 주인이 저녁상을 차려 왔는데 홍시가 두 개 놓여져 있었다.

도씨는 얼마나 반가운지 자기의 사정이야기를 하고 홍시가 저녁상에 오른 까닭을 물었다.

주인이 대답하기를 "돌아가신 아버님께서 생전에 감을 즐기셔서 제사에 쓰려고 가을마다 감을 거두어 굴 안에 두었다가 이듬해 5월 제사에 쓰곤 했는데 매년 썩지 않고 제사에 쓸 수 있는 것이 일곱 여덟에 지나지 않았는데 금년에는 이상하게도 쉰 개나 남아 있어 참으로 신기하게 여겼습니다. 이는 필시 하늘이 그대의 효성에 감동한 것이라 생각되오"라고 말하면서 어머님께 가져다 드리라고 스무 개를 주었다.

도씨는 주인께 깊은 감사의 인사를 드리고 밖으로 나오니 호랑이가 그때까지 가지 않고 기다리고 있었다. 도씨는 다시 호랑이 등을 타고 집에 돌아오니 날이 밝더라고 한다.

(3) 여섯 살 때 원술(袁術)을 만났던 한(漢)나라 육적(陸績)은 귤을 가슴에 숨겼

다가 작별인사 도중 떨어지자 집의 노모를 위한 것이라고 대답해 어린 효자의 대명사가 되었다.

(4) 신증동국여지승람(新增東國輿地勝覽)에는 조선 중종 때 서울에 살던 사가(史家)의 노비 붕이(朋伊)가 12세 때 와병 중인 부친에게 손가락을 잘라 약에 피를 섞어 드리니 병이 나았다고 전한다. 자신을 천인으로 만든 부친에 대한 극진한 효도였다.

(5) '진서(晉書)' 왕상(王祥)열전에는 자신을 미워하던 계모에게 잉어회를 올리기 위해 겨울 강가에 나가자 저절로 얼음이 깨지면서 잉어가 뛰어 올라왔다고 전한다.

(6) 조선 세종 때 경상도 영해(寧海)에 살던 박진(朴辰)도 병석의 부친에게 얼음을 깨 잡은 물고기로 회를 올린 효자이다.

(7) 원나라 때 24효에 뽑혔던 오맹(吳猛)은 자신이 모기를 쫓으면 부모님께 갈까봐 자진해서 물렸다고 한다.

(8) 전라도 용안(龍安)현의 이보(李甫)는 꿈속에 한 승려가 나타나 "부친의 병은 산사람의 뼈를 먹으면 낫는다"고 하자 손가락을 잘라 약을 만들어 아버지의 병을 고쳤다.

(9) 중종 때 관비였던 숙미(淑美)도 14세 때 병에 걸린 어머니에게 다리 살을 베어 약에 섞어 드려 병을 고쳤다고 한다. (동아일보 이덕일 舍廊에서)

양사언은 우리가 잘 아는 대로 다음과 같은 풍수지탄(風樹之歎)의 시를 남기고 있다.

"어버이 살아실 제 섬기기 다하여라 지나간 후면 애닯다 어이하리 평생에 고쳐 못할 일은 이뿐인가 하노라"

효와 관련된 고사싱어에 반의시희(斑衣之戱)란 말이 있다. 춘추시대(春秋時代) 노(魯)나라에 노래자(老萊子)라는 70살 먹은 효자가 늙은 부모님께 늙은 모습을 보이지 않기 위해 늘 알록달록한 때때옷을 입고 어린이처럼 재롱을 피웠다고 한다. 반의지희는 "늙어서도 부모에게 효도함"을 이르는 말로 출전(出典)은 몽구(蒙求) 고사전(高士傳)이다. (609)

불경에 말씀하시기를 '효의 공덕은 부처님께서 한겁 동안 계속해서 말씀하시더라도 다 말씀하시지 못한다' 하셨고, '부처님께 공양함과 부모님께 효도한 공덕이 똑같다' 라고 하셨으며, '부처님이 모든 것을 성취한 것도 다생겁 동안 효도한 인연' 이라고 말씀하셨듯이 우리들은 '효' 한자가 인간적 행위의 표징이며 만가지 선행의 근원이라는 사실을 깊이 깨닫고 실천해야겠다.

효에 관한 불교 경전으로서는 《대보부모은중경(大報父母恩重經)》·《불설우란분경(佛說盂蘭盆經)》·《심지관경보은품(心地觀經報恩品)》·《효자경》·《불모출생경》·《본사경(本事經)》등이 있다. 《심지관경보은품(心地觀經報恩品)》중에서 부처님의 효에 관한 말씀 몇 구절을 새겨 본다.

(전략)

세상에서 어떤법이 제일가는 부자런가
세상에서 어떤법이 제일궁한 가난인가
어머니가 집에계심 제일가는 부자이고
어머니가 안계심이 가장궁한 가난이라.
어머니가 생존일때 밝은해의 날이되고
어머니가 안계실때 해가저문 날이어라.

온 세상 일체의 선남자 선여인이여
부모님의 크신은덕 산같음을 알지로다.
어느때나 효순공경 마음깊이 새겨두고
은혜알아 갚는것이 이것이 성도일세. (134)

부처님은 대승계에서 살생·도적질·음행·거짓말, 술 등을 금하면서 먼저 부모와 사승삼보에 효순(孝順)할 것을 첫째 계행으로 가르치고 있다.《八想錄》

앞에서 말한 바와 같이 부처님 말씀에 의하면 남자(아버지)의 유골(뼈)은 희고 무거우나 여자(어머니)의 뼈는 자녀를 낳을 때마다 서 말 서 되의 피를 흘리고, 3년 동안 어린 자녀를 키우느라 여덟 섬 네 말이나 되는 흰 젖을 먹여야 하므로 그 뼈(유골)는 아버지에 비해 검고 가벼워진다.

그리고 자식이 그 왼쪽 어깨에는 아버지를, 오른쪽 어깨에는 어머니를 업고 가죽이 닳아 뼈에 이르고 뼈가 뚫어져 골수에 이르도록 수미산(須彌山)을 백천 번 돌더라도 오히려 부모의 은혜를 갚을 수가 없다고 한다.《大報父母恩重經》

성경에서도 효행을 가르치고 있다.

"네 부모를 공경하라. 그리하면 너의 하나님 나 여호와가 네게 준 땅에서 네 생명이 길리라(Honor your father and your mother, so that you may live long in the land the LORD your God is giving you · 출애굽기 20:12)."

"네 아버지와 어머니를 공경하라. 이것이 약속 있는 첫 계명이니 이는 네가 잘 되고 땅에서 장수하리라(Honor your father and mother which is first commandment with a promise that it may go well with you and that you may enjoy long life on the earth · 에베소서 6:2 ~ 3)."

마을마다 있던 우리 향약(鄕約)은 1조1항부터 효를 내세웠다.

"맛있고 진귀한 음식은 맨 먼저 부모에게 바치고 옳고 그름을 떠나 부모의 명을 따라야 한다." 양반이 이를 어기면 동구 밖이나 저자에 죄목을 쓴 팻말을 목에 걸고 서 있게 했고 상민은 태 40대를 쳤다.

통계청이 발표한 '2008년 사회조사' 에서 '부모는 자녀 등 가족이 부양해야 한다' 는 응답이 40.7%로 2년 전 63.4%보다 크게 떨어졌다. '가족 · 정부 · 사회가 함께 돌봐야한다' 는 2년 전 26.4%에서 43.6%로 크게 늘어났다. '모든 자녀가 공동 부양해야 한다' 가 58.6%에 이르러 '장남부양' 17.3%를 압도했다. "부모 스스로 책임져야 한다"도 11.9%나 됐다. (610)

"어떻게든 부모님을 모시고 싶다"는 동양 젊은이는 줄고 있는 반면 서양 젊은이는 늘어 전통적인 '효' 의 가치가 동서양에서 달라지고 있음을 보이고 있다.

2008년 3월 29일 일본 정부가 발표한 '세계 청소년 의식조사' 에 따르면, 2008년 한국과 일본의 젊은이(18~24세 대상) 각각 1,000명을 조사한 결과 '(사정이 여의치 않더라도) 부모님을 꼭 모시고 싶다' 고 응답한 비율은 한국 35%, 일본 28%에 불과해 각각 66%, 64%인 영국과 미국에 크게 뒤졌다. (611)

효도에는 대효(大孝)와 달효(達孝)가 있다고 공자가 말했다고 자사(子思)는 중용《中庸》에서 쓰고 있다. 중용에 의하면 공자는 「순(舜)임금은 그야말로 대효였다. 순 임금의 덕(德)은 성인(聖人)이었고 지위는 하늘 아래 오직 하나인 천자(天子)였고 부(富)는 온 세상을 가져 종묘(宗廟)를 흠양하고 자손을 보존했기 때문에 대효인 것이다(子曰, 舜其大孝也與, 德爲聖人, 尊爲天子, 富有四海之內, 宗廟饗之, 子孫保之)」고 말하고 이어 「무왕(武王)과 주공(周公)은 달효(達孝)였지 않았더냐(子曰, 武王周公, 其達孝矣乎)」고도 말했다.

즉 순임금은 조종(祖宗)을 빛내고 덕정(德政)을 베풀어 그 자손들로 하여금 영화롭게 했으므로 마치 하늘과도 같이 완전했기 때문에 만세(萬世)에 숭앙을 받게 되었다. 그래서 그의 효도는 대효(大孝)가 되는 것이라고 설명했다.

그리고 무왕은 악정의 은(殷)을 쳐서 주(周)의 기반을 공고히 했다. 이 같은 행위는 이신벌군(以臣伐君)즉 신하가 군왕을 친 역적의 누명을 쓸 만한 일이었지만 그가 하늘의 명에 따르고 민심을 얻어 좋은 정치를 펴나갔기에 세상 사람들의 칭찬받을 충효(忠孝)로써 이름을 남겼고 주공(周公) 또한 위로 천자의 조상들을 천자의 예로써 받들고 모든 국가제도를 세워 후세 사람들에게 충효와 예의제도를 본받게 했다. 따라서 순임금처럼 「하늘과 같아서 무어라고 형언할 수 없는」 효도를 대효, 무왕이나 주공처럼 세상 사람들이 달리 이론(異論)을 제기할 수 없는 효도를 달효라고 한다고 중용은 부연하고 있다.

그러므로 효도는 성인(聖人)이라야 할 수 있는 대효가 바람직한 것이기는 하나 그렇지 못하면 무왕, 주공처럼 조상을 빛내고 후세에 사람이 갈 바를 가르치는 달효라도 하도록 노력해야 된다. 이 같이도 못할 경우라면 최소한 어버이를 욕되게 만은 하지 말아야 된다는 것이 기차불욕(其次弗辱)의 뜻이라고 본다. (107)

예기(禮記)에 보본반시(報本反始)란 말이 있다. "근본으로 돌아가서 그 은덕에 보답한다. 즉, 조상의 은혜에 보답 한다"는 뜻이다.

예로부터 효도를 잘하는 자손들은 복을 받는다고 했다. 그리고 부모에게 효도하는 효자 · 효녀와 시부모께 효도하며 잘 모시는 며느리 즉, 효부는 옛날에도, 오늘날에도 표창하여 귀감이 되게 했다.

최근 중국에서 다음과 같은 효자교육을 시작했다. 배금주의 풍조 속에 패륜범죄의 확산으로 골머리를 앓던 중국이 5년 안에 효자 100만 명을 키우는 운동을 시작했다고 한다. 4~5세 아이들에게 100일 간 공자 · 맹자를 가르치고 이 과정을 통과하면 다시 3년 동안 추가 교육을 실시하겠다는 것이다. 효자도 인위적으로 '배양(培養)' 되고 '대량생산' 될 수 있을지 의문이 들면서도 결과가 궁금해지는 건 어쩔 수 없다. (943)

예기(禮記)에는 또 친친고 존조(親親故 尊祖)라는 귀절도 있다.

"부모를 친애함으로써 조상을 높이 받든다"는 뜻이다.

동양, 특히 우리나라에서는 효의 대상이 부모뿐만 아니라 조상에까지 확대되어 왔다. 4대조인 고조부(高祖父)까지 매년 기일(忌日 · 돌아가신 날)에 제사의 예를 올리고, 조상의 묘자리도 좌청룡(左靑龍) · 우백호(右白虎) · 북현무(北玄武) · 남주작(南朱雀)의 터를 골라 모시는 것이 자손의 도리이며 효도의 길이라고 생각해 온 것이다.

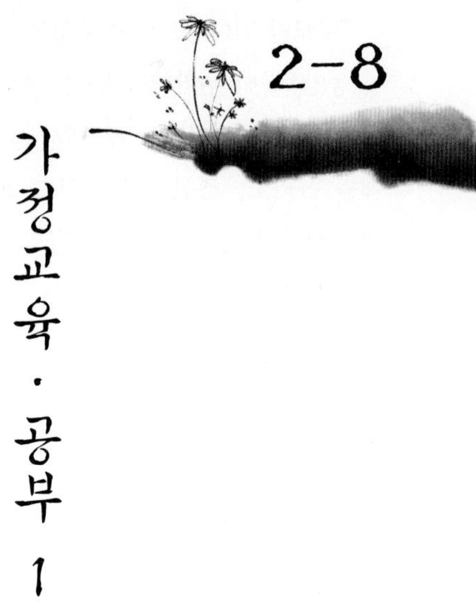

가정교육 · 공부 1

군자의 용모

군자의 평상시 용모는 여유 있고 침착하지만
존경하는 사람 앞에 나아가서는 공경하고 조심한다
발의 움직임은 무겁게 하고
입놀림은 묵중하게 하며
말소리는 조용히 하고
머리는 똑바르게 하며
숨소리는 정숙하게 하고
서 있는 거동은 덕스럽게 하며
안색은 밝고 씩씩하게 한다(君子之容舒遲 見所尊者齊遬 足容重 手容恭 目容端 口容止 聲容靜 頭容直 氣容肅 立容德 色容莊). - 《예기(禮記)》 옥조편

□ 어린자녀 들이여, 부모가 꾸짖거든 사랑하기 때문이라고 생각하라. 사랑하기 때문에 꾸중하고 종아리를 치시는 것이다. – 조영재

□ 아는 것이 곧 힘이다. – 베이컨

□ 자녀를 정직하게 기르는 것이 교육의 시작이다. – 러스킨

□ 자식에 투자하는 것이 가장 이윤이 높다. – 프랭클린

□ 험한 고생보다 나은 교육은 없다. – 디즈레일리

□ 자식을 불행하게 하는 가장 확실한 방법은 언제든지 무엇이든 가질 수 있게 해주는 것이다. – J · J · 루소, 《에밀》

□ 가정교육, 그것은 친절심과 독립심의 결합이다. – 에머슨

□ 어린이에게는 비판보다도 모범이 필요하다. – 쥐베르,《사색 · 잠언 · 수상(隨想)》

□ 말을 가지고 가르치기보다는 실행으로써 보이라. – 스마일즈

□ 배불리 먹고 따뜻하게 입으며 편안하게 살아도 공부를 안 하면 짐승이나 다름없다(飽食暖衣 逸居而無敎 則近於禽獸). – 《맹자(孟子)》

□ 꽃을 보면 아름다움을 배우고, 돌을 보면 무거움을 배우고, 아이를 보면 사랑을 배우고, 어른을 보면 존경을 배워야 한다. 그것이 참다운 배움의 방법이다. – 이정석(청학동 훈장)

□ 백번 듣는 것이 한번 보는 것만 못하다(百聞不如一見). – 《송남잡식(松南雜識)》

□ 나무에 가위질을 하는 것은 나무를 사랑하기 때문이다. 부모에게 꾸중을 듣지 않으면 똑똑한 아이는 될 수 없다. 겨울 추위가 심한 다음 해에는, 봄의 푸른 잎이 한층 푸르다. 사람도 역경에 단련된 후에야 비로소 제값을 한다. – 벤자민 프랭클린

■ ■ ■

전미(全美) 최고 고교생을 뽑는 '웬디스 하이스쿨 하이즈먼 어워드' 아시아인 최초수상, 제헌 60주년 기념 '자랑스런 한국인상' 최연소 수상으로 관심을 모은 예일대생 이형진 군은 그의 저서 《공부는 내 인생에 대한 예의다》에서 "공부는 내 인생에 대한 예의이자 세상에서 제일 즐거운 탐험"이라고 주장한다. 그리고 "공부는 이 세상의 수많은 비밀, 수많은 지혜를 아주 짧은 시간에 섭렵할 수 있는 가장 유용하고 확실한 방법이죠. 공부를 통해 세상의 많은 지혜를 익히고, 숨어 있는 기회들을 발견해 가는 것은 결국 내 삶을 더욱 풍성하게 만드는 일이라고 생각합니다"라고 말한다. (431)

포드는 말했다.

"배우기를 멈추는 사람은 스무 살이든 여든 살이든 늙은이다. 계속 배우는 사

람은 언제나 젊다. 인생에서 가장 멋진 일은 마음을 계속 젊게 유지하는 것이다."

"묻는 사람은 5분 동안 바보가 되지만, 묻지 않는 사람은 영원히 바보가 된다"는 중국 속담도 있다. 불치하문(不恥下問)이란 말도 있다.

"자식에게 황금 가득찬 상자를 물려주는 것이 경서 한권 가르침만 못하고, 자식에게 천금을 주는 것이 기술 한가지 가르침만 못하다(黃金滿籝 不如敎子一經 賜子千金 不如敎子一藝 · 漢書)"는 지적도 있다.

옛날 친한 사이끼리는 "자식을 바꿔서 가르쳤다(易子而 敎之 · 孟子)"고 한다.

추사 김정희와 더불어 조선시대 2대 명필로 꼽히는 한석봉과 어머니의 일화는 유명하다.

글씨공부를 다하고 왔다고 거드름을 피우는 아들을 훈계하기 위해 어머니는 어두운 방 안에서의 글쓰기와 떡 썰기 시합을 제안했다. 승리를 자신했던 한석봉은 어머니의 떡은 가지런한데 자신의 글씨는 비뚤비뚤하고 크기조차 들쭉날쭉한 것을 보고, 크게 뉘우치고, 다시 글씨공부에 매진하게 됐고, 결국 조선조의 명필이 되었다.

인생의 성패가 공부에만 달려있는 것은 아니지만 어렸을 때부터 꾸준히 학구적이고 탐구적인 자세를 갖지 않고는 성공할 수 없는 것이다. 물론 공부는 학교공부이건 독학에 의한 공부이건 상관이 없다.

개인 · 기업 · 사회 · 기술 모든 곳에서 "승자가 모든 것을 독차지한다(The winner take all)"는 승자독식의 사회에서 살아가기 위해서는 학교공부, 사회공부, 자기관심분야에 대한 공부를 게을리할 수 없다. 부모 또한 자녀가 훌륭한 인품 · 능력을 갖추고 성공하여 행복한 인생을 살아가기 위해 건강과 함께 공부를 잘해 주기를 바란다. 그렇기 때문에 어려서부터 자녀교육을 위한 경쟁적 노력이 치열하며, 우리의 이 자녀교육열이 세계 최고의 수준에 있는 것이다.

한국보건사회연구원에서 2006년 6~8월 전국 6,787가구의 자녀 11,816명을 대상으로 조사한 결과 출생 후 대학교육까지 자녀당 231,996,000원의 양육비가 드는 것으로 나타났고, 이는 2003년 198,708,000 보다 16.8%증가 한 액수이다.

한편 자녀 한 명을 18세까지 키우는 데 드는 비용과 시간을 돈으로 환산하면 4억~4억 5,000만원에 달하는 것으로 추산됐다. 한국노동연구원이 밝힌 바에 따르면, 자녀 한 명을 18세까지 키우는 데 맞벌이 가구는 4억 원을, 외벌이 가구는 4억 5,000만원을 쓰는 것으로 나타났다.

이는 2011년 초 보건사회연구원이 자녀 한 명을 키워 대학까지 졸업시키는 데 2억6,000만원의 비용이 든다고 밝힌 것보다 두 배 가까이 많은 수준이다.

이처럼 양육비가 불어난 이유는 부모가 자녀 양육에 투입한 시간의 경제적 가치를 따져서 돈으로 환산했기 때문이다. 노동연구원은 부모가 한 해 동안 자녀 양육을 위해 투입한 시간의 가치는 79조 원(2004년 기준)으로 그해 국내총생산(GDP)의 9.5%를 차지한 것으로 분석했다.

외벌이 가구의 자녀 양육 비용이 맞벌이 가구보다 더 많은 이유도 자녀 양육에 더 많은 시간을 쏟았기 때문으로 분석했다. 맞벌이 가구는 시간 비용으로 1억 4,000만원을, 금전 비용으로 2억 6,000만원을 투입하는 것으로 나타났다. 반면 외벌이 가구는 맞벌이보다 적은 2억 3,000만원의 돈을 쓰지만, 시간 비용은 8,000만원 많은 2억 2,000만원을 쓰는 것으로 조사됐다. (1011)

행시주육(行尸走肉 · 拾遺記)이란 말이 있다. "살아있는 송장이요 걸어 다니는 고깃덩어리"라는 뜻으로 배운 것이 없어 무식하고 쓸모없는 사람을 멸시하는 말이다. 우리 자녀들이 이런 멸시를 당하지 않도록 어려서부터 잘 가르쳐 주어야 할 것이다. 20세기의 위대한 인물로 인류의 복지와 문화에 큰 공헌을 한 아인슈타인은 장애아 특수교육개론 교과서에 항상 등장할 만큼 전형적인 학습장애아였다. 하지만 평균치에도 미치지 못하는 학습 능력을 딛고 천재적인 재능을 발현했다. 그 비밀은 무엇일까?

심리학자 길퍼드의 지적 모형에 따르면 인간의 지적 능력에는 120가지 종류가 있다고 한다. 사람은 누구나 이 120가지 지적 능력을 모두 갖추고 있는데 어느 분야에서는 천재일 수 있고, 또 어느 분야에서는 학습장애판정을 받을 만큼 바보일 수 있다. 즉, 세상 모든 사람은 아인슈타인처럼 천재성과 학습장애를 동시에 지닌 것이다. 관건은 잠재되어 있는 그 숨은 재능을 어떻게 일깨우느냐이다. 누구에게나 있는 숨은 재능을 꽃피우는 열쇠, 그것은 다름 아닌 긍정심이다.

《사는 맛 사는 멋》에서 저자 황창연 신부는 요즘 아이들이 겪고 있는 '다섯 가지 과잉' 상황과 '7무(七無)현상'에 대해 다음과 같이 소개했다.

「청계초등학교 최영분 교장선생님은 현장 경험을 통해 요즘 아이들이 다섯 가지 과잉 시대에 시달린다고 말한다.

사랑 과잉; 하나밖에 없는 자녀라며 지나친 관심과 간섭으로 버릇이 없어짐.

보호 과잉; 스스로 할 수 있는 일까지 엄마가 대신 해주어 가진 능력을 개발하지 못하고 엄마 없으면 아무것도 할 수 없는 캥거루 자녀로 성장.

학습 과잉; 초등학생 때 조기교육으로 미분 · 적분 수학문제를 풀고 중학교 영어교육을 미리 시켜 아이들 뇌가 지침.

기대 과잉; 커서 판검사, 의사가 되라는 강요와 압박감에 강박관념과 정신질환 발생.

황금 신뢰; 시험 잘 보면 휴대폰과 컴퓨터를 사준다는 조건을 붙여 세상 모든 일을 황금으로 처리하려는 나쁜 습성이 몸에 배도록 했다.

또한 위와 같이 키우다 보면 자녀들은 칠무(七無)현상을 보인다. 무절제(제멋대로 행동함), 무례하고 이기적이 됨, 무기력, 무책임, 무관심, 생명존중과 두려움이 없음, 진선미에 감동이 없고 폭력배로 성장한다. 교장선생님으로 수많은 학생을 지도하면서 찾아낸 이러한 결론은 상당히 공감이 간다.」(480)

미국 부시대통령 시절, 백악관 국가 장애위원회 정책차관보를 역임한 강영우 박사의 자녀교육 방법을 들어보자.

「중학생 시절 사고로 실명한 강 박사는 연세대를 졸업하고 미국 피츠버그대에서 교육학 박사 학위를 받았다. 시각 장애인이 그렇게 공부하기까지 얼마나 많은 노력을 기울였는지는 불문가지일 것이다. 그는 정책 차관보뿐 아니라 UN 세계장애위원회 부의장 겸 루스벨트재단 고문도 역임했다. 그의 인생 행보 하나하나가 드라마 같다. 미국 언론도 강 박사의 이야기를 크게 다뤘다. 그와 부인 석은옥 여사는 두 아들을 성공적으로 키웠다. 큰아들 진석 씨는 하버드대를 나온 안과의사로 워싱턴 지역 안과협회장이다. 둘째 아들 진영 씨는 듀크대 법학전문대학원을 나와 오바마 대통령 특보로 일한다.

자녀의 성공은 모든 부모의 공통된 소망. 강박사 부부는 자녀를 어떻게 키웠을까?

"우리 교육방법은 간단해요. 그저 두 아이에게 가장 기초가 되는 일곱가지 원동력을 심어 줬지요. 자나 깨나 그 원동력이 아이들의 디엔에이(DNA) 속에 들어가도록 도와줬습니다."

그가 말한 일곱 가지 원동력은 자존감, 선명한 목표, 긍정적인 마음, 긍휼, 소통의 능력, 포기하지 않는 끈기, 창의력이다.

큰아들 진석 씨는 중학교 2학년 때까지 공부를 잘하지 못했다. 어느날 그가 강 박사에게 말했다. "저는 아버지 생각처럼 똑똑하지 못해요. 저에 대한 기대를 버리세요. 공부 잘하는 동생에게나 기대하세요." 강 박사 부부는 큰아들에게 자신감이 없다는 걸 발견했다. 그래서 아들의 자존감을 키워주기 위해 노력했다. 그중 하나가 아들과 같은 날 태어난 위인을 찾는 것이었다. 4월 23일은 진석 씨 생일. 마침 그해 부활절이 4월 23일이었다. 강 박사는 아들에게 말했다. "너는 특별한 날에 태어났단다. 부활에 버금가는 위대한 사건이 네 생일에 일어날 거야. 기대하고 기다려라." 점차 진석 씨는 자신감을 찾았고 꾸준한 노력으로 하버드대에 들어갔다. 또한 2000년 4월 23일에 의학 박사가 됐다.」

한편 "전국 1등 때문에 일어난 어떤 모자(母子)의 비극"을 보자.

"서울대 법대를 가야 한다."

"전국 1등을 해야 한다."

5년 전 아버지가 가출한 뒤 어머니 박모(51)씨와 함께 살던 고교 3학년 지모(18)군은 중학교 1학년이었던 2006년부터 1등만을 강요하는 어머니의 잔소리에 시달렸다. 어머니가 무서워 성적표를 위조하기도 했다. 끊임없는 잔소리에 시달린 지군은 결국 패륜을 저질렀다. 2011년 3월 13일 어머니를 흉기로 살해했다.

서울 광진경찰서는 24일 성적문제로 갈등을 빚어온 어머니를 칼로 찔러 죽이고, 8개월 간 시신을 방치한 혐의로 지군을 검거해 구속했다고 밝혔다.

신의진 연세대 소아정신과 교수는 "부모들이 아이들에게 공부만을 강요하고 공부를 못하면 끝장이라는 식의 스트레스를 주면, 아이들은 스트레스뿐만 아니라 정서적 학대를 당하는 상황에 빠진다"며 "이런 경우 아이들이 부모에게 폭력성을 띠는 경우가 많다"고 말했다. (1013)

한국부모들의 "명문대 그리고 1등"을 향한 소몰이식 자녀교육 압박문제, 이쯤에서 되돌아볼 때가 된 것이다.

아인슈타인의 어머니는 교육만큼은 누구 못지않게 열성적이었다. 하지만 네 살이 되도록 말을 못하는 아인슈타인을 보고 주변 사람들은 저능아라며 수군거렸다. 학교에 입학한 뒤로 그 증세는 더 심각해져 정상적인 학교생활이 불가능하다는 판정을 받기에 이른다. 하지만 그녀는 아들을 포기하지 않았다. 학교를 보내지 않는 대신, 어린 아인슈타인이 관심을 보이는 것을 집중적으로 가르치면서 격려를 아끼지 않았다. 아들이 엉뚱한 짓을 저지르거나 크고 작은 실수를 저지를 때마다 그녀는 이렇게 말해 주었다.

"어떻게 이렇게 놀라운 일을 생각해냈니? 다음번엔 무슨 일을 할지 기대되는걸?"

어머니로부터 늘 긍정의 말을 듣고 자란 아인슈타인은 보통 아이들이 어려워하는 물리, 화학, 철학에 능통한 모습을 보이며, 열다섯 살이 되었을 때 벌써 뉴턴, 유클리드, 데카르트를 섭렵했다. 그리고 훗날 역사는 그에게 '역사상 다시없을 위대한 물리학자' 라는 이름을 선물했다.

아인슈타인이 학습장애를 딛고 자기 안의 숨은 재능을 발휘할 수 있었던 것은 무엇보다 인생과 사물을 관찰하는 긍정적인 태도에 있었다. 그리고 그의 뒤에는 어렸을 때부터 늘 "넌 할 수 있어", "괜찮아. 다음에 더 잘하면 돼"하고 말해준 어머니가 있었다. 그런 어머니 덕에 아인슈타인은 보통 사람이라면 그냥 지나쳐 버리는 현상들을 두고 "모든 것이 기적이다"라고 생각할 수 있었고, 그 결과 상대성 원리와 같은 위대한 업적을 남길 수 있었다.

유태계 독일인 어머니들은 행여 자기 아이가 학습장애 판정을 받아도 '츠바이슈타인' 이라 부르며 격려한다. 츠바이는 독일어의 숫자 '2' 로, 츠바이슈타인은 '제2의 아인슈타인' 을 의미한다. '츠바이슈타인' 이라고 불리며 격려를 받고 자란 아이들은 놀랍게도 자신도 아인슈타인처럼 될 수 있다고 믿고 좋아하는 일에 매진해서 두각을 보인다고 한다. 실제로 어릴 적에 학습장애를 가졌던 유대인 중에 정상인보다 훨씬 뛰어난 활약을 보이는 예가 많은데, 이를 교육계에서는 단순한 우연한 산물로 보지 않고, 긍정의 힘이 일으킨 '츠바이슈타인의 기적' 이라고 부른다.

심리학에서 자주 거론되는 이야기 중 빙하이론이 있다. 인간이 하는 행동 중 의식적으로 하는 행동이 30%이고 나머지 70%는 수면 밑의 빙하처럼 잠재의식의 작용으로 저도 모르게 나타나는 행동이라는 것이다. 이것을 재능의 발현이라는 측면에서 해석하자면 누군가의 강요에 의해 의식적으로 하는 행동은 30%의 능력밖에 드러내지 못한다는 의미가 된다. 하지만 그것이 몸에 배어 무의식의 영역에 들어가면 숨어 있던 나머지 70%의 능력이 모두 발현된다. 즉, 평소에 쓰던

30%의 능력에 비해 무려 2.3배나 되는 실력이 현실로 드러나게 되는 것이다. 심리학자들에 의하면 무의식의 영역이 현실의 행동으로 드러날 때 실제로는 2.3배 이상의 능력이 발현된다고 한다. (228)

눈송이의 결정이 제각각 다른 만큼이나 이 세상에 자기만의 기질이 없는 아이는 단 한 명도 없다. 아이들은 태어날 때부터 서로가 다르며, 아무리 훈계하고 조종하고 충격을 주더라도 그 차이점은 감소되지 않는다.(《나를 제대로 아는 법 남을 확실히 읽는 법》 데이비드커시, 메릴린 베이츠 공저, 정혜경 번역)

한국교육개발원(KEDI)이 2002년에 발표한 연구보고서에 의하면, 우리나라 고등학교 1,2학년생 중 자타가 공인하는 공부 잘하는 아이들의 특징은 다음과 같다.

1. 어려서부터 독서를 좋아했다.
2. 공부는 스스로 알아서 자기주도적으로 한다.
3. 학원 의존율이 낮고 도서관이나 집에서 혼자 공부한다.
4. 공부를 즐거워한다.
5. 소설이나 신문 등 무엇이든 읽기를 좋아한다.

나라를 잃고 세계 곳곳에 흩어져 살던 유대인이 온갖 고통을 당하면서도 살아남을 수 있었던 가장 큰 힘은 바로 교육이다. 유대인들은 아이가 세 살이 되면 《탈무드》를 공부하게 하고, 아이에게 처음으로 《탈무드》를 읽힐 때는 부모는 반드시 꿀 한 방울을 책장에 떨어뜨린다. 그리고는 아이가 거기에 입을 맞추게 한다. 그렇게 함으로써 아이들이 《탈무드》에 애착을 가지게 된다.

그리고 부지런히 배우는 것이 살아가기에 얼마나 소중한 일인지도 배우게 된다. 유대인들은 어려서부터 이 책을 배움으로써 어떤 문제에 부딪쳤을 때 그 문제를 해결하는 방법을 찾는 힘을 기르게 된다. 오래전 《탈무드》시대의 유대인 가정에서는 안식일 전날인 금요일 저녁이면 어머니가 반드시 초에 불을 켠다. 아버지는 아이들의 머리에 손을 올리고 축복의 기도를 올린다. 그 촛불을 켤 때 유대 가정에서는 어느 집이나 반드시 '유대민족기금' 이라고 쓴 상자가 놓여 있다. 아이들은 어머니가 촛불을 켜는 것과 동시에 미리 받은 동전을 상자에 넣는다. 이것은 어린 시절부터 자선을 가르치기 위한 것이다. 금요일 오후에는 가난한 사람들이 구걸하러 부잣집을 돌아다닌다. 그러면 그 가정의 부모는 자신이 직접 가난한 사람의 상자 속에 돈을 넣지 않고, 반드시 아이들을 시켜서 건네주게 한다. 이것은 아이들에게 자선하는 마음을 심어주기 위한 것이다. (329)

유호순, 이원영의 공저인 《부모교육》에 따르면 부모의 양육태도는 수용형, 익애형, 허용형, 거부형, 지배형, 과잉기대형 6가지로 나뉜다. 나의 양육태도는 어디에 속하는지 생각해보자. (363)

세계최초로 유치원을 설립한 19세기 독일의 교육자 F.W.A.프뢰벨은 "어린이는 5세까지 그 일생에 배우는 모든 것을 배운다"고 말했다.

「진화론(進化論)」으로 유명한 영국의 박물학자(博物學者) 다윈에게는 다음과 같은 에피소드가 있다. 어느 때 다윈을 방문한 여성이 이런 질문을 했다.

「아이가 태어난지 2년 반이 됩니다. 교육은 언제부터 시작하면 좋겠습니까?」

그러자 다윈은 즉석에서 이렇게 대답했다.

「참 유감입니다. 2년 반이나 늦어지고 말았군요.」

어린이 교육은 태어났을 때부터 시작된다고 하는 것이다. 사실 태교라는 말도 있을 정도로 모든 교육에 너무 이른 것은 없다.

"세살버릇 여든까지 간다"는 속담은 자녀교육을 일찍부터 시작해야 한다는 지혜를 가르친다. 물론 자녀교육에는 여러 가지가 있다. 흔히 말하는 공부 외에 인성교육, 예절교육, 놀이교육 등 다양하다.

여기 책 《뇌를 살리는 부모, 뇌를 망치는 부모》에 나오는 조기교육에 관한 조언을 들어 본다.

"부모들이 가장 많이 잘못 생각하는 것 중 하나가 무조건 일찍 외국어를 가르치면 더 빨리 쉽게 배운다고 생각하는 것이다. 하지만 동덕여자대학교 아동학과 우남희 교수 연구팀이 4세와 7세 아동을 대상으로 매일 30분씩 연구한 결과 뇌의 발달을 무시한 조기교육이 오히려 아이들의 뇌 발달에 악영향을 미친다는 사실을 알아냈다. 지나친 선행 교육이 스트레스로 작용, 공간 기억력과 장기기억을 관장하는 'BDNF(신경세포 성장인자)'를 손상시켰던 것이다. 어떤 교육이든 뇌가 그 학습을 받아들일 회로를 갖춘 후에 해야 효과가 있다….

뇌 운동을 위해서는 머리만 쓸 것이 아니라 몸도 같이 움직여야 한다. 일주일에 적어도 2회 이상 20분씩 걸으면 기억력은 물론 계산능력을 포함한 인지력이 월등히 상승한다. 자주 웃는 것도 뇌의 건강을 지키는 좋은 습관이다." (1014)

자녀들에게는 "실패를 긍정적으로 받아들이는 방법"을 가르쳐 주어야 한다. 그리고 전문가들은 부모가 자녀를 자주 안아주도록 조언하고 있다.

정신건강 전문가 캐서린 키팅(Catherine Kiting)은 "깊은 사랑을 전하는 가장 대표적인 접촉방법은 포옹이다"라고 말했다.

성적이 좋은 중고등학생일수록 아버지와 대화하는 횟수가 많다고 한다. 통계청이 발표한 자료에 따르면 상위권 학생의 49.5%가 아버지와 대화를 자주한다고 대답했다. (1015)

꾸중은 열두 살 때부터 하는게 좋다. 아이가 아주 어릴 때부터 "그건 네가 잘못한 거야."라고 꾸중하면 그것만 잘못했다고 생각하지 않고 자신은 나쁜 자아를 가진 사람으로 인식한다. 따라서 뇌와 정서가 성숙해 부정적인 말을 들어도 객관적으로 받아들이고 고쳐나가는 열두 살 이후로 꾸중하는 것이 아이로 하여금 잘못을 깨우치도록 돕는다. (1016)

사람마다 개성과 기량이 다른 상황에서 내 아이는 "반드시 ~ 이어야 한다"는 일방적인 사고방식을 고집하는 슈드비콤플렉스(Should be Compex)또한 극복되어야 할 과제이다.

또한 최근 조사에 따르면 100개 중고등학교의 전교 1등생 중 주중 10회 이상 가족식사를 한다는 대답이 40%에 육박했다. 비밀은 밥상머리에서의 가족대화에 있었다.

하버드대학 연구진은 83가구를 대상으로 아이들의 언어습득에 대한 연구를 실시했다.

결과는 놀라웠다. 아이가 습득하는 2,000여개의 단어 중 독서로 얻는 단어는 140여개인 반면, 가족식사로 얻는 단어는 무려 1,000여 개에 달했다. 또한 콜롬비아대학 카사(CASA) 연구결과에 따르면 가족식사를 하는 아이들은 그렇지 않은 아이들보다 A학점을 받은 비율이 약 2배 정도 높았다. 더 놀라운 점은 추적조사결과 이것이 평생의 학습능력과도 연계된다는 사실이다. (1017)

교육심리학자인 제르맹 뒤클로(Germain Duclos)는 자아존중감을 높이는 네가지 키워드를 '자신감, 긍정적인 자아상, 소속감, 능력에 대한 자부심' 으로 보았다. 이 이론에서도 성공은 자신감과 능력에 대한 자부심을 키워줄 것이고 칭찬은 긍정적인 자아상과 소속감을 길러줄 것이다. 따라서 성공과 칭찬의 경험은 많

으면 많을수록 좋다. (363)

"아이는 어른의 등을 보고 배운다"는 옛말이 있듯이 자녀 교육에 있어 무엇보다 중요한 것은 부모의 모범적인 언행이다. 슈바이처(Albert Schweitzer)박사는 "어린이를 가르치는 데는 단 3가지의 방법만이 있을 뿐이다. 첫째도 모범이요, 둘째도 모범이요, 셋째도 모범이다"라고 말한다.

아버지가 자녀의 얘기를 잘 들어주고 권위만을 내세우지 않고 자녀의 활동에 같이 참여하면 그 자녀들은 상상력이 더 풍부하고 융통성이 있으며 학업성적도 우수하다고 한다. (220)

유아기에는 조기교육보다 놀이교육을 시켜야 창의력 발달에 도움을 준다. 영국 케임브리지대학 교육학부 산하의 초등교육 연구기관인 '케임브리지 프라이머리 리뷰' 에서 최근 "아이들이 학습에 대해 거부감을 갖지 않게 하려면 6세 이하의 조기교육을 피하는 것이 좋다"는 연구결과를 발표했다. 6세 이후에 정식 교육을 시작해야 아이들이 학습에 대해 긍정적인 태도를 갖게 되고, 고급 교육과정에서 필요한 언어 및 학습능력을 개발하는 데 도움이 된다는 것이다. 특히 6세 이하 아이들에게 '놀이교육' 을 시킬 것을 강조했다. (1018)

최근 한 출판사는 청소년들의 롤모델로 반기문, 오바마, 스티브잡스, 프라다, 앤디 워홀, 힐러리, 워런 버핏, 오프라 윈프리, 이병철, 후진타오 등 10명을 추천, 책을 발간하고 있다. (1019)

청소년들이 어떤 인물을 존경하고 그런 재목의 인재가 되려고 노력하느냐 하는 것은 교육적으로 중요한 의미가 있다. 정치가를 지망했던 필자는 초등학교시절부터 세종대왕, 광개토대왕, 이순신, 칭기즈칸, 시저, 나폴레옹, 처칠 등을 롤모델로 삼아 살아왔다.

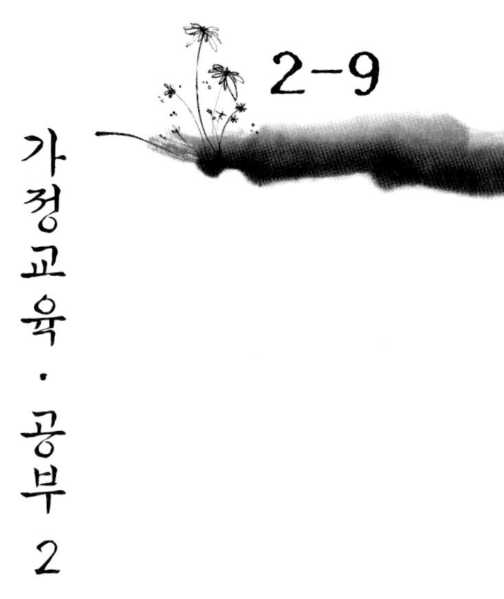

2-9 가정교육 · 공부 2

공자는 말했다.

나는 나이 열다섯에 학문에 뜻을 두었고,
서른에 공부한 내용에 대해 확고한 내 입장을 갖게 되었으며,
마흔에는 내 삶의 방향에 대해 의심스러운 것이 없게 되었으며,
쉰 살이 되어서는 모든 세상사에 하늘의 뜻이 있음을 알게 되었으며,
예순 살이 되어서는 무슨 말을 들어도 거슬리는 것 없이 마음속으로 받아들이게 되었으며,
일흔에는 마음속에서 하고자 하는 것을 그대로 따르더라도 사람의 일정한 법도를 넘어서지 않게 되었다(子曰 吾十有五而志于學 三十而立 四十而不惑 五十而知天命 六十而耳順 七十而從心所欲不踰矩). - 《논어(論語)》 위정편

□ 가정은 도덕의 학교이다. – 페스탈로찌
□ 안다는 것이 그것을 좋아함만 못하고, 무엇을 좋아함은 그것을 즐김만 못하다(知之者 不如好之者, 好之者 不如樂之者). – 《논어(論語)》
□ 대의(大疑)는 대진(大進)한다. 소의(小疑)는 소진(小進)한다. 의심하지 않으면 진보도 없다. – 주자(朱子)
□ 자식을 키워 가르치지 않음은 아버지의 잘못이고, 가르쳐서 엄하지 않은 것은 스승의 태만이며, 아버지 가르치고, 스승이 엄한데, 학문을 이루지 못함은 자신의 죄다.
– 사마온공(司馬溫公)
□ 자식을 잘 다스리는 최선의 방법, 그것은 그를 행복하게 해주는 것이다.
– 오스카 와일드
□ 한명의 현모(賢母)는 백 명의 교사에 필적한다. – 헤르바르트
□ 나는 어린 정신을 명예와 자유를 향해 길러 내려고 하는 교육에 있어서는 모든 폭력을 비난한다. 엄격과 강제에는 어딘지 노예적인 것이 있다. 그리고 이성과 지혜와 기술에 의해 할 수 없는 것은 절대로 힘에 의해서도 할 수 없는 것이라고 말하고 싶다.
– 몽테뉴
□ 한 사람의 근면, 성실, 정직한 모습은 당대뿐 아니라 후대에까지 영향을 미친다. 그의 선행과 인격이 무의식적으로 타인의 생활 속에 스며들어 후대에까지 모범이 되기 때문이다. – 새뮤얼 스마일스

■ ■ ■

인간은 평생 살아가면서 배우고, 익히고, 알아야 할 일이 너무 많다.

자신 · 가족 · 우주 · 태양 · 지구 · 나라 · 친구 · 이웃 · 스승 · 학교 · 직업 · 군대 · 스포츠 · 음악 · 음식 · 술 · 건강 · 운명 · 가치관 · 돈 · 봉사 · 정치 · 종교 · 환경 · 남성 · 여성 · 에베레스트 · 백두산 · 민주주의 · 자본주의 · 공산주의 · 이순신 · 박정희 · 반기문 · 정주영 · 이병철 · 빌게이츠 · 칭기즈칸 · 클레오파트라 · 오프라 윈프리 · 김만덕 · 엘리자베스 테일러 · 북한 · 김정일 · 미국 · 오바마 · 후쿠시마 · 도요토미 히데요시 · 모택동 · 삶과 죽음 · 내세 등 천상천하의 모든 것에 대해 알만큼 알아야 한다. 알아야 반장 · 면장을 할 수 있다.

인간은 사회적 동물이기 때문에 모르면 답답하고, 불편하고, 바보취급 당하고, 직업 활동과 사회 활동에 지장을 받기 때문이다. 한마디로 인생은 영원한 학생이고 그 학교는 곧 우주이다.

그렇기 때문에 공자께서는 다음과 같이 가르쳤다.

태어날 때부터 아는 사람은 최상이요, 배워서 아는 사람은 그 다음이요, 어려워도 참아내며 배우는 사람은 그다음이고, 어려운 가운데 있다하여 배우지 않는 사람은 최하의 사람이다(生而知之者 上也 學而知之者 次也 因而學之 又其次也. 因而不學 民斯爲下矣 · 論語 계씨편)

역대 노벨상수상자의 23%를 배출한 5천년 유대인의 지혜가 담겨 있는 《탈무드》의 저자 마빈 토케이어 박사는 2010년 8월초 한국을 방문해 기자들에게 유대인 부모의 자녀교육에 대해 다음과 같이 말했다.

"유대인 부모는 자녀와의 시간을 가장 소중하게 생각합니다. 안식일인 토요일은 반드시 하루 종일 자녀교육에 시간을 쏟죠. 아이들한테는 공부하라고 하고 자신들은 TV나 보는 그런 부모들은 없어요. 제가 알기로 한국 부모들은 아이들을 학교나 학원에 데려다주고 데려오는 건 잘하지만 아이와 함께 공부하는 것은 익숙하지 않은 것 같습니다. 하지만 아이들에게 가장 훌륭한 선생님은 부모예요."

"보통 엄마들은 아이들이 학교에서 돌아오면 '오늘은 학교에서 뭘 배웠니?' 하고 묻지만 유대인 엄마는 '선생님한테 무슨 질문 했니?' 라고 묻습니다. 수업을 잘 듣는 것도 중요하지만 궁금한 걸 묻고 토론하는 걸 더 중요하게 생각하는 거죠. 유대인 학교에서 가장 좋은 학생은 좋은 질문을 하는 학생입니다. 변변찮은 질문은 있을 수 있어도 나쁜 질문이란 없어요."

40년전 군종병으로 한국에 머물며 한국의 역사문화에 깊은 관심을 가졌으며, 외세 침입의 고난의 역사가 유대인과 비슷해 동질감을 가지고 있다는 그는 다음과 같은 조언도 해준다.

"한국은 전쟁의 폐허 속에서 단 60년 만에 재건을 이룩해 낸 대단한 민족입니다. 하지만 한 가지 걱정되는 건 첨단 기술의 발전에 밀려 한국 고유의 전통이 사라지고 있다는 점입니다. 유대인의 격언 중 '배에 올라 앞으로 나가기 위해서는 뒤를 보면서 노를 저어라' 라는 말이 있습니다. 한국인도 이 점을 유념해 옛것을 지키는 것에도 많은 관심을 기울여야 할 것입니다." (1020)

"저서 《타이거 마더(Battle Hymn of the Tiger Mother)》에서 엄격한 중국식 양육 방법을 소개해 전 세계적으로 커다란 논란을 불러일으킨 에이미 추아 예일대 교수(49)는 10월 13일 이주호 교육과학기술부 장관과 대담하면서 한국부모들에게, 아이들에게 좀 더 여유를 주고, '왜' 라고 질문하게 하라"고 조언했다.

이 장관이 "예일대 로스쿨 등에서 본 한국 학생들을 어떻게 평가하느냐"고 묻자 추아 교수는 "한국 학생들은 포기하지 않는다는 게 가장 큰 장점이다. 그렇지만 부모가 가르쳐 준 대로만 하다 보니 정작 자신이 어떤 직업을 골라야 할지 큰 혼란을 겪고 있다"고 평가했다. 그러면서 "로스쿨을 졸업했는데 패션디자이너가 되겠다고 하면 부모는 화를 낸다. 자녀를 채찍질하는 것보다 중요한 것은 자녀를 사랑하고 그들과 사랑을 소통하는 것"이라고 강조했다.

추아 교수는 "서양식 교육은 아이들에게 너무 많은 자유를 주지만 그로 인해 불행한 아이도 너무나 많다. 이는 선택을 할 때 부모가 너무 자유롭게만 해줬기 때문"이라며 "엄격하고 규율 있게 아이를 지도하되 어느 정도 자유를 보장해주고, 대신 아이가 선택할 때는 도움을 줄 수 있도록 하라"고 주문했다. (1021)

그 외 자녀교육에 관하여 전문가들이 제시하는 조언들을 들어 보자.

서유헌 교수는 저서 《천재아이를 원한다면 따뜻한 부모가 되라》에서 유아와 아동의 연령별로 필요한 교육에 대해 다음과 같이 조언하고 있다.

우선 태어나서 3세까지는 일생 중 신경회로가 가장 많이 발달하는 시기인데, 잠깐 스치면서 듣고 보고 배운 정보가 입력되기 때문에 일관되고 고른 자극을 줘야 한다. 3세부터 6세까지는 판단하고 사고하고 느끼는 전두엽이 빠르게 자라는 시기이므로 다양한 교육을 받을 수 있는 기본기를 다지는 것이 중요하다. 예의와 도덕을 가르쳐야 한다는 것이다. 그리고 초등학교 시기가 되면 두정엽과 측두엽이 발달해 비로소 여러 가지 학습이 가능해진다. 두정엽은 물리적, 수학적 기능을 담당하고, 측두엽은 언어영역을 관장하기 때문이다. 이 시기에는 언어의 뇌가 가장 빠르게 발달하므로 외국어를 배우는 것이 학습효과가 좋다. 하지만 이때의 교육에는 감정표현, 인지 기능, 철학이 포함되도록 해야 한다. 암기를 위한 주입식 교육을 시키면 인지 기능이 다양해지지도 않고 자신의 기분을 정확하게 표현하는 언어가 만들어지지도 않는다고 한다. (363)

아동심리 상담가인 상진아 선생은 저서 《칭찬과 꾸중의 힘》에서 다음과 같이 「아이를 변화시키는 7가지 칭찬의 법칙」을 제시하고 있다.

① 칭찬의 초점을 아이에게 맞춰라

② 재능보다 노력을 칭찬하라

③ 칭찬에도 눈높이가 필요하다

④ 결과가 아닌 과정을 칭찬하라

⑤ 참는 아이, 칭찬하지 마라

⑥ 아이다움을 칭찬하라

⑦ 아이의 한 부분만을 강조하여 칭찬하지 마라

"기억 · 학습력 높이려면 디지털기기를 버려라." 뉴욕타임스는 8월 24일 미국 캘리포니아대학 UCSF팀의 연구 결과를 인용해, 우리의 뇌가 쉴 새 없이 디지털 입력에 시달릴 경우 기억력 · 학습력이 저해된다고 보도했다.

UCSF 연구팀이 쥐를 대상으로 실험한 결과, 뇌가 휴식을 취해야 기억이 견고해지고 머릿속에 항구적으로 남는다. 끊임없이 디지털 자극에 노출될 경우 기억은 빨리 증발하고 학습 능력은 더뎌진다. 새로운 아이디어도 잘 떠올리지 못하게 된다.

타개책은 스마트폰과 MP3를 던져놓고 야외로 나가 산책이나 조깅을 즐기는 것, 의식적으로 디지털 기기와 단절의 시간을 갖고 뇌를 자연스럽게 쉬게 해줘야 한다는 설명이다. (1022)

미 과학전문매체 라이브사이언스는 "캐나다 몬트리올대 심리학과의 즈느비에브 마조 교수팀이 학습성취도 연구를 통해 부모의 관심이 자녀의 재능 계발에 독이 될 수도 있다는 결론을 얻었다"고 밝혔다.

먼저 학습의 주요 항목인 '자율성'(Autonomy)'부터 차이가 났다. 악기를 배우는 중학생 196명을 5개월 동안 살펴본 결과 스스로 연습 스케줄을 짜는 아이들은 열정 측면에서 부모가 관리하는 그룹보다 9%나 높게 나왔다. 마조 교수는 "심리 측정지수에서 9%의 차이는 자아 계발에 엄청난 영향(big effect)을 준다"고 설명했다.

'몰입노(Obsession)' 역시 달랐다. 연구진에 따르면 부모 통제 아래 학습하는 아이들은 집중력에서 약점을 보였다. 타인과 잘 어울리거나 사물을 균형있게 바라보는 '조화성(Harmoniousness)'에서도 유의미한 결과가 나왔다.

부모의 관심에서 자유로운 아이들이 이 항목에서 훨씬 높은 점수를 받았다. 조화성은 특히 위기상황이나 한 단계 더 성장하는 시점에 힘을 발휘했다. 마조 교수는 "조화성을 갖춘 아이들은 전체 상황을 살피는 감각이 뛰어났다"고 말했

다. (1023)

훌륭한 외모가 여러 부분에서 유리하게 작용한다는 사실은 이미 과학적으로 밝혀진 사실이다.

잘생긴 근로자가 못생긴 근로자보다 보수를 더 받는 이른바 '외모 프리미엄(Beauty Premium)' 이 존재한다는 사실이 대표적인 예다.

그러나 학업성적에 있어서는 외모보다 더 중요한 요소들이 있다는 연구 결과가 나왔다. 미 시사주간지 뉴스위크는 마이애미대학 마이클 프랜치(French) 교수팀의 연구 결과를 인용, "성격(personality)과 단정함(grooming)이 외모보다 학교 성적에 더 큰 영향을 미친다"고 밝혔다.

연구팀의 논문 '외모 · 성격 · 단정함이 고등학교 성적에 미치는 영향' 에 따르면, 여학생의 경우 성격 · 외모 · 단정함 중 성격이 학점평균(GPA)에 가장 큰 영향을 미쳤다. 남학생에겐 단정함이 외모나 성격보다 중요하게 작용했다. 외모 역시 성적에 영향을 줬지만 다른 두 요소보다는 영향이 작았다. (1024)

헤더 카펜더가 저술한 책 《우리 아이 진로 학교보다 부모가 먼저다》에 의하면 자녀의 진로결정에 도움을 주는 부모에는 몇 가지 유형이 있다. ①코치형 부모 ②변호사형 부모 ③보모형 부모 ④믿어 주는 부모 ⑤해석하고 설명해 주는 부모 등이 있는데, 부모는 이 여러 역할을 골고루 수행하는 멀티 플레이어가 되어야 한다고 충고한다.

자녀가 말을 듣지 않을 때 행동을 억누르거나 방치하면 어떻게 될까. 이런 상황이 반복되면 일생 동안 발달하는 뇌의 '자기조절 능력' 이 성장을 멈춘다. 여기에 '너는 누구를 닮아서 이 모양이니', '네 형은 그러지 않았는데' 처럼 아이의 존재를 부정하거나 비교하면 기름을 붓는 격이다. 자녀의 자기조절 능력 발달을 위해 부모가 지켜야 할 말과 행동에 대해 전문가들의 조언을 들어본다. (1025)

① '강요' 보다 '권유' 하기

나이에 따라 반항의 성격은 조금씩 차이가 있다. 막 말을 배운 두 살 아이는 엄마가 씻자고 하면 '싫어' 라고 말하면서도 욕조 안으로 들어간다. 자율성이 늘어나는 일곱 살에는 무조건 반대부터 하는 경향이 있다. 경희대병원 정신과 반건호 교수는 "어린 나이에는 실제 싫어서 반대하는 것은 아니기 때문에 부모가 한

숨 참고 달래면 아이는 심하게 반항하지 않는다"고 말했다.

하지만 사춘기라면 이야기는 달라진다. 사춘기는 부모로부터 독립해 홀로 서기를 하고 싶은 시기다. 이때는 아이가 가지고 있는 '자신감'에 상처를 주지 않으면서도 부모의 의견을 말할 수 있어야 한다. 예를 들어 가족끼리 외식이 있을 때 아이가 참여를 거부하면 부모는 화가 난다. '호강에 겨웠구나'라고 말하기 쉽다. 이럴 땐 '혼자 있고 싶은 모양이구나. 그런데 같이 가주면 좋을텐데' 정도로 권유하는 것이 좋다. 한양대병원 정신과 안동현 교수는 "일시적으로 나타나는 반항적 · 도전적 행동은 정상이므로 반응을 지켜보는 것이 좋다"고 말했다.

② 애착관계 만들기

아기는 태어나면서 6~24개월 사이에 엄마와의 사이에 '애착'이 생긴다. 이때 건강하고 안정된 애착이 형성되면 아이는 성장하면서 엄마 이외의 다른 사람과도 좋은 애착 관계를 확대한다. 하지만 시야에서 아이가 벗어났을 때 무엇을 하는지, 누구와 노는지 부모가 무관심하면 감정의 연결고리는 끊어진다. 캐나다 연구팀이 생후 6개월 된 아이 30명을 대상으로 놀아주다가 2분 간 아이가 보이지 않는 곳으로 자리를 피했을 때 스트레스 호르몬 수치가 2배 이상 증가한 연구 결과를 발표했다(『생물학보고서 2010년』). 이 연구는 아이가 엄마의 보살핌에서 벗어나 있다는 느낌을 받으면 어떤 영향을 받는지 보여 준다.

안정된 애착 관계가 만들어지면 반항 행동이 나타날 가능성이 적다. 안동현 교수는 "안정된 애착이 형성된 아이는 반항 행동이 나타난다고 해도 곧 타협을 하면서 해결책을 스스로 찾는다"고 말했다. 그러나 반대라면 아이는 엄마를 피하거나 반항 행동을 보이기 쉽다.

③ 피해야 할 말 미리 연습하기

갑작스러운 문제 제기는 누구도 좋아하지 않는다. 아이도 마찬가지다. 방어적인 태도를 취하다가 결국 공격적인 감정이 생길 수 있다. 아이가 말을 듣지 않고 고집을 부린다면 '나중에 이야기 할 수 있는 시간 약속을 잡자'고 제안하는 게 좋다. 아이가 좋아하는 음식을 먹으러 가자며 외식 이벤트를 곁들이는 것도 도움이 된다.

반복적인 잔소리도 피해야 한다. 반 교수는 "아이의 행동에 변화를 주려고 할 때 정말 중요한 일인지 한 번 더 생각해봐야 한다"며 "그 자리에서 말하지 말고 한 번에 모아서 얘기하는 게 더 효과적"이라고 말했다. 머리 스타일이나 옷 취향, 휴대폰 사용은 개인적인 부분이므로 잔소리 주제로 적합하지 않다.

아이에게 설교하는 것도 피해야 한다. 부모의 말은 누가 들어도 논리성이 있고 옳다. 하지만 설교가 반복되면 아이의 대뇌는 순간 멈춰 선다. 내용에는 관심 없고 이야기가 끝나기만 기다린다. 이럴 땐 몇 번이나 같은 이야기를 했는지 확인해 보고, 아이가 보이는 반응을 유심히 살펴야 한다. 여러 번 말하면 아이가 즉각적으로 변화할 것이라고 생각하는 것은 부모의 착각이다. 반 교수는 "마지막 말을 아이가 하도록 기회를 줘야 반항심을 낮출 수 있다"고 강조했다.

거짓말하는 아이는 이렇게 지도한다. (1026)

① 야단보다 대화가 우선이다

혼나는 게 무서워 거짓말하는 아이에게 무조건적 야단은 백해무익하다. "왜 그렇게 얘기했니?", "아, 그렇게 된 거구나", "엄마도 너였다면 그럴 수 있었겠다", "하지만 네 말 때문에 친구가 곤란을 겪었네. 친구가 그랬다면 넌 어땠을까?"하는 식으로 대화를 풀어가 보자.

② 잘못을 뉘우치면 칭찬을 반복해라

거짓말하는 아이들 전부가 나쁜 맘을 먹는 건 아니다. 아직 어려 도덕성 발달이 제대로 안 돼 옳고 그름에 대한 판단력이 미숙해 그런 경우도 적지않다. '혹 거짓말로 남에게 피해를 입혔더라도 솔직하게 말하고 용서를 구하면 된다' 는 생각을 스스로 할 수 있도록 돕는다. 잘했을 때마다 긍정적인 말과 칭찬으로 보상해주면 좋은 습관은 강화될 수 있다.

③ 거짓말을 불러온 원인부터 살펴라

샤론 페인스는 그의 저서 《엄마 미션스쿨》에서 모든 어머니들에게 '아이의 열렬한 팬이 되라' 고 다음과 같이 조언한다.

농구에서는 열렬한 팬들을 일컬어 "코트의 여섯 번째 선수"라고 말한다. 팬들의 지지와 격려가 이끌어내는 차이는 대단하다. 그래서 모든 팀들이 홈구장에서 뛰기를 바라는 것이다. 우리 아이들은 낮 시간 동안 친구들로부터 날카로운 말을 듣거나 운동장에서 무리에 끼지 못하고 소외당하거나, 왕따를 당할까봐 불안해하는 상황 등에 처한다. 따라서 아이가 집 현관문을 열고 들어오는 순간, 홈구장에 온 기분을 느끼게 해야 한다. 자신감과 안정감을 주는 것이다. 사이비 팬들은 응원하는 팀이 지고 있으면 시합초반에 경기장을 나가버리기도 한다. 반면, 진정한 팬들은 팀이 지고 있더라도 떠나지 않고 남아 쓸쓸한 결말을 다 지켜본다. 엄마는 아이의 열렬한 팬이 되어, 아이가 실패와 좌절을 경험했을 때 부정적인 생각을 털어내고 재도전할 수 있도록 늘 응원해야 한다. 실패 후에 전진하는 힘을 아이에게 길러주어야 한다.(1027)

자녀교육에 관하여 조영탁 휴넷 대표이사는 다음과 같이 조언한다.(1028)

"전 세계 인구의 0.2%에 불과한 유대인이 역대 노벨상 수상자의 23%를 차지하고 있다. 유대인의 특수한 교육이 이 같은 불가사의한 힘의 원천으로 평가되고 있다. 만약 아래와 같이 미래지향적 자녀교육 패러다임으로 바꿀 수 있다면 우리는 분명 세계를 선도하는 일등국가로 발돋움할 수 있을 것이다.

첫째, 아버지가 자녀교육에 적극 나서야 한다.

둘째, 자녀들의 자존감을 세워 주고 꿈을 찾도록 도와주는 것을 최우선 과제로 삼아야 한다.

셋째, 인성교육에 보다 많은 힘을 써야 한다. 나폴레온 힐(Napoleon Hill)이 성공한 사람 507명을 인터뷰한 결과, 15%는 자신의 능력으로, 85%는 인간관계 능력 때문에 성공했다고 대답했다. 최근 한국청소년정책연구원은 우리 청소년들의 '더불어 살아가는 능력'이 36개국 중 35위로 세계 최하위 수준에 머물렀다고 발표해 충격을 줬다. 여섯 자녀 모두를 하버드 · 예일대 박사로, 두 자녀를 미국 차관보, 딸을 예일대 학장으로 키운 전혜성 박사는 '덕이 재능을 이긴다(德勝才)'는 원칙이 첫째, 남을 생각하고 공동의 가치를 중시하도록 키운 것이 두 번째 비결이라 말한다.

넷째, 공부법과 공부하는 즐거움을 가르쳐 주어야 한다.

마지막으로 자녀에게 헝그리 정신을 심어줄 수 있어야 한다. 교육학자 루소는

"자식을 불행하게 하는 가장 확실한 방법은 언제나 무엇이든지 손에 넣을 수 있게 해주는 일이다"고 말했다. 진정 자녀를 사랑한다면 온실 속 화초로 키우는 대신 역경(逆境)을 선물할 수 있어야 한다."

필자가 청소년 학생들에게 조언한다.

학생들이여 ! 인생은 영원한 학생이다. 지구를 떠날 때까지 어차피 해야 할 공부라면 받아들여라.

그리고 그 공부에서도 패배자가 되지 말고 승리자가 되어라.

공부에서 승리한다면 그대의 삶도 승리의 월계관에 한걸음 다가설 수 있을 것이다.

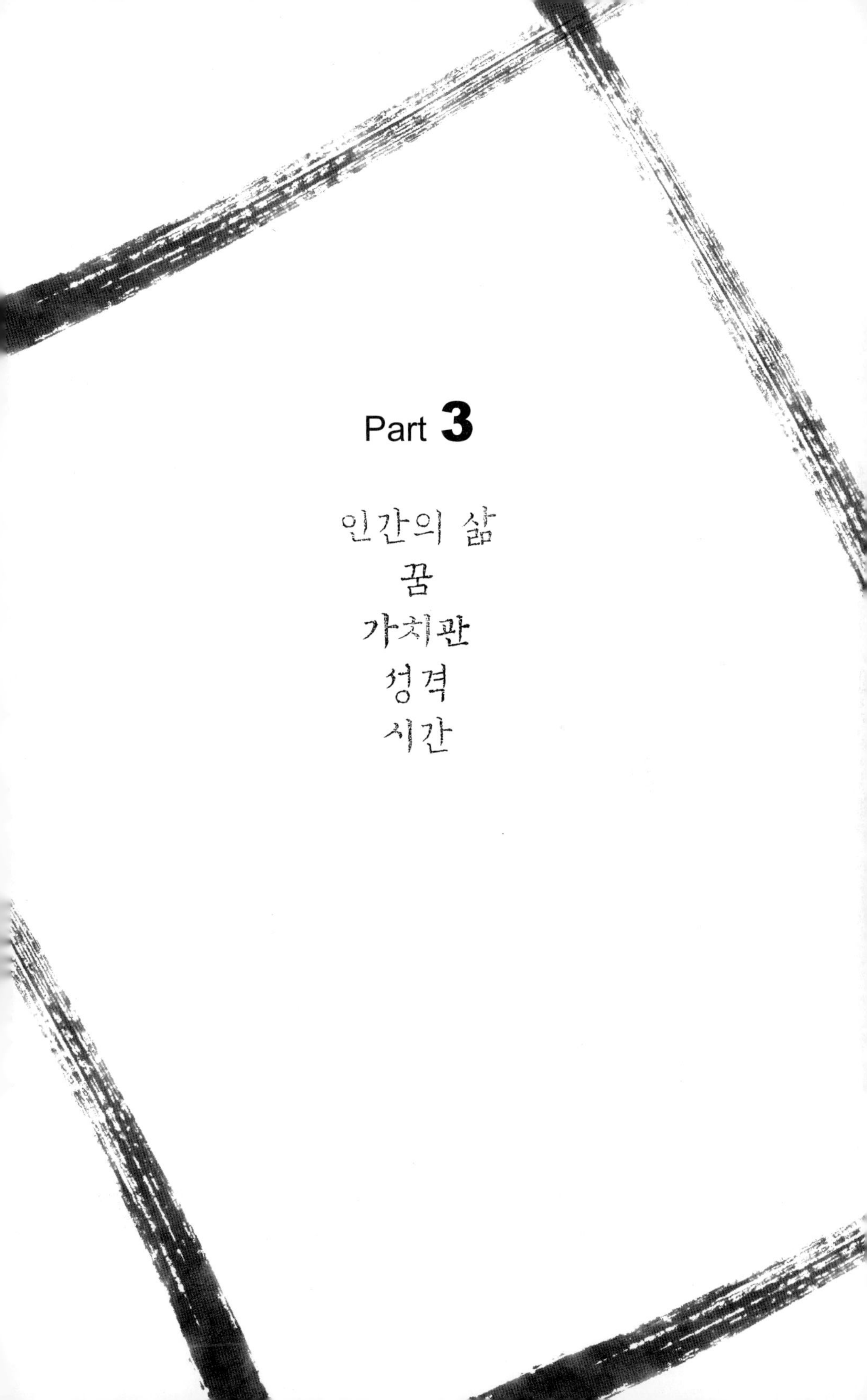

Part 3

인간의 삶
꿈
가치관
성격
시간

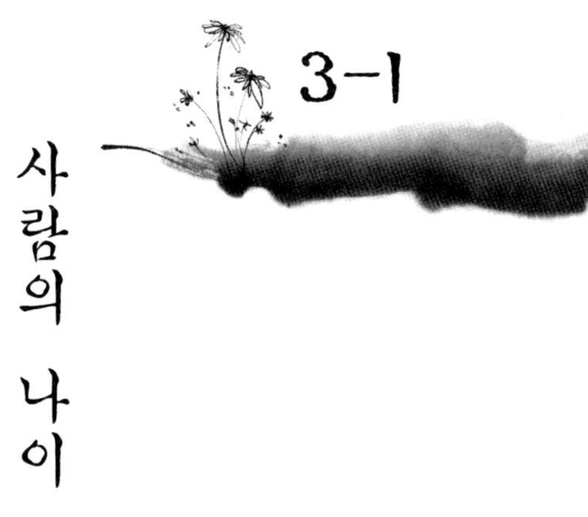

3-1 사람의 나이

가 고 파

이은상 시, 김동진 곡

내 고향 남쪽 바다 그 파란 물 눈에 보이네
꿈엔들 잊으리오 그 잔잔한 고향 바다
지금도 그 물새들 날으리 가고파라 가고파
어릴 제 같이 놀던 그 동무들 그리워라
어디간들 잊으리요 그 뛰놀던 고향 동무
오늘은 다 무얼 하는고 보고파라 보고파
그 물새 그 동무들 고향에 다 있는데
나는 왜 어이타가 떠나 살게 되었는고
온갖 것 다 뿌리치고 돌아갈까 돌아가

가서 한데 어울려 옛날 같이 살고지고
내 마음 색동옷 입혀 웃고 웃고 지내고저
그 날 그 눈물 없던 때를 찾아가자 찾아가

물나면 모래판에서 가재 거이랑 다름질하고
물들면 뱃장에 누어 별헤다 잠들었지
세상일 모르던 날이 그리워라 그리워
여기 물어보고 저기나 알아보나
내 몫엣 즐거움은 아무데도 없는 것을
두고 온 내 보금자리에 되 안기자 되 안겨
처자들 어미되고 동자들 아비된 사이
인생의 가는 길이 나뉘어 이렇구나
잃어진 내 기쁨의 길이 아까워라 아까워
일하여 시름없고 단잠 들어 죄없은 몸에
그 바다 물소리를 밤낮에 듣는구나
벗들아 너희는 복된 자 부러워라 부러워
옛동무 노젓는 배에 얻어 올라 치를 잡고
한바다 물을 따라 나명들명 살까이나
맞잡고 그물을 던지며 노래하자 노래해
거기 아침은 오고 거기 석양은 저도
찬 얼음 센 바람은 들지 못하는 그 나라로
돌아가 알몸으로 살꺼나 깨끗이도 깨끗이

□ 사람의 나이는 늙음의 나이테이고 경륜과 안목의 잣대이다. – 조영재
□ 사람은 살려고 태어나는 것이지 인생을 준비하려고 태어나는 것은 아니다. 인생 그 자체, 인생의 현상, 인생이 가져다주는 선물은 숨막히도록 진지하다!
– 보리스 파스테르나크
□ 모든 아기는 신이 아직 인간에게 절망하지 않았다는 메시지를 갖고 태어난다.
– 서양 격언
□ 우리는 왼쪽과 오른쪽 두 귀를 가지고 태어난다. 칭찬과 비판, 양쪽을 잘 듣고 어느 쪽이 옳은가를 알기 위함이다. – 서양 격언
□ 사람은 추억을 살리기 위해 나이를 먹지 않으면 안 되는 것인지 모른다. – 릴케

■ ■ ■

생물학적 나이(age), 즉 연령(年齡)이란 사람을 비롯한 포유류 등에서 출생시부터 생존해 온 시간을 말한다.

사람의 나이는 해(年)를 단위로 하여 역연령(曆年齡), 즉 '달력나이' 로 나타내는 것이 보통이다. 나이는 달력나이 외에도 뼈의 성장과정에 따라 연령을 나타내는 '골격연령', 신체의 발육과 노화 상태에 따라 나타내는 '생리적 연령', 그리고 건강상태를 기준으로 계산하는 '건강연령', 자기 스스로 자신의 몸과 마음의 상태를 스스로 계산하여 말하는 '주관적 연령' 등이 있다.

필자의 경우 본인의 체력 · 의욕 · 건강 등을 감안하여 지인들에게는 실제나이인 달력나이보다 30년 쯤 줄여서 "지금 나는 40대의 열정으로 살고 있다"고 농반진반(弄半眞半)으로 말하곤 한다. "나이는 숫자에 불과하다"는 말도 말하는 사람이 자신의 건강함과 건강나이를 과시하고자 할 때 주로 쓰는 말이다.

사람의 달력나이는 그 성장단계에 따라 대략 ①난기(卵期; 수정일 ~7일) ②태아기(胎芽期; 8일~8주) ③태아기(胎兒期; 9~40주, 출생시) ④신생아기(新生兒期; 출생시~1개월) ⑤유아기(乳兒期; 1개월~1,2년) ⑥유아기(幼兒期; 1,2년~6년) ⑦소년기(少年期; 6~10,12년) ⑧청년기(靑年期; 10, 12년~20년) ⑨장년기(壯年期; 20년~40, 50년) ⑩노년기(老年期; 40, 50~사망)등 10단계로 나뉜다.(616)

학자들은 사람의 일생을 위와 같이 10단계로 구분하고 있으나, 필자는 오늘날 선진국을 비롯한 우리나라의 평균수명이 80세를 넘어서서 계속 늘어가고 있는

사실, 그리고 후술하는 기술의 편의 등을 감안하여 ①태아기(수정일~출생시) ②신생아기(출생시~1개월) ③유아기(乳兒期; 1개월~2년) ④유아기(幼兒期; 2년~7년) ⑤소년기(少年期; 7년 ~16년) ⑥청년기(16년~30년) ⑦장년기(壯年期; 30년~50년) ⑧중년기(中年期; 50년~70년) ⑨노년기(70년~사망) 등 9단계로 나누어 보았다.

여기 필자가 구분한 ①「유아기」(乳兒期)는 신생아기를 지나 1~2살 젖먹이 어린이 시기이고 ②「유아기」(幼兒期)는 젖을 땐 후 유아원, 유치원 등을 다니고 있는 시기이며, ③「소년기」는 학령기로 보면 초등학교 학생과 중학교 학생시절을 합친 기간을, ④「청년기」는 고교 3년, 대학 4년, 군대 2년, 그리고 제대 후 취직준비, 취직, 결혼 등을 위한 기간까지를, ⑤「장년기」는 직장이나 사업 등 자녀들을 중고등학교까지 뒷바라지 하는 기간을, ⑥「중년기」는 처음의 일자리 또는 제2의 일자리에서 일가를 이루고 2세에게 물려주고 인생의 새 길을 찾아 나서는 시기, ⑦「노년기」는 열심히 살았던 지난날을 되돌아보며 그동안 바빠서 하지 못했던 일들을 하나하나 찾아 이루거나 육체적 · 정신적으로 편한 마음으로 인생을 정리하면서 회고록 등을 집필하거나 지인들과 여행, 독서, 친구 찾아보기 등 여유로운 인생을 즐기면서 삶을 아름답게 마무리하는 시기로 했다.

사람의 평균수명을 100만~200만 년 전의 오스트랄로피데쿠스 시기에는 대략 19.8년으로, 네안데르탈인 시기에서는 약 30년으로 추정하는데, 오늘날 현대문명인은 70년에서 80년 이상을 달리고 있다.

나이(年齡)를 지칭하는 한자어는 ①2~3세: 해제(孩提) ②15세: 지학(志學), 성동(成童) ③20세: 약관(弱冠), 약년(弱年), 방년(芳年), 묘령(妙齡) ④30세: 이립(而立) ⑤32세: 이모지년(二毛之年) ⑥40세: 불혹(不惑) ⑦50세: 지명(知命) ⑧51세: 망육(望六) ⑨60세: 이순(耳順) ⑩61세: 화갑(華甲), 환갑(還甲), 주갑(周甲), 환력(還曆), 회갑(回甲) ⑪62세: 진갑(進甲) ⑫61~70세: 칠질(七秩) ⑬70세: 고희(古稀), 종심(從心), 희수(稀壽) ⑭77세: 희수(喜壽) ⑮80세: 팔순(八旬), 산수(傘壽), 팔질(八耋) ⑯88세: 미수(米壽) ⑰90세: 졸수(卒手) ⑱99세: 백수(白壽) ⑲100세: 기수(期壽) ⑳108세: 다수(茶壽) ㉑111세: 황수(皇壽) 등 다양하게 쓰이고 있다.

그리고 오경(五經)의 하나인 예기(禮記)의 곡례(曲禮)편에서는 ①10세는 유

(幼) ②20세는 약(弱) ③30세는 장(壯) ④40세는 강(强) ⑤50세는 애(艾) ⑥60세는 기(耆) ⑦70세는 노(老) ⑧80세와 90세는 모(耄) ⑨100세는 기(期)라고 했다.

법적인 측면에서 본 연령은 다음과 같이 공법상·상법상의 여러 가지 법률효과와 결부되어 있다.

첫째, 사람은 연령의 시기(始期), 즉 출생시로부터 권리와 의무의 주체가 된다.(민법 3조). 출생의 시기에 대하여는 일반적으로 "태아가 살아서 모체로부터 전부 노출한 때"에 출생한 것으로 보는 전부노출설(全部露出說)이 민법상 통설이며, 현행 형법상(영아살인죄)에서는 분만의 시작, 즉 진통의 개시가 있으면 출생이라고 보는 진통설(陣痛說)이 통설이다. 따라서 그 뒤에 살해하면 살인죄가 된다.

사람이 출생했을 때에는 출생 후 1개월 이내(호적법 49조)에 신고해야 한다.

둘째, 사람은 만 19세가 되면 성년(成年)이 되어(2011.2 민법 4조 개정 2013.7 시행) ①법률상 완전한 행위능력(재산권행사 포함)을 가지게 되며 ②각종 선거에서의 선거권이 부여되며 ③성년을 요건으로 하는 변호사, 공인회계사, 변리사, 세무사 등의 직업을 가질 자격이 생기고 ④흡연·음주 등 미성년자에게 금지된 제약(미성년자보호법 2조)도 받지 않게 된다.

그밖에도, ①13세 이상자는 근로계약을 체결하고, 독자적으로 임금을 청구할 수 있고 ②18세가 된 남자와 16세가 된 여자는 약혼이나 혼인을 부모 동의 없이 할 수 있고 ③14세가 되지 아니한 자는 형사 미성년자로서, 그의 행위는 형사처벌의 대상이 되지 아니한다. ④국가 및 지방공무원 정년(국가공무원법 74조·지방공무원법 66조)은 1급 내지 5급 공무원은 60세, 6급 이하 공무원은 57세(공안직 8급 및 9급은 54세)이며 ⑤공무원 채용시험 응시연령(공무원임용시험시행규칙 별표1)은 공개경쟁채용시험의 경우 5급·연구관 및 지도관은 20세 이상 28세까지, 기능직 기능 7급 이상은 18세 이상 40세까지, 기능직 기능 8급 이하는 18세 이상 35세까지이다. ⑥그리고 공직선거 선거일 현재 계속하여 60일 이상 당해 지방자치단체의 관할구역 안에 주민등록이 되어 있는 주민으로서 25세 이상의 국민은 그 지방의회의원 및 지방자치단체의 장의 피선거권이 있고, 선거일 현재 5년 이상 국내에 거주하고 있는 40세 이상의 국민은 대통령의 피선거권이 있도록 규정되어 있다. 또한 중증 정신질환자로 법률상 결격사유가 있는 사람을 뜻하던 금치산자와 한정치산자란 용어도, 2011.2 민법개정으로 치매노인 등 고령자까지 포함하여 '성년후견제도'와 '한정후견제도'로 개칭 2013.7부터 시행된다. 이와 같이 연령과 관련하여 법령에서 권리 · 의무 · 자격 등을 규정한 내용이 많이 있다.

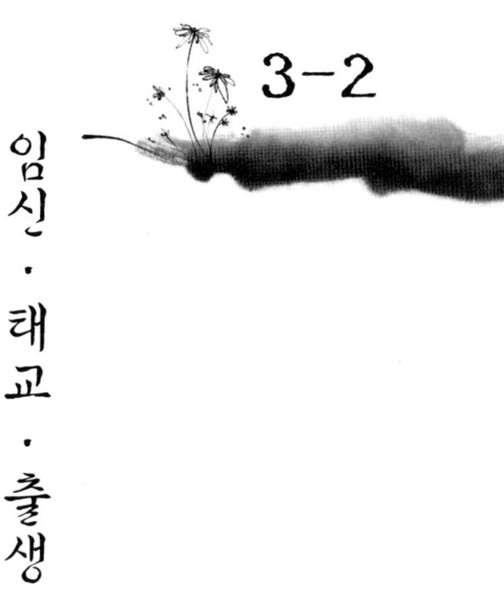

3-2 임신 · 태교 · 출생

소학 열녀전의 태교와 관련된 가르침

옛날 부인은 아이를 배게 되면

잠잘 때에 옆으로 눕지 아니하고 앉을 때에 몸을 한쪽으로 치우치게 아니하며

설 때에도 치디디지 아니했다.

이상한 음식은 먹지 않았고 방정하게 썰지 않은 고기는 먹지 않았다.

돗자리가 바르게 깔리지 않으면 앉지 아니했고

눈으로 이상한 빛을 보지 않았으며, 귀로 음란한 소리를 듣지 아니했다.

밤에는 소경으로 하여금 시(詩)를 외우게 하여

마음의 안정을 기하는 동시에 좋은 일들을 말하게 하여 들었다.

이렇듯 정성을 다했으므로

아이를 낳게 되면 용모가 단정하고 재주가 뭇사람보다 뛰어났다(列女傳曰 古者 婦人

姙子 寢不側 坐不邊 立不蹕 不食邪味 割不正不食 席不正不坐 目不視邪色 耳不聽淫聲 夜則令 瞽誦詩 道正事 如此則生子 形容端正 才過人矣).

- □ 태초부터 약 일천억 명의 사람이 지구라는 행성을 누볐다. 은하수에 존재하는 별의 숫자도 약 일천억 개다. 사람은 각각 이 우주 안에 자기만의 별을 하나씩 갖고 있다. – 아서 클라크
- □ 개똥밭에 굴러도 이승이 좋다. – 한국 속담
- □ 우리가 태어났을 때, 우리는 울었고 세상은 기뻐했다. 우리가 죽을 때는 세상이 울고 우리는 기뻐할 수 있는 그런 삶을 살아야 한다(When you were born, you cried and the world rejoiced; live your life so that when you die, the world cries and you rejoice). – 화이트 엘크 (White Elk)
- □ 아무도 원망하지 마라. 그리고 어떠한 것도 기대하지 마라. 다만 무엇인가를 시작하라! – 빌 파셀스

■ ■ ■

이 세상 모든 부모는 태어나게 될 자식이 누구보다도 잘 생기고 건강하고 씩씩하고 머리 좋고 정서적으로 감성이 풍부하면서 포용력 있고 활동적인 그런 자식이기를 진심으로 바란다.

이 부모의 마음을 더 넓히면 지구상의 모든 신생아들이 지성, 덕성, 체력을 갖춘 훌륭한 인물들로 태어나 좋은 세상이 만들어졌으면 하는 인류 공통의 염원과 맥을 같이 한다고 할 것이다. 이 부모의 마음, 국가지도자나 선각자의 마음이 관심 갖게 된 것이 '어떻게 하면 훌륭한 아이가 태어나게 할 수 있을까?' 라는 물음이었을 것이다. 이러한 물음에 대한 해답으로 예로부터 건강한 임신을 위한 부부합궁(合宮)의 방법 그리고 태교(胎教, prenatal training), 즉 임신 중인 태아에게 좋은 영향을 주기 위해 임신부(姙娠婦)가 지켜야 할 내용들을 만들어 신랑신부 또는 그 예비후보들을 가르친 것이다.

태교란 임신부가 임신 후 출산까지의 모든 일에 대해서 조심성을 간직하고 나쁜 생각이나 거친 행동을 삼가며, 편안한 마음으로 언행을 할 때 태아에게 정서적, 심리적, 신체적으로 좋은 영향을 준다고 생각하는 태중교육(胎中教育)을 말한다. '임신 중 자궁 내 환경이 사람의 지능지수(IQ)에 큰 영향을 미친다' 는

1997년의 한 연구결과가 나온 이후 태교의 중요성은 다시 주목받기 시작했다고 전문가들은 말한다. (986)

태교에 있어 동양은 태아의 정서와 건전한 정신을 주목표로 하고 있는데 반해 서양태교는 임신부의 산전훈련 등을 통한 신체적으로 건강한 아기 출산을 주목표로 하는 등의 차이가 있다.(1009)

동양의 태교에 관한 문헌으로 가장 오래된 것으로는 중국 전한시대(前漢時代) 유향(劉向)의 《열녀전(烈女傳)》이 있고, 가의(賈誼)의 《신서(新書)》, 대덕찬(戴德撰)의 《대대예기(大戴禮記)》등이 유명하다. 우리나라에서는 빙허각(憑虛閣) 이씨(李氏)의 《규각총서(閨閣叢書)》, 사주당(師朱堂) 이씨의 《태교신기(胎教新記)》등이 전해 온다.

옛날 선대들이 결혼전 예비 신랑신부에게 가르친 건강한 임신을 위한 가르침들을 살펴보자.

'신랑신부 합궁에 관한 준비교육' 내용과 임신한 임부가 지켜야 할 '칠태도(七胎道)', '열녀전의 태교와 관련된 가르침' 들을 보자. 이 내용들은 훌륭한 자식 낳기를 바라는 오늘의 예비부모들도 관심 있게 살펴볼 필요가 있을 것이다.

신랑신부 합궁에 관한 준비교육의 내용은 다음과 같다.

임신 1년 전부터 금주금연하고, 약물도 복용하지 말고, 자극성 식품을 절대 삼가는 것이 좋다. 부부가 합방할 날짜를 먼저 택일한다. 택일이 되면 그 7~10일 전부터 별거를 시작한다. 남편은 사랑에서 할아버지, 아버지, 삼촌들로부터 교육을 받고, 거풍(햇볕에 알몸으로 누워 태양의 기를 쏘이는 것) 등의 수련활동을 하며, 금기사항을 준수하고 근신한다. 아내는 안채에서 할머니, 어머니, 동서 등 어른들로부터 교육을 받으며 달맞이 등의 수련활동을 하고 금기사항을 준수하면서 기도하고 근신한다. 월경기간을 28일로 보고, 월경 예정일 전 14일 동안은 합방을 금한다. 합방장소는 자연과 친근한 곳, 기운이 좋은 곳을 택한다. 합방 시각은 새벽 3시 전후로 하고, 천둥, 번개, 폭우, 폭설 등 일기가 고르지 않을 때는 합방을 하지 않는다. (388)

남성의 경우 약 3~5㎖ 정액 속에는 3억에서 5억 마리 이상의 정자가 들어 있지만, 여성은 좌우 난소에서 한 달에 한 개의 난자만이 번갈아 배출된다. 이러한 난자의 배출을 배란이라 한다. 배란의 시기에 맞춰 건강한 합궁을 하도록 하는 것이 건강한 출산의 전제 조건임은 두말의 필요가 없을 것이다.

칠태도는 우리나라의 전통태교 또는 민속태교에서 전해 내려오는 것들을 총망라한 것인데, 아래 내용은 칠태도 내용 중에서 심신 의학적인 사항들만 추려본 것이다.(1009)

①임신 중에는 너무 말을 많이 하거나, 웃거나, 놀라거나, 겁먹거나, 울지 말아라. ②임신부는 조용히 앉아, 미언(美言 아름다운 말)만 들으며, 강서(講書 · 선현의 명구)를 외우며, 독서(讀書)를 하며, 예악(禮樂 품위 있는 음악)을 들어라 ③삼불(三不 · 나쁜 말 듣지 말고, 나쁜 일 보지 말며, 나쁜 생각 품지 마라)을 철저히 지켜라 ④임신 3개월이면 아이의 기품(氣品)이 형성되므로 기품이 있는 서상(犀象), 난봉(鸞鳳), 주옥(珠玉), 종고(鐘鼓), 명향(名香)같은 것들을 가까이 하고 몸에 지녀라. ⑤풍입송 또는 매화나 난초의 암향(暗香)을 맡아라.

다음은 태아의 성장과정 그리고 어머니인 임부와의 관계를 간략히 설명한 내용이다.

태아의 피는 탯줄을 통해 태반으로 흘러나가 엄마의 피에서 산소와 자양분을 얻는다. 엄마를 통해 숨 쉬고 먹는 셈이다. 태아는 7주째에 심장을 얻고 11주엔 눈이 생긴다. 28주가 되면 엄마 말에 귀 기울인다. 빨고 깜빡거리고 움켜잡고 하품하고 딸꾹질하고 찡그리고 미소 짓는다. 엄마와 손가락을 잡은 갓난아기의 손. 엄마가 아니면 알 수 없는 감동이요 환희다. (944)

"태어난 환경이 평생을 좌우한다"는 장기 추적연구 결과가 나왔다.

영국 보건당국은 2차대전이 끝난 직후인 1946년 3월의 첫 1주일 동안 태어난 아이들(현재 65세) 1만 3,000여명을 대상으로 출생 당시의 건강상태와 생활환경이 자라면서 어떤 영향을 미치는지 알아보는 장기 연구를 시작했다. 지금까지 이어진 이 연구는 단일 과학연구로는 전 세계에서 가장 오랫동안 진행되는 프로젝트로 꼽힌다. 연구진은 당시 출생한 아이들이 8 · 11 · 15세가 됐을 때는 인지력을, 30대엔 교육과 직업, 사회계층 이동, 신체능력을 조사했다. 2006~2010년 조사에서는 심초음파 검사, 혈관기능 측정, 뼈와 근육 및 지방 스캔, 혈액검사, 기억력 검사 등이 진행됐다.

국제 학술지 '네이처' 에 발표된 연구결과에 따르면 출생당시 건강상태는 질병과 관련성이 높았다. 1985년 마이클 워즈워스 박사팀은 저체중으로 태어난 아이들은 성인이 돼서 고혈압을 앓을 가능성이 크다는 연구결과를 내놨다. 1989년에는 데이비드 바커 박사가 저체중 아이들이 심장병에 걸릴 위험이 크다는 사실도 발표했다. 여자아이의 경우 출생 당시 과체중이면 유방암에 걸릴 확률이 높았으며, 지능지수가 높으면 50대에 들어 폐경이 평균보다 늦었다.

가정환경과 관련해서는 사회경제적 지위가 낮은 계층에서 비만이 더 급속도로 늘어난 모습을 보였다. 11세에 치른 영재시험을 통과한 아이들은 대부분 중산층 가정 출신이었다. (945)

부부싸움이나 임산부가 스트레스를 받으면 태아에 나쁜 영향을 준다고 한다. 부부싸움이 잦으면 태아의 뇌가 제대로 발달하지 못하거나 청각장애를 일으킬 수 있다는 연구결과가 나왔다. 임산부가 스트레스를 심하게 받으면 태아에게 가는 혈액량이 줄어 산소부족이나 면역체계 이상을 일으킬 수 있고, 또 태아는 부모가 싸운 일을 기억하기 때문에 정서 발달에도 안 좋다고 한다. (1010)

온고이지신을 위해 예기(禮記內則篇)의 가르침을 요점 중심으로 옮겨 적는다.

"무릇 자식을 낳게 되면 아이를 잘 보살피고 기를 보모를 택하되, 반드시 너그럽고 자상하고 인애로우며, 온화하고 어질며, 공순하고 조심하며, 삼가고 말이 없는 사람을 구하여 자식의 스승으로 삼도록 한다."

자식이 능히 밥을 먹거든 오른손을 쓰도록 가르치며(※그 옛날에 동양의 오른손잡이 세상에서 왼손잡이 아이가 스트레스 받지 않도록 세심하게 배려함), 말을 할 줄 알거든 사내아이는 빠르게, 계집아이는 느리게 대답하게 하며 사내아이는 가죽 띠를 매게하고 계집아이는 비단 띠를 매게 한다. 여섯 살이 되면 셈하는 방법과 동 · 서 · 남 · 북의 방위 이름을 가르치게 한다. 일곱 살이 되면 사내아이와 계집아이가 같이 앉게 하지 않으며, 같이 음식을 먹지 않게 한다. 여덟 살이 되면 집안의 문을 드나들거나 자리에 나아가 식사를 할 때는 반드시 어른이 먼저 드신 뒤에 하게 하여 사양(辭讓)하는 미덕을 가르치게 한다.

아홉 살이 되면 날짜 계산하는 법을 가르치게 한다.

열 살이 되면 남자는 스승에게 나아가 사랑방에서 잠자며 글쓰기와 셈본을 배우게 한다. 이때 옷은 비단이 아닌 저고리와 바지를 입게 하고, 예절은 스승이 가르친 대로 실천하게 하며, 아침저녁으로 어른 섬기는 법을 배우게 하되, 행하기 쉬운 것부터 청하여 익히게 한다.

열세 살이 되면 음악을 배우고 시를 외우며 작(勺)으로 춤추게 한다. 열다섯 살 이상이 되면 상(象)으로 춤추게 하고, 활쏘기와 말타기를 배우게 한다.

스무 살이 되면 관(冠)을 쓰고 비로소 예(禮)를 배우게 하며, 이때는 갑옷이나 비단옷을 입을 수 있고, 대하(大夏)로 춤을 추게 한다. 효도하고 공경히 하는 일을 도타이 행하고 널리 배우되 가르치지 않게 하며, 안으로 덕을 쌓되 밖으로 남에게 나타내지 않게 한다.

서른 살이 되면 아내를 두어 비로소 남자로서 할 일을 다스리게 한다. 한편 널리 배우면서 벗을 사귀되, 그 벗이 뜻하는 것을 살펴야 한다.

마흔 살이 되면 벼슬에 나아간다. 일에 맞도록 계책을 내고, 지혜를 다하여 일하도록 하되, 도리에 맞으면 관직에 머무르고 그렇지 아니하면 물러나야 한다.

쉰 살이 되면 대부(大夫)로 임명을 받아 중요한 나라의 정사를 맡아보도록 하고, 일흔 살에는 벼슬을 사양하고 물러날 것이다.

여자는 열 살이 되면 나다니지 아니하고, 언제나 집안에서 여사(女師)를 따라 부드러운 말씨와 유순하게 좇는 습관을 배워야 한다. 한편, 삼베를 짜고 누에를 치며 명주를 짜는 일 등 부녀가 할 일을 알뜰히 익혀서 의복을 장만하도록 하며, 제사(祭祀)지낼 때에는 참관하면서 술 · 초, 김치 · 젓갈 등의 제물(祭物)을 드려 행례(行禮)를 도와야 한다.

열다섯 살이 되면 비녀를 꽂고 스무 살이 되면 시집갈 것이나, 부모의 상(喪)과 같은 연고가 있을 때는 스물세 살에 시집갈 것이다. 대체로 혼례(婚禮)를 치르면 처(妻)가 되고 그저 가면 첩(妾)이 된다(內則曰 凡生子 擇於諸母與可者 必求其寬裕慈惠溫良恭敬 愼而寡言者 使爲子師 子能食食 教以右手能言 男唯女俞 男鞶革 女鞶絲 六年教之數與方名 七年男女不同席 不共食 八年出入門戶 及卽席飮食必後長者 始教之讓 九年教之數日…).

끝으로 소개된 'MBC스페셜'에 소개된 '캥거루케어'에 관한 내용을 보자. "지난해 3월 호주에서는 믿을 수 없는 일이 일어났다. 미숙아로 태어나 출생 20분 만에 사망선고를 받은 아기를 엄마의 맨가슴 위에 올려놓자 다시 살아난 것. 이른바 '캥거루 케어'라 불리는 이 방법은 신생아의 정서 안정을 돕는 수준을 넘어서 기적의 치료법으로 떠올랐다.

아기의 배꼽부터 가슴까지 맨살을 엄마의 가슴에 밀착하면 아기의 몸에서는

'옥시토신' 이 분비된다. '옥시토신' 은 아기를 안정적이고 편안한 상태로 만들어 줄 뿐 아니라 고통을 덜 느끼게 해준다. 산모들의 모성자존감을 키우는 데도 도움이 된다. 건강한 아기를 낳지 못했다는 죄책감을 극복할 수 있을 뿐 아니라 아기를 잘 키울 수 있다는 자신감을 가질 수 있다. 캥거루 케어 연구의 대모 수잔 러딩턴 교수는 '정상아는 생후 3개월, 미숙아는 생후 1년까지 캥거루 케어를 유지하라' 고 권고한다.

미국에서는 미숙아 병동의 84%가 캥거루 케어를 시행하고 있다. 만삭아 역시 출생 1분 내에 엄마 가슴에 얹어 두는 곳도 있다. 2011년 6월 서울대학교병원에서 12명의 산모와 아기를 대상으로 시작한 캥거루 케어의 놀라운 성과를 공개했다. 25주 만에 700g으로 태어나 인큐베이터에만 머물던 서윤이는 캥거루 케어를 받은 후 퇴원했다." (946)

어린이

어린이 찬미(讚美)

방정환

어린이가 잠을 잔다. 내 무릎 앞에 편안히 누워서 낮잠을 자고 있다.
볕 좋은 첫여름 조용한 오후이다.
고요하다는 고요한 것을 모두 모아서 그 중 고요한 것만을
골라 가진 것이 어린이의 자는 얼굴이다.…
어느 곳에 우리가 싫어할 한 가지 반 가지나 있느냐.
죄 많은 세상에 나서 죄를 모르고, 부처보다도 예수보다도
하늘 뜻 그대로의 산 하느님이 아니고 무엇이랴.
아무 죄도 갖지 않는다. 아무 획책(劃策)도 모른다…
이때까지 모든 사람들은 하느님이 우리에게 복을 준다고 믿어 왔다.

그 복을 많이 가져온 이가 어린이다. 그래 그 한없이 많이 가지고 온 복을 우리에게도 나누어 준다. 어린이는 순 복덩어리다.

마른 잔디에 새풀이나고 나뭇가지에 새움이 돋는다고
제일 먼저 기뻐 날뛰는 이도 어린이다.
봄이 왔다고 종달새와 함께 노래하는 이도 어린이고
꽃이 피었다고 나비와 함께 춤을 추는 이도 어린이다.
별을 보고 좋아하고 달을 보고 노래하는 것도 어린이요,
눈 온다고 기뻐 날뛰는 이도 어린이다.
산을 좋아하고 바다를 사랑하고 큰 자연의 모든 것을
골고루 좋아하고 진정으로 친애하는 이가 어린이요,
태양과 함께 춤추며 사는 이가 어린이다.
그들에게는 모든 것이 기쁨이요, 모든 것이 사랑이요,
또 모든 것이 친한 동무이다.
자비와 평등과 박애와 환희와 행복과… (432)

- □ 자연은 아이들이 어른이 되기 전에 어린이이기를 원하고 있다. 만약 이 순서를 어기면 우리는 푸르고 맛이 없는, 당장에라도 썩어버리는 조숙한 과실을 낳게 할 것이다.
  – J.J. 루소,《에밀》
- □ 어린이가 없는 곳에 천국은 없다. – 스윈번,《환영의 노래》
- □ 어린이에게는 비평보다 본보기가 더 필요하다. – 쥐베르, 《명상록》
- □ 일만 하고 놀지 않는 아이는 바보가 된다. – J. 하우얼,《격언집》
- □ 자식은 어머니의 가슴을 잠자리로 하고, 어머니의 무릎을 놀이터로 하고, 어머니의 정을 생명으로 삼는다. – 석가 세존
- □ 자기 자신의 부족한 점이 자녀에게서 충족되기를 바라는 것은 모든 부모의 경건한 소망이다. – 괴테
- □ 부모란 하나의 중요한 직업이다. 그렇지만 여태까지 자식을 위해 이 직업의 적성검사가 행해진 적은 없다. – 버나드 쇼
- □ 어머니의 사랑을 듬뿍 받고 자란 사람은 평생 정복자와 같은 느낌을 갖게 된다. 그리고 성공에 대한 그런 확신이 실제로 성공을 가져다주기도 한다. – 지그문트 프로이트
- □ 아이에게는 세상의 미래가 모두 들어 있다. 엄마는 아이를 품속에 꼭 안아 이곳이 자신의 세상이라고 느끼도록 해야 한다. 아빠는 아이를 가장 높은 언덕으로 데리고 가 세상이 어떻게 생겼는지 알도록 해야 한다. – 마야 인디언 속담

□ 아이들은 우리에게 우연히 들른 손님이 아니다. 그들을 사랑할 기회를 얻기 위해 우리가 잠시 빌려 온 존재일 뿐이다. – 제임스 도브슨

□ 모든 어린이는 예술가이다. 어른이 되어서도 그 예술성을 어떻게 지키느냐가 관건이다 – 파블로 피카소

□ 나는 세계에서 가장 훌륭한 학교에서 공부했다. 그것은 바로 어머니의 품속이다. – 선다싱

□ 아이를 둔 사람은 부모라는 직함을 얻음으로써 축복받는다. – 에드가 후버

■ ■ ■

아동, 즉 어린이의 개념과 범주는 다양하다.

《동의보감》에서는 태아, 영아(갓난아기), 소아, 동자 등으로 구분하여 16세 까지를, 《예기》에서는 도, 유학, 약관(남 20세, 여 15세)으로 구분하고 있고, 류점숙은 태아기, 영아기(출생~2세), 유자기(3~7세), 동몽기(8~14세), 성동기(15~19세)로 구분하고 있다.

《한국아동학의 연구동향과 전망》에서는 태아단계, 감각 및 동작훈련 단계, 무릎학교단계(고운 세살 시기), 자발적 학습단계(미운 일곱 살 시기), 역할교육단계(7~13세), 역할 심화기(13~15세)로 분류하고 있다. (5)

한편에서는 출생에서부터 성년기에 들어가기 직전까지, 즉 12~13세까지를 다시 유아기(乳兒期; 출생~1세), 유아기(幼兒期; 1~6,7세)및 좁은 뜻의 아동기(6, 7세~12.3세)로 나누며, 이 좁은 뜻의 아동기는 학동기(學童期)라고도 한다. (405)

아래에서 저자가 말하는 어린이에 해당하는 시기는 출생하여 초등학교 학생이 되기 직전(만 6세)까지의 취학 전 아동을 주 대상으로 하되, 18세 미만의 아동복지시설 등을 규정하고 있는 아동복지법의 내용 등도 살펴보기로 한다.

아동기의 어린이에 대해서는 아동심리학 등에서 주로 ①신체적 발육, ②지적 발달,③정서적 발달, ④사회적 발달 등을 다루고 있다. 또한 취학 전의 유아교육(eaely childhood education)을 통해 사회성, 언어 및 인지발달을 도와주는 교육환경을 제공해 줌으로써 전인적으로 성장할 수 있도록 도와주는데 부모들은 큰 관심을 가지지 않을 수 없다.

유아교육에 대해서는 1816년 최초로 유치원을 설립한 프뢰벨, 정신지체아동의 교육과 빈곤층 자녀를 위한 〈어린이 집(Casa dei Bambini)〉을 운영한 M. 몬테소리 등이 공헌했다. 20세기에는 J. 피아제가 아동심리학의 발달에 큰 기여를 했다. 우리나라에서의 아동학의 연구영역을 보면 ①도덕성 ②자아개념 · 역량 ③성격과 인성 ④정서 · 정서지능 ⑤기질 ⑥애착 ⑦스트레스 ⑧복지 ⑨문제 · 장애 ⑩양육 · 사회화 · 발달 일반(발달, 놀이, 생활능력, 생활습관) 등으로 구분된다.(5)

현재 우리나라에서 아동복지 증진을 위한 시설, 즉 아동복지시설에는 ①아동상담소 ②보육시설(5세 미만의 영아시설과 5세 이상 18세 미만의 육아시설) ③조산(助産)시설 ④정신박약아 보호시설 ⑤맹농아아(盲聾啞兒) 양호시설 ⑥신체허약아 보호시설 ⑦지체부자유아 보호시설 ⑧모자보건시설 ⑨탁아시설 ⑩아동휴양시설 ⑪교호(敎護)시설 ⑫부랑아 보호시설 ⑬소년직업보도시설 ⑭아동입양위탁시설 등이 있다.(아동복지법)

아동복지시설에는 국가와 지방 자치단체에서 복지비와 사무관리비 등을 지원하고 있으나, 아직은 그 지원이 미흡하다. 보육시설 등 아동복지시설에 근무하는 요원들이 자신의 직분을 천직으로 알고 사랑과 열정으로 아동들을 친자식처럼 안아주면서 밤낮없이 보살필 수 있도록, 보수를 적정선으로 인상해 줄 필요가 있다고 본다. 그렇게 함으로써 우리의 귀한 대한의 자식들이 이웃에게는 천사로, 대한민국에게는 글로벌 리더로, 인류에게는 영웅으로 대접받는 인물로 자라도록 해야 한다.

어린이날은 3 · 1운동을 계기로 어린이들에게 민족정신을 고취하기 위하여 1922년에 시작되었다. 당시 서울 천도교의 소년회를 중심으로 어린이운동의 선구자인 소파(小波) 방정환(方定煥)을 비롯하여 일본 유학생 모임인 「색동회」가 주동이 되어, 5월 1일을 어린이 날로 정하고 기념행사를 치러 왔다. 그러나 1939년에 일제(日帝)의 억압으로 한때 중단되었다가, 1945년 해방이 되자 1946년에 5월 5일을 어린이날로 정하고 매년 뜻깊은 행사를 하게 되었다. 1957년에는 한국동화작가협회가 만든 어린이 헌장을 바탕으로 다음과 같이 「대한민국 어린이 헌장」을 선포하여 어린이날의 뜻을 더욱 깊게 했다.

〈대한민국 어린이 헌장〉

어린이는 나라와 겨레의 앞날을 이어나갈 새 사람이므로 그들의 몸과 마음을 귀(貴)히 여겨 옳고 아름답고 씩씩하게 자라도록 힘써야 한다.

1. 어린이는 인간으로서 존중하여야 하며 사회의 한 사람으로서 올바르게 키워야 한다.
2. 어린이는 튼튼하게 낳아 가정과 사회에서 참된 애정으로 교육하여야 한다.
3. 어린이에게는 마음껏 놀고 공부할 수 있는 시설과 환경을 마련해주어야 한다.
4. 어린이는 공부나 일이 몸과 마음에 짐이 되지 않아야 한다.
5. 어린이는 위험할 때 맨 먼저 구출하여야 한다.
6. 어린이는 어떠한 경우에라도 악용(惡用)의 대상이 되어서는 안 된다.
7. 굶주린 어린이는 먹여야 한다. 병든 어린이는 치료해주어야 하고, 신체와 정신에 결함이 있는 어린이는 도와주어야 한다.
8. 어린이는 자연과 예술을 사랑하고 과학을 탐구하여 도의(道義)를 존중하도록 이끌어야 한다.
9. 어린이는 좋은 국민으로서 인류(人類)의 자유와 평화와 문화발전에 공헌할 수 있도록 키워야 한다.

또한 UN은 세계 어린이들의 인권을 옹호하기 위하여 1959.11.20.「어린이 인권선언(Declaration of Rights of the Child)」을 채택했다.

세계 아동인권선언이라고도 하며, 전문(前文)과 본문 10조로 되어 있다. 어린이가 건전하게 생육하기 위하여 특별한 보호를 받을 권리가 있다는 것, 사회보장을 받고 애정과 이해 속에 길러져야 한다는 것, 또 자유로운 교육을 받을 권리가 있으며 학살되거나 착취되어서는 안 된다는 것 등이 명기되어 있다.

우리나라 어린이와 청소년의 '삶에 대한 만족도'는 경제협력개발기구(OECD)의 주요 26개 회원국 가운데 꼴찌로 조사됐다.

연세대 사회발전연구소와 한국방정환재단이 2010년 5월 4일 발표한 '2010 한국 어린이 · 청소년 행복지수 국제비교'에 따르면, 우리나라 어린이와 청소년은 '삶에 만족하는가'란 질문에 53.9%만 '그렇다'고 응답해 26개국 가운데 최하위를 기록했다.

어린이와 청소년 2명 중 1명가량은 삶에 불만이 있다는 의미다. 이는 삶의 만족도가 가장 높은 네덜란드(94.2%)보다 무려 40.3% 낮고, OECD평균(84.8%)에도 크게 낮은 수준이다. 2009년 조사된 '삶의 만족도'(55.5%)보다도 0.6% 낮아졌다.

이 조사는 전국 초등학교 4학년부터 고등학교 3학년 학생 5,437명을 대상으로 설문조사한 것이다. 유니세프(유엔아동기금)가 2006년 당시 OECD 25개 국가에서 실시한 '어린이 · 청소년 행복지수' 연구와 비교분석한 결과이다.

또 '주관적으로 건강하지 못하다(26.5%)', '소속감을 느끼지 못한다(18.3%)'고 답한 비율은 OECD국가 중 가장 높았다. '외로움을 느낀다(16.7%)'는 대답도 일본(29.8%)에 이어 두 번째로 많았다. '삶의 만족도'와 '주관적 행복' 등 6가지 부문을 합산해 점수화한 '주관적 행복' 지수도 65.1점으로 OECD국가(평균 100점)가운데 최하위였다.

조사대상 어린이와 청소년들의 가장 큰 스트레스 요인은 '학업'이었고, 이어 외모, 부모 관련 스트레스 순이었다. 일반적으로 여학생의 스트레스 수준이 남학생보다 10%이상 높았다. 남학생은 중 3때부터 키로 인해 가장 큰 스트레스를 받는 것으로 나타났고, 여학생은 중 2때부터 몸무게 때문에 가장 많은 스트레스를 받는 것으로 파악됐다. (617)

어린이는 우리 대한민국의 희망이요, 미래요, 자랑이며, 국민행복의 씨앗이다. 어린이를 어떻게 보살피고, 키우고, 가르칠 것인가? 여기 훌륭한 어린이로 키우기 위한 몇 가지 조언과 자료들을 살펴본다.

(1) 아기의 심리성장은 0~3세에 모두 완성된다. 사람을 사람답게 만들어주는 모든 능력이 생애 첫 3년 동안에 대부분 계발된다.

「0~3세만의 특별한 심리 이해법」

① 배 속 아기에게도 꼭 이름을 지어줘야 하는 이유가 있다

② 눈 감고 있는 아기 앞에서도 몸놀림을 조심해야 한다.

③ 아기들의 가짜 웃음에 속지 말자

④ 아기들의 상상 속 친구 대하는 방법을 배워라

⑤ 엄마를 속이는 아기들의 거짓말을 반가워해라

⑥ 혼자 놀고 있다고 사회성이 떨어지는 것은 아니다

⑦ 말 못하는 아기에게도 부모의 간섭이 필요하다

⑧ 동화 속 주인공이 전부 자기라고 생각한다 (618)

(2) 21세기형 인재로 키우는 자녀 양육방법은 수동적인 자녀양육법과 능동적인 자녀양육법이 있다. ① '수동적인 자녀양육법' 은 자녀가 사회에 잘 적응하고 소외당하지 않도록 갖가지 지식이나 기술로 무장시키는 방법이며, 일본 사람들은 이를 일컬어 '자녀에게 갑옷을 입히는 자녀양육법' 이라고 한다. ② '능동적인 자녀양육법' 은 자녀가 이 세상을 제대로 활용할 수 있도록 강하게 단련시키는 방법이다. 그것은 험난한 세상에 홀로 살아갈 아이들이 준비해야 할 무기들, 즉 건전한 노동관이나 경제관, 용기, 자신감과 책임성, 창의성 등을 키워주는 것이다. (3)

(3) 엄마가 주는 최고의 선물은 모유이다. 아기에게 모유는 완전식품이다. 면역력을 높이고 감성지수를 발달시키는 것으로 알려져 있다. 아기는 IQ · EQ발달, 엄마는 유방암에 걸릴 확률이 낮아 좋다고 한다. 그러나 엄마가 AIDS · 중증결핵 · 유방암 환자일 경우에는 모유 수유가 불가능하며, 드문 경우 아기가 선천적으로 모유의 특정 성분을 분해하지 못해 뇌성장 발달지연 등을 일으키는 경우에는 특수 분유를 먹게 해야 한다. (619)

(4) 더 많이 안아주세요. 아이의 손가락 빨기, 곰 인형 같은 물건에 집착하기, 머리카락을 만지거나 꼬기, 몸 이리저리 흔들기 등은 불안을 달래는 능력이 생기기 전에 나타나는 행동이다. 이때 행동을 제지하거나 혼내기보다 아이를 껴안는 등 스킨십을 자주 하면 과도기를 잘 극복할 수 있다. (620)

(5) 아이의 자기성찰력을 키우는 10가지 원칙 (228)

① 자신만의 원칙을 세우고 늘 실천하게 한다.

② 반성을 하며 이를 통해 배우도록 돕는다.

③ 하나의 실패에 연연하지 않고 문제를 해결할 다양한 가능성을 찾게 한다.

④ 문제를 해결할 때 가장 먼저 자기 자신에게 질문하게 한다.

⑤ 성공하는 데 있어 가장 중요한 것이 재능이 아니라 자신의 의지임을 알려준다.

⑥ 남에게 말하기 전에 머릿속에서 한 번 더 정리하도록 한다.

⑦ 지금 현재가 아니라 미래의 자신을 상상하게 한다.

⑧ 스스로 노력하는 삶이 최고의 인생임을 알려 준다.

⑨ 어떤 일을 시작하기 전에 미리 앞서 자신의 능력을 속단하지 않도록 한다.

⑩ 늘 변화를 꿈꾸되 가치관을 지키게 한다.

(6) 부모가 반드시 아이에게 물려주어야 할 최고의 7가지 유산 (228)

① 자기성찰력 – 재능보다 중요한 것

자기성찰력이 뛰어난 사람은 삶의 중요한 질문에 대해 끊임없이 고민하고 반성한다. 이를 토대로 자신만의 목표를 세우고, 그 목표가 자신의 삶을 올바른 방향으로 이끌게 한다.

② 긍정심 – 숨은 재능을 꽃피우는 열쇠

사람은 누구나 어느 분야에서는 천재일 수 있고, 어느 분야에서는 바보일 수 있다. 관건은 숨은 재능을 어떻게 일깨우느냐이다. 누구에게나 있는 재능을 이끌어내는 열쇠, 그것이 바로 긍정심이다.

③ 행복을 찾는 눈 – 일상을 축제로 만드는 비결

오늘 행복한 아이만이 어른이 되어서도 행복할 수 있다. 그런 아이는 어떻게 하면 행복해지는지 늘 연습하고 경험했기 때문에 설혹 어려운 상황에 부딪치더라도 그 안에서 행복을 찾을 줄 안다.

④ 몰입의 기쁨 – 불가능을 가능성으로 바꾸는 힘

사람은 자신이 세운 목표에 정성과 심혈을 기울이는 상태, 즉 몰입하고 있을 때, 가장 만족을 느낀다. 몰입의 기쁨을 아는 아이는 꿈을 이루기 위해 힘들게 노력하는 과정조차 기쁨으로 받아들인다.

⑤ 만족지연능력 – 더 큰 삶의 가치를 키우는 밑거름

무엇이든 쉽게 얻은 아이는 결코 발전할 수 없다. 귀한 아이일수록 어렵게 얻은 것의 소중함을 알게 해야 한다. 노력하고 참을 줄 아는 아이는 어떤 위기에도 굴하지 않을뿐더러, 최후의 승자로 남는다.

⑥ 인간친화력 – 행복한 리더로 성장하는 지름길

어디를 가도 기분 좋은 에너지를 내어 주변에 항상 사람이 모이는 이들이 있다. 인간친화력이란 타인의 기분과 감정을 잘 인식하여 적절한 관계를 맺는 능력이다. 그런 의미에서 아이가 인간친화력을 갖추는 것은 행복한 리더로 성장하는 첫 걸음이다.

⑦ 생각의 자유 – 창의적 발상의 터전

아이들이 살아갈 미래 사회는 훨씬 빠르고 다양하게 변화하는 사회일 것이다. 그런 사회에서는 획일적인 사고로 살아남기 어렵다. 어떤 상황에서라도 유연하게 대처할 수 있는 인재로 키우려면 아이에게 생각의 자유를 주어야 한다.

(7) 유산은 매일 상속된다. (228)

아이는 부모라는 거울을 보고 자란다. 반대로 아이는 부모의 거울이기도 하다. 그런 의미에서 부모와 자식은 서로 영향을 주고받으며 성장하는 상호보완적인 관계다. 부모의 오늘이 결국 아이의 미래가 된다는 것을 잊어선 안 된다.

그런 의미에서 부모가 아이에게 남기는 정신적 유산은 죽어서 물려지는 것이 아니라, 매일매일 물려지는 것이다. 오늘 산 나의 삶이 결국 아이에게 물려줄 유산이라는 사실을 깨달아야 한다. 언젠가 부모 곁을 떠나 자신의 힘으로 세상을 살아갈 내 아이에게 진정 필요한 것이 무엇인지 깨닫고 이를 전해 주어야 한다.

(8) 반응 육아법

"절대 가르치지 말고 기다려라! 그래야 자기주도형 아이로 자란다.", "아이를 가르치려는 부모들의 적극적인 의욕이 오히려 아이들에게 독이 된다" 영 · 유아 발달 심리학자 김정미 교수의 《3세와 7세사이, 예담프렌드사》에 소개된 내용이다. 이 반응 육아법은 미국 케이스웨스턴리저브 대학교의 재럴드 마호니 교수가 개발하고, 미국 교육부가 검증한 이론으로, 아이가 하는 대로 부모가 따라가 줄 때 학습능력, 정서적 능력을 모두 갖춘 유능한 아이가 된다고 주장한다.

(9) 아이와 대화하세요

미국에서 아이와 대화를 많이 나누는 엄마와 그렇지 않은 엄마를 조사했다. 그러자 대화를 많이 나누는 엄마의 자녀가 생후 20개월 때, 그렇지 않은 엄마의 자녀보다 평균 131개의 단어를 더 알았다. 24개월이 되었을 때 어휘의 격차는 295개로 두 배 이상 늘었다. (620)

(10) 마시멜로 법칙 – 만족지연 능력이 성공을 가져온다

"지금 먹으면 마시멜로를 1개만 먹을 수 있고, 15분 기다리면 2개를 주겠다" 스탠퍼드 대학 월터미셸(Walter Mischel)박사가 1966년 대학부설 유아원 어린이를 대상으로 실험한 결과, 15분을 꾹 참은 아이들은 참가자의 30%에 불과했

다. 아이들이 유혹을 견딘 평균 시간은 3분 그나마 대부분은 30초도 지나지 않아 마시멜로를 먹어버렸다.

1981년 15년전 실험에서 기다린 그룹과 기다리지 않은 그룹을 대상으로 문제 해결능력 · 계획수행능력 · SAT(미국 수능시험)점수 등을 조사했다. 15분을 기다렸던 아이들은 30초를 못 넘긴 아이들보다 SAT평균점수가 210점이나 높았다.

시사주간지 뉴요커지는 두 개의 마시멜로를 먹기 위해 순간의 마시멜로 1개를 참아낸 아이들은 청소년이 된 이후에도 TV를 보지 않고 SAT공부를 하고 직장인이 된 이후에도 사고 싶은 것을 참고 은퇴자금을 모은다. '자기통제' 가 성공의 지름길이라는 것이 마시멜로 법칙의 메시지다. (363)(621)

(11) 아이를 성공시키려면 도덕성을 키워주어야 한다

EBS와 서울대학교 심리학과가 공동작업한 '도덕성 변인에 관한 연구' 에서 초등학생 300명의 테스트 결과에 다르면 '숙제할 때 오랫동안 재미있게 공부한다' 는 질문에 도덕지수 상위 30%의 점수는 20.55, 도덕지수 하위 30%의 점수는 18.18이었다. 이것은 집중력을 알아보는 문항으로, 도덕지수가 높은 아이들이 그렇지 않은 아이들에 비해 집중력이 더 높았다는 결과를 보여준다.

어린이들 몸가짐 지도의 참고자료로 파평윤씨 명재 윤증 종가에서 400여 년간 어린이부터 대학생까지 가르쳐왔던 종학당(宗學堂)의 몸가짐의 9가지 자세에 관한 규칙(九容 · 구용)을 살펴본다.

① 보행은 무겁게 걷는 모양으로

② 두 손은 공손한 모양으로

③ 바라볼 때는 단정한 모양으로

④ 말할 때는 그침을 알아야 하고

⑤ 목소리는 성내지 말고 낮은 소리로

⑥ 머리는 곧게 하여 바른 자세로

⑦ 기상은 단정하고 엄숙하게

⑧ 뜻을 세움에는 덕이 있게

⑨ 기색은 단정하고 씩씩한 모양으로 한다. (170)

공부를 못해도 성공할 수 있는 경우의 수는 얼마든지 있으며 공부가 인생의 전부가 아니다. 도덕성이란, 옳고 그름을 판단할 수 있는 능력이다. 남에게 부끄럽지 않게 행동하는 것, 대인관계에 있어 남의 입장을 공감하고 이해하는 능력, 더불어 배려하는 능력, 자신의 욕구나 감정을 조절하고 다음으로 미룰 수 있는 자제능력 등이 모두 도덕성이다. 리더의 조건이 서번트 리더십과 감성리더십인 것도 모두 이와 관련이 있다. 구성원에 공감하고 배려하지 못하면 조직이나 사회에서 인정받고 존경받을 수 없기 때문이다.

도덕성이 성공 가능성과 리더로서의 자질에 영향을 미친다는 면에서 곽금주 교수 또한 도덕성이 높으면 그 아이의 경쟁력이 높아진다고 말한다. 아이가 착하면 손해를 본다는 것은 부모의 착각이다. 도덕성이 높은 아이는 자연히 다른 사람의 입장에 공감하고 배려하며, 때로는 양보하는 이타심을 발휘하는 경향이 높다. 이 덕목은 자연히 아이의 리더십으로 확장될 수 있다. 이제는 리더십에서 절대적인 카리스마나 서번트 리더십(servent leadership)이나 감성 리더십이 각광받고 있다. 리더로서 조직 구성원의 욕구를 자제하는 대신 구성원의 입장에 공감하고 배려하고 헌신하는 것이야 말로 21세기 리더의 중요한 자질로 꼽힌다. (363)

(12) 1930년 캐서린 브리지스(Katherine Bridges)는 아기가 태어난 직후부터 기쁨이나 슬픔, 행복, 분노, 놀람, 공포 등의 1차 정서(primary emotions)를 표현하며, 이것은 세계 어느 문화권의 아기들에게나 똑같이 나타나는 선천적인 것으로 보았다. 또한 생후 12개월이 되면서는 양육자나 다른 사람들과의 상호작용을 통해 부끄러움, 죄책감, 수치, 자부심 등 2차 정서(secondary emotions)를 보인다고 했다. 2차 정서는 기본적으로 자신 외에 타인과의 상호작용을 전제로 하기 때문에 이 시기의 아기는 다른 아기들이나 사람들에게 반응을 보이고, 또 상대방에게도 반응을 얻으려고 한다. 엄마 아빠에게 애정이 생겨나고 타인에게는 낯을 가리기도 한다. 양육자에 대한 애착이 강해져 엄마와 오랜 시간 떨어져 있으면 불안해하고, 새로운 환경에 놓여 있을 때는 조심스럽게 분위기를 파악하려는 경향도 있다. (363)

(13) 또한 자녀교육에 대해 전문가들은 이렇게 조언한다.

《알파걸들에게 주눅 든 내 아들을 지켜라》의 레너드 삭스 저서에서 남자아이들의 경우 "평균보다 유치원을 1년 늦게 보내라"고 조언한다.

2006년 미국 국립정신건강연구소의 연구 결과에 따르면 남자 아이 5세의 두

뇌는 여자 아이 3세의 두뇌 발달 수준과 비슷하다고 한다. 최근 미국 부유층에서는 5~6세에 보내던 유치원을 6~7세에 보내는 것이 유행이라고 한다. 학교 교육을 늦게 시작하면 발달학적으로 배울 준비가 돼 있기 때문에 학교를 싫어할 확률이 상당히 떨어진다는 분석이다.

신철희 아동청소년 상담센터의 신철희 소장은 "어린 아들에게 롤 모델이 부족한 것이 문제"라고 지적했다. "드센 엄마 아래선 아들이 나약해진다"는 속설이 일견 타당성이 있다는 얘기이다. 딸에 대한 과잉보호는 어머니와의 동질감 속에서 정성과 열정으로 이해되지만, 아들의 경우 수동적이고 나약하게 되기 쉽다는 것이다. 또 아버지는 보통 '집 밖의 인물' 이 대부분이기 때문에 아들이 아버지를 롤 모델로 받아들일 만한 충분한 경험과 시간이 부족하기도 하다. "딸은 귀여운데 아들은 재미가 없다"며 거리감을 두는 아버지 역시 아들을 좌절시키는 요인 중 하나다. 신 소장은 "남자아이들의 경우 체험하고 겪어보는 '경험적 지식' 이 중요하기 때문에 아버지와의 체험 시간을 최대한 늘려야 한다"고 조언한다. (622)

(14) 아이의 성장환경이 인격형성에 미치는 영향에 대하여 「생활 속의 아이들」이란 제목의 조언을 들어 본다.

꾸지람 속에 자란 아이 비난하는 것 배우며, 미움 받으며 자란 아이 싸움질만 하게 되고, 놀림당하며 자란 아이 수줍음만 타게 된다.

관용 속에서 키운 아이 참을성을 알게 되며, 격려 받으며 자란 아이 자신감을 갖게 되고, 칭찬 들으며 자란 아이 감사할 줄 알게 된다.

공정한 대접 속에 자란 아이 올바름을 배우게 되며, 안정 속에서 자란 아이 자신에 긍지를 느끼며, 인정과 우정 속에 자란 아이 온 세상에 사랑이 충만함을 알게 된다.

(15) 그 밖에 어린이의 건강 · 공부 · 인성 등에 관한 조언을 옮겨 본다.

① 성장기 자녀를 둔 대부분의 부모는 키가 자라야 한다며 많은 양의 고칼로리 음식을 주지만 이는 곧 비만으로 이어진다. 제작진이 10명의 소아비만 어린이를 대상으로 성장판과 성호르몬을 검사한 결과 8명이 성장판이 닫힐 수 있는 위험 단계였다. (623)

② 아빠가 몸으로 놀아준 아이가 IQ가 더 좋다. (624)

③ 운동 잘하는 아이, 즉 스포츠지수(Sports Quotient · SQ)가 높은 아이가 공부도 잘한다. (625)

④ 이 세상 엄마들은 아이의 행복을 위해 하루에도 몇 번씩 엄마의 말을 잘 들으라고 강요한다. 하지만 엄마의 지나친 간섭은 도리어 아이를 수동적으로 바꾸어 자신의 생각조차 알지 못하게 만든다. 그렇다면 엄마의 간섭 없이도 자신의 할 일을 척척 해내는 아이의 비결은 무엇일까? 이것이 바로 '스스로 생각하는 힘'이다. 그 바탕에는 아이를 믿고 기다려 주는 엄마의 지혜가 담겨 있다. (625)

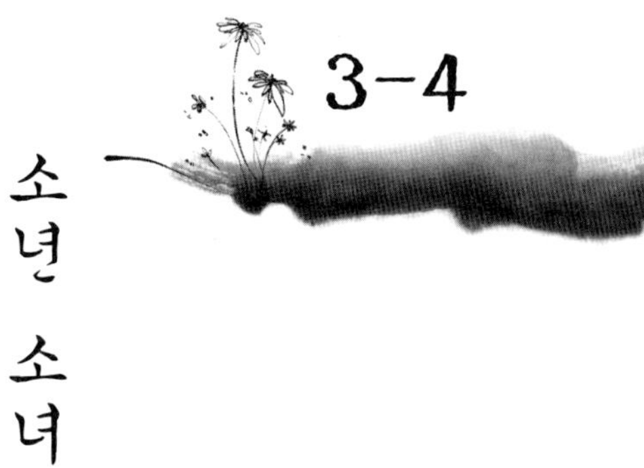

3-4

소년 소녀

해

박두진

해야 솟아라 해야 솟아라 말갛게 씻은 얼굴 고운
해야 솟아라. 산 너머 산 너머서 어둠을 살라먹고
산 너머서 밤새도록 어둠을 살리먹고 이글이글 앳된 얼굴
고운 해야 솟아라.

달밤이 싫여 달밤이 싫여 눈물 같은 골짜기에
달밤이 싫여 아무도 없는 뜰에 달밤이 나는 싫여…,

해야 고운 해야 늬가 오면 늬가사 오면 나는 나는

청산이 좋아라. 훨훨훨 깃을 치는 청산이 좋아라.
청산이 있으면 홀로래도 좋아라.

사슴을 따라 사슴을 따라 양지로 양지로 사슴을
따라 사슴을 만나면 사슴과 놀고,
칡범을 따라 칡범을 따라 칡범을 만나면 칡범과 놀고…,

해야 고운 해야 해야 솟아라 꿈이 아니래도 너를 만나면,
꽃도 새도 짐승도 한자리 앉아 워어이 워어이 모두 불러
한자리 앉아, 앳되고 고운 날을 누려 보리라.

- □ 소년들이여, 큰 뜻을 품어라(Boys be ambitious)! – 클라크
- □ 가장 높이 나는 새가 가장 멀리 본다. – 《갈매기 조나단》
- □ 아들을 가르치지 않으면 자기 집을 망치고, 딸자식을 가르치지 않으면 남의 집을 망친다. – 이덕무, 《사소절》
- □ 자녀에게 줄 수 있는 최상의 유산은 혼자 힘으로 제 길을 갈 수 있도록 해 주는 것이다. – 덩컨
- □ 격려 속에 사는 아이는 자신감이 넘치고, 칭찬 속에 사는 아이는 감사할 줄 알게 된다. – 도로티로 놀트
- □ 마땅히 행할 길을 아이에게 가르치라. 그리하면 늙어도 그것을 떠나지 아니하리라(Train a child in the way he should go, and when he is old he will not turn from it). – 잠언 22:6

■ ■ ■

소년 소녀들이여, 큰 뜻을 품어라! (Boys and girls be ambitious!)

필자는 지금부터 60년 전, 유성초등학교 4학년 때 어느 책에서 클라크가 말했다는 이 구절을 읽고 큰 감동을 받았다.

당시 필자의 집안 형편은 그야말로 집도 땅도 양식도 돈도 없는 가난 바로 그 자체였다. 그러나 그 때 필자는 이 구절을 읽고부터 위인전 등의 책을 많이 읽기 시작했다. 그리고 "헐벗고 굶주린 수많은 중국의 어린이들에게 신발을 신겨주

고, 밥을 배불리 먹게 해주겠다. 그러기 위해서는 혁명가가 되지 않을 수 없다"는 내용의 손문 전기를 읽고부터 "나도 정치인, 즉 훌륭한 정치인이 되어야겠다"고 그리하여 "나같이 가난한 사람들도 잘 먹고 잘 살 수 있는 나라를 만들어야겠다"는 생각과 꿈을 가지게 되었고, 필자는 지금까지 하루도 그 꿈을 잊어 본 일이 없다. 비록 나이는 들었지만 아직도 그 꿈을 이루고자 하는 의지와 열정은 변함이 없으며 앞으로 30년은 더 그 꿈을 향해 뛰고자 한다.

부족하지만 지금 한 줄 한 줄 이 책을 쓰고 있는 이유도 우리 국민, 특히 가난과 질병과 실패와 좌절의 고통 속에서 괴로워하는 많은 국민들에게 용기와 자신감과 희망의 끈을 놓지 말고 전진하라는 뜻을 전하기 위함이다.

필자의 이야기는 뒤쪽에서 조금 더 소개하기로 하고 소년소녀 이야기를 계속하기로 한다. 앞에서 말했듯이 여기서 필자가 말하는 소년소녀는 초등학생, 중학생, 고등학생 시기의 학동기에 있는 미성년들을 말한다.

소년범죄와 소년비행을 다루기 위한 우리나라 소년법에서는 12세 이상 20세 미만을 소년으로 다룬다. (소년법 제 2조, 제 4조 1항 2호)

여기서의 소년소녀기와 관련하여, 부모와 주위 사람들이 특히 관심을 가져야 할 내용은 사춘기(思春期 ; period of puberty)에 관한 문제이다.

사춘기는 신체의 성장에 따라 성적 기능이 활발해지고, 2차 성징(性徵)이 나타나며 생식기능이 완성되기 시작하는 시기로 남자는 정액의 생산, 여자는 초조를 그 징표로 볼 수 있다. 그 시기는 개인차가 있으나, 대개 12.3 · 15.6세 사이에 나타난다. 즉 심신양면으로 성숙기에 접어드는 청년기의 전반에 해당하는 시기로서 성적 성숙의 관점에서 그 변화를 보이는 시기라는 뜻으로 사춘기(puberty)라고 했다.

사춘기는 성적 성숙이 현저하게 눈에 띄며, 2차 성징이 나타나 남성다운 체격이나 여성다운 체형을 갖추기 시작한다. 즉 남자는 변성과 함께 가슴팍이 두꺼워지면서 어깨도 넓어지고, 여성의 경우는 골반이 넓어지면서 유방도 발육하고 자태도 풍만해지기 시작한다. 성기의 성숙과 함께 생리적 성욕이 강하게 나타나며 성에 대한 관심과 성적 충동이 높아지고, 여러 가지의 성적 행동을 알기 시작하면서 그와 같은 육체적 변화와 함께 감수성이 고조된다. 또한 자아의식도 높아지고, 주위에 대한 부정적 태도도 강해지며, 구속이나 간섭을 싫어하며 반항적인 경향으로 치닫는 일이 많고 정감이 불안정해진다. 그러나 어느 모로 보더라도 심신양면으로 소년기에서 어른이 되는 과정의 과도기에 지나지 않으며, 따라서 심신 발달상 완성의 단계는 아니다.

학자들은 이 시기의 10대 아이들은 해결해야 할 세 가지 주요 과제에 직면한다고 한다. ①자신이 겪고 있는 모든 변화를 통합하여 자신의 정체성을 형성해야 한다. ②가족, 특히 아버지로부터 분리되어야 한다. ③이에 따르는 자신의 상실감을 이해하고 처리할 줄 알아야 한다. (141)

소년소녀기와 관련하여 몇 가지 전문가들의 조언을 들어보자.

(1)자기결정성 이론(self-determination theory)을 주창한 미국 로체스터 대학의 에드워드 디치(Edward Deci) 교수에 따르면 사람의 가장 기본적인 욕구는 자율성이라고 한다. 자율성은 자기에게 가장 중요한 것이 무엇인지 스스로 선택하고 목표를 세우는 데서 출발한다. 하지만 지금 우리 아이들은 스스로 목표를 세우기는커녕 원하는 것이 무엇인지를 생각해볼 기회조차 박탈당하고 있다. 남이 시키고 강요한 일만 하고 있으니 어떻게 그 일을 통해 몰입의 즐거움을 깨달을 수 있겠는가.

(2)「아이에게 몰입의 기쁨을 알려 주는 방법」

① 아이 스스로 원하는 것을 결정할 수 있게 한다.

– 절대 부모의 강요가 아닌 아이가 원하는 것이어야 한다.

② 아이 스스로 계획을 세우도록 도와준다.

– 아이가 주도적으로 목표와 일정을 잡도록 유도한다.

부모는 아이의 결정에 간섭하지 말고 필요한 사항만 체크해준다.

③ 아이의 현재 능력과 상황에 걸맞는 과제를 제시한다.

– 같은 나이의 아이라 해도 능력과 상황에 따라 과제를 다르게 제시해야 한다.

너무 쉬운 과제를 줄 경우 아이의 능력을 제대로 발휘할 수 없게 되며, 과제가 너무 어려우면 아이에게 스트레스를 줄 수 있다.

④ 아이가 성공의 기쁨을 느끼게 한다.

– 아이는 스스로 원하는 일에 대해 목표를 세우고 그것을 이루었을 때 기쁨을 느낀다. 이러한 기쁨이 쌓이면 자신감으로 표출된다.

⑤ 항상 아이의 행동에 대해 긍정적으로 평가한다.

– 아이가 하는 행동에 대해 긍정적인 평가를 해준다.

칭찬을 들을수록 아이는 스스로 동기를 만들어 더욱 몰입할 수 있게 된다.

(3)끔찍하게 말 안 듣는 사춘기 10대들과 마음으로 소통하는 법은 먼저 부모가 변해야 한다. “흔들리는 우리 아이에게 어떤 위로와 용기를 주어야 할까? 어떻게 꿈과 희망을 찾게 해줄까?” 고민하는 부모에게 손정자 선생이 25년간 대안 교실에서 일궈낸 기적의 내용들을 엮어 전하고 있다. (626)

(4)놀게 하면 학습능력이 향상된다는 연구결과가 나왔다. 미국 세이그대 도로시 매튜(Mattews) 박사팀은 흙 속에 다량 포함돼 있는 ‘마이코박테리움 박카이(Mycobacterium vaccae M. 박카이)’란 미생물이 학습능력 향상에 도움이 된다고 최근 밝혔다. M. 박카이는 우리 몸 안에서 ‘세로토닌’을 증가시켜 특히 학습능력을 높여주는 물질로 알려져 있다. 연구진은 M. 박카이를 섭취한 쥐와 그렇지 않은 쥐를 대상으로 미로를 통과시키는 실험을 진행했다. 그 결과 M. 박카이를 섭취한 쥐들은 섭취하지 않은 쥐보다 두 배가량 미로를 빨리 통과했다. 실패와 도전을 반복하며 출구를 찾아야 하는 미로를 손쉽게 통과하는 것은 그만큼 학습능력이 뛰어나다는 것을 의미한다. M.박카이를 섭취하면 일시적으로 학습능력을 높여주는 효과가 입증된 것이다.

매튜 박사는 “학교에서 야외학습을 하면 아이들이 학습능력을 향상시키는데 도움이 된다는 것을 알 수 있다”고 말했다.

연구결과는 미국 샌디에이고에서 개최된 제 110차 미국 미생물학회 총회에서 발표됐다. (627)

(5)“운동 많이 하는 어린이가 머리도 성적도 좋아진다”고 한다.

(6)한국 아이들이 가장 늦게 가장 적게 잔다. 아이들에게 충분한 수면시간을 갖도록 해야 한다.

초 · 중 · 고교 시절에 해야 할 일은 많다. 들과 산과 강과 바다에서 뛰어 노는 일, 새로운 친구 사귀는 일, 공부하는 일, 책 읽는 일, 부모님 도와 드리는 일, 잠자는 일 등. 필자는 그 많은 일들 중에서 소년소녀 시절 꼭 해야 할 일 몇 가지를 말하고자 한다.

첫째, 꿈과 목표를 정해야 한다. 꿈과 목표는 고교시절에 가서 자신의 뜻과 소질과 능력, 사회여건, 부모님이나 선생님의 지도 조언 등을 참고하여 정할 수도 있다. 그러나 필자는 초등학교 시절에, 늦어도 중학교 졸업 때까지는 자기인생의 꿈(예 : 세계최대의 기업가, 최고의 축구선수, 세계 인기 최고 짱인 판소리 대가, 인류행복을 위해 가장 위대한 기술 발명, 대한민국을 세계 최강의 전략무기 국가가 되도록 하는 무기기술 발명 등)과 그 꿈을 이루기 위한 단계별 목표(①○○대○○학과 졸업 ②○○회사 입사 ③○○사업창업 ④○○년에 연간 매출○○○억 달러 달성 ⑤○○년까지 세계 10위권 기업 진입 ⑥○○년까지 매출 세계 1위 기업 달성 등)를 정해서 그 꿈을 항상 그리면서 젊은 시절과 인생을 보내는 것이 바람직하다고 본다.

앞으로 인간의 수명이 120세를 넘어 150세까지도 늘어날 것이라고 한다. 그 때를 대비하여 장년기부터는 70세 이후에 만들어 가야 할 몇 개의 꿈도 다시 그려야 할 것이다.

둘째, 인생의 좌우명을 정해야 한다. 그리고 좌우명대로 생각하고, 말하고, 행동 하도록 노력해 나가야 한다. 가장 중요한 좌우명은 정직이다.

필자의 경우 중학교 시절부터 '정직 · 겸손 · 최선' 을 좌우명으로 삼아 노력해 왔으며, 오늘날은 몇 가지 항목을 더 추가하여 ①정직(Honesty) ②건강(Health) ③사랑(Love) ④겸손(Modesty) ⑤최선(Best) ⑥포용(Tolerate) ⑦낙천(Thanks) 등 7가지(正健사謙最包樂)를 좌우명으로 삼아 살아가고 있다. 물론 필자는 또한 청검절의(淸儉節義 · 깨끗하고 검소하고 의리있고 올바른 삶), 삼경자조(三鏡自照 · 당태종이 거울 · 역사 · 다른 사람의 행적 등으로 거울삼아 매사를 현명하게 처리했던 고사)도 좌우명으로 삼아 살아가고 있다.

셋째, 올바르고 바람직한 생활 자세를 갖도록 해야 한다.

①말은 상대방 눈을 똑바로 쳐다보며 분명하게 ②몸의 자세는 똑바르고 곧게, 어깨 펴고 ③음식은 가리지 말고 알맞게 고루 씹어 먹고 ④잠을 잘 자면 키도 쑥쑥 크고 머리도 좋아진다. 잠은 깊이, 충분하게 자도록 하고 ⑤자기 할일은 스스로 찾아서 하고, 모르는 것은 누구에게나 물어보며 ⑥약속한 것은 목숨 걸고 반드시 지킬 것 등이다.

넷째, 초등학생은 공부에 30%, 시간의 40%는 수면 · 놀이 · 운동(유도, 태권도, 택견 등)과 친구에게, 그 밖의 일에 30%를 투자하라. 필요시에는 공부시간을 가감해도 좋다.

중 · 고교 학생은 공부에 40%, 친구 30%, 그 밖의 일에 30%를, 대학생은 공부에 50%, 친구에게 20%, 그 밖의 일에 30%를 투자하라

다섯째, 책 읽는 시간, 노래하는 시간, 운동시간, 친구와의 시간, 봉사활동 시간을 많이 내라

여섯째, 시계는 살 수 있어도 시간은 살 수 없다. 시간은 생명이다. 시간을 아껴 쓰고 절약하자.

일곱째, 나는 뭐든지 할 수 있다는 넘치는 자신감으로 살되, 매사에 Why, What, When, How를 깊이 생각하여 말하고 행동한다.

3-5 청년

청춘예찬

민태원

청춘(靑春)! 이는 듣기만 하여도 가슴이 설레는 말이다.

청춘! 너의 두 손을 가슴에 대고 물방아 같은 심장(心臟)의 고동(鼓動)을 들어보라.

청춘의 피는 끓는다. 끓는 피에 뛰노는 심장은 거선(巨船)의 기관(汽罐)과 같이 힘있다. 이것이다. 인류의 역사를 꾸며 내려온 동력(動力)은 바로 이것이다.

이상! 우리의 청춘이 가장 많이 품고 있는 이상! 이것이야말로 무한한 가치를 가진 것이다.

사람은 크고 작고 간에 이상이 있음으로써 용감하고 굳세게 살 수 있는 것이다.

석가(釋迦)는 무엇을 위하여 설산(雪山)에서 고행(苦行)을 했으며,

예수는 무엇을 위하여 황야(荒野)에서 방황했으며,

공자(孔子)는 무엇을 위하여 천하를 철환(轍環)했는가?

밥을 위하여서, 옷을 위하여서, 미인(美人)을 구하기 위하여서 그리 했겠는가?

아니다. 그들은 커다란 이상, 곧 만천하(滿天下)의 대중(大衆)을 품에 안고

그들에게 밝은 길을 찾아주며, 그들을 행복스럽고 평화스러운 곳으로

인도(引導)하겠다는 커다란 이상을 품었기 때문이다.

그러므로 그들은 길지 아니한 목숨을 사는가시피 살았으며

그들의 그림자는 천고(千古)에 사라지지 않는 것이다.

이상! 빛나는 귀중한 이상! 그것은 청춘의 누리는 바 특권이다.

그들은 순진(純眞)한지라 감동(感動)하기 쉽고, 그들은 점염(點染)이 적은지라

죄악에 병들지 아니하고, 그들은 앞이 긴지라 착목(着目)하는 곳이 원대(遠大)하고,그들은 피가 뜨거운지라 실현에 대한 자신과 용기가 있다.

그러므로 그들은 이상의 보배를 능히 품으며 그들의 이상은 아름답고

소담스러운 열매를 맺어, 우리 인생을 풍부하게 하는 것이다.

청춘은 인생의 황금시대(黃金時代)다. 우리는 이 황금시대의 가치를 충분히

발휘(發揮)하기 위하여, 이 황금시대를 영원히 붙잡아 두기 위하여

힘차게 노래하며 힘차게 약동(躍動)하자. (432)

□ 젊음은 용기입니다. 실패를 겁내지 않는, 실패를 할 수 있는 용기도 젊음의 것입니다. – 유안진

□ 모든 것은 젊었을 때 구해야 한다. 젊었을 때 열심히 구한 사람은 늙어서 풍성하다. – 괴테

□ 청춘의 사전에는 실패라고 하는 말은 없다. – E · 리든

□ 청춘은 인생에 단 한 번밖에 오지 않는다. – 롱펠로

□ 만약에 내가 신이었다면 청춘을 인생의 끝에 놓았을 것이다. – A · 프랑스, 《에피큐르의 동산》

□ 사람의 일생에는 겨우 세 가지의 사건이 있을 뿐이다. 출생과 사는 것과 죽는 것. 그렇지만 태어나는 것은 알 리가 없고, 죽을 때는 「아, 괴롭다」라고 죽으며, 살아 있다는 사실은 잊고 있다. – 라 브뤼예르, 《사람은 가지가지》

□ 젊은 시절은 두 번 오지 아니하고 하루에 새벽이 두 번 있지 않나니 젊었을 때 학문에 힘쓰라. 세월은 사람을 기다리지 않느니라(盛年不重來 一日難再晨 及時當勉勵 歲月不待人). – 도연명의 시(詩)

■ ■ ■

동아일보 사회부장 · 조선일보 편집국장을 역임한 1930년대 초 시인 우보(牛步) 민태원(閔泰瑗 · 1894~1935)은 '청춘예찬' 이라는 명수필을 통해 청춘이 가져야 할 정열을 청춘의 피에 비유하면서 "끓는 피에 뛰노는 심장은 거선의 기관과 같이 힘 있다. 이것이다. 인류역사를 꾸며 내려온 동력은 바로 이것이다. 청춘의 피가 뜨거운지라, 인간의 동산에는 사랑의 풀이 돋고, 이상의 꽃이 피고, 희망의 놀이 뜨고, 열락의 새가 운다"고 청춘을 예찬했다.

꿈(Dream)과 열정(Passion)과 패기(Ambition)! 청년의 가슴에는 영원히 식지 않는 에너지인 이 DPA가 있다. 청년들이여 ! 이 태양처럼 뜨거운 DPA에너지로 모든 가능성에 도전하라.

1963년 「청맥지 2호」에서 당시 대학 2년생인 박철언은 회장 권두언에서 "청년은 겨레의 상징이요 조국의 동량이다. 그 시대의 청년의 사고와 자세는 바로 그 나라의 미래의 역사적 현실을 말해주는 것이다"라고 썼다. (309)

맹자가 연봉 10만석을 받는 객경(客卿)이라는 자리에 있을 때 군주인 제선왕(齊宣王)에게 아뢴다. "나라를 힘과 지략으로만 다스릴게 아니라 왕도(王道)로 다스려야 합니다. 저는 호연지기(浩然之氣 · 공명정대하여 한 점 부끄러움이 없는 마음)를 기르고 있으니 걱정하지 마십시오. 호연지기는 의(義)와 도(道)의 그 기운 됨이 극히 크고 강하며 곧게 기르되 무해하므로 천지(天地)간에 의와 도를 기릅니다(《맹자》 공손축장구상)."

청년들이여 ! 맹자가 기르던 그 호연지기를 가슴속에 키워나가자.

얼마 전 삼성전자 황창규 고문은 신문에 "청년들아, 내가 미쳐야 남이 행복해진다"고 다음과 같이 기고했다. 스티브 잡스는 내가 만난 사람 중 가장 기억에 남는 인물 가운데 한 명이다. 한국의 미래를 짊어질 청년들에게 귀감이 될 사람이기에 그렇다. "Stay Hungry, Stay Foolish"(배고픈 채로, 바보같이 살아라). 스티브 잡스가 스탠퍼드 대학 졸업식 축사에서 남긴 말이다. 등 따습고 배부르고 더 똑똑해지고 싶은 건 인지상정(人之常情)이고, 좋은 환경이어야 좋은 아이디어도 나올 법한데, 그는 왜 이렇게 얘기했을까? 나름대로 내린 결론은 이렇다. 배부르면 간절함이 없고, 똑똑해서 일의 결과를 훤히 내다본다고 생각하면 매사에 망설일 테고, 망설이다 보면 중도에 쉽게 포기하기 때문이 아닐까.

스티브 잡스는 '융복합(融複合)적 생각'의 화신(化身)이다. 하버드 경영대학원 크리스텐센(Christensen) 교수는 "앞으로는 현존하는 기술의 연장선이 아닌 비연속적 성격의 '융복합기술'이 IT시대 이후를 책임질 것이다"라고 말한다….

문제는 소프트웨어이며 소프트웨어형 인재다. 우리가 세계최초로 256M D램을 개발했을 때, 그 후 매년 두 배씩 플래시 메모리 용량을 늘려 세계 반도체 업계를 놀라게 했을 때 우리의 주 무기는 배고픔과 오기였다. 빈곤에서 벗어나려는 욕망, 더 이상 강대국에 눌려 살지 말자는 오기가 우리세대의 최고의 정신적 무기이자 소프트웨어였던 것이다.

그러나 그런 시대는 우리로 족하다. 차세대 리더는 스티브 잡스형 인간, 융복합형 인재여야 한다. 우리나라에 그런 청년이 태어나고 있는가? 스티브 잡스가 행한 아이패드 시연식을 마치 오락프로 보듯 그냥 흘려보았다면, 우리의 미래는 없다. 한국산 자동차가, 한국산 원자로가, 한국산 선박이 세계시장에 팔려나가는 것을 현재의 청년세대가 당연한 눈초리로 보고 있다면 우리의 미래는 없다. 지식에 굶주렸던 30년 전의 필자가 반도체에 인생을 걸었듯이 우리 세대가 만든 경성(硬性)과학기술에 젊은 세대의 연성(軟性)혁신이 잘 조화돼 제3세대의 한국산 IT 소프트웨어가 만들어져야 한다…. (616)

일반적으로 청년(a young man)이라 하면 청춘기에 있는 젊은 사람을 말하며 대체로 20세에서 30세 정도까지의 시기를 말한다. 그러나 학문적으로는 다음과 같이 설명한다. 신체적인 성숙이나 정신적인 발달 등 심신 양면에 걸쳐 급격히 변화하여 어린이에서 성인(成人)으로 전환하는 시기를 말한다. 청년기가 구체적으로 언제인가는 민족이나 학자에 따라 다소 다르지만, 대체로 13,14세부터 22,23세에 걸치는 시기를 가리키며, 전반(前半)의 성적 성숙이 두드러지는 시기를 사춘기(思春期)라고도 한다.

청년기는 심신의 발달이나 사회적 관계의 변화양상이 처음과 끝날 무렵이 현저하게 특이하기 때문에 이를 전기와 후기로 나누는 것과, 전기 · 중기 · 후기로 3분하는 것이 있는데 보통은 셋으로 구분하고 있다.

성적 성숙이 시작되어 2차성징(二次性徵)이 나타나기 시작하고, 이것이 어느 정도 성숙해질 때까지는 몇 년이 소요된다. 그리고 극단적으로 자폐적(自閉的) · 소극적인 사회태도를 볼 수 있는데, 이것이 좀 호전되는 시기가 15,16세이며, 이

때까지의 시기를 청년전기로 한다.

그 뒤에 청년기의 정신적 특징이 뚜렷이 나타나는 시기가 온다. 한편으로는 어린이가 아니라는 자아의식(自我意識)과, 또 한편으로는 성인으로서의 대우를 받지 못하는 것에 대한 반항의식 사이에 혼란이 발생하며, 이 혼란이 18,19세까지 계속되므로 이 시기를 구분하여 이것을 청년중기로 한다.

그리고, 심신의 성숙도 모두 안정되고, 직업이나 결혼에 대한 준비태도도 이루어지거나 그러한 경험을 하지만 아직도 이상을 추구하고 현실 사회나 주위에 정서적으로 반항하며, 사회적 책임의 수행을 혁신에 의해서 이루려고 하는 미숙한 젊음을 지니고 있다. 그 정열과 태도 및 행동은 22,23세까지 계속되며, 이 무렵부터 조화를 추구하여 안정되어 가는데, 이때까지의 시기를 청년후기로 한다.

청년기의 두드러진 특징은 체형 · 체질의 변화뿐만 아니라 성적으로도 성숙해져서 2차성징이 나타나 성적기능이 활발해지는 데 있다. 또, 신체의 운동기능도 급속히 발달하는데, 특히 근력(筋力), 운동속도, 운동의 정확성 등의 발달이 두드러지며, 스포츠의 기본적 운동 능력은 청년기가 끝날 무렵에는 거의 최고조에 이른다.

청년기에는 지적(知的) 발달도 두드러져서, 지능검사의 지능수준이 정점에 달하는 시기이기도 하다. 대뇌전두엽(大腦前頭葉)의 신경세포의 맥락도 20세 전후에는 거의 완성된다. 그러나, 지적 내용은 학습이나 경험에 의해서 더욱 발전을 계속한다. 기본적인 지적 능력은 추리 · 사고(思考) · 판단 · 기억 등에서 볼 수 있는데, 추상적 능력이 발달하여 논리적인 사고태도가 두드러져 보인다. 그리하여 논리를 존중하고 구체적인 실천을 경시하는 경향이 있으며, 감정에 사로잡혀 주관적 논리의 형태를 취한다. 또 상상력이 현저하게 발달하므로 가치의 추구나 이상을 찾고 철학 · 문학 · 사상을 애호하며, 인생관이나 세계관을 확립하는 시기이기도 하다.

그러나, 주관적 논리나 관념적 가치를 추구하는 나머지 회의(懷疑)나 불안 · 번민에 빠져서 자살이나 노이로제에 이르는 일도 증가하며, 또 종교에 귀의하고 싶은 마음이 생기는 것도 이 시기이다.

정신적 독립에 수반하여 어른에 의존하던 것이 친구나 사회에 참가하는 방향으로 사회적 발달을 한다. 그리하여 교우관계(交友關係)가 다변화하여 여러 가지

사회적 거리와 방향을 지닌 친구가 생긴다. 이 중에서 진정한 친구와 이성 친구 등이 분화하여 핵적(核的)으로 된다. 이성 친구들도 몇 단계의 과정을 거쳐서 생기지만, 처음에는 이성에게 관심을 가질 뿐이고 이성을 기피하는 상태에 머문다. 그러다가 동성애, 연상의 이성사모, 동년배의 이성으로 발전하다가 마지막에는 연애관계에까지 이른다. 집단도 활동의 집단에서 흥미나 사상의 결합집단으로 분화한다. 이에 따라 사회에 대한 관심도 점차 높아져서 사회문제나 작업에 대한 관심이나 행동도 눈에 띄게 발전한다. (425)

현재의 처지에 낙담하고 있는 청년들이여 !

"아파하고 낙심하라, 하지만 끝내 무릎 꿇지는 말라"고 하는 한현우 선생의 조언을 들어보자.

「20대는 불완전 연소로 얻어진 동력으로 사는 시기다. 그 10년간은 원래 모든 일이 입력한 대로 출력되지 않는다. 그래서 대부분 사람들의 인생 그래프가 널뛰기를 한다. 성취와 실패, 환희와 절망이 수시로 교차한다. 거기서 나온 에너지로 불같은 연애도 하고 밤새 통음(痛飮)도 한다. 그리고 누가 뭐래도 한국의 민주화는 20대의 이런 에너지가 없었다면 불가능했다.

청춘은 자기 주변이 세계의 전부라고 착각한다. 그래서 20대의 좌절은 '세계멸망'에 준하는 개인적 재앙이다. 김난도 서울대 교수의 말 그대로 "아프니까 청춘이다." 30대를 지나 40대가 되면 만사에 둔감해져서 웬만큼 어려운 일을 당하지 않고는 별로 아프지도 않다. 안 아프니까 중년인 것이다.

"왜 나만 뒤처지고 있나"라고 고민하는 20대들에게 말해주고 싶다. 원래 그런 것이라고 지나고 보면 뒤처졌던 게 아니었음을 알게 될 거라고. 그러니 마음껏 아프고 낙심할 것이나, 끝끝내 무릎 꿇지는 말라고」

그리고 서울대 김난도 교수의 저서 《아프니까 청춘이다》에 관한 신문의 보도(947) 내용을 보자.

"한창 혈기왕성해야 할 20대가 등록금에 허리가 휘고 좋은 학점을 받지 못해, 고시에 붙지 못해 극단의 선택을 하는 것이 15위 경제국 대한민국의 현실이다. 오바마도 부러워할 '교육공화국'이지만, 정작 청춘들에게 제대로 된 인생수업을 해줄 만한 어른들은 흔치 않다. 그런 청춘들에게 서울대 김난도 교수는 친근한 '란도샘'이 되어 이야기를 들려준다. '답은 네 안에 있다', '바닥은 생각보다 깊지 않다', '기적은 천천히 이루어진다', '내일이 이끄는 삶을 살라' 며 청춘의 불안을 어루만지고 도전적인 내일을 응원한다."

저자 강헌구는 그의 저서 〈가슴뛰는 삶〉에서 "인생은 키워드다. 한 단어만 찾으면 된다"고 다음과 같이 조언한다.

라이트 형제의 숙명적인 키워드는 '비행' 이었다. 토머스 에디슨이 선택한 키워드는 '전구에 불을 켜는 것' 이었고, 알프레드 노벨은 '화약', 쇼팽은 '피아노', 애니카 소렌스탐(Annika Sorenstam)은 '골프', 오프라 윈프리는 '토크쇼', 장보고는 '해상무역', 운보 김기창은 '그림' 이라는 키워드를 선택했다. 그리고 그 키워드에 인생의 승부를 걸었다. 운명을 건 키워드에 모든 시간과 에너지를 투자했고, "그 키워드에 관해서만큼은 최고의 경지에 도달했다"고 지적하고 있다. (178)

청년들에게는 삶에의 뜨거운 에너지가 있고, 꿈과 목표를 향한 비전이 있고, 옳고 바른 것, 즉 정의를 향한 열정(passion for justice)이 있다.

그런데 오늘날 우리나라 2040세대는 다음과 같은 문제로 고민하고 있다.

20대는 높은 등록금과 청년실업 문제, 30대는 비정규직과 육아, 40대는 자녀교육과 주거, 노후준비 문제로 인한 고민이다. (628)

21세기에는 논리적인 좌뇌보다 감성적인 우뇌가 중요하고, 미래 인재는 하이콘셉트(high concept · 폭넓은 상상력을 가지고 큰 그림 그리는 능력)를 갖춘 인재가 되어야 성공할 수 있다고 한다. 청년들이여, 큰 그림을 그리고 그것을 위해 상상력을 마음껏 펼쳐 나가자!

필자의 연령대 사람들은 대부분 어려움 속에서 청소년기를 보냈다. 필자의 경우도 초 · 중학교 때 일요일에는 유성 집에서 계룡산까지 12km를 나무하러 다녔고, 점심도시락을 준비해 갈 형편이 못되어 점심시간에는 친구들 식사할 때 운동장에 나가 우물 한 바가지로 배를 채웠고, 고교시절에는 새벽 3시 반에 일어나 서울 효창동에서 조선일보 신문배달을 하며 고등학교를 졸업해야 했다. 그러나 필자는 포기하거나 낙담하지 않고 최선을 다해 살았다.

고교졸업 얼마 후에는 영양실조와 기력부족으로 고생하기도 했으나 고졸학력으로 밤낮없이 3년간 공부 끝에 마침내 행정고시에 합격하여 차관보에 이르기까지 공직생활도 할 수 있었다. 공무원 35년 · 정치인생 10여 년을 살아온 지금 필자는 또 하나의 길을 찾아 가고자 한다.

청년들이여! 그대의 꿈, 그대의 키워드를 찾아 분발하라.

청년들이여! 꿈과 열정과 패기, 이것이야말로 최고의 무기이다.

끝까지 전진하라! 그리고 승리하라!

3-6

장년 · 중년

고지가 바로 저긴데

이은상

고난의 운명을 지고
역사의 능선을 타고
이 밤도 허우적거리며
가야만 하는 겨레가 있다
고지가
바로 저긴데
예서 말 수는 없다

넘어지고 깨어지고라도

한 조각 심장만 남거들랑

부둥켜 안고

가야만 하는 겨레가 있다

새는 날

피 속에 웃는 모습

다시 한 번 보고 싶다

□ 사람은 나이를 먹었다고 늙는 게 아니라 이상을 잃었을 때 늙는다. – 애슐리 몬테그

□ 바쁜 사람에게는 나쁜 버릇을 가질 시간이 없는 것처럼 늙을 시간이 없다. – 앙드레 모로아

□ 날마다 한 가지씩 새로운 것을 배워라. 그러면 결코 늙지 않으리니. – 로이스 베이

□ 인간은 이상을 상실하기 때문에 늙는다. – D. 맥아더

□ 중년 상처는 대들보가 휜다. – 한국 속담

□ 나는 노인들과 이야기하는 것을 좋아한다. 왜냐하면 그들은 우리가 앞으로 걸어갈 길을 우리보다 먼저 걸어간 사람들이기 때문이다. 우리는 그들로부터 그 길이 어떻게 생겼는지, 굽이굽이 험난한 길인지 아니면 넓고 평탄한 길인지 암시를 얻을 수 있다. – 플라톤, 《국가론》

■ ■ ■

이 절은 앞에서 필자가 수명연장을 고려하여 인생의 시기를 태아기로부터 노년기까지 9단계로 구분한 것 중에서 제 7단계인 장년기(30년~50년)와 제 8단계인 중년기(50년~70년)에 관한 내용이다. 이 절의 중년기는 70세까지를 포함하고 있으므로 이 절에서는 우리나라에서 노인예우를 하는 65세 이후의 시기도 일부 포함되므로 노인세대와 관련된 내용들을 일부 이 절에서도 다룬다.

물론, 요즘 서울의 소비시대 큰손으로 통하고 있는 뉴포티(New forty) 족도 포함된다. 뉴포티 족은 더 이상 '아저씨'가 아닌 '젊은 오빠'처럼 보이기 위해 외모나 몸매를 가꾸는데 적극적이고, 개성과 최신 유행을 추구하는 멋쟁이 40대를 가리키는 말이다. 영국의 사회철학자 피터 라슬렛(1915~2001)은 그의 저서 《신선한 인생 지도(A fresh map of life)》에서 인생을 제 4단계로 나누고 각 단계에 의미를 부여했다.

제 1기 인생(the first age)은 태어나서 사회에 나가 일을 하기까지 교육받고 훈련받는 시기, (약 20~30년간) – 의존의 시기

제 2기 인생(the second age)은 취업하여 결혼하고 가정과 사회에 책임을 다해 일하는 시기, (약 30~40년간) – 독립과 의무와 책임의 시기

이러한 시기를 통하여 인생은 성공과 실패, 가진 자와 못 가진 자로 구분되며 자아가 타인과의 비교를 통해서 경쟁에 시달리고, 가족과 사회에 대한 책임과 의무, 지금까지 누려 왔던 입지와 명예 등의 무거운 짐을 지고 가파른 언덕까지 오게 된다.

제 3기 인생(the third age)은 직장에서 퇴직하여 건강하게 생활하는 시기(개인에 따라 다르지만 약 20~0년간)로, 자신의 적성과 재능을 살려 자기가 원하는 삶을 사는 시기 – 자기 성취의 시기

제 4기의 인생(the forth age)은 건강이 좋지 않아 남에게 의존하는 시기를 맞이하면서 내리막길로 접어들며 흔히 말하는 치명적인 5D와 연결된다.

쇠퇴(Decline), 질병(Disease), 의존(Dependence), 우울(Depression), 노망(Decrepitude) 그리고 죽음(Death)을 맞게 되는 시기이다. (629)

장년 · 중년기는 라슬렛의 인생지도에 따르면 제 2기 대부분과 제 3기를 포함하는 시기라고 할 수 있다.

장년기는 대체로 자기의 직장이나 사업 또는 전문분야에서 열심히 일하며 자기 성취를 하고, 자신과 가족을 부양하며, 자기 직분을 통해 사회에 기여하는 시기로서 한참 일할 나이를 말한다. 장년기를 지나면 더욱 완숙한 역량으로 장년기의 지위와 경제력과 명예 등을 업그레이드시키는 중년기를 맞는다. 그러나 체력은 25세를 정점으로 하강선을 긋는 시기이므로 젊음이 넘치는 체력을 유지하기 위해서는 운동을 포함한 건강관리에 유의해야 한다. 또한 심근경색 · 뇌졸중 · 암 · 당뇨 · 심장병 · 고혈압 · 동맥경화와 치매 증상 등에 대비해야 할 시기이기도 하다.

서울 AG클리닉 원장이며 서울의대 초빙교수인 권용옥 박사는 건강 100세를 대비하기 위해서 ①20~30대에 흡연, 과음, 과식 등 식습관을 고치고 ②40대에는 뱃살잡고 ③50대에는 혈관관리에 관심 갖고 ④60대는 근육저축에 노력하고 ⑤70대에는 건강검진을 주기적으로 할 것을 조언한다. (630)

「안젤레스 에디엔」은 저서, 《아름답게 나이 든다는 것》에서 50세를 넘기면서 준비해야 할 일 4가지를 다음과 같이 제시한다.

① 무엇으로부터 은퇴하여 무엇을 향해 갈 것인가에 대한 고찰

② 누군가의 멘토, 조력자, 할머니 또는 할아버지가 될 준비

③ 노화에 맞서 건강을 지킬 준비

④ 사랑하는 이들과의 이별과 죽음에 대한 준비 (165)

또한 전문가는 한국인의 ①빠른 은퇴연령(평균 56세) ②은퇴 후의 자녀교육과 결혼자금부담 ③한국인 은퇴자산의 부적절성, 즉 부동산 자산 점유비가 74%(미국 35%, 일본41%)나 되는 등의 문제점을 지적하면서 선진형 은퇴설계와 은퇴 후 생활에 대한 진지한 고민이 필요하다고 조언한다.

《당신의 인생을 이모작하라》는 책을 펴낸 최재천 이화여대 교수는 "평균수명이 100살에 가까운 고령화 사회를 눈앞에 둔 지금, 아이를 낳아 기르는 '번식기'와 그 이후 삶인 '번식후기' 로 나눠 인생을 50년씩 두 번 살자"고 제안한다. "노인도 의학 발달과 건강관리에 힘입어 젊은이 못지않은 체력을 갖게 된 이상, 번식기와 번식후기를 철저하게 분리해 인생을 이모작하자"는 것이다. (631)

필자는 7급 공무원으로 재직 중 1972년 30세에 행정고시에 합격하여 5급 · 4급 · 3급 · 2급 · 1급 총 공직생활 35년 정치인 10여 년의 세월을 보내고 지금 고희의 나이가 되었다. 그러나 아직 몸과 마음은 30~40대의 젊음을 유지하고 있다고 자부한다. 10km단축 마라톤을 달리고, 밤새워 수백 곡의 노래를 부르며, 아무리 추운겨울에도 내복을 입는 날이 없으며, 하루에 골프 54홀을 돌고, 몇 년 전에는 후배 세 사람(신대식 · 서장만 · 하헌주)과 함께 한여름 10일 동안 1,000m가 넘는 산 10곳을 산행한 일도 있다. 그야말로 "나이는 숫자에 불과하다"는 조금은 건방진 생각을 갖고 있는 편이다.

미국의 사상가 랠프 왈도 에머슨은 그의 저서 《사회와 고독》에서 "연령의 본질은 지성이다"라고 했다.

공자께서는 "15세에 배움에 뜻을 두고, 30세에 바로 섰고, 40세에 흔들리지 않게 됐고, 50세에 천명을 알았고, 60세에 어떤 말을 들어도 이해가 되었고, 70세에는 무슨 일을 해도 법도에 어긋남이 없었다(子曰 吾十有五而志于學 三十而立 四十而不惑 五十而知天命 六十而耳順 七十而從心所欲不踰矩)"라고 했다. 그

런데 필자는 아직 사회의 동서남북조차 제대로 분별하지 못하니 어떤 친구가 말했듯이 천둥벌거숭이라는 생각이 든다.

정신분석학자 카를 융은 중년을 활기와 감성과 열정이 있는 절정기라는 뜻에서 「인생의 정오(noon of life)」라고 했다. 또 로버트 브라우닝(Robert Browning)은 "인생 최고의 순간은 인생의 후반기이다"라고 했다.

T.S.엘리엇은 그의 시 「이스트 코커(East Corker)」에서 "노인은 탐험가가 되어야 한다"고 했다.

한국인의 기대 수명, 즉 그해에 태어난 출생아가 교통사고, 질병 등을 모두 감안해 평균적으로 살 수 있는 나이가 1948년 46세였던 것이 1970년 61.7세, 1999년 75.6세, 2009년에는 무려 80.5세(남 77.0세, 여 83.8세)로 늘어났다.

미래학자들은 앞으로 인간의 수명이 120을 넘어 150세까지 늘어날 것으로 전망한다. 1889년 독일의 비스마르크 총리에 의해 제정된 65세 연금수령제도는 그 이후 1956년 UN이 나이 65세를 고령자로 보고, 65세 이상 인구 구성이 전 국민의 7%가 되면 고령화사회(Ageing Society), 14%는 고령사회(Aged Society), 20%이상을 초고령사회(Super - Aged Society)로 규정한다고 했다.

이 기준에 따르면 우리 한국사회는 고령인구가 2008.7.1현재 501만 6000여 명으로 전 국민의 10.3%에 이르고 있어 이미 고령화사회에 들어와 있고, 2018년에는 고령사회(14.3%), 2026년에는 초고령사회(20.8%), 2050년에는 38.2%에 이르러 세계에서 가장 늙은 나라가 될 것이라 한다. 이와 같은 정부의 예측에 대해 고려대학교 통계학과의 박유성 교수는 한 연구보고서에서 출생률이 현재수준을 유지하고 의학이 현재 속도로 발전한다면 우리나라는 2017년 고령사회에, 2024년 초고령사회에 진입하게 된다고 밝혔다. (632)

또한 최빈 사망연령도 일본 92세에 근접한 82세라 한다.

특히 한국전쟁 종전 후인 1955년부터 산아제한정책 도입직전인 1963년까지 9년에 걸쳐 태어난 베이비 붐 세대는 2010년 712만 5천명으로 전체인구의 14.5%이다.

통계청이 밝힌 한국직장의 평균퇴직연령은 53세이다. 이들이 은퇴기를 맞게 된 한국은 급속한 고령화의 문제, 노인복지문제 등에서 큰 부담을 예고하고 있다. 한국의 노인문제에 있어 취업희망 노인들에 대한 피크타임제와 재취업문제,

빈곤층노인의 의식주와 질병예방과 치료문제, 그리고 노인연령의 70세로의 상향문제 등이 사회적 논의의 대상이 되고 있다. 만일 60세에 은퇴하여 100세까지 살게 될 경우 은퇴 이후 남는 시간도 약 35만 시간이다. 그 시간을 어떻게 보내도록 할 것인가가 노인문제의 가장 중요한 키워드가 되어야 할 것이다.

만일 60세에 은퇴해 많으면 100세까지 산다고 가정하면 은퇴 이후 남는 시간은 약 35만 시간이다. 잠자고 밥 먹는 시간 등을 빼면 20만 시간 정도가 남는다. 이 시간은 어떻게 보면 매우 특별한 보너스이기도 하다.

직장에 얽매였던 좁은 나로부터 벗어나, 하고 싶은 일을 맘껏 하면서 오롯이 자아를 찾을 수 있는 마지막 기회인 것이다.

조선일보와 삼성생명이 은퇴를 앞둔 40~50대 전국 남녀 500명에게 물었더니 '은퇴는 하고 싶은 일을 할 수 있는 시간'(70.4%, 복수응답)이라는 대답이 가장 많이 나왔다.

그들에게 영화 제목으로 유명해진 '버킷리스트(bucket list · 죽기 전 꼭 해보고 싶은 일 목록)'를 작성해 보라고 했다. 주관식 질문에 '북극의 오로라를 보고 싶다', '해탈하고 싶다', '고아원을 운영하고 싶다' 등 예상치 못한 답변들이 쏟아졌다. 가장 많이 나온 응답은 역시 여행(35%)이었다. 이어 종교 · 봉사활동(18.5%), 공부(6.5%), 스포츠(6.3%)가 뒤를 이었다.

환갑이 넘는 나이에 인터넷으로 공부하기 위해 경희사이버대학에 등록한 재학생이 65명이나 된다. 이들에게 '공부'는 버킷리스트의 첫 번째 항목이자 다른 버킷리스트를 실천하기 위한 디딤돌이다.

이들 중 40명을 전화로 인터뷰했는데(40명 중 27명은 은퇴자), "왜 환갑 넘어서 공부를 하느냐"는 질문에 "앞으로 하고 싶은 일이 많아서"라는 대답이 18명으로 가장 많았다.

외식농수산경영과 09학번 박종훈(61)씨는 "비누 공장을 하다가 사양산업이라 접었는데, 나에게 시간이 앞으로 25년 더 남아 있다는 생각이 들어 학교를 다니면서 다시 사업계획서를 만들고 있다"고 했다.

지난해 말 주민센터 공무원으로 정년퇴직한 신순호(61)씨는 동남아에서 온 다문화가정 민원인들과 말이 안 통해 쩔쩔맸던 경험이 많아 퇴직 후 그들에게 한국어를 가르쳐 보자는 생각으로 한국어문화학과를 택했다.

최고령자인 미국학과 11학번 유한옥(74)씨는 퇴직 후 12년 지나서야 대학 신입생이 됐다. 그는 "은퇴해 보니 가장 중요한 게 삶의 질이더라"며 "관(棺) 속에 들어갈 때까지 공부하는 게 삶의 질을 높이는 가장 좋은 길인 것 같다"고 했다.

이금룡 상명대 교수(가족복지학)는 "버킷리스트 10개를 만들어 보는 것이 은퇴 설계를 향한 첫 단계"라고 말했다. (948)

은퇴 후 시간을 하고 싶은 일을 다 하고 떠나기 위한 첫 단계는 목록을 작성하는 것이다.

이금룡 교수는 "아직 못해 봤고, 앞으로 꼭 하고 싶고, 지금보다 잘하고 싶은 일을 정리해 보라"고 조언했다.

'고향에서 농사짓겠다', '자서전 쓰겠다', '봉사활동 하겠다' 등 곰곰이 생각하고 가족과도 상의해 목록을 써 보자.

다음은 실천이다. 그 일을 어떻게 할 건지 은퇴 전부터 계획을 세우고 준비해야 한다. 자서전을 쓰기로 했다면 매일 조금씩 일기를 쓰고, 해외여행을 가기로 했다면 어느 나라에서 뭘 볼지 공부하고 돈도 모아야 한다.

봉사활동도 마음만 먹어 할 수 있는 게 아니다. 구호단체인 기아대책의 두상달 이사장은 "은퇴 후 보람 있는 일을 하겠다며 갑자기 찾아와 강의할 자리나 봉사할 자리를 달라고 하는 사람들이 종종 있다"며 "아무런 관련 경력이나 지식, 자격도 없이 되겠느냐"고 말했다.

나름대로 열심히 준비했다고 했는데 막상 실행에 옮기면 현실이 기대에 못 미치는 경우가 많다. 그러지 않으려면 경험자들의 얘기를 듣거나 책을 읽고 시행착오를 줄여야 한다.

한 부부는 은퇴 후 그토록 꿈꾸던 지중해 크루즈 여행을 떠났는데, 기분만 상해 돌아왔다. 드레스 코드도 모르고, 의사소통도 안 되고, 춤도 못 추다 보니 비싼 돈 주고 외국인들 틈에서 꿔다 놓은 보릿자루 신세가 됐기 때문이다.

은퇴 후 하고 싶은 일을 하면서 사는 데 꼭 필요한 또 한 가지는 '같이 할 사람'이다. 은퇴를 하고 나면 직장 생활을 할 때 그 많던 인맥과 친구들이 하나둘씩 사라지면서 삶의 행복도가 급격히 떨어진다.

노년 컨설팅기업인 시니어파트너즈 김형래 상무는 "동창회 · 종교모임 · 운동모임 · 취미모임 · 이웃모임 등 서로 성격이 다른 5개 이상의 모임에 정기적으로

참여하라"고 조언했다. (949)

삼성생명이 2000가구를 대상으로 조사한 결과, 은퇴 후 필요한 생활비는 월 211만원이라고 응답했지만 실제 준비한 금액은 145만원에 불과했다.

실제 은퇴를 시작한 60대는 "노후연금이 열 아들 · 딸보다 낫다"는 말을 새겨야 한다. 자녀에게 부양받을 것을 기대하지 말고 노후자금으로 쓸 수 있는 일정 소득이 있어야 한다는 것이다. (633)

노령사회 문제와 관련한 또 하나의 문제는 미래 세대의 부담이다. 노인 1명을 경제활동인구(15~64세) 몇 명이 부양하는지 밝힌 잠재 부양지수(PSR)추이가 문제의 심각성을 적나라하게 보여준다.

2010년 현재 잠재 부양지수는 6.65로 경제인구 6~7명이 노인 1명을 부양하는 상태다. 정부는 2015년에는 경제인구 5.67명, 2020년에는 4.61명, 2030년에는 2.65명이 노인 1명을 부양할 것으로 전제하고 대책을 마련해 왔지만 고려대 박유성 교수는 이 같은 전제도 지나치게 낙관적이라고 말한다.

박 교수 분석에 따르면 출산률이 현재 상태를 유지할 경우 2030년에는 경제인구 2.32명이 노인 1명을 부양하는 사회가 된다. 출산률이 10%올라가도 2.35명이 1명을 부양하는데 그쳐 국민들이 아이를 지금보다 많이 낳는다 해도 젊은이들의 짐이 가벼워지는 효과는 극히 미미할 것으로 나타났다.

정부 예측(2.65명이 1명 부양)과 박 교수 추정치(2.32~2.35명이 1명 부양)사이의 간극은 '0.3명' 안팎이지만 국가 전체를 고려하면 엄청난 차이를 불러온다. 박 교수는 "2030년 65세 이상 인구가 1,354만 4,638명이라고 가정할 때 이들을 부양할 젊은 경제인구가 정부 예측보다 400만 명 이상 더 필요해진다"며 "이만한 숫자를 메우려면 이민 수용을 포함해 인구정책을 기초부터 다시 검토할 필요가 있다"고 했다. (632)

여기 전문가들이 권하는 베이비붐 세대 은퇴 준비 5대 원칙을 소개한다.

① 90세까지 살 것으로 생각해라

② 주식 비중 줄이고 예금 · 채권 비중 늘려라

③ 자식에 올인 말고 자기 미래에 투자하라

④ 기대 수준을 낮춰라

⑤ 운동 등으로 건강을 유지하라

은퇴생활 성공을 위한 조언내용을 보면 대체로 다음과 같다.

① 과거 빨리 털고 20~30년 몰두할 일 찾아라

② 현역일 때 자격증 취득 등 미리 대비하고, 나이 먹어서 은퇴 후에 할일을 찾아두라

③ 건강관리에 유의하고 가능하면 영원히 현역으로 뛰도록 하라

④ 30 · 40대부터 자기가 잘하는 일, 좋아하는 일을 골라 꾸준히 자기계발을 해 두어라

⑤ 은퇴준비는 부동산보다 연금 · 현금자산으로 하고, 은퇴 후에는 은퇴 전 수입과는 비교 안 되는 일이라 하더라도 어려운 이웃과 함께하는 기회가 제2의 천직으로 생각하고 봉사하라 (634)

⑥ 피부노화방지 학회가 젊은 노인 되기를 바라는 분들을 위해 권장하는 〈피부 노화를 줄이는 법〉을 실천하라 (246)

하나, 잠을 충분히 잔다.

둘, 하루 여덟 컵 이상 물을 마신다.

셋, 과일 · 야채 · 생선 등을 즐겨 먹는다.

넷, 사시사철 SPF(자외선차단지수) 15이상의 자외선 차단 크림을 바른다.

다섯, 자외선 B는 물론 자외선 A(깊이 침투)에 대해서도 차단대책을 세운다.

여섯, 담배를 끊고 술을 줄인다.

일곱, 피부를 청결하고 촉촉하게 유지한다.

여덟, 스트레스를 적절히 해소한다.

어느 전문가의 조언을 들어 보자

"가장 잘하는 재테크는 '평생 돈이 마르지 않는 것' 이라고 합니다. 돈이 필요할 때 필요한 만큼 꼭 쓸 수 있도록 하는 것이 바로 노후 재테크의 핵심입니다. 젊은 시절 생각 없이 허투루 써버릴 수 있는 단돈 1만 원이 노후에는 엄청난 힘과 의미를 부여해줄 수 있다는 사실을 명심하고 재정적인 안정을 위해 3대 자산인 보장자산, 은퇴자산, 투자자산을 먼저 준비하시기 바랍니다. 추운 겨울에 대비한 개미처럼 젊은 시절 부지런히 노후를 준비하여 풍요롭고 아름다운 인생 후반전을 맞이하시길…." (173)

그 밖에 언론이 보도한 베이비 붐 세대의 은퇴 후의 삶과 관련한 전문가의 여러 조언들을 보자.

① 고령화사회 일본의 잔인한 현실 – 사랑받는 노년, 통장유무에 달렸다. (635)

② 한국, 은퇴준비 성적 'F' –노후대비지수(고령화 속도 · 저소득층 비율 · 연금소득 대체율 · 은퇴 후 생존기간 등을 가중평균 지수화한 것) OECD 평균 100점, 미국 128점, 영국 125점, 일본 74점, 한국 47점 (636)

③ 5565세대(만 55세 퇴직해서 65세 될 때까지) 공포의 10년, 신(新)보릿고개의 공포에 직면 (637)

첫째, 국민연금을 받는 65세까지 기다려야

둘째, 자녀들은 독립 못해 지원해야

셋째, 노부모도 봉양해야 하는 노노(老老)부양의 책임 남아 있고

넷째, 밥보다 약을 더 먹어야 하는 의료비부담 크고

다섯째, 직장 없으니 은행 빚 갚기 어렵고

여섯째, 집에서 툭하면 다투게 되고

일곱째, 부동산 있어도 현금 없어 '동맥경화' 걸릴 우려가 크다.

④ 베이비붐세대 재취업 위해 정년연장(기업이 정년연장시 정부의 정년연장 지원금 있음), 임금 피크제, 재취업 활성화 등이 이루어져야 한다. (638)

보건복지부 산하 한국노인인력개발원이 「노령지식인 사회참여사업(Encore Project)」 참여자 총 200명(2~6기 교육생 · 서울지역 160명, 인천지역 40명)을 모집교육을 실시하고 이들 이수자들이 근무 또는 자원봉사할 수요처를 모집하고 있다. 「앙코르 프로젝트」란 대량 · 조기 은퇴하는 베이비붐 세대(55~63년생, 712만명)의 인력을 제3섹터(사회복지기관, NPO 등 비영리기관)에 연계하여 사장되는 중고령자의 전문성과 경험을 새로운 사회적 가치로 창출하기 위한 사업을 말한다.

여기서 말하는 노령지식인이란 50대 중반 이상 퇴직자로(퇴직예정자 포함)재직시 자신의 지식과 경력을 사회에 환원할 의향을 가지고 있으며 특히, 지역사회 내 사회복지기관, 공립기관, 비영리단체 등에 본인의 지적 노하우를 제공할 수 있는 자를 말한다. 한국노인인력개발원의 이 프로젝트는 55세 전후 은퇴자 또는

은퇴 예정자의 신청을 받아 기본교육(42시간), 현장실습(3주이내), 워크샵(1박2일) 등을 무료로 받을 수 있도록 지원하고 교육이수 후 수요처가 필요한 인력을 지원해 주는 방식이다.

정부는 전문성 있는 중고령자에 대한 이와 같은 지원정책을 더욱 확대해 나가야 할 것이다.

⑤ '100세 시대' 평생학습만이 대안이다. (639)

⑥ 베이비 붐 세대 '2010년 쇼크' - 퇴직 후 20년 넘게 사는데 수입은 없고 쓸덴 많고… "오래 사는 게 무섭다" (640)

노화, 즉 늙는 문제에 대한 전문가들의 조언을 들어 본다.

사람은 왜 늙는 것일까. 늙는다는 것은 무엇일까. 늙어가는 것을 조금이라도 늦출 수는 없는 것일까. 사람들이 알고 있는 듯하지만 정작 모르는 것, 수백 년 동안 과학계와 의학계의 연구대상이었지만 여전히 많은 부분이 수수께끼로 남아 있는 것. 바로 '노화' 다.

인간의 거의 모든 기능은 40~45세를 정점으로 꺾인다. 늙는 것은 육체적 기능과 기억력, 인지능력을 포함한 정신적 기능이 감소되는 것을 말한다. 시력과 청력이 떨어지고 때로 정서장애가 오기도 한다. 만성 질환의 위험도 증가한다. 외모상으로 머리털이 빠지고 흰머리가 나고 피부는 탄력을 잃어 주름이 생긴다.

노화를 연구하는 과학자와 의학자들도 이런 과정이 왜 일어나는지 정확히 모른다. 노화의 과정은 우리 몸속의 장기, 조직, 세포가 여러 조건 아래 지극히 복잡한 방법으로 관여하여 일어나기 때문이다. 노화를 설명하는 가설만도 300가지가 넘는다.

대표적인 노화 이론으로는 몸을 구성하는 세포들이 음식물 속의 독성, 지방, 당, 알코올, 니코틴에 손상을 받게 된다는 '마모이론', 세포 속에 세포가 감당하지 못할 정도의 노폐물이 축적돼 노화가 발생한다는 '노폐물 축적이론', 노화가 이미 유전자에 프로그램 돼 있다는 '유전자 조절 이론', 활성산소 때문에 노화가 진행된다는 '프리라디칼 이론' 등이 있다.

사람의 연령은 시간에 따라 자동적으로 먹어가는 '연대 연령(달력나이)' 과 신체적 상태, 즉 질병 유무, 신체기능, 활력, 외모로 구별되는 '생물 연령(생체나이)' 으로 나뉜다. 서울대 의대 가정의학교실의 노화방지의학 전문가들은 "생물

연령은 각자의 노력에 따라 20세 정도까지는 차이를 보일 수 있다"고 말한다.

'45세 이후 어떤 삶을 사는가' 하는 것도 중요하다. 사람은 45세 이후 대개 두 가지 경로를 걷게 된다. 갖가지 질병에 시달리며 병원을 전전하는 삶과 건강하게 살다가 짧은 시간 내 사망하는 삶이다. 두 가지 삶 중 어느 쪽을 사는가 하는 것은 상당부분 개인의 선택에 달려 있다. 건강하지는 못하지만 가늘고 길게 사느냐, '9988123'(99세까지 팔팔하게 살다가 1,2일 앓고 사망하는 것)할 것인가는 본인의 의지에 달려 있다.

그렇다면 생물 연령을 늦추는 비결은 무엇일까. 현재까지 알려진 가장 확실한 방법은 운동, 생활습관, 약물이라는 세 가지다. 운동은 유산소 운동, 근육강화 운동, 유연성강화 운동을 포함한다. 생활습관은 생활 속에서 몸무게와 식생활, 스트레스를 조절하는 것이다. 약물은 호르몬 대체요법을 말한다. 비타민이나 항산화제 복용 요법도 거론되지만 정확한 효능에 대한 연구결과는 아직 없다. 반면 흡연과 과로는 생물 연령을 낮추는 데 가장 나쁜 것으로 알려져 있다. 그 다음으로 음주와 스트레스, 운동 부족과 적절하지 않은 식생활, 수면장애가 노화를 부추기는 요인이다. 김탁 고려대 안암병원 교수는 "적절한 식이요법, 금연, 규칙적인 운동이 노화를 늦추는 데 가장 효과적"이라고 말했다. (641)

"1960년대 초만 해도 맞벌이 부부를 찾기 힘들 때였다. 대가족 제도의 풍습도 많이 남아 어린 시절 한때나 방학을 시골 조부모 밑에서 보내는 일이 흔했다. 도시의 아이들은 평생 잊지 못할 '시골체험'을 하고 예절이나 근검 · 절약 같은 덕목을 할아버지, 할머니 무릎 밑에서 배웠다. 지금은 많은 게 달라졌다. 젊은 부부 가운데 맞벌이가 다수를 차지하면서 0~3세 영 · 유아의 70%, 미취학 어린이의 35%가 조부모 밑에서 크고 있다고 한다. 팍팍한 살림살이에 한 푼이라도 더 모으려면 부부 모두 일을 하는 수밖에 없다. 실리를 위해서나 믿을 수 있다는 점에서나 아이는 부모에게 맡기는 게 제일 낫다. 그러나 평생 자식 키우고 결혼시켜 이제 느긋하게 발 좀 편하게 뻗어보려는 부모 입장에선 '황혼육아'가 그리 반가운 것은 아니다. 하버드대 연구팀이 일주일에 9시간 이상 손주를 보는 할머니 1만 3000여명을 4년에 걸쳐 조사했다. 심장병 발병률이 손주를 보지 않는 할머니에 비해 55%나 높게 나왔다. 몸무게 6~7kg되는 돌 무렵 아이를 들면 그냥 서 있을 때보다 허리가 4배의 압력을 받는다고 한다. 국내 어느 병원에선 허리통증

환자의 25%가 육아 때문에 병을 얻은 것으로 조사됐다. 눈에 넣어도 아프지 않을 손주들이지만 말도 안 통하는 아이들을 하루 10시간 이상 돌보다 보면 스트레스, 식욕저하, 불면증도 생긴다. 손주는 보고 싶고 손주병은 무섭고… 이래저래 이 땅의 할아버지, 할머니들은 우울하다." (642)

여기 필자가 그동안 살면서 생각해 본 50대 이후 20년 젊게 사는 「8가지 생활 원칙」을 적어 본다.

① 나이보다 30년 젊다고 생각하라.

② 향후 이루고자 하는 큰 할 일 1, 2개를 새로 정하고, 그 성취를 위해 20~30대의 열정을 쏟아라.

③ 의식주가 해결되고 큰 빚 없으면 최고 부자라고 생각하라.

④ 늘 감사하는 마음, 한 끼 식사 줄여 이웃과 나누는 마음, 휴지 줍는 마음으로 살자.

⑤ 매일 신문 보고, 굴신 운동체조와 아령 · 역도하고, 노래 5곡 이상 부르고, 컴퓨터하고, 아침저녁 시간 내어 4km이상 걷거나 뛰고, 매주 책 1권 읽고, 매달 자작시 한편 써라.

⑥ 되도록 많은 친구 · 친지 · 친척을 자주 만나되, 역지사지하여 칭찬하고 도와줘라

⑦ 절식 · 절주 · 절욕 · 숙면하고, 과로 · 과민 · 원망 · 험담 · 거짓말하지 마라

⑧ 세상만사 할 수 없다고 생각하지 말고, 뭐든지 할 수 있다고 생각하라! 안되면 되게 하라!! 이 생활 원칙도 무조건 실천하라!!!

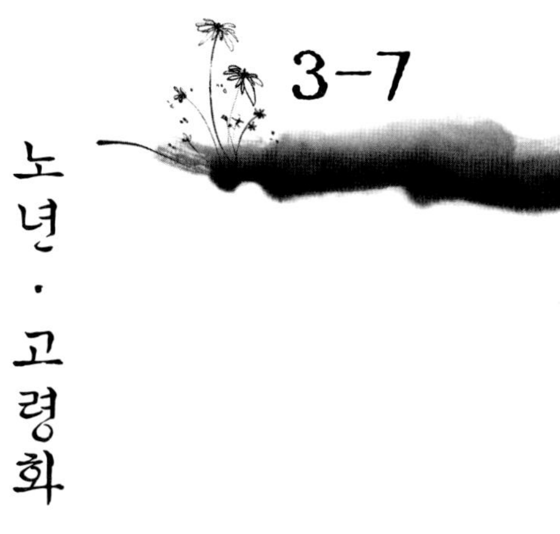

3-7 노년·고령화

청춘(Youth)

새무얼 얼먼(Samuel Ullman)

청춘은 인생의 한 시기가 아니라, 마음의 상태이다.
장밋빛 볼과 붉은 입술, 유연한 무릎이 아니라
의지와 멋진 상상력과 활기찬 감정의 문제이다.…
이상(理想)을 버릴 때 우리는 늙는다.
그대와 나의 가슴 한가운데에는 무선국이 있다.
그것이 사람들로부터 또는 조물주로부터
아름다움, 희망, 활기, 용기와 힘의 메시지를 수신하는 한,
그대는 영원히 젊으리…

Youth is not a time of life; it is a state of mind;

it is not a matter of rosy cheeks, red lips and supple knees;

it is a matter of the will, a quality of the imagination, a vigor of the emotions;…

We grow old by deserting our ideals.

In the center of your heart and my heart there is a wireless station;

so long as it receives messages of beauty, hope, cheer, courage and power from men and from the infinite, so long are you young…

□ 해는 저물고 갈 길은 멀다(日暮道遠). – 《唐書》백거이전

□ 백발은 노경의 꽃이다(The white looks, the blossom of old age). – 소포클레스

□ 70이면 아직 애예요, 애. 어디 가서 70이라고 하지 마세요. – 김영삼 전 대통령(84세때의 조언)

□ 노인이 되는 법을 알고 있는 사람은 적다. – 라 로슈푸코

□ 거기서는 누구나 늙어서 신처럼 당당해지지 않고, 거기서는 누구나 늙어서 교활해지지 않으며, 거기서는 누구나 늙어서 입이 험해지지 않는다. – 예이츠, 《심원(心願)의 나라》

□ 어떤 식으로 나이가 들어가느냐를 알게 되는 것은 인생의 지혜에 있어서 중요한 일이며, 위대한 삶의 방식에 있어서 가장 어려운 몇 장(章)이다. – 아미엘

□ 나는 그 인품 속에 얼마간 노인 같은 점을 가지고 있는 청년을 좋게 생각한다. 마찬가지로 청년 같은 점을 얼마간 가지고 있는 노인을 좋게 생각한다. 이와 같은 규칙에 따르는 사람은 몸이 늙어도 마음이 늙는 일은 절대로 없다. – 키케로

□ 나에게는 믿을 만한 세 벗이 있다. 늙은 아내, 늙은 개, 그리고 약간의 저금.
– B · 프랭클린

□ "젊어 보이시는 군요"하는 말을 들으면 나이를 먹었구나 하는 말을 들었다 생각하라.
– W · 어빙

□ 언제까지나 젊게 있고 싶으면, 청년의 마음을 가지고 살지 않으면 안 된다.
– 글래드스턴

□ 사자의 코털과 아버지의 퇴직금은 절대로 건드리지 마라! – 하나금융그룹 광고문

□ 인류의 진보는 나이 든 사람들 덕분에 이루어졌다. 그들은 보다 선량하고 지혜롭다.
– 톨스토이

□ 사람은 나이를 먹었다고 늙는 게 아니라, 이상을 잃었을 때 늙는다. – 새뮤얼 얼만

□ 늙은이는 두 번째의 어린이다. – 유럽 속담

□ 어려서는 겸손하라. 젊어서는 온화하라. 장년에는 공정하라. 늙어서는 신중하라.
– 소크라테스

□ 젊은 사람은 아름답다. 그러나 늙은 사람은 더욱 아름답다. – 휘트먼

■ ■ ■

과학자들이 2만여 명을 대상으로 행복 지수를 조사한 결과 가장 행복한 나이가 '74세'로 나타났다. 10대 후반 평균 5.5점에서 40대에 5점까지 떨어지다 74세에 이르러 5.9점이 된 것. 집 장만, 자녀 양육 등의 책임감과 부담감에서 벗어나 비교적 안정된 삶을 누리며 남은 생을 즐겁게 보내려고 하기 때문이다. (643)

지금 시대가 9988123의 시대가 됐다면 통계적으로 위의 조사결과는 74세의 행복이 팔팔하게 살 나이인 99세까지는 지속될 수 있음을 말한다고 할 것이다.

노화의 이유에 대해서는 우리 몸에 생체시계가 있다고 하는 유전적 프로그램 이론(Programmed aging theory)과 인체의 세포, 기관 등이 세월의 흐름에 따라 손상된다는 「마모이론(wear & tear theory)」 두 가지 이론이 있다. (644)

2010년 5월 세계보건기구(WHO)가 발표한 '세계보건 통계 2010'에 따르면, 2008년 출생아를 기준으로 한 한국인의 기대수명은 평균 80세(남 76 · 여 83)다. 이 자료에서는 한국인의 기대수명이 영국과 같은 것으로 나타났다. 그리고 2008년 출생아 기준 지구인의 평균 기대수명은 68세(남 66 · 여 70)이다. (645)

고령화가 야기하는 문제는 생각보다 심각하다. 지금은 15~64세의 국민 7명이 노인 1명을 부양하면 되는 상황이지만, 2020년에는 4.6명이 노인 1명을 책임져야 한다.

2008년 '고령자 통계'(통계청)를 보면 65세 이상 노인의 고통은 '건강문제'(43.5%), '경제적 어려움'(38.4%)순이었다. 노인인구의 52.3%는 생활비를 '본인 혹은 배우자'가 직접 마련하고 있는 것으로 조사됐다. 인구 · 사회학자들은 '에이지퀘이크(agequake · 인구지진)'에 대비하라고 충고한다. 고령화사회가 세계 경제에 가져올 엄청난 충격을 지진(earthquake)에 비유한 말이다. 넋 놓고 있다가는 한국사회도 '황혼의 반란'이나 '에이지퀘이크'에 흔들릴 가능성이 크다. 하지만 정부는 당장 '젊은 백수' 문제 해결에 쩔쩔매느라 고령사회에 대한 대책 마련은 엄두도 못 내고 있다. 노인문제를 담당하는 부서가 있기는 하지만 지금 당장 '벼랑에 몰린' 노인들조차 제대로 챙기지 못하는 게 현실이다. (646)

미국 상무국 인구통계국은 2009년 7월 20일 세계인구의 고령화현상을 주 내용으로 담은 '고령화하는 세계(An Aging World;2008)'를 발표했다. 그에 의하면 2008년 현재 세계 고령인구는 5억 600만 명이며, 개도국의 고령화 속도가 선진국의 2배 이상 빠르며, 전체인구 중 65세 이상 인구비율 상위국은 일본(21.6%), 이탈리아(20.0%), 독일(20.0%), 그리스(19.1%), 스웨덴(17.9) 등이다.(647)

고령화는 우리에게도 눈앞에 닥친 문제다. 통계청 인구 총 조사에서 2010년 11월 1일 현재 국내 65세 이상 노인 인구가 542만 5,000명으로 전체 인구의 11.3%를 차지한 것으로 나타났다. 전국 230개 시 · 군 · 구 가운데 82개 지역은 이미 노인 인구 비중이 20%를 넘는 초고령사회로 진입했다. 반면 14세 이하 유소년 인구는 778만 7,000명으로 5년 전보다 120만 명이나 줄었다. 농촌에서 아기 울음소리가 들리지 않고 아이들이 뛰노는 모습을 볼 수 없게 된 지 오래다.

더욱이 우리나라의 고령화 속도는 예상보다 빠르게 진행되고 있다. 정부는 당초 2010년 노인 인구를 535만 7,000명으로 추정했지만 실제 결과는 이보다 6만 8,000명 더 많았다. 이에 따라 우리나라가 노인 인구 비중 14%를 넘는 고령사회로 접어드는 시점도 당초 예상했던 2018년보다 앞당겨질 전망이다. 국민연금과 건강보험을 포함한 복지 지출 전망도 달라질 수밖에 없다.

노인 인구의 비중이 크게 늘어나는 고령화 추세가 무서운 것은 무엇보다 그로 인해 국민의 마음과 태도, 성격이 바뀌기 때문이다. 물건을 만들며 땀을 흘리는 인구는 줄어들고 연금을 받거나 국가 지원금 · 보조금으로 생활하는 사람들이 늘어날수록 그 사회는 진취적인 기상을 잃어버리게 된다. 위험을 무릅쓰면서 새로운 기술의 개발과 시장 개척에 나서는 대신 내일 먹을 것을 오늘 당겨 먹자는 분위기가 사회 전체에 팽배해진다.

그런 고령화의 충격으로 국가가 쇠망의 길로 빠져들게 되지 않으려면 미리 사회 · 경제 시스템을 업그레이드시켜야 한다는 게 서구 역사의 교훈이다. 그리스나 포루투갈 같은 유럽의 작은 나라들이 잇따라 국가 부도 위기에 빠져들고 있는 것은 고령화 시대에 대비한 개혁을 하지 못했기 때문이다. 세계 제2의 경제 대국을 자랑하던 일본이 1990년대 이후 경쟁력을 잃고 내리막길을 걷게 된 것도 다른 어느 요인보다 고령화 탓이 크다. 우리는 지난 10년 동안 고령화에 대비해 경제 · 사회 · 교육 · 복지 시스템을 업그레이드할 시간을 헛되이 흘려보냈다. 국민과 여 · 야, 정부 모두 우리나라가 인구학적 비상사태를 맞고 있다는 상황 인식이 절실하다. (648)

최근 한 연구원의 보고서에 의하면 한국이 2050년이면 전 세계에서 최고령 국가가 될 것이라는 전망이 나왔다. 한국금융연구원은 2011년 3월 28일 '고령화 진전에 따른 정책 과제' 보고서에서 "소득 향상으로 보건 · 영양 환경이 개선되면서 우리나라 평균 수명이 2050년엔 83.5세에 이를 것"이라며 "65세 이상 고령인구 비율이 38.2%에 달해 세계 최고령 국가가 될 것"이라고 밝혔다.

금융연구원은 한국이 고령화사회(65세 이상 인구가 7% 이상)에서 초고령사회(65세 이상 인구가 20% 이상)로 진입하는 데 26년이 걸릴 것으로 예측했다. 이는 고령화사회에서 초고령사회로 진입하는 데 154년이 걸린 프랑스나 미국(94년) · 독일(77년) · 일본(36년) 등 다른 선진국과 비교할 때 매우 빠른 수준이다.

한국인의 평균 기대수명은 2009년 현재 남자 77세, 여성 83.8세이다. 실제로 가장 많은 사람들이 사망하는 나이인 최빈(最頻)사망 연령은 2008년 85세였으나 2020년에는 90세를 넘어 100세 시대에 진입할 전망이다. 몇 년 안에 100세 수명을 채우고서 이 세상과 이별하는 사람들이 흔해지는 시대가 닥칠 것이라는 얘기다.

《한비자(韓非子)》〈설림편(說林篇)〉에 "늙은 말의 지혜"라는 뜻의 노마지지(老馬之智)란 말이 나온다. 관중(管仲)과 습붕(濕朋)이 제나라 환공(桓公)을 따라 고죽국(孤竹國)을 정벌하러 갔다가 길을 잃게 되자, 늙은 말을 풀어 길을 찾았다는 이야기다.

늙은 말에 지혜가 있듯이 "노인의 뇌가 젊은이보다 더 지혜롭다"는 연구결과가 나왔다. 캐나다 토론토대 심리학과 린 해서(Hasher) 교수의 연구결과 "젊은 사람들의 뇌는 사람의 이름이나 전화번호 등 한 가지 사실을 잘 포착하는 집중력을 갖고 있다. 이에 반해 노인들의 두뇌는 한 번에 여러 가지 사실을 농시에 흡수할 수 있는 '유연성' 을 갖고 있다"고 한다. (649)

또한 미시간대의 리처드 니즈벳(Nisbett) 교수 등의 연구결과에 의하면, "60세 이상 노년층이 청 · 중년층보다 사회적 지혜에 있어 더 현명한 것"으로 밝혀졌고, 학계는 "지혜는 나이와 더불어 자란다는 오랜 상식을 잘 입증한 연구"라고 평했다. (650)

평균수명이 40세도 안되었던 조선시대 관리의 정년은 70세였다고 할 수 있다. 관리가 나이 70세가 되면 벼슬을 사양하고 물러났으며 이를 치사(致仕)라고 했다. 치사했더라도 그 사람이 필요하면 중복(重卜)이라 하여 다시 기용했다. 치사하고 물러나더라도 고향의 향직 등을 주어 고향에서 존중하도록 하고, 당상관으로 있다 치사한 경우에는 중앙의 예조나 해당 지역의 관찰사 등이 매달 술과 고기를 보내 주었다. 벼슬이 1품(品)에 이르고 나이가 70세 이상이 된 자로서 국가의 필요에 의해 퇴관하지 못하는 자에게는 임금이 지팡이, 즉 궤장(几杖)을 하사했다.

조선시대에는 부모가 50세가 되면 자식이 지팡이를 만들어 드렸고, 60세가 되면 마을 사람들이 만들어 주었다. 70세가 되면 국장(國杖)이라고 하여 나라에서, 80세에는 나라의 경사라고 하여 임금이 지팡이 '조장(朝杖)'을 하사했다. 어른을 존경하고 그들의 산 경험이 지니는 권위를 나타내기 위해서였다. (651)

여기 노인의 지혜와 관련된 우화(寓話 · fable)를 소개한다.

옛날에 노인을 내다 버리는 기노국(棄老國)이란 나라가 있었다. 한 대신이 아무리 법이라고는 하나 차마 늙은 아버지를 내다 버릴 수 없어서 땅 속에 굴을 파서 거기 숨겨 두고 정성껏 모셨다.

어느 날 한 신(神)이 나타나 왕에게 어려운 질문을 던졌다. '여기 뱀이 두 마리가 있다. 이 뱀의 수컷과 암컷을 가려내지 못한다면 이 나라를 멸망시켜 버리겠다' 라고 선언했다. 왕은 말할 것도 없고 궁중의 누구하나 이 문제를 풀 사람은 없었다. 마침내 왕은 온 나라 안에 암수를 가려내는 방법을 아는 사람에게 후한 상을 내리겠다고 포고했다. 그 대신이 집에 돌아가 아버지께 여쭈니 아버지는 이렇게 말씀하셨다. '그것은 어렵지 않다. 부드러운 보료 위에 두 마리 뱀을 올려놓아라. 부지런히 움직이는 쪽이 수컷이고 가만히 있는 쪽이 암컷이다.'

대신은 아버지가 가르쳐 준대로 왕에게 말하여 이 문제를 무사히 해결했다. 그 다음에도 신은 차례로 어려운 문제를 냈으나, 대신은 아버지에게 물어서 언제나 풀 수 있었다. 문답 내용은 다음과 같은 것들이었다.

① 「큰 코끼리의 무게는 어떻게 다는가」 → 「코끼리를 배에 태워, 배가 물속으로 얼마나 들어갔는가를 표시해 둔다 다음에 코끼리를 내려놓고 그 표시까지 내려가도록 돌을 싣는다. 그리고 그 돌의 무게를 재면 된다…」

② 「여기 네모진 향나무 판자가 있다. 이 판자의 어느 쪽이 뿌리 쪽이겠는가」

→「물 위에 띄워 보면 뿌리 쪽이 조금이라도 더 가라앉게 된다. 그것으로서 뿌리 쪽을 알 수가 있다」 했다.

③ 또한「여기 같은 모습, 같은 크기의 어미와 새끼 말이 두 마리 있다. 어떻게 하여 어미와 새끼를 구별할 수 있는가?」→「어떤 먹이를 주면 어미 말은 새끼 말에게 그것을 밀어준다. 이것으로 곧 구별할 수 있다.」

이처럼 어려운 질문에 대한 답변은 신을 기쁘게 했고 왕도 기쁘게 했다. 그리고 왕은 모든 지혜가 굴 속에 숨겨 놓은 대신의 늙은 아버지에게서 나왔다는 사실을 알고, 그 후부터 노인을 버리는 법률을 없애고 노인에게 효도하도록 명령하게 되었다 한다. (446)

《후한서 마원전(後漢書馬援傳)》에 보면 "장부가 뜻을 세웠으면 어려움을 당할수록 굳세어지고 늙을수록 젊게 살아야 한다(丈夫爲志 窮當益堅 老當益壯)."는 말이 나온다. 여기서 "늙을수록 젊게 산다"는 뜻의 노익장(老益壯)이란 고사성어(故事成語)가 나왔다. 노익장의 사례 몇 가지를 살펴본다.

① 미국 조지 부시 전 대통령은 80세 생일을 자축하며 4000m 고공낙하를 했고, 85세인 지스카르 데스탱 프랑스의 전 대통령은 2011년 10월 아프리카의 서남부 나미비아를 배경으로 독일 여성 마틸다의 비극적 운명을 그린 소설《마틸다(Mathilda)》를 출간했다.

② 한국의 김홍규씨(당시 73세)가 보름 사이에 철인 3종경기라 불리는 트라이애슬론 대회 2개를 연속으로 완주했다.

③ 전북 완주의 차사순여사(2011년 1월 현재 70세)는 960번 만에 운전면허를 따서 '959전(顚)960기(起)' 의 기록을 세웠다.

④ 원반던지기 선수인 바바 조긴더 싱(Baba Joginder Singh)은 1998년 은퇴 선수들을 위한 인도 국제 선수권 대회에서 금메달을 땄는데 그의 나이는 105살이었다.

⑤ 미켈란젤로는 71세 때 시스티나 성당의 벽화를 그렸으며, 슈바이처 박사는 89세가 되던 해에도 아프리카의 한 병원에서 수술을 직접 집도했고, 영국 수상이었던 처칠은 노벨문학상 수상작인『영국사』를 82세 때 완성했다.

⑥ 동서지오베이스 고문 강번석씨(65세)는 1990년대 초 어느 회사 부장으로 재직 당시 심한 우울증과 스트레스에 시달렸다. 이때 건강관리를 위해 달

리기를 시작, 1997년 춘천마라톤(춘마)대회에서 마라톤 완주를 했고, 계속 하여 금년에 마라톤완주 100회에 도전한다. 미국 보스턴 마라톤, 고비사막 마라톤 100km 달리기 울트라 마라톤 2회, 강화도에서 강릉까지 2박3일 308km마라톤도 했다. 마라톤 최고기록은 3시간 31분 40초라고 한다.

⑦ 미국 연방법원의 어느 나이 많은 판사(2011년 현재 104세 · 연방법원 판사는 정년 없는 종신제)는 오후 3시까지 재판을 하고 있고, 중국 광둥성에서 발행되는 격월간 시사지 '염황세계(炎黃世界)' 는 2011년 4월 현재 편집장 83세, 부편집장 92세, 그리고 1월에는 106세의 언어학자 저우유광(周有光) 선생의 칼럼난을 신설했다. 그는 중국 현대사를 "마르크스가 길을 잘못 가리켰고, 레닌과 스탈린은 그 잘못된 길을 걸었으며, 마오쩌둥(毛澤東)은 그 잘못된 길을 따라갔다"고 말할 정도로 날카로운 비판정신을 지니고 있다 한다. (652)

《내 인생을 바꾼 한마디》에서 저자 노웅래는 말한다. (337)

"누군가 말했습니다. 나이는 숫자에 불과하다고, 새로운 자극에 마음을 열고, 낯선 생각을 받아들이고, 사람들을 마음 깊이 사랑할 수 있는 사람은 나이에 상관없이 누구나 젊은이입니다. 머리에는 연륜과 지혜가 가득하고, 입을 열면 향기로운 덕담이 흘러나오고, 가슴에는 젊은이의 마음과 열정이 넘쳐나는 사람, 우리 모두의 희망입니다."

"노인 500만 시대 / 노인이길 거부한다 / 요즘 60세는 '총각', '새댁'."

몇 년 전 신문(243)은 위와 같은 제목들로 기사를 썼다.

앞으로 이런 멋쟁이 100세 젊은 오빠, 120세 청춘, 150세 노익장이 많이 나올 것을 기대해 본다.

'노인' 의 기준은 몇 세일까? 우리나라 40~69세 10명 중 7명은 70세가 고령층의 기준이며, 이 나이가 되기 전까지는 자신을 '노인' 이라고 생각하지 않는 것으로 나타났다.

교보생명은 시니어전문 포털사이트 '시니어파트너즈' 와 공동으로 우리나라 40~69세 1,000명(남녀 각각 500명 · 월 소득 100만 원이상)을 대상으로 설문조사를 실시한 결과 응답자 중 544명(54.4%)이 '70~74세는 돼야 노인' 이라고 답했다고 15일 밝혔다.

75세가 넘어야 노인이라는 의견도 144명(14.4%)이나 됐다. 688명(68.8%)은 60세가 넘어도 70세가 되지 않으면 고령층이라고 느끼지 않는다는 것이다. 불과 47명만이 60~64세도 노인이라고 생각했다. 필자의 생각으로는 76세부터 노인으로 보는 것이 현실에 맞다고 본다.

실제 나이보다 심리적으로 받아들이는 나이는 훨씬 젊었다. 10명 중 5명이 '실제 나이보다 최소한 6년은 젊다고 느낀다' 고 답했다. 무려 166명(16.6%)이 '실제 나이보다 11~15세는 젊다' 고 답했으며, 369명(36.9%)은 6~10세 젊다고 응답했다.

선호하는 호칭도 고급스러웠다. 564명(56.4%)이 '시니어(senior)' 를 선택했고, '실버(silver)' 도 221명(22.1%)이 선택했다. 다소 비하하는 느낌을 줄 수 있는 '고령자' 는 57명(5.7%), '노인' 은 23명(2.3%)에 불과했다.

다만 노후 준비는 그다지 잘돼 있지 않았다. 응답자들은 풍요로운 노후를 위해 평균 3억 원의 노후생활자금이 필요하지만 실제 준비된 노후생활자금은 평균 1억 원뿐이라고 말했다. (653)

사람이 나이가 들면서 노쇠가 어느 정도 진행됐는지 알아보는 지표가 있다. 미국 미네소타의대 연구팀 등이 개발해 2009년 발표한 SOF지표가 대표적이다. SOF지수는 지난 6개월 동안 의도하지 않게 체중이 5%(한국인의 경우 대략 2.5~3.5kg정도) 빠졌는가, 의자에 앉은 상태에서 손을 짚지 않고 다섯 번 일어나는 동작을 20초 내에 할 수 있는가, 신체 및 정신상태가 활기찬 상태를 유지하고 있는가 등 세 가지를 평가한다. 2~3개에서 문제가 있으면 '노쇠 상태', 1개는 '노쇠 전단계', 3개 모두 이상 없으면 '건강 상태' 로 판정한다.

한림대한강성심병원 가정의학과 윤종률교수는 "SOF지수 검사에서 노쇠 상태를 보이는 사람은 다른 사람보다 심신의 기능이 확실하게 떨어진다" 고 말했나. 윤 교수팀은 2008~2009년 1년간 노년층 110명의 노쇠 진행과 건강 상태의 관계를 연구했다. 그 결과 2008년에는 건강 상태였지만 2009년에 노쇠 상태가 된 사람은 인지기능이 악화될 위험이 3.57배, 일상생활기능(집안일하기, 외출하기, 대중교통 이용하기, 전화하기, 식사준비하기, 장보기 등)이 감소할 위험이 9.64배, 낙상위험이 5.42배, 병원에 입원할 위험이 4.45배 증가했다.

윤 교수는 "대부분의 노년층이 2008년에 비해 2009년에 노쇠가 진행된 반면 노쇠 상태에서 건강 상태로 개선된 사람은 한 명도 없을 정도로 노화방지에 신경을 쓰지 않는 것으로 연구 결과 나타났다"며 "노년층은 올바른 생활습관을 유지하면서 SOF지수 검사를 스스로 자주 해보라"고 말했다. (654)

고령층의 만성질환문제에 관하여 연세대 정형선 보건행정학 교수는 다음과 같이 조언하고 있다. (655)

"우리나라 65세 이상 중 81%가 만성질환을 한 가지 이상 갖고 있다. 퇴행성 만성질환은 완치가 어려워 장시간의 의료서비스를 필요로 한다. 다행인 것은 만성질환은 대응 여하에 따라 관리가 가능하다는 점이다. 평상시의 운동과 영양 관리, 금연 · 절주의 절제된 생활은 그 발생을 늦춘다(1차 예방). 고혈압, 고지혈증, 당뇨 등의 위험요인은 간단한 검사만으로 조기 발견과 초기 관리가 가능하다(2차 예방). 설령 이러한 초기 관리에 실패했더라도 적절한 치료에 따라 질병 악화와 합병증 발생을 줄일 수 있다(3차 예방). 건강한 고령화(health ageing)를 위해서는 개인과 사회가 동시에 노력해야 한다."

선진국 진입을 목표로 달리고 있는 대한민국의 노인층의 실태는 선진국과는 너무 거리가 있다.

최근 조선일보는 "노인이 살기 힘든 한국"이라는 제목으로 다음과 같은 내용들을 보도하고 있다.

고독 · 학대 · 교통사고 위험 등으로 우리나라 노인들의 삶이 갈수록 팍팍해지는 것으로 나타났다. 우리나라 65세 이상 노인 인구는 2011년 현재 554만 명으로 전체 인구의 11%를 넘어섰다.

① 민주당 전현희 의원이 보건복지부로부터 제출받은 국정감사 자료에 따르면 노인 학대 신고건수는 2007년 2,312건에서 2010년 3,068건으로 급증했다. 노인 학대는 86%가 가정 내에서 일어나고, 특히 아들 · 딸 · 며느리 · 사위 등 직계 비속에 의한 학대가 73%에 이르는 것으로 나타났다.

② 노인들이 거리를 다니는 것도 안전하지 않다. 자유선진당 권선택 의원이 국토해양부로부터 제출받은 자료에 따르면 우리나라 65세 이상 노인 교통사고 사망자 수는 인구 10만 명당 34.6명으로 경제협력개발기구(OECD)회원국 평균(8.7명)보다 네 배나 많았다.

③ 혼자 살거나 부부만 쓸쓸하게 사는 노인도 갈수록 증가하고 있다. 보건복

지부에 따르면 노인 가운데 홀로 사는 노인은 102만 명으로 전체 노인 인구의 18%가 넘는다. 또 노인 3명 중 2명은 자식과 떨어져 혼자 살거나 노인 부부만 살고 있는 것으로 나타났다. (656)

보건복지부와 통계청에 따르면 자식은 물론 배우자도 없이 홀로 사는 독거노인(single silver)이 크게 늘어나고 있으며 2008년 현재 93만 명이며, 전체 노인 인구 536만 명의 18%를 넘는다.

2007년 말 독거노인의 평균연령은 75.1세이며, 이 중 84%가 여성이다. (657)

우리나라의 부양률과 노인 빈곤률이 OECD회원국 중 꼴찌 수준이라고 한다.

통계청이 발표한 인구추계와 OECD 각국의 인구추계를 비교한 결과, 우리나라의 부양률이 2008년 6.3명에서 2050년엔 1.5명으로 대폭 줄어들어 OECD 꼴찌 수준으로 떨어지는 것으로 나타났다.

부양률은 14세 이하 및 65세 이상 인구로 생산 가능인구(15~64세)를 나눈 수치다. 이 수치가 낮을수록 생산 가능인구가 노인이나 어린이를 부양하기 위해 더 많은 부담을 짊어진다는 의미다. 즉, 2008년엔 6.3명이 1명만 먹여 살리면 됐는데, 2050년엔 1.5명이 1명의 생계를 책임져야 한다는 뜻이다.

2008년 한국의 부양률(6.3명)은 OECD 34개국 가운데 4번째로 양호했지만, 2050년엔 일본(1.2명)에 이어 2번째(33위)로 나빠진다.

주된 요인은 급격한 인구 노령화 때문이다. 65세 이상 노인 인구는 2010년 545만 명에서 2060년에는 1762만 명으로 급증한다. 이에 따라 2060년이 되면 일하는 사람(15~64세)보다 먹여 살려야 하는 사람(14세 이하, 65세 이상)이 더 많아진다. 통계청 관계자는 "2010년엔 생산 가능인구 10명이 1명의 노인과 3명의 어린이를 부양하면 됐는데, 2060년엔 생산 가능인구 10명이 노인 8명과 어린이 2명을 부양해야한다"고 말했다.

이에 따라, 이미 세계 최고 수준인 노인 빈곤률이 더 악화될 전망이다. 2010년 기준 한국의 노인 빈곤률은 45.1%에 이른다. 빈곤률은 가구 소득이 중간소득(소득을 높은 순대로 나열해 중간소득)의 절반에 못 미치는 가구의 비율을 의미한다. 즉 노인 가구의 45.1%가 중간 소득의 절반도 못되는 돈으로 겨우겨우 살아가고 있다. 네덜란드(1.7%), 프랑스(5.3%) OECD평균 (15.1%) 등과 비교하면 매우 높은 수준이다. 앞으로 이 같은 추세는 계속될 가능성이 크다. 자녀 교육비 부

담증가 등으로 노후 자금 마련이 어려워지고 있기 때문이다. (658)

베이비 붐 세대 4,674명을 대상으로 조사한 바에 의하면 35%가 고혈압 · 당뇨 · 위장병 · 관절염 등 성인 질환에 시달리고 있다. (659)

보건복지부에 따르면 우리 국민의 평균 자살률은 26.1명(인구 10만 명당 2005년 기준)인데 60~64세의 경우 48.0명, 65~69세는 62.5명, 80~85세의 경우는 무려 127.1명이다. 이는 OECD국가 중 자살률이 가장 높은 일본보다도 더 높은 수치이다. (895)

법무부에 따르면 60세 이상 노인 살인범은 96년 18명에서 2005년 96명으로 5.3배, 성폭력범도 같은 기간 91명에서 430명으로 4.7배 늘었다.

실버신혼은 2007년 2,052쌍, 2009년 2,140쌍이며 75세 이상 결혼도 1990년 128명에서 2009년 370명으로 3배 이상 늘었다. 사실혼까지 따지면 매년 실버커플 2만 쌍이 새로 탄생한다고 임춘식 한남대 교수는 추정했다. (660)

한편 노인 1인이 창출하는 경제가치가 연 1,014만원에 달한다고 한다.

경제활동과는 큰 연관성이 없어 보이는 65세 이상 노인이 창출하는 가치가 국내 총생산(GDP)의 5.4%에 달한다는 연구결과가 나왔다.

한국보건사회연구원은 10일 노인이 유급 근로 · 자원봉사 · 가사 등을 통해 만들어내는 가치가 연간 48조 7550억 원(2007년 기준), 인당으로도 1,014만원이라고 소개했다. 노인 10명 중 4명은 돈을 받고 일하고 있으며 가사나 자원봉사활동을 하는 사람도 5명 가까이 됐다. 노인 10명 중 별다른 활동 없이 지내는 사람은 한 명이 채 안 된다는 얘기다.

눈길을 끄는 대목은 우리나라의 경우 65세 이상 노인의 유급 근로 참여비중(41%)이 타 국가에 비해서 월등히 높다는 점이다.

일례로 비교 가능한 국가 중 노인층의 유급 근로참여가 가장 활성화된 노르웨이(7.9%)에 비해서도 다섯 배나 높았다.

이는 자원봉사 체계 등이 잘 갖춰지지 않은 데다 경제활동을 중시하는 가치관의 영향 때문으로 풀이된다. (661)

한국기업은 퇴직자 재고용률이 31%에 불과한데, 일본은 95%라 한다. 일본의 경우 2006년 고용안정법개정으로 정년 65세 연장, 정년제도 폐지, 재고용 등 3가지 방안 중 한 가지를 기업이 의무적으로 채용하도록 했다. (662)

인재를 한참 일할 나이인 50대 후반에 조기 폐기처분하는 한국의 조기 정년제는 고령화에 역행하는 폐기처분되어야 할 구습이다.

OECD는 전체 가구 중위(中位)소득의 절반에도 못 미치는 65세 이상 노인 가구의 비율로 '노인층 빈곤도'를 따진다. 이 비율의 OECD국가 평균이 13%다. 한국은 그 3.5배인 45%다.

"부모소득이 1% 늘어나면 자녀와 일주일에 한 번 이상 만날 확률이 2.07배 높아 진다"는 교수연구 논문이 몇 해 전에 나온 일도 있다.

100세 수명시대 노년의 삶을 파멸시키는 치매는 환자에게서 한시도 눈을 뗄 수 없어서 자녀들에게도 생업일부를 포기하고 간호에 매달리든지, 사람을 고용해야 하는 어려움을 준다. 치매는 '아밀로이드'라는 독성물질이 뇌에 과도하게 축적돼 뇌기능을 파괴하는 현상이다. 치매의 30%를 차지하는 뇌혈관성치매는 건강관리만 철저히 하면 충분히 예방할 수 있다고 한다. 영양결핍과 뇌종양에서 비롯되는 20%쯤의 대사성치매도 고칠 수 있고, 나머지 퇴행성치매도 일찍 발견만 하면 호전시키거나 진행을 늦출 수 있다고 한다. 2009년 치매로 측정되는 65세 이상 445,000여 명 가운데 42.9%인 18만 9,900여 명만 치료를 받은 것으로 나타났다고 보건복지부가 밝혔다. (663)

전문가들은 치매예방을 위해서는 ①매일 친구를 만나고, 스포츠, 종교활동 등에 참여할 것 ②활발한 두뇌활동을 할 것 ③주 3회 이상 걷기 운동 ④등푸른 생선과 과일주스 ⑤적당한 음주(하루 두 잔 정도) ⑥비타민C.E와 엽산보충제 복용 등을 권한다. (664)

또한 치매예방방법으로 일본의 「노인 종합연구소」는 다음 4가지를 권한다. (246)

① 젊을 때부터 독서나 창작 활동을 통해 꾸준히 미리를 써라
② 감정을 쌓아두지 말고 적극적으로 표현하라. 웃고 싶을 때 크게 웃고, 울고 싶을 때 속 시원하게 울어라
③ 골프나 테니스, 바둑이나 장기처럼 승부를 즐길 수 있는 경기를 자주 하라.
④ 나이가 든 후에는 계란이나 고기, 생선, 해물 등 동물성 단백질을 충분히 먹어라. 전문가들은 "치매 환자들이 어린아이처럼 아프다고 떼를 쓰면 안아 주고 어르고 달래야 한다. 때론 환자들의 친구나 자식이 돼줘야 한다.

몹쓸 사람도 돼줘야 한다"고 말한다. 치매 환자의 '있는 그대로의 모습'을 모두 인정해야 한다는 것이다. (665)

우리나라의 노인 복지 대책은 어떤가?

월 118만 원 정도의 별도 소득이 없는 65세 이상 노인들에 대한 기초 노령연금은 2011년 2월 현재 부부 144,000원, 1인인 경우 9만원, 독거노인 지원비 60만 원, 전철 경로무료, 특정 공공시설 무료입장 등이 우리나라 빈곤층 노인들이 국가나 지방 정부로부터 도움받을 수 있는 복지 혜택의 전부이다. 이 정도 지원으로는 공과금, 보험처리 안 되는 의료비, 난방비 등에도 못 미친다. 참으로 어느 신문 논설위원의 글 "세계에서 가장 가난한 대한민국 노인들"이 설득력 있게 들린다.

"50세 이상 자영업자 숫자가 10월 현재 310만 3,000명으로 역대 최고를 기록했다. 직장에서 정년퇴직 또는 조기 명예퇴직한 베이비붐 세대들이 식당 · 편의점 · 커피전문점 같은 영세 자영업 창업에 몰리고 있기 때문이다. 이로 인해 2006년 5월 이후 계속 줄어들던 전체 자영업자 숫자도 최근 증가세로 돌아섰다.

베이비붐 세대의 은퇴 후 창업 붐은 일자리를 늘리고 실업률을 낮추는 효과가 있다. 그러나 여기에는 우리 경제의 어두운 그늘이 반영돼 있다. 베이비붐 세대는 평균 수명 연장으로 은퇴 이후의 삶이 길어진 반면 노후 준비가 제대로 돼 있지 않고, 자녀 교육 · 결혼을 위한 뒷바라지도 끝나지 않은 경우가 많다. 그래서 대부분 재취업을 원하고 있지만 마땅한 일자리를 구하기 어려운 탓에 어쩔 수 없이 자영업 창업으로 내몰리는 게 현실이다.

우리나라는 전체 고용에서 자영업자가 차지하는 비중이 28%에 달해 10% 안팎인 선진국들보다 훨씬 비중이 높다.

고령층의 생계형 창업 실패는 곧바로 고령 빈곤층 증가로 이어져 큰 사회문제가 될 수 있다. 더 늦기 전에 고령층 창업에 대한 정책적 대비책을 세워야 한다. 임금피크제와 정년(停年) 연장을 통해 직장인들이 더 오래 일할 수 있는 여건을 마련해 자영업으로 몰려드는 고령층의 유입 속도를 늦출 필요가 있다. 정부가 나서 사업 전망과 타당성에 대한 컨설팅 서비스를 포함해 자영업 창업을 체계적으로 지원하는 시스템도 구축하고, 생계형 창업자들의 돈을 노리는 사기성 창업 컨설팅업체들에 대한 단속도 강화해야 한다. 그래야 퇴직자들이 충분한 준비 없이

창업에 나섰다가 얼마 되지 않는 노후자금까지 날리는 위험을 줄일 수 있다.” (666)

미국은퇴자협회(AARP)는 1958년에 설립되었고, 4,000만 명의 회원(회비 납부자는 28%)을 가지고 있으며 상근직원 수 2,000명에 연간 예산만 1조~1조 2000억 원(국회로비예산 23억 원)에 달한다. 미국대통령 다음으로 막강한 권력자는 은퇴자협회 사무총장이라고 워싱턴포스트지는 보도하고 있다.

이에 비해 한국의 은퇴자협회는 2002년 창립했고, 회원은 15만 8,000명(회비 납부자 1,000명 미만)이며 상근회원 6명, 연간예산 2~3억 원에 불과하며 영향력은 아직 미미한 편이다. (667)

한국은퇴자협회 주명룡 회장은 “미개발자원 ‘장노년인력’ 활용을 위한 제언”이라는 제목으로 조선일보(2011.9.28)에 다음과 같은 요지의 제언을 하고 있다. 「노령화에 대한 우리 사회의 반응은 엇갈린다. 우선은 노령화를 암울한 미래 사회에 대한 경고로 보는 것이다. 노쇠해지며 동맥경화증에 걸려 활력을 잃고 시들어가는 사회로 가는 것이다. 다른 하나는 노령화 예보를 새로운 세상을 향한 새로운 도전과 기회로 보는 것이다. 노령화 사회에서 풍부한 것이 있다면 넘쳐나는 장노년층이다. 장노년 인력은 숨은 보배다. 일찍이 케네디 대통령은 재선 전략으로 장노년층을 ‘미개발 자원(untapped resource)’ 으로 규정하고 선거운동에 나서기로 했다. 이들을 사회자원으로 생산적으로 활용하고, 복지 부분은 가급적 줄여 나가는 것이 노령사회 국가운영의 기본이어야 할 것이다. 재직 근로자는 정년연장으로 직장에 더 머물고, 퇴직한 건강한 시니어 계층은 경제적 일자리로 연결해 공적연금이 받쳐주지 못하는 부분을 채워줘 ‘노년 빈곤’ 을 예방해야 한다.

그래도 고마운 것은 이들 대부분이 복지의 그늘을 찾기 보다는 일을 하겠다는 것이다. 일하겠다는 이들이야말로 진정한 우리 사회의 숨은 보배 아닌가? 늙어가는 대한민국에 맞게 기존 제도, 생각, 관습에서 벗어나야 한다. 국민 평균 연령이 40~50대로 진입하는 인적 구조에 걸맞게 나이 든 사람들이 새로운 자원으로 인식되고 활용될 수 있도록 사회 구조를 개조(retrofit)하고 개혁(reinvent)해야 한다. 그것이 노령사회를 새로운 기회로 만드는 길이다.」

최근 충청남도 등 자치단체에서 노후생활을 돕기 위해서 하고 있는 ‘독거노인 공동생활제’ 는 계속 확대해 나갈 만한 좋은 노인 복지대책이다.

"5~6명의 독거노인이 공동생활할 수 있는 공간을 조성해 낮에는 식사와 휴식, 놀이를 하고 밤에는 숙박을 할 수 있는 시설로 제공하는 사업이다.

충남도는 지난해 처음 도입한 이 사업이 독거노인들로부터 좋은 반응을 얻고 있다는 판단에 따라 현재 8개 시 · 군 24곳으로 늘릴 계획이다.

도는 마을회관, 빈집 등을 리모델링한 공동생활 공간에 보일러, 취사도구, 화장실 등을 설치하고 생활용품, 난방비, 통신료 등을 별도로 지원한다.

이와 함께 독거노인들이 안정적 노후생활을 할 수 있도록 공무원들이 수시로 찾아 시설 안전 및 건강상태를 살피도록 할 계획이다." (668)

재정상의 어려움이 있지만 정부가 노인복지의 실상을 정확히 파악하여, 빈곤 노인층에 대한 의식주대책, 의료대책, 재취업대책, 사회기여활동대책, 사회의 노인존중풍토 조성 등에 대한 근본적인 대책안을 만들어 공론에 붙여 정책화해야 할 것이다. 그때, 그렇게 될 때, 유엔이 정한 노인의 날 10월 2일은 노인들 모두 하나 되어 대한민국 만만세를 외치는 축제의 날이 될 것이다.

100세 장수시대가 도래하고 있다. 웰빙(Well-being) · 웰다잉(Well-dying)은 항노화(Anti-aging, deaging)를 포한한 웰에이징(Well aging) 여하에 달려 있다.

개인들은 물론 국가도 이제 국민들의 웰빙정책과 함께 웰에이징 시책과 국민교육에 더 많은 정책적 노력을 기울일 때가 되었다.

여기 한 장수 지역의 장수 비결, 나이 들어 대접받는 7가지 비결, 만년에 쓴 이 태백의 시 등을 옮겨 본다.

(1)장수비결

흑해와 카스피해 사이에 위치한 카프카스 지방은 유명한 장수 지역이다. 그곳 노인들의 장수 비결은 바로 감사하는 생활이다. 포도주를 마실 때도 "멋진 자연에 건배 !", 맛있는 요리를 먹을 때도 "음식을 만들어 준 여성들에게 건배!" 등 자기 주변의 모든 것에 대한 애정과 감사의 마음을 표현한다. (669)

(2)나이 들어 대접받는 7가지 비결

① Clean Up · 집과 주변을 깨끗이 하라 ② Dress Up · 용모를 단정히 하라 ③ Shut Up · 말하기보다는 듣기를 많이 하라 ④ Show Up · 모임에 부지런히 참석하라 ⑤ Cheer Up · 늘 밝은 분위기를 유지하라 ⑥ Pay Up · 돈이든 일이

든 자기 몫을 다하라 ⑦ Give Up · 포기할 것은 과감하게 포기하라 (670)

(3) 추포가(秋浦歌) –이백(李白)

白髮三千丈 – 백발이 삼천장이나 되는 듯하니

緣愁似個長 – 오랜 시름으로 이렇게 길었나 보다

不知明鏡裏 – 알 수가 없구료 맑은 거울 속의

何處得秋霜 – 그 허연 서리를 어디서 얻었을고 (76)

(4)웃음은 행복의 첫 단추이므로 남녀노소를 막론하고 행복해지려거든 웃으면 된다. '웃는 집에 만복이 들어온다(笑門萬福來)' 고 했으니 웃고 사는 것은 복을 만드는 것이나 다름없다. 마음으로부터의 웃음을 가능하게 하는 것은 긍정적인 사고이다. 미국에서 10년간 100세 이상 노인들의 장수비결을 연구한 결과, 3가지로 판명되었는데 그것은 ①긍정적인 사고 ②신앙심 ③봉사정신이었다고 한다. 이는 낙천적인 성격이 세상을 살아가는 데 얼마나 중요한 것인가를 잘 말해주고 있다. 결국 긍정적인 사고가 웃음을 불러온다는 결론이다. (244)

(5)한국 민속학계 원로인 김열규 서강대 명예교수는 행복한 노년을 위해 다음과 같이 오금(五禁)과 오권(五勸)을 조언한다.

「5가지 금지사항(五禁)」

1금 : 잔소리와 군소리를 삼가라

2금 : 노하지 말라

3금 : 기죽는 소리 하지 마라

4금 : 노탐을 부리지 마라

5금 : 어제를 돌아보지 마라

「5가지 권할 사항(五勸)」

1권 : 유유자적, 큰 강물 흐르듯 차분하라

2권 : 달관, 두루두루 관대하라

3권 : 소식, 소탈한 식사가 천하의 맛이다.

4권 : 사색, 머리와 가슴으로 세상의 이치를 헤아려라

5권 : 운동, 자주 많이 움직여라 (1029)

(6)한편 장수 노인들의 심리적인 특징은 다음과 같다고 한다.

① 타고난 지능이 높고 현재에 대한 관심이 많으며 기억력이 좋다.

② 초조하지 않고 병이 거의 없으며 걱정이 없다.

③ 직업이 독립적이고, 자신이 우두머리가 되려는 성향이 있다.

④ 대다수가 일직 은퇴하지 않았다.

⑤ 상당히 낙관적이고 유머감각이 뛰어났다.

⑥ 어린 시절의 소중한 기억들을 간직하고 있으며, 변화 속에서 살기를 더 좋아한다.

⑦ 그들은 죽음의 두려움에 사로잡혀 있지 않았다.

⑧ 넓은 의미에서 모두 종교적이나, 극단적인 정통성을 주장하지는 않았다.

⑨ 음식을 절제했으나 새로운 음식을 기꺼이 맛보는 성격이며, 특별한 식이요법은 없었다.

⑩ 모두가 일찍 일어났다. 평균 수면시간은 일곱에서 여덟 시간이었다. (246)

(7)최근 세계적인 안티에이징(anti-aging)전문가인 일본 도쿄 세타클리닉 부원장인 사이토마사시는 그의 저서 《체온 1도가 내 몸을 살린다》에서 '노화 늦추길 원하면 몸을 따뜻하게 하라' 고 권고한다. "체온을 1도 올리면 면역력이 5배 상승하며 대장암 치매예방에도 효과적이며, 수시로 따뜻한 물 마시고 운동으로 기초 대사량 높이고 체온을 올리라"고 권한다. 한방 뜸, 보약처방도 체온 올려 주는 원리라고 전문가는 말한다. (950)

요즘 한국의 "70대 전립샘비대증 환자가 크게 늘었다"고 한다. 이현무 대한전립선학회 학회장(삼성 서울병원 비뇨기과 교수)은 "두부나 콩류 섭취, 적정한 체중 유지, 오래 앉아 있는 습관 바꾸기 등을 통해 예방에 힘써야 한다"고 조언한다. (671)

(8) 황창연 신부의 저서 《사는맛 사는멋》에 나오는 「노인 10계명」을 읽어 보자

① 당황해하거나 성급해하지 말고 뛰지 마라.

② 자녀가 무엇을 해줄까를 기대하지 마라.

③ 고집부리지 마라.

④ 시샘하지 마라.

⑤ 공치사하지 마라.

⑥ 날마다 샤워해라.

⑦ 날마다 속옷을 갈아입어라.

⑧ 많이 듣고 조금만 말해라.

⑨ 많이 움직이고 많이 걸어라.

⑩ 욕심을 줄이고 나누어 주어라. (480)

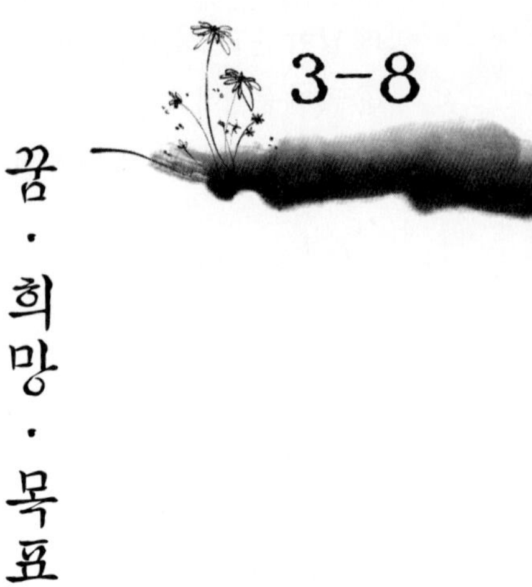

3-8

꿈·희망·목표

해 뜰 날

송대관 작사 · 노래

꿈을 안고 왔단다 내가 왔단다
슬픔도 괴로움도 모두모두 버려라
안 되는 일 없단다 노력하면은
쨍하고 해뜰날 돌아온단다
뛰고뛰고뛰는 몸이라 괴로웁지만
힘겨운 나의 인생 구름걷히고
산뜻하게 맑은날 돌아온단다
쨍하고 해뜰날 돌아온단다
쨍하고 해뜰날 돌아온단다

- □ 높은 곳에 올라서서 바라보면 어떤 한계선도 보이지 않는다. – 리처드 바크
- □ 내 비장의 보물은 아직 수중에 있다. 그것은 희망이다. – 나폴레옹 보나빠르트
- □ 생명이 있는 곳에 희망이 있다(Where there is life, there is hope).
- □ 시시한 재산보다도 훌륭한 희망을 가지는 편이 낫다. – 세르반테스, 《돈키호테》
- □ 큰 꿈을 꾸어라, 오직 큰 꿈만이 사람들의 영혼을 움직일 수 있는 힘을 갖는다(Dream big dreams. Only big dreams have the power to move men's souls). – 마르쿠스 아우렐리우스
- □ 99번 시도하고 실패했으나 100번째에 성공이 찾아왔다. – 아인슈타인
- □ 하늘의 반짝이는 별처럼, 사람도 영원히 꿈과 희망의 불빛을 밝힐 수 있어야 한다. – 맥심 고리키
- □ 좋은 희망을 품는 것이 바로 그것을 이룰 수 있는 지름길이다. – 마틴 루터 킹
- □ 화살이 과녁을 찾아가는 것이 아니라, 활 쏘는 이가 과녁으로 화살을 보내는 것이다. – 이성계
- □ 삶에 대한 절망 없이는 삶에 대한 희망도 없다. – 알베르 카뮈
- □ 희망은 일상이 영원과 속삭이는 대화다. – 릴케
- □ 희망은 마음에 꽃을 피운다. 그러나 일단 목적을 달성하면 마음속에 지닌 향기는 없어지기 쉽다. 그러기 때문에 인생이란 살아가기보다 꿈꾸는 것인지도 모른다. – 마르셀 프루스트
- □ 가슴에는 태양을 가져라, 입술에는 미소를 가져라, 그리고 늘 용기를 잃지 마라. – 조영재
- □ 어디에 있느냐는 중요하지 않다. 어디로 가느냐가 중요하다. – 올리버 웬델 홈스
- □ 꿈꾸는 자에게는 절망도 없다. – 버나드 쇼
- □ 큰 꿈을 가져라, 너의 행동을 낮게 하고, 너의 희망을 높게 하라. – 조지 하버트
- □ 사슴을 잡으려는 사람은 토끼를 돌아보지 않는다(逐鹿者不顧兎). – 《회남자》
- □ 위대한 포부가 위대한 사람을 만든다. – 풀러
- □ 인간은 배 속에서 한 번, 꿈속에서 다시 한 번 태어난다. – 윤승일
- □ 인생 최고의 날은 자기 사명을 발견한 날이다. – 칼 힐티
- □ 영원히 살 것처럼 배우고, 내일 죽을 것처럼 살라. – 간디
- □ 모든 것은 이제부터다. 꿈은 꿈꾸는 자의 것이다. 그리고 내일은 내일을 믿고 열심히 일하는 자의 것이다. – 주치호
- □ 목표는 주의를 집중하는 것이다. 인간의 의식은 분명한 목적을 갖기 전에는 목표 달성을 향해 움직이지 않는다. 목표를 설정할 때 성공은 이미 시작되는 것이다. 목표를 설정하는 순간 스위치가 켜지고 물이 흐르기 시작하고 성취하려는 힘이 현실화되는 것이다. – 린 데이비스

□ 인생에서 목표로 삼아야 할 것은 두 가지다. 하나는 원하는 바를 이루는 것, 또 하나는 그것을 즐기는 것이다. 오직 현명한 인간만이 두 번째까지 이뤄낸다(There are two things to aim at in life, First, to get what you want and second is to enjoy it. Only the wisest of mankind achieve the second). – 로건 피어솔 스미스

□ 사람이 자신이 꿈꾼 방향으로 용기를 가지고 나아가면 자신도 모르게 성공을 맞게 될 것이다. 설령 자신의 꿈을 향해 나아가면서 공중에 누각을 지었다 하더라도 그것은 헛된 일이 아니다. 누각은 원래 공중에 있어야 하는 것이기 때문이다. 중요한 것은 누각 아래에다 기초를 튼튼히 쌓는 일이다. – H.D. 소로

□ 절실하게 원하면 꿈은 반드시 이루어진다. 그것을 위해 다른 모든 것을 희생시킨다면, 그 어떤 것이든 가질 수 있다. – 제임스 M. 배리 경, 영국 희곡작가

□ 꿈이 없는 사람은 생명 없는 인형과 같다. – 발타사르 그라시안

□ 꿈은 단지 꿈일 뿐이다. 목표란 계획과 마감시한을 가진 꿈이다(A dream is just a dream. A goal is a dream with a plan and a deadline). – 하비 맥케이

□ 소중한 것을 마음속에 그릴 때, 우리는 매일매일 스스로 중요한 사람이 되고 중요한 일을 하고자 노력한다. – 스티븐 코비

□ 희망은 비용이 전혀 들지 않는다(Hope costs nothing). – 콜레트

□ 현실은 유한하나 가능성은 무한하다. – 라마르틴, 프랑스 시인 · 정치가

□ 희망은 땅과 같다. 해마다 수확을 거두고 결코 바닥나지 않는 재산이다.
– 로버트 루이스

□ 꿈꾸는 한 어떤 것이라도 이룰 수 있다. 그러나 노력하기 전에는 아무것도 얻지 못한다.
– 조엘 호스

□ 꿈이 있으니까 청춘이다. – 고정일

□ 두려움이 아닌 희망과 꿈의 조언을 구하라. 좌절에 대해 생각하지 말고 채워지지 않은 잠재력에 대해 생각하라. 시도했다가 실패한 것을 신경 쓰지 말고 여전히 가능한 것에 관심을 가져라. – 교황 요한 23세(Pope John XXIII)

■ ■ ■

“내일은 내일의 태양이 떠오른다.” 영화 「바람과 함께 사라지다」에 나오는 여주인공 스칼렛 오하라의 명대사다. 그녀는 이 영화에서 붉은 노을이 깔린 대지 위에 우뚝 서서 결코 포기하지 않는 인간의 강인함을 보여 준다. 21세기의 지구촌 최고의 인간 성공신화는 미국 오바마(Barack Husseim Obama Ⅱ) 대통령의 당선일 것이다. 오바마 대통령의 당선은 세계의 현재 그리고 미래의 모든 젊은이

들에게 “하면 된다”, “불가능은 없다”, “꿈은 이루어진다”는 가능성의 역사를 펼쳐 보인 것이다.

2009년 1월 20일 미국 제 44대 대통령으로 취임한 오바마 대통령은 뒤에 소개하는 「꿈의 신화, 오바마의 걸어온 길」의 내용처럼 꿈의 신화를 현실화한 인물이다. 두 살 때 케냐 출신 친아버지와 헤어져 2번씩 이혼한 미국 출신 백인 친어머니를 따라 다인종 · 다민족 · 다문화 가정 속에서 자라면서 한때 술 · 담배 · 마약에도 빠졌던 불우한 청소년시절을 극복하고, 열심히 공부하여 로스앤젤레스의 옥시덴털대, 뉴욕의 컬럼비아대 정치학과를 졸업한 후 하버드대 로스쿨을 마치고, 시카고대 법과대학 교수 등을 거쳐 일리노이주 상원의원과 연방 상원의원을 거쳐, 2008년 대선에서 ‘변화(Change)’와 ‘우리는 할 수 있다(Yes, we can)’라는 희망을 주어 대선에서 압도적인 승리를 한 미국 최초의 흑인 대통령이다.

위대한 로마의 철학자이자 황제였던 마르쿠스 아우렐리우스(Marcus Aurelius)는 “한 인간의 인생은 그의 생각이 만들어 낸 것이다”라고 말했다. 심리학자 아브라함 H. 매슬로는 최근 한국에서 출판된 저서 《존재의 심리학》에서 인간에게 다섯 단계의 욕구(Needs)가 있다고 했다. 매슬로가 정의한 인간 욕구 다섯 단계란, 가장 단계가 낮은 생리적 욕구(Physiological Needs), 그 위로 안전의 욕구(Safety Needs), 그 다음은 소속의 욕구(Belonging Needs), 자기존중의 욕구(Self-Esteem Needs)그리고 마지막으로 가장 높은 단계인 자아실현의 욕구(Self-Actualization Needs)를 말한다. 꿈 · 희망 · 목표란 매슬로가 말한 사람들의 자아실현의 욕구에 주로 해당된다고 할 수 있다.

맹자는 제나라의 왕자인 점(墊)이 선비의 할 일에 대해서 묻자 “뜻을 높이 갖고(상지 · 尙志), 인에 살고 의를 따르면(거인유의 · 居仁由義), 큰 사람이 할 일을 다 갖추는 것이다(大人之事備矣)”라고 했다. (《孟子》 진심장상)

간디는 “꿈꾸지 않는 자는 죽은 자와 같다”고 했다. 사막에 상상력의 시(詩)를 쓰고 있는 건설 현장 두바이 곳곳에는 “꿈에는 한계가 없다. 마음껏 꿈꿔라(Dreams have no limits Go further!)” 라는 표어들이 여기 저기 나부끼고 있다.

홍정욱 국회의원은 저서 《7막 7장 그리고 그 후》에서 “꿈은 생명보다 소중하다. 생명을 잃음은 육체의 죽음이지만 꿈을 잃음은 내 영혼의 죽음을 의미하기 때문이다. 삶은 꿈의 아름다움을 믿고 내일을 향해 질주하는 자의 것이다"라고 했다.

그릇이 큰 사람은 큰 꿈, 큰 그림을 그릴 것이고, 그릇이 작은 사람은 작은 그림을 그릴 것이다. 그릇은 자기 자신의 정체성(personal identity)이다. 자신의 능력과 특징과 한계를 드러내는 고유한 트레이드마크이다.

김형오 전 국회의장은 그의 저서에서 이렇게 썼다.

「아리스토텔레스는 희망을 일컬어 "깨어 있는 자의 꿈"이라고 말했습니다. 희망이란 눈을 뜬 채로 꾸는 꿈이란 뜻이지요. 류시화 시인은 "한 편의 좋은 시가 보태어지면 세상은 더 이상 전과 같지 않다"고 노래했습니다. 희망도 마찬가지가 아닐까요. 한 조각의 꿈과 희망이 가슴에 심어진다면 세상은 더 이상 전과 같지 않을 것입니다.

광개토대왕도 이런 말을 했다더군요. "꿈을 꾸는 자는 몽상가일 뿐, 꿈을 이루는 자만이 영웅이 될 수 있다."

거리를 지나가는 학원 버스에 붙어 있는 이런 문구를 보고 저는 웃은 적이 있습니다. "지금 잠을 자면 꿈을 꿀 수 있지만, 지금 공부하면 꿈을 이룰 수 있다."

드럼(Drum)은 두드리면 소리가 납니다. 그럼 드림(Dream)은 두드리면 어떻게 될까요? 열립니다. 문이 열리듯이, 꿈도 지속적으로 온 힘을 다해 두들기면 언젠가는 반드시 열리게 됩니다. 마침내 이루어지게 됩니다.」(392)

큰 뜻, 즉 사람이 지닌 큰 꿈을 가리키는 말로 청운지지(青雲之志)란 말이 있다. 이 말은 당나라 현종 때 재상자리에서 쫓겨난 장구령(張九齡)의 「조경견백발」이란 다음의 시에 나오는 말이다.

"오래전엔 청운의 꿈을 품고 나갔는데
다 늙은 지금에 와서야 그것을 접었노라
그 누가 알리, 밝은 거울 속의 그림자와
그것을 보고 있는 내가 측은히 여기는 것을"

청년들이여 ! 자신만의 큰 뜻, 큰 목표를 세워 오바마처럼 충무공 이순신 장군처럼 빌게이츠처럼 멋진 삶을 살지어다.

"산다는 것은 선택하는 것이다" 사르트르의 말이다.

꿈과 목표의 위력은 상상을 초월한다. 1961년 케네디 대통령은 취임에 즈음하여 "60년대 후반까지는 인류를 달에 도착시키겠다"는 목표를 제시했다. 대부분의 미국 과학자들이 1995년도에나 가능할 것으로 보았던 그 미국의 꿈은 1969.7.21. 아폴로호가 달에 착륙함으로써 아폴로 신화는 성공한 것이다.

원대한 목표가 없을 때 개인생활은 물론 직장 · 기업 · 국가에 활기와 의욕이 없게 된다.

탈레스의 명언처럼 "희망은 가난한 사람들의 빵"이다.

너무나 유명한 성경의 구절 "구하라. 그러면 너희에게 주실 것이요. 찾으라. 그러면 찾을 것이요. 문을 두드리라. 그러면 너희에게 열릴 것이니. 구하는 이마다 얻을 것이요. 찾는 이가 찾을 것이요. 두드리는 이에게 열릴 것이니라(Ask and it will be given to you; seek and you will find; knock and the door will be opened to you. For everyone who asks receives; he who seeks finds; and to him who knocks, the door will be opened · 마태복음 7:7~8)"처럼 쉬지 말고, 열심히, 목표를 향하여 최선의 열정과 노력으로 전진할 일이다.

많은 사람들이 '바람(편의상 Hope라고 칭하겠다)'을 '꿈(Dream)'과 혼동하고 있다. 바람은 단순한 소망이다. 바람은 흔히 'ㅇㅇ가 되고 싶다'라는 말로 표현된다.

꿈은 결단이다.

꿈은 '나는 반드시 ㅇㅇ가 되고야 말겠다!'라는 단언으로 표현된다.

바람은 이루어지지 않는다. 하지만 꿈은 반드시 이루어진다.

'바람(Hope)'이 이루어지지 않은 것은 '바람(Wind)' 같기 때문이다. 바람(Wind)처럼 찾아왔다가 바람(Wind)처럼 가버리기 때문이다. (114)

영화감독 스티븐 스필버그(Steven Spielberg)는 '매일 아침 나는 가슴이 너무나 두근거려서 도저히 식사를 할 수 없을 정도다'라고 했다. 자신의 꿈이 이루어지는 그 과정 자체가 너무나 자랑스럽고 기쁘기 때문이란다. 그처럼 간절한 꿈을 가진 사람들은 사랑에 빠진 것처럼 얼굴에서 늘 빛이 난다. 항상 행복한 표정으로 1분 1초도 낭비하지 않고 신나게 산다. '비전(vision)'이라는 황홀한 열병에 감염되었기 때문이다.

미국 제 33대 대통령 해리 트루먼(Harry S. Truman)은 "나는 스스로를 위대한 인물이라고는 생각하지 않지만, 위대해지고자 노력하는 동안만큼은 위대한 시간을 보냈다"라고 말했다. (178)

"희망이 인간을 만든다. 큰 희망을 가지라"고 영국의 시인 테니슨은 말했다. "희망은 사람을 성공으로 이끄는 신앙이다. 희망이 없으면 아무것도 성취되는 것이 없다"고 미국의 맹아 교육자 헬렌켈러도 말했다.

A.비어스는 「악마의 사전」에서 "희망은 욕망과 기대를 한데 뭉쳐 하나로 만든 것이다"라고 했다. 욕망이던 기대던 꿈이던 좋은 목표를 세워 그것을 이루어내는 데 보람이 있고 행복이 있는 것이다.

고 함석헌 목사는 저서 《너 자신을 혁명하라》에서 "살려 애써 보다가 팽개치고 종살이라도 하며 살아가 보자 하는 놈은 산 놈이 아니다. 반항하다가 죽더라도 종살이는 못하겠다 하는 놈이 정말 산 놈이요, 산 놈이기 때문에 죽어도 산다"고 독재에 저항하는 지식인의 기질을 지적했다.

역사상 처음으로 카약(에스키모인이 사용하는 작은 배)하나로 세계에서 가장 긴 나일강 탐험에 성공한 인류학자 겸 다큐멘터리 제작자인 존 고다드의 "꿈의 목록"은 너무나 잘 알려진 이야기이다. 그는 자신이 15세 때(1942년)적었던 127가지 꿈의 목록중 45세 때(1972년) 무려 103가지 꿈을 성취했으며, 그 후로도 새롭게 작성한 500여 개의 꿈을 더 이루어 냈다고 한다. (179)

문용린 전 장관은 저서 《부모가 아이에게 물려주어야 할 최고의 유산》에서 "우리 아이들이 성인이 되어 살아갈 미래에는 평균 수명이 최소한 100세는 넘을 것이라고 한다. 사회학자들은 미래 사회에서는 적어도 50년 이상 일을 해야 하며, 사는 동안 최소한 3개 이상의 직업을 갖게 되리라 전망한다"고 했다. (228)

100세를 넘어 150세의 불로장생을 말하고 있는 요즘 향후 인간의 직업이 3개 이상 갖게 되리라는 문장관의 견해와 필자도 함께 하는 바이다.

"이제 한국의 부모들도 자녀들이 좋은 직업을 얻어 편하게 살도록 가르치기보다 넓게 보고 크게 생각하며 세상을 바꾸는 지도자의 꿈을 꾸도록 가르쳐야 한다."

아시아인 최초로 아이비리그 총장에 취임하는 김용 다트머스대 총장은 기자와 가진 간담회에서 자녀를 키우는 한국 부모들에게 위와 같이 조언했다. 또한 김 총장은 "한국 부모들은 어려운 시기에 매우 열심히 일했고, 자녀들이 자신들처럼 고생하지 않도록 의대나 법대에 가서 좋은 직업을 갖고 '잘 먹고 잘 살도록' 가르쳐 왔다"며 "하지만 이제는 자녀들이 좀 더 큰 뜻을 품도록 가르쳐야 한다"고 훌륭한 글로벌 리더가 되도록 가르칠 것을 강조했다. (672)

《한국인의 성공조건》에서 저자 한근태는 성공한 한국 사람들의 특징으로 ① 그들은 인색하지 않았다. ②겸손했다. ③성실했다. ④생각하는 방식이 달랐다. ⑤그들의 성공은 우연이 아니고 필연이었다 등을 지적한다. 《한국인의 성공조건》에 실려 있는 '꿈의 실현' 과 관련된 이야기 몇 쪽을 옮긴다. (250)

『거문고를 켜는 늙은 맹인이 있었다. 그는 맹인 아이를 데리고 곳곳을 떠돌며 노래와 연주로 근근이 연명했다. 맹인 아이는 늘 그에게 조르듯 물었다. "사부님, 우리가 눈을 뜰 방법을 찾을 수 있을까요?"

늙은 맹인이 말했다. "옛 어른들께 듣자하니, 정성을 다해 거문고를 켜다가 천 줄의 현이 끊어지는 날 눈이 밝아진다더구나!"

"정말이예요?"맹인 아이는 놀라며 기뻐했다.

"물론이지." 늙은 맹인은 확신에 찬 듯 대답했다. "어른들의 말씀은 틀림이 없단다."

세월이 흘러 늙은 맹인은 세상을 떠났고, 맹인 아이도 자라 어른이 되고 또 노인이 되었다. 그는 날마다 정성을 다해 거문고를 켰다. 드디어 어느 날 그의 천 번째 현이 끊어졌다. 하지만 눈앞은 여전히 캄캄했다. 잠깐 실망했지만 그는 문득 크게 깨달았다. 마음속이 등을 켠 듯 환해지는 것을 느꼈다. 그는 눈물을 흘리며 손을 들어 하늘을 우러러보며 말했다. "사부님, 당신은 제게 너무나 자비로우십니다!"

그렇다. 늙은 맹인은 아이의 시력을 되살려줄 방법이 없었다. 하지만 그는 맹인 아이의 마음에 불을 밝혀 평생의 빛을 심어 준 것이다.』

『한 젊은이가 줄리어스 프랑크(Julius Frank)박사를 취재하기 위해 방문했다. 프랑크 박사는 시립대학의 심리학 교수로, 이미 일흔을 넘긴 고령이었지만 마음과 몸은 여전히 젊고 건강해 젊은이들의 탄성을 자아낼 정도였다.

"아주 여러 해 전에 한 중국 노인과 우연히 마주친 적이 있었지요." 프랑크 박사가 입을 열었다. "제2차 세계 대전 때 나는 극동 지역의 포로수용소에 있었답니다. 그곳 상황은 말할 수 없이 참담했어요. 먹을 것이 부족하고 깨끗한 식수도

구할 수 없었지요. 가는 곳마다 온통 이질, 학질을 앓는 환자 투성이었어요. 일부 전쟁 포로들은 작렬하는 태양 아래에서 몸과 마음이 지칠 대로 지쳐 차라리 죽는 게 나을 정도였죠. 저 역시 죽음으로 모든 것을 끝내고 싶은 마음을 떨쳐버릴 수 없었어요. 그러던 어느 날 한 사람의 등장이 삶에 대한 저의 생각을 송두리째 바꾸어 놓았습니다. 바로 중국 노인이었어요."

젊은 프랑크 박사가 전하는 그날의 일에 귀를 기울였다.

"그날도 나는 지친 몸과 마음을 이끌고 죄수들에게 잠깐 산책이 허락되는 그 광장에 앉아 있었어요. 전기가 통하는 담장으로 기어올라 자살하는 방법이 가장 쉽겠다는 생각을 하고 있었을 때였지요. 문득 옆에 한 중국 노인이 앉아 있는 것을 발견했죠. 당시 굉장히 허약해진 상태였기 때문에 헛것이 보이나보다 생각했어요. 일본의 전쟁포로 수용소에 어떻게 갑자기 중국인이 나타나겠어요? 이때 그가 고개를 돌려서 내게 물었어요. 아주 간단한 질문이었는데 그것이 내 삶을 구원했지요."

젊은이는 호기심에 가득 차 물었다. "당신의 삶을 구원한 그 질문이 무엇이었나요?"

"그의 질문은 '여기서 나가면 가장 먼저 하고 싶은 일이 뭔가요?' 였어요. 한 번도 생각해 본 적 없는 질문이었죠. 감히 상상하지도 못한 일이었어요. 하지만 내 마음속에는 이미 답이 있었죠. 아내와 아이들을 보고 싶었어요. 문득 반드시 살아야겠다는 생각이 들었어요. 가족은 내가 살아 돌아가야 할 이유를 깨닫게 해주었어요. 그날부터 사는 일은 더 이상 힘들지 않았어요. 하루가 지나갈 때마다 전쟁의 종식이 가까워지고 내 꿈을 이룰 날도 다가온다는 사실을 알고 있었으니까요. 중국 노인의 질문은 내 생명을 구했을 뿐 아니라 일찍이 배운 적 없는 가장 중요한 것을 가르쳐 주었어요."

"그게 무엇인가요?" 젊은이가 물었다.

"목표의 힘!"

"한 사람의 목숨을 구하는 것이 7층 불탑을 쌓는 것보다 낫다"라는 옛말이 있다. 중국 노인의 단순한 한 마디가 프랑크 박사의 마음속에 신념을 심어주었으니 이는 그의 목숨을 구원한 것과 같았다. 이처럼 가치 있는 의견을 마음속에 두고 표현하지 않아서야 되겠는가?』

『실베스터 스탤론(Sylvester Enzio Stallon)은 가난하기 짝이 없는 젊은 시절을 보냈다. 하지만 수중에 있는 돈을 다 합쳐봐야 그럴듯한 양복 한 벌 사 입을 수도 없었던 그 시절에도, 그는 자신의 꿈을 포기하지 않았다. 바로 최고의 영화배우가 되겠다는 꿈이었다.

당시 할리우드에는 영화사가 500곳 있었는데, 그는 스스로 계획한 순서에 따라 자신이 쓴 시나리오를 안고 영화사를 일일이 방문하기 시작했다. 그러나 어느 곳에서도 그를 받아주지 않았다.

스탤론은 낙심하지 않았다. 다시 처음부터 영화사 500곳을 두 번째로 돌기 시작했다. 그러나 결과는 이번에도 모두 거절이었다.

세 번째 방문의 결과도 마찬가지였다. 이렇게 해서 그는 1,500번이나 거절당했다. 바꿔 말해 1,500번 좌절을 겪은 셈이다. 그러나 스탤론의 의지는 비범했다. 그는 네 번째 방문을 시작했다. 마침내 운이 트였는지 349번째 당한 후 350번째 영화사 사장이 처음으로 시나리오를 두고 가면 나중에 보고 나서 연락하겠노라고 했던 것이다. 며칠 후, 이 회사는 그의 영화사에 투자하기로 하고, 스탤론에게 남자 주인공까지 맡겼다. 이 영화가 바로 《록키》다. 영화는 성공적이었고 최고의 흥행 기록까지 세웠다. 이와 함께 스탤론은 일약 스타덤에 올랐고, 이후 승승장구하며 여러 대형 작품에서 주연을 맡아 세계적인 스타가 되었다.

스탤론이 수차례 실패를 거듭하면서도 꺾이지 않을 수 있었던 것은 자신의 선택을 믿고 스스로 올바른 일을 하고 있다고 확신했기 때문이다.』

스탤론이야말로 '7전 8기' 를 훨씬 뛰어넘은 '1849전 1850기' 의 사나이라 할 것이다.

데일 카네기는 계획과 목표 달성을 위한 마음가짐 6가지를 조언한다.

①먼저 자신이 원하는 목표를 마음속에 정확하게 그려라.

②무슨 일들을 할 것인가를 확실하게 하라.

③언제까지 그 목표를 달성하겠다는 기일을 명시하라.

④목표를 이루기 위한 계획은 세운 즉시 실천하라.

⑤언제까지, 어느 정도까지 이루겠다고 상세하게 작성하라.

⑥하루에 몇 번씩 읽고 그 목표를 이루겠다는 다짐을 하라.

그리고 꿈을 이루고 성공하기 위해서는 MAP, 즉 사명(Mission), 능력

(Ability), 인격(Personality)을 갖추라고 조언하는 이도 있다.

탐험가 리빙스턴은 말했다. “사명을 갖는 자는 그것을 이룰 때까지 결코 죽지 않는다”고. 꿈꾸는 그대여 ! 대한민국을 위해, 인류행복과 세계평화를 위해 큰 꿈 1~2개를 정하고 그 길을 향해 질주하는 멋진 삶의 시간들을 누리기를 !

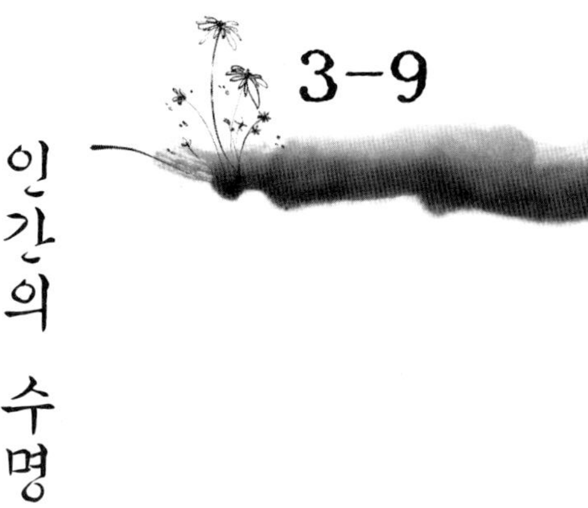

인간의 수명

굽이 돌아가는 길

박노해

올곧게 뻗은 나무들보다는
휘어 자란 소나무가 더 멋있습니다
똑바로 흘러가는 물줄기보다는
휘청 굽어진 강줄기가 더 정답습니다.
일직선으로 뚫린 빠른 길보다는
산따라 물따라 가는 길이 더 아름답습니다

곧은 길 끊어져 길이 없다고
주저앉지 마십시오

돌아서지 마십시오
삶은 가는 것입니다
그래도 가는 것입니다
우리가 살아 있다는 건
아직도 가야 할 길이 있다는 것

곧은 길만이 길이 아닙니다
빛나는 길만이 길이 아닙니다
굽이 돌아가는 길이 멀고 쓰라릴지라도
그래서 더 깊어지고 환해져오는 길
서둘지 말고 가는 것입니다
서로가 길이 되어 가는 것입니다
생을 두고 끝까지 가는 것입니다

- □ 장생하려면 반드시 든든한 뿌리를 기리고 뿌리와 줄기와 잎 등이 조화를 이루어야 하는 것이니 사람 역시 정(精)과 기(氣)와 신(神)을 바르게 길러야 장생하는 법이다. – 허준
- □ 사람은 노쇠해서 죽는 것이 아니라 자살하고 있다. – 세네카
- □ 인생이란 문틈 사이로 나가는 백마를 보는 것과 같다(白駒之過隙). – 조광윤
- □ 사람은 만물의 영장이다. 수명은 본래 43,200여 일(약 120년)이다(人者物之靈也 壽本四萬三千 二百餘日也). – 허준, 《동의보감》

■ ■ ■

태어난 생명체는 반드시 죽는다는 것이 자연의 진리다. 그러나 사고나 질병에 의한 죽음이든 노쇠에 의한 자연사든 죽음은 인간이 느끼는 가장 큰 두려움이다. 막강한 권력을 휘두르던 최고통치권자들에게도 죽음은 예외가 없는 것이었다. 그러나 그들은 영생을 꿈꾸었고 불로(不老)와 불사(不死)에 대한 욕망에 빠지곤 했다.

문헌상 가장 오래된 불로불사에 관한 이야기들은 다음과 같다.

① 바빌로니아 지역 사람들이 설형문자로 기록한 "길가메시 이야기"(404)

② 페르시아 신화에 등장하는 회춘식물 "하오마(haoma) 이야기"

③ 인도인들에게 불로장생식물로 알려진 "소마(soma) 이야기"

④ 중국에서 옥황상제가 황제에게 내린 천도(天桃)를 몰래 훔쳐 먹고 삼천갑자(三千甲子:18만년)를 살았다는 "삼천갑자 동방삭(東方朔) 이야기"

⑤ 중국 최초로 중앙집권적 통일제국 진(秦)나라를 건설한 시황제(始皇帝, B.C. 259~210)가 3,000명의 동남동녀(童男童女)를 배에 태워 서복(徐福)으로 하여금 신선들이 산다는 동쪽 봉래산에 불로초(不老草)를 구하러 보냈다는 "진시황과 불로초 이야기"

⑥ 죽었다가 다시 살아난(復活) 첫 번째 인간인 이집트의 "오시리스 이야기" 등. 이중에서 전한(前漢)의 한무제(漢武帝)시절에 《객난(客難)》, 《비유선생지론(非有先生之論)》등을 썼던 동방삭(B.C.154~B.C.93 · 본명 滿淸子)은 삼천갑자를 살았다 한다. 전설에 의하면 원래 수명이 짧았는데 사부사자(死府使者)를 후하게 대접하여 삼천갑자동안 살았지만 결국은 숯을 씻고 있던 사자에게 잡혀갔다는 이야기도 전한다. 그리고 그는 그 옛날 한무제의 물음에 "세상의 발원성지가 이웃나라인 해동국(海東國 · 조선)"이며, "《주역》에 시어간 종어간(始於艮 終於艮)이라고 적혀 있는데, 그 뜻은 모든 말씀의 시작과 끝이 간방(艮方)에 있다는 뜻입니다. 그런데 이 간방은 지구 중심부에서 볼 때 바로 해동국이 있는 위치입니다"라고 답했다고 한다.

성인의 날인 11월 1일 바로 전날, 즉 10월 31일에 진행되는 '할로윈 데이(Halloween day)' 는 죽은 사람들의 영혼이 되살아나는 날이다. 서양 사람들은 이날 영혼의 부활을 위해 축제를 벌인다.

미국에서는 어린이 축제일로 유명하다. 어린이를 비롯해 많은 사람들이 귀신 복장을 하고 할로윈의 상징인 호박을 들고 다니면서 유흥을 즐긴다. 가을에서 겨울 길목으로 넘어가는 할로윈의 밤은 죽은 자가 불을 쬐면서 풍성한 먹을거리를 대접받는 날이다.

한국 여성의 기대수명(그해 태어난 아이가 생존할 것으로 기대되는 수명)이 83.8세로 '여성 장수국 6위' 라고 한다.

OECD 한국정책센터는 2011년 11월 1일 'OECD 헬스데이터' 를 분석한 결과,

2009년 한국 여성의 기대수명은 83.8세로 OECD 32개국(자료제출을 하지 않은 캐나다와 이탈리아 제외)중 일본 · 스페인 · 스위스 · 프랑스 · 호주에 이어 6위를 기록했다고 밝혔다. 여성의 기대수명은 2003년(80.8세) 19위에서 2009년(83.8세) 6위로 13계단 급등했다. 1960년(53.7세)과 비교해서는 30.1세가 늘어 OECD국가 중 상승폭이 가장 높았다. 장수국가인 일본 여성 기대수명과의 차이가 1960년 16.5세이던 것이 2009년 2.6세로 바짝 좁혀졌다.

한국 여성의 기대수명이 크게 증가한 것에 대해 이선희 이화여대 의대교수는 "취업여성 수가 다른 나라에 비해 적어 사회적 스트레스를 덜 받고, 음주 · 흡연률이 낮으며, 건강에 문제가 생기면 병원을 찾는 빈도가 외국에 비해 훨씬 높기 때문"이라고 설명했다.

반면 한국 남자의 기대수명은 76.8세로 20위를 기록해 OECD국가의 중위권에 못 미쳤다. 기대수명이 가장 긴 스위스(79.9세)보다 3.1세나 짧았다.

특히 우리나라의 남녀 간 기대수명 차이가 7세로 OECD 평균(5.6세)보다 높았다. 한국 남성의 기대수명이 여성만큼 빨리 증가하지 않는다는 얘기다.

김광기 인제대 보건대학원교수는 "한국 남자들은 잦은 음주와 높은 흡연률, 스트레스 등으로 암 사망자가 여성의 2배 가까이 되기 때문"이라고 말했다.

한국인 전체의 기대수명은 80.3세로 중간인 16위를 기록했다. 기대수명이 가장 높은 나라는 일본으로 83세였고, 스위스(82.3세), 스페인(81.8세), 이스라엘 · 호주(81.6세), 아이슬란드(81.5세) 순이었다. 우리나라는 독일 · 그리스와 함께 80.3세였다. 이는 2007년 20위에서 4단계 상승한 것이다.

한편 조선일보사가 통계청에 의뢰해 2009년에 사망한 60세 이상 24만 7,000명의 실제 사망연령을 조사한 결과, 평균 77.5세로 집계됐다. 여자 80.2세, 남자 74.9세였다. 여자가 남자보다 5.3세를 더 사는 것으로 나타났다. 10년 전인 1999년에는 여자(78.4세)가 남자(73.2세)보다 5.2세를 더 살았다.

서운주 통계청 인구동향과장은 "한국인의 수명이 증가한 것은 사망 원인의 절반을 차지하는 암 · 뇌혈관질환 · 심장질환 등 3대 질환의 조기 발견과 치료가 주요 원인"이라고 분석했다. 박은철 연세대 의대 교수는 "3대 질환 원인의 대부분이 잘못된 생활습관에서 생기므로 체중감량이나 식사요법, 건강체조 등 건강관리를 하는 게 중요하다"고 했다. (673)

최근 TV를 1시간 시청할 때마다 수명이 22분 단축되고, 하루 평균 6시간 시청할 경우 수명이 4.8년 짧아진다는 연구 결과가 나왔다.

호주 퀸즐랜드대학 연구팀은 25세 이상 호주인 1만 1,000명을 대상으로 1999년부터 축적한 당뇨 · 비만 · 생활방식(특히 TV 시청)조사 자료를 분석한 결과, TV 시청이 비만 · 흡연 · 운동부족과 같은 해악을 인체 건강에 끼친다고 밝혔다. TV 시청과 수명의 상관관계에 대한 연구결과가 발표된 것은 처음이라고 호주 AAP통신이 2011년 8월 16일 보도했다.

이 논문의 대표 저자 레너트 비너 박사는 "활동량 부족과 과도한 TV 시청이 결합해 수명을 단축시킨다는 사실을 사람들이 간과하고 있다"면서도 "기본량 이상 신체활동을 하는 이들에겐 이 분석 결과가 적용되지 않는다"고 말했다.

이 논문은 영국 학술지(the British Journal of Sports Medicine)에 게재됐다. 연구팀은 "호주인 통계자료만 사용했지만 지나친 TV 시청과 발병 패턴의 유사성은 다른 선진국 · 개발도상국 경우도 비슷할 것으로 본다"고 밝혔다. 영국 PA 통신은 담배 한 개비를 피울 경우 수명이 11분 단축된다는 다른 연구 결과를 인용하면서, 이는 TV를 30분 시청하는 것과 같다고 설명했다. (674)

2003년 우리나라 평균수명 75.5세에 비해 건강수명은 67.8세로 거의 10년 차이가 나는 바 이는 죽기 전에 10년 가까이 질병이나 장애 등으로 인해 정상적인 활동을 하지 못한다는 말이다. 우리나라 사람들의 평균수명과 건강수명이 큰 차이를 보이는 이유는 교통사고사망률이 세계최고라는 것, 중장년층의 성인병 유병률이 선진국에 비해 유난히 높은 탓 등이다.

서구적 식생활과 운동부족으로 인해 각종 성인병의 유발인자인 당뇨병과 고혈압 환자가 급속하게 늘고 있다. 30세 이상 남자의 경우 전체의 9.0%, 여자는 7.2%가 당뇨병을 앓고 있으며 50대 남자의 당뇨병 유병률은 16.6%로 거의 6명 중 1명꼴로 당뇨병환자다. 30세 이상의 고혈압 유병률은 남자가 30.2%, 여자 25.6%로 나타났으며 60대 남성은 절반 이상이 고혈압 환자인 것으로 조사됐다. 약에 의존하면서 불안한 삶을 사는 사람들이 많다는 말이다.

건강수명을 높이기 위해서는 어떻게 해야 할까. 서구적인 식습관과 불규칙한 생활습관을 바꾸는 것도 중요하지만 무엇보다도 적당한 운동을 꾸준히 해야 한다. 스스로 하루에 얼마나 걷는 지 체크해보면 운동부족의 심각성을 느끼게 될

것이다. 하루 종일 사무실에서 일하는 직장인의 경우 4,000보를 넘기 힘들다. (675)

현재까지 공식적으로 가장 오래 산 사람은 프랑스의 잔 칼망(Jeanne Calment · 1875~1997)으로 122년 164일을 살았다. 이 할머니는 120세 이상 생존했던 유일한 사람이다. 현재 지구촌 생존자로서 최고령자는 브라질의 마리아 고메스 발렌팀이란 이름의 할머니인데 2011년 5월 18일 현재 114세 313일이다. 결혼 33년만인 1946년 남편을 잃고 혼자 지내온 발렌팀 할머니는 현제 휠체어 생활을 하고 있고, 매일 아침 과일, 커피, 빵을 먹고 가끔 와인을 마신다고 한다. (676)

우리나라에서 평균수명이 긴 직업은 종교인이고, 가장 짧은 직업은 연예인이란 조사결과가 나왔다. 연예인은 유일하게 평균수명이 감소하는 직업인 것으로 파악됐다.

원광대 보건복지학부 김종인 교수팀은 최근 10년(2001~2010년)간 언론에 보도된 부음기사와 통계청 사망 통계자료를 토대로 직업군별 평균수명을 비교분석한 결과 이 같은 결과를 얻었다고 2011년 5월4일 밝혔다.

종교인의 평균수명이 82세로 가장 길었고, 이어 교수 · 정치인(각 79세), 법조인(78세), 기업인(77세), 고위 공직자 · 예술인 · 작가(각 74세)순으로 평균수명이 길었다.

언론인(72세), 체육인(69세), 연예인(65세)은 상대적으로 수명이 짧았고, 연예인만 90년대 75세에서 2000년대 65세로 평균수명이 더 짧아졌다.

1963년부터 2010년까지로 기간을 확장(48년간)해보면 종교인의 평균수명이 80세로 가장 길었고, 정치인(75세), 교수(74세), 기업인(73세), 법조인(72세), 고위공직자(71세)의 순서로 평균수명이 길게 나타났다. 연예인 · 예술인(각 70세), 체육인 · 작가 · 언론인(각 67세)은 상대적으로 수명이 짧았다.

종교인이 장수하는 주요 이유로서는 절식(節食) · 금연 · 금주와 일상화된 정신수양 등 자기 절제적인 생활 방식이 꼽혔다. (677)

역사기록이나 문헌, 그리고 통계 등에 의한 인류수명의 발자취를 살펴보자.

성경 창세기에서 아담은 930세, 노아는 950세를 향수(享壽)했고, 최 장수자는 창세기 5장 27절에 나오는 에녹의 아들 무드셀라(Methuselah)이며 "969세를 향수하고 죽었다"고 되어 있다.

로마시대의 평균수명은 22세, 중세 영국의 평균수명은 33세, 19세기 중엽 영국은 41세, 20세기 초의 미국은 49세, 진시황은 49세, 한무제는 54세였다고 한다.

통계청자료에 의하면 우리나라의 평균수명은 1927년 37.4세, 1960년 52.5세, 1981년 66.9세 2003년 77.4세이며, 2005년 11월 1일 현재 100세 이상 노인의 수는 961명이다.

창세기(Genesis)에 보면, 그 당시엔 약방도 의사도 없었을 때인데 무드셀라 등이 1,000세 가까이 살았는데, 그 후 사람들은 왜 100세도 제대로 못 살았을까?

이에 대해 어느 성서연구가는 하나님께서 인간에게 주신 먹거리들, 즉 첫 번째 먹거리인 "온 지상의 씨 맺는 모든 채소와 씨 가진 열매 맺는 모든 나무"(창세기 1:29)

두 번째 먹거리인 "밭의 채소"(창세기 3:17~19)만 먹었으면 장수했을 터인데 노아홍수 이후 세 번째 주신 먹거리인 동물, 즉 고기를 그것도 "피채로 먹지 말라"는 명령을 어기고 먹었기 때문이라고 한다.

노아홍수 이후 사람의 수명이 셈은 600세, 아르박삿은 438세, 벨렉은 239세, 스룩은 230세, 나홀은 148세, 아브라함은 175세, 이삭은 180세, 야곱은 147세, 요셉은 110세로 채소를 먹을 때와 비교할 때 수명이 엄청나게 줄었다고 주장한다.

고기를 먹기 시작한 이후부터 성인병을 비롯한 각종 질병으로 나타났다고 설명하면서 창세기 1장 29절을 상징하는 「1 · 29운동요법」에 따라 고기보다는 순수한 채소 · 과일 · 곡시을 먹자고 주장한다. 물론 육식도 해야 한다. 그러나 지나친 육식은 건강에 좋지 않다는 지적이 많다.

세계적인 아이스크림체인의 창업주인 배스킨 라빈스의 외아들이자 유일한 상속자인 존 라빈스는 아이스크림 만드는 것을 포기하고 오히려 아이스크림 같은 유제품과 육식의 문제점을 고발하는 환경운동가가 됐다. 그가 2006년 미국에서 출간한 '100세 혁명(Healthy at 100)'은 화제를 모았다. 그는 세계적인 장수인들의 지역인 그루지야의 압하지야, 에콰도르의 빌카밤바, 파키스탄의 훈자, 일본의 오키나와 등을 예로 들며, 이들 4개 지역의 장수인들은 과식하지 않고, 채식에 가까운 식습관을 유지하며, 날씬하고 역동적인 사람들이다. 또한 다른 사람들과 풍요로운 인간관계를 유지하고, 가족과의 관계, 사회적 관계에서 행복한 삶을 살고 있는 사람들이라는 공통점이 있다"고 말했다.

장수와 재산의 관계에 대해선 "건강한 사람들이 반드시 부유한 것은 아니고, 오히려 어떤 면에서 건강과 부(富)는 역(逆)의 상관관계가 있다"고 말했다. 부유하면 많이 먹고, 많이 먹으면 건강을 잃기 쉽다는 것이다.

라빈스는 현재 미국 캘리포니아주 소쿠엘(Soquel)의 2층 통나무집에서 아내와 아들 내외, 손자들과 함께 살고 있다. 통나무집 지붕에 설치한 태양열 집전판에서 생활전기를 얻고, 직접 가꾸거나 이웃과 물물거래한 유기농 채소에서 모든 영양분을 섭취한다. 라빈스는 "남들의 눈에는 가난하게 보일 수도 있지만, 가족과 이웃과의 관계는 더할 나위 없이 건강하고 사랑이 충만하다"며 "100세 시대를 살아가는 데 필수적인 모든 것을 누리고 있다고 생각한다"고 말했다.

그는 "장수는 건강이 동반하지 않을 때만 재앙이 된다"고 했다. "우리가 잘 익은 와인(wine)처럼 성숙하고 현명해질 수 있는 에너지가 있다면, 장수는 축복"이라면서 "건강하게 나이 들기 위해서는, 건강한 식습관과 운동, 스스로 집중할 수 있는 일을 찾는 것이 가장 중요하다는 사실을 잊지 말아야 한다"고 말했다.

라빈스는 채식주의자들에게 '바이블'로 알려져 있는 책 《육식, 건강을 망치고 세상을 망친다(Diet for New America)》와 《음식혁명(The Food Revolution)》도 썼다. 그가 쓴 '100세 혁명'의 메시지는 "100세 쇼크시대를 살아가려면 식습관과 운동, 인간관계의 세 가지 축이 건강해야 한다"는 것이다.

평균수명이 늘었으니 예전나이 기준으로 살면 안 된다고 한다. 현재 나이 곱하기 0.7을 하는 게 100세시대의 나이이며 현재 70살이면 49세라고 생각하고 젊게 살아야 한다는 것이다. (678)

의학자와 미래학자들의 주장을 종합하면 인간수명은 ①위생과 공중보건혁명 ②진단 및 치료기술혁명 ③인공장기와 이식혁명 ④호르몬혁명 ⑤유전자 치료혁명 등의 "5단계 수명혁명을 통해 우리 세대에 130~150세까지 산다"고 한다. 위 ①의 효과만으로 30~40년 수명이 연장됐는데 ②~⑤가 모두 마무리되면 150세 장수시대는 가능할 수도 있다는 것이다. (679)

2010년 현재, 한국인의 주요 사망원인은 각종 암과 뇌졸중, 심근경색, 당뇨병 등이다. 이들은 노화 또는 생활습관과 관련해서 발병하는 질환들인데 발병원인 또는 위험인자가 대부분 밝혀져 있고, 진단 및 치료기술도 급속하게 발전하고 있어 이로 인한 사망률은 획기적으로 떨어질 것으로 의학자들은 전망한다.

우선, 암은 조기 발견만 하면 대부분 효과적인 치료를 할 수 있다. 전문가들은 노화의 원인으로 호르몬, 활성산소, 만성염증, DNA 손상 등을 지적하며, 노화방지(anti-aging)를 위해 재테크만 할 것이 아니라 헬스테크도 많은 관심을 가지라고 권한다.

과학자들은 진시황이 그토록 찾던 불로초(elixir plant)같은 불로장생 약(Elixir of life)이 곧 개발될 수 있을 것이라고 말한다. (680)

인간의 수명, 즉 나이를 재는 잣대에는 3가지가 있다.

① 연대순으로 본 나이, 즉 달력나이를 말하며 "만 63세"등이다.

② 생물학적 나이, 즉 건강나이로 세포의 변화과정과 중요한 생명표시에 의해 측정되며, 달력나이는 69세지만, 건강나이는 55세인 격이다.

③ 심리적인 나이, 즉 주관적인 나이로 자신이 달력나이(호적상 나이)는 '69세지만 자신이 생각하는 주관적인 나이는 40대' 로 생각하는 경우이다.

정말로 중요한 나이는 심리적인 나이이다. 이것은 당신의 생물학적 나이에 중대한 영향을 미친다. 그런데 생물학적 나이는 아무 때나 변화시킬 수 있다. 더 긍정적인 태도를 갖는 것, 그리고 더 건강한 생활습관을 갖는 것은 당신의 생물학적 나이를 일주일 내에 극적으로 줄여놓을 수 있다고 하니 모든 사람은 이 점을 각별히 유념하여야 하겠다. (303)

젊은이는 세월이 더디 가고, 나이든 사람들은 세월이 유수(流水)같이 빠르다고 한다. 누군가 말했다. 자기 나이에 2를 곱하면 세월의 빠르기라고, 시속 20km인 10세 소년의 세월은 더디기 한이 없고, 80대 노인의 시속 160km 세월 감은 빠르기가 선동열의 강속구를 앞지른다. (681)

세계적인 장수학 연구 석학들이 권하는 장수법들은 수없이 많지만 몇 가지만 적어 본다.

① 세끼 식사 잘하고, 술담배 줄이고, 잘 자고, 적당히 움직여야 한다. 식사는 가급적 소식하되 이상적인 인체 적응력을 위해 아침, 점심, 저녁의 양을

4:3:3이나 3:4:3으로 한다. 이렇게 하면 그렇지 않은 사람보다 평균 12년 더 산다. (246)

② "당신은 담배를 피우십니까. 하루 3잔 이상의 술을 드십니까. 운동을 1주일에 단 2시간도 하지 않습니까. 야채나 과일의 섭취가 하루 3차례 미만입니까. 이 4가지 질문에 모두 '예' 라고 답한 사람은 모두 '아니오' 라고 답한 사람보다 최고 12년 더 빨리 늙을 수 있다고 AP통신이 보도했다.

노르웨이 오슬로대학 연구팀은 영국의 18세 이상 성인 4,886명을 대상으로 20년 동안 이들의 생활습관과 건강의 상관관계를 추적했다. 그 결과 흡연 · 과음 · 운동부족 · 야채 섭취 부족 등 4가지 나쁜 생활습관을 모두 가진 314명 중 29%(91명)는 조사기간(20년) 중 세상을 떠났다. 사망원인은 대부분 암과 심장질환이었다. 반면 4가지 나쁜 습관을 하나도 가지지 않은 387명은 같은 기간 중 8%(32명)만 숨졌다."

이 연구를 주도한 엘리자베스 크바빅(Kvaavik) 교수는 "나쁜 습관을 모두 가진 그룹은 그렇지 않은 그룹보다 신체 나이가 최고 12년 더 늙은 것으로 추정됐다"며 "젊음을 유지하려면 습관을 바꿔야 한다"고 말했다. 그는"매일 당근 1개 또는 사과 1개를 먹고 1주일에 2시간 이상 운동하면 노화를 늦출 수 있다"고 조언했다. 이 연구는 미국 의학전문지 '내과학(內科學)기록' (2010년 4월 26일 발간)에 실렸다. (682)

미국뉴욕 국립의대 학장 로이진 교수가 저서 《생체나이 고치기((The Real Age Makeover)》에서 제시한 달력나이보다 젊어지는 78가지 방법과 실천시 젊어질 수 있는 연구를 여기 요약한다. ①친구와 매일 통화하면 8년 ②많이 웃으면 8년 ③감사 · 긍정적태도 가지면 6년 젊어지고 ④재정적 곤란 겪으면 8년 늙고 ⑤한 파트너와 높은 질의 안전한 섹스를 연 116회하면 1.6~8년 젊어지고 ⑥생체나이 줄이기에 따른 건강관리를 하면 남자는 생체나이를 달력나이보다 25세, 여자는 29세 줄일 수 있고, ⑦앞으로 20년내 40~50세 젊음으로 120세까지 사는 것이 가능하다.

악수를 할 때 손에 힘을 주어서 하고 길을 걸을 때 빠르게 걷는 활기찬 일상생활을 하는 사람들이 오래 사는 것으로 조사됐다. 영국 의학 연구위원회 평생건강 및 노화 연구팀은 영국의학저널 2010년 9월 9일자에 발표한 논문에서 "18세 이상 약 5만 명을 분석한 결과 악력(握力 · 손으로 쥐는 힘)이 약한 하위 25%의 사망 위험도가 상위 25%에 비해 1.67배 높았다"고 밝혔다. 약 1만 5,000명의 걸음속도 및 수명을 분석한 결과, 걸음걸이가 빠른 상위 25%에 비해 걷는 속도가 느린 하위 25%의 사망위험도는 2.87배나 높았다. 연구팀은 아울러 의자에서 천천히 일어나는 사람들의 사망 위험도가 빨리 일어나는 사람들에 비해 약 2배 높다고 말했다.(683)

끝으로 미국의 저명한 미래학자이며 발명가인 레이 커즈와일은 2045년이 되면 누구나 영생불멸을 누리게 된다고 주장했다.

2010년 영국 주간 '뉴 사이언티스트' 12월 25일자에 실린 인터뷰 기사에서 인류가 세 개의 '다리(Bridge)' 를 건너면 불로장생을 누리게 된다고 주장했다.

첫 번째 다리는 생물학의 연구결과를 활용한 양생법으로 노화를 늦추는 단계이다. 가령 음식을 적게 먹고 적절한 운동을 하며 잠을 충분히 자면 장수할 수 있다는 것이다. 커즈와일은 몸 안의 독소를 제거하기 위해 날마다 알칼리 물을 10잔 마시고, 비타민은 일주일마다 정맥주사로 보충한다고 밝혔다.

영생불멸로 가는 두 번째 다리는 생명공학기술의 발전에 따라 유전자 또는 세포 수준에서 인간의 건강을 향상시키는 단계이다. 우선 유전자치료(gene therapy)가 인류를 질병의 공포로부터 해방시켜 준다. 유전자의 이상으로 생긴 질병을 고치기 위해 세포 안으로 정상적인 유전자를 집어넣는 의료 기술을 유전자 치료라 한다. 조직공학(tissue engineering)역시 건강 증진에 크게 기여한다. 조직공학은 사람이 살아 있는 세포를 사용하여 인체 조직이나 기관을 만들기 때문에 피부와 연골 같은 단순한 조직부터 간 · 콩팥 · 심장 같은 복잡한 기관까지 새로운 것으로 교체할 수 있다. 커즈와일은 2030년 전후로 노화의 시계바늘을 되돌려 회춘하게 될 것이라고 전망한다.

마지막 세 번째 다리는 나노기술에 의해 인간의 생물학적 한계가 완벽하게 극복되는 단계이다. 핏속을 돌아다니는 나노로봇은 바이러스를 만나면 즉시 격멸할 뿐만 아니라 뇌의 모세혈관 안에서 신경세포와 상호작용하여 인간의 지능을 향상시킨다. 결국 인간의 마음이 일종의 컴퓨터 프로그램처럼 조작이 가능해짐에 따라 기계 속으로 옮겨질 수 있다. 사람의 마음을 기계로 이식하는 과정은 '마음 업로딩(mind uploading)' 이라 한다. 사람의 마음을 기계 속으로 옮기면 사람이 말 그대로 로봇으로 바뀌게 된다. 로봇 안에서 사람 마음은 늙지도 죽지도 않는다. 마음이 사멸하지 않는 사람은 영원히 살게 되는 셈이다. 커즈와일은 2045년 전후로 마음 업로딩이 실현될 것이라고 확신한다.

커즈와일의 아이디어는 영화로도 소개되었다. 2009년 5월 개봉된 '초월적 인간(Transcendent Man)' 에서 2045년 특이점이 올 것으로 예측한 커즈와일은 사람보다 영리한 기계 속으로 마음이 업로딩되면 인류는 영생을 누리게 된다고 주장했다. (684)

중국 최고의 시성(詩聖)으로 추앙받는 당나라 시인 두보(杜甫 · 712~770)는 "사람이 70살까지 사는 경우는 드물다(人生七十古來稀)" 고 말했다.

두보가 58세의 나이로 세상을 떠난지 1,200여 년 진시황이 세상을 떠난지 2,500여 년 만에 인류는 불로불사, 영생불멸의 가능성을 말하고 있는 것이다.

인류 불로불사시대의 도래를 믿던 안 믿던 우리 모두는 좀 더 멋진 세상, 즉 우리 국토와 겨레가 하나 되어 통일되고 부강한 나라가 되어 서로 돕고 사랑하면서, 세계평화와 인류행복을 위해 주도적인 역할을 해 나아가야겠다. 위대한 대한민국의 그날을 함께 만들어가기 위해 우리 모두는 좀 더 건강관리에 유의하고, 교통사고와 질병예방을 위해 더 큰 관심과 노력을 기울여야겠다.

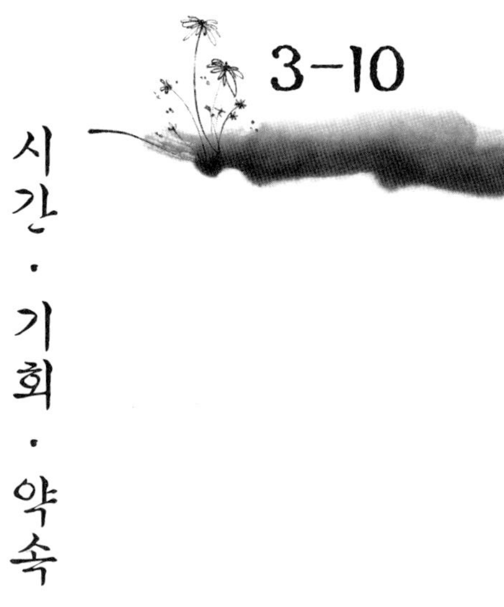

시간 · 기회 · 약속

오늘 내가 헛되이 보낸 시간은
어제 죽은 이가 그토록 그리던 내일입니다
시간의 아침은 오늘을 밝히지만

마음의 아침은 내일을 밝힙니다
열망하는 삶보다 한결같은 삶이 더 아름다운 것이며
돕는다는 것은 우산을 들어주는 것이 아니라

함께 비를 맞는 것입니다
사람은 누구에게서나 배웁니다
부족한 사람은 부족함을
넘치는 사람은 넘침을 배웁니다

스스로 신뢰하는 사람만이
또는 사람에게도 성실할 수 있습니다

살다 보면 일이 잘 풀릴 때가 있습니다
그러나 그것은 오래가지 않습니다
살다보면 일이 잘 풀리지 않을 때도 있습니다

이것도 오래가지 않습니다
소금 3%가 바닷물을 썩지 않게 하듯이
우리 마음안에 있는 3%의 좋은 생각이

우리 삶을 지탱하고 있는지 모릅니다

–정호승, 《내 인생에 힘이 되어준 한마디》

- 천천히 가라. 그러나 끝까지 가야 한다는 것을 잊지 마라. – 조영재
- 여기 또다시 푸른 날이 밝아 온다. 생각하라. 그대는 이 하루를 헛되이 보내겠는가? – 토마스 칼라일
- 경험을 소중하게 사용한다면 그 어떤 잘못도 시간 낭비는 아니다. – 오귀스트 로댕
- 싸울 준비가 된 자는 기회만 잡으면 된다. – 존 F. 케네디
- 기회를 잡고 싶으면 빠른 손과 정확한 눈을 지녀라. – 조지 부시
- 인생은 광음처럼 흘러가며 기회는 결코 두 번에 나뉘어 오지 않는다. 지금 잡지 않으면 영원히 잡을 수 없다. – 헨리 소로
- 내가 성공한 것은 어느 때든지 반드시 15분 전에 도착한 덕택이다. – 넬슨
- 트럭짐칸에 짐이 가득 차 있어 보여도, 자세히 살펴보면 네 귀퉁이에는 작은 물건을 집어넣을 만한 조그마한 공간이 남아 있다. 마찬자기로 1분 1초를 소중히 여기는 마음이 있다면, 하루 스물네 시간이라는 트럭에도 자잘한 일을 처리할 시간은 얼마든지 있기 마련이다. – 아놀드 베네트
- 성공하는 데 시간이 걸리는 것은 성공이란 무언가를 해내기 위해 시간을 들인데 대한 보상에 불과하기 때문이다(It take time to succeed because success is merely the natural reward of taking time to do anything well). – 조셉 로스

□ 우리에게 있어서 시간과 비교할 수 있는 것은 아무것도 없다. 그것보다 더 중요한 것은 없다. 왜냐하면 그것이 없다면 우리는 이 세상에서 아무것도 할 수가 없기 때문이다. – 윌리암 펜

□ 당신이 생명을 사랑한다면 시간을 낭비하지 마라! 시간이야말로 생명을 만드는 재료이다. – 벤자민 프랭클린

□ 미래를 믿지 마라! 과거는 땅속에 묻어버려라! 다만 현재에 살고 현재에서 행동하라! – 롱펠로우

□ 인간에게 주어진 특별한 재능은 기회를 바로잡아 미래를 창조하는 일이다. – 퐁피두

□ 기회는 새와 같은 것이다. 날아가기 전에 붙잡으라. – 쉴러

□ 계획이란 미래에 관한 현재의 결정이다. – 드러커

□ 소비한 돈은 다시 벌 수 있지만 소비한 시간은 다시 건질 수 없다. – 세익스피어

□ 가장 바쁜 사람이 가장 많은 시간을 갖는다. 부지런히 노력하는 사람이 결국 많은 대가를 얻는다. – 알렉산드리아 피네

□ 시간이 모든 것을 밝혀 준다. 시간은 묻지 않았는데도 말이 많은 수다장이이다. – 에우리피데스

□ 과거를 되돌아 볼 수 없는 사람은 과거를 되풀이하는 운명을 가지고 있다. – 산타야나

□ 보통 사람은 시간을 소비하는 것에 마음을 쓰고, 재능 있는 사람은 시간을 활용하는 것에 신경을 쓴다. – 쇼펜하우어

□ 시간이란 없다. 있는 것은 오직 한순간뿐이다. 그리고 그 순간에 우리의 모든 생활이 있다. 따라서 우리는 이 순간에 모든 것을 발휘해야 한다. – 톨스토이

□ 인간은 항상 시간이 모자란다고 불평을 하면서도 마치 시간이 무한정 있는 듯이 행동한다. – 세네카

□ 인생은 빠르게 흘러가며 기회란 두 번 오지 않는다. 지금 선택하지 않으면 기회는 영원히 돌아오지 않는다. – 로맹 롤랑

□ 사람은 기회가 오는 것을 기다릴 것이 아니라 스스로 그것을 만들지 않으면 안 된다. – F. 베이컨

□ 기껏 훈련시킨 직원을 잃는 것보다 더 나쁜 경우가 있다면, 직원들을 훈련시키지도 않고 계속 근무시키는 것이다. – 지그 지글러

□ 순풍이 불 때 돛을 올려라. – 세르반테스

□ 약자는 기회를 기다린다. 그러나 강자는 기회를 만든다. – 앤더슨 바텐

□ 우리는 그것이 사라진 뒤에야 그것이 기회였음을 안다. –마크 트웨인

□ 다른 모든 것과 마찬가지로 시간도 관리할 수 있다. – 아리스토텔레스

□ 시간이란 한 번 가 버리면 다시는 돌아오지 않는 선물과 같다. 지금 하고 싶은 일을 자꾸 미루는 사람에게 인생의 선물이란 없다. – 제임스 그린

□ 낭비한 시간은 영원히 되찾을 수 없다. – 조지 워싱턴

□ 시간의 신중한 관리야말로 유능한 경영자에게 가장 필요한 덕목이다. – 피터 드러커

□ 가장 어려운 세 가지의 일은 비밀을 지키는 것, 남에게 받은 위해(危害)를 잊는 것, 한가한 시간을 이용하는 것 – 키케로

□ 인생은 모두 기회다. 의욕적이고 대담한 사람이 가장 멀리 갈 수 있다. – 데일 카네기

□ 어제는 재이고, 내일은 장작이다. 밝게 불타는 건 오늘뿐이다. – 에스키모 속담

□ 세월은 누구에게나 공평하게 주어진 자본금이다. 이를 잘 이용한 사람에게는 승리가 온다. – 아뷰난드

□ 그대의 하루하루를 그대의 마지막 날이라고 생각하라. – 호라티우스

□ 변명 중에서도 가장 어리석고 못난 변명은 "시간이 없어서"라는 변명이다. – 에디슨

□ 과거를 뒤돌아보지 말라, 현재를 믿으라, 그리고 씩씩하게 미래를 맞으라. – 롱 펠로우

□ 시간의 흐름이 빠르다고 생각하는 것은 인생을 알게 되었기 때문이다. – 기싱

□ 느림은 시간에 모든 기회를 부여할 수 있게 해준다. – 피에르 쌍소

□ 시간을 잘 이용하라. 시간은 모든 것의 원자재이다. 사람은 누구나 하루 24시간으로 살아야 한다. 그 시간 안에서 건강과 즐거움, 보람, 업무, 만족, 존경을 이룩해야 한다. 시간을 가장 효과적으로 이용하는 일이 가장 시급하며 그 모든 것이 그 안에 달려 있다. – 이신화, 《성공하는 삶을 위한 3분 투자》

□ 현재의 이 시간이 더할 수 없는 보배다. 사람은 그에게 주어진 인생의 시간을 어떻게 이용했는가에 따라서 그의 장래가 결정된다. 만일 하루를 헛되이 보냈다면 큰 손실이다. 하루를 헛되이 보내는 것은 내 몸을 소모하고 있다는 것을 알아야 한다. – 데일 카네기

■ ■ ■

헬렌켈러는 1933년 〈애틀랜틱 먼슬리〉 1월호에 발표된 "Three Days to see(사흘 동안만 세상을 볼 수 있다면)"란 글에서 이렇게 썼다.

앞을 볼 수 있는 사흘 동안, 첫날은 친구들과 가까운 동물들에게 바치고, 둘째 날은 인간과 자연의 역사를 공부하며, 그리고 마지막 셋째 날은 현실 세계에서 사람들이 일하며 살아가는 모습을 보고 싶다고 했다.

글 마지막 부분에는"내일 갑자기 장님이 될 사람처럼 여러분의 눈을 사용하십시오"라고 적혀 있었다. 매일매일 내일 당장 죽을 사람처럼 온 마음을 다해 살자는 것이다.

내가 내일 죽는다는 이런 생각을 하면 지금 주위에 있는 가족, 친구, 직장동료들이 더없이 소중하다는 것을 알 수 있을 것이다. 내가 그들에게 잘못한 일은 없을까? 또한 내가 할 일을 다하고 있는가? (65)

시간이 귀중하다는 것은 모두 인정한다. 그러나 사람마다 느끼는 정도는 다르다. 어떤 사람은 '시간은 황금이다(Time is gold)' 라고 하며, 또 다른 사람은 '시간은 생명이다(Time is life)' 라고 한다.

프랑스의 사상가 볼테르는 시간의 정의를 다음과 같이 말했다.

"이 세상 모든 사물 중에서 가장 길고도 짧고, 가장 빠르고도 느리며, 최소의 분할과 최대의 확대가 가능하며, 가장 경시되면서도 동시에 가장 아낌을 받고, 그것 없이는 아무 일도 하지 못하며, 비천한 것들을 모두 삼켜 버리고 위대한 모든 것에 생명의 입김을 불어넣어주는 것이다"라고 했다. (415)

또한 심리학자 뮐러(Muller)는 시간의 특성을 ①역사적 시간 ②생리적 시간(예 : 배꼽시계) ③감각 시간(Time sense) ④시간의 연속성 ⑤속도 등으로 구분하고, 이렇게 시간자원은 물질이나 에너지와 다른 독특한 속성을 가지고 있다고 한다. (325)

시간의 또 다른 특성으로 ①시간은 무형의 자원이다. ②시간은 공평하게 주어진다. ③시간은 사용하지 않아도 자연소멸된다. ④시간은 저장할 수 없다. ⑤시간은 양도하거나 매매할 수 없다. ⑥물리적 시간은 불변이지만 심리적 시간은 가변적이다. ⑦지나간 시간은 돌아오지 않고 역사 속으로 사라진다. 등이 지적되고 있다. (325)

시간 관리 기술, 즉 시테크전략의 도구로는 전략적 정보시스템(SIS: Strategic Information System)이 현실적 도구로 떠오르고 있는 데 SIS는 비즈니스의 여러 분야에서 다양한 형태로 발선하고 있다. 예를 들면 ①유통분야에서의 판매시점 정보처리시스템(POS) ②제조분야의 컴퓨터에 의한 통합시스템(CIN) ③서비스 분야의 컴퓨터 자동예약시스템(CRS)이나 자동응답시스템(ARS) 등이며 그 외의 홈뱅킹, R&D분야의 컴퓨터 디자인(CAD), 정보 커뮤니케이션을 위한 LAN이나 VAN 등 다양하다.

영국의 물리학자 뉴턴은 "오늘 할 수 있는 일에만 전력을 쏟아라. 그렇게 하면 내일은 한층 더 발전할 수 있을 것이다"라고 했다.

뉴턴은 젊을 때 캠브리지 대학에 다니고 있었는데, 페스트의 대유행으로 인해 고향에 돌아왔다. 그런데 이 재향 기간 중에 그의 세 가지 대발명인 만유인력(萬有引力)의 법칙, 빛의 스펙트럼 분석, 미적분법(微積分法)을 확립하는 힌트를 얻게 된다.

그의 이론적 체계화(體系化)는 시간활용의 열정 속에서 가능했던 것이다.

성공한 사람과 그렇지 못한 사람을 구분해 주는 기준은 '시간을 어떻게 활용하는가' 이다. 여기 톨스토이의 시간에 관한 조언을 소개한다.

① 일하기 위해 시간을 내라; 이는 성공의 지름길 이다.

② 생각하기 위해 시간을 내라; 이는 젊음을 유지하는 비결이다.

③ 독서하기 위해 시간을 내라; 이는 지혜의 원천이다.

④ 친절하기 위해 시간을 내라; 이는 행복의 길이다.

⑤ 웃기 위해 시간을 내라; 이는 음악을 가져온다.

시간의 문제와 관련하여 양력 · 음력에 대해 간략히 살펴본다. 우리는 공식적으로는 양력(太陽曆)인 서력(西曆)연대를 사용하고 있지만, 전통 관습으로 음력(太陰曆)을 병용하고 있다. 양력은 지구가 태양의 둘레를 한 바퀴 도는 데 걸리는 시간을 1년으로 정한 역법으로, 1년을 365일로 하고 있어 계절의 순환과 일치하는 데 비해, 음력은 달이 지구를 한 바퀴 도는 시간을 기준으로 만든 역법으로 1년을 356일로 하고 있어 실제 계절과 편차가 있으므로 이를 조절하기 위하여 약 2.5년에 한 달을 더하는 윤달을 정한다.

'갑을병정무기경신임계(甲乙丙丁戊己庚辛壬癸)' 10개의 천간(天干), 그리고 '자축인묘진사오미신유술해(子丑寅卯辰巳午未申酉戌亥)' 12개의 지지(地支)를 조합하여 만든 이 음력 연호를 '세차(甲子 · 乙丑 · 丙寅 등 60가지)' 라 한다. (685)

"시계는 살 수 있어도 시간은 살 수 없다"라는 말이 있다. 참으로 짧지만 긴 여운을 남기는 말이다. 미국의 기업가이면서 저술가인 허비 매케이는 돈과 성공이 시간과 직결된다고 믿는다. 그는 "시간은 공짜다 그러나 가격을 매길 수 없을 만큼 가치 있다. 시간을 가질 수는 없다. 하지만 당신은 그걸 효과적으로 사용할 수는 있다"고 했다.

주희(朱熹 : 1130~1200)는 「우연히 짓다(偶成)」란 시에서 다음과 같이 읊었다. "소년은 늙기 쉽고 학문은 이루기 어려우니, 짧은 시간일지라도 가벼이 여길 수 없네. 못가 봄풀의 꿈에서 채 깨기도 전에. 섬돌 앞 오동잎 떨어져 벌써 가을이네(少年易老學難成 一寸光陰不可輕 未覺池塘春草夢 階前梧葉已秋聲)."

세네카는 "인간은 항상 시간이 모자란다고 불평을 하면서도 마치 시간이 무한정 있는 것처럼 행동한다"고 했다. 《장자(莊子)》는 지북유편(知北遊篇)에서 인생의 덧없음이 마치 "달리는 흰 망아지를 문틈으로 보는 것과 같다(白駒之過隙)"고 했다.

중국 속담에는 '석시여금(惜時如金)', 즉 시간을 금과 같이 아끼라는 말이 있다.

맹자는 "천시는 지리에 미치지 못하고, 지리는 인화만 못하다(天時不如也利地利不如人和)"라고 하여 전략(戰略)에서 시간도 중요하나 인화가 가장 중요하다고 했다.

매일 독일의 한 대학 교정을 걷는 남자가 있었다. 매일 같은 시간에 나타나는 이 남자를 보고 사람들은 시계를 보지 않고도 오후 6시 15분이라는 것을 알 수 있었다. 독일의 철학자인 칸트의 철저한 시간 관리에 대한 일화다. 항상 정확하게 시간을 관리했던 칸트를 보고 마을 주민들이 시간을 추측했다는 것이다.

칸트의 시간에 대한 이 일화는 시사하는 바가 크다. 시간을 관리한다는 것은 자기 자신을 관리하는 것과 일맥상통한다. 특히 비즈니스에 있어 시간 약속을 정확하게 지키는 것은 상대방에게 가장 빨리 신뢰를 심어줄 수 있는 방법이다.

한때 코리안 타임(Korean Time)이란 말이 유행했다. 우리나라 사람들의 시간관념이 철저하지 못한 것을 외국인들이 우회적으로 비꼬는 말이었다. 최근에 많이 나아졌다고는 하지만 아직도 약속시간의 귀중함을 모르는 경우가 많다.

지인들과 시간약속을 하는 경우 넬슨의 다음 말을 명심할 필요가 있다. "내가 성공한 것은 어느 때든지 반드시 15분 전에 도착한 덕택이다."

필자도 시간을 매우 소중하게 생각한다. "시간은 돈이다"가 아니라 "시간은 돈보다 귀중하다"라고 생각하며 산다. 그래서 가끔 친지들과 만나 이야기할 때 "시계는 살 수 있어도 시간은 살 수 없다", '1분의 시간은 1억 불보다 소중하다'는 이야기를 자주한다.

여기 월간 〈좋은생각〉에서 읽은 "1분, 결코 짧지 않다"는 내용을 함께 보자.

"일분일초 흘러가는 세계의 변화를 느끼기에 1분이란 매우 순식간이다. 하지만 그 1분 동안 캥거루는 적을 피해 800미터나 도망칠 수 있고, 어른 코끼리는 1분에 0.5킬로그램의 똥을 눈다. 지구에서는 1분 동안 약 8억 톤이 넘는 비가 내려 동식물의 갈증을 해소하며, 사람은 1분 동안 15번 숨을 쉰다."

또 〈좋은생각(2011.10)〉에서는 '1초 동안'에 일어날 수 있는 일들을 다음과 같이 적고 있다. 1초 동안,

- 심장은 60ml의 혈액을 몸으로 흘려보낸다.
- 세계에 420만 톤의 비가 내린다.
- 지구는 태양 주변을 29.8km 돈다.
- 1만 9천 잔의 커피가 컵에 따라진다.
- 13km의 화장지가 생산된다.
- 일본에서 주먹밥 8,600개분, 688kg의 음식물 쓰레기가 나온다.
- 거대한 대서양 흑참치가 20m 헤엄친다.

우리는 원래 시간을 지구의 자전에 기반하여 측정하다가 자전 속도의 불규칙함을 인식하고 1960년 국제도량형총회에서 지구의 공전 속도에 기초한 초를 시간의 기본 단위로 채택했다. 그러다가 1967년부터는 세슘 원자가 9,192,631,770번 진동하는 시간을 1초로 정의한 이른바 '원자초'를 세계 각국이 표준시로 쓰고 있다. 세슘원자시계는 30만 년에 1초밖에 틀리지 않는 정밀한 시계이다. (686)

유태인은 소년이 13세가 되면 성인식(바르 미츠바)을 행하는데, 축하 선물로 흔히 손목시계를 준다. 시간을 낭비하지 않는 인간이 되라고 자녀들을 가르치고 또 다짐시키는 의미가 담긴 선물이다.

'내일은 또 내일의 바람이 분다'는 사고방식은 유태인들에게는 통하지 않는다. 오늘 해야 할 일을 오늘이라는 시간 안에 어떻게 해낼 것인지 계획하는 습관이 들어 있기 때문이다. (93)

일본의「노구치 유키오」는 그의 저서 《시간 관리의 새로운 노하우 초정리법 · 시간편》에서 시간 관리의 3요소로 ①스케줄링 · 주어진 시간에 일을 할당한다. ②시간절약 · 헛된 시간을 없앤다. ③시간증대 · 사용할 수 있는 시간을 늘린다. 등 3가지 방법을 제시한다. (95)

《시간 관리와 자아실현》에서 저자 유성은은 성공적인 시간 관리 원리로, 다음

5가지를 제시하고 있다.

① 가치 있는 목표를 위해서 시간을 사용하는 것이다.

② 적절한 양의 시간을 투자하는 것이다.

③ 적시에 시작하는 것이다.

④ 집중하는 것이다.

⑤ 지속성이다. (415)

시간도 돈처럼 저축할 수 있는 시간은행(Time Bank)이란 제도가 만들어졌다. 미국 에드가 칸(Kahn)교수가 시간은행과 시간달러(Time Dollar)라는 개념을 만들어내고 1990년대 후반 스스로 은행을 만들었는데 우리나라에도 도입되었다. 시간은행이란 자신이 봉사한 시간을 예치해 두었다가 뒤에 필요시에 다른 사람의 봉사를 대신 도움 받아 쓰는 제도이다. 이는 우리나라의 "두레"제도나 "품앗이"제도와 유사한 것이다.

시간과 관련된 몇 가지 현실 문제를 살펴본다.

먼저 "아침형인간"이 사회적 이슈가 된 적이 있다. 아침형인간은 우선 성실하고 적극적이고 부지런하다는 이미지를 준다. 아침형인간이 어떤 면에서 유리한지에 대하여 《시간 관리의 기술》의 저자들(김소형, 손인순)은 다음 6가지를 들고 있다.

① 일찍 일어나는 새가 벌레를 잡는다.

② 정보력에서 유리하다.

③ 아침 시간이 더 능률적이다.

④ 일찍 일어나면 사고를 만회할 기회가 생긴다.

⑤ 일찍 일어나면 하루가 길다.

⑥ 소모적이고 퇴폐적인 시간을 줄일 수 있나.

저자들은 저서에서 우리 한국의 빨리빨리 문화에 대해 "빠름의 미학"이란 제하에 다음과 같은 내용도 지적한다.

"빠르면 살고 느리면 죽는다"

정보화 사회가 급진전되면서 국가간, 기업간, 개인간에도 속도경쟁이 가열되고 있다. 정보력이란 무엇인가? 정보력은 정보의 양, 정보의 질, 그리고 정보의 속도에 의해 결정된다.

'정보력=양×질×속도' 라 할 수 있다. 즉, 아무리 좋은 정보도 속도가 느리면 가치를 잃는다. 이것이 정보화 사회에서 스피드경쟁이 일어나고 있는 근본적인 이유라 할 수 있다. 또한 오늘날 모든 기술과 제품의 수명 주기는 극도로 단축되어 있다.

지금 중국과 동남아시아는 물론 일본에까지 일고 있는 한류열풍도 바로 '스피드' 때문이라고 할 수 있다. 빠른 템포의 노래, 빠르게 전개되는 드라마가 아시아 젊은이들을 사로잡고 있는 것이다. 우리가 볼 때는 별로 느끼지 못하지만 중국과 동남아시아 그리고 일본의 젊은이들이 볼 때 우리의 문화 상품에 무서운 속도감이 느껴진 것이다. 당신은 어떠한가? 빠른 자인가? 아니면 느린 자인가? 이것이 정보화 사회를 지배할 새로운 척도가 되고 있다. (325)

일찍이 나폴레옹은 이렇게 말했다.

"오늘 나의 불행은 언젠가 내가 잘못 보낸 시간의 보복이다." 사람들은 자신의 불행에 대해 흔히 남보다 못한 환경을 탓하거나, 주변의 누군가의 방해와 잘못 때문이라고, 혹은 지독히도 운이 없어서 그렇다고 치부해버리는 습성이 있다. 그러나 자연의 법칙은 공평하다. 당신의 내일은 어제와 오늘 당신이 살아온 '결과물' 인 것이다.

성경(전도서 3:1~8)에서는 천하 범사에 다 때가 있음을 다음과 같이 가르치고 있다.

① 천하에 범사가 기한이 있고 모든 목적이 이룰 때가 있나니
② 날 때가 있고 죽을 때가 있으며, 심을 때가 있고 심은 것을 뽑을 때가 있으며
③ 죽일 때가 있고 치료시킬 때가 있으며, 헐 때가 있고 세울 때가 있으며
④ 울 때가 있고 웃을 때가 있으며, 슬퍼할 때가 있고 춤출 때가 있으며
⑤ 돌을 던져 버릴 때가 있고 돌을 거둘 때가 있으며, 안을 때가 있고 안는 일을 멀리할 때가 있으며
⑥ 찾을 때가 있고 잃을 때가 있으며, 지킬 때가 있고 버릴 때가 있으며
⑦ 찢을 때가 있고 꿰맬 때가 있으며, 잠잠할 때가 있고 말할 때가 있으며
⑧ 사랑할 때가 있고 미워할 때가 있으며, 전쟁할 때가 있고 평화할 때가 있느니라

우리 민족의 선각자 도산 안창호 선생은 다음과 같이 충고한다.

“흔히 사람들은 기회를 기다리고 있지만 기회는 기다리는 사람에게 잡히지 않는 법이다. 우리는 기회를 기다리는 사람이 되기 전에 기회를 얻을 수 있는 실력을 갖춰야 한다.”

시간은 그저 누구에게나 공평하게 주어질 뿐이다. 시간이 바로 인간이며, 시간이 바로 인생이다. 인생은 두루마리 화장지와 같아서 끝으로 갈수록 더 빨리 없어진다. 우리는 화장실을 사용하다가 화장지를 다 써버린 줄 미처 모르고 당황하는 순간이 있다. 그 순간이 바로 우리의 목숨이 다한 순간이다. (124)

이슬같이 짧은 인생이지만 시간 관리의 지혜에 따라 크게 늘려 살 수 있는 게 또한 인생이다. 시간 관리의 지혜를 더 찾아보자. 벤자민 프랭클린은 시간을 잘 활용하여 성공하는 인생이 되라고 다음과 같이 충고한다.

“그대는 인생을 사랑 하는가? 그렇다면 시간을 낭비하지 말라. 왜냐하면, 시간은 인생을 구성하는 재료이기 때문이다. 똑같이 출발했는데, 세월이 지난 뒤에 보면 어떤 이는 뛰어나고 어떤 이는 낙오되어 있다. 이 두 사람의 거리는 좀처럼 가까워질 수 없게 되어 버렸다. 이것은 하루하루 주어진 자신의 시간을 어떻게 잘 이용했느냐에 달려 있다.”

윤희정 IGM 책임연구원이 조언하는 「시간 관리 4계명」을 함께 보자.

①시간 관리의 첫 단계는 현재 내가 시간을 어떻게 사용하는지를 객관적으로 분석해 보는 것이다. ②업무의 우선순위를 정하라 스티븐 코비 박사가 제시한 ‘시간 관리 매트릭스’ 는 업무 우선순위를 정하는 데 가장 많이 활용되는 도구다. ③과감하게 위임하라. 업무의 세부 사항을 챙기는 것은 부하 직원의 역할이다. 중요한 일에 몰입하려면 업무를 과감하게 위임할 필요가 있다. ④시간 방해 요소를 제거하라. 첫째, 어렵거나 하기 싫은 일을 미루는 식의 나쁜 습관을 고쳐야 한다. 둘째, 집중 업무시간을 정하는 식으로 외부적인 방해 요소에 대처해야 한다. 셋째, 다중 작업(멀티태스킹)을 효과적으로 처리하라. 시작한 일은 반드시 마무리 지은 뒤 다음 일로 넘어가고, 일을 하는 도중 다른 업무에 대한 아이디어가 떠오르면 종이에 적었다가 퇴근길에 펼쳐보고 생각하라. 자투리 시간을 활용하는 것도 좋은 방법이다. 5분, 10분 만에 할 수 있는 일이 의외로 많다. 스마트폰을 활용하면 자투리 시간이 더 빛을 발할 것이다. (951)

무소유의 스승이었던 법정(法頂)스님이 저서 《일기일회(一期一會)》에서 하신 시간 관리와 관련된 말씀 일부를 여기 옮겨 적는다.

"우리는 그 시간 속에서 살기도 하고, 죽기도 합니다. 또한 살아가면서 이와 반대로 우리 자신이 시간을 살리기도 하고, 죽이기도 합니다. 친구를 만나서 서로에게 유익하고 정다운 자리를 이루었다면 그것은 시간을 살리는 일이 되고, 쓸데없는 소리나 하고 남의 흉이나 보면서 서로에게 도움이 되지 않는 자리를 가졌다면 그것은 시간을 죽이는 일입니다. 똑같이 주어졌음에도 잘 쓰면 시간을 살리는 게 되고, 무가치하게 흘려보내면 그토록 귀중한 시간도 죽이는 것이 된다는 소리입니다. 그러므로 우리는 누구를 만날 때 시간을 살리고 있는지 죽이고 있는지 안으로 살펴볼 수 있어야 합니다." (205)

잘 알려진 도연명(陶淵明)의 시를 읽어 보자.

원기 왕성한 시절은 거듭 오지 않고(盛年不重來)

하루에 두 번 새벽이 오기 어렵다(一日難再晨)

때에 이르러 마땅히 힘쓰라(及時當勉勵)

세월은 사람을 기다리지 않는다(歲月不待人)

끝으로 '시간여행' 이란 제목으로 신문에 소개된 내용을 보자.

「영국 작가 허버트 조지 웰스는 1895년 소설 '타임머신' 을 발표했다. 그는 빛보다 빠른 속도로 가는 타임머신을 상상했다. "빙글빙글 돌아가는 바퀴살이나 허공을 날아가는 총알을 볼 수 없는 것처럼 사람들은 타임머신을 인식할 수 없다" 고 했다. 이 소설의 시간여행자는 3,000만년 뒤로 가 동식물이 다 사라져 폐허가 된 지구에 내린다. 1915년 아인슈타인은 상대성이론을 통해 "질량을 가진 물체는 빛보다 빠를 수 없다"고 했다. 빛은 초속 30만km로 지구를 일곱 바퀴 반이나 돌 수 있다. 아직 인류는 빛보다 빠른 입자를 찾지 못했기에 타임머신을 만들 수 없다. 그러나 웜홀(worm-hole)이론을 내세워 시간여행의 가능성을 옹호하는 과학자들도 있다.

웜홀이론이란 벌레가 사과의 중심을 뚫고 가면 반대쪽에 빨리 닿듯, 우주 속에도 시공간이 단축되는 구멍이 있다는 얘기다. 우주과학자 칼 세이건이 쓴 소설에 바탕을 둔 영화 '콘택트' 가 웜홀을 통한 시간여행을 가장 잘 보여준다. 주인공은 우주선으로 웜홀을 통과해 26광년(光年)이나 떨어진 별에 간다. 그가 자신의 시계로 40시간을 보낸 뒤 다시 웜홀을 거쳐 돌아오니 그 사이 지구에선 단 몇 분만 시간이 흘렀다. 주인공 입장에선 미래로부터 과거로 시간여행을 한 셈이다. 스티븐 호킹은 지난 5월 "인류가 미래로 시간여행을 가서 황폐해진 지구를 되살리는 게 가능하다"고 주장했다. 그는 "수백만 년 뒤 광속에 가까운 속도로 나는 우주선이 개발되면 그 속에서의 하루는 지구에서의 1년과 맞먹는 것"이라며 "가속운동을 하는 물체 주변에선 시간이 느려지기 때문"이라고 했다. 그러나 그는 "과거로의 시간여행은 원인이 결과에 앞서야 한다는 기본원칙에 어긋나 불가능하다"고 했다. 영화 '터미네이터' 나 '백 투 더 퓨처' 처럼 과거로 가는 일은 없다는 얘기다.

유럽 입자물리연구소는 "빛보다 빠른 입자를 포착했다"며 상대성이론을 뒤집는 실험결과를 발표했다. 이론적으론 초광속 물질로 타임머신을 만들 수 있다고 한다. 그러나 물리학계에선 실험 실수라는 지적이 많다. 원래 과학은 반증(反證) 가능성이 있어야 한다. 앞으로도 전 세계 학자들이 상대성이론 논쟁을 벌일 것이다. 우리 청소년들이 과학에 흥미를 느끼는 계기가 됐으면 좋겠다.」(687)

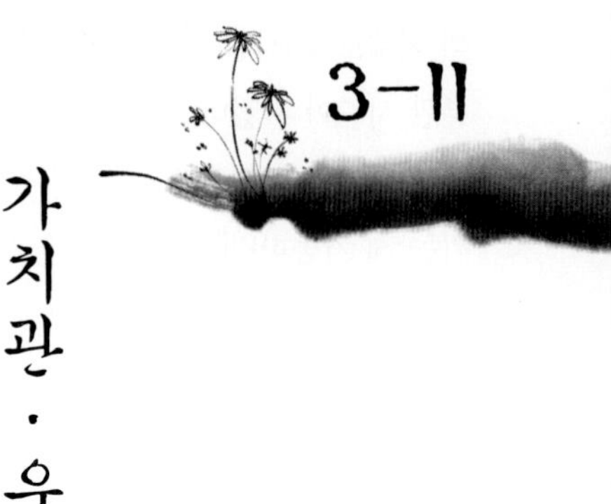

3-11 가치관 · 운

너희는 먼저 그의 나라와 그의 의를 구하라
그리하면 이 모든 것을 너희에게 더하시리라
그러므로 내일 일을 위하여 염려하지 말라
내일 일은 내일 염려할 것이요 한 날
괴로움은 그날에 족하니라

But seek first his kingdom and his righteousness,
and all these things will be given to you as well.
Therefore do not worry about tomorrow, for tomorrow will worry about itself.
Each day has enough trouble of its own. – 마태복음 6:33~34

홀로 행하고 게으르지 말며 비난과 칭찬에 흔들리지 말라.

소리에 놀라지 않는 사자처럼

그물에 걸리지 않는 바람처럼

진흙에 더럽혀지지 않는 연꽃처럼

남에게 이끌려 가지 않고, 남을 이끄는 사람이 되라.

– 수타 니파타(Sutta · nipata)의 한구절(205)

- □ 성공은 마음가짐의 문제다. 성공을 원한다면 먼저 스스로를 성공한 인물로 생각하라. – 조이스 브라더스
- □ 아직도 자신의 몇 분의 일도 알지 못하고 있다…그러므로 산다는 것에 초조를 느낀다. – 제임스 딘
- □ 의미를 추구한다는 것은 헛수고다. 인생은 욕망이다. 의미 따위는 아무래도 좋은 것이다. – 찰리 채플린
- □ 사람의 일생이란, 알고 계시잖아요. 우리가 생각한 것만큼 좋지도 않고, 나쁘지도 않다는 것을. – 모파상
- □ 휴머니티란, 인간을 목적에 희생시키지 않는 것이다. – 알베르트 슈바이쳐
- □ 신과 악마가 싸우고 있다. 그리하여 그 싸움터야말로 인간의 마음이다. – 도스토예프스키
- □ 인간은 만물의 척도다(Man is the measure of all things). – 프로타고라스
- □ 인간은 먹기 위해서 사는 것이 아니라, 살기 위해서 먹는다. – 소크라테스
- □ 인생은 짧고, 예술은 길고, 기회는 달아나기 쉽고, 경험은 의심스럽고, 판단은 어렵다(Life is short, art is long, opportunity fleeting, experiment uncertain and judgement difficult). – 히포크라테스
- □ 말로 갈 수도 차로 갈 수도 둘이서 갈 수도 셋이서 갈 수도 있다. 하지만, 맨 마지막 한걸음은 자기 혼자서 걷지 않으면 안 된다. – 헤세
- □ 인생은 황해이다. – 빅토르 위고
- □ 막을 내려라, 희극은 끝났다. – 라블레
- □ 묘는 일체를 심판한다. – 어빙
- □ 목숨이 길면 창피당할 일이 많은 법이다. – 장자
- □ 가장 장수한 사람은 가장 오랜 세월을 살아온 사람이 아니라 가장 뜻깊은 인생을 체험한 사람이다. – 루소
- □ 인생보다 힘든 예술은 없다. 다른 예술이나 학문에는 도처에 스승이 있다. – 세네카
- □ 가장 어려운 기술은 살아가는 기술이다. – 메이시

■ ■ ■

가치관(價値觀 view of value)이란 어떤 가치나 뜻을 인정하는가에 관한 각자의 관점을 말한다.

어떤 사람이든 인생 · 사회 · 국가 · 세계 · 직업 · 가족 · 결혼 등 세상일에 대한 관점과 가치판단이 있게 마련이다. 그 가치판단과 실천 여하에 따라 인생이 달라지게 된다. ①신라왕자 미사흔(未斯欣)을 고국으로 탈출시키고 살가죽이 찢기면서도 일본의 신하되기를 거부하고 순절한 신라의 대아찬 박제상(朴堤上) ②조선시대 임진 · 정유 왜란당시 해전에서 일본군과 싸워 23전 23승을 거두어 세계 해전사에서 빛나는 기록을 세우고 왜적의 흉탄에 맞아 전함상에서 순국한 삼도수군통제사 충무공(忠武公) 이순신(李舜臣 1545~1598 · 인조1년~선조31년) 장군 ③조국의 자주독립과 동양평화를 위해 1909년 10월 26일 중국하얼빈 역에서 러시아 군대의 군례를 받던 일본의 당시 추밀원의장(전 내각 총리대신 · 전 조선초대통감) 이토히로부미(伊藤博文)를 사살하고 1910년 3월 26일 일제에 의해 사형이 집행된 대한의군 참모중장 안중근(安重根 1879-1910) 의사 ④2010년 3월 26일 천안함 폭침당시 부하를 구출하기 위해 바다에 뛰어들었다가 부하들과 함께 전사한 한준호 준위 ⑤2011년 12월12일 중국어선 불법어로행위 단속중 중국선장의 흉기에 찔려 순직한 해경 이청호 경사 ⑥한때 중원의 대륙을 호령하는 고구려 대국을 건설했던 고구려 19대 왕인 광개토대왕(A.D. 375~413) ⑦조선 제 4대왕(재위 1418~1450)으로 집현전을 설치하고, 6진과 4군을 개척하고, 인류최고의 문자인 한글(훈민정음 · 訓民正音)을 창제하여 반포한 세종대왕 ⑧일제 때 독립협회사건으로 투옥 중 탈옥을 시도하다가 사형선고를 받았으나 감형되는 등 옥고를 치르다가 미국에 건너가 조국독립을 위해 노력하고 임시정부 최고 책임자인 집정관 총재와 국무총리로 추대되기도 하고 미국에 설치한 구미위원회(歐美委員會) 위원장으로 활동하는 등 독립운동에 힘쓰다가, 해방 후 1948년 제헌국회 의장, 대한민국 초대 대통령이 되었고 1950년 6 · 25전쟁 때 미국 등이 참전하도록 하는 등 대한민국의 자유민주화와 공산화 방지에 큰 역할을 했으나 장기 집권욕을 보여 1952년 재선, 1956년 3선, 1960년 4선을 위한 3 · 15부정선거 후유증으로 4 · 19혁명이 일어나 그해 하와이로 망명, 5년 후 그곳에서 사망한 우남(雩南) 이승만(李承晩) 대통령 ⑨1937년 대구사범학교를 졸업하고, 3년간 초등학교 교사로 근무하다가 만주군관학교와 육군사관학교(육사2기)를 졸업하고, 7사단장, 육본작전참모부장, 제 2군 부사령관 등 군 요직을 거치고 소장시절인 1961년 5·16혁명을 주도, 국가재건 최고회의 의장, 제 5대·6대·7대·8대 대통령을 하면서 시월유신(十月維新), 「7·4남북공동성명」에 따른 남북대화 개시와 남북조절위 구성, 「한일국교정상화」를 실현했고, 우리민족의 최초·최대의 토목공사인 「경부도속도로 건설」, 「새마을운동」추진, 1·2·3·4차 「경제개발 5개년계획」추진 등으로 압축 성장의 신화를 창조했으나 1979년 10월 26일 당시 중앙정보부장이던 김재규(金載圭)의 저격으로 급서(急逝)한 박정희(朴正熙 1917~1979) 대통령 ⑩스포츠 스타인 박세리·박태환·김연아·최경주 ⑪한국에서 세계적인 기업을 키운 이병철·정주영·박태준·김우중·구자경·최종현·조홍제 등의 기업인 ⑫알렉산더·시저·칭기즈칸·처칠·링컨·루즈벨트·케네디·등소평·오바마 ⑬나이팅게일·슈바이쳐·아인슈타인·빌게이츠·스티브잡스 ⑭그리고 인류문명의 발전과 행복의 증진을 위해 빛나는 이름을 남긴 세계적인 정치인·행정가·기업인·학자·과학자·예술인·종교인·체육인·문인·군인·연예인·사회운동가 등과 같은 역사에 남을 인물이 될 것이냐, 취생몽사(醉生夢死)하거나 거지같이 뒷골목을 배회하다가 쓸쓸히 죽어갈 것이냐, 그것은 사람의 확실한 가치관, 즉 인생관에 크게 달려 있다고 해도 지나친 말이 아니다.

인생관이란 인생의 의의·목적·가치 및 그것이 갖는 의미를 이해하고 해석하고 평가하는 전체적 사고 방법, 즉 인생에 관한 관념과 사상적 태도를 말한다. 인생관에는 사생관·사회관·국가관·세계관이 그 기초를 이룬다.

가치관은 사람마다 다르지만 다음에 보는 바와 같이 동서양 간에도 차이가 많다. 심리학계의 거두인 미시간 대학 리처드 니스벳 교수가 펴낸 《생각의 시도》라는 책에는 이런 구절이 있다.

"서양인과 동양인 사이에는 넘을 수 없는 생각의 차이가 존재한다. 서양인은 자기를 전체로부터 독립된 존재로 여기며 자신의 업적에 집중하지만, 동양인은 자기를 전체의 일부분으로 생각하기에 자신이 속한 집단의 영광을 위해 조화롭게 적응하면서 살기를 추구한다." 다시 말해 서양인은 자기 자신의 목표를 위해 살아가지만, 동양인은 남이 자기에게 거는 기대에 부응하며 살아간다는 것이다.

(688)

이기주의자가 될 것인가, 이타주의자가 될 것인가, 사회동포주의자가 될 것인가, 애국자가 될 것인가, 매국노가 될 것인가, 민주주의자가 될 것인가, 독재자가 될 것인가.

변증법적 유물론자가 될 것인가, 아니면 모든 사상(事象)과 인간의 운명은 예정된 바에 따라 필연적으로 진행되는 초인간 · 초자연적인 힘에 지배되고 인간의 작위적인 노력으로 좌우되지 않는다는 운명주의자(fatalist)가 될 것인가?

이 모든 문제가 가치관과 인생관의 문제인 것이다. 여기 우리 한국의 어른들이 깊이 생각해봐야 할 일이 있다. "돈만 벌면 된다"는 청소년이 미 · 중 · 일보다 많다는 설문조사 결과에 관한 언론보도 내용이다.

일본 청소년연구소가 한국, 미국, 일본, 중국의 고교생 1,000~1,500명씩에게 설문조사 한 결과 부자가 되는 게 성공한 인생' 이라고 답한 학생이 한국은 50.4%로 일본 33%, 중국 27%, 미국 22.1%보다 훨씬 많았다. '돈을 벌기 위해선 어떤 수단을 써도 괜찮다' 는 답도 한국은 23.3%로 미국 21.2%, 일본 13.4%, 중국 5.6%보다 높았다. '돈으로 권력을 살 수 있다' 는 대답 역시 미국 일본 중국은 30% 안팎이었는데 한국은 54.3%나 됐다.

우리 청소년들 생각이 왜 이지경이 돼버렸는지는 지금 우리사회에서 무슨 일이 벌어지고 있는가를 보면 알 수 있다. 재벌이 불법으로 비자금을 만들어 불법을 수사할 책임이 있는 사람들을 오히려 매수하러 다녔다는 의혹, 학력위조, 논문조작 사건, 정치인과 기업인이 차떼기로 뭘 얼마나 주고받았다는 게 먼 옛날의 일이 아니다. 청소년들이 이걸 보면서 '세상이 다 그렇구나' 라고 생각할 수밖에 없는 것이다.

2006년 한국청소년개발원이 한 · 중 · 일 3국 청소년에게 '전쟁이 나면 어떻게 하겠느냐' 고 물었을 때 '앞장서 싸우겠다' 는 대답이 일본은 41.1%, 중국 14.4%였는데 한국은 10.2%에 불과했다. '외국으로 나가겠다' 는 대답은 일본 1.7%, 중국 2.3%, 한국 10.4%였다. 장 · 차관이나 국회의원 가운데에도 도저히 머리가 끄덕여지지 않는 이유로 입영(入營)면제를 받았다는 사람이 숱한 게 우리나라다. 선진국에서는 감히 생각도 못할 일이다.

대한민국 미래는 청소년이 어떤 생각을 갖고 있고 어떻게 커나가고 있느냐에 달려 있다. 돈도 소중하지만 세상엔 돈보다 귀중하고 가치 있는 것이 분명 있는 법이다. 돈을 버는 것 못지않게 어떻게 버느냐가 중요하다는 상식이 살아있는 사회가 건강한 것이다. 우리 청소년들이 이런 진실을 깨닫게 하려면 사회 지도층 어른들이 실천과 모범으로 보여주는 길밖에 없다. (689)

《오대사기(五代史記)》 왕언장전(王彦章傳)에 "범은 죽으면 가죽을 남기고 사람은 죽으면 이름을 남긴다(豹死留皮 人死留名)"는 구절이 나온다. 중국 북송(北宋)의 문인 소식(蘇軾 · 蘇東坡 1036~1101)은 그의 글 박박주(薄薄酒)에서 "생전부귀요 사후문장(生前富貴 死後文章)", 즉 "살아 있을 때는 부귀를 누리며 살고, 죽은 뒤에는 좋은 문장으로 후세에 이름을 남기는 것이 가장 좋다"고 했다.

백범 김구선생은 철학(가치관)의 중요성에 대해 "무릇 한 나라가 서서 한 민족이 국민생활을 하려면 반드시 기초가 되는 철학이 있어야 하는 것이니, 이것이 없으면 국민의 사상이 통일되지 못하여 더러는 이 나라의 철학에 쏠리고 더러는 저 민족의 철학에 끌리어, 사상과 정신의 독립을 유지하지 못하고 남을 의뢰하고 저희끼리는 추태를 나타내는 것입니다"라고 지적했다.

미국 대통령 오바마(Barak Hussein Obama Ⅱ)는 1961.8.4. 하와이에서 케냐출신 하와이대 유학생인 흑인 아버지와 미국인 백인 어머니 사이에서 태어나, 2세때 아버지는 이혼하고 케냐로 돌아가고 1966년 재혼한 어머니를 따라 인도네시아로 이주했다가 어머니가 다시 이혼하여 하와이로 돌아와 다인종 · 다문화 가정에서 자라면서 한때 술 · 담배 · 마약에도 손을 대는 등 불우한 청소년시절을 보냈으나, 그 속에서 관용과 화합을 배우고 열심히 공부하여 하버드대 졸업 후 컨설팅 회사, 사회운동가, 상원의원의 길을 거쳐 2008년 11월 대선에서 미국 44대 대통령에 당선되었고 2009년 노벨평화상을 수상하기도 했다. 또한 자메이카 이민 2세대로 흑인으로는 처음 미국 국무장관에 오른 콜린 파월은 '공석을 나누어라', '사소한 일을 점검하라', '비전을 가져라' 등 13개 항목에 걸친 '콜린 파월의 규칙(Colin powell,s Rules)'을 만들어 일생의 신조로 삼아 마침내 '아메리칸 드림'의 주인공이 되었다. (170)

운(運 · fortune)을 받는 방법에 대해 하금곡(河錦谷)선생은 다음 4가지를 말했다고 한다. "첫째 말이 적어야 한다. 둘째 수식어가 적어야 한다. 셋째 찰색(察色), 즉 얼굴색이 좋아야 한다. 넷째 현관에 들어갈 때 신발을 가지런하게 벗어

놓아야 한다.” (690)

‘운과 애교’ 에 관한 이야기를 더 보자.

「‘경영의 신’ 이라 일컬어졌던 일본의 마쓰시타(松下)는 지도자를 양성하기 위해 마쓰시타정경숙(松下政經塾)을 설립했다. 마쓰시타가 말년에 베팅한 프로젝트였다. 노다 총리도 이 학교 출신이다. 마쓰시타가 뿌린 씨앗이 열매를 맺기 시작한 것이다. 한국에는 아직 이런 학교가 없다는 것이 일본과 한국의 차이다.

이 학교는 입학생을 어떻게 뽑았나?

지원자의 ‘운(運)과 애교(愛嬌)’ 를 보고 뽑았다고 한다. 학벌은 상관없고, 서류시험도 없고 오로지 면접뿐이었다. 말년의 마쓰시타가 직접 면접을 보면서 초점을 둔 기준이 ‘운과 애교’ 였다는 말이다.

마쓰시타는 초년고생을 대단히 한 사람이다. 어렸을 때 부모가 돌아가셨고, 그 결과로 정규교육을 제대로 받지 못했다. 거기에다가 약골로 태어나 건강도 좋지 않은 체질이었다. 이 3대 약점을 모두 극복하면서 세계적인 기업가로 성공한 인물이다. 일본과 같은 학벌사회에서 중등교육도 제대로 못 받은 그가 기득권의 카르텔을 뚫고 성공한 기업가, 그리고 일본 국민의 멘토 반열로 오르기까지는 얼마나 많은 피, 땀, 눈물을 흘렸겠는가! 이 과정에서 마쓰시타가 터득한 삶의 원리는 바로 운과 애교였던 것이다. 운은 눈에 보이지 않는다. 애교는 눈에 보이는 부분이다. 조직에 활기를 불어넣고 융화를 잘하려면 애교라는 항목이 반드시 필요하다. 거기에다 결정적으로 ‘운’ 이라는 게 있어야 한다는 것을 마쓰시타는 깨달았던 것이다. 아무리 능력 있어도 대운이 안 따르면 넘어지기 마련이다.

그렇다면 지원하는 학생이 운이 있는가 없는가를 마쓰시타는 어떻게 감지했을까. 눈에 보이는 것도 아닌데. 사실 이 부분이 필자는 가장 궁금하다. 관상쟁이를 옆에다 앉혀놓고 면접을 보았을까? 마쓰시타 정도로 밑바닥에서 고생도 해보고, 많은 사람을 겪어보고, 풍파에 골몰한 사람은 아마도 점쟁이 비슷한 직감력을 갖게 되는 것 같다. ‘사지사지(思之思之)귀신통지(鬼神通知)’ 라는 말이 있다. 생각하고 생각하면 귀신과 통해 알게 된다는 뜻이다. 큰 사업을 해본 사람일수록 운을 중요시 한다. 호암 이병철도 마쓰시타와 비슷했는데, 호암의 키워드는 ‘운과 충성도’ 였지 않나 싶다.」 (952)

인간만사는 새옹지마(塞翁之馬)라고 한다. 《회남자(淮南子)》의 인간훈(人間

訓)에 나오는 말로, 인간의 길흉화복은 변전무상하여 예측할 수 없다는 뜻이다. (321)

인생의 성공과 실패는 운칠기삼(運七器三), 즉 '운이 70% 작용하고, 나머지 30%는 그 사람의 덕량(德量)과 재능(才能)' 이라고 말한다.

필자는 글로벌 경쟁시대인 오늘날 인생성패는 '운칠기삼' 이 아니고 '기칠운삼(器七運三)' 또는 '기팔운이(器八運二)' 가 맞는 말이라고 생각한다. 대한민국의 청소년들이여! 단 한 번뿐인 자신의 고귀한 삶을 운명론자가 되어 운명에 맡길 것인가, 아니면 "운명아 비켜라 ! 내가간다"는 의지와 열정과 자신감으로 한바탕 멋진 씨름판을 벌여볼 것인가? 그 결단이 그대의 내일을 결정한다는 것을 결코 잊어서는 안 될 것이다.

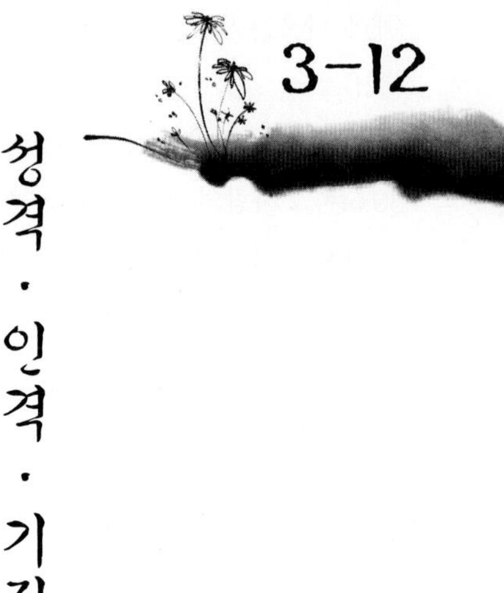

3-12

성격 · 인격 · 기질

무릎

정호승

너도 무릎을 꿇고 나서야 비로소 사랑이 되었느냐
너도 무릎을 꿇어야만 걸을 수 있다는 것을 아는 데에
평생이 걸렸느냐
차디찬 바닥에
스스로 무릎을 꿇었을 때가 일어설 때이다
무릎을 꿇고
먼 산을 바라볼 때가 길 떠날 때이다
낙타도 먼 길을 가기 위해서는
먼저 무릎을 꿇고 사막을 바라본다

낙타도 사막의 길을 가다가 밤이 깊으면
먼저 무릎을 꿇고
찬란한 별들을 바라본다

□ 그대는 나라를 사랑하는가, 그러면 먼저 그대가 건전한 인격이 되라. 우리 중에 인물이 없는 것은 인물이 되려고 마음먹고 힘쓰는 사람이 없는 까닭이요, 인물이 없다고 한탄하는 그 사람 자신이 왜 인물이 될 공부는 아니하는가. – 도산 안창호

□ 감추려 해도 감춰지지 않는 게 사람의 향기다. 사람의 향기는 언제나 사람을 감동시킨다. – 이철환

□ 외향적인 성격은 '넓이'의 인생을 만들고 내성적인 성격은 '깊이'의 인생을 만든다. – 마티 올슨 래니

□ 인생은 거울이다. 얼굴을 찡그리면 똑같은 표정을 짓고, 미소를 지으면 인사를 보낸다. – 윌리엄 M.새커리

□ 밝은 성격은 어떤 재산보다 더 귀하다. – 카네기

□ 좋은 얼굴이 추천장이라면 좋은 마음은 신용장이다. – 리튼

□ 인간의 본성은 본시 착한 것이다. – 맹자

□ 인간의 본성은 본시 악한 것이다. – 순자

□ 왕후장상에 씨가 없다. 즉, 누구나 노력하면 훌륭한 인물이 될 수 있다(王候將相何有種). –《사기》

□ 열길 물속은 알아도 한길 사람의 속은 모른다(寧測十丈水深 難測一丈人心?耳談續纂). – 동양 속담

□ 불은 쇠를 시험하고, 역경은 강자를 시험한다. – 세네카

□ 마음이 즐거운 자는 항상 잔치하느니라. – 잠언 15:15

■ ■ ■

성격(性格 · personality)이란 '개인이 가지고 있는 고유의 성질이나 품성'을 말하며, 심리학에서는 환경에 대하여 특정한 행동 형태를 말하며 그것을 유지하고 발전시킨 개인의 독특한 심리적 체계, 즉 각 개인이 가진 남과 다른 자기만의 행동 양식으로 선천적인 요인과 후천적인 영향에 의하여 형성된다고 한다.

인품(人品 · character)이란 '사람이 사람으로서 가지는 품격이나 됨됨이'를 말한다. 인격(人格, personality)이란 인간에서 비교적 일관되게 나타나는 성격

및 경향과 그에 따른 독자적인 행동 경향을 말한다.

윤리학에서는 여기에 진위(眞僞)와 선악을 판단하는 능력 및 자유로운 의사결정 능력이 더해진다. 칸트는 물건(物件:동물도 포함된다)과 구별되는 자아의식으로서의 인격을 말했고, 토마스 아퀴나스는 성령 · 신격(神格)과 함께 이성적 성질을 가진 불가분의 실체로서의 인격을 신학적으로 체계화했다.

한편 인격이라는 특성을 구체적인 인격과 구별할 때는 인격성 또는 인간성이라는 말이 쓰이며, 일반적으로 인격에 최고의 가치를 두는 입장을 철학에서는 인격주의로 다룬다. 또 인격을 억압하는 물질 · 사회 · 체제 · 전쟁 등에 대하여 이것으로부터 해방되려는 방향으로 인간성이 작용하는 것을 휴머니즘이라 한다. 여기서는 성격 · 인품 · 인격 등과 관련된 여러 이야기 들을 간략히 살펴보기로 한다.

만물을 낳게 하는 것은 원(元)이고, 그것을 자라게 하는 것은 형(亨)이며, 그것을 열매 맺게 하는 것은 이(利)이고, 그것을 완성하게 하는 것은 정(貞)인데, 이 원(元) · 형(亨) · 이(利) · 정(貞)은 천도(天道)의 상경(常經)이요, 사람이 사랑하는 이치는 인(仁), 옳게 하는 이치는 의(義), 공순하는 이치는 예(禮), 시비를 가리는 이치는 지(智)인데, 이 인(仁) · 의(義) · 예(禮) · 지(智)는 인성(人性)의 강기(綱紀)이다.《小學》

괴테는 "지상의 인간 최고의 행복은 인격에 있다"고 갈파했다.

인간에게 성격처럼 중요한 것은 없다. 좋은 성격, 이상적 성격은 인간에게 가장 중요한 보배다. 성격은 우리의 의욕 · 행동 · 태도를 일관하는 근본 특질이다. 우리의 생각 · 말 · 행동은 모두 성격의 표현이다. 멋진 인생, 성공한 인생, 행복한 인생을 위해 좋은 성격, 멋진 인격을 갖추도록 어려서부터 많은 노력이 투자되어야 할 것이다.

"우주에서 지구의 위치를 바꾸는 일보다 한 개인의 성격을 바꾸는 일이 더 힘들다"라는 말처럼 한 번 형성된 성격은 바꾸기가 매우 어렵다.

뇌 연구로 노벨상을 수상한 뇌 과학자 에릭 캔델(Eric R.Kandel)은 인간의 정신은 100조 개가 넘는 뇌의 신경세포가 복잡한 생화학반응과 전기신호로 맞물려 반응한 결과라고 한다.

기억은 뇌의 다양한 영역에서 처리되고 저장된다. 사람과 사물 · 장소 · 사실·사건에 대한 기억은 단기적으로 전전두엽피질에 저장된 뒤, 해마에서 장기기억으로 변환된 다음, 관련 감각들을 관장하는 피질에 저장된다. 운동기억, 체감각기억과 청각기억, 시각기억은 각각의 피질 부위에 솜씨와 습관 등의 기억은 소뇌에 저장된다고 한다. (조선 2009.3.28)

1.4kg밖에 안 되는 뇌를 어떻게 사용하느냐에 따라 인생이 바뀌기도 하는 것이다.

아동후기(9~10세)로부터 성인에 이르기까지의 도덕성 발달에 관하여 인지발달 이론가인 콜버그(Kohlberg)가 말하는 도덕성 발달이론을 보자. 그는 아래와 같이 도덕성 발달을 크게 3수준으로 구분하고 다시 각 단계마다 2개의 단계로 나누고 있다.

① Level 1 : 전관습의 단계(preconventional stage)

Stage1 · 벌과 복종 중심

Stage2 · 자기 욕구와의 교환

② Level 2 : 관습의 단계(conventional morality)

Stage 3 · 좋은 인간관계의 유지

Stage 4 · 권위, 사회체제와 규범의 존중

③ Level 3 : 자유적 단계(post conventional stage)

Stage 5 · 사회적 관계와 개인 권리가 존중된다.

Stage 6 · 일반적인 윤리적 원리를 기본으로 한다. 인간의 삶의 권리, 최대한의 자유, 이러한 기본원리에 대한 진지한 책임 등이 강조된다. (220)

개인의 삶과 사회생활에 바람직한 자세로 여겨지는 긍정적인 사고를 갖기 위한 자세로 어느 학자는 다음 5가지를 권한다.

① 작은 일에도 감사하자.

② 사람들에게 친절하자.

③ 지금 힘든 일이 언젠가는 반드시 보상받는다고 생각하자.

④ 꿈꾸던 일이 이루어졌다고 상상하자.

⑤ 지금 이 순간이 내 생애 최고의 순간이고 마지막 순간이라고 생각하자. (244)

이상적 성격, 생산적 성격, 건전한 성격의 다섯 가지 속성으로 안병욱 교수는 다음과 같이 제시한다.

① 올바른 사상과 인생관

② 강한 의지력

③ 자기에 대한 자신감

④ 타인과의 원만한 인간관계

⑤ 자기 일에 대한 보람과 성취욕

인간의 기질에 대해서 히포크라테스는 ①다혈질 ②담즙질 ③점액질 ④우울질로 나누고 있다.

슈프랑거는 그의 저서《인간의 유형(Types of Men)》에서 인간유형을 ①종교적 ②이론적 ③경제적 ④예술적인간 등 4가지로 구분하고 있다.

제우스가 신(神)들을 닮도록 인간을 만들라고 명령한 그리스 신화의 네 신들은 은유적임에도 불구하고 매우 정확하게 인간의 기질들을 설명할 수 있다. 네 신들은 아폴로, 디오니소스, 프로메테우스, 에피메테우스이다. 신화에는 아폴로가 사람에게 영혼을 주도록 명령받았고, 디오니소스는 사람에게 즐거움을 주도록, 프로메테우스는 과학을 가르치도록, 에피메테우스는 의무를 전달하도록 명령받았다.

관상에서 자주 쓰이는 말이 "상(相)이 좋은 것은 몸(身) 좋은 것만 못하고, 몸 좋은 것은 마음(心) 좋은 것만 못하다(相好不如身好 身好不如心好)"는 말인데 이것은《마의상서(麻醫尙書)》에 나온다.

(6) 새뮤얼 스마일즈는 자신의 책《자조론》에서 다음과 같은 명언을 남긴 바 있다.

생각을 심으면 행동을 낳는다.

행동을 심으면 습관을 낳는다.

습관을 심으면 성격을 낳는다.

성격을 심으면 운명을 낳는다. (65)

공자의 유문(遺聞), 일사(逸事)를 모은 책(총 10권)인《가어(家語)》에는 다음과 같은 가르침의 말이 나온다.

"물이 지나치게 맑으면 고기가 없고, 사람이 너무 옳고 그름을 살피면 따르는 자가 없느니라(水至淸則無魚 人至察則無徒).”

성경 전도서(7:29)에는 다음과 같은 가르침이 나온다.

“하나님이 사람을 정직하게 지으셨으나 사람은 많은 꾀를 낸 것이니라(God made mankind upright, But men have gone in search of many schemes).”

탈무드에 “커다란 행운을 입에 넣으려면 이를 소화할 수 있는 위를 가져야 한다.”는 말이 있다. 예기치 않은 행운을 수용할 수 있는 큰 그릇, 즉 큰 마음 · 큰 기질을 가져야 한다는 뜻이다. (316)

서울시내 남녀 초등학생 300명을 대상으로 공감지수(empathy quotient · EQ)와 체계화지수(systemizing quotient · SQ)를 조사한 결과 공감능력은 여자아이들이 훨씬 높았다. 반면 체계화능력을 본다면 남자아이들이 훨씬 더 높은 것을 볼 수 있었다. 이렇게 남녀가 보여주는 공감지수와 체계화지수의 차이는 바로 공감이 여성의 특징이고 체계화가 남성의 특징이라는 것을 보여준다. (363)

그 옛날 노자는 《도덕경(道德經)》에서 가르친다. “반듯해도 남을 해치지 않고, 청렴하되 남에게 상처 입히지 않으며 곧아도 교만치 아니하고 빛나되 번쩍거리지 않는다(方而不割 廉而不劌 直而不肆 光而不耀).”

춘원 이광수 선생은 한국의 인격자로서 2명을 뽑았다. 한 분은 이순신 장군이고, 다른 한 분은 도산 안창호 선생이다. 우리가 바라는 지도자는 믿을 수 있는 인격자(men of integrety)이다. 그리고 온전한 인격자가 되는 것은 우리 모두의 과제요, 바람인 것이다.

《중용》 20장에 “지 · 인 · 용 세 가지는 천하에 널리 통용되는 덕이다(知仁勇三者 天下之達德也)”라는 가르침이 있다. 지혜롭고 어질고 용감한 인품을 갖춘다면 큰 인물의 큰 조건을 갖춘 훌륭한 인물인 것이다.

선비문화의 전통을 이어온 우리나라에는 고대로부터 애국애족과 대쪽같은 절개와 지조 그리고 국가발전을 위해 헌신한 훌륭한 인물들이 많다. 여기 그 모든 것을 한 몸으로 실천함으로써 국민들로부터 존경을 받고, 사표로 추앙받고 있는 분 중의 한분인 김준엽(金俊燁 · 1920~2011) 전 고려대학교 총장님에 대한 언론보도 내용 등을 옮긴다. 최근 언론은 그분에 대해 이렇게 적고 있다.

“ ‘마지막 광복군’, 잡지 ‘사상계’ 이끌며, 온몸으로 정의 실천”

"일제 강점기 광복군으로 활동한 김준엽(金俊燁)은 사상계 주간, 고려대 총장을 역임하면서 온몸으로 자유와 정의를 지켜온 실천적 지성이다. 그는 일제 말에 학병으로 징집됐다가 탈출해 이범석 · 지청천 장군 휘하의 핵심 광복군으로 금의환국하며, 자유당 치하에서는 광복군 동료 장준하와 더불어 사상계를 발간해 4 · 19혁명을 이끄는 매체의 주역구실을 한다. 1980년대 고려대 총장 시절 신군부에 맞서 총학생회 부활 등 학원의 자유를 쟁취한 용기 있는 학자의 표상을 보여줬다. 역대 정권에서 총리, 장관 등 요직을 권유받았으나 의연히 물리쳐 고고한 선비의 기개를 지켰다.

김준엽은 1920년 8월 26일 평북 강계군 시중면 외천리동 254번지에서 김종걸(金宗傑)과 홍종식(洪宗植)의 4남1녀 중 막내로 태어난다. 부계 충주 김씨 시조는 신라 경순왕의 16대손으로 고려때 문하시중을 지낸 김남길(金南吉)이다."

아버지는 강계굴지의 부자로 남만주쪽 독립군에게 군자금을 대고 있었으며, 모친은 가난한 사람들에게 쌀을 자주 퍼주곤 했다. 김준엽은 강계의 시중 보통학교, 신의주고보(신의주동중)를 졸업, 1940년 일본 게이오대학 동양사학과에 입학했고, 1944년 1월 학병에 입학 중국서주 부근 일본부대에 배속된 후 3월 부대를 탈출, 중국 장쑤성 서북부의 중국 유격대에 들어가 항일전에 참가, 7월 그곳으로 탈출해 온 장준하, 윤경빈(광복회장 역임)과 만나고, 9월 김학규 장군 휘하에 편입, 그곳에서 후일 사상계의 모태가 된 잡지 '등불'을 발간하고, 1945년 1월 충칭(重慶)임시정부에 들어가 김구 주석의 판공실장 민필호를 만나 '등불' 주간 업무를 보다가 4월 서안(西岸)에 있는 광복군 제 2지대장 이범석 장군의 부관이 되고 그곳에서 미국 전략정보기관(OSS)과 합작하여 벌이는 국내 진공작전 제1기 정예공작원(50명)으로 선정되어 특수 진공훈련을 받는다. 여기서 이범석 장군 부관실에 근무하던 민필호의 딸 민영주와 장준하 주례로 약혼하고, 6월 이범석 장군이 조회 때 "오늘부터 김준엽 동지와 민영주 동지는 부부가 된다"고 선포, 극적인 결혼식을 올린다. 그 뒤 김구 주석의 판공실장이 되어 충칭의 임시정부청사를 마련하고, 이범석과 함께 광복군을 창설한다. 11월 광복군 총사령관 지청천장군의 부관이 되었고, 귀국을 미룬 채 중국 국립대학 대학원에서 중국사를 연구하면서 남경(南京)의 동방어 전문학교에서 한국어를 가르쳤다. 1949년 귀국, 고려대학교 조교수, 사상계 편집위원 · 주간직을 맡는 등 자유인권운동에 적극 가담한다. 1957년 고려대학교 아세아 문제 연구소 부소장과 소장, 중국학회 등을 조직 중국학 연구와 독립운동사 연구의 기반을 다졌다. 그리고 그는《중국공산당사》, 《한국공산주의 운동사》 등의 저서를 통해 세계 속의 한국의 진로모색을 위해 고뇌했다. 1982년 고려대학교 총장이 되어 어용학도 호국단 해체, 직선제 총학생회 부활 등 학원 자율권 수호를 위해 정권과 맞서다가 2년 8개월 만에 강제 퇴직당한다. 그 뒤 대사, 장관, 여당사무총장 등 제의를 받았으나 사양했고, 1988년 1월 노태우 대통령 당선자가 국무총리직을 제안했지만 다섯 가지 이유를 들어 고사한다.

"첫째, 노 당선자를 그동안 두 번 만났으나 잘 모르고, 둘째, 새 헌법에 따라 전두환씨가 국정자문회의 의장을 맡게 되는데 총칼로 정권을 장악하고 많은 사람을 괴롭힌 그에게 내 머리가 100개 있어도 숙일 수 없고, 셋째, 지난 대선에서 야당 후보자에게 투표한 내가 총리가 되면 야당을 지지한 66% 국민의 뜻에 어긋나게 되며, 넷째, 민주주의를 외치다 투옥된 많은 학생들이 아직도 감옥에 있는데 그 스승이라는 자가 총리가 될 수 없으며, 다섯째, 지식인들이 벼슬이라면 굽실거리는 풍토를 고치기 위해 나 하나만이라도 그렇지 않다는 증명을 보여야 한다."

당시 김준엽 고려대학교 총장시절 고대신문주간, 학생처장으로 재직했던 서진영(현 사회 과학원 원장)은 '내가 본 김준엽' 을 이렇게 말한다.

"총장시절에는 정부와 정면충돌을 감수하면서까지 어용단체였던 학도호국단을 해체하고 고려대가 가장 먼저 직선제 총학생회를 부활시켜, 교내외에 엄청난 충격을 주었다. 그분은 '광복군 때 이미 죽었을 내가 고려대 총장을 했으면 됐지 더 연연할 것이 없다' 면서 학원의 자유와 자율을 지키는 데 과감히 앞장섰다." (334) (268)

오다 노부나가, 도요토미 히데요시, 도쿠가와 이에야스는 일본에서 리더십의 대명사로 칭송받고 있다. 그런데 그들 가운데 오다 노부나가는 성격이 급한 인물로 알려져 있다. 흔히 전해져오는 이야기로는 두견새를 두고 오다 노부나가는 "울지 않으면 죽여 버린다"고 했고, 도요토미 히데요시는 "울지 않으면 울게 만든다"고 했고, 도쿠가와 이에야스는"울 때까지 기다린다"고 했다.

여건과 상황에 따라 다르겠지만 그대는 어느 유형의 지도자가 되고 싶은가?

일품성, 이언변, 삼예절(一品性, 二言辯, 三禮節)이란 말이 있다. 품성과 언변과 예절을 갖추고 함께 하는 모든 사람들에게 희망(hope)과 열정(passion)과 행복(happy)의 바이러스(vilus)를 나눠주는 그런 성격, 그런 인격의 인물이 되도록 끊임없이 노력하면 좋은 일들이 많이 이어질 것이다.

전문가들의 기질론을 여기 간략히 적어 본다.

캘리포니아 주립대 임상심리학자 데이비드 커시(David W. Keirsey)박사와 메릴린 베이츠(Marilyn Bates)박사는 공저인 《나를 제대로 아는 법 남을 확실히 읽는 법(원제 : Please Understand Me)》에서 인간의 기질에 대해 다음과 같이 말한다. (414)

인간 기질 구분의 기준으로 8가지, 즉 ①외향(Extraversion) ②내향(Introversion) ③직관(Intuition) ④감각(Sensation) ⑤사고(Thinking) ⑥감정(Feeling) ⑦판단(Judging) ⑧인식(Perceiving)을 제시한다.

그리고 이 4가지 기질요소들을 3개씩 조합하여 사람의 기질유형으로 4가지를 들고 있다.

그 4가지 기질유형 명칭으로는 그리스 신화에서 제우스가 신들을 닮도록 인간을 만들자고 명령했다는 그 네 신들인 아폴로(Apollo : 태양신), 디오니소스(Dionysus : 주신), 프로메테우스(Prometheus : 불을 훔친 신), 에피메테우스(Epimetheus : 판도라의 남편)를 쓰고 있다.

신화에서 아폴로는 사람에게 영혼을 주도록 명령받았고, 디오니소스는 사람에게 즐거움을 주도록, 프로메테우스는 과학을 가르치도록, 에피메테우스는 의무를 전달하도록 명령받았다.

저자들이 명명한 기질유형의 첫 번째인 디오니소스적 기질(SP : 감각 + 인식)은 자유분방한 경험주의자이다. SP들은 본질적으로 충동적이다. SP는 다른 기질형들보다 욕망기능(Function lust)에 사로잡히기 쉽다. 욕망기능은 구속이나 속박이 없는 행동, 규칙이나 연습이 필요 없는 탐험적인 행동에 대한 열망이다. 인간에게는 동물에게 없는 3가지, 즉 상징과 신(神)과 도구를 가지고 있다. SP들은 신에게 빠지지 않으며 상징에도 관심 없다. 하지만 도구에는 노예가 된다. SP들은 친구들로부터 "열정적이고 낙천적이며 기운 넘치고 쾌활하며 재미있는 사람"이라는 평가를 자주 듣는다.

지금 글을 쓰고 있는 필자의 성격도 SP가 아닌가 생각한다.

두 번째 에피메테우스적 기질(ST)은 의무를 중시하는 전통주의자이다.

세 번째 프로메테우스적 기질(NT)은 완벽을 추구하는 합리주의자이다. NT가 원하는 것은 힘이 아니다. 그들이 진정 원하는 것은 능력 · 재능 · 기량 · 기술 · 독창성 같은 것들이다. NT들은 일중독에 빠지기 쉽고, 지식 지상주의 상아탑에 갇혀 현실과 동떨어져 보이기 쉽다. 끝으로 아폴로적 기질(NF)은 자아를 찾고자 하는 이상주의자이다.

아이들의 경우 SP기질은 활동적이며 잘 먹고, 무질서하며, 준비성이 없고, 공부를 싫어하나 골몰하는 편이다.

NT아이에게는 성취감을 자주 맛볼 수 있게 도와주고, 지적자극을 충분히 주며, 격려해 주고, 사회성을 길러주는 것이 좋다. SJ아이는 책임감, 좋은 학습습관, 예의범절 등 잘 짜여진 교육이 필요하다. NF아이는 보다 인간적인 교류가 활발하도록 돕는 등 다양하게 조언한다.

그리고 기질유형별 전공분야에 대해서는 다음과 같이 조언하고 있다.

SP(디오니시스적 기질)는 활동적이고 모험적인 일에 끌린다. 건설, 석유시추 등 자연에 도전하는 일이나, 구급차, 경주차, 오토바이, 항공기 등을 운전하는 직업에 맞다. 그 외 정치협상가, 호텔지배인, 바텐더, 스타일리스트, 경찰, 구조대, 마술사, 프로스포츠 선수, 카운실러 등의 직업에도 적합하다.

SJ(에피메티우스적 기질)는 기존의 규범과 제도를 잘 지키는 성향이 강하다. 사업, 서비스업, 비서, 병원, 회계, 교사직, 행정직에 적합하다.

NT(프로메테우스적 기질)는 설계를 하고 개념탐구, 시스템개발을 좋아하는 유영, 과학, 공학, 철학, 수학, 연구개발, 증권분석에 적합하다.

NF(아폴로적 기질)는 자아를 찾고자 하는 욕망이 강하고, 정신세계에 빠지기 쉬운 유형이다. 소설가, 극작가, 시인, 전기작가 등에 적합하다.

또한 아이들의 기질차이 문제에 대해 저자들은 다음과 같이 조언한다.

"아이들은 저마다 타고난 기질이 서로 다르다. 부모와 교사가 아무리 조종하고 강요하더라도 그 차이는 달라지지 않는다. 그러므로 그 차이점을 인정하고 이를 장점으로 발전시켜 줘야 한다."

"눈송이의 결정이 제각각 다른 만큼이나 이 세상에 자기만의 기질이 없는 아이는 단 한 명도 없다. 아이들은 태어날 때부터 서로가 다르며, 아무리 훈계하고 조종하고 충격을 주더라도 그 차이점은 감소되지 않을 것이다."

여기 어느 책에서 읽은 「마음을 다스리는 글」을 소개한다.

"복은 검소함에서 생기고 덕은 겸양에서 생기고 지혜는 고요히 생각하는데서 생기고 근심은 애욕에서 생기고 재앙은 물욕에서 생기고 허물은 경망에서 생기고 죄는 참지 못하는데서 생긴다." (366)

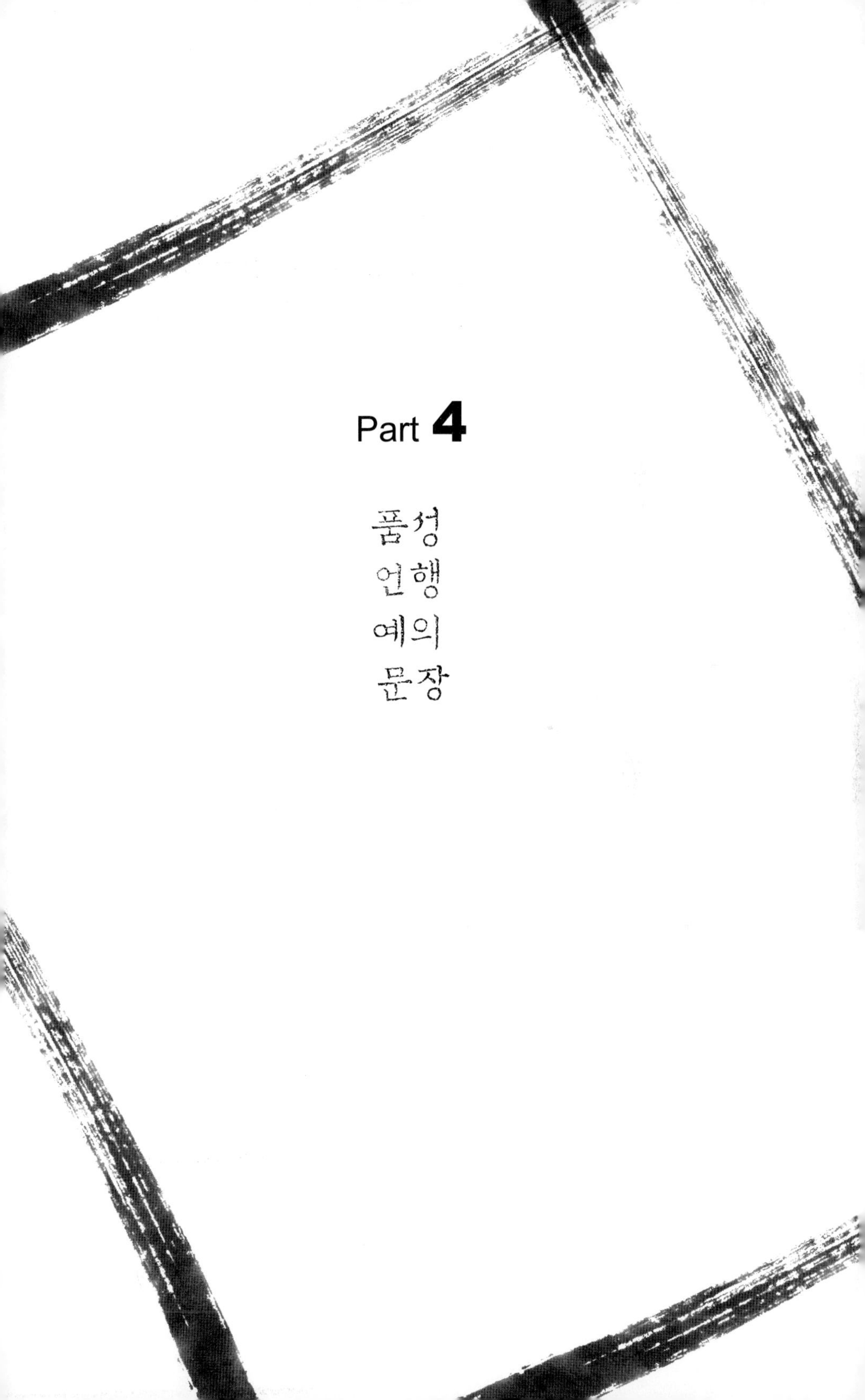

Part 4

품성 언행 예의 문장

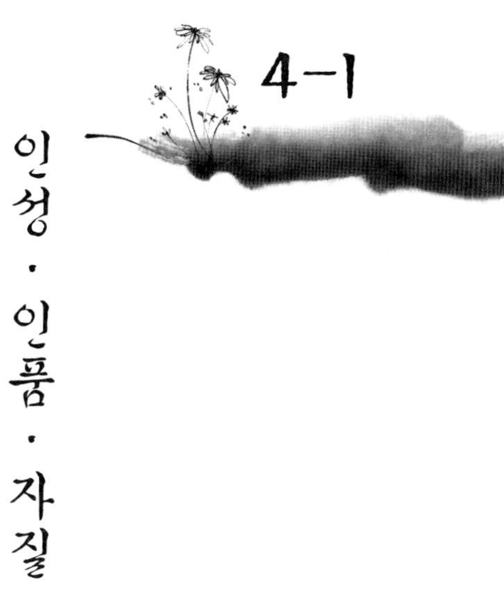

4-1

인성 · 인품 · 자질

사 랑 이 란

최 다 원

사랑이란
나직이 들려오는 내밀한 언어를
듣기 위해 귀를 사알짝 여는 일이다
사랑이란 속삭임이며
가슴이, 눈빛이, 손끝이 하는 언어를
읽어내는 일이다

사랑이란
자신을 녹이는 일이다

자신의 생각보다 상대방의 그릇에
크기와 모양이 알맞도록 자신을 녹여 새로이
그 안에 담겨 태어나는 것이다

사랑이란
한쪽 눈을 슬며시 닫아 두는 일이다
아무것도 보지 말고, 담지 말고, 기억하지도 말아
장점만 보고, 기억하고
좋은 것만 말하는 습관을 지니는 일이다

사랑이란
두 개의 심장을 한가슴에 지니는 일이다
억제하고 절제하고 참아내어
태풍과 비바람에도 끄떡 않을
견고한 심장을 길러내는 일이다

- □ 성질이란 태어나면서 생기는 것이고, 인정이란 물건을 주고받는 데서 생기는 것이다(性也者 與生俱生也 情也者 接於物而生也). – 한유(韓愈)
- □ 추위를 막는 데는 가죽옷보다 나은 것이 없고, 비방을 막는 데는 자기 수양보다 나은 것이 없다(救寒莫如重? 止謗莫如自修). – 《삼국지》
- □ 완전하게 태어나는 사람은 없다. 매일같이 인격을 닦고 소명을 다해야 한다. 성품이 발전하여 자기완성에 도달할 때까지. – 《탈무드》
- □ 어리석은 사람이 현명해지기도 하고, 악한 사람이 착해지기도 한다. 그러니 사람을 함부로 판단하지마라. 책망하는 사이 상대방은 변하고 있기 때문이다. – 톨스토이
- □ 가장 중요한 것은 나의 내부에서 빛이 꺼지지 않도록 노력하는 일이다. 안에 빛이 있으면 밖은 스스로 빛나는 법이다. – 슈바이처
- □ 마음이 푸근하고 밝은 사람을 만나는 것은 길을 걷다 지폐를 줍는 것보다 더 기분 좋은 일이다. – 로버트 루이스 스티븐슨
- □ 재산은 집을 윤택하게 하고, 덕은 몸을 윤택하게 하는지라, 마음이 넓으면 몸이 편안할 것이다. 그러므로 군자는 반드시 그 뜻을 정성스럽게 한다(富潤屋 德潤身 心廣體? 故君子 必誠其意). – 《대학(大學)》

□ 공자께서 말씀하시기를, 착한 일을 하는 자에게는 하늘이 복을 주고, 악한 일을 하는 자에게는 하늘이 재앙을 준다(子曰 爲善者 天報之以福 爲不善者 天報之以禍). – 《명심보감》

□ 우리는 매일 수염을 깎아야하듯 그 마음도 매일 다듬지 않으면 안 된다. 한번 소제 했다고 언제까지나 방 안이 깨끗한 것은 아니다. 우리의 마음도 한 번 반성하고 좋은 뜻을 가졌다고 해서 그것이 늘 우리 마음속에 있는 것은 아니다. 어제 마음먹은 뜻을 오늘 새롭게 하지 않으면 그것은 곧 우리를 떠나고 만다. 그렇기 때문에, 어제의 좋은 뜻은 매일 마음속에 새기며 되씹어야 한다. – 루터

□ 화날 때일수록 말씨는 더욱 부드럽게 하고, 조용히 단좌하여 자신의 숨소리가 고른가 거친가 알아보라! 이 세상에 살고 있는 것을 손님으로 잠시 온 것으로 생각한다면 입에 맞지 않는 음식도 칭찬하며 먹을 수 있지 않은가. – 서양 명언

□ 교언영색(巧言令色) : 남의 비위를 맞추는 교묘한 말과 아첨하는 얼굴색. – 《논어》 학이편

□ 동가식서가숙(東家食西家宿) : 동쪽에서 먹고, 서쪽에서 잔다. 거지 · 매춘부 · 유랑자의 삶을 가리킴. – 《천평어람(天平御覽)》

□ 아는 사람은 좋아하는 사람만 못하고, 좋아하는 사람은 즐기는 사람만 못하다(知之者 不如好之者 好之者 不如樂之者). – 《논어》 위정 옹야편

□ 만약 내가 또 다시 인생을 살아간다면, 내가 지내왔던 생활을 그대로 하고 싶다. 그것은 과거를 후회하지 않고, 미래를 두려워하지도 않기 때문이다. – 몽테뉴

■ ■ ■

인성(人性 human nature)이란 사람의 성품, 즉 사람이 지닌 마음의 본바탕과 됨됨이를 말한다.

"그 사람 성질이 고약하다"고 하면 인성이 좋지 않다는 뜻이 된다. 사람의 타고난 성(性:품성)을 어떻게 보는가에 관한 논의가 인성론이다.

성선설(性善說 the ethical doctrine that man's inborn nature is good)은 맹자(孟子), 성악설(性惡說 the ethical view that human nature is evil)은 순자(荀子)가 주장했다. 순열(荀悅) · 한유(韓愈)등은 상 · 중 · 하의 삼품설(三品說)을 주장했고, 고자(告子)는 물이 어느 쪽으로도 흐를 수 있는 것처럼 수양의 방법에 따라서는 선도 될 수 있고 악도 될 수 있다고 주장했다. 고대로 중국에서 다양한 주장이 이어오다가 주자학(朱子學)을 창시한 주희(朱熹)는 사람에게는 우

주의 본체인 이(理)에서 생긴 본연의 성과 기(氣)에서 생긴 기질의 성(性)이라는 두 요소가 있고, 선악의 구별은 후자가 좋으냐 나쁘냐에 따라 좌우된다고 했다.

필자는 사람의 품성은 태어나면서 선 · 악으로 결정된다기 보다는 착한 성품으로 태어나서 그 뒤의 인생과정의 교육 · 생활환경 · 경험 · 본인의 가치관 변환 등에 따라서 좌우될 수 있다고 생각한다. 고자(告子)의 인성론이 현실에 가깝다고 생각한다. 어려서는 착한 사람이었는데, 고통스런 삶의 과정에서 이기적인 악인으로 변했다가 한 세월 지난 후 참회하고, 남을 위해 헌신 봉사하는 성자(聖者) 같은 삶을 사는 분들도 우리 사회에 많이 있기 때문이다.

노자(老子)는 훌륭한 인물, 즉 성인(聖人)을 '상선(上善)' 이라 하여 물(水)에 비유하며, 완벽한 인물의 7가지 모습을 다음과 같이 제시하고 있다.

"상선 즉, 아주 훌륭한 사람은 물과 같다. 물은 만물을 이롭게 하면서도 다투지 않고 사람들이 싫어하는 곳에 있으려 하니 도(道)에 가깝다. 있기는 능히 땅에 있고, 마음은 능히 못처럼 깊고, 더불어 하기는 능히 어질게(仁) 하고, 말은 능히 믿음직(信)하고, 정치는 능히 바르게 잘 다스리고, 일은 능력 있게 잘 처리하고, 움직임에 능히 때(時)를 잘 맞춘다. 오직 다투지 않으므로 허물이 없다(上善若水 水善利萬物而不爭 處衆人之惡故幾於道 居善地 心善淵 與善仁 言善信 正善治 事善能 動善時 夫唯不爭故無尤 道德經 八章)."

「'상선(上善)' 이란 도덕적으로 가장 완벽한 사람, 즉 성인을 가리킨다. 옛말에 "사람은 높은 곳으로 가려하고 물은 낮은 곳으로 흐르려 한다"고 했다. 성인은 보통 사람과는 다르게 '높은 곳' 으로 가려고 다투지 않는다. 오히려 물처럼 '낮은 곳으로 흐르고자' 한다. 그렇다고 스스로 비하함을 의미하지는 않는다. 물이 스스로를 비하하는가? 그저 자세가 가장 낮은 곳으로 흘러 광활한 바다의 경지를 이룬다. 지구의 71%가 바다이다. 세계에서 가장 높은 에베레스트(Everest)를 세계에서 가장 깊은 마리아나해구(Mariana Trench)에 넣는다면 봉우리 하나도 모습이 드러나지 않을 것이다. 에베레스트가 해발 8천 미터를 넘지만 마리아나해구는 수심이 만 천 미터를 넘기 때문이다. 사람의 모습도 자연과 닮아 있다. 소인배는 날마다 아등바등하며 높고자 하나, 큰 인물은 겸손하게 아래에 있고자 하며 온화하게 사람을 가까이 한다. 그리하여 세상의 운명을 쥔 편은 오히려 후자이다.

어떻게 하면 '상선'에 도달할 수 있을까?

"있기는 능히 땅에 있다(居善地)"라는 것은 어떤 의미일까? 일반적으로 "자신이 마땅히 머물러야 할 곳에 머문다"는 뜻으로 해석한다.」(465)

사람의 그릇의 크기, 즉 생각과 포용력의 수준에 관한 일화를 소개한다.

「초(楚) 공왕(共王)이 사냥을 나갔다가 활을 잃어버렸다. 수행한 대신들이 돌아가 찾길 청하자 초공왕은 이렇게 말했다. "그만 두어라! 초나라 사람이 잃어버렸으니 역시 초나라 사람이 주울 것을, 구태여 찾으러 갈 필요가 있겠느냐!"

초공왕은 이미 매우 높은 경지에 이르렀다고 말할 수 있을 것이다. 하지만 공자는 이 일을 듣고 뜻밖에도 개탄하며 이렇게 말했다. "아쉽게도 그의 도량은 충분히 크지 못하구나. '초(楚)' 자를 버렸으면 좋았을 것을. '사람이 활을 잃어버렸으니 역시 사람이 주울 것을'이라 말하는 편이 낫지 않은가. 반드시 초나라 사람이 주워야 한단 말인가!"

노자가 이 일을 전해 듣고 공자의 설명에 이의가 있어 이렇게 보충했다. " '사람(人)' 자를 버렸으면 좋았을 것을!"

공자의 이러한 경지는 고개를 들고 보아도 볼 수 없을 만큼 높다!

노자의 경지에 이르면 망원경으로 보아야 볼 수 있을까.」(465)

성경(디모데후서 3:1~7)에는 말세(the last days)에 이르러 사람들의 나쁜 모습들을 다음과 같이 지적하고 있다.

「1. 말세에 고통하는 때가 이르리니(But mark this: There will be terrible times in the last days)

2. 사람들은 자기를 사랑하며 돈을 사랑하며 자긍하며 교만하며 훼방하며 부모를 거역하며 감사치 아니하며 거룩하지 아니하며(People will be lovers of themselves, lovers of money, boastful, proud, abusive, disobedient to their parents, ungrateful, unholy)

3. 무정하며 원통함을 풀지 아니하며 참소하며 절제하지 못하며 사나우며 선한 것을 좋아 아니하며(without love, unforgiving, slanderous, without self-control, brutal, not lovers of the good).

4. 배반하여 팔며 조급하며 자고하며 쾌락을 사랑하기를 하나님 사랑하는 것보다 더하며(treacherous, rash, conceited, lovers of pleasure rather

than lovers of God),

5. 경건의 모양은 있으나 경건의 능력은 부인하는 자니 이 같은 자들에게서 네가 돌아서라(having a form of godliness but denying its power. Have nothing to do with them).
6. 저희 중에 남의 집에 가만히 들어가 어리석은 여자들을 유인하는 자들이 있으니 그 여자는 죄를 중히 지고 여러 가지 욕심에 끌린 바 되어(They are the kind who worm their way into homes and gain control over weak-willed women, who are loaded down with sins and are swayed by all kinds of evil desires),
7. 항상 배우나 마침내 진리의 지식에 이를 수 없느니라(always learning but never able to acknowledge the truth).」

안자춘추(晏子春秋)에 나오는 남귤북지(南橘北枳), 즉 "강남땅의 귤나무를 북쪽에 옮겨 심으면 탱자나무로 변한다"는 말은 "사람도 그 처해 있는 상황에 따라 선인(善人)도 되고 악인(惡人)도 된다"는 뜻을 말한다.

이와 같은 인성론적 관점에 설 때 학교나 사회 또는 교도소 등에서의 인성교육, 인성지도, 도덕성 함양, 의식개혁 등이 의미 있게 된다.

인품(人品)이란 사람의 품격(品格 personality character) 또는 풍채(personal appearance)가 어느 정도이냐 하는 것을 말한다.

'인품이 훌륭하다' 고 할 때의 인품은 그 사람의 '품격' 이 좋다는 뜻으로 쓰인다.

자질(資質 natrue · gift)이란 타고난 성품이나 재능을 말한다. '음악적 자질이 뛰어나다' 할 때의 자질은 음악에 관련된 재능이 대단하다는 뜻이다.

능력(能力 ability · capacity)은 일을 감당해 내는 힘이다. '능력이 탁월하다' 는 뜻은 어떤 일을 '감당하고 처리하는 수완이 아주 좋다' 는 뜻이다.

모든 사람은 자기 자신 또는 자기 자녀나 자기를 돕는 사람들이 '착한 인성' 과 '훌륭한 인품' 과 '뛰어난 재능' 과 '탁월한 능력' 의 소유자가 되기를 바란다.

이와 관련된 몇 가지 사례를 살펴본다. 아인슈타인, 프로이트, 마르크스, 피카소, 조지 소로스, 스티븐 스필버그 등 과학기술, 심리학, 철학, 금융, 언론, 문화예술계의 천재들이라 불리는 이들 유대인들에게는 유대인들의 특별한 교육법이 있었다.

유대인은 세계 인구에서 0.3%밖에 되지 않지만, 정치 · 경제 · 과학 · 예술 · 문화 분야에서 세계를 리드하고 있다고 해도 과언이 아니다. 역대 노벨상 수상자 가운데 경제 부문 65%, 의학 부문 23%, 물리 부문 22%, 화학 부문 12%, 문학 부문의 8%를 유대인이 차지하고 있다. 그리고 세계 50대 기업 중 21곳을 유대인이 경영하고 있다. 어떻게 이런 일이 가능한 것일까? 그것은 어렸을 때부터 몸에 익힌 자기 지도력(self-leadership) 때문이다. 유대인의 철저한 자기 관리는 결국 유대인들의 크고 작은 성공으로 이어졌고, 그 성공은 유대인들 주위로 사람들을 끌어들이는 힘을 발휘하면서 또 다른 성공을 낳는 선순환 구조를 만든 것이다.

유태 어머니들은 '아인슈타인은 8세까지 열등아였다' 라는 말을 입버릇처럼 한다. 아인슈타인은 상대성이론을 발견한 세계적인 유태인계 물리학자지만, 어렸을 때는 말이 너무 늦어서 4세까지만 해도 부모는 그를 '저능아' 로 믿고 있었다고 한다. 학교에 들어가서도 두뇌회전이 늦고 사교적이지 못해 초등학교 1학년 담임선생님은 '이 아이에게서는 아무런 기적이나 업적도 기대할 수 없다' 는 기록을 남겼다고 한다. 뿐만 아니라 나중에는 그가 학급에 있으면 다른 학생들에게 방해가 된다는 이유로 등교하지 말라는 부탁을 받을 정도로 열등아였다고 한다.

아인슈타인은 다른 어린이와 비교하기를 좋아하는 선생님에게서 우둔하다고 경멸당했지만, 15세가 되었을 때 유클리드, 뉴튼, 스피노자, 그리고 데카르트를 독파하고 있었다. 훗날 아인슈타인은 '나는 아주 강한 지식욕을 가지고 있었다' 고 술회했는데, 그 사실을 안 사람은 아무도 없었다. 만일 그에게 다른 어린이들과 같아질 것을 강요했다면 그의 재능은 빛을 보지 못했을 것이다.

유태 어머니들은 자녀가 다른 아이들과 다른 점이 무엇인지를 찾아내어 그 점을 신장시켜 주기 위해 노력한다고 한다. (93)

공자는 학식과 덕행이 높은 사람, 즉 군자(君子)가 지켜야 할 여섯 가지 덕목 육언(六言: 仁 · 知 · 信 · 直 · 勇 · 剛)을 가르치고, 그 덕목을 행하지 않았을 때의 폐단인 육폐(六蔽:愚 · 蕩 · 賊 · 絞 · 亂 · 狂)를 지적했다.(논어 양화편)

여기 육언과 육폐가 한 문장에 대칭되어 연결된 논어의 내용을 보자.

- 인을 좋아하면서 배우기를 싫어하면 그 폐단은 어리석어진다(好仁不好學 其蔽也愚).
- 지식을 좋아하면서 배우기를 싫어하면, 그 폐단은 방탕해진다(好知不好學 其蔽也蕩).
- 신의를 좋아하면서 배우기를 싫어하면, 그 폐단은 남을 해치게 된다(好信不好學 其蔽也賊).
- 정직하기를 좋아하면서 배우기를 싫어하면, 그 폐단은 가혹해진다(好直不好學 其蔽也絞).
- 용기를 좋아하면서 배우기를 싫어하면, 그 폐단은 난폭해진다(好勇不好學 其蔽也亂).
- 강직하기를 좋아하면서 배우기를 싫어하면, 그 폐단은 무모해진다(好剛不好學 其蔽也狂).

유능제강(柔能制剛) 즉 "부드러운 것이 강한 것을 제압한다"는 말이 있다. 병법에 있는 말이지만, 세상사에도 해당된다.

《황석공소서(黃石公素書)》에 "부드러운 것이 능히 단단한 것을 이기고, 약한 것이 능히 강한 것을 이긴다(柔能制剛 弱能勝强)"라는 말에서 유래된 것이다.

《노자》 36장에도 "부드럽고 약한 것이 능히 단단하고 억센 것을 이긴다(柔弱勝剛强)"고 나와 있다.

부드러운 것이 강한 것을 이긴다는 말은 얼른 생각하면 맞지 않는 말 같지만 큰 안목과 긴 시간을 두고 볼 때 맞는 말임을 알 수 있다. (403)

이 가르침은 생각 · 말 · 행동 · 표정 일체를 유연하게 하여야 함을 일깨워 주고 있다.

"관상 좋은 것은 몸이 좋은 것만 못하고, 몸 좋은 것은 마음 좋은 것만 못하다(相好不如身好 身好不如心好)"란 말이 있다.

사주 · 관상 · 심상 · 음양상 · 도상 등을 살펴보고, 사람의 길흉화복(吉凶禍福) 예측을 도와주는 책, 《마의상서(麻醫尙書)》에 나오는 구절이다. 얼굴 가꾸는 것보다 마음 가꾸는 일이 더 중요한 일이다.

또한 사람들은 자녀들이 천재적인 두뇌를 가지고 태어나기를 바란다. 그러나 천재의 수수께끼에 도전한 인지과학자들에 의하면 천재는 '머리'보다 '땀'이라고 말한다.

2006년 가을, 천재를 연구한 논문들을 최초로 집대성한 책이 '케임브리지 편람' 이란 이름으로 출간됐다. 편집을 맡은 미국 플로리다 주립대의 심리학 교수인 앤더스 에릭슨은 "천재는 태어나는 것이 아니라 만들어진다"고 주장했다. 이 책에서 과학자들은 천재가 1%의 영감, 70%의 땀, 29%의 '좋은 환경과 가르침' 으로 만들어진다고 분석했다.

'케임브리지 편람' 에 따르면 예술과 과학분야에서 크게 성공한 인물들의 지능지수(IQ)는 보통사람들보다 약간 높은 115~130인 것으로 나타났다. 이러한 지능지수는 전체 인구의 14%에 해당한다. 지능지수로만 보면 100명 중 14명은 천재가 될 조건을 갖추었다는 뜻이다. 천재들이 반드시 남보다 뛰어난 머리를 갖고 태어난 것은 아니라는 사실이 밝혀진 셈이다. 아인슈타인, 피카소, 다윈은 어렸을 적에 학교 성적이 별로 좋지 않았다. 고흐, 고갱, 차이코프스키, 버나드 쇼도 한참 늦은 나이에 비로소 재능을 발휘했다.

천재들은 보통사람들보다 다섯 배 정도 더 많은 시간과 노력을 쏟아 위대한 업적을 남긴 것으로 드러났다. 천재 중의 천재로 손꼽히는 모차르트는 세 살 때부터 연주를 시작한 신동이다. 그는 여섯 살 때 미뉴에트를 작곡하고 아홉 살에 교향곡, 열한 살에 오라토리오, 열두 살에 오페라를 썼다. 그는 한 곡을 쓰면서 동시에 다른 곡을 생각해 낼 수 있었으며 악보에 옮기기 전에 이미 곡 전체를 작곡했다고 알려졌다. 그러나 모차르트가 단숨에 작곡했다는 소문과 달리 그의 초고에는 고친 흔적이 적지 않다. 심지어 도중에 포기한 작품도 있다. 요컨대 모차르트는 신동의 명성을 유지하기 위해 남다른 노력을 했다는 것이다. 인류 역사상 가장 뛰어난 천재라는 모차르트조차 다른 사람들보다 더 노력했다는 사실은 35년의 짧은 생애에 무려 600여 편을 작곡했다는 것으로 확인된다. 천재들은 모차르트처럼 정력적인 일벌레여서 많은 작품을 생산했다. 프로이트는 45년간 330건, 아인슈타인은 50년간 248건의 논문을 남겼다. 볼테르는 2만 1000통의 편지를 썼고, 에디슨은 1,093건의 특허권을 획득했다. 앤더스 에릭슨 교수는 "천재가 되려면 좋은 환경이 절대적으로 필요하다"고 주장했다. 그는 모차르트의 재능을 일찌감치 발견한 아버지의 열정적인 뒷바라지가 없었더라면 그가 음악적 재능을 마음껏 꽃피울 수 있었겠느냐고 묻는다. (692)

꽃은 꿀로써 벌을 모으지만, 사람은 인품으로써 사람을 모은다. 인품이 좋은 사람 곁에는 누가 시키지 않아도 저절로 사람들이 모여드는 법이다.

당쟁이 극심하던 선조 시절, 노론의 거두인 송시열이 노년에 병으로 고생하고 있었는데, 천하의 명의를 모두 불러 치료를 받았지만 효험이 없었다. 그때, 남인의 거두인 허목의 의술이 용하다는 말을 들은 송시열은 아들을 그에게 보내 약을 지어주기를 청했다. 원수나 다름없는 집안에 다녀오라니 아들은 기가 막혔다. 그리고 다녀와서는 더욱 혀를 찼다.

"아버님, 글쎄 비상을 두어 냥 달여 드시라고 하네요. 아예 아버님을 돌아가시게 할 작정인 모양입니다."

그 말을 들은 송시열은 즉시 비상을 달여 먹었다. 주변 사람들이 모두 그것은 사약이라며 극구 말렸지만, 그는 약을 먹었고 씻은 듯이 병이 나았다.

원수관계에 있는 사람에게 제대로 된 처방을 해준 허목이나 그 말을 믿고 죽음까지 무릅쓰고 비상을 달여 마신 송시열은 과연 당대의 거목이라 할 만한 인격을 지녔다고 할 수 있다. 오랫동안 후세에 이름을 남기는 사람들은 거기에 걸맞는 철학이 있고 대의를 위해 자신을 희생한 사람들이다. (250)

여기 성격 문제와 관련하여 햄릿과 돈키호테에 관한 성격 비교를 들어 보자. 누구나 다 알고 있는 세계 최고의 비극 「햄릿」과 풍자소설 「돈키호테」는 여러 가지 의미에서 대조적인 성질을 띠고 있는데, 이 두 작품의 주인공을 의식적으로 비교한 것은 근대 러시아의 「아버지와 아들」의 작가인 투르게네프였다. 그는 '햄릿과 돈키호테' 라는 강연에서 주인공의 성격에 대해서 말하기를 "햄릿을 사랑하기는 어려우나, 돈키호테를 사랑하지 않는 사람은 없을 것이다" 라고 했다.

햄릿은 덴마크의 왕자로서 그의 삼촌이 어머니인 왕비와 밀통하여 부왕을 독살한 것이 아닌가 의심을 품었다. 결국 그 사실을 밝혀내어 선친의 원수를 갚게 되는데, 그 자신도 결국은 칼에 맞아 죽는다.

반대로 돈키호테는 평범한 시골 신사인데, 황당무계한 기사의 무용담을 탐독한 나머지 머리가 좀 이상해졌으며, 산초를 데리고 여러 나라를 순회하는 소위 무사수업에 나섰다가 여러 가지 웃음거리가 되는 모험을 하게 된다. 그 일례를 들면, 커다란 풍차를 괴물로 잘못 보고 덤비다가 부상을 당한다.

셰익스피어가 만들어 낸 햄릿이란 인물은 '사느냐 죽느냐 그것이 문제로다'

자의 《논어(論語)》, 불교의 3장(三藏) 12전(典)은 깊은 철학을 담고 있을 뿐 아니라 빼어난 문학 작품으로도 인정받고 있다. 불교의 5대 '반야(般若)' 가운데 '문자반야(文字般若)' 가 그 중 하나이다. '반야' 는 범어를 음역한 것으로 대략 최고의 지혜를 의미한다. 이들 경전이 대대로 전해지는 이유는 이들이 문자반야와 밀접한 관계가 있다.

둘째, 찬미의 언어이다. 좋은 사람이든 나쁜 사람이든, 가난뱅이든 부자든, 영웅이든 소인배든, 성군이든 폭군이든 누구를 막론하고 칭찬의 말을 듣기 싫어하는 사람이 있을까? 누군가는 이렇게 말했다. "칭찬은 최고의 배려이다. 이는 비관적인 사람에게 자신감을 심어주고 자포자기하는 사람에게 삶의 희망을 안겨주기 때문이다." 인간의 행위를 연구한 존 듀이(John Dewey)는 이렇게 말했다. "인류의 본질 속 가장 뿌리 깊은 욕망은 중요한 인물이 되고 칭찬받는 사람이 되는 것이다." 칭찬이 인류의 본질적 욕망이라면, 오랜 생명력을 지니는 것이 당연하다.

셋째, 선량한 언어로, 어떤 말은 아름답지 않지만 진실한 선의를 담고 있어 사람을 깊이 감동시킨다. 갑자기 산적 무리가 나타나 목에 칼을 대고 돈을 요구했다. 고승이 눈물을 줄줄 흘리자 산적들은 크게 웃으며 말했다. "참으로 겁쟁이 중이로구나!" 고승이 말했다. "나는 두려움 때문에 눈물을 흘리는 것이 아니라오. 삶과 죽음은 일찍부터 마음에 두지 않고 있으니." "그러면 어째서 눈물을 흘리오?" 산적들이 묻자 고승이 대답했다. "나는 당신들을 위해 눈물을 흘리는 것이오! 당신들은 젊고 건장한데 사회를 위해 일하거나 자신의 힘으로 스스로를 부양하지 못하고 다시 돌아오지 못할 길을 걷고 있으니 국법이 용인하지 않겠고, 장차 지옥에 떨어져 고초를 당하겠지요. 나는 이로 인해 마음이 괴로워 눈물을 흘린 것이라오." 산적들이 듣고 깊이 깨달은 바가 있어 칼을 내려놓더니 고승의 문하로 귀의했다.

고승의 말은 화려한 미사어구를 담지도 않았고 감동적이지도 않았지만 진심 어린 선의를 담고 있었기에 완고하고 무지한 산적들로 하여금 스스로 칼을 내려놓게 만들었다.

넷째, 순박한 언어이다. 진실은 인류가 오래도록 추구해온 가치이며 진실한 말은 사람의 마음을 움직이기에 충분하다. 안수(晏殊)는 젊은 시절 사관(史官)을 지냈다. 당시 크고 작은 관원들은 자주 누각에서 연회를 베풀었지만, 집안 형편이 넉넉하지 못했던 안수는 다른 사람과 어울릴 수 없었다. 그리하여 여가가 생기면 형제들과 집에서 책을 읽고 글을 지으며 시간을 보냈다. 송(宋) 진종(眞宗)이 이를 듣고 안수를 태자의 스승으로 삼았다. 이는 경험 많고 신중한 인물이 맡아오던 직분이었는데, 안수는 그러기엔 너무 젊었으므로 대신들이 진종의 결정을 이해하지 못했다.

그러나 진종은 이렇게 설명했다. "근래 군신이 연회를 베풀어 즐기는 것에 열중하는 데 오직 안수의 집안 형제들만이 집에서 책을 읽는 데 열중했다. 이처럼 신중하고 스스로를 다스릴 줄 아는 인물이 바로 동궁에서 스승이 되기에 적합하다." 안수가 듣고 서둘러 말했다. "사실 저도 노는 것을 좋아합니다. 다만 집안이 가난하여 그럴 형편이 되지 못하니 어쩔 수 없이 집에서 책만 읽는 것입니다." 진종은 이 말을 듣고 결정을 거두지 않았을 뿐 아니라 그의 진실함을 크게 칭찬했다. 훗날 안수는 재상의 자리에까지 올랐으니 그의 성실함과 순박한 인격이 크게 기여한 것은 말할 것도 없었다. (465)

말의 올바름을 알아보는 다섯 가지 대조의 말이 있다. 경우에 맞는 말과 부합되지 않는 말, 진실에 부합되는 말과 맞지 않는 말, 부드러운 말과 거친 말, 유익한 말과 해로운 말, 아끼고 사랑하는 말과 미워하는 말이다. 이들 다섯 가지 대조되는 말 중 어느 것으로 말을 하더라도 나의 마음은 변하지 않는다. 거친 말은 내 입에서 나오지 않는다. "자비의 마음을 간직하고 화내는 마음을 일으키지 않도록" 다지고 노력해야 한다. (446)

어린 슈바이처가 어느 날 동네 아이와 싸움이 붙었다. 슈바이처가 아이를 쓰러뜨린 뒤 주먹을 올려 붙이려는 순간 아이가 외쳤다. "내가 너처럼 고깃국만 먹을 수 있었다면 절대로 지지 않았을 거야!" 그 한마디는 슈바이처의 영혼을 울렸고, 그의 일생을 굶주림과 병으로 고통받는 사람들을 돌보는 데 힘 쏟게 했다.

마음을 두드리는 말은 이처럼 한 사람의 생각과 인생까지도 변화시킨다. 그러나 우리가 평생 말하고, 듣는 수많은 말 가운데 누군가의 마음에 가닿은 말은 몇 개나 될까. "말은 한 사람의 입에서 나오지만, 천 사람의 귀로 들어간다"라는 말이 있듯, 어떤 말이냐에 따라 수많은 사람에게 기억되기도 하고 쉽게 잊히기도 할 것이다.

1864년, 두 번째 대통령 선거를 앞둔 링컨은 재선이 불투명했다. 상대 후보와 내부 반대 세력이 안팎에서 공격했기 때문이다. 그때 링컨은 "개울물을 건너갈 때는 말을 갈아타지 마라"라는 한마디로 아직은 리더를 바꿀 때가 아니라는 점을 분명하게 전했다. 호소력 짙은 이 말은 국민들의 마음을 움직였고, 링컨은 재선에 성공했다.

《한 줄의 힘(마젤란 펴냄)》을 쓴 스티브 콘은 이와 같이 사람들의 행동을 변화시키거나 오랫동안 기억되는 한마디를 '파워라인'이라 부르며, 그 힘을 강조한다. 한 예로 뉴욕의 어느 방송국은 매일 밤 뉴스가 시작되기 전 "10시입니다. 당신의 아이들은 어디에 있나요?"라는 말을 내보낸다. 이 말은 아이들의 안전을 걱정하는 부모들의 마음을 환기시키는 한편 아이들 스스로 귀가 시간을 지키게 만들었다.

시대를 뛰어넘어 변함없이 사랑받는 소설과 영화에도 파워라인이 있다. "사랑은 결코 미안하다고 말하지 않는 거야." 1970년대 영화 〈러브스토리〉의 이 대사는 연인들의 영원한 밀어다. 또한 L.프랭크 봄은 《오즈의 마법사》에서 "집이 최고야"라는 말로 우리가 진정 머물러야 할 곳은 집이라는 메시지를 사람들 마음속에 깊이 새겼다. (1030)

필자는 고등학교를 졸업하고 공직에 몸담은 이후 "내말은 보증수표다"라는 생각으로 지금까지 살아오고 있다. 책임질 말만 하고 내가 한 말에 대해서는 꼭 책임을 져왔다.

부모가 자식에게 한 말은 책임져야 한다는 것을 보여 주는 《한비자(韓非子)》라는 책에 나와 있는 내용을 여기 간략히 옮긴다.

하루는 증자의 아내가 시장을 가는데 어린 아들이 함께 가겠다며 울며 따라 나왔다. 증자의 아내는 우는 아이를 달래며 "울지 않고 집에서 얌전히 기다리고 있으면, 집에 와서 돼지를 잡아 고기를 만들어 줄게"하고 말했다. 아들은 고기를 준다는 어머니의 말에 울음을 그치고 얌전히 집 안으로 들어갔다.

증자의 아내가 시장에서 돌아와 보니 증자가 돼지를 마당에 끌어다 놓고 칼을 들고 있었다. 증자의 아내는 놀라 "우는 아이를 달래느라 한 말이지 정말 돼지를 잡을 생각은 아니었어요"하고 남편을 말렸다. 아내의 말을 들은 증자는 단호하게 대꾸했다.

"아이 앞에서 어떤 거짓말도 해서는 안 되오. 그냥 하는 말이라고 해도 아이를 속이는 것은 아이에게는 남에게 거짓말을 하거나, 남을 속여도 된다고 가르치는 것과 다를 게 없소. 또 그렇게 아이를 속이면 앞으로 아이는 당신이 하는 말을 믿지 않을 것이오. 부모의 말을 믿지 않는데 어떻게 아이를 교육할 수 있겠소?"

증자의 아내는 아이에게 속없는 말을 한 것을 후회했으나, 그렇다고 아이를 속일 수는 없다는 걸 깨달았다. 결국 부부가 함께 돼지를 잡아 어린 아들에게 고기를 먹였다.

증자는 부친 증점의 교육을 통해 어릴 때부터 어떤 말도 거짓말을 해서는 안 되며, 자기가 한 말은 반드시 행한다는 원칙을 지켰고, 자신의 아이들에게도 그렇게 하도록 가르쳤다. 증자가 소중한 재산인 돼지를 죽여 아들에게 먹인 고기는 단순한 음식이 아니었다. 어린 아들은 그 일을 통해 한 번 뱉은 말은 반드시 행해야 하고, 행하면 그것이 반드시 열매를 맺는다는 것을 배웠다. (228)

책에서 읽은 초등학교에서의 높임말 쓰기 운동에 관한 내용을 여기 옮긴다.

"서울의 한 초등학교에서 '높임말 쓰기'를 장려하면서 친구끼리도 이름 뒤에 '님' 자를 붙여 부르고, 선생님도 학생들에게 높임말을 쓰도록 했다. 이렇게 높임말 쓰기를 3년간 시행한 결과, 친구들끼리 자주 하던 말다툼도 줄고, 말다툼하더라도 큰 싸움으로 번지지 않았다."

끝으로 개인 · 기업 · 단체 등에서 발표하는 사과(謝過)의 말이나 글이 갖춰야 할 내용과 관련된 'CAP룰'에 대한 세계 경영연구원(IGM) 한호택 교수의 조언을 들어 본다.

「사과 성명의 30%는 '사과의 말(Care & Concern)'로, 60%는 '앞으로 취할 행동(Action)'으로, 그리고 나머지 10%는 '다시는 반복하지 않겠다(Prevention)'로 작성해 발표하면 사람들에게 신뢰를 줄 수 있다.

가장 중요한 내용은 행동(Action)이다. 구체적인 행동 제시가 부족하면 사과 성명은 실패할 공산이 크다. 지난번 도요타 자동차 대량 리콜 사태 때 아키오 사장의 사과 성명에는 구체적인 행동에 대한 언급이 너무 부족했다. 급발진 사고로 4명의 일가족이 죽은 지 6개월 만에 나타나 뒤늦게 사과한 것도 문제가 됐지만 리콜 및 보상 방식과 절차 등 구체적인 언급이 없자 사과 후에 비난 여론이 더욱 들끓었다.

2007년 바비 인형으로 유명한 세계 최대의 완구업체 마텔사도 대량 리콜 사태를 겪었다. 어린이 완구에서 납 성분이 검출됐기 때문이다. 하지만 이때 마텔사 CEO 로버트 애커트의 사과 성명은 아키오 사장과 확연히 달랐다. 그의 사과 성명은 CAP룰을 정확히 따랐다. 먼저 신문에 전면 사과 광고를 내고 '당신과 나는 똑같이 부모의 마음을 가졌다'는 말로써 CEO 이전에 한 아버지로서 느끼는 안타까움과 죄스러움을 고백했다(Care & Concern). 그런 다음 적극적이고 포괄적인 리콜을 실시했다. 홈페이지에는 리콜 대상 제품들의 사진과 함께 리콜 절차에 대한 상세한 안내는 물론 수신자 부담으로 발송할 수 있는 우편양식까지 첨부했다(Action). 그런 다음 문제의 근본 원인이 무엇인지 철저히 밝혀 재발 방지 대책을 수립해 이를 소비자에게 알렸다(Prevention). 그 결과, 매출은 하락하지 않았으며 주가는 오히려 상승했다.

소셜미디어를 적극적으로 활용하라.

최근 기업의 위기는 소셜미디어로 인해 더 커지는 경향이 있다. 2009년 유나이티드항공도 소셜미디어를 통해 큰 망신을 당했다. 캐나다 음악가는 항공사가 짐 관리를 잘못해 자신의 고급 기타를 망가뜨렸다고 보상을 요구했으나 유나이티드항공은 이를 묵살했다. 화가 난 음악가는 풍자하는 노래를 유튜브에 올렸고 이 동영상이 조회 수 900만 회를 기록하면서 2만여 개의 비난 댓글이 달렸다. 급기야 CNN에서도 뉴스거리가 돼 망신을 당했다. 뒤늦게 사태의 심각성을 깨달은 유나이티드항공은 음악가에게 사과하고 앞으로 직원 서비스 교육에 힘쓰겠다고 다짐해야 했다.

반면 소셜미디어를 적극적으로 활용해 위기를 극복하는 경우도 있다. 미국의 저가항공사 제트블루도 유나이티드와 비슷한 위기를 겪었다. 겨울, 비행기가 연착돼 탑승객들은 난방도 안 되고 창문도 깨진 공항에서 덜덜 떨어야 했다. 승객 중 한 명이 이를 동영상으로 찍어 유튜브에 올렸고 여기도 수백 개의 비난 댓글이 달렸다. 다시는 제트블루를 이용하지 않겠다는 내용도 있었다. 여기까지는 유나이티드항공사와 비슷하게 전개됐지만 제트블루는 대응이 달랐다. 제트블루의 CEO가 CAP룰에 맞춰 작성한 '우리가 당신에게 드리는 약속'이라는 사과 동영상을 유튜브에 올렸기 때문이다. CEO 동영상 역시 수십만 명이 시청했지만 여기에는 우호적인 댓글이 달렸다. 소셜미디어는 잘 만 사용하면 약이 된다.

CEO를 적절하게 활용하라.

제트 블루의 위기 진화에는 CEO가 큰 역할을 했다. 많은 CEO가 위기 때 언론에 적극적으로 나서지 않고 괜히 긁어 부스럼 만들까 봐 침묵으로 버티는 경우가 많다. 이런 신중론은 '정보의 공백' 을 낳게 된다. 여론은 위기를 맞은 회사에 관심이 많은데 정작 당사자가 아무런 말도 하지 않으면 그 정보의 공백은 누가 메우게 될까? 결국 '카더라 통신' 또는 '경쟁 회사의 소식통' 이 메우게 될 가능성이 크고, 남에 의해서 채워진 정보는 우리 회사에 불리한 내용이기 쉽다. 도요타 리콜사태도 CEO의 등장이 늦어 더 큰 피해를 본 경우다.

그럼 언제 CEO가 등장해야 할까?

우리 기업이 잘못했을 가능성이 크거나 인명 피해가 발생한 경우라면 CEO가 나타나 정식으로 사과해야 한다. 우리 기업에 잘못이 없다고 확신하는 경우에는 CEO가 과감한 표현으로 회사의 결백을 주장해야 한다. "우리는 맹세코 잘못하지 않았다. 만일 나의 이 맹세가 사실이 아닌 것으로 밝혀질 경우 CEO인 내가 그 다음날 동해바다에 가서 빠져 죽겠다!"와 같이 강력하게 말해야 한다. 이래야 언론의 주목을 받고 유죄추정을 무죄추정으로 전환시키는 계기를 마련할 수 있다. (699)

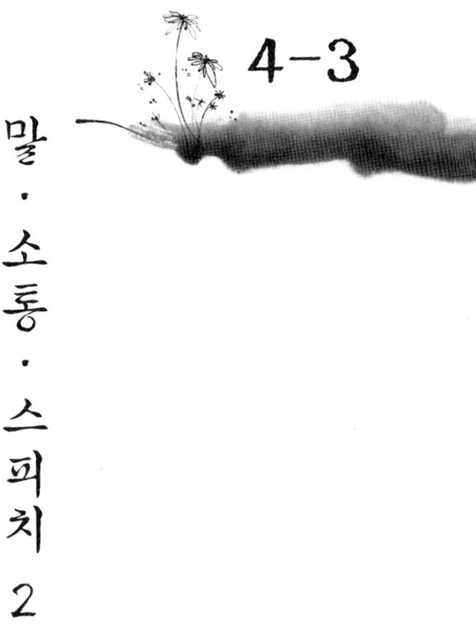

4-3 말 · 소통 · 스피치 2

'말의 성찬'을 차리기 전에

'기미(氣味)를 본다'는 말이 있다. 임금님께 수라를 올리기 직전, 수라간의 최고 책임자가 반찬을 조금씩 맛보는 일이다.

음식의 뜨거움, 따스함, 서늘함, 차가움의 사기(四氣)에다 쓴맛, 매운맛, 단맛, 짠맛, 신맛의 오미(五味)를 함께 본다. 기를 보아 맛깔스러운지를 살핀다.

전통사회에서 임금의 건강이 중요했듯 오늘날의 민주사회에서는 건강한 시민 의식이 중요하다. 시민 의식은 '말'로 유지되고 성장한다. 그런데 이 말이 치우치는 경우가 많다는 게 문제다. 선생은 학생에게, 작가는 독자에게, 참모들은 대통령에게 귀에 맞는 말만 하는 경우가 많다. 들으면 기분 좋고 스트레스가 풀리지만, 혀끝만 좇는 식사가 건강을 해치듯 듣기 좋은 말도 지나치면 독이 된다.

반대로 학자나 정치인은 원칙론만 늘어놓거나 대안 없는 비판만 내놓기 일쑤다. 좋은 약은 입에 쓰다지만, 매 끼가 약 같다면 먹는 즐거움이 없어 우울해질 것이다. 결국 시의 적절하면서도 공연한 분란을 일으키지 않는 균형 잡힌 말이 널리 통해야 한다. 오늘날 우리 주변에 넘쳐흐르는 말의 성찬에, 기미를 보아줄 사람은 없을까.

– 함규진, '2010조선일보 논픽션대상' 수상자 (987)

□ 말은 사상의 옷이다. – S.존슨, 《시인의 생활》

□ 잘 짖는다고 훌륭한 개라고 할 수 없고, 말을 잘한다고 훌륭한 인재라고 할 수 없다. – 장자

□ 말을 쉽게 하는 것은 책임감 없이 하기 때문이다. – 《맹자》

□ 말은 인류에 의해 쓰이는 가장 강력한 약이다. – 키플링

□ 인간은 입이 하나, 귀가 둘이 있다. 이는 말하기보다 듣기를 두 배 더하라는 뜻이다. – 《탈무드》

□ 시기에 적절한 침묵은 말보다도 훨씬 강한 힘을 갖고 있는 웅변이다. – 탓페

□ 어드바이스를 하게 될 때 나는 가능하면 짧게 하라고 어드바이스한다. – 호라티우스

□ 입은 화의 문이요, 혀는 몸을 베는 칼이다. – 풍도(馮道), 당나라 재상

□ 중구난방(衆口難防) : 뭇사람들의 입을 막기는 어렵다. 많은 사람들의 마구 떠들어대는 소리는 감당하기 어렵다는 말. – 《십팔사략》

□ 산 대로 말하고, 말한 대로 산다. – 체 게바라

□ 말하는 것의 두 배는 남에게서 들어야 한다. – 데모스테네스

□ 만약 우리가 듣는 것보다 말하기를 더 많이 하도록 창조되었다면 우리에게는 두 개의 입과 하나의 귀가 있었을 것이다. – 마크 트웨인

□ 말하는 것은 지식의 영역이고 듣는 것은 지혜의 영역이다. – 올리버 웬델 홈즈

□ 내가 좋아하는 화법은 단순하고 소박하며, 종이에 적을 때도 말할 때도 변하지 않는 화술이고, 깊은 맛이 있고 힘차고 짧고 야무진 화법이다. – 몽테뉴

□ 침묵이 금일 때도 있지만, 일반적으로 침묵은 그냥 겁쟁이의 표시일 뿐이다. – 에드윈 루이스콜

□ 말이 많으면 쓸 말이 적다. – 서양 격언

□ 좋은 말을 남에게 베푸는 것이 비단 옷을 입히는 것보다 더 따뜻하다. – 《순자》

□ 속인들의 말은 언제나 성공한 자를 찬양하고, 실패한 자를 헐뜯으며, 높은 자는 떠받들고 낮은 자는 억누른다(凡人之談, 常譽成?敗, 扶高抑下). – 《삼국지》

□ 자기 말만 하면 다른 사람들은 지루해진다는 점을 꼭 명심하라(Never fail to know that if you are doing all the talking you are boring somebody). – 헬렌 걸리 브라운

□ 신언(信言)은 아름답지 않고, 미언(美言)은 미덥지 않다. 선자(善者)는 변명(辯明)하지 않고, 변자(辯者)는 선하지 않다. 지자(知者)는 박식(博識)하지 않고 박식(博識)한 자는 알지 못한다(信言不美 美言不信 善者不辯 辯者不善 知者不博 博者不知). – 《노자》

□ 참으로 아는 사람은 말하지 않고, 말하는 사람은 참으로 알지 못한다(知者不言 言者不知). – 《노자》

□ 험담은 세 방향으로 해악을 미친다. 험담의 대상이 되는 사람, 험담을 함께 듣는 사람, 그리고 가장 중요하게는 험담하는 사람 자신이다. – 톨스토이

□ 두꺼운 얼굴과 시커먼 속마음(面厚心黑)을 가진 사람이 출세하고 성공한다. – 이종오, 청나라 사람《후흑학》의 저자

□ 언사가 격하지 않으면 듣는 사람의 마음을 움직이지 못한다(言不激切, 則聽者或未動心). – 구양수

□ 친절한 말을 하라. 그러면 친절의 메아리들을 얻을 것이다(Speak kind words and you will get kind echoes). – 서양 격언

□ 귀신 씨나락 까먹는 소리 한다. – 한국 속담

□ 입으로 악한 말을 하지 말라. 타인이 악한 말을 할 때에도 그 말을 되받아 하지 말라. 악한 말을 입에 담으면 괴로움을 남긴다. 구도자는 악한 말을 하는 법이 없다. 좋은 말만을 하여라. 이치에 맞지 않는 것은 말하지 말고 진실만을 말하여라. 이것이 최고의 가르침이다. – 《소부경전》

□ 군자는 그 말이 행동보다 지나침을 부끄러워한다(君子 恥其言而過其行). – 《논어》

□ 산에 가서 범 잡기가 쉽지, 입을 열어 남에게 말하기는 어렵다(上山擒虎易, 開口告人難). – 고칙성(高則誠)

□ 우(禹)는 미주(美酒)를 물리치고, 좋은 말을 즐겨 했다. – 《맹자》 이루장구 하편

□ 다른 사람의 관점에서 생각할 때 비로소 소통된다. – 한나 아렌트

■ ■ ■

부처님은 《점수일체지덕경》에서 다음과 같이 가르치신다. "헛된 말을 하지 말라. 거짓말을 하지 말라. 말은 성실해야 하며, 진실해야 하며, 도리에 맞아야 하며, 시기에 적합해야 한다. 도리에 어긋나는 일을 말하지 말며, 저쪽의 나쁜 말을 이쪽에 전하지 말며, 이쪽의 나쁜 말을 저쪽에 전하지 말라."

예수님께서도 함부로 무익한(신중치 못한) 말을 하면 심판의 날에 심문을 받을 것임을 다음과 같이 가르치신다. "내가 너희에게 이르노니 사람이 무슨 무익한 말을 하든지 심판 날에 이에 대하여 심문을 받으리니 네 말로 의롭다 함을 받

고 네 말로 정죄함을 받으리라(But I tell you that men will have to give account on the day of judgment for every careless word they have spoken. For by your words you will be acquitted, and by your words you will be condemned. 마태복음 12:36~37)."

"말 잘하기는 소진장의(蘇秦張儀)같다"는 속담이 있다. 춘추전국시대 책사의 제 1인자인 소진과 장의가 진(秦)·초(楚)·연(燕)·제(齊)·한(韓)·위(魏)·조(趙) 등 7국 간 갈등 속에서 합종(合從·장의)과 연형(連衡·소진)의 지모(智謀)와 변설(辯舌)로 부귀공명을 누린 이야기는 유명하다.

미국에서 일한 어느 한국인 정신과 의사의 이야기를 읽은 적이 있다. 그는 미국인 환자들 사이에 용한 선생님으로 명성이 높았다. 인기 비결이 뭐냐니까 "영어가 모국어도 아니고 말이 유창하지 못해 환자 말을 한마디라도 놓칠세라 열심히 들어 주었을 뿐"이라고 대답했다고 한다.

직업이 아니라도 상대의 말을 잘 들어주는 것은 인간의 미덕이다. 또한 개인이든 집단이든 갈등을 푸는 첫 단추이자 소통의 시작이다. 트위터 등 세상을 뒤바꾸는 디지털 미디어의 성공비결도 결국 "누군가 내 얘기 좀 들어 달라"는 간절한 속내를 기술의 도움을 받아 현실화한 것 아닌지. 그 핵심에 쌍방향 소통방식이 자리한다는 점도 의미심장하다. (700)

말은 실로 인간의 의사소통에 더없이 고마운 수단이다. 웅변은 은이요, 침묵은 금이라 하거니와 이는 말함이 말하지 않음보다 못할 경우에 국한되는 것이요. 결코 언제나 이 격언이 적중하는 것은 아니다. 침묵은 바보의 미덕일 수 있기 때문이다. 그러나 인간은 종종 말로 오해를 사고, 다시 말로 이 오해를 푼다. 말을 비교적 적게 하는 사람이 환영받을 수 있고, 언제나 묵묵부답하는 말없는 사람보다 봄눈 녹이듯 정겨운 대화를 나눌 수 있는 사람이 환영받을 수 있다. 그 때마다 상면하는 사람과 그의 개성, 또 장면에 알맞게 말하기란 그지없이 어렵다. 그러나 남을 설득해서 납득시켜야 할 정황이 우리 주위에 너무 많다. 사랑을 구하는 것이나 크게는 국가대표로 참석하는 국제회의 발언에 이르기까지 설득 없는 인간의 언어활동은 상상할 수 없다. 설득이 이처럼 큰 비중을 차지하므로 말한다는 것을 설득한다고 할 수 있다. (410)

말에 관한 선현들의 조언을 들어 보자.

「견해를 포기하면 당신은 구제를 얻을 것이다. 누가 당신이 이렇게 하는 것을 막을 수 있겠는가?

"견해를 포기한다"는 말은 깊은 함축적 의미를 내포한다. 이는 공자(孔子)의 '무의(毋意 사사로운 뜻을 품지 않음), 무필(毋必 무엇을 반드시 하려 하지 않음), 무고(毋固 무엇에 얽매이지 않음), 무아(毋我 나를 내세우지 않음)'와도 일맥상통하며, 노자(老子)의 '희언자연(希言自然 말이 없는 것이 자연스럽다)', '다언수궁(多言數窮 말이 많으면 자주 궁해진다)'이라는 말과도 실질적으로 같은 의미이다. 각각 지구의 동서양에서 살았던 고대의 세 현자가 이 점에서 놀랍게도 같은 깨달음을 가지고 있었던 것이다.

물론 마르쿠스 아우렐리우스의 관점은 자아 수양에 치우쳐 있는 반면에 노자의 관점은 자아와 타인, 타인과 사회의 관계에 초점이 맞춰져 있고, 공자의 관점은 양자의 중간 정도에 있다는 점에서 차이가 있다.」(465)

신언서판(身言書判)이라 하여 고래로 동양에서 이것을 인격의 평가 기준으로 삼았다. 첫째는, 사람의 외모와 행동거지, 둘째는 언변, 셋째는 그의 식견이 담긴 글씨와 글, 그리고 넷째는 그의 판단을 크게 소중히 생각했다.

요즘 말과 관련하여 소통·경청이라는 단어가 많이 입에 오르내리고 있다. 그런데 소통은 쌍방향적이다. 일부 리더들은 국민들의 욕구를 받아들여 도와주려 하기보다는 이를 외면하거나 때로는 욕구를 표출하는 사람을 부정적으로 받아들이는 경향이 있다. 리더는 구성원 개개인의 욕구가 어디서 출발하는지 원인을 찾아보고 이를 받아들이려는 노력을 해야 한다. 리더가 구성원들의 요구를 외면할 때 이들은 욕구불만을 느끼게 되고 결국 리더와 조직을 떠나게 된다. (701)

소통에 관한 조언 두 가지를 들어 보자.

〈서로 아픔을 같이 할 때 '소통'할 수 있다〉

그날 올림픽 체조경기장에는 호피 무늬 아줌마, 머리 희끗한 아저씨도 이따금 보였다. 하지만 1만여 객석은 20~30대가 꽉 메웠다. 무대 위의 김범수는 40년 전 남진 노래를 부르고 있었다. "저 푸른 초원 위에…"그가 박자를 놓쳤다. 춤 때문에 힘겨운 듯했다. 이때였다. "멋쟁이 높은 빌딩 으시대지만… 반딧불 초가집도 님과 함께면…" 관객들이 큰 소리로 대신했다. 가수와 관객 사이의 소통, 1만 명의 환호는 건물을 무너뜨릴 듯했다.

다음 무대는 "6년간 군인이었다"고 자신을 소개한 싸이. 관객들은 오래전 그를 용서한 모양이다. 그는 땀으로 범벅이었고 마이크로 나오는 소리는 노래 반, 가쁜 숨소리 반이었다. 무대를 휘젓다 잠시 숨을 고르듯 무대 스피커에 발을 올리고 마이크를 객석으로 돌렸다. 관중은 낼 수 있는 한 소리를 질렀다. "우리 서로 아픔을 같이 할 때 다시 태어날 수 있는 것…" 기성세대가 20년 전 이들 나이에 불렀던 노래 '환희' 였다.

휴대폰 요금을 만 원만 내렸다면, 등록금을 10%라도 내리려는 노력이 이들 눈에 보였더라면, 일자리를 양보하는 기성세대 모습이 조금이라도 이들에게 전해졌다면, 냉랭한 얼굴로 서로 자기가 옳다고 윽박지르기보다 진정성 있게 설득하고 이해를 구했더라면, 입버릇처럼 '국민을 위해서' 라 말하는 국회의원 중에 가수 김장훈 같은 사람이 서너 명만 있었다면….

최선을 다한 김범수와 싸이에게 관객이 보여준 것은 '존중' 이었다. 온통 땀에 젖은 모습이 대형 화면에 비춰질 때 더 크게 환호했고, 가수가 힘들어하면 관객들이 대신 노래를 채워줬다. 관객을 '존중' 하는 가수에 대한 답인 듯했다. 세월이 흘러도 진정한 소통은 역시 '마음' 의 문제였다. 소통이란 트위터 같은 것도, 세대 차이나 가치관 문제도 아니었다. 이들은 기성세대와 같은 언어로 크게 외쳤다. 단순하고 명확했다. "우리 서로 아픔을 같이할 때 행복할 수 있어요." 진정성과 땀이 함께 한다면 '슬퍼도 행복할 수 있다고….' (702)

〈不通정부의 소통법〉

요즘 세종대왕의 훈민정음 창제를 소재로 한 '뿌리 깊은 나무' 라는 TV 드라마가 인기다. 시청자들의 공감을 끌어내는 이유는 오늘에도 절실한 정치지도자의 덕목과 국민과의 소통에 대한 고민이 등장하기 때문이다.

"한나라 때 언로(言路)를 틔우려 간관(諫官)을 만들었으나 그 간관을 만든 후부터 더욱 언로가 막히었다. 한자가 어렵기에 백성들이 그들의 말을 임금께 올리려면 관료를 거칠 수밖에 없었고, 그 관료들은 백성들의 소리를 왜곡하고 편집했다. 언로를 틔워 사방 만민의 소리를 들으라. 이것이 유학에서 임금에게 가장 강조하는 덕목이다."

세종대왕 시절엔 상상도 못했던 소통수단이 사통팔달(四通八達)로 뚫린 시대다. 그럼에도 국민과의 소통에 불합격점을 받아온 이명박 정부가 집권 5년차를 앞두고 조직 개편을 단행했다. 작년에 신설한 청와대의 '국민소통비서관'을 선임비서관으로 높이고, 그 밑에 '세대공감 회의'와 '세대공감 팀장'을 신설키로 했다. "10 · 26 재 · 보선에 나타난 2040세대의 민심을 분석해 국정운영에 반영하기 위해서"라고 한다.

"간관(국민소통비서관)이 있다고 백성과의 소통이 이뤄지는 건 아니다"라는 걸 드라마도 꿰뚫어보는데 이 정부는 왜 그리 답답한 해법만 내놓는지 모르겠다. 이명박 정부가 '불통(不通)' 판정을 받은 건 국민이 납득하기 힘든 인물을 중용하려는 외골수 인사, 재산을 몽땅 내놨다면서도 느닷없이 사저(私邸) 논란에 휩싸이는 대통령의 진심 등을 헤아릴 수 없었기 때문이다.

소통의 핵심은 상대방의 입장을 이해하고 공감할 줄 아는지, 그리고 내가 전달하려는 말에 얼마나 진정성이 담겨 있는가이다. 미국 심리학자 다니엘 골먼은 이 같은 타인과의 소통능력을 '감성지능', 그것이 확대된 것을 '사회지능'이라고 표현했다.

한국은 점점 소통이 힘든 사회구조가 되고 있다. 소득격차 · 교육격차 같은 겹겹의 양극화가 사회를 단절시키고 있다. 그렇기에 내 말에 귀 기울이고, 내 처지에 소통할 줄 아는 '감성지능' 높은 리더에 대한 갈증이 커질 수밖에 없다. 국민소통비서관을 100명 임명한다고, 전문가 1,000명을 모아 SNS 본부를 만든다고 국민과의 소통능력이 높아지는 건 아니다. (703)

《주역(周易)》은 소통(疏通)의 고전이다.

조직은 소통되어야 길(吉)하고 형(亨)하다. 《주역》에서 최상의 소통을 의미하는 괘는 태(泰)괘다. 태(泰)괘는 괘상(卦象)에서 보여지듯 상하가 소통이 원활하여 태평(泰平)하다는 뜻이다. 위에 땅을 의미하는 곤(坤)괘가 있고 아래에 하늘을 의미하는 건(乾)괘가 있어서 땅이 위로 가 있고 하늘이 아래로 가 있는 상태다.

천지가 뒤바뀌었는데 왜 태평(泰平)하냐고 할지 모르겠지만 하늘은 위를 향해 땅을 섬기고 있고, 땅은 아래로 하늘을 향하여 믿고 따라가는 모습이다. 일명 섬기는 지도자가 백성을 하늘처럼 받들고 있는 것이 진정 태평성대라는 것이다. "태(泰)는 조그만 문제점들이 사라지고 큰 태평함이 오니 길하고 형통한 괘이다(小往大來 吉亨). 하늘과 땅이 서로 교류하고 있으니 만물이 통하는 것이다(天地交而萬物通也). 상하가 서로 교류하니 그 꿈과 뜻이 하나로 모아지는 것이다(上

下交而其志同也). 이런 상황에서는 훌륭한 인재들이 중앙에 들어가고 소인들은 밖으로 퇴출된다(內君子而外小人).” 환상적으로 소통되는 조직의 모습이다.

고대 제왕들의 가장 중요한 리더십은 바로 소통(疏通)이었다. 소통은 명령해서 되는 것도 아니고 강요해서 되는 것도 아니다. 오로지 낮은 곳으로 임하는 리더의 자세에서 리더를 하늘처럼 믿고 따르는 백성들의 자발적 소통이 나온다는 것이다. (704)

남녀노소 귀천가릴 것 없이 누구나 말을 잘하고 싶고, 말을 잘하는 것은 큰 자산이다. 특히 대중을 설득하고 국제무대에서 상대국 대표를 이해시켜야 하는 정치 · 외교 · 경제 · 사회 · 문화 · 체육 · 예술 등 각 분야 리더들에게 말, 스피치, 연설은 참으로 중요하다.

수사(修辭 · rhetoric · 말을 꾸며 조리 있고 아름답게 잘하는 것)는 그냥 말만 번지르르하는 것이 아니다. 진정한 수사는 세상에 대한 통찰(철학)과, 대중과 소통하겠다는 강렬한 갈망이 만날 때 이루어진다. 그래서 수사는 아무나 하는 게 아니다. 역대 대통령 중에는, 이승만, 김대중, 박정희 순으로 수사를 잘했다. 수사를 못하는 정치인이라도, 상스런 표현을 쓰면 안 된다. 그 내용이 맞건 틀리건 상스런 표현은 백이면 백, ‘정치적으로 잘못된(politically incorrect)’ 말이 되기 때문이다. 정치인들이 제발, 철학과 수사에 대해 공부 좀 하길…. (705)

미국 펜실베이니아의 조 모던 대표가 독립선언서에 서명을 망설일 때였다. 그를 찾아간 프랭클린은 독립선언을 지지하게 되면 선거에 낙선할 수도 있다고 말하며 이렇게 덧붙였다. “하지만 당신은 독립선언문의 서명자로 역사에 남을 것입니다.”

성공한 리더들의 공통점 가운데 하나는 바로 “뛰어난 화술”이다.

허스키한 목소리와 사투리로 고민하던 링컨 역시 “국민의, 국민에 의한, 국민을 위한 정부”와 같은 핵심을 찌르는 간결한 말로 강한 인상을 남겼다. 키가 작은 나폴레옹의 강력한 무기는 침묵이었다. 그는 병사들을 모아놓고 수십 초 동안 아무 말도 하지 않았다. 그때마다 병사들은 그가 거인처럼 커지는 느낌을 받았다.

그렇다면 이들은 모두 타고난 달변가였을까. 20세기 최고의 연설가로 꼽히는 처칠 역시 하원의원 시절 연설을 순전히 외워서 하던 끔찍한 기억이 있고, 연설문을 고치느라 수많은 밤을 새웠다. 그가 스승에게 전수받은 화술의 첫 번째 비법은 바로 '절대, 절대, 절대 고개를 숙이고 말하지 말 것!' 그것은 상대를 향한 가장 호소력 있는 음성이자 적극적인 몸짓이었다. 즉 처음부터 만들어진 리더는 없다. 단 한마디를 하더라도 그것이 마음에 울림을 줄 때 사람들은 그 말을 기억했고, 그를 따랐으며, 그를 기꺼이 '리더'라 불렀다. (706)

빌 게이츠(Bill Gates) 전 마이크로소프트(MS)회장이 활용하고 있다는 연설 비법(미 경제주간지 비즈니스위크 2009.2.17)을 보자

①어젠다는 말로 설명하라. ②파워포인트는 단순화해 시각에 호소하게 하라. ③청중을 놀라게 하라. ④통계 수치는 문맥 속에 녹여 넣어라. ⑤유머를 사용하라. ⑥청중에게 가능하다는 믿음을 주라. (709)

말은 상대가 있다. 그렇기 때문에 대화에서 듣는 사람이 잘 알아듣도록 진지하게 말해야 한다. 소통전문가 김창옥의 저서 《유쾌한 소통의 법칙 67》을 읽고 대전 동부경찰서장 정기룡은 "입장 바꿔 생각해봐"라며, "《유쾌한 소통67》을 읽고 나니 어떤 가요의 가사가 생각난다. '…입장 바꿔 생각해봐 니가 지금 나라면 넌 그럴 수 있니…' 소통은 나는 물론이고 다른 사람의 입장을 한 번 더 생각하는 멋진 기술이다. 이 책은 톱니바퀴처럼 돌아가는 생활 속에서 한줄기 소나기를 보는 느낌이다. 33,39번이 좋다!" 고 소감을 썼다. (707)

고려대 사회학연구소가 2011년 2월 22일 발표한 논문들에 비친, 오늘날 한국인이 겪는 갈등의 단면에 관한 연구 결과에 따르면 우리 사회는 여전히 조화에 기뻐하기보다 갖은 갈등으로 고민한다. 한국인이 인식하는 평균 사회 갈등 수준은 10점 최고점에 6.9점이었다. 과거 5년 전에 비해서도 갈등이 더 심각해졌거나(40.8%), 비슷하다(44.4%)고 보는 사람이 압도적 다수였다. 일상적인 소통의 최대 장애물로 이념 차이, 지지 정당, 종교 순으로 꼽혔다. 연령차나 교육 수준, 빈부 격차는 그 뒤로 밀렸다.

가정과 일터, 이웃으로 관계의 범주를 나눴을 때 갈등의 주된 발원지는 가족(53.5%)이었다. (708)

캐나다 맥매스터대 데이비드 페인버그(Feinberg) 교수 연구진은 '진화생물학' 지에 이 같은 우려를 실험으로 입증했다.

실험은 남녀 참가자들에게 이성의 높고 낮은 목소리를 들려주고, 어느 쪽이 자신을 속이고 바람을 피울 것 같은지 고르게 하는 방식이었다. 목소리는 인위적

으로 높거나 낮게 조작했다. 그 결과 남성은 여성의 목소리가 높을수록, 여성은 남성의 목소리가 낮을수록 나중에 자신을 배신할 가능성이 크다고 평가했다. 선남선녀들이여, 상대방의 목소리에 조심하시기를! (710)

피터 드러커는 "앞으로 21세기를 이끌어가는 지도자는 커뮤니케이션을 잘하는 사람이 될 것이다"라고 했다.

커뮤니케이션에는 4가지가 있다. 듣기, 쓰기, 읽기, 말하기다. 이 4가지 중에서 어떤 것이 가장 어려울까?

정답은 바로 '듣기'이다. 다른 사람의 말을 경청하는 것이 읽고 말하고 쓰는 것보다 훨씬 더 어렵다고 한다. 그래서 '성인(聖人)'이라는 말에서 '성'을 한자로 풀이해보면 거기에는 '귀 이(耳)'가 들어 있다. 즉, 성인은 이야기를 잘 들을 줄 아는 사람이라는 뜻이다. 이 '경청'만 잘해도 의외로 돈을 잘 벌 수 있다. 사람들의 이야기를 주의 깊게 잘 들으면 여러 가지 아이디어를 얻을 수 있고, 대부분의 사람들은 자기 이야기에 집중하는 사람에게 우호적이기 때문이다. (100)

통즉불통(通則不痛), 불통즉통(不通則痛)은 한의학에서 하는 말이다. 통하면 안 아프고, 안 통하면 아프다. 병이 들었다는 것은 기(氣)가 막혀 통하지 않는 상태를 말한다.

통불통(通不通)에 따라 통불통(痛不痛)이 나뉘는 것은 육체만이 아니다. 사회의 기는 언로(言路)로 소통된다. 언로가 막히면 기의 흐름이 끊긴다. 달고 기름진 음식만 찾으면 성인병에 걸린다. 듣기 좋은 소리만 들으려다 소통이 단절된다. 힘들어도 운동을 하고 나면 몸이 개운하다. 거슬려도 쓴 소리에 귀를 기울이니 갈등이 사라진다.

세종 임금께서 병으로 누웠다. 내시들이 무당의 말을 듣고 성균관 앞에서 치성을 드렸다. 유생들이 들고 일어나 무당을 내쫓았다. 화가 난 내시가 임금에게 고해 바쳤다. 세종께서 자리에서 벌떡 일어나시더니 말씀하셨다. "내가 늘 선비를 기르지 못함을 걱정했는데, 이제 사기(士氣)가 이와 같으니 무얼 근심하랴. 그 얘길 들으니 내 병이 다 나은 듯 개운하다." 오히려 이렇게 선비들의 사기를 진작시켜 주었다. 이는 '동각잡기(東閣雜記)'에 나온다.

성종 때 일이다. 임금이 갑자기 승지와 사관(士官), 육조와 삼사(三司)에 붓 40자루와 먹 20개씩을 각각 내렸다. "이것으로 내 잘못을 써서 올려라. 신하가 감히 살펴 바른길로 이끄는 자를 직신(直臣)이라 하고, 아양을 떨며 잘한다고 하는 자는 유신(諛臣) 즉 아첨하는 신하라 한다. 너희는 나의 직신이 되어다오." 이익(李瀷)은 《성호사설》에서 이 일을 두고 이렇게 적었다. "임금이 바른말 구하는 정성이 이와 같으니, 받은 자가 침묵하려 해도 마음이 편안치 않을 것이고, 아첨하는 말을 하려다가도 마음이 부끄러운 것이다."

도처에 불통이라 안 아픈 데가 없다. 이해를 거부하고 오해만 탓한다. 듣지는 않고 제 말만 한다. 꽉 막힌 상태로 큰물이 지면 강물은 제 길을 잃고 마을을 덮친다. 흙탕물 천지가 된다. (711)

신문보도에 의하면 우리나라 청소년의 73.4%가 매일 욕설을 한마디 이상씩 한다고 한다. 여성가족부 조사에 따르면 청소년들의 절반은 욕설을 습관적으로 하는데 실제 그 욕설이 어떤 의미인지를 아는 경우는 27%에 불과하다고 한다. 뜻도 모른 채 상스러운 욕설을 일상화하고 있는 것이다.

우리나라 말 중 욕설 등 비속어는 8,000개나 된다고 한다. 청소년들의 욕설은 일상생활은 물론 신분이 노출되지 않는 온라인 상에서 더욱 심해진다. 그래서 '누가 더 자극적인 욕을 해서 상대방의 말문을 먼저 막히게 하나' 를 놓고 겨루는 '욕 배틀(전쟁)' 이 인터넷에서 마구 퍼지고 있다. 문제는 인터넷, 영화, TV 등 대중매체가 욕설을 배우는 교실이라는 점이다. 실제로 여성가족부가 발표한, 욕을 배우게 된 경로로 인터넷(26.4%), 영화(10.2%), TV(4.3%)순으로 나타났다. 요즘 한국 영화에서 나오는 욕설들은 점점 대담해져서 이제 거칠 것이 없는 상태에 가 있다. (712)

최근 중고등학교 학생들의 욕설 실태와 관련하여 '75초에 한 번씩 욕설 내뱉는 우리 아이들' 이란 제목의 신문사설을 보자. (1031)

"한국교총과 EBS가 중학생 2명과 고등학생 2명에게 소형 녹음기를 지참시켜 등교 이후 점심시간까지 4시간 동안 주고받은 대화를 녹음했더니 1명당 평균 75초에 한 번꼴, 1시간에 49회의 욕설을 한 것으로 나타났다고 한다. 조사대상 4명 중 2명은 평소 '욕을 잘하는 학생' 으로 소문난 학생이었지만 나머지 2명은 평범한 학생들이었다.

1분 15초마다 욕설을 한다는 건 욕을 입에 달고 사는 거나 다름없다. 올 초 여성가족부 보고서에서도 청소년의 73.4%가 매일 욕설을 하는 것으로 나타났다.

'욕을 전혀 하지 않는다' 는 경우가 5.4%에 불과했으니 우리 청소년들은 욕을 하지 않으면 의사소통이 잘 안 된다고 봐야 할 것이다. 예전엔 공부가 뒤떨어지거나 성장환경이 열악한 아이들이 욕을 더 한다는 조사가 많았으나 최근엔 욕설 사용과 학업성적, 부모의 직업과 학력 사이에는 그다지 상관관계가 없다는 분석이 주류다.

1990년대 이후 인터넷 · 온라인 게임 · 휴대전화 같은 디지털 미디어와 TV · 영화 · 대중가요가 언어 오염을 부추겨 왔다.

청소년들이 '욕설을 배운 곳' 으로 주로 꼽은 서든어택 · 메이플스토리 · 테일즈런너 같은 인터넷게임, 국가대표 · 해운대 · 말죽거리 잔혹사 같은 영화들은 모두 청소년이용가(可) 등급을 받았다. 네이버 · 네이트 · 디시인사이드 같은 대형 포털사이트도 욕설에 무방비로 노출된 사이버 공간이다. 포털업체와 게임 · 영화 제작업체들이 청소년들의 언어생활을 욕설의 오염으로부터 지켜내려는 노력을 기울이도록 뭔가 자극이 주어져야 한다.

가정과 학교는 언어를 담는 그릇이다. 초등학교 시절부터 부모와 교사들은 자라나는 아이들의 언어생활에 세심한 관심을 기울여야 한다. 교육개발원 조사를 보면 학생들이 욕설을 처음 사용하는 시기는 초등학교 저학년 22.1%, 고학년 58.2%이고 중학교 1학년으로 가면 7.9%로 뚝 떨어진다. '욕설을 할 때 충고하는 사람이 없다' 고 대답한 청소년도 42.6%나 된다. 청소년의 언어를 담고 가다듬는 가정과 학교라는 그릇에 금이 가버린 것이다. 빗나간 언어는 빗나간 행동으로 이어지고 결국은 빗나간 인생을 만들고 만다는 사실을 가정과 학교가 함께 깨달아야 한다."

월간 좋은생각(2008.1)이 조언하는 "상대방과 교감하는 대화법"을 보자.

①충분히 생각하고 따뜻하게 말하라 ②진지하게 경청하고 상대방에게 말할 기회를 주라 ③개인의 이익에 따른 문제에는 냉철하되 공동의 이익에 따른 문제에는 설득력 있게 흥분하라 ④입장을 바꿔 생각하고 말하라 ⑤유머를 사용하라 ⑥협조를 구하는 식으로 말하라 ⑦정확하게 전달하라.

송길원은 저서 《송길원의 행복 통조림(물푸레)》에서 "송길원의 10가지 소통의 법칙"을 다음과 같이 제시한다. ① '앞' 에서 할 수 없는 말은 '뒤' 에서도 하지 마라 ② '말' 을 독점하면 '적' 이 많아진다. ③목소리의 '톤' 이 높아질수록 '뜻' 은 왜곡된다. ④ '귀' 를 훔치지 말고 '가슴' 을 흔드는 말을 하라 ⑤내가 '하고' 싶은 말보다 상대방이 '듣고' 싶은 말을 해라 ⑥칭찬에 '발' 이 달려있다면 험담에는 '날개' 가 달려 있다. ⑦ '뻔' 한 이야기 보다 '펀' 한 이야기를 해라 ⑧ '혀' 로만 말하지 말고 '눈' 과 '표정' 으로 해라 ⑨입술의 '30' 초가 가슴의 '30' 년 된다. ⑩ '혀' 를 다스리는 것은 나지만 내뱉어진 '말' 이 나를 다스린다.

연설할 때 참고해야 할 "효과적인 연설방법"을 옮겨 본다.

① 연설을 계획하고 연설문을 작성하라
② 거울 앞에서 연설문을 크게 읽으면서 연설하라
③ 연설을 멋지게 해내는 자기 모습을 믿음 속에 그려보고, 긍정적인 자기 암시로 자신감을 북돋아 주어라
④ 청중을 사로잡을 수 있는 강력한 첫마디를 찾아라
⑤ 서론 · 본론 · 결론의 3단계를 지켜라
⑥ 많이 웃어라. 웃음은 얼음도 녹이는 위력을 발휘한다.
⑦ 청중과 눈을 맞춰라
⑧ 가능한 한 많이 움직여라
⑨ 시청각자료 유머 · 억양 · 인용문 · 예시 특히 비유나 일화를 많이 활용해라
⑩ 타이밍을 잘 맞춰라. (출전미상)

말할 때 명심해야 할 「아라비아의 시」를 옮긴다.

험담이 하고 싶어
입이 근질근질 하다면
내뱉어라.
그러나 말하기 전에
세 개의 황금 문,
아주 좁은 문을 통과해야 한다.
첫째, "내 말이 사실인가?"
둘째, "내 말이 필요한가?"

진실한 마음으로 대답하라.
마지막 문은 가장 좁은 문.
셋째, "내 말이 친절한가?"
세 개의 황금 문을 통하여
마침내 입술에 닿은 말은
상대방에게 전해도 된다.
그 반대라면 무서워하라.
말의 책임은 당신이 진다. (331)

상사 질책에 대한 부하 여성직원의 대응 요령에 대한 조언을 보자.

① 해명은 열 자를 넘기지 말라
② 그 자리에서 파르르하지 말라
③ 상사가 화난 근본 원인을 파악하라
④ 스트레스를 남기지 말라. (713)

시간당 수백만 원의 고액 강연료를 받고, 몸이 열 개라도 모자랄 만큼 전국구로 강연을 뛴다는 '국민강사'로 통하는 김미경의 예술 같은 언변(art speech)과 스피치 잘하는 법에 대해 들어보자.

① 말하기의 핵심은 컨텐츠고 히스토리(history)지, 바른말 고운말이 아닙니다.
② 사투리 신경 쓰지 말고 자연스럽게 말해야 한다.
③ 강연이라는 건 책 300쪽을 1시간 분량으로 먹기 좋게 요리해서 입안에 쏙 넣어주는 것과 같다.
④ 말에 높낮이가 있고 강약이 있어야 한다. 필요할 때 그에 어울리는 몸짓언어가 있어야 한다. 1시간 동안 청중을 울고 웃게 할 드라마를 만들어야 한다.
⑤ 강의에 이름 붙인 유머가 들어가면 그처럼 촌스러운 강의는 없는 거다. 강의 내용 자체로 웃음을 유발해야지
⑥ PT(Presentation)는 그림으로 승부하는 게 아니라 아는 만큼 성공한다. 자기조직의 히스토리와 미래전략, 로열티를 꿰고 있는데 어떻게 먹히지 않

을 수 있나. (714)

김부영(꿈나무회의교실 강사)은 「명강(名講)의 조건 10가지」를 다음과 같이 제시하고 있다.

① 재미가 있어야 한다.

② 내용이 있어야 한다. – 예시 · 비유 · 유머 · 경험사례 등을 활용하되 마무리를 통해 메시지를 확실히 전하도록 한다.

③ 대화식 강의를 해야 한다.

④ 다방면의 독서로 통섭의 시대 다채롭고 좋은 내용을 강의해야 한다.

⑤ 사전연습을 해야 한다. – '훈련은 실전처럼, 실전은 훈련처럼 하라'

⑥ 강의는 연기다. – 몸짓, 언어, 억양 하나하나에 쇼맨쉽을 발휘하라.

⑦ 매너리즘에 빠지지 마라. – 가는 곳마다 똑같은 내용이어서는 안 된다.

⑧ 항상 당당하고 자신감 있게 하라.

⑨ 단문구사를 해야 한다. – 장황하지 않게 핵심을 던지고 긴장과 이완, 강약, 기승전결과 요약이 필요하다.

⑩ 제스처를 적절히 활용해야 한다. – 몸짓, 손짓, 눈짓, 몸 이동하기 등을 잘 하되 특히 손짓을 잘 활용하라. (715)

끝으로 좋은 월간지 「좋은생각」에 「꽃보다 아름다운 '기맥힌' 말 솜씨」란 글을 보자.

「전라도 어머니들의 음식 솜씨야 말로 하면 입 아프고 글로 쓰면 손만 아프다. '오직 당신만을 위한 음식' 임을 표시하기 위해 김치 한 접시에 수북이 뿌린 통깨 숫자만큼 어머니들의 음식 사랑은 대단하시다. 내가 만난 어머니들은 말솜씨도 그렇다. 멀리서 가져온 말도 아니고, 어느 책에서 읽으신 것도 아닐진대, 어머니들의 덕담은 사람을 춤추게 한다. 일흔이 넘은 어머니들의 잊히지 않는 말씀들이다.

"어무니는 고 집이 같은 딸을 낳았다요?" 친정 엄마와 나를 동시에 칭찬하시는 말씀이다. 듣는 사람을 참 기분 좋게 하며 저절로 고마운 마음이 들게 한다.

"벌은 촉심으로 살제만은 노인은 자식들 힘으로 사는 법이제." 바쁜 도시 생활 탓에 시골 부모님 생각을 자주 못하는 자식들에게 벌처럼 쐐기를 박으신다.

"사람 사는 거이 계단으로 치자믄 한나쓱 올라가야제. 욕심내고 두 개쓱 올라

가다 보믄 되고(힘들고) 자빠져. 밥 묵은 집에서는 쌈 나고 죽 묵은 집에서는 웃음 난다 안 해? 욕심내지 말고 늘 베풂서 살아야 써. 주변에 사람이 많애야 진짜 부자여." 로또 한 방을 꿈꾸는 요새 사람들에게 진짜 부자란 무엇인지 말씀하신다.

노래를 들려 달라며 들이대는 마이크를 잡고 한숨을 돌리시는 기술도 예술이다. "워따 뜨건 국에 맛 모리드라고(모르더라고), 마이크 들이대싼게 노래가 어디로 싹 숨어 부네이." "오메, 머릿속에 오일장이 서 부네. 가만있어 봐이……." 기가 막힌 노랫소리에 앞서 늘 이렇게 아니리(사설)가 먼저 나오는 것이다.

"친정 어매가 나 세 살 때 돌아가셔 붓어. 누가 어매 소리만 허믄 뜬 밥숟가락도 무구와(무거워)." 친정어머니 없이 고생하며 살아온 세월이 한마디에 다 들어있다. 그래서 어머니는 건강하게 살려고 애쓰신다. 자식들에게 어머니의 빈자리가 얼마나 큰지 잘 아시기에…….

"허믄 허제. 딴 사람도 허는 것을 나라고 못하겄냐?" 새 휴대전화를 선물받고 사용법을 익히는데 "엄마는 어려워서 못해"하며 포기시키는 아들에게 일흔 넘은 어머니가 대답하신다. 그 말씀엔 고목 같은 손으로 새 물건에 상처 낼까 조심하면서도 기어이 사용법을 터득하고야 마는 끈기가 고스란히 담겼다.

"노래에 웃음 나고 말씀에 향기 나기를……." 비손할 때마다 소원한다는 어느 어머니처럼 우리 모두의 말에 향기가 나는 하루이길 빌어 본다.」(988)

4-4

행동 · 실천

실 천

김원각

당나라 시인 백낙천이 물었습니다.

"어떻게 수행해야 합니까?"

조과 선사가 대답했습니다.

"나쁜 짓 하지 말고 선행을 하여라."

"그런 것쯤이야 세 살 먹은 아이도 아는 말입니다."

이에 조과 선사가 말했습니다.

"세 살 먹은 아이도 쉽게 알 수 있으나

백 살 먹은 노인도 실천하기는 어렵다." - 《풍경소리》

□ 상대방에게 좋은 인상을 주고 싶은 것은 누구나 마찬가지겠지. 그러기 위해서는 말이나 행동, 사소한 동작 하나하나에 신경 쓰고, 주의를 게을리 하지 말아야 한다.
- 필립체스터 필드

□ 중요한 것은 말하는 것이나 희망하는 것, 바라는 것이나 의도하는 것이 아니라 행동하는 것이다. - 브라이언 트레이시

□ 말은 반드시 믿음직하게 하고 행동은 반드시 과단성이 있어야 한다(言必信 行必果).
- 《논어》 자로편

□ 승자와 패자를 분리하는 단 한 가지는 승자는 실행하는 사람이라는 점이다(The one thing that separates the winners from the losers is, winners take action).
- 앤서니 로빈스

□ 당신이 변하면 모든 것이 변한다(Everything changes when you change). - 짐 론

□ 삶의 위대한 끝은 지식이 아니라 행동이다. - 토머스 헨리 헉슬리

□ 도덕적인 백만 가지 주장보다 도덕적인 한 가지 행위 쪽이 옳다는 것은 말할 나위도 없다. - J · 스위프트

□ 인생의 목적은 행위이고 사상이 아니다. - 칼라일

□ 아는 것으로는 충분치 않다. 그것을 적용해 보아야 한다. 하고자 함으로는 충분치 않다. 그것을 실제 행해야 한다. - 괴테

□ 행동이 반드시 행복을 안겨주지 않을지는 몰라도 행동 없는 행복이란 없다.
- 윌리엄 제임스

□ 애교 있는 행동은 사람의 눈을 즐겁게 하고, 진실 있는 행동은 사람의 마음을 지배한다.
- 포프

□ 잘 생각한 후에 행동해야 한다. 행동은 오로지 그 때가 있기 마련이기 때문이다(慮善以動, 動惟厥時). - 《서경(書經)》

□ 말이 성실하고 믿음이 있고 행동이 독실하고 공경스러우면, 비록 오랑캐 나라에서도 살아갈 수 있을 것이다(言忠信 行篤敬 雖蠻貊之邦 行矣). - 《논어 위령공편》

□ 생각하는 인간으로서 행동하라. 그리고 행동하는 인간으로서 생각하라.
- 앙리 베르그송

□ 1온스의 실천이 1파운드의 설교보다 낫다. - J.레이, 영국

□ 백 번 듣는 것이 한 번 보는 것만 못하다(百聞而不如一見). - 《한서(漢書)》조충국전

■ ■ ■

《주역(周易)》 계사상전(繫辭上傳)에 "언행군자지추기(言行君子之樞機)", 즉 "말과 행동은 군자에 있어서 가장 중요한 요소이다"라는 가르침이 나온다.

사람이 하는 일의 핵심적인 요소는 말, 행동, 사고의 세 가지이다. 그런데 《주역》에서는 외부로 표현되는 말과 행동 두 가지를 골라 군자에게 가장 주요한 요소라고 가르치는 것이다. 군자는 지도적 위치에 있는 사람이므로 일언, 일행의 중요성을 강조하고 있는 것이다.

성경은 여러 곳에서 사람의 행동에 관한 가르침을 주고 있는데 마태복음에서는 산상수훈(5:1~7:29)에서 여러 가지 행하여야 할 항목들을 가르치고 있다. 그 중 일부를 옮겨 본다.

"너희는 세상의 소금이니 소금이 그 맛을 잃으면 무엇으로 짜게 하리요…. (마태 5:13)"

"옛 사람에게 말한바 살인치 말라 누구든 살인하면 심판을 받게 되리라…. (5:21)"

"또 간음치 말라…. (5:27)"

"또 눈은 눈으로 이는 이로 갚으라 했다는 것을 너희가 들었으나 나는 너희에게 이르노니 악한자를 대적지 말라. 누구든지 네 오른편 뺨을 치거든 왼편도 돌려 대며…. (5:38~39)"

"나는 너희에게 이르노니 너희 원수를 사랑하며 너희를 핍박(逼迫)하는 자를 위하여 기도하라. (5:44)"

"너는 구제할 때에 오른 손이 하는 것을 왼손이 모르게 하여 네 구제함이 은밀하게 하라 은밀한 중에 보시는 너의 아버지가 갚으시리라. (6:3~4)"

"그러므로 염려하여 이르기를 무엇을 먹을까 무엇을 마실까 무엇을 입을까 하지 말라. (6:31)"

"너희는 먼저 그의 나라와 그의 의를 구하라 그리하면 이 모든 것을 너희에게 더하시리라. (6:33)"

"비판을 받지 아니하려거든 비판하지 말라. (7:1)"

"구하라 그러면 너희에게 주실 것이요, 찾으라 그러면 찾을 것이요, 문을 두드리라 그러면 너희에게 열릴 것이니, 구하는 이마다 얻을 것이요 찾는 이가 찾을 것이요, 두드리는 이에게 열릴 것이니라. (7:7~8)"

"좁은 문으로 들어가라. 멸망으로 인도하는 문은 크고 그 길이 넓어 그리로 들어가는 자가 많고 생명으로 인도하는 문은 좁고 길이 협착하여 찾는 이가 적음이니라. (7:13~14)"

행동과 함께 그의 뿌리인 사고 또한 중요한데 어떻게 행동하고 사고할 것인가? 그에 관한 지혜를 들어 보자.

R.이안 시모어는 저서 《멘토》에서 크게 생각하고 크게 행동하라며 구체적인 행동 요령을 다음과 같이 제시하고 있다.

"크게 생각하고 크게 행동해라. 네가 중요한 인물인양 행동해라. 남과 다르게, 남보다 중요하게, 남보다 특별하게 생각하고 행동해라. 자신이 생각하는 있는 그대로 되는 것이므로 크게 생각하고 크게 행동한다면(그렇다고 오만방자하게 굴지는 말고) 현실에서의 지위뿐 아니라, 자신감과 자부심도 높아질 것이다. 구체적인 요령을 몇 가지 가르친다면 ①당당하게 걸어라 ②똑바로 앉아라 ③상석을 차지해라 ④계속 눈을 맞추어라 ⑤큰소리로 말해라 ⑥언제나 긍정적인 표현을 사용해라(420)"

아브라함 매슬로우는 자신의 동기부여 이론(욕구 5단계설)을 통해, 인간의 욕구는 기본 욕구인 「생리적 욕구」와 「안전 욕구」에서부터 상위 욕구인 「소속과 애정의 욕구」, 「존경의 욕구」, 「자아실현 욕구」까지 5단계로 이루어져 있다고 한다. 기본적인 욕구가 채워지면 인간은 상위 욕구를 채우려 한다고 지적한다. 여기서 놓치지 말아야 할 점은 욕구의 마지막 단계인 '자아 실현의 욕구' 만큼 강력한 동기부여 요인은 없다는 것이다. (163)

B.프랭클린은 "사고는 행동의 씨앗이다"라고 하여 행동이 사고의 결과물임을 말하고 있다. 공자는 "말은 무겁게(천천히 신중하게)하더라도 행동은 민첩하게 해야 한다(欲訥於言而敏於行, 논어 이인편)"고 가르친다.

인간의 사고와 행동 유형에 관해서 생각만 많이 하고 행동은 느린 "햄릿 형"과 충분히 생각하지 않고 행동부터 하는 "돈키호테 형"이 있는 것은 사실이다.

햄릿 형은 위의 공자님 가르침을 새겨들을 필요가 있다고 본다.

영국의 윤리학자인 F.허치슨은 저서 《미와 덕의 관념의 기원》에서 "최대 다수의 최대행복을 얻는 행동이 최선이다"라고 하여 많은 사람들에게 득이 되도록 하는 것을 행동의 최고 잣대로 제시하고 있다.

한 대학의 연구결과는 아버지와 독서, 여행 등의 시간을 많이 보낸 사람이 IQ가 높다며 "아버지와 시간을 많이 보내라"고 지적한다.

영국 뉴캐슬대 연구진은 1958년에 태어난 남녀 1만여 명을 대상으로 아버지가 미치는 영향을 조사했다. 그 결과 아버지와 독서, 여행 등 재미있고 가치 있는 시간을 많이 보낸 사람은 그렇지 못한 사람보다 IQ가 더 높고, 사회적인 신분 상승 능력도 더 큰 것으로 나타났다. 이는 42세 때까지 계속됐다.

필자는 유복자로 태어났으며, 아버님이 일제 때 징용에 끌려 가신 후 아직까지 생사를 확인할 수가 없다. 아버지와 또 1시간도 함께 시간을 보낸 일이 없었지만 IQ는 130을 넘는 걸 보니 예외에 속하는가 보다.

끝으로 '아름다운 행동' 여부를 변별(辨別)하는 기준에 대해 어느 책의 내용을 요약하여 소개한다.

「첫째, 법을 지키는 행동이다.

둘째, 남에게 이익을 주는 행동이다.

셋째, 남이 피해를 보지 않게 하는 행위이다.

넷째, 공평한 행위이다.

그렇다면 어떻게 해야 공평할 수 있을까?

《사기(史記)》에는 이런 기록이 있다. "공자는 가난하고 천했다. 장성해서야 계씨 집안의 창고 관리자가 되었다." 즉 공자는 창고를 관리하는 보잘 것 없는 직분을 맡아 공평하게 양을 재고 계산을 하며 속이는 법이 없었다. 여기서 말하는 '공평' 이란 공인된 측량 도구가 있음을 뜻한다.

《사기》에는 또 이런 기록이 있다. "진평(陳平)이 마을의 제사를 주재하니 매우 공평하게 고기를 나누어 모두의 칭찬을 들었다." 여기서 말한 '공평' 은 반드시 정해진 기준이 있는 것은 아니지만 틀림없이 모두가 인정하는 규칙에 부합했을 것이다. 제사 고기를 분배할 때 각 집의 식구 수에 따라 정확하게 나누지 않고 가난한 집에 좀 더 많이 주면 어떤가? 노인이 있는 집에 가장 좋은 고기를 주는 것은 어떤가? 모두가 동의하기만 하면 그것이 바로 공평한 결과일 것이다.

이로써 볼 때 이른바 공평이란, 첫째로는 가능한 한 가늠할 수 있는 기준을 사용해야 하며, 둘째로는 사람들의 마음속 가치 기준에 부합해야 한다. 그러므로 공평을 실현하려면 물론 사사로움이 없고 정직한 품성이 필요하지만 이것만으로는 부족하다. 반드시 관련 기술에 정통해야 하고 문화 전통을 이해해야 하며 인성을 깊이 인식해야 한다. '평등(平)' 과 '균등(均)' 을 이루어 낼 수 있는 사람은 대단한 사람이다. 공자는 이러한 능력이 있었기에 '평천하(平天下)' 할 수 있었고, 진평은 이러한 능력이 있었기에 '재천하(宰天下)' 할 수 있었으리라.」(465)

이 책의 저자는 '아름다운 행동'으로 법을 지키는 것, 남에게 이익을 주는 것, 남에게 피해주지 않는 것, 공평한 것 등 4가지를 제시했다. 필자는 여기에 '자신에게도 언젠가는 도움이 되고, 자긍심을 느끼게 하는 것' 한 가지를 더 추가하면 좋지 않을까 생각한다.

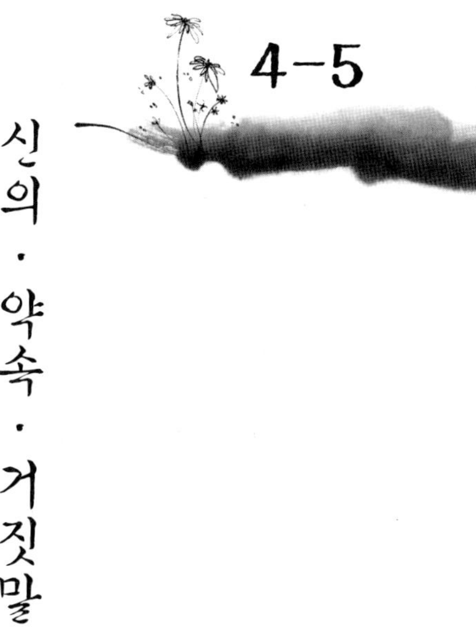

4-5 신의 · 약속 · 거짓말

케네디 가문의 「교양인이 되기 위한 수칙」

1. 약속을 준수해라.
2. 어려운 일을 당한 친구를 위로하라.
3. 호의를 베풀었던 사람을 꼭 기억하라.
4. 남을 비방하지 마라.
5. 무조건 받기만 바라지 마라.
6. 항상 웃는 사람이 되라.

– 박기현, 《마음을 다스리는 지혜》

□ 한번 신용을 얻으면 진로는 저절로 열린다. – E · 버크
□ 우리의 신용은 우리의 하나의 재산이다. – 쥐벨
□ 신용은 부(富)이며, 명성이다. – 프랑스 속담
□ 고통 없이 승리 없고 가시 없이 왕좌 없다. – W · 펜
□ 내가 위대한 사람이 되려고 열망했던 것은 나에 대한 어머니의 믿음 때문이다. – 프로이트
□ 상대에 대한 믿음을 보여주는 것만큼 큰 도움은 없다. – 부커 T. 워싱턴
□ 계포일락(季布一諾) : 초(楚)나라 장수 '계포가 한번 승낙했다'는 말로 한번 약속을 하면 반드시 지킨다는 뜻. – 《사기》 계포편
※계포일락은 장부일언 중천금(丈夫 一言 重千金)이라는 말의 좋은 예이다. (321)
□ 성공은 신 앞에 부끄러움 없이 서는 것이다(Success is to stand in the presence of God unashamed). – 서양 격언
□ 자기 자신을 믿고 큰 꿈을 꾸면 이루지 못할 것이 없다(When you believe in yourself and dream big, anything is possible). – 서양 격언
□ 모든 사람을 믿는 것과, 아무도 믿지 않는 것은 똑같은 잘못이다. – 세네카
□ 인간은 스스로 믿는 대로 된다(Man is what he believes). – 안톤 체호프
□ 신뢰는 거울의 유리 같은 것이다. 금이 가면 원상태로 돌아가지는 않는다. – 아미엘, 《일기》
□ 누구에게나 좋게 말하는 사람은 신뢰하지 말라 – C. 콜린즈, 《금언집》
□ 모든 거짓말은 금지되어 있으나, 한 가지만은 예외가 있다. 평화를 가져오기 위해 사용하는 거짓말이다. – 《탈무드》
□ 한 가지 거짓말을 하는 자는 자기가 얼마나 무거운 짐을 지게 될지 전혀 모른다. 왜냐하면 하나의 거짓말을 하기 위해서는 다른 거짓말을 스무 개나 하지 않으면 안 되기 때문이다. – 조나단 스위프트
□ 선비는 자신을 알아주는 이를 위하여 죽고 여자는 자신을 좋아하는 자를 위하여 얼굴을 꾸민다. – 예양, 《사기(史記)》자객열전
□ 당신이 이행할 수 없는 일은 맡으려고 하지 말고, 약속한 것은 지키려고 노력하라. – 조지 워싱턴
□ 믿을 수 있는 모든 것은 다 진실의 모습이다. – 윌리엄 블레이크
□ 천재성을 가진 자는 경탄의 대상이 되고, 부를 가진 자는 시기의 대상이 되며, 권력을 가진 자는 두려움의 대상이 되지만, 품성을 갖춘 자는 신뢰의 대상이 된다(Men of genius are admired, men of wealth are envied, men of power are feared, but only men of character are trusted). – 지그 지글러
□ 또한 네가 청년의 정욕을 피하고 주를 깨끗한 마음으로 부르는 자들과 함께 의와 믿음과 사랑과 화평을 좇으라. – 디모데 후서 2:22
□ 덜 약속하고 더 해주어라. – 톰 피터스
□ 인간의 언약(言約)처럼 못 믿을 것은 없다. – 세익스피어

■ ■ ■

공자님은 "정치의 요체"를 ①국민을 배부르게 하는 것(足食) ②국방을 튼튼히 하는 것(足兵) ③국민이 지도자를 믿게 하는 것(民信之矣)이라고 하고, 불가피하여 그 중에 먼저 하나를 버린다면 ①번을, 두 번째로 버린다면 ②번을 버리되, ③번은 끝까지 지켜야 한다고 했다. 그 이유는 "국민이 지도자를 믿지 못하면 그 지도자와 나라는 바로 설 수 없는 것(無信不立)"이기 때문이라고 했다. (논어 안연편)

공자님의 가르침처럼 신의(信義)란 지도자는 물론 보통사람에게도 믿음이 없다면 정치·행정·경제·문화예술·체육 등 모든 관계에서 인정받거나 대접을 받을 수 없고, 따돌림의 대상이 될 수밖에 없기 때문이다. 그렇기 때문에 일찍이 고대 라틴어에도 "약속은 반드시 지켜져야 한다(Pacta Sunt Servanda·팍타 순트 세르반다)"라는 말이 자주 쓰였던 것이다.

2011년 11월 10일 한국정치학회(회장 정윤재)와 한국지역 사회교육협의회(회장 차광은) 공동주최로 서울 프레스센터에서 열린 지역사회교육포럼에서 김호영 KACE파트너스 대표는 전국 35개 도시 성인남녀 4,408명을 대상으로 조사한 결과를 발표했다. 요지는 대기업과 정치인에 대한 불신이 우리 사회의 공동체 의식을 높이는데 가장 큰 걸림돌로 작용하는 것으로 나타났다. '대기업이 사회적 책임을 잘 수행한다'는 응답은 7%에 불과했고, '공직자와 정치인이 법과 시민을 존중한다'는 응답은 5.2%에 불과했다.

그러나 사회적으로 불공정하다고 느끼면서도 응답자의 70.3%가 '대한민국을 사랑하고 자랑스러워 한다'고 했다. (716)

성경은 거짓말과 아첨에 대해 다음과 같이 가르친다.

"거짓말하는 자는 자기가 해한 자를 미워하고 아첨하는 입은 패망을 일으키느니라(A lying tongue hates those it hurts, and a flattering mouth works ruin·잠언 26:28)."

거짓말과 흑색선전에 대해 "응징해야"한다고 신문사설은 주장한다.

'국민의 알 권리'는 두말할 필요도 없이 진실과 사실을 알 권리다. 국민이 거짓 정보에 오도(誤導)되면 잘못된 판단을 하기 쉽다. 정부나 정치권이 거짓말과 흑색선전을 하고, 그 진위(眞僞)가 제대로 가려지지 않으면 국민이 틀린 선택을 할 소지가 커진다. 요컨대 정부나 정치권의 거짓말과 흑색선전은 민주주의를 무너뜨리는 반(反)민주 · 반(反)국민의 죄악이다.

2년 전 서울 도심을 3개월간 마비시키다시피 했던 광우병 촛불시위도 그 출발은 거짓이었다. 미국산 쇠고기 수입에 반대하는 세력은 교묘한 조작과 거짓말로 '광우병 괴담'을 만들어내 국민을 현혹하고 정권을 흔들었다.

1974년 미국의 워터게이트 사건으로 리처드 닉슨 대통령이 사임한 것도, 조지 W 부시 대통령의 공화당 정부가 이라크전 개전 명분으로 삼았던 대량살상무기의 부재(不在)사실이 드러난 뒤 지지율이 급락한 것도 거짓말의 비싼 대가를 톡톡히 보여준다.

진실은 저절로 그 모습을 드러내지 않는다. 거짓말로 '진실을 알 국민의 권리'를 빼앗은 반민주 · 반국민 행위는 국민이 매섭게 응징해야 한다. 그래야 이 땅에서 거짓말 정치를 청산하고 참된 민주주의를 지켜나갈 수 있다. (717)

어린아이와 거짓말에 관한 이야기를 들어 보자.

거짓말을 하려면 사실은 사실대로 인지하면서, 그것을 대체할 일관성 있는 거짓 이야기를 생각해내고 마음속에서 그 두 가지를 곡예하듯 다뤄야 한다. 상대방이 생각하고 느낄 것에 대해서도 줄곧 유념해야 한다.

세 살배기가 거짓말을 했다면 머리가 좋은 것이다. 칭찬할 일은 아니지만 부모 입장에선 내심 기뻐할 만하다.

거짓말이 늘었다고 크게 염려할 필요는 없다. 유아원에 들어가면 줄어든다. 거짓말의 이득이 큰 대가를 치러야 한다는 사실을 깨닫게 되기 때문이다. 선생님과 친구들이 자신의 신뢰성에 대한 믿음을 잃어버려 따돌림 당하게 된다는 것을 알게 된다. 그러나 어떤 아이들은 그래도 영향을 받지 않는다. 7세 이후에도 습관적으로 거짓말을 하는 아이는 성인이 되어서도 그럴 개연성이 높다. (718)

2010년 11월 한국을 방문한 《신뢰의 속도》의 저자 스티븐 코비(Stephen.M.R.Covey · 48)는 한국인의 신뢰문제와 관련하여 다음과 같이 조언했다.

"한 조사에서 한국인의 28%만이 다른 사람을 신뢰할 수 있다고 답한 것으로 나왔습니다. 북유럽 국가 사람들은 68%에 달했지요. 여러 조사 결과를 종합해봐도 한국 사회의 상호 신뢰도는 전 세계에서 중간 이하입니다. 그러나 한국인의 성품과 역량을 볼 때 고신뢰 사회로 갈 역량은 충분합니다."

코비씨는 "신뢰는 꾸준히 연마하고 개선해갈 수 있는 가치"라면서 세계적으로 신뢰받고 있는 리더들의 공통점으로 솔직하게 말하라, 현실을 직시하라, 잘못은 즉시 시정하라, 먼저 경청하라 등 13가지를 지적했다. 그리고 이어서 "당연한 듯 들리지만 신뢰는 일시적으로 유행이나 기법이 아니라 시공을 초월해 번성한 모든 문명에서 입증된 원칙"이라고 말했다. (719)

춘추전국시대 법에 의한 통치를 주장한 법가(法家)의 대표적 인물 상앙(한비자)은 진(晉)나라 효공(孝公)으로부터 신임을 받아 좌서장에 발탁되어 국정개혁안을 만들어 발표 · 시행하기 전에 백성의 신뢰를 얻기 위해 묘책을 쓴다. 먼저 높이 세 길 되는 나무를 남문에 세우고, 이를 북문으로 옮기는 사람에게는 10금을 주겠다는 포고를 붙였다. 그런데 아무도 포고내용을 믿고 그것을 옮기는 사람이 없었다.

상앙은 포상금을 다섯 배 올렸다. 그러자 속는 셈치고 나무를 옮긴 사람이 나타났다. 그는 즉시 포고를 그대로 이행했다.

백성들의 신뢰를 바탕으로 상앙은 강력한 부국강병책을 시행하여 오랑캐 취급을 받고 있던 진나라를 전국시대 7웅 가운데 으뜸으로 도약시켰다. 이것이 훗날 시황제가 천하통일을 이룩하는 결정적인 토대가 되었다. 《사기(史記)》에 나오는 '이목지신(移木之信)' 의 고사다. (330)(452)

구소련의 교육학자 안톤 마카렌코는 "한 인간을 최대한 존중해주면 최대한 요구할 수 있다"고 말했다. 우리 아이가 무언가 되기를 바란다면 어떤 것을 요구하기 전에 최대한 존중해주는 연습을 해야 한다. 어른들도 직장상사에게 존중받고 능력을 인정받으면 더 열심히 일하고 싶어진다.

성실하다는 것은 무슨 일이든 성심성의껏 마음을 다해 진지하게 임하는 자세를 말한다. 성심을 다해 본질에 임하는 자세란 결국 기본에 충실한 것이다. 누구나 "기본에 충실하라(Back to the basic)!"는 이야기를 귀에 못이 박히도록 듣고 말하지만, 그 본질에 가까이 가보면 엉성하기 짝이 없다.

대개 직장에서 '성실한 사람' 이라고 하면 우리는, 지각이나 조퇴 없이 업무시간을 충실히 지키는 사람, 혹은 시키는 일을 시간 맞춰 해내고, 조직에 충성하며 상사의 말을 잘 듣는 그런 사람 정도를 떠올린다.

물론 규범을 충실히 지키는 것도 매우 중요하다. 그러나 본질로 더 깊이 들어가서 자신의 인생, 자신이 하는 일에 대해 진정으로 최선을 다하는 것이 더 중요하다.

현대그룹 창업자인 고(故)정주영 회장은 이렇게 말했다.

"작은 일에 성실한 사람은 큰일에도 성실하다. 작은 일을 소홀히 하는 사람은 큰일을 할 수 없다. 작은 일에도 최선을 다하는 사람은 큰일에도 전력을 다한다." (52)

우리 사회는 학벌, 외국어 능력, 화술, 매너 등 몇 가지 사항을 사회생활의 기본 조건으로 요구한다. 이러한 능력과 스펙(spec : 토익점수, 해외연수, 자격증, 공모전 입상, 인턴 등 취업에 유리한 조건)을 갖추는 데 최소 4년에서 길게는 10년까지 걸리기도 한다. 하지만 시간약속을 지키지 않는 사람에게는 이런 노력의 대가를 제공하지 않는 것이 우리 사회의 불문율이다. 기회박탈 혹은 가진 조건에 비해 평가절하당하는 고통을 감수해야 하는 것이다. 아무리 능력이 좋아도 지각을 잘하면 신뢰를 잃기 쉽다. 이것을 악마효과(Devil effect)라고 하는데, 한 가지 단점이 그 사람의 전체적 평가에 영향을 미치는 현상이다. 이와 반대되는 현상은 후광효과(Halo effect)라고 하는데, 능력은 모자라도 꼬박꼬박 아침 일찍 출근하는 사람이 기본점수를 따게 되는 것이 그 예다. (256)

1969년 스탠퍼드 대학의 심리학자 필립 짐바르도 교수팀이 흥미 있는 실험을 했다. 사람이 잘 다니지 않는 치안이 허술한 골목에 보존 상태가 비슷한 두 대의 자동차를 내버려 두었다. 두 대 모두 보닛을 열어두었는데, 한 대는 고의적으로 창문을 조금 깨 두었다.

유리창에 약간 금이 가 있다는 정도밖에 다를 게 없었지만, 일주일 뒤 두 자동차에는 확연한 차이가 드러났다. 보닛만 열어 놓은 자동차에는 그 어떤 변화도 일어나지 않았다. 하지만 차의 유리창을 손상시킨 자동차는 10분 만에 배터리가 없어졌고, 연이어 타이어 4개도 전부 없어졌다. 그 뒤 계속해서 낙서와 파괴, 쓰레기 투하 등이 일어났고 일주일 뒤에는 손써 볼 여지가 없을 만큼 완전히 파괴되고 말았다.

이 실험에서 사용된 '깨진 유리창'이라는 단어로 말미암아 'Broken Window'라는 이론이 탄생했다. 단지 유리창을 조금 파손한 것이 약탈과 파괴,

투기 같은 강도 높은 범죄를 불러올 뿐만 아니라, 파괴적인 행위가 단기간에 급상승한다는 점은 심리학적으로 중요한 발견이었다. (228)

부자간, 부부간, 친구간, 기업간, 이웃간, 지도자와 국민간의 약속은 어떤 것이든 잘 지켜져야 한다. 이 신뢰의 체계가 흔들리면 다른 모든 것도 흔들리게 된다. 서로 믿지 못하는 사회는 아주 저급한 사회이다. 민주주의든 공산주의든 신뢰의 뿌리가 없으면 설 수 없다. 무신불립(無信不立)이란 공자의 가르침은 만고불변의 진리이다.

여러 인종이 함께 살고 있는 미국이란 나라가 모범적인 민주주의와 자본주의 경제대국이 될 수 있었던 것도 정직과 신뢰를 존중하는 청교도정신이 건국초기부터 뿌리내려 있기 때문이다. 예로부터 동방예의지국이었던 우리 대한민국도 이제 경제적으로 빈곤의 시대를 지나 선진 풍요의 시대로 들어 섰다. 선진국의 가장 중요한 키워드는 정직과 신뢰이다. 우리 국민들이 지도자의 일언일행을 100% 그대로 믿고 따를 수 있도록 지도층부터 청렴하고 정직한 모습을 보여 주어야 한다.

4-6 가난

인내하라
한겨울 설한을 견딘 나무일수록 그 꽃이 아름답고,
한여름 폭염을 견딘 나무일수록 그 열매가 향기로운 법.
지금은 보리개떡이 아니면 초근목피인 그대 인생도 언젠가는
주지육림 산해진미로 상다리가 부러지는 날이 오리라.

그대여
그대가 진실로 행복한 인생을 기대한다면 그대에게 부여된
생로병사 희노애락을 모두 사랑으로 껴안으라.
무궁화 삼천리 화려강산에 그대가 태어났다는 사실도 사랑하고,
그대가 나이를 먹는다는 사실도 사랑하고, 때로는 독감을 앓거나
두통으로 시달릴 수 있다는 사실도 사랑하라.

분노해야 할 때는 분노할 수 있는 인간이 되고,
슬퍼해야 할 때는 슬퍼할 수 있는 인간이 되라.
기쁨이 있으면 기쁨을 느끼고, 즐거움이 있으면 즐거움을 느끼는 인간이 되라.
그러나 그대의 목숨은 그대 자신의 소유가 아니다.

– 이외수, 《청춘불패》

□ 가난하면 적을 선택할 수가 없다. 우선은 가난에 지배당하고, 결국에는 운명에 지배당하게 된다. – 앙드레 말로
□ 최고의 성공 비결은 가난한 가정에서 태어난 것이다. – 카네기
□ 가난 – 온갖 질병 중에서 가장 무섭고, 또한 가장 환자가 많은 것. – E · 오닐
□ 가난해도 족함을 알면 백만장자가 부럽지 않지만, 아무리 부유한들 걱정만 한다면 엄동설한같이 쓸쓸하기 그지없다. – 세익스피어
□ 가난하지 않겠다고 결심하라. 가난은 인간 행복의 큰 적이다. 그것은 확실히 자유를 파괴하고, 약간의 덕행도 실천할 수 없게 하며, 다른 일을 모두 어렵게 만든다. – 존슨
□ 눈물을 흘리면서 빵을 먹어보지 못한 사람은 인생의 참맛을 알 수 없다. – 괴테
□ 가난보다 더 뛰어난 교육은 없다. – 폴 줄리앙
□ 빈손으로는 장사 없고, 빈궁하면 남이 업신여긴다(空手無壯士, 窮居使人低).
– 이백(李白)
□ 만일 가난한집 아이들과 부잣집 아이들 중에 누구를 가르치겠느냐고 내게 묻는다면, 나는 조금도 망설이지 않고 부잣집 아이들을 가르치겠다고 말할 것이다. 가난한 집 아이들은 가난이 가르쳐 준 것이 이미 너무 많기 때문이다. – 장 자크 루소, 《에밀》
□ 가난은 부르기만 하면 언제든지 온다. – 골드스미스, 미국 극작가
□ 가난 구제(救濟)는 나라도 못한다. – 한국 속담
□ 행운은 위대한 교사이다. 불운은 그 이상으로 위대한 교사이다. – 해즐릿
□ 사흘 굶어 도둑질 아니할 놈 없다. – 한국 속담
□ '지금이 밑바닥이다' 라고 말할 수 있는 동안은 아직 진짜 밑바닥이 아니다.
– 세익스피어, 《리어왕》
□ 빈자일등(貧者一燈) : 가난한 자가 밝힌 하나의 등불 · 가난 속에서 정성으로 바친 등이 값이 있다는 말. – 《현우경(賢愚經)》 빈녀난타품
□ 순수하고 완전한 슬픔은 순수하고 완전한 기쁨과 마찬가지로 불가능한 것이다.
– 톨스토이
□ 빵이 있다면 어떤 슬픔도 견딜 수 있다. – 세르반테스
□ 가난, 허약함, 못 배움은 성공의 원천이었다. 가난은 부지런함을 낳았고, 허약함은 건강의 중요성을 깨닫게 해주었고, 못 배웠다는 사실 때문에 누구에게라도 배우려고 했다.
– 마쓰시다 고노스케

■ ■ ■

불교에서는 생로병사(生老病死)의 4가지 고통과 구하려고 해도 구해지지 않는 것(求不得苦), 사랑하는 사람끼리 헤어져야 하는 것(愛別離苦), 싫어하는 사람인데 만나야 하는 것(怨憎會苦), 왕성하게 잘 나가다가 시드는 것(五陰盛苦)의 4가지 고통을 합하여 인간팔고(人間八苦)라고 한다.

부처님께서는 《금색왕경》에서 '빈궁고(貧窮苦)야말로 어느 고통보다 무거운 고통으로 죽음의 고통과 다를 바 없다. 차라리 죽음의 고통을 당할지언정 빈궁한 채 살아가기는 몹시 어려운 일이다' 라고 말씀하셨다. 불교는 '중생의 괴로움을 해결하는 법' 을 일러주는 종교이다. 물질만으로 우리의 괴로움이 전부 해결되는 것은 아니지만, 물질 없이 한 순간도 살 수 없는 색계(色界)에서 살아가는 것이 우리의 현실이다. 그래서 물질적 궁핍을 해결하여 생존의 토대를 만드는 일이 중생의 괴로움을 해결하는 첫 단계에 해당하게 된다. (720)

예수님께서는 "무릇 있는 자는 받아 넉넉하게 되되 무릇 없는 자는 그 있는 것도 빼앗기리라(Whoever has will be given more, and he will have an abundance. Whoever does not have, even what he has will be taken from him)"라고 가르친다. (마태복음 13:12)

부(富)의 쏠림 현상은 고대에도 여전했던 모양이다.

미국의 사회학자 로버트 K. 머튼은 자본주의 사회에서 일어나고 있는 부의 집중 현상을 가리켜 '마태 효과(Matthew effect)' 라고 명명했다. 마태 효과는 경제뿐만 아니라 사회과학 모든 분야에 관찰되는 부익부빈익빈 현상을 분석하고 설명하는 데 두루 쓰이는 개념으로 정착되었다.

신문칼럼에서 조용헌 선생은 큰 인물이 되기 위해서는 3가지 액체를 많이 흘려야 한다고 쓰고 있다.

"스티브 잡스를 보면 미혼모의 아들로 태어나 버려졌고, 가난한 집에 입양되어 배고프게 자랐고, 대학에 1년도 채 못 다니고 중퇴했지만 성공했다.

큰 인물은 밑바닥의 쓰라린 환경에서 태어나 처절한 고생을 하는 경우가 많다. 밑바닥에서 출생하는 이유를 하느님의 섭리라고 볼 수도 있고, 전생에 이미 공부해 놓은 성적이라 할 수도 있고, 팔자소관이라고 할 수도 있다. 그 다음에는 후천적인 노력이 추가되면서 내공이 쌓인다.

즉 3가지 액체를 흘린 양에 내공은 비례한다. 피 · 땀 · 눈물을 얼마나 많이 흘렸는가에서 결판이 난다. 이것을 안 흘린 사람들은 말을 해도 설득력이 떨어지고, 카리스마도 별로 없다." (721)

니체는 《초인에 관한 법칙》에서 이렇게 말하고 있다. "궁핍을 참고 견딜 뿐만 아니라, 그것을 사랑하는 이가 초인인 것이다."

정호승은 저서 《내 인생에 힘이 되어준 한마디》에서 다음 시를 인용하면서 "작은 것과 적은 것으로 만족할 줄 아는 삶을 살 수 있도록 끊임없이 노력해야 한다"고 조언한다.

재중이네를 보니
돈이 없으면
안쓰고
옷이 없으면
기워 입고
쌀이 없으면
굶기도 하면서
할머니와 둘이서
살아가요
가난해도
어떻게든 살아가요

이어서 정호승은 다음과 같은 이야기도 들려주고 있다.

「신은 인간이 감당할 수 없는 고통은 결코 주지 않습니다. 신은 인간이 감당할 만한 고통만 줍니다. 신은 인간이 고통스러워 할 때 언제나 도움의 손길을 늦추지 않습니다. 다만 인간이 너무 성급해서 신이 도움의 손길을 내밀 때까지 기다리지 못할 뿐입니다.

2차대전 때 유대인 의사 한 사람은 이대로 가스실로 끌려가 죽을 수밖에 없다는 생각을 했습니다. 그러다가 어느 날 유리 조각 하나를 줍게 되었습니다. 그는 매일 그 유리 조각으로 면도를 하면서 살겠다는 의지를 다졌습니다. 나치는 매시간 가스실로 보낼 유대인들을 뽑았습니다. 그러나 매번 깔끔하게 면도한 얼굴을 하고 있는 젊은 의사를 끌고 갈 수는 없었습니다. 그의 가스실행은 이렇게 하루 이틀 미뤄지다가 마침내 독일이 패망의 날을 맞아 젊은 의사는 그야말로 기적적으로 살아남을 수 있었습니다.

"하느님은 결코 도움을 늦추지 않으신다. 다만 우리가 너무 성급해서 하느님이 도와주실 때까지 참지 못할 뿐이다." 바로 이 젊은 의사의 말입니다.(124)」

《10미터만 더 뛰어봐》에서 저자 김영식은 돈 없고 학교도 다니지 못한 사람들에게 이렇게 용기를 주고 있다. "없는 돈을 탓하지 말라. 보잘 것 없는 학력을 탓하지 말라. 사업은 돈이나 학력으로 하는 것이 아니라 지혜로 하는 것이다. 돈이나 학력이 부족하다고, 생각까지 부족한 것은 아니다. 오직 당신의 '부족한 생각' 만을 탓하라. 한국의 정주영 회장, 일본의 마쓰시타 고노스케 회장은 재산도 학력도 최하위권이었지만 '최고의 생각' 을 했고, 바로 그 생각이 그들을 최고로 이끌었다." (140)

부익부빈익빈 현상이 가장 뚜렷이 나타나는 분야는 인터넷으로 대표되는 네트워크이다. 인터넷이라는 공간에서 네트워크를 선점한 자는 오프라인에서 보다 훨씬 더 유리한 고지에서 경쟁을 할 수 있다.

여기서 '메칼프의 법칙(Metcalf,s Law)' 이 등장한다. 메칼프는 3 COM의 창시자이며 이더넷(Ethenet)을 발명한 인물로, "네트워크의 가치는 네트워크에 연결된 사람 수의 제곱에 비례한다"는 이론을 제창했다. (362)

부익부빈익빈 현상과 관련하여 또 하나의 널리 알려진 법칙이 "파레토의 법칙"이다. 파레토의 법칙은 요약하면 "사회전체 부의 80%를 20%의 소수가 차지한다"는 80:20의 법칙이다. 이 파레토의 법칙은 부의 현상뿐만 아니라 공기 중의 질소와 산소의 비율(78:22), 지구상의 바다와 육지의 비율, 풍년이 들어도 전체의 식생활수준은 향상되지만 하위 20%는 여전히 생활이 어렵고 상위 20%는 곳간이 가득 차 있다는 등 근소한 비율 차이는 있지만 여러 분야에 적용될 수 있는 법칙이다. (362)

2010년 3월 7일 통계청 발표에 따르면 가계 소득이 중위 소득(전체 가구를 소득 순으로 나열했을 때 가운데 있는 가구의 소득)의 50% 미만에 해당되는 빈곤층 가구 수가 2009년 300만을 넘어 305만 8000을 기록한 것으로 추산됐다. 이는 전체 1691만여 가구의 18.1%에 해당된다. 2009년 빈곤층의 월평균 소득은

80만 원 수준으로 최저임금(주당 40시간, 월 80만 원)이하에 그쳤다. 빈곤층 소득 수준은 정부의 각종 서민지원 등을 제외하고 순수하게 임금 등으로 벌어들이는 소득을 기준으로 계산한 것이다. 경제협력개발기구(OECD)는 소득이 중위소득 가구의 50%미만인 가구를 빈곤층, 50~150%미만을 중산층, 150% 이상을 고소득층으로 분류한다.

지구상에서 가장 가난한 나라를 최빈개도국(Least Developed Countries · LDC)이라고 하는데 LDC는 유엔총회(The UN General Assembly)에서 3년마다 소득 · 인적자산 · 경제적취약성 등의 기준에 따라 지정한다. 2009년 기준으로 총 49개국이 LDC로 지정되어 있다.

LDC의 소득기준은 1인당 국민 총소득(GNI)의 3개연도 평균값이 2009년 기준 1인당 GNI가 905달러(약 100만 원)미만인 경우이며 1,086달러 이상인 국가는 LDC에서 졸업이 가능하다. 중앙아메리카 서인도제도에 있는 인구 1,000만 명의 아이티는 1인당 국민소득이 660달러(약 75만 원)로, 전 인구의 70%가 하루 2달러(약 2,300원)로 살아간다.

유엔조사에 따르면 2008년 기준으로 최빈국의 총인구수는 7억 8,540만 명이고, 이 중 75%가 하루에 2달러 이하를 소비하고, 1인당 1일 평균 소비액은 0.7달러로(805원) 연명하고 있다고 한다. (722)

우리나라의 한 신문은 '한국 99%의 쪼그라드는 몫' 이라는 제목으로 다음과 같이 보도하고 있다.

우리 정부가 외환위기를 극복하기 위해 받아들인 이른바 '경제 구조조정' 은 우리 사회고용과 분배 시스템을 본질적으로 변화시켰다….

김영삼 정부 때 '세계화' 로 잉태됐던 불평등과 양극화, 빈곤의 시대를 본격적으로 여는 출발점이 됐다. 신광영 중앙대 교수(사회학)는 "고령화 등 인구학적 변화와 맞물리면서 산업화 초기의 빈부격차와는 다른 성격의 불평등 구조가 고착화하기 시작했다"고 진단한다.

가장 대표적인 소득 불평등 지표인 지니계수는 1990~97년 0.25~0.26수준에 머물다 외환위기 이듬해인 1998년 0.29, 2003년 0.283, 2008년 0.310, 2010년 0.315로 올라섰고, 하위 20%에 견준 상위 20%의 소득크기 즉, 5분위 배율은 1997년 3.97에서 2003년 4.66, 2010년 6.02로 껑충 뛰었다.

외환위기 이후에도 우리 경제가 대내외적인 충격을 겪을 때마다 불평등과 양극화의 골은 훨씬 더 넓고 깊어졌다. 소득분배 지표는 외환위기 이후 다소 개선되는 듯하다가, 카드 사태가 터진 2003년, 그리고 세계 금융위기가 닥친 2008년에 다시 큰 폭으로 격차가 벌어진다.

무엇보다 빈곤화의 핵심인 고용 불안이 빠른 속도로 악화됐다. 경제협력개발기구(OECD)회원국의 '10년 이상 근속자'는 평균 33%지만 우리는 16%로 가장 낮다. 반면 1년 미만 단기 근속자의 회원국 평균은 17%, 우리는 37%로 가장 높다. 평균 근속 연수가 4.9년으로 OECD 회원국 가운데 가장 짧은 나라가 됐다. 불과 10여년 남짓 만에 '평생직장의 나라'에서 '초단기 노동자의 나라'로 전락한 셈이다.

이뿐만 아니라 상·하위 10%의 임금격차(시급기준)는 5.1배로, OECD 회원국 중 가장 심하다는 미국(4.5배)을 앞질렀다. 남자 정규직 임금이 100이라면, 남자 비정규직은 53.2, 여자 정규직 66.3, 여자 비정규직 36.7에 불과하다. 모든 세대가 상시적인 고용 불안과 저임금에 시달리는 처지가 된 것이다. "젊은층이 88만원 세대라면, 고령층은 50만원 세대"(박경숙 서울대 교수)라는 평가가 나오는 이유다.

노동과 가계의 몫은 쪼그라들었지만 기업 비중은 빠르게 늘어났다. 국내 10대 기업의 자산총액이 국내총생산의 50%를 웃돌며 빠르게 '기업사회'로 전환했다. 국민소득 중 노동자들이 가져가는 몫(노동소득 분배율)은 2006년 61.3%에서 지난해에는 59.2%까지 떨어졌다. 같은 기간 국민소득에서 기업소득이 차지하는 비중은 4.7%포인트 커진 반면, 가계 비중은 3.9%포인트 더 줄었다. 2000년대 들어 부동산과 주식시장이 커지면서 소득에 이어 자산 불평등 또한 가팔라졌다. 특히 금융자산의 상·하위 계층의 격차(5분위 배율)는 2006년 4.35에서 지난해에는 7.80으로 5년 새 두 배 가까이로 커졌다.

국민소득 2만 달러 시대에 '99%의 몫'은 점점 더 작아지고, 자영업자의 중소기업뿐 아니라 노인가구, 여성가장, 조손가정 등 새로운 빈곤 취약층은 갈수록 늘고 있다. 신 교수는 "이들은 위기에 가장 먼저 노출되지만 회복은 가장 더디다"며, "수출과 대기업을 중심으로 한 국가 전략을 서비스업과 중소기업 내수의 선순환으로 전환하지 않는 한 해법이 없다"고 말했다. (723)

마쓰시타 고노스케는 정말로 탁월하고 존경할 만한 기업가이다. 마쓰시타 전기공업을 창업한 그는 경영의 신이자, 일본 국민이 가장 존경하는 경제인이다. 그가 얘기하는 '내가 성공한 이유 세 가지'는 우리가 어떻게 인생을 바라보고 어떤 삶의 태도를 가져야 하는지 깨닫게 해주며 우리 가슴을 숙연하게 만든다.

나는 하느님이 주신 세 가지 은혜 덕분에 성공할 수 있었다.

첫째, 집이 몹시 가난해서 어릴 적부터 구두닦이, 신문팔이 같은 고생을 했고, 이를 통해 세상을 살아가는 데 필요한 경험을 많이 얻을 수 있었다.

둘째, 태어났을 때부터 몸이 몹시 약해서 항상 운동에 힘썼으므로 늙어서도 건강하게 지낼 수 있게 되었다.

셋째, 초등학교도 못 다녔기 때문에 세상 모든 사람들을 스승 삼아 질문하며 열심히 배우는 일을 게을리 하지 않았다. (52)

부자가 된 이유와 가난한 사람이 된 이유에 대해 책에서 읽은 내용을 적어 본다. 자수성가한 사람에게 기자가 물었다. "왜 부자가 되셨나요? 특별한 이유가 있습니까?" 이 사람은 말했다. "아이가 있어서 성공했습니다. 돈이 없어서 성공했습니다. 시간이 없어서 성공했습니다." 기자는 또 도전하다가 중도에 포기한 사람에게 물었다. "왜 포기하셨나요?" 그 사람은 이렇게 말했다. "아이가 있어서 포기했습니다. 돈이 없어서 포기했습니다. 시간이 없어서 포기했습니다." 성공한 사람과 포기한 사람의 이유는 같다. (49)

《부자의 생각 빈자의 생각》에서 저자 공병호는, 부자는 "이상향은 어디에도 없다. 개선해야 할 현실이 있을 뿐이다"라고 생각하고 빈자는 "이상향은 있다. 그 길을 찾아가는 것이 내가 할 일이다"라고 생각한다고 말한다.

여기 "한 달 40만원으로 멋지게 사는 법"이란 제목의 투고내용을 옮겨본다. (724)

내가 살고 있는 대관령, 산골 마을은 청정 강릉에서도 상수원 구역입니다. 우리 마을 유기농 채소 같은 할머니 한 분의 이야기를 하고자 합니다. 이름은 최종옥, 나이는 82세이지만 멋도 부리십니다. 봄이면 화사한 머플러를 두르고 가을이면 프랑스모델 같은 갈색 모자를 쓰고 마을도서관에 오십니다. 화분이 놓인 창가에 앉아 천천히 녹차 한 잔을 들며 은테 안경을 쓰고 책 읽는 모습이 꼭, 헬렌 켈러 박사 같습니다.

할머니는 정부에서 지원해주는 영세민 생활보조금 40만원 남짓한 돈으로 살아가지만 가끔 비슷한 처지의 이웃 노인들이 몸이 아플 때면, 조그만 전기밥솥에다 약밥을 찌거나 팥죽을 쒀 선물로 가져갑니다. 할머니! 그러면 생활비가 부족하지 않나요? 묻는 제가 금방 부끄러워집니다. 살아보니 부족한 것은 항상 마음이지 돈이나 재료가 아니더라, 40여만 원으로도 충분히 문화생활을 하면서 잘 살 수 있다고 말씀하십니다.

매일 마을도서관에 오셔서 차를 마시며 한두 시간씩 책을 읽고, 일주일에 하루는 배낭에 책 한 권 넣고 강릉 민속시장에 가서 맛있는 것도 사 드시고 밤에는 찜질방에 가서 뜨끈뜨끈한 물로 목욕한 다음 가져간 책을 읽으며 느긋하게 하룻밤을 지내고, 그 다음날 돌아옵니다. 1박2일 여행인 셈이지요. 여행 경비는 왕복 시내버스비, 식비, 찜질방비, 합해서 약 2만 원 정도라 합니다. 그렇게 멋지게 살아도 생활비가 좀 남아서, 돌아가신 뒤에 장례를 치러줄 고마운 이들에게 수고비로 주려고 조금은 저금도 해 두었다고 합니다. (유금옥 · 2011 조선일보 신춘문예 동시당선자)

가난 속에서 눈물 흘리고 있는 그대여!

이병철, 정주영, 마쓰시다 고노스케, 오바마처럼 고난과 시련을 딛고 일어서서 우뚝설 것인가? 계속 눈물 젖은 빵만 먹으며 살 것인가?

이제 선택과 결단은 그대의 몫이다. 끝으로 돈을 모으자고 하는 그대에게 조언 한마디. "무분별한 신용카드사용은 음주운전과 같다."(173)

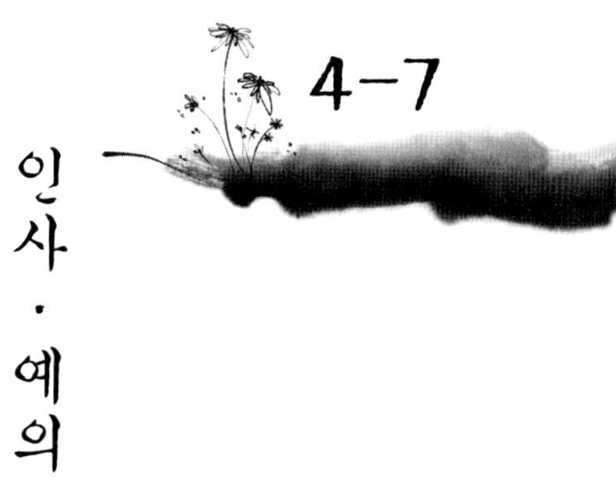

4-7

인사·예의

길에서 손윗사람을 만나거나
또는 아는 사람을 만났을 때
인사를 잘하고 못하고 하는데 따라
그 사람을 보는 눈이 달라지듯이
단정하고 기품있는 인사는
당신에게 몇점을 더 플러스하는 것이다.
존경하는 마음과 경건한 태도
그리고 만나뵈어 반갑다는
기품있는 인사는
들어서 기분이 좋고,
마음으로 스며드는 기쁨이 있어
서로 만족감을 맛보게 한다.

좋은 인사법이란 상당히 어려운 것이다.

이것은 즐거워하는 감정이 있을 때만이

할 수 있기 때문이다.

이런 인사를 싫어할 사람이 누가 있으랴.

– 라이너 마리아 릴케 ,《내 삶을 변화시키는 96가지 지혜》

- □ 예는 스스로를 낮추어 남을 존경하는 것이다. – 《예기(禮記)》
- □ 예는 자기 자신을 비추는 거울이다. – J.W. 괴테
- □ 사랑하는 아들아! 예의를 잘 지키는 것은 선행 다음으로 사람의 마음을 사로잡는 것이다. 나 자신도 "더없이 청렴하고 올곧은 사람"이라는 말을 듣고 싶다. 그 다음으로 듣고 싶은 말이, "예의 바른 사람"이다. – 필립 체스터필드
- □ 예절과 타인에 대한 배려는 동전을 투자해 지폐를 돌려받는 것과 같다. – 토마스 소웰
- □ 바른 예절과 지식이 인간을 만든다(Good manner and knowledge make a man). – H. 브래드쇼
- □ 결초보은(結草報恩) : 풀을 엮어 은혜를 갚는다. 즉, 죽어서도 은혜를 잊지 않고 갚는다는 말. – 《춘추좌씨전》 (321)
- □ 예는 하늘의 도이고 땅의 덕이며, 사람이 행해야 하는 것이다(禮 天之經也 地之義也 民之行也). – 자산(子産), 《춘추》
- □ 예의는 세상에서 가장 많이 지켜지고 있는 법도이다. – 라 로슈푸코
- □ 몸가짐에 무게가 없으면 위엄이 없을 것이니, 배워도 견고하지 못하다(不重則不威 學則不固). – 《논어》 학이편
- □ 삼년 동안 아버지가 지키던 도를 고치지 말아야 가히 효자라 할수 있다(三年 無改於父之道 可謂孝矣). – 《논어》 학이편
- □ 가는 사람 붙들지 않고, 오는 사람 물리치지 않는다(去者不追 來者不拒). – 《맹자》진심하편
- □ 세상에서 살자면 사람들과 사귈 줄을 알아야 한다. – J.J.루소
- □ 예의는 모든 문을 연다(All doors open to courtesy). – T.풀러, 《잠언집》
- □ 예의란 가장 기분 좋게 받아들여지는 위선의 형식이다. – A.비어스
- □ 정중함에도 예가 지나치면 고통이 되고, 신중함도 예가 지나치면 비겁함이 된다. 용맹에 예가 없으면 난폭하게 되고, 정직에 예가 없으면 잔혹하게 된다. – 논어
- □ 나쁜 매너는 이성도 정의도 깨뜨리고 만다. 그러나 세련된 매너는 싫은 것도 잘 보이게 한다. – 발타자르 그라시안, 스페인 작가
- □ 예의 바른 행동은 고귀한 성품의 최종적인 완성의 꽃이다. – W.윈터

■ ■ ■

우리말	영어	중국어	일본어
안녕하세요.	Hello ! 'Good Morning !	?好! 니하오	こんにちは? 콘니찌와
처음 뵙겠습니다.	How do you do.	初次見面? 추츠찌엔미엔	はじめまして? 하지메마시떼
만나서 반갑습니다.	Nice to meet you !	見到??高興? 찌엔따오니헌까오씽	お會いできて うれしいです? 오아이데끼떼 우레시이데스
안녕!	Good bye !(Good luck!)	再見?짜이찌엔	さよなら 사요나라
잘자요!	Good night !	?好睡覺? 하오쉐이찌아오	お休みなさい? 오야스미나사이
정말 감사합니다.	Thank you very much.	?多謝? 뚜오씨에	どうも?ありがとうございます? 도-모 아리가또- 고자이마스
너무 행복해요.	I' m so happy.	非常幸福 페이창간씽푸	本?に幸せです? 혼토-니 시아와세데스
?죄송해요!	Oh ! Sorry !	?抱?? 헌 빠오치엔	?すみません? 스미마센-
괜찮아요.	That' s OK.	沒關係? 메이씨	?大丈夫です? 다이죠-부데스
뭐라고 했었나요.	What did you say?	對不起,?說什?? 뚜이부치 니슈오셤머?	何と言いましたか? 난또 이이마시따까
천천히 발음해 주세요.	Please speak more slowly.	請?再說慢点?? 칭니짜이슈오만디알	ごゆっくり話して ください? 고윳쿠리 하나시테 구다사이
지금 몇 시?입니까?	What time is it now?	現在?点? 씨엔짜이지디엔?	今?何時ですか? 이마, 난지 데스까
아니요, 필요 없어요.	No, thank you.	沒必要? 메이삐야오	いいえ?結構です? 이이에 겟코-데스
네, 좋아요	Yes, of course.	好的? 하오더	はい?いいです? 하이, 이이데스
얼마나 걸립니까?	How long does it take?	要花多長時間? 야오화뚜오창스지엔?	どれぐらいかかりますか? 도레구라이 가가리 마스까
나는 한국 사람입니 다. 내 이름은 홍길동입 니다.	I'm from Korea. My name is Hong Gil Dong.	我是韓國人 워쓰한궈런 我的名字叫 洪吉童? 워더밍즈찌아오 홍길동	わたしは 韓國人です?わたしは ??ホンギルトンと申します? 와따시와 캉코쿠진- 데스?와따시 와 홍기루 동- 또 모우시마스
사랑해요	I love you.	我愛?? 워아이니	??愛しています? 아이시테 이마스

지금 시대를 글로벌시대, 국제화시대, 다문화 가정시대, 세계관광의 시대라고 한다. 미국 뉴욕에 가지 않더라도 국내 대도시 어디서든 각국사람들을 자주 만나게 된다. 외국인과 만났을 때 이쪽 또는 저쪽 언어, 제 3외국어 어느 말이든 대화가 필요한 경우가 많다. 완전히는 못하지만 동시 통역기가 나와 있긴 하다. 앞으로 5년 내에 자신의 핸드폰 단말기로 세계 수십개국의 언어로 동시통역되어 대화할 수 있는 시대가 온다고 한다. 그 때까지는 적어도 영어, 중국어, 일어, 프랑스어 등 우리말 외에 3~4개국 말로 기본대화를 할 수 있는 언어능력을 갖추는 것이 글로벌 시대 리더의 예의일 것이다. 위에 예로든 기본적인 대화들을 조합하여 외국어 인사도 몇 가지 알아두자.

중국 춘추전국시대 제(齊)나라의 명재상인 안자(晏子)의 언행을 후대인이 기록했다는 《안자춘추》에 보면 "무릇 사람으로서 짐승보다 고귀한 것은 예의가 있기 때문이다(凡人之所以貴於禽獸者, 以有禮也)"라고 기록되어 있다.

송나라 때의 책 《경행록(景行錄)》에 다음과 같은 가르침이 나온다. "귀로 남의 그릇됨을 듣지 말고, 눈으로 남의 모자람을 보지 말고, 입으로 남의 허물을 말하지 말아야 이것이 군자이니라(耳不聞人之非 目不視人之短 口不言人之過 庶幾君子)."

예의란 상대에 대한 배려인 동시에, 상대방에 따라 자신의 행동을 어떻게 해야 할 것인가에 대한 말과 행동과 눈빛과 자세 등을 말한다.

한국의 빨리빨리 문화와 매너와 관련하여 신문에 보도된 웨이터 출신 '매너왕' 손일락(53세) 청주대 교수와 조선일보와의 대담 내용 일부를 보자.

『한국인은 1분에 보통 90~120보를 걷는다고 한다. 영국인의 40~60보보다 두 배 빠르다. 앞에서 꾸물대는 차량을 향해 경적 울리는 속도를 쟀더니 독일인 7.8초, 이탈리아인 4.3초였다. 한국인은 1초를 안 넘는다고 한다. 엘리베이터의 '닫힘' 버튼이 반질반질 닳아 있는 나라도 한국뿐이다.

"미주리대의 임길진 교수가 목격한 일입니다. 한국인 일행이 예약도 하지 않고 레스토랑에 몰려왔어요. 지배인이 난감한 표정을 짓자 한 한국인이 '우리 한국사람이에요!(We are koreans)' 라고 하니 지배인 얼굴에 화색이 돌더니 '아이고, 진작 말씀하시지' 라고 했다는 겁니다. 그들이 주문부터 식사를 마치고 나가는 데 15분밖에 안 걸렸다는군요."

우리 국민들의 성격이 급해진 것은 대한제국 멸망, 일제 지배, 6 · 25 전쟁과 경제성장을 이루는 100년간의 경험 때문이 아닌가 싶습니다.

"조선시대에는 밥 한 끼를 먹으며 1,500회 이상을 씹었답니다. 지금은 600회 전후로 줄었어요. 프랑스의 연구기관에 따르면 밥을 빨리 먹는 남성의 70%가 고개 숙인 남자이며 여성도 오르가슴을 느낄 수 없답니다. 음식을 많이 씹을수록 후두부 시상하부에 위치한 성욕중추로 전해지는 자극이 증가한다는 상식에 비춰 보면 일리 있는 말입니다."

어느 교수는 철강왕 고 박태준 전 총리와 박근혜 한나라당 비대위원장에 대해 말했다. "가장 젠틀한 분은 박태준 전 국무총리였습니다. 옷차림이나 식사하는 자세, 와인 고르는 안목에서 따라 갈 사람이 없다고 봅니다. 박근혜 전 한나라당 대표도 높은 점수를 줄 만한 분입니다. 옷차림뿐 아니라 육영수(陸英修)여사 사망 후 그 분이 만들어 아버지께 드렸다는 콩깍지 모양의 백색 무지 반찬 그릇을 본 적이 있어요. 아버지의 젓가락이 여러 반찬에 가도록 배려한 마음을 느낄 수 있었어요"라는 평도 내놓았다. 손 교수는 "국제화 시대, 매너는 또 하나의 국가 경쟁력"이라며, 매너는 식탁에서부터 배워야 하는 데 요즘 자녀들에 대한 "밥상머리 교육"이 사라져 아쉽다고 했다.』(725)

요즘 우리나라가 대도시의 중요한 대중교통 수단인 지하철 예절과 관련된 언론의 지적을 보자. (1033)

『사흘 전, 한 주부가 자기 아이를 만졌다며 할머니 얼굴을 1.5L 페트병으로 때린 사건이 인터넷 동영상을 통해 알려졌다. 같은 날 다른 영상도 올라왔다. "다리를 꼬고 앉지 마라, 불편하다"고 말한 것으로 추정되는 노인에게 "야, 이 XX놈아. 죽고 싶어?"라고 수십 번 욕을 하는 젊은 남자의 모습이 담겼다. 둘 다 지하철에서 일어난 일이다. 대한민국 지하철이 '패륜철' 이 된 것은 사실 어제 오늘 일이 아니다. 지하철 패륜사건을 크게 나누면 대개 둘 중 하나다. 개똥녀(자기 개의 변을 두고 내린 여자), 쩍벌남(다리를 과도하게 벌리고 앉은 남자)처럼 '예의' 가 부족한 모습이 동영상에 찍히는 경우가 하나이고, 다른 하나는 노인과 젊은이 사이의 폭행 · 폭언 시비다.

'전 국민의 파파라치화' 라고 해도 좋을 만큼 휴대전화로 동영상을 찍는 사람이 많아서 어지간한 사건은 다 인터넷에 올라 온다. 그러나 '체감 패륜지수' 가

하루가 다르게 높아지고 있다는 한탄은 지구를 몇 바퀴 감을 정도로 늘고 있는 것도 사실이다.

지하철에서 특히 폭언 · 폭행 · 시비가 많이 일어나는 것은 지하철이 노인과 청소년, 대학생들이 애용하는 교통수단이기 때문인지도 모른다.

노인세대는 요즘 버릇없는 젊은 세대가 개탄스럽고, 젊은이들은 남의 일에 참견하는 노인들이 못마땅할 수도 있다.

절제를 배우지 못한 젊은이들은 스스로의 분노 조절을 '굴종' 으로, 다른 이들의 지적을 '프라이버시 침해' 라고 생각한다. 분쟁이 있다면 조정자도 있어야 하는 법. 그런데 우리 사회에 그게 없다. 앞의 두 지하철 사건에서 몸을 던져 싸움을 말린 것은 또 다른 노인들이었다. 폭언당한 노인의 '아들' 이자, 폭행한 청년의 '부모' 일 중년들은 이 싸움을 모른 척했다.

공경 차원이 아니라 인간이 다른 인간을 대하는 기본부터 가르쳐야 한다고 말하는 사람이 없는 사회. 진짜 '패륜' 은 공경이 없는 사회가 아니라, 이 지경의 사회를 그냥 방관하는 일이다. '패륜 지하철' 은 그 단면이다.』

《管子》에 "창고가 가득해야 예절을 알고, 의식이 족해야 영욕을 안다(倉廩實則知禮節, 衣食足則知榮辱)"고 했다.

"사흘 굶어 도둑질 안 할 사람 없다"는 속담도 있듯이 의식주가 어려우면 전후좌우 살펴 예의와 염치를 지킨다는 것이 참으로 쉽지 않은 일이다.

"예의의 시작은 자세를 바르게 하고, 안색을 반듯이 하며, 말을 온순하게 하는 데 있다"고 예기《禮記》는 가르친다.

공자께서는 "예가 아니면 보지 말고, 듣지 말고, 말하지 말고, 움직이지도 말라(非禮勿視 非禮勿聽 非禮勿言 非禮勿動 · 논어 안연편)"고 가르친다.

《관자(管子)》는 목민(牧民)편에서 나라에는 네 벼리(四維)가 있는데, 한 벼리가 끊어지면 기울고, 두 벼리가 끊어지면 전복(顚覆)되고, 네 벼리가 끊어지면 멸절(滅絕)된다고 말했다. 그는 사유(四維)에 대해 "첫째가 예(禮)이고, 둘째가 의(義)이며, 셋째가 염(廉)이고, 넷째가 치(恥)"라며 예 · 의 · 염 · 치(禮義廉恥)로 정리했다. (726)

《어글리 코리언스, 어글리 아메리칸스》 개정판을 낸 민병철 건국대 교수는 우리나라 국민들의 "글로벌 에티켓 적응력이 참 빠르다"고 긍정적인 평가를 내리면서 이번 출간에 맞춰 '글로벌 시민본부'를 만들어 '뒷사람을 위해 문 잡아주기', '술 강권 안 하기', '술잔 안 돌리기', '음식은 접시에 덜어 먹기'와 같은 글로벌에티켓 운동을 펴나가겠다고 했다. (727)

박원홍 일본 사가국립대 국제화 담당고문(전 국회의원)은 "한국의 사회갈등비용은 OECD국가 중 4번째로 높고, GDP의 27%인 300조원이나 된다"며 우리의 갈등해소 방법은 "동방예의지국을 되찾는 것"이라고 제언한다. 그는 이어서 다음과 같이 조언한다.

"일본의 문서화되지 않은 정서법은 세 가지다. 오모이야리(남의 입장에 서보기), 기쿠바리(남을 배려하기), 메이와쿠오 가케루나(남에게 폐를 끼치지 말라). 화(和)를 지키며 살자는 섬나라 사람들의 오랜 지혜에서 나왔을 것이다. 세 살 버릇이 여든까지 가도록 젊은 엄마들의 밥상머리 교육은 지금도 여전하다. 우리도 다시 배울 건 배워야 한다.

우리는 한때 '동방예의지국'이라고 자화자찬하곤 했다. 이제 '동방무례지국'이 돼 버린 것이 경제발전의 대가라면 너무 큰 값을 치른 것이다. 보자기문화, 허리춤문화 등 여유를 자랑하던 때가 언제던가. '빨리빨리'는 미국 교민사회에서 타인종이 한국인 1세 이민을 부르는 별명이 되었다. 졸속 가운데 꽃핀 졸부문화를 퇴출시키자. 몇십년 전의 MRA(도덕재무장운동)를 이제는 다른 MRA(매너재무장운동)로 발전시켜보자. 더 늦기 전에 철저히 고쳐야 한다. 아니면 국가브랜드와 국격은 자꾸 떨어지고, 사회갈등 비용은 자꾸 올라가고, 선진국 진입은 더 멀어진다"고 제언한다.

얼마 전 신문에 미국 필라델피아 지역에서 「'6세 미만 아동출입금지' 써 붙인 미(美)패밀리 레스토랑… 손님들 줄섰다… 가족손님 포기선언 하자 매출 20% 오르고 전국서 수천통 격려편지」 제하의 기사(1034)를 보고 필자는 많은 것을 생각했다. "미국가정에서도 자녀들에게 식당예절교육이 부족하구나", "한국에서도 그런 식당이 나오겠구나" 등.

우리의 전통 예절도덕인 부자유친(父子有親)·군신유의(君臣有義)·부부유별(夫婦有別)·장유유서(長幼有序)·붕우유신(朋友有信)의 다섯 가지 윤리(五倫)를 동양의 고전인 중용(中庸)에서는 달도(達道)라고 한다. 즉, "어느 경우에도 지켜야하고, 지켜서 틀림이 없는 도리"라는 뜻이다.

우리가 일상생활에서 자주 겪어야 하는 악수(handshake)할 때의 에티켓에 관한 조언을 옮겨 본다.

① 아랫사람이 먼저 손을 내밀지 말아야 한다.
② 손끝만 내미는 것은 무성의해 보인다.
③ 시선을 다른 곳에 둔 채 건성으로 손을 내밀지 않아야 한다.
④ 상대의 손을 잡을 때 지나치게 힘을 주지 말아야 한다.
⑤ 윗사람과 악수를 할 때 머리를 깊이 숙인 자세는 지나친 아부로 보여 좋지 않다.
⑥ 악수한 상태에서는 말을 길게 하지 않는 게 좋다.

덧붙여 상대에게 호감을 주는 악수 방법은 다음과 같다.

① 반드시 오른손으로 악수한다. 왼손잡이라도 마찬가지다.
② 윗사람이 먼저 손을 내밀 때까지 기다린다.
③ 남성과 여성이 악수할 때는 여성의 요청에 따라 하는 게 좋다.
④ 상대의 눈을 바라보고 엷은 미소를 지으며 손을 살짝 잡는다.
⑤ 윗사람에게 공손함을 나타내고 싶으면 가볍게 고개 숙인 채 손을 내민다.
⑥ 손을 흔드는 것은 윗사람이 먼저 할 경우에 한두 차례 가볍게 맡긴다.
⑦ 자신이 윗사람이라면 적당히 힘을 주고 가볍게 한두 차례 흔들어 호감을 나타낸다.
⑧ 예식용 장갑은 손에 낀 채로 해도 되지만 방한용 장갑은 벗고 악수를 해야 한다. (409)

"버릇없는 사람"보다는 "예의 바른 사람"되는 것이 사회생활하는데 큰 이익이 된다. 어떻게 하여야만 예의바른 사람으로 인정받을 수 있는가? 이 문제에 관한 고민과 노력을 많이 할수록 득이 많아 질 것이다. 한국의 청년과 리더들은 지금부터 고민을 더 해주기 바란다.

최근 글로벌시대, 글로벌 비즈니스를 위해 기업체마다 비즈니스 매너, 즉 비즈니스 에티켓 교육을 많이 하고 있다.

외국인과 비즈니스를 할 때 센스 있는 작은 선물은 부드러운 대화를 이끄는데 도움이 된다. 전문가들은 또 아무리 좋은 물건이라도 그 나라에 너무 흔한 물건이면 선물로 적합지 않다고 조언한다. 예를 들어 아르헨티나 사람들에게 가죽과

와인을 준다거나 멕시코인에게 은제품을 준다든지, 핀란드 사람에게 가위 종류를 선물하는 건 별로 환영받지 못한다는 것이다. 말레이시아의 경우 선물은 뇌물로 받아들여질 수 있기 때문에 아주 친해지기 전엔 되도록 삼가는 게 좋다. 또 앉아 있을 때 외에는 재킷의 단추는 항상 채워야 하며, 버튼이 3개일 경우는 첫 번째, 두 번째 단추를, 2개일 경우는 첫 번째 단추를, 하나인 경우는 그 하나인 단추를 채우는 것이 예의이다.

여기 「알아두면 유용한 주요 국가 비즈니스 에티켓」몇 가지를 옮긴다.

⑴중국

① 식사시 젓가락을 그릇 위에 두는 건 불운 상징. 본인의 술잔을 본인이 따르는 건 금물

② 선물 – 술 · 담배 · 라이터 · 칼 선호, 빨간색 포장지는 행운, 검정색 포장지는 죽음을 의미

⑵러시아

① 미팅시 5월 첫 번째 주는 연휴이기 때문에 약속을 피할 것

② 선물 – 노란색 꽃과 짝수의 꽃다발은 죽음을 상징하기 때문에 금물

⑶이탈리아

① 미팅시 대화할 때는 상대의 눈을 응시. 안그러면 꼼수를 부리고 있다고 오해. 두 번째 만남에도 명함을 주면 불쾌감 형성

② 선물은 준 사람 앞에서 바로 펴보는 게 좋음

⑷독일

① 미팅시 'OK사인(엄지 검지로 원을 만드는 것)' 은 때로 무례의 표시일 수 있음

② 식사시 감자나 만두 등을 칼로 자르지 말 것. 음식이 딱딱해서 먹기 힘들다는 뜻을 내포.

⑸베트남

① 식사시 주최자가 식사 값을 지불하는 것이 관례이므로 거절하지 말 것. 식사를 초청했을 때 예상보다 많이 올 수 있으니 예약자 숫자는 넉넉하게

② 미팅시 대화가 끊겨도 괜찮음. 불편하다고 말을 많이 하면 경망스러워 보

임. 침묵은 신중함의 표시

(6)인도네시아

① 미팅시 허리에 양손을 얹는 건 분노 혹은 도전의 표시니 피할 것. 친근감의 표시로 상대의 머리를 만졌다간 계약 파기까지 이를 수 있음.

② 선물 – 우산을 선물하면 '다시는 보고 싶지 않다'는 뜻이니 주의할 것(자료 : 롯데백화점 글로벌 에티켓 책자 'Tie a Manner'. 해외 외교 포털사이트 ediplomat.com)

끝으로 요즘에는 예전에 하던 연하장 대신 문자로 할 말을 전하고 세배인사도 하는 사례가 늘고 있다. 여기 필자가 연초에 받은 문자 메시지 내용이 재미있어 옮겨본다.

"세배 올립니다.
행복 더하고(+)
걱정은 빼고(–)
기쁨은 곱하고(×)
사랑 나누세요(♡)"

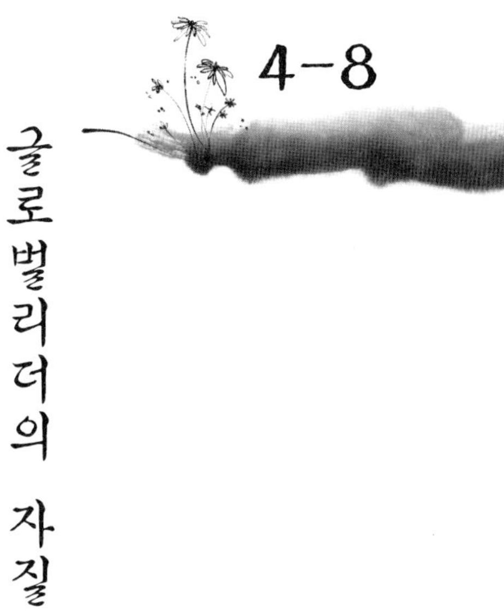

글로벌리더의 자질

네 하나님 여호와께서 이 사십 년 동안에 너로 광야의 길을 걷게 하신 것을 기억하라. 이는 너를 낮추시며 너를 시험하사 네 마음이 어떠한지 그 명령을 지키는지 아니 지키는지 알려 하심이라.

너를 낮추시며 너로 주리게 하시며 또 너도 알지 못하며 네 열조도 알지 못하던 만나를 네게 먹이신 것은 사람이 떡으로만 사는 것이 아니요, 여호와의 입에서 나오는 모든 말씀으로 사는 줄을 너로 알게 하려 하심이니라.

2 Remember how the LORD your God led you all the way in the desert these forty years, to humble you and to test you in order to know what was in your heart, whether or not you would keep his commands.

3 He humbled you, causing you to hunger and then feeding you with manna, which neither you nor your fathers had known, to teach you that man does not live on bread

alone but on every word that comes from the mouth of the Lord.

– 신명기 8:2~3

□ 오늘날 60억 인구인 세계를 움직이는 것은 세계 각 분야의 주요한 의사결정과 집행을 좌우하는 권력집단인 6,000명의 슈퍼클래스이다. – 데이비드 로스코프, 《슈퍼클래스》

□ 온갖 사람의 눈에서 온갖 눈물을 닦아내는 것이 나의 최대 소망이다. – 네루

□ 극복된 난관은 손에 넣은 기회이다(Difficulties mastered are opportunities won). – 윈스턴 처칠

□ 내일의 삶은 너무 늦다. 오늘을 살아라(Tomorrow's life is too late. Live today). – 마르티알리스

□ 어떤 일에 종사하든 탁월한 성공에 이르는 길은 그 계통의 달인이 되는 것이라고 나는 믿는다(I believe that the road to preeminent success in any line of work is to make yourself master of that line of work). – 앤드류 카네기

□ 군계일학(群鷄一鶴) : 닭 무리 속에 있는 한 마리 학 · 평범한 사람들 중에 뛰어난 한 사람을 일컬음. – 《진서(晉書)》혜소전

□ 대기만성(大器晩成) : 큰 그릇(큰 인물)은 오랜 시간과 많은 노력 끝에 완성된다는 말. – 《노자》 41장

■ ■ ■

얼마 전 한국을 방문한 존 메이저 전 영국총리의 신문 인터뷰(동아 2008. 10. 31 · 김승련 기자)내용을 읽고 필자는 세계적인 정치지도자의 철학과 자세에 큰 감동을 받았다.

그는 어릴 때 아버지의 사업실패와 와병으로 어렵게 자랐다. 고교 중퇴 후 새벽 4시에 일어나 공사판에서 일도 하고, 지방정부와 은행 등에서 일하며 정치를 시작, 1990년 47세에 총리가 되어 1997년 '제3의 길' 을 제시한 토니 블레어 총리에게 정권을 넘겼다. 차분한 설득과 신중한 언행으로 언론으로부터 '정직한 존(Honest John)' 이라는 평가를 받았다. 그는 말한다.

"위기의 지도자는 인기영합보다 진실을 말하는 용기가 필요하다"

"비극적인 일은 동서고금(東西古今)에서 정치는 '최고의 인재(the best and the brightest)' 가 주도해 오지 않았다는 점이다. 모두가 그럴 필요는 없지만 정

치를 통해 세상을 움직이겠다는 꿈을 갖기 바란다."

"나는 1차 걸프전 시작 3주 전에 취임했다. 그 전쟁에서 영미 연합군이 이라크에 승리한 직후 의회를 해산하자는 의견이 있었지만 나는 반대했다. 전쟁을 치른 분위기에서 유권자에게 표 행사를 요구하면 의원 선출 때 정확한 선택을 못할 수도(false selection) 있다. 또 그렇게 탄생한 의회가 국민의 위임을 충분히 받았다고 말할 수 있나. 내가 총리로서 어떤 정치를 하는지 보여준 다음에 선택받고 싶었다. 그래서 전쟁이 끝나고 난 1년 뒤에 선거를 치렀다."

"참모의 조언 없이 나 홀로 내린 결정이었다. 신사(젠틀맨)가 정치를 할 수 없다는 생각은 미디어가 단편적인 모습만 국민들에게 보여주기 때문이다."

"정치를 시작한 뒤 세 가지 원칙을 잊지 않았다. 우선 경험을 가진 앞 세대에게 배우려 했다. 또 역사가 주는 교훈을 늘 적용하려고 했다. 아울러 올바른 정책을 위한 구체적 사안(detail)을 배우려고 노력했다. 중요한 것은 정치는 역시 사람에 대한 것이라는 점이다. 이념이나 정책을 뛰어넘어 내가 대변하는 유권자의 삶에 기여해야 한다는 것이다."

근래 우리 한국에 각 분야에 걸쳐 세계적인 지도자, 즉 글로벌 리더(Global leader)가 많이 배출되고 있다.

①2010년 11월 G20회의(2010 SEOUL G20 Summit)의장국으로 세계 주요 20개국 정상회의를 주재한 이명박(李明博) 대통령, ②2007년 1월 유엔총회에서 제8대 UN사무총장에 선출 · 연임되어(제9대.2012.1.1~2016.12.31) 세계 평화와 기아문제 해결을 위해 동분서주하고 있는 반기문(潘基文) 유엔 사무총장(Secretary – general), ③세계 10위권의 글로벌 대기업으로 성장한 삼성과 현대, ④올림픽 등 스포츠에서 세계적인 선수가 되어 각광받고 있는 김연아 · 박태환 · 최경주 · 추신수 · 박지성 등 선수들, ⑤2011년 4월 21일 '아덴만의 여명' 작전을 전개하여 전광석화 같이 소말리아 해적들을 사살 · 체포하고 인질로 잡혀있던 삼호주얼리호 선원들을 구해낸 우리 해군 청해부대 특수전여단(UDT/SEAL) 대원들과 여러 발의 총탄을 맞아 가면서도 끝까지 해적들과 대항한 석해균 선장, ⑥그리고 남아프리카 등 오지에서 굶주림과 빈곤 속에 허덕이고 있는 가난한 사람들의 굶주림 해소와 질병퇴치를 위해 피땀 흘리고 있는 수많은 봉사자들. 이들이야말로 우리 한국인의 위대성과 용감함을 알리고, 세계에 우뚝 선 선진국 대한

민국의 빛나는 글로벌 리더들이라 할 것이다.

미국의 카네기국제평화재단 연구원인 데이비드 로스코프는 최근 그의 저서 《슈퍼클래스(Super Class)》에서 다음과 같이 몇 가지 중요한 사실을 지적하고 있다.

① 오늘날 세계를 움직이는 것은 초강대국인 미국이나 UN 또는 국제통화기금(IMF) 등이 아니다. 전세계 60억 인구 중 6,000명 정도의 글로벌엘리트 집단이다.

② 이들을 슈퍼클래스라고 부른다. 이들 6,000명이 세계 각 분야의 정점에서 그 사회의 주요한 의사결정과 집행을 좌우한다.

③ 그들의 말과 행동은 무수한 보통사람들의 삶에 지대한 영향을 미친다. 그런 점에서 미국 사회학자 라이트 밀스가 말했던 파워엘리트와 닮았다.

④ 21세기 슈퍼클래스의 무대는 글로벌라이제이션(세계화)으로 하나 된 지구촌이다. 그들은 국내의 권력과 대중적 영향력을 기반으로 국경과 국적을 넘나들며 같은 부류의 사람들끼리 네트워크를 형성하고 세계적 규모로 자신들의 권익을 확대해 나간다.

⑤ 그들 중심에는 정부 권력을 능가하는 민간 권력이 자리하고 있다. 그들은 루퍼트 머독, 마크 주커버그, 교황, 이란의 아야톨라 하메네이, 한국의 조용기 목사, 앤젤리나 졸리 등 사회활동에 열심인 연예인 등 다양하다. 평균나이는 58세, 유럽의 갑부들이 61%, 남자가 94%이다. 슈퍼클래스의 $\frac{1}{3}$이 하버드나 예일대 등 미국 20대 명문대이며, 세계 100대 다국적기업 최고경영자이다. 연봉은 일반근로자의 350배이며 1970년대보다 10배 증가했다.

한국 외국어대의 최정화 교수는 글로벌인재가 되고자 하는 젊은이들은 '오감(五感)'을 일깨우라고 말한다. "눈으로는 미래에 대한 비전과 꿈을 보고, 입으로는 외국어 소통 능력을 배양하고, 손으로는 첨단기기 사용에 능통하고, 머리로는 세계인으로서의 소양과 시각을 쌓고, 가슴으로는 이문화를 이해하고 존중하는 것이다. '할 수 있다'는 자신감을 갖고 도전을 한다면 두려울 것이 없다. 세계는 가깝고 할 일은 많다"고 조언한다. (931)

글로벌 시대에는 글로벌 의식과 교양 그리고 매너가 필요한바, 언론에서 조언하고 있는 「글로벌 에티켓」몇 가지를 옮긴다.

① 외국인을 만나면 'Hello' 하며 웃어요

② 소곤소곤, 공공장소에서는 작은 소리로

③ 내리는 사람 먼저, 줄 서기는 기본

④ 지나가다 부딪혔을 땐 "미안합니다"

⑤ 쓰레기는 휴지통에! 깨끗한 거리 만들기

⑥ 인터넷 '악플' 은 그만! '선플' 다세요

⑦ 서로를 배려하는 교통질서 지키기 (977)

손자병법 36계중 제 27계는 가치부전(假痴不癲)전략이다. 이 전략은 잘난 체 경거망동하는 것을 삼가고 다소 부족한 듯이 행하면서 내실을 기하라는 것이다.

위나라의 사마의(司馬懿)는 조조와 조비(조조의 아들)가 죽은 뒤 고향에 내려가 재기를 노리고 있었다. 당시 실세였던 조상이라는 사람이 사마의의 동태를 파악하기 위해 사람을 보냈다. 사마의는 세상일에 관심이 없는 폐인처럼 살았다. 그에 대한 보고를 받은 조상이 마음을 놓자, 사마의는 조상이 황제와 함께 사냥을 나간 틈에 정변을 일으켜 병권을 장악했다.

이 전략은 뛰어난 지도자가 되려면 자기의 재능을 자랑하거나 너무 잘난 체하지 말고 약간의 빈틈을 보여야 한다는 의미이다. 노자(老子)역시 "훌륭한 지도자는 지모를 깊숙이 감추고 있어서 겉으로 보면 바보같이 보인다. 이것이 지도자의 이상적인 모습이다"라고 말했다.

필자는 노자의 이 가르침을 반기문 UN사무총장이 잘 실천하고 있다고 본다.

얼마 전 한 온라인 취업 포털사이트에서 직장인 1,254명을 대상으로 '직장에서 이런 사람은 100퍼센트 왕따' 라는 설문조사를 했다. 조사 결과, 왕따 1순위는 '잘난 척하는 사람들' 이었다. 조사내용을 더 구체적으로 살펴보면 '잘난 척, 아는 척, 있는 척' 하는 척돌이와 척순이형이 19.1%로 1순위로 나타났다. 또 독불장군형과 사사건건 끼어드는 사람과 함께 자신이 직장 최고의 '얼짱, 몸짱, 맘짱, 일짱' 이라고 생각하는 '공주 · 왕자형(15.1%)' 이 그 뒤를 이었다. (176)

"체"하고 싶은 마음은 인지상정이지만 그만 못한 사람들을 배려하는 마음으로 조금은 덜 익은 사람처럼 어수룩한 빈틈을 보여주는 게 본인에게도 남에게도 좋다.

빈틈을 보이면

① 거리감이 줄어들고 친근감이 느껴진다.

② 겸손하고, 진솔하다는 느낌이 든다.

③ 경계심을 풀고 마음의 문을 열게 된다. (176)

"작은 일도 소홀히 처리하지 않고, 남이 보지 않는 곳에서도 속이거나 숨기지 않으며, 실의(失意)한 경우라도 낙심하지 않는다면 그 사람이야말로 진정한 영웅이다."《채근담》에서의 가르침이다.

필자는 글로벌리더의 자질 조건으로 ①정직하고 진실할 것 ②멋진 세계, 행복한 세상을 만들어 내겠다는 열정과 추진력 ③세계를 품에 안아도 부족하지 않는 넓은 포용력과 세심한 주의력 ④폭 넓은 세계관과 문제해결 능력 ⑤세계의 역사 · 문화 · 정치 · 경제 등에 관한 이해능력 ⑥글로벌 매너 ⑦세계를 누벼도 지칠 줄 모르는 건강 ⑧그리고 기업인에게는 1등 제품 · 1등 기술을 향한 혁신경영과 신산업전략, 국제 경제환경과 산업 패러다임 변화인식, 글로벌 인재 육성과 채용, 실사구시의 창의력 개발, 과학적 · 친화적 의사소통, 첨단과학기술(IT, BT, NT, ET, CT 등)에 대한 지식, 조직혁신과 변화 리더십 등이 필요하다고 생각한다. 물론 겸손함 · 따뜻함 · 자신감 · 스피치능력 · 외국어 능력 등 까지 갖춘다면 금상첨화라 할 것이다. 각 분야의 글로벌 리더가 알아야 할 몇 가지 세상이야기를 적는다.

(1) 2004년 스위스에서 열린 세계경제포럼에서 "세계시민의 조건 세 가지"가 공표되었다. 전세계 경제학자들과 기업인들, 즉 세계적으로 내로라하는 그야말로 글로벌리더들이 모여 다음과 같은 세계시민으로서 갖춰야 할 덕목을 발표한 것이다.

첫째, 모국어와 다른 나라 말까지 포함해 3개의 언어로 남의 의견을 들을 수 있고, 자신의 뜻과 의지를 진실하게 전달할 수 있어야 한다.

둘째, 자신과 생각이 다른 사람을 아우를 수 있어야 한다. 지역, 학력, 빈부의 차이로 생각이 다른 사람들을 차별하지 말아야 하며 서로 다른 주장을 경청하고, 조정할 수 있어야 한다.

셋째, 문화가 다른 사람들과 함께 일할 수 있어야 한다. 자신의 민족성과 국가 정체성을 지키면서도 다양성과 융통성을 발휘해 다른 문화권의 사람들과 어울려 일을 이뤄 낼 줄 알아야 한다. (179)

결론적으로 세계시민의 3가지 조건은 언어능력, 경청자세, 화합능력이라는 뜻이다.

(2) 유방은 수도 낙양의 남궁에 제후와 여러 장수를 모아 놓고 술자리를 베풀었을 때 이런 질문을 했다.

"누구든지 마음을 탁 털어놓고 말씀해 보시오. 짐이 천하를 얻게 된 이유는 무엇인가, 그리고 항우가 천하를 잃은 이유는 무엇인가를."

고기와 왕릉이 말했다.

"폐하께서는 오만하고 상대를 업신여기는 성품이 있으십니다. 그러나 항우는 감정에 약하고 부하를 사랑했습니다. 그 대신 폐하께서는 도성이나 영토를 차지하시면 아낌없이 부하들에게 나누어 주고, 결코 혼자서 다 차지하시는 일이 없었습니다. 항우는 그렇지 못했습니다. 오히려 시기심이 많아 빼어난 부하를 적으로 생각했습니다. 손에 넣은 것은 모두 자기의 공으로 돌려서 나누어 주기를 꺼렸습니다. 이것이 천하를 잃게 된 이유입니다." (452)

(3) 수(隋)나라 양제(煬帝)는 재능이 비범하고 언변이 뛰어나 논쟁이 붙으면 그를 이기는 사람이 없었다. 그는 스스로를 과시하며 이렇게 말했다. 내가 조상의 후광을 입어 천자의 자리에 올랐다고 생각지 말라. 천하의 선비와 경쟁해도 나는 마땅히 천자가 되었을 것이다. 이처럼 자부심이 지나쳐 그는 누구도 안중에 없었으며 전횡을 휘두르고 독선을 일삼아 조정의 대신들마저 그에게서 마음이 떠나기에 이르렀다. 조정이 날로 부패하고 천하에 난이 들끓자 결국 수양제는 부하인 우문화급(宇文化及)에게 시해당하여 단명한 천자가 되고 말았다.

옛말에 "사람의 힘을 얻은 자는 천하가 대적할 수 없고, 사람의 지혜를 얻은 자는 성인을 두려워하지 않는다"고 했다. 수양제는 제왕으로서 마땅히 겸손한 태도로 널리 의견을 받아들이고, 이로써 사람의 지혜와 힘을 모아 함께 대업을 이루어야 했다. 그러나 그는 자신의 능력만 믿고 천하의 공간을 마음에 품지 못했으니 어찌 실패하지 않을 수 있었겠는가? (465)

(4) 젊은이라면 누구든 세계제일, 세계최고의 일을 해내고 싶은 것이다. 누구나 The only, The Best, Global Initiative의 사람 또는 리더가 되고 싶다.

최근 '우주의 비밀 푼 대학교 3학년', '초기 우주먼지 입증 장민성씨' 란 제목의 신문보도 내용을 보자.

「우주는 군데군데 반짝이는 별을 제외하곤 대부분 텅 비어 있는 것처럼 보인다. 하지만 자세히 보면 늙은 별이 생을 마치면서 뿜어낸 미세한 먼지들이 가득 들어 있다. 그렇다면 137억 년 전 빅뱅(Big Bang · 대폭발)이후 아직은 별들이 젊었던 초기 우주는 티끌 하나 없이 깨끗했을까. 국내 대학생이 세계 천문학계 통념과 달리 초기 우주에도 먼지가 존재했으며, 이 먼지는 거대한 젊은 별이 폭발하면서 나왔음을 처음으로 밝혀냈다.

주인공은 서울대 물리천문학부 3학년 장민성씨. 그는 최근 임명신 교수(물리천문학부)와 함께 천문학 분야 최상위급 국제학술지인 '천체물리학 저널 레터(Astrophysical Journal Letters)'에 우주먼지 연구결과를 발표했다. 논문에 가장 큰 기여를 한 사람인 제1 저자에는 장씨가, 연구과제의 책임자인 대표 저자로는 임 교수가 등재됐다. 임 교수는 "천문학 최고 학술지에 학부생이 제1 저자로 논문을 낸 것은 보기 어려운 일"이라고 말했다.

장씨는 "2학년을 마치고 2009년 1월부터 공익근무를 하면서 저녁에 남는 시간을 어떻게 쓸지 고민했다"면서 "다른 친구들처럼 자격시험을 준비할 수도 있었지만 학과공부에 쫓겨 해보지 못한 진짜 연구를 하고 싶었다"고 말했다.」(978)

(5) 《행복한 고집쟁이들》의 저자 박종인은 62년째 마술을 공연하고 있는 대한민국 1세대 마술사 '알렉산더리'(이홍선)와의 인터뷰를 마치며 이렇게 전한다.

"나 같은 사람 많이 만나봤을 것 아니여. 짐작건대 다들 못살지? 그냥 자기가 좋아서 자기 일하고 살지?"라고. 전설의 배무이(배 만드는 사람) 신영수처럼 저자가 만난 20명의 고집쟁이는 "오늘도 손이 없으면 손 몽둥이로 소금밭을 일구며 소득의 10%를 자선단체에 기부하고(장엄한 소금장수 강경환), 팔이 없으면 온몸으로 그림을 그리며(팔 없는 화가 석창우) 묵묵히 삼라만상을 풀어낸다"고…. (585)

청소년들이여,목표를 향해 끝까지 최선을 다하면 무엇이든 해낼 수 있다.

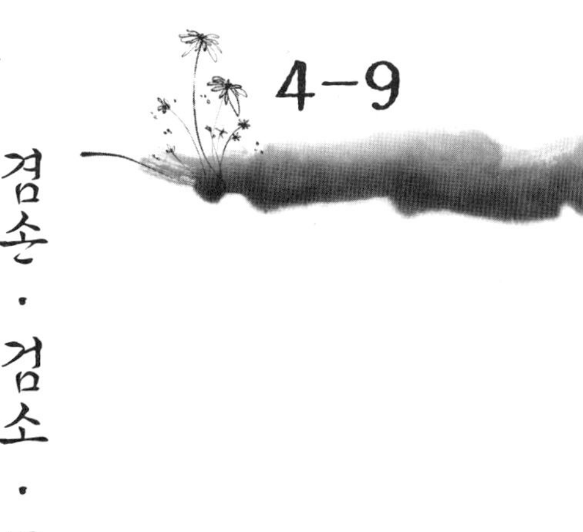

4-9

겸손 · 겸소 · 교만

발꿈치를 들고 서 있는 자는
오래 서 있을 수 없고,
가랑이를 벌리는 자는
오래 걸을 수 없다.
스스로 드러내는 자는 밝지 아니하고,
스스로 옳다하는 자는 빛나지 아니하고,
스스로 뽐내는 자는 공이 없고,
스스로 자만하는 자는 으뜸이 될 수 없다.
이것들은 도에 있어서는
찌꺼기 음식이요 군더더기 행동이라 한다.
만물은 이런 것을 혐오한다.
그러므로 도를 체득한 자는 처하지 아니하리니.

(企者不立 跨者不行 自見者不明 自是者不彰 自伐者無功 自矜者不長 其在道也 曰餘食贅行 物或惡之 故有道者不處). – 《노자》24장

□ 지식이 깊고 넓을수록 겸허해져라. 항상 겸손한 자세로 아무리 사소하더라도 상대방의 의견에 귀를 기울여라. 이것이 상대방을 설득하는 최선의 방법이다. – 필립 체스터필드

□ 강물이 모든 골짜기의 물을 포용할 수 있음은 아래로 흐르기 때문이다. 오로지 아래로 낮출 수 있으면 결국 위로도 오를 수 있게 된다. – 《회남자》

□ 물은 가장 깊은 곳에서 가장 고요하게 흐른다. – J.릴리

□ 항상 겸손한 사람은 타인에게 칭찬을 들었을 때나 험담을 들었을 때나 결코 변함이 없다. – 장파울

□ 겸손하지 않은 사람이 성공한 경우를 본적이 있는가? 겸손은 인생에서 성공하기 위한 첫 번째 열쇠이다. – 슐러

□ 전쟁에서는 수백만을 정복할 수도 있다. 그러나 자기 자신을 정복한 사람은 정복자들 가운데 가장 위대한 자이다. – 석가모니

□ 자기가 똑똑하다고 생각하는 사람은 더할 나위없는 바보이다. – 볼테르

□ 자신의 두레박줄 짧은 것은 생각지 않고 남의 집 우물이 깊어 힘들다고 한다(不恨自家汲綆短 只恨他家苦井深). – 장자

□ 삶은 새로운 것을 받아들일 때만 발전한다. 결코 아는 자가 되지 말고 언제까지나 배우는 자가 되라. 마음의 문을 닫지 말고 항상 열어 두도록 하라. – 오쇼 라드니시

□ 진정으로 용기있는 자만이 겸손할 수 있다. 겸손은 자기를 낮추는 것이 아니고 도리어 자기를 세우는 것이다.

□ 나의 실패와 몰락을 책망할 사람은 나 자신밖에 없다. 나는 깨달았다. 내가 나 자신의 최대의 적이며, 나 자신의 비참한 운명의 원인이었다는 것을… – 나폴레옹 보나빠르트

□ 참된 위인에게 오는 최초의 시험은 겸양에 관한 것이다. – J.러스킨

□ 남보다 우월하다는 생각은 인간이 지닌 가장 위험한 단점이다. – 프랭클린

□ 자신을 현명하다고 생각하고 있는 인간은 정녕 구제할 수 없는 바보이다. – 볼테르

□ 그러므로 하나님의 능하신 손아래서 겸손 하라 때가 되면 너희를 높이시리라(Humble yourselves, therefore, under God's mighty hand, that he may lift you up in due time). – 베드로전서 5:6

□ 우물에 침 뱉는 자는 언젠가 반드시 그 우물을 마시게 된다. – 《탈무드》

□ 인자한 사람에게는 적이 없다(仁者無敵). – 《맹자》양혜왕편

□ 사람의 마음은 변한다. 부유해지면 교만해지고, 교만해지면 게으르게 된다(人心之變 有餘則驕 驕則緩怠). – 《관자》

□ 검약(儉約)은 미덕(美德)이지만, 지나치면 인색(吝嗇)하고 비색하여 도리어 정도(正道)를 손상시키고, 겸양(謙讓)은 미행(美行)이지만, 지나치면 아첨과 비굴이 되어 마음에 꾸밈이 많아지느니라. - 《채근담》

□ 나만 고집하면 세상이 모두 내 적이 되고, 나를 버리면 세상이 다 내편이 된다.
- 오동희, 《리더가 읽으면 무릎을 치는 옛글》

□ 겸손한 자만이 다스릴 것이요, 애써 일하는 자만이 가질 것이다. - 에디슨

□ 자기 자신을 과소평가하는 사람은 언제나 성공하고, 과대평가하는 사람은 번번히 실패하고 놀라게 된다. - B.러셀

□ 진심에서 우러나오는 겸손은 세상에서 가장 크게 사람 마음을 이끈다. - 톨스토이

□ 교활한 토끼가 죽으면 사냥개가 죽임을 당하고, 나는 새가 없어지면 활은 감추어지고, 적국을 파멸시키면 모신은 망하게 된다(狡兎死 走狗烹 飛鳥盡良弓藏 敵國破謀臣亡). - 《사기》회음후열전

※ 한나라 고조(유방)에게 잡힌 한신(韓信)이 한 말 (321)

□ 백리를 가는 사람은 구십리가 반이다(行百里者 半於九十). - 《전국책(戰國策)》

■ ■ ■

고대 중국 요순시절에 관한 기록인 서경(書經 · 尙書라고도 함)에 보면 "자만하면 손해 부르고 겸손하면 이익 받으니 이는 하늘의 도이다(滿招損 謙受益 時乃天道 · 서경 대우막편)"라는 구절이 나온다. 또 서경에는 주(周)나라의 탕(湯)왕은 밤에 잠도 안 자고 정치에 힘썼으며 "앉은 채 아침을 맞이했다(坐而待旦 · 서경 태상갑편)"는 내용도 나온다. 그 옛날 전설의 시대인 요순(堯王과 舜王)시대에도 "자만하면 손해 보고 겸손하면 이익 본다"는 처세훈이 있었다는 것은 참으로 놀라운 일이다. 서경의 이 글에서는 사람은 겸손해야 한다는 것이 "하늘의 도(天道)"라고 가르치고 있다. 이 글을 읽는 모든 사람은 숙연한 자세로 이 구절을 외워 가슴에 새겨 행하면 좋을 것이다.

노자는 이렇게 말했다. "나는 세 가지 보물을 가지고 있으니, 이것을 잘 건사하여 보존하고 있다. 첫째는 사람을 사랑하는 마음이요, 둘째는 사물을 검약(儉約)하는 태도요, 셋째는 남보다 앞서지 않으려는 행동이다. 사람을 사랑하므로 도리어 용기가 있을 수 있다. 사물을 검약하므로 도리어 궁하지 않고 넉넉할 수 있다. 남보다 앞서지 않으므로 도리어 선도자(先導者)가 될 수 있다"고 했다.

채닝은 겸손에 대해 이렇게 말했다.

"사람은 저마다 자신의 내부를 깊이 들어가 보면 자신이 가치 없는 인간이라고 생각한다. 성자의 맨 처음 가르침은 겸손이다. 그리스도와 그의 제자들은 이 겸손에 대해 많은 가르침을 내렸지만 사람들은 극히 일부분만을 깨달았다. 겸손이란 자신이 누군가를 알려고 했을 때 최초에 생겨난 감정이다. 겸손은 지혜를 깊게 한다. 자기의 약점이 무엇인가를 깨닫게 한다."

상용(商容)은 노자(老子)의 스승으로 알려진 인물이다. 그가 세상을 뜨려 하자 노자가 마지막으로 가르침을 청했다. 상용이 입을 벌리며 말했다. "혀가 있느냐?" "네 있습니다." "이는?" "하나도 없습니다." "알겠느냐?" 노자가 대답했다. "강한 것은 없어지고 부드러운 것은 남는다는 말씀이시군요." 말을 마친 상용이 돌아누웠다. 노자의 유약겸하(柔弱謙下), 즉 부드러움과 낮춤의 철학이 여기서 나왔다.

허균(許筠 · 1569~1618)의 《한정록(閑情錄)》에 나오는 조언이다.

"강한 것은 남을 부수지만 결국은 제가 먼저 깨지고 만다. 부드러움이라야 오래 간다. 어떤 충격도 부드러움의 완충(緩衝)앞에서 무력해진다."

《여씨춘추(呂氏春秋)》에서 "흐르는 물은 썩지 않고, 문지도리는 좀먹지 않는다. 움직이기 때문이다(流水不腐 戶樞不蠹動也)"라고 한 것이 바로 이 뜻이다.

고인 물은 금방 썩는다. 흘러야 썩지 않는다. 정체된 삶, 고여 있는 나날들. 어제와 오늘이 같고, 내일도 어제와 다를 바 없다. 이런 쳇바퀴의 삶에는 발전이 없다.

좀먹지 않으려면 움직여라. 썩지 않으려거든 흘러라. 툭 터진 생각, 변화를 읽어내는 안목이 필요하다. 강한 것을 물리치는 힘은 부드럽게 낮추는데서 나온다. 혀가 이를 이긴다. (728)

영국 역사가 에드워드 기번의 《로마제국 쇠망사(History of the Decline and Fall of the Roman Empire)》에 의하면 로마제국 쇠망의 원인으로 무엇보다 '정신의 쇠퇴', 바로 경박해진 국민과 경박해진 지도자를 꼽고 있다.

검소하고 소박한 기풍(氣風)을 잃어버린 국민과 그런 국민에게 영합하는 지도자가 만나 쇠망의 골짜기로 굴러 떨어졌다는 지적이다. 지금 우리는 어떻습니까. 중후(重厚)하고 근엄하며 확신에 찬 지도자와 근면하고 검소하고 남에게 기대지

않는 국민이 만나 나라를 만들어 가고 있습니까. 아니면 그 반대입니까. (980)

"너희 중에 큰 자는 너희를 섬기는 자가 되어야 하리라(The greatest among you will be your servant · 마태복음 23:11)."

"누구든지 자기를 높이는 자는 낮아지고 누구든지 자기를 낮추는 자는 높아지리라(For whoever exalts himself will be humbled and whoever humbles himself will be exalted · 마태복음 23:12)."

성경 창세기에 하나님은 동식물 등 모든 것을 다 창조하시고 창조과정의 맨 끝에 "하나님이 자기 형상 곧 하나님의 형상대로 사람을 창조하시되 남자와 여자를 창조하시고(So God created man in his own image, in the image of God he created him; male and female he created them · 창세기 1:27)"라고 했다.

이렇게 지구를 지배하고 있는 인간을 왜 우주 창시의 마지막에 등장시킨 것일까?

나무와 풀은 물론 각종 물고기와 벌레보다도 늦게 말이다. 그 이유를 책에서는 다음과 같이 설명하고 있다.

"그것은 지구상에 존재하는 모든 생명체에 대해 겸손한 마음을 가지라는 가르침이었다. 이를테면 나중 태어난 어린이가 먼저 태어난 어른에게 선배 대접을 하듯, 인간 역시 자연을 지배하는 것이 아니라 자연환경을 해치지 말고 아끼며 살라는 것이었다."(132)

교만하지 말고 겸손하여야 된다는 성경의 가르침은 이 외에도 잠언 29장, 마태복음 18장 · 20장, 빌립보서 2장, 마가복음 9장, 에스겔 28장 등 여러 곳에 나온다.

철학자 칼라일은 "매력이란 상대방을 염두에 두고 겸손하게 행동하는 것"이라고 정의했다. 러시아의 문호 톨스토이는 "매력이란 연습이 필요한 것이다. 연습과 반복을 통해 자연스런 매력이 몸에 배어든다"고 말했다.

겸손을 천성적으로 타고난 사람도 있지만 대체로 인생을 살아가면서 교육 · 가정과 사회생활 등을 통하여 체득하게 된다. 반복적 연습을 해서라도 겸양지덕을 몸에 익히면 어디서든 환영받고, 지도자라면 더욱 존경받게 될 것이다.

에브라함 링컨은 어떤 부대를 이동하는 명령에 싸인 한 적이 있는데 워 스탠톤(War Stanton)장군은 대통령이 심각한 실수를 범하고 있다고 믿고 그 명령을 실행하기를 거부했다. 그는 "링컨은 어리석다!"라고 외쳤다.

링컨은 스탠톤이 한말을 듣고 나서 "만일 스탠톤이 내가 어리석다고 말했다면 나는 그러한 사람임에 틀림없다. 왜냐하면 그는 거의 언제나 옳았으니까. 나는 자신을 점검해 볼 것이다"라고 대답했다.

링컨은 그렇게 했다. 스탠톤이 그의 명령이 잘못되었다고 확신했을 때 링컨은 조용히 그 명령을 철회했다. 링컨의 위대성의 일부는 그 자신에 관한 다른 사람들의 견해에 민감성을 발한 것에 있다.

겸손한 사람은 성을 내거나 싸우지 않는다. 그는 그의 뺨을 때리는 사람에게 다른 편 뺨도 돌려댄다. 그렇지만 겸손은 비겁이 아니다. 왜냐하면 겸손은 크나큰 용기를 필요로 하기 때문이다. 겸손은 당신으로 하여금 더 높은 목적을 위하여 공적을 떠들어대지 않고 모욕과 경멸을 참게 한다. (351)

《서경》의 가르침에는 "가득차면 덜림을 당하고 겸손하면 이익을 얻느니라(滿招損 謙受益)"라는 내용이 있다.

여동생 양귀비(楊貴妃)의 후광을 입어 부귀권세를 누리던 양국충(兩國忠)은 당시 황제인 당나라 현종(玄宗)에게 주청하여 우차를 마차로 바꾼 후 말에다 황금치장을 하는 등 사치와 향락에 빠져 놀아나다가 안사(安史)의 난을 당해, 현종이 양귀비를 죽이게 하고 본인을 비롯한 안씨 집안은 멸족을 당한다. 옛 역사는 키가 여덟자 다섯치에 이르고, 항우를 돕다가 한고조 유방을 도와 천하를 통일하도록 도왔고 국사무쌍(國士無雙)이란 극찬을 듣던 한신(韓信)이 만년에 책사 괴통의 계책을 물리치고 거록(鉅鹿)의 태수 진희와 모반을 꾀하다 잡혀 장락궁에서 죽임을 당하고 회음 땅에 묻힌다. 후일 사마천이 그의 묘를 찾아 둘러보고 이렇게 말한다. "만일에 한 신이 도(道)를 배워 겸손했고, 그리고 자신의 공을 뽐냄이 없이 자기 재능을 자랑하는 마음이 없었더라면, 그의 한나라에 대한 훈공(勳功)은 주(周)나라의 주공(周公) · 소공(召公) · 태공망(太公望)의 공과도 비견이 되고, 후세의 자자손손한테 제사를 받게 되었을 것이다. 그가 이렇게 도(道)에는 힘쓰지 않고, 천하가 다 평정이 되어 한실(漢室)로 돌아가게 된 시기에 반란을 꾀했었으니 만큼, 그의 일족까지 멸망당한 것 또한 당연한 일이 아닌가?"

역사는 좋은 거울이다. 그렇기 때문에 당 태종은 삼경자조(三鏡自照)의 교훈을 후세에게 말해주었던 것이다.

널리 알려진 역사의 술잔 계영배(戒盈杯)가 있다. 술을 많이 마셔서 취하지 않도록 하기 위해 만든 잔으로, 술이 어느 정도 차오르면 술잔 옆의 구멍으로 모두 새도록 만든 '생각이 깊은' 술잔이다. 이름 그대로 경계 할 계(戒), 찰 영(盈), 잔 배(杯). 잔이 차는 것을 경계한다는 의미가 담겨 있다. 계영배에 술을 70%이상 따르면 술이 전부 빠져나간다고 한다. '넘치고, 지나침'을 경계하는 술잔이다. 계영배는 원래 고대 중국에서 제천의식 때 사용하던 의기(儀器)였다고 한다. 제나라 환공(桓公), 공자 등이 이 술잔을 욕심 · 사욕을 경계하라는 의미로 해석하면서 널리 확산됐다. 환공은 '마음을 적당히 가지기 위해 곁에 두고 보는 그릇'이란 의미로 이를 '유좌지기'(宥坐之器)라고 불렀고, 공자 역시 계영배를 항상 곁에 두고 스스로를 가다듬으며 과욕과 지나침을 경계했다고 한다. (213)

필자가 술집 주인이라면 다소 술값 매상이 줄더라도 고객을 위해 계영배를 구하여 술잔으로 쓰고자 했을 것이다. 《18사략》 상편의 「주나라 왕실의 성쇠」쪽에 주공(周公)이 노(魯)나라의 제후로 임명된 아들 백금(伯禽)을 훈계하는 대목이 나온다. "나는 문왕의 아들이고, 무왕의 동생이며, 지금의 왕(聖王)의 숙부이다. 그럼에도 나는 한번 목욕할 때마다 세 번씩이나 감던 머리를 움켜쥐고 나가고, 한번 식사할 때마다 세 번씩이나 먹던 음식을 뱉어 내면서 일어나 선비(士)를 맞으면서도 오히려 천하의 어진 인재를 잃을까 두려워했다. 너는 노나라에 가거든 삼가 백성들에게 교만함이 없도록 하여라(我文王之子 武王之弟 今王之叔父.然我一沐三握髮 一飯三吐哺 起而待士 猶恐失天下賢人 汝之魯 愼無以國驕人)."(421)

이것이 유명한 주공의 악발토포(握髮吐哺)의 고사이다. 오늘날 주공처럼 찾아오는 손님(인재)을 악발토포하며 영접하는 권력자가 있다면 그 분은 참으로 덕망있고 겸손한 지도자 중의 지도자라 할 것이다.

미국의 존 머리는 우리가 흔히 말하는 구두쇠의 표상으로 한 푼의 돈도 헛되게 쓰지 않는 검소한 생활로 부자가 된 사람이다. 어느 날 그가 밤늦도록 독서를 하고 있는데 한 할머니가 찾아와 독서 중 켜놓은 촛불 2개 중 하나를 끄고 정중히 할머니를 맞았다.

"늦은 시간에 무슨 일로 찾아 오셨습니까?"라고 물었지만 촛불 하나를 끄는 모습을 보면서 할머니는 겸연쩍게 말했다. "거리에 세워진 학교가 어려움을 겪고 있어 기부금을 부탁하려고 왔다"며 스크루지 같은 구두쇠에게 별다른 기대감 없이 말했을 때 존 머리는 10만 달러의 거액을 선뜻 기부해 할머니는 깜짝 놀랐다.

그때 존 머리는 "독서를 할 땐 촛불 2개가 필요하지만 대화할 때는 하나면 족하지요"라고 말했다 한다.

자신의 풍요로운 삶을 버리고 남을 위한 봉사와 희생으로 현재에도 추앙받는 슈바이처가 아프리카에서 고향으로 돌아올 때의 일이다. 소식을 듣고 많은 사람들이 슈바이처가 도착할 기차역에서 당연히 그의 업적을 칭송하여 일등칸 앞에서 기다렸다. 그러나 손님이 다 내릴 때까지 슈바이처 박사의 모습이 보이지 않아 혹시 이등칸을 타고 왔나 생각해서 다시 이등칸 쪽으로 몰려갔다. 역시 거기에도 슈바이처 박사는 없어 사람들은 설마 하는 마음으로 삼등칸 쪽으로 가 맨 끝에서 슈바이처 박사가 내리는 것을 발견했다.

"박사님처럼 귀하신 분이 왜 삼등칸을 타고 오셨습니까?"라고 묻자 슈바이처 박사는 "사등칸이 없었기 때문입니다"라고 답했다고 한다. 이것은 모든 사람들이 인정하는 선구자가 되었지만, 자신을 교만스레 내세운 것이 아니라 진정한 사랑은 겸손해야 함을 일깨워 주는 것이었기에 사람들은 그를 위대한 사람이라고 말하는 것이다. (729)

성경에는 또 교만을 경책하는 가르침이 있다. "사람의 마음의 교만은 멸망의 선봉이요 겸손은 존귀의 앞잡이니라(Before his downfall a man's heart is proud, but humility comes before honor)."

성경의 가르침은 "실패의 선행조건은 교만이며, 성공의 선행조건은 겸손"이라는 것이다.

어떤 이는 교만을 가리켜 "모든 사람을 병들게 하는 유일한 질병이며, 오직 교만한 사람만 그 병에 걸리지 않는다"고 했다. 계속 가고자 하는 자는 겸손하라. 겸손한 줄도 모르고 겸손하라. 그때 하늘은 반드시 그대 편이 되어줄 것이다.

"연꽃은 높은 언덕에서는 피지 아니하고 낮고 습한 진흙탕에서 피어난다(高原陸地不生蓮華 卑濕於泥 乃生此華)"고 한다. 사람도 연꽃의 낮고 겸손한, 그러나 멋진 자태와 자세를 배워야겠다.

필자는 35년간의 공직생활, 국회의원, 정당의 지구당위원장, 한국방송통신대학교 전국 총동창회장, 한국사랑회 회장 등 여러 분야의 일을 하면서 적어도 20

만 명 이상의 사람들과 식사를 하거나 차를 마시는 등 만남의 시간을 가졌다. 그 많은 사람들 중 특별히 기억에 남는 분들이 생각난다.

현대그룹의 타계하신 정주영 회장님, LG그룹의 구본무 회장님, 선문그린사이언스(주) 김인수 회장님, 오랜 친구인 문의웅 · 고만수, 봉사활동을 함께 해오고 있는 채규희 · 전용덕 · 이원교, 공직후배인 정강정 · 서영주 · 홍준석 · 정기창 · 박희근 · 김진욱 · 박세각 등이다. 정주영 · 구본무 · 김인수 세 분 회장님은 부드럽고 겸손하고 상대방을 배려하는 따뜻한 인품의 소유자들이다. 문의웅 · 고만수 · 채규희 · 전용덕 · 이원교 등 다섯 사람은 변함 없고 의리 있는 사나이들이다. 정강정 · 서영주 · 홍준석 · 정기창 · 박희근 · 김진욱 · 박세각 일곱 사람은 정직하고 책임감 있고 의리 있는 공직후배들이다.

특히 한겨레신문사 회장을 역임한 고 김두식 회장은 말과 행동 모든 면에서 겸손의 화신이다. 필자와 친구 간의 친목모임도 함께한 친구이다. 그는 경제적으로 어려우면서도 친구 간에 식대도 먼저 내는 경우가 많았다. 참으로 착하고 정직하고 겸손하고 책임감 있고 정감 넘치는 친구였다. 오죽하면 필자가 여러 친구들 앞에서 "김회장은 본인이 겸손한 줄도 모르는 겸손한 친구"라고 칭찬한 일도 있었다. 그런데 그렇게 착하고 겸손했던 친구 김두식은 몇 년 전에 먼저 우리 곁을 떠나 우리를 슬프게 했다. 몇몇 친구들과 함께 오랜만에 묘 앞에 가서 소주나 한잔 나눠야겠다.

그리고 친구에게 술 한잔 건네면서 겸손한 줄도 모르는 겸손함을 친구들인 우리도 몸에 익힐 수 있도록 도와달라고 부탁도 해봐야겠다.

4-10 글 · 문장

너를 기다리는 동안

황지우

네가 오기로 한 그 자리에
내가 미리 가 너를 기다리는 동안
다가오는 모든 발자국은
내 가슴에 쿵쿵거린다
바스락거는 나뭇잎 하나도 다 내게 온다
기다려본 적이 있는 사람은 안다
세상에서 기다리는 일처럼 가슴 애리는 일 있을까
네가 오기로 한 그 자리, 내가 미리 와 있는 이곳에서
문을 열고 들어오는 모든 사람이

너였다가

너였다가, 너일 것이었다가

다시 문이 닫힌다

사랑하는 이여

오지 않는 너를 기다리며

마침내 나는 너에게 간다

아주 먼 데서 나는 너에게 가고

아주 오랜 세월을 다하여 너는 지금 오고 있다

아주 먼 데서 지금도 천천히 오고 있는 너를…

너를 기다리는 동안 나도 가고 있다

남들이 열고 들어오는 문을 통해

내 가슴에 쿵쿵거리는 모든 발자국 따라

너를 기다리는 동안 나는 너에게 가고 있다.

□ 말로써 뜻을 충분히 나타낼 수 있어야 하고, 글로써 말을 충분히 표현할 수 있어야 한다(言以足志 文以足言). - 《좌전》

□ 머리에 뜻이 떠오른 연후에, 붓을 들어야 글이 잘 써진다(意在筆前 然後作字). - 왕희지

□ 언제나 연필을 주머니에 넣어 두고 그때 그때의 추억을 기록하는 것은 좋은 일이다. - F.베이컨

□ 펜보다 더 깊은 상처를 줄 수 있는 것은 없다. 펜은 산 사람을 죽이고 죽은 사람을 살린다. - 테일러

□ 집은 책으로, 정원은 꽃으로 가득 채우라 - 랭

□ 독서는 풍부한 사람을, 대화는 재치있는 사람을, 글을 쓰는 것은 정확한 사람을 만든다. - F.베이컨

■ ■ ■

"글은 그 사람 자체이다(Le style est l' homme soi-meme / Style is the man himself)."이 말은 18세기 프랑스의 저명한 박물학자이던 뷔퐁(1707~1788)이 1753년 프랑스의 아카데미 회원이 되었을 때 '문체론'이라는 제목으로

취임 연설을 했을 때의 한 구절이다.

"잘 쓰인 작품은 후세에 자연히 남겨질 것이다. 비록 지식이 풍부하고, 엮어진 사실이 특이하고, 발견이 새롭다는 이러한 요소가 다 포함된 저술일지라도 지나치게 지엽적인 문제에 구애되고 있다면 불멸의 생명을 보증하기는 어렵다. 또 취미로 쓴 글이나, 고귀한 입장만 생각하고 쓴 글, 재능 없는 문장으로 쓴 글들도 생명을 가질 수 없다. 지식이나 사실, 발견 같은 것은 쉽게 남에게 빼앗기기 쉬운 것이며, 더 잘 쓰는 손끝에서 제작이 되고 말 것이기 때문이다. 이런 것들은 인격 밖에 속한다. 인격과 밀착된 문장은 그 사람 자체인 것이다. 그러한 글은 남이 훔쳐 갈 수도 없고, 빼앗지도, 바꾸지도 못한다. 만약 글이 고상하고 고귀하며 숭고하다면 그 저자는 모든 시대를 통하여 똑같이 존경을 받을 것이다." (202)

철학자 · 수필가인 김태길은 「글을 쓴다는 것」에 대해 이렇게 조언한다. "글을 쓰는 것은 자기의 과거(過去)와 현재를 기록(記錄)하고 장래(將來)를 위하여 인생의 이정표(里程標)를 세우는 알뜰한 작업(作業)이다. 글을 쓴다는 것은, 자기 자신의 엉클어지고 흐트러진 감정(感情)을 가라앉힘으로써 다시 고요한 자신으로 돌아오는 묘방(妙方)이기도 하다.

글이란, 체험(體驗)과 사색(思索)의 기록(記錄)이어야 한다. 그리고 체험과 사색에는 시간(時間)이 필요하다. 만약 글은 읽을 만한 것이 되어야 한다고 믿는다면, 체험하고 사색할 시간의 여유(餘裕)를 가지도록 하라. 암탉의 배를 가르고, 생기다 만 알을 꺼내는 것은 어리석은 일이다. 따라서, 한동안 붓두껍을 덮어 두는 것이 때로는 극히 필요하다. 하고 싶은 말이 안으로부터 넘쳐흐를 때, 그 때에 비로소 붓을 들어야 한다.…

일단(一旦) 붓을 들면 심혈(心血)을 기울여 써야 할 것이다. 거짓 없이 성실(誠實)하게, 그리고 사실에 어긋남이 없도록 써야 한다. 잔재주를 부려서는 안 될 것이고, 조금 아는 것을 많이 아는 것처럼 속여서도 안 될 것이다, 일부(一部)의 사실을 전체(全體)의 사실처럼 과장(誇張)해서도 안 될 것이다.

글이 가장 저속한 구렁으로 떨어지는 예는, 인기(人氣)를 노리고 붓대를 놀리는 경우(境遇)에서 발견(發見)된다." (432)

「수필」에 대해서 피천득 선생은 이렇게 조언한다.

"수필은 청자(靑瓷) 연적이다. 수필은 난(蘭)이요, 학(鶴)이요, 청초하고 몸맵시 날렵한 여인이다. 수필은 그 여인이 걸어가는 숲 속으로 난 평탄하고 고요한 길이다. 수필은 가로수 늘어진 페이브먼트가 될 수도 있다. 그러나 그 길은 깨끗하고 사람이 적게 다니는 주택가에 있다.

수필은 청춘의 글은 아니요, 서른다섯 살 중년 고개를 넘어선 사람의 글이며, 정열이나 심오한 지성을 내포한 문학이 아니요, 그저 수필가가 쓴 단순한 글이다. 수필은 흥미를 주지만 읽은 사람을 흥분시키지는 아니한다. 수필은 마음의 산책(散策)이다. 그 속에는 인생의 향취와 여운이 숨어있는 것이다.

수필의 색깔은 황홀 찬란하거나 진하지 아니하며, 검거나 희지 않고 퇴락하여 추하지 않고, 언제나 온아우미(溫雅優美)하다. (432)"

중국 4대천재의 한 사람이라는 평가를 받고 있는 《사기(史記)》의 저자 사마천 《B.C 145?~86?》의 글에 대한 중국역사서의 평을 보자. '그의 글은 솔직하면서도 해박했고, 헛되이 꾸미지도 않았고, 악한 것을 숨기지도 않았다(其文直 其事該 不虛美 不隱惡).' 《한서 사마천전》

신언서판(身言書判)이란 말도 있듯이 예로부터 말과 글(문장)은 사람을 재는 중요한 잣대 중의 하나였다. 그렇기 때문에 중국의 한(漢)나라 때부터 관료채용고시인 과거(科擧)에는 글(文)재주를 보고 합격여부를 결정했으며, 우리나라에서도 신라시대에는 독서출신과(讀書出身科 · A.D788 · 원성왕 4년)를, 고려시대 광종(光宗 9년, A.D 958)이후부터는 과거제도를 시행했으며, 조선시대에는 과거의 중요성이 더하여졌으며, 문과의 경우 소과(小科)이건 대과(大科)이건 사서오경(四書五經)과 시부송책(詩 · 賦 · 頌 · 策)등 경서(經書)와 문장(文章)의 실력을 가지고 합격자를 결정했다. 대과의 경우 초시(初試 · 1차 시험)에는 서울 · 지방에서 총 340명(후에 223명)을 합격시켰고, 복시(覆試 · 2차 시험)에는 초시합격자 중에서 33명을 선발하고, 전시(殿試 · 판정시험)에서는 임금 앞에서 복시 합격자의 등급을 결정, 갑과에 3명, 을과에 7명, 병과에 23명을 결정하여 합격자 모두에게는 홍패(紅牌)를 주었으며, 갑과 3명 중 수석합격자 1인(장원급제자)에게는 종 6품 이상의 참상관(參上官)으로 임명했고, 병과 합격자는 정 9품 이상의 관리로 임명했다.

오늘날에도 공무원 채용시험의 일종인 행정고등고시와 사법시험 등이 있는바 이는 조선시대의 과거제도와 비슷한 것이다. 다만 시험의 내용이 조선시대 과거에서는 사서오경 등의 특정 서책내용이나 시부송책 등의 지식과 문장력을 시험 보았으나 현재 우리나라의 행정고시나 사법시험은 특정 법령(헌법, 민법, 형사소송법 등)이나 특정 과목(국사, 영어, 행정학, 통계학 등)들을 지정 또는 선택하도록 하여 시험을 치르게 한다.

현대에 와서도 글재주, 즉 문장력은 문인뿐 아니라 공무원 · 기자 · 직장인 · 주부 등 누구에게나 일상생활에 매우 필요한 것이 되었다. 문장력은 편지 · 보고서 · 자기소개서 · 기사 등을 쓰는데 필요한 능력이며, 시험을 볼 경우 또는 책을 저술할 경우 등에도 문장력은 필수능력이기 때문이다.

문장력은 어떻게 하여야 갖출 수 있을까? 중국 송나라 때의 한림원학사 취옹(醉翁) 구양수(歐陽脩1007~1072)는 "글을 잘 짓자면 많이 보아야 하고, 많이 써야하고, 많이 생각해야 한다(爲文有三多:看多 做多 商量多)"고 했다. 참으로 정확한 지적이라고 하지 않을 수 없다.

《위지(魏志)》 최담전과 도연명(陶淵明)의 시(詩)에 보면, '금서(琴書)로 낙을 삼고 근심을 잊는다' 했다.

금(琴)은 음악(音樂, 音律), 서(書)는 독서(讀書)의 뜻으로 음악과 독서로 낙을 삼는다는 뜻이다.

영미권 인기작가 29인이 발표한 "글쓰기 법칙"을 본다. ①자신의 단어를 사용하라. ②쓴 글을 소리 내어 읽어라. ③읽고 쓰기를 반복하라. ④쓴 글을 버릴 줄 알아라. ⑤인터넷을 멀리하라. ⑥어휘력을 길러라. ⑦다양한 경험을 하라. ⑧스스로 비평하는 법을 배워라. ⑨메모습관을 들여라. ⑩글쓰기를 즐겨라. (897)

《베껴쓰기로 연습하는 글쓰기 책》의 저자 명로진은 글 잘 쓰는 비결로 "베껴쓰기부터 시작하라"고 조언한다. (422)

글과 관련하여 「글 쓰기」와 「글자 쓰기」 두 가지 측면이 있다. 글쓰기는 문장의 문제이며 글자쓰기는 서도(書道)의 문제이다.

한국서예의 양대산맥인 일중(一中) 김충현(金忠顯 · 1921~2006), 여초(如初) 김응현(金膺顯 · 1927~2007)형제의 학맥을 계승한 초정(艸丁) 권창륜(權昌倫)은 서예(書藝)에 관하여 "서예란 예술이기 이전에 그 사람의 희로애락을 기탁하는 과정이다"라고 기자 질문에 답하고, 서여기인(書如其人) 즉, "글씨는 그 사람과 같다"고 했다. (730)

요컨대 글(문장)도 사람이고 또 하나의 글(서예)도 사람인 것이다.

함께 복습하는 뜻으로 여기 수의 우리말 명칭들을 열거해 본다. ①조(兆)10^{12} ②경(京)10^{16} ③해(垓)10^{20} ④자(秭)10^{24} ⑤양(穰)10^{28} ⑥구(溝)10^{32} ⑦간(澗)10^{36} ⑧정(正)10^{40} ⑨재(載)10^{44} ⑩항하사(恒河沙)10^{52} ⑪아승기(阿僧祇)10^{56} ⑫나유타(那由他)10^{60} ⑬불가사의(不可思議)10^{64} ⑭무량수(無量數)10^{68} ⑮구갈(googol)10^{100} ⑯센틸리온(centillion)10^{303} 10^{600}(영 · 독) ⑰스큐스의 수(Skewes' s Number) 10^{3400} ⑱구갈 플랙스(googol-plex 1010억) ⑲무한대(無限大)

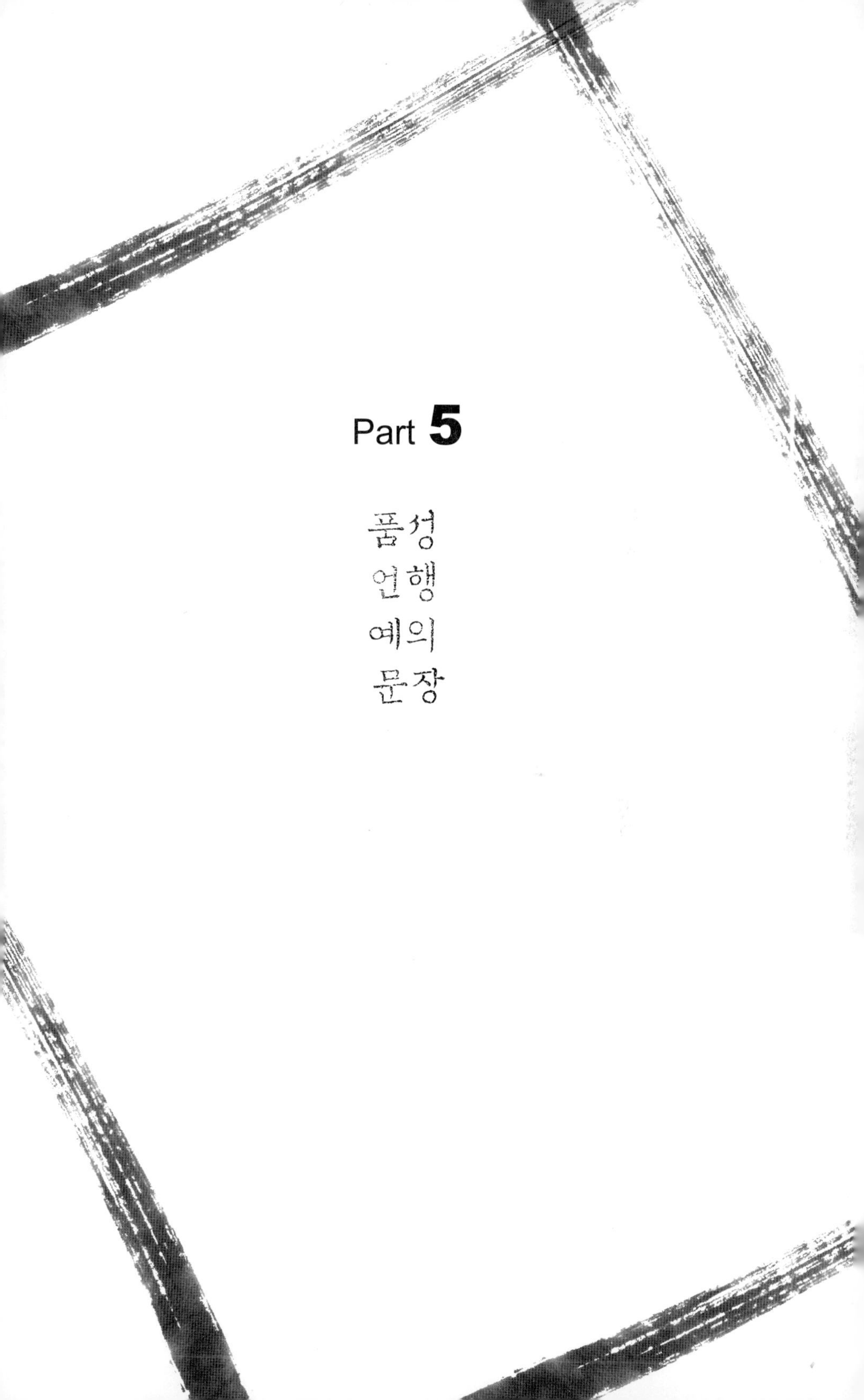

Part 5

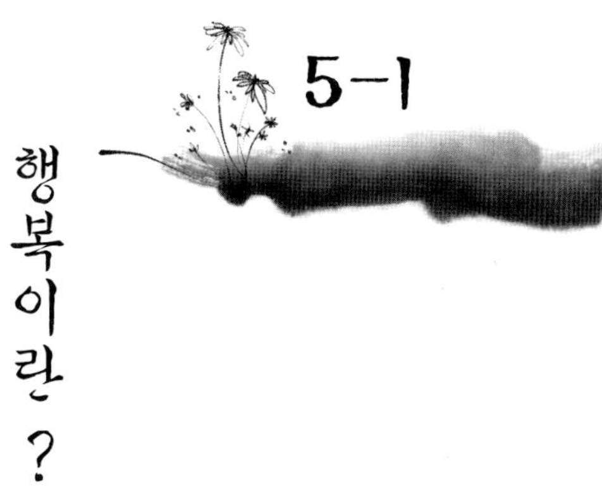

품성
언행
예의
문장

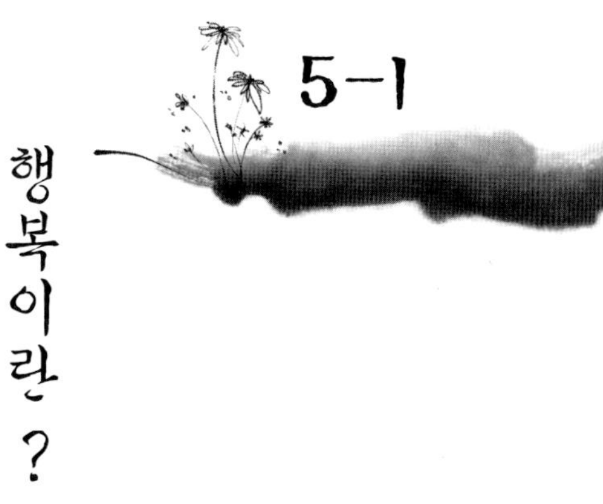

행복이란?

행 복 이 란

노래 조경수

행복이 무엇인지 알 수는 없잖아요
당신 없는 행복이란 있을 수 없잖아요
이 생명 다 바쳐서 당신을 사랑하리
이 목숨 다 바쳐서 영원히 사랑하리
이별만은 말아줘요
내 곁에 있어줘요
당신 없는 행복이란 있을 수 없잖아요
....

□ 일 년간의 행복을 위해서는 정원을 가꾸고 평생의 행복을 원한다면 나무를 심어라.
- 영국 속담

□ 우리 인생에서 가장 행복한 때는 일에 몰두하고 있을 때이다. - 칼 힐티

□ 행복하기 위해서는 두 가지 길이 있다. 욕망을 줄이거나 소유를 늘리거나 하는 것이다. 어느 편이든 좋다. - B. 프랭클린

□ 행복은 대개의 경우 쾌락이 아니면 대체로 승리인 것이다. - R.W. 에머슨

□ 행복은 자기 분수를 알고 그것을 사랑하는 것이다. - R. 롤랑

□ 행복이란 과잉과 부족 중간에 있는 조그마한 역이다. - C. 폴록, 《마니페니씨》

□ 첫째는 희망, 둘째는 믿음, 셋째는 사랑입니다. 아시겠어요? 그리고 마지막으로 하나님은 행운을 끼워두신 겁니다. - E. 히엔슨

□ 인간 최대의 행복은 희망을 갖는데 있다(The greatest happiness of men is hope).
- 레오날드 세파

□ 사람들은 행복을 찾아 세상을 헤매지만 행복은 누구든 손에 잡힐 만한 곳에 있다. 마음속에 만족을 얻지 못하면 행복도 얻을 수 없다. - 모리스 마테를링크

□ 행복하고 싶은가? 그러면 우선 고뇌하는 것을 배우라 - I.S. 트루게네프

□ 행복이라고 하는 것의 참다운 이름은 만족이다. - H.F.아미엘

□ 행복의 가장 큰 장애는 과대한 행복을 기대하는 것이다. - 퐁트넬

□ 행복은 작은 것, 순간적으로 스치는 소소한 것 안에 조용히 얼굴을 숨기고 있다.
- 존 슈메이커

□ 행복은 경험이 아니라 기억이다. - 오스카 르방

□ 행복은 소유에 있지 않고 존재에 있다. - 에리히 프롬

□ 행복은 재물의 양이 아니라 가슴에서 가슴으로 전해지는 따듯함으로 정의된다.
- 솔제니친

□ 행복은 우연이 아닌, 선택의 문제다(Happiness is not by chance, but by choice).
- 짐 론

□ 행복은 만족에 있고, 만족은 욕심을 줄이고 남을 돕는 것을 보람으로 느끼는 데 있다.
- 조영재

□ 자기가 결심한 만큼 행복해 질 수 있다. - 링컨

□ 하루를 행복하려면 이발을 하고, 일주일 행복하려면 겸손하고 한달 행복하려면 말(馬)을 사고, 일년 행복하려면 집을 사고, 평생을 행복하려면 정직하라.

□ 인생의 최대 행복은 무엇을 소유하고 있느냐가 아니라, 무엇을 추구하고 있느냐에 달려 있다. - 프레드릭 반팅

□ 행복과 불행은 받아들이는 사람의 마음에 따라 작은 것도 커지고, 큰 것도 작아질 수 있다. - 라 로슈프코

□ 행복이란 쾌락이 아니라 승리이다. – R.W.에머슨

□ 타석에 들어서지 않고는 홈런을 칠 수 없고 물에 낚싯줄을 드리우지 않고는 고기를 잡을 수 없으며 시도하지 않고는 목표에 도달할 수 없다(You can't hit a home run unless you step up to the plate. You can't catch a fish if you don't put your line in the water. You can't reach your goals if you don't try). – 캐시 셀리그만

□ 부와 귀가 주께로 말미암고 또 주는 만유의 주재가 되사 손에 권세와 능력이 있사오니 모든 자를 크게 하심과 강하게 하심이 주의 손에 있나이다(Wealth and honor come from you; you are the ruler of all things. In your hands are strength and power to exalt and give strength to all). – 역대상 29:12

□ 현명보다 행운이 더 낫다. – W.G. 베님

□ 운과 일시적 기분이 세상을 지배한다. – 라 로슈푸코

□ 행운의 신은 용감한 자에게 호의를 보인다. – 테렌티우스

□ 행복이란 무엇인가. 모든 불행을 살아 내는 것. 빛은 무엇인가. 온갖 어둠을 응시하는 것. – 니코스 카잔차키스

□ 행복이란 본래 후회나 망설임 없이 한 방향을 향해서 온 마음을 다해 정진하는 상태다. – 윌리엄 쉘던

■ ■ ■

행복(happiness)의 사전적 정의는 "만족감에서 강렬한 기쁨에 이르는 모든 감정 상태를 특징짓는 안녕의 상태"를 말한다.

행복과 유사한 단어로 행운(luck)이란 단어가 있다. '행운'이란 좋은 운수를 말한다. 좀 더 구체적으로 말하면 이미 정해져 있어 인간의 힘으로는 어쩔 수 없는 천운(天運)과 기수(氣數)를 뜻한다. '천운'은 하늘이 정한 운명을 의미하고, '기수'는 저절로 오고 가고 한다는 길흉화복의 운수를 의미한다. 다시 말해 행운은 하늘이 인간세계에 정해준 길흉화복의 운수 중 좋은 기운을 일컫는다. 여기에는 오직 하느님만이 행운의 대상을 알뿐 인간은 자기에게 다가오는 행운을 미리 알 수 없다는 종교 사상도 담겨 있다.

행운을 영어로는 흔히 '럭키(lucky)'라 말하는데, lucky는 '행운의', '다행한'이라는 뜻의 형용사이므로 '럭luck'이라고 해야 맞다. luck은 '운명', '천명'을 뜻하지만 그보다는 '행운', '요행'의 의미가 더 크다. (408)

어린 시절에 읽었던 소설 〈파랑새〉에서 주인공 치르치르와 미치르는 행운의

상징인 파랑새를 찾아 먼길을 떠난다. 세상 구석구석을 헤매고도 파랑새를 찾을 수 없었던 그들은 지친 몸과 마음을 이끌고 집에 돌아온다. 그런데 그토록 목마르게 찾아 헤맸던 파랑새가 처마 밑에 둥지를 틀고 있었다. (337)

행복관 · 행복론은 사람마다 백인백색이고 상황 · 지역따라 천차만별이다. 파스칼은 "위도가 3도 틀리면 법률의 조직이 바뀐다. 자오선이 진리를 결정한다. 피레네 산맥의 이쪽에서는 진리인 것이 저쪽에서는 오류다"라고 말했다. 행복도 마찬가지다.

필자는 행복론 특강에서 30면 분량의 "성공하고 행복한 삶의 길"이라는 특강 원고를 활용, 행복과 성공의 개념, 행복의 주소, 관련어휘, 행복의 조건, 동서양의 행복관, 행복한 삶의 의미, 행복한 삶을 위한 10가지 자세 등에 관해 1시간 정도 설명한다. 아래에 그중 일부분인 개론적 행복론을 요약해 본다.

(1) 행복은 각자의 지혜와 정성과 용기와 노력으로 쌓아 올리는 공든 탑이다.

(2) 행복은 내세의 '약속된 땅' 도 아니며, 어떤 요행으로 주어지는 '운명' 도 아니다. 행복은 오직 스스로가 쟁취하는 것이다. - 버트런드 러셀

행복은 멀리서 보면 보석인 듯 주워서 보면 돌맹이 같은 것. 울면서 찾아 갔던 산 너머 저쪽 아무데도 없다. 행복이란 스스로 만드는 것. 마음속에 만들어 놓고 혼자서 들여다보며 가만히 웃음 짓는 것이다.

(3) 행복하게 지내는 사람은 대개 노력가이다. 게으름뱅이가 행복하게 지내는 것을 보았는가? 수확의 기쁨은 흘린 땀에 정비례한다. - 윌리엄 블레이크

(4) 행복의 여신, 행복의 파랑새는 바로 내 마음속에 하루하루의 생활 속에 살고 있다. - 오늘 지금, 이 순간을 값지고, 멋지게 소중하게 살자!

(5) 행복의 조건은 돈, 권력, 쾌락, 화목한 가정, 美, 진리(眞理), 신앙, 사업, 애정, 건강 등 다양하다.

(6) 행복의 문 하나가 닫히면 다른 문이 열린다. 그러나 우리는 닫힌 문만 멍하니 바라보다가 우리를 향해 열려 있는 다른 문을 보지 못한다. - 헬렌 켈러

(7) 영국의 저명한 심리학자 리처드 스티븐스(Richard Stevens)는 행복의 3요소를 ①좋은 느낌과 긍정적인 마음 ②활기 넘치는 생활 ③의미부여, 즉 인생에서 가치있는 선택을 하는 것이라 했다.

(8) 긍정심리학자(Positive psychologist) 마틴 셀리그먼(Martin Seligman)

은 행복을 구성하는 요소로 ①즐거운 삶(한 잔의 포도주) ②만족스러운 삶(일, 사랑, 취미) ③의미 있는 삶(나보다 더 큰일에 역량을 쏟아 붓는 것. 예를 들면 정치, 종교, 지역사회활동 등)등 3가지를 지적했다.

(9) 과학적으로 증명된 행복에 가장 큰 영향을 미치는 6가지 요소는 ①정신건강 ②만족과 안정감을 주는 일 ③안정적이고 애정이 넘치는 사생활 ④안전한 공동체 ⑤자유 ⑥도덕적 가치라 한다.

(10) 행복관은 다음과 같이 말할 수 있다.

① 동양인의 행복관은 소극적, 서양인의 행복관은 적극적이다. 동양인은 지족(知足)의 문명(文明), 서양인은 부지족(不知足)의 문명(文明)이다. - 호적(胡適)박사

- 지족자부(知足者富 · 老子 33장)
- 단사표음(簞食瓢飮 · 논어 옹야편)
- 군자우도 불우빈(君子 憂道 不憂貧 · 논어 위령공편)

② 행복은 각자의 형편과 처지와 마음의 자세와 인생의 체험에 따라 내용이 서로 다를 수 있다.

- 행복하기 위해서는 두 가지 길이 있다. 욕망을 줄이거나 소유를 늘리거나 하는 것이다. 어느 편이든 좋다. - B. 프랭클린

③ 행복은 가까운 데 있고, 마음가짐에 따라 달라진다. - 반 컵의 물

④ 행복과 불행은 인생의 기본 리듬이며, 새옹지마와 같다. (변방 노인의 말 + 말 → 아들 부상 → 군 면제)

(11) 어떤 삶이 행복한가? 성공한 삶, 즉 가지고자 하는 것, 하고자 하는 일, 되고자 하는 상태, 기타 바라고 원하는 것(욕구)을 이루어 보람과 만족을 느끼는 삶이다. 맹자는 군자의 세 가지 즐거움(君子三樂)으로 ①부모님이 살아계시며 형제가 무고한 것(父母俱存 兄弟無故) ②하늘을 우러러 부끄럽지 않고 사람들에게 죄지은 것이 없는 것(仰不愧於天 俯不怍於人) ③천하의 영재들을 받아 가르치는 것(得天下英材而 敎育之)이라고 했다.

행복의 조건은 다음 3가지가 충족되어야 한다.

① 객관적 조건

- 건강, 의식주 안정, 화목한 가정, 직업, 좋은 친구, 명예, 지위, 즐거운 취미

생활 등

※ 인간의 욕구 단계설 - 아브라함 매슬로우(Abraham H. Maslow)

1.생리적 욕구(Physiological needs) 2.안전 욕구(Safety needs) 3.애정과 소속의 욕구(Love and belongingness needs) 4.자기 존중의 욕구(Self-esteem needs) 5.자아실현의 욕구(Self-actualization needs) → 하위 단계의 욕구가 충족되어야 그 다음 단계의 욕구 발생

② 주관적 조건 : 행복감

• 행복의 충분한 조건을 갖고도 불행하다고 느끼는 사람이 있고, 충분한 조건 갖추지 못하면서도 행복하다고 생각하는 사람도 있다.

• 인간의 자연권 중 중요한 것은 생명권, 자유권, 행복추구권이다.

• 개똥밭에 굴러도 이승이 좋다. - 한국 속담

• 행복은 결국 마음의 문제이다.

③ 평가조건 : 공동선과 개인선의 일치, 즉 반사회적, 반가치적이 아닐 것 → 도둑과 도둑질한 돈, 독재자와 독재권력

(12) 행복(happiness)에 대해 노스캐롤라이나 대학 브라이언 로빈슨 교수는 저서 《행복의 기술》에서 "행복은 어떤 조건의 산물이 아니라 마음가짐, 즉 자신의 인생을 바라보는 생각의 산물"이라고 말했다. 심리치료 병원장이기도 한 로빈슨 교수는 긍정적이고 행복한 마음은 근육과 같아서 자주 사용할수록 더욱 강해진다고 한다.(박일한, 팝콘리더십)

사람들은 "명품구두나 최신 TV를 살 때보다 휴가지의 칵테일 한 잔에 더 행복을 느낀다"고 한다. 물질보다는 경험이 더 행복가치가 크다는 뜻이다. 한 세기 전 미국 경제학자 소스타인 베블렌이 《유한계급론》에서 얘기했던 '과시소비'가 이제 '계산된 소비'로 변화하면서 '어떻게 돈을 쓸 때 행복한가'라는 근본적인 물음을 던지고 있다.

뉴욕타임즈 선데이판 2010년 8월 8일 '아르마니가 돌체&가바나보다 얼굴에 더 큰 미소를 짓게 하는가'라는 질문에 전문가들은 아직 뚜렷한 답을 찾지 못했지만, 적어도 최근의 연구결과에서 보면 물질적 소비보다 경험에 대한 소비가 더 오래 지속되는 만족감을 준다고 소개했다. 가령 콘서트 티켓이나 불어(佛語) 레슨, 모나코의 호텔 투숙 경험이 물건을 살 때보다 행복하다는 것이다. 브리티시

컬럼비아대의 엘리자베스 던 심리학과 교수는 "휴가를 보내는 것이 새로운 소파를 사는 것 보다 낫다는 얘기"라고 설명했다. (731)

(13) 《서경(書經)》 홍범편에 보면 ①수(壽 · 장수) ②부(富 · 부자) ③강녕(康寧 · 건강하고 편안함) ④유호덕(攸好德 · 덕 베풀고 존경받음) ⑤고종명(考終命 · 명대로 살다가 가족 품에서 편안하게 죽음)을 5복이라 하여 인간행복의 중요한 5가지 조건으로 제시했다. 이 5복론을 현대적으로 풀어보면 건강장수 · 재산 · 명예 · 웰다잉 등이 고루 포함되어 있다. 그러나 필자는 가정을 가진 성인(成人)의 행복이란 측면에서 신오복론(新五福論)과 팔복론(八福論)을 말하고자 한다.

「신오복」이란 ①건강 ②좋은 배우자 ③좋은 친구들 ④할 일 ⑤재력을 「팔복」이란 망건족우지사재종(望健族友知事財終)의 8가지 복, 즉 ①희망(希望)과 꿈 ②건강장수(健康長壽) ③사랑하는 가족(家族) ④좋은 친구들(親友) ⑤지식과 지혜(知識) ⑥할 일(事業) ⑦재력(財力) ⑧끝마무리(終)의 여덟 가지이다.

(14) 데모크리토스는 "행복과 불행은 모두 마음에 달려 있다"고 했다. 알렉산더 포프는 그의 《인간론》에서 "오 행복이여! 우리 존재의 끝이자 궁극적인 목적인 행복이여! 그것이 무엇이건 간에 안위, 쾌락, 안락, 만족이란 이름으로 불린 행복이여!"라고 말했다.

조셉루는 "나는 내가 갖지 못한 것을 보고 내가 불행하다고 생각하지만 남들은 내가 가진 것을 보고 내가 행복하다고 생각한다"고 조언한다.

자신이 행복한가 불행한가 하는 것의 기준은 마음에 달려 있다.

헬렌 켈러가 《삼일 동안만 본다면》에서,

"만약 내가 이 세상을 사는 동안에 유일한 소망이 있다면 그것은 죽기 전에 꼭 3일 동안만 눈을 뜨고 보는 것이다… 집에 돌아와 내가 눈을 감아야 할 마지막 순간에 나는 '이 삼일 동안만이라도 볼 수 있게 해준 나의 하나님께 감사한다' 고 기도를 드리고 또다시 영원한 암흑세계로 들어갈 것이다"라고 말했듯이 말이다.

그래서 일찍이 「도스토예프스키」는 "인간은 자기가 행복하다는 것을 알지 못하기 때문에 불행한 것이다"라고 지적한 것이다.

행복의 길에 대해서는 여러 길들이 이야기될 수 있을 것이다. "서 있는 자리마다 주인공이 되고, 진리의 땅이 되게 하라." 이 말은 선승 임제선사의 가르침이다. 일찍이 부처님께서도 "모든 것은 마음이 만들어 내는 것이다(一切唯心造 · 화엄경)"라고 가르침을 주신바 있다.

(15) 최대다수의 최대행복이 선이라고 주장하는 벤담(J.Bentham)이나 밀(J.S.Mill) 등의 공리주의에 대해 오늘날 어느 학자는 이렇게 지적한다.

"'양적' 행복이니 '질적' 행복이니, '최대 다수의 최대 행복' 이니 '최소수의 최소불리(不利)' 를 따지면서 여러 가지 옷을 갈아입고 나타나 현대인들의 가치관을 가장 잘 설명해 주는 이론인 것처럼 세계 곳곳에서 각광을 받고 있는 공리주의는, 그러나 그것이 어떤 색깔의 옷으로 바꿔 입든지 간에 결국 행복과 이익을 한 가지로 본다거나 '이익' 과 '선함' 을 혼동하고 동일시함으로써 도덕적 가치인 '선(善)' 을 상대화하고, 이것은 마침내 인간 사회 문화에서 윤리 질서 자체를 무효로 만든다." (417)

우리 한국인들의 행복에 대해서 성신여대 문화예술대학장이며 PMC프로덕션 대표인 송승환은 신문기고에서 다음과 같이 지적한다.

"세계 10위 안에 드는 경제력을 갖췄을지 몰라도 우리나라는 영국 신경제재단이 세계 178개국을 대상으로 조사한 행복지수에서 102위에 불과한 것으로 나타났다. 경제협력 개발기구(OECD)통계 이혼률은 세계 1위고, 국제범죄통계 조사에 따르면 한국 청소년 범죄율은 조사에 응한 46개국 중 24위로 중하위권에 그쳤다… 얼마 전 정신과 의사인 이시형 박사한테서 세로토닌이라는 호르몬에 관한 얘기를 들었다. 지난 오랜 시간 동안 우리 발전의 원동력이 아드레날린이었다면 이젠 조절 호르몬, 행복 호르몬, 창의적 호르몬이라 불리는 세로토닌 호르몬이 우리에게 필요하다는 이야기였다. 그래, 이제 우리에게는 '차분한 열정' 이 필요하다. 그리고 그 차분함의 여유를 '문화' 에서 찾았으면 한다….

2011년은 문화를 통해 세계 10위권 경제대국에 걸맞는 국격을 만들고, 그저 허리띠 졸라매고 정신력으로 해왔던 일들을 창의적인 일들로 바꿔 갔으면 싶다. 잔잔한 감동으로 행복을 키워나가는 행복한 대한민국의 원년이 되길 바란다." (732)

(16) 필자는 행복론 특강을 할 때 "행복이란 행복의 객관적 요소(인간의 욕구)가 충족되고 주관적 요소인 행복감을 느낄 때를 말하며, 그 객관적 요소인 충족된 욕구가 사회의 공동선과 합치될 때 진정한 행복감을 느끼게 된다"고 개념을

정리해 설명했다.

(17) 행복은 관점에 따라 여러 측면으로 구분할 수 있다.

① 개인의 행복, 전체의 행복, 최대다수의 최대행복

② 주관적 행복과 객관적 행복, 정신적 행복과 육체적 행복, 부분적 행복과 완전한 행복, 일시적 행복 · 일생의 행복 · 영원한 행복, 절대적 행복과 상대적 행복, 현재의 행복과 미래의 행복, 과정의 행복과 결과적 행복, 남성의 행복과 여성의 행복 등이다.

(18) 과학적으로 증명된 행복에 가장 큰 영향을 미치는 6가지 요소는 ①정신건강 ②만족과 안정감을 주는 일 ③안정적이고 애정이 넘치는 사생활 ④안전한 공동체 ⑤자유 ⑥도덕적 가치라 한다.

(19) 《행복방정식(The Happiness Equation)》의 저자인 영국 요크대학의 행동경제학자 닉 파우다비(Powdthavee)교수는 일상에서 행복한 삶을 살기 위한 7가지 방법을 제시했다고 파이낸셜타임스(FT)가 2010년 8월 보도했다. 파우다비 교수는 행복의 비밀은 가족과 친구에게 끊임없이 헌신하고 노력하는 것이라고 했다. 또 행복하도록 애쓰고 그 과정을 경험하는 것이 진정한 행복이라고 강조했다. 다음은 그가 주장하는 7가지 행복이다. ①돈은 '작은' 행복을 가져다 줄 뿐이다. 돈으로 모든 것을 살 수도 없고, 돈은 우리가 생각하는 것처럼 무조건 행복을 가져다주지 않는다. ②페라리 신차보다 친구가 더 소중하다. 아무리 좋은 차를 가진들 친구들이 없다면 무슨 행복을 바랄 수 있을 것인가 ③로또 당첨이 영원한 행복을 가져다줄 수는 없다. 로또 당첨은 짧은 행복을 줄 수 있지만 돈을 버는 즐거움과 장기 계획을 세울 수 있게 하지는 못한다. ④실직(失職)은 당신을 불행하게 만들지만, 다른 사람 역시 실직상태라면 고통은 덜하다. 주위에 실업자가 생기면 많은 사람이 겪는 일반적인 현상으로 받아들일 수 있다. ⑤뚱뚱한 친구가 마른 친구보다 당신을 더 행복하게 해준다. 이런 친구를 두면 경쟁을 덜 하기 때문이다. ⑥이혼을 통해 당신은 더 행복해질 수 있다. 서로 심한 갈등을 빚으며 사는 것보다 이혼하는 게 차라리 서로를 위해 낫다. ※다만 결혼한 부부사이에 아이들이 있을 경우에는 자녀들의 행복문제도 함께 고려되어야 하기 때문에 이 경우 이혼문제는 신중히 결정해야 한다고 필자는 생각한다. ⑦행복은 전염성이 있다. 행복한 사람은 더 건강해지고 더 오래 살고 더 많은 것을 얻기 위해 끊

임없이 노력한다. (733)

(20) 영국 BBC방송의 리처드 스티븐스(Richard stevens) 등 6인으로 구성된 행복위원회는 2005년 5월 다음과 같이 행복증진 방법 10가지를 「행복헌장 10계명」으로 발표했다. 리즈호가드 《영국BBC다큐멘터리 행복》

① 운동을 하라 · 일주일에 3회, 30분이면 충분하다.

② 좋았던 일을 떠올려 보라

– 하루를 마무리 할 때마다 당신이 감사해야 할 일 다섯 가지를 생각하라.

③ 대화를 나눠라 · 매주 온전히 한 시간은 배우자나 친한 친구들과 대화를 나눠라.

④ 식물을 가꿔라 · 아주 작은 화분도 좋다. 죽이지만 말라!

⑤ TV시청 시간을 반으로 줄여라

⑥ 미소를 지어라

⑦ 친구에게 전화하라 · 오랫동안 소원했던 지인에게 연락해서 만날 약속을 하라.

⑧ 하루에 한 번씩 유쾌하게 웃어라.

⑨ 매일 자신에게 작은 선물을 하라 · 그리고 그 선물을 즐기는 시간을 가져라.

⑩ 매일 누군가에게 친절을 베풀어라.

(21) 모든 사람들이 행복헌장을 지켜 행복한 삶을 누리기를 필자는 희망한다.

(22) 근래 행복지수에 관한 논의가 활발하다. 산업화 이후 경제적 풍요 외에 성취감, 자아실현, 만족감, 안전욕구 등 고차원적 삶의 충족이 삶의 질을 규정하는 것으로 생각, 삶의 질(Quality of life), 주관적 복지(Subjective well-being), 생활만족(Life satisfaction), 행복(Happiness)등을 추구하기 시작했다.

그리고 인간은 사는 게 중요한 게 아니라, 바로 사는 것이 중요한데 바로 사는 길은 참되게, 아름답게, 충실하게, 보람 있게, 의롭게 사는 것이라고 할 것이다.

변절자, 매국노, 아편장이, 도둑의 삶을 살아서는 돈이 많다 해도 행복한 삶이 아니다.

(23) 유엔개발계획(UNDP)이 2010.11.5 발표한 '2010 인간개발지수(HDI)순

위' 에서 한국은 세계 169개국 가운데 12위를 차지했다. HDI는 국민소득, 교육수준, 평균수명, 유아 사망률 등을 종합 평가한 지수로 일반적으로 '삶의 질' 지수로 통한다. 한국은 2006년부터 2009년까지 4년 연속 HDI순위에서 제자리(26위)였으나 2010년에는 14계단 상승하며 스위스(13위)를 앞질렀다. 2010 인간개발지수의 순위는 1위 노르웨이 2위 호주 3위 뉴질랜드 4위 미국 5위 아일랜드 6위 리히텐슈타인 7위 네덜란드 8위 캐나다 9위 스웨덴 10위 독일 11위 일본 12위 한국 13위 스위스……89위 중국 등이다.

(24) 로스웰(Rothwell, 영국)과 코언(Cohen, 영국)은 행복공식을 2002년 발표했는데 18년 동안 1,000명의 남녀를 대상으로 80가지 상황 속에서 자신들을 더 행복하게 만드는 5가지 상황을 선택하도록 한 조사결과이다.

이들에 의하면 행복은 인생관, 적응력, 유연성 등 개인적 특성을 나타내는 P(personal), 건강 · 돈 · 인간관계 등 생존조건을 가리키는 E(exstence), 야망 · 자존심 · 기대 · 유머 등 고차원 상태를 의미하는 H(higher order)등 3가지 요소에 의해 결정된다고 주장한다. 이 3가지 조건 가운데서도 생존조건인 E가 개인적 특성인 P보다 5배 더 중요하고, 고차원 상태인 H는 P보다 3배 더 중요한데, 지수를 공식화하면 「P+(5×E)+(3×H)」가 된다.

결국 이 공식에 따르면 인간의 행복에는 다른 어떤 요소들 보다 건강 · 돈 · 인간관계 등이 중요한데 사람이 스스로 행복해지기 위해서는 다음 4가지가 중요하다.

첫째, 가족과 친구 그리고 자신에게 시간을 쏟아라. 둘째, 흥미와 취미를 추구하라. 셋째, 밀접한 인간관계를 맺어라. 넷째, 새로운 사람들을 만나고 기존의 틀에서 벗어나라.

(25) 필자는 「성공과 행복을 위한 10가지 삶의 자세」로 다음과 같이 10가지 삶에서 실천해야 할 것, 즉 십행론(十行論)을 제시하고자 한다. ①정직 ②절제 ③낙천 ④최선 ⑤나누는 삶 ⑥용기 ⑦자신감 ⑧겸손 ⑨관용 ⑩Time management

(26) 일찌기 소크라테스는 말했다. "사는 것이 중요한 것이 아니라 바르게 사는 것이 중요하다"고. 필자는 앞으로의 시대는 '신의의 시대', '양심의 시대' 가 될 것이며, "정직하지 않으면 인정받지 못하고 결코 성공할 수 없다"고 생각한

다. 그래서 정직을 첫 번째로 내세우는 것이다.

필자의 경우 새벽 3시 반에 일어나 서울 효창동에서 조선일보 배달을 하며 고등학교를 졸업했고, 그 후 9급, 7급, 그리고 5급에서 1급 관리관까지 공무원 경력 35년과 국회의원, 한나라당지구당 위원장 등의 정치인생 10여 년을 합해 총 45년의 공인 생활을 해오면서 어렵게 살아가고 있지만 나만이라도 정직하게, 청렴하게, 똑바르게 살아보려고 노력했고, 개인적으로는 그런 자세가 "바보스럽고 손해만 보는 삶의 자세 아닌가?"라는 의문에 빠지기도 했다.

그러나 지금도 "사람은 정직해야 하고, 정직한 사람이 인정받고 성공하는 사회가 되어야 한다"는 나의 소신과 인생관에 대해 후회하지 않으며 앞으로도 계속 그런 삶을 살아가려고 한다.

※이 절의 내용 일부는 필자의 행복론 특강원고(행복한 삶의 길)에서 옮긴 것임.

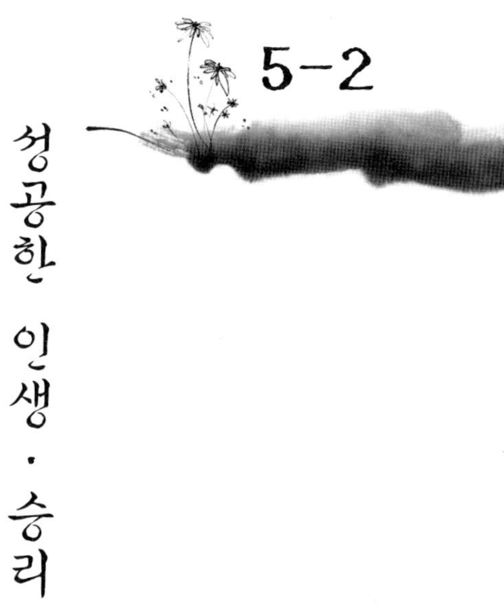

성공하는 사람

일찍 자고 일찍 일어나는 사람은 성공한다.
아침에 찬란한 기운을 온 몸에 흡수하기 때문에
내 덕이요 내 탓이다 생각하는 사람은 성공한다.
모두가 나의 편이 되어 주기 때문에
어떠한 좌절과 고난 속에서도 희망을 잃지 않는 사람은 성공한다.
영원한 좌절과 영원한 고난은 있을 수 없기 때문에
언제나 낙천적이고 밝은 미소를 짓고 있는 사람은 성공한다.
밝음 속에 어둠이 깃들 수 없기 때문이다.
누구의 말이던지 열심히 경청하는 사람은 성공한다.
말속에 피가 되고 살이 되는 요소가 들어 있기 때문에

상대방을 똑바로 바라보며 손을 잡는 사람은 성공한다.
상대편과 하나가 되기 때문에
나보다 나은 사람과 만나는 사람은 성공한다.
만남이 반복되면서 나도 그와 같은 위치에 서게 되기 때문에
언제나 보다 나은 방법을 생각하는 사람은 성공한다.
나은 방법은 하늘만큼 땅만큼 있기 때문에
내가 걸려 넘어진 돌을 디딤돌로 쓰는 사람은 성공한다.
문제에 부딪쳤을 때 당황하거나 절망하지 않기 때문에
자신의 몸을 성전처럼 돌보는 사람은 성공한다.
몸이 온전할 때 마음도 영혼도 온전할 수 있기 때문에
일을 즐겁게 하는 사람은 성공한다.
즐거움은 보람을 생산하기 때문에
진정한 성공자는 전체 인구의 3%밖에 되지 않는다.

- □ 많은 사람들은 패배보다는 승리 때문에 파멸한다. – E... 루즈벨트
- □ 성공에 이르는 특별한 비결은 없다. 성공에는 준비와 근면을 통해, 그리고 실패를 거울 삼을 때 얻어지는 결과이다. – 콜린 파월
- □ 성공이란 미리 정해놓은 의미 깊은 개인적인 목표들을 점진적으로 실현해가는 것이다. – 폴 메이어
- □ 인내와 끈기와 피나는 노력은 성공을 안겨주는 무적불패의 조합이다(Patience, persistence, and perspiration make an unbeatable combination for success). – 나폴레온 힐
- □ 세상에서 가장 많은 뜻을 지닌 것은 바로 성공이란 단어이다. – 도스토예프스키
- □ 중요한 것만 기억하라 – 아돌프 히틀러
- □ 승리할 때까지는 승리의 노래를 부르지 말라(Don't sing your song of triumph before you have won the victory). – 네루
- □ 내가 성공한 것은 어느 때든지 반드시 15분 전에 도착한 덕택이다. – 넬슨
- □ 주사위는 던져졌다. – 시저
- □ 내 사전에 불가능이란 없다. – 나폴레옹 보나빠르트
- □ 중요한 사람이 되고자 하는 소망은 인간의 가장 뿌리 깊은 욕구이다. – 존 듀이

□ 다른 사람의 실수에서 배워라. 그 모든 실수를 직접 경험해 볼 만큼 우리 삶은 길지 않다. –E. 루즈벨트

□ 성공은 절대 저절로 찾아오지 않는다. 성공은 적극적인 노력의 산물이다. – 빌 게이츠

□ 성공이란 당신이 가장 '즐기는 일'을 당신이 '감탄하고 존경하는 사람들' 속에서 당신이 가장 '원하는 방식'으로 행하는 것이다. – 브라이언 트레이시

□ 양손을 주머니에 넣고서는 성공의 사다리를 오를 수 없다. – 엘마 윌러

□ 세월은 누구에게나 공평하게 주어진 자본금이다. 이 자본을 잘 이용한 사람에겐 승리가 있다. – 아뷰난드

□ 실패? 나는 그것을 접해 본 적이 없다. 내가 접한 모든 것은 일시적인 차질이었을 뿐이다. – 도티 월터스

□ 성공하는 사람은 실수에서 배우고 다른 방법으로 다시 시도한다. – 데일 카네기

□ 성공하는 장면을 반복해서 상상하는 긍정적 자기최면에는 상상을 초월하는 힘이 있다. 심리학자는 이를 두고 자기 충족적 예언이라고 부른다. 성공하는 장면을 언제나 상상해라. 현실이 바뀔 것이다. – 공병호

□ 성공(Success)이 노력(Work)보다 앞서는 경우는 사전에서 단어를 찾을 때뿐이다.
– 비달 사순(Vidal Sassoon)

□ 성공을 위한 4가지 비결은 반성 · 결심 · 실천 · 지속이다.
– 이운학, 《말씀 암송 자녀교육》

□ 나는 여러분들에게 성공의 공식을 말할 수 없다. 그러나 실패의 공식은 가르쳐 줄 수 있다. 그것은 바로 모든 사람의 비위를 맞추라는 것이다. – 쇼펜하우어

□ 나는 계속해서 실패를 경험한다. 그것이 내가 성공하는 이유다. – 마이클 조던

□ 성공하는 사람은 성공하는 습관을 가지고 있고 실패하는 사람은 실패하는 습관을 가지고 있다. – 스티븐 코비

□ 성공할 것이라 믿어라. 그러면 성공할 것이다(Believe you will be successful and you will). – 데일 카네기, 미국작가, 강연가

□ 성공으로 향하는 길에는 제한 속도가 없다(There are no speed limits on the road to success). – 데이비드 W. 존슨

□ 너무 멀리 가는 것을 결코 두려워해서는 안 된다. 성공은 바로 저너머에 있으니까(We must never be afraid to go too far, for success lies just beyond).
– 마르셀 프루스트

□ 자신감은 성공으로 이끄는 첫 번째 비결이다. – 토머스 에디슨

□ 변명 중에서도 가장 어리석고 못난 변명은 시간이 없어서라는 변명이다.
– 토머스 에디슨

□ 인생에서 성공하기를 바라는 사람은 참을성을 벗으로 삼고, 경험을 훌륭한 조언자로 삼으며, 주의력을 형제로 삼고, 희망을 수호신으로 삼는다. – 토머스 에디슨

□ 만약 당신이 항상 고객의 기대를 넘어선다면 고객은 다시 오고 또 올 것이다. 고객에게 그들이 원하는 것을 주어라. – 샘 월튼

□ 리스크 없는 정복은 영광 없는 승리와 같다(To conquer without risk is to triumph without glory). – 엘 시드

□ 많은 실수, 큰 실수 없이 위대해진 사람은 없다. – 윌리엄 E. 글래드스톤

□ 성공은 여정이지 목적지가 아니다(Success is a journey, not a destination). – 벤 스위틀랜드

□ 성공의 비결은 기회가 찾아왔을 때 준비된 상태로 있는 것이다. – 벤저민 디즈레일리

□ 누구도 해낸 적 없는 성취란, 누구도 시도한 적 없는 방법을 통해서만 가능하다. – 프랜시스 베이컨

□ 결코 넘어지지 않는 것이 아니라 넘어질 때마다 일어서는 것, 거기에 삶의 가장 큰 영광이 존재한다(The greatest glory in living lies not in never falling, but in rising every time we fall). – 넬슨 만델라

□ 나는 성공의 비결을 모른다. 그러나 실패하는 확실한 비결은 모든 사람을 만족시키려고 애쓰는 것이다(I don't know the key to success, but the key to failure is trying to please everybody). – 빌 코스비

□ 당신이 성공한다면 거짓 친구와 참된 적들을 얻게 될 것이다. 어쨌든 성공하라. – 마더 테레사

□ 승자는 다른 길도 있다고 생각하지만, 패자는 오직 한 길만 고집한다. – 《탈무드》

□ 승자의 하루는 25시간이고, 패자의 하루는 23시간밖에 안 된다. – 《탈무드》

□ 승자의 주머니 속에는 꿈이 있고, 패자의 주머니 속에는 욕심이 있다. – 《탈무드》

□ 교토삼굴(狡兎三窟) : 슬기 있는 토끼는 도망갈 구멍을 셋을 파 놓는다. 사람도 앞으로 나아가지만 말고 갑작스런 위기에 대비책을 세워 준비해야 한다는 말. – 《사기》맹상군열전 (321)

□ 백발백중(百發百中) : 백번 쏘아 백번 맞힌다. 일이나 계획이 생각대로 잘 들어맞음을 말함. – 《사기》주기(周紀)

■ ■ ■

필자는 청소년들에게 특강할 때 "모든 사람은 무한한 가능성과 능력을 가지고 태어난다. 그러므로 사람이 할 수 있는 일, 다른 사람이 해낸 일은 그대도 할 수 있다. 문제는 목숨 걸고 끝까지 해내고야 말겠다는 의지와 노력 여하이다. 그대, 굳게 결심했다면 하고자 하는 일을 지금 즉시 시작하라!"고 조언한다.

에디슨은 "성공은 피나는 노력과 빈틈없는 준비의 결정이다"라고 말했다. 성공의 조건에 대해 어떤 사람은 ①능력 ②의지와 노력 ③Timing 이라고 말하기도 하고, 어떤 이는 운칠기삼(運七技三), 즉 운이 7할이고 재주(능력)가 3할이라고도 말한다. 그러나, 필자는 오늘 날은 치열한 경쟁의 시대이므로 기칠운삼(技七運三)이 맞는 말이라고 본다. 성공이란 과연 무엇일까?

미국의 사상가 랄프 왈도 에머슨은 성공을 다음과 같이 말했다. 진정한 성공이란 자주 많이 웃는 것. 현명한 이들에게서 존경을 받고 아이들로부터는 사랑을 받는 것. 아름다운 것이 무엇인지 알고 다른 사람이 갖고 있는 좋은 점을 찾아내는 것. 건강한 아이를 낳고, 작은 정원을 만들고, 보다 나은 사회 환경을 만드는 것과 같이 세상을 조금이라도 더 살기 좋은 곳으로 남기고 떠나는 것. 내가 한때 이곳에 살았음으로 해서 단 한사람의 인생이라도 행복해지는 것. 이것이 진정한 성공이다. (100)

미국 최초인 흑인(정확히는 혼혈) 대통령으로 당선된 미국 44대 대통령(2009.1.20 ~) 오바마(Barack Hussein Obama Ⅱ)의 성공신화를 보자.

① 그는 1961. 8. 4 미국 하와이주 호놀룰루에서 캐냐 출신의 하와이대학 유학생인 흑인 아버지와 미국인 백인 어머니의 아들로 태어났으며, 2세때 아버지가 어머니와 이혼하고, 케냐로 귀국한다.

② 1966년 재혼한 어머니를 따라 인도네시아로 이주했다가 어머니가 다시 이혼하여 하와이로 돌아온다.

③ 다인종 · 다민족 · 다문화 가정에서 자라면서 술 · 담배와 마약에도 손을 대는 등 불우한 청소년시절을 보냈으나 그는 그 경험 등을 통해 관용과 화합을 배운다.

④ 하와이에서 푸나호우고교를 졸업한 후, 피나는 노력으로 열심히 공부하여 로스앤젤레스의 옥시덴털대학교에서 2년간 공부한 뒤 뉴욕의 컬럼비아 대학교 정치학과에 편입한다. 대학시절부터 아프리카계 미국인으로서 정체성에 눈을 떠 마약을 끊고 학업에 정진, 1983년 대학졸업 후, 잠시 컨설팅회사에 일하다가 1985년부터 사회운동에 투신, 시카고 빈민가에 주민들의 주거와 교육환경을 개선하는데 헌신한다.

⑤ 1988년 하버드대 로스쿨에 입학한 뒤1991년 최고권위의 로스쿨 학술지인

〈하버드로리뷰〉의 첫 흑인 편집장이 된다.

⑥ 1992년 로펌에서 만난 미셸 로빈슨(Michelle Robinson)과 결혼, 1993년부터 2004년까지 시카고대학교 법과대학에서 헌법을 가르친다.

⑦ 1996년 일리노이주 상원의원에 당선, 정치에 입문하여 1998년에 재선된다. 2000년 연방하원의원에 도전했으나 민주당내 경선에서 패배했고, 2002년 일리노이주 상원의원에 세 번째로 당선된다.

⑧ 2004년 민주당 전당대회에서 '진보와 보수, 인종차별이 없는 하나의 미국'을 지향하여 '불안 속에서도 담대한 희망을 갖자'고 역설, 전국적 명성을 얻었고, 그해 흑인으로는 유일하게 연방상원의원에 당선된다.

⑨ 2007년 2월 링컨 대통령의 노예해방투쟁을 선언한 장소인 일리노이주 스프링필드에서 대통령선거 출마를 선언. 민주당 대통령후보 경선에서 힐러리 클린턴, 존 케리, 존 에드워드 등과 경쟁하여 '변화와 희망'을 앞세워 2008년 1월 첫 경선지인 아이오와주 코커스에서 승리, 돌풍을 일으킨다. 그 후 힐러리 클린턴과의 경합 끝에 2008. 8 민주당 대통령 후보로 확정된다.

⑩ 대선공약으로 명분 없는 전쟁인 이라크 전쟁에서 철군, 전국민 건강보험 혜택, 대학교육비 절감, 중산층과 서민을 위한 세제 개편 등 사회 복지정책과 대북한 직접협상 등 적극적 개입으로 한반도 긴장 완화 등을 제시한다.

⑪ 유권자들에게 '희망과 변화(Hope and Change)'와 '우리는 할 수 있다(Yes, We can)'라는 희망으로 다가가면서 백인들에게도 폭넓은 지지를 얻는다. 2008. 11. 4 대선에서 공화당 존 메케인 후보의 2배가 넘는 선거인단을 확보, 압도적 승리를 거두고 2009. 1. 20 미국 대통령에 취임한다.

⑫ 취임 후 부시정권의 일방적 외교정책으로 교착상태에 빠진 중동 평화회담을 재개하는 데 힘쓰고, 핵무기 감축, 대화와 타협을 통한 국제분쟁 해결, 기후변화 대응 등에 노력한다.

⑬ 2009년에는 "국제외교와 인류의 협력강화를 위하여 기울인 비상한 노력"을 평가받아 노벨평화상까지 수상한다.

얼마나 멋진 성공인생의 드라마인가?

《정상에서 만납시다》의 저자 지그 지글러는 말한다. "당신의 허락 없이는 아무도 당신을 실패자나 성공자로 만들 수 없다."

성공비결에 대해 강철왕 카네기는 첫째, 가난한 집에서 태어나는 일, 둘째, 어떤 기술 · 어떤 직업을 택하든 1인자가 되려고 노력하는 것이라고 했다. 그리고 링컨 대통령은 "실패를 많이 겪었기 때문"이라고 했다.

《맹자》 고자하편에서 맹자는 "하늘이 장차 어떤 사람들에게 큰일을 맡기려 할 때에는 반드시 먼저 그 마음과 뜻을 괴롭게 하며, 그 근육과 뼈를 수고롭게 하며, 육체와 살을 주리게 하며, 몸을 궁핍케 하여 하는 일들을 거슬리고 어렵게 하는 것이니 마음을 담금질하고 성품을 인내하게 함으로써 그 능하지 못한 것을 더 잘 할 수 있도록 해주기 위함이다(天將降大任於是人也 必先苦其心志 勞其筋骨 餓其體膚 空乏其身 行佛亂其所爲 所以動心忍性 曾益其所不能)"라고 가르침을 주고 있다.

서울대 융합과학기술대학원장인 안철수(49)교수는 컴퓨터 신동 김동선군의 성공에 관한 질문에 다음같이 답을 했다. (734)

"성공이란 삶의 흔적을 남기는 것입니다. 내가 죽은 후 내가 존재하지 않았을 때와 다른 것이 이 세상에 남았으면 합니다."

성공하고 싶다면, 베푸는 삶을 살아야 한다. 친구의 숙제를 베끼는 학생이 이익을 보는 것 같지만, 실제로 좋은 성적을 받는 것은 친구에게 숙제를 보여 주는 사람이다. 베푸는 삶을 사는 사람은 남에게 받을 것까지 계산하여 120%를 준비한다. 하지만, 남에게 먼저 받으려고 생각하는 사람은 남에게 받을 것까지 계산하여 80%를 준비한다. 자신도 모르게 그렇게 된다.

주고받는(give and take)사람이 있고, 받고 주는(take and give)사람이 있다. 주고받으나, 받고 주나 별 다른 차이를 못 느낄 수도 있다. 하지만, 둘의 차이는 하늘과 땅이다. 주고받는 사람은 성공하고 부자가 된다. 하지만 받고 주는 사람은 성공하기도 어렵고 부자로 살지도 못한다. 왜냐하면, 처음보다는 나중이 더 크기 때문이다. 다시 말해서, 먼저 주면 더 큰 것으로 돌려받게 되고, 먼저 받으면 더 큰 것을 주게 되기 때문이다.

《성공의 새로운 심리학》에서 저자 캐롤드웩은 사람을 폐쇄적인 '고착 마인드세트' 를 가진 사람과 개방적이며 배움 · 성장을 중요시하는 '성장 마인드세트' 를 가진 부류로 나뉘며, 어떤 마인드세트를 가졌느냐에 따라 인생이 좌우된다고 말

한다. (735)

성공할 수 있는 훌륭한 리더의 자질과 능력은 무엇인가?

GE의 전 CEO였던 잭 웰치(Jack Welch)가 그의 저서 《끝없는 도전과 용기》에서 E자로 시작하는 다음 네 가지 자질과 능력을 지적했다. ①활동과 변화를 좋아하는 활력(Energy) ②소속원들에 대한 동기부여(Energize) ③Yes와 No의 분명한 결정을 내릴 수 있는 날카로운 결정력(Edge) ④목표와 일을 성취해 낼 수 있는 실행력(Execute)이다. 그리고 그는 덧붙여서 ⑤삶과 일에 대한 열정(Passion) ⑥성실성(Integrity) ⑦우수한 소속원을 지휘할 만큼 폭넓은 지식을 가진 똑똑한(Intelligent)사람인가 라는 잣대를 제시하고 있다. 필자는 그 외에 (1)정직함 (2)끝없는 용기와 도전정신 (3)인류를 품에 안을 수 있는 포용력과 친화력 그리고 (4)조직을 현실상황에 맞게 끊임없이 안정적으로 변화 · 발전시켜 나갈 수 있는 「신경영전략」을 수립 · 실천할 수 있는 자질 · 능력까지 갖는다면 CEO로서는 금상첨화가 아닌가 한다.

「신경영전략」이란 "글로벌시대의 경쟁전략(Global Competitiveness Strategy)"을 말하는 것으로 ①패러다임(Paradigm)의 변화에 맞춰 ②전략(Strategy)을 세우고 ③그 전략에 맞는 시스템(System)을 짜고 ④그 시스템에 맞는 문화(Culture)를 개발하는 것이다. 또한 이러한 경영전략을 추진하되 CEO는 다음과 같은 12가지 사항을 항상 명심하면서 회사경영을 해 나가야 한다. ①항상 내 생각, 우리 생각이 최선이라 생각하지 말고 더 나은 방법, 또 다른 방법을 찾을 것 ②상대방의 강점과 단점, 나의 강점과 단점을 잘 파악하여 단점을 보완하고 강점을 보강할 것 ③시대의 패러다임 변화를 읽고 리드할 것 ④준법 · 투명경영 원칙과 차별화 전략을 쓸 것 ⑤팀 · 조직 · 시스템을 활용할 것 ⑥자신만의 특별한 문화(브랜드)를 만들 것 ⑦끝없이 기술을 개발 · 혁신하고 시장개척과 해외진출 전략도 보완 · 추진할 것 ⑧가능하면 남도 승자로 만들어 줄 것(win-win 전략) ⑨열등의식(또는 모방사고)에서 벗어날 것 ⑩항상 최선을 다하되, "Think Globally, Act Locally!"라는 사고 · 행동원칙을 유념할 것 ⑪사원채용은 엄선하되 채용 후에는 끊임없는 사랑과 지도, 재교육으로 지혜 · 용기 · 덕과 능력을 갖춘 글로벌재목으로 키우는 인재제일주의를 지향하고, 원치 않는 퇴사가 없도록 할 것 ⑫최고의 제품, 고객에 대한 최선의 서비스와 친절, 최대의 매출

과 사회적 기여, 최상의 사원복지, 최량의 기업 이미지를 지향하는 경영을 할 것 등을 말한다. (368)

리더의 성공적인 삶을 위해 필요하다고 생각되는 명언 등을 정리해 본다.

(1) 나무에 가위질을 하는 것은 나무를 사랑하기 때문이다. 부모에게 야단을 맞지 않고 자란 아이는 훌륭한 사람이 될 수 없다. 겨울에 추위가 심할수록 봄의 나뭇잎은 한층 더 푸르다. 사람도 역경으로 단련되지 않고서는 큰 인물이 될 수 없다. – 쇼펜하우어

(2) 나는 농구를 시작한 이후로 9,000번 이상 슛을 성공시키지 못했다. 나는 300번도 넘게 져봤다. 사람들이 나를 믿어주었을 때도 나는 수많은 실책을 범했다. 나는 계속 실패하고, 실패하고, 또 실패했다. 그것이 내가 성공한 이유다. – 마이클 조던

(3) 전구를 발명하기 위해 나는 9,999번의 실험을 했으나 잘 되지 않았다. 그러나 친구는 실패를 1만 번째 되풀이 할 셈이냐고 물었다. 그러나 나는 실패한 게 아니고, 다만 전구가 잘 만들어지지 않는 이유를 발견했을 뿐이다. – 토마스 에디슨

(4) 성공은 절대로 저절로 찾아오지 않는다. 성공은 적극적인 노력의 산물이다. – 빌 게이츠

(5) 성공의 비결은 기회가 왔을 때 준비된 상태로 있는 것이다. – 벤저민 디즈레일리

(6) 많은 실수, 큰 실수 없이 위대해진 사람은 없다. – 윌리엄 E. 글래드스톤

(7) 결코 넘어지지 않는 것이 아니라 넘어질 때마다 일어서는 것, 거기에 삶의 가장 큰 영광이 존재한다. – 넬슨 만델라

(8) 나는 성공의 비결은 모른다. 그러나 실패하는 확실한 비결은 모든 사람을 만족시키려고 애쓰는 것이다. – 빌 코스비, 미국 코미디언

(9) 누구도 해낸 적 없는 성취란 누구도 시도한 적 없는 방법을 통해서만 가능하다. – 프랜시스 베이컨

(10) 승자는 다른 길도 있다고 생각하고, 패자는 오직 한길만 고집한다. –《탈무드》

(11) 승자의 하루는 25시간이고, 패자의 주머니 속에는 욕심이 있다. –《탈무

드》

(12) 승자의 주머니 속에는 꿈이 있고, 패자의 주머니 속에는 욕심이 있다. -《탈무드》

(13) 1만 시간의 법칙 · 경영학자 맬컴 글래드웰의 《아웃라이어》에서 주장하는 내용,

"전문가가 되는 데에는 대략 1만 시간의 집중 노력이 필요하다"

※ 1만 시간은 하루 3시간씩 투자하면 10년, 5시간씩이면 5년, 10시간씩 이면 약 3년

(14) 카리스마(Charisma) 리더십이론가 로버트 하우스의 카리스마를 가진 사람의 7가지 특성

①믿음을 준다 ②신념을 갖고 있다 ③의심을 하지 않는다 ④모두에게 애정을 보인다 ⑤열정을 갖고 임무를 완수한다 ⑥목표를 확실히 제시한다 ⑧성공의 확신을 심어준다

※ 카리스마 리더의 예:J.F. 케네디 대통령, 박정희 대통령, 마틴 루터 킹 목사

(15) 성공한 사람들의 특징

①건강한 정신 ②시의 적절한 결단 ③비전과 목표가 확실 ④의사소통 능력 ⑤믿음을 준다 ⑥자신감 ⑦카리스마 ⑧창의적 발상 ⑨틀에 얽매이지 않는 파격성 ⑩실패를 두려워하지 않음 ⑪모든 일에 적극적인 열성을 보임

(16) 570개 기업, 13만 명의 종업원을 거느린 고(故)마쓰시다 고노스케 회장(94세 때 타계)의 성공비결 질문에 대한 대답

"나는 세 가지 하늘의 은혜를 입고 태어났는데 그 세 가지 은혜란 '①가난한 것 ②허약한 몸 ③못 배운 것이다.' 가난 속에서 태어났기 때문에 건강의 소중함을 일찍부터 깨달아 건강에 힘써 지금 90살이 넘었어도 30대의 건강으로 겨울에 냉수마찰을 한다네. 초등학교 4학년을 중퇴했지만 항상 이 세상 모든 사람을 다 나의 스승으로 받들어 배우는 데 노력해 많은 지식과 상식을 얻었다네. 이러한 불행한 환경은 나를 이만큼 성장시켜주기 위해 하늘이 준 시련이라고 생각해 늘 감사하고 있다네."(65)

(17) 한국의 성공한 사람 100인이 말하는 "한국인의 성공 조건" (250)

① 인생의 성공에서 중요하다고 생각하는 것(복수 응답)

1. 노력 2. 품성 3. 지적능력 4. 적응력 5. 신념 6. 인맥

7. 기타(친화력 · 자기절제 등)

② 인생의 성공에서 가장 필요하다고 생각하는 자질(복수 응답)

1. 추진력 2. 리더십 3. 목표의식 4. 창의력 5. 커뮤니케이션

6. 자신감 7. 끈기 8. 지적능력 9. 기타(외모 · 재정적 기반 · 학연 · 지연 · 운 등)

※ 성공의 80%는 감성지능(Emotional intelligence)이 좌우한다.

감성지능이란 다른 사람과 관계를 맺을 때(직장 상하관계, 물건판매, 커뮤니케이션 등) 상대의 마음을 이끌어내는 것, 즉 심장으로 이끌어내는 리더십이라고 할 수 있음

(18) 부지런한 자의 손은 사람을 다스리지만, 게으른 자는 남의 부림을 받느니라(잠언12:24)

(19) 성공적인 인간관계의 10가지 지혜

①첫인상을 좋게 연출하라 ②가까울수록 예의를 지켜라 ③상대방의 말을 경청하라 ④상대방과 함께 win-win, 상생하라 ⑤자신 있는 행동을 보여라 ⑥솔직하고 우호적인 태도를 보여라 ⑦언제나 밝은 미소를 지어라 ⑧상대의 단점보다 장점을 찾아라 ⑨상대방의 입장에서 생각하라 ⑩자신감을 가져라

(20) 미(美) 스탠퍼드 대학의 존 크럼볼츠 교수가 성공한 기업인 1,000명을 대상으로 성공 원인을 분석했다. '노력 덕분' 이라고 답한 사람은 25%에 불과했다. 반면 75%는 '운이 좋았다' 고 응답했다. 단순한 겸손의 표시 아니냐고? 아니다. 실제로 그들은 운을 성공의 필수요건으로 꼽았다. 세계 최고의 갑부인 록펠러조차 '어떻게 하면 성공할 수 있느냐' 는 사람들의 질문을 받을 때마다 이렇게 대답했다. "부자가 되기 위해서는 세 가지가 필요합니다. 첫째는 행운이죠. 두 번째도 행운입니다. 마지막도 역시 행운입니다. 하지만 다가온 행운을 이용할 줄 모른다면 아무 소용없지요."

록펠러의 말처럼 성공하기 위해서 운은 필수 조건이다. 그리고 이런 인생 역전의 행운은 누구에게나 온다. 다만 보지 못하고, 제대로 잡지 못하고 지나치는 게 태반이다. 너무 바빠서 말이다. (736)

(21) 성공인이 갖추어야 할 쌍기역 외자 8가지

→ 꿈 · 깡 · 끼 · 꼴 · 꾀 · 꾼 · 끈 · 끝

※ 성공하려면 5씨 필요 → 솜씨 · 말씨 · 맵씨 · 말씨 · 셈씨

(22) 모든 일은 끝까지 최선을 다해야 한다. 전한(前漢)시대 유향(劉向)이 편찬한 《전국책(戰國策)》에서 "백리길을 가는 자는 구십리를 간 다음에 반은 왔다고 해야 한다(行百里者 半於九十)"는 말이 있다.

(23) 세계에서 가장 혁신적인 기업, 애플을 이끌다 타계한 스티브 잡스의 성공법칙이 새롭게 부각되고 있다. 인터넷 시대의 시대정신은 '집단지성'과 '오픈 이노베이션'이지만, 이와 반대로 철저한 엘리트주의와 개인주의를 추구하는 스티브 잡스의 경제학이 통하고 있다고 뉴욕타임스가 2010년 1월 31일 보도했다.

컴퓨터인 매킨토시에서 스마트폰인 아이폰에 이르기까지 애플의 제품은 맵시 있고, 강력하며 사용하기 편한 특성을 보여 왔다.

핵심팀원을 고를 때 그는 엘리트주의에 기반한다. "정말 탁월한 디자이너와 엔지니어, 매니저는 그냥 10%, 20% 혹은 30% 뛰어난 것이 아니고 그냥 뛰어난 사람보다 10배 더 뛰어나다"고 믿는다. (737)

(24)성공하는 사람들의 7가지 습관(The 7 Habits of Highly Effective People)-Stephen R. Covey ①주도적이 된다(Be Proactive) ②목표를 확립하고 행동한다(Begin with the End in Mind) ③중요한 것부터 먼저한다(Put First Things First) ④상호이익을 추구한다(Think Win-Win) ⑤경청한 다음에 이해시킨다(Seek First to Understand, then to Be Understood) ⑥시너지를 활용한다(Synergize) ⑦끊임없이 쇄신한다(Sharpen the Saw)

(25)온전한 성공의 10가지 비결 (10)

① 자존심을 기르라

② 창조력을 기르라

③ 책임감을 기르라

④ 지혜를 몸에 지녀라

⑤ 목표를 정하라

⑥ 커뮤니케이션 능력을 닦으라

⑦ 강한 신념을 가져라

⑧ 상황에 적응할 수 있는 능력을 기르라

⑨ 끈기를 기르라

⑩ 통찰력을 기르라

– 앨버트 아인슈타인 –

(26) 어느 책에 소개된 성공한 사람들의 특징들을 소개한다.

① 건강한 정신을 지니고 있다

② 시의 적절한 결단을 내린다

③ 비전과 목표가 뚜렷하다

④ 의사소통 창구를 자처한다

⑤ 믿음을 주는 데 앞장선다

⑥ 당당하게 자신감을 드러낸다

⑦ 카리스마를 갖고 있다

⑧ 창의적인 발상으로 기회를 잡는다

⑨ 틀에 얽매이지 않는다

⑩ 실패를 두려워하지 않는다

⑪ 모든 일에 적극적이다 (6)

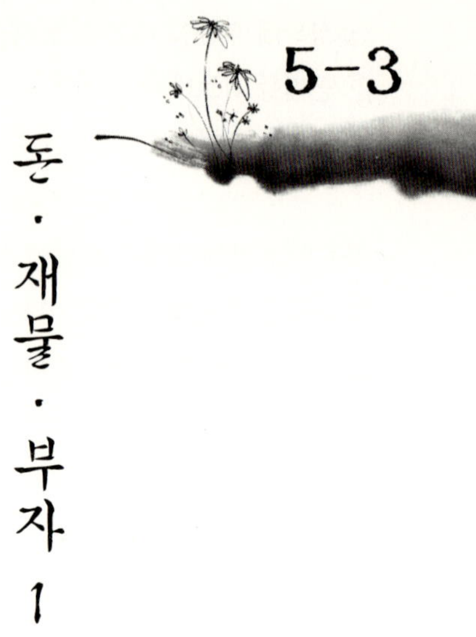

5-3 돈 · 재물 · 부자 1

참 부자가 되는법

미국의 대부호 '존 머리'가 서재에서 책을 읽고 있을 때였습니다.
마을 초등학교의 육성회장이 학교시설 기부금을 모으기 위해 찾아왔습니다.
손님이 들어서자 존 머리는 책을 읽기 위해 밝혀 두었던
두 개의 촛불 중 하나를 껐습니다.
조금 어두워진 방 안에서 육성회장은 찾아온 목적을 이야기했습니다.
이야기를 들은 존 머리는 "대단히 좋은 일을 하십니다"라고 말하며
10만 달러짜리 기부금 증서를 써 주었습니다.
육성회장은 기부금 액수를 보고는 놀라며 말했습니다.
"사실 제가 들어올 때, 촛불 하나를 끄는 것을 보고
이런 큰돈을 받으리라고는 생각하지 못했습니다."

그러자 존 머리는 이렇게 대답했습니다.
"책을 읽는 데는 촛불 두 개가 필요하지만
대화를 하는 데는 한 개면 족하지요."
그가 대부호가 될 수 있었던 이유는 바로
촛불 한 개라도 아끼는 습관이 있었기 때문입니다.
참다운 부자는 많은 것을 가진 사람이 아니라
쓸 곳과 아낄 곳을 구별할 줄 아는 지혜를 가진 사람입니다.

–교통문화 선교회, 사랑의 편지에서

- □ 어떤 인간이든 돈으론 매수되지 않는 사람은 없다. 문제는 그 금액이다. – 맥심 고리키
- □ 황금열쇠로 안 열리는 문은 없다(A gold key opens every door). – 영국 속담
- □ 돈은 좋은 하인이기도 하지만 나쁜 주인이기도 하다. – 베이컨
- □ 지갑이 가벼우면 마음은 무겁다. – 괴테
- □ 돈은 바보라도 모을 수 있지만, 쓰는 데는 지혜가 필요하다(Even fool can save money, but without wise can't use). – 영국 격언
- □ 1펜스를 업신여기지 마라. 1펜스를 비웃는 사람은 1펜스 때문에 울게 된다. – 필립체스터 필드
- □ 천금을 모은 자는 군주와 상대하고 만금을 모은 자는 황제와 상대한다.
- □ 황금은 어리석은 자를 잘난 자로 겁쟁이를 용기 있는 자로 도적을 귀족으로 그리고 창녀를 숙녀로 만든다. – 세익스피어
- □ 돈을 벌기 위한 첫째 원칙은 절대 돈을 잃어서는 안 된다는 것이다. 둘째 원칙은 이 첫째 원칙을 절대 잊지 말아야 한다는 것이다. – 워런 버핏
- □ 아들아 100가지 문제 중에 99가지 문제의 해답은 돈이란다. – 말콤 포브스
- □ 대체로 일반 백성들은 상대방의 재산이 자기보다 열 배 많으면 몸을 낮추고 백 배 많으면 두려워하며 천 배 많으면 그의 일을 해주고 만 배 많으면 그 하인이 된다(凡編戶之民 富相什則卑下之 伯則畏憚之 千則役 萬則僕). – 《화식열전》
- □ 태도와 돈이 신사를 만든다(Manner and money make a gentleman). – T.풀러
- □ 만약 돈에 대한 태도만 올바르게 갖춘다면, 삶의 거의 전반이 바로 잡힌다(If a person gets his attitude towards money straight, it will straighten out almost every other area in his life). – 빌리 그레이엄
- □ 돈은 그냥 주는 것보다 빌려주는 것이 낫다. 그냥 주면 받는 사람이 준 사람보다 밑에 있지 않으면 안 되지만, 빌려주고 빌린다면 대등할 수 있다. – 《탈무드》

□ 돈은 최선의 종이요, 최악의 주인이다. – F.베이컨
□ 돈을 쥔 한 손이 진실로 가득찬 두 손보다 강하다.
□ 낙타가 바늘귀로 나가는 것이 부자가 하나님의 나라에 들어가는 것보다 쉬우니라. 마가복음 10:25
□ 부정하게 번 돈은 오래 가지 못한다. 그것은 쉽게 와서 쉽게 떠난다. – 플라우투스
□ 돈은 마치 불과 같아 너무 많으면 화상을 입고 너무 적으면 동상을 입는다.
□ 악화(惡貨)가 양화(良貨)를 몰아낸다. – 토마스 그레샴
□ 돈만 있으면 귀신도 부릴 수 있다(有錢使鬼神). – 《송남잡식》
□ 부자 되고 귀하게 되는 것은 하늘에 달려 있다(富貴在天). – 《논어》 안연편
□ 돈이 공략할 수 없을 만큼 강한 요새는 없다. – 키케로
□ 사람은 태어날 때 두 손을 꼭 쥐고 있지만, 죽을 때는 두 손을 편다. 태어날 때는 세상 모든 것을 움켜잡고 싶어 하지만, 죽을 때는 빈손이기 때문이다.
□ 무소유란 가지지 않는 것이 아니라 집착하지 않고 바르게 취해서 바르게 사용하는 것이다. – 대승불교 양우회, 《생활속의 대자유》
□ 훌륭한 투자자는 100번의 거래에서 51번은 수익을 내고 49번은 손실을 보아도 그 차액으로 생활을 유지할 수 있다. – 앙드레 코스톨라니, 유럽의 전설적 투자자
□ 장래의 주가와 관련해 명확히 알 수 있는 것은 단지 주가가 변화한다는 것뿐이다. – J. P. 모건
□ 주식시장에서는 손 안의 새 한 마리가 숲속의 열 마리보다 낫다. – 피터 린치, 금세기 최고의 펀드매니저
□ 주식은 루머에 사고 팩트에 팔아라. – 증권 격언

■ ■ ■

"돈은 힘이다(Money is power)"란 격언이 있다. 당나라 때 하남의 부윤으로 있던 장연상(張延賞)은 거액을 받고 고관들이 연루된 사건을 잘 봐주고 나서 훗날 부하가 그 사건 처리경위에 대해 묻자 전가통신(錢可通神), 즉 "돈은 귀신과도 통한다"는 말을 했다. (출전:幽閒鼓吹).

또 《한서(漢書)》에는 "돈 있는 자는 살고, 돈 없는 자는 죽는다(有錢者生 無錢者死)"라는 말도 나온다.

부처님은 "돈(富)은 바닷물과 같아서 마시면 마실수록 목이 마른다"고 하셨다.

성경 마태복음 6장 21절에는 "네 보물이 있는 그곳에는 네 마음도 있느니라

(For where your treasure is there your heart will be also)"라고 가르치고, "목숨을 위하여 무엇을 먹을까 무엇을 마실까 몸을 위하여 무엇을 입을까 염려하지 말라(마태복음 6:25)"고 가르친다.

F.베이컨은 "돈은 최선의 종이요, 최악의 주인이다"라고 조언한다.

조선조 순조 때 이재민 구호 등에 거금을 희사하여 군수의 직까지 임명된 조선 갑부 임상옥(林尙沃)은 하늘이 낸 큰 장사(巨商)였고 큰 부자(巨富)였다. 그는 "재물은 물처럼 평등해야 하고 사람은 저울처럼 곧아야 한다(財上平如水 人中直似衡)"고 했다. 그렇다. 재산의 증표이자 유통의 표지인 돈은 사람에게 힘이고 귀신까지 부릴 수 있는 마력이며 흡인력이 큰 보물이며, 가장 좋은 하인이며, 가장 나쁜 주인이 되기도 한다. 그리고 돈은 물처럼 공평한 것이다.

모든 사람은 돈을 필요로 한다. 가능하면 거액의 돈이 자신의 수중에 들어 왔으면 한다. 그래서 일확천금을 꿈꾸기도 한다. 그러나 돈은 사람의 뜻대로 마음대로 움직여 주지 않는다. 부자에게 더 많은 돈을 주고 가난한 자에게는 더 궁핍하게 한다. 그러다가 부자가 빈털터리가 되게 하고 빈자(貧者)가 거부(巨富)가 되게도 한다.

청년시절부터 지금까지 필자는 '천하의 돈이 다 내 돈이다' 라는 재물관(財物觀)을 가지고 있다. '의롭지 못한 부귀는 나에게는 뜬구름과 같다(不義而富且貴於我以如浮雲)는 공자님 말씀처럼 20대 공직시절부터 필자는 부정한 돈과 재물에는 관심을 두지 않았다. 그래서 그런지 '천하에는 내 재물이 가득한 데 주머니에는 항상 돈이 부족하다' 필자는 그것도 사주팔자라고 생각, 편한 마음으로 살고 있다.

《청춘불패》에서 저자 이외수는 조언한다.

"그대여 돈이 없다고 너무 낙담하거나 슬퍼하지 말라.

단지 그대는 아직 돈하고 인연이 닿지 않았을 뿐이다. 꽃 피는 시절이 따로 있고 잎 지는 시절이 따로 있나니….

무전유죄(無錢有罪) 유전무죄(有錢無罪). 돈이 얼마나 큰 위력을 가지고 있는가를 단적으로 대변해 주는 말이다. 그러나 달리 생각해 보면 돈이 얼마나 인간을 타락시키는가를 단적으로 대변해 주기도 한다. 수전유죄(獸錢有罪) 인전무죄(人錢無罪). 짐승의 마음으로 벌어들인 돈은 죄가 되지만, 인간의 마음으로 벌어

들인 돈은 죄가 되지 않는다.” (210)

외환위기 이래 정부 공적자금 지원으로 돈을 벌어들인 금융권을 향해 ‘리세스 오블리주(Richesse Oblige)’ 를 생각할 것을 조언하고 있는 글을 읽어 보자.

“1997년 말 외환위기로 인해 5만여 개의 기업이 쓰러졌다. 그냥 망한 게 아니라 은행 등 금융회사들에 140조원의 빚을 남겼다. 졸지에 금융회사들이 파산 위기에 내몰렸다. 국민들의 예금과 신탁자산도 거의 다 날아갈 지경에 처했다. 정부는 공적자금 168조 6,000억 원을 투입해 금융회사들의 손실을 메워줬다. 2008년 리먼브러더스 사태 당시에도 공적자금 5조 9,805억 원이 금융회사들에 지원됐다. 은행들은 공적자금을 통해 번번이 위기를 넘긴 끝에, 올 들어 사상 최대 이익을 기대하고 있다.

정부가 관치 논란을 무릅쓰고 은행의 고배당 움직임에 제동을 건 철학적 배경은 ‘리세스 오블리주(Richesse Oblige)’ 다. 유대교 지도자인 조너선 삭스가 저서 《차이의 존중》에서 부(富)의 도덕적 의무와 사회적 책임을 강조한 데서 유래됐다. 사회지도층의 ‘노블레스 오블리주(Noblesse Oblige)’ 처럼, 금융권에도 리세스 오블리주가 요구되고 있다. 금융회사들이 그간 공적자금 등 국민의 부담 덕분에 구조조정을 거쳐 경쟁력 확보와 이익창출 기반을 구축했기 때문이다. 혈세를 통해 기껏 살려놓았는데, 이제 와서 ‘자기들만의 잔치’ 에 나서려는 것은 사회적 책임을 저버리는 일이다. 최근 월스트리트를 겨냥한 시위도 리먼사태 당시 7,000억달러의 구제금융을 받고 회생한 금융회사들이 거액 연봉 · 성과급으로 흥청거린 데서 촉발됐다.

리세스 오블리주는 저축은행의 일부 대주주 · 경영진에게 더더욱 요구된다. 이들이 서민들의 피땀 섞인 예금을 개인금고인 양 빼먹은 결과, 올 들어서만 저축은행 16곳이 영업정지를 당했다.” (738)

정호승은 《내 인생에 힘이 되어준 한마디》에서 “이 세상에 돈을 싫어하는 사람이 어디 있겠습니까. 저도 돈을 벌고 싶습니다. 돈을 좋아합니다. 돈은 제 삶에 꼭 필요한 영양소이자 윤활유입니다….

돈은 인간을 주인처럼 섬기기도 하지만 노예처럼 종속시키는 본질 또한 지니고 있습니다. 돈에 종속되거나 돈의 노예가 되지 않으려면 돈의 주인이 되는 수밖에 없습니다. 돈의 주인이 되기 위해서는 아주 쉬운 방법이 있습니다. 돈이 많든 적든 자족하면 됩니다….

제가 오랫동안 잡지기자 생활을 하면서 각계각층에서 일가를 이룬 분들과 인터뷰할 때 꼭 빼놓지 않고 질문한 게 하나 있습니다. 그것은 '지금까지 평생 돈을 무엇이라고 생각하면서 살아 오셨습니까' 하는 것이었습니다. 결론부터 얘기하자면 '돈은 필요하고 소중한 것이지만, 돈이 사람을 따라와야지 사람이 돈을 따라가면 안 된다' 는 것이 그분들의 공통된 말씀이었습니다"라고 조언하고 있다. (124)

어떤 이는 돈의 속성으로 "돈은 우리에게 안일함을 주고 죄의식을 유발시킬 수 있으며, 자유를 가져다주고, 힘을 주며, 편재하는(omnipresent)것 같다. 하지만 가장 사악한 것은 전능성을 가지려는 것이다"라고 지적하기도 한다. (145)

"돈은 모든 악의 근원이다(Money is the root of all evil)"라고 말할 만하다. 돈 때문에 싸움이 일어나고, 친한 사이에 감정대립이 생기고, 부모형제 간에 사랑이 변질되고, 소송을 하고, 범죄를 저지르고, 스스로 생을 포기하는 등 여러 사회문제의 원인이 되기 때문이다.

조선일보 · 한국갤럽 · 글로벌뉴스인사이트가 2010년 2월 세계 10개국 5,190명을 대상으로 조사한 "행복서베이"에 의하면 "행복은 돈과 관계없다"고 생각한다에 대해, 한국은 7.2%, 미국 18.2%, 덴마크 47.0%로 10개국 중 한국이 물질집착 1위이며, "부자가 돈이 많은 이유"로 부모의 덕이거나(66.4%), 부정부패나 권모술수를 동원했기 때문(57.6%)이라고 생각하고 있다. (739)

어느 강연회에서 강사가 이야기한 "돈 모으기" 관련 내용이다. "매일 커피전문점에서 사먹는 커피 한 잔 값인 4,300원씩 모으면 30년 후에 1억 9,000만원을 모을 수 있다"고 한다. (740)

2010년 4월 19일 서울가정법원은 20년간 두 자녀를 키운 전업주부 A씨에 대해 남편과의 이혼 · 재산 분할소송에서 50%의 재산 분할권을 인정했다. 또한 휴일도 없는 전업주부의 가사노동은 최소한 월 200만~250만원으로 평가되고, 남편이 고소득층이면 배우자의 기대소득도 그만큼 높아진다고 법원 측은 설명했다. (741)

포브스가 선정 발표한 「인류역사상 가장 부유한 75인 명단」에서 인류사상 최고부자 1위는 스탠더드 오일의 창립자인 존 D.록펠러이며 그의 현재 재산 가치는 미국의 달러로 계산하면 3,183억 달러라고 한다. 2위는 앤드류 카네기(스코틀랜드, 스틸컴퍼니) 2,983억 달러, 고대 이집트의 프톨레미왕가의 상속인인 클레오파트라는 21위로 958억 달러, 중국 최대 재벌인 중국중앙은행 송자문은 32위로 678억 달러, MS의 빌게이츠는 580억 달러로 37위, 버크셔 헤서웨이의 워런 버핏은 524억 달러로 41위, 일본 최대재벌 세이브 코퍼레이션 요시아키 스스미는 381억 달러로 59위라 한다. (201)

재산이 100만 달러(약 10억 원)가 넘는 이른바 백만장자가 전 세계 1,250만 명에 달하는 것으로 조사됐다. 금융시장이 글로벌 경제위기를 빠르게 극복하면서 백만장자 수가 2009년과 비교해 12%증가한 것이다.

블룸버그에 따르면 보스턴 컨설팅그룹(BCG)은 부동산이나 미술품 같은 자산을 제외한 투자 자산만 100만 달러 이상 가지고 있는 백만장자가 이 같은 수준으로 집계됐다고 2011년 6월 1일 밝혔다. 이 중 미국의 백만장자가 전체의 42%(522만 명)를 차지했다.

일본과 중국의 백만장자가 각각 153만 명과 111만 명으로 그 뒤를 이었다. BGG의 이번 조사는 전 세계 국내 총생산(GDP)의 98%를 차지하는 62개국을 대상으로 자산 규모를 살펴본 것이다.

전 세계 자산 규모는 2009년보다 8% 늘어난 121조 8,000억 달러로 집계됐다. 이는 2007년(111조 8,000억 달러)과 비교해 10조 달러 증가한 것이다. (742)

미국의 경제 격주간지 포브스는 2011년 9월 21일 '미국에서 가장 부유한 400인' 명단을 공개했다. 이번 조사에 따르면 지난 1년간 미국의 경기침체에도 불구하고 이들 상위 400위 부자들의 총 재산은 작년보다 12% 정도 늘어난 1조 5,300억 달러(약 1,814조 6,000억 원)를 기록했다. 이는 이웃 캐나다의 국내총생산(GDP)과 맞먹는 금액이다.

개인별로 보면 마이크로소프트의 전 회장이었던 빌 게이츠가 590억 달러(약 70조 원)로 18년 연속 1위 자리를 고수했다. 2위는 390억 달러의 워런 버핏 버크셔 해서웨이 회장으로 버핏은 기부와 주식가치 하락 등으로 인해 상위 20위 부자 가운데 유일하게 재산이 줄어들었다. 이외에 헤지펀드의 대부 조지 소로스가 220억달러로 처음 10위권에 이름을 올렸고, 소셜네트워크사이트(SNS) 페이스북의 창업자 마크 주커버그는 작년보다 재산이 106억 달러 늘어난 175억 달러로 집계돼 14위에 올랐다. 올해 포브스 400위 부자들의 재산은 최소 10억 5,000만 달러(약 1조 2,500억 원) 이상이었다. (743)

〈세금 더 내겠다고 나선 미국 · 프랑스 부자들〉

세계적인 화장품 회사 로레알 그룹의 상속녀 릴리안 베탕쿠르를 비롯한 프랑스의 대표적인 부호(富豪) 16명이 정부의 재정적자 해소에 기여하기 위해 세금을 더 내겠다고 나섰다. 이들은 "재정적자와 공공부채로 프랑스와 유럽의 운명이 위협받고 있는 상황에서 우리같이 많은 혜택을 받아온 계층이 국가에 기여하는 것은 당연한 일"이라며 부자들이 세금을 더 낼 수 있도록 '특별기부세' 를 신설해달라"고 정부에 요청했다.

지난주엔 미국의 억만장자 워런 버핏이 뉴욕타임스 기고문에서 "미국이 재정위기에서 벗어나려면 '가진 자' 들에게서 세금을 더 걷는 수밖에 없다"며 부자들에 대한 증세(增稅)를 주장했다. 마이크로소프트 창업자 빌 게이츠, 페이스북 창업자 마크 주커버그, '헤지펀드 대부' 조지 소로스 같은 갑부들도 부자들이 세금을 더 내야 한다는 주장을 펴고 있다….

부자들이 증세를 자청(自請)한 것은 재정위기가 자본주의 체제의 위기로 번져가지 않도록 체제 유지비용을 더 많이 부담하겠다는 선언적 의미를 갖고 있다. 고소득층의 이런 솔선수범은 자본주의 시장경제가 더 견실하게 발전하는 기반이 될 수 있다. (744)

최근 신문은 미국 백만장자 138명이 "우리에게서 세금 더 걷어가라"고 서명한 편지를 2011년 11월 의회에 전달했다고 보도했다.

연간 100만 달러(약 11억3000만원) 이상을 버는 미국의 백만장자 21명이 2011년 11월 16일(현지시각) 워싱턴DC 국회의사당을 찾았다. '재정 강화를 바라는 애국적인 백만장자들(Patriotic Millionaires for Fiscal Strength)' 이라는 단체 회원들인 21명은 "우리에게 더 많은 세금을 부과해 달라"며 "다른 뜻은 없다. 나라가 돈이 필요하니 세금을 더 내는 게 옳다고 생각했다"고 말했다. 그러면서 "부자들에 대한 세율을 현행 35%에서 39.6%로 높여야 한다"고 말했다고 로이터통신이 보도했다. 이들은 미국 백만장자 138명이 서명한 편지를 의회에 전달했다.

2011년 11월 백만장자 100여 명이 자발적으로 결성한 이 단체는 1년 만에 회원이 220여 명으로 늘었다. 이들은 "(우리가 내는 세금으로) 다른 사람들도 우리처럼 성공할 수 있도록 혜택을 받기를 바란다"고 했다. (893)

한편 부자 마이크로 소프트(MS)설립자 빌게이츠(55세)는 세 자녀에게 각각 1,000만 달러씩 물려줄 것임을 밝힌 기존보도를 부인하지 않았다고 데일리메일은 전했다. 게이츠는 "큰돈(자신의 재산)은 아이들에게 좋지 않으며 내 재산 중 조금씩만 갖게 될 것이다. 아이들은 자신의 길을 찾아야 한다"고 말했다. (745)

국세청 통계연보에 따르면 2011년 11월 현재 과표기준으로 연 소득이 5억 원을 초과하는 초고소득자가 1만 명으로 나타났다. 5억 원 초과자 중 근로소득자는 3,200여 명, 종합소득세를 내는 사람은 9,000여 명 안팎이고 이들의 연평균 소득은 11억~13억 원 정도다. 각종 비과세 혜택을 감안하면 실제 월 소득이 1억 원을 넘는다는 분석이다. (746)

국내에서 금융자산 10억 원 이상을 가진 부자는 2010년 말 현재 13만 명으로 추정된다. KB금융지주경영연구소가 한국은행 · 통계청 · 국세청의 개인 자산 관련 자료를 바탕으로 분석한 결과다. 미국 증권사 메릴린치는 매년 발간하는 세계의 부(富)보고서를 통해 한국금융자산 100만달러 이상 부자를 약 12만 7,000명(2009년 기준)으로 추정했는데 이는 KB금융지주 연구와 비슷한 결과다. 글로벌 금융위기가 발생한 2008년 당시 우리나라에 금융자산 10억 원 이상의 부자는 8만 4,000명이었다. 그런데 2년 뒤인 2010년에는 54%나 증가, 부의 쏠림 현상이 점점 심화되고 있음을 단적으로 보여주었다. 부자들은 평균 2억 4,000만원의 종자돈으로 약 13년에 걸쳐 현재의 자산을 축적한 것으로 나타났다. 종자돈은 주로 근로소득(43.4%), 부동산 투자(29.1%), 부모지원 · 상속(21.2%), 금융투자(5.9%)로 모았다고 답해, 월급쟁이가 부자가 된 사례가 상당했다. 그러나 금융자산을 10억 원 넘게 가진 부자들도 76%가 "내가 부자라고 생각하지 않는다"고 답했다. 응답자 중 42.5%는 "최소 100억 원 이상은 있어야 부자"라고 밝혔다. (747)

돈의 가치에 관한 재미있는 이야기 하나를 옮겨본다. "1626년, 미국 땅에 발을 들여놓은 청교도들이 인디언들로부터 맨해튼 섬을 사면서 지불한 가격은 단돈 24달러였다. 그동안의 물가상승률을 감안해도 금싸라기 땅이 된 지금의 맨해튼을 보면, 그때 인디언들의 판단이 어리석었다고 비웃을 수도 있다.

그러나 전설적인 투자자 피터 린치의 생각은 달랐다. 당시 인디언들이 받은

24달러를 연 8%의 채권에 복리로 투자했다면 363년이 흐른 1989년에는 그 가치가 30조 달러로 훌쩍 뛴다. 반면 1989년 당시 맨해튼 전체 땅값은 600억 달러에도 못 미쳤다고 한다. 누가 현명한 판단을 했는가에 대한 답은 쉽게 나온다. 그리고 이 이야기가 시사하고 있는 것은 현금의 시간가치이다." (368)

어느 증권전문가는 "월급타면 3가지 주머니, 즉 생계 · 오락 · 자산축적용 주머니에 나눠 담아라"라고 조언한다. (748)

그리고 미국의 시사주간지 타임 온라인판은 9세의 아이에게 용돈을 줄 때는 지출 60%, 저축 30%, 기부 10%로 나누어 관리하도록 「6:3:1법칙」을 가르치라고 조언한다. (749)

어느 전문가는 직장인들에게는 자산을 보장자산 · 은퇴자산 · 투자자산으로 구분하여 계획적으로 관리하라고 조언한다. (173)

우리는 선대들로부터 오랜 세월 들어왔다. 친한 사람 특히 친구지간에는 "금전거래를 하지 말라"는 충고 말이다. 이에 대해 필자는 달리 생각한다. 친한 사이일수록 도와주는 것이다. 가까운 사람이 돕지 않으면 누가 돕겠는가? 나중에 돈을 못 받고, 보증선 자신의 집이 날아가더라도 인정과 우정이 돈보다 앞서야 하기 때문이다. 문제는 그 친구가 어떤 친구냐가 문제이다. 그리고 내 집이 날아가면 생활 대책은 있는가? 등 여러 가지를 생각해 보아야 할 것이다.

이 말을 하는 필자도 친구들 때문에 2~5년 간격으로 두 차례나 집이 날아간 일이 있었지만 필자의 생각은 변함이 없다.

신문에 소개된 갑부들의 「자녀 용돈 주는 법」 몇 가지 사례를 보자.

① 리자청(李嘉誠 · 홍콩 장강실업회장):아들에게 캐디일을 하게 한다.

② 토머스 왓슨(Watson · 전 IBM회장):아들에게 중학생 때부터 용돈지출계획과 매달 소득목표를 정하도록 한다.

③ 존 피어폰트 모건(Morgan · 미국 투자은행 JP모건회장):자녀들이 집안일을 하고 용돈을 받아가도록 한다.

④ 존 록펠러(Rockefeller · 미국 석유재벌):자녀를 나이에 따라 차등 지급해서 지출내역을 철저히 기록하게 하다. (750)

끝으로 필자가 생각하는 소시민들의 「행복한 부자 되는 7대 원칙」을 소개한다.

1. 어느 정도의 재력은 있어야 행복한 것임을 명심한다.
2. 재산축적은 최선을 다하되, 정당한 방법을 동원한다.
3. 현재 직업에 충실하되, 항상 새로운 투자와 사업의 방법을 머릿속에 그리며 생활한다.
4. 매달 수입액은 7:3비율로 쓰고 저축한다.
5. 수입이 적은 달은 최소로 쓴다.
6. 매년 모은 돈의 최소 10%는 어려운 이웃이나 친척을 위해 드러나지 않게 쓴다.
7. 무병장수의 제 1비결은 검소, 절제, 약간의 재산 그리고 남을 돕는 데 있음을 명심한다.

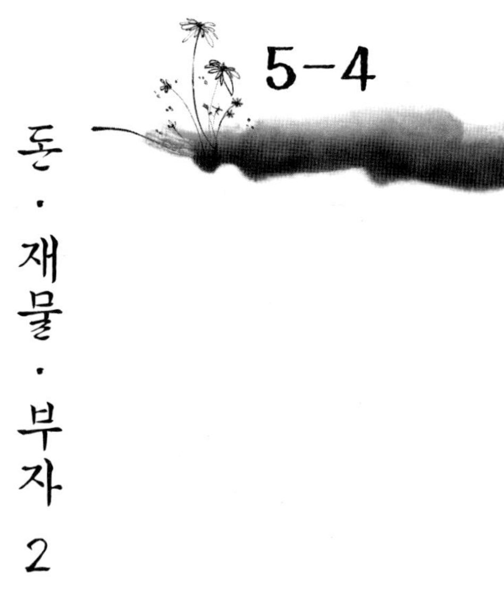

5-4 돈 · 재물 · 부자 2

타 타 타

노래 김국환

네가 나를 모르는데 난들 너를 알겠느냐
한 치 앞도 모두 몰라 다 안다면 재미없지
바람이 부는 날은 바람으로 비 오면 비에 젖어 사는 거지
그런 거지 음 아하하 산다는 건 좋은 거지 수지맞은 장사잖소
알몸으로 태어나서 옷 한 벌은 건졌잖소
우리네 헛짚은 인생살이 한세상
걱정조차 없이 살면 무슨 재미
그런게 덤이잖소
네 아하하 아하하

□ 부자의 큰 행복은 자선을 할 수 있다는 데에 있다. – 라 브뤼에르

□ 족함을 아는 사람은 진정한 부자이고, 탐욕한 자는 진정한 빈자(貧者)이다.
– 솔론, 희랍 7현자의 한사람

□ 돈 욕심을 버리시구려. 아무리 많은 돈 가졌다 해도 죽으면 가져 갈 수 없는 것. 살아 있는 동안 많이 뿌려서 산더미 같은 덕을 쌓으시구려. – 법정스님

□ 착한 일을 쌓는 집안에는 반드시 뒤에 경사가 있고, 불선을 거듭하는 집안에는 반드시 재앙이 있다(積善之家 必有餘慶 積不善之家 必有餘殃). – 《易經》 곤문언편

□ 사람의 진정한 재산은 세상을 위해서 행한 선행이다. – 마호메트

□ 부자가 되려는 욕심 없이는 절대 노동에 흥미를 붙일 수 없다. – 앤드류 스캇

□ 원칙을 지키며 성실하게 돈을 버는 것보다 더 순수한 열정은 없다. – 오웬 존슨

□ 행복은 우리가 가진 것으로 결정되는 것이 아니라, 가진 것을 어떻게 바라보느냐에 좌우된다. 가난해도 행복할 수 있고 부유해도 비참할 수 있다. – 윌리엄 뎀프스터 호드

□ 재산이란 첫째 건강, 둘째 미모, 셋째 부(富)이다. – 플라톤, 《법률》

□ 부자들이여, 나눠주는 기쁨을 느껴라. – 빌 게이츠

□ 돈이 없으면 적막강산이요. 돈이 있으면 금수강산이라. – 한국 속담

□ 진정으로 부유해지고 싶다면 소유하고 있는 돈이 돈을 벌어다 줄 수 있도록 하라. 개인적으로 일해서 벌어들일 수 있는 돈은 돈이 벌어다 주는 돈에 비하면 지극히 적다.
– 존 D.록펠러

□ 만족할 줄 알아야 부자다(知足者富). – 《노자》 33장

□ 우리의 운명은 겨울철 과일나무와 같다. 그 나뭇가지에 다시 푸른 잎이 나고 꽃이 필 것 같지 않아도, 우리는 그것을 꿈꾸고 그렇게 될 것을 잘 알고 있다. – 괴테

□ 재산이 많아질수록 근심도 많아진다(Care follows the increase of wealth).
– 서양 격언

□ 돈만이 재산이 아니다. 지식도 재산이고 건강도 재산이고 재능도 재산이다. 그러나 무엇보다 더 중요한 재산이 있다면 바로 의지이다. 누구든 이 의지만 가지고 있으면 모든 것을 다 이룰 수 있다. 이것이 의지의 힘이다. 그 어떤 재물에서 얻는 것보다 굳은 의지에서 얻은 행복이 더한층 큰 것이다. – 슈와프

□ 재산은 그것을 가지고 있는 자의 것이 아니고, 그것을 즐기는 자의 것이다. – 하우얼

□ 돈은 주조된 자유다. – 도스토예프스키, 《죽음의 집의 기록》

□ 어떤 인간이든 돈으로 매수되지 않는 사람은 없다. 문제는 그 금액이다. – M.고리끼

□ 돈이란 지상의 모든 악의 근원이다. – H.멜빌

□ 천금을 가진 사람의 아들은 죽을 죄를 지어도, 시장에서 사형을 당하지 않는다.
– 《사기》월세가(越世家) 편

■ ■ ■

미국 석유재벌 폴 게티는 부자가 되기 위해서 갖추어야 할 자질로 지식 · 실력 · 운 그리고 백만장자 마인드 등 네 가지를 말했다. 백만장자 마인드란 일과 목표를 달성하기 위한 한 사람의 총체적인 사고방식과 태도를 말한다. 요즘 조금 달라지긴 했지만 예로부터 "부불삼세(富不三世)요 빈불삼세(貧不三世)"라고 하여 부자도 빈자도 3대를 넘겨 이어지지 않는다고 했다. "권력은 10년을 넘기지 못 한다"는 권불십년(權不十年)보다는 길지만 말이다.

또한 《대학(大學傳十章)》에서는 생재유대도(生財有大道)라 하여 "재물을 불어나게 하는 데는 큰 길이 있다"고 가르치고 있다.

《화식열전(貨食列傳)》에는 다음과 같은 조언이 나온다.

"예라는 것은 재산이 있는데서 생겨나고 없는 데서는 사라진다. 그런 까닭에 군자가 부유하면 덕을 즐겨 실천하고 소인이 부유하면 자기 능력에 닿는 일을 한다. '못은 깊어야 고기가 있고 산은 깊어야 짐승이 오가며 사람은 부유해야만 인의가 따른다(淵深而魚生之 山深而獸往之 人富而仁義附焉).'

부유한 사람이 세력을 얻게 되면 세상에 더욱 드러나게 되고, 세력을 잃으면 빈객들이 갈 곳이 없어져 따르지 않는다."

성경 마태복음 19장 23절과 24절에는 "부자는 천국에 들어가기 어려우니라. 약대(낙타)가 바늘귀로 들어가는 것이 부자가 하나님의 나라에 들어가는 것보다 쉬우니라"라고 가르친다.

세상의 부자들이여! 하늘나라 가기 전에 재산을 좋은 일에 모두 쓰고 나서 빈손으로 갈 준비를 함이 어떻겠는가? 성경(마태복음 22:21)은 "가이사의 것은 가이사에게, 하나님의 것은 하나님께 바치라(Give to Caesar what is Caesar' s, and to God what is God' s)"라고 가르친다.

윤재윤 판사는 「돈에 관한 과학적 사실」이란 제목의 글에서 이렇게 썼다.(1036)

"요즈음 세계적으로 행복학 연구가 붐을 이루고 있다. 놀라운 것은 대부분의 연구결과가 유사한 결론을 내리고 있다는 점이다. 행복의 핵심 요소는 가까운 가족과 친구, 가치 있는 일과 긍정적 심리 등이며, 행복감은 운동이나 악기를 배우는 것처럼 훈련을 통하여 높일 수 있다는 것이다. 철학과 종교가 가르치던 행복의 비결을 학자들이 과학적 연구를 통해 증명하는 셈이다.

행복학은 돈이 결코 행복의 핵심 요소가 될 수 없다고 단언한다. 나는 행복학의 여러 글을 읽으면서 돈에 관한 중요하면서도 명백한 두 가지 사실을 알게 되었다.

첫째, 돈은 생계보장 수준만 지나면, 행복에 별 영향을 미치지 않는다.

둘째, 돈에 대한 관심이 지나치면 오히려 행복의 기초가 파괴될 위험이 커진다는 사실이다.

과학적으로 증명된 위의 두 가지 사실은 '돈이 있어야 행복하고, 돈이 많을수록 더 행복해진다'는 우리 사회의 통념과 사뭇 다르다. 돈은 행복의 2차적 요소일 뿐이다."

부자란 어떤 사람이고, 부자가 되기 위해서는 어떻게 해야 하고 부자들은 어떻게 재물을 활용했을까?

앞에서 거상 임상옥(林尙沃)의 이야기도 했지만 우리 역사상 돈을 벌어 이웃을 위해 좋은 일을 한 인물이 많다.

먼저 조선조 정조 19년(1795년) 제주에 큰 흉년이 들어 백성들의 사체가 즐비할 때 제주 의녀 김만덕(1739~1812)은 천금의 전 재산을 내놓아 육지에서 쌀을 사들여 굶주린 백성들을 구해주었다. 그 공덕으로 김만덕은 정조로부터 내의원(內醫院)의녀 가운데 으뜸인 의녀반수(醫女班首)의 벼슬을 제수받았다.

이 이야기는 정조 때의 문신 채제공(蔡濟恭1720~1799)의 시문집 《번암집(樊巖集)》에 「만덕전」이란 제목으로 나온다.

경주 최부자(崔富者) 집안은 신라의 대석학 최치원의 17세손으로 임진왜란 당시 왜군을 막아낸 최진립 장군(1631년)부터 1970년 '최준' 씨까지 12대 339년간 이어오면서 덕행을 해온 집안(積德家)이다.

최진립 장군의 12대손인 최준은 1970년에 당시 300여 년 된 "대 저택과 논밭 24만평, 860만원의 거금을 내놓으며 대구대학과 계림대학(현 영남대)을 설립했다.

일제 치하에서는 백산상회를 설립해 상해임정 등의 독립운동단체에 자금을 지원했던 경주 최부잣집은 해방 후에는 대한민국의 인재 양성을 위한 토대를 닦는 데 마지막 남은 재산을 기부하고 역사 속으로 조용히 사라져 갔다. 12대 만석꾼, 9대 진사를 배출한 최부잣집은 이처럼 마지막까지도 가진 자로서의 책임을 철저히 실천했던 셈이다.

최부잣집은 300년 만석꾼에서 빈털터리로 돌아갔다. 실제로 손자인 최염씨에게는 유산 한 푼 없었다고 한다.

할아버지가 남긴 유산은 최부잣집이 300년간 뿌려놓은 적선(積善)의 정신뿐이었다." (170)

여기 경주 최부잣집의 집안을 다스리는 제가의 가훈과 자손들의 수신(修身)의 가훈인 육연(六然)을 옮겨 그 고귀한 정신을 함께 공부해 보자.

〈최부잣집 가훈〉

첫째, 과거를 보되 진사 이상의 벼슬은 하지 말라.

둘째, 만석(쌀5000가마니) 이상의 재산은 사회에 환원하라.

이 원칙만큼 겸손한 덕목이 있을까. 이 원칙을 적용할 경우 최부자가 논을 더 사더라도 재산이 1만석을 넘지 않으려면 결국 소작료를 낮춰 받을 수밖에 없는 것이다. 소작인들은 최부잣집의 논이 늘어나면 그만큼 소작료가 떨어지기 때문에 최부자가 땅을 사면 자기 일처럼 기뻐했을 게 분명하다. '과연 이 땅에서 이런 일이 일어났을까' 싶을 정도로 믿기 어려운 아름다운 이야기가 아닐 수 없다.

셋째, 흉년기에는 땅을 사지 말라.

넷째, 과객(過客)을 후하게 대접하라.

다섯째, 100리 안에 굶어 죽는 사람이 없게 하라.

조선조 현종 때인 1671년 삼남지방에 큰 흉년이 들어 굶어 죽는 사람이 속출하자 최부잣집은 과감히 곳간을 헐었다. 집 앞 마당에 큰 솥을 걸고 굶주린 사람을 위해 연일 죽을 끓이도록 했는데 지금도 죽을 쑤어 나누던 자리가 '활인당' 이라는 이름으로 남아 있다. "끊임없이 베풀어야 한다"는 경주 최부잣집의 이러한 정신은 미국에서 자수성가하여 거부를 이룬 존 헌츠먼이 그의 자서전 《원칙으로 승부하라》에서도 강조하고 있다.

여섯째, 시집 온 며느리들은 3년간 무명옷을 입어라.

일곱째, 파장에 물건을 사지마라. (170)

육연은 명나라 말기의 학자 육상객(陸湘客)의 글로 최부잣집의 수신을 위한 가훈으로 쓰인 것이다.

육연(六然)이란 ①자기 집착에서 벗어나 자기에게 초연하고(自處超然) ②남에게는 언제나 부드럽고 온화하게 대하며(對人靄然) ③일이 없을 때는 마음을 맑게 가지고(無事澄然) ④일을 당해도 겁내지 말고 용감하게 대처하며(有事敢然) ⑤성공했을 때는 담담하게 행동하고(得意淡然) ⑥실의에 빠졌을 때는 오히려 태연하게 행동하라(失意泰然)는 것이다. 최부잣집의 '육연'은 희로애락이 중첩되는 인생의 길에서 흔들림 없이 처신할 것을 강조하고 있다.

얼마나 멋진 가르침인가?

명문가의 조건 가운데 중요한 것이 가난한 사람들에 대한 배려라고 할 수 있다. 높은 지위에 오르고 부와 명예를 가졌으면서도 가난하고 소외된 자를 위해 아무 일도 하지 않는다면 결코 사회적으로 존경받을 수 없다. 직물업과 금융업으로 부흥한 이탈리아의 피렌체에는 노블레스 오블리주의 전통이 있었는데, '어떻게 돈을 벌었느냐'와 '재산을 이웃 · 교회 건립 등에 얼마나 기부했느냐'가 명문가의 중요한 기준이 되었다. 벼락부자나 졸부 또는 가난한 사람을 착취해 추악하게 돈을 번 경우는 결코 명문가로 인정해 주지 않았기 때문이다.

동서고금을 막론하고 '졸부'와 '존경 받는 부자'의 차이는 이웃들과 더불어 살아가는 자세를 갖고 있느냐에 달려 있다. 자신과 자신의 가족만을 생각한다면 아무리 재력을 갖춰도 사회적으로 존경받지 못할 것이다.

마키아벨리는 『군주론』에서 "운명의 풍향과 변모하는 상황이 그를 제약함에 따라서 자신의 행동을 거기에 맞춰 자유자재로 바꿀 태세가 되어 있어야 한다. 자신의 행동을 시대에 잘 적응시키는 사람은 행운을 누린다"는 조언을 하고 있다. 마키아벨리가 메디치가에 올린 조언은 시공간을 뛰어넘어 지금, 우리에게도 그대로 통하는 경구가 아닐 수 없다. (170)

신세계 정용진부회장이 2011년 1월 6일 「신세계 임원 윤리경영 워크숍」에서 "경주 최부잣집처럼 윤리경영과 기업의 사회적 책임을 함께 지켜나가자"고 지난날의 사회적 책임기업에 대한 온고이지신의 경영철학을 제시한 것은 사회적으로 바람직한 일이라고 생각한다.(1037)

불경 《심지관경》에 보면 한 부자의 선행사례가 나온다.

"오랜 기간 동안 부자(富者)가 부지런히 재산을 모았고, 또 모든 선행을 했으므로 명성이 자자했다. 이 부자는 자기가 지닌 재산을 넷으로 나누어, 하나는 이자를 늘려 가업을 풍족하게 했고 하나는 생활에 필요한 물건을 공급했고, 하나는 고아와 의지할 데 없는 노인에게 주어 내세의 복을 닦았고, 하나는 친척과 오가는 나그네를 구제했다. 이같이 넷으로 나누어 부자는 대를 이어가면서 가업으로 삼았다. 이와 같이 지혜로운 자는 재물을 모으면 자기 자신을 위해서 쓰기도 하고 필요한 사람에게 나눠 주기도 한다."

조용헌 교수는 해방 이전에 삼남지방에는 3대부자가 있었는데 충청도에는 공주갑부 김갑순(金甲淳 · 1872～1960), 호남은 인촌집안, 영남에서는 최부잣집을 꼽았다고 말한다.

공주갑부 김갑순은 공주감영에서 잔심부름하던 관노(官奴)였는데 의남매를 맺은 여인이 충청감사의 첩실이 되면서 노비의 신문을 벗고 공주감영의 하급공무원이 될 수 있었고, 그 후 어느 날 공주감영을 찾아온 허름한 선비가 후에 호조판서가 되었고 그 판서의 도움으로 김갑순은 충청남도 봉세관(封稅官), 부여군수, 안산군수 등을 역임했고, 1930년대 후반 당시 대전시 면적의 40%가 김갑순의 소유였는데 적극적인 친일행각으로 재산을 지켰다고 한다. (751)

해방 이후 경주 최부잣집 못지않게 전 재산을 사회에 환원하여 우리 국민들의 칭송을 받고 있는 분은 1971년 3월 타계한 유한양행의 창업자 유일한 회장이다.

그는 손녀에게 준 1만 달러 외에는 "전 재산을 한국사회 및 교육신탁기금에 기증해 뜻있는 교육사업과 사회사업에 쓰도록 하라"고 유언했다. (355)

《살아온 기적 살아갈 기적》에서 저자 고 장영희 교수가 말한 다음과 같은 생각들이 거의 모든 사람들의 마음일 것이다.

"홍수만 나면 휩쓸려 떠내려가는 판잣집보다 전망 좋고 멋있는 2층 집에서 살고 싶고, 탈탈거리는 경차보다 번쩍거리는 중형차를 몰고 싶고, 싸구려 라면보다는 우아한 호텔 식당에서 비싼 스테이크를 먹고 싶다. 나는 절대로 햇살 한 줄기에 만족하는 디오게네스가 될 수 없고, 또 그렇게 되고 싶지도 않다.

유전무죄, 무전유죄라고 돈 있는 사람들은 죄를 지어도 감옥에 가지 않으며, 돈이 있어야 병도 고치고, 돈이 있어야 공부도 하고, 미국 속담에 '빈 자루는 똑바로 서지 못 한다'는 말이 있듯이 돈이 있어야 고개를 꼿꼿이 들고 자존심 내세우며 살 수 있다" (207)

조선일보가 삼성증권 전문가 집단과 함께 수차례 회의를 거쳐 뽑아낸 부자를 만드는 특별한 유전자 「머니DNA 7가지」를 소개한다. (752)

①몸빼 정신 ②낭비 알레르기 ③정부와 친구 되기 ④남다른 간(肝) 크기 ⑤인(人)테크 ⑥Don' t worry, Be Rich(부자 되는 걸 낙관하라) ⑦ M-DNA 대물림 하기

부자 지망생들의 참고를 위해 「자수성가한 억만장자 1천 명의 7가지 습관」을 소개한다. (49)

첫째, "내 탓이다"라고 억만장자들은 말한다.

둘째, 정확한 목표를 세운다.

셋째, 억만장자는 구체적인 계획을 가지고 있다.

넷째, 자신이 원하는 것을 얻기 위해 대가를 치를 각오가 되어 있어야 한다.

다섯째, 전문가들이다.

여섯째, 절대 포기하지 않는다.

일곱째, 오늘 일은 오늘 처리한다.

위의 7가지 외에 "조기(早起)는 석량(三兩), 절약(節約)은 닷량(五兩)"이란 우리 속담도 잊지 마시기를.

멕시코 통신재벌 카를로스 슬림(Slim)이 세계 최고 부자로 등극했다. 슬림은 2010년 3월 10일 미국 경제 전문지 '포브스'가 선정한 '2010년 억만장자 순위'에서 빌게이츠 마이크로소프트(MS) 창업자를 제치고 1위를 차지했다.

한국인 중 10억 달러 이상 갑부는 11명이 선정됐다.

이건희 삼성그룹 회장은 72억 달러로 100위를 차지했으며, 정몽구 현대 · 기아차 회장은 36억 달러로 249위, 이재용 삼성전자 부사장은 19억 달러로 536위, 신창재 교보생명 회장과 정몽준 한나라당 대표가 각각 16억 달러로 공동 616위를 차지했다.

신동빈 롯데그룹 부회장과 신동주 일본 롯데 부사장이 각각 15억 달러로 공동 655위, 이명희 신세계 그룹 회장은 14억 달러로 721위, 정의선 현대차 부회장이 13억 달러로 773위, 구본무 LG그룹회장과 최태원 SK회장은 11억 달러로 공동 880위에 올랐다.

10억 달러 이상 갑부는 전 세계 1,011명으로 집계됐으며 2009년보다 218명

증가했다. 한국은 4명에서 7명이 더 늘었다. 전체적으로 보면 미국 갑부들이 40%를 차지했으며, 아시아 · 태평양지역 갑부는 234명이었다. (752)

우리나라에서 주식지분가치(2010.9.30기준)와 주식매각 등으로 확보한 현금자산 등을 합친 현금성자산 1조 원 이상을 가진 거부(巨富)가 19명인 것으로 나타났다.

2010년 10월 4일 재계정보제공업체인 재벌닷컴이 1,799개 상장사와 13,589개의 비상장사 대주주가 보유한 주식가치와 현금자산 등을 평가한 결과 삼성전자 이건희 회장이 8조 7,333억 원으로 1위, 현대차그룹 정몽구회장이 6조 6,888억 원으로 2위, 정몽준 전 한나라당 대표가 2조 6,888억 원으로 3위 등으로 나타났다. (753)

국세청이 2010년 12월 21일 펴낸 '국세통계연보'에 따르면 '샐러리맨의 꿈'이라는 억대 연봉(총 급여 기준 1억 원 초과)을 받는 직장인이 2009년 19만 6,539명으로 20만 명에 육박하는 것으로 집계됐다. 2009년 근로소득 연말정산을 한 전체 근로소득자가 1,429만 4,993명이라 억대 연봉 근로자는 1,000명 가운데 14명꼴이다. 총 급여는 월급과 상여금 등 회사에서 받는 모든 급여 가운데 비과세소득(자가운전보조비 등)을 제외한 것이다. 지난해 근로소득 연말정산을 한 근로소득자의 평균 연봉이 2,585만 원이었다. 억대 연봉자 가운데 1,038명은 10억 원이 넘는 초고액 연봉자였다. (754)

최근 미국의 경제전문지 포천은 세계 최대의 갑부(甲富)빌 게이츠(Gates) 전 마이크로소프트 회장과 워런 버핏(Buffett)버크셔 해서웨이 회장이 사상최대 규모의 기부운동을 시작했다고 보도했다. 기사 제목이 '6,000억 달러(한화 약 700조 원)의 도전'이었다.

버핏과 게이츠는 1년 전 뉴욕에서 갑부 등 14명의 비공개 만찬 회동(會同)을 마련했다. 이들의 목표는 미국 400대 부자들로 하여금 최소한 재산의 50%이상을 생전에 또는 사후에 기부하는 서약을 하도록 하는 것이다. 2009년 말 기준으로 미국 400대 부자들의 재산이 1조 2,000억 달러쯤 되니 그 절반씩만 기부 받으면 최소한 6,000억 달러의 기부액이 쌓인다.

미국의 저술가 줄리아 몰든은 저서 《우리는 신(新)급진주의자들' (We Are the New Radicals)》에서 쉰둘에 은퇴를 선언하고 자선가로 변신한 게이츠 같은 이들을 '신급진주의자' 라고 불렀다. 능력 있는 기성세대 중에 자선(慈善) · 사회기여(寄與) 등 보다 고귀한 가치를 향해 제2의 인생을 개척하면서, 사회 변혁의 주축이 되어가는 혁명적인 기성세대들을 가리키는 말이다. (755)

친구

킬리만자로의 표범

작사 양인자 작곡 김희갑 노래 조용필

먹이를 찾아 산기슭을 어슬렁거리는
하이에나를 본 일이 있는가
짐승의 썩은 고기만을 찾아 다니는
산기슭의 하이에나
나는 하이에나가 아니라 표범이고 싶다
산정 높이 올라가 굶어서 얼어서 죽는
눈 덮인 킬리만자로의 그 표범이고 싶다
자고 나면 위대해지고 자고 나면 초라해지는
나는 지금 지구의 어두운 모퉁이에서 잠시 쉬고 있다

야망에찬 도시의 그 불빛 어디에도 나는 없다
이 큰 도시의 복판에 이렇듯 철저히
혼자 버려진들 무슨 상관이랴
나보다 더 불행하게 살다간
고흐란 사나이도 있었는데

바람처럼 왔다가 이슬처럼 갈 순 없잖아
내가 산 흔적일랑 남겨둬야지
한줄기 연기처럼 가뭇없이 사라져도
빛나는 불꽃으로 타올라야지
묻지마라 왜냐고 왜 그렇게 높은 곳까지
오르려 애쓰는지 묻지를 마라
고독한 남자의 불타는 영혼을
아는이 없으면 또 어떠리
....

□ 한 친구를 얻는 데는 오래 걸리지만 잃는 데는 잠시이다. – 릴리
□ 술로 맺은 친구는 술이 깨는 것과 함께 잃는다. – 독일 속담
□ 황금은 불로 시험하고, 우정은 곤경이 시험한다(Gold is tried with fire, friendship with distress). – 영국 금언
□ 적을 벗으로 삼을 수 있는 사람은 유위(有爲)한 인물이다(He who can make his enemy turn to his friend is a man of ability). – 영국 금언
□ 가족이 하늘이 맺어 준 인연이라면 친구는 내가 선택한 가족이다. – 헨리 데이빗 소로우
□ 물이 너무 맑으면 고기가 없고, 사람이 너무 살피면 친구가 없다(水至淸則無漁 人至察則無徒). – 《공자가어》
□ 순경(順境)은 벗을 만들고, 역경(逆境)은 벗을 시험한다. – 영국 속담
□ 참된 친구는 그대가 실수를 범할 때 정중하고 사랑스럽게 그대를 어루만져 준다. 또한 그대가 장애를 딛고 성장하도록 끊임없이 자극하고 그대의 잠재력을 끌어 올려 준다. – 리처드 엑슬리

□ 공기와 빛과 친구의 사랑, 이것만 남아 있으면 실망할 것이 없다. – 괴테

□ 만약 서로 협조하려고 하지 않는다면 세상에 친구처럼 무용지장물(無用之長物)은 없다. – 세익스피어

□ 친구따라 강남 간다(追友江南). – 《동언해》

□ 많은 친구를 가진 사람은 한 친구도 얻지 못한다. – 아리스토텔레스

□ 가장 만족스러운 우정에도 계란과 마찬가지로 항상 약간의 위험한 구석이 있다. – 루나루

□ 먼 곳에 친구를 가지면 세상이 넓게 느껴진다. 친구는 위도가 되고 경도가 된다. – 소로

□ 우정은 성장이 느린 식물이다. – G.워싱턴

□ 세상에는 세 가지 타입의 친구가 있다. 너를 사랑하는 친구, 너를 잊어버리는 친구, 너를 미워하는 친구가 그것이다. – 장 파울

□ 우정은 사랑을 받기보다는 사랑하는 데에 있다. – 아리스토텔레스

□ 우정은 영혼의 결혼이다. – 볼테르

□ 결혼애(結婚愛)는 인간을 만들고 우애(友愛)는 인간을 완성한다. – F.베이컨

□ 친구의 잔치에는 천천히 가되, 불행에는 황급히 가라. – 킬론

□ 소도 언덕이 있어야 비빈다. – 한국 속담

□ 뒤에서 칭찬해 주는 이가 좋은 친구이다(He is a good friend who applauds me behind). – 서양 격언

□ 좋은 친구가 생기기를 기다리는 것보다 스스로 누군가에게 좋은 친구가 되었을 때 행복하다. – 러셀

□ 오래된 친구 한 명이 새 친구 열 명보다 낫다. – 《탈무드》

□ 사람들은 누구나 친구의 품안에서 휴식을 구한다. 그곳에서라면 가슴을 열고 마음껏 슬픔을 털어놓을 수 있기 때문이다. – 괴테

□ 당신을 비판하는 친구를 가까이하고, 당신을 칭찬하는 친구는 멀리하라. – 《탈무드》

□ 친구를 얻는 단 하나의 길은 스스로 완전한 친구가 되는 것이다. – 에머슨

□ 팔백금(八百金)으로 집을 사고 천금(千金)으로 이웃을 산다. – 중국 격언

□ 친구와 포도주는 오래된 것이 좋다(Old friends and old wine are best). – 서양 격언

□ 가난하고 천할 때의 벗은 잊어서는 안 되고, 같이 고생한 아내는 버리지 않는다(貧賤之交不可忘 糟糠之妻不下堂). – 《후한서》

□ 다이아몬드가 다이아몬드를 자른다. – J. 포드

□ 참된 우정이란 뒤에서 보나 앞에서 보나 같은 것이다. 앞에서 보면 장미, 뒤에서 보면 가시와 같은 것은 아니다. – 룩카트

□ 옛 친구 하나가 새 친구 둘보다 낫다. – 서양 격언

□ 우정은 기꺼이 들어 주는 귀, 이해하는 마음, 도와주는 손으로 구성된다.
  – 프랭크 다이거

□ 모든 사람에게는 그 키에 알맞은 행복이 있다네 사랑하는 제자여 나는 내 키를 열심히 재고 있다네, 자네도 알겠지만 사람의 키란 늘 같은 게 아니라서 말일세. 인간의 영혼이란 기후, 침묵, 고독, 함께 있는 사람에 따라 눈부시게 달라질 수 있는 것이네! – 조르바

□ 배울 것이 있는 사람과 교제하라. 우정이란 교제는 지식의 학교이며 즐거움이 있는 가르침이다. 자신의 친구를 교사로 삼아 배움과 즐거움을 교대로 얻도록 하라.
  – 쇼펜하우어

□ 진정한 우정은 친구들의 수가 아니라 그 깊이와 소중함으로 판단할 수 있다. – 벤 존슨

□ 진정한 친구는 가장 큰 축복이다. 그러나 우리는 진정한 친구를 얻기 위해 적은 노력을 기울인다. – 프랑수아 로슈푸코

□ 집을 가장 아름답게 장식해 주는 것은 바로 자주 드나드는 친구들이다.
  – 랠프 왈도 에머슨

□ 내버디 몃치나하니 水石(수석)과 松竹(송죽)이라 東山(동산)에 달오르니 긔더욱 반갑고야
  – 정철

□ 친구를 잊는다는 것은 슬픈 일이다. 누구나 친구를 갖는 것은 아니다. 사실 잃어버린 벗을 대신할 만한 것은 아무것도 없다. 오랜 벗들은 만들어지는 것이 아니다. 공통된 그 많은 추억, 함께 당한 그 많은 괴로운 시간, 그 많은 불화, 마음의 격동… 참나무를 심었다고 해서 곧 그 그늘 밑에 쉬기를 바란다는 것은 헛된 일이다. – 생 텍쥐페리

□ 교칠지심(膠漆之心) : 아교와 옻칠 사이 같은 친구(당나라 때 백낙천과 원미지)간의 두터운 우정의 마음. – 원미지(元微之), 《백씨문집》

□ 죽마지우(竹馬之友) : 어릴 때 대나무로 만든 말을 타며 놀던 친구. 같이 놀며 자란 친한 벗을 말함. – 《진서((晉書)》 은호전

■ ■ ■

공자께서는 "벗이 먼 곳에서 찾아오면 즐겁지 아니한가(有朋自遠方來 不亦樂乎 · 논어 학이편)"라고 했다. "좋은 친구 셋만 있으면 천하도 가질 수 있다"는 말도 있다.

중국의 사대기서(四大奇書) 중 하나인 원(元)나라 때의 소설가 나관중(羅貫中)이 지은 장편 역사소설 《삼국지연의(三國志演義)》에 나오는 도원결의(桃園結義) 장면은 오랜 세월 동양인들에게 의리(義理)의 전범(典範)이 되어 왔다.

유비(劉備;玄德) · 관우(關羽) · 장비(張飛) 3인이 장비의 집 뒤 복숭아 동산(桃

園)에서 결의형제하는 도원결의 장면은 다음과 같이 요약된다. 세 사람은 도원에서 검은 소와 흰 말 그리고 여러 제물을 준비하고, 향을 피워 절하고 형과 아우를 정하여 맹세한다. "유비 · 관우 · 장비 비록 성은 다르지만 결의형제가 되었으니 곧 마음과 힘을 합하여 백성을 어려움으로부터 구하고 나라(漢의 왕실)를 위기로부터 구하는데 몸을 바치고자 하노라. 비록 한 해, 한 달, 한 날에 태어나지는 않았지만 한 날 한 시에 죽기를 원하노라. 이 중에 혹 의리를 배반하는 자가 있다면 하늘과 사람(天人)이 함께 죽여주십시오."

세 사람은 뒤에 유비가 삼고초려(三顧草廬)하여 와룡선생(臥龍先生) 제갈량(諸葛亮 181~234, 호 孔明)을 군사(軍師)로 모시고 군세를 가다듬어 적벽대전(赤壁大戰)에서 오(吳)와 함께 연합하여 위(魏)나라 조조(曹操)의 대군을 격파했고, 한나라 멸망 후에는 유비가 제위(帝位)에 오르고 제갈공명이 재상이 된다. 위와 싸우기 위하여 출진할 때 제갈공명이 올린 《전출사표(前出師表)》, 《후출사표(後出師表)》는 천고(千古)의 명문으로 당시에 이것을 읽고 울지 않는 자는 사람이 아니라고까지 했다.

유비 · 관우 · 장비의 도원결의는 의형제 또는 군신의 관계이었으므로 엄격한 의미로는 친구 관계는 아니다. 친구 간에 우정이 깊어 서로 허물이 없고, 목숨까지 내줄 정도의 절친한 관계를 가리키는 말로 '관포지교(管鮑之交) · 문경지교(刎頸之交) · 막역지우(莫逆之友) · 금란지계(金蘭之契) · 지란지교(芝蘭之交) · 교칠지심(膠漆之心) · 죽마지우(竹馬之友)' 등이 있다. 널리 알고 있는 바이지만 《사기》 열전에 나오는 관포지교, 문경지교 두 경우만 간략히 옮긴다. 관포지교는 중국 춘추시대 제나라의 명재상(名宰相)이었던 관중(管仲)을 그의 절친한 친구였던 포숙아(鮑叔牙)가 소년시절부터 평생 변함없이 도와주었는데, 어떤 때는 왕(齊의 桓公)이 죽이려고 한 관중을 살려주게 하고 벼슬까지 내리게 했다. 이 두 친구 사이의 관계를 관포지교라 하여 서로 돕고 사는 절친한 친구 관계를 가리킨다.

관중과 포숙아의 친구 관계, 즉 '관포지교'는 모두 잘 알고 있는 이야기이지만 친교에 있어 중요한 것이므로 《사기관안열전》에 있는 내용을 좀 더 알아보자.

「뒷날, 관중은 이렇게 말했다.

"나는 옛날 가난했을 때 포숙과 함께 장사를 한 일이 있었다. 서로 이익을 나눌 때는 내가 더 많은 몫을 차지했지만 그는 나를 욕심쟁이라고 하지 않았다. 그는 내가 가난한 것을 잘 알고 있었기 때문이다. 또한 그를 위해서 일을 해 주리라고 했던 노릇이 오히려 그를 궁지에 빠뜨리는 결과를 빚었으나 그는 나를 어리석은 자라고 욕하지 않았다. 그는 세상만사가 잘 되는 경우와 잘 안 되는 경우가 있다는 것을 알고 있었기 때문이다.

또한 나는 세 번이나 벼슬에 나갔으나 그때마다 벼슬에서 쫓겨났지만 그는 나를 무능하다고 말하지 않았다. 내가 때를 잘 만나지 못했음을 잘 알고 있었기 때문이다. 또한 나는 싸움터에 나갔을 때 도망쳐 왔다. 공자 규가 후계자 계승 때문에 다투다가 패했을 때 동지였던 소홀은 그를 따라서 죽었음에도 불구하고 나는 목숨을 부지하여 결박당하는 수치를 받았으나 그는 나를 두고 파렴치하다고 말하지 않았다. 내가 눈앞의 명예에만 급급하고 천하에 공명을 떨치지 못하는 것이야말로 수치라고 여겼던 것을 알았기 때문이다. 나를 낳아주신 것은 어버이(生我者父母)이나, 나를 알아 준 것은 포숙(知我者鮑叔也)이었다."

포숙은 관중을 환공에게 추천한 뒤에 자기는 재상이 된 관중보다도 아랫자리에서 환공을 받들었다. 그 자손은 대대로 제나라에 봉사했고, 명문의 대부로서 10여 대에 걸쳐 정중한 대접을 받았다.

이러한 일로 해서 세상 사람들은 관중이 현명했던 것을 칭찬하기보다는 포숙이 사람을 잘 알아보았던 능력을 오히려 높이 평가했다.」(452)

문경지교는 춘추전국시대 조(趙)나라의 인상여(藺相如)가 천하의 보물인 구슬 '화씨의 벽(和氏之壁)'을 진(秦)으로부터 찾아오는 등의 공로로 상경(上卿)이라는 최고 자리에 오르게 되어 명장 염파(廉頗)보다 높은 자리가 되었다. 이에 염파가 "나는 역전의 대공을 세웠지만 상여는 입놀림으로 윗자리에 올랐으니, 그 밑에 있는 내가 수치다. 상여를 만나기만 하면 반드시 욕을 보이리라"고 했다. 이 말을 들은 상여는 그 후 염파를 피해 다녔다. 상여의 비굴한 행동에 부하가 불만을 토로하자, "진(秦)이 쳐들어오지 않는 것은 우리 두 호랑이(兩虎)가 있기 때문인데 우리 둘이 싸우면 어느 하나가 죽게 된다. 내가 염장군을 피하는 것은 나라의 위급을 먼저 생각하고 개인의 원한을 뒤로 하기 때문이네(先國家之急而後私讐也)"라고 답했다. 뒤에 상여의 말을 전해들은 염파는 자신의 행동을 크게 부끄러워하여 사죄한 뒤, 목을 베어도 변치 않는 돈독한 친구관계(刎頸之交)를 맺었다 한다.

당나라 때 재상까지 역임한 백민중(白敏中)이 젊었을 때 그의 죽마고우이었던 하발기(賀撥基)와 밤낮으로 어울려 함께 놀고 지내자 조정 재상이 더 이상 만나지 말라고 충고를 했다.

재상이 관리로 있던 백민중만 중용하려다가 둘이 계속 어울려 다니자 친한 친구인 하발기까지 함께 기용했다는 일화를 어느 서책(465)에서 읽은 일이 있다.

좋은 친구끼리 자주 만나고 어울려 함께 시간을 보내자. 친구를 만나 행복한 시간도 보내고 또한 친구를 좋아하다보면 이런 관복(官福) 같은 좋은 일이 언제 일어날지 알 수 없는 일 아닌가?

성경(요한복음 15:13)에서도 "사람이 친구를 위하여 자기 목숨을 버리면 이에서 더 큰 사랑이 없나니(Greater love has no one than this, that he lay down his life for his friends)"라고 가르치고 있다.

「금란지계」란 '견고한 벗 사이의 우정'을 가리키는 뜻으로 《역경(易經)》 계사상전(繫辭上傳)에 나오는 얘기다. "쇠는 지극히 견고하지만, 두 사람의 마음을 합하면 그 날카로움이 쇠를 끊고, 마음을 하나로 하여 말하면 그 향기가 난초와 같다"고 했다.

여기에서 금란지계(金蘭之契)라는 말이 나왔다.

「교칠지심」이란 '아주 드물게 보는 친구사이의 우정'을 말하며 《백씨문집(白氏文集)》에 나온다.

교칠(膠漆)은 아교와 옻이다. 아교풀로 붙이면 서로 떨어질 수 없으며, 여기에 옻을 칠하면 잘 벗겨지지 않는다. 그러므로 '교칠'은 친구사이의 우정을 나타낸다. 당(唐)나라 때에 백낙천(白樂天)과 원미지(元微之)는 함께 과거에 급제했으며, 이후에는 시(詩)의 혁신에도 동참하여 한(漢)나라 시대의 민요를 토대로 백성들의 고충을 그린 《악부(樂府)》에 유교적인 민본사상을 곁들여 《신악부(新樂府)》를 지었다. 이것이 화근이 되어 두 사람은 따로따로 시골로 좌천되었다. 이후 백낙천은 원미지에게 편지를 썼다. "아, 미지여, 미지여, 자네의 얼굴을 못 본지 벌써 세 해가 지났네. 또한 자네의 편지를 못 받은 것도 벌써 두 해가 다 되네. 그런데도 자네와 내가 이렇게 떨어져 있어야 하니 참으로 슬픈 일이네. 아교와 옻칠 같은 마음(況以膠漆之心)으로 북쪽 오랑캐 땅에 있으니 나아가 만나지도 못하고 물러날 수도 없네." 교칠지심이란 서로 그리워하면서도 떨어져 있는 친구사이의

우정. 그것을 말한다. (203)

임금과 신하 사이의 좋은 관계를 수어지교(水魚之交)라고 하는데, 우리말로는 '물과 고기 같은 관계' 라고 하면 될 것이다. 이는 앞에 《삼국지연의》에 나온 군주 유비(유비는 뒤에 황제가 됨)와 상경(재상) 제갈량과의 관계처럼 '임금과 신하 사이가 지극히 친밀한 것' 을 말한다. 관우와 장비에게 유비가 말한다. "공명을 얻은 것을 나는 고기가 물을 얻은 것과도 같다고 하고 싶다. 두 번 다시 그런 소리를 하지 말라." (삼국지, 촉지 제갈량전)

친구의 정의를 가장 잘 내린 사람에게 상을 주겠다고 영국의 어느 출판사가 광고했는데, "기쁨을 배로 만들고 슬픔을 나누는 사람", "우리의 침묵을 이해하는 사람"등 수많은 답 중에서 상을 받은 정의는 "온 세상이 다 나를 떠날 때 돌아오는 한 사람"이었다 한다. (82)

영어 'friend' 는 '사랑하는 사람' 을 뜻하는 고대영어 'freond' 에 어원을 두고 있다. 서양의 경우, 친구의 본래 의미는 '연인 같은 사이' 를 말한다. 이처럼 friend는 연인 못지않은 영혼의 동반자로, 일찍이 그리스 철학자 아리스토텔레스는 "우정은 두 사람의 몸에 있는 하나의 영혼"이라 했고, 독일 작가 괴테는 "우정이란 슬픔을 나누고자 할 때 휴식처와 같다"고 했고, 그리스의 전기작가 플루타크는 "변함없는 친구는 얻기 힘들며 또한 귀한 것"이라 했고, 로마 철학자 세네카는 "사람은 많아도 친구는 없다"고 했다.

예로부터 친구를 일컫는 말은 여러 가지가 있다. 아주 가까운 벗은 지우(至友), 지교(至交)다. 뜻과 기질 등이 잘 통해 막역한 사이로 발전하면 집우(執友), 돌처럼 변하지 않는 우정을 맺은 친구를 석교(石交)라고 불렀다. 벗이지만 경외감을 품을 정도로 학식과 도덕 수준이 뛰어난 친구는 외우(畏友), 내 잘못을 엄격하게 지적해 고치게 하는 친구는 쟁우(諍友)다. (756)

"사랑이나 우정은 절망의 지옥에 천국을 세운다"는 말이 있다. 양금택목(良禽擇木)이라는 말도 있다. 《삼국지촉지(三國志蜀誌)》에 나오는 말로 "새는 가지를 가려서 앉고 현명한 신하는 임금을 가려서 섬긴다(良禽擇木而棲 賢臣擇主而事)"라는 글에서 따온 것이다. 좋은 친구를 사귀는 것은 천하를 얻는 것 만큼이나 중요하다. 공자께서는 유익한 친구 세 유형 즉, 익자삼우(益者三友)와 해로운 친구 세 유형 즉, 손자삼우(損者三友)를 지적한다(논어 계씨편). 익자삼우는 ①정직한 친구(友直) ②성실한 친구(友諒) ③견문이 넓은 친구(友多聞)이며, 손자삼우는 ①아첨하는 사람(友便辟) ②붙임성은 좋으나 성실성이 없는 사람(友善柔) ③말 둘러대기 잘하는 사람(友便佞)이라고 가르치셨다.

맹자는 "착한 일을 서로 권하는 것은 친구 된 도리다(責善 朋友之道也 · 맹자 離婁章句下)"라고 가르치고, 공자께서는 "충고해서 잘 이끌어 주되, 듣지 않으면 그만 둘 것이다(忠告而善道之 不可則止)"라고 가르치셨다.

불가에서는 옷깃만 스쳐도 전생에 8만 4천번의 인연이 있었다고 한다. 또 거자필반 회자정리(去者必返 會者定離)라고 하여 "간 사람은 꼭 다시 오고 만난 사람들은 헤어지게 된다"라고 한다.

불경 《사분율(四分律)》에서는 다음과 같은 친구를 훌륭한 친구라고 가르친다. ①하기 어려운 일을 능히 하는 친구 ②주기 어려운 것을 능히 주는 친구 ③참기 어려운 것을 능히 참는 친구 ④약속을 지키는 친구 ⑤괴로움을 만나도 버리지 않는 친구 ⑥가난하고 천해도 경멸하지 않는 친구이다.

성경은 "많은 친구를 얻는 자는 해를 당하게 되거니와 어떤 친구는 형제보다 친밀하니라(A man of many companions may come to ruin, but there is a friend who sticks closer than a brother · 잠언 18:24)"라고 가르치고 있다. 부처님은 《인과경(因果經)》에서 친구 사이에 해야 할 3가지 일로 ①잘못이 있으면 서로 타이를 것 ②경사가 있으면 진정 기뻐할 것 ③위태롭고 고생되는 일이 있어도 서로 버리지 않을 것 등을 가르치고 있다.

세익스피어는 "친구에게 돈을 빌려주면 돈과 친구를 잃는다"고 충고하고 있다. 세익스피어의 말도 일리가 있는 좋은 조언이다. 그러나 필자는 이 말에 전적으로 동의하지 않는다. 친구가 경제적으로 어려움에 처해 돈이 필요할 때 친한 친구가 도와주지 않는다면 누가 도와줄 것인가? 친구가 친구에게 손을 내밀 때는 먼저 친척 등 여기저기 가까운 곳은 다 알아보고 나서 친구에게 SOS를 치게 된다. 친구가 도움(금전 또는 보증)을 요청하면, 감당할 만하고 가능하다면 빚을 내서라도 도와줘라. 형편이 좋아지면 친구라면 먼저 갚지 않겠는가. 형편이 계속 어려워 갚지 못한다면 기다리거나 없던 일로 해야 진정한 친구가 아니겠는가. 필자도 없는 살림에 친구의 대출금 보증을 섰다가 친구가 은행 대출금을 갚지 못하는 바람에 유일한 재산이었던 집이 날아가고 국회의원 세비도 2년간 2분의 1씩

압류당한 일이 있었다. 그때 필자는 매우 힘들고 가족들에게 미안한 생각이 들었지만 너무 친구를 믿고 좋아한 탓으로 돌리고 수년간 많은 어려움을 겪은 일이 있다. 그러나 "친구가 어려울 때 돕는 것이 진정한 친구다"라는 생각은 지금도 변함이 없다. 그런 마음, 그런 자세로 사람들을 사귀어 와서 그런지는 몰라도 필자는 국내외에 수십만 명의 필자를 좋아하는 학교 동문들, 직장이나 모임회원 등 많은 친지와 지인들을 가지고 있다. "진실한 친구는 1,000명의 적이 우리를 불행하게 만드는 그 힘 이상으로 우리를 행복하게 만든다"는 볼프랑 폰 에선바흐의 말을 필자는 믿는다.

청년들이여! '제2의 나' 인 친구, 관중과 포숙아, 인상여와 염파, 오성(鰲城 李恒福 1556~1618, 선조 때 영의정)과 한음(漢陰 李德馨 1551~1613, 선조때 영의정)처럼 좋은 친구 · 지기지우(知己之友)를 많이 사귀어라! 그리하여 그 친구들과 도원결의도 하고 오래오래 살면서 좋은 세상, 멋진 세상, 행복한 세상을 함께 만들어라!

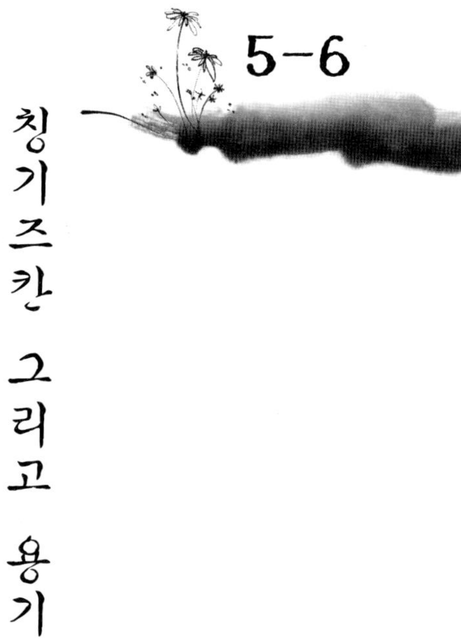

5-6 칭기즈칸 그리고 용기

강하고 담대하라

내가 네게 명한 것이 아니냐 마음을 강하게 하고 담대히 하라

두려워 말며 놀라지 말라

네가 어디로 가든지

네 하나님 여호와가

너와 함께 하느니라 하시니라

(Have I not commanded you? Be strong and courageous.

Do not be terrified; do not be discouraged,

for the LORD your God will be with you wherever you go. 여호수아 1:9)

□ 제비 참새 따위가 어찌 봉황의 큰 뜻을 알겠는가(燕雀安知鴻鵠之志哉). – 《사기》 진섭세가

□ 일에 임해서는 두려워해야 한다(臨事而懼). – 《논어》 술이편

□ 항로는 종전대로 전속력을 내어 항행하라. – 빌헬름 2세

□ 스스로 반성해 보고 옳다면 적이 천만인이라 해도 나는 가겠다. – 《맹자(孟子)》

□ 나를 가로막을 알프스가 있겠는가. – 나폴레옹 보나빠르트

□ 견고한 성은 돌담이 아니라 용기로 방비되어야 한다. – 플루타크

□ 행운의 신은 용감한 자에게 호의를 보인다. – 테렌티우스

□ 용기를 내어 운명과 싸워라. 인생의 승리자는 용감하게 행동하며, 열악한 상황에서도 자신의 힘으로 운명을 다스릴 수 있다고 믿는다. – 마크 크래머

□ 강하다는 것은 캄캄한 절망으로 둘러싸였다 해도 계속해서 해결책을 찾는다는 뜻이다. – 조셉 M.마셜

□ 희망을 갖고 어려운 일을 시작하는 것은 쉽다. 그러나 그것을 마무리하는 데에는 용기가 필요하다. – 에릭 호퍼

□ 용기와 인내는 불가사의한 부적을 지니고 있다. 그 앞에 서면 어려움이 사라지고 장애물이 흩어져버린다. – 존 퀸시 애덤스

□ 이 세상에서 자신의 할 일을 찾아내는 것이 인간의 최우선 과제이다. – 토마스 칼라일

□ 용기 있는 인간은 자기 자신에 대해서는 맨 나중에 생각하는 것이다. – 실러

□ 용기야 말로 인간의 여러 가지 특성 속에서 행복에 도달하는 가장 필요한 요소이다. – 힐티, 《행복론》

□ 대담한 자가 승리한다(He who dares wins). – 윈스턴 처칠

□ 용기를 가져라! 신념을 지녀라! 앞으로 나아가라(Be courageous! Have faith! Go forward). – 토머스 에디슨

□ 성공하려면 정확히 무엇을 달성하고 싶은지 결정하고 그것을 얻기 위한 대가를 치를 결심을 해야 한다. – 벙커 헌트

□ 두려움에 맞서는 것 그것이 용기다. 아무것도 두려워하지 않는 것 그것은(용기가 아니라) 어리석음이다(Courage is facing your fears. Stupidity is fearing nothing). – 토드 벨메르

□ 당신이 할 수 있는 것 혹은 할 수 있다고 꿈꾸는 것이 있다면 시작하라. 대담함은 비범한 재능과 힘과 마법을 지니고 있다. – 괴테

□ 용감한 자에게는 사람이 따른다. – 앤드류 잭슨

□ 성을 쌓고 사는 자는 반드시 망할 것이며, 끊임없이 이동하는 자만이 살아남을 것이다. – 칭기즈칸(Chingiz Khan)

□ 간이 크면 온 천하를 다 돌아다닐 수 있지만 소심하면 한 걸음도 내딛기 어렵다(大膽天下去得 小心寸步難行). – 《경세통신》

■ ■ ■

"인간과 과학기술의 이동을 통해 지구를 좁게 만들었다."

1995년 미국 《워싱턴 포스트》는 지난 1,000년간 역사에서 가장 중요한 인물로 칭기즈칸을 선정하며 위와 같은 평가와 더불어 '천년의 인물' 이란 칭호를 부여했다. 즉, 몽골 초원에서 시작해 대제국을 건설하는 과정에서 여러 문물의 교류를 가져왔고, 그 결과 상당히 많은 나라가 큰 변화를 겪었다.

칭기즈칸(成吉思汗 1162 ~ 1227 · 몽골제국의 창시자, 묘호는 태조, 아명은 테무진; Temujin ; 鐵木眞)이란 이름은 아마 용기(bravery · courage)의 대명사일 것이다. 그리고 그는 가난과 굶주림을 맛본 인간이면서, 역사상 가장 정복을 많이 한 '정복의 대왕' 이다.

칭기즈칸이란 이름은 '왕 중의 왕', '막강하고 위대한 군주' 를 의미한다. 그러나 그 같은 의미를 얻기까지 참으로 많은 시련을 겪었다. 칭기즈칸은 어려서 아버지가 타타르 부족에게 독살되어 고향에서 쫓겨난 이후 가난과 굶주림에 시달려야 했다. 하지만 그는 강인한 의지로 고난을 극복하고 1189년 몽고족연합의 맹주(盟主)에 추대되어 '칭기즈칸' 이란 칭호를 받게 되었다. 그는 넉넉한 포상으로 부하의 충성심을 이끌어냈으며, 냉철한 이성으로 제국을 통치했다. 칭기즈칸은 현지 문화를 존중하는 한편 외래문화도 받아들였다. 한마디로 칭기즈칸은 정복할 때는 파괴자였으나 지배할 때는 너그러운 통치자였다. 또한 칭기즈칸은 홧김에 결정을 내리지 않는 것으로 유명한데 거기에는 다음과 같은 사연이 있다.

칭기즈칸이 어느 날 사냥을 나섰을 때 일이다. 사냥터에 먼저 도착한 그는 목이 말라 물 잔을 꺼내 머리 위 바위틈에서 떨어지는 물방울을 받아 마시려고 했다. 그때 사냥에 늘 데리고 다니던 매가 재빨리 날아와 물 잔을 거듭 잡아채 가지고 가는 바람에 물을 마실 수 없게 하자 화가 난 그는 칼을 휘둘러 매를 죽였다. 그리고 물을 먹기 위해 바위 위로 가보니 바위 위의 웅덩이에 독사 한 마리가 죽어 있었다. 깜짝 놀란 칭기즈칸은 그때서야 매의 행동을 이해했다.

"내게 위험을 알리려고 그랬구나, 어리석게도 그 사실을 알아채지 못했으니…." 칭기즈칸은 자기가 죽인 매를 가지고 돌아오면서 이렇게 중얼거렸다. "이제부터는 어떤 일이든 절대로 홧김에 결정을 내리지 않겠다."

화를 낸 상태에서는 누구나 올바른 판단을 하기 어렵다. 칭기즈칸은 아끼던

매를 잃고 나서야 그 사실을 깨달았으나 이 일을 계기로 냉정한 판단과 뛰어난 통솔력을 발휘할 수 있었다. (408)

여기 칭기즈칸이 역사에 남긴 발자취 일부를 잠시보자.

나폴레옹의 7배, 히틀러의 3배 반, 알렉산더 대왕이 점령한 영토의 2배나 더 넓은 땅을 차지함으로써 인류역사의 큰 획을 그었던 칭기즈칸. 그는 777만 제곱킬로미터에 달하는 광활한 땅을 차지한, 지난 밀레니엄의 인류사에서 가장 큰 영향력을 발휘한 인물 중 하나다. 불과 7백 년 전, 일개 마적단에 불과했던 소수의 불학무식한 집단을 이끌고 역사상 최단기간에 최대제국을 건설한 리더. 몽골에서 중국, 러시아를 거쳐 폴란드, 헝가리까지 몽골벨트를 형성한 그는 참으로 불가사의한 존재다. 당시 몽골의 인구는 고작 1백만 명이었는데, 그 중 20만 명을 데리고 기마군단을 조직하여 13세기 당시 4억 명에 불과했던 세계인구 중 1억 명을 지배하에 두었다. 무엇이 이것을 가능케 했는가?

컨설팅업체인 리더벨류 사의 창업자인 마이크 예이츠는 '칭기즈칸 리더십' 에 대해 언급하면서 그의 리더십 특질을 비전, 능력, 열정, 권한위양 등 네 가지 E로 압축하고 있다. 정복을 통한 영토 확장만이 빈약한 자원을 놓고 벌어지는 만성적인 동족 간 전쟁을 막을 수 있는 유일한 길임을 비전으로 설정하고(Envision), 기존의 군사기술을 형편에 맞게 적절히 활용하되 엄한 군율과 '천호제' 같은 효율적인 군사 행정조직 등을 통해 군사능력을 극대화함으로써 능력을 갖추고(Enable), 부하들에 대한 이익 분배 시스템을 구축함으로써 열정을 끌어내고(Energizing), 싸움터에서 능력을 발휘한 사람이면 누구든 지휘관으로 발탁하는 권한위양(Empowering)을 했다는 게 칭기즈칸 리더십의 요지라는 것이다.

칭기즈칸은 배운 게 없어 이름도 쓸 줄 몰랐지만 항상 남의 말에 귀를 기울였다. 세계를 정복한 그는 '내 귀가 나를 현명하게 가르쳤다' 고 말했다. 탁월한 리더들은 말을 아끼는 대신 주로 귀를 기울이고 질문을 많이 한다. 그들은 혼자서 떠들면 문제해결을 위한 정보를 얻을 수 없다는 사실을 잘 안다. 누군가를 더 잘 이해하고 그와 더 좋은 관계를 유지하고 싶다면 말을 하는 것보다 두 배는 더 많이 들어야 한다. 그래서 입은 하나지만 귀는 두 개이다. 언제 입을 다물어야 하는지 아는 것은 우리가 인생에서 배워야 할 가장 중요한 일 중 하나다. (176)

《제국의 탄생》에서 저자 피터 터친은 소수 유목민족인 몽골이 한 때 유라시아를 평정한 것과 로마 중국 · 미국 등 제국의 성쇠를 푸는 키워드는 '아사비아(assabia)' 에 있다고 한다. 14세기 아라비아 사상가 이븐 할둔이 '역사서설' 에서 사용한 이 단어의 뜻은 '집단 결속력' 이다. 반대로 제국의 몰락은 집단결속력, 즉 아사비아의 고갈과 더불어 서서히 진행된다. 여기에는 '마태 원리(Matthew principle)' 가 적용된다고 주장한다. (757)

성경 마태복음 13장 12절 "무릇 있는 자는 받아 넉넉하게 되되 무릇 없는 자는 그 있는 것도 빼앗기리라" 에서 차용한 개념이다.

칭기즈칸은 대정복자였다. 정복자였기에 많은 사람들을 죽였다. 어떤 이는 칭기즈칸과 중국의 마오쩌둥이 각각 4,000만 명을 죽음에 이르게 했다고 한다. 그리고 희생자를 양산한 것으로 치면 두 사람은 난형난제(難兄難弟)의 지도자라고 한다.

칭기즈칸 시대의 세계 인구는 약 4억 명, 마오쩌둥 시대의 세계 인구는 25억 명이었으므로 인구대비로 보면 칭기즈칸의 살육이 훨씬 심했다고 한다. (758)

《끌리는 사람은 1%가 다르다》의 저자 이민규는 이렇게 조언한다. (176)

"어떤 사람을 움직이려면 그의 마음을 열어야 한다. 그의 마음을 열려면 이쪽에서 먼저 귀를 열어야 한다. 사람을 움직이는 힘은 입이 아니라 귀에서 나온다.

① 1분 동안 말을 했다면

② 그 두 배인 2분 동안은 귀를 기울여 듣고

③ 그 2분 동안에 최소한 세 번은 맞장구를 치자."

공자께서는 "지혜로운 사람은 미혹되지 않고, 어진사람은 근심하지 않고, 용기 있는 사람은 두려워하지 않는다(知者不惑 仁者不憂 勇者不懼 · 논어 자한편)" 라고 가르친다.

또 "호랑이 굴에 들어가지 않고, 호랑이 새끼를 잡을 수 없다(不入虎穴 不得虎子 · 後漢書 班超傳)" 라는 말도 있다.

특별한 인생을 살고 싶은가? 그렇다면 칭기즈칸처럼 용기 있는 모험과 도전을 하라. 용기란 남과 다른 길, 남이 가기를 두려워하는 길을 가는 것이다. 용기란 두려움이 없는 것이라기보다는 두려움보다 더 중요한 일을 위해 두려움에 도전하는 것이다. 진정한 리더는 비범한 모험심과 결단력을 가진 사람이다. 그리고 용자(勇者)는 일단 결정된 일은 목숨까지 걸고 최선을 다해 끝까지 결행하는 자이다.

물론 칭기즈칸처럼 정복자만이 영웅은 아니다. 정치 · 경제 · 과학기술 · 문화 예술 · 체육 · 종교 · 봉사 · 탐험 등 어느 분야 건 인류만물의 삶 · 행복 · 발전 등과 관련 있는 일이라면 다 좋은 것이다. 청년들이여! 역사에 발자취를 남기고자 한다면 칭기즈칸을 벤치마킹하자. 어렸을 적의 테무진(鐵木眞), 그리고 제왕 칭기즈칸(成吉思汗)의 용기 · 인내 · 비전 · 열정 · 포용 · 전광석화 같은 결단력을 배우자. 그리고 칭기즈칸보다 더 멋진 족적을 남기자!

끝으로 조금 긴 문장이지만 칭기즈칸의 말을 함께 보자.

『집안이 나쁘다고 탓하지 마라!

나는 어려서 아버지를 잃고 고향에서 쫓겨났다. 어려서는 이복형제와 싸우면서 자랐고, 커서는 사촌과 육촌의 배신 속에서 두려워했다. 나는 들쥐를 잡아먹으며 연명했고, 내가 살던 땅에서는 시든 나무마다 비린내, 마른 나무마다 누린내만 났다.

천신만고 끝에 부족장이 된 뒤에도 가난한 백성들을 위해 적진을 누비면서 먹을 것을 찾아 다녔다. 나는 먹을 것을 훔치고 빼앗기 위해 수많은 전쟁을 벌였다. 목숨 건 전쟁이 내 직업이고, 유일한 일이었다.

작은 나라에서 태어났다고 말하지 마라

나는 그림자 말고는 친구도 없었고, 꼬리 말고는 채찍도 없는데서 자랐다.

내가 세계를 정복하는데 동원한 몽골인은 병사로는 고작 10만, 백성으로는 어린애 노인까지 합쳐 2백만도 되지 않았다.

내가 말을 타고 달리기에 세상이 너무 좁았다고 말할 수는 있어도 결코 내가 큰 것은 아니었다.

배운 게 없고, 힘이 없다고 탓하지 마라!

나는 글이라고는 내 이름도 쓸 줄 몰랐고, 지혜로는 안다자모카를 당할 수 없었으며, 힘으로는 내 동생 카사르한테도 졌다.

그 대신 나는 남의 말에 항상 귀를 기울였고, 그런 내 귀는 나를 현명하게 가르쳤다.

나는 힘이 없기 때문에 평생 친구와 동지들을 많이 사귀었다.

그들은 나를 위해 목숨을 바치고, 나를 위해 비가 오는 들판에서 밤새도록 비를 막아주고, 나를 위해 끼니를 굶었다.

나도 그들을 위해 목숨을 걸고 전쟁터를 누볐고, 그들을 위해 의리를 지켰다.

나는 내 동지와 처자식들이 부드러운 비단옷을 입고, 빛나는 보석으로 치장하고, 진귀한 음식을 실컷 먹는 것을 꿈꾸었다.

나는 죽을 때까지 쉬지 않고 달린 끝에 그 꿈을 이루었다. 아니, 그 꿈을 향해 달렸을 뿐이다.

너무 막막하다고 포기해야겠다고 말하지 마라

나는 목에 칼을 쓰고도 탈출했고, 땡볕이 내리쬐는 더운 여름날 양털 속에 하루 종일 숨어 땀을 비 오듯이 흘렸다. 뺨에 화살을 맞고 죽었다 살아나기도 했고, 가슴에 화살을 맞고 꼬리가 빠져라 도망친 적도 있었다.

적에게 포위되어 빗발치는 화살을 칼로 쳐내며, 어떤 것은 미처 막지 못해 내 부하들이 대신 몸으로 맞으면서 탈출한 적도 있었다.

나는 전쟁을 할 때면 언제나 죽음을 무릅쓰고 싸웠고, 그래서 마지막에는 반드시 이겼다.

무슨 말이 더 필요한가! 극도의 절망감과 죽음의 공포가 얼마나 큰 힘을 발휘하는지 아는가!

나는 사랑하는 아내가 납치됐을 때도, 아내가 남의 자식을 낳았을 때도 눈을 감지 않았다.

숨죽이는 분노가 더 무섭다는 것을 알지 못했다.

나는 전쟁에 져서 내 자식과 부하들이 뿔뿔히 흩어져 돌아오지 못하는 참담한 현실 속에서도 절망하지 않고 더 큰 복수를 결심했다.

군사 100명으로 적군 1만 명과 마주쳤을 때에도 바위처럼 꿈쩍하지 않았다. 숨이 끊어지기 전에는 어떤 악조건 속에서도 포기하지 않았다.

나는 죽기 전에 먼저 죽는 사람들을 경멸했다. 숨을 쉴 수 있는 한 희망을 버리지 않았다. 나는 흘러가 버린 과거에 매달리지 않고 아직 결정되지 않은 미래를 개척해 나갔다.

알고 보니 적은 밖에 있는 것이 아니라 내 안에 있었다. 그래서 나는 그 거추장스러운 것들을 깡그리 쓸어버렸다.

나를 극복하는 순간 나는 칭기즈칸이 되었다.』(318)

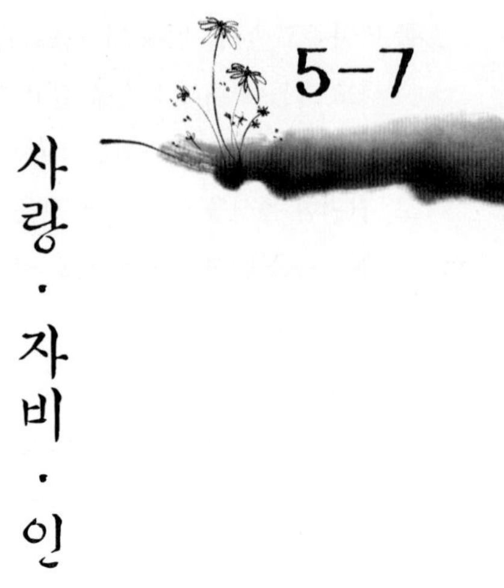

5-7

사랑 · 자비 · 인

자 비

모두가 탈없이 잘 지내기를
모든 이가 행복하기를!
살아 있는 생물이면 어떤 것이건 모두 다
약한 것이거나 강한 것이거나
길거나 크거나 아니면 중간치거나
또는 짧거나 미세하거나 거대하거나
눈에 보이는 것이거나 눈으로 볼 수 없는 것이거나
또 멀리 살거나 가까이 살거나
태어났거나 태어나려 하고 있거나
모두가 탈없이 잘 지내기를
모든 이가 행복하기를! -《자비경》

□ 사랑하라, 그러면 사랑을 받으리라(Love and you shall be loved). – 서양 격언
□ 사랑은 우리의 삶을 생동감 넘치게 해주는 아름다운 힘이다. 그래서 사랑은 우리가 평생 포기하지 말아야 할 권리이다. – 조지 산타야나
□ 사랑은 최선을 다해, 마지막 안간힘을 다해 만들어 가는 희망이다. – V. 드보라
□ 세속 사람들은 모두 자신을 사랑하지만 자신을 편안하고 이롭게 하지는 못한다. 이런 사람들이 남을 편안하게 하고 이롭게 하지는 못한다. 하물며 이런 사람들이 남을 편안하게 하고 남을 이롭게 하는 사랑을 베풀 수 있겠는가. 보살은 자신에 대한 사랑을 버리고 오직 남만을 사랑한다. – 《대승장엄경론》
□ 참사랑이란 평생 익어가는 과일과 같다. – 라마르틴
□ 전부를 주고도 일체를 거부당해도 언제까지나 변하지 않아야 진정한 사랑이다. – 괴테
□ 빵 한 조각 때문에 죽어가는 사람도 많지만 사랑받지 못해 죽어가는 사람은 더 많습니다. – 마더 테레사
□ 진실한 사랑은 신이 오로지 사람에게만 준 선물이다. – W.스콧트
□ 사랑은 그것이 자기희생일 때를 빼고는 사랑이라고 부를 가치가 없다. – 로망 롤랑
□ 마음껏 도와라 인생의 시작과 끝에서 타인의 도움과 애정은 절실하다. 하지만 불행하게도 인생의 중간 지점에서 힘과 자신감이 넘칠 때 이런 필요성을 무시하는 경우가 많다. 우리도 필요했고 또 앞으로 필요할 것이기에 힘이 넘칠 때 타인에게 긍휼과 사랑을 베푸는 것이 마땅하다. – 달라이 라마
□ 자비란 상대의 마음과 내 마음이 같아진 상태에서 상대가 필요한 것을 주는 것이다. – 청고 스님
□ 사랑은 고결하고 아름다운 것이 아니라 허리를 숙이고 상처와 눈물을 닦아 주는 것입니다. – 마더 테레사
□ 사랑은 메마른 폐허에서도 희망을 품게 하고 훈훈한 향기를 퍼뜨린다. – 플로베르
□ 아프도록 사랑하면 아픔은 없고 더 큰 사랑만 남는다. – 마더 테레사
□ 만약 내가 사랑이 무엇인지 안다면 그것은 당신 때문이오. – 헤르만 헤세
□ 사랑은 세상 모든 문을 당신을 향해 열리게 할 수 있는 만능 열쇠다. – 오리슨 스든
□ 결국 우리는 생의 마지막 순간에 이르렀을 때 얼마나 사랑했는가를 놓고 심판받을 것이다. – 알베르 카뮈
□ 이 세상에 사랑을 포괄할 수 있을 만큼 커다란 단어는 단 하나 '인생'밖에 없다. 모든 면에서 바라볼 때 사랑은 곧 인생이다. – 레오 버스카글리아, 《살며 사랑하며 배우며》
□ 사랑은 사람을 치료한다. 사랑을 받은 사람, 사랑을 주는 사람 할 것 없이 – 칼 메닝거
□ 눈물을 거둬들이고 싶은 자는 사랑의 씨를 뿌려야 한다. – 베토벤
□ 진정으로 사랑한다는 것은 대가를 바라지 않는 것이며, 당신이 무엇을 주고 있다는 사실조차 잊는 것입니다. – 크리슈나무르티

□ 사랑은 나이를 갖지 않는다. 왜냐하면 언제나 자신을 새롭게 만들기 때문이다.
– 파스칼

□ 사랑이 없는 일생은 꽃들이 죽은, 태양이 비치지 않는 정원과 같다. 사랑만이 그곳에 온기와 풍요로움을 선사한다. – 오스카 와일드

□ 사랑할 수 있는 한 사랑하라. – 리스트

□ 사랑은 나보다 다른 사람을 더 소중하게 여기는 것입니다. 타인의 아픔이 내 아픔보다 크게 느껴지는 것, 그를 살리기 위해 내가 죽을 수도 있는 것, 그것이 진짜 사랑입니다.
– 이민아

□ 사랑할수록 사랑스러운 사람이 된다. 사랑은 친절을 낳고, 존경을 끌어내며, 긍정적인 태도를 갖게 하고 기쁨, 평화, 아름다움, 조화를 가져온다. – 스태니슬라우스 케네디

□ 사랑이란 죽을 때까지 평생 사용할 수 있는 단단한 도장이다. – 크누트 함순

□ 사랑으로 해결할 수 없는 것들을 나열해 보십시오. 당신은 아무것도 쓰지 못한 텅 빈 공간만을 발견할 것입니다. – 앨런 코헨

□ 사랑받는 이는 사랑하는 이의 우주입니다. 사랑하는 이를 꼭 끌어안는 것은 온 세상을 끌어안는 것과 같습니다. 사랑하는 동안에만 용서할 수 있고, 행복할 수 있습니다.
– 이옌

□ 돌봐야 할 때 돌보는 것이 사랑이고, 놀아주어야 할 때 놀아주는 것이 사랑이다.
– 법륜

□ 사랑은 마주 닿은 가슴이다. – 천양희

□ 사랑은 무언가를 사랑한 부피와 넓이와 깊이만큼 산다. 그 만큼이 인생이다. – 박용재

□ 사랑은 자기를 버리는 아픔에서 시작된다. – 마더 테레사

■ ■ ■

사랑(love)은 인간의 근원적인 감정으로 모든 사람에게 다른 사람에 대한 보편적이며 인격적인 교제를 가능하게 하며, 인격이외의 가치와의 교제를 가능하게 하는 힘이라고 할 수 있다.

고대 그리스에서는 사랑을 에로스(eros)라고 불렀는데 이것은 육체적인 사랑에서 진리에 이르고자 하는 동경(憧憬) · 충동을 포함하고 있다.

그리스도교에서의 사랑, 즉 아가페(agape)는 이웃에 대한 사랑과 신에 대한 사랑을 강조하며 이것을 최고의 가치로 삼아 자기희생에 의하여 도달하게 된다

고 한다.

사랑은 학자에 따라 다양한 유형으로 구분된다.

〈스턴버그(Sternberg)의 사랑의 삼각형 이론 : 여덟 가지 사랑의 유형〉

Sternberg는 사랑의 기본 세 가지 구성요소를 친밀감, 구속, 정열이라고 말하고, 이를 바탕으로 여덟 가지의 사랑 형태를 제시한다. 이는 기본 구성요소 하나씩을 갖고 있는 형태(세 개)와 기본요소를 두 개 이상 갖고 있는 이차적 형태(네 개), 기본요소를 전혀 갖고 있지 않은 형태(한 개 · 도표에 표시 안 됨)를 포함한다. (그림1-1).

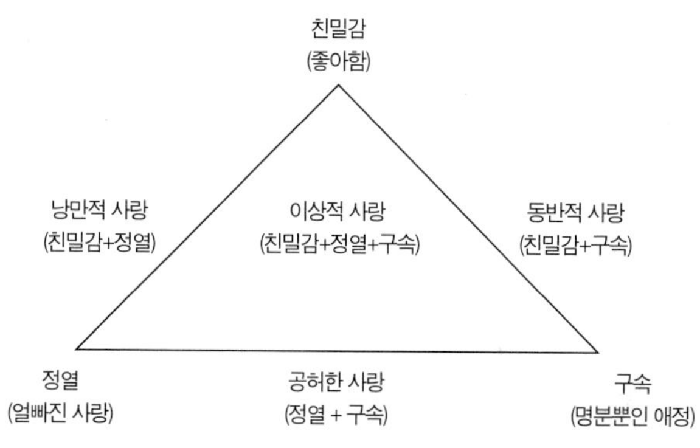

그림 1-1 사랑의 삼각형 이론

〈Lee의 여섯 가지 사랑의 유형〉

Lee는 세 가지의 일반적 형태의 사랑과 여기서 파생되는 세 가지의 이차적인 형태를 다음과 같이 제시한다.

(1) 일차적 사랑

- 열정적이고 낭만적인 사랑(Eros)
- 유희적 사랑(Ludus)
- 우정적 사랑(Storage)

(2) 이차적 사랑

- 소유 _ 의존적 사랑(Mania) : 열정적 사랑 + 유희적 사랑
- 논리적 사랑(Pragma) : 유희적 사랑 + 우정적 사랑
- 이타적 사랑(Agape) : 열정적 사랑 + 우정적 사랑

이차적 사랑은 일차적 사랑이 두 개씩 복합된 형태이다. 일차적 사랑을 기반으로 해서 형성되지만, 일차적 사랑과는 질적으로 다른 형태로 질적 전환을 이룬 것으로 가정한다. (191)

사랑과 관련된 용어로 기독교계에서는 '사랑(love)', 불교에서는 '자비(慈悲 · mercy)', 유교에서는 '인(仁 · benevolence)', 이슬람교에서는 '희사(喜捨) 또는 천과(天課)' 라고 하는데 종교의 가르침을 간략히 옮긴다.

성경에서는 사랑에 관한 가르침이 여러 곳에서 나오는데 몇 부분만 본다.

① 피차 사랑의 빚 외에는 아무에게든지 아무 빚도 지지말라 남을 사랑하는 자는 율법을 다 이루었느라(Let no debt remain outstanding, except the continuing debt to love one another, for he loves his fellowman has fulfilled the law 로마서13:8).

② 새 계명(誡命)을 너희에게 주노니 서로 사랑하라 내가 너희를 사랑한 것 같이 너희도 서로 사랑하라(A new command I give you?Love one another. As I have loved you, so you must love one another · 요한복음 13:34).

③ 내가 예언하는 능이 있어 모든 비밀과 모든 지식을 알고 또 산을 옮길 만한 모든 믿음이 있을지라도 사랑이 없으면 내가 아무것도 아니요(If I have the gift of prophecy and can fathom all mysteries and all knowledge, and if I have a faith that can move mountains, but have not love, I am nothing · 고린도 전서 13:2).

④ 사랑은 오래 참고 사랑은 온유하며 투기하는 자가 되지 아니하며 사랑은 자랑하지 아니하며 교만하지 아니하며(Love is patient, love is kind. It does not envy, it does not boast. It is not proud · 고린도 전서 13:4).

⑤ 그런즉 믿음, 소망, 사랑, 이 세 가지는 항상 있을 것인데 그 중에 제일은 사랑이라(And now these three remain: faith, hope and love. But the greatest of these is love · 고린도 전서 13:13).

⑥ 나는 너희에게 이르노니 너희 원수를 사랑하며 너희를 핍박(逼迫)하는 자를 위하여 기도하라(But I tell you: Love your enemies and pray for those who persecute you · 마태복음 5:44).

불교에서의 자비(慈悲 · maitri-karuna 범어)란 중생에게 행복을 주는 것(與樂)을 〈자〉, 고뇌를 제거해 주는 것(拔苦)을 〈비〉라 한다. 부처의 자비는 중생, 즉 사람뿐 아니라 모든 생물들의 괴로움을 자신의 괴로움으로 하기 때문에 동체대비(同體大悲)라고 한다. 《열반경(涅槃經)》, 《대지도론(大智導論)》등에 의하면 자비에는 ①중생을 대상으로 일으키는 중생연(衆生緣)의 자비 ②모든 존재를 대상으로 하여 일으키는 법연(法緣)의 자비 ③대상이 없이 일으키는 무연(無緣)의 자비라는 3연(三緣)의 자비가 있다고 하며, 그 중 무연자비가 평등 · 절대의 공(空)의 입장에 선 것으로 최상이라 한다.

일체중생을 제도할 것을 가르치고 있는 부처님은 《금강경》(금강반야바라밀경의 약칭) 32.대승정종분(大乘正宗分 : 대승의 바른 종지)에서 수보리에게 가르치셨다.

모든 보살마하살(菩薩摩訶薩)이 응당 이렇게 그 마음을 항복해야 하니, 이른바 세상에 있는 온갖 중생의 무리인 난생(卵生) · 태생(胎生) · 습생(濕生) · 화생(化生)의 사생(四生)과 유색(有色:형상이 있는 것) · 무색(無色:형상이 없는 것) · 비유상(非有想) · 비무상(非無想)을 내가 모두 제도하여 무여열반(無餘涅槃)에 들도록 제도할 것이다(佛告須菩提 諸菩薩摩訶薩 應如是降伏其心 所有一切衆生之類 若卵生 若胎生 若濕生 若化生 若有色 若無色 若有想 若無想 若非有想非無想 我皆令入無餘涅槃 而滅度之). (437)

인(仁)이란 유교사상에서 가장 중심적인 덕목으로, 인(仁)자는 본래 등에 짐을 진 사람을 의미했다. 따라서 인(仁)이란 '남을 사랑하는 것' 이라 하여 사랑을 바탕으로 삼은 조화된 정감(情感)에 의거한 덕(德)이어서 인(仁)은 가까운 혈연에서 비롯하여 사회 · 국가의 차원까지 확대하여 인(仁)으로 다스리는 이상적 정치를 맹자는 왕도(王道)라고 했다. 유교의 핵심적 가르침인 삼강오륜(三綱五倫) 중의 하나인 '오륜(五倫)' 이 인의예지신(仁義禮智信) 다섯인데 이 오륜(五常 이라고도 함) 중 으뜸 덕목이 인(仁)이다. 공자께서는 인(仁)은 '사람을 사랑하는 것' 이며,

'내가 하고 싶지 않은 것을 남에게 시키지 말라(己所不欲 勿施於人)' 고 가르치신다. 인(仁)은 '남의 불행을 좌시하지 못하는 동정심' 이라고도 이해하지만 그보다는 남을 도와서 이롭게 하고 잘되게 하는 보다 큰 뜻으로 해석해야 하며, 기독교의 '사랑', 불교의 '자비' 와 같은 뜻으로 이 셋을 한마디로 말한다면 '박애정신', 그리고 우리 한민족의 정신의 바탕이 되는 '홍익인간(弘益人間)' 과 맥을 같이 한다고 할 것이다.

공자께서는 인에 관하여 제자에게 다섯 가지 인품과 덕성, 즉 "공(恭 · 공손), 관(寬 · 관대), 신(信 · 성실), 민(敏 · 부지런하고 민첩함), 혜(惠 · 자혜로움)"를 지적하여 가르친 바 있고(논어 양화편), "강의목눌(剛毅木訥), 즉 정직하고 결단력 있고 소박하고 말을 쉽게 내 뱉지 않는 것"이라고도 가르치고(논어 자로편), 또 "극기복례(克己復禮), 즉 자기를 억제하고 말과 행동이 모두 예에 맞도록 하는 것"이라고도 가르쳤다. 《논어》 안연편

맹자는 '인(仁)은 하늘이 준 높은 벼슬이며, 사람이 안주하는 집이며(仁天之尊爵也 人之安宅也)', '측은해 하는 마음은 어진 것의 실마리다(惻隱之心 仁之端也 · 孟子 公孫丑上)' 라고 했다.

티베트의 불교지도자 '달라이 라마' 는 프랑스의 신부 '테이야르 드 샤르댕' 의 말을 전한다. "바람과 물의 힘, 중력의 힘을 이용한 다음에 언젠가는 우리가 사랑의 힘을 이용할 날이 올 것이나, 그때 우리 인류는 세계사에서 두 번째로 불을 발견하는 날이 될 것이다."

달라이 라마는, 나라 잃고 떠도는 티베트 국민들에게 가족과 조국을 위해서만 기도하지 말고 중국인들의 행복을 위해서도 기도해야 된다고 가르친다. (1038)

김수한 추기경께서는 "머리와 입으로 하는 사랑에는 향기가 없다. 진정한 사랑은 이해, 포용, 자기 낮춤이 선행된다. 사랑이 머리에서 가슴으로 내려오는 데 칠십년이 걸렸다"고 가르치셨다.

문화체육관광부가 2009년 한글날을 맞아 조사한 결과, 가장 아름다운 우리말 단어로 '사랑(21.9%)' 이 뽑혔다. 미리내(5.1%), 우리 · 서로(3.7%), 엄마 · 어머니(2.9%) 등이 뒤를 이었다. 한편 '아기에게 제일 먼저 가르쳐 주고 싶은 단어' 1위도 사랑이었으며 '엄마 또는 어머니' 가 그 뒤를 이었다. (759)

사랑이란 자기가 가진 모든 것을 남김없이 주는 행위이다.

《탈무드》에는 이런 이야기가 나온다.

공주가 불치병에 걸리자 왕은 공주의 병을 낫게 해준 사람을 사위로 삼겠다고 벽보를 붙인다. 먼 나라에 세 왕자가 살고 있었다. 그들은 각자 세상에 하나밖에 없는 신비로운 보물을 갖고 있었다. 첫째 왕자는 만리 밖을 내다보는 망원경, 둘째 왕자는 하늘을 나는 양탄자, 셋째 왕자는 어떤 병이든 고칠 수 있는 사과, 망원경으로 공주의 사정을 알게 된 그들은 양탄자를 타고 날아가 공주에게 사과를 먹인다. 세 가지 보물 중 하나만 없었더라도 공주의 병은 치유되지 않았을 것이다. 자, 그렇다면 이 셋 중 누가 공주를 아내로 맞을까? 정답은 셋째 왕자이다. 왜일까? 망원경과 양탄자는 여전히 왕자들 손에 남아 있지만 사과는 없어져버렸기 때문이다. 셋째 왕자는 자신이 가진 모든 걸 통째로 내어준 것이다.

아낌없이, 남김없이 모든 걸 주는 것이 진정한 사랑이란 걸 이 우화는 우리에게 일깨워주고 있다. 청년들이여, 그대들은 사랑하는 사람에게 바칠 어떤 사과 한 알을 가지고 있는가. (392)

오늘도 나는 너에게 편지를 쓰나니
그리운 이여, 그러면 안녕
설령 이것이 이 세상 마지막 인사가 될 지라도
사랑했으므로 나는 진정 행복했네라 (행복 · 유치환)

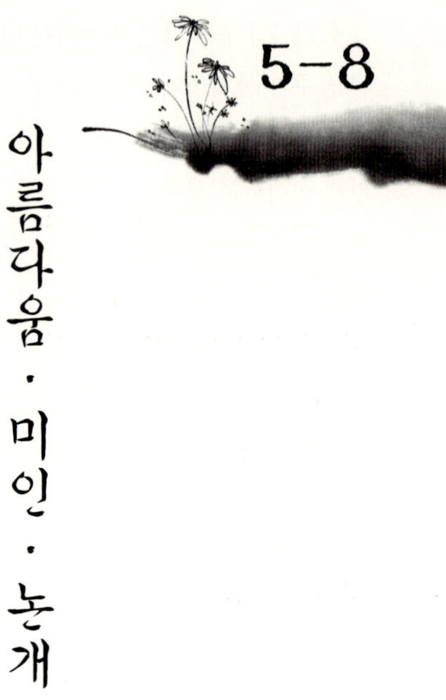

5-8 아름다움 · 미인 · 논개

영국이 없어도 인류는 계속 생존할 수 있다.

독일이 없더라도 마찬가지이다.

러시아쯤 없어도 그야말로 아무런 지장도 없다.

과학이 없어도, 빵이 없어도 괜찮다.

그러나 아름다움이 없으면 인류의 생존은 절대로 불가능하다.

왜냐하면 이 세상에서 아무것도 할 일이 없어지기 때문이다.

모든 비밀은 여기에 있다. 모든 역사는 여기에서 나온다.

아름다움이 없다면 과학은 못 한 개도 발명할 수 없었을 것이다.

– 도스토예프스키, 《악령(惡靈)》(246)

□ 외모는 돈이고 권력이다. – 고든 탯쩌, 《외모, 상상 이상의 힘 룩스》

□ 미에는 형식미, 관념미, 표정미의 세 종류가 있다. – 윈게르 만

□ 안으로는 마음을 바르게 하고, 밖으로는 용모를 바르게 한다(內正其心, 外正其容). – 구양수

□ 꾸밈이 없는 사람일수록 호감을 산다. – 발타사르 그라시안

□ 아름다운 것은 영원한 기쁨이다. – 키이츠

□ 얼굴은 마음의 초상이요, 눈은 마음의 밀고자(密告者)다. – 마르쿠스 키케로

□ 얼굴은 우리의 마음 상태에 따라 달라진다. 그래서 얼굴을 보면 그 사람을 알 수 있다. 우리는 그것을 인상이라고 말한다. – 틱 낫 한(Thic Naht Hahn), 티벳 승려

□ 태어난 얼굴은 부모 책임이지만, 40대 이후의 얼굴은 본인 책임이다. – 링컨

□ 패션은 사라지지만 스타일은 영원하다. – 이브 생 로랑, 프랑스 디자이너

□ 모든 세대는 지난 유행을 비웃는다. 그러나 새로운 유행은 종교처럼 따른다. – 헨리 데이비드 소로

□ 가끔 내 자신에게 묻는다. 옷이란 과연 무엇인가? 그때마다 내 대답은 같다. 나를 나 자신답게 만드는 것이다. – 지아니 베르사체, 이탈리아 디자이너

■ ■ ■

'남자는 세계를 지배하고, 여자는 그 남자를 지배한다' 는 말이 있다.

'클레오파트라의 코, 그것이 조금만 더 낮았더라면 대지의 표면은 달라져 있을 것이다' 라는 말은 파스칼의 《명상록》 속에 있다.

이 말의 유래는 다음과 같다.

"인간의 허무함을 충분히 알고자 한다면, 연애의 원인과 결과를 내다보면 된다. 연애의 원인은 '무엇인가 알 수 없는 것' 이며, 그리고 그 결과는 두려운 것이 되어 버린다. 이 '무엇인가 알 수 없는 것' 은 그것을 찾아 낼 수도 없을 만큼 희미한 것이지만, 전 지구를, 황제들을, 군대를, 전 세계를 뒤흔들어 놓는다."

이 말 뒤에 '클레오파트라의 코가…' 라는 멋진 말이 나온다.

클레오파트라는 이집트 최후의 여왕으로서 정략적으로 로마의 카이사르와 안토니우스를 유혹하여 화려한 연애를 하여 나라를 보전했던 것이다. 그런데 계보상으로 본다면 클레오파트라는 이집트 여인이 아니라 그리스의 귀족 프틀레마이오스 집안에서 나왔으며, 그 가문은 대대로 이집트 왕위에 올랐었다. 클레오파트

라는 이집트산이 아닌 그리스산의 높은 코를 가지고 있었을 것이다. (202)

'미(美)의 상징' 클레오파트라는 젊음을 유지하기 위해 식초에 진주를 타 먹기도 하고 맥주거품으로 목욕을 했다고 한다. 양귀비는 탱탱한 피부를 갖기 위해 100일 안 된 아기의 소변으로 목욕을 했다는 일화도 있다.

미인 또는 미인의 영향력을 나타내는 중국고사와 어휘는 다양하다.

①눈동자가 맑고 이가 희다는 뜻의 명모호치(明眸皓齒 · 杜甫의 哀江頭) ②꽃다운 얼굴과 달 같은 자태라는 뜻의 화용월태(花容月態) ③얼음처럼 맑고 옥처럼 깨끗하다는 뜻의 빙청옥결(氷淸玉潔) ④삼국지에서 왕윤이 동탁을 죽이기 위해 동탁에게 진상했던 절세미인 초선(貂蟬)의 빼어난 미모를 뜻하는 천향국색(天香國色) ⑤신선의 자태에 옥 같은 몸바탕을 지닌 미인이라는 뜻의 선자옥질(仙姿玉質) ⑥말이 통하는 미인이라는 뜻의 해어지화(解語之花) ⑦한무제(漢武帝)를 취하게 했던 이부인(李夫人)과 당나라 현종(玄宗)이 빠져 나라까지 기울게 했던 양귀비 같은 미인을 뜻하는 경국지색(傾國之色) ⑧서주(西周)의 왕인 유왕(幽王)이 총애하던 미인 포사(褒姒)를 웃게 하기 위해 거짓 봉화를 올리게 하다가 적에게 죽임을 당하게 되고 나라까지 망하게 했다는 뜻, 즉 "비싼대가(천금)를 주고 미소를 산다"는 뜻의 천금매소(千金買笑) 등 다양하다.

'나라가 위태로울 정도의 아름다운 용모'를 경국지색(傾國之色)이라 한다. 《한서(漢書)》「이부인전」에 나오는 이 말은 다음과 같은 줄거리를 갖고 있다.

이연년(李延年)이라면 한무제(漢武帝)를 섬기던 가수다. 어느 날 궁중 악사들이 모인 자리에서 이연년은 곡조에 맞춰 노래를 불렀다.

북쪽에 아름다운 여인 있다네
그 모습 이 세상 제일이로세
한 번 고개짓이면 성이 기울고
두 번 고개짓이면 나라가 기운다

성을 잃고 나라가 기우는 것은 큰일이지만, 장부로서 미인을 얻는 것이라면 그만한 일쯤은 각오해야 한다는 내용이었다. 한무제는 그런 미인이 있느냐 물었고, 이연년은 곧 누이를 대령시켰다. 『한서』에 나오는 이부인이다.

황제의 사랑을 얻은 이부인은 아들을 낳았다. 그러나 워낙 허약한 탓에 아들을 낳은 후 산후 조리가 잘못되어 목숨을 잃었다. 황제는 장안 근교에 무덤을 만들어 영릉(英陵)이라 했다. (203)

역사적으로 동양과 서양의 대표적 미인으로는 양귀비(楊貴妃)와 클레오파트라를 꼽는다.

중국에서는 당나라 현종 때의 양귀비 · 춘추전국시대 월나라의 서시(西施), 삼국시대의 초선(貂蟬), 한나라 원제(元帝) 때 흉노의 대군주 선우에게 화친의 제물로 바친 왕소군(王昭君)을 4대 미인으로 꼽는다. 하(夏)나라를 망하게 한 말희(妺姬)와 주(周)나라를 망하게 한 달기(妲己) 역시 절세미인이었다.

양귀비는 꽃이 부끄러워 잎사귀를 말아 올렸다는 수화(垂花)의 미인, 서시는 물 위에 비친 서시의 모습을 보고 물고기가 헤엄치는 것을 잊어버려 가라앉았다는 침어(浸魚)의 미인, 초선은 달이 부끄러워 구름 속으로 얼굴을 가렸다는 폐월(閉月)의 미인, 왕소군은 기러기가 쳐다보다가 넋을 잃고 날개짓을 잊어버려 떨어졌다는 낙안(落雁)의 미인으로 불린다. (760)

그래서 한시인은 서시의 아름다움을 다음과 같이 노래했다. "물고기는 물속으로 가라앉고, 기러기는 땅으로 떨어지며, 달은 구름 뒤로 얼굴을 가리고, 꽃은 스스로 부끄러워하노라(沈魚落雁閉月羞花)."

그 외에도 세상을 손에 쥔 남자들을 뒤흔든 미녀들은 많다. 조세핀과 나폴레옹 보나빠르트, 에바 브라운과 아돌프 히틀러, 존 F · 케네디와 재클린, 정유재란 당시 경상도 일대 7만 명의 조선 사람들을 도륙한 왜장 중의 하나인 로쿠스케를 열손가락에 낀 반지팔로 끌어안고 남강에 투신 순국한 의열사 논개(義烈士 論介), 미국의 엘리자베스 테일러, 일본 헤이안(平安)시대의 오노노 고마치(小野 小町), 한국의 여신으로 불리는 김태희, 이효리, 김정은, 구혜선, 문채원 그리고 2011년 9월 12일 브라질 상파울루에서 개최된 「미스유니버스 대회」에서 1위를 차지, 12년 만에 흑인우승자가 된 앙골라 공화국 대표 레이라 로페스(25세)양, 그 외의 각종 세계 미인선발대회에서 선발된 세계 각국의 미인들 등.

레오나르도 다빈치(1452~1519)가 피렌체의 부유한 상인 델조콘다의 부인인 모나리자를 1505년경 그린 그림 「모나리자」는 신비로운 미소로 유명하다. 과학자들은 역사상 가장 유명한 그림인 「모나리자」의 얼굴에 표현된 감정을 컴퓨터로 분석한 결과 그녀가 83%정도 행복하며, 두려움과 분노가 혼합된 부정적인 감정도 17% 담겨 있다고 결론 내렸다. 그리고 모나리자의 미소처럼 행복과 불행이 적절히 균형을 이룬 삶이 바람직한 삶이라고 했다. (761)

중세의 종교 철학자 토마스 아퀴나스(Thomas Aquinas)는 아름다움을 창조하기 위해서 세 가지 요소, 즉 완전성(integritas), 조화(consonantia), 명료성(claritas)이 필요하다고 말했다.

아름다움에 관한 일화를 다시 보자. 수미산 꼭대기의 도리천에서 인간세상을 내려다보던 제석천왕이 한 신하에게 인간 세상에 내려가서 그 세상에서 가장 아름다운 것 하나를 가져오라고 했다. 신하는 즉시 인간세상으로 내려가서 가장 아름다운 것을 찾아 헤매다 세 가지를 찾게 되었다. 그 가운데 첫 번째는 꽃이었다. 두 번째는 아기였다. 누구를 속일 마음도 해칠 마음도 없으며, 티 없이 맑은 눈망울에 천진스럽기 그지없는 아기의 해맑은 웃음이 신하의 마음을 사로잡았기 때문이었다. 세 번째는 어머니였다. 그런데 신하는 이 가운데에서 어느 것을 선택해야 할지 고민하다 제석천왕의 꾸지람을 들을 각오를 하고 세 가지 모두를 가지고 도리천으로 올라가서 제석천왕에게 보고를 하자 제석천왕은 유쾌하게 웃음만 지었다. 그리고 얼마의 세월이 흘렀고, 그 신하는 인간 세상에서 가장 아름다운 하나가 무엇인지 저절로 알게 되었다.

언제나 활짝 피어 있을 줄 알았던 꽃이 시든 후에도 티 없이 맑기만 할 줄 알았던 아기가 자라 마음이 변한 후에도, 아기 곁에서 젖을 먹이며 미소 짓던 어머니의 사랑은 언제나 한결같았기에…. (762)

일본 미술의 거장, 가츠시카 호쿠사이(葛飾北斎 1760~1849)는 후지산의 아름다움과 장엄함에 대한 사랑이 계속해서 자신에게 영감을 주었기 때문에 나이가 들면서도 예술과 창조력과 행복감이 커졌다고 믿었다. 호쿠사이의 최대 걸작인 「후지산 36경」은 그가 66세에서 76세 사이에 그린 원색 판화작품이다. 호쿠사이는 후지산 판화에서 장엄한 아름다움의 세 가지 요소인 완전성과 조화와 명료성을 화폭에 모두 담아냈다. 후기 인상파의 거장 폴 세잔느(Paul Cezanne)역시 호쿠사이와 자연의 아름다움에서 작품의 영감을 얻었다고 한다. 탐미주의의 최고봉이었던 그는 "예술은 자연과의 평행한 조화다"라고 말했다. (165)

양귀비는 "얼굴을 돌려 한 번 웃으면 백 가지 교태가 생긴다"(백거이 '장한가') 고 할 정도로 타고난 미모였다. 궁궐의 분바른 여자들이 그 앞에서 얼굴빛이 없을(無顔色) 수밖에 없었다. 부끄러워 볼 낯이 없다는 뜻을 지닌 '무색(無色)하다'는 말도 여기서 나왔다. 미인을 평가하는 데 권위자였다는 청나라 초 이어(李漁)는 하얀 피부, 흑백이 분명한 눈동자, 검은 눈썹, 봄에 갓 돋은 죽순 같은 손, 작은 발을 미인의 조건으로 꼽았다. 여기에 '몸의 향기'를 덧붙이기도 한다. 경국(傾國)의 미색으로 꼽혔던 초련향(楚蓮香)이 외출을 하면 향수를 뿌리지 않았는데도 늘 나비들이 그의 둘레를 돌며 따랐다고 한다.

서양은 미인의 조건을 따지는 데 좀 더 분석적이고 구체적이다.

B 에리스는 세 개는 희고(피부, 이, 손), 세 개는 검고(눈, 속눈썹, 눈썹), 세 개는 붉고(입술, 뺨, 젖꼭지), 세 개는 넓고(가슴, 이마, 눈과 눈 사이), 세 개는 가늘고(허리, 손, 발), 세 개는 풍부(입술, 가슴, 엉덩이)해야 한다고 했다. (조선 · 만물상 · 미인의 조건 · 김태익 논설위원)

인체의 아름다움과 관련하여 「황금분할 비율」이야기를 들어 보자.

"진정 아름다운 것은 자연물, 혹은 자연법칙에 부합하는 것이다. 가장 아름다운 인체는 '황금분할 비율'인 0.618:1에 맞는 신체이다. 미학 전문가들은 연구를 통해 미용과 체형이 완벽한 사람이 지녀야 할 최소 18개의 '황금분할' 점을 발견했다. 예컨대 배꼽은 정수리에서 발끝까지 분할점, 목구멍은 정수리에서 배꼽까지의 분할점이 각각 되어야 한다. 이처럼 '황금분할의 비율'에 맞거나 그에 접근하면 아름답다고 인식된다.

'황금분할의 비율'은 자연에서 비롯되었으며 많은 사물이 이 비율에 따라 자연스럽게 형성되었다. 예컨대 사람은 어째서 섭씨 22~24도에서 가장 쾌적하다고 느낄까? 사람의 정상체온인 섭씨 37도의 황금분할점이 22.8도이기 때문이다. 오전 9시부터 10시 사이에 사람의 두뇌가 가장 맑고 기온이 가장 적당해지는 이유는 이때가 하루 중 황금분할점이기 때문이다. 이때의 기온은 하루 중 가장 적당하며 머리도 가장 맑고 일의 효율 또한 가장 높다. 실제로 '황금분할 비율'의 효과는 건축, 서예, 회화, 음악 등의 영역에서 고루 나타난다. 고대인들은 이 비율을 알지 못했지만 자연 관찰을 통해 자연스럽게 그 비율에 접근했다.

그러나 자연물은 결코 어떤 경직된 비율에 의해 형성되지 않았으며, 무수한 규율을 따른다. 그러므로 불규칙하고 예측할 수 없는 방식으로 드러나면서도 말로 설명할 수 없는 아름다움과 신비로운 생명력을 발산한다. 인류는 그 안에 담긴 규율을 탐색하고 모방할 수 있지만 진정한 자연의 상태에 도달할 수는 없다. 전문가가 진주, 기석 등 자연물을 감정할 때에도 인위적인 흔적이 있는지를 살피는 방식이 주요하다. 자연의 흔적은 무질서한 듯 보이지만 생김새가 어지러울 뿐 그 혼은 흐트러짐이 없다. 인위적인 흔적은 규칙적이고 고르지만 그 안에서는 자연의 생기를 찾을 수 없다. 진품과 위조품의 가치가 백배의 차이에 그치겠는가!"

예로부터 예쁘게, 멋지게, 우아하게, 씩씩하게, 젊게 보이기 위한 노력은 인간의 본능처럼 되어 왔다. 그래서 하루에도 몇 번씩 화장을 하고, 성형수술 · 눈썹문신 · 발모치료 · 영양 공급과 피부관리에 관한 사업들이 늘어나고 있다. 이런 것들은 세상을 아름답게 하는 일이기 때문에 좋은 현상이다.

최근 신문은 정치인 성형과 관련하여 노무현 전 대통령부부 · 홍준표 대표 등 여러 정치인들의 이름을 거명했다. (763)

아름답게 보이기 위한 성형은 물론 좋은 일이다. 그러나 어느 신문 논단의 제목처럼 「껍질이 본질을 뒤흔드는 세상」이 안 되도록 본분 완수에도 더 땀 흘려주기를 바란다.

뉴질랜드 빅토리아 대의 연구팀은 남성이 여성을 볼 때 가장 먼저 보는 부위가 어디인가를 조사했다.

남자 참가자들에게 여성의 나체사진 여섯 장을 보여주면서 눈동자 추적기구(Eye-tracking)를 이용해 시선의 움직임을 관찰했다. 그 결과 남자들의 47%가 제일 먼저 여성의 '가슴'에 눈길을 주는 것으로 드러났다.

초기 연구들은 여성의 매력을 결정짓는 몸매 유형이 신장에 따른 몸무게(체질량지수 · BMI)에 기초한다고 생각했다. 그러나 이와 달리 2세를 생산하는 데 성공을 거두는 매력적인 여성은 에너지, 즉 '여분의 지방'을 가진 여성들이었다.

디벤드라 싱이라는 학자는 여성의 매력을 결정하는 것은 단순히 지방의 양이 아니라 그것의 분포라고 밝혔다. 지방이 어디에 어떻게 적절하게 잘 분포되어 있느냐가 중요하다. 바로 허리와 엉덩이에 적절히 분포되어 있어야 하는데 그 분포의 비율이 허리-엉덩이 비율(WHR · waist-to-hip ratio)이다. 메리앤 피셔는 1953년부터 2001까지 플레이보이지 577권에 등장하는 미녀들의 신체를 분석했다. 그 결과 BMI는 약 50년 동안 점차 감소했다. 어느 정도 통통한 여성이 미인으로 판단되던 50년 전에 비해 최근에는 큰 키에 엄청 마른 형이 미인의 기준이 되었다. 그러나 재미있는 것은 WHR는 50년 전이나 지금이나 0.7을 유지한다는 것이다. 즉 키 몸무게와 상관없이 허리와 엉덩이의 비율이 오랫동안 매력적인 몸매의 기준이라 할 수 있다. (764)

아름다움은 중요하다. 그리고 아름다움이 전혀 중요하지 않은 척 하는 태도는 바람직하지 못하다. 자신감도 마찬가지로 중요하다. 매력의 또 다른 중요한 요인으로 작용하는 것이 자신감이다.

《정신분석 치료중인 영국(Britain on the Couch)》이란 책의 저자인 심리학자 올리버 제임스(Oliver James)는 책에서 말했다. "연구결과 여성의 80퍼센트가 외모에 불만을 가지고 있으며, 20퍼센트만 만족하는 것으로 밝혀졌다. 그러나 나는 그 20퍼센트 역시 아무리 보아도 가장 예쁜 사람들은 아닐 것이라고 생각한다. 그들의 공통적인 특성은 그들이 행복에 대해 긍정적으로 생각하고 자신에 대해 만족한다는 사실에서 찾을 수 있을 것이다. 남자 입장에서 볼 때 만약 어떤 여성이 자존심을 가지고 자신을 잘 관리하며 스스로를 '신뢰한다면 설사 절세미인이 아니더라도 또는 훌륭한 외모를 가지고 있지 않더라도 정말로 매력 있다고 생각될 것 같다."

남자도 물론 마찬가지이다. (303)

한편 외모가 취업에 영향을 미치는 것으로 조사됐다.

취업포털 잡코리아가 국내 기업 인사담당자 112명을 대상으로 '외모가 채용에 미치는 영향' 을 조사한 결과 '면접 시 지원자의 외모가 채용에 영향을 미치느냐' 는 질문에 응답자의 90.2%는 '그렇다' 고 응답했다고 밝혔다. 43.8%는 상당한 영향을 미친다고 응답했고, 46.4%는 약간 영향을 미친다고 응답했다. 외모가 영향을 미치지 않는다고 응답한 인사담당자는 4.5%에 불과했다.

또 응답자의 63.4%는 여성 지원자의 외모를 채용 기준의 하나로 고려한다고 응답한 반면 남성 지원자의 외모를 채용 기준으로 고려한다는 대답은 54.5%로, 여성 직원을 채용할 때 외모가 더 큰 영향을 미치는 것으로 나타났다. (765)

끝으로 진주 남강에 가면 논개 사당 〈의기사(義妓祠)〉가 있다. 필자가 몇 차례 갈 때마다 느낀 점은 논개(논개의 성은 朱씨임)같은 호국충절에 빛나는 열사의 사당에 굳이 기생 기(妓)자를 붙일 필요가 있느냐 하는 점이다. 김인수 회장이 주장하는 바와 같이 안중근 의사나 이준 열사처럼 논개에게도 '의열사(義烈士)' 또는 '의열녀(義烈女)' 라는 경칭을 붙여, '의열사 논개' 로 '의기사(義妓祠)' 도 '의열사(義烈祠)' 로 바꾸어 부르는 것이 옳다고 본다.

진주 하면 생각나는 것이 있다.

선문그린사이언스(주) 김인수 회장의 고향 진주 사랑 이야기이다. 필자의 고대 ICP(최고위 정보통신과정)동기인 김회장은 겸손 · 과묵 · 정직하고 주위 사람에 대한 배려가 깊어 동기들에게 인기가 좋은 분이다. 김회장은 진주 또는 임진왜란 이야기만 나오면 말이 길어진다. 임진 · 정유재란 당시 왜군들이 진주 시민 수 만명을 죽인 이야기, 김시민 · 김천일 장군과 최경회목사 등이 시민과 함께 혈전을 벌인 이야기, 진주 남강 촉석루 왜장(倭將)들의 전승기념 축하연에서 논개가 왜장 로쿠스케를 껴안고 남강으로 투신한 이야기 등 끝이 없다. 그의 진주 사랑 이야기는 저서 《남강경제 누가 살려》를 펴내고, 대전에 있던 회사의 공장(임직원 250명)을 서울에서 천리길이나 멀리 떨어져 있는 고향 진주로 옮기는 웅변으로 말해주고 있다.

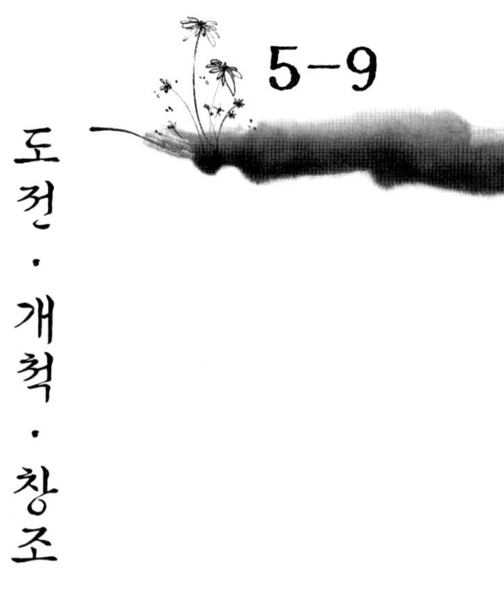

5-9 도전 · 개척 · 창조

훈민정음 서문

나라의 말이 중국과 달라
한자와 서로 통하지 아니하므로
일반 백성이 말하고자 하나
제 뜻을 능히 펴지 못할 자가 많은지라.
내 이를 불쌍히 여겨
새로 28자를 만드나니
사람마다 쉽게 익혀 일용에 편케 하고자 할 따름이니라
(國之語音 異乎中國 與文字 不相流通 故愚民有所欲言 而終不得伸
其情者多矣 予爲此憫然 新制二十八字 欲使人易習便於日用矣)

- □ 잘할 수 없다고 생각하며 아예 시도도 하지 않는 것만큼 큰 실수는 없다(Nobody made a greater mistake than he who did nothing because he could do only a little). – 에드먼드 버크
- □ 나의 모든 영감은 자연을 주의 깊게 관찰하면서 얻은 것이다. – 알버트 아인슈타인
- □ 진정한 탐험은 새로운 풍경이 펼쳐진 곳을 찾는 것이 아니라 새로운 눈으로 여행하는 것이다(The real voyage of discovery consists not in seeking new landscapes but in having new eyes). – 마르셀 프루스트
- □ 하늘을 날 수도 있다는 누군가의 상상력이 신대륙을 발견하고 하늘 길도 여는 기막힌 역사를 만들었다. – 이승한
- □ 가장 중요한 것을 가장 중요한 일로 만드는 것이야말로 무엇보다 중요하다. – 스티븐 코비
- □ 세상에서 가장 강력한 국가는 당신의 상상력이다. – 지그 지글러
- □ 숲 속에 길이 두 갈래로 갈라져 있었다. 나는 발길이 적은 길을 택해서 갔다. 모든 차이는 그곳에서 시작되었다. – 로버트 프로스트
- □ 낡은 견해를 버려야, 새로운 생각이 찾아온다(濯去舊見 以來新意). – 주희
- □ 상상이 지식보다 중요하다. – 알버트 아인슈타인
- □ 한계는 없다. 도전을 즐겨라. – 칼리 피오리나
- □ 이제 세상의 주인공은 여성이다. 두려움 없이 당당하게 도전하라. – 정미정, 《정미정이 제안하는 21세기 여성의 에너지 잔치》
- □ 물론 이 달걀은 누구나 세울 수 있습니다. 하지만 누구나 그 방법을 생각해 낼 수 있는 건 아닙니다. – 컬럼버스
- □ 우리는 이 거대한 우주에 조금이라도 변화를 주기 위해 태어났다. 그렇지 않다면 존재의 이유가 없다. – 스티브 잡스
- □ 돈은 중요하지 않다. 내일 죽더라도 후회하지 않을 일을 하라. – 스티브 잡스

■ ■ ■

「도전 · 개척 · 창조」의 가장 위대한 역사는 한글의 창제(創制)이다.

세종대왕(1397~1450)이야 말로 우리나라의 위대한 임금일 뿐만 아니라, 세계사에 기록되어야 할 제왕이다. 인류역사상 가장 훌륭한 문자인 「한글」을 창제했기 때문이다. 한글은 가장 과학적이고 간편하며 실용적인 문자로서 앞으로 모든 나라, 모든 인류가 공용어로 사용해야 할 문자이기 때문이다. 세종대왕은 한글 창제 외에도 ①궁중에 과학관인 흠경각(欽敬閣)을 두어 측우기(測雨器)외에

혼천의(渾天儀) · 해시계 · 물시계 등 각종 과학기구를 발명했고 ②각종 역서(曆書) · 역법(曆法) · 의상(儀象)에 관한 지식을 진흥시켰고, ③두만강 유역의 여진을 물리치고 육진(六鎭)과 사군(四郡)을 개척, 두만강과 압록강을 국경선으로 했고 ④왜구의 소굴인 쓰시마(對馬島)를 정벌, 대마도주가 사죄를 간청하게 하고, ⑤명나라에 보내던 처녀진헌(處女進獻)을 폐지하고, 금 · 은의 조공물 대신 마(馬) · 포(布)로 대신하도록 하는 등 내치와 대외 관계에 일대 개혁과 자주정책을 펼쳤다.

세종대왕이야 말로 고구려 광개토대왕(廣開土大王)과 함께 우리 역사상 가장 위대한 도전과 개척과 창조의 제왕이었다고 할 것이다.

《잃어버린 시간을 찾아서 A La Recherche Du Temps Perdu》를 쓴 마르셀 프루스트(Marcel Proust)는 이렇게 말했다.

"위대한 발견의 길은 새로운 땅을 찾는 것이 아니라 눈앞에 있는 땅을 새로운 눈으로 바라보는 것이다."

창조(creation)라는 것은 궁극적으로 새로운 시각을 가져 보는 것이다. 꼭 외계인의 시각일 필요는 없다. 어린아이의 시각이나 다른 나라에서 온 외국인의 시각이라도 상관없다. 우리가 일상으로 바라보는 시각만 아니면 된다. (368)

천재들에 대해 가장 쉽게 오해하는 것 중의 하나가 '그들의 업적은 모두 타고난 머리 때문'이라는 생각이다. 그러나 인류 역사상 최고의 IQ인 228을 기록한 마릴린 보스 사반트는 『퍼레이드』라는 잡지에서 질의응답 코너를 맡은 칼럼니스트로서, 인류사에 특별한 족적을 남긴 것은 아니었다. 반면 미국 최고의 천재라 칭송받는 리처드 파인만의 IQ는 122였는데, 이는 여느 평균적인 물리학자들보다 낮은 수준이었다. 피카소가 보여준 위대한 예술세계나 아인슈타인이 상대성이론에서 보여준 통찰력, 그밖에 수많은 천재들이 보여준 업적들은 단지 "IQ의 힘"이라고 설명하기 불가능한 것들이다. 이것은 지능지수를 뛰어넘는 또 다른 능력이 존재했기에 가능한 결과였다. 즉, 세상을 다르게 볼 줄 아는 능력이 있었기 때문이다. 그렇다면 보통 사람들도 천재들과 같은 방식으로 세상을 보는 방법을 알게 된다면, 그들처럼 생각하고 창의적인 아이디어를 생산해내는 일이 가능해지지 않을까? (766)

또한 사람이 가진 실력은 정신 상태와 밀접한 관계가 있다. 일류라고 일컬어지는 사람들은 자신이 가진 실력의 50% 이상을 항상 낼 수 있다. 초일류 선수들은 언제나 실력의 80~90%를 낼 수 있다. 이들이 한결같이 실력을 발휘할 수 있는 비결은 언제라도 이상적인 심리상태를 만들어 낼 수 있기 때문이다. 이 이상적인 심리상태를 '존zone'이라고 부르는데, 사람이 가진 실력의 100%를 발휘할 수 있는 최고의 심리상태를 말한다. '존zone' 상태를 경험한 타격 천재 이치로 선수는 이렇게 말했다.

"투수가 던진 공이 공중에 멈춘 것처럼 보였다." (989)

행복디자이너로 유명했고 강의 현장 청중으로부터 '깔깔대학 총장'으로 임명받았다는 고 최윤희 여사는 다음과 같이 말했다. (767)

"대한민국은 희망민국이 분명하다."

"재미있게 강의하는 비결은 3척동자(잘난 척, 아는 척, 있는 척)가 되지 말고 3손동자(오손, 도손, 겸손)가 되세요. 푼수까지 된다면 금상첨화죠."

"이 시대는 넘버원(NO · 1)이 아니라 '온리원(ONLY · 1)' 시대다. 1등보다 독창적인 것이 중요하다. 나는 99% 띨띨하지만 1%는 아주 특이하다. 1% 덕분에 벽돌 공장에 가도 쫓겨날 나이, 파출부도 못할 나이에 전국에서 격렬하게 사용된다. 자랑이 아니다. 누구나 할 수 있다는 희망의 증거다."

조벽 동국대 석좌교수는 그의 저서 《조벽교수의 인재혁명》에서 인재(人材)는 창의성 · 전문성 · 인성(人性)을 갖춰야 한다고 했다. 그리고 창의력은 ①튼튼한 기초지식 ②알쏭달쏭함을 소화해 낼 수 있는 '퍼지 사고력' ③문제해결보다 문제제기를 위한 호기심 ④안락함에 안주하지 않는 사고력 ⑤포기하지 않는 긍정성 등 5가지 기초가 있어야 한다고 조언한다. (427)

일본의 한 대학 교수는 뛰어난 연구가가 되려면 여섯 가지의 C를 가슴에 새겨두라고 했다. "호기심(Curiosity)에서 출발하여 용기(Courage)를 갖고 어려운 문제에 도전할 것(Challenge). 반드시 성공할 수 있다는 자신(Confidence)을 가지고 모든 에너지를 집중(Concentration)하여 포기하지 않고 끝까지 계속(Continuation)할 것." 그는 특히 그중에서도 가장 중요한 것으로 'Curiosity, Challenge, Continuation'의 3C를 꼽았다. 이것만 있으면 평범한 사람이라도 누구나 독창적인 연구를 할 수 있다고 했다. (310)

자주 이야기 되는 '콜럼버스의 달걀' 이야기를 복습해 보자.

콜럼버스가 천신만고 끝에 신대륙 아메리카를 발견하고 돌아왔다. 스페인의 왕실과 민중은 개선장군을 대하듯 그를 환영했다. 그런데 친구들이 어느 연회석상에서, "신세계의 발견이 뭐 그리 대단한 일인가? 따지고 보면, 배를 몰고 서쪽으로 자꾸자꾸 가는 동안에 우연히 부딪힌 것이 아닌가?"라고 말하며 그의 업적을 깎아 내리는 말을 했다.

이때 콜럼버스는, "그건 그렇다네. 나도 이번 발견을 대단한 걸로 자랑하고 싶지는 않다네. 다만 처음으로 그런 생각을 가졌던 것만은 공로라고 생각하고 있지"하더니, 테이블 위에 있는 달걀을 하나 집어들었다.

"이걸 한 번 세워 보게"라고 말했다.

이 말을 듣고 모두 달걀을 세워 보려고 애를 썼으나 달걀은 세워지지 않았다.

"그다지 어려운 것도 아닐세. 내가 하는걸 보게."

콜럼버스는 이렇게 말하며, 달걀 끝을 가볍게 테이블 위에 부딪혀서 평평하게 한 뒤 달걀을 세웠다. 친구들은 그것을 보고 "그럴 것 같으면 나도 할 수 있지"라고 소리쳤다.

콜럼버스가 그들의 말을 받았다.

"물론 아무나 할 수 있지. 그러나 자네들은 한 사람도 이 방법을 생각해 내지 못했고, 나만이 생각한 것이네. 신세계의 발견도 마찬가지야. 아무것도 아니지만 최초로 생각해 내는 것이 문제일세." (202)

샤워를 할 때나 아침에 이를 닦을 때, 뜻밖의 좋은 아이디어가 떠오르는 경우가 있다. 미국 컬럼비아 경영대학원 교수는 저서 《제 7의 감각 · 전략적직관》에서 "예술가들이 창조적인 아이디어를 얻는 것, 선구자들이 비전을 얻는 것, 과학자들이 획기적인 발견을 하는 것 등등 좋은 아이디어가 머릿속에 떠오를 때는 언제나 그런 섬광 같은 통찰력이 찾아온다. 이를 저자는 '전략적 직관(strategic institution)'이라 한다. 전략적 직관이란 우리가 오랫동안 고민하고 있던 문제를 한 순간에 해결해 주는 통찰력을 말한다. 전략적 직관을 통해 우리는 창조적 전략을 얻는다"고 지적했다. (981)

세계 최고의 여성 CEO 중의 하나인 미국의 칼리 피오리나(Carly Piorina · 1954~)는 "한계는 없다. 도전을 즐겨라"라고 조언한다.

이면희 교수는 저서 《3.0 CEO를 위한 명품경영학》에서 다음과 같이 '창조적

아이디어를 만들어 내는 7가지 방법' 을 제시하고 있다. (368)

①모방에서 시작하라 · 모방의 법칙 ②정반합으로 생각하라 · 정반합의 법칙 ③뒤집어 보라 · 역발상의 법칙 ④외계인의 눈으로 바라보라 · 패러다임 전환의 법칙 ⑤ '왜' 를 이용하라 · 호기심의 법칙 ⑥ '만약' 을 사용하라 · IF의 법칙 ⑦수학 원리를 활용하라 · 공통분모의 법칙

"사무실 천장을 30cm 높일 때마다 창의성(creativity)이 2배로 좋아진다"는 다음과 같은 연구 결과가 있다. (768)

조나스 솔크 박사는 1955년 무렵 오랜 연구에도 불구하고 소아마비 백신 개발의 고리를 풀어줄 아이디어가 떠오르지 않자, 2주간 이탈리아 여행을 떠나게 된다. 그리고 여행 중 방문한 한 성당 안에서 불현듯 백신 개발의 단초가 될 아이디어를 찾게 된다. 솔크 박사는 이를 계기로 창의적 아이디어는 성당처럼 천장이 높은 곳에서 더 잘 나오는 것일지 모른다는 생각을 하게 되고, 1965년 솔크연구소를 세우면서 이를 직접 적용한다. 연구소 한 층의 바닥부터 천장까지 높이를 다른 건물보다 60cm 정도 높은 3m로 만든 것이다.

결과는 어땠을까. 이 연구소는 지금까지 5명의 노벨상 수상자를 배출하는 성과를 올리고 있다. 미네소타대 조앤 마이너스 · 레비 교수의 유사 실험에서도 천장 높이가 2m40cm에서 2m70cm, 3m로 30cm씩 높아질 때마다, 사람들의 창의적 문제 해결능력이 2배 이상 높아지는 것으로 나타났다. 다만 창의성을 높이려는 대상이 팀 단위라면 접근 방법이 다를 수도 있다. 광고회사의 경우 사람들이 좁은 공간에서 서로 부딪치면서 커뮤니케이션하는 가운데 더 창의적인 아이디어가 나오기도 한다.

특히, 창의성(creativity)제고가 특별히 요구되는 직장이나 학교 등의 경우, 비용이 들더라도 천장 높이를 높이는 문제에 대해서도 관심을 가질 필요가 있게 되었다.

개혁(reform)과 관련하여 잘 알려져 있는 「솔론의 개혁」에 관하여 잠시 보자.

서양민주주의 최초의 민주적인 개혁은 특히 솔론의 개혁이라고 불리운다. 이것은 6세기 초 아테네의 민주정치 발달 사상 획기적인 의미를 갖는 것이라고 할 수 있다.

솔론은 우선 민중의 경제적인 고통을 해소하는 한 방편으로 ①몸을 담보로 돈

을 꾸어 주는 일을 금하고 ②일체의 부채를 무효로 돌렸다 ③또 종래의 문벌에 의하여 특정 계급출신만이 참정권이 있던 차별을 없애고, 그 대신 재산이 많고 적음을 기준으로 정치적인 발언권을 정한, 소위 재산정치(財産政治)의 제도를 세웠다. 이것은 보다 완전한 민주정치에 접근하는 첫 걸음인 셈이었다.

물론 그리스의 민주주의라 할지라도 노예제도 그 자체는 그대로 둔, 자유 민간에 한정된 제도였다. 솔론 당시로는 혁명적인 개혁이었으나 오늘날 시각으로 보면 "좀 더 혁명적인 개혁을 했었더라면"하는 아쉬움이 남는다. 만인의 찬반 와중에서 진행되어져야 하는 개혁은 혁명보다 더 어렵다는 것이 역사의 교훈이긴 하다.

아문젠 · 나폴레옹 · 아인슈타인 · 피카소 · 최경주 · 김연아 · 박지성 · 추신수 같은 끝없는 도전정신이 있다면 인생에 불가능은 없다. '안 되면 되게 하라'는 말이 있다. "'왜 안 돼(Why not?)' 그리고 '나는 할 수 있다'는 창조적 통찰력과 불굴의 자신감으로 멋진 인생 목표를 향해 도전 · 개척 · 창조하라!"

시인 조병화는 그의 짧은 시 「천적」에서 다음과 같이 썼다.

"결국, 나의 천적은 나였던 것이다."

도전 · 개척 · 창조의 정신과 열정은 모든 사람에게 필요한 자세이다.

Part 6

건강하고 맛있는 삶

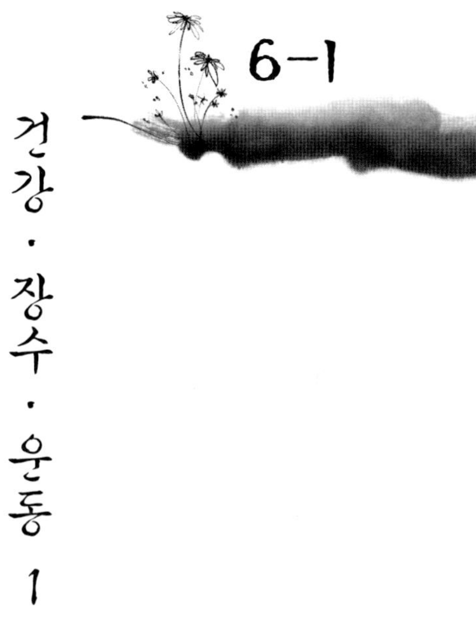

6-1 건강 · 장수 · 운동 1

청 춘 산 맥

정비석

하늘엔 환희가 넘치고 땅엔 푸른 정기가
새로운 오월
오월에 부르는 노래는 그것이 아무리 슬픈
노래라도 사랑의 노래와 희망의 노래가
아니어서는 안 될 것입니다.
오월에 꾸는 꿈은 그것이 아무리 고달픈
꿈이라도 사랑의 꿈이 아니어서는
안 될 것입니다…(생략)

□ 건강은 행복의 어머니이다(Health is mother of happiness). – 톰슨
□ 삼정승(三政丞) 부러워 말고 내 한 몸 튼튼히 가지라. – 한국 속담
□ 어리석은 일 중에 가장 어리석은 일은 어떤 이익을 위하여 건강을 희생하는 것이다. – A. 쇼펜하우어
□ 건강한 신체에 건전한 정신이 깃든다. – 유베날리스
□ 첫째의 재산은 건강이다. – R. W. 에머슨
□ 음식 · 수면 · 운동 시간에 아무 것도 생각하지 않고 쾌활한 것은, 가장 좋은 장수법의 한 가지이다. – F · 베이컨
□ 부귀도 명예도 그리고 지식도 미덕도 사랑도 건강이 없으면 모두 낡고 사라져 버린다. – 몽테뉴
□ 국민의 건강은 국민의 부(富)보다 중요하다. – 윌리엄 듀런트, 《문명이란 무엇인가》
□ 건강이란 건전한 육체에 깃드는 건전한 정신을 말한다. – 호메로스
□ 건강이 있는 곳에 자유가 있다. 건강은 모든 자유 가운데에서 제일가는 것이다. – H.F. 아미엘
□ 건강한 몸을 가진자 아니고는 조국에 충실한 자가 되기 어렵다. 좋은 아버지, 좋은 아들, 좋은 형제, 좋은 이웃이 되기 어렵기 때문이다. – J.H. 페스탈로치
□ 장수하기 위해서는 느긋한 마음으로 사는 것이 필요하다. – 키에르케고르
□ 대사업(大事業)에 성공하려면, 비상한 건강이 필요하다(He needs an extraordinary health who will succeed in a great work). – 에머슨
□ 즐거움과 절제와 안면은 의사와의 인연의 문을 닫는다. – 롱 펠로, 《잘 듣는 약》

■ ■ ■

건강의 개념 정의는 역사적으로 볼 때 건강을 단지 육체적 질병, 즉 병의 증상이 없는 상태로 보는 19세기 중엽 이전의 소위 신체개념으로 인식되던 때도 있었다. 하지만 19세기 중엽 이후 심신개념으로 바뀌어 건강을 육체와 정신 두 가지 면에서 정의하게 되었고 이 심신개념까지도 1940년대 이후에는 소위 생활개념으로 바뀜으로써 점차 건강을 정의하기가 어렵게 되었다.

건강의 생활개념이란 건강을 단지 육체적, 정신적으로 병이 없는 상태일뿐 아니라 사회적으로 안녕한 상태에 있는 경우까지를 포함해서 정의하는 것을 말하는 것으로 세계보건기구(WHO)의 건강개념 정의이다.

세계보건기구의 헌장(Constitution of the World Health Organization)은

전문에서 "건강이란 단순히 질병이 있거나 허약하지 않은 상태를 말하는 것이 아니라 신체적, 정신적 및 사회적으로 완전한 안녕 상태를 말한다(Health is a state of complete physical, mental and social well-being and not merely the absence of disease or infirmity)"라고 정의하고 있다. 이는 인간을 단지 육체 또는 육체와 정신의 관점에서만 보지 않고 생활하는 존재로 봄으로써 인간의 건강도 바로 이와 같은 관점에서 정의하게 된 것이다. (184)

또한 1984년에 발표된 세계인권선언 제 25조에는 "모든 사람은 자신과 가족의 건강과 웰빙의 적합한 생활수준을 누릴 권리를 가진다. 이러한 권리에는 먹거리, 입을 옷, 주거, 의료, 생활에 필요한 사회서비스 등을 누릴 권리가 포함된다" 고 규정되어 있다.

우리 헌법에도 제 36조 제 3항에서 "모든 국민은 보건에 관하여 국가의 보호를 받는다"고 규정, '국민 보건의 보호' 에 관하여 규정하고 있다. 이 헌법의 규정에 따라 ①의료법 ②국민체육진흥법 ③학교보건법 ④모자보건법 ⑤식품위생법 ⑥의료보험법 ⑦근로기준법 ⑧국가유공자 등 예우법 ⑨먹는물 관리법 등 다수의 법에서 국민건강을 보호 · 증진하기 위한 법률규정들을 두고 있다.

최근 소득과 생활수준 향상으로 웰빙(Well-being)에 관한 관심들이 높아지고 있다. 웰빙이란 바쁜 일상과 인스턴트식품 · 스트레스 · 공해 등으로부터 건강한 정신과 육체를 지키기 위한 각종의 라이프스타일을 말한다. 건강이 인간 행복의 가장 중요한 요소로 인식되면서 건강은 돈보다 더 중요하다고 많은 사람들이 생각하게 되었다. 영국에서 천 명을 대상으로 인생을 행복하게 하는 50개의 가치를 돈으로 환산했다. 가장 비싼 행복은 '건강' 으로 약 3억 7천만 원, "사랑해." 라는 말을 들을 때는 약 3억 3천만 원, 뒤를 이어 평화로운 나라에서 사는 것, 아이를 갖는 것, 가족과 함께하는 것이 3~5위를 차지했다. (769)

'돈을 잃은 사람은 많은 것을 잃은 사람이고 친구를 잃은 사람은 더 많은 것을 잃은 사람이고 건강을 잃은 사람은 모든 것을 잃은 사람이다(He who loses money loses much, he who loses a friend loses more, he who loses his health, loses all)' 라는 말이 오래 전부터 인구에 회자되어 오고 있다. 중국의 베이징대학 '54운동장' 벽에 "완전한 인격을 갖추려면 먼저 몸부터 튼튼하게 해야 한다(完全人格 首在體育)"는 슬로건은 우리나라 학교교육현장에서 "지덕체

(智德體)"를 강조하는 것보다도 더 강하게 건강, 즉 체(體)를 강조하고 있는 것이다.

사람의 삶에 있어 건강은 돈 · 직업 · 일보다 중요하다 할 것이다. 젊은 나이에 건강을 잃고 오늘 내일 한다면 돈 · 직업 · 일 · 권력 · 사랑 이런 것들이 무슨 의미가 있겠는가?

그렇기 때문에 사람들은 건강을 위해서 운동을 하고 휴식을 취한다. 그런데 많은 사람들은 일 · 돈 · 명예 · 권력 · 사랑을 위해서라기보다는 오히려 오래 살기 위해 건강을 지키고 증진하려고 하는 것이다. 아무리 건강하다하더라도 남들은 80세, 90세까지 사는데 본인은 50세, 60세에 세상을 떠나야 한다면 행복한 인생이라고 할 수 없을 것이다. 가능하면 9988하기를 바라는 것 이것이 인지상정인 것이다.

한국의 20대의 체력이 한 · 중 · 일 가운데 가장 약한 것으로 나타났다고 한다. "'체격짱, 체력꽝' 대한민국"이라는 신문 논설내용을 보자.

「박정희 전 대통령은 1960년대 초반부터 스포츠 진흥정책에 힘을 쏟았다. 방향은 두 갈래였다. 하나는 우수선수 육성을 통한 국위 선양이었고, 다른 하나는 체육을 통한 국민건강 증진이었다. 태릉선수촌 건립과 학교체육 지원 등 일련의 노력들은 스포츠 국제 경쟁력 제고(提高)와 국민 체력 향상의 밑거름이 됐다.

박 대통령의 어록(語錄)집을 보면 "강인한 체력은 바로 국력이다"라는 말이 나온다. 박 대통령이 1966년 전국체육대회 치사를 비롯해 기회가 있을 때마다 강조한 말이다.

그러다 1972년에 체력장이 등장했다. 하지만 학생들의 기초체력을 끌어올리는 일등공신이었던 체력장은 1994년 폐지됐다. 군사정권의 잔재를 청산해야 한다는 일부 주장과 간헐적인 체력장 관련 사망사고에 발목을 잡힌 것이다.

체육 전문가들은 체력장 폐지가 '국민 약골(弱骨)' 증가의 주요 요인 중 하나라고 보고 있다. 체육과학연구원의 2009년 국민체력실태 조사 결과에 따르면 한국의 20대는 한 · 중 · 일 3국 가운데 가장 체력이 약한 것으로 나타났다. 한국 20대 초반 젊은이들의 악력(握力)은 40대 초반의 손아귀 힘에도 못 미쳤다. 연구원 측은 "요즘 젊은 층은 중 · 고등학교 때 체력이 부실한 상태에서 대학이나 사회로 나가느라 체력관리를 못했기 때문"이라고 분석했다.

체력장이 사라지면서 학교 체육과 학생 체력 관리에 대한 관심은 급속히 줄어들었다. 체육시간은 국 · 영 · 수 과목을 보충하는 시간으로 변질됐고, 학생들은 학교가 끝나자마자 학원으로 내몰렸다. 땅값 폭등과 시설물 증축으로 학교 운동장도 반 토막이 났다. 서울시내 초등학교 가운데 100m 달리기를 할 수 있는 학교가 전체 584개 중 7.2%(42개)에 불과한 실정이다.

학생들의 체력 관련 통계는 '비만 · 약골 공화국' 으로 추락하고 있는 우리의 현실을 고스란히 보여준다. 2009년 학생 신체능력검사 급수별 통계에 따르면 중 · 고교생의 45%가 체력 최저(最低)등급을 받았다. 서울교육통계연보를 보면 2000~2009년 사이에 초 · 중 · 고생들은 키가 2~3㎝ 커졌고, 몸무게도 2~3㎏ 늘었다. 하지만 오래달리기 · 50m달리기 · 제자리멀리뛰기 기록은 나빠졌다. 중2 남학생들을 기준으로 보면 2000년에는 1,600m를 평균 8분44초에 달렸지만, 9년 뒤에는 39초가 더 걸렸다. '체격은 짱, 체력은 꽝' 이 된 것이다.」(770)

건강법에 대해서는 연구결과들이 계속 발표되고 있지만 몇 가지 조언들을 먼저 들어보자.

건강하려면 먼저 마음을 다스려야 한다고 한다. 조선시대 명문장가 김시습은 "대저 모든 병은 마음에 달렸으니, 병은 걱정하는 데서 생긴다"고 했으며, 19세기 영국 수필가 J.에디슨은 "건강과 명랑은 서로가 서로를 낳는다"고 했다. 12~13세기 유럽에서 위생 지침서로 널리 알려진 《살레르노 건강 관리법》에서는 오래 사는 데 꼭 알아두어야 할 지침으로 "의사가 당신의 병을 고치지 못하면 유쾌한 마음, 휴식, 적절한 음식 세 가지를 의사로 삼으라"고 조언했다. (408)

노화방지의 세계적 석학인 서울대 의대 박상철교수(노화방지 연구소장)가 연구조사한 100세 이상 장수자들의 장수비결의 요지는 다음과 같다. ①잘 움직이고 일을 열심히 하며 산다 ②하루 세끼 규칙적으로 일정량을 먹는다 ③누구와도 잘 어울리며, 긍정적, 낙천적으로 산다.

또 엔돌핀, 도파민 등 좋은 호르몬을 많이 분비하려면 즐거움, 기쁨, 낙천적, 긍정적으로 살아야 한다. 특히 도파민이 부족하면 알츠하이머병이 온다고 한다.

남을 미워하고 시기 질투하면 나쁜 호르몬만 핏속에 가득 차게 된다. 개인주의, 이기주의를 버리고 합리주의(Rationalism)로 살아가야 한다. 매사에 재미있고 즐겁게 살자(Joy and Fun), 또 마음을 비우고 살자(Calm body, Calm mind)고 전문가들은 조언한다. (431)

지난해 10월 활발한 강연과 집필활동을 통해 행복전도사를 자처하던 최윤희 씨가 오랜 통증의 고통을 이겨내지 못하고 남편과 함께 스스로 목숨을 끊었다. 그는 생전에 '자살'을 뒤집으면 '살자'가 된다고 외쳤지만 구차한 삶의 질(well-being)을 포기하고 그 나름의 죽음의 질(well-dying)을 선택함으로써 행복이 고통 앞에 무릎을 꿇는 결과를 보였다고 언론은 아쉬워했다. (771)

이하 건강 · 장수 · 운동 · 휴식과 관련하여 몇 가지 내용들을 정리한다.

(1)뇌는 무게 약 1,100~1,700g, 약 1조 가량의 신경세포 및 신경섬유로 구성된 신체조직으로 대뇌, 중뇌, 소뇌, 간뇌, 연수로 구성되며 본능적인 생명활동에서부터 인지, 감정, 기억, 학습까지 담당하는 인체의 핵심 중추신경계로 미국 뇌과학회에서는 뇌를 우주에서 가장 복잡한 구조물이라고 언급할 정도로 매우 섬세한 기관이다. 인간은 태어날 때 약 10조 개의 뇌세포를 가지고 태어나지만 나이가 들수록 전두엽과 후두엽은 위축되고 뇌실은 커지며 그에 따라 뇌세포는 매일 죽어가고 있다. 일단 죽은 뇌세포는 다시 재생이 안 되며 남아있는 뇌세포를 얼마나 건강하게 유지하느냐가 중요하다. (772)

(2)오래 살고 싶다면 잠을 푹 자야 한다. 프렌체스코 카푸치오 영국 워릭대 박사는 하루 수면시간이 6시간이 안되는 사람이 6~8시간인 사람에 비해 일찍 죽을 가능성이 평균 12% 높은 것으로 나타났다는 연구 결과를 2010년 5월에 발표했다. 130만 명 이상을 대상으로 조사해 권위를 인정받고 있는 수면 보고서 16편을 분석한 결과다.

정상인도 하루 4시간만 잠을 자도록 했더니 혈당이 올라갔다. 너무 잠을 많이 자도 조기 사망으로 이어질 우려가 있다. 하루 9시간 이상 잠을 자는 사람도 조기 사망 확률이 높게 나타난 것이다.

신원철 경희대 동서신의학병원 신경과 교수는 "미국과 일본의 대규모 조사에서도 7,8시간 수면을 하는 사람들의 수명이 가장 길었다"며 "수면장애도 질환으로 보고 적극적으로 치료해야 한다"고 말했다. (773)

경제협력개발기구(OECD)가 회원국을 대상으로 조사한 결과 프랑스 인의 평균 수면시간이 8.83시간으로 1위였다. 2위는 8.63시간인 미국인이고, 스페인 인과 호주 인은 8.56시간, 8.53시간으로 3, 4위를 차지했다. 일본인은 7.83시간,

한국인은 7.81시간으로 평균수면시간이 가장 짧았다. (774)

(3)밤잠을 잘 자는 9가지 원칙

① 매일아침 같은 시간에 일어나라

② 침실에선 잠자기와 섹스만 하라

③ 잠자기 전에 따뜻한 물로 목욕하고 10분 정도 책을 읽어라

④ 저녁에 운동하라

⑤ 규칙적으로 생활하라

⑥ 잠자기 6시간 전에는 카페인이 든 음식을 먹지 마라

⑦ 잠자리에 들기 전 담배를 피우지 마라

⑧ 낮잠도 규칙적으로 자라, 15~20분의 낮잠은 몸에 좋다.

⑨ 수면제는 3주 이상 먹지 말고 술과 함께 복용하지 마라 (775)

(4)건강한 삶을 위한 조절

① 식사량은 적게 씹기는 많이

② 옷은 얇게 목욕은 자주

③ 차타기는 적게 걷기는 많이

④ 고기는 적게 채소는 많이

⑤ 소금은 적게 식초는 많이

⑥ 설탕은 적게 과일은 많이

⑦ 번민은 적게 잠은 충분히

⑧ 욕심은 적게 선행은 많이

⑨ 비난은 적게 칭찬을 많이

⑩ 의심은 얕게 믿음은 깊게 (776)

(5)젊게 사는 방법 78가지

미국 뉴욕주립대(SUNY)의대 학장인 마이클 로이진 교수는 '달력나이' 보다 젊어지는 78가지 방법들과 이 방법을 실천했을 때 젊어질 수 있는 연수(年數)를 제시했다. 2005년 3월 출간한 그의 저서 《생체나이 고치기(The Real Age Makeover)》를 통해서다.

① 친구와 매일통화 – 8년 젊어짐

② 많이 웃으면 – 1.7~8년 젊어짐

③ 감사 긍정적 태도 - 최소 6년 젊어짐

④ 한 파트너와 높은 질의 안전한 섹스(년116회) - 1.6~8년 젊어짐

⑤ 치실질과 이 닦기를 매일하라 - 최고 6,4년 젊어짐

⑥ 맛있는 야채를 매일 4~5회 먹어라 - 2~5년 젊어짐

⑦ 규칙적으로 운동하고, 1주일에 3,500kal이상 에너지를 소비하라 - 3년 젊어짐

⑧ 일정한 시간에 숙면을 취하라 남자 8시간, 여자 7시간 - 3년 젊어짐

⑨ 술을 적당히 마시되 지나치지 마라. 남성 1~2잔, 여성 0.5~1잔 매일 마시면 - 1.9년 젊어짐

⑩ 매일 아침식사를 하라 - 1.1년

⑪ 생체나이 줄이기 계획 실천-남자 25세, 여자29세 줄일 수 있음

⑫ 재정적 곤란-8년 늙음

⑬ 담배를 끊어라 - 하루 1갑 흡연하면 8년 늙음 등

(6)박수(拍手) 많이 치면 건강에 좋다.

우리 인체 내에는 84,000개의 기공(氣孔)이 있는데 그 중에 약 80%인 67,200개의 기공이 손바닥과 손가락에 몰려 있다고 한다. 손을 자주 비비고, 박수를 치면 잠자고 있던 기공에서 기가 살아나 인체의 세포가 활성화되어 엄청난 에너지가 발생한다. 100년산 산삼(山蔘) 뿌리와 박수 100번이 맞먹는다고 한다. 산삼은 바로 기(氣)의 덩어리이기 때문이다.

열이 난 손바닥으로 자주 얼굴과 눈을 문지르고 비벼주라고 한다. 손바닥의 열은 최고의 기(氣)이기 때문이다. (391)

(7)세계장수촌(흑해지방 코카사스)의 10가지 생활원칙을 보자.

① 고기는 적게 야채는 많이(少肉多采)

② 소금은 적게 식초는 많이(少塩多醋)

③ 설탕은 적게 과일은 많이(少糖多果)

④ 음식은 적게 많이 씹어서(少食多嚼)

⑤ 번민은 적게 잠은 충분히(少煩多眠)

⑥ 성냄은 적게 웃음은 많이(少怒多笑)

⑦ 말은 적게 행동은 많이(少言多行)

⑧ 욕심은 적게 베품은 많이(少怒多施)

⑨ 옷은 엷게 목욕은 자주(少衣多浴)

⑩ 차타기는 적게 걷기는 많이(少車多步)

(8)뇌졸증과 뇌종양의 전조증상

① 한쪽 팔다리의 힘이 빠진다.

② 갑자기 발음이 어눌해진다.

③ 중심 잡기가 어렵고 비틀거린다.

④ 물체가 두 개로 보인다.

⑤ 한쪽 얼굴이 갑자기 저리거나 먹먹하다.

⑥ 갑자기 표현능력이 떨어지거나 말을 잘 이해하지 못한다.

⑦ 치매증상이 나타난다.

⑧ 한쪽 팔다리가 다른 사람 것처럼 느껴진다. (246 · 자료 미국의사협회)

(9)수명에 대해 연구한「터먼 프로젝트」

1921년 미국 스탠퍼드대학의 심리학교수인 루이스 터먼 박사가 1910년 전후에 태어난 소년소녀 1,500명을 선발, 가정환경 · 성격 · 학업성취도 · 교우관계 등 조사를 시작했다. 1956년 터먼박사 사망 후 후배 연구자들이 1,500명의 생애를 80년간 추적 연구한 결과를 요약한다.

① 회사 사장이나 교향악단 지휘자처럼 각종 대표들은 아랫사람보다 더 오래 사는 경향이 있다.

② 가장 성공한 그룹은 그렇지 못한 그룹보다 평균 5년을 더 살았다.

③ 성공해서 부자가 된 사람들은 그들의 성실성이 건강하게 살 환경을 만들어 나간 것이다.

④ 목표를 달성하기 위해 분투하는 것, 중요한 단계에 도달한 뒤 새로운 목표를 설정하는 것, 한결같이 열심히 생산적으로 사는 것이야말로 장수하기 위해 따라야 할 지침들이다.

⑤ 남성의 경우 '한결같은 기혼남성 〉 한결같은 독신남성 〉 재혼한 기혼남성 〉 이혼 후 독신남성' 순으로 오래 살았다.

⑥ 여성의 경우는 '한결같은 기혼여성 = 이혼 후 독신여성 〉 한결같은 독신여성 〉 재혼한 기혼여성' 순으로 장수 했다.

⑦ 가깝고 편한 친구들이 많고 그들과 정기적으로 만나는 것은 역시 장수에 도움이 되었다. 수명 연장에 가장 확실한 건 '남을 돕는 것' 이었다. 친구와 이웃을 돕고 다른 사람들에게 조언하고 타인을 돌보는 사람들은 고령까지 사는 경향이 있었다. 그러나 애완동물과 장기간에 걸쳐 소통하는 것은 수명과 전혀 상관이 없는 것으로 나타났다.

⑧ 1983년 동물학자 콘라드 로렌츠는 그동안 '애완동물(Pet Animal)' 이라고 부른 것은 옳지 않다며, '반려동물(Companion Animal)' 로 부르자고 제안했다. 개 · 고양이 · 토끼 · 새 · 햄스터 등이 모두 반려동물이 될 수 있다는 것이다. 국내에서만 750만 명 이상이 반려동물을 기르고 있고 관련시장 규모가 연간 2조 원을 넘는다고 한다. (777)

⑨ 그리고 100세 노인의 낙천성은 조사결과 장수의 비결이라기보다 장수의 결과라고 한다. (470)

(10)크레이지 세라피(Crazy Therapy)는 말 그대로 미치듯이 열광하여 치료한다는 뜻이다. 이른바 몰입치료(Flow Therapy)로써 체면에 상관없이 최선을 다한다는 뜻도 담겨 있다. 보다 구체적인 내용으로는 웃음, 막춤추기, 노래 부르기, 명상, 숲 치료, 터치 세라피, 만들기, 자존감 높이기, 소리 지르기 등이 있다. (244)

(11)장수비결은 '소식(小食)' 이라는 연구결과가 나왔다. 불로장생(不老長生)의 단서가 세계적 과학잡지 '사이언스(Science)' 와 '네이처(Nature)' 에 잇따라 발표됐다. 해답은 너무나 가까운 곳에 있었다. 바로 식사에서 칼로리(calorie · 열량)를 줄이는 것. '소식(小食)' 하면 '장수(長壽)한다' 는 평범한 진리를 과학이 입증한 것이다. 미국 위스콘신대 리처드 와인드럭(Weindruch)교수팀은 사이언스지 2009년 7월 10일자에 발표한 논문에서 "칼로리가 적은 음식을 먹인 원숭이는 일반 원숭이보다 수명이 길어지고 건강상태도 좋아졌다" 고 밝혔다.

연구진은 다 자란 원숭이 76마리를 20년 동안 관찰했다. 이 중 절반은 일반 원숭이에 비해 칼로리가 30% 적은 음식을 먹였다. 그 결과 칼로리 섭취를 줄인 원숭이는 37%가 현재까지 살아있는 데 비해, 그보다 기름진 식사를 한 원숭이들은 13%만 생존했다.

특히 칼로리 섭취를 줄인 원숭이는 심장병이나 암, 당뇨병, 뇌 수축과 같은 노인성 질병을 덜 겪었다. 연구진은 "소식의 효과가 원숭이에서 입증된 만큼 같은 영장류인 인간에게도 효과를 거둘 수 있을 것"이라고 밝혔다. 같은 원리로 수명을 연장시켜주는 약이 나올지도 모른다. 미국 텍사스대 건강과학센터 연구진은 네이처 9일자에 "라파마이신(rapamycin)이라는 약물이 생쥐의 수명을 28~38%까지 늘렸다"고 발표했다. 라파마이신은 인체에서 'TOR' 이란 단백질의 활동을 억제해 칼로리 섭취를 제한한다. 연구진은 라파마이신을 생후 20개월 된 생쥐들에 투여했다. 그러자 수컷의 수명은 일반 생쥐보다 최대 28%, 암컷은 38% 늘어났다. (778)

(12)생체 나이 알아보고 항노화 라이프계획 세우기

서울 청담동에 있는 파워에이징 라이프센터 차움(Chaum)에서는 생체 나이를 체크할 수 있다고 한다. 생체 나이는 건강상태와 노화정도를 나타내는 지표이며 신체 · 대사 · 호르몬 나이를 종합하면 자신의 생체 나이를 알 수 있다고 한다.

신체 나이는 근력, 혈압, 폐기능, 비만도, 체지방량, 근육량 등 신체 기능과 체형으로 판단한다. 대사(생화학) 나이는 심혈관과 콩팥 · 간 · 췌장 같은 체내 장기 나이를 말한다. 호르몬 나이는 여성 · 남성 호르몬, 갑상선 호르몬, 성장 호르몬 등 체내 내분비 기능 상태로 측정한다. 이들 기능이 저하될수록 생체 나이가 올라가게 되는 것이다. 이러한 신체기능은 종합건강검진과 더불어 노화도(度) 정밀검사를 통해 알 수 있다. 노화도는 면역기능, 항산화기능, DNA손상도, 유전자, 장기기능 검사 등 총 12가지 항목으로 측정한다.

장기기능 검사에는 스트레스, 감성지수, 집중력 등을 알아보는 뇌파검사, 동맥 경직도와 말초혈관까지의 혈류상태를 파악하는 심장기능 검사 등이 있다. 몸안의 독소를 살피는 내장 독소검사도 한다. 질병의 발병 가능성을 예측할 수 있는 유전자 검사도 있다. 라이프 센터 차움은 '항노화 라이프 계획' 을 제시하며, 계획대로 하면 생체 나이가 제시된 기간만큼 젊어진다고 한다. (779)

(13)미국 뉴욕줄기세포재단 연구소의 연구진이 '세계첫 맞춤형 복제 배아줄기세포' 를 만드는데 성공했고, 이는 머지않아 '내 세포로 내 심장 · 콩팥을 다시 만들 수 있다' 는 것을 뜻한다고 한다. 또한 '배아줄기세포 치료제 한국이 첫 출시 가능성' 이란 제목으로 최근 신문은 다음과 같이 보도했다. (780)

「배아줄기세포 치료제 개발 경쟁에서 한국과 경쟁을 벌여온 미국 기업이 임상시험 중단을 발표했다. 이에 따라 한국 기업이 세계 최초로 배아줄기세포 치료제를 출시할 가능성이 커졌다.

미국 바이오기업인 제론(Geron)의 임상시험 중단에 따라 현재 세계 곳곳에서 정부의 승인을 받고 임상시험 중인 배아줄기세포 치료제는 차병원 산하 차바이오앤디오스텍이 미 ACT와 공동으로 개발한 망막 질환 치료제만 남게 됐다. 양사는 2010년 10월 눈에서 영상(映像)이 맺히는 망막이 유전 질환으로 손상된 스타가르트병에 대해 FDA의 미국 내 임상시험 승인을 받았으며, 2011년 1월에는 망막 중심 부위인 황반이 노화로 손상된 노인성 황반 변성에 대해서도 임상시험 승인을 받았다. 국내에서는 2011년 5월 스타가르트병에 대한 임상시험 승인을 받았다.

2011년 6월 국내 바이오기업인 에프씨비파미셀은 세계 최초로 성체줄기세포 치료제 판매 승인을 받았다. 만약 차바이오앤디오스텍이 배아줄기세포 치료제 승인을 받으면 우리나라는 성체줄기세포와 배아줄기세포 양쪽에서 첫 치료제 개발국이 된다.

"혈액 · 신경 · 근육 · 연골 등 다양한 인체 세포로 분화할 수 있는 일종의 원시(原始) 세포다. 성인의 골수나 지방 조직에서 추출한 것을 '성체줄기세포', 불임 치료 후 남은 수정란(배아)에서 얻은 것을 '배아줄기세포' 라고 한다. 배아줄기세포는 성체줄기세포보다 분화 능력이 뛰어나지만, 수정란을 파괴해야 하는 윤리적 문제가 있다." (781)」

(14)1,600건의 발명특허를 받아 대한민국 최고의 발명대왕 수상자이며, 대한민국 발명의 전당 발명대왕에 헌액되었고, 세계최고의 물박사를 자부하는 신지식인 한상관(53세) (주)명성중공업 회장은 조언한다.

"우주만물은 물로 이루어져 있다." 그는 건강의 조건으로 ①어깨와 척추를 반듯하게 펼 것 ②가글을 자주할 것(입안에 독소가 계속 생성되고 있음) ③상추를 가급적 먹지 말 것(몸에 안 좋은 수면제성분 함유) ④식사시 또는 식후에 물을 가급적 마시지 말 것 ⑤무리한 땀 흘리기를 하지 말 것 ⑥소고기를 먹으려면 가급적 기름기 적은 부분을 먹을 것(중국 · 인도인들은 소고기를 안 먹어 중풍환자가 거의 없음)등을 권한다.

(15)평균수명(81세)을 사는 우리 국민 3명 중 1명이 암에 걸린다는 통계가 나

왔다. 우리나라 암에 관한 최근 통계를 보자.

우리 국민이 평균수명 정도를 살면서 암에 걸릴 확률은 36.2%인 것으로 조사됐다. 81세까지 사는 사람 3명 가운데 1명꼴로 암에 걸리는 셈이다. 암 발생은 해마다 늘어나고 암 치료술도 발달해 국내 암환자(유병자) 수는 80만 8,503명에 달하는 것으로 집계됐다. 국민 60명중 1명이 암과 싸우며 살아가는 '암 동거(同居)시대' 가 된 것이다. 특히 65세 이상 노인층은 17명중 한 명이 암 진단을 받은 적이 있다.

보건복지부와 국립암센터 중앙암등록본부가 2011년 12월 29일 발표한 국가 암 등록 통계에 따르면 2009년 한 해 동안 새로 발병한 암 환자는 19만 2,561명(남자 9만 9,224명, 여자 9만 3,337명)으로 2008년보다 6.7%, 1999년보다 90.6% 발병자가 늘어났다.

평균수명까지 생존할 때 암에 걸릴 확률의 경우 남성(평균수명 77세)이 5명 가운데 2명(37.9%), 여성(평균수명 84세)이 3명 가운데 1명꼴(32.7%)인 것으로 나타나 남성의 발병 확률이 훨씬 높았다. 이 통계는 2011년 처음 산출했다. 남성의 경우 위암(9.1%), 여성의 경우는 갑상선암(7.9%)의 발병가능성이 가장 높았다. 2009년 암 발생 빈도는 남성의 경우 위암 · 대장암 · 폐암 · 간암 · 전립선암 등 기존 5대 암 순위가 그대로 유지됐고, 여성은 갑상선 암 · 유방암 · 대장암 · 위암 · 폐암 순으로 많이 발생해 처음으로 대장암이 위암을 앞질렀다.

암 센터는 "갑상선 암이 늘어난 것은 초음파를 통한 초기진단이 이루어지고 있기 때문이며, 대장암 증가는 지방이 많은 음식을 먹고 섬유질 섭취는 많이 하지 않는 서구식 식습관 확산과 관계가 있는 것으로 보인다" 고 분석했다.

암 치료 의술도 비약적으로 발달해 2005~2009년 사이 암을 확인한 환자의 5년 생존률은 62%로, 대부분의 암 치료율에서 미국 · 캐나다 · 일본 등 선진국을 앞섰다. 특히 여성 환자의 5년 생존률은 이미 70%를 넘어섰다.

이에 따라 암유병자에 대한 국가차원의 관리대책이 필요하다는 지적이다. (993)

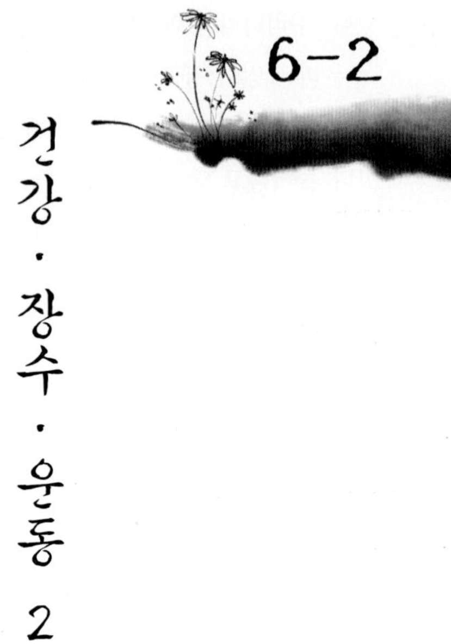

건강 · 장수 · 운동 2

담 쟁 이

도종환

저것은 벽
어쩔 수 없는 벽이라고 우리가 느낄 때
그때
담쟁이는 말없이 그 벽을 오른다.
물 한 방울 없고 씨앗 한 톨 살아남을 수 없는
저것은 절망의 벽이라고 말할 때
담쟁이는 서두르지 않고 앞으로 나아간다.
한 뼘이라도 꼭 여럿이 함께 손을 잡고 올라간다.
푸르게 절망을 다 덮을 때까지

바로 그 절망을 잡고 놓지 않는다.
저것은 넘을 수 없는 벽이라고 고개를 떨구고 있을 때
담쟁이 잎 하나는 담쟁이 잎 수천 개를 이끌고
결국 그 벽을 넘는다.

- □ 수면은 잃었던 건강을 회복시키고, 운동은 새로운 힘을 획득하게 한다. – 켄넬
- □ 조금 먹고, 조금 마시며 그리고 일찍 쉬어라 이것은 세계적인 만능약이다. – 드라크루아
- □ 즐거움과 절제와 안면은 의사와의 인연의 문을 닫는다. – H.W. 롱펠로, 《잘 듣는 약》
- □ 태어나서 20년이 되는 사람은 내 몸의 양생법(養生法) 정도는 알고 있어야 한다. – 티베리우스
- □ 손수 장작을 패라. 이중으로 따뜻해진다. – H. 포드
- □ 환락을 적당히 즐기는 것은 건강에의 길이다. 그러나 지나치게 빠지면, 반드시 마음이 현혹당하고 몸을 해친다. – 스마일즈
- □ 오래 살기 위해서는 느긋하게 사는 것이 필요하다. – 키케로
- □ 걷고 뛰어라. 걷고 뛰는 자만이 건강하게 그리고 확실하게 목적지에 도착할 수 있다. – 조영재
- □ 건강의 비결은 적당히 먹고, 자고, 쉬고, 열심히 일하고, 이웃을 사랑하면서 즐거운 마음으로 최선을 다해 끝까지 꿈과 목표를 향해 걸어가는 데 있다. – 조영재

■ ■ ■

일반적으로 운동(movement)이란 골격근(骨格筋)의 수축과 이완으로 인체가 움직이는 것을 말한다. 수많은 근세포(筋細胞)의 집단인 근육(筋肉)은 평활근(平滑筋) · 심근(心筋) 그리고 골격근(骨格筋)의 3종으로 되어 있다. 평활근은 내장기관에 있는 근육이며, 심근은 심장을 구성하고 있는 근육이며, 이 두 가지는 사람의 의지와 관계없이 반사적으로 운동하는 근육으로 흔히 불수의근(不隨意筋)이라고 한다. 골격근은 골격에 붙어 있는 수축력이 강한 근육이며, 주로 의지에 따라 움직인다. 또 골격근이 이완 수축되면 많은 양의 에너지가 소모된다.

사람의 운동은 의식 또는 무의식적으로 여러 형태로 나타난다.

먹고 자고 움직이는 일상생활에서부터 농사일, 직장일 등 먹고 살기 위한 움

직임, 그리고 여러 형태의 스포츠 등으로 다양하다.

스포츠 중에서도 국가 간의 경쟁인 올림픽이나 월드컵경기 등은 70억 세계 인류가 각 나라 별로 서로 경쟁상대가 되어 치열한 대결을 한다.

그리고 그 승패에 따라 승리의 기쁨에 감격하기도 하고 패배에 울분의 눈물을 흘린다.

우리 한국은 인구로는 5,000만에 불과한 작은 나라이면서 수억, 수십억 인구의 나라와 스포츠대결에서 승리를 거듭한 바 있다. 특히 스포츠의 세계대전인 1988년 서울올림픽(4위), 2002년 월드컵(4강달성), 2008년 베이징올림픽(7위), 2010년 벤쿠버 동계올림픽(5위) 등에서는 놀라운 성적으로 대~ 한민국! 이라는 응원구호와 함께 국민적 자부심을 키웠고, 박지성, 김연아, 박태환, 추신수 등 수많은 세계적인 스포츠 영웅들을 만들어 냈다.

노르웨이의 토르 고타스는 그의 저서 《러닝》에서 달리기를 통한 인류문명사를 다음 같이 정리했다. "생물학자들의 이론에 따르면 우리는 달리기 시작했을 때 비로소 인간이 되었다."

사람은 건강한 삶을 누리기 위해서는 적당량의 음식섭취와 함께 적당량의 운동을 하지 않으면 안 된다. 국립 중앙의료원이 제시하는 '한국인의 신체활동(운동) 가이드라인' 에 의하면, 성인은 일주일에 총 2시간 30분 이상 달리기 · 조깅 등 중간 강도운동, 한 번에 최소 10분 이상 또는 75분 이상의 고강도 유산소운동을 해야 한다. 유산소운동은 달리기 · 수영 등 호흡을 하며 지속하는 운동을 말한다. 그리고 팔 · 다리 · 엉덩이 · 복부 등 신체 주요 근육을 역기 등을 이용해 일주일에 두 번 이상 해야 한다.

서울대 건강운동 과학연구실 송욱 교수는 "정기적인 유산소운동은 최근 급증하는 대장암과 유방암을 예방하는 최적의 수단"이라고 말했다. (782)

경제생활 수준이 향상되고 건강에 관심들이 높아지면서 "생활체육, 마라톤 동우회, 헬스클럽, 조기체육, 등산모임"등 건강 활동에 관한 관심과 모임활동들이 늘어나고 있다.

여기 건강과 생활체육에 관한 조언(이강두 국민생활체육회장,고령화사회, 생활체육은 선택아닌 필수)을 들어보자.

『2009년 WHO의 국가별 건강수명을 보면 한국은 71세로 28위다. 평균수명이 80세임을 감안하면, 노후 9년을 병마에 시달리는 셈이다. 이제는 단순히 '오래 사는 것'이 아니라 '건강하게 오래 사는 것'에 정책초점을 맞춰야 한다.

전문가들은 건강한 노후를 보장하는 핵심요소로 생활체육을 꼽는다. 규칙적인 운동은 체내 노폐물 축적을 막고 성인병을 예방한다. 또한 매일 30분간 즐겁게 몸을 움직이면 마약보다 강력한 베타엔도르핀이 나온다고 한다. 미국암학회(ACS)에서도 활발한 신체활동이 암 사망의 3분의 1을 줄일 수도 있다고 했다. 하루 30분, 주 3회 이상 운동하면 하루 2시간 이상의 수명연장 효과가 있다는 스탠퍼드대학의 연구결과도 있다.

미국 보건성은 규칙적인 운동을 하는 사람은 그렇지 않은 사람에 비해 연간 330달러의 의료비를 절감할 수 있다고 했고, 캐나다의 생명보험사는 체육활동에 1달러 투자할 경우 3.43달러의 경제적 비용절감 효과를 가져온다고 했다. 체육과학연구원에 따르면, 생활체육 비참여자의 1인당 연간 의료비는 꾸준히 운동하는 사람보다 2배나 많았다. 서울대 스포츠산업연구센터는 국민들이 규칙적인 체육활동에 참여할 경우 연간 16조원의 경제적 효과가 발생한다고 했다. 이렇듯 생활체육을 열심히 하면 개인적으로나 국가적으로 큰 돈이 됨에 틀림없다.

'생활체육의 천국' 독일에서는 의사가 약보다 운동을 처방하고, 환자가 처방전을 들고 체육관에 가면 강습비가 보험으로 해결된다. 장수국가 일본에서는 대학교와 지방자치단체가 공동으로 노인에 맞는 운동프로그램을 운영하기도 한다.

생활체육은 이제 선택이 아니라 필수인 시대다. 생활체육이 곧 복지이며, 이에 대한 투자는 사회간접자본이라는 공감대가 확산돼야 한다.』(783)

운동하기 가장 좋은 시간, 즉 우리 몸이 운동하기 적합한 몸으로 만들어지는 시간은 오후 7시 이후라 한다. 미국 시카고대의 벅스턴 박사는 오후 7시 이후 운동을 하면 부신피질 및 갑상선 자극 호르몬의 분비량이 빠르게 증가한다고 밝혔다. 이 호르몬은 몸의 신진대사를 돕고 신체의 각성도를 높여 운동효과를 증대시킨다. (784)

여기 최근 많이 하고 있는 걷기, 달리기(마라톤), 등산, 골프 등에 관한 조언을 들어 본다.

화타 김영길은 저서 《누우면 죽고 걸으면 산다》에서 "아무리 죽을병에 걸려도 걷다 보면 절반은 산다"고 조언한다.

"걷기는 신이 주신 보약입니다. 그 어떤 것과도 비교할 수 없을 만큼 건강에 이로워요. 맨발은 더욱 좋습니다."

걷기 중에서도 '맨발걷기' 에 깊이 빠져있는 대전지역 향토 소주업체인 (주)선양의 조웅래 회장의 말이다.

오래전부터 대전 계족산에 황톳길을 조성해 놓고, 시민 맨발걷기운동을 펼쳐온 조회장은 매년 개최하고 있는 계족산의 맨발축제 외에도, 외국에서의 맨발걷기 · 달리기 대회를 매년 주최하고 있으며, 요즘은 매달 3~4차례 '맨발로 누리는 자연 치유 에코힐링(Eco-healing)' 을 주제로 강연도 한다. 그는 맨발특강 덕분에 '맨발교수' 라는 별명을 듣기도 한다. (785)

필자도 어렸을 때 맨발로 걷기, 뛰기를 많이 했고, 1990년 한국방송통신대학교 전국총동문회장 시절부터 방송대 동문 · 친지들 8,000명, 1만 명 등과 함께 계룡산, 지리산, 금정산(부산), 백두산, 도봉산, 치악산 등을 맨발로 산행(맨발로 걷는 거리는 1km내외)하곤 했다.

매일 "일십백천만 운동"하자는 말이 있다. 매일 "한 가지 착한 일을 하고, 10명 이상 만나고, 100자 이상 쓰고, 1,000자 이상 읽고, 만보 이상 걷자는 운동"이다. 참 좋은 삶의 지침이라고 할 것이다.

마라톤(Marathon)은 완주했을 때 최고의 성취감과 최상의 쾌감을 주는 운동이다. 그러나 철저한 준비 없이는 위험하다.

마라톤은 전신 운동으로 심폐 지구력과 전신 근력을 올려주는 종목이다. 우리 몸은 뛰기 시작한 지 30분이 지나면 몸에 축적된 지방을 태워 에너지원으로 사용한다. 마라톤은 체지방 감소에 뛰어난 효과를 볼 수 있다.

마라토너들이 말하는 극한의 쾌감은 '러너스 하이(runner,s high)' 라 불린다. 달리는 도중에 일종의 도취 상태에 빠지는 현상이다. 진영수 서울아산병원 스포츠 건강의학센터 교수는 "달리면서 느끼는 쾌감은 스트레스 해소와 우울증 치료에 큰 도움이 된다"고 말한다.

하지만 무리한 달리기는 몸에 치명적 상처를 입힌다. 특히 40, 50대에 마라톤에 도전하는 사람은 갑작스러운 협심증, 심근경색 등을 조심해야 한다.

사람은 달릴 때 몸무게의 2~3배에 해당하는 하중이 관절과 근육에 실린다. 가장 흔한 것은 '러너즈 니(runner' s knee)' 라 불리는 무릎 부상, 처음엔 근육이 욱신거리는 정도지만 계속되면 관절염으로 이어진다.

박승규 유비스 병원 관절전문센터 진료원장은 "연골판이 닳은 채 달리면 손상이 더욱 커져 걸을 수 없게 되거나 퇴행성관절염으로 진행되기도 한다"며 "무릎을 만졌을 때 관절사이 통증이 있거나 쪼그려 앉기 힘들다면 연골판 손상을 의심할 수 있다"고 말했다.

족저근막염도 무릎 부상만큼 빈번하게 발생한다. 발바닥을 과도하게 사용하면 만성적인 염증이 발생하거나 지방층이 얇아져 통증이 생긴다. 족저근막은 발바닥을 싸고 있는 단단한 막으로 충격을 흡수하고 발바닥의 아치(움푹 파인 부분)를 받쳐 준다. 족저근막염은 족저근막에 염증이 생기거나 붓게 되는 것을 말한다.

마라톤은 장거리를 뛰는 것이므로 바른 자세를 유지해야 부상을 방지할 수 있다. 시선은 전방 18~20m를 향하고 상체는 긴장을 푼 상태에서 지면과 수직을 이루도록 한다. 편안하게 뛰되 몸이 좌우로 흔들리면 안 된다.

팔은 자연스럽게 움직이도록 하고 엉덩이는 빼지 않고 상체와 일직선으로 유지한다. 무릎을 높게 들면 오래 뛸 수 없다.

마라톤을 시작하는 사람은 적어도 처음 3주는 달리기를 자제하고 걷기부터 해야 한다. 뛰기 전에는 워밍업을 충분히 해야 한다. 기본은 전신 스트레칭과 가벼운 조깅이다. 집중적으로 해야 할 것은 하체와 허리 부위의 스트레칭, 달릴 때는 심박수 점검이 필수다. 달리기를 마친 후에는 워밍업과 마찬가지로 전신 스트레칭을 해줘야 한다. 한 주에 10% 이상씩 운동량을 늘리는 것은 위험하다.

달리기를 할 때 수분 섭취도 필수다. 체중의 1~2% 정도로 수분이 손실되면 갈증이 생기고 탈수 현상이 나타나므로 1시간 이상 연습할 때는 매시간 500ml의 시원한 물을 마셔야 한다. 마라톤 경기에서는 10~15분에 한 번씩 차가운 물이나 이온 음료를 한 컵씩 마시면 수분공급과 함께 체온의 상승을 막는다. (786)

등산은 특히 장·노년층에 위험하다. 무거운 배낭을 지고 험한 산길을 몇 시간~며칠씩 걸어 오르내리면 노화 단계에 접어든 신체에 무리가 가기 때문이다.

2008년부터 지난해까지 국립공원에서 발생한 사망 사고 중 심장 돌연사가 41.6%로, 실족에 의한 추락사(29.1%)보다 훨씬 많았다.

장·노년층은 누구나 만성질환 하나쯤은 가지고 있다. 퇴행성관절염이 있으면 3km 미만의 원만한 흙길 등산로를 1시간 이내로 걷는 것을 권장한다. 내려올 때 더 천천히 걸어야 한다. 스틱을 이용하면 다리로 갈 하중의 30%가 팔로 분산된다. 하산한 뒤 귀가할 때까지의 관절피로를 고려하고 움직여야 한다. 올라갈 때 40%, 내려올 때 30%, 귀가할 때까지 30% 정도로 체력을 안배한다.

골다공증이 있으면 적당한 무게가 실리는 운동을 해야 골밀도가 높아진다. 따라서 평지 걷기보다 짧고 완만한 코스의 등산을 주 1~2회 하도록 권장한다.

폐경기 여성은 에스트로겐이 부족해 관절과 근육을 더 잘 다치기 때문에, 집에서 등산화를 신기 전부터 몸을 충분히 풀고 출발해야 한다. 햇빛을 쐬면 튼튼하게 해주는 비타민D가 생성되지만, 긴 옷을 입거나 선크림을 바르면 효과가 없다. 날씨가 따뜻해지면 반팔 티셔츠위에 등산점퍼를 입고 가서 쉴 때 점퍼를 벗고 팔을 노출시키자.

요통을 겪는 사람은 몸이 뻣뻣한 상황에서 바로 준비운동을 하지 말고, 일단 느린 보행 등으로 체온을 높이고 난 다음 스트레칭을 해서 관절을 풀어준다. 하산 후엔 더운물 목욕으로 근육을 충분히 이완시켜야 한다.

당뇨병 환자는 식사를 마치고 1~2시간 뒤, 인슐린 투여 후에는 1시간이 지난 뒤 등산을 시작해야 한다. 이보다 빨리 산에 오르면 저혈당이 유발된다. 식전 혈당이 300mg/dL 이상일 때는 등산하면 안 된다.

심장질환 · 고혈압이 있으면 운동하다 돌연사할 가능성이 일반인의 100배이다. 반드시 천천히 걸어야 한다. 50대의 경우 최대 심박수를 1분당 120~130 이하로 유지하자. 평소 혈압을 수축기 180mmHg, 이완기 110mmHg 이하로 조절해야 안전한 등산이 가능하다.

〈건강효과 최대화하는 산행법〉

산행 중 몸이 지치면 휴식을 취해도 원상회복되지 않으므로, 지치기 전에 쉬어야 한다. 배낭을 내려놓지 말고 나무나 바위에 기대 짧은 휴식을 취하면서 가열된 근육이 식기 전에 다시 걷는다. 많이 지치면 배낭을 내려놓고 5분간 쉰다.

다리에 쥐가 나면 반대쪽 다리부터 마사지하자. 그러면 쥐가 난 다리도 통증이 서서히 완화되는데, 이때 쥐가 난 쪽을 마사지한다. 처음부터 쥐가 난 다리를 주무르면 인대가 손상될 수 있다.

물은 목이 마르기 전에 마셔야 한다. 등산 시작 15분 전에 1잔 마시고, 20~

30분마다 1잔씩 마시자, 식사도 배고프기 전에 해야 한다. 탈진한 상태에서 음식을 먹어도 소화 · 흡수가 제대로 되지 않는다. 산에서는 단백질이나 지방은 피하고 고탄수화물 식사를 하자. 육류는 체내 산소 소비를 촉진한다. (787)

골프를 치는 사람은 골프를 치지 않는 사람보다 평균 5년 정도 더 살 수 있다는 연구결과가 나왔다.

영국 일간지 데일리 메일은 "스웨덴 카롤린스카연구소의 연구팀이 30만 명의 골퍼들을 대상으로 조사한 결과 골프를 치는 사람이 치지 않는 사람보다 일정한 시점에 사망할 가능성이 40% 낮은 것으로 나타났다"고 보도했다. 이것은 평균 5년을 더 산다는 의미와 같다. 또한 핸디캡으로 따져 최고의 골퍼들은 같은 연령대에서 골프를 하지 않는 사람에 비해 사망할 가능성이 47%까지 낮은 것으로 나타났다고 이 신문은 보도했다.

연구팀은 골프가 육체적으로 격렬한 운동은 아니지만 18홀 한 라운드를 도는 것은 보통 4마일(약 6.4km)이상 걷기운동을 하는 것과 비슷하다고 말했다.

카롤린스카연구소의 안더스 아봄(Ahlbom)교수는 "골프의 한 라운드는 6~7km를 4~5시간 동안 빠른 속도로 걷는 운동을 하는 것과 비슷하다"며 "골프는 다른 사람과 함께 하는 운동이므로 사교성을 증진시킨다는 점에서 정신건강에도 좋다"고 말했다.

하지만 이 연구에 대한 비판적 시각도 있다. 스칸디나비안 저널은 "골프를 치는 사람은 그렇지 않은 사람보다 대부분 부유하다"며 "골프를 치기 때문에 골퍼들이 건강하다고 단정지을 순 없다"고 보도했다. (788)

요즘 건강운동법으로 활용되고 있는 '108배 절운동'에 대한 월간 좋은 생각(2009.6)의 글을 읽어 보자

「조선시대의 고승인 서산대사는 "절은 아상(我相)을 꺾음으로 진실한 자신에게 돌아가는 것"이라며 108배 절수행을 강조했다. 아상은 개인적 욕심에서 비롯된 잘못된 모습이다. 내 안의 수많은 나를 꺾고 참다운 나를 발견하게 하는 것이 절이다. 본시 절이란 나를 낮추지 않으면 할 수 없는 행동이다. 오체투지, 즉 양무릎을 꿇은 뒤 엎드려 양 팔꿈치를 바닥에 대고, 이마까지 바닥에 맞닿게 하는 것은 더 이상 낮아질 수 없을 정도로 낮아지는 것이다. 그래서일까. 절을 하다보면 자연스럽게 상대방을 공경하는 마음, 자신을 겸허하게 바라보는 눈, 조용히

자신을 돌아보게 하는 힘이 생긴다. 내면세계의 질서를 잡아 주고 삶의 통찰력을 갖게 하는 절. 그래서 고승은 단순히 '절'이 아닌 '절수행'이라고 했나 보다.

원래 108배는 불가 전통 수련법의 하나이다. 그런데 요즘은 종교를 떠나 마음을 다스리는 수행법이자 건강법으로 활용되고 있다. 부산 해동 고등학교에서는 점심시간에 몇몇 학생들이 강당에 모여 108배 절운동을 한다. 체력 증진은 물론 성취감이 고조되고 학업 능력도 향상된다고 한다. 이렇게 108배를 하면 시간이 20분 가량 걸리는데, 소비되는 칼로리가 남자는 144kcal, 여자는 100kcal로 이 정도 소모량이면 시간 대비 빠르게 걷기와 수영, 테니스를 하는 효과와 같다.

절운동의 놀라운 효과는 이뿐이 아니다. 절을 한 지 10분쯤 지나면 얼굴과 등에 땀이 맺히기 시작한다. 이때 피부의 독소가 땀과 함께 빠져나와 일주일 정도만 지나도 피부가 좋아지는 것을 느낄 수 있다. 또 하체에 근육이 붙어서 하체 라인이 매끈해진다. 108번이나 허리를 접었다 폈다를 반복하니 복근 역시 단단해질 수밖에. 조선 시대 대갓집 여인들이 자식을 얻기 위해 108배를 지성으로 드린 뒤, 아기를 가졌다는 말은 근거 있는 얘기다. 절을 하는 동안 가슴의 열이 하체로 내려가면서 자궁이 따뜻해지기 때문이다.

수천 년을 이어 수련해 온 사람들이 하는 말이 있다. "절은 온갖 요가를 다 합쳐 놓은 축소판"이라는 것. 절이 그만큼 운동 효과가 뛰어나다는 것이다. 절을 꼭 108번 할 필요는 없다. 필요에 맞게 시간을 정해서 50번, 100번만 해도 된다. 절운동은 그저 방석 하나와 반 평 크기의 공간만 있으면 가능하다. (참고: 기적의 108배 건강법, 사람과 책)」

운동은 재미있는 종목을 고르고, 자신이 제대로 하고 있는지 관리하면서 하자. 체육과학연구원 송홍선 선임연구원은 "자신이 좋아하는 운동을 하면 오래 계속하게 되고, 같은 운동량을 소화해도 덜 지친다"며 "여럿이 함께 운동하거나 운동을 효과적으로 하는지 관리하면서 운동하면 효과가 더 크다"고 말했다.

미국 일리노이주립대 운동학과 애드워드 맥컬리 교수팀이 중장년층 103명을 대상으로 5개월간 유산소 운동을 시킨 결과, 처음부터 해당 운동을 좋아하고 운동 효과에 확신을 가졌던 사람일수록 운동을 적극적으로 꾸준히 하는 것으로 나타났다. 미국 루이스빌대 생리학과 밀러 티에브 교수팀은 운동할 때 좋아하는 음악을 듣거나 대화를 하면 덜 힘들게 느낀다는 연구결과를 2010년 발표했다.

(990)

필자는 비교적 운동을 많이 하면서 살아왔다. 초중학교 시절 어려서는 대전 유성의 시골(옛적 필자의 고향인 대덕군 유성면 구암리 진터벌은 시골이었음)에 살면서 친구들과 함께 들(봉명들)로 산(왕가산, 계룡산)으로 냇가(만년천)로 뛰어다니며 놀았고, 고등학교 시절에는 서울에서 새벽 3시 반에 일어나 효창동 일대에 조선일보 배달원으로 일하면서 원효로에 있는 학교를 다녔다. 고교 졸업 후에는 직장에 다니면서 친구들과 자주 어울려 시간을 보냈고, 여행과 등산을 좋아해 혼자 100일간 전국일주, 친지들과 함께 열흘 동안에 1,000m이상 되는 산 10개를 산행한 일도 있었다. 지금도 대전 유성 노은동의 아파트에 살면서 아침에는 맨손체조와 역도, 아령운동을, 저녁에는 아파트 단지와 접해 있는 대전 수정초등학교 운동장과 왕가산 아랫길을 1시간정도 거의 매일 아내와 함께 걷고 뛴다. 그래서 그런지 아직까지는 안경 없이 책도 보고 아픈 데도 없다. 주머니가 가볍더라도 즐거운 마음으로 충분히 먹고, 자고, 운동하면서 자기 일을 열심히 하는 사람은 건강관리에 별 문제가 없다는 생각을 가지고 있다.

한국 골든에이지포럼과 연세대 보건대학원 국민건강증진연구소는 '고령자 걷기 지침서' 를 발표했다. 국내에서 걷기 권고안이 제시된 것은 처음이다.

지침서는 활동 능력이 중간 수준인 고령자의 분당 보행수는 60대가 110~120보, 또 70대는 100~110보, 80대는 90~100보 정도가 적당하다고 제시했다. 70대의 경우 하루 보행수는 4,000~5,500보, 주간 보행수는 3~4만보를 권한다.

지침서는 또 걸음 형태의 경우 8자 걸음은 발목과 척추에 무리를 주기 때문에 약간 벌어진 11자 걸음을 걷는 것이 좋다고 권했다.

김남진 국민건강증진연구소장은 "분당 110보는 평소보다 약간 빠르게 걷는다는 느낌이 드는 정도로 맥박과 호흡이 약간 빨라지고 땀이 약간 난다"며 "걷는 동안에 숨이 차서 노래를 부르지 못할 정도면 신체 능력에 비해 과한 것"이라고 말했다. (789)

장수에 대한 연구로 유명한 생물학자 칼슨 박사는 "의지만 있다면 우리는 모두 100세까지 살 수 있다"고 했다. 저서 《인류장수의 비결》에서 장수를 위한 몇 가지 규칙들을 제시했다.

① 인간은 반드시 녹색의 공간과 신선한 공기 안에서 생활하며 매일 7~8시간

의 수면을 충분히 취한다.

② 시간에 맞춰 아침식사를 한다.

③ 식사를 하기 전에는 간식을 먹지 않는다.

④ 담배를 될 수 있는 한 끊거나 줄이도록 한다.

⑤ 술은 조금만 마시도록 하고 과음하지 않는다.

⑥ 체중 조절에 힘쓴다. 일반적으로 정상 체중보다 20%를 초과하지 않도록 혹은 90%이하가 되지 않도록 한다.

⑦ 규칙적으로 신체 단련을 한다, 최소한 맨손 체조라도 매일 꾸준히 한다.

⑧ 영양이 풍부한 음식을 고루 섭취하고 절대 과식을 금하며, 지방분과 당류(糖類)의 섭취를 적절히 하도록 주의한다.

⑨ 경쾌한 보행을 통해 근육 단련과 혈액순환을 촉진시키고 긴장된 정서를 완화시킨다. 적절한 운동은 폐 기능의 퇴화를 막고, 심장병을 예방한다.

⑩ 머리를 많이 쓰는 놀이나 장기, 바둑, 외국어 공부, 카드놀이 등을 해서 뇌 건강을 양호한 상태로 유지시키도록 한다.

⑪ 순수하고 맑은 음악을 많이 듣도록 한다. 정신집중과 정서 안정, 마음 평안에 좋다. (790)

인구통계 전문가인 고려대 통계학과 박유성 교수팀이 한국연구재단 지원을 받아 통계청의 출생자 · 사망자 · 사망원인 통계(1997년 1월~2007년12월)를 토대로, 의학발달을 감안한 새로운 기대수명을 계산해 보았다. 그 결과 한국인의 수명이 통계청 예측보다 훨씬 빨리, 더 길게 연장돼 보통사람도 상당한 확률로 100세에 근접하는 '100세 시대' 가 코앞에 다가온 것으로 나타났다. '의학 발달에 가속도가 붙어 기대수명도 훨씬 늘게 되었다' 는 것이다. 박유성 교수팀이 제시하는 출생연도별로 남성과 여성이 100세 · 97세 · 96세 · 94세의 아침을 맞을 가능성(%)을 보자.(791)

① 1937년생, 100세(남성 18.5, 여성 22.4)

② 1945년생, 100세(남성 23.4, 여성 32.3)

③ 1958년생, 97세(남성 43.6, 여성 48.0)

④ 1964년생, 96세(남성 46.5, 여성 48.8)

⑤ 1971년생, (남성 · 94세 47.3, 여성 · 96세 48.9)

최근 을지대병원 이홍규 교수가 미토콘드리아(※진핵세포 속에 들어있는 소시지 모양의 알갱이로 세포의 발전소 역할을 하는 기관)장수론을 펼치고 있다. 그는 일본의 오타시게오 교수의 저서 《몸이 젊어지는 기술》을 번역 출간하면서 자신의 의학적 견해를 부록에 담았다. 이 교수에 의하면 "미토콘드리아는 우리 몸에 필요로 하는 에너지를 생산하는 공장으로 미토콘드리아 수는 곧 건강의 바로미터라고 할 수 있다", "질 좋은 미토콘드리아를 많이 만드는 것이 건강의 비결이다", "그 방법은 오타교수에 의하면 ①유산소운동 ②등을 곧게 펼 것 ③추위를 느끼도록 하는 것, 곧 추운 곳에서 운동을 하거나 섭씨 12도 물에 10분 정도 있을 것 등 ④몸을 공복상태(짧은 기간 단식)로 만들 것, 그리고 음식을 천천히 먹을 것 등을 제시한다." (792)

2011년 6월 21일 통계청이 발표한 '100세 이상 고령자 전체인구는 2010년 총 1,836명으로 2005년(961명)에 비해 875명(91%)이나 늘었다. 성별로는 여자가 1,580명, 남자가 256명으로 5년 전보다 각각 84.4%, 146.2% 급증했다.

장수의 비결은 식생활 습관에 있었다. 100세 이상 노인이 가장 많이 꼽은 장수의 비결(복수응답)은 절제된 식생활, 낙천적인 성격, 규칙적인 생활, 유전적인 요인, 원만한 가족생활 등의 순이었다. 소식(小食)으로 건강관리를 한다는 답변(복수응답)이 가장 많은 가운데 운동과 산책, 보약과 영양제 복용, 담배와 술 절제, 목욕과 사우나 등이 그 뒤를 이었다. 좋아하는 식품류는 채소류, 육류, 어패류 순이라고 답했고 싫어하는 음식은 밀가루로 만든 음식, 육류, 견과류 순으로 조사됐다. (793)

미국 텍사스대의 바샵 노화연구 재단 교수인 스티븐 오스태드(Austad · 64) 교수는 "서기 2150년까지 인간의 최고수명이 150세에 도달한다"는 논문을 2000년 한 학술지에 발표했다. "오스태드교수는 그 근거로 인간수명을 30% 늘리는 약이 앞으로 20~30년 안에 나오며, 지난 10년간 동물실험을 통해 '장수생쥐'를 만드는데 성공"했다고 한다.

이에 대해 일리노이대의 스튜어트 올샨스키(Olshansky · 56)교수는 "그런 일은 있을 수 없다"고 반박했다. 마침내 두 사람은 과학사상 최대 판돈을 건 내기를 걸었다. 각자 150달러씩 150년간 주식시장에 묻어두기로 했는데, 20세기처럼 주가가 상승하면 150년 뒤 이들은 5억 달러(약 6,000억 원)로 불어난다. 2150년에 150세 인간이 출현하면 오스태스의 후손이, 그렇지 않으면 올샨스키의 후손이 그 돈을 차지하기로 했다. 오스태드는 이미 "지난 10년간 동물실험에서 인간으로 치면 150살에 해당되는 생쥐를 만들어 냈다"며 "미안하지만 내가 이길 것이 확실하다"고 흐뭇해했다.

인류 역사상 가장 장수한 사람은 122년 164일을 살고 간 프랑스의 잔 칼망(Calment · 1875~1997)할머니였다.

반면 오스태드의 적수 올샨스키 교수는 "신이 개입하지 않는 한 내기는 내가 이긴다"고 했다. 그는 노화의 흐름을 돌리는 약은 최소한 지금 살아 있는 사람들이 살아 있는 동안에는 안 나오고, 나온다 해도 수명을 2~3년 연장하는 데 그칠 거라고 말했다.

또한 오스태드 교수는 "젊은 날의 빈부격차가 노년의 건강격차를 증폭시킬 것"이며, 인류는 어린이가 많고 노인이 적은 '피라미드형' 인구에서 어린이는 줄어드는 데 노인은 줄지 않는 '사각형' 인구로 이행했고, 이는 지구의 역사를 통틀어 어떤 종(種)에도 없던 일이다. 그러나 지레 겁먹을 필요는 없다. 오스태드는 "장기적으로 볼 때 삶은 향상되고, 고통은 줄어든다"고 했다. 올샨스키는 "우리가 저지를 수 있는 최악의 우행(愚行)은 노인들을 일터에서 몰아내는 것"이라고 했다. 또한 노인을 사회적 자산(資産)으로 대접하고 사회적 약자에게 다양한 교육기회를 주는 것이 해법의 핵심이라고 말했다. (794)

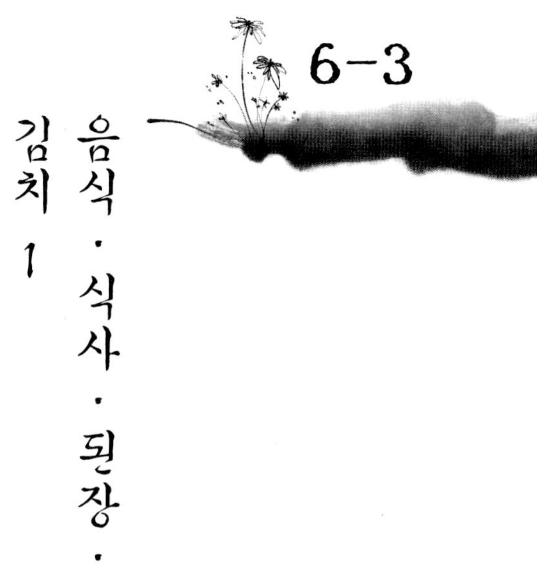

6-3 음식 · 식사 · 된장 · 김치 1

보릿고개

김규성

이십 리 길, 학교에 갔다 오니 밥이 없었다

우리 형제가 먹을 점심을
이웃집 아이가 몽땅 훔쳐 먹은 것이다

어머니는
우리에게 한사코 입단속을 이르시고는

다음날도 눈에 잘 띄게
부뚜막에 한 그릇의 고봉밥을 담아 놓으셨다.

□ 금강산도 식후경이다. – 한국 속담

□ 수염이 석자라도 먹어야 양반이다. – 한국 속담

□ 최초의 맛에 대한 기억은 어머니가 만들어 주신 음식에서 시작한다. 맛은 추억이고 그리움이며 맛을 느끼는 건 가슴이다. 그러므로 가장 맛있는 음식은 모든 어머니의 숫자와 동일하다. – 허영만, 《식객》

□ 먹기 위해 살지 말고, 살기 위해 먹어라. – 키케로

■ ■ ■

식품, 즉 음식(飮食 · food · food and drink · refreshments)이란 사전적으로 '사람이 먹을 수 있도록 만든 것' 즉, 밥 · 국 · 반찬 등을 총칭하는 말이며, 음식물의 준말이다. 일반적으로 음식물이라 하면 '사람이 먹고 마시는 것들 전부'를 말한다.

요즘에는 먹거리(먹을거리) 또는 식품(食品)이란 말도 많이 쓴다. 인간 삶의 3가지 기본적 요소를 의식주(衣食住 · food, clothing and housing)라고 한다. 옷과 음식과 집 이 3가지만 있으면 생명의 유지 · 보전에는 큰 지장이 없다는 뜻이다. 만약 이 3가지 중에서 1가지만을 골라서 일정기간 삶을 살아 보라고 한다면 먹을거리 즉 음식을 선택하지 않을 수 없을 것이다. 옷과 집이 없으면 땅속을 파고 들어가 지낼 수 있겠지만 먹을거리인 식량과 물이 없다면 사람은 단 한 달도 버티기 어렵기 때문이다. 요즘에는 의식주 외에 '즐긴다(樂)'를 추가하여 의식주락(衣食住樂) 4가지 요소를 말하기도 한다.

음식은 공기 · 햇빛 등을 제외한다면 인간 삶의 제1조건이라고 할 것이다. 그렇기 때문에 예로부터 음식 · 식품 · 식량 등 먹거리에 관한 관심 · 연구 · 개발 · 가르침 등이 많았다.

널리 알려진 대로 음식과 관련된 명언 · 용어 · 어휘들도 다양하다.

"목구멍이 포도청"이라는 우리 속담은 '먹고 살기 위하여 하지 못할 일까지 하게 된다는 말'이다. "약식동원(藥食同源)"이란 '약과 음식은 그 뿌리가 같다', 즉 음식이 곧 약이고 약이 곧 음식이라는 말이다.

"이식위천(以食爲天)"이란 '백성은 먹는 것을 하늘 같이 여긴다'라는 말이다.

이는《한서(漢書)》에 무릇 '왕노릇하려는 자는 백성을 하늘 같이 여기나, 백성은 먹는 것을 하늘 같이 여긴다(王者以民爲天 而民以食爲天)' 라는 구절에서 나온 말이다.

"병입어구(病入於口)"란 '병은 입에서 들어온다' 라는 말로 이는 1246년 송(宋)의 축목(祝穆)이 편찬한《사문유취(事文類聚)》에 '병은 입에서 들어오고, 재화는 입에서부터 나간다' 에서 나온 말이다.

"대식단명 소식장수(大食短命 小食長壽)"란 말 그대로 다른 조건이 같다면 '음식을 많이 먹으면 단명하고, 음식을 절제하며 적게 먹으면 오래 산다' 는 뜻으로 대식과 과식(過食)을 조심하라는 말이다. 소식주의자들은 소식(小食)은 인류에게 경제적으로 이익이 될 뿐 아니라 건강에도 좋고, 두뇌도 명석하게 해준다고 주장한다.

노년기에 칼로리를 제한하면 기억력이 향상된다는 연구결과가 나왔다.

독일 뮌스터대 연구팀은 과체중(평균 체질량 지수 28)인 노인(평균 연령 60.5세) 50명을 세 그룹으로 나눠 첫 번째 그룹은 칼로리 섭취량을 기존 섭취량의 3분의 1(하루 평균 칼로리 1200kcal이하)로 줄였고, 두 번째 그룹은 전체 칼로리는 줄이지 않은 채 올리브 오일, 생선 등 불포화 지방산이 많이 포함된 식품의 섭취량을 늘렸다. 세 번째 그룹은 칼로리와 식단 모두를 그대로 유지했다.

연구팀이 3개월 후 기억력 테스트를 실시한 결과 칼로리를 줄인 첫 번째 그룹만 단기 기억력이 향상됐고, 식단만 바꾼 두 번째 그룹과 칼로리와 식단모두를 유지한 세 번째 그룹은 변화가 없었다. 연구팀은 "칼로리를 줄인 그룹의 경우 그 전에 비해 인슐린 저항성과 염증 물질이 줄었는데, 이것이 인지기능을 높인 것으로 판단된다"고 말했다. (795)

그러나 단순소식에 대해서는 다음과 같은 반론이 있다.

최근 미국의 존슨 앤 휴스턴(Johnson & Houston)은, 백세인들의 식사 특징은 소식이나 특이식요법, 보약에 있는 것이 아니고, 다양한 음식을 골고루 충분히 먹는 것이라고 발표하여 학계에 큰 공감을 얻었다. 우리나라에서도 서울대 장수연구소 발표와 서울 메디칼 랩의 추적검사에서 살펴보면, 백세인들이 소식하는 경우는 거의 없다. 이들은 데친 나물류와 콩류, 삶은 돼지고기, 생선, 해물, 계란, 알류, 과일 등을 많이 먹는다. 이것은 미량원소, 미네랄, 비타민, 색깔 음식,

클로로필, 라이코펜, 캅사이신, 베타카로틴, 플라보노이드, 안토크산틴, 셀레늄, 사포닌, 코엔자임Q, 필수아미노산 등을 많이 섭취하는 것이 장수의 비결이라는 최근의 이론과도 일치하는 내용이다.

도대체 여러 음식을 먹지 않고 그런 것들을 골고루 섭취할 수 있는 방법이 세상 어디에 있겠는가. 그런데도 어찌하여 '소식이 오래 산다' 는 주장은 계속되고 있을까.

그 원인은 언어 해석상의 차이에 있다. 즉, 소식은 절식(節食), 또는 열량 제한(calory restriction)이라는 용어로 바꿔야만 한다. 그것은 탄수화물이나 지방에서 나오는 칼로리만을 줄이는 것이어야지, 인체성분을 구성하고 기능을 살려주는 재료들까지 줄여서는 안 되는 것이다. 무조건 몽땅 줄여버린다면 어떻게 인체조직과 기능을 더욱 튼튼하게 할 수 있겠는가!

어떤 사람들은 심한 경우, 소식이 곡식만 조금 먹고 일체 다른 것은 안 먹는 것으로 착각하기까지 한다. 이것은 너무나 위험한 발상이다. (246)

"일미칠근(一米七斤)"이란 '쌀 한 톨을 헛되이 버리면 죄가 일곱근이다' 라는 뜻이다.

쌀 미(米)자의 한자(漢字)풀이가 '쌀 한 톨 수확하기 위해서는 농부가 땀을 여든 여덟 번(八十八) 흘려야 한다' 는 말에서 보듯이 쌀을 비롯한 고기, 생선, 채소, 과일 등의 식량자원은 농수축림인(農水畜林人)들의 피와 땀의 결정체이다.

동학(東學)의 2대 교주였던 해월(海月) 최시형(崔時亨)선생은 '밥은 한울님(하늘)' 이라며 받들었다. '밥은 생명이요, 하늘' 이라는 시인 김지하의 밥사상과 같은 뜻이다. 그렇기 때문에 예로부터 음식을 소중히 다뤘다. 지금도 많은 사람들이 식사 전에는 천지신명(天地神明)과 땀 흘려 생산한 사람들에게 감사의 기도까지 하고 있는 것이다. 오늘날에도 사찰에서는 식사 후에 밥그릇(바리때 : 발우 鉢盂라고 함)에 물을 부어 발우에 남거나 묻어 있는 음식잔량을 깨끗이 씻어 함께 마시는 경건한 식사법을 이어가고 있다.

필자도 어려서부터 세끼 식사하기 어려웠고, 직접 땀 흘려 밭농사 · 논농사 일을 해보았기에 음식의 귀중함을 알고 자랐다. 지금까지도 식사는 먹을 만큼만 담아 밥 한 톨, 김치 한쪽, 양념 한 조각 버리지 않고 가능하면 밥그릇 국그릇까지 물로 헹구어서 마시고 있다.

"식불이미(食不二味)"라는 말은 《좌전(左傳)》에서 '식사 시에 찬을 두 가지 이상 놓지 아니한다' 라는 뜻으로 나오는 말이다.

"일탕이채(一湯二菜)"란 식사 상에 반찬으로 '국 한가지와 나물반찬 2가지' 만을 상에 올려 놓는다는 말이다.

우리나라에서 전래의 격식 있는 밥상차림은 '5첩(접)반상' 부터 시작된다.

상의 바깥 줄 중앙에는 생채를, 바깥 줄 왼쪽에는 익힌 채소인 숙채(熟菜)를, 바깥 줄의 오른쪽에는 소금과 양념을 친 침채(沈菜)를 놓았다. 또 안 줄의 왼쪽에는 말린 채소와 어육 등을 기름에 튀긴 좌반(佐飯)을, 안 줄의 오른쪽에는 김치를 놓았다.

여러 손님을 접할 때는 소금에 절인 고기인 자반과 채소볶음 등을 더해 7첩 반상으로 내놓았다. 또 임금에게 올리는 진짓상인 수라상(水刺床)은 12첩 반상, 사대부집 또는 양반집은 9첩 반상을 최고의 상차림으로 여겼다. 우리 민족은 밥을 신성시하면서도 다양한 종류의 밥을 즐길 줄 알았다. 쌀밥 외에 보리밥, 조밥, 수수밥, 옥수수밥, 콩밥, 팥밥 등을 즐겼는데 계절에 따라 봄에는 팥밥, 여름에는 햇보리밥, 가을에는 강낭콩밥이나 청태콩밥, 겨울에는 검은 콩밥 등을 지어 먹었다.

밥상에 대한 의례 역시 중시, 어린이들이나 머슴이 둘러앉는 두리반부터 명절이나 축하연 등에 차려지는 교자상, 경사 때의 점심 국수상인 장국상에다 다과상, 주안상, 돌상, 혼례상, 제상에 이르기까지 때와 장소에 따라 상차림이 서로 달랐다. (991)

음식에 대한 욕망은 인간의 원초적 본능이다. 원시시대 인간은 배고픔을 면하고자 음식을 먹었지만 문명사회를 이루면서 더 맛있는 음식을 찾게 되었다. 인간은 왜 음식에 탐닉할까? 이왕이면 더 맛있게 먹고 싶은 향상 욕구, 다른 사람들보다 우월하다는 과시 욕구가 그것이다.

한국학 중앙연구원 주영하 교수는 음식학(food studies)개론서라고 할 만한 그의 저서 《음식인문학(출판사 · 휴머니스트)》에서 다음과 같이 지적한다. '한국음식의 매운맛' 은 한국의 서민들이 귀한 소금을 아끼기 위해 짠맛을 상쇄하면서 동시에 밥맛을 좋게 하는 방법의 하나로 고추나 고춧가루를 사용했을 가능성이 크다.

인간은 조리하는 동물이다. 다른 동물과 달리 인간은 선택적 조리 과정을 통해 자신이 먹을 음식을 만들어낸다. 자연환경과 상호작용하며 특정한 재료를 선택하고, 사람 혹은 그 사람이 속한 문화에 따라 다른 조리법을 적용한다. 그렇기에 인간의 요리(dish)는 인간의 문화를 고스란히 담은 '그릇' 이다.

한국인이 알고 있는 '전통음식' 의 대부분은 '만들어진 전통' 의 음식이다. 민족과 국가를 중시한 근대에 들어서 정립한 '네셔널 푸드(national food)' 라는 설명이다. 예를 들어 고등어 꽁치 갈치 등 바다생선이 들어간 요리 대부분은 20세기 이후에나 등장한 근대의 요리다.

기록에 따르면 19세기 이전의 생선요리는 거의 다 민물생선을 재료로 했다. 전주비빔밥도 마찬가지다. 기록을 되짚어 보면 전주에 비빔밥 전문 식당이 생긴 것은 1930년대 이후다. 하지만 많은 사람은 고등어조림과 전주비빔밥이 우리의 오랜 전통이고, 영양학적으로도 우수해 세계에 자랑할 우리 음식이라고 생각한다. 자기 민족과 역사만 우수하다고 생각하는 편협한 '네셔널 푸드' 적 사고를 경계하고 다양한 문화를 존중하는 '에스닉 푸드(ethnic food)' 적 사고를 해야 한다고 저자는 주장한다.

숟가락 하나로 성리학적 전통을 엿보기도 한다. 숟가락이 퇴보한 중국 일본의 밥상과 달리 한국의 밥상은 끝까지 '주례(周禮)' 의 예법에 따라 숟가락을 내려놓지 않았다는 것이다. (796)

식품(음식물)의 기능에는 3가지가 있다.

① 1차 기능, 즉 영양기능이다. 인간이 필요로 하는 영양소가 균형 있게 함유되어 있어야 한다. 신체 발육을 돕고, 스트레스에 강하며, 지능발달을 도우면 좋은 식품이다.

② 2차 기능, 즉 기호기능이다. 식품을 먹었을 때 맛 · 향 · 조직 등이 기호에 맞아야 한다.

③ 3차 기능, 즉 생리적 조절기능이다. 인체의 생리적 활성을 돕는 신체의 리듬조절, 질병예방과 치유, 면역력 부활, 알러지 감소기능, 노화방지 기능 등 인간의 건강과 장수에 직결되는 기능으로 식품과 의약품 성질을 겸하고 있어, 이런 식품을 "21세기의 식품"이라고 부르기도 한다.

성경 잠언 23장 20절에서는 '술을 즐겨하는 자와 고기를 탐하는 자로 더불어 사귀지 말라' 23장 21절에는 '술 취하고 탐식하는 자는 가난해 질 것이요 잠자기를 즐겨하는 자는 헤어진 옷을 입을 것이니라' 고 가르치고 있다. 잠언 23장 2절에는 '네가 만일 탐식자(貪食者)여든 네 목에 칼을 둘 것이니라(and put a knife to your throat if you are given to gluttony).', 23장 3절에는 '그 진찬(珍饌)을 탐하지 말라 그것은 간사하게 베푼 식물이니라(Do not crave his delicacies, for that food is deceptive).', 레위기 7장 23절에는 '이스라엘 자손에게 고하여 이르라 너희는 소나 양이나 염소의 기름을 먹지 말 것이요(Say to the Israelites ; Do not eat, any of the fat of cattle, sheep or goats)' 라고 가르친다.

부처님의 언행록인 《아함경(阿含經)》에서는 '음식의 양을 알맞게 절제하면 다음 3가지 좋은 결과가 뒤따른다고 가르친다. ①포식으로 인한 육체적 고통이 없어지고 ②수명이 연장되며 ③젊음이 지속된다.

《칼로리 플래닛》의 공동저자 피터 맨젤과 부인 페이스 달 뤼시오는 세계 30개국과 미국 12개주를 돌아다니며 다양한 직종의 사람들을 만나 무엇을 얼마나 먹는지 사진을 찍어 책에 실었다. 책에서 저자들은 가장 조금 먹은 사람으로 하루에 800킬로칼로리를 먹는 케냐 마사이족 추장부인(38)을, 하루에 12,300킬로칼로리를 먹으며 폭식증에 시달리는 영국 주부(31)를, 일본의 스모선수(29)는 하루 3,500킬로칼로리를, 미국 시카고 건설노동자(39)는 하루 6,600킬로칼로리를 먹는다고 지적하며 그들의 사진을 책에 실었다. 책에서 보통사람들의 밥상에 패스트푸드와 포장음식이 늘어가고 있다고 했다. (797)

인체의 질병과 노화의 원인으로 활성산소(活性酸素 · active oxygen)가 주범으로 지목되고 있다.

여기 전문가의 견해를 들어보자.

우리 몸에 고마운 산소는 스트레스를 받으면 다양한 종류의 활성산소로 바뀐다. 대표적인 활성산소는 슈퍼옥사이드라디칼, 과산화수소, 수산화라디칼, 오존이 있는데 유해산소(有害酸素)로 불린다.

활성산소에 의해 세포가 받는 스트레스를 일컬어 산화스트레스라 한다. 이를 극복하기 위해 활성산소를 제거하거나 생성을 예방하는 물질이 항산화물질(抗酸化物質)이다. 천연 항산화물질에는 다양한 종류의 분자량이 큰 항산화효소(단백질)와 분자량이 적은 항산화물질이 있다.

정상적인 대사과정에서 일부 생성되는 활성산소는 자신이 가진 항산화물질로 제거될 수 있다. 과산화수소와 오존 등 소량의 활성산소는 질병에 대해 저항성을 갖게 하는 좋은 점도 있다.

그러나 과다한 스트레스로 인해 폭발적으로 생성되는 활성산소를 제때 제거하지 못하면 정상 세포에 치명적인 피해를 주며 심할 경우는 세포사멸(죽음)을 초래한다. 암을 포함한 인체 질병의 대부분은 과다한 스트레스에서 발생하는 활성산소가 원인이다. 이렇듯 고마운 산소가 때로는 매우 해로울 수 있다.

식물도 사람이나 동물처럼 생로병사를 거친다. 식물은 뿌리를 내리며 이동할 수 없다는 점에서 생존을 위해 다양한 종류의 항산화물질을 고농도로 생산하면서 적극적으로 진화해 왔다.

비타민C는 우리 몸에서는 만들지 못하지만 모든 식물이 고농도로 생성하는 가장 대표적인 천연 항산화물질이다. 잘 알려진 항산화물질로는 비타민E(토코페롤), 안토시아닌, 베타카로틴, 폴리페놀이 있다.

종류는 다르지만 저분자 항산화물질을 많이 포함한 토마토, 적포도주, 마늘, 녹차, 당근, 호박은 노화와 질병을 예방하는 건강식품으로 알려져 있다. 최근 미국공익과학센터(CSPI)가 건강에 좋은 10가지 슈퍼음식을 발표했다.

이들 식품은 종류는 다르지만 천연 항산화물질을 많이 함유하고 있다는 특징이 있다. 시판되는 대부분의 건강식품에는 식물에서 추출한 항산화물질이 포함된다. 제철에 나는 신선한 채소와 과일을 골고루 먹으면 건강에 도움이 되는 이유다. (466)

음식(식사)과 관련하여 나트륨(natrium;sodium · 기호Na) 섭취량이 항상 문제가 되고 있다. 과다한 소금(나트륨) 섭취가 초래하는 질병으로는 골다공증, 고혈압, 심장병, 뇌졸중, 위암, 만성피부전증 등이 있다. (798)

나트륨은 짠맛을 내는 염분에 들어 있는 인체의 필수 원소이지만 과잉 섭취할 경우 건강을 심각하게 위협한다. 세계보건기구는 나트륨 섭취가 2,400mg(소금으로 6g에 포함된 양)증가하면 심장질환, 뇌졸중 등으로 인한 사망률이 36%, 관상동맥 심장질환으로 인한 사망률이 56% 늘어나며 위암, 신장결석, 골다공증 위험도 증가한다고 발표한 바 있다. 우리나라 국민들이 주로 나트륨을 섭취하는 식품은 김치(25%), 간장 · 고추장(22%), 소금(20%), 라면(6%) 등이다. 세계보건기구(WHO)가 권고하는 하루 나트륨 섭취량은 2,000mg이다.

컵라면 한 개만 먹어도 세계보건기구(WHO)가 권고하는 하루 나트륨 섭취량(2,000mg)을 초과하는 것으로 조사됐다. 식품의약품안전청이 전국 57개 초 · 중학교 주변에서 파는 간식류 250여 건과 학교급식에 많이 사용되는 가공식품 200여 건을 대상으로 나트륨과 당의 함량을 조사한 결과 컵라면의 평균 나트륨 함량은 2,363mg으로 WHO권고 하루 나트륨 섭취량을 초과했다. 특히 라면 국물에 전체 나트륨의 64.4~71.8%가 들어 있었다.

국내 라면업계가 라면의 나트륨 함량을 15%줄이기로 했다 한다.

식품의약품안전청은 국내라면 제조업체 6곳에서 만드는 40여 개 라면 제품이 2011년 말까지 나트륨 함유량을 최대 15%까지 낮출 예정이라고 밝혔다.

나트륨 함유량을 줄이기로 한 업체는 한국야쿠르트(2011년 7개 제품 15% 감량), 농심(2011년 5개 제품 10%), 오뚜기(31개 품목 8%), 삼양식품(8개 품목 7%) 등이다. (799)

어린이 · 청소년들이 즐겨 먹는 조미쥐포(100g당 1,523mg), 조미오징어(1,103mg), 치즈류(838mg), 햄류(789mg) 등도 나트륨 함량이 젓갈류(1,305mg) · 김치(653mg)와 비슷하거나 더 높았다. 순대의 나트륨 함량은 713mg, 어육소시지 685mg, 김밥 675mg, 어묵 609mg, 핫도그 552mg 이었다.

식약청 관계자는 "우리나라는 암 · 심혈관계질환 등으로 인한 사망률이 50%에 이를 정도로 급격히 늘고 있는데 이는 나트륨 · 당 · 트랜스지방 등을 지나치게 많이 섭취하는 식생활 습관과 밀접한 관계가 있다"며 "특히 우리 국민의 나트륨 섭취량은 세계에서 가장 높은 수준이어서 이를 줄이기 위한 노력이 절실하다"고 말했다.

2009년 국민영양 조사결과 우리나라 국민의 하루 나트륨 섭취량은 4,646mg으로 일본(4,560mg), 영국(3,440mg), 미국(3,375mg) 등에 비해 매우 높은 편이다. 핀란드의 경우 나트륨 함량이 높은 식품에 '고(高)나트륨 표시'를 의무화하고 소금보다 나트륨 함량이 적은 '대체소금'을 활용할 것을 정부가 적극 홍보해 국민 나트륨 섭취량을 3분의 1로 줄였다. (800)

나트륨 섭취 문제에 대해 또 다른 견해를 들어 본다. 좀 길지만 건강공부를 위해 함께 읽어 보자.

『소금은 생명이다.

사람은 소금물에서 태어난다. 아기가 자라는 엄마 배 속의 양수는 바닷물과 같다. 소금물이 아니라면 아기는 안전하게 자랄 수 없다. 사람 몸 안에도 소금이 들어있다. 인체내 혈액의 염분농도는 0.9%이고, 세포의 염분 농도 역시 0.9%이다. 그 0.9%의 소금이 혈액의 산성화를 막아주고 신진대사를 주도한다.

별의별 암이 다 있지만 "심장암"은 없다. 심장에는 암이 생기지 않는다.

심장은 소금 덩어리이기 때문이다. 옛날에는 심장을 "염통(鹽桶)"이라고 불렀다. 소금통이라는 뜻이다. 사람은 음식을 안 먹고도 일정기간 동안 살 수 있지만 숨을 쉬지 않거나 소금을 먹지 않으면 살 수가 없다.

소금은 생명이기 때문이다. 수억 만 년 전부터 이 땅에 존재해 온 바닷물이 "생명의 고향"이라는 데에는 의문의 여지가 없다.

"하루에 소금 3g을 줄이면 한해에 9만 2천명의 목숨을 살릴 수 있고, 240억 달러의 예산을 절감할 수 있다." 지난 2010년 1월 캘리포니아 대학교 커스틴 비빈스-도밍고 박사 연구팀의 논문의 요지이다.

어떻게 이런 무지막지한 결론이 나올 수 있단 말인가?

소금의 비극은 '염화나트륨(Nacl)' 에서 시작된다. 그들이 말하는 소금은 천일염이나 죽염이 아니라, 정제염 또는 암염이다. 정제염이나 암염은 순도 99%의 염화나트륨 덩어리다. 소금을 염화나트륨으로만 섭취하면 당연히 혈압이 올라간다. 나트륨은 혈압을 올리고 칼슘과 칼륨은 혈압을 내린다. 정제염이나 암염은 염화나트륨만 있고 칼슘이나 칼륨과 같은 미네랄은 거의 없다.

그런데 천일염 쪽으로 오면 사정이 달라진다. 바닷물은 그 자체가 미네랄의 보물창고다.

바닷물을 말린 천일염 역시 미네랄 덩어리다. 즉 천일염에는 염화나트륨만 있는게 아니라 각종 미네랄이 다양하게 함유되어 있다.

따라서 많이 섭취해도 칼슘, 칼륨, 인, 셀레늄, 망간, 아연 등의 미네랄이 작용하여 몸 안에 과다하게 들어온 나트륨을 배설시키기에 문제가 없다.

특히 한국의 천일염은 세계 최고의 미네랄 함유율을 자랑한다. 프랑스 게랑드

천일염보다도 미네랄 함량이 3배나 더 높다.

우리나라 서해안 천일염의 염화나트륨 함량은 80~85%이고, 나머지 15~20%는 미네랄 성분이다.

그런데 우리는 어떤 소금을 먹고 있는가?

서양 사람들과 똑같은 소금을 먹고 있다. 시중의 각종 식품은 거의 대부분 정제염을 사용하고 있다. 잘 알다시피 한국인의 소금섭취량은 세계 최고수준이다. 미네랄이 결핍된 채 염화나트륨만 잔뜩 몸 안에 집어넣고 있으니 비극이 생기지 않을 수 없다. 만약 염화나트륨 소금에서 '미네랄 소금'으로 돌아간다면, 비극은 막을 내릴 것이고 위와 같은 끔직한 연구결과도 더 이상 나오지 않을 것이다.

정제염을 쓰는 집에서도 김치만큼은 국산 천일염으로 담근다.

왜 그럴까? 정제염으로 김치를 담그면 얼마 안가서 김치가 물러터져 버린다. 중국산 천일염을 써도 비슷한 사태가 벌어진다. 그러나 질 좋은 국산 천일염 또는 죽염으로 김치를 담그면, 김치가 오래 간다.

한국 천일염은 미네랄이 풍부한 데다 알카리성을 띠고 있기 때문이다.

임신 중인 어머니 양수의 소금농도=0.9%, 세포의 소금농도=0.9%, 링거주사액 소금농도=0.9%, 즉 소금농도 0.9%는 생명의 기준이다. 만약 소금농도가 0.9%에 미치지 못하는 양수에서 자란 아이는 뇌와 뼈, 생식기능이 선천적으로 약한 체질로 태어나게 된다.

초등학교 4학년 교과서는 소금을 이렇게 가르친다.

소금이 몸에 들어오면 위액의 염산이 되어 살균작용이나 소화작용을 돕는다. 또한 소금은 피와 섞여 몸 구석구석을 돌면서 세포속의 노폐물을 새 물질로 바꾸어 주어 신진대사를 촉진한다. 이 밖에도 소금은 신경이나 근육의 움직임을 조절하기도 한다.

소금은 단순한 염분이 아니라 '생명물질'이라는 이야기다.

사람이 생명을 유지하기 위해 음식을 먹고 분해시켜서 에너지를 만들어 내는 것을 신진대사라고 한다. 신진대사가 멈추면 사람은 죽는다. 그 신진대사를 주도하는 것이 바로 소금이다. 만약 몸 안에 소금이 부족하여 신진대사가 원활하지 못하면 혈액이 산성화되고, 면역력이 약해져 병들게 된다.

사람이 밥을 먹고 소화를 시킬 수 있는 것도 소금 때문이다. 소금 속의 염소성

분은 위액의 재료가 된다. 만약 소금 섭취량이 부족하면 위액의 농도가 묽어져 소화에 장애가 발생한다.

천일염이나 죽염을 먹으면 소화가 잘 되는 것은 바로 그런 이치다. (1039)

《의사도 못 고치는 병을 밥장사가 고친다》에서 저자 강순남은 초등학교와 수녀회 등에서 소금과 물을 많이 먹고 자연건강법 실천으로 병원가는 일이 많이 줄었다고 말한다. (426)

조선시대 왕들은 평균수명 48세로 대부분 단명했다. 그 원인은 잘못된 식습관과 지나친 성관계 등으로 보고 있다. 그 중에서도 제 4대왕인 세종(1397~1450 · 향수 53세 · 재위 32년)과 제 21대왕인 영조(1694~1776 · 향수 82세 · 재위 52년)가 수명차이가 29년이나 차이나는 원인을 한 전문가는 〈조선왕조실록〉의 기록 자료를 분석하여 제시하고 있다.

한글창제 등 내치와 육진개척 등 외치에 큰 위업을 남긴 세종은 육식식단을 선호한 결과 각종 질환에 시달렸고 영조에 비해 단명했다. 한편 탕평지책(蕩平之策)시행, 균역법(均役法)제정, 악형(惡刑)중지, 신문고(申聞鼓)부활, 도량형통일과 주전(鑄錢)발행, 수어청(守禦廳)에 총포제작 명령, 속대전(續大典), 동국문헌비고(東國文獻備考)등의 편찬 등 많은 업적을 남긴 영조는 다른 왕들이 5번 이상 받았던 수라를 3번으로 줄이고 채식으로 소식하여 82세까지 수를 누리며 52년간 제왕의 중책을 수행했다 한다. 한 전문가는 채식과 소식 위주의 식습관 등에 관해 다음과 같이 조언한다.

채식위주의 식단과 소식하는 식습관이 장수의 비결이 되는 원인은 간단하다. 우리 몸에는 일정량의 효소(酵素)가 존재하며 음식이 몸에 들어갔을 때 곧바로 영양분이 되는 것이 아니고 이 효소의 역할로 인해 분해되고 재조합되어야 비로소 몸에 유익한 영양소로 쓰이게 된다. 이러한 효소는 생명력을 유지시키는데도 필요한데 과식을 하거나 불에 익힌 육류들을 주로 섭취하면 음식을 분해하는데 너무 많은 효소가 낭비되어 면역력이 떨어져 질병에 걸릴 가능성이 많으며 생명활동을 유지하는데도 지장을 준다.

결국은 몸속 효소관리를 얼마만큼 잘 하느냐가 장수와도 직결된다고 볼 수 있다. 익히지 않은 채소나 과일류는 분해하는데 효소가 많이 필요하지 않다. 또한 절식하는 습관은 건강을 유지하는 가장 좋은 방법이다. 영조는 이러한 효소관리

를 잘했기에 큰 병치레 없이 장수를 누릴 수 있었던 것이다. (801)

소식하면 체중이 조절되고 극도로 적게 먹는 소식을 하면 체중이 상상할 수 없을 정도로 감량될 수 밖에 없을 것이다.

MBC의 가수선발경연대회의 한 남성 출연자는 가수가 되기 위해 145Kg의 체중을 2개월 동안, 매일 바나나 한 개 씩 먹으며 절식하여 2개월 만에 80Kg을 감량하고 65Kg의 체중으로 출전하여 심사위원들이 그 집념과 의지력에 감탄, 합격점을 얻는 젊은이를 보았다. 참으로 눈물겨운 노력에 감탄한 바 있다. 혹 그대가 비만 때문에 고민하고 있다면 이 청년처럼 노력과 집념을 불태워라. 그리고 120Kg을 60Kg으로 줄였다면, 그때부터 체중과 건강 양쪽을 다 관리할 수 있도록 고른 영양섭취와 절식 모두에 관심을 가져라.

육식왕 클린턴(65) 전 대통령이 "심장병과 싸움에서 이기기 위해 완전채식주의자가 되기로 했다"고 한다. 단순히 고기만 먹지 않는 게 아니라 유제품과 계란에도 손을 대지 않는 엄격한 채식주의자인 비건(Vegan)이 되기로 했다. 그는 고기를 완전히 끊고 채소와 콩 위주의 식사를 하고 있고 자신의 경험을 바탕으로 채식위주의 학교급식 보급운동과 청소년 식습관 개선 캠페인도 벌이고 있다 한다. (802)

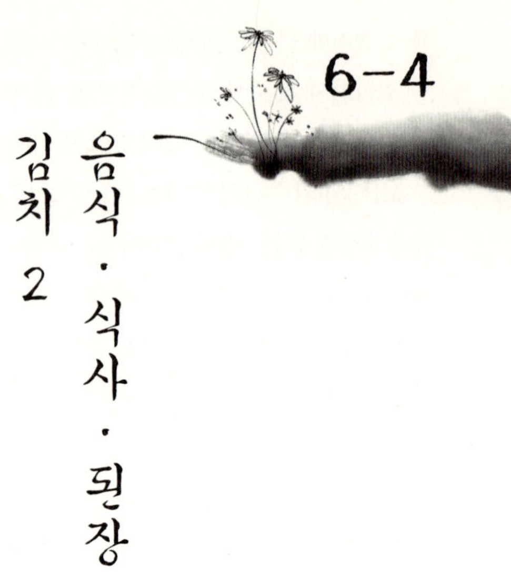

6-4 음식 · 식사 · 된장 · 김치 2

밥 상

이하석

찬 길바닥이 밥자리다
별처럼 밥알들이 흩어져 있다 비둘기들 내려와 쫀다
어제도 여기서 먹었고 그제도 여기서 먹었다

밥 고봉은 높고 뜨겁고 희다
청국장 묽은 내음이 길바닥 낭자하게 물들이는데
열무김치와 김장김치 그릇 옆에 곤쟁이젓 반 종지
얇게 저민 더덕무침과 콩나물무침이 각각 한 접시 씩
흙과 자갈들 위에 놓여 빛나는

전화 주문에 제꺽 실어와선 길바닥에 부려 놓은 밥쟁반
덮었던 신문지 걷어내 깔고 앉으면
여윈 몸 떨게 하던 추위조차 김 내며 그녀 에워싸고
노점 펴놓은 대지엔 봄꽃처럼 꽃핀 밥상이
또 한 상 가득 차려지는 것이다

□ 식탁에서 느끼는 즐거움은 음식이 아니라 만족이다. – R. 헤리크, 《산해진미 아닌 만족》
□ 다른 사람들이 먹기 위해서 산다 해도 나는 살기 위해 먹는다. – 소크라테스
□ 사람은 흉기에 죽지 않고 음식으로 살해된다(Men are killed by supper more than by sword). – 영국 격언
□ 굶어 죽는 자 적고, 과식해서 죽는 자 많다(Few die of hunger, many die of food). – 영국 격언

■ ■ ■

18세기 선교사 달레는 《조선교회사 서설》에 "조선인은 신분에 관계없이 많이 먹는 것을 명예롭게 여긴다"고 썼다. 또한 구한말 내한한 이사벨라 비숍은 "하루 4파운드의 쌀을 먹어도 매일 잘 삭이는 한국인의 배는 용광로다"라고 했다. 《비즈니스를 위한 역사상식》에서 저자 박영수는 "한국인은 쌀이 만들었다"는 제목으로 이렇게 썼다.

쌀은 주식차원을 넘어 우리 민족의 독특한 정서를 형성하는 데 큰 역할을 했다. 벼는 아열대성 식물이어서 추위에 약하다. 따라서 벼농사는 정해진 기간에 일하지 않으면 수확량에 타격을 입었다. 아마 이런 특성이 한국인의 빨리빨리 습성과 근면성을 낳은 게 아닌가 한다. 쌀이 '한국인의 끈기' 형성에 일조한 셈이다.

그런가 하면 한국인의 창자는 고기와 밀가루를 먹는 서양인보다 평균 80센티미터가 더 길다고 한다. 그런데 창자가 길면 그만큼 소화과정이 길어서 굶주림이나 환경에 저항하는 지구력이 상대적으로 강해진다. 그리고 한국인의 우수한 두뇌도 쌀과 관계가 깊다. 쌀을 그대로 찐 밥은 밀가루로 만든 빵보다 많이 씹어야

하는데, 씹는 근육의 활동은 눈썹 위에 자리 잡은 추리 · 기억 · 사고력을 관장하는 전두엽을 자극하여 발달시키기 때문이다.

게다가 한국인은 부족한 영양을 보충하고자 반찬 문화를 발달시켰다. 쉽게 말해 맛을 느낄 수 있게 상을 차리기 때문에 '맛을 느끼다' 에서 '맛있다' 라는 말이 나왔다. 흔히 말하길 '일본요리는 눈으로 먹고 한국요리는 입으로 먹는다' 고 한다. 일본요리는 색채를 중시하여 보는 이가 아름다움을 느끼는 반면, 한국요리는 '멋' 보다 '맛' 을 중시하기 때문이다. 그러나 이는 한국요리의 진수를 모르고 하는 말이다. 한국요리는 맛뿐만 아니라 멋, 즉 색감도 중요하게 생각한다. 그것을 증명하는 것이 바로 고명이다. 나박김치에 띄우는 붉은 실고추, 잡채 위에 올리는 노란 채고명, 삼색 나물에 뿌린 하얀 깨, 수정과에 띄우는 통잣 등에서 조상들의 세련된 색채 감각을 볼 수 있다.(409)

우리나라가 보릿고개에서 벗어난 건 1971년 본격 보급한 통일벼 덕분이다. 통일벼는 수확량이 일반 벼보다 40% 많았다. 박정희 정부는 쌀 자급에 성공하자 1974년 매주 두 차례의 무미일(無米日 · 분식일)을 폐지하고 14년 만에 쌀 막걸리 제조를 허용했다. 국민 1인당 쌀 소비량은 1970년(136kg)까지는 매년 늘어나다가 1984년(130kg) 이후 감소했다. 명절이나 생일에나 흰쌀밥을 먹을 수 있었던 것이 엊그제 같은데 남아도는 쌀이 걱정거리가 된 것이다.

먹을거리가 다양해지면서 쌀 소비가 줄어 2009년 쌀 소비량은 1인당 74kg에 불과하다. 2010년 쌀 재고는 140만 t으로 적정량 72만 t의 약 2배에 이를 것으로 보인다. 2009년 비축 및 쌀값 떠받치기 용도로 쌀을 매입한 대금이 1조 3000억 원이 넘는다. 사들인 쌀을 보관하는 데 570억 원이 들었다. 보관할 창고도 부족하다. 정부는 쌀을 주정 원료로 활용하고 쌀 음식을 다양하게 개발하도록 유도하고 있지만 쌀 소비가 크게 늘지는 않는다.

농림수산식품부는 연간 36만 t의 묵은 쌀을 가축 사료로 쓰는 방안을 내놓았다. 재정 손실이 줄어들고 사료용 옥수수 수입을 줄이는 효과도 있다.

탈북시인 장진성이 쓴 시에는 '우리의 밥은/쌀밥이 아니다/나무껍질이다/우리의 밥은/산에서 자란다' 라는 대목이 나온다. 매년 춘궁기마다 북한 주민이 산으로 들로 풀뿌리를 캐고 나무껍질을 벗기러 다니는 처참한 현실이 안타깝다.

천안함을 폭침(爆沈)시켜 놓고 시치미를 떼는 북한에 아무 일 없었다는 듯이 쌀을 보낼 수도 없는 노릇이다. '인민에게 쌀밥을 먹이고 싶다'는 김일성의 유훈(遺訓)을 실천할 수 있는 길은 이제 김정은의 마음먹기에 달렸다. (966)

신문이 "묻지도 말고, 따지지도 말고, 그냥 드시라 먹어두면 약(藥)이 되는 Super Food 12"라 하여 보도한 내용을 보자. (438)

건강한 삶은 모두의 꿈이다.

역시 가장 중요한건 음식이다. 몸에 좋은 음식은 비싸지도 않고 멀리 있는 것도 아니다. 이런 음식 중에서도 건강을 증진시켜주는 효능이 탁월한 음식들을 가리켜 '슈퍼푸드(Super Food)'라고 부른다. 의사인 동시에 영양연구 분야의 세계적인 권위자인 스티븐 프랫(Steven Pratt)이 정리한 다음과 같이 12가지 음식 리스트가 세계적으로 가장 유명하다.

① 토마토 = 먹는 자외선 차단제

토마토에 들어있는 리코펜은 암을 완화시켜줄 뿐만 아니라 햇빛에 대한 피부 저항력을 길러준다. 저칼로리에 다양한 영양분까지 함유하고 있다. 항암작용, 심혈관 질환에 특효다.

② 시금치=슈퍼푸드, 슈퍼영양

철분뿐 아니라 카로티노이드, 항산화제, 비타민K, 미네랄, 식물성 오메가3, 지방산 등 다양한 영양소를 함유하고 있다. 슈퍼푸드 가운데에서도 최고다. 시금치의 카로티노이드 성분은 백내장 예방에 효능이 있다.

③ 오렌지=심장마비 · 뇌졸중 얼씬도 못하게

만성질환 발병을 낮추는데 중요한 역할을 하는 비타민C의 보고(寶庫)다. 감귤류에 들어 있는 플라보노이드는 효능이 대단해서 암세포 성장을 억제하고 모세혈관을 강화해 준다. 심장마비나 뇌졸증을 비롯한 질병 발병률을 낮춘다.

④ 브로콜리=암 막아주는 초록색 파워

최고의 항암식품, 유방암 예방에 효과적인 인돌 성분이 풍부하다. 비타민C와 섬유질은 물론이고, 혈액 · 뼈 건강에 좋은 비타민K 등 다양한 영양소를 함유하고 있다.

⑤ 연어=고혈압 위험 막는 오메가3 풍부하게 함유

건강에 좋은 어류의 대표주자다. 오메가3가 많이 함유돼 있다. 오메가3는 관상동맥 질환의 위험과 고혈압을 줄인다. 항암효과와 고령에 따른 근육퇴행을 방지하는 효과도 있다. 정신분열증 · 알츠하이머 등의 정신질환을 방지하기도 한다.

⑥ 차=비타민C, 까불지 마라… 아토피까지 잡는다

웰빙음료다. 녹차에 들어 있는 카테킨 성분은 비타민 C보다 20여 배 높은 항산화 효능을 자랑한다. 충치발생을 억제하고 뼈 건강에도 효능이 있다. 항 알레르기 효능으로 아토피 피부염 치료에도 좋다.

⑦ 호두=심장 · 당뇨병 · 암에 탁월한 효과

심장에 좋다. 섬유질과 단백질의 훌륭한 공급원이다. 또한 마그네슘 · 구리 · 엽산 등이 풍부하며 당뇨병 · 암 · 심장질환에 좋다.

⑧ 블루베리=모세혈관 강화… 뇌기능 · 요로 건강에 효능

노화를 막아준다. 다른 과일 · 야채보다 5배 이상의 항산화물질을 함유하고 있다. 블루베리의 짙은 빛깔을 내는 색소인 안토시아닌 성분은 강력한 항산화 및 항염증 작용을 한다. 모세혈관을 강화하고 뇌기능, 설사 · 변비, 요로 건강에도 효능이 있다.

⑨ 콩=콜레스테롤 덤벼라… 심장질환 예방

저렴하면서도 비타민이 풍부하고 지방이 낮은 훌륭한 단백질 공급원이다. 콜레스테롤 수치를 낮추어 심장질환을 예방한다. 비만을 감소시키며 변비 · 고혈압 · 당뇨병에 좋다. 암 발병 위험을 줄이는 효능까지 갖추고 있다.

⑩ 대두=비타민 · 무기질 덩어리… 식물성 단백질 제공

비타민과 무기질이 풍부한 식물성 단백질을 제공한다. 건강을 효과적으로 향상시키는 식물성 에스트로겐이 많이 들어 있다. 심혈관 질환 · 암 · 골다공증 등을 예방한다.

⑪ 귀리=칼로리는 낮고 섬유질은 많고

통곡물의 대표선수로 칼로리가 낮고 섬유질과 단백질이 풍부하다. 마그네슘 · 미네랄 등의 비타민이 풍부하며 폴리페놀, 식물성 에스트로겐, 비타민E 같은 필수 영양소들도 함유하고 있다.

⑫ 호박=못생겼다고? 심장마비 위험 줄여 주는 기특한 것

섬유질은 풍부하고 칼로리는 낮다. 포타슘과 비타민C · E를 비롯한 질병예방용 영양소가 풍부하다. 각종 암과 심장마비 · 심장병 위험도 감소시킨다.

우리는 전통적으로 쌀밥(boild rice)을 주식(主食 · the principal food)으로 하고 있지만 영미 등 서구인들은 스테이크(beefsteak)를 주식으로 한다.

뉴욕의 유명 레스토랑 윈도즈 온 더 월드(Windows on the World), 홍콩의 만다린 오리엔탈 호텔 수석 주방장을 거쳐 홍콩 최대 외식기업 A · S 왓슨즈(Watsons) 총괄주방장으로 있는 유명한 스테이크 요리사(chef · 프랑스어)인 티모시 브로더릭(Broderick · 45)이 스테이크요리와 관련하여 조언한 내용 일부를 옮긴다.

"인간이 인지하는 맛이란 정확하게는 맛(taste)과 풍미(flavor)로 분류된다. 맛은 혀의 미뢰(tastebud)가 감지한다. 단맛 · 신맛 · 짠맛 · 쓴맛 · 우마미(umami · 감칠맛) 다섯 가지다. 풍미는 코의 후각기관이 감지한다. '맛있다' 고 하는 총체적 경험은 맛보다 풍미가 훨씬 더 큰 부분을 차지한다. 생고기에 맛은 있지만 풍미는 없다. 고기를 구우면 풍미가 더해진다."

"열을 가하면 고기 표면에서 수분이 제거되고 뜨거워지면서 '마이야르 반응(Maillard reaction)' 이 일어난다. 탄소가 질소 · 산소 따위와 결합한다. 이러한 화학적 결합물질들이 풀, 양파, 향신료, 꽃 등의 향을 발산한다. 갈색으로 변한다고 해서 '브라우닝 반응(browning reaction)' 이라고 부르기도 한다."

"불길이 너무 뜨거우면 표면은 타고 속은 차갑다. 중간 불이 알맞다. 오븐이 꼭 필요하진 않다. 앞뒤를 구운 다음 약불로 줄이거나 끄고 남은 열로 익히면 된다."

- 뜨거운 불을 이용해 먼저 고기 표면에 껍데기(crust)를 만들어야 육즙이 빠지지 않아 맛있다고 한다는 질문에 "낭설이다. 센 불로 표면에 크러스트를 만드는 걸 '시어링(searing)' 이라고 한다. 그런데 시어링을 해도 육즙이 빠진다는 걸 과학자들이 실험을 통해 입증했다."
- 스테이크를 구울 때 불길이 활활 올라오게 하는 요리사도 있다는 질문에 "내 주방에선 절대 금지다. 불꽃이 닿으면 가스 냄새가 고기에 밴다."
- 고기가 얼마나 익었는지 알기가 쉽지 않다는 질문에 " '얼굴 테스트(face test)' 란 게 있다. 스테이크를 손가락으로 눌러봐서 턱 정도의 탄력이면 레어(rare), 코 정도면 미디엄(medium), 이마 정도면 웰던(well-done)이다."
- 스테이크가 가장 맛있는 상태는 "미디엄 레어(medium rare)다. 표면은 풍

미를 품고, 속은 촉촉하다."

– 한국에선 바짝 익힌 고기를 선호하는 사람들이 많다는 질문에 "손님이 원하면 웰던으로 구워 드린다. 하지만 내 생각에 웰던으로 굽는다는 건 고기를 버리는 것이나 마찬가지다." (803)

큰 식당이나 호텔 등에서 요리를 담당하는 직업을 일반적으로 요리사(料理士) 또는 요리장(料理長)이라고 부른다. 요즘에는 불어인 쉐프(chef)라고 많이 쓰고 있으며 쉐프에도 쉐프 외에 수(首) 쉐프, 글로벌 쉐프(세계적 요리사), 오너 쉐프 등으로 부르고 있다. 한식세계화를 위해 글로벌 한식 쉐프들이 많이 배출되어 우리 국민과 세계인의 영양관리에 더 큰 도움이 되었으면 한다.

여기 세계인의 식품이 돼가고 있는 김치 · 된장 등에 관하여 도올 김용옥 교수의 저서와 신문에 보도된 내용일부를 보자.

한번 생각해 보자! 일제시대 때 일본사람들이 그 얼마나 한국사람들 입에서 마늘냄새가 난다고 쵸오센진을 경멸했는가? 일제시대 때 케이죠오(京城)에서 전차를 타면, 저 뒷문에서 한국사람이 한 명만 올라와도 앞문에 있던 일본사람이 "닌니쿠 니오이"(마늘냄새)하면서 오만상을 찌푸렸던 것이다. 일본사람들은 식생활이 비교적 담박한 편에 속하는 것은 사실이다. 그들은 한국사람의 마늘 · 파 · 생강 · 고추 운운하는 일곱 가지 양념의 강력한 방향성(芳香性)을 감내할 수 없었던 것이다. 그것이 불과 몇 년 전의 일본 문화다.

그런데 지금 일본인들은 거의 마늘 먹느라고 환장한 사람들처럼 되어 버렸다. 이제 한국의 "김치"가 세계인의 "킴치"(Kimchi)가 되어 버렸고, 일본은 이제 키무치의 대국이 되어가고 있는 것이다. 아지노모토 대신 키무치노모토가 대유행하고, 매운 음식이라면 그렇게도 질색하던 일본사람들이 한국의 辛라면을 선호하는 지경에 이른 것이다. 세계 김치시장을 놓고, 한국의 킴치상품과 일본의 키무치 상품이 맞대결을 벌려야 하는 지경에 이른 것이다. (385)

서울대의대 노화고령사회연구소 박상철 소장은 9월 3일 "최근까지 동물성 식품에만 주로 들어 있는 것으로 여겨왔던 비타민 B12가 우리가 흔히 먹는 된장, 청국장, 간장 등 장류(醬類)와 김치, 김에도 많이 들어 있는 것으로 확인됐다"며 "고기를 많이 먹지 않는 우리나라 노인들에게서도 비타민 B12부족이 거의 없는 이유"라고 밝혔다. 박 소장의 연구팀은 이 같은 내용을 2008년 7월 한국영양학회지에 발표했다.

박 소장은 "3년 전 국제학회에서 한 미국 교수가 '서구 100세 이상 고령인(백세인)들은 30%가 비타민 B12 부족을 겪고 있는데, 어째서 고기도 거의 안 먹는 한국 백세인들은 정상이냐' 라는 질문을 했었는데, 그 답을 이제야 찾았다"고 했다.

질문을 받은 후 실험에 착수한 박 소장이 최근 비타민 B12가 된장, 청국장, 김치 등 발효식품과 김 등에 풍부하게 들어 있음을 확인한 것이다. 그러나 콩이나 두부, 배추에는 들어 있지 않아, 발효과정을 거치면서 된장, 청국장, 김치 등에 비타민 B12가 생성된 것으로 박 소장은 추정했다.

박 소장은 또한 채소를 데쳐 요리한 '나물' 이 신선한 생(生)과일이나 생야채보다 우수한 음식이라고 주장했다. 채소를 데쳐 먹을 경우 발암물질 같은 몸에 해로운 물질이 상당부분 제거되기 때문이라는 것이다. 질소계 비료를 많이 쓰는 요즘, 채소에는 '니트로소아민' 이라는 발암물질로 바뀌는 질산염이 많이 들어 있고, 채소를 끓는 물에 1분만 데치면 질산염이 반 이상 제거된다는 것을 박 소장은 실험으로 확인했다고 한다. (804)

얼마 전 김치는 세계적으로 유명한 스타가 됐다. 지난 2003년 중국 광둥성에서 시작된 사스(SARS · 중증급성호흡증후군)로 세계가 공포에 떨 때 한반도만큼은 안전지대로 통했다. 세계는 그 이유에 대해 궁금해 했고 결국 그 비결이 한국의 김치 때문이라고들 생각했다.

지난 3월에는 영국의 BBC방송이 김치 유산균 배양액이 조류독감에 치료효과가 있다는 서울대 교수팀의 연구결과를 발표해 주목을 받았다. 바이러스성 호흡기 질환에 걸린 닭에게 김치 유산균 배양액을 먹였더니 90%이상이 1주일 만에 정상으로 돌아왔다는 것이다. 사실 김치는 우리나라 사람만 먹었던 것은 아닌 듯하다.

김치에 대한 글은 삼국지위지동이전이나 삼국사기에만 있는 것이 아니라 이미 3000여 년 전 중국문헌 '시경' 에도 나온다. 옛날에는 김치라고 부르지 않았고 우리말로는 '지' , 중국어로는 '저' (菹)라고 불렀다. 채소를 소금물에 담근다는 의미의 침채(沈菜)가 '딤채' 로 불리다 나중에 다시 '짐치' 를 거쳐 김치가 됐다고 한다.

문헌으로 보면 중국에도 김치가 있었지만 더 발전시키지 못했고 우리나라는 더욱 발전시켜 우리의 음식으로 만든 것으로 짐작할 수 있다. 한국 사람들의 식탁에만 오르던 김치의 국경이 없어진지도 꽤 됐다. 한국 김치를 맛 본 중국 사람들이 "팅하오"를 연발하고 있다고 한다.

최근 몇년새 중국의 김치시장이 급속히 확산되면서 김치생산기지도 100여 곳을 넘었다. 최대 생산기지인 청두에만 20여 곳, 베이징에 12곳이나 된다고 한다.

중국의 이번 '납김치' 파동은 한-중간 수없이 치러야 할 '김치전쟁'의 서막에 불과하다. 지금이 바로 한국 최고의 브랜드이자 상품인 김치 살리기에 나설 때이다.

이러한 '한국의 김치와 김장문화'가 2012년 유네스코 인류무형유산으로 등재 신청된다. 문화재청(청장 최광식)은 '한식 유네스코 인류 무형유산 등재 추진 위원회'를 구성해 2011년 7월 1일 첫 회의를 열고 이같이 결정했다.

이날 회의에서는 비빔밥, 떡국, 제례상도 후보에 올랐으나 비빔밥 등은 상업화를 경계하는 유네스코 취지와 맞지 않을 가능성이 있어 일단 제외됐다. 박영근 문화재청 문화재활용국장은 "김치는 물론 한꺼번에 담가 먹는 '김장문화'까지 포함해야 한국 전통의 음식문화를 세계에 알릴 수 있다고 의견이 모아졌다"고 했다.

하지만 유네스코 인류무형유산으로 등재 신청하려면 자국의 문화재 목록에 올라 있어야 하는데 김치는 현재 중요무형문화재 · 지방문화재 등 어디에도 올라 있지 않다. 문화재청은 보유자 없는 종목도 중요무형문화재에 지정될 수 있도록 관련법을 개정하는 한편, 연말까지 무형문화재 국가대표 목록을 선정해 김치 · 아리랑 등을 서둘러 '문화재 목록'에 올리겠다는 방침이다.

정부가 '한식 등재'를 위한 위원회까지 구성한 것은 2010년 프랑스 · 멕시코 · 지중해의 '음식문화'가 한꺼번에 무형유산으로 등재되면서 각국의 '식문화' 경쟁이 치열해졌기 때문이다. 한국의 유네스코 인류무형유산 11건 중 음식 관련 유산은 현재 없다. (805)

2011년 전남 광주에서 제18회 세계김치 문화축제가 열렸고, 2012년에는 사상 처음으로 미국 워싱턴 D.C.에서 개최될 예정이다. 미국의 '헬스'지는 김치를 세계 5대 건강음식 중 하나로 선정했으며, ABC방송은 1시간 분량의 김치 특집에서 김치가 세계적인 건강식품으로 주목받을 가능성을 조명하며 '우아하게 살려면 김치를 먹어라' 라고 전하기도 했다.

국회에서는 김치산업의 경쟁력을 강화하기 위해 정해걸 의원이 대표 발의해 의결된 '김치산업 진흥법' 이 2012년 1월부터 시행된다. '김치산업 진흥법' 은 김치산업의 경쟁력을 강화하고 김치문화를 계승, 발전시키며 김치의 세계화를 촉진하기 위해 제정됐다.

스위스 다보스에서 열린 '세계경제포럼 2010' 만찬장에서 '황제김치' 를 선보여 화제를 모은 김치 생산업체 (주)한성식품은 미국, 중국, 일본, 러시아 등 세계 11개국에 수출하고 있고, 미군에도 납품하고 있다. 특히 한성식품은 외국인의 입맛에 맞추기 위해 깻잎양배추말이김치, 미니롤보쌈김치, 치자미역말이김치, 인삼백김치 등 수백 종의 김치를 생산하고 있다.

이 회사는 대한민국 김치명인 1호인 김순자 씨가 운영하고 있는 곳으로, 그녀는 세계김치협회 회장으로도 활동하고 있다.

김순자 회장은 "외국인들에게 김치 냄새를 최소화하면서 천연 유산균을 살리는 김치를 꾸준히 개발해 김치의 세계화를 이루는 것이 꿈"이라고 했다. (806)

근래 지구상에 한류 바람을 일으키고 있는 김치(Kimchi) · 불고기(Bulgogi) · 돌솥비빔밥(Sizzling Stone Pot Bibimbap) · 한정식(Traditional Korean Set Menus) 등 한국인의 음식인 한국요리(Korean dishes)에 관한 이야기를 보자.

KBS의 다큐멘터리 '한국인의 밥상' 진행자인 한국 최고의 연기자 최불암 선생은 말한다. "가난이 출발점이라는 것이다. 살림이 어려워 풍성한 재료를 구할 수 없었기 때문에 이를 극복하며 먹을 수 있는 지혜들을 찾아낸 듯하다. 이를테면 죽은 맛 때문이 아니라 적은 재료로 많은 가족이 먹을 수 있기 때문에 만들어 먹기 시작했다고 한다. 충청도 서산을 가니 예부터 바다에서 많이 난 우럭을 회로는 물론이고 백숙과 찜으로도 먹더라. 우럭을 포로 말려 끓여 먹는 우럭젓국도 있었다. 태안에선 꽃게를 껍질째 빻아 호박 등과 버무려 '게국지' 라는 반찬을 만들어 먹는다. 전남 벌교에선 갯벌에서 언제든 구할 수 있는 꼬막으로 회 무침, 구이, 된장국, 전 등 다양한 요리를 변주해 냈다."

"경상도 쪽을 가니까 유교 전통이 강해서인지 종부의 제사상으로 음식을 평가하는 문화가 강하더라.”

“전라도는 상상력이 강한 듯하다. 예를 들어 국물 음식을 먹다가 ‘이거 국물 없이 먹으면 더 맛있지 않겠느냐’ 며 창의적인 새 레시피를 만들어 내는 것이다. 썩은 내가 심하게 나는 홍어로 여러 음식을 만들어내는 것을 봐라. 강원도 음식은 ‘소통의 음식’ 이었다. 오지가 많아 사람이 그리우니 같이 만들고 같이 치우는, 사람을 부르는 음식을 개발해 왔다. 한 예로 정선에서 메밀가루를 갈아 갓김치로 속을 채워 만든 채만두, 삶은 콩을 갈아 감자를 넣고 끓인 콩갱이를 여러 사람이 모여 만들고 나눠 먹는 문화가 인상적이었다.”

“거제의 약대구는 생대구의 내장을 걷어내고 소금으로 속을 채워 3일 동안 반복해 만든다고 한다. 그 약대구로 만든 죽이 감기몸살 치료와 피로회복에 특효가 있단다.”

“온난화, 남획 등의 이유로 전통적인 식재료가 고갈되고 있어 안타깝더라. 대표적인 게 벌교 꼬막이다. 참꼬막이 최고이고 보통 꼬막은 1~2년 정도 크면 먹을 수 있는데 수확이 영 풍성하지 않다. 꼬막은 몇 년 전만 해도 그냥 반찬으로 나왔을 정도로 흔했는데….”

“멸치 얘기를 하니 부산 기장의 멸치가 생각난다. 이탈리아 앤초비 못지않게 맛있고 굵고 컸다. 기장 멸치도 앤초비처럼 세계적으로 널리 퍼질 수 있게 다양한 조리법을 연구했으면 한다.”(807)

그리고 ‘한국인의 밥상’ 이 소개한 음식들에는 ①담백한 맛의 ‘감기약’ 진안 꿩탕 ②우리가 흔히 아는 홍어 · 돼지고기 · 김치의 삼합이 아니라 키조개 · 쇠고기 · 표고버섯의 장흥 삼합 ③설사에 좋은 지리산 석이버섯 죽 ④막 허물을 벗어 말랑말랑한 새 대게인 동해안의 홋게회 ⑤임금에게 진상되었던 강화도의 숭어요리 등이 있다. (810)

평균연령이 70~80세인 제주 해녀의 건강비결은 무엇일까.

매일 바다에서 소라를 잡아 올리는 해녀의 힘의 원천은 ‘낭푼밥상’ 으로 불리는 제주도 밥상이다. 이 밥상에는 텃밭에서 갓 따온 푸성귀, 갈치와 돔과 같은 어류, 몇 가지 젓갈과 잡곡밥이 올라온다. 과거 해녀들이 허기를 채우기 위해 먹었던 밥상이 이제 ‘웰빙식단’ 의 표본이 됐다. (808)

푸드 스타일리스트(food stylist) 박현정은 말한다. 「요리를 한다는 것은 요리사와 음식을 먹는 사람과의 깊은 대화다. 보이지 않는 교감이다. 요리사의 머리와 손과 노력이 담겨 있는 음식은 오로지 그 음식을 먹을 사람을 위해 준비된 것이다.

요리는 솔직하다. 내가 얼마나 정성을 다했고, 내가 얼마나 공을 들였는지에 따라서 결과가 확연하게 달라진다. 그렇다면 뚝딱뚝딱 몇 번의 손놀림으로도 '행복한 밥상' 을 만들어내는 어머니들의 비결은 뭘까. 어머니들은 10년, 20년이 넘게 사랑과 정성을 음식에 담는 법을 익힌 최고의 요리사들인데….

어머니께서 만드신 된장찌개는 정말 맛있다. 그 비법은 나도 잘 알고 있다. 바로 사랑과 정성이다. 손끝을 타고 흘러간 사랑과 정성은 평범한 음식을 세상에서 가장 맛있는 음식으로 바꾸는 마법의 향료다.」(809)

"콩나물은 값이 싸면서도 영양소는 풍부하다고 한다." '나물' 처럼 보이지만 단백질도 많다. 100g당 단백질 함유량을 따져보자. 콩은 약 35mg이다. 쇠고기(약 16mg)의 두 배 이상이다. 콩나물도 당연히 많은 단백질을 갖고 있다. 여기에 콩이 콩나물로 크고 나면 비타민C 등 다양한 영양분이 새롭게 생겨난다.

아미노산의 일종인 아스파라긴산도 100g당 약 800mg이나 들어 있다. 아스파라긴산은 숙취 예방과 제거에 효과가 있다고만 알려져 있지만, 사실은 춘곤증에도 효과가 크다. 아스파라긴산이 신진대사를 활발하게 하는 작용을 하기 때문이다. 간의 피로를 푸는 효과도 있다.

영양소는 높지만 열량은 낮아서 다이어트에 좋다. 포만감을 느끼게 해 과식을 막는다. (940)

음식과 식사 등과 관련하여 참고할 만한 내용들을 정리해 본다.

지난날 제대로 먹지 못하던 시대가 있었다. 그러나 현대 사회는 '과잉' 의 시대다. 식단도 채식 위주의 저칼로리에서 육식 위주의 고칼로리로 바뀌고 있다. 비만 환자가 급속하게 늘었다. 이 '비만 식단' 에 대한 반성은 과일과 채소를 많이 먹자는 운동이 세계로 확산되고 있다. 1989년 미국 캘리포니아에서 '5 a day' 운동이 시작됐다. 과일과 채소를 매일 최소한 5회는 먹자는 뜻이다. 이 운동은 곧 미국 전역으로 확산됐다.

2000년 11월 미국정부는 이 운동을 정책으로 발전시켰다. 4~6세 아이를 대상으로 매일 과일과 채소를 공급하는 시범프로그램을 실시했다. 아이들의 비만 위험이 눈에 띄게 줄었다. 미국질병관리통제센터(CDC)는 올해 "청소년의 비만 증가율이 크게 둔화됐다"고 발표했다. 이 기간 성인의 암 발생률도 처음으로 감소했다.

영국 정부도 'Eat 5 Colors A Day' 캠페인을 진행하고 있다. 다섯 가지 색깔의 과일과 채소를 매일 먹자는 운동이다. 미국과 마찬가지로 4~6세의 아이들에게 매일 200만 t의 과일과 채소가 공급되고 있다. 학교 교사의 99%가 캠페인이 시작되고 난 후 아이들의 건강이 좋아졌다고 평가했다.

호주 정부도 두 종류의 과일과 다섯 종류의 채소를 먹자는 'the Go for 2 Fruit & Veg Campaign' 을 2005년부터 실시하고 있다.

이런 분위기는 국내에서도 확산되고 있다. 최근에는 채소와 과일 생산자, 소비자, 의학계, 언론계 인사들이 참여한 '가족건강365본부' 가 발족하기도 했다. 이 단체는 '하루에 3번, 6가지 이상의 채소와 과일을, 5색으로 맞춰 먹자' 는 '365캠페인' 을 진행 중이다. 건강 증진 차원에서 과일과 채소 섭취를 활성화하자는 본격적인 캠페인은 처음이다. '365캠페인' 은 다른 뜻도 담고 있다. 6가지 이상의 과일과 채소를 매일 3회, 5색으로 맞춰 먹으면 '365일 내내 3대 가족이 6대 암과 5대 생활습관 병을 예방할 수 있다' 는 것이다. 과일과 채소는 왜 좋은가? 많은 의학자들은 과일과 채소를 색깔별로 충분히 먹으면 암은 물론 비만, 당뇨, 고혈압 등의 만성질환도 예방할 수 있다고 말한다. 과일과 채소에 들어 있는 성분이 병을 예방하는 효과가 있기 때문이다. (811)

전통발효식품인 청국장에 혈전(血栓)용해성분이 숨어 있다는 연구 결과가 나왔다. 순천향대 생명공학과 오계헌(45)교수는 18일 청국장의 바실루스(Bacillus)균에서 혈전을 예방하거나 이미 있는 혈전을 녹이는 용해 기능을 가진 혈전을 용해효소를 분리했다고 밝혔다. 오 교수는 혈전 용해효소를 '피브자임(fibzyme)' 으로 명명했다.

오교수는 "쥐의 혈액을 이용해 실험한 결과 피브자임이 기존의 혈전 예방제로 널리 쓰이는 아스피린보다 예방 효과가 높았을 뿐 아니라 아스피린에 없는 혈전 용해 효과도 보였다"고 말했다. (812)

청국장과 관련하여 "낫도(Natto)"가 유익한 효소의 보물창고라고 한다. 청국장과 낫도는 둘 다 콩을 삶은 다음 균을 이용해 발효시키는데 균이 다르다는 것이다.

청국장은 콩을 삶아서 지푸라기와 함께 두어 발효시키는데 그 지푸라기 속에 들어 있는 바실러스(Bacillus)균이 삶은 콩에 달라붙어 발효가 되며, 낫도는 콩을 삶은 다음, 그 삶은 콩에 무균실에서 배양된 낫도균만을 접종시켜 발효시킨다 한다.

낫도균은 1905년 일본의 자와무라 박사가 청국장에서 발견해, 먹기 시작했고, 우리나라는 1973년 당시 서울대 미생물학과 고 이주식 박사가 처음 발견해 최초로 낫도를 만들었다 한다. 낫도는 생으로 먹는데 생낫도 1g속에는 10억 마리 이상의 유익균이 들어 있고, 낫도 제품을 먹으면 소화, 변비, 혈전용해 등에 좋다고 한다. (813)

C형 간염 환자가 커피를 매일 3잔 이상 마시면 간염의 진행을 다소 억제할 수 있다는 연구결과가 나왔다.

미국 국립암연구소 암역학 · 유전학연구센터 닐프리드먼 박사팀은 C형 간염으로 약물 치료를 받고 있는 환자 885명을 매일 커피를 3잔 이상 마시는 그룹과 한 잔도 마시지 않는 그룹으로 나누고, 커피가 C형 간염의 진행에 미치는 영향을 조사했다. 20주가 지났을 때 혈청에서 C형 간염 바이러스 리보핵산이 검출되지 않은 비율을 조사한 결과, 약 복용과 함께 커피를 마신 그룹은 52%, 마시지 않은 그룹은 26%였다. (814)

한편 지중해 지역의 건강식은 다음과 같다.

① 불포화지방산(올리브유, 카놀라유, 생선, 씨앗, 견과류)을 많이 먹는다.

② 포화지방(육가공식품)을 적게 먹는다.

③ 식사 때 적포도주를 적절하게 마신다.

④ 콩을 많이 먹는다.

⑤ 과일 섭취량이 많다.

⑥ 우유, 낙농제품을 많이 먹는다.

⑦ 도정이나 가공되지 않은 전곡을 먹는다.(자료 : 내셔널 지오그래픽) (246)

발효식품인 우리의 된장 · 청국장 · 고추장이 최고의 몸짱 식품이라는 대학연구팀의 일상실험결과가 나왔다.

'음식 맛은 장맛' 이다. 장(醬)에 따라 맛의 깊이가 달라진다. 전북대의대 연구팀이 의약품의 3상 임상실험과 같은 방법으로 장의 효과를 철저하게 검증한 연구 결과를 2009년 8월 한국장류기술연구회 창립포럼에서 발표했다. 연구 결과에 따르면, 비만 · 당뇨병 등 생활습관병 예방의 열쇠가 장에 숨어 있었다. 된장은 내장지방 제거, 고추장은 고지혈증, 청국장은 근육량 증가와 당뇨병 조절에 효과가 있는 것으로 나타났다. (815)

이와 같이 몸에 좋고 값싸며, 친환경적인 한식을 지구촌 인류에게 널리 알려 많은 사람들이 한국요리를 찾도록 하는 길 즉, 한식세계화 방안 몇 가지를 제시한다. ①한국의 대표 음식인 효도식품(김치 · 된장 · 청국장 · 고추장 등), 마늘, 불고기, 콩나물, 각종나물, 돌솥밥 등에 관한 일상 시험을 각국의 저명대학 등과 국내연구진이 함께 하는 연구 프로젝트를 늘릴 필요가 있다. ②한식재단(Korean Food Foundation · 초대 이사장 정운천) 등의 지원으로 한국의 김치 · 깍두기 · 된장 · 고추장 · 불고기의 매운맛 · 짠맛 · 신맛 등을 상 · 중 · 하 등으로 구분하여 각 국민의 입맛에 맞게 선택하여 먹을 수 있도록 다양한 조리법을 개발한다. ③한국의 대기업들이 한국 요리의 친환경성과 인체유익성 등 우수성을 알리는 홍보책자 나눠주기와 광고 등 홍보활동에 적극 참여하도록 하고 각국의 주요 도시에 전통 한국요리점 등을 개설 운영하도록 지원한다. ④각국 주재한국 대사관 또는 대기업 등이 매년 설날 등 연초, 6월 25일, 8월 15일, 추석날, 연말 등에 정기적으로 한국 요리와 한국의 술 등을 제공하는 축하 또는 기념행사를 개최, 주요인사 · 6.25참전 또는 한국을 도와준 단체 등을 초청 연회를 베푼다.

여기 필자의 식생활 이야기를 소개한다.

필자는 해방 전에 태어났고 초등학교 때 6 · 25전쟁을 겼었다. 어려서부터 땅 한 평 없이 지냈으니 집안 형편이 매우 어려웠다. 하루 밥 세끼 먹는 날이 거의 없고 한 두끼는 풀때죽을 먹었다.

형편이 어려워 초등학교 4학년 때부터 산에 나무하러 다녔고, 중학교 이후에는 남의 집 논 · 밭일을 돕고 다녔다. 그런 덕에 쑥 · 씀바귀 · 질경이 등의 나물 등을 뜯어다 먹었고, 산에 나무하러 가서는 칡뿌리, 더덕, 취나물 등도 많이 캐고 뜯어 먹었다.

그리고 먹성이 좋아 아무 음식이나 잘 먹고 소화했는데 집에서 주로 먹은 음식은 보리밥 · 감자 · 고구마 · 김치 · 된장 등이었으며 무엇을 먹든지 소화는 잘

되었다. 고기 · 생선 등은 구경하기 어려웠으며 성인이 된 후에도 고기류는 자주 먹게 되지 않았다. 물론 초 · 중학교 시절 점심시간에 도시락 대신 학교 우물로 배 채운 날도 많았다. 지금도 식단은 주로 된장 · 청국장 · 김치 · 깍두기 등이다. 맛도 모르고 지금까지 술을 먹지만 아직 위장은 튼튼하다. 가끔 지인들이 어떻게 그리 위장이 좋으냐고 물으면 "어려서 쑥 많이 뜯어먹고, 칡뿌리 많이 캐어먹어서 그런 것 같다"고 말한다. 필자의 짧은 경험에 의하면 "아무거나 다양하게 가급적 채식을 하는 것이 무병무탈에 도움이 되지 않았나" 생각한다.

그리고 단 음식도 필요하겠지만 필자는 단 것 보다는 쓴 음식, 신 음식을 즐겨 먹어 왔다. 어렸을 때는 형편이 어려워 쑥국, 쑥무침 등 쑥을 많이 먹었고, 요즘도 쑥을 사다 끓여 먹고 데쳐 먹는다. 단군신화에서 사람 되기를 원하는 곰과 호랑이에게 "쑥 한묶음, 마늘 스무 쪽을 주고 햇빛을 보지 말고 백일을 견디라"고 했는데 호랑이는 못견뎠고 곰은 견뎌내 여자가 되어 환웅과 혼인하고 낳은 아들이 단군이다. 어떻든 쑥과 된장 · 김치를 많이 먹어서 그런지 필자는 속이 아주 편하다.

참고로 최근 필자가 집에서 즐겨 먹고 있는 음식 2가지를 소개한다. 먼저 몇 달 전 아내가 친지한테서 종균(유산균)을 얻어와 우유, 레모네이드, 딸기잼 등을 넣어 만든 요플레이다. 이 요플레는 식사 후에 주로 먹는데 아내는 요즘 종균과 만드는 방법을 여러 주위 분들에게 전수해 그분들도 즐겨 먹고 있다고 한다.

또 한 가지는 참치샐러드이다. 캔 참치에 양파 · 사과 · 마요네즈 · 후추 · 소금 · 설탕 · 레몬즙 등이 원료라 한다. 이 참치 샐러드도 그 맛과 향이 필자의 입맛에 맞아 식사 시 자주 젓가락이 찾아간다.

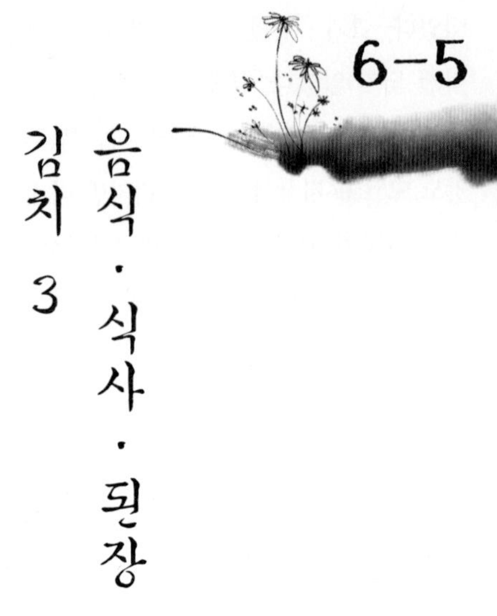

6-5 음식·식사·된장·김치 3

된장 김치 깍두기

조영재

고맙습니다 어머님
된장 김치 깍두기 익혀
아침 점심 저녁 30년 세월 맛있게 먹게 해주신
어머님 덕에 지금도 건강하게 살아가고 있습니다
어머님 정말 고맙습니다.
어머님 뒤이어 맛있는 된장 김치 깍두기
지금까지 사시사철 먹게 해준
당신 고마워요.
고맙다 맛있는 된장 김치 깍두기야.

너희 덕에

맛있게 밥먹고 기운차려

씩씩하게 세상 살아가고 있구나

고맙습니다 어머님!

고마워요 당신!

고맙다 된장 김치 깍두기야!

□ 음식에 대한 사랑보다 더 숨김없는 사랑은 없다. – 버나드 쇼, 《인간과 초인간》
□ 아욱으로 국을 끓여 삼년(三年)을 먹으면 외짝 문으로는 못 들어간다. – 한국 속담
□ 음식으로 치료할 수 없는 병은 약으로도 치료할 수 없다. – 히포크라테스

■ ■ ■

근래에 소개된 음식과 관련하여 참고할 만한 이야기들을 모아 적어 본다.

(1)2010년 한해 한국인은 1인당 41.1kg의 살코기를 먹었다. 돼지고기 19.1kg, 닭고기 10.7kg, 소고기 8.8kg, 오리고기 2.5kg 순이다. (16)

(2)설호정 풀무원 상무(전 샘이 깊은 물 편집장)는 말한다.

붉은 살코기만 줄여도 다음과 같은 여섯 가지 이득을 얻을 수 있다고 한다.

첫째, 암 성인병 등을 예방할 수 있다. 둘째, 고기 1인분을 만들려면 옥수수와 콩 22인분치를 가축에게 먹여야 한다. 이를 인간의 양식으로 돌리면 만성적 기아 문제를 해결할 수 있다. 셋째, 사람의 스무 곱절이나 되는 엄청난 똥 · 오줌을 싸는 소나 돼지를 기르지 않으면 심각한 수질 오염을 막을 수 있다. 넷째, 목축을 위해 훼손되는 광활한 산림이 보존되어 지구 온난화 등 기상 이변을 줄일 수 있다. 다섯째, 쇠고기 1kg의 값으로 감자 10kg쯤을 살 수 있으므로 경제적이다. 여섯째, 인간이 자기의 먹이로 삼으려고 '사육'이라는 이름으로 다른 생명체에게 자행하는 잔혹행위를 중단시키는 윤리적 선택이다. 물론 영양학자들 사이에는 채식을 통해서는 인체에서 합성되지 않는 필수 아미노산을 풍부하게 얻을 수 없다는 주장도 있다. 그런가 하면 다양한 채소와 과일, 견과류, 곡류, 콩 식품들을 골고루 섞어서 먹으면 필수 아미노산 근심은 접어도 된다는 주장이, 특히 고기에

멍든 저쪽 서양에서 점점 더 커지고 있다.

이른바 웰빙을 넘어 'LOHAS(Lifestyles Of Health And Sustainability:건강과 지속 가능성을 추구하는 라이프스타일)' 의 시대로 접어들었다고 한다. 웰빙족의 소비가 내한 몸에 초점이 맞추어져 있다면 '로하스 족(族)' 의 소비패턴은 진보적 이타행의 양상을 띤다. 그 대표적인 것이 식생활을 콩과 채소로 바꾸는 것이다. 특히 미국의 경우 21세기에 접어든 뒤 급속히 로하스를 추구하는 소비자가 늘고 있다고 한다. 거대한 자원 낭비국이자 육식의 폐해가 가장 심각히 표출되고 있는 나라의 자기반성이라고도 해석할 만하다. 나의 진보는 채식이며, 나는 채식주의자를 존경한다. (17)

(3)고려시대 귀족들 평균수명은 39.7세, 승려는 70.2세였다고 한다. 채식 습관과 관련 있을 것이다. 이빨 모양을 볼 때 사람에겐 채식이 맞는다는 주장이 있다. 사자나 늑대는 날카로운 송곳니를 갖고 있다. 동물 살점을 뜯어먹는 데 쓰는 것이다. 소나 사슴은 송곳니가 없다. 대신 풀을 베어서 씹어 먹으려고 앞니와 어금니가 발달했다. 사람의 경우 앞니(8개), 작은 어금니(8개), 큰 어금니(12개)를 합치면 채식용 이빨이 28개다. 송곳니는 4개다. 그래서 '28대 4' 의 비율로 채식과 육식을 하면 맞는다는 것이다.

동물성 단백질도 적당히 먹어야 한다. 그래야 아이들이 쑥쑥 자라고 면역력도 강해진다. 대표적 장수촌(長壽村)인 일본 오키나와 사람들은 돼지고기를 많이 먹는다. 끓는 물에 삶아서 기름기를 충분히 뺀 다음 먹는다. 고기를 무조건 안 먹어야 장수하는 건 아닌 것이다. 오키나와에선 '하라하치부(腹八分)' 라는 말이 있다. 배가 가득 차기 전에 젓가락을 놓으라는 이야기다. 뭘 먹느냐도 중요하지만 많이 먹지 않는 게 더 중요하다. 한국인의 2008년 연간 고기 섭취량이 34kg을 넘어섰다는 조사가 나왔다. 40년 전의 6배가 됐다는 것이다. 중장년 세대가 자랄 때만 해도 명절 음식상에서나 고기 구경을 했다. 그런데 이젠 모임 회식자리를 고깃집으로 정하려면 눈치를 봐야 하는 시대가 됐다. 그렇지만 우리 고기 섭취량은 미국(120kg)이나 일본(45kg)에 비하면 많은 편이 아니다. 고기를 먹건 채소를 먹건 마음 편하게 먹고 운동을 열심히 하는 게 건강법이다. (233)

(4)채소과일 365 가족건강 365!

하루에 3번, 6가지 채소와 5가지 색으로 맞춰진 과일을 먹으면 가족 3대가 한국인의 6대 암인 위암, 폐암, 간암, 대장암, 유방암, 자궁경부암과 5대 생활습관병인 고혈압, 당뇨, 심장병, 비만, 아토피를 예방할 수 있다고 한다. 6가지 채소는 몰라도 색깔 맞춰진 5가지 과일을 준비하는 것이 부담스러울 수 있겠지만, 그만큼 건강에 좋다는 의미이므로 식사 후 되도록 다양한 과일로 후식을 준비하는 것이 좋다. (235)

(5)한국인이 꼭 먹어야 할 비타민 10대 밥상 (KBS 2TV · 비타민)

① 마늘 – 암예방

하루 반쪽, 꾸준한 마늘 섭취가 암을 50%까지 예방

② 콩 – 당뇨병예방

콩의 풍부한 식이섬유가 급격한 혈당상승을 억제

③ 고등어 – 심장병예방

주 2회 고등어 섭취! 불포화 지방산이 혈액 청정, 혈액순환

④ 호두 – 노화억제

비타민E가 노화를 억제! 하루 한 개의 호두는 무병장수의 비결

⑤ 버섯 – 다이어트

칼로리는 낮고, 포만감은 높이는 식이섬유가 과식 억제

⑥ 보리 – 정력증강

최고의 자연식 강장제! 말초신경 활동 증진, 기능 향상

⑦ 부추 – 활성산소 해독

항산화 작용 베타 · 카로틴이 노화의 원인 활성산소 발생 억제

⑧ 김 – 시력보호

눈의 비타민 A가 시력보호 야맹증 예방

⑨ 달걀 – 두뇌개발

노른자에 든 뇌의 먹이 레시틴이 기억력 증진, 치매예방

⑩ 풋고추 – 면역강화

비타민 C가 바이러스에 대한 저항력 증진! 하루 권장량 풋고추 2개면 OK!

(6)탄수화물을 제외한 대부분의 영양소는 쌀눈에 있다. 쌀눈에는 비타민 B1, B2, B6, 가바(GABA), 옥타코사놀, 베타시스테롤 등의 중요한 성분들이 함유되어 있다.

• 가바(GABA) : 기억력 증진 등 두뇌활성에 관련된 GABA성분은 수험생이 나 나이 드신 분들에게 좋다.

• 옥타코사놀 : 지구력과 체력을 향상시켜주는 생리활성물질로 기러기가 수만 km를 날아가는 힘이 쌀눈에 있는 옥타코사놀에서 나오는 것으로 알려져 있다.

쌀의 영양 분포는 '쌀눈'에 영양성분의 66%, '미강'에 29%, '백미'에 5%가 함유되어 있다. 노란색 쌀눈이 붙어 있는 '쌀눈 쌀'은 밥맛도 부드러우며 영양도 더욱 풍부한 살아있는 건강한 쌀이다. (쌀눈 쌀 회사 광고)

(7)브레인 푸드

참치 – 필수 지방산이 많아 기억력과 학습 능력 향상에 효과적.

바나나 – 두뇌에 에너지를 공급하는 비타민 B가 다량 함유돼 집중력 향상.

계란 – 노른자의 콜린이 기억력 발달을 돕는다.

콩 – 뇌 발달에 필수적인 콜린과 레시틴이 많다.

호두 – 항산화 성분인 비타민 E가 풍부해 뇌 손상을 막는다. (240)

(8)된장찌개 10분만 끓이세요

된장, 청국장 등에 있는 고초균은 열에 강해 끓여 먹어도 효과를 보지만 오래 가열하면 죽는다. 그러므로 된장찌개 등은 10분 이상 끓이지 않는 게 좋다. 청국장도 다른 재료와 같이 끓이면 고초균이 10만 마리 남고, 재료부터 끓인 뒤 청국장을 넣으면 100만 마리가 남는다. 생청국장에는 8,000만 마리가 있다. (111)

(9)나뭇잎, 김장할 때 쓰세요

맛깔스럽게 담근 김장 김치가 빨리 시는 것을 막으려면, 김칫독 안에 약 10센티미터 두께로 밤나무나 도토리나무 잎을 깔고 그 위에 김치를 올리면 된다. 밤나무와 도토리나무 잎은 알칼리성을, 김치는 산성을 띠는데 이 둘이 만나면 중성이 되어 김치가 금방 시지 않는다.

(10)산삼(山蔘)의 효능

① 당뇨 – 혈당치를 저하시키는 아드레날린과 인슐린 생성에 영향을 주는 작용을 하므로 당뇨병에 치료효과가 탁월하다는 것이 임상실험으로 입증되었다.

② 간질환 – 산삼의 사포닌의 생리학적 효과로 인해 급, 만성감염성 감염환자

의 간 기능을 정상으로 회복시킨다. 산삼은 간의 기능을 도와주고 각종 간 질환(간염, 간경변, 간암 등)을 회복시키는 효능이 탁월하므로 간장보호를 위하여 평소에 섭취하면 매우 좋습니다.

③ 혈압 – 산삼은 콜레스테롤의 대사를 조절하고 생성을 억제하는 작용을 하며, 심장기능을 강화시켜 고혈압, 저혈압의 증세를 정상화시키는 탁월한 효능이 있다.

④ 항암효과 – 산삼과 천화분(天花粉)을 함께 섭취하면 암세포의 성장을 억제하는 작용이 생긴다. 자궁암세포의 발육저지에 탁월한 효과가 있다.

⑤ 부인병 – 산삼은 부인들의 냉증, 월경과다, 자궁출혈 및 산후, 다산에 의한 신경쇠약 등에 극히 효과적이며 피부미용과 모발에도 효능이 탁월하다.

⑥ 조혈작용 – 혈행을 좋게 하고 조혈작용을 한다. 빈혈이 있는 당뇨병 환자에게 인슐린분비를 촉진시킨다.

⑦ 노화방지 – 간기능, 신기능, 심기능을 높이며 노화물질의 축적을 억제하고 피로를 회복시켜주며 지질의 과산화를 방지해주는 말톨(Maltol)이라는 새로운 성분은 노화방지에 크게 효능이 있다.

⑧ 위장병치료 – 위궤양의 원인이 되는 위산이나 펩신의 분비물을 억제하는 자율신경을 진정시키는 효과가 있다.

⑨ 류머티즘 치료 – 항류머티즘 활성 성분으로 인해 말단모세혈관을 확장시켜 혈행을 좋게 하고 신진대사를 촉진함으로 전신에 산소와 영양분을 원활히 하므로 류머티즘 치료에 탁월한 효과가 있다.

⑩ 정력증진 – 연발성음위환자에게 효능이 있다. 남성불임환자에게 운동정자수를 증가시킨다. 여성불임환자에게 효과가 있다. 또한 산삼은 두뇌의 활동을 촉진시키며 눈을 맑게 한다. 학습능률이 향상되며 정신적인 안정성을 더해준다. 사포닌 중 진세노사이드는 기억력을 향상시키는데 효과가 있다.

⑪ 심장 – 사포닌은 심장의 관상동맥의 혈류량을 증가시키며 동물의 심맥계에 대한 약리작용을 강화시켜 준다.

⑫ 기타효능 – 소화촉진, 만성위장 장애에 효능이 있으며 체력과 생명력, 저항력이 증가 된다. 피로해소, 심신피로회복, 술(알콜)에 대한 저항력 강화에도 탁월하다.

산삼의 칠효설(七效說) : 신농본초경)

㉠ 보기구탈(補氣救脫) – 원기를 보하고 허탈을 다스린다. 허약체질 개선, 피로회복 및 체력증진

㉡ 익혈복맥(益血服脈) – 혈액을 이롭게 하고 맥을 고르게 한다. 혈액순환촉진 및 면역력 강화

㉢ 양심안신(養心安神) – 마음을 편안하게 하고 정신을 안정시킨다. 심장기능 강화 및 항 스트레스 예방

㉣ 생진지갈(生津止渴) – 체액을 보충하고 갈증을 해소시킨다. 내분비조절 및 당뇨, 성인병에 효과

㉥ 보폐정천(輔肺停喘) – 폐기능을 보호하고 기침을 멈춘다. 폐기능, 호흡기 질환 등에 효과

㉧ 건비지사(健脾止瀉) – 위장을 튼튼하게 하고 설사를 멈춘다. 식욕증진 및 설사 등의 위장계 질환 예방

㉨ 탁독합창(托毒合瘡) – 체내의 독을 제거하고 종기를 삭혀준다. 피부질환 및 피부미용 효과

(11) 2007 국민건강영양조사에 따르면 영양섭취기준량 대비 실제 철분섭취 비율은 1~2세의 경우 69.1%고, 3~18세까지는 87~91%로 권장섭취량에 못 미쳤다. 반면 19세 이후부터 120%를 상회했고, 50~64세는 150.6%에 달했다. 65세 이상도 120.7%로 철분과잉 상태였다. 김정하 중앙대병원 가정의학과 교수는 "철분은 체내에서 산소를 운반하며, 장기와 신경 발달에 필수적인 영양소이다. 하지만 과도하게 존재하면 세포가 노화하고 혈액이 걸쭉해져 심혈관 질환 등의 위험이 커진다"고 말했다.

영유아, 아토피 걱정으로 이유식 늦추면 빈혈이 생길 수도 있다.

모유가 좋다는 말만 듣고 수유 기간을 너무 늘려서 아기에게 철분 결핍이 나타나는 경우가 적지 않다. 철분은 출생 직후부터 생후 24개월까지 뇌, 심장, 근골격계, 위장관계의 형성과 발달에 중요한 역할을 하지만 모유에는 함량이 낮은 편이다. 고홍 세브란스병원 소아청소년과 교수는 "생후 6개월부터 이유식을 통해 가장 신경 써서 공급해야 하는 영양소 중 하나가 철분이다"라고 말했다.

모유 좋다고 오래 먹여서 영 · 유아 철분섭취비율이 69%에 불과하며, 여학생

들은 지나친 다이어트로 70%가 심각한 철분결핍 상태이며, 50대 이후는 과다섭취로 피 걸쭉해져 심혈관질환 위험이 있다는 조사결과이다.

연령별로 철분 하루 권장섭취량과 철분이 함유된 식품의 예시는 다음과 같다. (127)

① 영유아(1~2세)=7mg → 생후 6개월 이후부터 소고기가 포함된 이유식을 모유수유와 병행

② 청소년(15세~19세)=16mg → 소고기 · 돼지고기(100g), 멸치 반주먹, 고등어 한 토막, 콩 네 숟가락(60g), 시금치 50g 정도

③ 중년이상(50세 이상)=남10mg, 여9mg → 소고기 · 돼지고기(100g), 멸치 4분의 1주먹, 고등어 한 토막, 콩 두 숟가락(30g)정도

(12)우리 산야에서 흔히 볼 수 있는 씀바귀가 성인병 예방에 탁월한 효과가 있는 것으로 밝혀졌다. 전북 익산시 원광대 인체과학연구소는 11일 "야산이나 논두렁에 흔한 국산 자생식물인 씀바귀가 항스트레스, 노화방지, 피로를 억제하는 항산화 효과 등 성인병 예방 성분을 다량 함유하고 있는 것으로 조사됐다"고 밝혔다. 이 같은 사실은 인체과학연구소 정동명 교수팀이 보건복지부의 의료기술 연구개발 사업비를 지원받아 최근 2년 동안 씀바귀의 성분을 조사한 끝에 밝혀졌다. 조사 결과 민간에서 쓴나물, 싸랭이, 싸랑부리라고 불리는 씀바귀의 추출물이 토코페롤에 비해 항산화 효과가 14배, 항박테리아 효과가 5배, 콜레스테롤 억제 효과가 7배에 달하는 것으로 나타났다. 이밖에 씀바귀는 항스트레스, 항암, 항알레르기 효과가 높은 것으로 조사됐다. 씀바귀 추출물이 이처럼 높은 효과를 보이는 것은 면역증강, 항암에 뛰어난 '알리파틱'과 노화억제, 항산화 기능을 지닌 '시나로사이드'와 같은 성분이 다른 식품에 비해 풍부하기 때문이다. 씀바귀(sowthistle)는 한방에서는 고채(苦菜)라고 하며, 3세기 오진본초(吳晉本草)에서 하늘과 땅을 맑게 하는 천정채(天淨菜), 신초(神草)라 불리었다. 씀바귀는 해독과 정화시키는 작용이 탁월하여 '하늘이 내린 정화의 풀이다'라는 의미로 신초라고 불렸던 것은 씀바귀의 작용과 특성을 나타내는 선인들의 상징적인 표현이라 할 수 있다. (130)

(13)농약이 남지 않도록 야채를 씻는 방법 (985)

① 깻잎/상추 – 잔털이나 주름이 많은 깻잎, 상추의 경우 물에 5분 정도 담갔

다가 30초 정도 흐르는 물에 씻어야 한다.

② 파 - 뿌리 부분에 농약이 많다며 떼어내는 경우가 많지만, 실제는 뿌리보다 잎이 더 위험. 시든 잎과 외피를 한 장 떼어내고 물로 깨끗이 세척해야 한다.

③ 양배추/상추 - 겉잎을 2,3장 떼어내고 흐르는 물에 3분 정도 씻는다.

④ 오이 - 흐르는 물에 오이 표면을 스펀지 등으로 문질러 씻은 다음 굵은 소금을 뿌려 문지르고 다시 흐르는 물에 씻는다.

⑤ 고추 - 고추는 끝부분에 농약이 남아 있다고 알려졌지만, 실제로는 그렇지 않다. 물에 일정 시간 담갔다가 흐르는 물에 한두 번 씻으면 된다.

(14) 고추이야기

관세청은 2010년 8월 6일 2005년부터 2010년 상반기까지 6년 동안 밀수꾼들이 가장 선호하는 5대 밀수품을 발표했다. 뜻밖에도 고추가 당당하게 5위다. 금액으로는 246억 원어치. 나머지는 담배, 포도주, 녹용, 인삼이었다. 8월 4일 수원 서울대 원예작물육종연구실 시험실습장을 찾았다. 1,322㎡(400평)에 세계 각국에서 수집한 200여 종의 고추 종자를 키운다.

예쁜 연둣빛 고추가 보였다. 인생 철학과도 같은 진리 하나. "센 놈은 늦게 등장한다." 매운맛 성분인 캡사이신이 강할수록 고추는 늦게 익는다.

만만한 색깔에 한입 깨물었다. 입 안이 약간 얼얼하다 싶은 순간, 불 폭탄에 얻어맞은 듯 무시무시한 고통이 강타했다. 눈물과 콧물이 쏟아지고 비명이 터져나왔다. 눈알이 빠져나갈 듯하고 숨이 막히는 고통이 10여 분간 계속 됐다. 인도 원산 부트 졸로키아, 매운 정도가 청양고추의 100배짜리 세계에서 가장 매운 고추였다.

(15)매운맛으로 고추 품질을 논하는 시대는 지났다. 대신 21세기 고추의 세계는 다양성의 시대다. 덜 매운 고추 혹은 기능성 고추가 이 시대 고추 연구진의 최대 과제다.

2008년 농촌진흥청 원예연구소와 강원대, 제일종묘는 공동으로 '당조(糖助) 고추'를 개발했다. 당뇨병 환자용 고추다. 혈당 강하성분인 AGI가 일반 고추보다 4배 이상 들어 있다. 일반 고추보다 덜 매우면서 달다. 값은 3배 정도 비싸다.

일본에서는 'CH-19 Sweet'라는 품종을 개발했다. 매운 캡사이신 대신에 매운맛이 없는 캡시에이트 성분이 들어 있는 고추다. 캅사이신과 마찬가지로 땀 배출을 돕는다. 일본에서는 "한국 여자 몸매 유지 비결은 고추"라는 소문이 돌면서 이 같은 다이어트 기능을 가진 고추가 인기다.

'안 매운 고추'의 원조, 오이고추

한국에서는 소비자가 원하는 대로 매운맛을 조절한 고추 개발이 진행 중이다. 4년 전 나온 오이고추가 대표적인 품종이다. 오이고추의 핏줄에는 토종 고추와 중국 인도네시아, 미국 고추 등이 섞여 있다.

애석하게도 청양고추 종자 소유권은 미국 종자회사 몬산토가 가지고 있다. 몬산토가 씨앗을 팔지 않으면 청양고추를 기를 수 없다는 말이다. 청양고추를 개발한 중앙종묘는 1998년 종자회사 세미니스에 인수됐다. 이 회사는 2005년 몬산토에 매각됐다. 세미니스코리아는 몬산토코리아의 자회사다.

게다가 채종지, 즉 꽃가루를 암술에 묻혀서 씨앗을 만들어 채취하는 고추밭은 중국에 있다. 앞서 언급한 오이고추 또한 종자 소유권은 사카타코리아, 그러니까 일본 종묘회사에 있다. 한국 밥상에 오르는 고추들이 더 이상 한국 것이 아니라는 말이다. (133)

▲매운 고추 순위 스코빌지수(SHU)

㉠ 부트 졸로키아 – 100만 1304 (기네스 기록)

㉡ 나가 졸로키아 – 85만 5000

㉣ 레드 사비나 아바네로 – 57만 7000

㉤ 청양고추 – 4000~7000

㉥ 단고추 – 0

※스코빌지수(SHU); 고추 추출물을 얼마나 희석해야 매운 맛이 느껴지지 않는지 혀로 측정한 지수. 고추 추출물 1㎖에 물 5만㎖ 를 섞었을 때 맛이 느껴지지 않는다면 5만 SHU다. (144)

(16) 아프간 땅에서 양귀비를 몰아낸 한국콩, 당초 콩은 아프가니스탄의 식량 역사에 없던 곡물이다. 그러나 7년 전 미국에서 영양학을 전공한 권순영 박사가 아프가니스탄을 방문해 수많은 아동과 산모가 영양 결핍으로 신음하며 죽어가는 모습을 목격하고 아프가니스탄을 돕는 방법으로 콩 재배를 생각한 것이 아프가니스탄에 콩이 알려진 시초다.

그는 아편 원료인 양귀비가 잘 자라는 아프가니스탄 땅에서도 한국 콩이 자랄 수 있는지를 실험했다. 콩은 뜻밖에도 잘 자랐다.

실험 결과에 자신을 얻은 그는 한국 콩을 2005년부터 아프가니스탄의 일부 지역에 심으면서 현지에서 생산된 콩으로 두유를 만들어 아동과 임산부에게 먹이고 콩가루를 아프간의 주식(主食)인 난(Naan · 빵의 일종)에 섞어 콩 난을 제조해 급식했다. 영양개선의 효과는 놀라웠다. 그는 이 성과를 토대로 미국에 영양과 교육 국제기구(NEI)를 설립해 아프가니스탄을 돕는 콩 사업에 헌신하기로 뜻을 세웠다.

이 소식을 접한 한국 CBMC의 '세계로' 지회(회장 신치호)는 미국 NEI의 한국지부를 결성한 후 이 기구를 '희망의 콩' 운동본부로 개칭했다.

현재 '희망의 콩' 사업본부는 2007년에 아프가니스탄 수도 카불에 한국형 콩 방앗간을 설립하고 콩 씨앗을 구입해 현지로 보내는 한편 콩 가공 사업으로 두유 가공공장 두 곳을 설립했다. 이제껏 양귀비 재배에만 주력해 온 현지 농민도 점차 콩 농사의 필요성과 중요성을 실감해 콩 재배와 가공사업을 자신의 소득증대 사업으로 인식하는 분위기가 조성되고 있다.

콩 사업에 회의적이었던 아프가니스탄 정부도 몇 차례의 시험재배와 영양상태 개선의 성과를 지켜본 후 2009년 말에야 비로소 전국에 걸친 콩 재배를 승인했다. 이 운동의 진행을 지켜본 한국국제협력단(KOICA)과 일본 NGO도 콩 사업에 동참하게 되었다. (168)

(17)붉은색 과일과 채소, 얼굴빛에 좋다. (198)

자두, 토마토, 당근 등 붉은색 과일이나 채소를 많이 먹으면 안색이 좋아진다는 연구 결과가 나왔다. 영국 노팅엄대 연구팀이 성인을 대상으로 붉은색 과일과 채소를 6~8주 동안 먹게 한 뒤, 사람들에게 먹기 전과 먹고 난 뒤의 얼굴을 평가하게 했다. 그러자 먹고 난 뒤 얼굴이 훨씬 건강하고 매력적이라고 답했다.

(18)성공한 식품 프랜차이즈 사례

밀턴 허쉬가 초콜릿의 대중화를 통해 사업에 성공했다면, 윌리엄 로젠버그는 도넛을 식사 대용식으로 판매하여 큰돈을 벌었다. 로젠버그는 미국이 경제적으로 어려웠던 대공황 때 공장과 공사장을 돌아다니며 손쉽게 먹을 수 있는 음식을 팔면서 한 가지 사실을 깨달았다.

'품목이 단순해야 경비도 절약되고 이익을 많이 남길 수 있다.'

이 같은 자신감을 바탕으로 로젠버그는 1946년 식품 매장을 열었고, 누구나 좋아할 만한 네 종류의 도넛을 팔았다. 기름에 튀기고 달콤한 고명을 뿌린 도넛은 바삭하면서도 맛있어서 간식으로 큰 인기를 끌었다. 로젠버그의 예상은 적중했고 매출은 크게 늘었다. 로젠버그는 1950년 상호를 '던킨 도넛'으로 바꾸고 프랜차이즈(독점판매를 보장해주는 지역 영업권 양도 사업)방식으로 미국 전역에 지점을 냈다. 이와 더불어 도넛 종류를 다양화해 전문점임을 강조했다. 미국인들은 바쁜 출근 시간을 절약할 수 있는 아침 식사로 도넛과 커피를 먹었고, 던킨 도넛은 어느새 도넛 판매점의 대명사가 되었다.

허쉬와 로젠버그, 두 사람에게는 몇 가지 공통점이 있다. 그들은 모두 유대인이고, 값싸면서도 간편한 걸 좋아하는 미국인 기질을 정확히 꿰뚫어 성공을 거뒀다. 또한 미국 경제가 힘든 상황에서 사람들이 원하는 게 뭔지 재빨리 파악했으며, 식품에 대한 기존 관념을 바꾸었다. 그들의 사업 철학에는 '입'과 관련된 품목을 중요하게 여기는 유대인 상술이 있음은 물론이다. '사람은 먹어야 산다'는 당연한 진리를 염두에 두고 거기에 미각을 자극하는 요소를 더하여 별식의 대중화에 성공한 것이다. (408)

(19) '조용한 살인자'(silent killer)로 불리는 고혈압은 아무런 증상 없이 진행되다 갑자기 동맥경화로 이어지고 다시 뇌졸중이나 심근경색 등 치명적인 합병증을 유발하는 무서운 성인병이다. 설인찬 대전대 대전한방병원장(중풍뇌신경내과)의 혈압 예방법을 소개한다.

① 육식을 줄이고 채소를 많이 섭취한다.

② 설탕 등 단 것을 피하고 과일을 많이 먹는다.

③ 짠 것을 피하고 음식은 담백하게 먹는다.

④ 금주 · 금연 = 알코올 섭취는 급성으로 혈압을 상승시키는 것 외에 만성적으로 혈압을 상승시킨다.

흡연은 심장질환의 주요위험인자이며 혈압을 일시적 또는 지속적으로 상승시킨다. 금연은 관상동맥질환, 중풍의 발생을 감소시키는 동시에 암등 여러 질환을 감소시킬 수 있다.

• 평균체중 유지 = 고혈압을 예방하려고 하거나 이미 고혈압이 발생한 사람

에게서 가능한 혈압을 낮출 수 있는 가장 효과적인 방법은 정상체중을 유지하거나 비만증이 있으면 체중을 약 4kg전후 감량하면 염분제한에 관계없이 30%의 환자에서 약의 용량을 감소시킬 수 있다.

- 화를 적게 내고 많이 웃는다 = '일소일소, 일노일노'(一笑一少一怒一老)라는 말이 있다. 긴장의 완화는 아무런 해도 없이 카테콜아민을 감소시켜 혈압이 강하 될 수 있다.
- 가까운 거리는 차를 타지 않고 되도록 많이 걷는다 = 운동 자체는 혈관 확장 호르몬을 증가시켜 혈관저항을 감소시키므로 혈압을 강하시킨다. 운동은 체중감량, 당과 지질대사 및 심폐기능의 개선에 도움이 되며 심혈관 질환의 위험률과 사망률을 감소시킨다. (204)

(20)양념거리에는 고추, 마늘, 생강, 파, 양파, 부추, 후추, 설탕, 깨소금 등등 이처럼 천지로 널려 있다. 양념감은 본디 꽃식물(顯化植物)의 꽃, 뿌리, 과일, 씨앗, 줄기, 껍질에서 얻는데, 이 물질은 모두가 물질대사의 결과 덤으로 생긴 2차 산물(二次産物)로, 세포가 늙을수록 커지는 액포(液胞, vacuole) 속에 차곡차곡 넣어둔 노폐물이다. 액포는 모든 식물과 균류(菌類 · fungi), 일부 원생동물과 세균에도 들었으며, 현미경적인 세포소기관(細胞小器官 · organelle)으로 나이 든 세포에서는 80% 넘게 차지하며 번번이 그 모양까지 바꾼다. 말 그대로 '막으로 둘러싸인 터질 듯 팽팽한 작은 주머니' 로 양념물질 말고도 안토시아닌(화청소), 당류, 유기산, 단백질, 효소 및 숱한 무기질이 듬뿍 깃들었고, 세포를 팽팽하게 부풀게 하는 팽압(膨壓, turgor pressure)과 pH를 일정하게 유지케 한다. 여러 생물들이 쓸모없는 찌꺼기인 양념을 세포에 넣어 둬서 바이러스나 세균, 곰팡이들의 번식을 막고 심지어 곤충들에게 먹힘을 피하고 막는다. 사실 양념이란 음식의 빛깔을 내고, 육류의 노린내나 잡냄새 없애는 일 말고도 우리 몸에 유익한 영양소가 고루 잔뜩 들었기에 입맛을 돋운다. 그래서 동서고금을 막론하고 음식에 갖가지 양념(조미료)을 넣어 먹는 것이요, 마젤란도 향신료(香辛料 · spice)를 찾아 세계를 누비지 않았던가. (211)

(21)최근 농수산식품부, 농수산물유통공사, (사)식생활교육국민네트워크가 펴낸 2012녹색식생활수첩 〈환경 · 건강 · 배려를 위한 가족밥상(Good Food Better Life)〉에 나오는 일부 내용을 보자. (231)

① 건강한 한국형 식생활 실천

• 골고루 먹는 알맞은 식사는 내 건강을 지킵니다.

△ 하루 세끼 규칙적으로 식사하기

△ 채소 · 과일 · 유제품 · 콩제품 · 육류 · 생선 골고루 섭취하기

△ 고지방음식 · 튀긴 음식 줄이기

• 밥 중심의 전통 식생활은 내 몸을 건강하게 합니다.

△ 밥과 고른 반찬으로 균형 잡힌 식생활 하기

△ 다양한 통곡물 섭취하기

△ 지나치게 짜고 매운 음식 피하기

△ 계절에 따른 제철음식 즐기기

• 가족과 함께하는 식사는 풍요로운 삶을 만듭니다.

△ 하루에 한 번 이상 가족과 함께 식사하기

△ 즐거운 마음으로 식사하기

△ 예의바른 모습으로 식사하기

△ 여유 있는 식사시간 즐기기

② 우리 가족 체질량지수(BMI)를 챙기세요.

※ BMI지수 = 몸무게 ÷ (키 × 키)

18.5이상 ~ 23미만 : 정상

23이상 ~ 25미만 : 과체중

25이상 : 비만

③ 아침밥을 먹어야 하는 4가지 이유

• 뇌 기능이 활발해지고 집중력이 높아져 학습능력을 향상시킨다.

• 아침식사를 거르면 점심, 저녁을 과식하여 비만 원인이 된다.

• 아침밥을 먹으면 섭취한 섬유질이 몸 안의 중금속 배출을 돕는다.

• 아침밥을 먹으면 위산 분비를 막아 위장을 튼튼하게 해준다.

④ 왜 음식을 골고루 먹어야 할까요?

음식에 들어 있는 영양분의 종류와 양이 모두 달라요. 밥에는 탄수화물이, 고기에는 단백질이, 채소에는 비타민이 많아요. 그런데 편식하면 한 가지 영양분은 넘치지만 나머지는 부족해져 영양적으로 불균형이 돼요.

⑤ 소금과 설탕 먹기

- 소금 : 한국인의 하루 소금 섭취량은 13.5g으로 세계보건기구(WHO)와 한국 영양학회의 하루 소금 권장량인 5g의 2.7배이다. 냉동피자 한 조각(5~8g), 감자칩 한 봉지(5g), 빵 1개(2g)에 하루 필요량 이상의 나트륨이 들어 있다.
- 설탕 : 설탕의 하루 섭취 상한선은 자신의 체중 1kg당 0.5g정도. 초등학교 저학년 학생 몸무게를 30kg으로 잡았을 때 15g만 섭취해야 한다. 하지만 탄산음료의 경우 캔(250ml)에는 각설탕 7~9개, PET병(500ml)에는 18~22개가 들어 있다. 몸에 좋다고 광고하는 요구르트마저 각설탕 5개가 녹아 있다.

⑥ 한식이 최고의 밥상이다.

농경생활을 해온 우리 민족은 장의 길이와 치아구조가 밥과 채식위주의 식문화에 맞춰져 있다. 또한 밥, 국, 김치, 구이, 나물 등으로 차린 밥상은 한국인의 영양섭취에 가장 이상적인 식단이다. 한국영양학회 권장비율인 탄수화물 65: 지방 20 : 단백질 15를 맞출 수 있는 식단이다.

⑦ 한 가지 이상 채소반찬을 먹어요.

채소를 먹지 않는 아이는 비타민과 무기질이 부족하여 질병에 걸릴 위험이 높습니다. 고기반찬은 줄이고 채소반찬은 늘려주세요.

⑧ 섬유질이 많아 변비 예방에 좋은 음식

- 사과 · 배추 · 고구마 · 토마토 · 양배추 · 무 · 시금치 · 포도 · 배 · 감자 · 자두 · 살구
- 사과에는 '펙틴' 이란 섬유소가 있어요. 이것은 장 활동을 활발하게 해주어 황금똥을 눌 수 있는 거예요. 장이 튼튼하니까 변비에도 걸리지 않고 얼굴도 예뻐져요. '아침마다 사과 한 쪽을 먹으면 미인이 된다' 는 말도 있어요.

⑨ 쌀을 뜻하는 한자 '米' (미)자를 풀어 놓으면 '八 + 八' (팔십팔)이 돼요. 쌀을 만들기 위해서는 '여든 여덟 번 땀 흘려 정성을 드려야 한다' 는 뜻이지요. 우리가 먹는 밥을 위해 모내기를 하고, 더운 날 잡초를 뽑고, 추수하고…. 이제부터 밥을 먹을 때 애쓰시는 농부 아저씨, 아주머니를 비롯한 모

든 분들께 감사한 마음을 가져야겠어요.

⑩ 내 건강은 몇 점 일까요?

※식생활 습관을 살펴보고 건강하고 안전하게 먹도록 계획을 짜보세요.

문　　항	예	아니오
1.나는 규칙적인 시간에 세끼식사를 해요	○	×
2.나는 매끼 골고루 먹고 편식하지 않아요	○	×
3.나는 아침식사를 꼬박꼬박 먹어요	○	×
4.나는 식사할 때 가능한한 적당히 먹어요	○	×
5.나는 매일 고기 · 생선 · 달걀 · 두부 · 콩 중 한 가지는 먹어요	○	×
6.나는 매일 한 가지 이상 채소 반찬을 먹어요	○	×
7.나는 매일 한 가지 이상 과일을 먹어요	○	×
8.나는 매일 한 가지 이상 우유나 유제품을 먹어요	○	×
9.나는 매일 한 가지 이상 해조류(김 · 다시마 등)를 먹어요	○	×
10.나는 달고, 짜고, 기름진 음식을 적게 먹어요	○	×
11.나는 일주일에 두 번 이상 외식을 하지 않아요	○	×
12.패스트푸드(햄버거 · 피자)를 즐겨 먹지 않아요	○	×
13.나는 탄산음료대신 물 · 천연과일음료 등을 즐겨 마셔요	○	×
14.나는 불량식품이나 길거리 음식을 자주 사먹지 않아요	○	×
15.나는 빵 · 라면보다 밥을 더 좋아해요	○	×
16.나는 고기를 먹을 때 채소와 함께 먹어요	○	×
17.나는 사탕 · 초콜릿 등 단 음식을 자주 사먹지 않아요	○	×
18.나는 식사를 하면서 TV를 보지 않아요	○	×
19.나는 맵고 짠 음식을 좋아 하지 않아요	○	×
20.나는 식사할 때 가족과 함께 대화를 해요	○	×
합　계　　○표(　)개 ×표(　)개		

· 나의 식생활 태도는? (○가 몇 개)

15~20개 : 좋은 식생활 습관을 가졌네요. 더욱더 잘해보세요.

10~14개 : 문제가 조금 있네요. 좋은 식습관을 갖도록 힘쓰세요.

5~9개 : 고쳐야 할 식습관이 많아요. 조만간 비만이 될지도 몰라요.

0~4개 : 식생활 습관이 아주 나쁘네요. 빨리 고치지 않으면 큰일 나요.

(22)세계화시대 글로벌 테이블매너에 대해 알아보자.

호텔이나 고급레스토랑, 결혼식장 등의 원형 테이블에서 왼쪽과 오른쪽 어느 것이 자기 빵이고 물인지 헛갈리는 것, 원형 테이블이기 때문에 한 명만 잘못 선택해도 나머지 사람들은 줄줄이 틀리게 된다. 서울에 여러 고급레스토랑을 운영하고 있는 '아워홈' 의 추은정 과장은 "글로벌 교류가 많아진 만큼 테이블 매너를 숙지하는 것도 필요하다"고 강조했다. '아워홈' 의 도움을 받아 아리송한 테이블 매너를 알아보자.

① 왼쪽 빵과 오른 쪽 물이 내 것 '좌빵우물'

가장 헛갈리는 것이 빵과 물의 위치. 이럴 때는 앞에 놓인 가장 큰 접시를 기준으로 왼쪽 빵과 오른쪽 물이 자기 것이다. 이른바 '좌빵우물' , 와인도 물과 같이 오른쪽에 놓인 것이 자기 것. 이상현 '아워홈' 푸드서비스 마케팅팀장은 "유럽에서는 대부분 왼손으로 음식을 먹는 것이 예의"라며 "포크를 왼손에 나이프를 오른손에 쥐는 것과 같은 이치라고 생각하면 된다"고 말했다. 또 왼손에 빵을 들고 오른손으로 버터를 발라야 하는 이유도 있다. 빵 바구니에 빵이 담겨 나오는 경우에는 빵을 왼쪽 접시에 덜고 바구니를 왼쪽 방향으로 전달해 주면 된다.

② 식사 시작은 '8시 20분' , 끝은 '4시 20분'

식사 도중에 잠시 포크와 나이프를 접시위에 내려놓을 때는 시계의 '8시 20분' 모양(포크는 8시에 나이프는 20분에 접시 가운데 포크 끝 밑에 칼끝이 들어가도록)으로 놓으면 '식사 중' 이라는 의미이며, '4시 20분' 모양(네시방향에 포크와 나이프 나란히)으로 놓으면 식사를 마쳤다는 의미다. 이때 나이프의 날은 포크를 향해야 한다.

③ 냅킨은 가슴이 아닌 무릎에

첫 요리가 나오기 직전 펴서 반으로 접은 뒤 접힌 쪽이 안쪽으로 놓이도록 무릎 위에 올려 둔다. 보통 냅킨을 '툴툴' 털어서 활짝 편 뒤 무릎에 올리거나 가슴에 대는 경우가 있는데 모두 매너에 어긋난다. 자리를 비울 땐 의자 위에 올려둔다. 테이블 위에 올려두는 것은 식사가 끝났음을 의미한다. 입을 닦을 때는 겉이 보이지 않는 안쪽으로 조심스럽게 닦으면 된다.

④ 생선은 뼈를 발라 먹어야

생선은 뒤집지 않아야 한다. 살만 발라내어 접시 앞쪽으로 옮겨서 먹고 뼈를 발라낸 뒤 다시 아랫부분을 먹는다. 입안에 가시가 있을 때는 뱉거나 손가락으로 집지 않고 포크로 받은 후 접시에 놓는 것이 매너.

⑤ 빵에 칼을 대지 마세요

서양에서 포도주와 빵은 예수의 피와 몸을 상징한다. 이러한 믿음 때문인지 빵은 손으로 뜯으며, 절대 칼을 대지 않는 것이 테이블 매너 가운데 하나다. 또한 빵은 입맛을 정돈하기 위해 먹는 것이므로 미리 수프 등을 찍어 많이 먹게 되면 메인 음식의 맛을 제대로 음미할 수 없기 때문에 적게 먹어야 한다.

⑥ 스테이크는 '블루' 로 해 주세요?

스테이크의 굽기 정도는 다양하다. 흔히 우리나라 사람들은 레어, 미디엄, 웰던 등 3종류를 알고 있다. 하지만 서양에서는 블루(blue), 레어, 미디엄 레어, 미디엄, 미디엄 웰던, 웰던 등 6 종류 가운데 하나를 주문한다. 블루는 레어보다 덜 익힌 상태로 육류를 좋아하는 서양인들의 식습관을 반영한 것이다.

⑦ 수프를 먹을 때 미국은 바깥쪽으로, 영국은 안쪽으로

수프를 먹을 때 가슴 앞쪽에서 바깥쪽으로 떠먹는 것은 미국식이며, 바깥쪽에서 안쪽으로 먹는 것은 유럽식이다. 하지만 요즘은 굳이 이 방식을 따르기보다 자신이 편한 방법으로 먹는 추세다. 수프를 다 먹었을 때는 접시에 스푼을 그대로 올려놓으면 된다. (14)

(23)2010년 여론조사에 따르면 우리 국민의 90% 이상이 음식물쓰레기 문제를 심각하게 여기고 있음에도 불구하고 음식물쓰레기 발생량은 매년 3%이상 늘어나고 있다.

음식물쓰레기로 인한 경제적인 낭비는 연간 약 18조원에 이르며, 우리나라 예산의 6%에 해당하는 엄청난 액수다. 매일 버려지는 음식물쓰레기는 1만 5,000여t에 달하는데 하루 300만 명 정도가 먹을 수 있는 양이다. 저소득층 취약계층 150만 명, 결식아동 45만 명이 배불리 먹고도 남는 음식들이다. 그런데도 이렇게 음식물이 낭비되고 있는 현실은 잘못된 식습관에서 비롯된 슬픈 단면이 아닐 수 없다. (229)

음식물쓰레기를 줄이기 위해 중앙정부 · 지자체 · 군 등에서 다양한 지혜를 동원하고 있다. 서울시내 각 구별 음식물쓰레기 줄이기 시책은 다음과 같다.

① 강남 · 강북 · 광진 · 동대문구는 남은 음식물 싸주기 운동

② 영등포 · 도봉구는 무선정보인식장치(RFID)를 활용한 음식물쓰레기 종량제 실시

③ 마포구는 음식물쓰레기 배출량 표시하기 실시

④ 성북구는 음식물쓰레기 종량제 실시

⑤ 구로구는 '깔깔운동'(깔끔하게 차리고 깔끔하게 먹자)운동, 3무 3친 운동 즉, 음식물 재사용 · 원산지 허위표기 · 화학조미료가 없는 친환경 · 친인간 · 친건강 운동 실시

⑥ 양천구는 학교 음식물쓰레기 줄이기 순회교육 실시

육군은 특히 정부가 추진 중인 저탄소 녹색성장 시책에 부응하기 위해 2011년 말까지 음식물쓰레기를 1인 1회 50g 이하로 줄인다는 목표를 세웠다. 2009년 장병 1인의 한끼당 음식물쓰레기 발생량은 일반국민 대비 60% 수준인 약 60g으로 나타났다. 군 자체적으로 기준량을 하향 조정하고 '잔반 없는 날' 운영 등 음식물쓰레기 절감재원으로 매월 한 번씩 '삼겹살데이'를 갖기로 했다. 목표를 달성할 경우 1인당 400g을 제공해 '잔반 줄이기는 곧 삼겹살 회식'이라는 긍정적 인식을 확산시키려는 뜻이다. (230)

(24)필자의 맛집이야기

필자는 어려서부터 집에서 된장찌개(특히 청국장)와 김치 · 깍두기를 즐겨 먹었다. 따라서 외식은 어쩌다 한 번씩 가끔 한다. 고급식당보다는 수수한 된장 · 김치찌개 집 등을 주로 찾는다. 필자가 근래 1~2년 사이에 찾아가 본 집 중 필자의 입맛에 "맛있구나"라고 느꼈던 집 몇 곳을 적어 본다. 물론 입맛은 주관적이기에 필자의 잣대에 따른 것이다. ①서울 강남고속터미널 〈남도맛집(02-6282-5858)〉의 청국장과 우거지 해장국 ②서울 서초역근처 〈서귀포 뚝배기(02-523-9898)〉의 뚝배기 ③부산 강서구 강동동 〈항아리 수제비(051-971-7920)〉의 수제비와 비빔밥, ④대전 월평동 〈신촌설렁탕(042-489-2322)〉의 설렁탕 ⑤대전 유성구 갑동 〈숯골 원냉면(042-823-9285)〉의 평양냉면과 갈비탕, ⑥청양군 대치면 칠갑산 〈바닷물 손두부(041-943-6617)〉의 청국장과 보리밥, ⑦동해시 어

달도 〈선창횟집(033-531-5861)〉의 순자연산 생선회 등이다.

필자의 지인 중에 (주)미스터피자 정우현 회장이 있다. 여기서 미스터피자 이야기를 하는 것은 미스터피자가 필자를 사로잡고 있는 음식이기 때문이다. 필자는 빵이나 과자 · 피자 등을 잘 안 먹는 편이다. 그런데 미스터피자만은 예외다. 된장 · 청국장 마니아인 필자의 입맛을 미스터 피자가 사로잡았기 때문이다. 미스터 피자의 3대 미션인 100% Home-made, 100% Hand-knead, 100% Grill-baked 정신이 필자의 소박 · 담백한 입맛에 맞는 모양이다. 1990년 이화여대 앞에 1호점을 개점한 이후 21년 만에 한국의 토종피자가 세계 피자의 제왕인 피자헛(Pizza-Hut)을 제치고 2011년 말 현재 매장수(국내 390개, 중국 · 미국 · 베트남 등 외국 25개) 국내 1위, 매출액 국내 1위라 하니 놀라운 일이다. 미스터 피자의 중국매장(베이징 · 톈진 등에 직영점 23개)은 2009년과 2010년 2년 연속 중국의 현지 음식평가 인터넷 사이트인 '다중톈핑(大衆点評)' 이 선정한 '맛집 베스트 50' 에 뽑혔다 한다. 정우현 회장은 앞으로 "2015년까지 중국 전역에 1,000개 이상의 매장을 내겠다"고 결의를 다지고 있다.(1047)

정회장은 "한다면 해내는 기업인"이다. 케이팝(K-pop)과 어깨동무하여 케이피자(K-pizza) 열풍을 일으켜 세계 1등의 미스터피자가 등장하는 날이 기다려진다.

술 1

재앙이 뉘게 있느뇨 근심이 뉘게 있느뇨 분쟁이
뉘게 있느뇨 원망이 뉘게 있느뇨 까닭 없는 창상이
뉘게 있느뇨 붉은 눈이 뉘게 있느뇨
술에 잠긴 자에게 있고 혼합한 술을 구하러
다니는 자에게 있느니라
포도주는 붉고 잔에서 번쩍이며 순하게 내려가나니
너는 그것을 보지도 말지어다
이것이 마침내 뱀같이 물 것이요 독사같이 쏠 것이며
또 네 눈에는 괴이한 것이 보일 것이요
네 마음은 망령된 것을 발할 것이며
너는 바다 가운데 누운 자 같을 것이요
돛대 위에 누운 자 같을 것이며

네가 스스로 말하기를 사람이 나를 때려도
나는 아프지 아니하고 나를 상하게 하여도
내게 감각이 없도다 내가 언제나 깰까 다시
술을 찾겠다 하리라.

– 잠언 23:29~35

- □ 술은 적게 먹으면 약주(藥酒)요, 많이 먹으면 망주(妄酒)다. – 한국 속담
- □ 외모는 거울로 보고 마음은 술로 본다. – 한국 속담
- □ 술이 들어가면 지혜는 나가 버린다. – G.허버트
- □ 술을 즐겨하는 자와 고기를 탐하는 자로 더불어 사귀지 말라(Do not join those who drink too much wine or gorge themselves on meat). – 잠언 23:20
- □ 술 취하지 말라 이는 방탕한 것이니 오직 성령의 충만을 받으라(Do not get drunk on wine, which leads to debauchery. Instead, be filled with the Spirit). 에베소서 5:18
- □ 한 잔의 술은 재판관보다 더 빨리 분쟁을 해결해 준다. – 에우리피데스
- □ 술은 용기를 주고 사람을 정열적으로 만든다. – 오비디우스
- □ 주신(酒神)은 군신(軍神)보다 더 살인(殺人)을 한다(Bacchus kills more than Mars). – 서양 격언
- □ 신은 물을 만들었을 뿐이지만 인간은 와인을 만들었다. – 빅토르 위고
- □ 술잔은 비록 작지만 술잔에 빠져 죽는 자가 깊은 물에 빠져 죽는 자보다 수없이 많다. – 사이러스
- □ 친한 친구와 마시는 술은 천 잔도 적고 경우에 맞지 않는 말은 반마디도 많다(酒逢知己千杯少 話不投機半句多). – 《名資集》
- □ 아주머니 술도 싸야 사먹는다. – 한국 속담
- □ 처음에는 사람이 술을 먹고 다음엔 술이 술을 먹고 나중에는 술이 사람을 먹는다. – 《법화경초》

■ ■ ■

예로부터 술은 약 중의 약이라고 했다. 중국고대 신(新)의 왕망(王莽)은 전매품 공포조서에서 "소금은 먹는 반찬 가운데 장수요, 술은 백 가지 약 중에 으뜸이며, 쇠는 밭갈이 하는 농사의 근본이다(夫鹽飮肴之將 酒百藥之長 鐵田農之本)"라

고 했다. 《한서(漢書)》 식화지에는 "술은 하늘의 아름다운 녹(酒者天之美祿)"이라고 했다.

술은 옛날 하(夏)나라 우(禹)임금 때 의적이란 사람이 처음으로 만들었다. 우임금이 술을 마셔보고 말하기를 "후세에 반드시 술 때문에 망하는 나라가 있을 것이다.(後世 必有以酒亡國者 · 史略 券一)"라고 걱정했다 한다. 술은 정신을 혼미하게 하고 중독성이 있어 정사를 그르칠 수 있다는 것이다. (321)

술에는 선악 양면성이 있다. 적당히 마시면 혈액순환을 돕고 기를 돋우고 기분을 고양시키는 등의 좋은 효과가 있다.

우리나라 성인 한 명이 2010년 1년 동안 마신 술은 소주 81병에, 맥주가 86병에 달한 것으로 나타났다.

한국주류산업협회에 따르면 2010년 희석식 소주(주정에 물을 탄 소주, 대부분의 국산 소주가 희석식임)의 총출고량은 32억 7447만 병으로 2009년보다 0.3% 늘었다.

만 19세 이상 성인 인구수로 나누면 81.3병꼴로 성인 남녀 한 명이 4.5일당 소주 1병을 마신 셈이다.

소주는 알코올 도수 20도 이하의 '약한 술'이 많이 팔렸다. 알코올 도수를 19.5도로 낮춘 진로의 '참이슬 후레시'(출고량 8억 1084만병 · 점유율 24.8%)가 출시 4년 만에 1위에 올랐다. 그전까지 부동의 1위였던 알코올 도수 20.1도짜리 '참이슬 오리지널'(23.9%)은 2위로 밀렸다. 롯데주류의 '처음처럼', 금복주의 '참소주', 무학의 '화이트', 대선주조의 '시원'이 뒤를 이었다.

2010년 맥주는 전년보다 0.6% 늘어난 34억 5,007만 병이 출고됐다. 성인 1인당 85.6병꼴이다. 제품별로는 하이트맥주의 '하이트'(15억 5,491만 병 · 45.1%)가 1위, 오비맥주의 '카스'(13억 4,535만 병 · 39%)가 2위, 하이트맥주의 '맥스'(3억 1,914만 병 · 9.3%)가 3위를 기록했다. (816)

음주, 즉 마시는 술의 적정량이 얼마인가는 각 개개인마다 다를 것이다. 그러나 대체로 술의 양으로 보면, 주종에 맞는 잔으로 한 잔, 의학적으로 알코올 12g 정도를 말한다. 건강음주 또는 적정음주는 남자는 2잔, 여자와 노약자는 1잔 정도라고 한다. 알코올 양을 기준으로 하루 50g, 1주일에 170g 이상을 마시면 위험음주 또는 과음이라고 본다.

월스트리트저널(WSJ)은 2010년 11월 22일 "하버드대 의대 연구팀이 70세 넘게 건강하게 살아 있는 1만 4,000명을 분석한 결과, 하루 1~2잔의 술을 마시는 여성이 건강하게 생활할 확률이 술을 마시지 않는 여성에 비해 28% 높았다"며 "거의 매일 꾸준히 술을 마시는 여성이 1주에 1~2일 음주하는 여성보다 건강했다"고 전했다. 전미심장협회가 규정한 '1잔'은 맥주350cc나 위스키 등 독주 20cc, 와인 150cc 등이다.

WSJ은 그러나 "술을 매일 적정량 마시는 것도 좋지만 '하루 30분 걷기'가 건강에 더 좋다는 데 전문가들은 동의한다"고 보도했다. (817)

그러나 지나치면 여러 가지로 해롭다는 연구결과가 나오고 있다.

① 미국샌디애고 국립대의 수잔 타페르(Tapert)교수는 한 달에 20잔 이상 마시는 청소년들은 기억력이 정상인에 비해 85%에 불과하여 언어능력 · 인지능력이 저하된다고 한다.

② 영국 브리스톨대학의 데이비드 넛(Nutt)교수팀은 술(음주)이 20가지 유해물질 가운데 헤로인 · 코카인 등에 이어 5번째로 위험한 물질이며, 또한 각종 중독을 일으켜 주요 국가에서 불법약물로 취급받는 암페타민 · 마리화나 · 엑스터시 등 환각물질보다 술이 더 유해하다고 밝혔다. (818)

③ 고혈압환자가 1회 12잔 이상의 폭음을 하면 심혈관질환으로 사망할 위험이 최대 12.7배까지 높아진다 한다. 연세의대 예방의학 교실 오희철 교수팀이 인천시 강화군 주민 6,100명(남 2,600명, 여 3,500명, 평균 66.3세)을 대상으로 1985년부터 2005년까지 20여 년간 혈압수치와 폭음이 심혈관 질환사망에 미치는 위험도를 추적 조사한 결과에 대한 발표(2010.8.30.)내용이다.

④ 보건복지부는 "과도한 알코올 섭취는 장기손상, 치매를 유발할 뿐아니라 뇌기능 저하를 일으킬 수 있고, 특히 임신중 음주는 태아 알코올 증후군(FAS:아기에게 정신지체, 소뇌증 등을 유발하는 증후군)을 일으킬 위험이 높다"고 밝히고 절주 캠페인을 벌이겠다고 밝혔다. (819)

건망증은 노화와 음주가 뇌 기억세포를 협공해 발생한다.

중년층 이상은 너무 당연한 것이 갑자기 생각나지 않는 '일과성 기억상실증'을 누구나 경험한다. 이재홍 서울아산병원 신경과 교수는 "흔히 건망증이라고 하는 일과성 기억상실증이 30~40대의 젊은 나이에서 발생하는 것은 20대에 최고에 달했던 뇌 기능이 노화 시작과 함께 저절로 위축되고 있는 상황에서, 과음과 흡연 등으로 뇌세포와 뇌혈관 손상을 가속화하기 때문"이라고 말했다.

잘못된 생활습관이 기억력에 미치는 악영향은 일반인의 짐작보다 훨씬 크다. 특히 술이 '기억력 최대의 적' 이다. 알코올은 기억 세포를 파괴하며, 동시에 뇌혈관을 손상시켜 뇌가 기억을 저장할 때 사용하는 에너지의 공급을 방해한다. 뇌는 전체 체중의 2%에 불과하지만, 심장에서 박출되는 전체 혈액의 17%가 흘러들어가며 체내산소 20%를 소모할 만큼 많은 에너지가 필요한 기관이다.

일과성 기억상실을 호소하는 사람은 과중한 업무 등으로 스트레스를 받는 경우가 많다. 우선, 스트레스 호르몬인 코티졸이 뇌의 기억 세포를 손상시킨다. 또, 성인의 기억력은 한정되어 있는데 과도한 정보가 입력되면 뇌는 '어제 만난 동창 이름' 등 상대적으로 덜 중요한 정보부터 지워 버린다. 바쁘다는 핑계로 식사를 거르면 기억력은 급속히 나빠지고 회복되지 못한다. 포도당이 뇌에 제대로 공급되지 않으면 뇌 신경세포끼리 정보를 제대로 전달하지 못해서 뇌에 정보가 들어와도 기억으로 전환하는 처리 작업을 제대로 하지 못하기 때문이다. (820)

앞에서 말한 대로 유주망국(有酒亡國)이라는 말이 있다. '술이 정사를 그르쳐 나라를 망하게 할 수 있다' 는 뜻이다.

하나라의 우 임금 때 의적이 만든 술을 마셔 보고 우 임금이 탄식하며 말했다. "오호라, 이것은 광음수(狂飮水)로다. 이 물을 마시면 본래의 정신은 오간 곳이 없고 혼미한 정신만 있을 뿐이로다. 안타깝구나, 분명 내 후손 가운데 술 때문에 나라를 망칠 위인이 나타날 것이다(後世 必有以酒亡國者)."

이러한 예언처럼 과연 그의 후손 가운데 대단한 인물이 나타났다. 바로 걸(桀)이었다. 그는 '주지육림(酒池肉林), 즉 술 연못을 만들고 고기 숲' 을 만들어 주연을 베풀다가 북을 울리면 술 연못으로 달려가 마치 소가 물을 마시듯 술을 마셨다. 이렇게 노닐다가 밤이 되면 온통 건물을 검은 천으로 휘장을 치고 불을 밝힌 다음 사흘간을 술 마시고 노닥거리는 장야지음(長夜之飮)이라는 놀이를 곁들였다. 그러다 보니 임금이나 신하나 한결같이 술에 취해 취생몽사였다. 결국 하나라는 기원전 1776년에 자천을이 이끄는 연합군단에 의하여 무너지고 말았다. 중국 남송(南宋)말 원(元)초의 증선지(曾先之)가 편찬한 《십팔사략(十八史略)》에 나

오는 이야기이다. (203)

⑤ 연세대 직업환경연구소의 박종구, 김려화 연구팀이 강릉 · 평창 · 원주 등 강원도의 5개 지역에 거주하는 40~70세 주민 7,713명을 대상으로 '음주와 골강도'에 대해 조사했다. 그 결과 하루에 소주 8잔 이상을 마시는 남성은 뼈가 약해질 수 있는 위험도(뼈 엉성증)가 1.21배로 높아졌다 한다.

추사(秋史)김정희(金正喜)와 쌍벽을 이뤘던 서예가 한석봉(韓石峯 · 본명 한호 韓濩 · 1543~1605)은 다음과 같이 시(詩)를 읊었다.

'짚 방석(方席)내지마라 낙엽(落葉)엔들 못 앉으랴/솔불 혀지 마라 어제 진달 돋아온다/ 아희야 박주산채(薄酒山菜)일망정 없다 말고 내어라'

헌종(憲宗)때 정학유(丁學游)가 지은 농가월령가(農家月令歌) 3월령에는 봄에 산나물을 뜯어다가 꽃나무 아래서 술 마시는 풍경이 정겹게 그려져 있다.

'앞산에 비가 개니 살진 나물 캐오리라/삽주 두릅 고사리며 고비 도랏 어아리를/일부는 엮어 달고 일부는 무쳐 먹세/떨어진 꽃잎 쓸고 앉아 병술을 즐길 때에 /아내가 준비한 일품안주 이것이로구나!' (844)

우리 농촌에서 막걸리는 농사일을 돕는 소 같은 존재였다. 금강 하구 너른 들에서 논매기하며 들판에서 마시던 막걸리와 농부 이야기를 작가 채만식(蔡萬植)은 이렇게 표현했다.

"빽빽한 막걸리를 큼직한 사발에다가 넘싯넘싯하게 그득 부은 놈을 처억 들이대고는 벌컥벌컥 한입에 주욱 다 마신다. 그리고는 진흙 묻은 손바닥으로 입을 스윽 씻고 나서 풋마늘대를 보리고추장에 꾹 찍어 입가심을 한다. 등에 착 달라붙은 배가 불끈 솟고 기운도 솟는다(소설 '濁流' 중에서)." (821)

비싼 술은 얼마짜리까지 있는가?

2010년 11월 미국 뉴욕 소더비경매에서 46만 달러(약 5억 2,000만 원)에 팔리며 화제가 된 위스키 '라리크 서퍼듀'가 있는데, 이는 스코틀랜드에 있는 맥캘란사제품의 위스키이다. 우리나라에는 한 병에 2,300만 원 하는 위스키 '라리크 스몰 스틸에디션'을 출시하고 있다. (822)

2011년 9월9일 상하이(上海)한 호텔에서 프랑스의 샴페인제조업체 모엣&샹동(Moet & Chandon)이 1911년산 자사 샴페인 공개행사를 가졌다. 이 행사에 앞서 9월 4일 홍콩에서 열린 와인 경매에서 이 100년산 샴페인 6병이 든 케이스

가 85,000달러(9,100여 만 원)에 낙찰됐다. 한 병에 1,500만 원 쯤인 셈이다. (823)

한국인들은 연평균 1인당 알코올 섭취량 세계 13위, 독한 술 소비량은 세계 1위라고 신문이 보도하고 있다.

전세계에서 술을 가장 많이 마시는 유럽인들에게 세계보건기구(WHO)가 "자제하라"며 경고하고 나섰다.

WHO는 2011년 9월 14일 아제르바이잔의 수도 바쿠에서 열린 WHO 유럽 지역회의에서 "유럽 성인 다섯 명 중 한 명이 과음을 하고, 음주 관련 질병이 담배에 이어 유럽인의 사망 원인 2위에 올랐다"며 술 소비를 줄이라고 촉구했다.

WHO가 발표한 자료에 따르면 유럽의 15세 이상 성인이 연간 섭취하는 순수 알코올양은 1인당 9.24L로 500cc맥주 370잔에 해당한다.

동유럽이 서유럽보다 술을 더 마시며 이 때문에 동유럽인 평균수명이 서유럽인보다 6년 짧다고 WHO는 밝혔다.

WHO는 2011년 초 세계 각국의 1인당 연평균 알코올 섭취량(2005년 기준)을 발표했는데, 상위 12개국 중 11개가 동유럽 국가였다. 유럽에서 가장 소비량이 많은 나라는 몰도바로 1인당 18L가 넘는 알코올을 섭취했다. 이어 체코(16.45L), 헝가리(16.27L), 러시아(15.76L) 순이었다.

이 조사에서 한국의 연간 알코올 소비는 1인당 14.80L로 전체 13위지만 아시아에서는 가장 많았다. 카자흐스탄(10.96L · 35위), 일본(8.03L · 70위), 중국(5.9L · 95위)이 그 뒤를 이었다. 한국인은 독주 알코올을 연 9.57L씩 섭취하는 것으로 나타나 이 부문 세계 1위를 차지했다.

한편 세계 평균 알코올 섭취량은 6.10L이며 북반구 경제 선진국이 술을 많이 마시는 것으로 나타났다. 종교적으로 술을 금지하는 이슬람문화권의 알코올 섭취량이 가장 낮았다. (824)

고(高)위험 음주에 관한 조언을 보자.

몰리에르가 친구들을 모아 파티를 열었다. 술에 취해 논쟁하던 친구가 "이 귀찮은 세상 차라리 깨끗이 센강에 몸을 던져 죽자. 얼마나 시적(詩的)인가!"하고 소리쳤다. 주정뱅이 문인들이 함성을 질렀고 누군가 "말만 할 게 아니라 당장 센강으로 달려가자"고 했다. 당황한 몰리에르가 말렸다. "이렇게 숭고한 일을 역사에 남기려면 날 밝은 뒤 사람들 앞에서 하고 오늘은 그냥 마십시다." 이튿날 술꾼들은 엊저녁 일을 기억도 못했다.

식약청이 2010년 12월 14일 발표한 15세 이상 남녀 1,000명 조사 결과에서 26.5%가 일주일에 한 번 이상 '고(高)위험 음주'를 하는 것으로 나타났다. 두 번 이상 고위험 음주 비율도 17.3%였고 남자의 비율이 여자보다 네 배쯤 높았다.

세계보건기구가 정한 '고위험 음주'(high-risk drinking)란 한 번의 술자리에서 남자는 60g(소주 8잔), 여자는 40g(소주 5잔) 이상 알코올을 섭취하는 경우다. 이번 조사에서 열에 넷은 자기가 몇 잔을 비웠는지조차 모르고 마신다고 했다. '원샷' 하면서 단숨에 들이켜거나 미리 마실 양을 정하지 않는 습관도 문제였다. 각국 가이드라인이 내놓은 적정 알코올 섭취량은 한자리에서 8~14g이다. 폴란드는 술을 한 방울도 마시지 않는 '알코올 프리 데이'를 일주일에 이틀 이상 갖도록 계도한다. 이탈리아는 하루 알코올 섭취를 몸무게 1kg당 0.6g 밑으로 권한다. 우리도 음주문화 개선에 나선 단체 파랑새포럼과 보건복지부가 '119 절주 서명운동'을 벌이고 있다. '1가지 술로, 1차만 하고, 9시 전에 끝내는 술자리' 운동이다. 옛 스파르타 사람들은 노예에게 술을 많이 먹인 뒤 연회장에 끌고 왔다. 비틀거리는 노예를 청년들에게 구경시켰고 술에 취하면 어떻게 되는지 교훈으로 삼게 했다. 술자리가 길면 수명이 짧아진다. (496)

필자의 경우 지금은 가급적 3잔 이내로 자제하고 있지만 과거에는 비교적 술을 많이 마신 편이다. 지기 싫어하는 객기, 그리고 남자답게 보이려는 호기가 발동한 결과이다. 고교 졸업한 1961년 이후 50년 동안 친구들과 어울려 밤을 새운 경우도 많았고 어느 자리에서는 그 자리에서 소주 여러 병을 마시기도 했다. 그런데 다행히 위와 간 등이 나빠지거나 술로 인해 건강상의 이상을 느껴본 일은 없다. 물론 집에서는 석달 열흘이 되어도 소주나 맥주 한 잔 마시거나 마시고 싶은 생각조차 못 느낀다.

필자와 같은 경우를 어울리기 위해 마시는 술, 즉 '사교를 위한 음주' 또는 '객기의 술'이라고 할 수 있겠다.

성경 잠언 제 23장 20절에도 "술을 즐겨하는 자와 고기를 탐하는 자로 더불어 사귀지 말라", 제 23장 제 21절에는 "술 취하고 탐식하는 자는 가난하여 질 것이요…"라고 가르치고, 에베소서 제 5장 제 18절에는 "술 취하지 말라 이는 방탕한 것이니…"라고 가르친다.

불경 범망경, 사미니계경, 제법집요경 등에서는 술을 마시거나 권하지 말 것을 가르치고 있다. 특히 사미니계경은 "술을 마셔서는 안 된다. 술을 즐겨서도 안 되고 술을 맛보아서도 안 된다. 술에는 많은 과실이 따르니 도리를 잃어버리고 가문을 망치고 자신을 위태롭게 하고 목숨을 잃게 한다"고 가르치고 있다.

특히 《관감장송경》에서는 다음과 같이 경책하고 있다. "술은 윗사람을 윗사람답지 못하게 만들고 아랫사람을 아랫사람답지 못하게 만든다. 술은 어버이를 불의(不義)하게 만들고 자식을 불효하게 만들며 사람을 사치스럽고 음탕하게 만든다. 술은 정의를 파괴하고 나라와 사회와 가정을 파괴시킨다. 그러므로 차라리 독을 마시고 죽을 지언정 술에 정신을 잃어서는 안 된다."

공자께서는 "오직 술은 끝없이 마시되, 취할 정도에는 이르지 않았다(唯酒無量 不及亂 · 논어 향당편)"고 한다.

우리나라는 조선시대 말부터 막걸리에 소주를 섞어 마시는 폭탄주 문화가 있었다 한다. 1837년 문헌 《양주방》에 따르면, 따뜻한 막걸리 한 사발에 증류식소주 한잔을 부은 다음 소주가 맑게 위로 떠오르면 마셨다. 이를 '혼돈주(混沌酒)'라고 했으며, 이때 넣는 소주가 붉은색이면 '자중홍(自中紅)'이라 했다. 근래 들어서는 소주에 맥주나 막걸리를 섞어 마시는 일이 가끔 있었으나 대체로 한 가지 술을 마셨다.

군인 정치가 득세한 1980년대에 폭탄주 문화가 본격적으로 시작되었다.

"자, 우리 화끈하게 마셔봅시다!"

1983년 당시 춘천지검 검사장이 춘천 지역 검찰, 경찰, 안기부, 군인, 언론사 관계자와 술자리를 가졌는데, 그때 맥주잔에 위스키 잔을 떨어뜨려 마셨다. 그리고 그 술 이름을 '폭탄주'라 이름 붙였고 이후 빠른 속도로 퍼져나갔다고 한다. (409)

필자는 이 책의 원고를 집필하면서 술에 관한 성현들의 가르침, 음주의 폐해 등에 대한 깊은 생각들을 할 기회를 갖게 되었다. 그리고 앞으로는 술을 석 잔 이내로 절제하여 '술이 독이 아닌 보약'이 되도록 해야겠다는 다짐을 하고 있다.

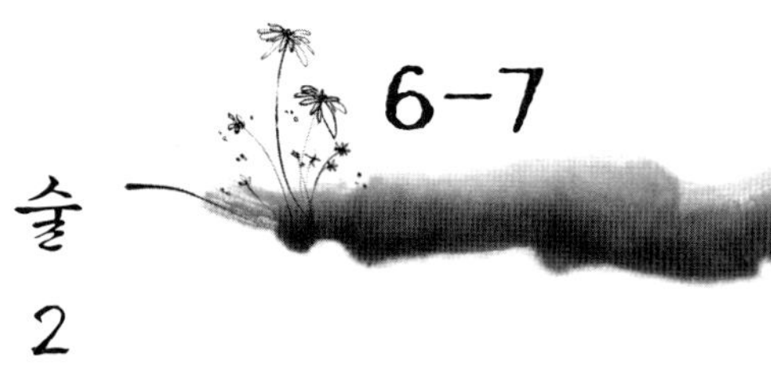

6-7 술 2

음주가(A Drinking Song)

예이츠(William Butler Yeat · 1865~1939)

술은 입으로 들어오고
사랑은 눈으로 들어오네
우리가 늙어서 죽기 전에
알아야할 진실은 그것뿐
잔 들어 입에 가져가며
그대 바라보며 한숨 짓네.

Wine comes in at the mouth
And love comes in at the eye;

That,s all we shall know for truth
Before we grow old and die.
I lift the glass to my mouth,
I look at you, and I sigh.

□ 이 세상에는 너무 지나치면 안 되는 여덟 가지가 있다. 여행, 여자, 돈, 일, 술, 잠, 약, 향료가 그것이다. – 《탈무드》

□ 여섯 가지 집착 때문에 악도(惡道)에 들어가나니 첫째는 술을 좋아하기 때문이요, 둘째는 남의 여인을 탐하기 때문이요, 셋째는 도박에 빠지기 때문이요, 넷째는 방탕하기 때문이요, 다섯째는 나쁜 벗과 어울려 다니기 때문이요, 여섯째는 게으름을 피우기 때문이다. – 《선생자경》

□ 아무도 술좌석에서 취하지 않고 건강하게 그리고 제정신으로 일어난 것을 후회한 적은 없다. – J.테일러 주교

□ 대식(大食)과 대주(大酒)에는 두 가지의 부수적인 해악이 있다. 즉 몸과 함께 그들의 재산을 소모시키는 것이다. – 안토니우스

□ 술과 여자, 노래를 사랑하지 않는 자는 평생을 바보로 보낸다. – 루터

□ 술잔을 들어 밝은 달을 맞이하니 그림자와 마주하여 셋이 된다(擧杯邀明月, 對影成三人). – 이백, 「월하독작(月下獨酌)」

□ 악마가 인간들을 찾아다니기 바쁠 때는 대신 술을 보낸다. – 《탈무드》

□ 웨이터의 매너가 좋으면 어떤 술이라도 미주(美酒)가 된다. – 《탈무드》

□ 불쾌해지기까지 먹지 말라. 취하기까지 마시지 말라. – B · 프랭클린

□ 한 잔의 술은 건강을 위해 두 잔은 쾌락을 위해 석 잔은 방종을 위해 넉 잔은 광기를 위해 – 아나카르시스

□ 술은 사람을 홀리는 악마이다. 달콤한 독약이다. 기분 좋은 죄악이다. – 아우구스티누스

□ 꽃은 반만 피었을 때 보고 술은 조금만 취하도록 마시면 그 가운데 크게 아름다운 맛이 있느니라(花看半開 酒飮微醉 此中大有佳趣). – 《채근담》

□ 술 취한 가운데에도 말이 없음은 참다운 군자요, 재물에 대하여 분명함은 대장부이니라(酒中不語 眞君子 財上分明 大丈夫). – 명심보감

■ ■ ■

술에는 알코올이 함유되어 있어 많이 마시면 취하게 되어 있는 음료이다. 술에 관한 과세법인 주세법(酒稅法)에 의하면 우리나라에서 술은 알코올(에틸알코

올)분 1도 이상의 음료를 말한다.

"술의 종류, 즉 주류(酒類)는 그 제조방법에 따라 양조주, 증류주, 과실주, 위스키, 브랜디, 재제주(합성주) 등으로 나눌 수 있다. 일반적으로 우리나라 사람들이 즐겨 마시는 술에는 위스키, 브랜디, 소주, 맥주, 청주, 막걸리, 동동주, 인삼주, 매실주, 포도주, 샴페인 등이 있다. 그리고 전통주 또는 향토주로 세계 어디에 내놓아도 뒤떨어지지 않을 문배주(서울), 소곡주(서천), 이강주(전주), 과하주(김천), 국화주(함양), 두견주(당진), 감홍주(평양) 등이 있다.

그리고 보양, 장수주로 알려진 외국 술로는 중국 운남에서 나는 원주(猿酒)라는 술이 있는데, 이는 원숭이가 빚은 것으로 이것을 마시면 10년은 더 산다고 한다. 또한 티베트 접경의 미녀들이 입으로 씹어 빚는다는 작주(嚼酒), 산서성 분양(汾陽) 땅에서 나는 알코올 농도 70도의 분주(汾酒), 조조가 기력을 기르고 지략을 살찌게 하기 위해 마셨다는 안휘성의 고정공주(古井貢酒), 등소평이 애용했다는 장수장락보주 등이 명주로 유명하다."

수년전부터 우리 전통주인 막걸리가 세계인의 술로 부각되면서 한류(韓流)의 글로벌화에 크게 기여하고 있다.

"대단히 한국적인, 세상에서 가장 부드러운 술입니다. 소주와는 비할 수 없이 부드럽죠. 알코올 도수가 비슷한 맥주 · 와인보다도 확실히 우월합니다. 보리는 겨울을 견뎌 냉한 곡식인 반면 쌀은 여름을 통과해 따뜻하지요. 포도주는 산도(酸度) 탓에 많이 마시면 속이 깎이는 느낌이 들고."

"기술 진전이 있었고 우리 유기농 쌀을 재료로 만드는 등 다양한 시도가 더해졌죠. 생막걸리엔 효모 · 유산균이 살아 있고, 암 · 심장질환 · 고혈압 · 당뇨에 좋다는 학계 보고가 잇따라 나왔습니다. 막걸리의 효능은 침전물인 지게미에 많이 포함돼 있어 잘 흔들어 마시지 않으면 금광에 들어가 동굴 구경만 하는 셈이죠. '전통주 평론가' 허시명(許時銘 · 50) 막걸리학교 교장의 막걸리에 대한 설명이다. (825)"

국회의원 황영철은 저서 《막걸리 이야기(도서출판 심인)》에서 전국적으로 이름이 알려져 있는 명품 막걸리제조장들을 소개하고 있다. 즉, 막걸리의 살아 있는 전설 '산성막걸리' (부산), 우리 쌀만을 고집해 막걸리 대중화에 성공한 '참살이탁주' (서울), "막걸리는 생명을 가진 술"이라는 '신평양조장' (충남당진), 5대째 정직한 막걸리를 이어온 '배다리술도가' (경기 고양), "지평막걸리는 역사 그 자체"라는 '지평양조장' (경기 양평), "막걸리는 음식"이라는 '태인양조장' (전북 태인), "막걸리는 정"이라는 '덕산막걸리' (충북 진천), 전통을 재창조한 '국순당 막걸리' (강원횡성), 끊임없는 R&D로 세계화에 앞장서는 '설악양조장' (강원 홍천) 등이다.

필리핀 수도 마닐라에서 자동차로 1시간 20분쯤 떨어진 72홀 규모의 '이글리지 골프클럽' 은 작년 10월부터 클럽하우스에서 '국순당 생막걸리' 를 팔고 있다. 현지 골퍼들 사이에서 인기가 좋아 별도의 시음 · 판매 행사까지 진행한다. 국순당은 "필리핀에서 고급 브랜드 이미지를 심기 위해 명문 골프장 10여 곳에 막걸리를 납품하고 있다"며 "지금은 한국인 관광객보다 필리핀 현지인들이 더 좋아하는 '인기 품목' 이 됐다"고 밝혔다.

니혼게이자이(日本經濟)신문이 발행하는 유행 정보지 '닛케이 트렌디' 는 최근 '2011년 히트 상품 베스트30' 을 발표하면서 막걸리를 7위에 올렸다. 막걸리가 스마트폰(1위), 페이스북(2위) 등과 어깨를 나란히 한 셈이다.

2000년대 들어 '한류(韓流) 바람' 을 타고 일본과 동남아로 수출되기 시작한 막걸리가 최근 '현지화' 를 통한 변신을 거치며 시장을 크게 확장하고 있다. 국내 막걸리를 그대로 수출하는 것이 아니라 현지인 입맛에 맞게 제품에 변화를 주면서 수출액도 급격히 증가하는 추세다. 무역협회에 따르면 2011년 9월까지 막걸리 총 수출액은 4,162만 달러로 2010년 전체 수출액(1,909만 달러)의 2배를 넘어섰다.

일본에서 인기인 하이트진로의 '진로막걸리' 와 서울탁주의 '서울막걸리' 는 알코올 도수는 국내 제품과 같은 6도이지만 단맛과 탄산을 강화한 것이 특징이다. 국순당은 9월부터 인도네시아 수출을 시작하면서 아예 '인도네시아 전용 막걸리' 를 만들었다. 알코올 도수를 4.5도로 낮추고 단맛을 더 냈다. 국순당 고봉환 팀장은 "맥주 정도의 알코올 도수에, 단맛을 선호하는 인도네시아 소비자들의 기호를 맞춘 것"이라고 설명했다. 국순당은 싱가포르 시장엔 복분자 막걸리를 주력 상품으로 수출하고 있고, 필리핀에는 살균 막걸리보다 유통기한이 짧은 생막걸리를 공급하고 있다. 싱가포르 소비자는 과일 맛을 선호하고, 미군 주둔의 영향으로 탄산음료가 인기인 필리핀에선 탄산 맛이 강한 생막걸리가 반응이 더 좋

다는 설명이었다. (826)

충청남도의 각 시군에서는 지역의 특산물을 재료로 한 막걸리를 만들고 있다. 연기군의 '복숭아 생막걸리', '예산군의 사과 쌀막걸리', 서산시의 '서산 생강막걸리', 금산군의 '인삼막걸리', 공주시의 '밤막걸리', 당진군의 '매실막걸리' 등이다. (827)

농림수산식품부는 10월 마지막 목요일(첫해인 2011년은 10.27)을 막걸리의 날로 정하고, 이날을 위해 햅쌀 막걸리 생산시작, 막걸리 전시회, 막걸리 제조 체험전 등의 여러 행사를 개최했다. (828)

배중호 국순당 대표이사의 조언을 들어보자.

"막걸리의 일본 수출이 사케의 국내 수입을 제쳤다는 관세청 자료가 발표됐다. 상당히 고무적이다. 최근의 막걸리 열풍은 우리 술의 부활을 알리는 불씨다. 우리 술에 대한 자신감 부족으로 이 절호의 기회를 잃는다면 너무나 안타까운 일이다. 발효주의 기본이 되는 누룩을 기원전부터 활용했던 우리 민족이다. 삼국시대부터 중국에 명주를 수출했고 일본에 술 제조법을 알려준 우리 민족이다. 조선시대에는 집집, 고을마다 특색 있는 가양주가 600여 종이 넘었다. 그러나 이 모든 역사가 일제 문화말살과 주세 정책, 해방 후 산업화 과정에서 사라졌다.

한때 성행한 와인강좌에 비하면 아직 걸음마 단계지만, 최근 막걸리나 전통주 교육이 성황리에 진행되면서 우리 술에 대한 이해도와 눈높이가 높아지고 있다. 정부도 품질인증제 등으로 우리 술 진흥책을 펼치고 있다. 관련업계는 제품의 다양화 · 고급화, 농업가공산업이란 측면에서 농촌경제 활성화와 연계를 강화할 필요가 있다. 또한 유통업계의 지원도 필수적이다. 영세업체들은 팔 방법이 없다고 하소연한다. 기껏 명절에 백화점, 할인매장에서 잠깐 볼 수 있는 것이 우리 술의 현실이다. 아무리 잘 만들어도 팔 수 없다면 무슨 소용인가?

프랑스 정부가 와인의 기능성과 이야기를 알리며 와인 세계화의 모티브가 된 '프렌치 패러독스'를 홍보한 것처럼 우리도 전통 누룩의 우수성, 유산균과 식이섬유가 풍부한 점 등 막걸리의 특징에 대해 정부차원에서 구체적 학술 검증으로 밝혀내고, 그 기능성과 스토리텔링적 요소를 알리는 것이 중요하다. 또한 술은 음식과 함께 식문화로써 전파되도록 힘써야 한다. 따라서 한식 세계화와 우리 술 세계화 노력은 상호 보완이 필요하다. 무엇보다 우리 스스로가 우리 술에 대한

자신감을 회복한다면 머지않아 우리 술도 세계 명주로 발돋움하게 될 것을 확신한다."(954)

"막걸리 1병의 유산균량이 요구르트 100병과 맞먹는다. (829)"

"막걸리 2010년 1월 수출액 75만 달러… 작년의 5.7배로 껑충" (830)

"막걸리, 편의점 매출, 위스키 제치고 맥주 – 소주 이어 3위" (831)

"막걸리 비만예방 · 염증억제 효과 기대돼." (832)

"막걸리에 항암물질… 와인 맥주의 25배 가라앉은 부분 흔들어 마셔야" (833)

"국산 유기농 햅쌀", "매생이 · 블루베리 · 마늘 · 한약재 · 키토산 등 다양한 재료 넣은 특허 받은 막걸리" (834)

"한류판 막걸리, 사케를 누르다. 2010년 대일 수출액 1,559만 달러… 일본 청주수입액(1369만 달러) 넘어서다." (835)

막걸리에 대한 제조기술이 고급화 · 다양화 · 특허화되고 있다는 것은 참으로 바람직한 일이다. 세계인의 입에 맞고, 세계인을 건강하고 즐겁게, 그리고 오래 살게 해주는 대한민국의 술들이 계속 이어지도록 정부의 지원과 주류업계의 열정적 노력을 지켜보고자 한다.

술에 관해 일가견이 있었던 조지훈(趙芝薰 · 본명 東卓 · 1920~1968)은 술꾼을 바둑에 비유하여 급수를 매겼다. 조지훈은 1956년 3월호〈신태양〉에 기고한 '주도유단(酒道有段)'에서 음주에는 무릇 열여덟 계단이 있다며 다음과 같이 18계단으로 구분했다.

① 부주(不酒) : 술을 아주 못 먹진 않으나 안 먹는 사람 (9급)

② 외주(畏酒) : 술을 마시긴 하나 술을 겁내는 사람 (8급)

③ 민주(憫酒) : 마실 줄 알고 겁내지도 않으나 취하는 것을 민망하게 여기는 사람 (7급)

④ 은주(隱酒) : 마실 줄 알고 겁내지 않고 취할 줄도 알지만 돈이 아쉬워서 혼자 숨어 마시는 사람(6급)

⑤ 상주(商酒) : 마실 줄 알고 좋아도 하면서 잇속이 있을 때만 술을 내는 사람 (5급)

⑥ 색주(色酒) : 성생활을 위하여 술을 마시는 사람 (4급)

⑦ 반주(飯酒) : 밥맛을 돕기 위해서 마시는 사람 (3급)

⑧ 학주(學酒) : 술의 진경(眞境)을 배우는 사람(酒卒) (2급)

⑨ 수주(睡酒) : 잠이 안 와서 술을 먹는 사람 (1급)

⑩ 애주(愛酒) : 술의 취미를 맛보는 사람 (1단)

⑪ 기주(嗜酒) : 술의 진미에 반한 사람(酒客) (2단)

⑫ 탐주(耽酒) : 술의 진경(眞境)을 체득한 사람(酒境) (3단)

⑬ 폭주(暴酒) : 주도(酒道)를 수련하는 사람 (4단)

⑭ 장주(長酒) : 주도 삼매(三昧)에 든 사람(酒仙) (5단)

⑮ 석주(惜酒) : 술을 아끼고 인정을 아끼는 사람(酒賢) (6단)

– 낙주(樂酒) : 마셔도 그만 안 마셔도 그만 술과 더불어 유유자적하는 사람(酒聖) (7단)

– 관주(觀酒) : 술을 보고 즐거워하되 이미 마실 수는 없는 사람(酒宗) (8단)

– 폐주(廢酒) : 열반주(涅槃酒), 술로 말미암아 다른 술 세상으로 떠나게 된 사람 (9단)

술마시는 귀하의 주도는 몇단 또는 몇급에 해당하시는지? 《청춘불패》에서 작가 이외수는 술 · 매 · 세월에 대해 말한다.

"그대가 아무리 장사라 하더라도
술에 장사 없고
매에 장사 없고
세월에 장사 없다.
……
술은 시를 안주 삼아 대적하고
매는 정의를 앞세워 대적하고
세월은 무심에 발을 담그고 대적하라."

어린 시절 장자크 루소가 친구들과 술마시다 귀사시간이 늦게 돼 시계방 주인에게 혼날까 두려워 고향을 떠나게 되었다. 객지에서 루소는 구두닦이 · 신문팔이 · 사무실 사환 등 수많은 직업을 전전해야 했다. 비록 거지 생활을 하며 좀도둑질까지 했던 시절이 있었으나 이후 루소는 공부의 필요성을 느끼고 독학으로 학문을 연구하여 《에밀》, 《사회계약론》 등의 명저를 남겼다. 결과적으로 젊은 시절 유흥과 과음이 루소의 인생을 완전히 바꾸어 놓은 셈이다.

미국에서 남북전쟁이 한창일 때 북군 사령관 율리시스 그랜트 장군이 술독에 빠져 있다는 소문이 떠돌았다. 그의 참모 로린즈가 용기를 내어 그랜트에게 소문을 보고했다. 그랜트는 로린즈의 충언을 우정으로 받아들였다. "이제부터 술은 한 모금도 마시지 않겠네!"

그는 이 약속을 굳게 지켰다. 수년 후 그랜트 장군 부부와 '강철 왕' 으로 유명한 카네기가 자주 식사를 했는데 이때도 그랜트는 술잔을 아예 엎어놓았다고 한다. 훗날 그랜트는 미국 제18대 대통령을 지냈다. (408)

한국 음주문화연구센타의 2010년 전국대학생 음주실태 조사결과 우리 대학생의 연간 음주율(1년간 1회 이상 음주한 사람 비율)은 94.4%로 미국 대학생(86%)은 물론 우리나라 성인(78.5%)보다도 높았다. 월간 음주율(1개월간 1회 이상 음주한 사람 비율)로 따지면 우리 대학생(85.4%)과 성인(59.4%)간 차이는 더 벌어졌고, 여대생(82.6%)의 경우 성인 여성(43.4%)의 두 배 수준으로 조사됐다.

특히 '음주비율' 은 과거에 비해 떨어지는 추세지만 '폭음비율(한 번에 소주 4~5잔)' 은 2009년 기준 70%로 높아지고 있다. (836)

국민 건강보험 공단자료에 의하면 알코올중독으로 진료받은 여성, 즉 여성 알코올 중독환자수가 2005년 9,638명에서 2006년 10,643명, 2007년 11,736명, 2008년 12,393명, 2009년 13,035명 등으로 계속 늘어나고 있다. (837)

특히 여성에게는 보수적인 음주 문화 때문에 집에서 남몰래 혼자 술을 마시는 여성 알코올 중독자인 '키친 알코홀릭(Kitchen Alcoholic)' 이 꾸준히 늘고 있다.

알코올질환 전문병원인 다사랑병원에 따르면 이 병원에 입원한 전체 환자는 2008년 1,432명에서 2009년 1,332명, 2010년 1,305명으로 해마다 줄었다. 반면 여성 환자는 급증하고 있다. 2008년 273명이었던 여성 입원 환자는 2009년 314명, 2010년 327명으로 2년 새 19.8% 늘었다. 여성 환자가 차지하는 비율도 2010년 25.1%까지 늘어 이 병원에서는 알코올 중독 환자 네 명 중 한 명이 여성이다. (838)

술에 관하여 몇 가지 적어본다.

① 나는 마신다, 고로 존재한다 – 니시카와 오사무

② 차는 열 잔을 마셔도 정들기 어려우나 술은 한 잔만 마셔도 정들 수 있다 – 일본 속담

③ 술에 취해 보았을 땐 아름답던 그녀가 술 깬 뒤엔 왜이리 달라 보일까? 취한 사람의 눈에 추녀도 미녀로 보이는 현상을 영어로 '비어 고글(Beer Goggle · 맥주 안경)' 이라고 한다. 술로 인해 대칭성을 감별하는 안목이 떨어지는 것이 비어 고글의 원인이다. (955)

④ 인류에게 전달해야 할 중대한 사명이 있는 자는 술을 마셔서는 안 된다. – 니자, 《빵만으로는 살 수 없다》

⑤ 술 한 방울은 피한방울이다(酒一滴 血一滴?酒の一滴は血の一滴です° 사케노 이테키와 치노 이테키데스). – 일본 격언

⑥ 술꾼은 어떤 불운 하에서도 항상 건배할 수 있는 사람이다.

⑦ 인생 3락– 술 · 여자 · 노래(Vino, Dona, Cansone)

⑧ 사미구(四美具) – 꽃피자, 술익고, 달 밝자, 벗왔네

⑨ 선주후효(先酒後肴) 주불쌍배(酒不雙盃)

– 술 먼저 마신 후에 안주 먹고, 술잔은 홀수(1,3,5,7,9 등)로 기울여야 한다.

⑩ 건강한 음주법

• 주소담다(酒少談多) – 술은 조금 대화는 많이

• 육소채다(肉少菜多) – 육류는 적게 채소는 많이

⑪ 아시아인은 술 마시면 왜 빨개지나?

술을 마시면 얼굴이 빨개지는 현상이 동양인의 쌀 섭취와 관계가 있다는 연구 결과가 나왔다. 중국과학원의 유전학자 쑤빙(Su Bing) 교수 연구팀은 '바이오메드 센트럴(영국)' 에 발표한 논문에서, 1만여 년 전 인류가 쌀을 발효시키고 술을 빚어 마시자 몸에 해로운 알코올 성분을 빨리 몰아내기 위해 인체가 스스로 돌연변이를 일으켰다고 주장했다.

연구에 따르면, 이 유전자는 약 7,000~1만 년 전 중국 동남부 저장(浙江)성 일대에서 처음 발생했다. 이 시기는 동아시아에서 쌀농사가 일반화해 쌀을 저장하기 시작했던 시기와 비슷하다. 연구팀은 중국과 인접 국가의 여러 인구집단으로부터 2,275명의 유전자 샘플을 채취해 조사했다. 조사 결과 저장성에서는 지

금도 주민 99%가 돌연변이 유전자를 보유한 반면 서부의 간쑤(甘肅)성 주민은 같은 한족이라도 30%가량만 이 유전자를 갖고 있는 것으로 밝혀졌다. 고산 지대에 살며 쌀농사를 짓지 않았던 티베트인에게서 는 14%만 나타났다. 유럽인은 5%이하다.

쑤 교수는 논문에서 "돌연변이 유전자가 짧은 시간에 매우 빠른 속도로 각지에 퍼졌는데, 우리 몸이 자연적으로 우성 변이를 선택했기 때문"이라고 했다.

돌연변이 유전자가 얼굴색으로 경고를 줘 농부들이 알코올 중독에 빠지는 것을 막았다는 것이다. 실제 실험결과 술 마신 후 얼굴이 빨개지는 사람은 알코올 중독에 걸릴 확률이 현격히 낮게 나타났다고 연구팀은 주장했다.

⑫ 건강을 덜 해치는 음주 7계명 (839)

- 최대한 천천히 마시자.
- 술잔이 도는 틈을 타 물, 과일주스, 스포츠음료를 열심히 마신다.
- 술 마시기 전에는 반드시 우유를 한 잔 이상 마시자.
- 기름기 많은 안주보다 과일안주나 야채샐러드로 배를 채우자.
- 취하지 않겠다며 억지로 토할 필요는 없다. 이미 알코올은 흡수됐다.
- 위벽을 보호하는 약을 먹었다고 안심해서는 안 된다.
- 다음 날 아침에 입맛이 없더라도 죽, 콩나물국 등으로 꼭 해장한다.

이러한 계명들도 중요하지만 필자는 주당(酒黨)들에게 계명 외에 간의 휴식을 위해 매주 3일, 매월 2주, 매년 4개월 정도의 음주안식기간을 정하여 엄수할 것을 권하는 바이다.

⑬ 건배구호는 참으로 다양하다.

니체는 《비극의 탄생》에서 "사랑이여, 건배하라. 추락하는 모든 것과 꽃피는 모든 것을 위하여!"라고 멋진 말을 했다.

나라마다 건배 구호는 각양각색이다. 중국은 '간베이(乾杯)', 일본은 '간빠이(乾杯)', 독일에선 '프로스트(prost)', 이탈리아에선 '살루테(salute)'를, 프랑스는 '아 보트르 상떼(a votre sante)', 스페인은 '살루드(salud)'를, 영어권에서는 '치어스(cheers)', '토스트(toast)', '보텀스 업(bottoms up)' 등을 외친다.

우리나라에선 (술잔 올리며)기쁨을 더하고, (술잔 내리며)슬픔은 빼고, (술잔 뒤로 빼며)희망은 곱하고, (술잔 합치며)사랑은 나누자! 같은 다동작의 긴 건배구호도 있다. 그리고 짧은 구호들은 무수히 많고 계속 만들어지고 있다.

그 외에 근래 우리나라 술자리에서 쓰이고 있는 짧은 건배구호를 옮겨 본다. (840)

나가자 · 9988 · 지화자 · 오바마 · 행사장 · 개나발 · 오징어 · 위하여 · 사우나 · 소녀시대 · 변사또 · IBM · 사이다 · 고고고 · 채근담 · 너나잘해 · 불광불급 · 당신 멋져 · 우리는 개고생, 언제나 개고생 등.

끝으로 음주운전에 관한 문제이다.

일본의 경우 지난 2001년 형법상 위험운전 치사상죄를 신설하고 2002년 혈중 알코올농도 처벌기준을 0.05%에서 0.03%로 강화했다. 법률 시행 5년 만에 음주운전 사망자 수가 48.7%나 줄어드는 효과를 보았다고 한다. 또 2007년 도로교통법 개정을 통해 음주운전 차량 동승죄, 음주자에 대한 차량제공죄, 음주운전자에 대한 주류 제공죄 등 음주운전자뿐만 아니라 음주운전에 관련된 사람들도 처벌하고 있다 한다. (841)

우리도 일본 등 세계각국의 음주운전에 관련된 법과 제도를 면밀히 검토하고 우리 현실에 맞게 보완하여 음주운전으로 인한 타인과 운전자 본인의 피해를 줄이는 정책적 노력을 서둘러야 할 것이다.

술을 마실 것인가, 안 마실 것인가? 많이 마실 것인가, 적당히 마실 것인가? 술을 끊을 것인가, 계속 마실 것인가? 그대의 결단, 그것이 문제로다.

담배

건강에 해로운 담배,

일단 흡연하기 시작하면 끊기가 매우 어렵습니다.

흡연은 폐암 등 각종 질병의

원인이 되며, 이웃까지 병들게 합니다.

–담뱃갑 경고문구

- 담배 끊는 것은 내가 겪은 일 중 가장 쉬운 일이었다. 나는 담배를 천 번이나 끊었다. – 마크 트웨인
- 담배여 너를 위해서라면 나는 죽음 이외에는 무슨 짓이라도 하겠다. – 램
- 담배는 악마처럼 검고, 지옥처럼 뜨겁고, 천사처럼 깨끗하고, 사랑처럼 달다. – 타레란, 《커피비법》
- 담배는 악마로부터 나온 더러운 잡초다. 그것은 너의 지갑을 말리고 너의 옷을 태운다. 그리고 너의 코를 굴뚝으로 만든다. – 올리버 홈스

■ ■ ■

끽연가(喫煙家)인 램은 "담배여, 너를 위해서라면 나는 죽음 이외에는 무슨 짓이라도 하겠다"고 했다. 또한 몰리에르는 저서 《돈 후안》에서 "아리스토 텔레스와 그 학설이 어떻게 말을 하든 간에 담배에 필적할 만한 것은 없다. 그것은 신사의 정열이다. 담배 없이 살고 있는 사람은 살 가치가 없는 사람이다"라고 했다.

한편 올리버 홈스는 "담배는 악마로부터 나온 더러운 잡초다. 그것은 너의 지갑을 말리고 너의 옷을 태운다. 그리고 너의 코를 굴뚝으로 만든다"고 했다.

술이 천사와 악마 양면성이 있는 것처럼 담배(tabacco)도 정신건강을 포함한다면 양면성이 있다.

찬연론자(贊煙論者)들은 담배가 담(痰)에 유익하며, 기분이 나쁠 때 소화가 잘 되고, 엄동에 한기(寒氣)를 막는데 유익하고, 술을 깨게 하고, 치통(齒痛)과 상처 지혈(止血)에 좋고, 우울할 때는 기분전환이 되는 등 쾌락을 제공한다고 한다. (842)

그러나 담배는 저승사자의 풀이다. 흡연자는 비흡연자보다 폐암에 걸릴 확률이 25배나 높다. 심장발작을 일으킬 가능성도 2~3배 많다. 담배가 건강에 해로운 것은 니코틴 때문만이 아니다. 물론 니코틴도 독성이 있지만 니코틴 중독으로 사람이 죽지는 않는다. 담배를 태울 때 약 4,000가지의 화합물이 생기는데, 그 중 적어도 60가지가 암을 일으키는 물질인 것으로 확인되었다. (1040)

국민건강증진법(법론 제 10781호, 2011.6.7 일부개정)제 9조의 2제 1항에는 담배에 포함된 발암성 물질로 나프틸아민, 니켈, 벤젠, 비닐크롤라이드, 비소, 카드뮴 등을 명시하고 있다.

담뱃잎에는 12종류의 알카로이드가 발견되는데, 그 중에서 니코틴이 가장 많고, 아나바신, 피페리딘, 루틴, 유기산 등도 함유되어 있다.

담배를 많이 피우면 유해성분인 니코틴(nicotine), 타르(tar), 유해가스(일산화탄소, 이산화탄소) 등에 의해 폐암, 심근경색, 협심증, 지주막하 출혈, 폐기종, 위궤양, 불임증 등의 원인이 된다고 한다. 일반적으로 비끽연 여성의 불임률은 4.6%인데 담배 애용자인 경우는 불임률이 54%이다. 유산(流産)도 보통여성은 15.3%인데 끽연자는 37.3%이고, 끽연자 쪽의 신생아의 몸무게도 가벼운 경향이 있다고 한다. (842)

암의 원인을 분석한 가장 포괄적인 연구는 영국의 리처드 돌, 리처드 피토 박사가 1981년 미국 암협회지에 낸 '암의 원인(The causes of cancer)' 이라는 논문이다. 지금도 고전처럼 인용되는 이 논문을 보면 가장 큰 발암인자는 '식습관', 다시 말해 입으로 들어가는 음식이다. 이것이 전체 발암원인의 35%를 차지한다. 그 다음이 담배로 30%다. 그러고는 세균감염(10%), 알코올(3%), 자외선과 라돈(3%), 환경오염(2%), 식품첨가물(1%미만) 같은 순서이다. 흔히 환경이 나빠져서 암이 는다고 하지만 순수한 환경적 인자는 다 합해도 담배의 10분의 1에도 못 미친다. 소비자들은 식품에 들어가는 향신료 · 방부제 · 감미료에도 예민하지만 그런 첨가제의 발암 비중은 담배의 30분의 1도 안 된다.

세계보건기구나 미국 식품의약품안전청, 환경보호청 같은 기관은 발암성 물질에 대해 보통 '10만 명 가운데 1명의 새로운 암 환자가 발생할 확률' 을 규제 기준치로 정한다. 그 물질을 평생 섭취할 때 인구 10만 명 가운데 1명 이상의 암 환자가 추가적으로 발생한다면 허용해선 안 된다는 것이다. 우리나라의 경우 10만 명 인구 중에서 결국은 암으로 죽는 사람이 2만 7,000명쯤 된다. 돌&피토의 논문에 따르면 그 30%인 8,100명은 담배 때문에 암에 걸려 죽는다. 담배는 암 말고도 심장질환, 폐질환, 뇌중풍, 당뇨병 같은 질환도 일으킨다. 이것들은 빼고 발암성만 따지더라도 담배의 유해성은 일반적인 유해물질 기준치의 8,100배에 달한다는 뜻이다. (843)

담배는 스페인의 콜럼버스와 그 대원 일행 120명이 1492년 10월 아메리카 서인도제도 동쪽 끝의 작은섬 외틀링섬(현재의 San Salvador島)에 처음 상륙했을 때 원주민들로부터 신초(神草)로 선물받은 것이 전래되었다 한다. (844)

경제협력개발기구(OECD)의 자료(Health Data 2009)에 따르면 OECD회원국의 성인남성 흡연률은 평균 28.4%이며, 미국 17.1%, 일본 40%인데 비해 한국은 39.6%(한국은 2010년 보건복지부 통계)이다. (845)

한국의 성인남녀 흡연률은 2008년 40.4%, 2009년 43.1%로 뛰었다가 2010년 상반기 42.6%, 하반기 39.6%로 감소세를 보이고 있다. (846)

한국의 여성흡연률도 2001년 5.2%, 2005년 5.7%, 2007년 5.3%, 2008년 7.4%, 2009년 3.9%에서 2010년 2.2%로 감소했다. (847)

통계청이 발표한 《2001 한국의 사회지표》를 보면 18세 이상 성인이 1년 동안

1,049억 개비의 담배를 피웠고(187), 2008년 우리나라 담배소비지출이 8조 1,670억 원으로 2007년 7조 8,591억 원 보다 3.9% 늘었다고 한다. (848)

담배에는 지방세(지방세법), 국민건강증진부담금(국민건강증진법)이 부과된다. 지방세는 담배소비세로 20개비당 641원(담배 종류 불문), 지방교육세로 321원씩이 부과되고, 국민건강 증진부담금은 궐련 20개비당 354원이, 전자담배는 니코틴 용액 1밀리 리터당 221원이 부과징수된다.

담배는 세계보건기구(WHO)의 국제질병 분류기호에서도 질병으로 분류, 지정되어 있고, 미국 · 일본 등에서는 니코틴 중독을 치료하는데 보험급여를 적용하고 있다. 또한 2010년 11월 15~20일 우루과이에서 개최된 담배규제 기본협약(FCTC : Framework Convention on Tobacco Control)총회에서는 금연프로그램을 국가보건체계로 통합하고 흡연의 위험에 대한 교육 홍보프로그램을 지원키로 했다. (849)

2010년 1월 13일 조성일 서울대 보건대학원 교수가 1998~2008년 사이 4차례의 국민건강영양 조사 자료를 분석한 '흡연과 만성질환' 보고서에 따르면 과거에 20년 이상 흡연한 사람은 협심증 및 심근경색 유병률이 1.79배 높은 것으로 나타났다. 뇌졸중 위험도는 1.66배, 천식 위험도는 1.49배 높았다.

현재 흡연하고 있는 사람의 경우 비흡연자에 비해 뇌졸중 유병률이 1.24배 높았고, 천식 유병률은 1.31배 높았다.

당뇨병의 경우는 현재 담배를 피우는 사람이 유병률이 가장 높았다. 연령 요인을 보정한 당뇨병 유병률이 비흡연자는 5.5%, 20년 미만 흡연자는 2.3%, 20년 이상 흡연자는 4.4%였으나 현재 흡연자는 6.4%로 가장 높았다.

특히 비만인 경우에는 유병률이 크게 증가해 현재 흡연자의 경우 당뇨 유병률이 11.8%(2005년)에 달했고, 20년 이상 흡연한 경우는 8%, 20년 미만 흡연자와 비흡연자는 각각 7%였다.

조 교수는 "장기간 흡연을 한 경우에는 금연을 했더라도 만성질환 위험도가 높은 것으로 나타났다"며 "젊은 연령층이 처음부터 흡연을 시작하지 않도록 해야 한다"고 말했다. (850)

더욱 놀라운 것은 한 모금의 담배 연기로도 폐유전자가 변형될 수 있다는 연구 결과가 나왔다. 미국 웨일 코넬 의과대학의 로널드 크리스털(Crystal) 교수

연구팀은 실험 대상자 121명의 기도(氣道) 세포를 채취해 유전자 검사를 한 결과 극소량의 니코틴에 노출된 사람한테서도 적극적인 흡연자와 마찬가지로 유전자 이상이 발견됐다고 밝혔다. (851)

그리고 김대진 카톨릭대 정신과 교수는 "여성은 남성보다 니코틴 대사 활동이 활발하기 때문에 같은 개수의 담배를 피워도 중독될 확률이 높다"고 말했다. 스트레스와 고독감, 우울감 같은 부정적 감정이 남성보다 자주 나타나기 때문에 흡연에 대한 의존도도 여성이 높다. 타인의 시선을 피해 담배를 몰아 피우는 것도 니코틴 중독을 부추긴다고 한다. (852)

승객이 피운 담배 연기 때문에 KTX가 정차하는 사고가 이어지고 있다. 코레일에 따르면 고속열차 내 흡연으로 인한 KTX-산천의 바상정지는 올해 들어서만 6차례 발생했다. 국내 기술로 개발한 'KTX-산천'에는 객차와 화장실 등의 연기까지 감지할 수 있는 센서가 부착돼 있다. (853)

국민 건강 증진법 제 8조 제 1항은 "국가 및 지방자치단체는 국민에게 담배의 직접흡연 또는 간접흡연과 과다한 음주가 국민건강에 해롭다는 것을 교육 · 홍보하여야 한다"고 의무를 부과하고 있다.

그 외에 담배와 주류 등의 광고규제조항을 두고 있고, 제9조 제4항에서는 정부(행정 · 입법 · 사법기관 전체)와 지방자치단체, 공기업, 학교, 의료기관, 어린이집, 청소년 관련시설, 공연장, 공항, 여객부두역, 여객자동차 터미널, 백화점 등 대규모 점포 · 상가, 게임관련 업소, 영업장 넓이가 150m²이상 되는 음식점 등 공공 및 공중시설의 소유자 · 점유자 · 관리자는 해당시설 전체를 금연구역으로 지정하도록 의무화하고 있다. 또 법은 흡연피해 방지와 국민건강증진을 위해 필요하다고 인정할 경우에는 지방자치단체가 그 외의 장소에 대해서도 금연지역으로 지정할 수 있도록 하고 있다.

기업 쪽에서도 금연운동이 확산되고 있다. 특히 포스코(POSCO) 정준양 회장은 금연 침시술, 금연 보조제지급, 금연 교실운영 등으로 사원들에게 금연교육을 실시하고, 2010년부터는 소변검사까지 실시한다고 한다. (854)

또한 삼성전자는 회사내 모든 사업장을 2011년부터 금연구역으로 지정했고, 롯데백화점은 2010년 7월 전직원에게 금연 서약서를 받았다 한다. (855)

이랜드로 입사하려면 담배를 끊도록 권유하고 있다. (856)

보험가입 전 1년간 금연한 후 가입신청하면 보험료도 5~10%할인해 주고 있다. (857)

우리 국방부가 2011년 7월 5일 전군(全軍)으로 '금연작전'을 확대한다는 방침을 밝혔다. 지난 5월 금연부대와 금연집중관리부대 100곳을 지정한 데 이어 본격적으로 금연을 유도하겠다고 했다. 장병 흡연률은 지난해 47.2%로 성인 남자 흡연률 39.6%보다 높은 편이지만 점차 낮아지고 있다. 육군훈련소 훈련병은 오래전부터 사실상 금연이다. 담배도 못 지닌다. (858)

군과 회사가족들이 건강 속에서 공사생활을 영위하도록 하기 위한 이러한 조치들은 좋은 결정이라고 본다. 연초재배 농민들이나 담배제조 · 판매 사업하시는 분들께는 미안한 일이지만 모든 사람이 담배를 끊을 수 없다면 국민건강차원에서 볼 때 흡연은 줄이도록 해야 하고, 해롭지 않는 담배 품종개발, 그리고 담배 대용품개발이 계속되어야 할 것이다.

담배로 저지르는 간접살인이라는 '간접흡연'도 심각한 사회적 문제이다.

간접흡연은 담배를 피울 때 필터를 거치지 않고 담배에서 바로 빠져나오는 연기(부류연)와 흡연자가 들이마셨다가 내뿜는 연기(주류연)를 다른 사람이 마시게 되는 것을 말한다. 상당 부분을 차지하는 부류연의 경우 필터를 거치지 않기 때문에 흡연자가 들이 마시는 주류연에 비해 유해물질 농도가 훨씬 더 높다. 어린이나 임산부 그리고 천식환자에게는 치명적인 손상을 줄 수 있다. 검사를 실시한 결과 94.8%인 402명에게서 니코틴이 검출됐다. 니코틴의 체내 대사물질인 코티닌도 전체의 74.3%인 315명에게서 검출됐다. 이는 오락실과 PC방 · 노래방 등 흡연석과 금연석이 완전 분리되지 않은 다중이용시설에서 간접흡연에 많이 노출됐기 때문이라 한다. (859)

간접흡연이 건강에 미치는 영향은 폐암, 심혈관계 질환, 당뇨병 등 매우 광범위하다. 미국 환경보호청의 1992년 보고서에 따르면 미국에서만 매년 3,000명이 간접흡연에 의한 폐암으로 사망한다. 미국 환경보호청(EPA)과 국제암연구기구(IARC)는 '간접흡연' 자체를 인체 발암물질로 규정하고 있다.

일본의 히라야마 박사팀이 남녀 26만 명을 16년간 장기 추적 조사한 결과 담배를 하루 14개비 피우는 남편과 함께 사는 부인의 폐암 발생 위험은 비흡연자 남편을 둔 부인보다 42%, 20개비 이상 피우는 남편을 둔 부인은 92%나 높은 것

으로 나타났다. (860)

'나이 들어 담배피우면 나잇살이 더 찐다' 고 한다.

미국 하버드대 공중보건대 다리우시 모자파리안 박사팀은 미국인 12만 877명을 대상으로 생활 습관과 체중 변화의 관계를 조사했다.

연구팀이 대상자들을 4년 단위로 끊어서 12~20년간 조사한 결과, 모든 사람은 4년마다 체중이 평균 1.52kg 늘었다. 이 중 원래 담배를 피우지 않다가 피우기 시작한 사람들은 4년마다 평균 나잇살(1.52kg)보다 2.35kg 더 많은 3.87kg의 체중이 늘었다.

흡연 외에, 매일 술을 마시면 체중이 평균 증가치보다 0.19kg 더 늘었다. 또 매일 1시간씩 TV를 볼 때마다 0.14kg씩 체중이 더 늘었다.

하루 6시간미만 자거나 8시간 이상 자도 살이 더 쪘다. (861)

최근 의사의 흡연처방을 받아 약국에 제출해야만 담배를 살 수 있는 강력한 금연법이 아이슬란드 의회에 제출됐다.

이 금연법은 흡연자를 환자로 대할 것과 담배를 의사의 처방을 받아 약국에서만 살 수 있는 중독성 물질로 관리하도록 규정하고 있다.

의사는 담배 처방을 받으러 온 흡연자에게 금연 치료와 교육을 받아 담배를 끊으라고 권해야 하며 이 방법이 효과가 없다는 의학적 판단이 설 경우에만 담배 처방전을 써야 한다.

법안에는 담뱃값을 해마다 10%씩 10년간 올리는 조치도 포함돼 있다. 아이슬란드는 유럽에서 금연 정책을 가장 성공적으로 실시하는 나라로 꼽힌다. 꾸준한 금연 캠페인과 공공장소에서 흡연을 강력하게 규제하는 법 등을 앞세워 1991년 국민의 30%에 이르던 흡연률을 20년 만에 15%까지 떨어뜨렸다. 이는 유럽에서 가장 낮은 수치다. (862)

미국 뉴욕시민, 즉 뉴요커는 "시끄럽고 복잡한 환경에 살면서 오랜 시간 바쁘게 일하는 것"으로 악명이 높다.

그런데 '뉴욕시의 기대수명이 미국 전체평균보다 훨씬 빠른 속도로 늘어나 뉴욕시가 미국의 장수촌이 돼가고 있다"고 언론이 보도하고 있다.

뉴욕시의 초강력 보건정책으로 2009년 기준 40세 뉴요커의 기대수명이 2000년에 비해 2.5세 늘어난 82세가 되었다 한다.

뉴욕이 장수촌이 돼가는 이유를 시당국의 초강력 보건정책에 있다고 전문가들은 분석하고 있다. 그 정책 중 하나인 금연 정책을 보자.

"마이클 블룸버그 뉴욕시장은 2003년부터 강력한 금연정책을 실시해 호텔객실, 바, 식당을 포함해 여러 사람이 함께 쓰는 모든 실내 시설에서의 흡연을 금지했다. 담배에 부과하는 세금도 대폭 늘렸다. 2011년 12월 뉴욕의 말보로 담배 한 값 가격은 12.50달러(약 1만 4000원) 이중 7달러 정도가 세금이다. 강력히 반발하던 애연가들도 결국 높은 가격과 불편한 흡연 환경에 굴복해 담배를 끊을 수밖에 없었다. 2002년 22.5%였던 뉴욕의 흡연률은 현재 미국에서 가장 낮은 수준인 14%까지 떨어졌다. 흡연과 밀접하게 연관된 심장병으로 인한 사망 역시 2002년에 비해 27.9%감소했다." (13)

일본에서는 2005년부터 길거리에서의 흡연을 금지하고 있다 (863)

우리나라도 국민건강증진법 시행(1995.9.1)이래 금연의 날(5월 31일) 제정, 금연상담전화 큇라인(Quit-line 1544-9030)서비스 실시, 담뱃값에 경고문구 강화, 금연구역 확대 등 담배와 흡연에 대한 교육홍보와 규제강도를 높이고 있다. 최근 보건의료 미래위원회(위원장 김한중)는 담배 값 인상, 주류와 햄버거를 비롯한 정크푸드(열량 높지만 영양가 낮은 패스트푸드) · 탄산음료 등에 건강증진 부담금을 부과할 것을 정부에 건의하기로 했다. (864)

'금연 전도사' 박재갑(63) 서울대 의대 교수가 '담배 전면 금지' 를 표방한 시민단체를 출범시킨다. 그는 "예전에 담배 없는 세상을 만들 목적으로 결성한 '맑은 공기 건강연대' 를 '한국 담배제조 및 매매금지추진 운동본부' 로 격상해 2011년 10월18일 출범식을 갖는다" 고 밝혔다.

박 교수는 2000년 국립암센터 원장 재직 시절부터 금연 운동에 발벗고 나서, 공중파 TV 방송에서 흡연 장면이 나오지 않도록 하는 데 기여했다.

운동본부는 앞으로 국내에서 담배 제조 · 매매 금지를 위한 범국민운동을 추진하면서, 2004년 국제조직으로 발족한 '담배없는세상 연맹(Tobacco Free World Alliance)' 한국 지부 역할도 수행하게 된다. 박 교수는 "담배는 연기에서 62가지 발암물질이 나오는, 절대 팔아서는 안 되는 마약" 이라며 "담배로부터 국민 생명을 보호하기 위해 제조 · 판매 전면 금지를 요구하는 헌법소원을 낼 계획" 이라고 했다.

그는 2010년 정부를 상대로 담배 제조 · 판매 금지 공개 청원을 내면서 "정부가 국민을 담배 중독에 빠뜨려 놓고, 그걸 통해 한 해에 세금 7조 원을 걷고 있다"며 "마치 마약 장사로 떼돈을 버는 조직 폭력배와 다름없는 것"이라고 주장한 바 있다. "한 해에 5만 명이 담배로 인한 폐암과 각종 질환으로 사망하고 있습니다. 담배는 아편만큼이나 중독성이 강해요. 그러니 아예 만들지도 팔지도 못하게 하는 게 근본적인 금연 대책인 거죠"라고 말했다. 박재갑 교수는 또한 서울시의 '금연공원 내 흡연구역' 설치계획에 대해서도 금연구역 내 흡연구역 설치는 금연공원지정의 주요이유인 '간접흡연피해 방지의 원칙' 에 위배된다고 주장, 서울시가 계획을 전면 철회하도록 했다. (865)

국민의 행복한 삶의 첫째 조건인 건강을 지키기 위해 담배로 인한 폐해를 줄이는 노력은 계속되어야 할 것이다.

우리나라도 아이슬란드나 일본의 경우처럼 ①길거리에서의 흡연문제 ②의사처방이 있어야 담배를 구입할 수 있는 문제 ③ 새벽에 아랫집과 옆집아파트에서 흡연을 하면 이웃집 주민이 간접흡연에 노출되는 문제 등에 대한 사회적 논의와 규제가 시작되어야 한다고 본다.

다세대주택이나 아파트에서 담배를 피울 경우, 담배를 피우지 않는 전국 수천만 명의 옆집이웃이 간접살인인 간접흡연에 노출되고 새벽잠을 설치는 문제 등을 해소하기 위해 이웃집에 담배냄새 등이 흘러 들어가지 않도록 아파트 · 다세대주택 등의 건축 · 감독 · 감리 등의 기준이 보강되어야 한다.

이 원고를 정리하면서 필자는 2009년 5월 3일 저녁 11시 잠들기 전에 "담배 NO, 거짓말 NO, 술 석 잔 이내"라고 적어 책상서랍에 넣어 두었던 작은 메모 쪽지를 보고 있다. 물론 필자는 집에서나 밖에서나 담배는 거의 안 피우고 살아왔다. 그러나 주석 등에서 친한 친구가 집요하게 권할 경우 1년에 몇 차례 담배를 피우는 경우는 있다. 한모금의 담배연기로도 폐유전자가 변형된다 하니, 앞으로는 위의 메모대로 금연주의자가 되어야겠다.

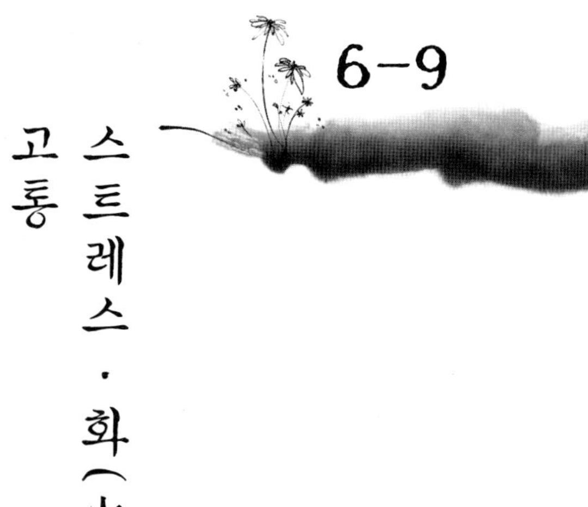

6-9 스트레스·화(火)·고통

희 망 에 게

정공량

아득함에 지쳐 노래 부르고 싶을 때
너를 만나리라
사랑하다 지쳐 쓰러져 울 때도
너를 만나리라
멀리서 그러나 더욱 가까운 곳에서
물리칠 수 없는 고통과 이웃할 때
내 설움을 비에 적시고 싶을 때
그 때 너를 만나리라
만나서 네가 던지는 한 마디 말에

나는 다시 일어서서 내일로 달려가리라
지친 내 몸, 내 마음 세우며
바람처럼 흘러 흘러서 가리라

□ 오래오래 꽃을 바라보면 꽃 마음이 됩니다. - 이해인

□ 스트레스의 크기는 마음 크기에 반비례한다. 통을 키워라. 용서하라. 사랑하라. 그러면 스트레스가 줄어들 것이다. - 조영재

□ 누구나 화낼 줄은 안다. 그건 쉬운 일이다. 그러나 올바른 대상에게, 올바른 정도껏, 때에 올바른 목적을 위해, 올바른 방법으로 화내는 것은 쉬운 일이 아니다.
- 아리스토텔레스

□ 화가 치밀 때는 열까지 세어보라. 그래도 화가 가라앉지 않을 때는 백까지 세어보라.
- 토마스 제퍼슨

□ 노하기를 더디하는 자는 용사보다 낫고 자기의 마음을 다스리는 자는 성을 빼앗는 자보다 나으리라(Better a patient man than a warrior, a man who controls his temper than one who takes a city). - 잠언 16:32

■ ■ ■

요즘 사람들이 직장 · 가정 · 사회에서 스트레스를 많이 받는다고 한다. 스트레스(stress)란 의학용어로 "몸에 적응하기 어려운 육체적 · 정신적 자극이 가해졌을 때, 생체(生體)가 나타내는 반응"을 말한다.

이 말은 캐나다의 의학자 H.셀리에가 많은 동물실험에서 얻은 성적을 바탕으로 하여 1944년에 발표한 스트레스 학설(Theory of stress)에서 나온 용어이며, 정식으로는 범적응증후군(汎適應症候群, general adaptation syndrome)이라고 한다. 그는 스트레스라 함은 생체에 가해지는 여러 가지 상해 · 자극에 대하여 체내에서 일어나는 비특이적(非特異的)인 생물 반응이며, 이 생체 내에 스트레스를 일으킬 수 있는 상해 · 자극을 스트레서(stressor)라고 하고 있다.

셀리에가 난소 및 태반의 추출액(抽出液)을 쥐에게 주사하여 일정 기간 후에 해부했더니 부신(副腎)이 비대해지고 흉선과 림프계가 위축되었으며, 위 · 십이지장궤양(潰瘍)이 생겼다.

연구를 계속한 결과 이 현상은 다른 장기의 추출액이나 화학 물질인 포르말린

을 주사해도 일어나고, 더욱이 쥐를 한랭이나 서열(暑熱)에 내버려 두거나, 회전 바구니에 넣어 과로시켜도 같은 변화를 나타낸다는 것을 알게 되었다. 그는, 이러한 여러 가지 형의 상해나 자극이 가해져도 생체 내에서는 같은 변화 밖에 일어나지 않는 것은, 상해나 자극의 차이와 관계없이 같은 기전(機轉)에 의하여 병변(비특이적 생체 반응)이 일어난다는 것을 상정(想定)하고, 이 기전으로 뇌하수체와 부신계의 호르몬이 관계하고 있음을 주장했다. 이것이 이 학설의 기본이 되는 것으로, 종래의 질병의 병인론(病因論)에 대하여 새로운 문제를 제기했다. 그때까지는 질병은 하나의 원인에 의하여 특정한 증세를 나타낸다고 생각하고 있었다. 예컨대 티푸스균의 감염에 의하여 장티푸스가 발병된다고 하는 관계이다. 그러나 이 학설에 의하면, 어떤 종류의 질병은 원인이 달라도 같은 기전이 생체 내에 일어나 그것에 의하여 어떤 병변이 발생하는 것을 명백히 했다.

그는 스트레서(상해 · 자극 등)가 가해졌을 때 생체 내에서 일어나는 반응을 3단계로 나누어 제 1기를 경고기(警告期, alarm reaction), 제 2기를 저항기(抵抗期, stage of resistance), 제 3기를 피비기(疲憊期, stage of exhaustion)라고 했다. 그는 이와 같은 스트레서에 대한 생체의 적응반응은 본래 생체에 있어서는 유리한 것이지만, 이 적응반응이 혼란 · 일탈(逸脫)하여 뇌하수체와 부신계 호르몬의 분비 이상이 일어난 경우에는 어떤 종류의 질병이 발생한다는 것을 지적했다. 이것을 적응실조성 질환(適應失調性 疾患, disease of adaptation)이라고 했다. 즉, 이 학설에서 가장 중요한 점은 스트레서에 대한 적응이상(適應異常, maladaptation)에 의하여 여러 가지 질환의 발증(發症)을 설명한 점이다. (405)

스트레스는 여러 가지 부작용을 낳는다. 복부 비만을 불러오고 심혈관계에 악영향을 미친다. 기억에 필요한 뇌 용량마저 감소시킨다. 노화가 촉진되는 것은 물론이다. 스트레스는 사회계층과도 밀접한 관계가 있다. 자율권을 지닌 지배 계층일수록 스트레스를 적게 받고, 하위 계층일수록 스트레스를 많이 받는다는 사실이 각종 연구를 통해 증명되어 왔다.

스트레스를 감소시키기 위한 방법은 무엇이 있을까. 신경생물학을 전공한 스탠퍼드대 교수 로버트 새폴스키 박사는 계층 간 차별이 없는 상태에서 대체로 평화롭게 살아가는 개코원숭이 집단에서는 다른 동물들과 비교해 스트레스 지수가 매우 낮다는 사실을 발견했다. (866)

평균적으로 사람은 하루에 5만 가지 이상의 생각을 한다고 한다. 그중 95% 이상은 걱정거리고, 또 그런 걱정거리 중 90% 이상은 현재 일어나지 않거나 일어날지도 모르는, 가상의 걱정이라고 한다. "걱정도 팔자"라는 말은 이래서 생겼나 보다.

만약 우리가 그런 쓸데없는 걱정을 하지 않는다면 얼마나 많은 시간이 남을까. 그러면 가족이나 이웃과 함께 웃으며 사랑을 나누고 눈을 받은 종이로 친구에게 편지도 쓸 수 있겠지. 《팡세》를 쓴 파스칼은 "여유를 가지는 것이 바로 행복하게 사는 것"이라는 간절한 글을 남기기도 했다. (867)

15세 이상 한국인 450만 명이 일주일에 세 차례 넘게 불면증세에 시달린다는 조사 결과가 나왔다. 가톨릭의대 성빈센트병원 수면역학센터가 2008~2009년 남녀 2,357명을 조사한 것은 전체 국민에 대비한 수치다. 조사팀은 25~34세 중 9.7%가 "잠이 든 뒤 자주 깬다"고 답한 사실에 주목했다. 젊은 층의 취업 · 결혼 · 과로 스트레스가 그만큼 높아졌다는 분석이다.

2009년 OECD 18개 회원국 조사에서 한국인 평균 수면시간은 영 · 유아 포함해 7시간 49분으로 가장 짧았다. OECD 평균은 8시간 22분이었다. 68%가 자정 넘어 잠자리에 들 정도로 우리는 세계 1위 '올빼미족'이 됐다. 잦은 야근뿐 아니라 심야 음주문화와 인터넷 중독 등이 빚은 현상이다.

미국 국립수면재단은 청소년에게 가장 알맞은 수면시간을 최하 8.5시간, 평균 9.25시간으로 잡는다. 대한수면학회는 우리나라 중고생이 하루 5~6시간밖에 못 잔다고 걱정했다. 야간자율학습과 심야학원 수업까지 받아야 하는 입시지옥 속에서 중고생 70%는 낮에 졸거나 주말에 8시간 이상 몰아서 잔다.

뉴질랜드 문화사학자 엘루네드 서머스 – 브렘너는 "밤이란 인간에게 망각과 회복의 기회를 준다"고 했다.

한국인의 불면증은 인터넷 강국의 부작용인 셈이다. 수면장애는 우울증 · 심장질환 · 당뇨병 · 비만 발생률도 높이고 있다. 2008년 우리나라 교통 사망사고 원인에서 졸음운전(32%)이 과속(16%)보다 많았다. (868)

한 월간지에 의하면 장기적인 스트레스가 인체에 미치는 좋지 않은 영향으로 두통 · 목의 통증 · 요통 · 근육경련 · 치아를 가는 행동 · 심장병 · 위궤양 등을 들고 있다. 그리고 성경에서 "네가 이것을 알라, 말세에 고통하는 때가 이르리니

(But mark this : There will be terrible times in the last days · 디모데 후서 3:1)"라고 한 가르침이 우리가 살고 있는 스트레스와 괴로움이 많은 현재를 가르친다고 한다. (869)

마음의 평안, 즉 스트레스 예방법 및 해소와 관련된 성경의 가르침은 많이 있다. 성경 중에서 마태복음과 빌립보서에 나오는 가르침 몇 가지를 요약해 본다.

① 내일 일은 내일 염려할 것이요 한날 괴로움은 그 날에 족하니라(마태복음 6:34)

② 주 안에서 항상 기뻐하기, 모든 사람에게 관용하기 (빌립보서 4:4~5)

③ 무엇에든지 참되고, 경건하며, 옳으며, 정결하며, 사랑받을 만하고, 칭찬받을 만하기… (빌립보서 4:8)

④ 내게 배우고 받고 듣고 본 바를 행하라 그리하면 평강의 하나님(God of peace)이 너희와 함께 하리라 (빌립보서 4:9)

⑤ 마음의 즐거움은 양약이라도 심령의 근심은 뼈를 마르게 하느니라(A cheerful heart is good medicine, but a crushed spirit dries up the bones. 잠언 17:22)

⑥ 마음의 즐거움은 얼굴을 빛나게 하여도 마음의 근심은 심령을 상하게 하느니라(the happy heart makes the face cheerful, bot heartache crushes the spirit. 잠언 15:13)

⑦ 살리는 것은 영이니 육은 무익 하니라, 내가 너희에게 이른 말이 영이요 생명이라(The Spirit gives life ; the flesh counts for nothing, The words I have spoken to you are spirit and they are life. 요한복음 6:63)

인생은 고해(苦海)라고 한다. 그러나 항상 영이요 생명인 예수의 가르침에 따라 옳고, 사랑받고, 칭찬받을 일만 하면 하느님이 함께한다고 했다.

스트레스 받고 근심하면 뼈까지 마르지만, 즐거운 마음은 빛나는 얼굴을 만들어 준다는 것이 성경의 가르침이다.

모든 스트레스와 화를 풀고 즐거운 마음으로 살자. 이 세상에 살아 존재한다는 것 자체만으로도 행복하고 감사할 일이 아닌가?

옛날 왕명을 받고 급히 집을 나서는 어느 대감의 관복위에 부인의 지시를 받은 하녀가 뜨거운 국물을 쏟아 옷이 국물 범벅이 되자, 대감왈 "허허, 네 손은 괜찮으냐?" 했다는 이야기가 있다.

이 대감처럼 통이 크고 도량이 넓은 사람은 스트레스를 덜 받을 수밖에 없을 것이다. 걱정이 팔자인 사람과 만사태평인 사람과는 스트레스 처리에 있어 큰 차이가 있을 수밖에 없다.

이유야 어떻든 다른 사람에게 화를 내고 분노하는 것은 그 자체가 쌍방 모두에게 스트레스가 된다.

분노 · 스트레스 전문 심리학자인 전겸구 미국 유타대 건강증진학과 교수는 말한다.

"화를 풀면 인생이 풀립니다."

"반기문 유엔 사무총장은 화를 잘 내지 않는 사람으로도 유명합니다. 탁월한 분노 관리자인 셈이죠. 인생철학을 묻는 질문에 그는 늘 '나 자신보다 상대방의 입장에서 배려하고 이해하고 존중하려 한다' 고 대답합니다. '상대의 입장에서 바라보라' 는 것이 분노 관리의 핵심입니다."

그리고 그는 분노와 화 다스림(anger management)의 지혜에 대해 다음과 같이 조언한다.

① 파괴적인 분노가 나를 죽인다… 일단 30초만 참아라

② 화를 무조건 참아서도 안 된다. "무작정 참고 사는 아내가 남편과 악다구니 하는 아내보다 심장병에 걸릴 확률이 4배 높다는 보스턴 대학의 연구 결과도 있다. 상대가 크게 잘못한 행동에만 화내라."

③ 유대격언 "오른손으로 벌하되 왼손으로는 정답게 껴안으라"를 명심하라

④ 누적된 화를 줄이는 방법으론 글쓰기와 차 마시기를… 설탕은 적게 먹을 것

⑤ 불필요한 파괴적 분노는 초기에 제압하라

⑥ 분노를 표현하는 데도 기술이 필요하다

⑦ "바른 대상, 바른 정도, 바른 시간, 바른 목적, 바른 방법으로 분노하라"는 아리스토텔레스의 충고를 명심하라 등.

남녀노소 모든 분들은 다음과 같은 「화(火)에 관한 7가지 진실」을 주목해야 할 것이다. (870)

① 화를 심하게 내는 사람은 그렇지 않은 사람에 비해 흡연할 확률이 65% 높다.

② 화를 적절하게 표현하지 못하는 여학생일수록 비만인 경향이 있다.

③ 화를 심하게 내는 사람은 그렇지 않은 사람에 비해 심장마비나 협심증에 걸릴 가능성이 3배 높다.

④ 화를 지나치게 낼수록 뇌졸중 발병 확률이 약 2배 높다.

⑤ 화를 잘 내지 않는 사람 가운데 67%는 아침에 상쾌한 기분으로 기상하는 반면, 화를 자주 내는 사람은 오직 33%만이 비교적 상쾌한 기분으로 기상한다.

⑥ 화를 잘 내는 사람은 스스로 직장을 그만두기 쉽고, 원하지 않는 직장을 전전하는 경향이 있다.

⑦ 화를 잘 내는 아이는 다른 아이보다 학업을 중단하기 쉽다.

분노를 제대로 삭이지 못하면 화병(火病)으로 폭발한다고 한다. 한국인만의 독특한 정서적 질병이 화병이다. 분노를 과도하게 억눌러 생기는 병인 화병은 우리나라 사람만 겪는 정신적 증후군이다. 1995년 미국정신의학회는 '정신과질환통계분류(DSM)' 에 화병을 우리말 그대로 'hwa-byung' 이라고 넣고 '분노를 과도하게 누를 때 생기는 분노증후군' 으로 설명했다. 김종우 경희대 동서신의학병원 화병 · 스트레스클리닉 교수는 "우리나라 인구의 약 4.3%가 화병을 겪는다"고 말했다.

화병은 한(恨)이 병리화한 형태라는 분석도 있다.

이형철 자생한방병원 웰빙센터 원장은 "분노를 억제하면 한이 되지만 극복하지 못하거나 불안정하게 억제하면 화병이 돼 언제든 폭발할 수 있다"고 말했다.

이유 없이 짜증나고 화를 억누르기 힘든 증상이 3개월 이상 지속되거나 가슴이 화끈거리고 답답한 느낌이 2주 이상 계속되면 병원에서 상담치료, 약물치료, 침 · 뜸 치료 등을 받을 수도 있다.

김종우 교수는 "스트레스 민감도를 측정하는 심박변이도 검사, 몸의 열을 측정하는 적외선 체열진단검사(DITI), 뇌파검사 등을 통해 화병을 진단한다"고 말했다.

한국인의 정신 건강에 '빨간 불' 이 켜졌다. 2008년 경제협력개발기구

(OECD)통계에 따르면 우리나라의 자살률은 10년 동안 4위에서 1위로 상승했다. OECD 회원국 중 10년 동안 자살자 수가 급증한 나라는 우리나라가 거의 유일하다. 우울증 조울증 등으로 진료받은 환자도 2년 만에 48%증가했고, 스트레스로 병원을 찾은 사람도 4년 동안 2배 이상 늘었다(2008년 국민건강보험공단 자료).

이홍식 세브란스병원 정신과 교수는 "지금 한국인의 정신 상태는 언제 터질지 모르는 화약고이다. 우리나라는 단연코 '정신 건강 후진국'이다"라고 말했다.

삼성사회정신건강연구소가 2007년 성인 남녀 199명의 자아정체감을 분석한 결과, 74.4%가 '정체성 폐쇄군'으로 나타났다. 정체성 폐쇄군은 자존심이나 체면이 손상됐다고 느끼면 타인을 비난하거나 분노를 과격하게 표출하는 공격적인 모습을 보일 수 있다.

이동수 삼성사회정신건강연구소 소장은 "한국인은 개인의 희생을 바탕으로 집단적 목표 성취를 강조해 온 우리 사회의 수십년 특성 때문에 자아정체감을 성숙시키지 못했다. 이 때문에 우리나라는 정서적으로는 '미성년자의 사회'"라고 말했다.

채정호 서울성모병원 정신과 교수는 "우리 사회는 감정을 드러내면 나약하게 여기고, 정신 건강에 신경 쓰면 무조건 정신질환자 취급한다"며 "부정적인 감정을 적절히 처리하지 못하면 만성적으로 누적됐다가 어느 순간 갑자기 실제 정신질환이나 자살·범죄행위 등으로 폭발한다"고 말했다. 채 교수는 "이는 '외상후격분장애(PTED)'라는 새로운 개념으로 설명할 수 있다"고 말했다. 외상후격분장애란 해고·이혼·파산·불치병 진단 등 충격적인 상황이 닥쳤을 때 '나한테 왜 이런 일이 일어나느냐'는 감정을 3개월 이상 제대로 다스리지 못하다가 결국 방화·자살·폭력 등 극단적인 행동을 보이는 증후군이다. 외상후격분장애는 무엇이 원인인지 확실하지 않은 화병(火病)과 달리, 뚜렷한 원인이 있다. 채 교수는 "토지보상비 문제로 속을 끓이다가 숭례문에 불을 지른 범인이 대표적 사례"라고 말했다. (871)

「효과만점 화내는 기술」에 대한 전문가들의 조언을 들어 보자.

"버럭은 하수(下手)… 고수(高手)는 스리쿠션으로 찌른다."

"칭찬으로 시작해 따끔히 질책하고 자존심 살려주며 끝내야 특효."

"화낼 때도 원칙이 필요하다."

화를 낼 때 가장 피해야 할 것은 일방적인 감정 분출이다. 단순한 '화풀이' 가 아니라 화를 내는 목적을 상기할 필요가 있다. 후배가 조직에 꼭 필요한 인재가 되도록 가르치는 게 목적이 돼야 한다는 것이다. 직장인 이모씨는 "단순히 자기 실적 때문에 화를 내는 상사는 싫다"며 "날 아끼는 마음에서 호되게 가르치는 상사는 나중에 고맙게 여기게 된다"고 말했다.

최철규 세계경영연구원 IGM협상스쿨 원장은 "감정이 아닌 사실 중심으로 말하고, 과거가 아닌 미래를 이야기하라"고 조언한다. 지각을 자주하는 후배에게 "당신은 왜 만날 지각이야?"라고 단순히 화를 내기보다 조용히 불러 "김대리가 일주일에 세 번이나 지각을 하니 조직 규율이 무너질까 걱정이 된다. 사내 분위기나 김 대리 본인 평판을 위해서라도 조심해 줬으면 한다"라고 말하는 것이 효과적이라는 것이다.

감정 조절이 잘 안 되는 상사라면 자기만의 격노(激怒) 원칙을 세우고 화를 내기 전에 한 번쯤 되새길 필요가 있다. '절대 욕은 하지 않는다', '뒤끝 없이 끝낸다', '한 번 실수는 용서하자', '후배들 보는 앞에서 혼내지 않는다' 와 같은 원칙을 책상 위에 적어 놓는 것이다.

여직원에게 화낼 때는 '스리쿠션' 으로 한다. 직설화법에 익숙하지 않은 여성들에겐 조금 다른 접근 방법이 필요하다. 이정숙 유쾌한대화연구소 대표는 "여성들에게 화를 낼 때는 당구칠 때처럼 '스리쿠션' 이 필요하다"며 "칭찬을 먼저 한 번 해주고 시작하라"고 조언한다. "평소 그렇게 똑 부러지던 최 대리가 이번엔 왜 이런 실수를 했어? 더 실망시키지 않도록 잘하리라 믿어"식으로 자존심을 살려주라는 말이다.

"화를 무작정 안 내는 것은 가장 하수다."

최근 부하 직원이 잘못 쓴 보고서 때문에 상사에게 질책을 받은 김모(41) 과장은 후배에게 화풀이를 해볼까 하다가 "상사랑 똑같은 사람이 되지 말자"고 생각하며 화를 삭였다. 그러나 전문가들은 이렇게 화를 참기만 하는 것은 후배에게나 본인에게 모두 안 좋은 방법이라고 조언한다.

이정숙 대표는 "후배 때문에 피해를 봤다는 생각을 하면 원망만 쌓이게 되고, 후배도 무엇을 잘못했는지 모르게 된다"고 말했다. 최철규 원장은 "화를 무작정 안 내는 것이 가장 하급(下級)이고, 중급은 화를 내는 것"이라며 "최선의 방법은 후배에게 화를 내기보다 '피드백(feedback)'을 해준다는 자세로 조언해주는 것"이라고 말했다.

다음과 같은 말은 화낼 때 삼가야 한다.

① 저급한 말 : 손가락이 부러졌냐? 일을 이따위로 하면 어떡해!

② 비아냥 : 가방끈 길다면서? 그 학교 잔디 깔고 들어간 것 아니야?

③ 성급한 일반화 : 자넨 만날 이런 식이야. 내 그럴 줄 알았어. 자네는 '항상' 그래!

④ 무시·멸시 : 왜 이렇게 말귀를 못 알아들어! 가는귀 먹었어?

⑤ 동료와 비교 : 인턴이 너보다 낫겠다. 대체 옆 팀 김 대리보다 잘하는 게 뭐야?

⑥ 사소한 실수에 과도한 격노 : (식당 예약 잘못됐다고)이런 것 하나 제대로 못 하나?

⑦ 협박 : 또 그러면 다른 부서 보내버릴 거야! 절이 싫으면 중이 떠나든지! (956)

고난·가난·걱정·질병 등의 고통, 즉 스트레스를 푸는 선인(先人)의 지혜를 되돌아보자.

다산과 더불어 19세기 초를 대표하는 남인계(南人系) 문인 중 이학규(李學逵·1770~1834)라는 선비가 있다. 불행한 삶과 내면을 담백하게 고백하는 서민적인 체취가 물씬 풍기는 사람이다. 그의 글 중에 눈에 쏙 들어오는 제목이 있다.

「고통을 푸는 방법(譬解八則·비해팔칙)」 추위와 더위, 배고픔과 갈증, 시름과 고민, 걱정과 질병이라는 여덟 가지 고통스러운 상황을 열거하고 그때마다 그로 인한 고통을 줄일 수 있는 더 고통스러운 장면을 이야기한다. "추울 때는 잠방이를 걸치고 일하는 머슴을, 배가 고플 때는 구걸하는 거지를, 목이 마를 때는 소금을 갈망하는 사람을, 수심이 찾아올 때는 가화(家禍)를 입은 사람을, 번민이 찾아들 때는 순장(殉葬)을 당하는 사람을, 근심스러울 때는 임종을 앞둔 사람을 생각해보라." (872)

끝으로 가난·질병·분노·화·고통 등 고난(스트레스)에 대해 필자 나름으로 대처하며 살아온 삶의 자세를 소개한다. 이름하여 「성공하는 삶의 8대 원칙」이다.

제 1원칙 이 세상에 태어나 아직도 살고 있다는 사실에 무한 감사하라
제 2원칙 꿈과 목표를 가지고 살아가고 있는 자신을 자랑스럽게 생각하자
제 3원칙 모든 고난은 큰일을 맡기기 위해 하늘이 나의 재목됨을 시험하는 것으로 생각, 기쁜 마음으로 받아들이자
제 4원칙 모든 사람을 나의 부모, 형제, 자매 자식, 친구처럼 생각하자
제 5원칙 재산관리를 위해 정직한 노력을 다하되, 있으면 세 끼, 없으면 두 끼만 먹으며 건강하게 낙천적으로 살자
제 6원칙 늘 나보다 못한 처지의 사람과 비교하고 그들을 돕는 삶을 살자
제 7원칙 언제나 역지사지(易地思之)하여 타인을 배려하며, 돕고, 자신처럼 사랑하자
제 8원칙 인류행복 실현을 위한 꿈과 목표를 이루기 위해 살아 있는 그 날까지 최선을 다하자.

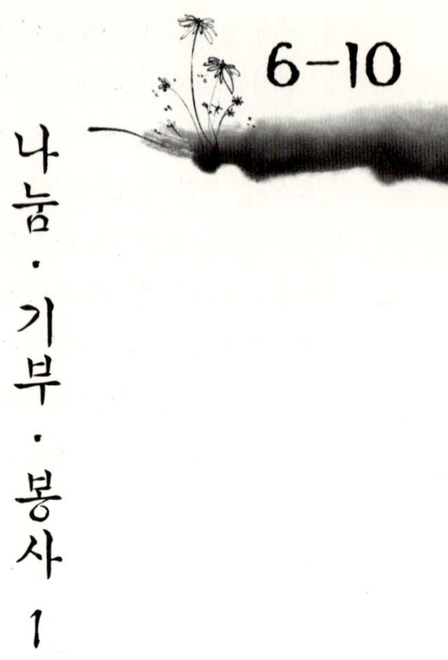

6-10

나눔 · 기부 · 봉사 1

내가 만일

에밀리 디킨슨

내가 만일 한 가슴의 깨어짐을 막을 수 있다면
나의 삶은 헛되지 않으리

내가 만일 한 생명의 아픔을 덜어주고
한 사람의 괴로움을 달래 줄 수 있다면
그리고 또한
힘이 다해 파닥거리는 새 한 마리를
그의 둥지로 다시 올려 줄 수만 있어도
나의 삶은 진정 헛되지 않으리

□ 자기를 위해서는 아무것도 남긴 것이 없고, 남을 위해서는 모든 것을 다바친 페스탈로치 여기 묻히다. – 페스탈로치(1746–1827) 묘비명

□ 공자가 말하기를, 착한 일을 한 사람에게는 하늘이 복을 주고 악한 일을 한 사람에게는 하늘이 재앙을 준다(子曰, 爲善者 天報之以福 爲不善者 天報之以禍). – 《논어》

□ 보시의 공덕은 이루 헤아릴 수 없다. 경전의 가르침을 보시하면 큰 지혜를 얻게 되고, 의약을 보시하면 질병의 공포에서 떠나게 되며, 밝은 등(燈)을 보시하면 항상 눈이 맑아지며, 음악을 보시하면 목소리가 아리따워지며, 침구를 보시하면 편안하게 되고, 좋은 밭을 보시하면 항상 창고가 가득 차게 된다. – 《육취윤회경》

□ 오직 선을 행함과 서로 나눠 주기를 잊지 말라 이 같은 제사는 하나님이 기뻐하시느니라. – 히브리서 13:16

□ 마음은 팔 수도 살 수도 없는 것이지만 줄 수 있는 보물이다. – 프로벨, 《수상록》

□ 최고의 도덕이란 끊임없이 남을 위한 봉사, 인류를 위한 사랑으로 일하는 것이다. – M.V.간디, 《윤리적 종교》

□ 자신을 지키기는 엄격히 하되 베풀기는 널리 하는 것이 착한 도리이다(守約而施博者 善道也). – 《맹자》 진심하(盡心下)편

□ 구름 같고 바람 같은 나그네 인생길, 물처럼 솔처럼 해처럼 살되, 가진 것 일부는 가을 위해 씨 뿌리고, 나머지는 보은(報恩) 위해 이웃과 나누자. – 조영재

□ 「모금운동을 하는 사람들이 흔히 하는 말들이 있다. 세상에 나누지 못할 가난은 없다. 내가 상임이사를 맡고 있는 아름다운 재단의 1%나눔운동 또한 이와 다르지 않다. 우리에게는 돈이 없어도 나눌 수 있는 많은 것들이 있다고 생각한다. 내가 지닌 아주 작은 것을 내어 줌으로써 세상을 얻을 수 있는 길이 바로 함께 나누고 함께 걸어가는 길임을 나는 언제나 믿는다.」 – 박원순

□ 벌 수 있는 모든 것을 벌어라. 절약할 수 있는 모든 것을 절약하라. 그래서 모을 수 있는 모든 것을 모아라. 그리고 줄 수 있는 모든 것을 주어라. – 존 웨슬리(John Wesley), 감리교 창시자

□ 나누는 사람은 가난해도 부자이다. – 오웅진 신부

□ 도울 수 있는 생명은 모두 돕겠다는 충동에 굴복할 때, 그리고 살아 있는 것은 아무것도 해치지 않으려고 몸을 움츠릴 때, 우리는 비로소 진정으로 윤리적인 인간이 된다. – 슈바이처

□ 누구도 그가 받은 것으로는 존경받지 못한다. 존경심은 그가 준 것에 대한 보상이다. – 캘빈 쿨리지

□ 꿀벌이 다른 곤충보다 존경받는 까닭은 부지런해서가 아니라 남을 위해 일하기 때문이다. – R.M. 크리소스톰

□ 나눔은 세상을 바꾸는 힘이다. – 한국공동모금회

■ ■ ■

영화배우 오드리 헵번(Audrey Hephurn)은 인생 말년에 아프리카 난민구호 활동에 헌신해 '영혼이 맑은 사람' 이라는 칭송을 받았다.

'고귀한 영혼' 을 가진 사람은 어떤 사람인가? 자신 속에 갇혀 있지 않은 사람, 다른 사람을 위해 헌신할 수 있는 내적 에너지를 지닌 사람이다. (319)

타고난 운명을 바꾸는 데에는 3가지 방법이 있다고 한다. 첫째는 풍수지리, 둘째는 독서, 셋째는 자선이다. 풍수지리는 일을 도모함에 있어 환경을 살펴보고 가능한 한 나쁜 것은 피하고 유리한 쪽에서 진행하라는 뜻으로 해석된다. 독서는 다양한 정보와 지식을 통해 현명한 판단을 할 수 있도록 돕는 역할을 하니 둘 다 운명을 바꾸는 그럴 듯한 방법이다. 그런데 자선은 어떤 의미에서 운명을 바꾼다고 하는 걸까?

내가 아는 오토바이 퀵 서비스맨 한 분은 세계 재난지역 어린이를 1:1 결연으로 후원하는 구호단체의 후원자이다. 배송을 하러 행사장에 갔다가 구호현장을 찍은 사진전을 보고 그 자리에서 후원자로 등록하셨다. 막내를 대학에 입학시키고 할 일 다 했다고 생각했는데 새삼 바다 건너 공부시킬 아이들이 생겼다며 흐뭇해하신다.

그분은 전보다 훨씬 더 건강을 챙기고 안전운행에도 신경 쓴다. 자신이 무사해야 그들이 잘 자랄 수 있다며 마치 십여 년 전 젊은 아빠 시절로 돌아간 것 같다고 한다. 그분은 집을 나설 때 후원 어린이의 사진을 꼭 보고 나온다고 한다.

어쩌면 자선이란 남을 살피는 일이 아니라 타인을 통해 자신을 발견하고 살피는 일이 아닐까? 자기에게 주어진 능력과 가진 것에 감사하게 되고, 좀 더 열심히 살아야겠다는 마음이 든다. 그래서 운명이 바뀌는 모양이다. (957)

재미작가 이민진은 신문에 '126년 묵은 사랑의 빚 88달러' 라는 제목으로 이렇게 썼다.

"이 아름답고 웅혼한 캠퍼스의 여자대학은 출발은 미약했다. 1883년, 루신다 볼드윈 여사가 알지도 못하는 먼 나라, 조선의 여성 교육을 위해 써달라고 미국 감리교회에 88달러를 기부했다. 1886년, 미국 최초의 여성 선교사인 스크랜튼 여사는 서울 정동 초가집에서 오갈 데 없는 고아 소녀 한 명을 받아 이화학당을 열었다. 이 보잘것없는 출발에서 한국 최초의 여의사, 한국 최초의 여성 판사, 한

국 최초의 여성 총리가 나왔다." (873)

88달러의 기부행위가 100여 년이 지난 지금, 세계적인 여성인재의 대 산실인 한국 최대의 여자대학으로 성장하는 씨앗이 된 것이다. 기부(donation)의 열매는 참으로 무한한 것임을 보여주는 좋은 예이다.

동양역사상 최초의 대규모 기부 · 자선사업은 왕망(B.C.45 ~ A.D.23)이 최초가 아닌가 한다.

"한(漢)평제(平帝)시대에 왕망은 천자를 보좌하는 대사마(大司馬)의 자리에 있었다. 어느 해 중원 지역에 가뭄과 메뚜기로 인한 심각한 피해가 발생했다. 오랫동안 지주, 호족의 토지 겸병으로 인해 빈민층이 갈수록 많아져 이러한 재난을 감당해낼 능력이 없었다. 그래서 집을 잃고 떠도는 사람이 부지기수였다. 왕망은 이러한 상황을 가슴 아프게 여기며 국가적인 차원에서 식량과 옷감 절약을 호소하는 한편 스스로 먼저 백만 냥의 돈과 30만 제곱미터의 토지를 이재민 돕기에 내놓았다. 그의 주도로 많은 귀족과 대신이 돈과 땅을 구제사업을 위해 기증했다. 왕망은 또한 장안에 백성을 위한 주택 200채를 지어 이재민에게 제공했다. 뿐만 아니라 앞으로 자연재해가 발생하면 스스로 채식만 하겠노라고 선언했다.

훗날, 한나라를 멸망시키고 신(新)의 조정대신들의 추대로 황제자리에 즉위한 왕망은 불후의 업적을 남기기 위해, 스스로 옳다고 여긴 복고 개혁을 시작했다. 그러나 그 모든 것이 뜻대로 되지 않았고, 몇 년 뒤 의병에게 목이 잘리고, '목잘린 황제' 로 끝나고 말았다." (465)

기부(寄附 · contribution) · 나눔(distribution) · 보시(布施 · offering) · 봉사(奉仕 · service). 이는 이웃이나 사회를 위해 특별한 반대급부를 기대하지 않고 재물이나 노력 등을 주는 행위를 지칭하는 말들이다.

이와 같이 우리 사회에서는 이웃에게 자신의 것을 나누어 주는 행위를 다양하게 부르고 있다. 중국 송나라와 조선시대에 부자가 어려운 이웃에게 곡식 등을 나누어 주는 것을 권분(權分)이라고 했다.

송(宋)의 황진(黃震)은 '재유상호방(再論上戶榜)' 이란 글에서 "흉년을 구하는 법은 오직 권분이 있을 뿐이다. 권분이란 것은 부자(富室)에게 권해서 가난한 사람(小民)에게 혜택을 주는 것이다"라고 썼다. 황진은 "부자가 남는 재산을 털어서 가난한 사람의 부족한 것을 보충해주는 것은 천도(天道)이고 국법(國法)이다.

부자는 덕(德)의 씨를 뿌리는 것이고 빈자는 은혜에 감격하는 것이다"라고 말했다. (958)

조선시대 제주 갑부인 김만덕이 흉년에 수천석의 쌀을 풀어 가난한 이웃들에게 권분한 이야기는 잘 알려진 미담(美談)이다.

미국의 백만장자들이 미의회에서 자신들의 세금을 올려달라는 요구를 했다 한다. "우리 부자들이 세금을 더 내겠다는 건 어려운 사람을 돕고 만족을 얻자는 자선 차원이 아닙니다. 재정위기에 나라가 미리 효과적으로 대처해 미래에 우리에게 닥쳐올 위기를 방지하자는 '계몽된 이기심' (enlightened self-interest)입니다."

지난주 미 의회에서 "우리들의 세금을 올려 달라"는 요구를 한 '국가재정강화를 위한 애국적 백만장자들' (Patriotic Millionaires for Fiscal Strength)의 회원 찰리 핑크(Fink)씨는 본지와의 전화 인터뷰에서 "재정이 엉망일 때 오히려 최고 부유층의 세금을 깎아 주는 나라가 역사를 통틀어 어디 있었느냐"며 이같이 말했다.

국가 재정 건전화를 위한 애국적 백만장자들이란 미국에서 연간 100만 달러(약 11억 3,000만 원) 이상을 버는 이들이 2010년에 결성한 단체로 2011년 11월 현재 회원은 220여 명이다. 지난 11월 16일 미 의회를 방문해 부자들에 대한 세율을 현 35%에서 39.6%이상으로 높여 달라고 요청했다. (874)

자선에 대하여 쓴 어느 책(362)의 내용을 보자.

"자선은 영어로 charity와 philanthropy 두 가지가 있다. 두 단어 모두 우리말로는 '자선' 으로 번역되지만 뉘앙스에 있어서는 다소 차이를 보인다. charity가 가난한 사람들을 돕는 선행 정도의 뉘앙스라면 philanthropy는 좀 더 높은 차원의 자선이다. 전자가 단지 가난한 사람들을 돕는 것이라면 후자는 특정 분야의 인재를 키우도록 장학금으로 기부하거나 대학과 도서관, 병원을 짓고 박물관을 건립하고 미술관이나 콘서트 홀, 오페라 홀 등을 건립하여 시에 기증하는가 하면 환경운동, 사회단체 등에 기부하여 공공의 복리, 후생에 기여하는 자선이다. 우리나라의 기부문화가 아직 charity 수준이라면 미국이나 유럽 명문가들의 기부는 philanthropy에 해당된다. 큰 부를 이룩한 사람들은 philanthropy를 통해 배운 사람들이다. 배운 만큼 채워지리라는 것이 재물과 우물의 법칙이다."

배고픈 이웃에게 아무것도 바라지 않고 양식이나 재물을 나누어 주는 것처럼 좋은 일이 또 있겠는가? 그렇기 때문에 예로부터 "적선을 하는 집에는 반드시 경사가 있고, 악한 일을 하는 집에는 반드시 재앙이 있다.(積善之家 必有餘慶 積不善之家 必有餘殃 · 易經 坤文言)"고 했다.

부처님의 가르침 또한 같다. 열반(涅槃)의 피안(彼岸)에 이르기 위한 보살의 여섯 가지 수행길인 육바라밀(六波羅蜜 · 六道), 즉 보시(布施) · 지계(持戒) · 인욕(忍辱) · 정진(精進) · 선정(禪定) · 지혜(智慧) 중에서도 보시를 제일 앞에 두고 있는 것이다.

보시란 깨끗한 마음으로 불법(佛法)이나 재물을 아낌없이 사람에게 주는 것을 말한다. 부처님은 탐착심, 즉 이해득실 계산 없이 남에게 보시하는 행위는 착한 행위이며, 그 과보로 몇 배의 복을 받게 된다고 가르치신다. 보시 중에도 특히 "마음에 베푼다는 생각조차 없이 하는 보시(無住相 布施)의 복덕은 헤아릴 수 없다(無住相布施福德 亦復如是 不可思量 · 金剛般若波羅蜜經 妙行無住分)"고 설하셨다.

부처님은 또 "인색과 탐욕은 가난의 문이 되고, 보시는 행복의 문이 된다(문수사리 정률경)", "정치에 종사하는 것도 생업에 종사하는 것도 보시 아닌 것이 없다. 꽃이 피고 새가 울고 바람 불고 비 오는 등 자연의 모든 변화 그대로가 모두 보시의 행(行)인 것이다(보행왕정론)"라고 가르치신다.

예수께서도 다음과 같이 성경 여러 구절에서 이웃을 돕되, 은밀하게 할 것을 가르치고 있다.

① 땅에는 언제든지 가난한 자가 그치지 아니하겠으므로 내가 네게 명하여 이르노니 너는 반드시 네 경내 네 형제의 곤란한 자와 궁핍한 자에게 네 손을 펼지니라(신명기 15:11).

② 구제를 좋아하는 자는 풍족하여 질 것이요 남을 윤택하게 하는 자는 윤택(潤澤)하여지리라(잠언 11:25).

③ 네게 구하는 자에게 주며 네게 꾸고자 하는 자에게 거절하지 말라(마태복음 5:42).

④ 잔치를 배설(排設)하거든 차라리 가난한 자들과 병신들과 저는 자들과 소경들을 청하라(누가복음 14:13).

⑤ 너는 구제할 때에 오른 손이 하는 것을 왼손이 모르게 하라(But when you give to the needy, do not let your left hand know what your right hand is doing · 마태복음 6:3).

기부 · 나눔 · 자선의 형태와 방식은 기준 여하에 따라 여러 가지로 구분할 수 있다.

① 먼저 자기 이름을 밝히는 기부와 기부자의 이름을 밝히지 않는 방식, 즉 익명(匿名)으로 하는 기부가 있다.

② 기부하는 내용에 따라 재산기부 · 시간기부 · 장기 등 인체조직기부 · 노력봉사 · 전문가(의사 · 변호사 · 약사 · 체육인 · 연예인 등)의 전문적 식견과 활동지원(일명 프로 보노 · Pro bono라고 함), 봉사활동자의 부모 · 형제 · 자매 · 친구역할 활동 등 다양한 기부분야가 있다. 현재 인체조직기부는 (사)한국인체조직기증지원본부(서울용산 · 02-794-2640)가 지원 · 주관하고 있다. 인체조직기증 홍보대사로는 배우 권오중 · 오현경, 가수 이현우가 활동중이며, 배우 한지민은 지원본부가 발행하는 계간지 〈네버 엔딩 스토리(2011.6 Summer)〉에서 "영향력을 미치는 사람이라는 사실에 감사합니다… 참여 의지를 극대화해야 한다"며 인체조직기증활동 등의 참여를 호소하고 있다.

③ 기부내용에 특정한 목적활동(예 장학법인 · 의료법인 · 사회봉사법인 등)을 전제로 하는 기부와 특정 목적지정 없이 모금자에게 일임하는 기부가 있다.

④ 기부운동은 시민들의 작은 기부운동을 뜻하는 '시티즌 오블리주(Citizen Oblige)' 와 부자들이 부자의 책임감으로 거액을 기부하는 '리셰스 오블리주(Richesse Oblige)', 그리고 사회지도층의 기부약속을 이끌어내는 '기빙플레지(Giving Pledge)' 등으로도 구분할 수 있다.

⑤ 그 외에 국내에 기부하는 것인가, 외국 · 유엔 산하단체 등 국외에 기부하는 것인가, 자신이 직접 기부하는 것인가, 기부자와 수혜자를 연결해주는 중간 역할자인가의 구분도 있을 수 있다.

매년 10월 16일은 UN이 정한 '세계 식량의 날' 이다. AP뉴스는 세계식량의 날을 하루 앞둔 2011년 10월 15일(현지시각), 인도 북부도시 잠무의 도로변에서 살은 없고 뼈만 앙상한 집 없는 어린아이 2명이 흙바닥에 앉아 손으로 음식을 먹고 있는 장면과 함께 유엔은 전세계인구(70억명)7명 중 1명꼴(약 10억명)로 기아에 허덕이고 있는 것으로 파악하고 있다고 보도 했다. (875)

엄마는 한국인, 아빠는 본국으로 귀국한 흑인 미군, 피부색이 달라 친구들에게 왕따 당해 외톨이로 혼자 지내고 있는 15세 소녀를 옷도 사주고 영어 교습비도 도와주어 오늘날 유명가수 인순이로 성장하는데 큰 도움을 준 흑인병사 루이스(당시 19세)의 미담을 보자.

주한미군 흑인 병사 로널드 루이스는 외출을 나올 때마다 골목길의 인순이를 보게 된다. 피부색 때문에 따돌림당하고 있다는 것을 알게 됐다. 흑인이라는 이유로 미국에서 똑같은 설움을 겪어 봤던 루이스는 그런 인순이를 돌봐 주기 시작했다. 수줍어하고 말수도 적은 아이에게 옷도 사주고 영어 교습비도 대줬다. 만날 때마다 "용기를 잃지 말고 올곧게 자라나라"고 북돋아줬다.

그는 미국으로 그녀를 데려가고 싶었다. 결혼을 하는 수밖에 없었지만 너무 어렸다. 그렇게 둘은 헤어졌다. 지난 7월 16일 루이스(58)의 집 앞. 유명한 가수가 된 인순이(54)가 수소문 끝에 루이스를 찾아내 38년 만에 해후의 기쁨을 나눴다. 턱수염이 희끗해진 그에게 울음을 터뜨리며 인순이는 말했다. "나를 도와줄 때의 당신 눈을 한 번도 잊은 적이 없습니다."

루이스는 "지금도 1년에 서너 차례 네 꿈을 꾼다"며 감격의 눈물을 흘렸다. 루이스의 친구가 "신께서 인순이 마음에 그를 간직하게 하셨고 루이스의 꿈에 그녀를 간직하게 하셨다"며 인순이에게 찬송가 'Amazing Grace' 를 청했다.

루이스는 이튿날 뉴저지주에서 열린 인순이의 콘서트에 초대돼 동두천 뒷골목에 쪼그리고 앉아 있던 왕따 혼혈 소녀(a bullied mixed-blood girl)의 우뚝 선 모습을 지켜봤다. (959)

2006년 미국의 대기업가인 빌 게이츠, 워런 버핏의 엄청난 규모의 기부 및 기부약속, 그리고 2010년 6월 미국의 10억 달러 이상 재력가 403명 중 15%인 69명이 "생전 또는 사망할 때 최소한 재산의 절반을 기부한다"고 서명하는 등 '재산 절반기부운동' 을 펴는 '더기빙플레지(The Giving Pledge)재단' 출범이 세계 각국의 "통큰 기부문화"를 촉발하고 있다. 미국의 경제격주간지 포브스의 조사에 의하면 MS의 전 회장이었던 빌 게이츠의 재산은 590억 달러(약 70조 원)으로 미국 400대 갑부 중 1위이며, 2위는 390억 달러의 워런 버핏 버크셔 해서웨이 회장이었다. 미국 부자 톱 400의 재산 총액은 1조 5,300억 달러로 이웃 캐나다의 국내 총생산(GDP)와 맞먹는 금액이다. 빌 게이츠는 지난 2,000년 자신과 부인의 이름을 딴 '빌앤 멜린다 게이츠 재단' 을 설립, 300억 달러를 기부했다.

그리고 워런 버핏은 자신의 재산 가운데 85%에 해당하는 374억 달러를 5개 자선단체에 기부하기로 하고, 그중 310억 달러는 빌게이츠재단에 기부하기로 했다. (876)

우리나라에도 2008년에 1억 원 이상 기부모임인 '아너소사이어티(Honor Society)' 가 창립되었다.

창립 당시 6명의 회원이 3년 만인 2011년에는 49명으로 늘었고 계속 늘어나고 있다.

또한 2011년 11월에는 10억 원 이상 기부모임인 '10억 클럽' 이 창립되어, 15억 원 이상 기부해 온 올림픽 축구대표팀 감독 홍명보(43)씨와 12억 8,000만 원을 기부한 SKC 최신원회장이 공동 1호 회원이 되었다. 아너소사이어티의 모델이 된 미국 '토크빌소사이어티' (기부활동에 적극적인 미국부자 2600명의 모임)도 '1만 달러 이상' 부터 '100만 달러 이상' 까지 9단계로 회원을 관리하고 있다한다. (878)

여기 우리나라 나눔과 봉사의 표상이라고 할 수 있는 '아너소사이어티' 회원 49명의 영광스런 이름을 적어 본다.

김대창 구재서 김백영 김영갑 김영관 김일곤 김일섭 남한봉 류성열 류시문 류종춘 박상호 박순용 박순호 박점식 박조신 박흥순 고(故)서근원 송경애 안진공 오춘길 오 청 우재혁 유수복 윤영선 원영식 이금식 이상춘 이수근 이순철 이우종 이재준 이찬승 이충희 장복영 정석태 정영건 최병부 최병철 최신원 최충경 하성식 한동호 한철수 현 영 혜 인 홍명보 황규철 황세희

"나눔으로 세상을 바꾸다. 한국의 부자 49人."

"돈, 남을 위해 쓸 때… 오래도록 가슴 뜨겁더라."

이 명단은 위의 기사 제목과 함께 조선일보 (2011.9.26) 제 1면에 사진(그중 4명은 사진게재 사양)과 함께 실렸다.

여기 " '아너소사이어티' 에서 한국의 내일을 본다" 제하의 조선일보 사설을 보

자.

「아너소사이어티(Honor Society)는 1억 원 이상을 기부한 회원 49명의 모임이다. 한국에서 유일한 이 고액 기부자 모임은 2008년 출범 이래 3년 동안 모두 87억 5,500만 원을 내놓았다. 이 회원 모두를 조선일보가 일일이 취재해봤더니 '부호' 라고 할 만한 이는 거의 없었다. 대다수가 중소기업을 꾸리거나 전문직으로 일하면서 돈을 모은 '작은 부자' 였다.

회원 중엔 특전사 · 해병대 · 학군단처럼 힘들고 긴 군복무를 마친 사람이 많았다. 특별히 학력이 높지도 않아 40%가 고졸 · 중졸 또는 무학(無學)이었다. 점심으로 찌개 · 국수 · 백반(41.7%)을 들고, 술은 소주(34.9%), 안주는 과일과 삼겹살을 즐긴다고 했다. 하루에도 몇 번이나 우리 곁을 스쳐 지나가는 그런 이들이었다.

이 사람들은 힘들게 모은 돈을 아름답게 나눔으로써 세상도 아름답게 바뀌기를 바란다. 그러나 이들은 한꺼번에 수천억 원을 내놓는 재벌이 아니다. 평생 어렵게 살며 오로지 안 먹고 안 쓰고 모은 수백억 원을 기부하는 휴먼 드라마의 주인공도 아니다. 이들은 어린 시절을 어렵게 살았지만(46.5%) 커서는 부모님 도움을 받은 적이 없는(72.7%) 자수성가형 부자들이다. "내가 잘나서가 아니라 나라가 크니까 나도 큰 것"이라는 겸손과 "우리 사회 양극화가 심각하다"는 현실 인식을 갖고 있다.

이들도 처음 기부할 때는 대부분 1만~수십만 원을 냈었다. 그로부터 평균 18년쯤이 흐른 뒤에야 1억 원이 넘는 돈을 내놓게 됐다. 재산을 모으고 기부 철학을 다지는 데 짧지 않은 세월이 걸린 것이다. 이들은 이제 부(富)를 가졌다는 것을 넘어서서, 부의 진짜 가치를 알게 된 사람들이다.

아너소사이어티는 회원 6명으로 출범했고 3년 만인 2011년 49명으로 여덟 배 커졌다. 회원이 2만 6,890명에 이르는 미국 고액기부자 모임 '토크빌 소사이어티' 도 1984년 출발했을 때는 20명에 불과했다. 우리 사회의 기부 문화가 제 속도로 진화하고, 부자들에서부터 한국형 노블레스 오블리주의 실천이 번진다면 아너소사이어티 회원도 머지않아 수백, 수천 명으로 불어날 것이다.

아너소사이어티 회원들은 나눔과 교육과 일자리와 건강한 삶에 대한 안목을 갖고 실천할 수 있는 실력을 지닌 사람들이다. 단순한 기부자(donor)를 넘어 우리 사회의 명예(honor)로 일컬을 만한 사람들이다. 이들은 대한민국에 새로운 유형의 상류층 한국인이 출현하고 있음을 알린다. 아너소사이어티 사람들은 미래 한국인의 모델이다.」

6-11

나눔 · 기부 · 봉사 2

"팥죽 2000원 · 탕수육 1000원, 10년째 그 가격 훈훈"

남는게 있나… '감동의 한그릇'
광주 북구 우산동 말바우 시장에서
팥죽을 판매하는 '미성팥죽' 김예현 사장(56 · 여),
"10원짜리 하나라도 허투루 쓰지 않는 시장 상인들을 보고 있으면
가격을 올릴 맘 없다"면서 "시장분들과 장보러 오시는 손님들이
부담없이 맛있게 먹는 모습을 보면서 욕심을 버렸다"고 밝혔다.
광주 북구 용봉동 전남대 후문에서 13년째 탕수육 등을
1000원에 판매하는 '할범 탕수육' 심순덕 사장(52 · 여)도
학생들에게는 통큰 이모로 통한다.
심씨는 "재료값이 너무 올라 힘들지만

대학생들주머니 사정이 뻔한 줄 아는데 도저히
가격을 올릴 수 없었다"면서 "지금은 이익을 남기려고 하기보다
그냥 학생들을 위해 봉사한다는 생각으로
장사를 하고 있다"고 말했다. (1041)

□ 우리의 한 손은 나 자신을 돕는 손이고, 다른 한 손은 다른 사람을 돕는 손이다.
 – 오드리 헵번(Audrey Hepburn)

□ 즐거움은 나눌수록 배가 되고, 고통은 나눌수록 반으로 줄어든다. – 존 F 케네디

□ 선행이란 남의 얼굴에 미소를 짓게 하는 일이다. – 마호메트

□ 덕 있는 사람은 외롭지 않으니, 반드시 이웃이 있다(德不孤 必有隣). – 《논어》 이인편

□ 그대가 가난하거든 덕으로 이름을 날려라. 그대가 부자라면 자선으로 이름을 날려라.
 – 주베르

□ 참된 삶을 맛보지 못한 사람만이 죽음을 두려워하는 것이다. – 제이 메이

□ 남을 도울 큰 기회는 자주 오지 않지만 작은 기회는 날마다 우리 곁에 있다. – 코흐

□ 인생의 목적은 원하는 것을 얻는 일과 자신이 얻은 것을 함께 나누는 일, 이 두 가지뿐이다. 이 중 두 번째 목적을 이루는 사람은 그리 많지 않은데, 인생의 행복은 바로 후자에 숨어 있다. – 조시아 로이스(Josiah Royce)

□ 승자는 실수를 했을 때 내가 잘못했다고 하지만, 패자는 너 때문에 이렇게 되었다고 핑계를 댄다. 승자는 넘어지면 일어나 앞을 보지만, 패자는 일어나 뒤를 본다. – 《탈무드》

□ 한 사람이 못을 박으면, 다른 사람이 그 못에 모자를 건다. – 영국 금언

□ 부의 축적은 가장 저급한 우상 숭배에 불과하다. 인간에게는 숭고한 우상이 있어야 한다. – 카네기

□ 남의 짐을 덜어 주는 사람 중에서 이 세상에 불필요한 사람은 없다. – 찰스 디킨스

□ 지혜보다 더 중요한 것은 남을 돕는 마음이다. 이를 깨닫는 것이 지혜의 시작이다.
 – 슈바이처

□ 자선(慈善)은 부인의 덕(德)이며, 관대(寬大)는 남자의 덕(德)이다. – 아담 스미스

□ 꿔줄 때에는 증인을 세워라. 그러나 베풀 때에는 제삼자가 있어서는 안 된다.
 – 《탈무드》

□ 나의 성공은 나의 근면함에 있었다. 나는 평생 동안 단 한 조각의 빵도 결코 앉아서 먹지 않았다. – 웹스터

□ 양초는 남을 밝게 해주며 자신을 소비한다. – H.G 보운

□ 흘러가는 물도 떠 주면 공(功)이라(流水酌給亦爲德 · 給水功德). – 《동언해(東言解)》

□ 하나님은 우리에게 두 개의 손을 주셨다. 하나는 받는 손이고 다른 하나는 베푸는 손이다. 우리는 저장하는 창고가 아니라 베푸는 통로로 지음받았다. – 빌리 그레이엄(Billy Graham) 목사
□ 노블레스 오블리주 정신은 자본주의 국가에서 필연적으로 발생하는 격차의 문제를 줄일 수 있는 제 3의 자본이다. – 현택수, 고려대 사회학과 교수
□ 사람 크기는 벌어 놓은 돈이 아니라 돈 쓰는 방법으로 잰다. – 소크라테스
□ 우리는 친구는 없어도 살아갈 수 있다. 그렇지만 이웃이 없이는 살아가지 못한다. – T · 풀러
□ 백만을 가지고 집을 사고 천만을 가지고 이웃을 산다. – 《남사(南史)》
□ 온 세상 사람들은 다 형제니, 군자는 어찌 친형제가 없는 것을 근심하리오(四海之內 皆兄弟也. 君子何患乎無兄弟也). – 《논어》 안연편
□ 궁하면 변하고, 변하면 통하고, 통하면 오래간다(窮則變 變則通 通則久). – 《역경(易經)》
□ 하느님은 영원하다. 사랑은 주는 것이다. 사회에 봉사하라. – 홍순철

■ ■ ■

미국의 록펠러가 44세 때 중병에 걸려 '3개월 이내에 죽는다.' 는 병원 측의 사형선고(?)를 받고 초죽음 상태에서 병실 문을 나서는 순간 복도의 벽에 "네가 병을 낫고자 하느냐(?), 그러면 베풀어라"라는 표어(標語)를 보게 된다.

마침 그때 병원 카운터에서 7세 어린애가 '돈이 없어 수술을 받을 수 없다' 고 간호원과 그 아이 어머니와 실랑이를 벌이는 장면을 목격한다.

즉시 그 어린애의 수술비를 대납하고 뒤를 이어 자선사업을 시작하여 오늘날 세계적인 〈록펠러 재단〉이 시작된다. 그 후 '록펠러 1세' 는 97세까지 건강하고 행복한 일생을 살게 되고 그 후손들도 계속 성장 발전해 간다. (464)

이것이 자선의 세계이고, 적선지가의 발전법칙인 것이다.

우리나라 현대사에 있어 기업인의 재산기부와 관련하여 많은 사람들의 칭송과 존경을 받은 분 중 한분은 유한양행(주)을 설립한 고(故)유일한(柳一韓 · 1894~1971)박사라고 할 수 있다.

"기업에서 얻은 이익은 그 기업을 키워준 사회에 환원해야 합니다. 기업의 소유주는 개인이 아니라 사회입니다. 개인은 단지 관리를 할 뿐입니다"라는 그의 경영철학이 우리 사회에서 오래도록 존경받는 기업으로 만든 것이다.

그는 1936년 주식회사 체제로 바꾸면서 주식 일부를 직원들에게 나눠줌으로써 한국 최초로 종업원지주제를 실천했다.

그는 회사경영, 납세, 제품품질관리 등 모든 면에서 최선을 다했으며, 사후에도 아들에게 재산(소유주식)을 물려주지 않았다. 그는 전재산을 사회에 환원, 오늘날의 유한재단과 유한학원(유한공고, 유한대학재단)이 설립되고, 교육사업과 사회공헌활동을 할 수 있게 했다.

우리나라는 선진국에 비해 국민적인 기부문화의 역사가 짧다. 나라 전체가 빈곤에서 벗어난 것도 불과 30여년 밖에 되지 않는다. 하지만 우리나라에도 기부의 꽃이 피고 있다. 2009년 9조 6,000억 원에 달했던 우리나라 국민의 연간 기부액은 2010년에는 10조 원을 돌파했다. 총액으로는 세계 최대 기부국인 미국의 24분의 1밖에 안 되지만, GDP(국내총생산)대비 개인 기부액의 비중은 싱가포르 · 뉴질랜드 · 독일 · 프랑스보다 높다. 특히 정부 통계에 잡힌 개인 기부액은 일본의 2~3배에 이른다.

2,700여 개에 이르는 장학 · 복지재단을 통해 연간 3조~4조 원 정도가 소외계층의 장학금과 생활지원에 쓰이고 있다. 보건복지부가 집행하는 복지예산(약 33조 5,000억 원)의 10%에 달하는 금액이다. (879)

2010년 우리나라 국민 1인당 평균 기부액은 17만 3,200원으로 2003년 6만 1,100원에 비해 3배 가까이로 늘어난 것으로 나타났다. 이는 강철희 연세대 사회복지대학원 교수가 2003~2009년 '한국 기빙인덱스' 를 분석한 결과다.

자원봉사에 한 번이라도 참여한 적이 있는 자원봉사 참여율은 2003년 16.8%에서 2010년 23.9%로 높아졌다. 1인당 연간 자원봉사시간은 61.9시간으로 2009년 시간당 최저임금인 4,000원으로 환산했을 때 2조 1,880억 원 규모의 경제적 가치를 갖는다.

또 기부를 할 때 '투명성' 을 제일 먼저 고려한다는 응답이 84.5%(중복응답)로 가장 높았다. 강철희 교수는 "나눔 문화가 더욱 활성화되려면 모금기관의 투명성과 기부자에 대한 사회적인 지지가 필요하다"고 말했다. (880)

대한민국이 '도움 받던 나라' 에서 '도움 주는 나라로' 발전하는 동안, 한국 비영리민간단체(NPO · Non-profit Organization)들은 얼마나 성장했을까. 한국 비영리 민간단체들의 협의체인 '한국NPO공동회의' 와 굿네이버스가 공동으로 연구 · 발표한 "한국 개발복지NPO의 현황과 성과에 대한 연구"보고서에는 한국 시민사회의 성숙과 비약적으로 성장한 비영리민간단체들의 모습이 드러났다. 이번 보고서는 2011년 4월부터 11월까지 8개월간 조사대상 252개 기관 중 우편 설문에 답한 143개 기관을 대상으로 조사한 결과를 바탕으로 작성됐다.

보고서에 따르면, 조사대상 NPO의 2010년 예산 총액은 7,500억 원이 넘는 것으로 나타났다. 2010년 우리나라 보건복지부 예산의 2.4%에 해당하는 액수다. NPO 예산 총액 중 모금에 의한 예산 규모는 4,529억 원으로 한국의 대표 모금기관인 사회복지공동모금회의 모금총액 3,319억 원을 웃돌았다. 조사에 참여한 기관의 직원은 총 7,574명에 불과했지만 직원들의 업무와 기관의 사업 수행을 돕는 자원봉사자들은 이 수치의 40배에 해당하는 30만여 명에 달하는 것으로 나타났다. 이중 29만 명은 국내에서, 나머지는 해외에서 활동을 수행하고 있다. 개발복지 NPO의 해외사업과 대북지원사업을 합한 사업비용은 2,903억 원으로, 한국국제협력단(KOICA)의 2009년 ODA(공적개발원조) 지원실적 3,555억 원의 81.6%에 달했다. 본 연구의 책임자인 강철희 교수는 이에 대해 "정부 차원에서의 노력이 아닌 순수한 민간의 노력이 과연 얼마나 다양하고 광범위하며 큰 규모에서 진행되고 있는지에 대한 이해를 재고시켰다"고 평가했다.

선진국이 개발도상국이나 국제기관에 하는 원조인 공적개발원조(ODA)의 2011년도 우리나라 예산 총액은 1조 4,300억 원이다. 우리나라는 2009년 11월 25일 경제협력개발기구(OECD) 개발원조위원회(DAC)에 가입함으로써 선진국이 되어 '받는 나라'에서 '주는 나라'가 되었다.

정부는 2010년 국민총소득(GNI)대비 0.1%인 ODA규모를 2011년 0.11%, 2012년 0.15%, 2015년 0.25%로 확대할 계획이다.

우리나라의 개발도상국들에 대한 해외 원조사업은 주로 한국국제협력단(KOICA)에서 주관하고 있다. 어렵고 힘든 일을 KOICA가 자원봉사자들의 협력을 받아 아주 잘하고 있는 것으로 평가받고 있다.

우리 국민들은 IMF위기 당시의 금모으기, 태안 앞바다 원유 해양오염 당시의 봉사활동 참여, 2011년 3월 일본 대지진 당시의 일본돕기 등 최근 10여 년간에도 우리 한국인들의 범국민적인 봉사활동참여와 나눔 · 기부 열의가 세계를 놀라게 한바 있다.

최근 우리나라에도 어린이 · 초등학생 등 고사리손들의 저금통장 기부에서부터 대기업들의 통큰 기부에 이르기까지 기부문화가 활성화되고 있다.

2008년 8월 국내의학계 원로인 류근철(당시 82세)모스크바 국립공대 교수가 "우리나라 과학기술 발전에 도움되길 바란다"는 뜻으로 KAIST(한국과학기술원)에 사재 578억 원을 기부한 바 있다. 2009년 2억 원, 2010년 200만 원에 이어 2011년 3월에는 1억 원이 든 돈 상자가 전남 담양 군청에 이름은 밝히지 않은 채 전달되었는데 동일인의 선행으로 보인다고 한다. (881)

정몽준 한나라당 의원이 주축이 된 범현대가(家)에서 5,000억 원을 출연해 공익법인 '아산(峨山)나눔재단'을 만들기로 했다. 현대중공업 최대 주주인 정 의원이 2,000억 원을, 정상영 KCC 명예회장 등 오너 가족 8명이 사재(私財) 240억 원, 관계회사들이 법인명의로 나머지 금액을 기부할 예정이라 한다. (894)

정몽구 현대자동차그룹 회장도 개인 보유의 5,000억 원어치 현대글로비스 주식을 해비치 사회공헌문화재단에 기부해 저소득층 우수인재 발굴과 육성 등에 쓰겠다고 밝혔다. (882)

삼성그룹은 종래 장학금을 주는 간접지원에서 교육서비스를 제공하는 직접지원으로 사회공헌사업의 패러다임을 바꾸기로 했다. 삼성사회봉사단 서준희 사장은 2012년 2월 15일 교육과학기술부와 '중학생학습지원 교육기부를 위한 업무협약서(MOU)'를 체결했다. 삼성측은 매년 300억 원을 투입하여, 대학생강사 3,000명을 모집, 저소득층 중학생 15,300명에게 과외봉사를 하는 '드림클래스' 프로그램을 운영하기로 했다. 이는 물고기를 주는게 아니라, 물고기 낚는 법을 가르치려는 것이며, 경제적으로 어려운 대학생 강사를 우선 선발하여 강사료로 시간당 37,500원을 지급한다고 한다.(1044)

과외공부를 절실히 원하는 어려운 가정의 중학생들에게 "물고기 대신 물고기 낚는법"인 학습지원을 해주고, 강사요원으로 경제적으로 어려운 3,000명의 대학생까지 활용하기로 한 삼성그룹의 이 계획은 잘 짜여진 사회공헌프로그램이라고 생각된다.

LG그룹은 2010년부터 '사랑의 다문화학교' 프로그램을 운영하고 있다. 이 프로그램은 과학과 이중언어 분야에 재능이 있는 다문화가정 청소년의 잠재력을 키워주기 위한 것이다. 초등학교 2년~중학교 2년생들인 학생들은 과학인재 과정과 언어인재 과정으로 나뉘어 2년 동안 한국외국어대와 KAIST 교수진의 전문적인 교육을 무료로 받는다. 대상 학생들은 매월 1박2일 및 월 2회 온라인 교육, 방학캠프, 국제과학경진대회 참가, 해당 언어권 국가로의 해외연수(9박10일), 교수와 대학생 멘토와의 대화 등을 통해 잠재력을 키우게 된다.(1045)

선진국이 된 우리나라도 이제 국민들의 기부문화, 그리고 기업들의 사회공헌 활동이 빠른 걸음으로 제자리를 잡아가고 있다.

여기 최근 이어지고 있는 씨티즌 오블리주(citizen oblige) 그리고 리세스 오블리주(richesse oblige) 물결의 개별 기부내역 일부를 간략히 옮기면서 이들 국내외 기부 천사들에게 박수를 보낸다.

① 박완서 13억 원 – 서울대 인문대 학술기금 (883)

② 독거노인 박노주 할머니(77) 전재산 전세금 1,500만 원 – 서울사회복지 공동모금회 (884)

③ 기부여왕 하춘화 노래재능 + 50년간 200억 원쯤 – 어려운 이웃에게 (885)

④ 암투병 할머니 황복란(86) 남편유산 1억 원 – 아름다운 재단 (886)

⑤ 기부 할머니 오길순(77) 2억 원 – 재활치료기관인 푸르메재활센터 건립에 (887)

⑥ 아웅산테러 때 순직한 김재익 경제수석 부인 이순자 교수 서울대에 전재산 20억 원 쾌척 (888)

⑦ 구두 한 켤레 닦고 500원, “남 돕는데 귀천 있나요”, 제주 한림읍 어느 목욕탕의 박정범(35) 2005년부터 매년 70만 원 · 제주중 후배들에게 (889)

⑧ 작년에 이어 2011년에도 또 얼굴 없는 천사 1억 원 · 연세대 원주의과대학 원주기독병원에 난치성질환 어린이 지원 (890)

⑨ 폐지 팔아 기초수급 할아버지 김성공(77) 꼬깃꼬깃 만 원짜리 200장 · 화천군상서면 사무소 불우이웃돕기 (891)

⑩ 20년 된 라디오 듣는 할아버지 구재서(81)씨와 아들 구준석 1억 기부 · 수상소감은 광고전단 뒷면에, 서울대 발전기금(892)

⑪ 인천 얼굴 없는 천사, 또 쌀 100포대 트럭으로 남구청에 (497)

⑫ “옥경이(아내 이옥형)가 기사 보고 칭찬했죠”, 2003년 대구지하철사고 때 1억 등 · 꾸준히 기부하는 태진아(896)

⑬ 35년간 301번 헌혈한(헌혈량 약 120,400mL) 사나이 경기 파주시 조용길(51 · 건설근로자) · "내 건강 나눠줘 보람 느낀다." (897)

⑭ 헌혈만 300번째 유배형(54) 전국최다 여성헌혈자 · "건강 허하는 한 계속 헌혈할 것" (898)

⑮ 경기 용인 서전농원 회장 김병호(68) · KAIST에 300억 상당 부동산 (899)

⑯ 서울 면직물공장운영 안승필(60) "내 '빚' 보다 나라 '빚' 위해" · 카지노 국내 최대 잭팟 7억 6,680만 원 KAIST에 전액기부 (900)

⑰ 30만 원 생계비중 10% 매달 우간다 소년 세타베(7) 돕고 있는 기초 생활수급자 김영미(17 · 고1 · 경기 광명) 소녀가장 (901)

⑱ 전주 한수옥 할아버지(95) 수도꼭지도 소리 안 나게 조금만 틀어 아끼고 안 쓰고 평생 모은 재산 40억 · 전북대에 (902)

⑲ 화학 전공한 이공계 여성CEO인 장영신 애경그룹회장 "KAIST가 세계최고의 과학 기술대학 되기를" 30억 (903)

⑳ "국가가 있기에 우리가 있어" 경기 용인시 김용철 할아버지(88 · 일본 도쿄 제국상업학교 출신) · "안보에 써 달라" 평생 모은 90억 국방부에 (904)

㉑ 광주와 전남 수의사회장 역임한 김두림 회장(85 · 제주출신) 평생 모은 300억 상당의 제주관음사 인근 46,000평 · 최고의 노인병원 건립토록 제주대에 (905)

㉒ 신혼부부 결혼 축의금 전액 3,000만 원 · 캐나다에 집사려다 서울 혜화동의 의료봉사단체 '라파엘 클리닉' 에 기부, 끝내 이름 안 밝혀 (906)

㉓ 아파도 병원 안 가고, 스물다섯에 남편 잃고 삯바느질로 모은 전재산 5억여 원, 김숙일(헬레나 · 88) 북동포 위해 평양성당 건립기금으로 (907)

㉔ '얼굴 없는 천사' 또 돈만 두고 갔다. 전주 노송동 주민센터 3,584만 원 남긴 곳 알려줘 11년째 (908)

㉕ 48년전 12세 소년이 받은 도움 갚으려 20년째 256억 원 장학사업 · 자식들에게 작은 아파트 한 채씩만 전재산 환원할 것 성완종(59) 경남기업회장 (909)

㉖ 본인은 퇴행성관절염, 남편은 위암수술, 월 60만 원 받아 다섯 식구 생활비 하고 월 1만 원 기부하는 기초생활 수급자 김화춘(54) · 어린이 재단에

(910)

㉗ 20년간 전국 중고교에 우정학사 100여 곳, 130곳에 노인정 · 보건소 등 지어준 이중근(70) 부영그룹 회장, 사회공헌센터 건립비로 100억 원 서울대에(911)

㉘ 40년간 유치원 운영해 온 황영옥(72) 평생 모은 돈 60억 원 상당 부동산 · 서울여대에 (912)

㉙ "명절인데 어려운 이들 배불리 먹으면 좋잖아" 설 때마다 쌀(100포대) 기부하는 서울 동대문구 용두동 나정순(70) '주꾸미 할머니' (913)

㉚ 가수 김장훈 연말 맞아 반크 · 카이스트 · 세종대 독도연구소 그리고 뉴욕 타임스퀘어 광고비 · 경희대 고지도박물관 등에 10억 원 또 (914)

㉛ 가난으로 초등학교만 졸업한 후 노점하여 모은 전재산 11억 7,000만 원 내놓고, 대구 손영자(66)하늘로 (915)

㉜ "난치병아동 위해" 배우 김태희(31), 노래부르고 음원기부 (960)

㉝ 서울중랑구 태릉시장 노점상(노점상 연합회장 이준행)들이 20년간 매일 천원씩 모은 이유는 "더 어려운 이웃을 위해" (916)

㉞ 이덕희 · 이효정 · 임예진 · 이경규 · 이경실 · 최유라 · 류시원 · 김수로 등 동국대 연극학부 출신 20명 매년 500만 원씩 모아 후배사랑 멘토 장학기금 조성하기로 (917)

㉟ 서울 퇴계로 애견종합병원장 윤신근(58)박사 러닝셔츠 꿰매 입으며 모은 돈 5억 · 모교 전북대에 (918)

㊱ 평생 모은 돈 10억 내놓고 하늘로 간 야채상 홍용희(비오 · 82) · 한재순(미카엘라 · 83)부부 · 서울대교구에 9억 · 수도원에 1억 (919)

㊲ 국내에서도 많은 기부활동을 하고 있는 가수 이효리씨는 어릴 적에 여섯 식구가 단칸방에서 사는 어려운 생활을 했다. 하지만 그가 인도에서 만난 아이들은 훨씬 혹독한 환경을 견디며 살고 있었다. 이효리씨가 인도 뭄바이 슬럼가에서 봉사활동을 하며 아이들을 돕고 있다. (920)

㊳ 50년간 타인에 봉사… 말년 쓸쓸히 암투병… 50년간 대전에서 행상을 하며 어려운 이웃을 돕는데 헌신해 온 신초지(68) 할머니가 병마와 싸우며 쓸쓸한 말년을 보내고 있어 주위를 안타깝게 하고 있다. 양말 판 돈을 불우이

웃돕기에 아낌없이 기부해온 신씨는 대전 시내에서 '헬프미 아줌마'로 유명하다. 1960년부터 시내 각 공공기관 등을 찾아 '헬프미!'를 외치며 양말, 칫솔, 치약 등을 판매해온 터라 관공서 주변에선 그를 모르는 이가 없다. 6·25전쟁으로 부모를 잃은 신씨는 초등학교를 졸업하고 18살에 고향인 경북 고령군에서 대전으로 올라와 행상으로 양말장사를 시작했다. 가족도 없이 혼자 살면서 어렵게 모은 돈을 고아원, 양로원, 소년소녀가장 등을 돕는데 선뜻 내놓았다. 200여 명의 학생들에게 장학금을 주는 등 불우이웃돕기에 헌신한 공로로 1986년 국민포장을 받았다. 1998년 국민훈장 석류장 2005년 대전시 '자랑스런 대전인 상'도 받았다. 50년 동안 행상일을 하며 도와준 사람은 수를 헤아릴 수 없고, 지원액도 10억 원을 훌쩍 넘는다. 대전시 중구 부사동 원룸에서 살며 활기찬 목소리로 양말을 팔던 예전의 모습은 찾아볼 수 없었고, 월세 5만 원짜리 원룸에서 쓸쓸히 병마와 사투 중이었다. 방안에는 약봉지만 수북했다. "따로 모아둔 돈은 없고 병원비도 감당하기 어려운 신세가 됐으니원…." 남을 돕다가 이제 도움을 받아야 할 처지가 된 신씨는 한숨을 내쉬었다. (921)

㊴ "23년전 한두 그릇이 백배 천배로… 밥퍼, 500만 명 먹였다."

2011년 5월 2일 서울 전농동 굴다리 옆 밥퍼나눔운동본부에서 노인·노숙자 등 600여 명이 모인 가운데 '밥퍼 500만 기념 나눔축제'가 열렸다. 1988년 청량리역 노숙자를 대상으로 나눠주기 시작한 식사가 23년 만에 500만 그릇을 넘어섰다. 그간 참여한 자원봉사자도 연인원 20만 명에 이른다. 이날 강신호 동아제약 회장, 하영구 한국씨티은행장, 이창식 해외원조단체협의회장, 조용근 세무법인 석성 회장 등도 참석했다. 이 활동을 시작한 최일도 목사는 "다섯 개의 빵과 물고기 두 마리로 5,000명을 먹였다는 성경 '오병이어(五餠二魚)의 기적'을 되새기게 된다"고 했다. (922)

㊵ "받은 사랑 돌려주자" 봉사 뜻 모은 연예인들

대중문화예술인들의 봉사단체인 (사)좋은 사회를 위한 100인 이사회(이하 '100인 이사회')가 2010년 10월 25일 오후 서울 목동 방송회관에서 창립식을 갖고 첫걸음을 내디뎠다. 이날 창립식에는 이사장인 탤런트 최수종, 명예회장 이덕화, 부이사장 김응석 한국방송영화공연예술인 노동조합 위원장을 비롯해 탤런트 하희라 · 남성진 · 임호 등 여러 스타가 참석했다. 배우 강수연과 이정재 · 박은혜 · 김수로 · 오윤아 등 50여명이 회원으로 참여했고, 원로배우 신영균 · 이순재 등은 고문단으로 합류했다. 연예인들이 '국민으로부터 받은 사랑을 더 크게 돌려주자' 는 뜻에서 창립된 '100인 이사회' 는 기업의 사회공헌활동과 저소득층 일자리 창출을 위한 사회적 기업 설립사업 등을 적극 지원할 계획이다. (923)

㊶ 2010년 11월 16일 오후 서울광장은 김장을 하는 야쿠르트 아줌마 2,000여 명으로 장관을 이뤘다. 한국야쿠르트의 '사랑의 김장 나누기' 행사는 올해로 10주년을 맞았다. 10년 동안 1,738여t, 약 77만 포기의 배추로 김장해 17만 4,000여 저소득층 가구에 전달했다.

이 김장 나누기는 2001년 부산에서 야쿠르트 아줌마 이서원(63)씨가 제안해 시작됐다. "불우 이웃들에게 김치를 전해주고 싶어 시작한 행사가 해가 갈수록 규모가 커지는 것을 보면서 정말 행복했다"고 말했다.

한국 야쿠르트 전 직원이 매월 급여의 1%씩을 회비로 갹출해 올해 행사비용 12억 원을 모았다.

10kg씩 플라스틱 통에 담은 김치는 2010년 11월 17일부터 2~3일에 걸쳐 야쿠르트아줌마들이 자기 판매구역에 사는 독거노인, 소년소녀 가장 등 전국 2만 5,000가구에 전달할 예정이다. (924)

㊷ "2,400여 명 눈뜨게 하며 우리도 사랑에 눈 떴죠", "30년간 바자회 열어 '開眼수술' 도운 동래중앙교회" · 부산 수안동 동래중앙교회는 1981년부터 '시각장애인 개안 수술' 을 위해 30년째 바자를 열고 있다. 지금까지 모든 수익금을 실로암 안과병원(원장 김선태 목사)으로 보내 백내장 등을 앓고 있는 저시력자 및 시각장애인의 '개안수술' 에 사용했다. 지난해까지 8억 200만 원을 모아 2,400여 명의 시각장애인이 빛을 찾았다. 올해 수익금은 4,500만 원 정도로 예상된다. 실로암안과병원장 김선태 목사는 "30년간 한결같이 기금을 전달한 교회는 드물다"며 "세상의 빛이 되기 위해 이웃을 섬기는 모범적인 교회"라고 말했다. (925)

㊸ "사회의 든든한 버팀목이 될 수 있는 사람으로 성장해 주길 바랍니다." 2010년 1월 28일 서울 구로경찰서에서 열린 모범청소년 장학금지원 협약

식에서 구로구 구로동에 있는 정보기술(IT)업체 '도전하는 사람들' 서장열 사장은 기초생활보장 대상자인 김지형군(18)에게 장학금과 생활비 지원을 약속하며 이렇게 밝혔다.

척추장애가 있는 할머니와 함께 월세 20만 원짜리 단칸방에 살고 있는 김군은 최근 경기대 미디어영상학부에 수시합격을 하고도 등록금을 내지 못해 입학을 포기해야 할 처지였다. 그러나 이번 협약으로 서 사장으로부터 등록금과 매달 30만 원의 생활비를 지원받게 돼 공부를 할 수 있는 길이 열렸다. 김 군은 "열심히 공부해서 방송영상 전문가가 돼 더 어려운 사람들을 돕고 싶다"고 말했다. 디자인업체인 프리진 최재완 사장도 이날 관내 고등학교에 다니는 곽모 양(15), 윤모 양(16)에게 졸업 때까지 매달 20만 원씩 학비보조금을 지급하기로 약속했다.

이봉행 구로경찰서장은 "치안을 책임지는 것 외에 어려운 형편에 있는 사람을 도와 사회통합에 기여하는 것도 경찰의 책무"라며 "더 많은 기업과 관내 학생들이 결연을 맺을 수 있도록 노력하겠다"고 말했다. (926)

㊹ "소녀가장 끌어안자" 여성경제인들 후원나서

10월 24일 '여성경제인의 날' 을 맞아 한국여성경제인협회 주최로 '여성기업과 소녀가장이 함께 하는 행복한 동행' 이라는 이름의 모임이 있었다.

전국의 여성 경영인 등 600여 명의 참석자들은 어려운 처지에 놓인 소녀가장들에게 꾸준히 관심을 갖고 적극 후원하겠다고 약속하는 '행복한 동행 발대식' 을 가졌다. 이어 소녀가장 5명에게 장학금을 건넸다. 이 자리에서 전수혜 여성경제인협회장은 "여성 경제인도 국가 경제의 한축으로서 1인당 소득 3만 달러 시대 달성을 위해 노력하자"고 말했다. (927)

㊺ 법무부와 SK그룹이 손잡고 출소자들의 취업을 지원하는 사회적 기업을 만들기로 했다. 이귀남 법무부 장관과 정만원 SK그룹 부회장은 출소자 취업을 지원하는 비영리재단인 '행복한 뉴라이프재단' 을 설립하기로 협약을 맺었다.

SK그룹은 재단 설립 및 운영비로 12억 원을 출연한 뒤 그룹 임직원들로 구성된 '재능기부 봉사단' 을 통해 경영을 돕기로 했다. 법무부는 사업장을 무상으로 빌려주고 마케팅도 지원한다.

'행복한 뉴라이프재단'은 커피전문점을 시작으로, 대전 · 청주 · 인천에 세탁공장을 세울 계획이다. 이 4개의 사회적 기업이 해마다 30여 명의 출소자에게 일자리를 제공하게 된다.

출소자들은 길면 1년간 이 사업장에서 일하며, 떠난 후에도 창업지원과 같은 서비스를 받을 수 있다. 이귀남 법무장관은 "한 해 7만여 명의 출소자 가운데 제대로 취업하는 사람은 10%도 안 된다"며 "사회적 기업을 적극 육성해 안정적인 일자리를 제공해 가겠다"고 말했다. (928)

㊻ 뇌사자 등이 간 · 심장 · 신장 등 장기를 환자들에게 나눠 주고 하늘로 가는 것은 "세상에서 가장 아름다운 이별"이다. 10년전 8명에게 생명을 주고 떠난 강석민 군(당시 16세)처럼 생명의 사다리인 장기기증자, 즉 베풀고 가는 사람들이 해마다 늘어나고 있다.

우리나라에서 뇌사자 장기이식이 시작된 지 한 세대 만에 생명을 나눠 주고 떠난 뇌사자 수가 2,000명을 넘어섰다. 한국장기기증원(KODA)은 1979년 국내 첫 뇌사자 장기기증이후 2010년 9월 10일 영면한 A씨와 B씨까지 총 2,020명의 뇌사자가 장기를 기증했다고 밝혔다.

서울 아산병원 이승규 장기이식 센터장은 "아직 걸음마 단계지만 장기기증이 본궤도에 접어들었다고 평가할 만하다"고 했다. (929)

㊼ 봉사자 자신이 가진 재능과 기술, 지식, 특기로, 나눔을 실천하는 기부운동인 '재능을 나눕시다' 캠페인(조선일보 · 한국자원봉사협의회 · 사회복지공동모금회 공동 주최)의 재능나눔 신청건수가 1만 건을 돌파했다.

캠페인 166일째인 2010년 6월 20일까지 "재능을 나누고 싶다"는 개인과 단체의 신청건수는 총 1만 356건이다. 신청자수로는 총 3만 7,880명이다. "재능을 기부받고 싶다"는 신청은 3,092건 접수됐다. 재능나눔을 신청한 개인이나 단체가 별도로 수혜자를 소개받은 경우도 많아, 캠페인을 통해 재능을 주고받은 사례는 총 4,424건에 이른다. 유명 인사들도 캠페인에 참여해 '노블레스 오블리주'를 실천하고 있다. 1억 원이상 고액기부자 모임인 '아너 소사이어티' 회원 21명이 재능나눔에 동참했다. 탤런트 이순재씨와 산악인 엄홍길씨, 마라토너 이봉주씨 등은 재능나눔 홍보대사로 나섰다. 패션 디자이너 이상봉씨가 디자인하고 영화배우 장동건, 피겨 퀸 김연아 등이 모델로 참여한 재능나눔 티셔츠는 2,000장이 모두 팔렸고, 수익금 4,000만 원을 기부했다. 장동건씨는 "많은 분들의 큰 성원으로 뜻깊은 돈이 모여 기쁘다"며 "저도 캠페인에 동참하면서 불우한 환경에 놓인 아이들에 대한 책임감을 다시 한 번 느끼게 됐다"고 했다.

서울 종로구 낙원상가 옆 낙원동 5번지에 있는 2층 건물은 원래 약국이었는데 꽃동네 회원이었던 약사가 세상을 떠나면서 1999년 꽃동네에 기증한 건물이다. 이 건물은 종합사회복지시설인 꽃동네 신부 등이 숙소로 쓰던 곳인데 '재능을 나눕시다' 캠페인에 참여한 「인테리어 25시 봉사단(대표 김성환)」이 이 건물을 비용 7,300만 원을 부담 리모델링하여 노숙자를 위한 종합지원센터로 탈바꿈하여 '낙원동 꽃동네 사랑의 집(초대원장 이해숙 꽃동네 대외협력 본부장)' 으로 탈바꿈하게 됐다. (930)

㊽ "백발의 재일교포, 20년째 고향(마산)에 책 기증" 오사카 거주 76세 김순조씨, 어렵게 공부했던 옛 생각나 마산 도서관에 840여 권 전달, "한국 잘 돼야 교민도 잘되죠." (8)

㊾ "350억 원(부동산)기부하고 구두쇠 부부는 용인 26평 실버타운 갔다" KAIST에 전재산 내놓은 서전농원 대표 김병호(70) · 김삼열(61)부부 한국의 미래 이끌어 갈 과학영재 키워 달라는 뜻으로 2009년 카이스트에 300억 원을 기부한 데 이어 2011.9.19 다시 이 학교에 50억 원을 기부 그가 기증한 돈으로 KAIST에는 지하 1층, 지상 10층 규모의 'IT융합센터' 가 건축중 · 고향인 전북 부안에도 장학금 10억 원 기탁.

김병호씨는 한번 쓴 화장지도 다시 쓰고, 이쑤시개는 8조각(반으로 나누어 다시 4등분씩)으로 나누어 쓰고, 와이셔츠 깃이 헤어지면 수선집에 가서 깃을 떼서 뒤집어 붙여 쓰는 구두쇠이다. 김대표는 "버는 것은 기술이요, 쓰는 것은 예술이다"라는 말을 좋아한다.

아들 김세윤(38) "물질적 재산 아닌 눈에 안 보이는 유산 물려주신 부모님이 정말 자랑스럽다."

㊿ 평생 근검절약해 모은 돈 11억 기부한 92세 할머니 이점홍 · 천주교 서울대교구에(9)

51 환자 150명에 온몸(피부 · 뼈 · 혈관 · 판막 등)을 다 주고 떠난 첫 번째 의

사"

10여 년간 국내외 봉사활동을 계속해온 천사의사 박준철(45)

"돈벌이보다 어려운 사람들을 도와야 한다. 그게 의사의 보람이고 자부심이다."

딸 박혜진 양(19) "하늘나라에 불쌍한 아이가 더 많아서 아빠가 서둘러 떠났나보다." (11)

52 "자식 잃은 부모의 기부"

캘리포니아 주지사를 지낸 릴랜드 스탠퍼드는 열여섯 살 아들을 병으로 잃었다.

꿈에 나타난 아들이 "남을 위해 사세요"라고 부탁하자 스탠퍼드는 "캘리포니아의 아이들이 모두 내 아이들"이라며 1885년 스탠퍼드대 설립에 전 재산을 내 놓았다…

2003년 현진어패럴 이상철 대표가 서대문 구립 이진아 도서관 건립에 50억 원을 내놓았다. 교통사고로 세상을 뜬 딸이 책을 좋아했기 때문이다. 그는 "노후엔 도서관 청소를 하면서 딸 곁에 있겠다"고 했다. 2004년 조동길 공주대 교수는 KAIST 재학 중 실험실 폭발사고로 숨진 아들을 위해 학교발전기금 4억 4,000만 원을 기부했다. 지난달엔 건국대 수의학과에 다니다 교통사고로 숨진 유혜선씨의 부모가 장학금 1억 원을 학교에 냈다.

고려대에 33년 동안 장학금을 전달해 온 여든다섯 살 문숙 할머니가 며칠 전 67억 원 상당의 농장 땅을 모두 내놓았다. 6·25 때 월남해 맨손으로 사업을 일으킨 문 할머니 부부는 1977년 고대생이던 아들 명훈을 뜻하지 않은 사고로 잃었다. 아들을 가슴에 묻은 부부는 경기도 화성으로 내려가 농장을 꾸리면서 '명훈 장학회'를 만들어 아들의 후배 80여 명에게 장학금 3억 원을 줘 왔다. 문 할머니는 지난해 남편 이용준씨가 세상을 뜨자 이번에 전 재산을 장학회에 맡겼다.

요즘 우리 주변에선 먼저 떠나보낸 자식의 이름으로 좋은 일을 하는 부모가 적지 않다. (18)

53 "16년 전 떠난 남편이 주는 장학금"

"우리 남편처럼 돈이 없어서 공부를 못하는 학생이 없었으면 좋겠어요."

"남편은 대학에서 공부하는 것을 가장 부러워했어요. 자기처럼 공부하고 싶어도 하기 어려운 학생들을 위해 장학금을 만들자고 했었죠. 그 약속을 16년이 지난 이제야 지킬 수 있게 됐네요."

딸(조현준 · 43) 모교인 경희대에 3억 기부한 전석분(63)씨. 서울 중구에서 가게를 하고 있는 전씨는 "매달 조금이라도 여유가 생기면 따로 만든 통장에 돈을 넣었다"며 "10원도 넣지 못한 달도 있었지만 죽기 전에 꼭 남편의 뜻을 지키기 위해 허튼 돈 한 푼 안 쓰고 16년 간 모았다고 한다.

경희대는 전씨의 뜻을 살려 장학금 이름을 '조세희장학금' 이라고 짓고, 문과대 영문학과 302호 강의실을 '조세희 강의실' 로 헌정하고, 최근 전씨 남편 조세희씨 이름으로 학생 4명에게 1인당 한해 250만 원씩 장학금을 줄 수 있게 됐다." (20)

(54) "포스코도 월급 1% 기부 동참"

"현대오일뱅크 퇴직자도 참여"

"우림건설 · 계명대 10년 기부"

2011년 9월 8일 포스코 고위임원회의에서 정준양 회장이 뜻밖의 제안을 했다. "포스코에 투자한 워런 버핏이 '부자(富者)들이 기부에 적극 나서야 한다' 고 말했다. 포스코는 오너 기업이 아니니 오너가 크게 기부할 수 있는 형편은 안 되고…. 그래서 나부터라도 매달 월급의 1%를 기부하겠다."

정 회장의 제안에 10여 명의 참석 임원들이 동참하겠다는 뜻을 표시했다. 한 임원은 "아예 전 직원들이 1%를 기부하는 것은 어떨까"하는 의견을 내기도 했다. 정 회장은 "기부는 자율적으로 해야 하는 만큼 임원들이 솔선하고, 기부문화가 전(全) 직원들에게 자연스럽게 확산되도록 하자"고 말했다.

포스코 임원들로부터 시작된 기부는 계열사 임원들에게까지 확산됐고, 부장급 간부들도 참여하겠다는 뜻을 밝히면서 샐러리맨의 아름다운 기부 열기는 갈수록 뜨거워졌다. 열기는 전 계열사로 확산돼 포스코 전 계열사의 부장급 이상 간부 830명이 매월 월급의 1%를 기부하는 것으로 매듭이 지어졌다. 샐러리맨들의 '월급 1% 기부' 가 갈수록 확산되고 있다. 2011년 9월 국내 주요 대기업으로는 처음으로 현대오일뱅크가 '월급 1% 기부' 를 시작한 이후 기업과 대학이 속속 동참하고 있다. (21)

⑤⑤ '한국인', '세화의 성' 소설가 손장순씨 "마지막 보람된 일" 서울대에 20억 기부"인생은 무상하다는 의식을 갖고 작품을 써왔지만 마지막 가는 길에는 보람된 일을 해야겠다는 생각이 들었어요." 프랑스 실존주의 문학의 영향을 받은 문제작(問題作)들을 쓰며 70년대 여성들의 우상으로까지 불렸던 소설가 손장순(76)씨가 서울대에 20억 원을 기부했다. 서울대는 "손씨가 기부한 20억 원으로 '손장순 문학연구기금'을 설립하기로 했다"고 밝혔다. 평생 모은 20억을 서울대에 기부한 소설가 손장순(76)씨는 "가난했던 시절의 의욕을 잃을까봐 물욕을 부리지 않고 살았다"고 말했다. (22)

⑤⑥ 2011년 10월 1일 강원도 원주시의 '청원학교'에서 조촐한 기념식이 있었다. 지난 2년간 이 학교에서 공익근무요원으로 근무하고 이날 소집 해제되는 연세대 생화학과 3학년 장동철(23)씨가 100만 원을 기부했다. 공익근무요원 월급을 꼬박꼬박 모은 손때 묻은 통장을 건네받은 학교 선생님들은 한동안 말이 없었다. 일부는 눈물을 비쳤다. 장씨를 따르던 아이들은 옷깃을 잡아당기고 주변을 뛰어다니며 장난을 치고 있었다.

청원학교는 지적 장애인 교육기관이다. 교사와 행정 직원 등 100여 명이 장애아 246명을 가르친다…

난생처음 가 본 특수학교에서 장씨는 새로운 세상을 만났다. 이틀째 되는 날 자기보다 두 살 많은 지적 장애인의 대변을 치우고 직접 몸을 씻겨주는 일을 하면서 충격을 받았다고 했다. "특수학교에는 인지능력이 거의 없어서 도움 없이는 일상생활을 할 수 없는 장애인이 많아요. 지적 장애인들이 처한 상황이 얼마나 힘들고 심각한지 그때 깨닫게 됐어요."

"그냥 하는 말이 아닙니다. 정말로 제가 아이들에게서 받은 것이 더 많아요. 전 아이들에게 고작 돈 100만 원을 줬지만, 아이들은 제게 새로운 세상을 줬으니까요." (23)

⑤⑦ "이런 선물을 '빼빼로데이'에 주고받는 연인이 더 많아졌으면 좋겠어요."

2011년 11월 11일 서울 종로구에 있는 의료복지법인 푸르메재단 어린이재활센터에서 이 재단 홍보대사인 가수 션(본명 노승환 · 39)이 아내인 배우 정혜영(38)에게 증서를 건넸다. 아내 이름으로 2,011만 1,111원을 재단에 기부한다는 내용이다. 정씨가 "이게 뭐냐"고 하자 션이 "빼빼로데이 선물"

이라고 했다. '빼빼로데이'(11월 11일)에 아내를 위해 준비한 '깜짝 이벤트'다. 정혜영은 "장애아들을 위한 병원 건립에 내 이름으로 기부하는 이 선물이 그 어떤 빼빼로 선물보다 뜻깊을 것 같다"고 했다. (24)

(58) "군산 구둣방 천사아저씨"

"1급 소아마비 장애 박성배씨(56) 매일 도시락싸 점심값 아껴 5,000원씩 모아 독거노인에 연탄 2,000장, 2010년 11월에도 점심값 아껴 125만 원(배추 500포기)"

박씨는 군산 산북동의 낡은 13평 월세아파트에서 휠체어 의지하는 아내와 살고 있다. "지금까지 이웃도움을 받아 살아 왔어요. 작은 돈이지만 남을 도울 수 있다는 게 얼마나 기쁩니까" (25)

(59) 1929년 창원에서 태어나 마산상고(현 마산용마고)를 졸업, 일본으로 건너가 막노동 등 갖은 고생 끝에 메이지대(明治大) 상학부에 입학했으나 중퇴하고 사업가로 변신, 자수성가한 재일동포 우파(愚波) 최영석(82)회장. 1997년 5억 원으로 우파장학회를 설립, 마산 용마고 재학생과 경남출신 우수 대학생 등 800명에게 장학금 19억 원 지급. 최근에도 37억 원 추가 출연하여 현재 우파장학회에 장학기금 100억 원대 조성·"고향과 모교에 조금이라도 도움 주고자 시작한 장학 사업이 100억 원 규모로 커 감회가 새롭다." (28)

(60) 총기사고로 숨진 아들 김혁중(1994.3 미국 한 대학교 총기사고로 사망)이름으로 장학금(김혁중 베드로 장학금) 5억 원 부산 카톨릭대에 내놓은 어머니 박은령(66)씨 (29)

(61) 강원도 삼척 중앙시장에서 속옷·양말 등을 파는 전정자(70)할머니, 폭설 피해 복구비로 2011년 2월 1억 원에 이어 또 5,000만 원 기부 (32)

(62) '임종 앞두고 전재산 기부한 위안부 할머니 황금자씨(87).' 서울 강서구 장학에 3,000여 만 원 기부 유언장, 5년 동안 이미 1억 원 기부. (33)

(63) '어느 샐러리맨의 1억 기부' 여영진씨(70·부산 용호동), 30년 모은 돈 쾌척. 순수한 월급쟁이 출신으로 첫 '아너소사이어티' 회원 '추운 날씨에 떨고 있는 이웃에게 작은 온기나마 전하기 위해' (36)

(64) '1억 1,000만 원 수표 한 장, 겨울을 녹인다.'

60대 남성, 서울 명동 우리은행 앞 구세군 냄비에 넣어 1928년 첫 자선냄비 이후 83년 거리모금 사상 최고액. "소외된 어른들에게 도움 됐으면." (37)

⑮ 전주 "올해도 얼굴 없는 천사" 12번째, 노송동 주민센터에 전화, "5,024만 2100원 놓고 간다"고 알려와 (932)

⑯ 제주시 구좌읍 종달리 '어부천사' 김희강(70)씨가 어렵게 모은 돈 7,000만 원 제주시청에 (933)

⑰ 6·25참전간호사, 스웨덴의 셰르스틴 요나손(88) 부부가"평생 술과 담배 멀리하고 알뜰하게 모은 돈" 7,000만 크로나(약 118억 원), 스톡홀름의 스웨덴 왕립공대에 93억 원, 한국의 카이스트에 25억 원 기부 (934)

⑱ 구세군에 2억 내민 노부부(남편 91, 부인 86), 왜정 때 이북에서 초등학교만 나와 배운 것, 가진 것 없이 재산 모아, 자식들에겐 재산 대신 구세군 감사편지 물려줄 것 (935)

⑲ 남몰래 이웃 돕다 장기까지 기증하고 떠난 엄마 임정순(50)씨 보낸 아들 전영완(31)씨 - "어머님은 날개 없는 천사셨어요. 이제야 날개가 생겨 하늘로 가신거고요." (936)

⑳ "생활비 쪼개가며 책 200만 권(약 100억 원어치)기증한 부자."
부산 기장군에서 주류 도매업체 화인양주 운영하는 최우영(42)대표, 2011년 8월부터 아동복지시설과 농촌초등학교에 매달 책 2,000~3,000권 보내. 돌아가신 아버지 때부터 책 기부 시작 (937)

⑪ 당신에게 5만 원은 얼마나 큰돈입니까? 구두닦이 박종상(59)씨가 매달 사랑의 열매에 기부하는 금액입니다. 다문화 가정 아이들에게 IT교육기부를 한 이선영(28)씨, "불쌍한 사람들이 없었으면 좋겠다"면서 저금통을 내놓은 꼬마 수녀 이서정(6)양, 아프리카 케냐의 아이를 돕는 주부 강현숙(50)씨가 활짝 웃습니다. 발달장애 청소년 오케스트라 간호원인 김동균(19)군은 재능 기부자들의 도움으로 플루트 실력이 쑥 늘었습니다. 전재산 4억 원을 세상에 돌려주기로 한 노광준(86) 할아버지는 평생 헌 옷만 입으셨답니다. 올해는 세상과 함께 착한 웃음을 나누는 사람들이 더 많아졌으면 합니다. (961)

6-12 나눔 · 기부 · 봉사 3

세계자원봉사 선언문

세계자원봉사연합회(IAVE)는 지난 1990년 9월 파리에서 열린 제11차 세계대회(9월 6일~14일)에서 「세계자원봉사선언문」을 채택 · 선포했다. 1998년 제10차 워싱턴 세계대회에서 발의, 2년 동안 선언문 기초위원회를 구성, 각국 대표들의 의견을 수렴 · 종합하여 서문과 자원봉사 기본원칙 선언 3개 부문으로 구성한 이 선언문은 자원봉사의 고귀한 정신을 바탕으로 자원봉사의 권리와 책임을 아래와 같이 명시했다.

서문

자원봉사자들은

1948년 세계인권선언과 1989년의 어린이헌장 정신에 크게 힘입어 변화하는 세계 속에서 그들의 헌신적 노력을 사회, 문화, 경제발전 및 환경개선을 위하여 쓰이는 도구로 여기며 자원봉사자 각 개인은 평화적 목적을 위하여 자유롭게 모이고 연합할 권리가 있다고 믿는다.

자원봉사를 하는 것은

- 각 개인의 자발적인 동기로 참여하고 자유롭게 선택하고 결정하는 권리의 행사이다.
- 보다 적극적인 시민정신을 고취하고 지역사회에 참여하는 것이다.
- 개인 혹은 단체로서 활동하는 것이다.
- 인간의 잠재능력과 인간의 연대의식을 강화시킴으로써 우리의 일상생활의 질을 높인다.
- 보다 나은, 보다 평화로운 세계건설을 목적으로 당면한 문제와 도전에 해답을 주기 위한 노력이다.
- 경제 생활에 활력을 주며 직업과 새로운 전문성을 창출해낸다.

자원봉사 기본원칙

자원봉사는 다음의 기본원칙을 준수해야 한다.

- 모든 인간은 성별, 연령, 인종, 종교의 차별없이 또한 신체적, 사회적, 경제적 조건에 관계없이 자유롭게 연합할 권리가 있다는 것을 인정해야 한다.
- 인간의 존엄성과 인류문화를 존중해야 한다.
- 개인들이 모여 상호협력체제를 만들거나 혹은 자원봉사기관에 속하여 보수 없이 봉사를 제공한다.
- 지역사회의 욕구를 찾아내고 자발적인 참여를 유도하여 문제를 해결한다.
- 자원봉사를 통하여 자아성장을 꾀하고 새로운 기술과 지식을 익히며 잠재력을 개발하고 자립심과 창의력을 키움으로써 해결에 적극적인 역할을 행사한다.
- 사회적 책임을 깨달음으로써 가족공동체, 나아가서는 사회 · 국가공동체를 건설한다.

이상의 기본원칙에 따른 자원봉사자가 해야 할 일들

- 집단 안에서 개인이 헌신할 수 있도록 격려한다.

- 조직의 목적, 목표, 정책을 충분히 알고 지지하여 조직의 힘을 적극적으로 강화해 나간다.
- 각자의 적성과 가능한 시간을 고려하여 적합한 일을 맡아 이를 책임 있게 수행하도록 한다.
- 조직내의 다른 구성원들과 상호 이해와 존중을 통하여 협력해 나간다.
- 훈련을 받는다.
- 활동 중에 알게 된 비밀은 반드시 지킨다.

기관은 자원봉사자의 인권과 기본수칙을 고려하여 다음사항을 지킨다.

- 각자에게 알맞은 일을 맡기며 적절한 훈련기회를 제공한다.
- 일에 대한 정기적인 평가와 인정이 있어야 한다.
- 봉사활동 중에 일어날 수 있는 위험을 방지할 보호책과 적절한 격려와 피해보상에 대해 강구한다.
- 봉사자가 활동을 종결할 수 있는 조건을 미리 규정해 둔다.

□ 봉사는 눈으로 볼 수 있는 사랑이다. – 칼릴 지브란(Kahlil Gibran)

□ 우리는 소득을 통해 생계를 유지하고, 기부를 통해 진정한 삶을 만들어 간다. – 윈스턴 처칠

□ 부자의 인생은 두 시기로 나누어야 한다. 전반부는 부를 획득하는 시기이고, 후반부는 부를 분배하는 시기여야 한다. – 카네기

□ 자기희생은 미덕의 조건이다. – 아리스토텔레스, 《수사학》

□ 주는 것은 받는 것보다 행복하며, 사랑하는 것은 받는 것보다 아름답고 사람을 행복하게 만든다. – 헤르만 헤세(1877~1962)

□ 재산이건 사업이건 인생이건 상대방이 원하는 것을 줄 때 상대방은 당신이 원하는 것을 준다. – 로저 도슨

□ 다른 사람들이 원하는 것을 얻도록 충분히 도와주면 당신이 원하는 모든 것을 얻을 수 있다(You can get everything you want if you help enough others get what they want). – 지그 지글러

□ 개같이 벌어서 정승같이 산다. – 한국 속담

□ 한 개의 촛불로 많은 촛불에 불을 붙여도 처음 촛불의 빛은 약해지지 않는다. – 《탈무드》

- □ 자선이 진실한 것이기 위해서는 희생이어야 한다. 그리고 그것은 또한 숨겨진 것이라야만 한다. – 레오 톨스토이(Leo Tolstoi)
- □ 친절은 세상을 아름답게 하고 모든 비난을 해결한다. 얽힌 것을 풀어헤치고 곤란한 일을 수월하게 하며 암담함을 즐거움으로 바꾼다. – 레오 톨스토이
- □ 선한 일을 하면 백세에 향기를 풍기지만, 악한 짓을 하면 만세에 악취를 풍긴다(爲善則流芳百世 爲惡則遺臭萬年). – 정윤승(程允昇)
- □ "사람은 물질로 남을 도울 수 있다. 물질이 없으면 말로 도울 수 있다. 물질도 말도 없을 때에는 눈물로 도울 수 있다" – 나이팅게일이 1907년 영국국왕으로부터 메리트 훈장을 받았을 때 하사받은 상패의 본문
- □ 나눔만이 나뉨을 막습니다. – 맥그린치 신부
- □ 도와주는 손이 기도해 주는 입보다 거룩하다. – 로버트 그린 잉거솔

■ ■ ■

세계 최대의 구호단체인 '월드비전'의 친선대사로 해외에서 20여 년간 구호활동을 해온 탤런트 김혜자씨의 봉사활동은 참으로 감동적이다. 오랜 기간 좋은 일을 하고 계신 김혜자씨에게 박수를 보내며 우리 주위에서 더 많은 제 2, 제 3의 김혜자가 나오기를 기대한다.

"아프리카에서 돌아오면 한동안 밥을 먹을 수 없어요."

김혜자(70)씨는 에티오피아에서 6일간 구호활동을 하면서 자주 이렇게 말했다. "이렇게 깨끗한 집에서 비싼 옷 입고 다녀도 되나 하는 생각에 힘들 때가 있다"고 했다. 그녀는 한국에서 해외 구호활동이 처음 시작되던 무렵인 1992년 우리나라 연예인으로는 처음으로 구호사업에 뛰어들었다.

"드라마 '사랑이 뭐길래' 촬영이 끝나고 홀가분한 마음으로 딸과 유럽여행을 떠날 준비를 하고 있었어요. 그 사이 월드비전에서 에티오피아에 구호활동을 가자고 연락이 왔어요. 솔직히 말하면 신기한 나라 구경하는 셈치고 따라나섰지요." 그렇게 떠난 에티오피아에서 그는 지옥을 만났다. 굶주리고 병에 걸려 뼈만 남은 아이들이 그곳에 있었다. 열흘 동안 눈물만 쏟고 다녔다고 한다. 그는 《꽃으로도 때리지 말라》(2004년)는 책에서 "그래 아프리카에서 흘린 내 눈물만 다모아도 에티오피아엔 가뭄이 없을 것"이라고 했다.

독실한 기독교 신자인 김씨는 항상 이렇게 기도한다. '하나님의 마음을 아프

게 하는 것들이 나에게도 고통이 되게 하소서.' 월드비전을 설립한 미국의 밥 스피어스 목사가 성경책에 써놓은 기도문이다.

그는 월드비전 친선대사로 20년 동안 소말리아, 인도, 시에라리온 등에 24차례의 구호활동을 다녔다. 그 사이 많이 배우고, 많이 변했다고 했다. 시에라리온 다이아몬드광산 아이들을 보고는 다이아몬드 반지를 버렸다.

노노마을을 방문한 날 그는 "처음 몇 년 동안은 미친 여자처럼 울고 다녔지만 지금은 그런 단계는 넘어섰다"면서 여유를 보였다. 2시간쯤 뒤 그는 한 쪽에 주저앉아 또 눈물을 쏟고 있었다. 온종일 밥을 굶은 아이들을 만나고 온 직후였다. 그는 "지금은 도울 수 있어서 기뻐서 우는 거니까 이전과는 다르다"고 우겼다. 그는 월드비전을 통해 전 세계 가난한 나라의 어린이 103명과 결연을 하고 매달 후원하고 있다. (38)

김혜자씨의 해외봉사활동 소개에 이어 외국의 어려운 이웃들을 돕고 있는 한국인 기부천사와 봉사자들의 이야기를 요지만 적어 여기 옮긴다.

① 말라리아와 풍토병에 시달리며 긴급구호와 지역사회개발에 헌신하고 있는 이상훈(43) · 이송희(37)부부 · 이부부는 아프리카에서 해외봉사활동을 하다가 만나 르완다에서 결혼, 2녀 1남을 낳고 콩고, 케냐, 우간다, 르완다의 어려운 이웃들을 도우며 희망농사를 짓고 있다. (39)

② 천국(백인거주지역)과 지옥(흑인거주지역)이 공존하는 곳, 남아공에서 교도소 수감된 소년소녀 카운슬링, 고아원 아이들의 리더십교육, 나이 어린 미혼모들에게 네일아트 직업교육, 집 없는 노동자들에게 음식 나누어 주는 일, 초등학교 나무 심어주기 등의 봉사활동을 하고 있는 남지연(67)씨. 여성사업가로 성공한 그는 2005년 위암판정을 받고 위의 75%를 잘라내면서 "나를 위한 삶은 여기서 끝내자. 이제부터 남을 위해 살자"고 다짐하고, 남아공에서 봉사활동을 시작했다. 남아공 한 교도소의 소년소녀들로부터 마마 제인(제인 할머니)이라 불리고 있다. (51)

③ 영화 '죽은 시인의 사회'에 나오는 대사 "모험 · 사랑 · 로맨스는 인간이 살아가는 이유다"가 좌우명이라는 한석규(24 · 광운대 전자통신공학과 4년)씨는 93일 동안 미국 50개주 가운데 15개주 8,300km를 자전거로 달리며 모금여행을 했다.

현지 동행인이었던 미시간대의 캐서린 스미스(여 · 21), 티머시 존슨(24)과 함께 자전거로 미국을 돌며 미국인들에게 '미국인이 고기 섭취를 10% 줄이면 1억명이 곡식을 먹을 수 있다'고 알렸고, 모금액 117만 2,600원(약 4,500명에게 한끼 식사 제공 가능한 금액)은 월드비전이 받아 동아프리카를 돕는데 쓰기로 했다. (53)

④ "진정으로 마음이 가난해진다는 것은, 모든 일은 하느님이 주관하시며, 우리 자신은 아무것도 아니라는 것을 깨닫는 일입니다. 그렇게 되면 남을 먼저 생각하고 도울 줄 알게 되며, 이웃과 친구할 줄 아는 사람이 됩니다. 우리가 마음이 가난해진다는 것은 남을 돕는 친구가 되는 것입니다."

'울지마 톤즈'의 고(故) 이태석(1962~2010)세례자 요한 신부.

내전으로 황폐해진 남수단 톤즈에서 상상도 못할 가난과 질병으로 신음하는 이들을 고친 의사였으며, 몸소 벽돌을 날라 학교를 짓고 아이들에게 음악을 가르친 교사였다. 하지만 그는 의사, 교사이기 전에 먼저 사목(司牧)적 사랑의 실천을 숙명으로 여기고 살았던 수도자이며 사제였다. 최근 출간된 이태석 신부의 유고 강론집 《당신의 이름은 사랑》(다른우리)은 아름다운 봉사자의 얼굴 뒤에서 상대적으로 덜 드러났던 사제 이태석 신부의 진면목을 보여 준다. (62)

⑤ 대한태권도협회는 "전국의 태권도장에서 전 세계 빈곤국가 어린이들을 돕기 위해 '1도장 1어린이 후원' 방식으로 '사랑만이 희망입니다' 캠페인에 참여한다"고 밝혔다. 협회는 전국 1만 2,000여 곳의 태권도장이 캠페인에 참여하도록 지원할 계획이다. 태권도장 1곳이 빈곤국가의 어린이 1명과 결연하고 매달 3만 원씩 후원하는 방식이다. (64)

⑥ 대전의 한 초등학교 전체 학생이 국제구호개발 국내 단체인 사회복지법인 '굿네이버스'로부터 세계아동 평화상을 받아 화제다.

'심부름 200원, 아빠 구두 닦기 500원, 쓰레기 분리수거 700원…' 대전 서구 둔산동 샘머리초등학교(교장 조성규)에 재학 중인 한 학생의 책상 앞에 있는 메모 내용이다. 메모 위에는 '부모한테 칭찬받고, 동전 받아 어려운 지구촌 어린이를 돕자'고 씌여 있다. 이 메모는 샘머리초교의 특색사업 중 하나인 '칭찬 너하고만 놀자'의 6월 캠페인으로 칭찬을 통해 동전을 모아 좋은 일에 쓰자는 취지다.

학생들은 부모님 심부름하기, 아빠 구두 닦기, 집안일 돕기 등 칭찬받을 만한 일 10가지를 각자 정해 실천한 뒤 부모로부터 받은 용돈을 모았다. 6월 한 달 동안 이 실천운동으로 전교생 1,721명이 모은 돈은 814만 1,230원. 고스란히 굿네이버스가 전개 중인 '세계아동평화대행진-지구촌 나눔 가족, 100원의 기적' 의 행사에 전달했다. 굿네이버스 관계자는 "동전을 모으기 위한 고사리 손들의 노력이 매우 모범적이고, 교직원과 학생 전체가 지구촌의 고통 받는 어린이들을 위한 인식이 높아 모두에게 상을 주게 됐다"고 밝혔다. (66)

⑦ 2010년 6월 세상을 떠난 탤런트 겸 가수 고(故) 박용하. 그는 지난해 8월과 올해 5월 SBS 희망 TV 제작진과 함께 아프리카 차드를 두 차례 방문했다. 그는 우물물이 썩어가는 '버려진 땅' 차드에 펌프 시설과 진료소, 학교를 설립하는 등 자신이 할 수 있는 모든 것을 행동으로 옮겼다.

차드는 8초에 한 명씩 아이들이 죽어가는 나라다. 한 달 분유 값 2만 원이 없어서 목숨을 잃고, 소아마비 예방접종 비용 140원이 없어 평생 장애를 안고 살아가야 하는 아이들이 즐비한 현실에 박용하는 가슴 아파했다. 이제 차드에는 작은 희망이 싹트고 있다. 박용하가 세운 학교 '요나스쿨' 때문이다. 고인의 이름을 딴 '요나스쿨' 은 박용하와 일본 팬들이 함께 모은 기금으로 세웠다. 2010년 9월 18일 1차 개교 때는 총 500여 명의 아이들이 입학해 정규 교육의 혜택을 받게 됐다.

박용하와 가깝게 지내던 동료 배우 박희순과 박하선이 차드행 비행기에 오른다. 박용하를 대신해 '요나스쿨' 의 아이들을 돕겠다며 나선 것이다. (67)

⑧ '빛나는 졸업장을 타신 언니께, 꽃다발을 한아름 선사합니다.'

2011년 8월1일 캄보디아 수도 프놈펜의 노로돔 초등학교. 아이들 80명이 한국의 '졸업식 노래' 를 캄보디아어로 옮겨 불렀다. 노래가 끝나자 학생과 부모, 그리고 맨삼언 캄보디아 부총리 등 1,000여 명의 박수가 터져 나왔다. 어린이들은 이에 앞서 한국어로 홍난파의 '고향의 봄' 을 불렀다. 이날 졸업식은 부영그룹 이중근(70) 회장이 졸업식 노래와 아리랑 등을 담은 디지털 피아노를 기증한 것이 계기가 되었다.

부영그룹은 열성적으로 교육시설을 지원해왔다. 그동안 국내에 지은 학교 · 기숙사 · 도서관이 96개나 된다. 8년 전부터는 캄보디아 · 베트남 · 라오스 등 동남아에 초등학교 600여 곳을 지어주었고, 칠판 56만개와 디지털 피아노 6만 5,000대를 기증했다.

금액으로는 국내 1,900억 원, 해외 1,600억 원에 이른다. (77)

⑨ "초원에 울린 찬가…", "산타가 따로 없어요" 2011년 6월 28일 몽골수도 울란바토르에서 남동쪽으로 초원 한가운데 자리 잡은 시골학교 '제 88학교' 는 전교생이 420명이다. 5년째 몽골 오지들을 다니며 봉사에 나선 단국대 천안캠퍼스 재학생과 조인호 부총장, 김기석 치과 병원장 등 15명의 의료진으로 구성된 '몽골봉사단' 50여 명이 의료와 교육봉사에 나섰다. 한국어 · 태권도도 가르치고 500명에게 틀니 등 치과 진료도 하면서 15일간 구슬땀을 흘린다. 봉사단은 미리 준비한 자전거 · 의류 · 운동용품 · 학용품 등 1,000여 점을 주민들에게 나눠 주고 학교 운동장에서 '주민화합의 마당' 도 가졌다. 봉사단체는 몽골출신 결혼 이주 여성 3가정도 동행했고, 이들이 손수 만든 잔치국수, 산적꼬치, 김치전, 궁중떡볶이, 김밥 등 한국음식도 함께 나눴다. (80)

⑩ 한국개발연구원(KDI)정책학 석사과정에 다니고 있는 이라크 쿠르드 자치정부 외교부 공무원인 타피크 하마드씨(30)는 쿠르드 지역에 파견된 한국군 자이툰 부대의 현지 복구활동에 대해 이렇게 말한다. "자이툰 부대는 시내 한가운데를 보기 좋게 꾸미는 것 대신에 마을 주민스스로 환경을 바꿀 수 있도록 동기를 유발하는 '새마을 운동' 식의 복구활동을 펼치며 주민들에게 자신감을 줬다"며"주민들의 생각을 변화시킨 것은 자이툰 부대가 유일했다"고 말했다. 자이툰 부대에서 약 1년 반 동안 통역원으로 일했던 그는 "자이툰 부대의 활동을 보면서 처음으로 '우리도 할 수 있다' 거나 '외국인도 믿을 수 있다' 는 생각을 갖게 된 쿠르드인들이 많았다"며 "한국을 제대로 알기 위해 KDI대학원을 선택했다"고 말했다. (101)

⑪ 필리핀 '민다나오섬 평화의 전령' 이원주. "학교 40개 지어줬다… 필리핀 반군도 그를 반긴다." 28년전 필리핀 마닐라에 정착해 사업가로 크게 성공한 이원주(57)씨는 2002년부터 국제구호기구인 사단법인 JTS(Join

Together Society · 이사장 법륜스님)의 지원을 받아 마닐라에서 비행기로 1시간 20분 거리인 민다나오에 학교건립자금과 함께 철근 · 모래도 나르고 콘크리도 치며 원주민들과 한 칸 한 칸 40개 학교를 지었고, 지금도 한 달에 꼭 닷새씩 그 학교들을 돌며 가방, 연필, 노트, 스케치북, 약품 등 생활용품들을 가져다주고 있다. "나이도 생일도 모르는 원주민들, 가톨릭 · 이슬람 · 원주민 지역 돌아가며 학교를 지어 줬더니 로켓포 든 반군들도 나를 친구처럼 대해 주더라." (108)

⑫ 러시아의 플루트 천재소녀가 한국 실크로드 재단이 중앙아시아 러시아 불우 청소년들로 구성한 오케스트라 단원이 되어 서울을 방문, 종로낙원상가에서 러시아 시세의 절반 값인 500만 원에 중고 플루트를 사고 싶으나 돈이 없어 못 사고 있다는 신문기사 내용을 보고 한 중소 철강제품 회사를 어렵게 경영하고 있는 기업인이 그보다 더 좋은 중고 플루트를 사서 익명으로 실크로드재단을 통해 그 소녀에게 보냈다. 모스크바 한국 대사관을 통해 플루트를 전해 받은 소녀는 "행복하다"며 눈물을 흘렸고, "훌륭한 플루티스트가 되어 보답하겠다"고 했다. (111)

⑬ '킬링필드' 의 땅, 캄보디아 수도 프놈펜에서 남서쪽으로 120km 떨어져 있는 쫌끼리 군(郡)지역에서 15년 전 국제구호개발 NGO인 '기아대책' 의 캄보디아 기아봉사단으로 건너간 이성민(53) · 김창숙(48)부부 · 당시 6살 · 3살의 두 아들을 데리고 캄보디아에서 긴급구호활동을 시작한 부부는 국제개발구호봉사 활동 자체가 전무했던 당시로는 대한민국표 1세대 해외긴급구호 활동자들이었다.

이들 부부는 현지에서 어린이 개발사업(Child Development Program)을 시작, 현지의 빈곤가정 어린이들을 한국의 후원자들과 일대일로 결연해 교육 · 급식 · 보건 · 의료혜택을 지속적으로 제공하도록 하고 있다. 부부는 쫌끼리군을 포함한 캄퐁주 5개 지역에서 어린이 개발 사업을 펼쳐 1,100여 명의 어린이가 건강한 몸과 마음, 꿈까지 키우고 있다. 키우르티(40) 쫌끼리군수는 "내전과 가난으로 우리는 정작 자녀들을 돌보지도 미래를 준비하지도 못하는데 한국이 도와주고 있다. 비슷한 역사를 갖고 있지만 도움받던 나라에서 주는 나라로 성장한 한국은 무엇보다도 우리에게 노력하면 그렇게 될 수 있을 거라는 희망을 주고 있다"고 거듭 고마움을 표했다. 부부는 어린이개발사업뿐만 아니라, 대학생들을 대상으로 인성과 리더십훈련을 하는 청소년개발사업도 펼치고 있고, 이번 학기에는 30여 명의 대학생이 부부가 운영하는 기숙사에 함께 살며 꿈을 키우고 있다. (127)

⑭ "고마워요, 꼬레아." 2010년 6월 9일 베트남 중부지역 푸닌마을에 있는 판딘풍 초등학교학생들이 한국국제협력단(KOICA)이 선물한 색연필통을 들고 환하게 웃으며 이렇게 말했다. 이 학교는 KOICA가 2001년 지어준 것이다. KOICA는 또 베트남 중부지역 꽝남성 출라이 자유경제지역(OEZ)에 베트남정부의 요청에 따라 3,500만 달러를 들여 500병상 규모의 대규모 종합병원을 세우고 있다. 우리나라 해외 원조사업 중 가장 큰 단일 프로젝트다. 이 병원은 베트남 국립 병원으로 지정되어 중부지역 7개성(꽝남, 꽝응아이, 빈딘, 꼰뚬 등)의 약 800만 명의 베트남 사람들을 돌보게 된다. (130)

⑮ 6 · 25 참전국인 에티오피아에 100만 달러를 들여 대형 병원을 지어주고, 르완다에는 영농시설을 만들어 돕고 있는 서울 명성교회 김삼환 목사는 "우리나라에서도 노블레스 오블리주가 그 어느 때보다 강조되고 있잖아요. 돈은 혼자 잘살라고 있는 게 아니죠. 나누라고 있는 겁니다. 혼자 밀실에 앉아 좋은 것 갖고 있는 것은 기쁨이 아니라 향락입니다." "최빈국 돕지 않으면 인류의 미래는 없습니다. 우리가 조금만 도와주면 모두를 한국의 친구로 만들 수 있습니다"라고 말했다. 세계경제포럼(WEF)이 주최한 다보스포럼에 우리나라 종교지도자 가운데 처음으로 초대받아 참석한 김목사는 다보스콩그레스 홀에서 기자와 만나 "가장 인상 깊었던 것은 '있는' 사람들이 '없는' 사람들을 도와주려고 애쓰고 있다는 사실"이라며, "물론 국내에도 도움의 손길이 절실한 데 왜 해외까지 가느냐고 하는 사람들도 있죠. 그렇지만 국내 · 해외 구분할 것 없이 당장 우리의 도움을 필요로 하는 사람들에겐 도움을 줘야 합니다"라고 말했다. (133)

⑯ 세계 천주교계의 국제구호기구 '국제카리타스'의 회원으로 활동해 온 '한국 카리타스'가 재단법인 '한국 카리타스 인터내셔널'(이사장 안명옥 주교)을 창립하고 본격적인 해외원조사업을 펼치기로 했다.

한국 카리타스는 지난해에도 아이티 지진, 과테말라 폭풍, 파키스탄 홍수, 스리랑카 빈곤지역 자활지원 등 모두 30개 사업 175만 달러를 지원했고, 지난해까지 19년 동안 84개국에 239억 원을 지원했다. 안명옥 주교는 앞으로 해외 원조와 함께 북한의 농업개발 사업, 병원신축 등 대북지원에도 힘을 모으겠다고 했다. (144)

⑰ "아프리카에 온정 배달한 여성우체국장"

'수단의 슈바이처' 이태석 신부의 삶에 감동받은 강원도의 여성 우체국장이 해외 상수도사업을 위해 써달라며 1,000만 원을 기부했다.

강원지방우정청 양구우체국 한영순(56) 국장이 아프리카 · 동남아의 가난한 어린이들을 돕기 위해 천주교 한국외방선교회에 전달했다.… (168)

⑱ "250km 사하라 사막 건너며 1km걸을 때마다 기부한다"

무역회사 경영인으로 일하다 퇴직한 우헌기(63)씨가 사하라 레이스에 도전, 걷는 만큼 기부금을 받아 네팔과 파키스탄어린이를 돕는다. 우씨는 해마다 이집트에서 열리는 서바이벌 마라톤에 참가한다. 7일간 먹고자는 데 필요한 물품 10~14kg을 메고 낮에는 섭씨 50도까지 올라가고, 밤에는 10도로 떨어지는 사막을 지나 250km나 걸어야 한다. 2011년에는 각국서 160명이 모였다. 우씨는 그 중 최고령이다. "암벽 등반이나 스키로 체력을 다졌지만 사막 횡단은 처음입니다. 포기하고 싶을 정도로 힘들면 네팔과 파키스탄 아이들 얼굴을 생각하며 버텨봐야죠." (198)

⑲ 현대차 미국법인(HMA)과 미국 800여 개의 딜러점은 판매하는 차량 1대당 200달러씩 소아암 환자를 위해 기부하는 매칭펀드 '호프 온 휠스(Hope on Wheels)'를 운용하고 있다. 지금까지 모인 돈이 2,300만 달러(256억 원)에 달한다. 특히 현대차의 이름이 아닌, 자동차를 산 소비자의 이름으로 기부돼 소비자들의 참여를 높였다. (204)

⑳ "기부마라톤 1,403명이 뛰었습니다"

"춘천마라톤서 1만 원씩 모아 유인촌특보 적십자사 전달"

유인촌 대통령실 문화특별보좌관이 4일 대한적십자사를 방문해 유중근 총재에게 '아프리카 어린이 돕기 춘천마라톤대회'를 통해 모금한 1,400만 원 상당의 성금을 전달한다. 유 특보는 지난달 23일 열린 춘천 마라톤대회에서 10km 코스를 뛰며 1m를 뛸 때마다 1원씩 기부하는 캠페인에 참가했다. 10km면 1만 원이 된다.

이에 배우 이정재 · 주진모 등 연예 · 문화계 인사 1,403명이 그가 뛴 거리만큼 기부금을 전달했다. 유 특보는 대회당일 기부 캠페인에 동참한 인사들의 이름을 자필로 쓴 티셔츠를 입고 10km코스를 완주했다. 성금 전달식에는 후원에 동참한 배우 김상중, 현대무용가 육완순, 안애순씨 등이 참석할 예정이다.

대한적십자사는 "유 특보가 전달하는 성금은 '아프리카의 뿔(Horn of Africa)' 로 불리는 동부 아프리카 최빈국 지역 어린이들을 지원하는 데 사용될 것"이라며 "지금까지 '1m 1원 캠페인' 에서 이렇게 많은 이의 공동모금을 이끌어낸 것은 유례없는 일"이라고 했다. (211)

⑳ "에티오피아의 비극 끊자" 염소 보내는 女종교인들.

여성 수도자 모임 삼소회 조혼 악습 막기 위해 한뜻 "믿음 달라도 마음은 같죠" 여성 수도자 모임 '삼소회(三笑會)' 가 에티오피아 여성과 소녀들을 돕기 위해 '염소 한 마리의 희망' 이란 이름의 자선 사진전을 연다. 2010년 8월 5~11일 서울 인사동 경인미술관이다. 인구의 절반이 하루 1달러 미만으로 살아가는 에티오피아에서, 한국 돈으로 2만 원인 염소 한 마리는 식량이 될 젖을 내고 새끼를 낳고 고기도 주는 '삶의 희망' 이다. 유엔재단 현지 요원들은 염소 한 마리를 부모에게 주고, 돈 때문에 여아를 억지 조혼(早婚)시키지 말고 학교에 보내게 한다. 또 아이가 제대로 교육받는지도 관리한다. 2만 원이면 부족하나마 한 소녀를 옭아맨 '비극의 족쇄' 를 끊을 수 있는 것이다.

삼소회는 유엔의 요청을 받아들여 유엔재단 소녀 · 여성기금 창설 회원단체가 됐고, 2010년부터 3년간 에티오피아 여성과 소녀들을 위해 100만 달러를 모금하기로 목표를 정했다. 염소 5만 마리 값, 소녀 5만 명의 인생을 바꿔 놓을 수도 있는 돈이다. 지금까지 전시와 음악회 등을 통해 30만 달러를 모아 유엔재단을 통해 지원했다. (229)

㉑ 캄보디아에서 만난 꼬마친구들

'아이들이 태어나 처음 해본 양치질'

'조금이라도 더 도와야 아이들의 일을 덜어 줄 수 있으니 마음이 급하다'

"어찌나 시간이 빨리 지나가는지! 일방적으로 도움을 주는 것이 봉사활동이라고 생각했는데, 하루 종일 3개의 마을을 다니면서 봉사란 서로의 마음을 확인하고 나누는 것이라는 생각이 들기 시작했다. 나는 가진 게 많은데 그걸 모르고 투정만 부리던 아이였다. 내게는 사소한 것도 그들에게는 꼭 필요하고 가치 있는 것일지 모른다고 생각하니 내게 주어진 모든 것이 감사했다. 누군가가 누릴 수 없는 걸 누리는 건 큰 행운일지도 모른다. 그래서 더 많은 나눔을 실천해야 한다고 생각했다. 어쩌면 나누지 않았기에 누리지 못하게 된 걸지도 모르니까. 내가 좀 더 커서 더 많은 일을 할 수 있게 된다면 앞장서서 행복을 나누는 사람이 되고 싶다." (230)

앞에 소개한 국내에서의 나눔 · 봉사활동 이야기 50여 가지, 해외에서의 나눔 · 봉사활동 이야기 20가지는 필자가 최근 몇 년간 〈조선일보〉에서 읽은 한국인 기부천사들의 이야기들이었다. 물론 이 분들 외에도 수많은 분들이 알게 모르게 기부천사가 되어 귀한 시간과 돈과 사랑과 열정을 바쳐 국내외에서 봉사활동을 하고 있다.

필자가 나눔과 봉사활동에 관한 다양한 사연들을 여기 조금 길게 소개하는 것은 이러한 활동에 뜻 있는 개인이나 단체 여러분들께 조금이라도 참고가 될까해서이다.

인간이 성숙하는 단계는 첫째 '산타클로스를 믿는다' 이고, 둘째는 '산타클로스를 안 믿는다' 이다. 그리고 셋째는 '내가 산타클로스가 된다' 이다. 실제로 남을 도우면 기쁨을 얻는다. 미국 오리건대학 연구팀의 실험결과 사람들이 100달러를 푸드뱅크에 기부한 순간 뇌 속 즐거움의 중추가 활성화됐다고 한다. (231)

산타클로스가 되기 위해서는 우선 썰매 · 강아지 · 옷 · 모자가 있어야 한다. 그리고 주머니에는 두둑한 선물도 있어야 한다. 우선 열심히 해서 주머니를 가득 채우자. 그리고 많은 사람들과 나누자. 물론 재산을 모으기 전, 어려운 가운데에서도 이웃에게 나눠주는 일은 더욱 장한 일이다. 오른손이 하는 일을 왼손이 모르게 하는 것은 훌륭한 일이다. 그러나 왼손이 알더라도 오른손은 계속 이웃에게 나누자. 자기가 이웃을 돕고 있다는 생각조차 없이 나눌 수(無住相布施) 있다면 그것은 말할 수 없이 훌륭한 최상의 나눔이다.

손인웅 한국기독교 목회자 협의회장은 말한다. "이웃돕기, 선심 아닌 섬김으로", "구호물자만 나눠 줘선 큰 도움 안 돼. 스스로 일어서도록 도와줘야"라고 (233)

여기 외국의 기부천사 이야기 몇 가지만 더 소개한다.

① 홍콩 연예계 스타 저우룬파(주윤발 · 周潤發 · 55)가 사후에 전재산(1,280억 원)의 99%를 기부하겠다고 약속했다. (235)

② 썬마이크로 시스템즈를 창업한 인도의 억만장자 벤처사업가 비노드 코슬리가 최근 대부금융업에 투자해 벌어들인 1억 2,000만 달러를 빈민 위해 새로 투자하겠다고 밝혔다. (240)

③ "돈이란 하늘이 잠시 빌려준 것 떠날 땐 사회에 갚고 빈손으로…" 맨주먹으로 대만 최대그룹을 일군 고 왕융칭(王永慶)회장이 전재산 68억 달러를 사회에 기부하고 떠났다. (243)

④ "세상에서 가장 부자인 거지(The world' s richest panhandler)"

일주일 내내 뉴욕시 맨해튼 거리에서 구걸을 하는 97세 노인이 전설적인 코미디언 어윈 코리로 밝혀져 화제다.

코리는 우디 앨런과 어깨를 나란히 했던 영화배우이자, 자칭 '세계 최고 권위자' 라고 했던 유명코미디언이었다. 그런 그가 지난 17년간 절룩거리는 다리로 차선 사이를 오가며 빨간 신호등에 멈춰선 운전자들에게 잔돈을 구걸해왔던 그는 보행 보조기에 의지해 운전자들에게 다가가 근처 인도(人道) 상자에 수거한 무료 신문을 권하며 자비를 동냥한다.

하지만 재산을 탕진하고 쪽박을 차서 구걸하러 다니는 것이 아니다. 사실 그는 맨해튼의 부촌에 아파트를 갖고 있다. 350만 달러(약 40억 원)짜리다. 공개되지는 않았지만 다른 재산도 상당할 것으로 추정된다.

그런 그가 걸인 행세를 하며(pose as a panhandler) 돈을 모으고 있는 것은 쿠바 어린이들을 위한 의약용품을 구입하는 자선단체에 모두 기부하기(donate all to a charity)위해서다.

그가 하루에 버는 돈은 100달러 정도 250달러까지 벌어봤다. 70년을 함께 했던 아내가 2011년 5월 곁을 떠나고 난 뒤엔 외로움을 이겨내려고 더 늦게까지 거리를 헤맨다. 그가 죽고 나면 다른 모든 재산도 대부분 자선단체에 기부될 예정이다.

1914년 브루클린에서 태어난 그는 삶에 허덕이던 부모에 의해 고아원에 맡겨졌다. 거기서 다른 아이들의 기운을 북돋워주려다가 코미디를 시작하게 됐다. (252)

⑤ "음식값 형편대로 내세요"…록스타 본 조비의 '통큰 나눔'

미국의 대표적 중견 록그룹 중 하나인 본 조비의 리드 싱어 존 본 조비가 배고픈 사람들을 위한 자선 레스토랑 '솔 키친(Soul Kitchen)'을 미국 뉴저지의 레드뱅크에서 열었다. 본 조비는 레드뱅크 철도역 옆에 위치한 솔 키친 개점에 앞서 2011년 8월 19일 AP통신과 가진 인터뷰에서 "미국 경제가 점점 악화되면서 서민들의 생활비가 급감하고 있는데 가난한 사람들도 가족과 함께 외식을 하고 형편에 맞게 지불할 수 있도록 한 레스토랑"이라고 설명했다.

그는 특히 "가난한 사람들은 무료급식소에 가서 공짜 식사를 하게 되는 경우가 많은데 그때 누구나 심리적 상처를 느끼게 된다"며 "솔 키친에서는 음식을 주문해서 먹은 다음 낼 수 있는 만큼 봉투에 넣어 계산하면 되고, 그마저도 내기 어려운 사람들은 솔 키친에서 일을 하거나 지역사회 커뮤니티 서비스에 참여하면 된다"고 덧붙였다.

본 조비가 솔 키친을 연 것은 가난한 사람들도 자존심을 다치지 않고 품위 있는 레스토랑에서 가족과 정식을 즐길 수 있어야 한다는 소신에서 비롯됐다.

본 조비는 부인 도로시아와 함께 몇 년 전 레드뱅크 세인트 앤서니 성당 근처에 있는 식품무료배급소를 지원한 바 있고 빈민무료급식소도 운영, 하루 80~120명에게 점심을 제공한 바 있다.

그러나 이런 무료 지원이 가난한 이들에겐 마음의 상처가 될 수 있다는 판단 아래 품위 있는 자선 레스토랑을 연 것이다. 레스토랑 운영비로는 연간 25만 달러가 소요될 것으로 보이는데 본 조비는 이 비용을 본 조비 솔재단에서 조달할 것이라고 말했다.

뉴저지 출신인 본 조비는 1983년 록그룹을 결성한 이후 미국을 비롯한 50개국에서 2,600여 회 콘서트를 해 왔다.

그는 본 조비 솔재단을 통해 저소득층 260여 가구에 집을 제공하는 등 빈곤층을 지원하는 활동에 주력해 왔다. (253)

필자가 이 책에 국내외 기부자 · 자원봉사자들의 이야기와 사례를 다양하게 소개하는 것은 이들 한 분 한 분이 평시의 영웅이고 이분들의 이야기야말로 '현대판 영웅담' 이라고 생각하기 때문이다. 많은 분들을 소개하려다 보니 그 영웅담의 편린만을 적게 되어, 본인들께 미안한 말씀을 드린다. 또한 이 이야기들은 우리 국민들에게 기부와 봉사에 관하여 다양한 정보를 제공함으로써 뜻있는 분들이 더 많이 참여하여 대한민국의 기부문화가 더욱 활짝 꽃피워지기를 바라는 마음이다.

끝으로 우리 국민들과 기업들이 통큰 기부를 할 수 있도록 하기 위해 "거액기부가 세금폭탄 맞지 않게 세법 고쳐야"한다(429)는 언론의 지적을 정부가 잘 검토할 필요가 있다. 탈세 아닌 진정한 기부에 대해 세금폭탄이 없도록 관련세법은 개정되어야 한다. 그리고 정부가 추진하기로 한 "기부연금신탁제(기부자의 노후생활불만을 해소하기위해 기부당시에 본인 또는 가족 사망시까지 매달 얼마씩 연금식으로 지급받을 수 있도록 계약하는 제도)"도 연금 상한선을 독일(30%), 미국(50%) 등의 예를 참고하여 신속히 법제화함으로써 우리사회의 기부행위에 대한 존중과 기부문화 확산을 뒷받침해야 할 것이다.

6-13 유머

4.5의 거들먹거림

숫자 4.5와 5가 있었다. 5보다 낮은 4.5는 5를 깍듯이 형님으로 모셨다. 그러던 어느 날 예의바르던 4.5가 거들먹거렸다.

화가 난 5가 말했다.

"너 죽을래? 어디서 감히!"

그러자 4.5가 가만히 째려보면서 말했다.

"나 점 뺐거든." (484)

- □ 적절한 유머는 사교무대에서 입을 수 있는 어떤 의상보다 멋진 장식이다.–사커레이
- □ 유머의 기분은 여유다. 사고방식과 표현방식에서 여유가 있어야 한다. – 기네코 노부로
- □ 참다운 유머는 지혜로 가득차 있다. – 마크 트웨인
- □ 지도자가 되려는 사람은 유머감각이 풍부해야 한다. – 하드리 도노번
- □ 사람들은 누구나 아침에 집을 나설 때 행복을 찾아나선다. – 스탕달
- □ 웃음은 가장 값싸고 가장 효과 있는 만병통치약이다. – 러셀
- □ 유머는 훌륭한 세일즈 도구다. – 로저 도슨
- □ 하루에 열다섯 번 이상 웃는 사람은 의사를 멀리할 수 있다. – 조지 굿먼
- □ 웃는 얼굴은 가장 아름다운 화장이다. – 알랭
- □ 유머는 사업을 함에 있어 윤활제와 같다. 이는 마찰을 줄여 주고 다른 사람들의 선의를 이끌어낸다. – 밥 로스
- □ 웃음의 위력을 알지 못하는 세일즈맨은 결코 성공할 수 없다. – 요시하라
- □ 행복하기 때문에 웃는 것이 아니라 웃기 때문에 행복한 것이다. – 윌리엄 제임스
- □ 잘 살고, 잘 웃고, 많이 사랑했던 사람은 성공한 사람이다. – 스텐리 부인
- □ 유머는 위대한 선물이다. – 알렉스 파타코스
- □ 선행이란 남의 얼굴에 미소를 짓게 하는 일이다. – 마호메트
- □ 유머는 다정하고 온화하며 지친 마음에 위안을 준다. – 피천득
- □ 웃음과 사랑이 없는 곳에 즐거움은 있을 수 없다. 웃음과 사랑 속에 살지어다. – 호라티우스
- □ 상대방의 아픈 곳을 웃음의 소재로 삼지 마라. 그것은 유머가 아니라 저주이다. 아무리 재미있는 소재라도 그것이 상대의 약점을 파고드는 유머라면 절대 사용해서는 안 된다. – 이상훈, 《유머로 시작하라》
- □ 자신이 하고 싶은 일에 확신이 있다면 돌아이 같은 짓도 꾸준히 하라. – 김구라
- □ 진실된 유머는 머리가 아닌 가슴에서 나온다. 진정한 유머리스트는 그래서 휴머니스트이기도 하다. – 이상훈, 《유머로 시작하라》
- □ 유머로 남을 꾸짖기도 한다. – 밥 로스
- □ 미소 없이 살 만한 부자 없고 미소도 못 지을 가난한 자도 없다. – 간디
- □ 웃어라 그러면 마음이 살찔 것이다. – 더글러스 페어뱅크스
- □ 유머는 인류가 사용하는 가장 효력 있는 약이다. – R. 키플링
- □ 훌륭한 유머는 사람이 사회생활에서 입을 수 있는 가장 훌륭한 의복의 하나이다. – 대커리
- □ 풍자는 날카롭게 번쩍이는 면도날처럼 거의 느껴지지도 보이지도 않는 접촉으로 상처를 주어야 한다. – 몬터규

■ ■ ■

유머(humor)란 익살스럽고 풍자(諷刺)적인 말이나 행동을 말하며, 프랑스어로는 위무르(humour), 독일어로는 후모르(Humor)라고 한다. 18세기 영국에서 널리 사용되던 최고의 칭찬 중에 "오! 당신 정말 유머러스하군요!"라거나, "당신은 유머리스트입니다"라는 말이 있었다고 한다. 왜 영국 사람들은 유머를 잘 사용하는 사람에게 최고의 칭찬을 건넸던 것일까? 사실 여기에는 유머가 가진 다양한 의미가 숨겨져 있다.

유머(Humor)라는 단어는 우리나라 말로는 '익살, 해학' 정도로 순화될 뿐, 정확하게 대체할 수 있는 단어가 없다. 유머의 상황을 이해하고 표현하는 것 또한 유머가 가진 뜻 중 하나이며, '기분', '성미' 등의 뜻과 '기분을 잘 맞춰주다' 라는 뜻도 가지고 있다. 고대 생리학에서는 유머를 '체액' 이라고 해석했다. 그리스 당시 유명한 의학자 히포크라테스는 사람의 몸에 피(Blood), 황담즙(Yellow Bile), 흑담즙(Black Bile), 점액(Phlegm)의 4가지의 체액이 있으며 이 체액의 조합에 따라 사람의 기질이 달라진다고 생각했다. 고대 사람들은 유머는 그만큼 사람에게 대단히 중요한 요소라고 생각했던 것이다. 또한 유머는 사람의 기력과 체질을 포함한 성격적 소질을 뜻하는 '기질' 이라는 의미로도 사용되었다.(483)

유머와 유사한 우리말로는 익살 · 해학 · 풍자(諷刺) · 골계(滑稽) · 농담(弄談) 등이 있고, 영어에는 위트(wit) · 조크(joke) · 개그(gag) 등이 있고 빈정거리거나 불길하고 우울한 유머를 나타내는 블랙유머(black humor)도 있다. 유머는 기본적인 기능이라고 할 수 있는 '남을 웃기는 것' 이외에 다양한 기능과 역할을 가지고 있다.

유머는 앞의 내용처럼 여유와 재미와 지혜, 그리고 사실에 부합하는 것이어야 한다. 또한 유머의 좋은 점과 그 효과 또한 다양하다. ①지도자에게 유연성의 이미지를 주어 통솔과 화합에 도움을 주고 ②듣는 이를 즐겁게 하여 건강에 도움을 주고 ③유머를 말하는 유머리스트(humorist)의 편안하고 친근감 있는 이미지를 제공함으로써 세일즈맨이나 사업거래 상대방과의 부드러운 관계를 만들어 주며 ④듣는 이에게 즐거움과 위안의 선물이 되어 주기도 한다. ⑤또한 유머는 상대방에게 웃음을 줄 뿐 아니라 꾸짖고 질책하는 기능도 할 수 있다.

요약컨대, 유머란 가까운 사람, 비즈니스 관계에 있는 사람, 처음 만나는 사람, 국민(정치인이 유권자에게)또는 대적하는 적(관우가 조조에게)에게 기쁨 · 웃음 · 즐거움 · 행복 · 지혜 · 경고 등을 주거나 자신의 지적수준이나 멋있는 품성 등을 알리기 위한 말 · 행동 · 몸짓 · 표정 · 문장 등 일체를 말한다고 할 수 있다. 어떻든 경천동지(驚天動地) · 촌철살인(寸鐵殺人) · 박장대소(拍掌大笑) · 가가대소(呵呵大笑) · 파안대소(破顔大笑) · 포복절도(抱腹絕倒)할 유머를 많이 만들고 배우고 익혀 활용하도록 하자. 이것은 주위 사람들에게 즐거움과 웃음과 건강과 행복을 주고 자신도 보람을 느끼며, 자기의 몸값을 올리는 것이므로 자타를 위해서 좋은 일이며, 인류행복에도 기여하는 일이 될 것이다. 그런 까닭에 이 책에서 리더수업 주제 중 하나로 유머를 택한 것이다.

최근 과학 학술지인 '뉴런'에 발표된 연구 내용에 의하면, "유머 감각은 육체적 · 정신적 건강을 유지하는 데 매우 중요한 요소"임을 전제하고, "직장 관계 등 인간관계를 건강하게 유지할 수 있고 스트레스를 제대로 극복할 수 있는 가장 큰 대안이 유머"라고 밝혔다.

'웃어야 산다!'는 말도 있다.

유머가 인생의 경쟁력이고, 인생을 성공으로 이끄는 열쇠라고 할 수 있다.

"제 짝은 유머 있는 사람이었으면 좋겠어요." "가급적이면 유머 감각이 있는 부하나 동료와 일하고 싶습니다." 이처럼 배우자를 결정하거나 신입 사원을 뽑을 때도 유머는 결정적인 요소로 작용한다. 때문에 '유머 리더십', '유머 건강', '펀 경영' 등의 단어가 요즘 자주 등장하고 있는 것이다. (445)

《유머로 시작하라》에서 저자 이상훈은 말한다. "유머가 대체 뭐가 그리 중요하냐고? 일반인이 유머가 있으면 주변을 끌어당기는 '흡입력'을 얻고, 직장인이 유머가 있으면 상사나 동료에게 자발적 협조를 받는 '추진력'을 얻고, CEO가 유머가 있으면 직원의 마음을 여는 '리더십'을 얻고, 비즈니스맨이 유머가 있으면 자신에게 유리한 상황을 만드는 '협상력'을 얻는다. 이제는 유머력이다. 유머를 아는 자가 세계를 지배할 것이다…."(486)

영국의 한 대학에서 심리학을 가르치는 리처드 와이즈먼 교수는 유머의 3대 요소를 다음과 같이 정의했다.

1. 유머 속 인물에 대해 우월감을 느끼게 할 것.
2. 긴장된 상황(걱정을 자아내는 상황)에서 김 빼기.

3. 상식을 뒤엎는 반전.

18세기 영국에서 "당신은 유머리스트입니다"라는 칭찬을 다른 방향에서 다시 풀이해 보면 "당신의 기질은 정말 훌륭하군요"라고 할 수도 있고, "당신은 타인을 배려하고 즐거움을 나누는 좋은 사람이군요"라고 할 수도 있을 것이다.

유머의 다양한 의미를 종합해 보면 기분이 좋은 사람, 타인의 기분을 잘 맞추며 즐거움을 나눌 수 있는 사람을 유머리스트라고 할 수 있을 것이다. (483)

블랙유머(black humour)란 불길하고 우울한 유머를 말한다. 명랑한 웃음을 자아내는 유머에 대해, 사람을 웃기면서도 인간존재의 불안 · 불확실성을 느끼게 하는 것으로, 유머에는 인간에 대한 신뢰가 밑바탕에 있지만, 블랙유머에는 오히려 인간에 대한 불신 · 절망이 숨어 있다고 할 수 있다.

비슷한 말에 위트(기지)가 있으나 똑같이 웃음을 인식하고 또 표현한다고 하지만 위트가 순수하게 지적 능력(知的能力)인 데 반해 유머는 그 웃음의 대상에의 동정을 수반하는 정적(情的)인 작용을 포함하고 있으며 그 만큼 인간이 지닌 숙명적인 슬픔을 느끼게 하는 데 커다란 특색이 있다. 높은 곳에서 초연한 태도로 내려다보며 인간의 어리석음을 웃어제끼는 웃음이 아니라 사람의 어리석음을 가가대소하면서 그것이 자신을 포함한 인간족속들의 슬픈 천성이라는 데에 연민과 사랑을 던지는 좀 복잡한 웃음이다. 홍소(哄笑)보다는 쓴 웃음, 때로는 울다가 웃음을 짓는 것으로 영문학에서는 찰즈 램의 에세이 등이 그 대표적인 작품으로 꼽힌다. 이 밖에 《돈키호테》를 쓴 세르반테스 등에도 왕성한 유머 정신이 보인다. 경우에 따라서는 여유를 가지고 눈앞의 사물을 대하는 일이 필요하나, 반면 체념의 방향으로 이어지는 일도 있어 엄격한 리얼리즘의 안목으로 인생을 추구하는 태도와는 서로 용납되지 않는 점도 있다. (405)

일상의 말 · 행동 · 문장 등에서 너무 고답파(高踏派 · 프 Parnassiens)가 되어 너무 딱딱하고 멋쩍을 일이 아니다. 바쁜 삶이지만 멋진 유머리스트가 되면 여러 면에서 좋을 것이다.

유머는 상대방으로 하여금 웃음을 자아내게 해야만 생산적이다. 웃음과 관련하여 일석(一石) 이희승(1896~1989)박사의 '유머철학(웃음과 인생)' 이라는 수필을 읽어보자.

"…웃음은 또한 봄비와도 같다. 이것이 없었던들, 인생은 벌써 사막이 되어 버렸을 것인데, 감미로운 웃음으로 하여 인정의 초목은 무성을 계속하고 있는 것이다. 이렇게 말하면, 웃음은 우리에게 복이 될 것이다. 그러나 웃음에도 여러 가지 색채가 있다. 빙그레 웃는 파안대소(破顔大笑)가 있는가 하면, 깔깔대며 웃는 박장대소(拍掌大笑)가 있다.

깨가 쏟아지는 간간대소(衎衎大笑)가 있는가 하면, 허리가 부러질 지경의 포복절도(抱腹絶倒)도 있다. '아하하' 소리를 치는 앙천대소(仰天大笑)가 있는 반면, 히죽히죽거리는 김빠진 웃음도 있다.

이러한 종류의 웃음들은 우리 인생에 아무 해로울 것이 조금도 없다. 오히려 위안을 베풀고 활기를 북돋는 덕을 남겨 놓을 뿐이다. 그러나 웃음은 언제나 우리를 복된 동산으로만 인도하는 것은 아니다. 남을 깔보고 비웃는 냉소도 있고, 허풍을 떨고 능청을 부리는 너털웃음이 있다. 대상을 유혹하기 위하여, 눈초리에 간사가 흐르는 눈웃음이 있는가 하면, 상대편의 환심을 사기 위하여 억지로 지어 웃는 선웃음이란 것도 있다.

사람은 기쁠 때 웃고, 슬플 적에 운다고만 생각하면 잘못이다. 기쁨이 너무 벅차면 눈물이 나고, 슬픔이 극도에 이르면 도리어 기막힌 웃음보가 터지지 않을 수 없다. 이것은 탄식의 웃음이요, 절망의 웃음이다.

그러나 이것은 극단의 예들이요, 대체로 슬플 때 울고, 기쁠 때 웃는 것이 정상적이요, 일반적이 아닐 수 없다." (432)

유머 · 해학 등의 실제 사례는 동서고금에 많이 있어 왔다. 외국의 정치가로 영국의 처칠 수상, 우리나라의 선조 때의 명신(名臣) 이항복과 이덕형, 방랑시인 김삿갓(金笠:炳淵), 대동강 물 팔아 먹은 봉이 김선달(鳳伊 金先達) 등이 있고, 근래에는 개그맨들이 많이 늘어나고 있다. 또한 유머책들도 많이 출판되어 나오고 있다. 여기 필자가 듣고 읽었던 유머내용 몇가지를 옮긴다.

유머의 출처가 명기되지 않은 것은 과거 필자가 주위로부터 들었던 내용이었음을 밝힌다.

(1) '거기' 의 영어단어는?

몽룡 : 춘향아, 지금부터 내가 말하는 단어를 영어로 말해봐. 자~ 시작한

다~ 가슴!

춘향 : 바스트(bust).

몽룡 : 허리는?

춘향 : 웨스트(waist).

몽룡 : 엉덩이는?

춘향 : 히프(hip).

몽룡 : 그럼 거기는?

춘향 : (얼굴이 빨게지면서)아~ 잉, 난 몰러…

몽룡 : 뭐? 거기도 몰라? 데어(there)잖아~. (445)

(2) 속초요!

1970년 5월 10일 결혼식을 마친 신랑신부가 서울에서 속초행 시외버스를 타고 신혼여행 길에 올랐다. 버스 안내양 좌석(그 당시에는 버스 안내원이 동승하여 안내하던 시절임) 바로 옆자리에 앉아 가던 신랑이 신부의 이곳 저곳을 만지다가 거기를 자꾸 만지자 신부왈, 안내양이 본다고 뿌리치자, 신랑은 안내양은 잠자고 있다고 괜찮다고 하면서, 잠자는지 확인하기 위해 거기 만지던 손을 잠자는 안내양 눈 앞쪽으로 내밀자, 졸던 안내양이 벌떡 일어나더니 "속초요! 속초 손님 내리세요!" 했다. 안내양이 졸다가 갑자기 일어나 속초요! 한 것은 거기 만지던 신랑의 손에서 속초 가까이 가면 풍기던 오징어 냄새가 났기 때문이었다.

※ '속초요!' 란 이 유머를 측근으로부터 듣고 당시 박정희 대통령이 박장대소했고, 그 뒤부터는 그 측근에게 자주 유머를 해보라고 했다 한다.

(3) 거짓말하는 재미

철수가 친한 친구에게 "나 어제부터 술 · 담배 · 여자 다 끊었다" 고 말하자 친구가 "그럼 무슨 재미로 사는가?"

철수 왈 "거짓말하는 재미로 사네."

(4) 김삿갓의 신방 유머

김삿갓이 객지를 떠돌다가 노처녀를 만나 부부가 되기로 하고 간략히 결혼식을 올린 다음 첫날밤 신방을 차리고 노처녀를 뜨겁게 애무한 후 마지막 절차를 위해 최후의 정상에서 깃발을 꽂았다. 그 후 김삿갓은 실망이 너무 커 일어나서 머리맡의 문갑에서 붓을 들어 백지 위에 다음과 같이 글을 써 놓았다.

毛深內闊하니 必過他人이라

(털이 많고 속이 넓은걸 보니 반드시 딴 사람들이 지나갔구나)

이를 본 노처녀 곱단이가 삿갓이 쓰던 붓을 들어 그 밑에다 다음과 같은 글을 써 놓고 복받치는 설움에 엎드려 흐느꼈다.

後園黃栗不蜂坼 溪邊楊柳不雨長(뒷 정원의 밤송이는 벌이 쏘지 않아도 벌어지고, 냇가의 수양버들은 비가 오지 않아도 잘 자라도다). (481)

(5) 봉이 김선달과 대동강 물

봉이 김선달이 한양의 어떤 사람이 여기 저기 땅을 사들여 재산을 많이 늘린 사람을 만났다. 선달 왈 "땅만 자꾸 사봤자, 땅에서 나는 이익은 도조로 벼 몇 천 가마 밖에 더 됩니까? 나는 대동강 하나만 가지고 있어도 배 뚜드리며 사는데 걱정 없습니다."

그리하여 서울 갑부를 데리고 대동강으로 올라간 선달은 뒤로 평양의 물장수를 다 불러 매수하기를, 돈을 듬뿍 줄터이니 반은 당신들 쓰고, 반은 나한테 와서 대동강 물을 사가는 척 해주시오.

많은 사람들이 와서 대동강물을 사가는 것을 본 서울 갑부는 탐이 나서 선달에게 대동강 물을 자기에게 팔으라고 하여 6천냥을 주고 대동강 물을 샀다. 그 후 대동강 가에 앉아 "이 강 임자가 바뀌었으니 물 값일랑 이제부터 여기 나에게 내고 가시요"했지만, 사람들은 "이 강 임자가 누구란 말이요. 별 미친 사람 다 보겠네"하면서 강물만 거저 길어갔다 한다. (482)

(6) 처칠과 사회당수

윈스턴 처칠이 수상시절 의회 화장실에서 사회당수와 함께 소변을 보게 되었다. 사회당수 왈 "수상! 왜 자꾸 그것을 감추는 거요?"

처칠 왈 "사회당은 큰 것만 보면 자꾸 국유화하려고 해서 그러오"

(7) 다섯 손가락의 자랑

다섯 손가락이 서로 자기 자랑을 하고 있었다.

엄지왈, "난 여기서 가장 힘이 세다!" 둘째(검지)왈 "난 제일 하는 일이 많다" 셋째(중지)왈 "난 제일 길다" 넷째(약지)왈 "나 없으면 결혼반지도 못

껴!" 다섯째(새끼손가락)가 말했다. "너희들 나 없으면 병신이야!" (484)

(8) 얼마나 원했으면

유대인 마을에 한 사람이 쫓아와 사람들에게 말한다.

"여러분 좋은 소식과 나쁜 소식이 있어요."

"좋은 소식이란 뭐요?"

"히틀러가 죽었대요."

"오! 그런 기쁜 일이, 나쁜 소식은?"

"그게 오보랍니다." (61)

(9) 청년과 요정

한 청년이 길을 가다 알라딘 램프가 떨어져 있는 것을 발견했다.

램프를 문지르자 요정이 튀어 나왔다.

"난 램프의 요정입니다.

소원 세 가지를 말하면 들어드리겠습니다."

욕심 많은 청년이 말했다.

"돈, 여자, 결혼."

청년은 얼마 뒤 돈 여자와 결혼했다. (484)

(10) 경찰과 도둑

물건을 훔친 도둑이 도망을 치고 있었다.

경찰이 계속 쫓아가면서 소리쳤다.

"서라! 서라! 서라!"

도둑도 되돌아보며 소리쳤다.

"너라면 서겠냐? 너라면 서겠어?" (484)

(11) 목욕탕에서 저지르는 죄

남자가 여탕 들어갔을 때 – 불법 무기 소지죄

여자가 남탕에 들어갔을 때 – 방화죄

할아버지가 여탕에 들어갔을 때 – 불량 무기 소지죄

할머니가 남탕에 들어갔을 때 – 방화 미수죄 (484)

(12) 결혼? 이혼? 재혼

결혼은 판단력 부족으로 이루어지고,

이혼은 인내력 부족으로 이루어지고,

재혼은 기억력 부족으로 이루어진다. (484)

(13) 천국

교회 주일학교 시간에 교사가 아이들에게 물었다.

"천국은 어떻게 해야 가지요?"

아이들은 여러 가지 대답을 했다.

"예수를 잘 믿어야 합니다", "말씀대로 살아야 합니다" 등.

제일 어린 아이가 일어서며 힘차게 말했다.

"죽어야 갑니다!" (484)

(14) 주식에 대한 정의

닭을 몇 마리 산다.

닭이 달걀을 낳고 부화하여 병아리가 되고 커서 닭이 된다. 이렇게 몇 번을 반복하여 어느 순간 1만 마리의 양계장을 소유한다.

그런데 어느 날 엄청난 비가 와서 닭은 모두 물에 빠져 죽고 빈털털이가 된다.

그러면 이렇게 후회를 한다.

닭을 사지 말고 오리를 살 걸 그랬어. (484)

(15) 골초

두 명의 골초가 담배를 피우고 있었다.

"담배를 안 피우면 장수한다는 게 사실일까?"

"아냐, 단지 사람들이 그렇게 느끼는 것 뿐이야."

"어째서?"

"사실 나도 그 얘기를 듣고 시험 삼아 하루 끊어봤거든.

그랬더니 하루가 얼마나 긴지

정말 오래 사는 기분이 들더라니깐." (484)

(16) 50살에 필요한 것들

남자가 오십이 넘으면 가져야 할 것 5가지

– 아내, 부인, 여보, 당신, 마누라

여자가 오십이 넘으면 필요한 것 5가지

– 돈, 강아지, 딸, 건강, 친구. (484)

(17) 서머셋 몸의 아이디어

서머셋 몸은 초보 작가 시절에 『달과 6펜스』라는 책을 출판했다. 하지만 당시 무명 작가였던 그의 책은 거의 팔리지 않았다. 며칠을 고민하던 서머셋 몸은 신문에 이렇게 광고를 냈다.

"배우자를 찾습니다. 나는 성격이 좋은 백만장자입니다. 그리고 스포츠와 음악을 좋아합니다. 내가 찾는 이상형은 서머셋 몸이 쓴 『달과 6펜스』라는 책에 나오는 여주인공 같은 여인입니다."

얼마 지나지 않아 『달과 6펜스』는 베스트셀러가 되었다. (483)

(18) 링컨과 다리의 길이

미국의 16대 대통령이었던 링컨은 키가 무척 컸다.

무엇보다 하체가 길어서 그의 걸음걸이가 좀 묘했다.

링컨이 대통령 선거 유세를 하고 있을 때, 한 사람이 다가와 비꼬면서 물었다.

"사람의 다리 길이는 어느 정도면 좋나요?"

링컨은 빙그레 웃으며 대답했다.

"허리에서 발목까지면 적당하지 않을까요?" (483)

(19) 학력

미국의 17대 대통령인 앤드류 존슨은 3살에 아버지를 여의고 너무도 가난하여 학교 문턱에도 가 보지 못했다. 그리고 결혼한 후에야 겨우 읽고 쓰는 법을 배웠다. 그런 그가 17대 대통령 후보에 출마했을 때, 상대편 후보가 많은 사람들 앞에서 앤드류 존슨을 가리키며 말했다.

"초등학교도 나오지 못한 사람이 나라를 이끌어가는 대통령직을 말을 수가 있겠습니까?"

그러자 존슨은 침착하게 대답했다.

"여러분, 저는 지금까지 예수 그리스도가 초등학교를 다녔다는 말을 들어 본 적이 없습니다." (483)

(20) 달라진 것

아이젠하워는 두 번의 대통령 임기를 마치고 정계를 은퇴했다. 퇴임 후 그는 골프를 치기 위해 어느 지방 골프 클럽에 갔을 때 게임을 마친 후 골프장 직원이 다가와 물었다.

"백악관을 떠나신 후 뭐 좀 달라진 것이 있습니까?"

"있지. 골프시합에서 나를 이기는 자들이 더 많아졌어." (483)

(21) 허락

1981년 3월, 미국의 대통령 로널드 레이건은 25세의 한 부랑아에게 저격을 당해 중상을 입어 병원에 실려 갔다.

사람들은 그의 눈치를 살피느라 모두 조심스러운 분위기였다. 간호사들이 지혈하기 위해 레이건의 몸을 만졌다. 레이건은 아픈 와중에도 이런 딱딱한 분위기를 풀기 위해 간호사들에게 농담을 했다.

"우리 낸시 여사에게 허락은 받았나?"

얼마 후, 부인 낸시 여사가 수심이 가득해서 나타나자 또 이렇게 말했다.

"여보, 미안해, 총알이 날아왔을 때 영화에서처럼 재빨리 엎드렸어야 했는데…." (486)

(22) 선생님 소개

어느 고등학교 교장 선생님이 강당에서 새로 부임한 교사를 소개하려고 하는데, 학생들이 너무 떠들어 대는 바람에 제대로 말을 할 수가 없었다.

그러자 교장 선생님이 슬픈 표정으로 입을 열었다.

"학생 여러분, 여기 이 분은 왼쪽 팔이 하나밖에 없습니다."

교장 선생님의 말씀에 일순간 학생들은 물을 끼얹은 듯 조용해졌다. 모두가 교장 선생님의 다음 말씀에 귀를 기울였다.

교장 선생님은 호흡을 가다듬고 조용히 말했다.

"그리고 오른쪽 팔도 하나밖에 없습니다." (483)

(23) 진정한 사실

영어 선생님이 철수에게 영어만 잘하면 안젤리나 졸리 같은 여자를 사귈 수 있다고 말하자 그날부터 철수는 영어 공부를 열심히 하기 시작했다.

그러던 어느 날 철수 동생이 철수 방에 들어왔다.

"형! 지금 뭐해?"

"영어 공부하고 있지!"

"영어 공부는 갑자기 왜 하는 거야?"

"선생님이 영어만 잘하면 안젤리나 졸리 같은 여자를 사귈 수 있다고 했거든."

형의 말에 동생이 안타까운 듯이 형 어깨에 손을 올리며 말했다.

"형이 한국말 잘한다고 해서 김태희랑 사귈 수 있는 건 아니잖아." (483)

(24) **앞팀 골프가 늦어지는 이유**

화창한 봄날 골프장에 골프를 치러 갔는데, 앞팀이 아주 심각한 표정으로 한 타 한 타 신중하게 치고 있는 것이었다. 그래서 캐디에게 물었다. "아니, 무슨 시합이기에 골프를 저렇게 심각하게 치는 거죠?"

그러자 캐디가 조용히 대답했다.

"아, 저 팀이요? 지금 형제끼리 치는 건데, 오늘 지는 사람이 앞으로 부모님을 모시기로 했거든요." (483)

(25) **수영 금지**

젊고 예쁜 아가씨가 산길을 가다가 계곡을 보자 문득 수영을 하고 싶어졌다. 주위를 둘러보고 아무도 없음을 확인한 아가씨는 옷을 하나씩 벗기 시작했다. 옷을 모두 벗고 계곡 물에 막 들어가려는 순간, 갑자기 수풀 속에서 한 남자가 불쑥 튀어 나왔다.

"아가씨! 여긴 수영이 금지돼 있어요!"

화들짝 놀란 아가씨는 옷으로 몸을 가리며 말했다.

"아저씨, 그럼 제가 옷 벗기 전에 미리 말해 주셔야지요!"

"옷 벗는 건 괜찮아요." (483)

(26) **열렬한 키스**

부부가 함께 영화관엘 갔다. 마침 남녀가 열렬히 키스하는 장면이 나왔다. 그 장면을 보고 있던 아내가 옆에 앉아 있는 남편의 허벅지를 살짝 꼬집으며 말했다.

"당신도 저런 식으로 해 줄 수 없어요?"

"무슨 소리야, 저 사람이 저렇게 하는데 영화사로부터 돈을 얼마나 받고 하는지 알아?" (485)

(27) **폭행예방법**

샘은 딸이 실제는 17살이지만 몸이 성숙해서 25살 정도는 되어 보이기 때문에 자동차를 얻어 탔다가 폭행이라도 당하면 어쩌나 싶어 걱정이 되었다. 다행히 수천리 밖에 있던 딸이 무사히 돌아왔다. 하도 신기하고 다행한 일이라서 딸에게 어떻게 왔는지 물어보았다.

"간단해요. 자동차를 태워 준 사람들에게 내가 에이즈에 걸려서 미국에서 가장 큰 에이즈 병원이 미네아폴리스에 있다고 하기에 찾아가는 길이라고 했지요." (485)

(28) 그것이 둘인 여자

봉이 김선달이 어떤 사람과 길을 가다가 개울가에서 빨래하는 여인의 옷을 벗게 하자는 내기를 했다.

봉이 김선달은 냇가로 가서 빨래하는 여인에게 소리쳤다.

"나는 포도청에서 나온 사람이오. 생식기가 둘 달린 여자 괴물이 있다는 말을 듣고 왔소. 조사 좀 해야 되겠소."

이 말에 여인은 깜짝 놀라며 말했다.

"나는 하나 밖에 없어요."

"그러면 어디 봅시다."

여인은 창피했지만 조심스레 치마 한쪽을 걷어 올리고 물건을 보여 주었다. 김선달은 고개를 끄덕였다.

"옳지, 이쪽에 하나 있군. 저쪽을 봅시다."

여인은 이번엔 다른 쪽의 치마를 걷어 올리고 물건을 보여 주었다. 김선달은 대뜸 화를 내며 말했다.

"이것 봐라. 이쪽에 하나, 저쪽에 하나, 둘이 있는 것이 분명하다. 당장 포도청으로 가자."

그러자 여인은 기겁을 하고 치마와 속옷을 모두 벗어 보였다. (485)

(29) 여자가 가장 듣고 싶어 하는 말

- 참 우아하시네요.–외모에 대한 칭찬을 좋아한다.
- 다음에 또 만날 수 있을까요? –상대의 말에 민감하다.
- 참 매력이 넘치시네요.–매력을 말해 주면 좋아한다.
- 성격도 좋으시네요.–성격까지 좋으면 금상첨화.

• 나와 생각이 같아요.–공감대가 이루어지면 호감을 갖는다.(484)

(30) 거짓말

한 남자가 암으로 죽어가고 있었다. 그런데 이 남자는 문병을 오는 사람들에게 자기 병이 에이즈라고 말했다. 슬픈 와중에도 아버지의 말이 궁금했던 아들이 물었다. "아버지께선 이 병이 암인줄 알면서 왜 남들에게는 계속 에이즈라고 말씀하십니까?" 남자가 아들의 머리를 쓰다듬으면서 말했다.

"그래야 내가 죽은 후에도 아무도 네 엄마에게 손을 못대지."(483)

(31) 황홀감

선생님이 여학생들에게 성도덕에 관하여 말했다.

"너희들은 한 시간의 황홀감 때문에 후회하는 일이 있어서는 안 된다."

그러자 한 여학생이 물었다.

"선생님, 어떻게 하면 한 시간씩이나 황홀할 수가 있어요?" (485)

(32) 일요일도 없게 생겼네

태평양을 항해하던 여객선이 암초를 만나 좌초되었다. 수백 명의 승객 중 여자 한 명과 남자 여섯 명이 필사의 노력 끝에 무인도로 헤엄쳐 살아 남았다. 그런데 저기 멀리서 남자 한 명이 죽기 살기로 헤엄쳐 오고 있었다. 이 모습을 본 홍일점 여자가 한숨을 쉬며 말했다.

"어휴, 이젠 일요일도 없겠구나." (485)

(33) 처녀 사공

강 건너 멀리 가기 위해 배를 탔는데 미남 손님과 처녀 뱃사공 단둘만 타게 되어 둘은 사랑에 빠졌다. 끝나고 나서 남자 왈 "배 위에서 배 타보기는 처음이요, 처녀사공 왈 "물 위에서 물 받아 보기는 나도 처음인데요!"

(34) 남자가 가장 듣고 싶어 하는 말

① 정말 믿음직하세요. – 신뢰가 있기를 원한다.

② 참 느낌이 좋으세요. – 느낌이 좋다는 말은 호감을 느낀다는 말이다.

③ 젊어 보이시네요. – 남자도 외모에 아주 민감하다.

④ 참 성실하시네요. – 여성은 성실한 남자와 사랑하고 싶어 한다. (485)

(35) 달력나이보다 젊어지는 78가지 방법

※미국 뉴욕주립의대 학장 로이진 교수 저서 "생체나이 고치기(The Real Age Makeover)" ①친구와 매일 통화 → 8년 ②많이 웃으면 → 8년 ③감사, 긍정적 태도 → 6년 ④섹스, 한 파트너와 높은 질의 안전한 섹스 116회 하면 → 1.6~8년 ⑤재정적 곤란 → 8년 늙어 ⑥생체 나이 줄이기 계획 실천 → 남자 25세, 여자 29세 줄일 수 있음.

(36) 구멍가게 아버지와 아들

"아들아, 조지 워싱턴은 네 나이때 책을 밤새워 읽었단다. 너도 책 좀 읽어라." "아빠, 조지 워싱턴은 아빠 나이때 대통령이 되었다는데요?"

(37) 음치의 3대 조건

① 음정, 박자, 가사, 청중 무시하고 가장 편안하게 부른다. ②누가 뭐래도 끝까지 부른다. ③앵콜이 없어도 꼭 한 곡 더 한다.

* 3분 노래하면 3일 더 젊게 오래 산다.(시간으로 1,440배 이문)

(38) 베스트 오브 베스트

어떤 골목에 식당이 세 곳 있었는데, 경쟁이 아주 치열했다.

한 식당이 '국내에서 제일 맛있는 집' 이라는 간판을 써 붙였다. 이에 자극을 받은 건넛집은 더 크게 '세계에서 제일 맛있는 집' 이라는 현수막을 내걸었다.

하지만 손님은 다른 한 식당에서 제일 붐볐다.

그 식당의 간판은 아주 소박하게 이렇게 써 붙였다.

'이 골목에서 제일 맛있는 집' (445)

(39) 시간 있으세요?

소심한 남학생이 버스 정류장에서 예쁜 여학생을 보고 용기를 내 말했다. "저, 차비 좀 빌려주시면 안 될까요?" 여학생은 방긋 웃으며 말했다. "그래요. 근데 혹시 시간 있으세요?" 남학생은 이게 웬 횡재냐 싶어 재빨리 대답했다. "네! 무지무지 많아요!" 그러자 여학생이 말했다. "그럼 그냥 걸어가세요!" (298)(483)

(40) 꼭지 딴 수박

교제한 지 6개월쯤 되는 남녀가 있었다.

오래 참아온(?) 남자는 이제 어떻게든 여자와 잠자리를 하고 싶었다. 하지만 여자는 결혼을 약속하기 전까지는 안 된다며 남자의 요구를 완강히 거절했다.

이에 심술이 난 남자가 여자에게 말했다.

"수박 한 통을 사더라도 잘 익었는지 안 익었는지 먼저 따거나 두들겨보고 산다는 거 몰라?"

그러자 여자가 대꾸했다.

"그럼, 자기는 한 번 따 버린 수박은 안 팔린다는 건 몰라?"

(41) **먹을 거예요!**

독신녀 아파트에 사는 순이가 과일 가게에 갔다.

바나나를 한참 바라보고 있다가 가만히 바나나 두 개를 집어 들었다.

하나씩만 사 가던 순이가 두 개나 집기에 가게 주인이 의아해 하며 물었다.

"아니, 오늘은 왜 두 개나 사?"

순이가 화들짝 놀라며 하는 말.

"어머, 아녜요! 하나는 먹을 거예요!" (445)

(42) **딸의 A/S 기간**

한 남자가 장모에게 전화를 걸었다.

"장모님, 제 마누라 성질 좀 고쳐주세요.

정말 힘들어 죽겠어요!"

"이 사람아, A/S 기간은 벌써 끝났네!"

(43) **지구종말 3분전**

아내 : 자기야. 만약에 3분 후에 지구 종말이 온다면 무얼 할 거야?

남편 : (신념에 차서) 물론 자기와 잠자리를 가지겠어! 사랑해….

아내 : 그럼, 남은 2분 동안은 뭘 할 건데???

(44) **논산개구리 3년**

논산개구리 3년이면 군가를 부르고, 서당개 3년이면 천자문을 외고, 식당개 3년이면 된장을 끓이고, 영동개 3년이면 루즈를 바른다.

(45) **요즘 부모의 아들과 딸에 대한 인식**

딸 둘에 아들 하나면 금메달,

딸 둘이면 은메달,

딸 하나, 아들 하나면 동메달,

아들 둘이면 목메달.

잘난 아들은 국가의 아들,

돈 잘 버는 아들은 사돈의 아들,

빚진 아들은 내 아들.

장가간 아들은 희미한 옛사랑의 그림자,

며느리는 가까이 하기엔 너무 먼 당신.

(46)어떤 젊은이가 면접을 보러 갔다

면접관 : "아버지는 어디 계세요?"

면접자 : "밖에서 기다리고 계십니다."

(47) 천당이 만 원이다

누가 죽어서 천당에 가보니 만 원이었다.

그 이유는 한국인 위장전입자가 많아서 그렇게 되었다 한다.

위장전입자들을 고발하면 되지 않느냐고 하니까.

왈, 고발해봐야 천당에는 검사 · 판사 · 변호사가 없어 소용이 없다한다.

(48) 짤막한 유머들

① '한 입 베어 먹은 사과' 를 영어로 하면 '파인 애플(Pine apple)'

② '사랑은 이제 그만' 을 한자로 줄이면 "빼"

③ 전기가 나가면 집집마다 걸리는 비상은? – 초비상

④ 여자와 남자의 차이 : 여자는 칭찬 받으면 여왕처럼 된다. 남자는 칭찬 받으면 어린애가 된다.

⑤ 요즘 가장 센 남자는? 노상서나 노상해가 아닌 철든 남자.

⑥ 여자와 남자의 차이 : 여자는 무드에 약하다. 남자는 누드에 약하다.

⑦ 여자의 엉덩이가 큰 이유 : 요강에 빠지지 않기 위해

⑧ 좋은 소식 – 남편이 진급했다네

나쁜 소식 – 그런데 비서가 엄청 예쁘다네

환장할 소식 – 외국으로 둘이 출장가게 됐다네.

⑨ 빗자루 들고 서 있는 사람을 여섯 자로 줄이면 – 쓸데없는 사람

⑩ 학원강사가 싫어하는 사람은? – 하나를 가르치면 열을 아는 사람
⑪ 남미의 깡패 왕 : 칠레팰레
⑫ 일본의 깡패 왕 : 안 깐 이마 골라까
⑬ 소련의 불효자 : 에밀치네 호로새키
⑭ 일본 최고 비뇨기과 의사 : 다까
⑮ 술 최고 많이 먹는 사람 : 노상 술
⑯ 세계에서 제일 키 큰 사람 : 스카이 팍 찔러
⑰ 3개 국어를 동시에 : 핸들 이빠이 꺾어!
⑱ 사과 5개 중 3개 먹었으면, 몇 개 남았을까? 3개(먹는 게 남는 것)
⑲ "니 바람 피우나?"(남), "내가 니가? 바람 피우게"(여)
⑳ 이 세상에서 가장 불 필요한 사람은? – 담배를 입에 물고 있는 사람
㉑ 서울에 사는 사람이 한 마디씩 한다면 무슨 말이 되겠나? – 천만의 말씀
㉒ "이 콩깍지가 깐 콩깍지냐 안 깐 콩깍지냐"를 다섯 자로 줄이면? – 깐겨 안 깐겨?
㉓ 45도 짜리 위스키 5병과 25도 짜리 소주 10병을 마셨다. 모두 몇 도인가? – 졸도
㉔ '우리에게 내일이 없다' 고 누가 그랬나? – 하루살이
㉕ 음치의 4대 요소는? – 박자 무시, 악보 무시, 오기로 2절까지, 그러고도 앵콜을 기대
㉗ '병든 자여, 다 내게로 오라' 고 누가 그랬나? – 엿장수
㉘ 두부장수는 누구를 위하여 종을 울리나? – 처와 자식
㉙ 개똥도 약에 쓰려면? – 보건복지부의 허가를 받아야 한다.
㉚ 못생긴 여자만 좋아하는 사람은? – 성형외과 의사
㉛ 세계에서 제일 빠른 닭은? – 후다닭
㉜ 대한민국에서 가장 일찍 자는 사람 이름은? – 이미자
㉝ 성공인이 갖추어야 할 쌍기역으로 시작되는 외자 8개는? – 꿈 · 깡 · 끼 · 꼴 · 꾀 · 꾼 · 끈 · 끝

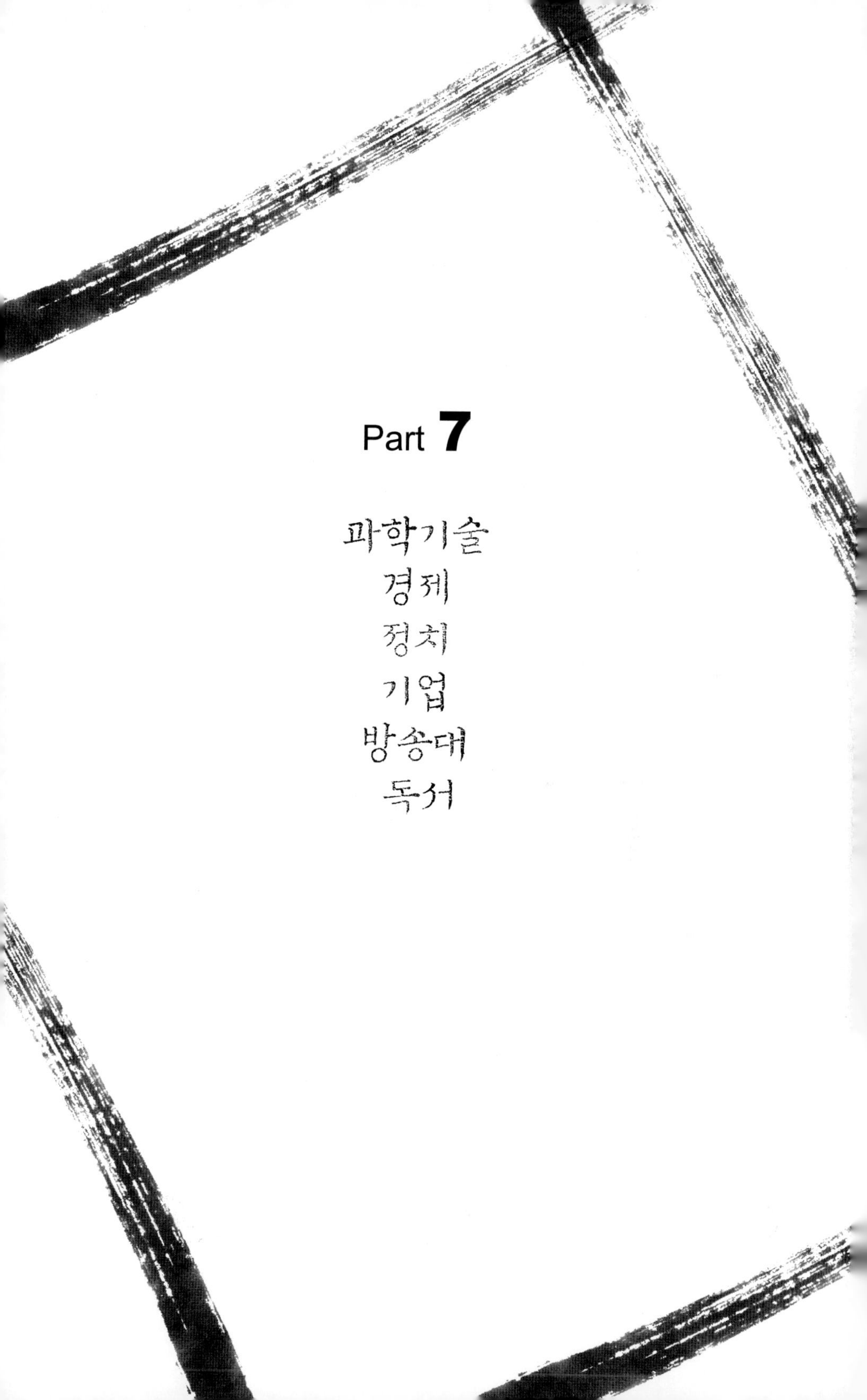

Part 7

과학기술
경제
정치
기업
방송대
독서

7-1 과학기술

미래소년 코난

작사 박준영

푸른 바다 저 멀리 새 희망이 넘실거린다
하늘 높이 하늘 높이 뭉게 꿈이 피어난다
여기 다시 태어난 지구가 눈을 뜬다 새벽을 연다
헤엄쳐라 거친 파도 헤치고 달려라 땅을 힘껏 박차고
아름다운 대지는 우리의 고향
달려라 코난 미래소년 코난 우리들의 코난
헤엄쳐라 거친 파도 헤치고 달려라 땅을 힘껏 박차고
아름다운 대지는 우리의 고향
달려라 코난 미래소년 코난 우리들의 코난

□ 과학기술력은 곧 국력이다. 어느 나라건 상품력 · 경제력 · 교육력 · 군사력 등 경쟁력을 키워 강국이 되기 위해서는 먼저 과학기술력을 키우는데 국력을 집중해야 한다. –조영재

□ 새로운 것을 보는 것만이 중요한 게 아니다. 모든 것을 새로운 눈으로 보는 것이 정말 중요하다. – 알 베로니

□ 과학의 가치는 만인의 이익에 대한 사욕이 없는 봉사에 있다. – 러스킨

□ 나는 진리의 대해(大海)를 앞에 둔 바닷가에서 한 개의 조개를 주운 것에 불과하다. – 뉴턴

□ 인간은 새로운 발견에서 악보다는 선을 끌어낸다. – 피에르 퀴리

□ 과학기술은 국가안보다. – 강호성, 연세대교수

□ 과학과 기술의 시대를 넘어, 창조와 융합의 시대를 열어 갑시다. 즐거운 상상은 불가능을 모릅니다. – 국립 서울산업대학교 광고

□ 이것은 내게 있어서는 작은 한 걸음이지만, 인류 전체에 있어서는 위대한 약진이다. – 닐 암스트롱, 1969. 7. 20 달 위에 첫발을 밟으며

□ 위기 때 과학과 기술에 투자한다면 더 좋은 미래를 건설하는 데 필요한 수단을 발견할 것이다. – 빌게이츠

□ R&D는 보험이다. 이를 제대로 하지 않는 것은 농부가 배가 고프다고 뿌릴 종자를 먹는 것과 같다. – 이건희 회장

□ 일회적인 소비성 지출보다는 R&D와 같은 투자성 지출을 확대해야 한다. – 장하준 교수

■ ■ ■

과학기술(scientific technique)이란 용어는 과학(science)과 기술(technology)의 복합용어이다. 과학은 자연현상을 실험 · 관찰 · 분석하는 등 과학적방법론을 통해 객관적이고 진실된 자연의 원리와 법칙을 찾아내기 위한 지식의 탐구행위나 축적된 지식체계(知識體系)를 의미한다. 이에 반해, 기술이란 과학적인 지식이나 실험결과를 활용해, 경제적 생산 활동을 증진하거나 인간생활을 편리하게 하기 위한 방법이나 활용지식을 의미한다. 그렇기 때문에 과학은 순수하게 지식이나 진리탐구(眞理探究) 그 자체를 목적으로 하고, 기술은 인간에게 유용하게 활용하기 위한 목적의식을 가진다고 할 수 있다. 이와 같이 과학과 기술은 본래 다른 범주에 속하는 개념이나, 오늘날은 과학의 발전이 기술혁신의

원천이 되어 있고, 한편 기술의 고도한 발전이 정밀 고도한 실험기기 등을 개발하게 해 과학의 새로운 발전을 가능하게 함으로써 과학과 기술은 상호 밀접하게 관련해 발전하고 있다. 그리해 일반적으로 과학기술이란 하나의 복합어로 불리게 되었다.

과학기술은 국가의 경쟁력이고 경제력이고 국방력이고 국력이고 국격이다.

과학기술은 그 과학적 논리나 발명된 여러 방법과 제품 등을 통해 인류의 삶을 더욱 행복하게 해주고 편리하게 해주고 건강하게 오래오래 살게 해 준다.

또한 과학적 합리성이 인문학적 상상력, 예술적 창조성과 융합 · 조화되어 사회의 불합리한 독선과 아집을 바로잡는 일도 과학기술과 과학기술인이 해야 할 일이다. (287)

획기적인 과학기술 발명은 인류사의 패러다임(paradigm), 즉 '한 시대 사람들의 사고나 인식을 근본적으로 규정하는 이론적인 틀이나 체계' 까지도 변화시키는 힘을 가진다.

① 수만 년 전에 호모사피엔스(Homo sapiens · 현생인류)가 불과 도구를 만들었을 때

② 수세기 전에 인류가 글자를 발명했을 때

③ 수십 년 전 인류가 동력을 이용한 기계를 발명했을 때

④ 수년 전 컴퓨터 기반 기술을 가졌을 때

인류사회는 패러다임의 전환을 가져왔다. (376)

1945년 일본에 떨어진 원자탄이란 핵무기 기술이 제2차 세계대전 종식과 핵무기에 대한 공포심을 가져온 것처럼 말이다.

한국역사에도 과학기술이 국방과 교육과 경제 진흥에 큰 영향을 끼친 사례는 많다.

① 고려 말 · 조선 초에 최무선이 원나라로부터 배워와 개발한 화약

② 세종대왕이 창제하신 세계 최고의 소리글인 한글과 금속활자

③ 충무공 이순신장군이 지휘해 개발하고 왜군과의 해전에서 세계해전사상 유례가 없는 23전 23승의 전과를 올린 거북선.

그리고 그로부터 370여 년 후인 대한민국 박정희 대통령시절, 박대통령의 지시로 이루어진

① 경부고속도로(1970.7.7 준공) 428km

② 한국 철강왕 박태준회장이 "제철소 실패하면 영일만에 빠져 죽자"고 독려, 1972년 10월 103만 톤 규모 제1기공사를 마무리, 첫 쇳물을 뽑았으며, 오늘날 글로벌 철강왕국의 초석을 다진 포항제철 주식회사

③ 과학입국이라는 명제 하에 시작된 과학기술에 관한 공공연구기관의 효시인 한국과학원(KIST · 1966설립)과 한국과학기술원(KAIST · 1989년 7월 4일 설립)

④ 특정연구기관육성법을 제정(1973)하고 대전광역시 유성구(당시 대덕군 유성읍)의 250여만㎡부지 위에 1974년 첫삽을 뜨고, 1978년부터 연구기관 입주가 시작된 대덕연구단지.

2011년 말 현재 대덕연구단지에는 국가표준원 · 한국전자통신연구원 · 한국화학연구원 · 한국기계연구원 · 국가핵융합연구소 · 한국원자력연구원 · 애경연구소 등 정부와 출연 연구소와 기업연구소 28개 · 공공기관 7개,국공립기관 15개, 교육기관 6개, 벤처기업 1,000여 개가 입주해 있다.

국가핵융합연구소는 3,000억 원을 투입, 초전도 핵융합실험장치(KSTAR)를 2007년 완공했고, 2010년 10월 연구진은 KSTAR에서 섭씨 2,000만도의 플라스마와 핵융합을 6초 동안 안정적으로 실현하는데 성공했다. 핵융합이 일어나려면 섭씨 1,000만도가 넘는 플라스마(Plasma)상태가 있어야 한다. 300초 동안 플라스마가 안정적으로 운영될 수 있다면 24시간 상시 운영이 가능해 핵융합 발전이 본궤도에 오를 수 있다 한다. 원자력발전은 우라늄의 핵분열로 에너지를 만들어내는 반면, 중성자의 운동에너지로 전기를 생산하는 방식이 핵융합 발전이다.

박정희 대통령은 한국의 과학기술의 메카가 될 대덕연구단지 입지 결정을 위해 여러 차례 현지를 헬기 등으로 사전 답사했고, 최종적으로 소관과학기술처 장관에게 다음과 같이 지시했던 것이다.

"최 박사, 이곳 대덕은 명당 중의 명당이오. 건설부 장관과 함께 헬기를 타고 돌아보시오."

1971~78년 과학기술처 장관을 지낸 최형섭 박사는 자신의 회고록 《불이 꺼지지 않는 연구소》에서 박정희 전 대통령이 대덕연구단지 위치를 결정한

비화를 이처럼 소개하고 있다. 1973년 초의 일이다.

최 장관은 이 책에서 “박 대통령은 풍수지리에 관심이 많아 손수 연구단지 자리를 물색해 주었고, 결국 그의 적극적인 추천으로 입지를 결정했다”고 설명했다. (288)

또한 대덕 연구단지(대덕특구) 인근인 대전시 유성구 신동 · 둔곡지구가 국제과학비즈니스벨트 거점지구로 확정됨으로써 대덕특구에는 ‘과학비즈니스벨트 특별법’ 규정에 따라 중이온가속시설, 기초과학연구원 등 핵심시설과 기관이 입주하게 되었다. 과학비즈니스벨트는 정부예산 5조 2,000억원에 이르는 대형 국책 프로젝트로 세계최고 수준의 중이온 가속기와 50개 연구단 3,000명이 기초과학장기과제를 연구할 기초과학연구원 본원이 들어선다. 기초과학연구원은 대전(신동 · 둔곡지구)을 거점으로 하되 대구 경북과 광주 등에 연합 캠퍼스를 만들어 연구기능을 분산하기로 결정됐다.

이곳에 설치될 중이온가속기(Korea Rare Isotop Accelerator · KORIA)란 중이온을 가속(加速)해 다른 물질에 충돌시키는 장치이다. 중이온은 원소주기율표에서 1 · 2번인 수소와 헬륨보다 무거운 모든 원소가 전기를 띤 상태로 변한 것을 말한다. 가속한 중이온을 다른 물질에 충돌시키면 새로운 원소를 만들어낼 수 있다. (289)

⑤ 현대조선 주식회사(정주영 회장의 피땀 어린 노력과 정부지원으로 1973년 창립, 1978년 현대중공업 주식회사로 개칭)의 설립 등이다.

2010년 스위스 국제경영개발원(IMD)가 발간한 ‘세계 경쟁력연감’ 에 따르면 한국의 과학기술 경쟁력은 비교대상 57개국 중에서 3위를 차지했다. 우리나라의 과학기술력은 꼴찌수준에서 불과 50여 년 만에 세계 3위가 된 것이다.

한국은 2011년 11월 현재 조선 · 중공업(세계 점유율 1위), 반도체(세계 2위), 휴대폰(세계 2위), 자동차(세계 5위), 철강(세계 6위)의 수출 강국이다.

이상희 전 과학기술부장관은 과학기술의 중요성에 대해 다음과 같이 썼다.

루즈벨트 대통령은 1944년에 이미 종전 후 미국의 과학기술 정책을 어떻게 이끌어 갈 것인가 고민했다. 그는 그 대안을 카네기공과대학 학장인 반네바 부시(Vanneva Bush) 박사에게 의뢰했고, 그렇게 해서 나온 것이 〈과학-영원한 프론티어 : Science-The Endless Frontier〉이다. 이 보고서는 2차 대전 후 미국의 과학기술 정책과 대학 연구, 그리고 고급 인재 양성의 기본 마인드가 되었다. 오늘날 미국이 최고의 첨단 과학기술력과 가장 우수한 대학의 저력을 유지할 수 있게 된 밑거름이 되었다.

지금 세계 경제를 보더라도 초강대국 미국이 주도해 가고 있으며, 이 미국을 경제 대국으로 이끈 것은 바로 과학기술이다. 미국은 과학기술을 통해 첨단산업을 일구어 경제 강대국으로 세계 경제를 주도해 가고 있다….

"21세기는 과학기술력이 국가경쟁력의 잣대가 되는 시대다. 과학기술로 국가의 신경제를 재창조해 국가 경제를 부흥시키는 시대이다. 과학기술을 통해 정치, 경제, 사회, 문화, 환경, 교통 등의 문제들을 해결할 수 있다. 또 지금은 지식기반사회, 자율과 창의성의 사회다. 정치는 정반합의 발전적이고 창조적인 정치로 가야 한다. 또한 옛날 산업시대의 미덕인 근면, 협동, 절약의 새마을운동에서 이제는 창의적인 1인1발명 운동으로 국민들의 경쟁력을 높여야 할 때다. 창조의 기본 바탕은 곧 과학기술이다. 과학기술이 사회 모든 분야의 변화를 창조하고 또한 풍요로운 미래를 창조한다." (112)

한편 "에너지와 식량과 정보를 제압하는 자는 세계를 제압한다"는 21세기 세계 지배의 원리를 꿰뚫고 있는 미국은 세계의 에너지 · 식량 · 정보를 오래전부터 수중에 넣고 있다고 김창제 박사는 말한다. (322)

《한국인의 과학 정신》에서 저자 박성래는 "오늘 과학기술이란 인류의 존재 그 자체를 위협하는 무서운 적이면서 또한 나라 사이의 싸움에서는 우리를 다른 나라에 앞서게 해 줄 수도 있는 힘 있는 친구이기도 한 것이다"라고 말했다. (186)

오늘날 미국은 산업 기술 · 무기 기술 · 우주항공 기술 등 모든 분야의 기술에서 압도적 우위를 점하고 있다. 음속보다 빠른 미사일, 무인 폭격기, 로봇 전사 등 고도의 과학기술이 만들어 내고 있는 무기들이 계속 나오고 있다. 한편 독일 폭스바겐은 경유 1L로 111km를 달릴 수 있는 자동차를 개발했다 한다. (290)

2012년 2월 25일 올해 대전성모초등학교 4학년이 되는 외손주 조명우(曺明祐)가 여동생 조수연(曺秀延)과 함께 외가에 왔었다. 명우는 제 꿈이 "1초에 30만 km를 달리는 비행기를 만들어 내는것"이라고 했고, 수연이는 "판 · 검사가 되어 억울한 사람이 없도록 하겠다"고 했다. 필자는 30만 km가 안되면 30km(현재 초속 음속의 10~20배의 무기는 미국이 개발했다 함)라도 개발해주기를 내심으로 바라면서 말해 주었다. "'위대한 과학자'가 되려는 꿈을 가진 우리 손주, 그리고 '훌륭한 판 · 검사'가 되겠다는 우리 손녀가 자랑스럽다"고. 대한민국 내일의 꿈나무인 우리 어린이들이 '과학기술의 나라 대한민국', '정의로운 나라 대한민국'을 만드는 데 더 많은 관심을 가져주기를.

우리나라에도 최근 다양한 최고급 기술들이 개발되어 나오고 있다.

① 물을 즉시 불붙여 보일러 · 자동차 등에 안전하고 편리하고 친환경적 · 저비용의 경제적으로 활용할 수 있는 수소가스 기술

② 오염된 물을 즉시 정화해 고급수로 만들고, 해수를 기존방식의 15% 비용으로 담수화하는 기술

③ 핸드폰 충전 · 전기자동차 전원장치(배터리)조차 필요 없고, 건물 · 공장 · 농장 · 아파트 등의 전력이나 유류가 필요 없는 영구자력발전기술

④ 해킹을 완벽하게 방지할 수 있는 기술

⑤ 벼의 모를 1주일이면 다 자라게 할 수 있는 기술

⑥ 줄기세포치료제 개발 (1042)

⑦ 운전석에 앉아 모니터로 사방 360도 살필 수 있는 "전방위 영상 감지 시스템(AVM · Around View Monitoring)"

⑧ 롯데건설이 태양광시스템을 도입, 잠실에 123층 555m의 세계에서 두 번째로 높은 건물 '롯데수퍼타워'(제 2롯데월드)를 지어 우리 건축기술의 우수성을 세계에 보여줄 건설기술 (291) 등.

앞에서 보았듯이 우리의 조선 · 반도체 · 핸드폰 · 자동차 · 원전 · 철강 · 건설기술은 세계적 수준이다.

2009년 12월 27일에는 아랍에미리트(UAE)와 400억 달러(47조 원)상당의 한국형 원전 수출계약도 양국 정상회담에서 확정됐다. 또한 포스코 건설은 2011년 12월 16일 국내 건설사가 해외에서 수주한 단일 플랜트 공사로는 최대 규모인 브라질제철소 건설공사를 43억 4,000만 달러(5조 원)에 하기로 수주계약을 체결했다. (495)

가발 · 스웨터 · 오징어 등을 수출해 수출액 1억 달러도 안 되던 대한민국이 오늘날 1조 달러의 무역대국이 되고 경제선진국이 된 것은 참으로 경천동지할 일이다. 1950년 1인당 67달러에 불과했던 국민소득을 60년 만에 2만 달러로 300배

가량 키워낸 성장동력 또한 과학기술이다.

공학기술자 단체인 한국공학한림원(회장 윤종용)은 2010년 12월 15일 한국경제의 밑천이 됐던 '대한민국 100대 기술과 주역'을 선정했다.

100대 기술에는 1950~70년대 섬유업계 혁신을 이룬 '나일론', 국내 최초 고유모델 국산차 '포니', 세계 1위 신화를 이어가고 있는 '메모리 반도체', 두바이에 세워진 세계 최고층 빌딩 '부르즈 칼리파', 국내 제약업계 최초로 미국 식품의약국(FDA)의 승인을 얻은 항생제 '팩티브', 시속 350km급 한국형 고속열차 등이 선정됐다. (292)

풍요롭고 지속가능한 그리고 힘 있는 대한민국의 길은 과학기술의 길 밖에 없다. 공대(工大)가 공대(空大)가 되고 젊은이들이 이공계학문을 기피하는 현실을 바꿔 개선하지 않는다면 대한민국의 미래는 먹구름이다.

1968년부터 과학기술계와 교육계가 과학의 달(4월)과 과학의 날(4월21일 · 과학기술처 발족의 날)로 정하고 과학기술과 관련된 여러 행사를 해오고 있다. 우리의 청소년들이 용기를 가지고 뉴턴 · 아인슈타인 · 빌 게이츠 · 잡스가 되기 위해 도전하고, 과학기술인들이 자부심과 자긍심을 느끼는 과학기술 강국 대한민국을 만들기 위해 모두가 함께 고뇌하자.

KBS1 TV '과학카페' 제작진은 '과학대한민국'의 근간을 만드는 한국인의 '과학DNA'에 대해 ①노력과 끈기 ②융합문화 ③세일즈 능력 ④인본주의 정서 ⑤높은 교육열 등 5가지 특성을 지적하고 특성별로 다음과 같이 설명하고 있다.

박지성 · 김연아 · 박태환 등 한국을 빛낸 스포츠 스타들은 노력과 끈기라는 공통점을 갖고 있다. 방송은 "한국인의 특성을 말할 때 악바리 근성이나 성실함은 빼놓을 수 없는 덕목"이라며 "과학적 성취 역시 대부분 끈질긴 연구를 통해 만들어지기 때문에 과학자들에게도 노력과 끈기의 자세는 무척 중요하다"고 말한다.

융합문화도 중요한 경쟁력이다. 2002년 월드컵 때 서울시청 앞 광장에서 다양한 계층의 사람들이 허물없이 한데 섞여 응원하는 모습은 전 세계인들을 매료시켰다. 제작진은 "인터넷의 발견, 아이팟과 휴대전화를 융합한 스마트폰도 모두 창의적인 융합진단 연구의 산물"이라고 했다.

지속가능한 친환경적 기술과 휴먼사이언스가 현대과학의 새로운 방향으로 제시되면서 한국인의 인본주의가 더욱 중요해지고 있다.

미국 오바마 대통령이 주목할 만큼 우리의 높은 교육열도 인재들을 키우는 핵심 원동력이 되고 있다.

요즘 특허괴물(Patent Troll) 이야기가 자주 나온다. 상품을 제조 · 판매하지 않고 특허를 사들여 특허사용료를 주 수입으로 삼는 기업을 말한다. 주로 미국에 본거지를 두고 전세계 제조업체를 상대로 특허 공세를 벌여 특허괴물이란 별명을 얻었다.

미국의 인텔렉추얼벤처스(IV)와 NTP가 대표적이다. (293)

MS의 창업자 빌 게이츠는 "지구상에서 가장 똑똑한 사람이 누구냐고 묻는다면 나는 주저하지 않고 네이선(IV의 CEO 네이선 미어볼드)을 꼽겠다"고 말했다. (294)

2010년도 기업별 미국특허 등록건수를 보면,

1위 IBM 5,896건, 2위 삼성전자 4,551건, 3위 MS 3,094건, 4위 캐논 2,552건, 5위 파나소닉 2,482건, 6위 도시바 2,246건, 9위 LG전자 1,490건, 10위 HP 1,480건 등이다. (295)

필자는 수십 년 내로 한국이 외국으로부터 받아들이는 특허사용료가 수천억 내지 수조 달러가 되는 그런 과학기술대국이 될 수 있을 것이라고 믿는다.

2010년도 우리나라 총 연구개발비는 약 44조원으로 GDP대비 세계 3위이고, 특허출원은 세계 4위를 기록하는 등 지적재산활동이 양적으로 크게 성장했지만 특허 · 저작권 등 지적재산권의 사용료 수지적자는 연간 약 6조원에 이를 정도로 질적으로 매우 취약하다. (962)

논문 데이터 부문에서 세계적 권위를 자랑하는 미국의 과학정보연구소(ISI)가 최근 국제학계에서 '자주 인용된 논문 연구자(Highly Cited Researcher · HCR)' 5,000여 명을 선발한 결과, 한국 교수 3명이 들어 있다 한다. 주인공은 포항공대 화학과 박수문(67) 교수와 연세대 경제학과 유병삼(56) 교수, 서울대 물리학과 김수봉(48) 교수 등이며 그 외에도 미국에서 활동하고 있는 한국계 교수 10명이 더 있다 한다. 이들 HCR에는 미국 4,029명, 일본 258명, 중국 21명 등이다.

그러나 한국은 지난해 총생산(GDP) 규모가 세계 13위인데 비해 우수 논문 저자 배출 순위(HCR 순위)는 27위에 불과해 세계 수준에 너무 뒤쳐졌다는 비판이 나오고 있다.

우리의 과학기술력에 대해 자랑스럽게 생각할 수도 있고, 아쉬운 생각을 할 수도 있을 것이다. 필자는 우리가 그동안 해낸 업적, 우리국민들의 과학적 DNA, 그리고 앞에서 제시한 과학기술개발의 예를 보면서 국민의 한사람으로서 한국민들의 높은 과학적 창의력에 자부심을 가진다.

21세기에 일어날 과학기술혁명은 나노테크놀로지와 컴퓨터의 초당 연산에 크게 좌우될 것이다. 잘 아는 바와 같이 나노미터는 1미터의 10억 분의 1로 우리의 손톱이 초당 자라는 길이와 맞먹는다.

가장 작은 원자인 수소는 지름이 0.1나노미터이고, 자연상태에서 발견되는 가장 큰 원자 우라늄은 지름이 0.22나노미터이다. 시력이 좋은 사람은 지름이 1만 나노미터정도 되는 작은 물체를 볼 수 있다. 인간의 머리카락은 5만~10만 나노미터정도이다. 오늘날 실리콘 칩에 들어있는 가장 작은 소자는 지름이 30나노미터 정도이다.

컴퓨터의 능력은 초당 실행할 수 있는 부동소수점 연산횟수, 즉 플롭스(FLOPS)에 기초한다. 2차대전 후 초기의 진공관 컴퓨터는 초당 100회의 연산을 할 수 있었다. 21세기가 시작되면서 미국 산디아 국립연구소는 100테라 플롭스(100조플롭스)가 가능한 컴퓨터를 발주했다. IBM은 2005년 처음으로 페타컴퓨터, 즉 1000조 플롭스의 능력을 가진 컴퓨터를 개발했다..

컴퓨터의 초당연산 능력단위는 접두사로 구분해 메가(mega · 100만), 기가(giga · 1억), 테라(tera · 1조), 페타(peta · 10^{15}=1,000조), 엑서(exa · 10^{18}=100만조), 제타(zeta · 10^{21}=10억조)로 부른다. 2025년까지 인류는 오늘날 마이크로프로세서 처럼 페타컴퓨터를 일상적으로 사용하게 될 것이라 한다. 그리고 2045년 미국의 컴퓨터 네트워크인 테라그리드(TeraGrid)는 제타그리드(ZetaGrid)로 바뀌어 있을 것이라 한다. 그리고 인공지능인 컴퓨터지능(CI)이 인간보다 훨씬 뛰어난 능력을 보여 주는 인간과 같지 않은 지능, 즉 NHL((non-human-like intelligence)의 시대가 도래 할 것이라고 제임스 마틴은 저서 《미래학강의》에서 주장한다. (376)

오늘날 글로벌 경쟁시대를 맞아 어느 나라를 막론하고 그 나라의 살길은 과학기술밖에 없다. 우리나라 과학기술력의 빠른 업그레이드와 선진화를 위해 과학기술에 관한 몇 가지 제언을 하고자 한다.

(1) 앞의 part 1 · 1-1(3)에 있는 내용을 여기 옮겨 다시 생각해 본다.

① 전자무기, 광무기, 핵무기, 로봇, 신에너지 등 연구개발예산을 확대 지원한다.

② 과학기술 · 연구개발분야 근무자(공공분야, 민간연구분야 포함)에 대한 과학기술 연구수당을 신설 또는 증액해 보수총액의 10%이상 되도록 지급하고, 과학기술 인재들에 대한 승진우대 등의 지원을 강화한다.

③ 과학기술부(부총리급)를 다시 두어 그 외청으로 「신기술 지원청」을 신설, IT · BT · ET · NT · WT(weapon technology)등 각종 기술분야의 신기술 개발 중소기업에 대한 지원을 강화하고, 기업 간 개발기술의 상호 접목 지원 등 기술 협력강화로 신기술의 업그레이드를 적극 지원한다.

④ 공공기관 · 기업 · 단체나 연구소 등에서 비용과 기술 · 장비 등을 직접 지원해 연구개발한 경우에도 관련 지적재산권의 40% 이상은 개발자 등에게 배당하는 법령을 제 · 개정해 시행한다.

⑤ 특허법과 관련해 현재 특허 등록 시에 납부해야하는 등록료(150만 원 내외) 외에 등록 이후 20년 동안 매년 납부해야 하는 특허연차료(5만 원~10만 원 정도)를 현실에 맞게 합리적으로 재검토 인하조정하거나 수입 발생 시에 납부하도록 조정해야 한다. 등록된 특허가 산업화 또는 특허권 임대 등으로 수입이 발생할 경우에는 연차료를 부과해도 되겠지만 수입도 없는 상태에서 특허건수가 많은 경우 매년 수백만 원의 연차료 부담 때문에 가난한 발명자들이 특허권을 헐값에 내주거나 연차료 미납으로 인한 등록말소로 인해 각 분야 특허기술들의 업그레이드에 지장을 주기 때문이다.

⑥ 과학기술관련 대학 · KAIST 등 과학기술계 학생에 대한 학비 · 기숙사비 감면 · 도서구입비 등의 지원을 강화한다.

⑦ 획기적인 신기술발명가 등을 선정, 1998년부터 시행하고 있는 신지식인(2011년 6월 말 현재 → 3,885명)에 가장 유용한 기술 1건씩을 제출케 하고 그 중 매년 100건을 선정, 5억 원씩을 지원하여 발명가들의 사기를 진작하고, 신기술개발을 지원한다.

※연간 추정 소요예산 500억 원(100건×5억 원)

(2)적대국가로 둘러싸인 사막국가 이스라엘이 활용하고 있는 엘리트 기술부대 '탈피오트(Talpiot · 히브리어로 최고 중의 최고를 의미)' 같은 군의 기술특수부대제도를 한국군에도 도입할 필요가 있다고 본다.

동아일보(2011.1.10 A12면)에 보도된 대로 고교졸업생 중 이공계 영재들을 선발, 교육 · 훈련해 첨단 군사기술개발에 기여하게 하고, 제대 후에는 산업인재로 활용될 수 있도록 하는 것은 인재활용과 국가과학기술 역량제고에도 크게 기여할 수 있을 것이다.

(3)국내총생산(GDP)대비 우리나라 R&D예산은 세계 4위이다. (296)

기업, 특히 중소기업의 R&D시설투자와 R&D사업비용의 세액공제율(현재 10%와 25%)을 높여주어 기업의 연구개발 투자가 더욱 활성화되도록 정책적 지원을 해야 한다.

(4)중소벤처기업 기술의 사기성여부가 문제가 되는 형사사건에 대해, 수년씩이나 수사가 장기화되어 세계적인 기술을 가진 중소벤처기업이 고사(枯死)하는 경우가 있다. 벤처기업에 대한 수사는 가급적 신속하게 진행하도록 관련법령 또는 수사지침을 현실에 맞게 개정해 선량한 기업 죽이는 수사가 아닌 선량한 기업 살리는 수사가 되도록 해야 한다.

(5)대덕연구단지 인근에 들어설 「과학비즈니스벨트」내에 세워질 기초과학연구원이 신속하게 설립되고 세계적인 기초 · 원천 · 핵심과학연구의 요람이 될 수 있도록 정부의 제반 정책적지원이 신속히 이루어지도록 해야 한다.

(6)우리나라 무역 1조 달러 달성과 13위의 경제대국이 되는데 생산현장에서 땀 흘리며 헌신한 숙련기술인들 명인 · 반장 · 기장 · 계장 등 현장책임자들과 기능공들의 사기를 높일 방안 마련을 위해 정부와 기업 등이 함께 고뇌해야 한다. 직책의 명칭이나 호칭 · 인사 · 보수 · 복지 · 퇴직후 예우 · 근무조건 개선 등 모든 문제를 원점에서 살펴, 개선 · 업그레이드 되는 길을 찾아 실행해 나가야 한다. 우리나라는 2011년 10월 런던국제 기능올림픽에서 역사적인 17번째 종합우승이라는 신화를 만들어낸 나라이다.

(7)언론(1043)에 보도된 서울대 심영택교수의 제언 '발명가 10만 양병설'을 정부차원에서 적극 검토할 필요가 있다. 율곡의 10만 양병설을 귓가로 흘려 보

내, 임진왜란의 참화를 맛보았던 역사의 교훈을 되새겨야 한다.

지식기반시대의 근간은 지식재산이며, 지식재산은 바로 이 시대의 기축통화임에 틀림없다.

다른 쪽의 재원을 아껴서라도 10만 발명가 1인에게 매년 1억 원 정도의 지원(연간 1조 원)을 해주어 어려운 발명가들의 경제적인 어려움을 덜어주고, 그들을 국가가 존중해주는 모습을 보여줌으로써 몇 배 이상의 좋은 결과(유용한 발명특허기술 양산 · 이공계 기피현상완화 · 수많은 발명가와 벤처기업의 도산 방지 등)를 얻을 수 있을 것이다. 또한 특별재원대책을 수립하는 등으로 50조 원 정도의 '과학기술인지원 특별기금' 도 만들어 10만 양병과 함께 외국에 있는 재외동포 과학기술인과 유능한 외국인 과학기술자도 많이 한국에 와서 일하도록 주택 · 자녀교육 등 파격적인 지원을 통한 인재 국내유치사업도 적극 추진해야 한다.

(8)2011년 3월 대통령직속의 상설기구로 출범한 국가과학기술위원회(위원장 장관급)는 국가의 연구개발(R&D)행정 담당기구이다. 그러나 과학기술행정의 중요성을 감안할 때 각 부처의 R&D관련예산을 조정 · 배분하는 기능만 가진 기구로는 미흡하다. 이 위원회를 종합컨트롤 타워가 되도록 과학기술부(장관은 부총리급으로)로 격상 · 개편하고, 과학기술 인력양성, 과학기술 육성지원정책 수립, 연구개발 예산과 연구기관 지도감독 등 과학기술행정 전반을 통활 · 조정 · 집행하도록 하는 것이 바람직하다.

(9)과학기술인들의 정년문제를 검토, 향후 100세 시대에 걸맞게 65세~70세로 정년을 연장하도록 한다.

(10)과학기술인들이 존중받는 사회가 되도록 대한민국을 다시 그리자. 과학기술인들의 긍지를 느낄 수 있도록 보수 · 사기 · 승진 · 임용 · 사회적 존중분위기 조성 등의 여러 문제를 다시 설계하자.

예를 들자면 이런 것들이다. 수당 등을 우대하고, 휴가는 매년 몇 일씩이라도 더 주고, 과학기술인이나 엔지니어가 있어야 할 자리는 그들만이 갈 수 있게 하고, 시군구 · 시도의원 · 국회의원 등 선거직 비례대표 자리도 10%내외 배정하고, 과학기술계 출신은 필요시 군복무 등에도 특혜를 주고, 해외유학 국가장학생도 우선권을 주고, 중국처럼 대통령이 수시로 과학기술계 원로들을 초청, 격려하는 일이다. 또한 세종대왕처럼 대통령이 과학기술인들과 소통하고 존중 · 배려하는 분위기가 되면 과학기술인들의 자긍심을 높이는데 도움이 되지 않겠는가? 여기 '엔지니어가 존중받아야 나라가 산다' 라는 제목의 신문기고(손욱 · 한국 엔지니어클럽 부회장) 를 보자.

『600년 전 세종시대, 조선은 세계 최고의 기술 강국이었다. 일본에서 편찬한 세계 과학기술사 사전에 15세기 전반 50년간 세계 과학기술 업적 62건이 기록되어 있고 그중 29건이 조선, 중국이 5건, 기타 국가가 28건이다. 재위 32년에 어떻게 이러한 창조적 혁신이 가능했을까?

세종은 과학기술의 중요성을 올바로 인식하고 솔선수범했다. 싱크탱크인 집현전의 학사 99명 가운데 21명이 과학기술자였다. 그들과 밤낮으로 토론해 정책을 결정했다. 노비인 장영실의 정밀한 재주를 존중해 중국에 보내 천문기기를 연구해 세계 최고의 천문대를 완성하게 하고, 주자소를 경복궁 안으로 옮겨와 장군 이천의 기술 역량을 높이 사 금속활자 갑인자를 완성하게 하는 등 수많은 기록으로 볼 때 세종이 얼마나 과학기술을 중시하고 과학기술자를 존중했는지 알 수 있다. 세종은 언제나 리더로, 팀원으로, 멘터로, 격려자로 과학기술자들과 함께했다. 간의대 기술자들에게 높은 급여로 생활을 안정시키고 한양 주변의 벼슬을 내려 언제든지 참여할 수 있도록 배려했다.

창출한 성과를 올바르게 평가받고 보상받을 수 있다는 믿음이 있는 나라, 과학기술자가 국가발전의 주체로서 존중받는 나라, 북유럽의 강소국 등 선진국은 대체로 이런 문화를 가지고 있다. 중국도 영도자들이 새해 아침에 원로 과학자들을 찾아 세배드리는 것으로 존경을 표하고 있다.

우리나라에서 과학기술자들은 존경받고 있는가? 우수 인재들이 과학기술을 기피하고 해외에서 공부한 과학기술 영재들이 돌아오지 않고 엔지니어들이 현장을 기피하는 현상을 어떻게 인식해야 하는가?

과학기술 강국이 되려면 과학기술자가 존중받는 문화가 선결 과제다. 이는 기업에서 고객만족경영을 하려면 먼저 종업원을 만족시켜야 한다는 것과 같은 이치다.

사람들은 뜻과 말과 마음이 통하면 존중받는다고 생각한다. 그나마 언로가 통한다고 생각했던 과학기술부가 해체되고 보니 의지할 곳이 없어진 것이 과학기술계의 현실이다. 국무위원에, 청와대 비서관에, 국회에는 과학기술계 인사가 몇 명 있는가?

한림원 회원들은 자체 회비로 운영되는 친목단체에 머물고 있다. 한강의 기적을 얘기하며 그 주역들을 존중하지 않는다면 누가 그들의 뒤를 이으려 할 것이고 평생을 걸고 연구에 몰입할 수 있을 것인가?

답은 간단하다. 세종처럼 하면 된다. 최고지도자들이 과학기술을 중시하고 과학기술자를 존중하면 모두가 따라온다. 말이 아니라 솔선수범의 실천이 중요하다. 21세기는 융합과 창조의 시대, 과학기술자의 창조적 혁신 노력 없이 이룰 수 없다는 사실을 모두가 공감하면 역사의 바퀴를 새롭게 돌릴 수 있다. 과학기술 인재들이 좋아하는 일을 즐겁게 할 수 있고 존중받는 사회가 되면 이공계 기피를 걱정할 필요도 없을 것이다. (297)』

요약컨대 과학기술력은 경쟁력이고 경제력이고 국방력이고 국력이고 국격이고 국민 행복과 인류평화의 디딤돌인 것이다. 과학기술 최강의 나라를 만들어 국민행복과 인류평화를 위해 큰 일 하는 위대한 새 대한민국 되게 하자.

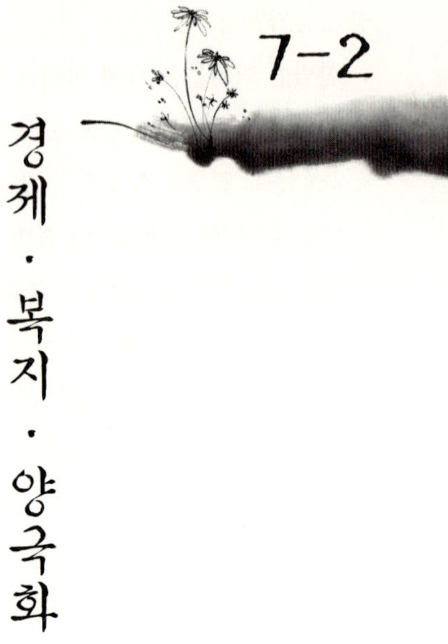

7-2 경제 · 복지 · 양극화

아! 대한민국

작사 박건호 작곡 김재일 노래 정수라

하늘엔 조각구름 떠 있고 강물엔 유람선이 떠 있고
저마다 누려야 할 행복이 언제나 자유로운 곳
뚜렷한 사계절이 있기에 볼수록 정이 드는 산과 들
우리의 마음속에 이상이 끝없이 펼쳐지는 곳

원하는 것은 무엇이든 얻을 수 있고 뜻하는 것은
무엇이건 될 수가 있어 이렇게 우린 은혜로운 이땅을 위해
이렇게 우린 이 강산을 노래부르네
아아 우리 대한민국 아아 우리 조국 아아 영원토록

사랑하리라...

(후렴)

도시엔 우뚝 솟은 빌딩들 농촌엔 기름진 논과 밭

저마다 자유로움 속에서 조화를 이뤄가는 곳

도시는 농촌으로 향하고 농촌은 도시로 이어져

우리의 모든 꿈은 끝없이 세계로 뻗어가는 곳

- □ 혁신을 이루는 데는 용기가 필요하다. 다르게 생각하는 용기, 뭔가를 고안해 내는 용기, 불가능한 것을 발견하는 용기. – 압둘 칼람
- □ 아주머니 떡도 싸야 사먹는다. – 한국 속담
- □ 과거도 잊어라. 미래도 잊어라. 현재에 충실하라. 그렇다면 미래는 그대의 것이 될 것이다. – 폴 마이어, 미국 백만장자
- □ 균등하면 가난함이 없고, 화합하면 부족함이 없고, 안정되면 기울어짐이 없을 것이다(均無貧 和無寡 安無傾). – 《論語》계씨편
- □ 지금 곧 시작하라. – 비스와바 쉼 보르스카, 노벨문학상 수상자
- □ 장사는 사람을 남기는 것이지 이익을 남기는 것이 아니다. 이익은 내가 남긴 사람이 나에게 주는 것이다. – 임상옥, 조선시대 거상

■ ■ ■

경제(經濟 · economy)에 관한 이론과 학설은 다양하다. 자본주의(capitalism)만 보더라도 수정자본주의(revised capitalism) · 독점자본주의(monopolistic capitalism) · 국가자본주의(state capitalism) · 천민자본주의(pariah capitalism) · 주주자본주의(shareholder capitalism · 미국) 등 많다.

《고민하는 힘》의 저자 강상중은 자본주의와 관련해 막스 베버(Max Weber 1864~1920 · 독일)가 쓴 논문 〈프로테스탄트 윤리와 자본주의 정신〉, 애덤 스미스의 저서 《국부론》의 내용들을 요약해 다음과 같이 말했다.

「수도원에서 수도사들이 금욕적인 생활을 하는 것처럼 프로테스탄트 신자들은 사리사욕에서 벗어나 올바른 규칙을 지키고 일체의 낭비도 없이 노동하는 의미조차 잊고 사회 속에서 묵묵히, 열심히 노동을 한다. 그 결과로 부를 축적해도 그것을 즐기지 않고 다시 영리에 재투자해서 점점 부가 축적되어 자본주의의 발

전에 크게 기여했다. 처음 근대 자본주의라는 것이 태어났을 때 거기에는 아름다운 이상과 같은 것이 있었다. 18세기 경제학자 애덤스미스(Adam Smith · 1723~1790)는 저서 《국부론》에서 그 누구에게도 방해를 받지 않는 자유로운 경쟁이 부를 만들고 풍요로운 사회를 실현할 수 있다고 말했다. 그리고 설사 경쟁이 있다고 해도 사람들 속에 도덕과 윤리가 존재하는 한, 이른바 '신의 보이지 않는 손' 이 작용해서 불평등과 불균형은 생기지 않을 것이라고 기대했다.

그러나 자본주의가 걸어온 길에는 보이지 않는 손이 작용하지 않았다. 현실에서는 수단을 가리지 않는 불공정한 경쟁과 가혹한 편중이 생겼다. 그리고 경제 발전이 벽에 부딪힌 나라들은 새로운 시장을 개척하기 위해 외국으로 나갔다. 이것이 20세기 세계전쟁의 원흉이 된 '제국주의' 이다. 거기에는 자본주의의 '영웅시대' 를 지탱했던 시민적 경제관념은 이미 사라지고 없다. 거기에 남은 것은 이상하게 부풀린 오만과 영혼을 잃어버린 사고였다. 막스 베버는 이 점에 대해 『프로테스탄트 윤리와 자본주의 정신』의 마지막 부분에서 이런 진단을 내렸다.

"이런 문화 발전의 마지막에 나타나는 '마지막 사람들(letzte Menschen)' 에게 다음과 같은 말이 진리가 될 것이다. '영혼이 없는 전문가, 마음이 없는 향락인, 이들은 인간성이 과거에 도달하지 못했던 단계에 이미 올랐고 스스로 자화자찬할 것이다.'"

'마지막 사람들' 은 '최후의 사람들' 이라고 번역하기도 하는데, 의미가 깊은 말이다. 이들은 더 이상 의미에 대해 생각하기를 그만둔 사람들의 말로를 가리킨다. 그래서 막스 베버는 그들을 '영혼이 없는 전문가, 마음이 없는 향락인' 에 비유한 것이다」(215)

요즘 자본주의에도 여러 숫자들이 붙어 다니고 있다. 자본주의 1.0, 자본주의 2.0, 자본주의 3.0, 자본주의 4.0 등이다.

애덤 스미스가 1776는 발간한 저서 《국부론》 즉, 〈여러 나라 국민의 부의 성질과 원인에 관한 고찰(An Inquiry into the Nature and Causes of the Wealth of Nations)〉에서 주장한 자본주의는 '보이지 않는 손' , 즉 자유시장이 만들어 주는 가격으로 경제가 돌아가게 되어 있다. 20세기 초 자유방임의 고전 자본주의를 '자본주의1.0' 이라고 한다.

시장에만 맡긴 자본주의 1.0이 1930년대 대공황 등으로 문제가 생기자 케인

즈 등이 분배를 시장에만 맡기면 안되며 정부가 선택적으로 개입 · 조정해야 한다는 수정자본주의 이론이 나오게 되었는데, 이를 '자본주의2.0' 이라고 한다.

이와 같은 정부개입이 기업의 투자와 자유경쟁을 방해하게 되자, 정부가 개입하되 기업의 경쟁을 해치지 않는 선에서 하도록 하자는 주장, 즉 자유시장 자본주의(신자유주의 · neoliberalism)가 1970년대 말 밀턴 프리드먼 등을 중심으로 주장됐는데 이 경제이론을 자본주의3.0이라고 한다.

자본주의 4.0은 자유방임의 고전자본주의(1.0), 1930년대 정부의 역할을 강조한 수정자본주의(2.0), 1970년대 말 시장의 자율을 강조했던 신자유주의(3.0)에 이어 등장한 자본주의를 말한다. 시장의 자율적 기능을 강조하되 시장 참여자의 사회적 책임을 요구하고 일해도 먹고 살수 없는 신빈곤층 등 어려운 계층을 도와서 '다같이 행복한 성장' 을 목표로 하는 '따뜻한 자본주의' 를 말한다. (466)(897)

오늘의 한국경제 무엇이 문제인가?

2010년 12월 10일 동아일보는 " '9가지 위험 징후' 한국경제, 일본 닮아간다" 라는 제목으로 다음과 같이 지적하고 있다.

"국내의 일본전문가 6명은 2000년대 들어 한국과 일본 사회가 닮은 점으로 저출산 고령화, 비정규직 근로자 증가, 양극화의 심화, 낮아지는 잠재성장률, 회사 중심 사회, 청년들의 좌절, 기존 성장모델 고수, 창의적 제품 부족, 혁신형 창업 부족 등 아홉 가지를 꼽았다."

- 침몰의 시작은 저출산 고령화…
- 제조업 + α 의 길 찾아야…

이들 9가지 문제점은 10여 년 전 그때나 지금이나 크게 개선되지 않고 있다. 빈곤층의 전월세난과 천문학적 규모의 대출금리 부담 증가 등 양극화 심화문제, 비정규직 문제, 청년실업문제 등은 오히려 나쁜 상태에 가 있다고 할 수 있다.

그런데도 일부 정당이나 지방자치단체에서는 학교의 무상급식, 무상보육, 대학등록금 대폭인하, 세금감세 등의 포퓰리즘적 정책을 남발하고 있다.

이우광 삼성경제 연구소 수석연구원은 "한국이 앞으로 어떻게 대처하느냐에 따라 일본처럼 침체할 수도, 아니면 계속 성장할 수도 있다"며 "이제 한국은 강한 제조업에 고부가가치 서비스업을 접목해 새로운 비즈니스 모델을 만들어 내

야 할 때"라고 강조했다. (262)

우리나라 경제문제와 관련, 언론과 전문가들의 조언 몇 가지를 들어보자.

(1)「양극화 패러다임, 어떤 문제도 해결 못해」

2003년 분배의 정의를 내세우며 등장한 노무현 정부는 위헌 논란을 무릅쓰고 종합부동산세까지 도입했다. 그러나 노 대통령 재임 기간 동안 땅값과 아파트값이 1,000조 원 가까이 폭등하며 자산격차를 더 벌리는 '정책의 역설'을 초래했다. 상위 20%의 소득이 하위 20%의 소득의 몇 배인지를 나타내는 소득5분위배율도 노무현 정부 첫해 4.22배에서 5년 뒤 4.88배로 벌어졌다.

감세(減稅)와 규제 철폐 등 '비즈니스 프렌들리'를 내세우며 출범한 이명박 정부도 2009년 고성장을 달성했지만 저소득층엔 온기가 전달되지 못했다. 대기업과 중소기업의 이익률 격차는 2007년 3.8% 대 7.9%에서 2010년 2.9% 대 8.4%로 더 커졌고 비정규직 임금은 정규직의 66.8% 수준에서 57.2%로 9.6%포인트 더 낮아졌다. 국가채무는 2010년 400조 원에 육박해 3년 전보다 100조 원 이상 늘었다.

보수 · 진보 정권은 모두 "양극화 해소"를 내세우면서 극명하게 다른 처방을 썼다. 보수는 성장 우선으로 파이를 키워야 혜택이 저소득층에까지 고루 퍼질 수 있다는 이른바 '트리클 다운(trickle down · 낙수효과)' 정책을 주장했고, 진보는 '분배 우선'과 '보편적 복지국가'를 앞세웠다. 그러나 결과는 모두 실패였다.

'양극화'에서 우리 사회의 산적한 문제의 요인을 찾고 해결책을 도출하겠다는 방식은 이제 한계에 부딪혔다고 전문가들은 지적한다. 두 정부 실패의 공통점은 '양극화'의 관점에서만 해법을 모색했기 때문이라는 것이다.

신민영 LG경제연구원 경제연구부문장은 "양극화라는 용어에는 이분법으로 나눠 대립 · 질시하는 정치적 함의가 많이 담겨 있다"며 "문제점을 객관적으로 따지고 실질적인 개선방향을 논의하기 위해서는 새로운 패러다임이 필요하다"고 말했다. 자본주의 4.0은 시장의 원리를 존중하면서 시장 낙오자를 견인해 갈 수 있는 효율적인 정책을 요구한다. 강석훈 성신여대 교수는 "경쟁과 배려가 공존하고 기업과 공동체가 함께 어우러져 갈 수 있는 시스템이 자본주의의 새로운 단계에서 요구되고 있다"고 말했다. (979)

(2)「20~30대 가구가 빚더미 수렁에서 빠져나오려면」

2009년 3월 말 현재 우리나라 전체 가구의 평균 부채가 5,205만 원으로 1년 전보다 12.7% 늘었다. 반면 가구당 자산은 7.5% 늘어나는 데 그쳤다. 자산보다 부채가 빠르게 늘고 있어 빚을 갚을 수 있는 능력이 떨어지고 있는 것이다. 소득에서 세금 등을 제외한 가처분소득 대비 원리금 상환비율은 16.1%에서 18.3%로 1년 새 2.2%포인트나 올랐다. 2008년 금융위기가 터지기 전 미국의 가처분소득 대비 원리금 상환비율 18.6%와 비슷한 수준이다.

가장 걱정스러운 것은 20~30대 가구다. 가구주가 30세 미만인 가구의 평균 부채는 1,268만 원으로 1년 전보다 35.4%나 늘었다. 이어 30대 15.8%, 40대 15%, 50대 10.9%, 60대 이상 6.2%로 젊은 층일수록 부채 증가율이 높았다. 30대 가구는 총자산 대비 총부채 비율이 22.2%, 저축액 대비 금융부채 비율이 89.9%로 연령대별로 가장 높았다.

20~30대 가구의 빚이 크게 늘어난 것은 전월세값을 비롯해 물가는 뛰고 있는데 소득은 제자리걸음이기 때문이다. 일자리가 한 해 30만~40만 개 늘어나고 있다지만 비정규직과 생계형 창업 같은 질 나쁜 일자리가 대부분이어서 생계비를 감당하기도 어렵다. 그러다 보니 30세 미만 가구의 경우 담보대출에서 생활비 마련의 비중이 작년 2.4%에서 올해 16.8%로 늘었다. 30대 가구는 집을 사기 위해 빚을 내는 경우가 많았다.

경기 침체와 금리 상승으로 가계부실 위험이 더 커지고 있는 것도 문제다. 은행 신용대출 금리는 2009년 말 5.8%에서 최근 7%대로 올랐다. 금리 상승에 따른 가계의 이자 부담만 연간 3조 원 이상 늘었다. 이번 통계청 조사에서 부채가 있는 가구의 75%가 원리금 상환에 부담을 느낀다고 했다. 더욱이 최근 정부가 가계대출 억제에 나서자 급전이 필요한 서민들이 저축은행과 대부업체로 몰려들면서 가계부채의 질이 나빠지고 있다.

우리 경제는 가계부채 급증에 따른 원리금 상환 부담으로 가계의 소비 여력이 줄어들고 그로 인해 경기가 더 뒷걸음질치는 상황에 빠져들고 있다. 빚더미에 눌린 젊은 세대의 불만과 분노가 언제 터져 나올지도 알 수 없다. 가계부채 문제를 해결하려면 결국 고용의 질을 높여 가계의 부채 상환능력을 키워줘야 한다. 가계부채가 위험수위를 넘지 않도록 관리하면서 꾸준히 풀어가는 수밖에 없다. 물가를 안정시키고 주택담보대출을 20~30년 장기화해 가계의 부담을 줄여주는 방

안도 찾아야 한다. 가계 스스로도 '수입 내 지출'을 통해 건전성을 높이는 노력을 해야 한다. (269)

(3)「수출로 먹고사는 나라의 무역 1조 달러 달성 기록」

2011년 11월 30일 현재 우리나라 수출액이 5,000억 달러를 넘어섰다. 1964년 연간 수출액이 처음 1억 달러를 넘어선 이후 47년 만에 5,000배로 늘어난 것이다. 세계 순위는 2010년 8위에서 2011년 이탈리아를 제치고 7위에 올라섰다. 연간 무역액 1조 달러는 세계 아홉째 기록이다.

한국은 1953년 1인당 국민소득 67달러로 세계에서 가장 가난한 나라였다. 1960년대 초반까지 한국은 아프리카 대부분의 나라와 같은 처지였다. 봄이 찾아올 때마다 고픈 배를 움켜쥐고 보릿고개를 넘어야 했고, 겨울마다 배를 곯는 사람들이 쓰레기통에 버려진 복어 알을 주워 끓여먹다 목숨을 잃는 비참한 나라였다. 미국의 잉여 식량 공여 대책에 기대 겨우 하루하루를 연명하는 처지였다. 그랬던 나라가 50년 만에 원조를 받는 나라에서 원조를 주는 나라로 변했고, 국민소득 2만 달러를 뛰어넘어 선진국이 되었다. 1997년 외환 위기와 2008년 금융위기도 누구보다 빨리 헤쳐 나왔다. 이런 '한강의 기적'을 낳은 핵심 동력이 바로 수출이다.

한국은 수출로 먹고사는 나라다. 2010년 경제성장률 6.2% 중 3.9%포인트가 수출에서 나왔다. 수출이 아니었다면 성장률은 2.3%에 그쳤을 것이라는 뜻이다. 수출은 제조업 전체 고용 403만 명의 80%인 320만 명의 일자리를 만들어내기도 했다.

우리 경제의 미래도 수출에 달려 있다. 앞으로 급속한 고령화에 대비하고 빈부 격차 · 양극화를 해소하기 위해 사회 안전망을 확충하고 복지 수준을 높여야 하는 과제를 안고 있다. 그 재원(財源)을 마련하려면 지속적인 성장을 해야 하고, 제조업에 기반한 수출산업의 경쟁력을 더 키워야 한다. 유럽 위기 속에서 독일 · 스웨덴 · 스위스 경제가 유독 흔들리지 않고 있는 것도 강력한 제조업을 기반으로 경상수지 흑자를 내고 있는 덕분이다.

무역 1조 달러 시대의 또 다른 과제는 제조업의 40% 수준에 머물고 있는 서비스산업의 생산성을 끌어올리는 일이다. 국가 경제에서 60%의 비중을 차지하는 서비스산업이 지금처럼 낙후돼서는 국민의 삶의 질을 높일 수 없고, 지속적인 성장도 어렵다. 서비스산업의 생산성을 제조업 수준으로 끌어올려 한국 경제가 다시 한 번 비상(飛上)할 전략이 나와야 한다. (270)

국민의 한사람으로서 경제와 관련된 필자의 생각을 몇 가지 제시한다.

(1)복지지원정책의 원칙을 당분간 '보편적 복지(universal welfare)' 방식으로 할 것인가, '선별적 복지(selective welfare)' 방식으로 할 것인가의 문제이다.

생계비보조 · 급식 · 의료 · 보육 · 반값등록금 등 모든 복지정책의 지원원칙은 수혜자의 경제능력에 따라 지원되어야 할 것이다. 당분간은 심사를 통한 맞춤복지 방식의 지원이 가장 좋은 복지정책방향이라고 본다.

(2)예로부터 '가난은 나라도 구제 못한다' 고 했다. 그러나 빈곤층 문제는 정부가 해결책을 찾지 않으면 안 된다. 국민경제가 지속가능한 발전을 하기 위해서는 복지수준과 국민부담의 문제에 있어 당분간 미국 · 일본의 경우와 같이 「저복지-저부담」의 체계로 가야 할 것이다.

국민경제 여건을 감안해 점진적으로 가다가 복지서비스 수준도 좋고 그에 따른 국민의 세부담도 높은 독일 · 스웨덴 · 이탈리아식의 「고복지-고부담복지체계」로 가는 것이 지속가능한 복지정책이라고 본다. (271)

유럽의 복지 선진국들도 '복지비 뒷감당 못해 후퇴 중' 이라는 언론의 보도 등을 타산지석으로 삼아 우리도 점진적 복지증대 쪽으로 복지정책이 나아가야 할 것이다.

기획재정부가 한국재정학회 안종범 성균관대 교수에게 의뢰해 최근 제출받은 '장기복지 재정계획 수립방향' 보고서에 따르면 현행 복지제도를 확대하지 않아도 한국의 공공사회지출은 2015년 208조 원으로 급속히 불어나 2050년에는 2,619조 원으로 GDP의 45.6%에 이를 것으로 분석됐다. 스웨덴의 2007년 공공사회지출 비중(27.3%)을 훨씬 뛰어넘는 수치다. 이번 분석에서 경제성장률은 2020년대까지 연평균 4%대를 유지하다가 인구 감소와 잠재성장률의 하락으로 2030년대 3.2%, 2040년대에는 2.4%까지 떨어질 것으로 전망했다.

복지지출이 급속히 늘어나는 이유는 2020년부터 인구가 감소하고 경제성장률은 떨어지는 데 반해 현재 인구의 3분의 1을 차지하는 1960, 70년대 출생자들이 고령화돼 4대 사회보험과 기초생활보장, 노령연금 등을 받게 되기 때문이다.

이에 따라 국가채무를 경제협력개발기구(OECD)가 권고하는 GDP 대비 60% 수준으로 묶으려면 지난해 20.5%였던 조세부담률을 2050년에 38%까지 올려야 할 것으로 내다봤다. '증세 없는 복지증대'는 거짓이라는 얘기다. (272)

2007년기준 OECD회원국의 국내총생산(GDP)대비 공공사회지출 비중(%)은 프랑스 28.4, 스웨덴 27.3, 독일25.2, 일본18.7, 미국16.2, 한국7.5이며 OECD 평균은 19.3으로 한국의 사회복지지출은 상대적으로 낮은 편이다.

2010년기준 OECD회원국의 국내총생산(GDP)대비 비중(%)은 일본198.4, 이탈리아 131.3, 미국 92.8, 프랑스 92.4, 영국 81.3, 스웨덴 51.3, 한국 33.2이며, OECD 회원국 평균은 96.9이다. (278)

(3)복지의 3중 딜레마(trilemma)인 ①늘어나는 복지지출 ②악화되는 재정건전성 ③활로 찾기 어려운 증세(增稅)를 해결하기 위한 묘책은 없다. 그러나 정치권이 선거를 의식해서 주장하는 대중영합주의(populism)적 복지공약에 흔들려서는 안 되겠다.

우리나라의 복지정책도 복지수준 · 재정건전성 · 세수입 등이 조화를 이루면서 점진적으로 「고복지-고부담」의 복지구조가 되도록 하기 위해 서구 복지국가들의 복지정책의 교훈을 잊어서는 안 될 것이다.

여 · 야당이 제시하는 무상급식 · 무상교육 · 무상의료 · 반값등록금 등 퍼주기식 복지보다는 빈곤층의 자립을 돕는 복지의 길을 찾아야 한다.

(4)등골이 휘도록 일해도 최저생계비(2012년 4인가구기준 월144만 원)도 못 버는 신빈곤층 등을 포함, 우리나라 전체 빈곤층(빈곤층이란 중간소득인 4인가족 월 363만 원의 절반도 못 버는 가구를 말함)이 5가구당 1가구 꼴인 20.9%(우리나라 빈곤률은 OECD평균 10.6%의 2배임)에 대한 지원대책문제이다. 현재 정부는 빈곤층에 대해 한해 7조 3,000억 원을 들여 국민기초생활 보장제도로 최저생계비를 지원해주고 있으며 현재 기초생활수급자는 160만 명에 불과하다. 일하는 빈곤층에게는 적어도 최저생계비와 4대보험(건강 · 산재 · 고용 · 노인장기요양보험)을 보장하는 사회안전망이 갖춰지도록 해야 한다. (279)

(5)올해 OECD가 동일한 기준을 적용해서 조사한 통계에서 한국은 임금이 지급되는 노동시간이 두 번째로 긴 국가로 발표되었다. 그리고 한국은 OECD회원국 중에서 지난 10년간 노동생산성이 가장 많이 증가한 나라이다. 어떤 통계를

참고하든 한국은 전세계에서 국민이 가장 열심히 일하는 나라중 하나라는 것에 이의가 있을 수 없다.

그러나 경제성장의 또다른 중요한 요소인 자본은 그렇지가 못하다. 국제 투자회사인 UBS가 전세계 48개 국가를 대상으로 2010년 기업실적을 분석한 자료에 따르면 우리나라는 자본의 효율성이 매우 낮은 것으로 평가되고 있다. 기업에 투자된 자본이 생산을 통해서 얼마나 더 많은 자본으로 창출되었는가를 측정하는 지표인 '투자자본 대비 기업가치'의 비율은 1.3으로 34위였다. 우리나라는 100원을 투자해서 130원을 만들어냈다는 의미이다. 전 세계의 평균이 160원이고 신흥시장국가들의 평균은 180원이니 우리나라는 투자된 자본이 생산을 통해서 새로운 자본을 만들어내는 효율성이 매우 낮은 것이다. 기업이 투자한 자본금이 주식가치로 전환되는 효율성도 36위로 여전히 낮다. 기업이 만들어낸 순이익이 주가로 전환되는 비율도 35위이며, 조사 대상 아시아 국가 중에서 꼴찌였다.

우리나라가 선진국으로 도약하려면 자본의 효율성을 높이는 방향으로 재벌구조와 금융구조를 바꿔야 한다. (280)

"이 또한 한국 노동시간은 세계 1,2위 다투는데 자본효율성은 48개국 중 34위에 불과한 실정이며, 이제 사람 쥐어짜는 성장은 한계에 와 있다. 1등 선진국으로 도약하려면 재벌 · 금융구조를 바꿔야 한다"는 조언에도 정책이 귀를 기울여야 한다.

(6)최근 19대 총선 선거철을 앞두고 여야정치권이 재벌개혁론, 즉 재벌기업에 대한 기업 배싱(bashing · 기업때리기)논리들이 고개를 들고 있다. 여당인 새누리당은 대기업의 신규순환출자금지방안을, 야당인 민주통합당은 출자총액제한제도(출총제)부활 등을 공약으로 내걸고 있다. 중앙일보가 2012년 2월 6,7일 이틀에 걸쳐 10대 그룹 임원들을 대상으로 긴급 전화설문조사결과 재벌개혁론은 동네 빵집까지 손댄 것은 대기업의 오만이고, 표 위해 대기업 때리는 기업배싱 행위는 정치권의 잘못된 편견과 득표전략의 결과라는 지적들이 많았다는 사실에 유념해야 한다.(383)

(7)그 외 우리 경제와 복지정책에 관련된 문제 몇가지를 더 말하고자 한다.

① OECD가 2011년 11월 21일 '외국인 직접투자규제도' 보고서를 통해 "한국이 OECD 및 G20(주요 20개국)소속 42개국 가운데 외국인 투자에 대한

규제가 1997년 이후 가장 큰 폭으로 개선된 것으로 나타났다"고 밝혔다.

"1997년에는 42개국 중 41위였는데, 2010년에는 10위로 개선되었다"며 한국을 '위대한 개혁가(biggest reformer)'라고 치켜세웠다. 그러나 일부에서는 규제가 자주 변경되는 문제, 규제 일관성이 부족한 문제 등에 대한 지적이 있으므로 이에 대한 규제담당기관의 유념과 국내기업 등에 대한 규제의 전봇대 뽑기 노력을 더 많이 기울여야 할 것이다.

② 앞에서도 말한 바 있는 양극화 문제에 대한 단계적인 개선 대책이 마련되어야 한다. 상위 20%의 소득이 하위 20%의 소득의 몇 배인지를 나타내는 「소득 5분위 배율」도 노무현 정부 첫해(2003년) 4.22배에서 5년 뒤 4.88배로 벌어졌다.

「대기업과 중소기업의 이익률격차」는 2007년 3.8%대 7.9%에서 2010년 2.9%대 8.4%로 더 커졌다.

「비정규직 임금」은 정규직의 66.8%수준에서 57.2%로 더 낮아졌다.

「국가채무」는 2010년 400조 원에 육박, 3년 전보다 100조 원 이상 늘었다.

「빈곤층 비율」, 즉 중위소득(우리국민이 소득에 따라 줄섰을 때 한 가운데 오는 사람의 소득)의 50~150%를 중산층이라 하고 그 아래에 있는 소득계층을 빈곤층이라 하는데 우리나라 빈곤층비율이 1990년 7.1%, 1998년 10.9%, 2006년 11.9%, 2010년 12.5%로 점점 늘어나고 있다.

③ 경제성장률이 김영삼 정권 5년간 평균 7.4%였던 것이 김대중 정권 때는 5.0%, 노무현 정권은 4.4%였으며, 이명박 정권에서는 평균 성장률이 3.54%로 떨어질 전망이다. (281)

보편적 복지가 가능하려면 나라 전체의 파이를 키워야 하며, 증세를 통한 재정 부담이 뒷받침되어야 한다.

만인의 지혜를 모아 파이키우기 위한 전략을 다시 짜야 할 것이다.

또한 이탈리아가 '재정수지균형'을 정부의 의무로 헌법에 명기하기로 했듯이(282), 우리나라도 재정수지균형문제에 대한 법적장치여부를 검토해야 할 것이다.

④ 그 외 한미FTA문제, 청년실업문제에 대한 사심없는 대책을 세워야 한다.

⑤ 빈곤의 대물림 문제이다.

한국 빈곤층 10명 중 7명은 평생 빈곤층에 머무는 것으로 나타났다. 한국보건사회연구원 강신욱 기초보장연구실 연구위원이 최근 발표한 '소득 이동성의 변화 추이' 연구 보고서에 따르면 2003년부터 2008년까지 빈곤층이 상위 계층으로 올라간 비율은 31.1%였다.

이 보고서는 도시근로자 가구를 중위소득을 기준으로 중위소득의 50% 미만(빈곤층), 50~75%(중하층), 75~150%(중상층), 150% 이상(상위층)으로 구분한 후 1990~1997년(1기), 1998~2002년(2기), 2003~2008년(3기)으로 나눈 시기에 따라 계층 간 이동을 분석했다.

빈곤층 중 상위계층으로 올라가지 못한 나머지 68.9%는 계속 빈곤층에 머물렀다. 빈곤층의 계층 상승 비율은 1기 43.6%, 2기 43.5%였지만 3기(31.1%) 때 크게 감소했다. 중하층의 계층 상승 비율도 1기 33.5%, 2기 33.7%에 비해 3기는 28.2%로 많이 줄었다. 반면 빈곤층으로 내려간 비율은 1기 12.0%, 2기 15.9%, 3기 17.6%로 증가했다. 전체 빈곤층의 비율도 1기 8.4%, 2기 10.4%, 3기 12.1%로 계속 늘었다.

강 연구위원은 "저소득층이 일을 해도 현재 소득 수준을 벗어나기 힘든 것은 1997년 외환위기 이후 노동시장 양극화로 비정규직과 영세 자영업자들의 소득이 크게 줄었기 때문"이라고 분석했다. (283)

⑥ 실제 청년(15~29세) 실업률22%, 청년실업자 110만 명 문제 (284)

⑦ 전월세 폭등으로 인한 전월세가구(전체가구의 41%인 2,000만 명) 등 빈공층의 전월세부담 증가 문제

⑧ 가계 빚 840조 9,000억 원(2011.9 말 현재)에 연간 이자 부담액만 56조 원에 이르는 대출 부담경감을 위한 이자율의 획기적인 조정 문제

⑨ 4대보험(건강 · 산재 · 고용 · 노령장기요양보험) 문제

⑩ 빈곤층 엥겔계수(가계의 식 · 음료품지출액을 총 지출액으로 나눈 비율) 7년 만에 최고치인 2011년 3분기 22.8%에 도달했다는 문제

⑪ 국민연금수령 연령 현 60세를 65세로 높이고, 60세로 되어 있는 기업 정년제를 폐지해야 된다는 OECD 권고에 대한 정책적 판단 문제,

⑫ 2011년 1월 현재 4870만명이 가입한 건강보험의 누적적자 2010년 1조

2,994억 원이 20년 후에는 47조가 되는데 적자 막기 위해서는 현재 건보료 1인당 평균 월 8만 원(월소득의 5.3%)을 4.5배이상 올려야 하는 문제

⑬ 저소득층의 사회보험료 부담증가의 문제

통계청에 따르면 2011년 1분기 1분위(소득 하위 20% 이하) 가구의 사회보험료 지출은 월평균 3만 9,332원으로 월평균 총소득(110만 6,259원)의 3.56%를 차지했다. 관련 통계를 집계하기 시작한 2003년 이후 최고치다. 사회보험료에는 건강보험료와 산재보험료, 고용보험료, 노인장기요양보험료가 포함된다.

소득에서 사회보험료 지출이 차지하는 비중은 소득수준이 낮을수록 큰 것으로 조사됐다. 소득분위별 사회보험료 지출 비중은 2분위 가구가 2.67%, 3분위 가구가 2.63%, 4분위 가구가 2.49%, 5분위 가구가 2.20%를 기록했다. 소득이 가장 낮은 1분위 가구의 사회보험료 지출 비중이 소득이 가장 높은 5분위 가구보다 1.62배나 높은 셈이다.

특히 고소득층은 사회보험료 지출 비중이 줄어든 반면 저소득층은 높아져 '소득 역진(逆進)' 구조가 심각한 것으로 나타났다. 이처럼 저소득층의 사회보험료 지출 비중이 크게 늘어난 것은 저소득층의 소득이 줄어든 데 비해 사회보험료 감소폭은 작았기 때문이다. (285)

⑭ 호주는 2010년 7월 저소득층 최저임금을 시간당 15호주달러(17,000원)로 올리고, 법정실업수당을 평균임금의 25%이상으로 하면서 6개월 이상 고용 프로그램에 참여하는 것을 조건으로 하는 등으로 실업률이 5% 안팎에서 안정적추세를 이어가고 있다. (286)

우리나라도 호주의 예와 같이 최저임금(2012년 시간당 4,580원)은 상향조정하고 실업수당 상승은 억제해 일하는 사람에게 혜택이 돌아가게 해 '일하도록 하는 복지 정책' 을 지향해 나가야 한다.

150만 명의 기초생활수급자 가운데 19만 명이 근로능력이 있는 것으로 정부는 판단하고 있다.

⑮ 현재 소득하위 70% 노인 402만 명(2012년)이 월평균 91,200원(2012년 4월부터는 94,300원)씩 받고 있는 기초노령연금 인상문제

⑯ 최빈국이었던 대한민국을 50년 만에 국민 총생산 세계 13위, 무역 1조 달

러 국민소득 2만 불의 선진국을 만드는데 주도적 역할을 한 것은 기업보국 일념으로 피땀 흘린 기업인들(이병철 · 정주영 · 구자경 · 최종현 · 김우중 · 조홍제 · 박승직 · 김종희 등 1세대 대표 기업인들을 비롯한 대중소규모의 모든 기업인)이다.

선진국 대열에 진입한 한국은 다시 '제 2의 한강기적' 을 이루어 10~20년 내에 5등 이내의 상위권 선진국이 되도록 해야 한다.

그러기 위해서는 경제의 3대 전사(戰士)인 '기업인 · 근로자 · 과학기술인' 이 함께 대접받고 자부심을 느낄 수 있는 사회가 되어야 한다.

지금은 4.0자본주의 시대다. 깨어 있는 모든 기업들은 국민과 함께 하는 기업, 근로자와 함께 가는 기업이 되고자 노력하고 있다.

테라(1012)의 기술경쟁 속에서 살아남기 위해 밤낮으로 고뇌하면서 근로자와 함께 피땀 흘리는 기업인들이야 말로 전사(戰士)중의 전사(戰士)이다.

잘못이 있으면 법에 따라 벌을 주면 된다. 그러나 기업인들이 기업보국을 위해 불철주야 땀 흘리는 노고에 대해서는 목숨 걸고 나라와 국민을 지키는 호국의 전사와 같은 예우와 존경을 해야 옳다.

현대사회의 전사들인 기업인들의 노고에 경의를 표하자. 그리고 그들에게 용기를 주고 경제전사로서의 자긍심과 자존감을 가지도록 모두가 박수로 격려하고 존중하는 새 대한민국을 만들자.

⑰ 그리고 필자가 Part 1 · 1-1의 (5)기업, 그리고 (6)가난 · 양극화 · 복지 · 일자리창출에서 말한 제언들에 대해 정책적 검토가 있기를 바란다.

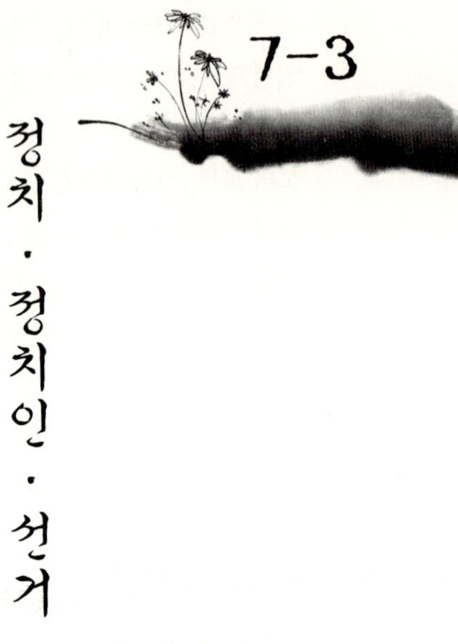

7-3 정치 · 정치인 · 선거

한국을 빛낸 100명의 위인들

작사 · 작곡 박문영 / 노래 정광태

아름다운 이 땅에 금수강산에 단군할아버지가 터 잡으시고
홍익인간 뜻으로 나라세우니 대대손손 훌륭한 인물도 많아
고구려 세운 동명왕 백제 온조왕 알에서 나온 혁거세
만주벌판 달려라 광개토대왕 신라장군 이사부
백결선생 떡방아 삼천 궁녀 의자왕
황산벌의 계백 맞서 싸운 관창 역사는 흐른다

말 목 자른 김유신 통일 문무왕 원효대사 해골물 해초 천축국
바다의 왕자 장보고 발해 대조영 귀주대첩 강감찬 서희 거란족

무단정치 정중부 화포 최무선 죽림칠현 김부식
지눌 국사 조계종 의천 천태종 대마도 정벌 이종무
일편단심 정몽주 목화씨는 문익점
해동공자 최충 삼국유사 일연 역사는 흐른다

황~ 금 ~ 보기를 돌같이 하라 최영 장군의 말씀 받들자
황희 정승 맹사성 과학 장영실 신숙주와 한명회 역사는 안다.
십만 양병 이율곡 주리 이퇴계 신사임당 오죽헌
잘 싸운다 곽재우 조헌 김시민 나라 구한 이순신
태 정 태 세 문 단 세 사육신과 생육신
몸바쳐서 논개 행주치마 권율 역사는 흐른다

번쩍번쩍 홍길동 의적 임꺽정 대쪽 같은 삼학사 어사 박문수
삼년 공부 한석봉 단원 풍속도 방랑시인 김삿갓 지도 김정호
영조대왕 신문고 정조 규장각 목민심서 정약용
녹두장군 전봉준 순교 김대건 서화가무 황진이
못 살겠다 홍경래 삼일천하 김옥균
안중근은 애국 이완용은 매국 역사는 흐른다

별 헤는 밤 윤동주 종두 지석영 삼십 삼인 손병희
만세만세 유관순 도산 안창호 어린이날 방정환
이수일과 심순애 장군의 아들 김두한
날자꾸나 이상 황소그림 중섭
역사는 흐른다.

□ 하늘의 그물은 크고 커서 성긴 듯하지만, 빠뜨리지 않는다(天網恢恢 疏而不漏).
– 《노자》73장

□ 하늘의 때는 땅의 유리한 조건만 같지 못하고, 땅의 유리함은 사람들의 화합만 같지 못하다(天時不如地利 地利不如人和). – 《맹자》공손추(公孫丑) 하

□ 정치가 너그럽기만 하면 백성들이 넘보게 된다(政寬 則民慢). – 공자, 《춘추(春秋)》
※그러므로 정치는 너그러움과 엄격함을 조화시켜 중용을 취해야 한다(寬猛相濟中庸)고 한다.

□ 너희는 세상의 소금이니 소금이 만일 그 맛을 잃으면 무엇으로 짜게 하리요, 후에는 아무 쓸 데 없어 다만 밖에 버리워 사람에게 밟힐 뿐이니라. 너희는 세상의 빛이라 산위에 있는 동네가 숨기우지 못할 것이요. 이같이 너희 빛을 사람 앞에 비취게 해 저희로 너희 착한 행실을 보고 하늘에 계신 너희 아버지께 영광을 돌리게 하라.
– 마태복음 5 : 13 · 14 · 16

□ 민중을 얻으면 나라를 얻게 되고, 민중을 잃으면 나라를 잃는다(得衆則國 失衆則失國).
– 《대학》 전 10장

□ 강대국의 책임은 다른 나라의 국민들을 지배하는 데 있지 않고, 그들에게 봉사하는 데 있다. – 트루먼 대통령

□ 사자가 이끄는 양의 무리가 양이 이끄는 사자의 무리를 이길 수 있다.
– 나폴레옹 보나빠르트

□ 정치가의 오른손은 교육 · 과학기술 · 기업 · 문화를, 왼손은 가난하고 억울하고 아픈 사람을 끌어 줘야 한다. – 조영재

□ 사람을 얻는 자는 흥성하고, 사람을 잃는 자는 패망한다(得人者興, 失人者崩).
– 《사기》 상군열전

□ 백성과는 가깝게 지낼지언정 얕잡아 보아서는 안 된다(民可近 不可下).
– 《서경》오자지가(五子之歌)편

□ 옛것을 본받아 새로운 것을 창조하며, 백성을 유복하게 하고 나라를 이롭게 한다(法古創新 裕民益國). – 연암 박지원 (330)

□ 나라의 흥망은 정치에 달려있고, 정치의 득실은 보좌에 달려 있다(國之廢興 在於政事 政事得失 由乎輔佐). – 《후한서》

□ 가혹한 정치는 그 백성에게 미치는 해독이 범보다도 더 심하다(苛政 猛於虎).
– 《예기》 단궁편

□ 백성의 입을 막아 민원(民怨)이 쌓이는 것이 물을 막아 범람케 하는 것보다 그 해가 더 심한 것이다(防民之口 甚於防水). – 《사기(史記)》

□ 나라를 다스리는 중요한 도리는 공평하고 정직한 데 있다(理國要道 在於公平正直).
– 오긍(吳兢), 《정관정요》

□ 법은 세우기가 어려운 것이 아니라, 행하기가 어려운 것이다. – 세종대왕

□ 여덟 가지 정사란, 첫째는 식량이요, 둘째는 경제요, 셋째는 제사요, 넷째는 토목이요, 다섯째는 교육이요, 여섯째는 치안이요, 일곱째는 외교요, 여덟째는 군대이다(八政 一曰食 二曰貨 三曰祀 四曰司空 五曰司徒 六曰司寇 七曰賓 八曰師). – 《서경》 홍범편

□ 백성이 나라를 먹여 살리는 것이지, 나라가 백성을 먹여 살린다는 말은 들어보지 못했다(百姓所以養國家也 未聞以國家養百姓者也). – 왕안석

□ 오직 백성이 나라의 근본이니, 근본이 튼튼해야 나라가 안녕하다(民惟邦本 本固邦寧). – 《서경》

□ 세상에서 가장 튼튼한 요새는 국민들의 지지와 사랑이다. – 마키아벨리

□ 지위가 높으면 책임도 크다. – 세네카

□ 세상 사람들의 말은 언제나, 성공한 자를 찬양하고, 실패한 자는 헐뜯으며, 높은 자를 떠받들고, 낮은 자는 억누른다(凡人之談 常譽成毁敗 扶高抑下). – 《삼국지》

□ 정치란 백성의 눈물을 닦아주는 것이다. – 네루

□ 국민들이여. 조국을 위해 피와 땀과 눈물을 흘리시요. – 비스마르크

□ 민중은 가장 훌륭한 재판관이다. – 영국 속담

□ 편협함이 없고 파당이 없으면 왕도는 평탄해질 것이다(無偏無黨 王道蕩蕩). – 《서경》 홍범편

□ 초심을 잊지 말자(初心不忘).

□ 집이 가난해지면 어진 아내를 생각하게 되고, 나라가 어지러워지면 훌륭한 재상을 생각하게 된다(家貧則思良妻 國亂則思良相). – 《사기》 위세가편

□ 권력은 총구로부터 나온다. – 모택동

□ 장닭 모가지를 비틀어도 새벽은 온다.

□ 눈길을 갈 때는 똑바로 걸어라. 오늘 나의 발걸음은 뒷사람의 지침이 될 것이다. – 서산대사

□ 덕이 적은 이가 총애를 받고 재능이 없는 이가 높은 지위에 있으며 큰 공이 없는 이가 녹(祿)을 많이 받는 일을 사람의 삼위(三危)라고 한다. – 《회남자(淮南子)》

□ 리더십은 고통을 주면서 고통을 덜어주는 능력이다. 더 큰 이익을 위해 작은 고통을 주는 능력이다. – 조지 윌, 칼럼리스트

□ 정객은 다음 선거를 생각하고, 정치가는 다음 세대를 생각한다.

□ 정치인, 그들은 강도 없는데 다리를 놔준다고 한다. 정치가는 자기 말을 남이 믿을 때 가장 놀란다.

□ 큰 정치인으로 성공하기 위해서는 보통 사람, 낮은 곳에 있는 사람들의 삶과 꿈과 고민을 이해하고 공감할 수 있어야 한다. 그래야만 국민이 원하는 목표와 비전을 함께 이루어 낼 수 있다. – 조영재

□ 큰 인물일수록 어린 아이의 순진성을 지니고 있다. – 맹자

□ 항상 최고를 누리고 남보다 뛰어나라. – C. 허비트

□ 철인이 국왕으로 되든가 또는 이 세상의 국왕이나 군주들이 철학의 정신과 능력을 갖지 못하는 한, 또한 정치적인 위대성과 예지가 하나로 합쳐지고, 그리고 다른 사람을 배척해 버리려는 데 열중하는 시민들이 사라져 버리지 않는 한, 도시국가는—아니 내가 믿는 바로는 인류도 역시—악으로부터 해방되지는 못할 것이다.—그리고 오직 그와 같은 때에 이르러서야만 비로소 우리들의 나라는 능히 살아갈 수 있는 가능성을 가지게 될 것이며 또한 햇빛도 볼 수 있게 될 것이다. – 플라톤 (103)

□ 하늘이 하늘 된 까닭을 아는 사람은 왕의 일을 이룰 수 있고, 하늘이 하늘 된 까닭을 모르는 사람은 왕의 일을 이룰 수 없다. 왕 노릇 하는 자는 백성을 하늘로 알고, 백성은 먹을 것을 하늘로 여긴다(知天之天者 王事可成 不知天之天者 王事不可成 王者以民人爲天 而民人以食爲天). – 《사기》 역생 · 육가열전 (250)

□ 올바른 관리는 위엄을 뽐내지 않고, 잘 싸우는 사람은 노하지 않고, 능히 적을 이기는 사람은 다투지 않으며, 사람을 잘 쓰는 사람은 그의 아래가 된다. 이를 일러 다투지 않는 덕이라 하고, 사람을 쓰는 힘이라 한다. 이는 하늘의 도에 부합하며 예로부터 지극히 높은 방법이다(善爲士者不武 善戰者不怒 善勝敵者不與 善用人者爲之下 是謂不爭之德 是謂用人之力 是謂配天古之極). – 노자 《도덕경》 68장 (465)

□ 사(私)를 따르면 어지러워지고, 법(法)을 따르면 다스려진다(道私者亂 道法者治). – 《한비자》

□ 사람의 감정은 덕에는 감복하지만 힘에는 복종하지 아니한다(人之情 心服於德不服於力). – 문자(文子)

□ 정치에는 낡은 것과 새것이 따로 없고, 백성을 편안하게 하는 것이 근본일 따름이다(政無舊新 以便民爲本). – 소철(蘇轍)

□ 정사를 다스리는데 긴요한 것은 공평하고 사사로운 욕심이 없이 깨끗이 하는 것이요, 집을 이루는 길은 낭비하지 아니하고 부지런한 것이니라(爲政之要 曰公與淸 成家之道 曰儉與勤). – 《경행록》

□ 지배하는 것은 쉽다, 통치하는 것은 어렵다. – 괴테

□ 아랫사람에게 조금도 신경을 쓰지 않는 사람이 손윗사람에게는 몹시 신경을 쓰는 법이다. – 투르게네프

□ 남을 따르는 법을 알지 못하는 사람은 좋은 지도자가 될 수 없다. – 아리스토텔레스

□ 여자는 자기를 즐겁게 해주는 자를 위해 얼굴을 가꾸고, 선비는 자기를 알아주는 자를 위해 목숨을 바친다(女爲悅己者容 士爲知己者死). – 예양, 《史記》 자객열전

□ 백성들의 소리는 곧 하나님의 소리이다. – 《탈무드》

□ 발본색원(拔本塞源) : 근본원인을 찾아 올바르게 일을 처단함. – 《좌전》

□ 주지육림(酒池肉林) : 술은 못과 같고 고기는 숲과 같이 쌓였다 함이니 호화스러운 잔치, 호사스러운 생활을 뜻함.

※옛날 중국 은(殷)나라 주왕(紂王)의 생활에서 나온 말(紂好酒淫樂 戱於沙丘 以酒爲池 懸肉爲林 使男女裸 相逐其間 爲長夜之飮 百姓怨望). – 《史記》 殷紀

□ 중구삭금(衆口鑠金) : 여러 사람이 함께 하는 말에는 금(金)과 같이 굳은 것도 다 부서진다는 말로, 여러 사람의 말은 무섭다는 뜻. - 《초사》 9장

□ 중심성성(衆心成城) : 뭇사람의 마음이 하나로 합하면 성(城)과 같이 굳게 될 수도 있다는 말로, 많은 사람이 굳게 뭉치면 좀처럼 침범할 수 없다는 뜻.
- 《국어》 주어하(周語下)
※《국어》주어하 「伶州鳩曰 衆心成城 衆口鑠金」

□ 건곤일척(乾坤一擲) : 큰일(天子되는 것)을 위해 하늘과 땅을 걸고 승부를 겨룬다는 뜻.
- 한유(韓愈)의 시 '과홍구(過鴻溝)'
※당나라 시인(詩人) 한유(768-824 · 字는 退之)는 장량과 진평이 유방을 도와 패업을 이룩한 사건이야말로 천지(乾坤)를 건 모험으로 생각하고 홍구를 지날 때 이 감회를 〈과홍구(過鴻溝)〉라는 칠언칠구(七言七句)시로 회상했는데 이것이 그 내용이다.

용은 지치고 범은 곤해 천원(川原)을 나누니 억만 백성은 생명을 보존했다.
누가 군왕으로 해금 말머리를 돌리도록 권해
참으로 하늘과 땅을 건 도박을 벌였던가(其成一擲見者乾坤)
건곤일척이란 큰 표적을 두고 잃느냐 얻느냐의 모험을 건 승부를 이야기할 때 쓴다.
(321)

□ 계구우후(鷄口牛後) : 소의 꼬리가 되지 말고 닭의 입이 되라. - 《사기》소진열전 (321)

□ 대의멸친(大義滅親) : 대의를 위해 부자(父子)의 정도 희생시킨다는 뜻. - 《춘추좌씨전》

□ 천리안(千里眼) : 천리를 내다보는 눈. 먼 곳에서 일어나는 일도 잘 알아내는 능력을 말함. - 《위서(魏書)》 양일(楊逸)전

□ 혜이부지위정(惠而不知爲政) : 은혜롭기는 하나 정치할 줄은 모른다. 정치는 인기 시책보다는 근본대책을 세워 추진해야 한다는 말. 맹자가 물 건너가는 사람을 태워 건네주는 정나라 재상 자산(子産)을 보고 한 말. 정치하는 사람이 이렇게 사람마다 기쁘게 해주려면 날이 부족한 법이다(故 爲政者 每人悅之 日亦不足矣). - 《맹자》 이루하

□ 부패는 국가를 몰락으로 이끄는 가장 확실한 지름길이다. - 글래드 스톤, 전 영국수상

□ 지도자는 국민의 신뢰에 의존한다. 국민의 신뢰를 상실하면 그 지도자는 종말이다.
- 그라지아(de Grazia)

□ 정치지도자의 첫째 조건은 정직성이다. 정치지도자는 국내외적으로 국가와 국민을 대표하는 자이기 때문이다. 정직하지 못한 지도자는 국민을 부끄럽게 하고, 국민이 그의 언행을 믿을 수 없으며, 무슨 짓을 할지 모르기 때문이다. - 조영재

□ 나라를 다스리고 집안을 편안하게 하는 길은 사람을 얻는데 있고, 나라와 집안을 망하게 하는 것은 사람을 잃는데 있다(治國安家得人也 亡國破家失人也).
- 강태공, 《삼략(三略)》

■ ■ ■

정치(政治 · politics)란 통치와 지배, 이에 대한 복종 · 협력 · 저항 등의 사회적 활동의 총칭이다. 정치의 본질에 대해서는 학자에 따라 다양한 견해가 있으나, 그 주요 논점은 다음과 같다.

(1) 사회생활에서 일어나는 필연적인 대립 · 분쟁은 조정되고 통일적인 질서가 유지되어야 한다. 국가라고 하는 공동생활 형태 속에서 단순히 개개인의 풍습이나 도덕 등의 자율적인 규범만으로 유지되지 않는 질서를 국가권력을 배경으로 해 법과 그 밖의 방법을 통해 유지시키는 작용을 정치라고 보는 견해이다. 물론, 이러한 견해도 소위 위로부터의 통치만을 정치로 보는 데 그치지 않고, 이러한 통치 또는 지배에 대해 피치자(被治者)쪽으로부터의 반항 및 그 밖의 활동, 즉 국가권력 자체를 스스로 운영하려 하는 활동 등도 정치라고 보는데, 이러한 견해는 국가를 중심으로 정치를 논하려 하는 점이 특색이라 할 수 있다.

(2) 이에 반해 정치는 국가만으로 한정되는 인간활동뿐만 아니라 모든 인간생활의 제(諸)형태, 이를테면 회사 · 노동조합 · 교회 · 학교 · 가정 등 어디에서나 발생되는 이해관계의 대립이나 의견의 차이를 조정해 나가는 통제의 작용도 모두 포함한다는 견해가 있다. 미국 정치학자들의 대부분은 이 관계를 거번먼트(government)라 해 국가는 공적인 거번먼트인 데 대해 그 밖의 것은 사적인 거번먼트라고 설명하고 있다.

(3) 정치를 모든 대립을 조정하고 통일적인 질서를 유지시키는 작용으로 보는 점에서는 (1) · (2)와 같은 입장을 취하면서도 특히 사회적 · 경제적 · 이데올로기적 대립의 항쟁관계 속에서 상대방을 복종시키고 스스로의 주장을 관철시키는 활동을 정치의 본질로 보는 견해가 있다. 그것에 따르면 자기편에게는 가장 우호적인 단결과 협력을 제공하고 상대편에게는 적대적인 태도를 취하는 것이 곧 정치의 형태이며, 정치는 스스로의 의지에 상대방을 복종시키고 상대방을 통제하며 자신이 필요로 하는 질서를 유지 · 강화하는 작용이다. 따라서 이 견해는 자연히 국가를 중심으로 정치를 보는 경향이 강하다고 할 수 있다.

(4) 한편, 마르크스주의는 정치를 계급적 시각에서 고찰하고 있다. 국가는 특정계급의 이익을 보호하는 권력기관이며, 국가의 통치는 적대적인 여러 계급의 저항을 통제하고 스스로의 권익에 필요한 질서를 유지 · 강화하는 것이다. 이에

대해 피지배계급에 속하는 모든 대중은 자신의 권리와 이익을 수호하기 위해 부단히 저항하고 적극적으로 요구하며 그것을 실현시키기 위해 다양하고도 조직적인 노력을 경주한다. 이러한 지배와 저항을 본질로 하는 것이 바로 정치라고 규정하고 있다. (425)

정치가(政治家 · politician), 정치인, 정객 등은 정치 분야에 종사하는 사람을 가리키는 단어이다.

학문적으로 정치가는 정책의 형성 · 결정 · 집행에 실효성 있는 영향력을 행사하는 자, 계속적으로 정치활동에 종사하면서 지도적 역할을 담당하고 있는 자, 그러한 일을 과거에 했던 자 등을 말한다. 선동가형 정치인을 폴리티션(politician), 바람직한 정치가를 스테이츠먼(statesman)으로 분류하기도 한다. 그러나 양자의 차이는 단지 상대적인 것에 불과하다. 스테이츠먼은 탁월한 정치적 식견과 수완을 가지고 정치무대에서 활동하는 정치가를 말하는 것이지만, 실제로는 이러한 이상주의적 정치가도 정치의 현실을 무시하지는 못한다.

아리스토텔레스는 일찍이 인간과 정치와의 관련성에 대해 다음과 같이 말했다. "인간은 본래 그 천성이 정치적 동물이다. 그러므로 단순히 우연적인 결과가 아니라, 날 때부터 국가 없이도 살아갈 수 있는 자는 인간 이상의 존재(神)이거나, 아니면 인간 이하의 존재(야수)이다."

이와 같이 인간은 원래 정치적 동물로 태어났기 때문에 결코 정치로부터 벗어나서 살아갈 수는 없는 것이다. 그런데 인간이 만일 모두가 한결같이 「천사」와 같은 존재라면 아마 정치는 필요하지 않을지도 모른다. 또한 인간이 만일 흉악한 「야수」와 같기만 한 존재라면 그 사회는 약육강식이나 적자생존의 동물적 자연질서가 형성되어지게 됨으로써 정치는 불가능하게 될 것이 분명하다. 그러므로 천사도 야수도 아닌 그 양자의 중간에 있는 인간의 세계에서만 정치는 가능하다 할 것이다. (103)

공자는 제자 자공(子貢)이 정치가 할 일에 대해 묻자 족식(足食 · 먹을 것을 넉넉하게 해 줌 = 經濟), 족병(足兵 · 군비를 튼튼하게 함 = 國防 · 安保), 민신(民信 · 백성이 지도자를 믿고 따름 = 信義)라고 말했다. 그리고 부득이 세 가지 중에 하나를 버린다면 군비(足兵)를, 다시 하나를 버린다면 경제(足食)를 버리라고 하면서 "예로부터 사람은 언젠가 죽게 되어 있지만, 백성이 믿지 않으면 지도자

(정치)가 서 있을 수 없기 때문"이라고 했다(子貢問政. 子曰, '足食, 足兵, 民信之矣' 子貢曰, '必不得已而去 於斯三者何先' 曰 '去兵' 子貢曰 '必不得已而去 於斯二者何先' 曰 '去食 自古皆有死 民無信不立.' 논어 안연편). (419)

세종대왕도 '왕은 하늘을 대신해 만물을 다스린다' 는 유교의 대천이물(代天而物)사상을 가지고 조심스럽게 나라를 다스렸다.

"옥을 두는 까닭은 죄를 징계하기 위함이지, 사람을 죽이기 위함이 아니다. 사옥관(司獄官)이 마음을 써 살피지 아니해 수인(囚人)이 큰 추위와 배고픔과 무더위, 질병으로 인해 비명에 죽는 일이 없지 않으니 참으로 불쌍하다. 중외의 관리들은 나의 지극한 마음을 따라 무시로 친히 살피고 감옥을 닦고 소제해 항상 청결하게 하고, 질병에 걸린 죄수는 약을 주어 구료하고 옥바라지를 할 사람이 없는 자는 관에서 의복과 식량을 주어 구호하라. 그 중 마음을 써 봉행하지 않는 자는 서울은 사헌부에서, 외방은 감사가 엄히 규찰해 다스리라."

또한 세종은 형벌의 남용을 염려해 진상제일주의(眞相第一主義)와 삼심제(三審制)로 할 것도 지시했다. (26)

'정치지도자가 어떤 자세로 일하느냐' 하는 것은 무엇보다 중요하다.

즐풍목우(櫛風沐雨)란 말이 있다. 이 말은 바쁜 정사로 시간이 부족해 '바람결에 머리 빗고, 비가 오면 비를 맞아 목욕을 대신했다' 는 뜻이다.

「우임금이 치수할 때, 강물과 하천을 소통시키느라 손수 삼태기를 들고 삽을 잡았다. 일신의 안위를 잊고 천하를 위해 온몸을 바쳐 노고했다. 그 결과 장딴지에 살점이 안 보이고, 정강이에 털이 다 빠졌다. 바람으로 머리 빗고, 빗물로 목욕했다(櫛風沐雨). 묵자는(墨子)는 "우임금은 위대한 성인인데도 천하 사람들을 위해 이처럼 자신의 육신을 수고롭게 했다"며 감동했다.」(963)

좌이대단(坐而待旦)이란 말도 있다. 주나라의 주공(周公)이 국사를 처리하느라, '잠도 못 자고 일하다가 앉아서 아침 해를 맞이했다' 는 뜻이다.

공자는 정치에 대한 자로(子路)의 질문에 '선지노지(先之勞之)', 즉 솔선수범하라고 가르치고 있다. 또 공자는 중궁(仲弓)이 정치에 대해 묻자, '선유사(先有司), 즉 직책 가진 자가 먼저 솔선수범할 것', '사소과(赦小過), 즉 다른 사람의 잘못 따지지 말 것', '거현재(擧賢材), 즉 우수한 인재를 등용할 것' 등을 가르친다.

권모술수 주의자로 알려진 마키아벨리는 권좌에 새롭게 오른 군주는 신하들을 온몸으로 껴안으라고 조언한다.

"군주가 신하들을 보듬으면 그들은 군주를 섬길 것이고, 신뢰받지 못했던 신하들까지 충성스러워질 것이며, 충성을 바친 자는 더욱 큰 충성을 바칠 것이다."

마키아벨리는 왜 부정적으로 평가받는가, 마키아벨리는 현실과 거리가 먼 이상적인 도덕가이다. 그는 "모든 조건이 동등할 경우 군주는 도덕적이어야 하지만, 권력에 도덕성이 방해된다면 도덕성을 내던져야 한다"라고 설파한다.

무엇보다도 마키아벨리는 실용주의자이지만, 도덕적 수단을 통해 목적을 달성하는 실용주의자이다. 그는 가능한 미덕과 이기심이 충돌하지 않기를 원한다. 미덕과 힘이 충돌할 경우, 군주는 미덕보다 권력을 선택하기 때문이다. (145)

정치건 기업이건 단체건 어느 조직이건 사람이 가장 중요하다. 어떤 사람들이 어떤 일을 선택해 어떤 자세로 어디까지 일하느냐 하는 것이 그 조직의 성패와 운명을 좌우하기 때문이다.

일을 잘하고 일을 잘할 수 있는 인재를 얼마나 모아 어떻게 일하도록 하느냐 하는 인사야말로 참으로 중요한 조직 성패의 기본적 요소라 할 것이다.

그래서 예로부터 인사(人事)는 만사(萬事)라고 했다.

어떤 사람이건 한 사람이 만 가지 일을 다 할 수 없다. 그렇기 때문에 지도자의 지혜 눈 · 귀 · 입 · 손발이 될 인재가 필요한 것이다.

특히 지도자는 '소리 없는 소리를 듣고, 형체 없는 형체를 보는(聽於無聲 視於無形) 안목과 예지'가 필요하다. 이런 것들을 갖추면 금상첨화일 것이다. 그러나 지도자가 모든 능력을 다 갖춘다는 것은 어려운 일이기 때문에 각각의 재질을 갖춘 다양한 인재를 널리 구해서 보필하게 하는 것이다. 그렇기 때문에 '인사가 만사라도 말과 인재영입을 위해 삼고초려'라는 옛 가르침이 오늘날까지 전해 오는 것이다.

춘추전국시대 사상가이며 소진 · 장의의 스승이었던 귀곡자(鬼谷子)는 3가지 유형의 인재를 말한다.

대개 어진 사람은 재물을 가볍게 여기므로 이익으로 유혹할 수는 없지만 오히려 일을 할 비용을 쓰게 할 수는 있다. 용감한 자는 어려움을 두려워하지 않으므로 우환으로 겁을 줄 수는 없지만 위험한 곳을 지키게 할 수는 있다. 또 지혜로운 자는 술수와 이치에 밝으니 속일 수는 없지만 도리를 내세워 공을 세우게 할 수는 있다. 이들이 바로 세 종류의 인재다.

그러나 어리석은 이는 쉽게 속일 수 있고, 모자라고 유약한 이들은 쉽게 겁줄 수 있고, 탐욕스런 자들은 쉽게 유혹할 수 있다. 각각의 방법은 일에 따라 선택하면 된다. (167)

당(唐)의 사관 오긍(吳兢)이 지어 709년 중종(中宗)에게 진상한 《정관정요(貞觀政要)》에는 신하의 간언에 대해 다음과 같은 내용이 있다.

간의대부(諫議大夫) 왕규(王珪)가 태종의 말에 답하여,

"저는 이러한 것을 듣고 있습니다. '아무리 굽은 나무라도 먹줄에 따라서 켜면 똑바르게 되고, 어떠한 군주라도 간(諫)하는 말에 잘 따르면 성군이 된다' 고 합니다. 그러므로, 옛날의 뛰어난 군주에게는 반드시 임금을 간하는 역할을 담당하는 신하가 일곱 명씩이나 있었다고 합니다. 그래서, 만약 간하는 말이 임금에 의해 받아들여지지 않는다면 서로 이어 죽음으로써 간했습니다(諫議大夫王珪對曰 臣聞 木從繩 則正 君從諫則聖 故古者聖主 必有諍臣七人 言而不用 則相繼以死)." (54)

《효경》 간쟁편에 이런 말이 나온다. "천자에게 서로 다투며 간하는 신하 일곱 명만 있으면 비록 도(道)가 없더라도 천하를 잃지 않는다(天子有爭臣七人 雖無道不失其天下)."

도쿠가와 이에야스(德川家康)는 조언한다.

"무공을 세우는 일보다 더 어려운 것이 주군에게 진언하는 일이다."

전쟁터에서 선두에 서서 적진을 공격해 무공을 세우는 일은 비교적 간단하다. 그러나 주군에게 진언을 하다보면 아무래도 두 사람 사이가 서먹해질 수 있다. 그 이유에 대해 도쿠가와는 다음과 같이 설명했다.

"주군에게 진언하기가 어려운 이유는 진언한 쪽이 그 내용에 신경을 쓰기 때문이다. 너무 지나친 말은 아니었는지, 또는 주군이 자기를 미워하게 된 것은 아닌지 등 불안감을 느끼게 된다. 그리고 이런 불안감은 태도에 나타나고 주군 쪽도 부하의 그런 심리를 깨닫게 되어, 부하가 충성심에서 진언을 한 것이 아니라 출세를 노렸다는 식의 오해를 하게 된다. 결국 진언을 한 쪽은 차츰 출근을 기피하게 되고 주군은 그런 부하에게 실망해 좌천시킨다. 따라서 진언은 매우 어려운

일이다." (357)

법(法) · 술(術) · 세(勢) 3가지 통치방법을 이야기했던 한비자는 지도자의 인재 활용에 관해 다음과 같이 조언한다.

"하군(下君)은 진기능(盡己能)하고, 중군(中君)은 진인력(盡人力)하며, 상군(上君)은 진인능(盡人能)한다."

삼류 리더는 자신의 능력을 사용하고, 이류 리더는 다른 사람의 힘을 쓰며, 일류 리더는 다른 사람의 재능을 사용한다는 말이다. 천하의 인재인 부하들이 자신의 능력을 최대한 활용할 수 있도록 하는 것이 가장 좋은 리더라는 말이니, 이미 한비자는 그 시대에 조직 운영의 기술을 완벽하게 꿰뚫고 있었던 것이다. 그는 또 리더에게 자신의 감정을 드러내지 않도록 주문했다. 나라 살림에서든 기업 경영에서든 리더가 자신의 감정을 드러내면 아랫사람은 상사의 감정에 따라 아부하기 마련이다. 이것을 가장 경계해야 한다는 게 한비자의 주장이다. (336)

노자는 그의 《도덕경》에서 무위(無爲) · 무치(無治)의 정치가 최상의 정치라고 말한다. 물론 이 무위의 정치는 '아무것도 안하는 것' 이 아니고, 하되 백성들에게 부담을 가장 적게 주도록 하라는 뜻이다.

《예기》에서는 이렇게 가르친다.

'백성은 임금으로 몸을 삼고, 임금은 백성으로 몸을 삼는다(民以君爲體 君以民爲體).'

임금의 자세에 대해 주(周)의 문왕이 묻자, 태공망(姜太公)이 답한다.

"평안하고 찬찬하며, 조용하고 부드러우며, 절제 있어 먼저 안정돼야 하옵니다. 잘 베풀고 다투지 말며, 마음을 비우며 뜻을 고르고, 사람을 대함에 바르게 해야 하나이다(文王日 主位如何 太公日 安徐而靜 柔節先定 善與而不爭 虛心平志 待物以正)." (83)

크게는 나라, 작게는 기업, 이 두 가지를 새로 만들어낸다는 일은 참으로 어려운 일이다. 그래서 예로부터 창업유간(創業有艱), 즉 '창업하는 일은 참으로 어려운 일' 이라고 했다. 이에 관한 잘 알려진 예화 《당서(唐書)》 방현령전을 보자.

당(唐)나라 태종은 즉위한 후에 정관 치세로 말미암아 후대에 이르기까지 성군으로 기록되었다. '정관의 치세' 이 무렵은 흔히 말하는 태평성대로 기록된다. 어느 날 신하들이 모인 자리에서 태종이 물었다.

"창업과 수성은 어느 쪽이 어렵다고 보시오?"

방현령이 대답했다.

"옛날에는 여러 영웅들이 천하각처에서 수없이 일어나고 수백 번 또는 수천 번을 싸워 공격을 하고 항복을 받으려고 목숨을 걸고 싸웠습니다. 그렇게 본다면 창업이 수성보다 어렵지 않나 생각을 합니다."

그러자 위징은 뜻을 달리한다.

"예전에야 제왕들이 온갖 어려움을 겪은 후에 보위에 올랐다가 너무나 안일한 생각으로 치세를 해 그 자리를 잃어버렸습니다. 그런 점에서 본다면 창업보다는 그것을 지키는 것이 더 어렵다고 봅니다."

태종은 두 대신의 의견을 듣고 나름대로 결론을 지었다.

"두 분의 말씀은 다 옳으오. 나 역시 백가지 일을 겪으며 창업을 했으니 말이오."

'창업유간' 이란 말 외에 '창업이 수성난(創業易 守成難)' 이라는 말이 있다. 이 말은 당태종의 치적을 모아 당의 사관인 오긍(吳兢)이 편찬한 《정관정요(貞觀政要)》란 책에 나온다.

권력(權力 · Power)이란 정치권력이라고도 한다.

넓은 의미로는 물리학의 에너지에 해당하는 것이라 해 '의도한 효과를 만들어 내는 힘' (B.A.W.러셀). '선(善)이라고 생각되는 장래의 어떤 것을 획득하기 위해 그가 현재 가지고 있는 방법' (T.홉스), '어떤 사회관계 내부에서 저항을 무릅쓰고까지 자기의 의사를 관찰해야 하는 모든 기회' (M.베버) 등으로 말하고 있다. 개인 또는 집단이 다른 개인 또는 집단의 행동을 자기의 뜻대로 하게 만들기 위해 통제하는 힘이라고 할 수 있다. 이러한 힘이 정치적 기능을 다하기 위해 조직되는 경우에는 정치권력이라 하며, 단적으로 공권력(公權力) 또는 국가권력이라 부르기도 한다. 권력의 궁극적 보장으로서 경찰 · 군대 · 교도소 등의 물리적 강제력을 가지며, 그것이 합법화되고 있는 점에 특색이 있다. (424) (425)

정치권력을 가진 지도자, 즉 정치지도자(political leader)의 지도력(leadership)을 발휘하기 위해 필요한 자질과 능력에는 어떤 것이 있어야 하는가? 이에 대해서는 학자들마다 다양한 자질을 말하고 있다.

지도자가 갖추어야 할 품성과 능력으로 어떤 분은 다음 다섯 가지가 필요하다고 한다.

①선공후사(先公後私)의 자세 ②정직 ③자신을 낮추고, 남의 이야기를 잘 듣고, 천하의 인재를 사랑함(下心善聽求賢) ④비전과 정책역량 ⑤국제적 감각과 경륜 (104)

필자는 대통령(국왕) · 총리 · 국회의원 · 장관 등 정치지도자의 능력 · 자질 등의 조건으로 다음 10가지를 제시하고자 한다.

① 멋진 나라, 행복한 국민을 만들기 위한 청사진(Grand Design)과 공약제시

② 정직하고 사심 없는 국정의 자세

③ 널리 인재를 구하고 아끼는 자세

④ 역사와 국민에 대한 책임의식

⑤ 목표달성에의 열정과 용기

⑥ 조직력

⑦ 정확한 판단력

⑧ 국민을 아끼고 고락을 함께하겠다는 동고동락의 자세와 포용력

⑨ 국제정치 감각과 식견

⑩ 며칠씩 불철주야 일해도 흔들리지 않는 체력과 건강

특히 정치지도자는 큰일을 위해 부득이한 경우 외에는 거짓말을 해서는 안 된다. 그리고 정도를 걸어야 한다. 경선에서 진자가 출마하는 새치기 행위, 부정부패로 축재하는 행위, 근거 없이 상대방을 모함하는 행위, 병역기피, 탈세, 부동산투기 등 사회적으로 지탄받을 일을 해서는 안 된다.

미국의 해리 트루먼(Harry S. Truman) 전 대통령은 리더십의 중요성에 대해 말한다. “인간은 역사를 만든다. 역사가 인간을 만들지는 않는다. 리더십이 없는 시대에 사회는 현상을 유지할 뿐이다. 용기 있고 노련한 리더가 사회를 더 나은 쪽으로 변화시키기 위한 기회를 잡을 때 성장이 가능하다.”

고복격양(鼓腹擊壤)이라는 말이 있다. 백성들이 배를 두드리며 땅을 치면서 태평세상을 노래한다는 다음과 같은 고사(故事)로 《사기》 오제본기에 나오는 말이다.

성군으로 숭앙받던 요(堯) 임금이 천하를 다스린지 50년이 지난 어느 날, 자신의 다스림이 어떤지를 알기 위해 평민의 옷으로 갈아입고 거리로 나갔다. 문득

어느 길모퉁이에서 걸음을 멈추었는데, 백발이 성성한 한 노인이 무심히 격양(擊壤;나무를 던져 맞추는 유희)의 흥에 취해 쉰 듯한 목소리로 노래를 불렀다.

해뜨면 들에 나가 일하고
해지면 잠자리에 든다
우물 파서 목마름을 축이고
허기증은 밭을 일궈 채운다
내 살림에 천자님은
있으나마나 마찬가지

배를 두드리고 땅을 치면서(鼓腹擊壤) 흥얼거리는 그 노래 소리를 듣고 순 임금의 마음은 밝아졌다. 이상적인 정치의 현장을 노인의 모습에서 발견한 것이다.

예로부터 정치지도자는 국리민복(國利民福)과 구세제민(救世濟民)을 위해 수기치인(修己治人) · 발분망식(發憤忘食) · 선공후사(先公後私) · 멸사봉공(滅私奉公) · 주사야탁(晝思夜度) · 불철주야(不撤晝夜) · 토포악발(吐哺握髮) · 대경대도(大經大道)의 자세로 일해야 했고 훌륭한 지도자들은 그렇게 했다.

역사상 제왕의 자리에 있던 정치인 중 나라와 인류를 위해 크게 기여하고 멋진 이름을 남긴 인물은 많다. 우리나라 쪽 먼저 보자. 환웅천황(桓雄天皇)에게 천부인(天符印)을 주어 배달제국(BC 3898 ~ BC 2333)을 세우게 해 대한민국과 배달민족의 시원(始源)이 되게 한 환인천제(桓因天帝), 일부 민족사학자가 주장하는바 중국의 시조왕인 황제(黃帝) 공손헌원(公孫軒轅)과의 탁록(啄鹿)전투에서 대승을 거두었다는 동이족의 치우천황(蚩尤天皇), 배달제국 마지막인 18대천황인 거불단(居弗檀) 환웅으로부터 천부인을 다시 물려받아 아사달에 단군조선제국(檀君朝鮮帝國:고조선 BC 2333 ~ BC 238)을 세워 다스린 단군왕검(檀君王儉), 고구려의 광개토대왕, 신라의 태종 무열왕, 조선시대의 세종대왕, 대한민국을 열고 '한강의 기적'을 이루어 6 · 25전쟁으로 폐허가 된 최빈국을 60년 만에 13위의 선진국이 될 수 있도록 기초를 다져준 이승만 대통령, 박정희 대통령 등이다. 이승만 대통령과 박정희 대통령의 장기 집권은 역사가 심판할 것이다. 그러나 이 대통령이 건국 대통령이며 6 · 25전쟁으로부터 나라와 국민을 구한 대통령인 것은 부인할 수 없는 사실이다. 또한 박정희 대통령이 최빈국의 굴레를 뛰어넘어, 한국인도 '하면 된다'는 자신감을 심어 주고, 한강의 기적을 이루어냄으로써 오늘날 경제 선진국이 될 수 있게 한 그 업적은 광개토대왕이나 세종대왕 못지 않는 위업이라고 평가하지 않을 수 없다.

그리고 잘 알려진 다른 나라의 정치 지도자들을 보자.

① 그 옛날 그리스 · 페르시아 · 인도에 이르는 대제국을 이룩한 마케도니아의 알렉산더 대왕(Alexander the Great BC 356 ~ BC 323)

② 로마 공화정 말기 로마 최고관직인 집정관(執政官)이 되었고, 갈리아인의 대반란인 갈리아 전쟁 평정, 군대를 해산하고 로마로 귀국하라는 원로원 결의가 나오자 「주사위는 던져졌다」는 유명한 말을 남기고 루비콘 강을 건너 로마로 진격했고, 알렉산드리아 전쟁(BC 48년)에 승리를 거두고 이집트 프톨레마이오스 왕조 최후의 여왕인 미녀 중의 미녀 클레오파트라(Kleopatra BC 69 ~ BC 30)와 사랑에 빠져 아들 케사리온(프톨레마이오스 15세)을 낳게 했고, BC 47년 9월에는 소아시아 젤라에서 미트리다테스 대왕의 아들 파르나케스를 격파한 후 「왔노라, 보았노라, 이겼노라(veni, vidi, vici)」라는 역사에 남겨진 유명한 세 마디로 된 보고를 로마 원로원에 보내고, 종신 독재관의 특권을 받아 간척, 도로건설, 항만, 구제사업, 역서 제정(율리우스 曆)등의 치적을 쌓다가 왕위를 탐내는 자로 의심받아 공화정 옹호자들인 브루투스(M.J, Brutus BC 85 ~ BC 42 · 폼페이우스 측근이었으나 시저가 그의 재간을 높이사 사면해주고 갈리아 피사르피나의 총독과 법무관 등 요직에 기용 했는데 후일 시저 암살의 주모자가 됨) · 카시우스 등에 의해 원로원 회의장에서 칼에 찔려 죽으면서 "브루투스여! 너마저?"라는 말을 남긴 케사르(Gaius Julius Caesar BC 100 ~ BC 44 · '시저' 라고도 표기함).

클레오파트라는 이집트 프톨레마이오스 왕조 최후의 여왕(재위 BC 51 ~ BC 30)이다. 프톨레마이오스 12세의 차녀로 남동생인 프톨레마이오스 13세와 결혼해 이집트를 공동 통치했고, 프톨레마이오스 13세가 케사르와 싸워 죽자, BC 47년 막내 남동생인 프톨레마이오스 14세와 재혼해 다시 공동 통치자가 되었다. BC 37년 이집트를 지배하게 된 로마의 안토니우스와 재혼했고, BC 34년 안토니우스는 클레오파트라와 그녀의 아이들에게 로마전체의 속주(屬州)를 주었다(알렉산드리아의 기증) · BC 31년 악티움 해

전에서 옥타비아누스에게 안토니우스가 패전하고 옥타비아누스의 공격을 받게 되자 BC 30년 클레오파트라는 독사로 가슴을 물게 해 자살했다고 한다.

③ 몽고대제국 창시자로 재위(1206~1227)기간 세계를 호령했던 칭기즈칸(成吉思汗 1162 ~ 1227 · 아명은 Temujin)

④ 알렉산더, 케사르와 함께 역사상 서구의 3대 영웅으로 인정받고 있는 나폴레옹 1세(Napoleon I 1769~1821 · 이름은 Napoleon Bonaparte). 그는 프랑스의 지중해에 있는 코르시카 섬 태생으로 1784년 육군사관학교에 입학 포병소위로 임관, 1796년 사교계의 꽃 조세핀과 결혼, 1799년 11월 군을 동원 500인회를 해산시키고 원로원으로부터 제 1통령으로 임명, 1804년 12월 인민투표로 황제에 즉위했고, 1805년 트라팔가해전에서 영국 넬슨제독에게 대패했으나 1805년 12월 아우스테를리츠 싸움에서 오스트리아 · 러시아 군을 꺾어 위광을 떨쳤다. 1809년 조세핀과 이혼하고 다음해 오스트리아 황녀 마리루이스와 재혼, 1812년 러시아원정에 실패하고 1814년 3월 영 · 러 · 프러시아 · 오스트리아 군에 의해 파리가 점령당하자 엘바섬에 유배된다. 다음해 3월 싸움에서 패배하고 영국에 항복하고 대서양의 세인트헬레나 섬에 유배, 1821년 5월 5일 세인트헬레나 섬의 폭풍우 속에서 숨을 거둔다.

⑤ 2차세계대전을 일으키고 유태인 500만 명을 학살하는 등 반인류적 악행을 저지르다 1945년 4월 30일 베를린 함락직전 자살한 독일 총통겸 수상 히틀러(Adolf Hitler 1889 ~ 1945)

⑥ 1946년 미국 미주리주 플튼에서의 연설에서 ‘철의 장막(iron curtain)’ 이란 신조어를 만들어 낸 바 있는 제2차세계대전의 영웅이며 영국수상이었던 처칠(Sir Winston Leonard Spencer Churchill 1874~1965)

⑦ 레닌의 후계자이고 「일등공산주의 이론」의 대가이며, 2차대전의 승전국지도자로 한동안 공산주의 국가들을 이끌다가 1953년 뇌일혈로 사망한 소련 공산당 서기장 · 수상 · 대원수를 지낸 스탈린(Iosif Vissarionovich Stalin 1879~1953)

⑧ 중국 공산당 주석으로 중국의 공산혁명을 주도한 마오쩌뚱(毛澤東 1893~

1976)

⑨ 미국의 35대 대통령 케네디(John Fitzgerald Kennedy 1917~1963). 1960년 대선에서 〈뉴 프론티어(New Frontier)〉를 슬로건으로 내걸고 미국 역사상 최연소 대통령으로 당선되어 멋진 대통령으로 인기 절정에 있었으나 1963년 11월 22일 텍사스주 델라스에서 암살자의 흉탄에 쓰러졌다.

⑩ 한국전쟁과 인도지나 전쟁의 조정, 반둥회의를 일관하는 평화공존 원칙으로 유명한 인도 민족운동의 지도자이자 인도 공화국 초대 수상이었던 네루(Pandit Jawaharlal Nehru 1889~1964). 1966년 인도공화국 여자수상이 된 인디라 간디는 그의 외딸이다.

⑪ 동경제국대학 법과를 거쳐 엘리트코스인 고등문관 시험에 합격, 내무성관료를 거쳐 약관 28세에 중의원 의원에 당선, 일본 수상까지 역임한 나카소네야스히로(中曾根康弘). 〈행동의 정치〉를 정치 슬로건으로 내세우는 보수우경의 매파로 알려져 있다.

정치가를 꿈꾸는 그대여!

국민과 인류를 살리고 행복하게 하는 길, 인류를 죽이고 불행하게 하는 길, 그대는 어느 길을 위해 피와 눈물과 땀을 흘리고자 하는가?

우리 대한민국 정치의 과거와 현재는 어떠한가?

한국의 초대 대통령을 비롯한 모든 대통령들은 부정비리로 얼룩지거나 독재자라는 멍애를 쓴 사람들뿐이다. 부정비리 · 독재 등으로 감옥에 가거나, 해외 망명을 하거나, 심복 부하의 총탄에 쓰러지거나, 바위 위에서 떨어지는 등 상상하기조차 어려운 마지막 모습들을 보여 주었다.

망치 · 공중부양 · 체루탄 · 디도스 · 국회의원수 늘리기, 우리나라 여의도 국회 현장에서 들려오는 소식과 모습들이다. 매일 진보와 보수가 데모 · 격돌하는 거리, 안팎으로 네탓 싸움만 일삼고 있는 여야 정당. 수준 높은 국민들의 눈엔 이념놀이패들의 한심한 작태로 보일 뿐이다. 우리의 정치는 국민 기대를 저버린지 오래다.

갈 길 바쁜 우리나라 상황이 그래도 되는 건가?

2030 · 4050 청장년 실업자를 비롯한 대량실업사태, 전세 · 집값 폭등으로 길바닥으로 쫓기는 무주택자들, 노후 빈곤으로 질병과 생활고에 시달리는 700

만 노령자들, 이들은 누구를 보며 위로받고, 누구를 믿고 살아가야 하는가?

지난해 한국을 방문했던 '워싱턴 현인' 이라 불리는 리 해밀턴(80 · 미국 외교 안보전문 싱크탱크 우드로 윌슨센터 소장)은 워싱턴에서 기자회견을 통해 조언한다.

"진보든 보수든 정치인의 기본은 국가발전이다" (299)

세계 각국 지도자 중 지난 10년간 가장 행복했던 사람은 2011년 1월 8년간의 임기를 마치고 퇴임한 브라질의 룰라(66 · 루이스 이나시우 룰라 다 실바)대통령이라 한다.

"정치는 어머니 마음으로 해야 한다. 어머니가 자식 가운데 가장 약한 아이에 신경을 더 쓰듯, 정치도 사회적 약자를 돌보는 사회통합에 역점을 둬야 한다."

그는 "사회통합과 경제 성장은 양립할 수 있다"면서 "브라질이 좋은 본보기"라고 덧붙였다. (476)

그는 재임 8년간 ①일자리 1,600만 개를 창출하고 ②2,800만 명을 중산층으로 끌어올린 업적 때문에 퇴임 후 지지율이 87%에 달했다고 한다.

우리나라에도 정치지도자(political leader)를 꿈꾸는 사람들(지방회의원 선거에 입후보한 사람들까지 포함)이 5만 명 이상 된다. 정치지도자는 역사와 국민에 대한 사랑과 열정과 책임감이 특히 강한 사람들이다. 아놀드 토인비(Anold J.Toynbee)는 그의 저서 《역사의 연구》에서 "역사의 발전은 도전(challenge)과 응전(response)에 의해 이루어지며… 인류문화권은 지금까지 21개가 있었고 그 중 역사적으로, 7개의 문화권이 소멸되었는데 그 원인은 외부적 요인보다는 오히려 내부적 요인에 있었다. 하나의 민족문화 유지는 항상 소수의 창조적집단(creative minority)에 의해 이룩되며…" 라고 지적한바 있다.

2012년은 우리나라 정치지도자인 대통령과 국회의원을 뽑는 선거의 해이다.

훌륭한 대통령과 자질 높은 국회의원이 선출되느냐의 여부는 국민의 선택 여하에 달려 있다.

필자가 생각하는 정치지도자가 갖추어야 할 자질과 체력조건은 앞에서 말한 바 있다.

여기서는 대통령을 꿈꾸는 사람이 대통령이 되기 위해 무엇을 어떻게 해야 할 것인가에 대해 생각해 본다.

「위대한 대통령 되는 길」이라는 제목으로 평소 생각했던 내용을 적는다.

여기서 '위대한 대통령'이란 과거 대통령들처럼 말년이 불행했거나 퇴임후 지탄을 받지 않고 '참 일 잘했다', '훌륭한 대통령이었다'는 평을 듣는 대통령이라는 뜻이다.

「위대한 대통령 되는 길」은 앞에서 말한 '정치지도자의 자질과 체력조건' 10가지 위에 다시 '정치지도자의 현실적조건'으로 다음 8가지가 더 추가되어야 할 것이다.

(1)재산축적 · 병역관계 · 기타 인생역정에서 사회적으로 지탄받을 비리 · 부정이 없을 것

(2)전국 각계각층의 수많은 사람들을 직접 지인으로 사귀고 있거나, 큰 정당의 후보자가 될 것

(3)당선된 후에는 당과 자신과 친인척 등을 모두 버리고 오직 국가융성과 국민 행복을 위해 멸사헌신하겠다는 결의와 자세를 가질 것

(4)가난한 사람, 억울한 사람, 병약하거나 장애인 등 사회적 약자를 위해 그들을 도와줄 정책을 제시할 것

(5)정치지도자로서 자신의 특장(特長 · strong point)을 나타낼 수 있는 짧은 말의 캐치프레이즈(catch phrase) 또는 브랜드 모토(brand motto) 1~2개를 만들어 활용할 것.

(6)정치지도자로서 현실개혁에 관한 문제의식과 시급한 과제에 대한 구체적인 핵심전략 또는 공약(公約 · public promise) 10가지 내외를 정리해 필요시 활용할 것

(7)정치지도자의 자리가 선거직인 경우, 선거에 후보자가 되어 당선되기 위한 선거전략을 충분한 기간 전에 세우고 열성지지자, 전문가 등과 함께 공직선거법(공식명칭 : 공직선거 및 부정선거 방지에 관한 법률)에 허용된 범위 내에서 사전 대비하도록 할 것.

※선거전략에는 자금, 선거캠프조직, 단체 · 청장중노년 · 남녀별 대인접촉, 언론홍보, 인터넷 등 오프라인 전략을 말함.

※요즘 가장 큰 소통과 대화의 장은 오프라인 곧 인터넷이다. 홈페이지 등 사이트 관리, 트위터링, 모바일 인기투표 등에 대한 특단의 대비책을 강구하는 것

이 선거대책 중 가장 중요한 분야다. 물론 이 일은 맨투맨 선거 전략보다는 시간과 비용이 훨씬 적게 들면서 소통, 홍보효과는 매우 크다.

(8)정치지도자가 되기 위한 긴 여정에 필요한 자금능력(대통령 최소 50억 원, 국회의원 최소 10억 원). 물론 자기의 재력이 부족하더라도 부족한 자금을 도와줄 든든한 후원자들이 따로 있으면 된다.

현재의 정치지도자 또는 정치지도자를 꿈꾸는 사람이 필자가 제시하는 '정치지도자의 자질과 체력조건' 10가지와 '정치지도자의 현실적 조건' 8가지 등 18가지 모든 조건을 완벽히 갖춘다면 선거에서 승리할 확률은 높다. 그러나 모든 조건들을 완벽하게 갖춘다는 것은 현실적으로 어려운 일이다. 그러나 꿈이 있는 자는 그 조건들을 충족시키기 위한 노력들을 계속해야 할 것이다.

2011년 1월 동아일보가 코리아리서치센터(KRC)에 의뢰해 전국남녀 1000명을 대상으로 국민의식조사를 실시한 결과 이명박 대통령이 집권 4년차에 역점을 두어야 할 분야는 ①대북관계(30.2%) ②경제성장(25.7%) ③빈부격차 해소(14.6%) ④비리 · 부정 척결(7.0%) ⑤사회 · 국민 통합(6.3%) ⑥교육개혁(4.6%) ⑦대미외교(3.9%) ⑧정치개혁(3.5%) 등이었다.

"정치는 국민의 눈물을 닦아주는 것"이라고 했다.

"정치는 가능성의 예술"이라고도 한다.

필자는 생각한다. "좋은 정치란 국민 모두를 가족이라고 생각하는 정치이다." 물론 그렇게 생각하지 않는 정치, 정치인은 나쁜 정치, 나쁜 정치인이다.

가족이 굶고 있고, 실업자가 되어 있고, 적이 눈을 부릅뜨고 노려보고 있는데 네탓 내탓 싸움질하며, 데모하자고 선동할 수 있는가?

이명박 · 박근혜 · 손학규 등 정치인들이여!

대권에 꿈이 있다고 알려진 안철수 등 잠룡들이여!

국회의원 · 장관 · 시도지사들이여!

입씨름 · 뒷짐 · 발목잡기 · 험집내기 등의 불필요한 언행과 쇼맨십은 거두자.

패거리정치 · 오야붕정치 · 쩐의 정치 · 정상배의 정치 이제는 그만 접자. 역사와 철학과 경륜과 솔선수범이 있는 「큰 정치」로 가자

① 꿈과 철학과 비전이 있는 '희망의 정치'

② 경제를 살리며 국민을 풍요롭고 행복하게 하는 '생산의 정치'

③ 모두를 품에 안고 함께 가는 '포용의 정치'

④ 정직하고 깨끗하며 역사에 대해 책임을 지는 '믿음의 정치'

⑤ 가난한 사람, 힘없는 사람, 억울한 사람과 아픔을 함께하는 '동고동락의 정치'

⑥ 참으로 멋지고 훌륭한 정치를 했다고 후세의 평을 듣는 '위대한 정치'

「큰 정치」란 바로 이러한 정치라고 필자는 생각한다.

지금은 많이 좋아지고 있으나 우리 정치현실 개선에 진정성 있는 관심과 노력이 이어져야 할 것이다. 국운을 좌우하는 정치개혁은 국민의 몫이 반이다. 무엇보다 중요한 것은 투표 곧 나의 한 표는 국가의 흥망성쇠를 좌우한다는 생각을 가져야 한다. 정직한 후보, 능력 있는 후보, 과거 인생역정이 본받을 만한 훌륭한 후보, 역사와 나라와 지역과 국민을 위해 멸사헌신할 자세가 되어 있는 후보, 그리고 자기직분을 위해 용광로 같은 뜨거운 열정으로 불철주야 일할 수 있는 후보가 당선되도록 해야 한다.

국회의원, 그리고 정당의 지구당 위원장으로 있을 때인 2009년 1월 필자는 지역 주민들에게 다음과 같은 내용의 새해 인사장을 보낸 일이 있다.

「…여러모로 부족하오나 새해에도 저는 저의 생활신조요 좌우명인 충효염직(忠孝廉直)과 삼경자조(三鏡自照)그리고 필사즉생(必死即生)의 자세와 각오로 우리 정치가 정직한 정치, 깨끗한 정치, 국민을 편안하고 따뜻하게 하는 정치, 국민에게 꿈과 희망과 비전을 주는 정치, 마음을 비우고 나라와 국민을 위해 밤낮 가리지 않고 사심 없이 일하는 정치, 즉 국리민복을 위해 헌신적으로 봉사하는 생산적이며 희망찬 정치, 다시 말씀드리면 정도(正道)를 가는 『큰 정치』가 되도록 하는데 신명(身命)을 바치고자 합니다.

무능과 부패의 정치, 거짓말과 권모술수의 정치, 지역 차별과 보복의 정치, 표적사정과 표적수사의 정치, 의원 빼가기와 의원 임대식 꼼수정치, 박수부대식 2중대정치, 성은망극식 아첨정치, 연어와 철새정치, 가신과 패거리정치, 무차별 도청·계좌추적의 공포정치, 주적 개념도 체면도 없는 퍼주기식정치나 그 아류정치가 또다시 이어진다면 우리의 미래는 없습니다.」

물론 투표할 때 소속정당도 고려해야 한다. 그러나 정당도 중요하지만, 일은 사람이 하는 것이므로 사람(후보)에게 투표우선순위를 두는 것이 옳다.

어떻든 가장 훌륭한 재목에게 투표해 당선되게 하는 것, 이것이야말로 민주시민의 권리이고 책임이며 제1차적 애국 · 애향의 길이라고 생각한다.

그리고 정치 지도자는 국리민복 · 부국강병을 위해 천하의 인재를 삼고초려해 영입하고 좌이대단하면서 아래와 같은 좋은 나라, 멋진 나라, 위대한 나라 만들기 위해 멸사헌신하자!

① 2020년까지 국민소득 5만 달러를 달성한다.

② 2025년까지 세계에서 가장 정직한 국민, 가장 신뢰받는 정치가 되게 한다.

③ 2025년까지 과학기술인이 가장 존경받고, 세계최고의 과학기술력을 자랑하며, 외국으로부터 매년 로얄티(현대판 조공) 수조 달러를 받아들이는 나라를 만들어 인류역사에 길이 빛날 제2의 한강 기적인, 「코리아의 기적」을 이룬다.

④ 2020년까지 우리의 정치 · 행정 · 교육 · 기업 · 사회 · 문화 등 모든 분야의 수준을 1등 국가의 수준으로 업그레이드 시킨다.

⑤ 2020년까지 빈곤층비율(2011년 기준 중간소득인 4인 가족 기준 월 363만원의 절반도 못되는 가구를 말함) 20.9%를 OECD 평균인 10.6%이하로 낮추도록 적극적인 빈곤해소 대책을 마련, 추진한다.

⑥ 2025년까지 남북한 8,000만이 하나된 통일 대한민국을 만든다.

⑦ 2030년까지 가난 · 질병 · 억울함 · 차별이 없는 지상낙원 같은 1등 국가 위대한 대한민국을 만든다.

우리 대한민국 국민은 한다면 할 수 있다. 모두 손을 맞잡고 해내자!

그리하여 세계 모든 나라에 나가 있는 우리 한국인들이 「애국가」와 「아! 대한민국」과 「아리랑」을 소리 높여 자랑스럽게 부르게 하자!

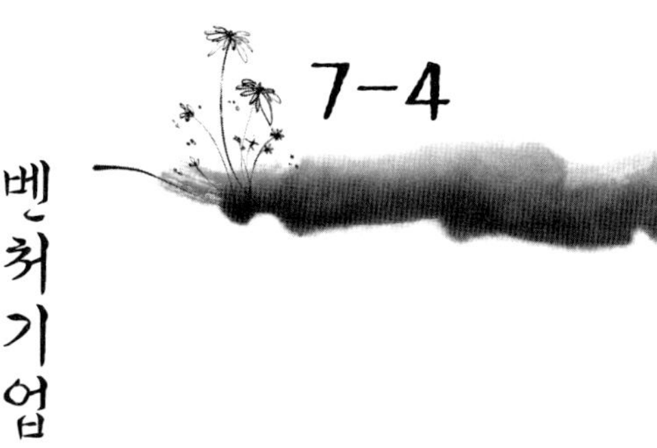

7-4 벤처기업

사랑하고 땀흘리고 노래하라

조영재

사랑하라. 행복할 것이다.
주어라. 기쁠 것이다.
걸어라. 튼튼해질 것이다.
큰 땀 흘려라. 부귀하게 될 것이다.

그리고
웃고 노래하고 춤추고
살아 있음에 늘 감사하라.

그러면

건강하고

행복하게 오래오래 살 것이다.

□ 다른 사람 가지 않은 길을 가라. 그 곳에 멋진 곳으로 가는 새 길이 있다. – 조영재

□ 한 우물을 파라. 오래 파면 팔수록 천하의 보물이 나올 것이다. – 조영재

□ 하느님은 모든 길을 예비해 두셨는데 인간들이 알지 못할 뿐이다. 내가 그 작은 한 꼭지를 찾았다. – 조길제, 수산소가스 기술 발명자

□ 내가 세계를 제패할 영구자력발전기술을 개발한 것은 하나님이 내게 주신 섭리의 실증이다. – 이이수, 영구자력기술 발명자

□ 모든 물질은 물이다. 물은 폭발할수록 이상적인 물, 즉 태초수에 가까워진다.
– 한상관, 물폭발 기술 발명자

■ ■ ■

벤처기업(venture business)이란 고도의 전문지식과 새로운 기술을 가지고, 창조적 · 모험적 경영을 하고 있는 중소기업을 말한다.

주로 대기업이나 대학 · 연구소 등에서 뛰쳐나온 기업가 정신이 풍부한 소수 기술자들이 경영하고 있다. 지식집약형의 산업, 특히 일렉트로닉스 · 정보산업 신에너지 · 물질개선 · 로봇기술 · 문화컨텐츠기술 · 보건 · 의료기술 · 산업기반 기술 · 공해방지산업 · 마케팅 · 디자인 · 유통관계가 많다.

미국에서는 1960년경부터 군수산업에서 이탈해 나온 사람들이 벤처비즈니스에 손대기 시작했다. 일반적으로 소수정예형이며, 기술개발이나 수요의 변화에 민감하게 대응하는 점 등에서 대기업 못지않은 경쟁력을 가지고 급성장하는 예가 적지 않다. 그러나 자금력이 약하고 도산할 위험도 크기 때문에 금융기관이 투융자에 소극적이었으나, 최근에는 그 장래성과 수익성에 착안해 투자자들의 관심이 높아지고 있다. 또 벤처캐피탈(venture capital)이란 벤처비즈니스를 금융면에서 지원하는 기업을 말한다. 벤처기업은 새로운 기업경영방식을 제시할 뿐만 아니라, 기술혁신에의 의욕과 소비동향에 대한 민감한 대응 등으로 경제전체에 활력을 주지만, 자금력이 약하다는 흠이 있다. 벤처캐피탈은 다른 금융기관의 소극적 태도와는 달리 그러한 벤처비즈니스의 장래성과 수익성에 주목해 이

에 투·융자하려는 것으로, 장차 중소기업의 지식집약화의 첨병인 벤처비즈니스가 주식 상장될 경우 캐피탈게인을 톡톡히 얻어내고, 간사회사라도 되어 보겠다는데 그 목적을 두고 있다.

우리나라의 「벤처기업육성에 관한 특별조치법」상 벤처기업은 중소기업으로서 벤처캐피탈 투자기업·연구개발투자기업·신기술기업의 3가지 유형중 하나에 속해야 한다.

① 벤처캐피탈 투자기업이란 창업투자회사(조합), 한국벤처투자조합, 신기술사업금융업자(조합), 다산벤처(주)의 주식(신주에 한함) 인수총액 또는 출자총액이 자본금의 10% 이상이고 그 비율을 벤처기업확인 요청일의 직전 6월 이상 연속해 유지해야 한다.

② 연구개발 투자기업이란 확인요청일이 속하는 분기의 직전 4분기의 연구개발비가 5천만 원 이상이고, 매출액 대비 연구개발비 비율이 별도로 정한 기준(업종별로 5~10% 내외) 이상이어야 한다.

연구개발비는 한국산업기술진흥협회에 신고된 기업부설연구소(연구개발전담부서는 제외)를 통해 지출된 비용에 한 한다.

③ 신기술 기업이란 특허권, 정부출연개발기술, 고도기술개발사업 및 산업지원서비스업, 공공연구기관으로부터 이전받은 기술 등을 이용해 사업화하는 기업으로서 평가기관으로부터 기술성 및 사업성이 우수한 것으로 평가받은 기업을 말한다.

※정부가 인정하는 평가기관은 한국과학기술원, 한국과학기술평가원, 한국보건산업진흥원, 한국산업기술평가원, 한국산업디자인진흥원, 한국정보통신연구진흥원, 한국과학기술연구원, 한국과학기술정보연구원, 한국문화관광정책연구원, 한국게임산업개발원, 한국전자거래진흥원, 한국식품개발연구원, 국방품질관리소, 한국문화콘텐츠진흥원, 중소기업진흥공단, 기술신용보증기금 등이다.

여기 필자가 한국 과학기술의 꽃을 피우는 데 일조하기 위해 명예회장 등을 맡아 함께하고 있는 벤처기업가들이 수십 년씩 연구해 개발·산업화하고 있는 그 분야 세계 최고의 기술과 제품 몇 가지를 소개한다.

(1)물을 즉시·즉석에서 불로 만들어 때는 기술

① 기술개요 : 물(H2O)을 약간의 전기로 즉시 분해해, 즉석에서 불을 만들어,

가정 · 회사 · 공장 · 비닐하우스 등의 난방보일러 · 취사용 가스레인지 등에 기름(석유 · 등유 · 휘발유)이나 가스(도시가스 · 프로판가스)대신 간편 · 안전 · 저렴 · 쾌적하게 쓸 수 있는 기술과 제품

② 제품개요 : 현재 전기로 물을 분해(물 1L를 수산소가스로 분해하면 1859L의 가스로 분해되며, 그 가스에 불을 붙이면 2,000~5,000° C의 강력한 불이 됨)해 그 물가스 불의 온도를 필요한 대로 조절해서 경제적이고 안전 · 쾌적하게 쓸 수 있으며 가정용보일러 · 취사용가스레인지 제품이 개발되었고, 물가스, 즉 수산소가스를 때서 가는 자동차, 물을 연료로 때서 발전하는 대 · 중 · 소형 발전기 등도 곧 개발될 예정임

③ 관련기업 : (주)에너지마스타 개발자 조길제 박사, (주)자연에너지산업 개발자 서용석 회장

(2)한약재 추출액으로 즉시 피하지방을 분해시켜주는 기술

① 기술개요 : 국산한약재 원료 80여 가지에서 추출된 추출액으로 허리 · 얼굴 · 다리 · 복부 등의 피하지방(체지방)을 즉시 · 즉석에서 분해시켜 슬림화시켜주는 기술

② 제품개요 : 현재 기능성화장품으로 허가받아 제품생산되고 있으며, 서울유수의 대학병원에서 임상시험결과 안전성 · 유효성 · 간편성 등이 인정되었고 일본 언론관련 유력기업체에서 제품 수입 등의 문제를 검토하고 있음

※이 제품사용 1시간 만에 허리와 복부의 체지방이 분해되어 허리띠의 길이가 5cm까지 즉석에서 줄어든 경우도 있음.

③ 관련기업 : (주)에스엔바이오 개발자 강경범 박사

(3)강물 등 상수원을 정수장 시설 없이 즉시 좋은 음용수로 만드는 기술

① 기술개요 : 상수원(3급수도 가능)의 물을 정수장 정수과정이나 약품투여 없이 물 폭발기술을 활용한 간단한 장치를 통과시키면 즉시 좋은 음용수가 되는 기술

② 제품개요 : 좋은 물을 만들어 주는 제품은 대중소 등 필요에 따라 만들 수 있고 시제품은 2012년 상반기 중 출시될 예정임

※이 기술은 도시하천 등 오염된 하천수를 저비용으로 깨끗한 물로 정수해 줄 뿐 아니라, 기존의 수돗물을 생수보다 더 좋은 수돗물로 반값에 공급

할 수 있는 기술임.

③ 관련기업 : (주)명성중공업 개발자 한상관 박사

이 회사는 오염된 하천수를 깨끗한 물로 정화시켜주는 다기능 가동보 수문 설치사업도 하고 있어, 현재 100여 개 지역에 수중보를 설치 · 가동하고 있으며 오폐수 등의 더러운 물도 기계장치를 통과즉시 정화시킬 수 있으며, 바닷물(海水)도 저비용(기존 담수화비용의 20%)으로 음용할 수 있는 물로 즉시 만들 수 있는 담수화기술을 가지고 있으며 바닷물 속의 미량인 금속 성분까지 담수화과정에서 추출해 낼 수 있다고 함

(4)음식쓰레기 · 축산분뇨로 전기 · 퇴비 등을 생산하고 100%처리하는 기술

① 기술개요 : 현재 한국에서만 1일 배출되고 있는 음식물쓰레기(15000톤)와 축산분뇨(15만 톤)를 특수분쇄 · 분해해, 고효율의 바이오가스(이 가스를 난방 연료로 활용하거나 열병합발전 연료로 활용함) · 온수 · 액비 · 퇴비 등을 만들어 활용하고, 다시 폐기해야 할 잔류분은 0%상태이므로, 2006년 런던 의정서에 따라 2012년부터는 축산분뇨, 2013년부터는 음식물폐수 등의 해양투기금지로부터 자유롭게 될 수 있음

② 제품개요 : 자치단체 등에서는 별도 비용 부담 없이 음식물쓰레기 처리장 등 장소만 제공해주고 음식물쓰레기 등만 운반해주면 사업자가 시설을 설치, 처리시설을 운영하고 그 수익금을 사업자가 활용하는 방식인 바 몇 개 자치단체와 시설장소 제공 등에 관해 구체협의 중에 있음

③ 관련기업 : (주)온누리트레이딩 김기왕 대표이사(기술독점사용권자)

※원천기술은 SEKO사(이탈리아)의 것임.

(5) 핸드폰 충전이 필요 없고, 전기 자동차 전원장치(배터리)가 필요 없는 스위칭레스 DC 모터기술

① 기술개요 : 강력한 영구자석(NEODYMYUM Magnet) 원반형 2개로 회전자를 만들고, 원형 · 평판형 고정자를 구성해 교번 없이(Switching-less) 구동되는 초효율 콘스턴트파워(Constant-Power) DC 모터기술

- Pan-Cake형 In-Wheel Motor로 전기 자동차의 Traction Motor에 적합함
- 차세대 융합기술인 로봇에 적합한 Flange형 Motor

• 가전제품, 자동차, 전자완구, 건강기기 등의 요소기술로서 혁신적인 Motor

• 100,000 RPM 이상의 원심분리기를 개발할 수 있는 초고속 모터 (Magnet Bearing 발명)

② 제품개요 : Running Costs free MO-GEN

• 전기자동차의 베터리가 필요 없는 전원장치

• 공장, 관공서, 빌딩, 아파트의 자가발전

• 모든 동력은 전부 전기로 변한다.

• 언제 어디서나 누구나 소지하고 다니는 휴대용 전원 (Cell Phone, Tablet PC, Notebook PC 등은 충전불요)

※현재 1.4Kw 소형발전기 시제품 제작 중임.

※CO_2, NOx, SOx, 부유입자상 물질(SPM) 등이 일체 배출되지 않으므로 온난화, 대기오염, 산성비 등 지구 환경문제가 일거에 해결됨.

③ 관련기업 : (주)69아이 개발자 이이수 회장

위의 기술들 외에도 세계 최고의 성능 · 최소의 슬림화 · 최저의 가격공급이 가능한 다용도 통합컨트롤러(IT제품)제품을 출시하고 있으며, 제2의 잡스 또는 제2의 빌게이츠를 꿈꾸고 있는 청년 벤처기업가가 있다. 세계최고의 컴퓨터 칩 공급자인 미국의 인텔사가 이 한국의 청년기업인의 혁신적인 기술과 제품을 인정하고 인텔사가 최신개발한 칩을 세계 어느 기업보다도 먼저 이 청년기업인의 통합 컨트롤러 부품으로 공급해 주었다고 한다.

물론 앞에 말한 기술과 제품들 외에 우리나라에서 개발된 것들 중 혁신적인 아이템들은 무수히 많다. 앞으로의 국가간 경쟁은 기술경쟁 · 교육경쟁 · 국민창의성과 정직성 경쟁이 될 것이다.

위에 소개된 벤처기업가 중 한 사람은 자신이 수년 내에 노벨상을 수상할 것이고, 매년 수조억 달러의 특허권사용료를 받아들일 수 있을 것이라고 자신 있게 말하고 있다.

그런데 중소 벤처기업과 관련해 문제들이 있다. 우선 자금 고갈로 수많은 기업들이 좋은 기술들을 업그레이드시키고 산업화하기 전에 도산하고 빚더미에 올라앉게 된다는 문제이다. 이 문제는 보다 적극적인 자금 지원책으로 유망 벤처기업이 오랜 세월과 수십억 원의 자금투입을 하고도, 자금 고갈로 문 닫는 일이 없도록 해야겠다. 두 번째는 중소 벤처기업은 대체로 기술을 바탕으로 타인들의 자금을 받아쓰게 되는데, 산업화가 늦어질 경우 자금주들로부터 자금변제 압박을 받게 되며, 이 과정에서 자금주들이 기술의 사기성을 문제 삼는 경우가 많다. 이때 사기 기술로 자금을 끌어들인 것으로 고발하게 되면, 수사와 재판이 진행된다. 그런데 사기성 등의 수사가 1년이 걸리는 등 지연되면 사기 기술이 아닌 좋은 기술인데도 그 회사는 사회적으로 사기 기업체가 되어 매장되고 국내외 추가 투자도 안 되어 망하고, 기업 대표는 점점 더 어려워지게 된다. 또한 수사나 재판의 경우 기술의 사기성 여부에 대한 검정도 제대로 않고 자금 피해자들 주장만 받아들여 사기로 몰아 중형 판결을 내리는 경우가 있다.

애국자를 매국자로 몰아 징역살이를 시키는 경우이다. 이 이야기는 실화이다. 물론 자금투자 피해자들도 보호되어야 한다. 그러나 좋은 기술을 검정도 하지 않고 사기로 몰아 수년간의 징역형을 선고, 감옥살이를 만드게 하는 것은 큰 문제이고, 그런 법관 · 그런 재판은 있어서는 안 될 일이다.

새로 개발된 기술의 진위여부와 관련된 재판은 기술검정을 한 후 판결해야 할 것이다. 기술검정없이 어떻게 판사가 신개발기술의 진위정사(眞僞正邪)를 판별할 수 있다는 말인가? 기술검정을 하여 그 결과로 판단해야 할 것이며 그 비용은 소송비용에 포함시키면 된다. 그렇지 않을 경우 판검사가 한쪽을 봐주고 있다는 당사자의 원망, 그리고 잘못된 판결에 따른 피해를 어떻게 보상할 수 있다는 말인가?

또한 정부는 계속 개발되어 나오고 있는 신기술에 대해, 관련 기술표준과 기술성 검정방법 등을 마련 · 보완해 기술의 효율성 등이 신속히 검증될 수 있도록 제도적 · 정책적 뒷받침을 해주어야 한다. 그래야만 인생을 다 바쳐서 개발하고 있는 신기술들이 신속하게 그 기술성이 검증됨으로써 기술의 유용성 · 효율성 · 경제성 등에 관한 사회적 논란과 시비를 차단할 수 있다. 그렇게 되면 해당 기술의 상용화 · 산업화가 촉진되고 그 기술이 기반이 된 더 업그레이드되고 새로운 기술 개발이 촉진될 수 있을 것이다.

애국자가 매국자로 몰렸을 때 누가 조국을 원망하면서 외국에 싸게라도 기술을 팔아넘기고 싶지 않겠는가?

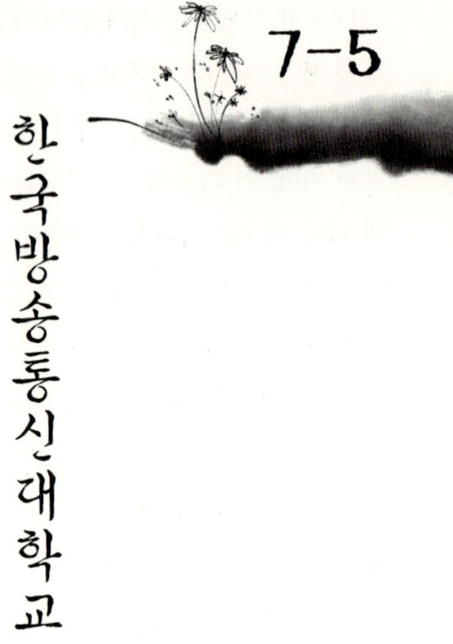

7-5 한국방송통신대학교

하나 될 새날을 열고자

정한모

나눌 수 없는 한몸
나눌 수 없는 한마음
하늘이시여!
이제는 하나로 이루게 하소서
우리의 발돋움 하늘에 닿았나니
우리의 마음돋움 하늘에 맞닿았나니

自由, 眞實, 友愛 그리고 希望, 前進, 最善을 사랑하는
150萬 東崇人이 이 땅과 겨레 하나 됨을 위해

한마당 통일 큰잔치를 열고

뜻을 모아 여기 統一 祈願의 詩碑를 세운다.

1992년 4월 26일

韓國放送通信大學校 總同窓會

會長 趙永載 外 同門 一同

□ 활화산 · 용광로 · 불사조인 방송대인들이여 영원하라! – 조영재

□ 모든 것은 꿈에서 시작된다. 꿈 없이 가능한 것은 없다. – 앙드레 말로

□ 내 사전에 불가능은 없다. – 나폴레옹 보나빠르트

□ 세계를 움직이려는 자는 먼저 자신을 움직여야 한다. – 소크라테스

□ 네 시작은 미약했으나 네 나중은 심히 창대하리라(Your beginnings will seem humble, so prosperous will your future be). – 욥기 8:7.

■ ■ ■

필자는 가정형편이 어려워 1961년 고교 졸업 후 바로 공직에 발령받아 직장생활을 하느라 대학진학을 하지 못했다.

그러다가 1972년 방송대 개교 첫해 방송대 행정학과 제1회로 입학했고, 같은 해 4월 행정고등고시 11회에 합격함으로써 고졸출신 고시합격이었고, 방송대 학생으로는 첫 고시 합격자가 된 셈이다.

필자는 방송대를 졸업한 후 1990년 4월 「한국방송통신대학교전국총동문회」 제11대 회장을 맡아 2년 3개월 동안 매주 토 · 일요일은 전국 시도, 시군구의 방송대 동문회와 학생회 행사에 참석하느라 토요일 밤은 거의 제대로 잠자지 못하고 돌아다녔다.

아래에서 한국방송통신대학교, 한국방송통신대학교 총동문회 제11대 회장당시 필자의 활동내용에 관해 몇 가지 이야기를 소개한다.

(1)국립 한국방송통신대학교(Korea National Open University)

1972년 3월 9일, 이날은 한국방송통신대학교(이하 방송대 · 현 총장 조남철 박사님)가 건학한 뜻깊은 날이다. 방송대는 우리나라 최초의 평생 교육 기관으로

향학열에 불타는 많은 사람들에게 학습동기와 기회를 부여한 혁신적인 교육제도다.

인간은 누구나 근본적으로 무엇을 알고자 하는 욕구를 가지고 태어난다. 지식과 정보가 범람하는 정보화 시대에도 이러한 욕구는 조금도 수그러들지 않고 오히려 체계적으로 공부하고자 하는 사람들의 숫자는 날이 갈수록 더 늘어가고만 있다. 그래서 세계의 양심 있는 교육자들은 유네스코를 중심으로 「평생 교육」의 개념을 창출해 전세계 교육 개혁의 지도 원리로 삼도록 권고하고 있다.

온 국민의 평생 교육의 필요성을 충족시키고 학습사회(learning society)를 실현할 수 있는 가장 현실적인 방법인 방송대의 출범은 시대의 요구에 부응하는 혁신적인 제도라 할 수 있다.

방송대는 시간, 거리, 삶의 방식이 다른 모든 사람들에게 문호를 개방함으로써 지식 습득에 목말라 하는 이들의 욕구를 충족시켜주는 꿈의 교육기관이다. 대학은 향학열에 불타는 모든 사람을 위해 문이 열려 있어야지 결코 젊은이들만을 위한 상아탑일 수는 없다. 다양한 나이, 다양한 직업, 다양한 지역에서 원하는 사람들이 때와 장소를 가리지 않고 학문에 접할 수 있도록 한 방송대의 출현은 새로운 대학 문화의 개념을 탄생시켰다.

방송대가 개교할 당시 모든 매스컴에서는 '우리 사회 전체에 조용한 혁명의 물결이 일고 있다' 면서 뜻깊은 평을 했다.

40년이 지난 오늘 방송대는 '누구에게나 열려 있는 온 국민의 평생대학' 이 되었다. 방송대에는 전국에서 다양한 직업, 연령의 학생들이 몰려들었다.

방송대에는 정치인, 공무원, 군인, 경찰, 판사, 검사, 기업인, 문화 예술인, 체육인, 성직자, 교직자, 자유 직업가, 영농인, 광산 근로자, 환경 미화원, 어민, 가정주부 등 실로 다양한 계층, 다양한 분야의 사람들이 입학하고 있다. 그리고 방송대인은 대체로 삶의 자세가 진지하고 열정적이며 진취적이고 개척적이다. 그래서 나는 우리 방송대 동문들의 특징을 세 가지로 요약해 말했다. 방송대인 그들은 곧 '활화산이고 용광로이며 불사조' 라고. (398)

"직업 · 학업 병행… 원격교육으로 '자기 계발의 꿈' 펼쳐라! '방송대의 오늘과 내일'"이란 제목으로 신문에 보도된 내용 일부를 보자.

『…방송대는 재학생의 80%가 직장인으로 직장생활을 하면서도 체계적이고 엄격한 학사관리를 받으면서 자기계발을 꾀할 수 있는 최초의 국립원격 대학이다. 원격교육에 관한 국내 최고의 노하우를 가진 교수진과 TV 강의, 웹 강의 및 멀티미디어 강의 등 최고의 강의 콘텐츠를 제작 공급할 수 있는 최첨단 시스템을 갖추고 있으며 튜터링과 멘토링 등 다양한 학생지원 시스템을 운영하고 있다. 특히 LOD(Learning On Demand)시스템을 통해 원하는 과목의 강의를 언제든지 다시 보고 들을 수 있으며 IPTV 강의와 모바일기반의 'U-KNOU' 서비스로 실시간 강의 서비스를 본격화하고 있다. 방송대는 원격교육뿐만 아니라 면대면 교육(출석수업)도 실시하고 있다. 무엇보다도 방송대만의 가장 큰 장점은 바로 저렴한 등록금이다(한 학기 35~40만 원). 그리고 TV, 멀티미디어, 웹 등 강의 방법이 다양해 직업과 학업을 병행할 수 있다는 것도 빼놓을 수 없다. 평생교육을 지향하는 사회적 흐름과 지속적인 자기계발을 추구하는 국민들의 지식파트너로서의 사회적 역할에 따라 2001년 9월 평생대학원을 설립했다. 2007년 3월에는 교육매체 개발원과 E-러닝센터를 통합한 디지털 미디어 센터를 오픈해 운영 중에 있다. 방송대는 학부과정, 대학원과정, 비학위과정을 개설해 우수한 교수진과 함께 국민의 전문교육 및 학위취득 욕구를 해소해 주고 있다… 국내최고의 국립원격 대학답게 학부과정 방송대학 TV, 쌍방향 원격 영상강의, LOD 시스템, 인터넷 강의 등 다양한 첨단 교육매체를 통해 학습이 이루어진다. 매년 신 · 편입생 모집 결과를 보면, 방송대는 신입생 비율(40%)보다 편입생 비율(60%)이 높다. 10만 명이 입학한다고 하면 6만 명 이상이 2학년이나 3학년으로 편입학하고 있다. 편입생 4명 중 1명은 대학 졸업자로 매년 1만 5,000~2만 명의 학사학위 소지자가 입학한다. 대학졸업자가 자기계발을 위해 다니는 대학으로 변화했다는 뜻이다. 여학생 비율도 해마다 늘고 있으며 전체 학생의 70% 이상이 20~30대가 차지하고 있어 예년에 비해 방송대에 대한 젊은 층의 선호도가 높아지고 있음을 알 수 있다. 방송대는 새터민(탈북자)의 사회적응이 어려운 점을 감안해 예비대학과정을 운영해 국내환경에 빠르게 적응하도록 도와주는 역할에도 앞장서고 있다. 한국교육개발원(원장 김태완)의 지원을 받아 2011년 초부터 교육과정에 필요한 교재와 프로그램을 개발, 2011학년도부터 3월 대학입학이 확정된 탈북자 학생을 대상으로 운영하고 있다. 이 과정을 수료하는 학생은 입학금과 수강료가 전액 무료 지원된다. 교육기간 내 방송대 재학생들이 멘토로 활동해 탈북학생들

의 학습을 지원해주고 있다.』(965)

필자는 1972년 개교와 동시에 행정학과에 입학해서 1976년에 전문 과정을 졸업했다. 당시 매년 여름과 겨울 각 열흘간은 받아야 하는 출석 수업을 고시 합격 후 지방 관서에 근무하느라고 제대로 받지 못해 졸업이 2년 늦어진 것이다. 방송대의 학점 취득은 자타가 공인하듯 매우 어려웠다. 내 경우도 고시에 합격했지만 A학점 받기가 무척 어려웠다.

1992년 개교 20주년을 맞이하는 해에 4년제 대학으로 학제 개편이 이뤄졌다.

방송대는 '21세기 지혜의 시대를 여는 지식 네트워크 중심 대학' 이다.

2011년 12월 31일 현재 방송대는 1개 대학원(석사과정)에 실용영어학, 실용중국어학, 일본언어문화학 · 법학 · 행정학 · 문화콘텐츠학 · 농업생명과학 · 가정학 · 정보과학 · e러닝학 · 바이오정보학 · 경영학 · 환경보건시스템학 · 간호학 · 평생교육학 · 청소년교육학 · 유아교육학과 등 17개 학과가 있으며, 대학(학사과정)은 4개 단과대학(인문과학 : 사회과학 · 자연과학 · 교육과학 대학)에 총 22개 학과가 있다. 교수요원은 조교 57명을 포함 총 238명이며, 일반직 공무원 228명, 기성회직 401명이다. 서울 종로구 동숭동에 있는 본교 캠퍼스(현재 캠퍼스 내 8개동 중 3개 동은 철거 후, 본관 · 전산센터 · 제3연구동 등으로 지상 7층 · 지하 3층 총 9,051평을 신축 중이며 2012년 7월 완공예정) 외에 전국에 13개 지역대학, 36개 학습센터와 시 · 군학습관, 16개 교재서점이 있고, 재학생 17만 명, 졸업생 50만 명, 재학 · 졸업 · 일부학기 수료자 포함 총동문수 250만 명이다.

통일이 되어 북한 쪽에도 방송대를 개강할 경우 매년 10~20만 명씩 동문이 북한에도 늘어나게 될 것이다.

방송대 동문은 그야말로 각계각층 남녀노소 구분없이 다양하다.

선거직으로 당선된 현직 방송대 동문(재학생 · 졸업생 포함)들만 보더라도 국회의원(임영호 · 김충환 · 정하균 등 10여명), 시도지사(허남식 · 송영길 · 강운태 등 3명), 기초자치단체장(최대호 등 20여명) 시도 의원, 시군구 의회의원, 교육위원 등을 모두 합하면 300여 명에 이른다.

국적은 바꿀 수 있어도 학적은 바꿀 수 없다고 한다.

사랑하고 존경하는 방송대 동문들이여!

정직 · 최선 · 열정 · 겸손의 자세로 모두를 사랑하고 포용하고 봉사하면서 건

강하고 행복한 삶을 살아가시기를. 그리고 동문 간에 따뜻한 우정도 나누시기를! (398)

⑵방송대 제11대 전국총동문회장의 25시

1990년 4월 1일, 한국방송통신대학교 전국 총동문회 제15차 정기 총회에서 필자는 만장일치로 제11대 전국총동문회장에 추대되었다.

2년 3개월 동안 총동문회장으로 있으면서 필자는 재학생과 동문을 한데 묶는 한마당 대회를 매년 개최해, 1회 대회는 계룡산에서, 2회 대회는 대구의 팔공산에서, 3회 대회때는 서울 잠실 올림픽주경기장에서 「92한마당 통일 큰잔치」를 개최했다.

이런 크고 작은 행사를 하면서 전국 20여 만의 동문들을 만났다. 방송대 사상 아마 필자처럼 많은 동문들을 만난 사람도 없을 것이다. 그런 까닭에 일부 동문들은 필자를 가리켜 「방송대의 얼굴」, 「방송대인의 대부」, 심지어는 「방송대의 황제」라고까지 하는 사람도 있다.

동문회장 2년여 동안 방송대의 위상을 제고시키는 데 적지 않게 기여했고 방송대를 위해 많은 노력을 했다고 해 지금까지도 「방송대 위상을 높인 최초의 동문회장」, 「가장 방송대를 사랑한 방송대인」, 「25시를 뛴 총동문회장」 등 칭송의 말을 듣는다.

방송대 총동문회장은 참으로 바쁜 자리다. 연중, 특히 주말에는 전국 시 · 도, 시 · 군 · 구의 지역별, 학과별 동문회와 학생회 측의 행사 초청장만도 매일 몇 통씩 배달된다. 25시를 뛰어도 모자란다. 주머니돈도 많이 필요함은 물론 제대로 하려면 주말에 잠자는 것은 거의 반납해야 했다.

방송대의 본교는 서울 동숭동 구(舊) 서울대학교 문리대 자리에 있다. 특히 방송대는 전국의 방송망을 통한 교육 시스템을 가지고 있기 때문에, 통일이 되었을 때 북한 동포들의 민족 동질성을 회복하는 데 있어서 방송대 교육처럼 훌륭한 수단은 없다고 본다. 예컨대 컴퓨터를 다루는 기술자는 방송대의 컴퓨터과학과 강의를 들으면 굳이 학교에 가지 않아도 교육이 가능한 것이다. 또 전파를 타고 일반 교양과목이나 역사, 영어 · 중국어 · 일어 · 불어나 법학 · 행정학 · 경영학 등의 방송대 강의를 듣고 자유민주주의 사회의 실상과 한국의 정통성을 파악하고 민족문화의 동질성을 느끼게 할 수 있는 것이다.

또한 통일 후 북한 지역에서 매년 10만 명 정도의 신입생들이 입학하게 되면 다수의 남북 동문들 간의 상호 교류를 통해 좀 더 빠르게 동화 · 동질화될 수 있다고 본다. 이런 일을 체계적으로 해낼 수 있는 대학은 방송대 외에는 거의 없다고 본다. 그런 상황을 잘 알고 있었기 때문에 필자는 당시 북한의 「김일성 방송대학」 총동문회장과의 상호 교환방문 등을 추진하려고 했으나 당시의 경직된 남북관계로 인해 뜻을 이루지 못했다. 전국총동문회장이 되고 나서 필자는 먼저 총동문회의 임원을 늘렸다. 되도록 많은 동문들을 총동문회 활동에 참여케 하기 위해서였다. 25명 정도 되는 임원을 100명 정도로 늘렸다. (398)

부회장으로 군장성, 판사, 검사, 변호사, 교수, 고위공무원, 경찰간부, 사업가, 가정주부, 농업인 등 사회 각 분야의 많은 동문들을 임원 활동에 참여하도록 했다. 또 약 8백 명 정도 되던 이사의 숫자를 대폭 늘려 전국적으로 4천여 명의 이사가 총동문회 임원 활동을 하도록 했다. 방송대 출신으로 행정고등고시, 기술고등고시, 사법고시, 입법고등고시 등 각종 고시에 합격한 동문들로 구성된 고시동지회 「한불휘」를 만들었다. 한불휘란 '하나, 크다, 많다, 바르다, 가득하다, 같다'는 등의 뜻을 가진 접두어인 「한」과, 뿌리의 고어인 「불휘」를 합성한 말이다. (398)

초대 회장으로 필자가 선출되었다.

그 당시 각종 고시에 합격한 동문은 60여 명 정도 되었다. 지금도 매년 20여 명이 각종 고시에 합격하고 있다.

필자가 방송대 전국 총동문회장 2년 3개월 동안 재임하면서 방송대 총동문회 주관으로 개최했던 행사 몇 가지만 소개한다.

① 계룡산 · 팔공산 · 북한산에 통일기원 시비 세우다

1990년 7월 14일과 15일 1박2일 간에 걸쳐 계룡산에서 「계룡산 한마당대회」가 전국의 방송대인과 내빈 등 8천여 명이 참석한 가운데 성대하게 열렸다. 「방송대 동문 하나 되어 – 화합 · 통일 · 봉사」라는 캐치프레이즈 아래 거행된 이 행사의 개최 목적은 사회 각 분야에서 열정적으로 살아가고 있는 전국 방송대인의 자긍심을 고취시키고 화합과 결속을 다지는 데 있었다.

행사는 1부 전야제, 2부 기원제 · 통일 기원 시비 제막 및 화합 잔치, 3부는 명산 아끼기 캠페인 및 사랑의 쌀 나누기 성금 모금 운동으로 뜨겁게 이어졌다.

제1부 전야제는 7월 14일 저녁 9시에 계룡산에 있는 충남도 자연학습원에서 역사문제연구소 이이화 소장의 「지기지우란 무엇인가」라는 우정론 특강, 우정의 불꽃 점화, 방송대 사물놀이패 축하 공연 등으로 밤이 깊어 가는 것도 모르고 한데 어우러져 서로의 우정을 확인했다.

7월 15일, 제2부 국민 화합 및 남북통일 기원대회와 전국 방송대인 화합잔치가 시작되었다. 대회 발진식 장소인 계룡산 입구의 학봉초등학교 교정엔 8천 여 명의 동문들로 발디딜 틈조차 없었다. 10대에서 60대까지 다양한 연령층의 동문들이 멀리 제주도 · 강원도 · 서울 등지에서 밤을 새워 달려왔다. 한마음 한뜻으로 전국 각지에서 모인 동문들의 뜨거운 열기는 대회의 의미를 한껏 고조시켰으며, 뭉클한 감동으로 치달았다.

이병호 방송대 학장님을 비롯해 많은 기관장들이 자리를 지키며 뜻을 같이했고 여야 정치인들, 각급 기관장들의 격려의 축전이 답지했다.

대회가 열리는 계룡산 남매탑 고개로 이어지는 길가에는 방송대인 행렬이 끝없이 이어졌다. 당기고 밀며 통일 기원 시비를 옮기는 작업에 참여한 동문들의 흐뭇한 모습은 동문들의 가슴에 깊은 공감대를 형성하기에 충분했다.

계룡산 남매탑에 모인 동문들은 엄숙한 마음으로 국민화합 및 통일기원대회를 거행했다. 총동문회장인 필자가 작성한 〈민족 대화합과 통일을 기원하는 글〉을 축원문으로 올리면서 행사는 시작되었다. (398)

"국조(國祖) 단군께서 조국(肇國)하신지 4322년, 아득한 그 옛날 우리 겨레는 해 뜨는 동쪽나라 서기(瑞氣) 어린 아사달에 도읍을 정하고 홍익인간(弘益人間), 재세이화(在世理化)의 민족사를 열기 시작했습니다…." 분위기는 갈수록 고조되었다. 시인이기도 했던 고 정한모 전임 학장(문화관광부장관 역임)님께서 3일 동안 주야로 고심한 끝에 지으신 시를 돌에 새긴 〈하나 될 새날을 열고자〉라는 제목의 통일기원 시비가 계룡산에 우뚝 섰다.

하나 될 새날을 열고자(앞면)

정한모

나눌 수 없는 한몸
나눌 수 없는 한마음
하늘이시여!
이제는 하나로 이루게 하소서
우리의 발돋움 하늘에 닿았나니
우리의 마음돋움 하늘에 맞닿았나니

건립취지문(뒷면)
어두운 밤하늘 별밭으로 빛나는
삼경(三更)의 별하늘처럼
온누리에 깔려 있는 지상의 별들
방송통신 대학인들의
큰 뜻을 모아 민족통일 기원의 비(碑)를
여기 계룡산 산마루에 세운다

이어서 사물놀이패가 흥을 돋우는 가운데 축시 낭송과 화합의 잔 건배를 신호로 흥겨운 축제 한마당이 어우러졌다. 마음과 마음으로 서로의 우정을 확인하는 귀중한 시간들이 계속되었다.

화합 잔치를 마치고는 명산 아끼기 캠페인을 전개해 계곡과 등반로에 버려진 쓰레기를 수거했다. 그러고는 등반로 입구에 설치된 사랑의 쌀 나누기 성금함에 동문들의 뜻을 모았다.

촉박한 행사 준비 기간에도 불구하고 여러 동문들의 헌신적인 참여로 행사를 성황리에 마칠 수 있었다. 1년 뒤 열릴 「91팔공산 한마당대회」를 기약하고 대단원의 막을 내릴 때는 작별이 너무나 아쉬워 발길이 쉽게 떨어지지 않았다.

1991년 5월 11,12일, 대구의 팔공산에서 「전국 방송통신대학인 팔공산 한마당대회」가 성대하게 열렸다. 경북 농민교육원과 팔공산 자연공원 광장에서 열린

「팔공산 한마당대회」는 전국 각지의 5천여 동문과 이병호 학장, 박철언 당시 체육청소년부장관, 이해봉 대구시장을 비롯한 많은 내빈들이 참석해 축하해 주었다. 국민 화합과 남북통일 기원제를 올리고 통일기원 시낭송과 통일기원 시비(통일기원 시문은 계룡산 시비와 같음) 제막식을 가졌다. 방송대 동문의 한마당 화합잔치와 명산 아끼기 캠페인과 사랑의 쌀 나누기 운동이 차례로 진행되었다. 여기에 동숭 천하장사, 동숭 여왕, 동숭 가수왕 선발대회를 함께 진행해 축제의 흥을 더했다. (398)

② 잠실 올림픽 주경기장의 「92한마당 통일 큰잔치」

필자가 방송대 총동문회장으로 있으면서 치러 낸 가장 큰 행사는 서울 잠실의 올림픽 주경기장에서 열린 「92한마당 통일 큰잔치」였다.

이 행사는 먼저 1992년 4월 25일 첫째 날에 8000여 동문들과 재학생이 참석한 가운데 북한산 도봉공원(잔디공원)에서 통일기원 시비 제막식을 시작으로 성대한 막을 올렸다. 북한산의 통일기원 시비도 계룡산, 팔공산에 세운 통일기원 시비와 마찬가지로 고 정한모 전 학장님의 〈하나 될 새날을 열고자〉라는 통일 기원 시를 서도가 한별 신두영 선생의 글씨로 새겼다. 그리고 비석의 뒷면에는 이 절 첫장에 소개된 내용의 건립 취지문을 새겨 방송대 동문들의 뜻을 기렸다.

그리고 정강정 총동창회 부회장이 북한 동포들을 향해 민족 화합과 통일을 기원하는 우리 150만 동문들의 간절한 염원을 담은 메시지 〈북한동포에게 보내는 말씀〉을 낭독했다.

"먼 산 진달래가 불붙고
눈이 부시도록 샛노란 하늘이 창가를 두드리면
돌아온 봄
우리는 흩어졌던 형제들을 생각합니다…

민족의 영산인 계룡산에서, 팔공산에서,
또 오늘은 세계의 벽을 허물었던 잠실벌에 모여서
남북 방송대학인 모두의 염원을 모아
「통일, 통일」을 부르고 있습니다

북녘의 동포들이여, 형제들이여!
우리 다 함께 일어나 손잡고, 통일의 어깨동무에 참여합시다
그리해 흩어졌다 돌아오는 새봄의 한마당 잔치는
금강산에서, 묘향산에서, 그리고 백두산 영봉에서…
다시 태어난 통일 조국의 찬가를 합창할
그날을 손에 손잡고 함께 맞이합시다" (398)

방송대 개교 20주년을 맞아 방송대의 성년 선언과 우리 겨레의 통일 기원과 화합을 다지는 「92한마당 통일 큰잔치」는 '겨레 하나 되어 – 사랑 · 봉사 · 통일' 이라는 캐치프레이즈 아래 대학의 동문 축제로는 국내 최대 규모로 열렸다.

'동숭인을 위하여' 라는 뜻의 "위하동 위하동 위하동동"하는 구호가 대회장인 필자의 선창으로 잠실벌에서 메아리치자, 방송대의 힘찬 미래가 가슴에 와 닿는 듯했다.

그날 행사는 MBC-TV가 한 시간여 동안 실황 중계를 했고, 대통령 후보들인 김영삼, 김대중, 정주영 3당 대표와 각계의 인사들이 수행원들을 대동, 직접 참석해 축사를 해주어 대회를 한층 빛내 주었다.

김영삼 당시 민자당 대표는 대회 축사를 통해, 「고난과 역경을 딛고 꿋꿋하게 운명을 개척해 나가는 방송대학인들의 한마당 잔치에 제가 참석하게 된 것을 매우 기쁘게 생각합니다… 오늘 동문애와 민족애의 열기로 가득 찬 이 자리를 빌려, 앞으로 방송대학인들이 어려운 여건 속에서도 더욱 열심히 배움의 열정을 불태울 수 있도록 전국 각지에서 지역 학습관을 건립하는 등 한국 방송통신대학의 교육 시설을 확충해 나가는 데 일조가 될 것을 약속하는 바입니다… 아울러 통일을 염원하는 우리의 우렁찬 함성이 북녘 끝까지 울려 퍼지고 북한 동포 모두의 가슴속에 아로새겨지기를 기원합니다」라고 말해 동문들의 힘찬 박수를 받았다.

이어서 김대중 민주당 대표 최고위원은 이렇게 축사했다.

「우리는 오늘 이 나라를 지배하고 있는 학력이나 학벌 위주의 풍조를 타파해야 한다고 생각합니다. 4년 동안 대학을 다니지 않았다고 해서, 그리고 일류 대학을 졸업하지 못했다고 해서 일생을 차별받고 살아야 한다는 것은 용납될 수 없는 일입니다. 모든 직장의 모든 채용과 승진에 있어서 대학 졸업장을 요구하거나

특정 대학 졸업생을 우대하는 현실을 바로 잡아야 한다고 생각합니다. 왜냐하면 이것은 민주주의와 정의의 원칙에 위배되기 때문입니다….」

이어 정주영 국민당 대표최고위원도 뜨거운 격려를 보내 주었다.

「저는 정규 교육을 제대로 받지 못한 사람입니다. 제가 나중에 기업인으로 성공한 다음에 여기저기 대학에서 받은 명예박사 학위는 여러 개입니다만, 학교는 송전소학교를 다닌 것이 전부요 나중에 부기학원을 조금 다녔을 뿐입니다. 그렇지만 막일을 하면서도 저는 늘 공부해야겠다, 더 배워야겠다는 생각을 잊어 본 적이 없습니다. 저 자신도 20세 때 법제통신이라는 통신 자습을 한 경험이 있습니다… 사실은 저도 이 자리를 빌려 여러분과 함께 동문의 자격으로 축하를 받고 싶은 심정입니다. 왜냐하면 제가 성장하던 시절에 방송통신대학이 있었다면 저도 틀림없이 여러분의 동문이 되었을 테니까 말입니다….」

이번 행사의 구호에도 나와 있듯이 사랑과 봉사를 위해 대회 중 실시된 「사랑의 헌혈 운동」행사에는 대회장인 필자를 선두로 해서 3천여 명의 동문들이 헌혈에 참가했다. 이 헌혈 운동을 위해 대한 적십자사(총재 강영훈)에서는 20대의 헌혈 차량과 140여 개의 간이침대를 동원해 주었고, 그리고 100여 명의 의사, 간호사, 자원봉사자가 참여했다.

이렇게 성황리에 행사를 치르면서도 한 가지 아쉬움이 필자의 머릿속을 떠나지 않았다. 그것은 북한의 김일성방송대학과 TV방송대학에 관한 것이었다.

이 대학들은 건학 이념, 교육 방식, 주경야독하는 생활환경 등 모든 면에 있어 우리와 서로 비슷한 점이 많다. 그래서 이번 행사에 초청해 자매결연도 맺고, 서로 우정도 교환할 겸 통일원을 통해 접촉을 추진했다.

통일원의 접촉승인 통지를 받고 제3자를 중개인으로 해서 접촉한 결과 처음에는 북측 방송대 쪽에서 참석하겠다고 통보해 우리 모두는 매우 고무된 상태였다. 그러나 남북 관계가 갑자기 나빠지면서 덩달아 시국 또한 좋지 않자 일방적인 불참 통보를 들어야 했다. 안타까운 일이었지만 민족 화합에 일조할 수 있는 절호의 기회였음을 아쉬워하며 그때의 초청 공문 일부를 여기 옮겨 본다. (398)

<조선민주주의인민공화국 TV방송대학장 귀하>

삼천리 금수강산에 다시 봄기운이 돌고 있습니다. 우수 경칩이 지나면 이곳 한강과 남산녘의 봄기운이 이내 대동강변에도 전해지리라 믿습니다. (중략)

그동안 우리 대학은 세계 여러 나라의 방송통신대학과의 상호 방문, 교류를 통해 우의를 다지고 그간의 경험과 교육 기법을 서로 나누어 갖는 등 국제적인 교류와 협력을 다각적으로 해오고 있으며, 우리 대학과 건학 이념, 교육 방식, 피교육자의 주경야독하는 생활 환경 등이 특히 흡사한 귀대학과의 교류 협력과 우정의 교환 기회 있기를 기다려 왔습니다.

이에 우리 대학의 이번 행사 개최와 관련해 귀대학 측에 몇 가지 사항을 제안하고자 하오니, 귀대학 동창회 및 학생회 측과 충분히 협의하시어 아래와 같은 우정 어린 제의에 귀대학 측의 긍정적인 답신 주시기를 진심으로 기대하는 바입니다.

첫째, 귀 대학의 재학생 또는 졸업생 대표가 이번 행사의 부분 행사인 전국대학탁구대회, 전국대학생바둑대회, 전국대학가요제 등에 참가해 우정 출연해 주시기 바랍니다.

둘째, 귀 대학 대표의 서울 방문 기간은 행사 전날(4. 25)부터 행사 다음날(4. 27)까지가 적절할 것으로 보며, 왕복 교통비와 숙식 등 일체의 경비는 우리 측에서 부담할 것이며, 서울 방문 기간 중 신변 안전에 관해는 대한민국 정부가 별도의 보장 조치를 취할 것입니다.

셋째, 귀 대학 대표의 서울 방문 기간 중 체제 일정은,

4. 25(토) : 숙소 도착, 휴식 및 우리 대학 대표와의 만찬

4. 26(일) : 조찬, 행사 참가(통일 기원 시비 제막식, 탁구, 바둑, 가요제, 사랑의 헌혈 운동 등), 우리 대학 대표와의 오찬 및 만찬

4. 27(월) : 우리 대학 대표와의 조찬, 공동 기자 회견, 평양 향발 등

* 기자 회견은 귀측이 요망 시에 준비 시행함.

이며 이번 초청 목적이 양측 대학인 간의 우정을 나누자는 순수한 것이므로 귀측 요청이 없는 한 관광, 산업 시찰 등은 따로 고려하지 않고 있습니다. (중략)

만물이 소생하는 화개앵제의 계절에 귀 학장님께 서한을 드리게 된 것을 큰 기쁨으로 간직하고자 하며 귀 학장님의 건승하심과 귀 대학의 무궁한 발전을 다시 한 번 기원 드리며 좋은 소식 주시기를 기다리겠습니다.

대한민국

한국방송통신대학 개교 20주년 기념행사

준비위원장 겸 대회장 조영재

(한국방송통신대학 총동창회 회장)

위의 행사 계획 · 초청내용 · 준비 사항 등

제반 내용이 사실임을 확인함

대한민국
한국방송통신대학 학장
법학박사 장인숙

방송대 후배들인 현재의 전국 총동문회 임원들에게 당부 드리고자 한다. 이 선배가 이루지 못한 북한 측 방송대와의 동문교류행사가 이루어 질 수 있도록 해 주기 바란다. 통일을 위해서도 좋은 씨앗이 될 것으로 생각되기 때문이다.

이날 행사 중 관심을 끌었던 것은 인기 연예인들이 출연하고 MBC에서 생방송으로 전국에 중계한 스페셜 쇼였다. (398)

젊은 인기 아나운서인 한선교, 김수정이 진행한 이 프로그램에는 최민수, 최진실, 양수경, 민혜경, 조영남, 심신, 노사연 등 인기 가수와 탤런트, 개그맨 23명이 출연했다. 이들을 보기 위해 몰려든 사람들로 무대 주변은 한때 소란이 벌어지기도 했다.

그리고 인기 개그맨 강석과 방송대 노래 동아리인 「여섯소리」의 멤버 전산과 홍경아 양의 사회로 전국대학가요제 결선이 치러졌다. 황문평, 이범희, 조영근 씨 등 쟁쟁한 심사위원들의 심사 속에 전국 12개 대학교 학생들이 치열한 경합을 벌였다.

초청 가수로는 귀순한 김용 씨가 출연해 행사의 의미를 더욱 빛냈으나, 북한 학생들의 불참으로 아쉬움이 남기도 했다.

이어서 진행된 2부 축하 쇼에서는 신승훈, 손지창, 이선희, 김국환, 신형원, 김지애, 설운도, 남보원, 최병서 등이 강석의 사회로 한바탕 신바람을 선사했다.

또한 프로 기사 김수영의 진행으로 시작된 전국대학바둑대회와 전국대학탁구

대회, 전국 HAM대회, 동숭천하장사씨름대회, 통일기원단축마라톤, 볼링대회, 어린이 사생대회, 어린이 백일장, 동숭사진전 등이 여러 장소에서 함께 이어져 각자의 기량을 마음껏 발휘했다.

20년 전 그때 사랑의 헌혈 운동과 함께 「소년소녀 가장 돕기 및 사랑의 쌀 성금 모금 운동」은 150만 방송대 동문들이 보다 성숙된 자세로 사회봉사를 실행하자는 취지로 제안된 것인데, 그날 모금한 1,900여 만 원의 성금은 그 행사의 후원사인 MBC와 조선일보, 한국일보사에 전달되었다.

「92한마당 통일 큰잔치」는 대외적으로 방송대의 위상을 높이는 계기가 되었으며, 방송대 동문들의 저력을 확인하는 뜻깊은 자리였다고 생각한다.

행사 준비는 3개월 전부터 시작되었다. 낮에는 각자 직장에서 일하고 저녁이면 행사 준비 요원들이 모여 행사를 준비했다.

필자는 매일 밤 행사 준비를 총지휘했다. 대회장인 필자는 공직자였으므로 낮에는 근무하고 퇴근 후에야 행사 준비를 할 수 있었다. 하루 5시간 정도 수면을 취하면서 3개월을 행사 준비에 매달렸다. 그렇게 행사를 다 마치고 났을 때 체중은 무려 6킬로그램이나 빠져 있었다.

행사를 계획할 당시 총동문회의 예산은 겨우 5백만 원 정도에 불과했다. 그런데 전체 예산을 짜보니 5억여 원 정도가 소요되는 엄청난 규모였다. 시비 제막, 여러 종목의 전국 대학생 대회, 30명 가까운 연예인과 사회자 초청과 MBC-TV 생중계 등이 많은 경비를 필요로 했다.

그때부터 대회장인 필자는 팔을 걷어붙이고 친구와 지인을 찾아다니며 사정을 설명했다. 한마당 큰잔치의 행사 내용이 진지하고 내가 열과 성을 다해 설명하니 많은 분들이 적극 도와주었다.

나는 그때 도움을 준 많은 분들을 평생 잊지 못할 것이다. 그렇게 어렵고 힘들게 수억 원의 예산을 확보해 무사히 행사를 치르게 되자, 필자의 그러한 추진력과 열정을 보고 방송대 동문들이 「방송대의 얼굴」, 「방송대의 황제」라는 별칭을 붙여준 것이다.

행사를 마치고 3백여 명의 행사 요원들과 함께 저녁 식사를 하게 되었다. 지난 3개월 밤잠을 아껴 가며 같이 고생한 사람들이었다. 그날 필자는 준비요원 1인이 3~4잔씩 모두 천 잔 이상의 소주 또는 맥주를 받아 마시지 않았나 생각된다. 처음 열 잔은 가득, 열한 번째 잔부터는 1방울씩 천 잔의 술잔을 받아 마시며 피곤한 줄도 모르고 밤새도록 성공적인 행사를 자축하는 우정의 밤은 깊어갔다.

당시 필자와 함께 밤을 새워 가며 동문회 활동에 앞장서서 일했던 임원들을 잊을 수가 없다. 그중에서도 특히 김상돈, 김종덕, 허남오, 안영명, 조병세, 이용삼, 황국연, 남윤근, 김한덕, 최대호, 채광기, 박경섭, 채규희, 전용덕, 강민채, 허영숙, 이천행, 김철, 서상길, 이은실, 김영택, 양상애, 김태용, 이순희, 김진욱 씨 등 총동문회 임원 여러분, 그리고 각 시 · 도 동문회장으로 헌신적인 활동을 해주신 신동석, 이배희, 문창두, 진철희, 심우석, 이태진, 조병진, 박진성, 최충일, 임영호, 신천식, 이영봉, 정성민, 진도영, 전수영, 신창재, 정윤신, 정현철, 이희경, 김종래, 송조홍, 공상섭, 오문호, 최주달 씨 등 여러분과 학생회 쪽의 임재천, 남기정 회장 등은 잊을 수 없는 이름들이다. (431)

방송대 제21대 총동문회장(최대호)과 제22대 총동문회장(채규희) 이취임식이 2012년 1월 7일 서울 강남구 삼성동에 있는 「라마다 서울호텔」에서 본교 조남철 총장님과 필자를 비롯한 전국의 동문 500여 명이 참석한 가운데 성대히 치러졌다. 이 자리에서 21대 최대호 회장은 채규희 회장에게 총동문회 발전기금 1,000만 원을 전달했다. 밤을 새워서라도 할 일은 해내는, 말없고 겸손한 채규희 회장께서, 전국 총 동문회를 멋진 동문회로 리드하리라고 믿는다.

또한 2012년 1월 초에 본교 총장이 종전 특2호에서 특1호(장관급)로 격상되어 본교의 위상이 높아졌다.

방송대가 건학한지 40주년 올해는 흑룡의 해이다. 2012년을 맞아 전국의 250만 방송대 모든 동문들이 활화산, 용광로, 여의주와 함께 하는 한해가 되기를 기원한다.

끝으로 잠실 올림픽 주경기장에서 열렸던 「'92 한마당 통일 큰잔치」의 대회장이었던 필자가 방송대동문들과 3당 대통령후보 등 내빈들을 모신 자리에서 읽었던 대회사(大會辭)를 여기 옮긴다.

〈대회사(大會辭)〉

존경하는 장인숙 학장님, 김종서 학장님, 국정쇄신과 국운개척을 위해 진력하고 계시는 김영삼 · 김대중 · 정주영 세분 대표최고위원님을 비롯한 내빈 여러분,

그리고 친애하는 한국방송통신대학 동문여러분!

하늘에 환희가 넘치고 땅엔 푸른 정기가 새로운 화개앵제(花開鶯啼)의 계절을 맞아 우리는 오늘 큰 대학으로 성장 발전하고 있는 한국방송통신대학이 성년이 되었음을 경축하고, 온 겨레와 동문들이 하나 되어 사랑 · 봉사 · 통일을 지향하는 마음과 이를 행동으로 실천해 보이고자 여기 잠실벌에 섰습니다.

한 명문대학으로부터 동숭동 캠퍼스를 이어받은 우리 방송대는 지난 20년간 타 국립대학에 비해 학생 1인당 교육투자비 40분의 1, 교수 1인당 학생 수 80배의 엄청난 악조건속에서도 다수 국민에 대한 원격 방식의 대학교육이라는 건학이념 구현에 노력한 결과 16개 학과 40개 학습관을 개설하고 매년 10여 만의 신 · 편입생을 입학시키는 등 우리 사회의 안정과 발전, 대학 문화의 창달과 지적 성장, 그리고 인재양성에 큰 몫을 하고 있습니다.

방송대 동문인 우리 150만 동숭인들은 지금 정치 · 행정 · 교육 · 문화 · 예술분야에서 군검경, 법조분야에서, 상공광 · 농수축산 분야에서 또는 가정주부 · 어머니로서 성실하게 그리고 열정적으로 삶을 불태우고 있으며 이 사회 구석구석에서 빛과 소금의 역할을 다하고 있습니다.

동숭인 그들은 의지의 인격자이며, 자신과의 싸움 · 삶과의 싸움에서 물러설 줄 모르는 「운명의 개척자」이며, 가슴속에 뜨거운 태양을 간직한 채 차라리 풍파와 고난 속에서 인생의 기쁨을 찾는 「역경의 항해사」들이기도 합니다.

지금의 동숭인들은 우리 사회 각 분야의 중간계층 정도에서 직분을 다하고 있지만 20년~30년 후에는 통일한국의 남과 북에 약 500만의 동숭인들이 각 분야 「아래에서 위까지」 포진해 그들만으로도 자유 · 정의 · 진리가 넘쳐흐르는 통일대한민국을 만들고 이끌어 나갈 수 있게 될 것입니다. 그래서 본인은 수십 년 내에 우리 동숭인들이 나라를 이끌고 떠받쳐 나가는 「새로운 동숭인의 시대」가 올 것을 믿어 의심치 않는 것입니다.

선인들은 학교의 동창 · 동문관계를 가리켜 「제2의 형제」라고 했습니다. 제2의 형제인 동창관계는 우리가 하기에 따라 가장 우애 깊은 형제도 될 수 있고 목숨까지 아낌없이 바칠 수 있는 문경지우도 될 수 있습니다.

여러분 앞에는 「제2의 형제」라고 불리는 동문들이 150만 명이나 있습니다. 전국 방방곡곡의 어느 동 지역이나 어떤 읍면에 가더라도 모교를 졸업하거나 수료한 사람 또는 재학 중인 동문들이 적게는 50명, 많게는 1,000여 명씩이나 있습니다. 얼마나 가슴 뿌듯하고 신나는 일입니까.

엘리트의 시대가 가고 「민중의 시대」, 「민주의 시대」라는 역사의 새 지평이 열리고 있습니다.

우리 동숭인들은 만남과 캠퍼스 우정을 함께 나눌 수 없었습니다. 그러나 우리는 고난과 역경 속에서 오랜 세월 주경야독의 체험을 함께 해 온 동지적 동문애가 모두의 가슴속에 뜨겁게 흐르고 있습니다. 동숭인의 하나된 모습들이 아직은 작지만 굳건한 뿌리를 내려가고 있습니다.

친애하는 동숭인 여러분!

우리가 숫자만 많다는 것은 큰 의미가 없습니다. 「21세기 새로운 동숭인의 시대」는 새로운 사고와 새로운 행동력을 보일 때 비로소 가능한 것입니다.

오늘의 「 92한마당 통일 큰 잔치」는 우리 동숭인들이 사랑 · 봉사 · 통일의 선구자적 역할을 다하기 위해 2년전 시작한 「한마당 대회」를 잇는 것으로 '90년(7.15)에는 계룡산에서 '91년(5.12)에는 팔공산에서 대회를 펼친 바 있습니다.

본인은 이 한마당 대축전이 우리 동숭인들의 마음과 삶의 자세를 한 단계 더 높여주는 계기가 되어 주기를 바라면서 오늘의 실천지표인 사랑 · 봉사 · 통일에 관해 몇 말씀 드리고자 합니다.

오늘은 우리 동숭인들이 가슴을 열고 뜨겁게 하나 되는 날입니다. 그리고 우리가 지난날 그러했듯이 주위에 있는 어려운 이웃들에게 따뜻한 눈길과 나눔의 손길을 주어야 합니다. 달콤한 백 마디 말, 아무리 멋진 몸짓도 따뜻한 마음으로 건네주는 한 줌의 쌀과 한 방울의 피만은 못합니다.

언제부터 인지 우리 사회에는 "밭갈이를 말하는 사람은 많으나 쟁기 잡는 사람은 적다", "전쟁을 말하는 사람은 많으나 싸우려고 갑옷 입는 사람은 적다"라는 잘못된 세태가 벌어지고 있습니다.

우리 동숭인들은 그럴 수 없습니다. 동숭인의 말과 행동은 입과 귓가에서만 맴도는 메아리가 아니라 손과 발과 가슴이 움직이는 진실된 인간의 언행이 되어야 합니다. 우리는 작은 사랑, 작은 봉사라도 남보다 먼저 실천하고 행동하는 올곧은 지성인이 되어 메마른 우리 사회를 따뜻하게 밝혀 나가는데 앞장섭시다.

오늘 여기 모인 동숭인들은 한 분도 빠짐없이 따뜻한 마음으로 우리의 오염되지 않은 깨끗한 피와 땀 흘려 얻은 수입의 일부를 우리보다 더 어려운 처지에 있는 동포에게 기꺼운 마음으로 돌려줍시다. 그리해 하나 됨을 향한 잠실벌의 오늘이 동포애가 가득 넘치는 사랑의 대축제가 되도록 합시다.

또한 우리 동숭인은 남북으로 갈라진 땅, 8도 3남으로 갈라지고 골이 깊어진 우리겨레의 마음과 우리 금수강산이 하나 되게 하는데 뜻을 모으고 지혜를 모으고 힘을 모아야 하겠습니다. 우리 배달민족은 본시 나눌 수 없는 한뿌리 한겨레이며, 우리 금수강산은 나뉘면 온전한 금수강산이 될 수 없습니다. 그 어떠한 이유, 어떠한 힘으로도 우리를 오래 갈라놓을 수 없습니다. 우리는 한마음을 가진 한 핏줄이며, 두레 · 품앗이 · 강강술레의 겨레이기 때문입니다. 통일이 되는 날 방송교육이라는 교육방식과 내용, 또 매년 10만여 명씩 늘어날 북한쪽의 방송대 동문들과의 교류를 통해 우리 민족 · 우리 문화의 동질성 회복과 겨려하나 만듦의 큰 역할을 우리 동숭인들이 해야 할 것입니다.

친애하는 전국의 동숭인 여러분!

우리 동숭인의 사전에 불가능이란 없습니다. 그리고 인생은 항상 지금부터입니다. 꿈은 꿈꾸는 자의 것이며 내일은 내일을 믿고 끝까지 최선을 다하는 자의 것입니다. 더 크고 더욱 거창한 꿈과 희망과 신념과 용기를 가지고 자기와의 싸움, 운명과의 싸움에서 승리하는 자가 됩시다. 우리 앞길이 때로는 안개와 폭풍우로 길이 보이지 않을 때 우리는 동숭언덕에서 주경야독하며 밤을 밝힌 많은 날들을 기억합시다.

그리고 정직함과 진실 속에서 깊이 생각하고, 겸허하되 결코 비굴하지 않으며, 가장 높은 자존심과 자긍심을 가슴에 품고 낙천적이며 열정적인 삶을 불태웁시다. 21세기 아시아 태평양시대의 Pax Koreana 시대를 주도해 나갈 지도자로서의 역사의식과 국제감각도 갖추어야 할 것입니다. 또한 많이 베풀고 언제나 주위를 사랑으로 넓게 포용하는 뜨거운 가슴도 잃지 않도록 합시다.

친애하는 동숭인과 동숭가족 여러분!

오늘 자리를 빛내주신 내외귀빈 여러분!

그리고 오늘이 있기까지 우리들의 지적성장과 인격도야를 위해 불철주야 애써 주신 역대학장님! 모든 분들께 하늘의 축복 가득하시기를 두 손 모아 축원 드립니다. 특히 3당의 대표님들께서 공사다망하심에도 귀한 시간 내주시어 왕림 ·

격려해 주신데 대해 전국의 모든 동숭인의 이름으로 다시 한 번 깊은 감사의 말씀 올립니다.

끝으로 이번 행사 준비를 위해 3개월여 동안 밤을 밝혀가며 헌신봉사해주신 전국의 500여 명 동숭인들에게 감사의 말씀과 함께 위로 격려의 말씀 드립니다. 감사합니다.

1992. 4. 26.
'92 한마당통일큰잔치 대회장
(한국방송통신대학총동창회 회장) 趙永載

7-6 한국사랑회

사랑의 손 잡고

작사 조영재 / 작곡 서육남

시냇물 흘러 흘러 푸른 바다 되듯이
사랑하는 마음들모여 사랑나라 세운다.
외로운 곳 괴로운 곳 어두운 곳 찾아서
사랑의 가슴 봉사의 손길 펼쳐나간다

티끌이 쌓이고 쌓여 큰 산을 일듯
시랑하는 손길들모여 금수강산 지킨다.
우리 땅 우리 하늘 그 산 그 강 그 바다
사랑의 가슴 봉사의 손길로 가꿔나간다.

(후렴)

온 세상 가득히 사랑의 꽃 필 때까지
한국사랑회 그대여 청년의 가슴으로
사랑을 나누자 다함께 손잡고
사랑과 봉사 우정을 펼치자

□ 사람들이 가장 바람직한 모습이 될 수 있도록 도와주어라. 그리고 이미 가장 바람직한 모습이 된 것처럼 그들을 대하라. – 요한 볼프강 폰 괴테

□ 나눔과 봉사가 진실한 것이기 위해서는 희생이어야 한다. 그리고 그것은 또한 숨겨진 것이라야만 한다. – 톨스토이

□ 사랑 · 봉사 · 우정이야 말로 사랑나라 만드는 봉사활동의 세 기둥이다. – 조용재

■ ■ ■

하늘이 유난히도 높던 1993년 10월 어느 일요일이었다.

평소 가까이 지내던 친구 몇 사람과 같이 충북 음성에 있는 꽃동네의 오웅진 신부님을 찾아뵈었다. 오 신부님과는 1989년에 해외 시찰여행을 같이한 적이 있어 평소에도 가까이서 존경하고 있었다.

오 신부님의 사제관에서 저녁 식사를 하는데 신부님께서는 내게 이런 말씀을 하셨다.

「우리 사회에는 여러 가지 모임이 많습니다. 특히 밥 먹고 술 마시고 헤어지는 모임은 참으로 많습니다. 그러나 어려운 사람들을 돕는 참다운 봉사 활동을 하는 모임은 별로 없습니다. 이건 대단히 안타까운 현실입니다. 우리네 인생 많이 살아 봐야 백 살도 못 사는데 이번 기회에 뜻있는 일 한번 해보지 않으시렵니까. 어떻습니까? 진실 되게 봉사하는 모임을 하나 만들어 주위 어려운 분들을 위해 봉사해 볼 생각은 없으신지요?」

필자는 친구들과 한번 상의해 보겠노라 대답했다.

필자는 땅 한 평 가지지 못한 시골의 가난한 집 막내아들로 태어나 어머님의 떡장사로 겨우 연명하면서 나무꾼, 신문 배달 등을 하며 학창시절을 보냈다. 이웃들로부터 밥과 옷, 학비 등의 도움을 받으면서 나중에 커서 그 은혜를 몇 백배

로 갚아야겠다는 생각을 하면서 자랐다. 그러나 지금껏 그 은혜에 보답하지 못하고 그 때 나이 지천명(知天命)에 접어들고 있었다. 어린 시절의 보은(報恩)을 다 하지 못한 가운데 도움을 준 고마운 분들이 한 분 두 분 타계하고 있어 마음의 빚이 점점 커져 가고 있던 차에 오 신부님의 말씀은 필자에게 용기를 주었다.

그래서 그날부터 필자는 「지난날의 은혜에 보답하는 또 하나의 길은, 어린 시절의 나와 같은 어려움에 처해 있는 지금의 이웃을 사랑하는 것이다」라는 생각을 하게 되었고 그 후 여러 사람을 만나 상의했다. 필자의 뜻을 들은 여러 친구와 지인들은 적극적으로 참여하겠다고 나섰다.

필자는 그들과 함께 봉사 모임의 성격과 활동 방향 등을 상의했다. 참다운 봉사활동은 오른손이 하는 일을 왼손이 모르게 하는 것이다. 그러기 위해서는 드러내거나 홍보를 해선 안 된다는 데 뜻을 모았다. 사실 20년 가까이 해온 「한국사랑회」의 봉사활동은 잡지 한 쪽, 신문기사 한 줄, 라디오나 텔레비전 방송 한마디 나가지 않았다. 그저 묵묵히 노력 봉사와 물질 봉사를 통해 어려운 분들을 도와드리고 있다.

다음으로 봉사활동이 생명력을 가지기 위해선 철저히 비정치적이어야 한다. 정치적인 면을 경계하지 않으면 생명력을 가질 수 없을뿐더러 본래의 순수한 의미마저 퇴색하고 만다. 그러므로 한국사랑회는 정치적인 의도와는 무관한 단체로 처음부터 시작되었다. 그리고 종교적으로 특정 종파에 치우쳐서도 안 된다는 생각이었다. 초종파적 성격을 지녀야 한다. 그런 이유로 당시 한국사랑회의 고문에는 신부님, 목사님, 스님 등 다양한 종교계의 인사가 참여했다. (398)

회원 자격도 남을 돕겠다는 뜻만 가지고 있으면 남녀노소 불문하고 모두에게 문을 활짝 열어 놓아야 한다. 어떤 사람도 남을 돕겠다는 뜻과 관심이 있으면 회원으로 받아들여야 한다. 어떠한 자격이나 조건을 달아서도 안 된다.

또한 중요한 것은 봉사활동은 철저히 현장 위주로 이루어져야 한다는 것이다. 봉투나 전해 주고 송금이나 하고 마는 봉사가 아니라 현장에 가서 실질적으로 노력 봉사를 많이 하는 단체가 되어야겠다고 뜻을 모았다. 물론 물질 봉사도 하되 노력 봉사에 더 많은 뜻을 두자고 했다.

이렇게 하면서, 우리의 행사나 봉사활동은 검소하고 겸허하게 해야겠다고 다짐했다. 모임이 있을 때는 설렁탕 한 그릇씩만 먹는 정도로 검소하게 진행을 하고, 봉사활동을 할 때도 절대 거들먹거린다거나 생색을 내지 않도록 주의하자고 다짐했다. 그래서 우리 한국사랑회에는 회우들끼리 서로 어울려서 사진은 찍되 성금이나 물품을 전달하는 장면은 절대 사진으로 남기지 않는다.

그리고 다음으로, 영속성 있는 봉사 단체가 되어야 한다. 무슨 친목회나 단체처럼 10명, 20명이 모여서 활동하다가 끝나는 모임이 아니라 자녀 등 뒷사람들이 그 정신을 이어받아 계속 뜻을 펼쳐 나가야 한다.

그리고 봉사활동을 어려운 사람들을 돕는 데만 국한하지 말고, 그 내용을 다양화하는 데 눈을 돌렸다. 산과 들의 수목이나 화초도 가꾸고, 강과 바다를 오염으로부터 지키는 환경 감시자의 역할도 하고, 조수도 보호하는 등 자연환경 보호와 우리의 역사, 문화를 알기 위해 문화유적 답사활동도 하기로 했다.

이렇게 봉사 단체의 성격을 규정한 우리는 이 모임의 명칭을 두고 고심했다.

가장 먼저 생각해 낸 것이 「한사랑회」였다. '한' 은 예닐곱 가지의 뜻을 담고 있는 의미 있는 단어다. 그러나 전국에 산재해 있는 많은 단체나 친목 단체에서 「한사랑회」라는 이름을 사용하는 데가 부지기수로 많다. 그래서 좀 딱딱하기는 하지만 '국' 자를 한 자 더 넣어 「한국사랑회」로 하는 것이 좋겠다는 데 뜻을 모았다.

캐치프레이즈로는 "사랑으로부터 출발하자. 그리고 그 사랑을 바탕으로 해서 봉사활동을 펴나가자. 또한 이웃을 사랑하고 봉사하면서 우리 회원끼리의 우의도 돈독히 하자"는 의미에서 「사랑 · 봉사 · 우정」으로 정했다.

그런 다음 한국사랑회 회가(會歌) 만드는 일을 했다. 나는 일주일을 꼬박 밤새워 노랫말을 만들었다. 이절 앞쪽에 나온 한국사랑회 회가 〈사랑의 손잡고〉는 노랫말에다 가수 서육남 씨가 곡을 붙이고 〈야망〉을 부른 성민호와 〈부초〉를 부른 박윤경이 혼성 듀엣으로 노래를 불러 레코드로 취입했다. 이 회가는 회원들에게 배포되어 서로 하나가 되어 사랑 · 봉사 · 우정을 펼쳐 나가는 데 큰 역할을 하고 있다.

1994년 1월 22일, 서울 용산구민회관에서 한국사랑회의 창립총회가 열렸다. "어두운 곳에 빛을, 배고픈 곳에 양식을, 외로운 곳에 위안을, 절망이 있는 곳에 꿈과 용기를, 친구에겐 금란의 우정을" 나누고자 다짐하는 전국에서 모인 450여 회원들의 열기로 용산구민회관의 분위기는 고조되었다. 사랑 · 봉사 · 우정을 다짐하는 한국사랑회 회원들의 결의는 가슴에서 가슴으로 흘렀고, 봄날 씨를 부리는 농부의 간절한 심정으로 서로의 손을 잡았다.

"나눔과 봉사가 진실한 것이기 위해서는 희생되어야 한다. 그리고 그것은 또한 숨겨진 것이라야만 한다"라는 톨스토이의 말을 가슴에 새기며 사위를 따스하게 밝히는 등불이 되고자 서로 다짐했다.

김광태 대림성모병원 이사장, 꽃동네 오웅진 신부님, 능인사회복지법인 이사장이신 이지광 스님, 솔마루교회 지승원 목사님, 한국슈퍼마켓연합회 김원식 회장님을 고문으로 모셨다.

초대 회장으로는 창립총회 준비위원장인 필자가 선출되었다. 그리고 국회의원 박근호, 김만복 육군 준장, 신현호 변호사, 이 세 분을 감사로 선임했다. (398)

오웅진 신부님의 「사랑과 봉사의 삶」이란 주제의 강론을 듣고 난 후 막걸리와 시루떡으로 한국사랑회의 출범을 자축하면서 회우들은 서로의 우정을 다짐했다. 부산, 대구, 대전, 경기, 강원지역의 회우들은 행사가 끝난 후 숙소로 자리를 옮겨 대화를 계속할 만큼 분위기는 열기와 진지함으로 가득했다.

산다는 것은 꿈꾸고, 사랑하고, 또 나누는 것이다. 길지 않은 인생 많이 사랑하고 많이 나누고 많이 부딪치며 더불어 함께 사는 삶은 정말 아름답다.

꿈과 사랑의 마음을 잃지 않는 자는 젊음을 잃지 않는다고 했다. 대가를 바라지 않고 베푸는 자는 하늘이 복을 내린다고 했다. 작은 정성이나마 사랑하는 마음, 대가를 바라지 않는 마음, 드러내지 않는 마음, 그리고 기쁜 마음으로 주위를 보살피는 한국사랑회는 영원토록 우리 주위를 따뜻하게 밝혀 줄 것이다.

그동안 한국사랑회 회우들은 바쁜 생활 가운데서도 19년 동안 매달 시간을 내어 전국의 보육원, 양로원, 장애자 시설 등 사회복지시설, 소년소녀가장 가정 등을 방문했다. 봉사활동은 ①삼겹살 중식 등 제공 ②생일잔치 및 사진찍어 주기 ③사랑의 대화나누기 ④환경미화 ⑤놀이터 페인트칠하기 ⑥장애인 목욕 돕기 ⑦영정용 사진찍어 드리기 ⑧오락회 또는 운동회 개최 ⑨소년소녀 가장 성금 · 성품 전달 ⑩카니발(자동차)동우회와 함께 장애인 외출 · 관광 돕기 등의 봉사활동을 했다.

또한 이웃돕기 성금 마련을 위해 「사랑의 음악회」도 개최했다. 사랑의 음악회는 1994년 10월 29일 한국전력 대강당에서 1,900여 명의 사랑회 가족들이 모인

가운데 가수 박상규, 탤런트 신혜수의 사회로 열렸다. 이 음악회를 위해 한무리 무용단(대표 임현정), 이광수(민족음악원 대표)와 굿패 노름마치, 국악인 조상현, 고수 임영일, 성악가 박순복, 각시 품바 양가화, 고수 조은영, 인기 가수 해바라기, 서유남, 김종찬, 성민호, 박윤경, 김흥국, 최희준, 탤런트 최진실, 성악가 박미혜, 박인수 교수, 미스코리아 한성주 씨 등이 출연해 성황을 이뤘다.

또한 백제 문화 유적 답사(공주, 부여, 익산 등)와 도봉산 · 계룡산 · 무등산 · 금정산 · 설악산 · 팔공산 · 주왕산 · 가야산 등의 명산을 찾아 자연 사랑 활동도 펼쳤다.

이 땅에 사랑 · 봉사 · 우정의 나무를 심기 위해 한국사랑회에 참여해 물심양면으로 헌신하고 계신 분들의 발자취는 우리나라 사회봉사활동에 길이 남게 될 것이다.

앞에 소개한 다섯 분의 고문과 세 분의 감사, 채규희 현회장님 외에 부회장 · 국장 등 임원활동을 함께 한 분들의 성함을 여기 적는다.

김종덕, 전길동, 이순국, 안병균, 김낙천, 방영수, 방현민, 김세중, 정범식, 조봉현, 조상현, 손진철 씨, 그리고 집행부 임원인 송영학, 권인원, 한희준, 구능회, 박성구, 최금안, 임재천, 서상길, 이상준, 김대정, 김형술, 강장원, 박미경, 이내수, 임재순, 김용탁, 이영구, 윤연옥, 최대호, 김상남, 권순창, 김한덕, 박상진, 임홍순, 박영규, 전용덕, 이영서, 조재형, 양종성, 김진욱, 정삼술, 홍은주, 송훈재, 안승찬, 송진수, 강병천, 지역회장이셨던 류해상, 최병욱, 남상선, 김영조, 방진석, 허성수, 고영진, 손명숙, 김관홍(뉴욕 지회장)씨 등이 바로 그분들이다. 그리고 2012년 오늘도 매달 어려운 곳을 방문해 사랑의 봉사활동을 계속하고 있는 채규희, 전용덕, 이상준, 김복희, 정종기, 이남호, 홍순복, 이명신, 차상경, 강민채, 정연봉, 한경희, 이광수, 이미향, 오석희, 박철재, 이옥규 등이다.

1994년 1월부터 2012년 1월까지 한국사랑회가 걸어 온 발자취는 다음과 같다.

① 보육시설 봉사 51회

② 장애인시설봉사 35회

③ 노인시설봉사 53회

④ 영아원(0~4세) 봉사 4회

⑤ 기타 시설봉사 68회

⑥ 아동복지 연합회 축구선수 후원 13회

⑦ 도봉산 · 계룡산 · 지리산 · 금정산 · 팔공산 · 무등산 · 설악산 등 명산과 해수욕장 자연사랑 활동 63회

⑧ 전방부대 위문 1회

⑨ 이웃돕기 자선음악회 1회

⑩ 철새도래지 조수 겨울먹이주기(1995년 1월, 옥수수 · 밀 등 6 가마)

⑪ 소년소녀가장 장학금전달 2회

⑫ 소년소녀가장 체험수기 공모 및 시상 1회

⑬ 이웃돕기 김장담그기 2회

⑭ 뉴욕지회 방문 및 봉사활동 1회

톨스토이의 가르침대로 이렇게 순수하고 즐거운 마음으로, 기업이나 공공기관 지원 없이, 회원들 스스로 오랜 세월, 드러내지 않고, 자녀들과 함께 활동을 해오고 있는 봉사단체는 많지 않을 것이다.

오늘도 한국사랑회 회원들의 사랑 · 봉사 · 우정의 외침은 전국으로 메아리 쳐 나아가고 있다. “사랑 – 주는 것! 봉사 – 주는 것! 우정 – 나누는 것!”

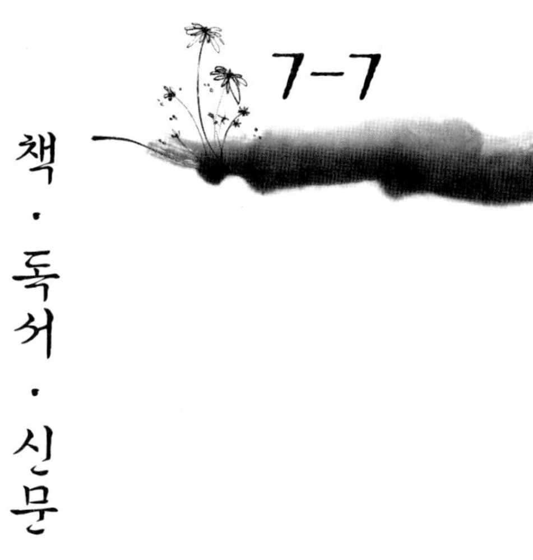

책 · 독서 · 신문

목마와 숙녀

박인환

한잔의 술을 마시고
우리는 버지니아 울프의 생애와
목마를 타고 떠난 숙녀의 옷자락을 이야기 한다.
목마는 주인을 버리고 그저 방울소리만 울리며
가을 속으로 떠났다 술병에서 별이 떨어진다.
상심한 별은 내 가슴에 가벼웁게 부서진다.
그러한 잠시 내가 알던 소녀는
정원의 초목 옆에서 자라고
문학이 죽고 인생이 죽고

사랑의 진리마저 애증의 그림자를 버릴 때
목마를 탄 사랑의 사람은 보이지 않는다.

세월은 가고 오는 것
한때는 고립을 피해 시들어가고
이제 우리는 작별해야 한다.
술병이 바람에 쓰러지는 소리를 들으며
늙은 여류작가의 눈을 바라다보아야 한다.
……등대에……
불이 보이지 않아도
그저 간직한 페시미즘의 미래를 위해
우리는 처량한 목마 소리를 기억해야 한다.

- □ 우리를 현명하게 만들어주는 두 가지 기본적인 것이 있다. 우리가 읽는 책들과 우리가 만나는 사람들이 바로 그것이다(There are essentially two things that will make us wiser, the books we read and the people we meet). – 찰스 존스(Charles Jones)
- □ 책을 읽는 사람에게 곤란한 일은 일어나지 않는다. 책을 읽으면 만 배의 이익이 있다. – 《고문진보》 (250)
- □ 책 속에는 많은 것이 담겨 있다. 인간사, 세상사, 민족사, 야망과 좌절… 자유와 진보, 공동체, 정치, 경제, 미래, 환경, 조화로운 삶 등 없는 것이 없다. – 이광재 (226)
- □ 돈이 약간 생기면 나는 책을 산다. 그리고도 남는 것이 있으면 음식과 옷을 산다. – 에라스무스
- □ 좋은 책을 읽는 것은 옛날에 살았던 훌륭한 사람들과 대화를 나누는 것과 같다. – 르네 데카르트
- □ 책은 지혜의 샘이다. 책을 평생의 친구로 삼아라. – 설동호, 전 한밭대 총장
- □ 사람은 책을 만들고 책은 사람을 만든다. – 신용호, 교보회장
- □ 좋은 책은 좋은 친구다. – 신용호
- □ 과학자는 비판 정신을 존중해야 한다. – 파스퇴르
- □ 과학 서적은 새로운 것을 읽고, 문화 서적은 오래된 작품을 읽어라. – 리턴
- □ 책 없는 방은 영혼 없는 육체와 같다. – 키케로

□ 지게 목발 밑에는 제 한 입 풀칠하기 어렵지만 붓끝 밑에는 열 식구 먹고 산다. – 임동석

□ 책과의 대화는 창의력과 문화 수준을 높이고 사회적응력을 키우는 수단이요, 역사적으로 국민들이 책을 많이 읽는 나라가 강대국이 됐다. – 세르게이 스테파신(Stepashin), 러시아 전 총리

□ 자식에게 금덩이를 주는 것이, 책 한 권 사주는 것만 못하다(遺子黃金滿籯 不如一經). –《한서》

□ 책은 자유로 들어가는 통행증이다. – 오프라 윈프리

□ 책은 영혼이 밖을 내다보는 창문이다. – 헨리 워드 비처

□ 책보다 견문, 지위보다 경험이 가장 좋은 교육자다. – L.M. 올코드

□ 책은 꿈꾸는 것을 가르쳐 주는 선생이다. – G. 바슐라르

□ 집은 책으로 가득 채우고, 정원은 꽃으로 가득 채우라. – 랭

□ 인생은 한 권의 책과 같다. 어리석은 사람은 대충 책장을 넘기지만, 현명한 사람은 공들여서 읽는다. 그들은 단 한 번밖에 읽지 못하는 것을 알기 때문이다. – 장 파울

□ 책이란 만인의 대학이다. – 다치바나 다카시,《나는 이런 책을 읽었다》

□ 자서전은 이제 간통만큼 흔해졌으며, 간통 못지않게 비난받는다. – 그리그

□ 책은 인생이라는 험한 바다를 항해하는 데 도움이 되도록 남들이 마련해준 나침반이요, 망원경이요, 지도이다. – 베네트

□ 잉크가 옷과 책에 묻었다면 책의 잉크부터 먼저 닦아라. 지갑과 책이 땅에 떨어졌다면 책을 먼저 주워라. – 유태인 속담 (170)

□ 남자는 모름지기 다섯 수레의 책을 읽어야 한다. – 두보

□ 읽기 그 자체를 사랑하는 마음이 지금의 나를 만들었다. – 김대우, 영화감독

□ 봄비는 독서하기에 좋고, 여름비는 장기 두기에 좋고, 가을비는 가방 속이나 다락방 속을 정리하는 데 좋고, 겨울비는 술 마시기에 좋다. – 린위탕(林語堂)

□ 만 권의 책을 독파했더니, 붓을 들면 신들린 듯 절로 써지네(讀書破萬卷 下筆如有神). – 두보

□ 자연과 책의 주인은 그것을 보는 사람이다. – 랄프 왈도 에머슨

□ 독서가 정신에 미치는 영향은 운동이 신체에 미치는 것과 같다(Reading is to the mind what exercise is to the body). – 알랭

□ 책 읽는 사람이 걸어야 할 길은 사랑의 길이지 의무의 길이 아니다. 어떤 명작을 모르면 수치라 해 억지로 읽으려는 것은 잘못이다. 독서는 사랑하는 것에서부터 시작해야 한다. – 헤르만 헤세

□ 독서는 작가의 지혜가 끝나는 곳에서 우리의 지혜가 시작되는 행위다. – 마르셀 프루스트

□ 책을 읽지 않는 사람은 책을 읽지 못하는 문맹보다도 못하다. – 마크 트웨인

□ 가슴속에 만 권의 책이 들어 있어야 그것이 흘러 넘쳐서 그림과 글씨가 된다.
  – 추사 김정희 (124)

□ 생각하지 않으면서 독서하는 것은 음식을 씹지 않고 먹는 것과 같다. – E. 버어크

□ 책은 약과도 같다. 책을 읽으면 어리석은 병을 치료할 수 있다(書猶藥也 善讀之可以醫愚). – 유향, 《설원》

□ 하버드대 졸업장보다 독서하는 습관이 더 소중하다. 내가 살던 마을의 작은 도서관이 지금의 나를 만들었다. – 빌 게이츠

□ 모든 지도자는 독서광이다(All leaders are readers). – 짐 론, 미국기업가 – 저술가

□ 독서와 정신의 관계는 운동과 신체의 관계와 같다. – 리처드 스틸(Richerd Steele), 영국의 수필가

□ 집안이 몰락해도 자신과 가문을 일으키는 방법은 오직 독서밖에 없다.
  – 다산 정약용, '유배지에서 아들에게'

□ 우리는 모두 책이 불에 탄다는 것을 알고 있다. 하지만 불에 태워도 책은 죽지 않는다. 죽일 수 없는 지식을 가지고 있기 때문이다. 사람들은 죽어도 책은 결코 죽지 않는다. 어떤 힘도 기억까지 없앨 수는 없다. 삶이라는 전쟁에서 책은 무기다.
  – F.D.루스벨트, 미국대통령

□ 책은 기적을 행한다. 사람을 설득하기 때문이다. – 토머스 칼라일

□ 사람의 눈과 귀를 즐겁게 하고 쓰기에도 적당하며 써도 닳지 않고 먹어도 없어지지 않는 게 오직 하나 있으니 바로 책이다. – 소동파(蘇東坡)

□ 상상력의 근원은 신문이며, 모든 지식과 정보를 신문에서 얻는다. – 백남준

□ 큰 도서관은 인류의 일기장과 같다. – 도슨

□ 성공을 준비하는 사람은 늘 도서관을 끼고 다닌다. 탑승을 위해 대기할 때 몇 분의 시간은 있다. 이럴 때를 대비해 늘 책과 신문을 지니고 다닌다면 도서관을 끼고 다니는 것이나 마찬가지다. – 존 템플턴, 템플턴 펀드 창업자

□ 책은 가장 위대한 스승이고, 도서관은 가장 큰 학교이다. 도서관을 많이 세우자.
  – 조영재

□ 신문은 산 지식의 움직이는 백화점이다. 어제 · 오늘 · 미래 · 이곳 · 저곳 · 남녀노소, 사농공상 없는 게 없다. 매일 신문을 읽는 것은 매일 양서 1권을 읽는 것과 같다.
  – 조영재

■ ■ ■

4월 23일은 유네스코가 1995년 정한 '세계 책의 날' 이다.

미국 16대 대통령 링컨은 "좋은 책보다 훌륭한 스승은 없다" 고 했다.

독서는 성격을 개조시키기도 하고 도덕적 품성을 유지시키며 인격을 향상시켜 준다. 물론 좋은 책은 좋은 쪽으로 나쁜 책은 나쁜 책으로 작용한다. 그렇다면 좋은 책, 즉 양서(良書)란 어떤 책인가? 영국의 밀턴은 "생명을 넘어 생명으로 길이 전하고자 대가의 생명과 고혈을 향약으로 처리해 보존한 것"이 양서라고 했다. 번영로 선생은 "사상의 세계 전 지역을 더듬어 희노애락의 전 음계를 울리는 우리 심혼의 부르짖음을 문자로 기록하는 것"이 양서라고 규정했다. 우리는 양서와 악서를 잘 구별해 선택해서 읽어야 할 것이다. (359)

세상을 바꾼 위인들의 대부분이 실은 독서광이었다. 나폴레옹은 황제가 되기 전, 한 달 동안 이집트 원정을 나서면서 1000여 권이 책을 싣고 떠났다고 한다. 그는 전쟁터의 막사에서도 끊임없이 책을 읽었다. 또 에디슨은 미국 미시간주 디트로이트시의 도서관을 통째로 읽는다 할 정도였으며, 우리의 세종대왕 역시 지나친 독서로 눈병이 난 와중에도 독서를 끊지 못했다고 한다. 그들은 분명 배움의 맛을 알았던 사람들이다.

독서는 과거의 가장 훌륭한 사람들의 깨달음을 훔쳐오는 것이다. 책 속의 지식과 영감은 시공을 건너 새로운 지식을 낳고, 새로운 예술과 새로운 역사를 낳는다. (252)

철학자이며 수필가인 안병욱 선생은 그의 수필 《끝없는 만남》에서 독서에 대해 조언한다.

"왜 우리는 책을 읽어야 하는가? 만나기 위해서다. 누구를? 인류의 위대한 스승들을. 독서(讀書)는 인생의 깊은 만남이다….

우리는 같은 시대의 사람을 만나는 동시에 옛 사람들과 만나야 한다. 옛 사람들을 어떻게 만나는가? 책을 통하는 길밖에 없다. 독서는 옛 사람들과의 깊은 정신적 만남이다.

만남에는 얕은 만남이 있고 깊은 만남이 있다. 불행한 만남이 있고 행복한 만남이 있다. 소비적(消費的)인 만남이 있고 생산적(生産的)인 만남, 창조적(創造的)인 만남이 있다.

옛 사람을 만난다는 것은 그들의 정신과 만나는 것이요, 그들의 사상과 만나는 것이다. 그들의 정신과의 만남, 사상과의 만남을 통해서 나의 자아(自我)가 심화(深化)되고, 나의 인격이 성장(成長)하고, 나의 혼이 각성하고, 새로운 정신의 눈이 뜨인다. 새로운 자아발견(自我發見)과 자기심화(自己深化)의 법열(法悅)을 느낀다.

양서(良書)를 펴보아라….

책 속에는 진리의 음성이 있고, 슬기의 샘터가 있고, 이론의 공장이 있고, 사색의 산실(產室)이 있고, 말씀의 향연이 있고, 뮤즈의 노래가 있다.

우리는 만나야 한다. 책 속에서 훌륭한 스승을 만나야 하고, 성실한 진리인을 만나야 하고, 위대한 혁명가를 만나야 하고, 진지한 학자를 만나야 한다.

책 속에는 정신의 동지(同志)가 있고 앙모(仰慕)하는 위인이 있다. 이러한 인물들과의 깊은 만남이 나에게 각성과 감명과 영감과 자극과 충격을 준다. 이것이 '나의 존재를 깊은 삶으로 심화(深化)시키고 높은 차원(次元)으로 비약시킨다.'"

밀턴은 양서(良書)를 정의해 "생명을 넘어 생명으로 길이 전하고자, 대가(大家)의 생명 고혈(膏血)을 향약(香藥)으로 처리해 보존한 것"이라 말했다. (432)

학교공부, 각종시험, 인격도야, 지혜와 지식 쌓기 등을 위해 책을 읽어야 하고, 만 권 이상의 책을 읽으면 좋다는 것은 누구나 잘 알고 있다.

신경숙의 소설《엄마를 부탁해》(Please Look After Mom)와 관련해 2011년 신문에 보도된 내용 일부를 보자.

① '엄마를 부탁해' 미국서 새 역사를 쓰다. 신경숙 초판 10만부, 비(非)미국작가 데뷔작으로 최대… 일본 하루키보다 좋은 출발, 출판사가 전액부담 미 · 유럽홍보투어도. (253)

② '엄마를 부탁해' 일본출간 (262)

③ 외국독자가 한국문학을 찾게 하려면 – '국내산 작품의 해외진출에서 가장 핵심적인 것은 해외독서소비층도 공감할 수 있는 보편성 있는 콘텐츠다. '엄마를 부탁해'는 지하철 서울역에서 사라진 엄마를 찾아나선다. (263)

④ '엄마를 부탁해' 미출간 5일 만에 NYT베스트셀러 21위, 세계가 '포스트 신경숙을 찾고 있다.' 런던 국제도서전 한국문학 관심고조. 세계출판계는 "새로 소개한 한국작가들(조경란 · 한강 · 공지영 · 김영하 · 이정명 등)을 마치 집어 삼킬 듯 읽더라." (268)

정성희 동아일보 논설위원은 동아일보에 실린 글 '세상은 이야기를 원한다'에서 조언한다.

“조앤 K 롤링이 영국에서 ‘해리포터와 마법사의 돌’을 출간한 것이 1997년 6월이고 문학수첩이 번역본을 낸 것이 1999년 12월이다. 유치하다는 이들도 있겠지만 지금 청소년과 청년세대에게 해리포터는 인격과 가치관에까지 지대한 영향을 미친 문화 아이콘이다.

덴마크 미래학자 롤프 옌센은 정보화 사회 다음에는 ‘드림 소사이어티(Dream Society)’가 도래한다고 예견했다. 21세기 소비자들은 단순한 제품이 아니라 제품에 담긴 이야기를 구매한다는 것이다.

소설이 안 팔리고 시인이 배고프고 인문학이 죽는다고 하지만 기술이 발달할수록 감동적 스토리에 대한 갈증은 커지고 있다. 학자들은 스토리가 기술만능 시대에 인간의 정체성과 공동체의 가치를 확인해준다고 설명한다.

재미있고 상상력을 자극하는 이야기야말로 21세기 황금 알을 낳는 거위다. 해리포터는 이야기 하나가 세상을 어떻게 뒤흔들 수 있는지를 소름 끼치게 보여준다. 사회보장수당을 타서 생활할 정도로 가난하고 상처받은 이혼녀 롤링은 해리포터 시리즈 하나로 영국 여왕보다 부자가 됐다. 해리포터는 책으로 끝나지 않고 영화, 테마파크, 캐릭터 상품으로 이어지며 끊임없이 부를 창출하고 있다. 해리포터 도서는 67개국에서 4억 부 이상이 팔려 성경 다음으로 많이 팔리는 기록을 수립했다. 마지막 영화가 개봉된 이후 해리포터의 브랜드 가치는 150억 달러 이상으로 삼성의 121억 달러(영국 WPP 밀워드브라운 ‘2011 브랜드Z 톱100’)보다 높다.

이야기를 만들고 가공하는 능력은 우리도 영국 못지않다. 우리처럼 굴곡진 역사를 가지고 감정이 풍성하며 희로애락이 분명한 국민도 드물다. 일본 중국을 넘어 세계로 확산되는 한류의 밑바탕에는 스토리라인에 대한 강력한 호소력이 깔려 있다. 블록버스터 할리우드 영화의 범람 속에서도 선전(善戰)하는 한국영화, 미국인의 심금까지 울리는 신경숙의 소설, 팝의 본고장 젊은이를 열광케 하는 K팝은 갑자기 나타난 게 아니다. 한국인의 유전자에 ‘스토리 DNA’가 있기 때문에 가능한 것이다.

롤링은 2008년 6월 5일 미국 하버드대의 명예박사학위 수락 연설에서 자신의 성공 비결을 ‘상상력’과 ‘실패’라고 고백했다. 실패는 삶에서 불필요한 것을 제거해주고, 상상력은 모든 발명과 혁신의 원천이자 타인을 공감하는 능력이라고 설명했다.

만약 롤링이 수재가 모인다는 옥스퍼드대에 합격했더라면 해리포터는 없었을지도 모른다. 롤링의 옥스퍼드대 입시 실패와 이혼이 그의 삶에서 불필요한 것을 제거해줬다."

고난의 길을 지나서 큰일을 이루어 내는 경우가 많다. 그래서 '실패는 성공의 어머니'라고 했다. 책을 쓰는 일도 마찬가지다.

50만 권의 속죄금이 없어 궁형을 받고 살아남은 사마천(司馬遷 BC 145~BC 86)은 역사에 길이 남을《사기(史記)》1백 30권의 방대한 저술을 했다.

오늘날 세계인의 의서(醫書)가 되어가고 있는 동의보감(東醫寶鑑 · 총 25권, 1610년 광해군 2년에 완성)도 허준 선생이 10여 년 간 유배생활을 했기에 가능했고, 다산 정약용 선생의 목민심서(牧民心書)도 오랜 유배생활 중 독서가 가능했기에 책을 쓸 수 있었다. 필자 또한 최근 몇 년간 1,000여 권의 책을 읽을 수 있었기에 이 졸서를 쓰게 된 것이다.

"오직 독서의 경우만 위로는 성현(聖賢)을 뒤따라가 짝할 수 있고, 아래로는 수많은 백성들을 길이 깨우칠 수 있으며, 어두운 면에서는 귀신의 정상(情狀)을 통달하고 밝은 면에서는 왕도와 패도(覇道)의 계책을 도울 수 있어 짐승과 벌레의 부류에서 초월해 큰 우주도 지탱할 수 있으니, 이것이야말로 우리 인간이 해야 할 본분이다."

다산 정약용은 독서를 통해서 성현의 지혜와 우주의 도를 깨우칠 수 있다며 독서의 중요성을 강조하고 있다. 그는 아들이나 제자들에게 보낸 편지에서도 독서에 관한 이야기를 언제나 빠뜨리지 않고 거듭 언급하고 있다. (48)

안중근(安重根) 의사가 하얼빈 감옥에서 쓴 휘호 중에 '하루라도 책을 읽지 않으면 입 안에 가시가 돋는다(一日不讀書 口中生荊棘)'는 글이 있는 것은 그가 부단한 독서가임을 말해준다. 그의 동양평화론은 이런 부단한 독서에서 나왔다. (269)

제1의 물결인 농업혁명, 제2의 물결인 산업혁명에 이어 요즘은 앨빈 토플러 등 미래학자가 말하는 제3의 물결인 정보혁명의 시대이다.

이들 미래학자들이 정보혁명 사회의 예로 꼽은 것이 '종이 없는 사회'다. 모든 사람이 컴퓨터를 갖게 되면 온라인으로 자료가 오가기 때문에 문서가 없어진다는 것이다. 신문이나 책도 온라인 화면으로 볼 수 있으니 사라질 것이라고 했다.

큰돈은 온라인으로 오가고 거래내용은 컴퓨터로 확인되므로 뭉칫돈을 들고 다닐 일이 없다는 것이었다. '깨끗한 사회' 도 예고됐다. 온라인에서는 문서를 조작할 수도, 급행료를 통해 먼저 처리될 수도 없다는 이유였다.

우리는 제3의 물결에 빠르게 올라탔다. 많은 국민이 인터넷 뱅킹을 하고, 전자정부에서 민원서류를 발급받고, 홈택스로 세금을 낸다. 무선인터넷을 사용하는 태블릿 PC의 보급도 급속히 증가하고 있다. 그렇다고 종이가 사라지지는 않았다. 전자책이 나왔지만 사람들은 여러모로 편리한 종이책을 아직도 더 많이 본다. (270)

제3의 물결은 종이책 대신 전자책 e북의 세상을 만들어 가고 있다. 편리하고 가격도 저렴한 e북이 급속히 확산되어 '美출판계도 수익성 고민' 중이라고 한다. e북 3년 만에 10배… 전자책 '무서운 성장'. 美도시, 서점이 사라진다. 책의 재탄생 '제2의 구텐베르크혁명' 등은 e북과 관련해 보도된 신문기사 제목들이다. 그러나 종이책이 멸절될 일은 없다. 앞의 '엄마를 부탁해' 라는 책이 수십만 부씩 국내외 시장에서 팔리고 있는 것이 그 증거이다. "전자책은 종이책의 보완재 · 독서시장 '윈-윈' 가능"이란 신문기사 제목이 이를 말해주고 있다. (271)

도시(都市)평가를 주업무로 하는 영국의 잡지 모노클(Monocle)의 발행인 겸 편집장 타일러 브륄레(43)는 수없이 한국을 방문한 경험이 있는 지한파이다. 그는 "한국이 문화 선진국 대열에 들어서기 위해 개선해야 할 부분"에 대해 조언한다.

첫째, 한국에 서점이 보이지 않는다. 인천공항에도 없다.

둘째, 한국적인 문화적 친밀감(intimacy)을 느낄 수 있게 거리, 골목 등을 만들어야 한다.

셋째, 특히 디자인과 건축에서 한국성(koreaness)을 나타내도록 해야 한다 등이다. (272)

교보문고가 낸 2011년 서적판매 동향 보고서에서 베스트셀러 1-50위 판매누계가 153만 권으로 2001년 29만 권의 다섯 배가 넘는다. 그리고 국내시장 점유율 10%인 교보문고에 2011년 들어온 새 책은 45,000여 종이고, 1종에 평균 140

권이 팔렸다고 한다. (278)

문화재청은 이순신 장군의 '난중일기'와 1970년대 '새마을운동 기록물'을 2012년 3월 유네스코에 세계기록유산으로 등재 신청하기로 했다. (279)

책을 가리키는 도서(圖書)란 말은 《역경》 계사전에 있는 하출도 낙출서 성인측지(河出圖 洛出書 聖人則之)에서 온 말이라고 한다.

우리나라는 12세기에 금속활자를 발명해 인쇄술과 출판업이 발달하게 되었다. 최초의 도서관은 고구려 때 국립교육기관 태학(太學)과는 별개인 사설기관 경당에서 서민자제들에게 독서와 궁술 등을 가르치기 위해 서적들을 수집해 읽게 한 것이 효시라 한다.

도서의 수집 · 보전 · 정리 · 활용 등 근대적 의미의 도서관 기능을 제대로 발휘한 것은 성종 9년(990)에 세워진 수서원(修書院)부터이다.

우리나라 대학도서관의 효시는 성균관(1388년 열림)의 존경각(尊經閣 · 1475)이며, 현대적인 공공도서관으로는 1910년 일본인들에 의한 도서관구락부(圖書館俱樂部)라 한다. (405)

청교도 성직자 존 하버드가 1638년 260종 400여 권의 책을 기증한 것이 하버드 도서관이며, 이것이 하버드대의 출발이었다 한다. 하버드 도서관 장서는 130년이 지난 1764년에야 5,000권을 넘어섰으며, 현재는 하버드대 전체로 600만 권의 장서를 가지고 있다. 미국의회 도서관은 총 1,000km에 달하는 책꽂이에 1억 권이 넘는 책이 들어 있다고 한다.

서울 서초구에 있는 국립중앙도서관의 디지털도서관 '디브러리(www.dibrary.net)' 웹사이트에 접속해 검색어를 넣으면 국내와 외국 유수 도서관들의 1억 1,600만 자료를 넘나들 수 있다. (280)

찾는 책이 동네 도서관에 없을 경우 '책바다 서비스'를 이용해 국립중앙도서관에서 택배로 받아 볼 수 있다. '책바다'란 '책의 바다', '책을 받아 보다'라는 뜻의 대출 서비스, 국립중앙도서관이 2008년부터 전국 공공 도서관과 연계해 시행하며, 택배로 받은 책은 신청 도서관 내에서만 볼 수 있다고 한다. '책 바다 서비스' 프로그램은 참 좋은 아이디어이다. (281)

율곡 이이에 따르면 옛 경전들의 독서 순서는 소학을 읽고 다음으로 대학–논어–맹자–중용–시경–역경–춘추–근사록–서경 등의 순서로 하되 시간이 있으면

'사서(史書)' 를 읽어야 한다고 했다. (170)

성균관대가 학생들의 도서 대출량과 학교 성적 관계를 분석한 결과, 책을 가장 많이 빌려 본 A 그룹(평균 54.4권)의 평균 학점이 3.53으로 가장 높았다. B 그룹(평균 22.1권)은 3.49점, C 그룹(11.9권)은 3.46점으로 책을 덜 빌려 볼수록 학점이 낮았다. 또한 책을 한 권도 빌리지 않은 학생의 평균 학점은 3.13이었다. (282)

'전자책이 종이책보다 눈 피로감이 9배 많다' 고 한다.

김응수 김안과 병원 소아안과 교수팀이 10대~50대 남녀 75명을 세 그룹으로 나눠 같은 소설책을 각각 일반 종이책, 전자종이 방식의 전자책(킨들), LCD 방식의 전자책(아이패드)으로 읽게 했다. 독서 후 피로도를 설문 조사한 결과, '눈이 부신 느낌' 은 LCD방식 전자책을 읽은 사람의 72%가 느꼈고, 전자종이 방식 전자책은 20%, 종이책은 8%가 느꼈다.

'눈이 마르는 느낌' 은 가장 심할 때를 5점, 가장 약할 때를 1점으로 계산했다. LCD방식이 평균 2.4점으로 가장 높았고, 전자종이는 1.96점, 일반 종이책은 1.93점이었다. '글자가 떠다니는 느낌' 은 LCD방식이 1.92점으로 가장 높았고, 전자종이 방식 전자책이 1.77점, 종이책이 1.49점으로 나타났다.

김교수는 "LCD 화면에서 글을 읽을 때는 자외선이 강한 야외나 어두운 곳은 피하고 화면과 눈의 거리를 40cm이상 유지하라"며 "30분 독서하면 10분 정도 먼 곳을 보는 등 눈을 쉬게 해야 한다"고 말했다. (283)

자연과학 · 인문과학 넘나드는 '통섭(統攝)의 지식인' 최재천 교수의 독서에 관한 조언을 들어보자.

"살아보니까 세상에서 제일 중요한 게 결국은 '읽기' 고 그다음이 '쓰기' 입니다. 과학이든 인문이든 모든 일의 끝은 궁극적으로 글쓰기에서 판가름나고, 잘 쓰려면 역시 많이 읽어야 합니다. 그러나 독서를 취미로 해선 안 됩니다."

최재천(57) 이화여대 에코과학부 석좌교수가 일갈했다. "우리나라 사람에게 취미를 물으면 상당수가 등산 아니면 독서라고 답하지요. 독서를 취미로 한다고요? 그만두세요. 눈만 나빠집니다. 차라리 클럽가서 춤추세요." 그는 "취미로 독서하는 사람들이 읽을 수 있는 건 '해리포터' 정도일 것"이라며 "진짜 독서는 취미가 아니다. 내가 모르는 분야의 책을 씨름하면서 치열하게 읽어야 한다."

(284)

시인이고 국문학자였던 무애(无涯) 양주동(梁柱東 1903~1977)박사는 그의 수필 '면학의 서(書)' 에서 독서에 관해 조언한다.

"독서란 즐거운 마음으로 할 것이다. 이것이 나의 지설(持說)이다…."

혹은 이미 정평(定評) 있는 고전(古典)을 읽으라, 혹은 가장 새로운 세대(世代)를 호흡(呼吸)한 신서(新書)를 더 읽으라, 각인(各人)에게는 각양(各樣)의 견해(見解)와 각자(各自)의 권설(勸說)이 있다. 전자(前者)는 가로되,

"온고이지신(溫故而知新)."

후자(後者)는 말한다.

"생동(生動)하는 세대(世代)를 호흡(呼吸)하라."

그러나 아무래도 한편으로만 기울어질 수 없는 일이요, 또 그럴 필요도 없다. 지식인(知識人)으로서 동서(東西)의 대표적인 고전은 필경(畢竟) 섭렵(涉獵)해야 할 터이요, 문화인(文化人)으로서 초현대적(超現代的)인 교양(敎養)에 일보(一步)라도 낙오(落伍)될 수는 없다. 문제는 각자의 취미와 성격과 목적과 교양에 의한 비율(比率)뿐인데, 그것 역시 강요하거나 일률(一律)로 규정(規定)할 것은 못 된다. 누구는 '고칠현삼제(古七現三制)' 를 취하는 버릇이 있으나, 그것도 오히려 치우친 생각이요, 중용(中庸)이 좋다고나 할까?

다독(多讀)이냐 정독(精讀)이냐가 또한 물음의 대상(對象)이 된다. '남아수독오거서(男兒須讀五車書)' 는 전자의 주장이나, '박이부정(博而不精)' 이 그 통폐(通弊)요, '안광(眼光)이 지배(紙背)를 철(徹)함' 이 후자의 지론(持論)이로되, '나무를 보고 숲을 보지 못함' 이 또한 그 약점(弱點)이다. 아무튼 , 독서의 목적이 '모래를 헤쳐 금을 캐어 냄' 에 있다면, 필경(畢竟) '다(多)' 와 '정(精)' 을 겸(兼)하지 않을 수 없으니, 이것 역시 평범(平凡)하나마 '박이정(博而精)' 석자를 표어(標語)로 삼아야 하겠다. '박(博)' 과 '정(精)' 은 차라리 변증법적(辨證法的)으로 통일되어야 할 것 — 아니, 우리는 양자(兩者)의 개념(槪念)을 궁극적(窮極的)으로 초극(超克)해야 할 것이다. 송인(宋人)의 다음 시구는 면학(勉學)에 대해서도 그대로 알맞은 경계(境界)이다." (432)

독서에 관한 멋진 제안을 보자.

"삼십 대 안에 문학책 300권, 역사책 200권, 철학책 100권을 읽어야 참된 교

양인 대접을 받을 수 있다."며 방송 작가 신봉승은 젊은이들에게 '문사철 600'에 도전하기를 권한다. 문학은 '언어의 보고(寶庫)' 로서, 역사는 '체험의 보고' 로서, 철학은 '초월의 보고' 로서 가치를 발휘하기 때문이다. (285)

예로부터 "남아수독오거서"라 해 "남자는 일생동안 다섯 수레의 책을 읽어야 한다"고 했다. 우리 국민들의 독서량은 어떤가?

"지난해 우리나라 초등학생 1명이 한 학기에 읽은 책(만화 · 잡지 제외)은 평균 29.5권이었다. 일 년으로 치면 약 60권에 육박한다. 그러나 성인 10명 중 3.5명은 2010년 한 해 동안 책을 한 권도 읽지 않았다. 이 수치는 2월 8일 문화체육관광부가 제주도를 제외한 전국 초등학생과 성인 각 1000명을 대상으로 조사해 발표한 '2010 국민 독서 실태 조사' 결과다.

초등생 독서량은 2009년 27.6권보다 평균 2권 가량 증가한 수치로 조사가 시작된 1994년 이래 가장 높게 나왔다. 우리나라 초등학생들의 평균 독서량은 2007년 22.4권 이후 해마다 꾸준히 증가해 왔다. 반면 성인 연평균 독서량은 2007년 12.1권이래 2008년 11.9권, 2009권 10.9권, 2010년 10.8권으로 지속적으로 감소해 왔다.

그렇다면 초등학생의 독서량이 늘어난 원인은 무엇일까. 대입 논술의 영향으로 독서도 국 · 영 · 수처럼 선행학습을 해야 한다는 인식이 퍼진 게 가장 큰 원인이다." 그런데 어린이책 운동가 조월례(57)씨는 "요즘 출판되는 어린이책들이 흥미 위주의 가벼운 책들 일색이라 순식간에 읽어서 독서량을 채우는 것은 쉽지만 질(質)을 담보할 수 없는 것이 문제"라고 지적했다. 조월례씨는 "한 권을 읽더라도 의미를 곱씹으며 읽을 수 있도록 하는 독서교육이 절실하다"고 말했다."

"요즘 초등학생들은 '패스트푸드식' 독서가 문제라는 말이다. (286)

교보문고 독서경영연구소에서 직장인들의 독서 패턴을 조사한 결과, '우리나라 직장인의 평균 독서량은 1년에 12권이고, 여성, 20대와 40대 그리고 과장급이 책을 많이 읽는다' 고 한다. 그 중 특히 눈길 가는 대목은 사원급이 10권인데, 과장급은 13권이라 한다. (298)

가장 돈 안 들고 쉽게 할 수 있는 자기계발은 바로 독서이다.

샐러리맨의 꿈을 이룬 한화 63시티의 정이만 사장은 20년간 매주 한 권씩 책을 읽은 독서광이다. "남들이 사장되는 법이 무엇이냐고 물으면 간단한 방법을 일러줍니다. 20년 동안 책 1,000권을 읽으라고요." "월급의 10%는 자기계발을 위해 써야 한다고 생각했어요. 매주 한 권씩 책을 읽자고 다짐했죠. 하루 두 시간은 읽어야 일주일에 한 권을 뗄 수 있잖아요. 이게 쌓이면 한 달에 4권, 1년에 50권, 20년에 1,000권이 됩니다." 그는 시간을 어떻게 쓰느냐가 중요하다고 강조한다. (48)

1426년, 세종은 젊은 인재들이 독서에 전념할 수 있도록 '사가독서(賜暇讀書)' 제도를 시행했다. 일명 독서 휴가제로, 관리로 등용되면 더 이상 학문에 힘쓰지 않는 풍토를 예방하고, 정사를 돌보고 가정을 꾸리랴 여념 없던 인재들에게 재충전의 시간, 즉 '겨를(暇)'을 주기 위함이었다.

최소 1~3년에 이르는 사가독서 기간, 그들은 집과 고요한 산사를 오가며 자유롭게 책을 읽고 석 달 혹은 한 달에 한 번씩 읽은 내용을 정리해 월과(月課)로 내며 학문에 전념했다. 왕은 독서에 필요한 비용은 물론 음식과 의복까지 내려 격려했으며, 성종 때에는 '독서당'을 지어 학문에 더욱 몰두할 수 있게 배려했다. 성삼문, 서거정, 이황, 정철, 이이, 유성룡, 이항복 등 조선을 이끈 걸출한 인물이 모두 이 제도의 수혜자로, 젊은 인재들이 깊은 학식과 지혜를 쌓는 것이 곧 국가의 자산임을 간파한 선왕의 지혜가 빛을 발한 셈이다. 이후 전쟁이나 흉년 등으로 중단되기도 했지만, 사가독서 제도는 340여 년간 지속되며 조선 사회 발전의 밑거름이 되었다. (487)

빌 게이츠는 "하버드대 졸업장보다 독서하는 습관이 더 소중하다"며 책 읽기의 중요성을 강조했다. 그는 공식석상에서 "내가 살던 마을의 도서관이 지금의 나를 만들었다"고 말했을 정도이다. 그는 바쁜 일과 중에도 매일 밤 한 시간씩, 주말에는 두세 시간씩 책을 읽는다고 한다. 빌 게이츠는 디지털 전도사인 자신의 입으로 "컴퓨터가 책을 완전히 대체할 수는 없다"고 말한다.

이스라엘은 학교 교육에서 독서를 매우 중요시한다. 아침에 등교한 학생들은 학교 도서관에서 자신이 읽을 책을 세 권씩 빌려오는데, 하루 동안 세 권의 책을 읽고 독서카드에 그 책의 요약문을 작성하기 위해서이다. 한 학기가 끝나갈 무렵 도서관 사서선생님은 학생별 독서카드를 분류해 학생의 관심 분야와 취미 등을 일러주고, 특정 책에 편중되거나 취약한 독서 습관에 대해서도 꼼꼼히 짚어준다. 이처럼 꾸준하게 책을 읽으며 13년간의 의무교육을 마치면 대략 1만 권 정도의

책을 읽게 된다고 한다. (170)

마크 트웨인(Mark Twain)은 길거리에서 나뒹구는 종이 한 장을 우연히 집어 들어 보았다. 무심코 읽었는데, 그 다음 이야기가 미치도록 궁금했다. 이제 열다섯 살인 소년은 이렇게 생각했다.

'이건 책에서 뜯겨져 나왔으니, 인쇄소에 취직하면 나머지 이야기도 다 볼 수 있을 거야.' 그리고 그는 인쇄소에 견습공으로 들어갔다.

"마크 트웨인이 그때 읽은 내용은 바로 잔다르크 위인전이었다. 마크 트웨인을 미국에서 가장 사랑받는 작가의 반열에 올려놓은 것은 바로 길에서 뒹굴던 찢어진 종이 한 장이었다." (218)

필자의 경우 책을 많이 읽지는 못했다. 그러나 비교적 잠을 덜 자는 편(6시간 내외)이기 때문에 시간을 내어 계속 책을 읽어 왔다. 어려서부터 읽은 책은 만 권은 안 되고 7천 권 정도 될 것이다. 최근 4년 동안에만 1,200권 정도 읽었다. 앞으로 만 권을 채울 생각이다. 아직은 안경 없이 책 읽을 수 있는 시력도 큰 도움이 되고 있다. 물론 신문은 1961년 첫 직장생활 이후 매일 정독하는 편이다.

얼마 전 신문에 베스트셀러 '아프니까 청춘이다' 의 저자 김난도 서울대 교수가 이화여대에서 학생들에게 '읽기의 힘이 현재의 자신을 만들었다' 고 말하는 모습이 보도되었다. (488)

그리고… "읽으니까 청춘이다", "인터넷에 다 있다고? 정작 알아야 할 정보는 신문에"라는 제목의 기사가 실려 있는 것을 보았다. 또 어느 분이 "높으신 분들 만날 때마다 그 메마른 감성에 절망합니다 장담컨대 안 읽어 그렇습니다"라고 지적하는 말이 신문에 실린 것도 보았다.

어떻든 자기의 인격과 능력의 업그레이드를 위해 바쁘더라도 시간을 잘 관리해 책을 깊이 그리고 많이 읽자.

'글 쓰기를 위한 사설 읽는 법' 에 대한 조언을 들어 보자

좋은 글의 예로 사설(社說)을 꼽고 싶다. 사설은 시사 문제에 대해 전문가의 눈으로 내용을 파악해, 객관적인 시각을 가지고, 글 전문가의 솜씨로 썼기 때문이다. 신문사의 입장을 표명하기 때문에 객관성에 대해 여러 말이 있을 수 있지만 적어도 논리상으로는 그다지 하자가 없는 듯하다.

글은 어떻게 읽느냐에 따라 효과가 달라진다. 소설은 재미있게 읽는 게 좋고,

시(詩)는 단어, 줄 바꿈, 각 연들과의 관계를 생각하면서 천천히 이미지를 떠올리며 읽는 게 좋다. 정보를 얻기 위한 독서는 빠른 속도로 읽어나가다가, 필요한 정보가 있으면 집중해서 읽으면 된다.

그런데 사설을 읽을 때는 좀 다르다. 먼저 제목을 보고 어떤 내용일까 생각하고 그 생각을 메모해 본다. 가볍게 한 번 읽고 자신의 생각과 어떻게 다른지 생각해보고, 왜 이렇게 글을 전개했는지도 함께 생각하는 것이 좋다. (489)

《리딩으로 리드하라》등의 책을 쓴 베스트 셀러작가 이지성은 저서 《독서천재가 된 홍대리》에서 실용독서법으로 프로리딩, 슈퍼리딩, 그레이트리딩의 세 단계가 있다고 말한다.

프로리딩은 자기 분야에 관한 책 100권 이상을 읽어서 3,000년의 내공을 쌓는 독서, 슈퍼리딩은 1년 365권 자기계발 독서 프로젝트를 통해 성공자의 사고방식을 갖는 독서, 그레이트 리딩은 인문 · 고전 독서를 통해 리더로 거듭나는 독서라고 한다.

독서와 관련된 한자 어구(語句)들도 다양하다.

① 남아수독오거서(男兒須讀五車書 : 남자라면 5수레 분량의 책을 반드시 읽어야 한다)

② 한우충동(汗牛充棟:수레에 실으면 소가 땀 날 정도, 집안에 쌓으면 천장에 닿을 정도의 책을 읽어야 한다)

③ 독서백편의자현(讀書百遍義自見:책을 100번 읽으면 뜻이 저절로 이해된다 · 삼국지 위지 13권)

④ 독서망양(讀書亡羊 · 글을 읽는데 정신이 팔려 먹이고 있던 양을 잃었다 · 장자 편무편)

⑤ 독서삼도(讀書三到 · 글을 읽을 때는 눈과 입과 마음이 하나로 합해야 한다.)

※주자의 훈학제규(訓學齊規)에 독서유삼도 위심도안도구도(讀書有三到 謂 深到 眼到 口到)… 라고 가르침

⑥ 독서상우(讀書尙友 · 책에서 읽고 볼 수 없었던 옛 사람의 정신이나 모습을 벗으로 삼는다는 뜻 · 맹자 만장하편)

⑦ 위편삼절(韋編三絕 · 가죽으로 맨 책 끈이 세 번이나 닳아 끊어졌다. 책을

많이 읽음을 상징함 · 사기 공자세가)

위의 위편사절이란 말은 공자가 만년에 《주역》을 좋아해서 어찌나 여러 번 《주역》을 읽고 또 읽고 했던지 대쪽을 엮은 가죽 끈이 세 번이나 끊어졌다고 한 데서 나온 말이다(孔子晩而喜易 讀易韋編三絕). 공자 같은 생이지지(生而知之:나면서 모든 걸 알았다)했다는 성인도 학문 연구를 위해서는 피나는 노력을 했다는 것이다. 논어에는 공자께서 '좀 더 일찍 《주역》을 연구했더라면 많은 사람에게 허물을 적게 할 수 있었을걸…' 하고 주역 연구를 더 못한 것을 아쉬워하는 장면도 나온다. 천재의 99%는 노력이라는 말과 같이 공자의 위대한 문화적 업적 가운데는 이 '위편삼절' 같은 피나는 노력이 숨어 있었다는 것을 알 수 있다. 공자는 또 논어에서 "나는 발분(發憤)해 밥 먹는 것도 잊고, 즐거움으로 근심마저 잊고, 세월이 흘러 몸이 늙어 가는 것도 몰랐다고 했다. 무엇하다 잊었느냐 하면 호학(好學)하다가 잊었다는 것이다.

⑧ 과골삼천(踝骨三穿 · 복사뼈에 세 번이나 구멍이 나도록 책 읽고 또 읽어 공부 했다는 강진에서 20년 유배 생활한 다산에 관한 고사)

인류 문명은 위편삼절하고, 발분망식하고, 부지육미(不知肉味) 하는 자세로 연구하고 노력한 이들의 소산이다.

벤저민 프랭클린은 가난한 집 17남매 중 열다섯째로 태어나 학교 교육이라곤 2년밖에 받지 못했다. 그러나 미국 헌법의 기틀을 잡고, 대학을 세우고, 우편과 도서관 제도를 만들고, 피뢰침을 발명했다. 그의 노년에 친구가 등을 떠밀었다. "자서전을 쓰게. 그럼 다른 많은 사람들도 자서전을 쓰게 될 것이네. 그래서 사람들이 자서전에 실릴 만한 삶을 살고자 노력한다면 플루타르크영웅전을 다 합친 것보다 더 가치 있지 않겠는가."

프랭클린은 자서전에 20대에 정했던 열세 가지 도덕적 목표를 나열했다. 절제, 침묵, 질서, 결단, 검약, 근면, 진실함, 정의, 온건, 청결, 침착, 순결, 겸손. 그는 이 목표를 어떻게 실천하려고 노력했는가를 썼다. 그러면서 "작가가 개정판에서 초판의 오류를 바로잡듯 나도 내 삶에서 고치고 싶은 부분이 있기는 하다"고 했다. 그는 "젊은 나이에 참기 어려운 육체적 욕구가 생길 때마다 여자를 사서 관계했다. 돈도 돈이지만 몹시 꺼림칙했다"고 고백했다. 그의 자서전은 200년이 지난 지금도 젊은이들에게 소중한 인생 지침서다.

'톰소여의 모험' 을 쓴 미국 작가 마크 트웨인의 자서전은 2010년 봄에야 나왔다. 그는 자서전에서 자기와 정치 · 종교적으로 입장이 다른 사람들을 신나게 비판하고는 "나 죽고 100년 뒤에 책을 내라"고 유언했다.

잘난 점은 내세우고 허물은 감추려는 함정에만 빠지지 않는다면 자서전은 남은 인생을 살아갈 자세를 가다듬는 데도 좋은 계기가 될 수 있다. (490)

필자도 1996년 4월 15대 총선에 출마하기 위해 공무원을 명예퇴직하고 고향 대전 유성에 낙향해, 친구들의 권유로 홍보목적으로 책을 썼다. 《떡장수 아들의 꿈》이란 책으로 1995년 고려원에서 출판한 자전적 수필집이었다. 특히 선거용으로 쓰는 책은 과장하지 않고 자기를 있는 그대로 쓰기란 쉽지 않다.

당시 필자의 《떡장수 아들의 꿈(초판 334쪽, 개정판 437쪽)》은 비교적 진솔하게 썼고, 경로당에 인사드리러 가면 그 책을 읽어보신 어르신들이 "떡장수 아들 왔구먼, 어서 와요"라며 무척 반겨주셨다. 그 책은 당시 부산지역에서는 주간 베스트셀러가 되기도 했었다.

신문에 관해 간략히 적어 본다.

신문(新聞 · newspaper)은 특정 또는 불특정한 사람들에게 시사에 관한 뉴스를 비롯한 정보 · 지식 · 오락 · 광고 등을 전달하는 정기 간행물을 말한다. 통상적으로 신문사라 일컫는 전문기업이 일간 또는 주간으로 뉴스보도를 주로해 발행하는 일간지를 가리킨다. 매스커뮤니케이션의 미디어(媒體)의 일종이다.

신문은 일반지 · 전문지 · 특수지 · 기관지 등으로 구분되고 전국지 · 지방지 · 지역지 등으로도 구분된다.

신문의 기능은 보도의 기능, 논평의 기능, 오락의 기능, 광고의 기능으로 크게 나눈다. 다시 이를 매스커뮤니케이션의 사회적 기능 면에서 볼 때는 ①사회감시 기능 ②상관조정(相關調整) 기능 ③문화전수의 기능 등으로 나눈다.

민주주의 국가에서 신문 · 방송 등 언론을 입법부 · 사법부 · 행정부에 이어 '제4부' 라고 한다.

그것은 언론이야말로 3부의 잘하는 것과 잘못하는 것을 역사와 국민의 시각에서 냉철하게 평가하고 지적하고 조언할 수 있는 자리이고 또 그렇게 해야 하기 때문이다.

언론은 3부 외에 우리 사회의 정치 · 경제 · 사회 · 교육 · 문화 · 예술 · 체육 등 민간부문에 대해서도 정확한 보도와 함께 시시비비(是是非非)를 가릴 수 있는 자리이다.

그래서 예로부터 올 곧은 언론은 죽음조차 두려워하지 않는 정론직필(正論直筆) · 춘추필법(春秋筆法)의 자세, 언로즉혈로(言路則血路)라는 소명의식을 가지고 어떤 내용을 어떻게 전해주는 것이 국민과 인류를 위한 길인가에 대해 고뇌해 오고 있는 것이다. 우리사회 인도(引導)와 목탁(木鐸)과 경종(警鐘)의 역할 바로 그것이 신문 등 언론의 길이다.

조 · 중 · 동 3개 일간지의 시작을 본다.

〈조선일보〉는 1920년 3월 5일, 발행자 조진태(趙鎭泰)명의로 창간되어 1940년 8월 11일 폐간되었다가, 1945년 11월 23일자로 복간되었다.

〈동아일보〉는 1920년 4월 1일 발행자 박영효(朴泳孝)명의로 창간, 1940년 8월 11일 폐간되었다가 1945년 12월 1일 복간되었다.

〈중앙일보〉는 1965년 9월 22일, 발행자 이병철(李秉喆 · 1910~1987 · 아호 湖巖) 명의로 창간되었다.

※또 다른 〈중앙일보〉는 1931년 11월 27일 발행자 노정일(盧正一) 명의로 창간, 1933년 3월 7일 조선중앙일보로 개제했고, 1936년 8월 30일 일장기 말소사건으로 폐간되었다.

신문기사와 관련, 몇 가지 조언을 들어 보자.

① 사단법인 대전언론문화연구원(이사장 정재학) 신문읽기운동본부는 2010년 10월 19일 대전문화 예술의 전당에서 '신문읽기 운동과 인재육성'이란 주제의 세미나를 열었다. 미디어교육 전문가인 김양은 박사는 이 자리에서 "신문을 읽으면 논리력과 비판력 등이 키워질 뿐 아니라 세상을 읽는 능력이 생긴다"고 말했다. 김박사는 "같은 정보도 활자화된 신문을 통할 때와 컴퓨터 모니터를 통해 읽을 때의 차이가 크다"며 "인터넷 등을 통한 정보 습득은 단순히 정보만을 얻는 '스캐닝'으로 분류할 수 있지만, 신문읽기는 주어진 정보를 논리적으로 분석할 수 있는 능력을 길러준다"고 주장했다. (491)

② "신문은 많은 공부를 한 기자들이 세계를 뛰어다니며 전날의 가장 중요한

일들을 취재해 기사로 쓰고, 또 데스크가 그 가운데 핵심과 정수만 뽑아 묶어내 아침에 집으로 보내준다. 그것보다 더 좋은 아침 밥상이 어디 있는가."

명사회자로 입심을 과시하고 있는 김제동 씨가 2006년 10월 10일 서울 프레스센터에서 열린 '2006 전국 NIE 대회'에서 행한 특별강연 중 말한 대목이다.

③ 한국언론진흥재단과 조선일보가 '책과 신문 읽기 문화'를 북돋우기 위해 '리더스 콘서트'를 열고 있다. 2010년 10월 31일 첫 강사로 나선 '시골의사'이자 베스트셀러 저자인 박경철씨는 "포털 사이트 검색어 1~10위 뉴스 중에서 우리가 정말 알아야 할 핵심적 사유가 담겨 있는 게 있느냐"며 "읽기 훈련을 안 하면 정보홍수의 물결에 떠다니는 통나무 같은 존재가 될 것"이라고 했다. 두 번째 강사로 나선 서경덕 성신여대 교수도 "매일 신문 다섯 가지를 읽으며 신문에서 아이디어를 얻는다"고 했다. 앨빈 토플러가 "매일 아침 신문 6~7개 읽느라 손끝이 까맣게 된다"고 했듯 신문은 미래학자도 끊을 수 없는 문명의 이기(利器)다. (492)

근래 신문을 초 · 중 · 고 · 대학생과 성인들의 학습교재로 활용해 읽기와 쓰기, 창의력과 종합적인 사고력을 기르는 교육을 국내외에서 하고 있다. NIE(Newspaper In Education · 신문활용교육)가 바로 그것이다. NIE는 미국에서 시작됐으며 우리나라를 포함, 전세계국가에서 광범위하게 활용되고 있다. (493)

'읽는 것이 힘이다(Readers are Leaders)'라는 브랜드 슬로건(brand slogan)하에 신문이 교실되어 진행되고 있는 NIE는 좋은 운동이라고 생각한다.

또한 스마트폰을 통해 신문을 종이신문 그대로 볼 수 있는 서비스를 2010년 3월 17일 조선일보 등 한국신문에서 세계최초로 선보였다. 앱스토어(각종 소프트웨어를 유료 · 무료로 제공하는 온라인 사이트)에서 이 서비스를 다운로드받아, 화면을 넘겨가며 볼 수 있는 방식이다. 신문의 독자는 무료이므로 출퇴근시 버스 등에서 부담 없이 스마트폰을 이용, 신문을 읽을 수 있어 시간활용 측면에서도 매우 좋은 일이다.

신문에서 크로스미디어가 도입되어 활용되고 있다.

'크로스 미디어'란 신문 · 방송 · 인터넷 · IPTV 등 다양한 미디어에 들어갈 콘텐츠를 한 제작팀이 만드는 것을 말한다. 크로스 미디어는 제작 · 기획 단계부터 신문 · 방송 · 인터넷과 같은 서로 다른 미디어 제작자들이 함께 팀을 이뤄 각 매체의 특성에 맞는 콘텐츠를 만드는 작업이다.

그동안 '천국의 국경을 넘다', '아워 아시아', '글로벌 경제위기 그 후 1년' 등 인기 콘텐츠를 크로스 미디어로 제작 · 방송해 시청자 호평을 받았다. (493)

주요한 국제 언론기구로 세계신문협회(WAN · World Association of Newspapers)와 국제언론인 협회(IPI · International Press Institute)가 있다. WAN은 신문산업의 권익보호를 위해 1948년 창립됐으며, 현재 전세계에 걸쳐 1만 8,000개의 신문사들이 회원사로 가입돼 있다.

IPI는 언론자유를 확대하기 위한 국제 언론단체로 1950년 창립됐다. 세계 120개 국가의 언론인과 미디어 경영인, 편집자들로 구성돼 있다.

세계신문협회(WAN) 개빈 오라일리(O' Reilly)회장은 2010년 3월 2일 조선일보 창간 90주년을 맞아 가진 전화 인터뷰에서 신문을 인터넷 검색 때 사용하는 프로그램인 웹브라우저(web-browser)와 비교해 이렇게 정의했다. 인터넷이 단순히 독자가 원하는 정보만 제공한다면 신문은 여기에 더해 정보 홍수 속에 파묻혀 있는 독자들이 반드시 알아야 하는 양질(良質)의 정보를 전달하는 매체라는 것이다. 오라일리 회장은 "인터넷, 아이패드(iPad), 태블릿PC, 전자책 등 신문 콘텐츠를 전달하는 수단은 다양해졌지만 신문이 제공하는 정보 · 논평 · 분석 · 토론의 중요성은 조선일보가 창간된 90년 전이나 지금이나 마찬가지"라고 말했다. (495)

끝으로 책 많이 읽는 대한민국을 위해 두 가지를 제언하고자 한다.

① 공공도서관 · 사립도서관 · 학교도서관 시설을 가능한 많이 늘릴 것. 학생은 점차 줄어들겠지만 책 읽는 국민을 늘리기 위해서는 도서관 시설은 늘려야 하고, 가급적 토 · 일요일 등 휴일에도 학생과 주민을 위해 도서관을 이용할 수 있게 할 것.

② 출판사 · 서점에게는 미안한 일이지만 공공 · 학교 등 도서관의 경우, 과거 대전의 어느 대학에서 시행했던 바, 지역주민에게는 주민등록증만 제시하면 무료로 책을 빌려주도록 할 것. 어려운 주민에게 무료대여는 책을 읽게

하는 촉매가 될 것임. 물론 학교 도서관의 경우는 학생에게 우선권이 주어져야 한다.

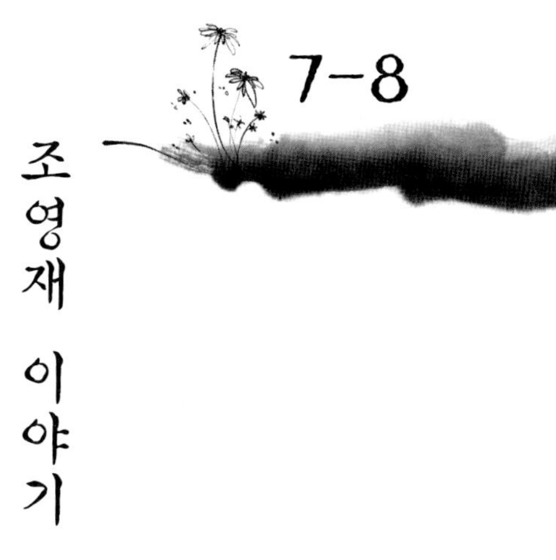

7-8

조영재 이야기

그 사람을 가졌는가

함석헌

만리길 나서는 길
처자를 내맡기며 맘 놓고 갈만한 사람
그 사람을 그대는 가졌는가

온 세상 다 나를 버려
마음이 외로울 때에도
저 맘이야하고 믿어지는
그 사람을 그대는 가졌는가

탔던 배 꺼지는 순간 구명대 서로 사양하며
너만은 제발 살아다오 할
그 사람을 그대는 가졌는가

불의의 사형장에서
'다 죽어도 너희 세상 빛을 위해 저 만은 살려 두거라' 일러 줄
그 사람을 그대는 가졌는가

잊지 못할 이 세상을 놓고 떠나려 할 때
'저 하나 있으니' 하며 빙긋이 웃고 눈을 감을
그 사람을 그대는 가졌는가

온 세상의 찬성보다도
'아니' 하고 머리 흔들 그 한 얼굴에
알뜰한 유혹을 물리치게 되는
그 사람을 그대는 가졌는가.

- □ 인내, 노력, 열정 없이는 아무것도 해낼 수 없다. – 룰라, 브라질 전 대통령
- □ 인생은 사랑이다. 이 세상 떠날 때까지 자신과 이웃 그리고 모든 것을 뜨겁게 사랑하자. – 조영재
- □ 첫째는 희망, 둘째는 믿음, 셋째는 사랑입니다. 아시겠어요. 그리고 마지막으로 하나님은 행운을 끼워두신 겁니다. – E.히엔슨, 《네잎크로버》
- □ '음악은 천사의 스피치다' 라는 말은 참으로 적절한 표현이다. – T.칼라일, 《수필집》
- □ 시란 곧 참이다. – 함석헌
- □ 청춘, 이는 듣기만 해도 가슴이 설레는 말이다. – 민태원, 〈청춘예찬〉
- □ 전쟁에서 한 사람이 천 사람을 이기는 일도 있다. 그러나 자기를 이기는 자야말로 가장 위대한 승리자이다. – P.J. 네루, 《인도의 발견》
- □ 백성의 마음을 얻으면 하늘을 감동시킬 수 있고, 마음을 기쁘게 가지면 오래 살며, 성실하면 만사에 신명이 통한다. – 《순자》
- □ 영웅이란 운명을 짊어지고 나가는 용기를 지닌 사람이다. – 헤르만 헤세
- □ 사명을 갖는 자는 그것을 이룰 때까지 결코 죽지 않는다. – 리빙스턴

□ 인생은 어디서 왔는가가 문제가 아니다. 어째서 왔으며 어디로 가는가가 핵심적인 문제다. – A.W. 그릴리, 《추억》

□ 사는 것이 중요한 문제가 아니라, 바르게 사는 것이 중요한 문제다. – 소크라테스

□ 남을 아는 것은 지(知)요, 자기 자신을 아는 것은 명(明)이다. – 《노자》

□ 노동은 생명이요, 사상은 광명이다. – 빅토르 위고

□ 내가 청년들에게 권하고 싶은 것은 오직 세 가지 말에 그친다. 일하라, 좀 더 일하라, 끝까지 일하라. – 비스마르크

□ 플라톤은 나의 친구지만 나에게는 진리가 더 친하다. – 아리스토텔레스, 《니코마코스 윤리학》

□ 과학에는 국경이 없으나 과학자에게는 조국이 있다. – 파스퇴르

□ 신념은 산도 움직이게 한다. – 영국 속담

□ 성공은 피나는 노력과 빈틈없는 준비의 결정이다. – 에디슨

□ 언제든 가리 / 마지막엔 돌아가리 / 목화꽃이 고운 내 고향으로 / 조밥이 맛있는 내 본향으로 / 아이들이 한울타리 따는 길머리엔 / 학림사 가는 달구지가 / 조을며 지나가고 / 대낮에 여우가 우는 산골 / 등잔 밑에서 / 딸에게 편지쓰는 / 어머니도 있어라.
– 노천명, 〈고향〉

□ 상대를 알고 나를 알면 백번 싸워도 위태롭지 않다(知彼知己 百戰不殆). – 《손자》

□ 한국의 젊음들이여! 중원대륙을 누비고 왜구를 탕자(蕩子), 패멸(敗滅)하신 광개토대왕의 그 웅지와 다물정신(多勿精神) 이어받아 세계를 호령하는 대한민국 만들자. – 조영재

■ ■ ■

끝없이 긴 청룡(青龍)이 둥실둥실 떠 있는 망망대해(茫茫大海).

이 장면은 나의 어머님이 나를 잉태하실 때 태몽(胎夢)이라 한다. (398)

새벽에는 보리밭 이랑 사이로 종달새가 울고, 노란 장다리꽃이 다투어 피어나던 내고향 대전 유성(儒城) 진터벌은 전형적인 시골마을이었다. 뒤로는 오악(五岳) 중의 하나인 영산(靈山) 계룡산(鷄龍山)의 수려한 정기가 마을을 감싸고, 앞으로는 금강의 지류인 만년강(萬年江)이 조용히 흐르고 있는 논과 밭으로 이어진 곳이다.

나는 일제의 학정이 극에 달해 있던 시기인 1942년 음력 2월 7일, 당시 충남 대덕군 유성면 구암리 609-4번지에서 3남 3녀의 막내로 태어났다. 아버님은 내가 태어나기 4개월 전에 집을 나가셔서 지금껏 소식을 모른다. 아버님 소식이 끊

긴지 6개월 정도 지난 후 징용에 끌려가는 것을 보았다는 소문을 들은 후 아직껏 생사를 모른다. 이렇게 나는 아버지 얼굴을 보지 못했다. 아버님(趙六經 · 호 白峰)은 1901년 1월 14일생(음력)이시고, 어머님(金貴順 · 호 海峰)은 1906년 4월 4일생(음력)이시다. 내 위로는 큰누나 일심(逸心), 둘째누나 추월(秋月),셋째누나 점순(点順), 큰 형 광제(廣濟), 둘째형 창제(昌濟)등 다섯 분인데 둘째형은 내가 태어나기 전에 돌아가셨다 한다.

당시 어머님은 서른 일곱이셨는데, 집도 땅도 없이 가난해 떡장사 등을 해서 근근히 6남매를 먹여 살리고 계셨다. 나는 떡장수 아들로 태어난 것이다. 어머님은 산기를 느끼시고 그 고통을 참고 계속 떡을 팔러 다니시다가 닷새째 되는 날 저녁에 큰 누님(당시 15세)의 도움을 받아 나를 낳으셨다고 한다. 의지할 남편도 산파도 없는, 그야말로 처절하게 외롭고 위험한 상황에서 어머님은 서럽게 막내 아들을 얻으신 셈이다. 지독한 가난과 어린 6남매 어머니로서의 책임감은 어머님에게 몸조리할 틈조차 주지 않았다.

어머님은 부기가 다 빠지지도 않은 산모의 몸으로 사흘 만에 떡광주리를 이고 거리로 나서야 했다. 산후조리란 어머님에게 있어 사치 그 자체였을 것이다. 어머님은 남의 집 셋방살이를 전전하면서 떡장사로 우리 여섯 남매를 기르셨다. 땅 한 뼘 없이 하루 벌어 하루 먹는 그런 생활이었다.

우리 집안은 함안 조씨 참판공파(漁溪公派라고 하기도 함)이다. 시조는 고려 초기 태조 왕건이 상산 조자룡(常山 趙子龍)같은 인물이라고 극찬한 고려의 개국공신 대장군 원윤공(元尹公) 조(趙)자(字), 정(鼎)자(字)어른이시고, 필자한테는 29대조가 되신다. 함안 조씨 종문(宗門)은 대대로 정직하고 의기에 차 있으며 청렴결백하고 겸양을 미덕으로 삼고 있는 절의지문(節義之門)으로서 고려말 두문동 72현 중에 덕곡공(德谷公)승숙(承肅), 고죽제공(孤竹齊公) 안경(安卿), 전서공(典書公) 열(悅) 등 3현, 임진왜란 당시 함양성에서 부부가 함께 순절하신 대소헌공(大笑軒公) 종도(宗道), 일제에 항거한 조명하(趙明河) 의사, 대한의군부주석 · 상해임시정부 외무총장 · 중경임시정부 외무부장을 역임하시고 삼균주의(정치 · 경제 · 교육의 균등한 권리보장하는 나라 만들자는 주의)를 제창한 독립운동가인 조소앙(趙素昻)선생 등이 문중의 절의(節義)로 꼽히고 있다. 중시조는 조여(趙字旅字) 할아버지님으로 조선조 단종 때의 생육신의 한 분이신데, 호는 어계(漁溪)시고 필자는 그 분의 17대손이 되며 항렬은 제(濟)자이다. 임진왜란, 병자호란 당시에만 함안 조씨 가문에서 13충신이 나올 정도로 충절 높은 가문이다.

어계 할아버님은 훗날 그 충절을 기리는 뜻에서 여러 곳에 배향됐는데 계룡산의 동학사 숙모전(肅慕殿)에도 사육신, 생육신, 신라의 충신 박제상 등과 함께 배향되어 있다. 필자는 초등학교 때 형님과 함께 동학사 뒷산인 계룡산에 나무하러 갔다가 그 사실을 처음으로 알게 되었다. 그리해 우리 집안의 내력에 대해 점차 관심을 가지기 시작하면서 일제시대 때 창씨개명에 맞서 꿋꿋이 우리 이름을 지키며 살아 왔다는 등의 이야기를 들으며 어린 마음에 여러 생각에 잠기기도 했다. 지금까지 내가 나름대로 올곧게 살아오게 된 데는 선대 할아버님에 대한 생각들이 큰 작용을 하게 된 것 같다.

우리 남매들은 닥치는 대로 아무거나 먹고 입을 수밖에 없었다. 그야말로 초근목피로 연명해 가던 시절이었다.

산나물, 쑥, 칡뿌리, 냉이, 벌금자리 풀, 오디, 찔레 순, 삘기, 올무, 솔잎 등 허기를 달랠 만한 것이면 무엇이든 가리지 않고 먹어야 했다. 당장 끼니를 걱정해야 할 정도로 가난한 집안 형편이었지만 당시 우리 남매들은 우애가 남달리 좋았다. 어머님을 중심으로 아주 화목하고 단란하게 살았다.

초등학교 4학년쯤부터는 일요일이나 방학 때면 나무지게를 지고 계룡산까지 나무하러 다녀야 했다. 왕복 60리 길을 걸어 나무를 해다 시장에 팔아서 적은 돈이라도 살림에 보태야 했던 계룡산 나뭇꾼이었다.

중학교 들어갈 때는 입학금이 없어, 어머님께서 당시 장세용 교장 선생님께 사정사정해 당시에는 없던 장학금혜택을 받아 학교를 다녔다. 중학교시절에도 형편이 어려워 점심도시락을 싸지 못해 친구들 식사시간에 나는 운동장에 있는 우물에 가서 물로 배를 채우며 학교를 다녀야 했다. 공부는 1, 2등을 했었다.

어렵게 중학교를 마치고, 1958년 당시 25대 1의 경쟁률이었던 국립체신고등학교에 합격, 입학하게 되었다. 입학통지서를 받고 나는 어머님과 함께 입학식에 참석하기 위해 김밥과 인절미를 준비해 가지고 서울행 기차를 탔다. 입학식을 마치고 어머님은 구겨진 돈 몇 푼을 내손에 쥐어주시면서 “몸 건강히 공부 열심히 하거라”고 당부하시며 눈물을 글썽이셨다. 어머님의 그 젖은 눈에는 자식에 대한 측은함과 연민, 자랑스러움 그리고 걱정과 염려가 온통 뒤범벅이 되어 있었다.

나는 지금도 가끔 그때의 어머님 모습을 생각하며 눈시울을 붉히곤 한다. (※이 부분은 필자의 자서전인 《떡장수 아들의 꿈》에서 재인용한 것임.)

서울 원효로에 있는 체신고등학교 학생은 각 학년마다 국비생과 사비생이 함께 공부했는데 국비생(國費生)에게는 학비 · 기숙사비 · 책 구입비 등의 학비를 대주었다. 나라에서 졸업 후에는 우체국 · 전화국 · 무선국 등의 정보통신 분야 공무원으로 채용해 주는 학교이었으므로 돈 안들이고 고등학교 다니고, 졸업 후에는 취직까지 할 수 있어, 국비생의 경우 경쟁률이 높았던 것이다. 중학교에서 공부는 1 · 2등 하지만 돈 없어 고교진학이 어려운 전국의 가난한 수재들이 모여들게 된 것이다.

이렇게 1958년 체신고등학교 제6회 신입생으로 입학하게 되었다. 이 체신고교 입학이 내 인생의 제1차 전환점이 되었다고 생각한다. 고교진학 · 식생활문제 · 취직 이런 것들이 해결되었던 것이다.

당시 체신고등학교 제6회로 입학한 동기생들은 거의 대부분 졸업 후 전국의 우체국 · 전화국 · 무선국 등에 발령을 받아 공무원 신분으로 일하게 되었다. 그리고 그들 체신학교 출신들이 당시 한국의 정보통신분야 일을 맡아 처리하고 또 국내 · 국외 유학 등으로 얻은 지식과 기술로 우리나라의 50~70년대 정보통신 혁명(Information and communication revolution)을 주도하게 된 것이다.

체신고교 제6회 출신 250명 중에는 한국통신 부사장을 역임한 박학송, 전 법제처장관 정수부, 전대법관겸 중앙선관위원장 유지담, 전 국회의원 · 동국대 언론정보 대학원장 박근호, 전 외교통상부 문화외교국장 · 인도대사 권순대 등이 있다. 이들과 함께 필자도 3년간 용산구 원효로 3가 1번지의 아카시아 숲과 꽃향기를 맡으며 학교를 다녔다.

물론 고교시절 기숙사비까지 절약하려고 원효로 근처에서 몇몇 친구들과 자취를 하기도 했다. 자취하면서 새벽 3시 반에 일어나 서울 용산구 효창동에서 조선일보 신문배달로 용돈을 벌어 고향에 계신 떡장수 어머님께 보내드리기도 했다.

고교를 졸업 후 첫 직장은 대전우체국이었다.

나는 대전 우체국 발착계에 9급 공무원(서기보)으로 발령을 받았으며, 이 때 후일 법제처 장관을 역임한 체신고 업무과 동기인 정수부도 함께 발착계에 발령을 받게 되었다. 정수부 친구와는 인연이 참 깊다. 대전우체국에 함께 근무하면서 점심시간에는 중국집 자장면 식사도 함께하고 퇴근 후에는 대포잔도 함께 기울이면서 지냈다.

6개월 뒤 나와 친구 정수부는 대전우체국 발착계에서 대전전신전화국 전신과로 발령을 받았다. 그리고 그곳 전신과에는 고교 동창인 유병욱 · 정재승 두 친구가 다른 곳에 근무하다가 전출해 와서 함께 일하며 우정을 쌓아갈 수 있었다. 1966년 7월 어느 날 앞에서 말한 고등학교 동기 동창인 유지담 친구가 서울에서 찾아왔다.

유지담 친구는 사법시험에 합격해, 사법대학원에 다니며 검사시보 명함을 가지고 내 앞에 나타난 것이다. 함께 대포집에서 저녁을 먹으며 이런저런 정담을 나누며 회포(懷抱)를 풀었다.

그런데 친구가 나에게 한마디 우정의 충고를 했다.

"자네도 공부해서 고시에 도전해 보는 게 어떤가?"

친구의 이 한마디가 나의 인생행로를 바꾸어 놓았다.

나는 고등고시에 도전하기로 했다.

그런데 당시 고등고시는 대학 2학년 과정 이상을 마친 사람에게만 시험에 응시할 자격을 주었다. 고등학교만 나온 사람은 「사법행정요원 예비시험」에 합격해야만 고시를 볼 자격이 주어졌다. 나는 예비시험부터 준비하지 않으면 안 되었다.

낮에는 직장에서 근무하고, 밤부터 새벽녘까지 책과 씨름하기 시작했다.

그로부터 2년 후인 1968년 사법행정요원 예비시험에 합격했다. 이렇게 행정고시 공부를 하면서, 한편으로는 공무원채용 시험에도 응시했다. 1969년에는 9급 공무원 시험에 합격, 동대전세무서에 배치받게 되었다. 그 후 대전세무서로 전출되었다. 그곳에서 다시 7급 공무원(주사보)시험에 합격, 국세청본청 간세국 주세과에 배치받아 간세국의 서무일을 보게 되었다. 그곳에서 계속 공부해 1972년 4월 마침내 제11회 행정고등고시에 합격한 것이다. 이 11회 행시는 당초 2차에 92명이 합격되었는데 3차 면접에서 51명이 낙방하고 41명만 합격, 고시사상 면접 낙방률 최고를 기록하기도 했다. 행시 11회 합격 당시 앞에서 말한 고등학교 동기인 친구 정수부와 서울 삼청동 같은 방에 하숙하면서 필자는 국세청의 주사보, 친구는 경제기획원의 주사보로 근무하다가 행시에 같이 합격한 것이다. 이렇게 친구 정수부와 나는 고교동창, 대전우체국과 대전전화국 동료, 서울의 하숙동창, 고시동기까지 된 것이다. 전생에 깊은 인연이 아닌가 한다.

고시 합격 후 나는 당시 내무부 근무를 희망했지만, 국세청에 배치되었고, 국세청에서 다시 군산세무서 총무과장으로 보직발령을 받았다. 군산세무서 총무과장으로 근무한지 두달 만에 군산의 멜볼딘여고 국어교사로 근무하고 있던 이화여대 국어국문학과 출신 규수와 맛선을 보게 되었다. 우리 두 사람은 "첫눈에 반해" 결혼하기로 했다. 맛선본지 한달만인 1973년 5월 20일 나와 내가 반한 스물 네 살의 처녀 임영숙(林英淑)은 결혼식을 올렸다. 결혼한지 일주일 만에 군산세무서에서 대전세무서 조사과장으로 발령을 받아 대전으로 옮겨 오면서 아내는 그 좋은 여고 국어선생이라는 교직을 사직했다.

그 후 동대전세무서 간세과장을 거쳐 국세청 본청 주세과 담당사무관 1년 근무, 그리고 세무 공무원 교육원 교수를 거쳐 서울남부 소득세 2과장 보직을 받게 되었다. 그런데 그곳에서 Part 1의 1-11 정직의 절에서 소개한 정직한 보고와 좌천발령의 사건이 생긴 것이다.

물론 당시 "조 아무개 과장이 순진하게 정직한 보고를 해 좌천당했다"고 뒷말들을 했을 것이다.

필자는 지금도 그 일에 대해 떳떳하고 당연한 것으로 생각한다. 정직은 가장 중요한 인격요소이며 대한민국이 좋은 나라가 되기 위해서는 남녀노소 국민 모두가 정직해야 한다고 생각하기 때문이다. 이 이야기를 쓰는 것도 정직한 사람이 되어야 하고, 정직은 일시적으로 손해가 되는 경우도 있지만, 후일에는 좋은 결과를 가져다준다는 사실을 말하기 위해서이다. 내 경우 그때 그 정직한 보고로 좌천당했기 때문에 국세청에서 국무총리실로 전출했고, 1급 공무원까지 승진도 되고, 또 명예퇴직 후 국회의원에도 당선된 것이라고 생각한다.

'인간사 새옹지마' 란 말을 나도 경험한 것이다. 전주 세무서 총무과장으로 있던 나는 1976년 9월 당시 국무총리 행정조정실(실장 이명춘) 서정쇄신 담당사무관으로 발령을 받았다. 김종필 전 국무총리님의 조카사위인 반기언 4조정관 밑에서 내각의 서정쇄신업무를 총괄하는 팀원으로 일하게 된 것이다.

1975년 1월, 월남패망의 가장 큰 원인 중의 하나가 관료의 부패였다. 그 당시 박정희 대통령의 강력한 의지가 실린 반부패운동(anti-corruption movement)이 거국적으로 실시되었는데, 이 서정쇄신작업(purification campaign)을 국무총리 행정조정실 4조정관실에서 주관하고 있었다.

나는 그때 주경야독으로 서울대 행정대학원에 다녔으며, 총리실에서의 서정쇄신업무를 석사논문주제로 삼아 논문 〈한국의 공직자 부패추방운동에 관한 연구(A study on the Anti-Corruption Campaign for Public Officials in the Republic of Korea)〉를 썼다. 그리고 그 논문내용을 270쪽짜리 《한국의 서정쇄신론(韓國의 庶政刷新論)》이란 단행본으로 출판했다.

제4조정관실에서 1979년 서기관으로 승진했다. 1980년 6월 내각의 서정쇄신업무가 사회정화위원회로 이관됨에 따라 나도, 사회정화위원회(위원장 이춘구)로 전출되어, 전문위원으로 있으면서, 이춘구 · 안무혁 · 김성기 · 황인수 · 김종건 · 정도영 등 위원장님들을 모시고 '정직 · 질서 · 창조' 를 캐치프레이즈로 한 사회정화운동(Social Reform Movement)에 참여하게 되었다. 1986년 나는 서기관에서 부이사관으로 승진했다. 당시 나는 사회정화위원회 직장담당전문위원 · 연구실장 · 기획담당관, 민원실장 등을 맡아 일했다. 민원실장 시절 나는 '무사공정(無私公正)' 이라는 근무지침을 내걸었다. 당시 우리실 직원들이 민원인의 민원사항을 현지 확인 등으로 신속하고 확실하게 처리해 주자, '사회정화위원회 민원처리 잘 한다' 는 평을 들었고, 돈 봉투가 안 통하자 민원 해결된 뒤 고맙다고 사과와 수박 등을 들고 와서 감사의 표시를 하는 사람이 많았고, 실장인 나는 그 과일을 몇 개씩만 선별적으로 받도록 직원들에게 지시했다.

그리고 전국의 지역 · 직장 · 학교의 사회정화운동현장을 돌며 3대 운동지표인 정직 · 질서 · 창조를 바탕으로 한 의식개혁운동 추진 상황을 지도하고 강연도 했다. 그리고 바쁜 가운데도 국민의식개혁운동에 관한 국내외 자료를 모아 《사회정화운동과 국가발전》〈(주)홍진서적 1986.12 · 275쪽〉이란 책도 출간했다.

1986년 12월 서대문구 수색에 있던 국방대학원 안보과정에 입교했다. 그 곳에 청와대, 정부부처 · 군 · 검찰 · 경찰 · 감사원 · 안기부(당시 국가안전기획부) · 방송국 · 정부투자기관 등에서 교육파견 나온 202명의 각 분야 인재들과 동창생이 되어 1년간 동문수학하면서 많은 것을 배울 기회를 가졌다. 그 때 동기생이었던 류순곤 · 이원종 · 우근민 등은 자주 연락하고 가끔 만난다.

1987년 국방대학원 파견교육을 마친 후 나는 사회정화위원회로 복귀했다. 1989년 관 주도의 사회정화운동이 민간주도의 〈바르게살기 운동〉으로 바뀌면서, 사회정화위원회가 하던 내각의 사정업무는 국무총리 행정조정실로 넘어왔고, 국무총리행정조정실에는 폐지됐던 4조정관실이 부활하게 됐다.

1989년 내각사정업무가 정화위에서 총리실로 넘어가게 되고 4조정관실이 부활되면서 나는 예방심의관(국장급) 발령을 받게 되었다.

예방심의관은 공직자 비리에 대한 예방 · 감찰업무를 관장하는 자리였다. 나는 4조정관실의 원소속직원 10명과 검찰 · 경찰 · 국세청 · 서울시 · 내무부 · 감사원 등에서 파견 나온 20명의 공무원 등 30명의 직원으로 예방심의관 업무를 수행하게 되었다. 또한 당시 청와대 사정수석 지휘 하에 공직자비위 감찰기능을 수행하던 〈대통령 특명사정반〉반장도 겸하게 되었다.

예방심의관은 부정 · 비리 공직자를 적발해서 엄단함으로써 행정부의 부정을 예방하고 내각의 사정업무를 총괄적으로 수행하는 칼의 역할을 하는 자리다. 그러나 나는 그 자리를 맡아 일하면서 벌 받아야 할 나쁜 공직자도 있지만, 밤낮 없이 땀 흘려 열심히 일하는 공직자도 많고, 특히 그들 중에 모범적인 공직자는 발굴해 포상 · 특진시켜야 한다는 평소 생각을 정리해 행조실장과 총리에게 보고하여 비리공직자 사정과 함께 모범공직자 발굴 포상업무도 함께하도록 했다.

살인검과 활인검 등 양날의 기능을 함께 수행하도록 한 것이다. 특히 비위 공직자 처리문제에 있어, 접수되어 오는 내용 중 모함성 진정일 때는 사전에 내사해 모함인 경우는 그 모함자를 가려내 처벌했고, 상대방에 대해서는 인사상 불이익이 없도록 노력했다.

이 일이 있은 후 공직자들의 예방심의관실에 대한 평가가 달라지게 되었다. 3년간의 예방심의관 업무를 마치고 필자는 1992년 이후 총리 행정조정실의 사회복지심의관, 교육문화심의관 등을 맡아 직을 수행하게 되었다.

심의관 재직당시, 나는 관계부처 공무원들과 함께 월드컵유치, 김포 쓰레기 매립지조성, 임시정부 요인 등의 유해 환국과 국립현충원 봉안, 환경정책 분야의 우루과이 라운드와 맑은 물을 위한 수질개선 대책마련, 경제형편이 어려운 대학생들에 대한 국비 장학금제도 마련, 근로자 권익옹호대책, 산업재해 예방대책, 실업보험 정책 등 정부정책 업무를 조정 · 지원했다.

나는 초등학교시절, 손문이 어려운 중국 사람들에게 '밥을 먹게 해주고, 신발을 신게 해주기 위해' 혁명가가 되었다는 이야기를 들은 일이 있다. 그때부터 나도 훌륭한 정치가가 되어 "어려운 사람들에게 배불리 밥을 먹을 수 있도록 해 주어야겠다"는 생각을 하게 되었고, '훌륭한 정치가가 되는 것'이 내 꿈이 되었다. 그리고 그 꿈은 지금까지 하루도 생각하지 않은 날이 없었다.

앞으로도 이 생이 다하는 날까지 그 길을 가고자 한다.

1995년 6월 30일, 정년 8년을 남겨 놓은 시점에서 어렸을 적부터 꿈꾸어 오던 정치가의 길을 걷기 위해 잘 근무하고 있던 총리실의 1급(관리관)직을 명예퇴직하고, 아내 그리고 정윤(庭胤 · 당시 고2) · 민정(敏廷 · 당시 초5) 두 딸과 함께 고향 대전 유성으로 환향했다.

35년 공직생활 하는 동안, 부정비리를 저질러 본 적 없고, 축재한 적 없고, 흔한 헬스클럽 회원권, 골프권 하나 없이 비단 옷 대신 책 보따리 몇 개 챙겨들고 꿈에도 그리던 고향으로 내려온 것이다.

고향에 내려와 출마 준비를 위해 인사를 다니는데 친구가 자서전을 하나 써서 알리라는 충고가 있어 (주)고려원 대표이사였던 김낙천 사장에게 부탁해 자전적 에세이인 《떡장수 아들의 꿈》이라는 439쪽 짜리 책을 출간했다. 4차에 걸쳐 총 2만 부가 출판되어 서점판매와 함께 일부는 지역주민들에게 나누어 드렸다. 당시 부산지역에서는 그 책이 주간 베스트셀러가 되기도 했다. 지역에서도 경로당에 가면 어르신들이 "떡장수 아들 어서 와요"하며 반겨주었고, 길에 지나가면 꼬마들이 "저기 떡장수 아들 지나간다"하면서 나를 뒤따라 다니곤 했다.

나는 15대 총선에 출마하여 당선되었다. 떡장수 어머니와 천사표 아내 임영숙의 덕을 톡톡히 본 것이다.

대전 유성은 박정희 대통령 당시 대통령 특명으로 조성된 대덕연구단지가 있고, 정부의 20여 개 연구기관 등이 입주해 있다. 대학만 해도 국립 충남대, 국립 한밭대, 국립 KAIST, 육군대, 해군대, 공군대, 국립 한국방송통신대학교, 목원대, 침례신학대, 대덕대 등 10여 개가 들어서 있는 기초단체지역으로는 국내 최대의 연구교육의 도시이다. 물론 세종특별자치시와는 근접해 있고 유성온천은 오래된 관광명소로 알려져 있다.

또한 국립 대전 현충원이 유성 갑동에 위치하고 있고 계룡산 동학사는 2km

거리에 인접해 있다.

필자는 15대 국회에서 과학기술정보통신위원회 간사위원, 여성특위 위원, 제도개선 특위위원, 원내부총무 등을 역임했다. 건교위 · 재경위 등 타 위원회에도 가보고 싶었지만 지역구인 대덕연구단지를 돕기 위해서 과학기술정보통신위 간사위원으로 4년 내내 있었다.

시민단체인 참여연대가 1999년 11월 평가한 바에 따르면 15대 국회당시 필자(조영재 의원)의 입법 활동 성적은 당시 자민련의원 55명 중 1위, 전체 국회의원 299명 중 13위였다.

15대 국회의원 당시 나는 서울에 별도 사무실이 없었으므로 경비와 시간 절약을 위해 3년 동안 의원회관 소파 위에서 새우잠을 자면서도(의원회관에는 침대가 없음) 밤낮으로 많은 시간을 할애해 중앙의 각 기관 관계자들과 면담 · 설득 · 투쟁함으로써 다음과 같이 30여 개 사업에 4년간 중앙의 국비 예산지원액 총 5,000여 억 원을 소리 없이 유성 지역에 유치해 초선의원 140명 중 가장 많이(초선의원 중 1위) 국비예산을 지역구 사업비로 끌어 왔던 것이다.

(1) 월드컵축구장 유성유치

(2) 금병로 8차선 확장

(3) 현충로 8차선 확장

(4) 과학산업단지 진입로 확장

(5) 조치원길 중 노은로(폭 50m)개설

(6) 갑천고속화도로 건설

(7) 한밭대 진입로 확장

(8) 대전-통영간고속도로 중 대전-무주간 조기 완공

(9) 서대전 IC보강공사

(10) 국도 1호선 우회도로(세동-박정자간)개설

(11) 대전남부순환도로 개설

(12) 엑스포공원 대전시에 무상양여

(13) 유성구청앞 국유하천부지 대전시 이양추진

(14) 노은농수산물도매시장 건립

(15) 유성향군회관 건립

(16) 대정동 대전종합유통단지 건설
(17) 천문우주과학센터 건립
(18) 대전시민천문대 건립
(19) 한국과학기술정보연구원(KISTI)본원 대전유치 지원
(20) 연구단지문화체육시설 확충
(21) 과학산업단지에 대덕테크노벨리사업 추진지원
(22) 대전시 · 유성구와 협의해 장대 · 봉명지구토지구획정리사업 지원
(23) 충남대국제문화센터 건립
(24) 연구단지내 한국정보통신대학원대학교 유치
(25) 전민동 인문계고교유치 지원
(26) 봉산동 보덕초등학교 신설(1998)
(27) 노은지구 상지초등 지족 중 신설(2000)
(28) 2002년까지 노은지구에 노은초등 · 지족초등 · 노은중 · 노은고 유치, 장대지구에 장대초등학교 신설개교 지원
(29) 계룡산 천황봉 정상의 철탑을 40m 아래로 이전 및 천황봉 정상에 있던 지하벙커(지하 45m, 폭 5m) 매립과 정상 아래쪽에 숙소등 건물 신축
(30) 노은동우체국 신설
(31) 지하철1호선 노은 · 반석까지 연장 등

국회의원은 능력과 중앙무대의 인맥관계 여하에 따라 임기 중 지역을 위해 적지 않은 일을 할 수 있는 것이다. 나는 공직생활 35년을 통해 이런 내용을 잘 알고 있었고, 국회내 또는 정부부처 기타기관 등에 인맥이 좋았으므로 초선이었지만 비교적 많은 일을 할 수 있었다. 그리고 15대 국회의원 당시 기자들이 나의 성격이 올 곧고 한 말은 꼭 지키고 거짓말하지 않는 정직함을 보고 붙여준 별명이 'Mr.정직' 이었음도 공개한다.

나의 좌우명은 청검절의(淸儉節義) · 삼경자조(三鏡自照)이다.

그리고 나의 삶의 자세라고 할 수 있는 「나의 인생 10훈」은 ①사랑하고 감사하자 ②정직하자 ③의리에 살자 ④겸허하고 부드럽게 ⑤최선을 다하자 ⑥소신껏 일하자 ⑦모두를 포용하자 ⑧깊이 생각(深思)하자 ⑨과감하고 박력 있게 ⑩꿈과 희망을 키우자.

좌우명과 열 가지 삶의 자세는 오늘까지 비교적 잘 지켜오고 있으며, 앞으로도 그 자세는 변함이 없을 것이다.

2000년 5월 30일 15대 국회의원을 마치고 나는 원외 위원장을 하면서 16, 17, 18대 3차례 더 총선에 출마했으나, 본인의 부덕함과 자금부족 등으로 매번 공천과정에서 불이익을 당했고 선거에서도 패배해 고배를 마셔야 했다.

18대 총선이 끝난 2008년 4월 이후 나는 정치를 잠시 정리하고 다른 길을 경험해 보기로 했다.

그리하여 앞에서 소개한 (주)에너지마스타, (주)명성중공업, (주)에스앤바이오, (주)온누리트레딩, (주)69아이 등의 명예회장 등 직책을 맡아 도와주고 있다. 그 외에도 세계적인 기술을 보유한 IT업체인 (주)오코스모스, (주)유빌리온 등도 도와주고 있으며, 3 · 1운동 발상지인 종로 YMCA 옆 부지의 재개발사업을 추진하고 있는 (주)덱스코제이알티의 명예회장 등의 직책도 맡고 있다.

또한 2010년 초에는 서울 반포에 있는 (사)뉴라이트 기업인연합 총재를 수개월 역임해 보기도 했다.

내가 소속되거나 몸담았던 단체로는 한국방송통신대학교 전국총동문회, 한국사랑회, (주)뉴라이트기업인연합 외에 헌정회, 국총회, 정우회, 한국자막방송기술협회(명예회장), 학교보건협회(고문), 국제문화체육교류협회(명예회장), 대전광역시 택견협회(제2대회장), 유성중학교 총동창회(초대회장), 유성재향군인회(고문), 유성유도회(고문), 천명세계연합(초대총재), 대전평화포럼초대(초대회장) 등이다.

나는 1955년 유성초등학교 제24회, 1958년 유성중학교 제8회, 1961년 국립체신고등학교 제6회로 졸업했다. 그 후 국립 한국방송통신대학교와 경기대학교, 서울대학교 행정대학원 등에서 학사와 석사 학위과정을 졸업했으며, 그 후 고려대 AMP 그리고, ICP과정, 연세대, 충남대, 대전대, 한밭대, 한남대 AMP과정 등을 수료했다. 물론 대한건아 제1의 책무인 국방의 의무는 65년에 육군병장으로 마쳤으며, 논산훈련소에서의 0.5초 식사 엎드려뻗쳐 기합훈련도 많이 받아보았다.

오래전부터 금란지계의 우정을 나누기 위해 내가 주도해 만든 친목모임이 여럿 있다. 1991년 한덕수(한국무역협회 회장 · 전 국무총리), 김범일(대구직할시장), 김건호(한국수자원공사 사장), 오장섭(전 국회의원 · 장관), 서영길(전 SK텔레콤 부사장), 신동인(전 롯데그룹기조실 사장), 채형석(애경그룹 총괄부회장), 김남구(한국투자금융지주회사 부회장), 김세중(전 극동건설 회장), 이의호(전 치안감), 김현철(여의도 연구소 부소장) 등 20여 명이 함께한 덕수회(德壽會)가 가장 먼저 창립되었다. 필자가 창립한 친목 모임은 그 외에 한누리회 · 한불휘 · 유심회 · 왕룡회 · 정모임 · 석우회 · 금란회 등이 있다. 그 외 정기적으로 어울려 우정을 나누는 모임으로 꾼모임 · 사이회 · 바로회 · 만나면 즐거운 모임 · 경기 한우리 등도 있다.

친구 · 이웃 · 기자 등 필자를 잘 아는 친지들이 그동안 필자에게 붙여준 또 다른 이름들을 여기 적어 본다. 떡장수 아들, 계룡산 나무꾼, 신문배달 소년, 의리의 돌쇠, Mr. 정직, 깨끗하고 책임감 있는 공직자, 방송대의 황제, 깡의 화신, 따뜻하고 순수한 사람, 철들지 않은 사람, 영원한 10대, 바르고 큰 가슴 등.

이 책을 빌어 그동안 나를 도와주고 지도 편달해주신 친구 · 직장 선후배 · 친목회 회원 여러분, 그리고 유성초 · 유성중 · 체신고 · 방송대 · 서울대 · 연세대 · 고려대 · 충남대 · 대전대 · 한밭대 · 한남대 등 여러 학교의 동문 여러분께 건강과 행복, 그리고 하늘의 큰 축복이 함께하시기를 축원드린다.

지난날을 돌아보면 참으로 고난과 영광의 세월이었다. 내 이야기를 자세히 적는 것은 3가지 이유이다. 하나는 나의 지난날을 공개해 미미한 인생길이었지만 소개도 하고, 지난날의 잘못된 점이 있었다면 질책도 받고, 또 정다웠던 옛정이 생각나는 분은 뒤에 알려드리는 전화로 직접 정담도 나누고자 함이다. 둘은 이 기회에 나 자신의 지난 세월을 일부라도 정리해보기 위함이다.

셋은 내 어린 시절처럼 어려움 속에서 인생을 출발하고 있는 청소년들에게 저런 삶도 있구나 하는 것을 참고해, 지금 어렵더라도 용기를 내서 정직하고 씩씩하게 인생 항해를 전진 또 전진하라는 뜻에서이다.

나는 고희의 나이지만 아직 기백이 죽거나 시들지 않았다고 생각한다. 내 삶이 허락하는 날까지 10년이든 20년이든 50년이든 30대의 패기와 열정으로 인생을 살아가고자 한다.

그리고 나에게는 정치의 길 외에 3가지 가고자 하는 길이 있다.

첫째는 세계적인 기술벤처그룹(가칭 월드벤처허브그룹)을 만들어, 인류 행복을 위해 기여할 삼십 여 개의 핵심기술벤처들을 그룹으로 묶어 산업화하고 관련 기술의 업그레이드가 잘 이루어지도록 돕는다.

둘째는 수도권에 세계적인 글로벌리더 대학원 대학교(가칭 한국글로벌리더 대학원 대학교)를 건립 · 운영하는 것이다.

① 3개년 전문리더수업을 하는 박사학위과정

② 학년당 500명(한국 학생 200명, 외국 학생 300명)이며

③ 전원 기숙사에 입실해야 하며

④ 한국 학생 200명 중 60명은 저소득층으로 무상교육대상으로 한다.

셋째는 8,000만이 하나 되는 통일의 일꾼이 되고자 한다.

앞의 방송대 편에서 「하나 될 새날을 열고자」라는 통일기원의 시비에도 나오듯이 남북한은 "나눌 수 없는 한 몸, 나눌 수 없는 한 마음"을 지닌 세계 유일의 나라요 겨레이다.

그리고 한국(남한)은 지금 북한보다는 형의 위치에 있다. 인구도 많고, 주머니 사정도 낫고, 형의 마음을 낼만한 정신적인 여유도 가지고 있다.

빠르고 적절한 계기에 형의 따뜻하고 푸근한 손을 먼저 내밀고, 진정으로 형제가 되고, 밥을 나눠 함께 먹자는 형의 진실한 마음을 보여주면서 새로운 형제간 대화의 장을 만들자. 그리고 하나가 되고 형제가 되고 자랑스런 새대한민국이 되는 길을 가슴 맞대고 함께 고뇌하자.

그 통일을 향한 길에 대안을 제시하고, 다리를 놓고, 얼싸안고 춤출 수 있는 형제의 마음을 만들어 내는데 일조를 하고자 하는 것이다.

이 세가지 일은 나뿐만 아니라 대한민국을 위해서도 중차대한 일이다. 그러나 그 일은 가급적 빠른 시일 내에 되어져야 한다. 그 일을 하는데 내가 미력이나마 최선을 다하고자 하는 것이다.

그동안 살아오면서 부족한 필자가 수많은 분들로부터 물심양면의 도움과 가르침을 많이 받았다. 이생에서 보은을 못하면 내생에서라도 하고 싶다. 물론 그 분들 중에는 유명을 달리하신 분들도 있다. 여기 직책 등 존칭은 생략하고 순서도 없이 존경의 마음을 담아 그 분들 중 몇 분의 함자만이라도 적어 가슴에 새겨 보고자 한다. 정치인생 10여년 동안 정치현장에서 저를 지도해 주신 분들 먼저 적어 본다.

김종필, 최병열, 이인구, 김형오, 손학규, 김덕룡, 서청원, 한화갑, 권오을, 홍사덕, 한영애, 이긍규, 정세균, 유선호, 유용태, 안택수, 김기재, 최연희, 이사철, 변웅전, 노철래, 김충환, 이시종, 김성회, 강길부, 김효석, 권선택, 강운태, 박철언, 오제세, 김을동, 나경원, 강숙자 등 전 현직 국회의원들.

필자가 19 년간 국무총리실에 재직하는 동안 모셨던 박정희, 전두환, 노태우, 김영삼 네분의 대통령, 그리고 열네 분의 국무총리 함자를 여기 적어 본다. 최규하, 신현확, 남덕우, 유창순, 노신영, 이현재, 강영훈, 노재봉, 정원식, 현승종, 황인성, 이회창, 이영덕, 이홍구.

그리고 고교 학창시절 이래 지금까지 물심양면으로 필자를 도와주신 분들은 무수히 많다. 그 분들 중 몇분의 함자를 여기 적어보기로 한다. 안승찬, 우재명, 이강노, 이원교, 채규희, 전용덕, 최대호, 이상준, 손명숙, 김복희, 남상선, 정상효, 이이수, 채규덕, 신경옥, 류동수, 임채옥, 유숙련, 유지철, 오의진, 김도현, 상일환, 박광원, 마영열, 변준석, 유광모, 이범석, 오용탁, 허해철, 표수길, 김찬성, 오일진, 방현민, 김철주, 문의웅, 심태근, 안기식, 배인철, 송태평, 김종헌, 박무출, 박재종, 고만수, 김봉수, 양창귀, 김인수, 전명옥, 조봉현, 조용근, 지상철, 차만석, 김낙천, 이만규, 배석환, 문재영, 임용윤, 김성규, 고경훈, 류순곤, 강병찬, 강병천, 문성기, 최원옥, 한상관, 장한빛, 이충길, 서영주, 정기창, 임선희, 이은정, 배희선, 홍현선, 박희근, 구본영, 김수도, 손정웅, 채규병, 손태훈, 선우영준, 홍준석, 유영주, 김동환, 조병세, 이만철, 박융길, 조용근, 김영춘, 이만의, 유영상, 이호군, 최이식, 전찬국, 최광철, 백남국, 유정선, 손경희, 이강산, 이세한, 이병주, 김종구,박희숙,서정우, 김성동, 김성복, 이효섭, 강신출, 박중근, 인수동, 채재학, 성지용, 이만상, 유수노, 이흥배, 이진옥, 김시재, 오광국, 신현성, 이태희, 민경용, 박상용, 김온순, 오명섭, 박남일, 이병찬, 조재성, 이태문, 홍선표, 송석찬, 서문범, 김성준, 박헌옥, 민강식, 최상기, 윤충렬, 이용봉, 안대진, 이정길, 김정민, 김흥진, 김한덕, 조제연, 허남오, 전태석, 곽진섭, 신순식, 차성환, 김기용, 김시웅, 김태환, 나기오, 유장수, 이주진, 이정돈, 이익환, 김남천, 민근홍, 백홍기, 김덕수, 남명진, 이대철, 정동일, 이용일, 황경선, 신웅호, 정포부, 이병천, 이규화, 편병천, 정환락, 조통래, 오덕균, 조종관, 신명철, 이군현, 조현숙, 차재영, 박준창, 오길록, 이창수, 최재영, 김경중, 변선희, 김찬기, 류병욱, 권광술, 김진수, 민병찬, 이쾌석, 유록상, 유재우, 구재숙, 신수용, 방종훈, 정덕훈, 송명학, 박상배, 최상수, 정재필, 김인철, 박성열, 이정희, 변옥환, 이찬희, 박동래, 이병소, 최재일, 황석주, 이광찬, 황해연, 김홍삼, 김철수, 박성호, 윤여원, 김명수, 박성혁, 이부훈, 윤영구, 한자이, 김정욱, 이윤재, 허용기, 성하권, 송철진, 이영순, 박세각, 권순창, 명건식, 김광성, 조성갑, 최우영, 전상권, 현성진, 윤영대, 이성재, 서시원, 윤치영, 한중열, 신영갑, 강신행, 강민구, 국포선생, 현고스님, 북천스님, 도일스님, 도홍스님, 이범하목사, 라제춘, 이연형, 이방자, 박정웅, 임종백, 김선영, 장관호, 명순룡, 황진산, 홍성표, 박준철, 차명오, 민대식, 민기식, 이상훈, 강덕재, 최창조, 윤석금, 민경조, 신두영, 한동현, 문헌일, 문창수, 조갑기, 송정진, 김신호, 한평용 등.

또한 중앙과 지역의 정치현장에서 필자를 지척에서 도와주신 박수현, 조정희, 박창수, 설장수, 강홍규, 천성훈 보좌관(사무국장)과 류광석, 김숙경, 이찬희, 박성혁, 임재인, 송재용, 이상태, 이희정, 이의용, 원성연, 장영식, 최성규, 김결옥, 손대근, 김성식, 이상철, 장의진, 이은정, 박소현, 박 란, 노태강, 안인숙, 임태규, 문용균, 석희문, 이경찬, 하헌주, 민병우, 조자룡, 김형철, 원성현, 박용태, 임일재, 김교완, 이만상, 황운모, 전재한, 조기래, 윤흥렬, 김석원, 김재광, 이영호, 조종황, 황연옥, 조시일, 신대식, 최석태, 이용성, 강덕규, 박영란, 이혜은, 김한영, 허진범, 김수련, 김한영, 이강식, 이홍대, 이헌모, 김규완, 손영철, 이장재, 김신철, 최 완, 정동주, 정연숙, 심정욱, 김영민, 이성민, 박호규, 권영진, 김용태, 이홍기, 황운모, 안준일, 김기태, 심재설, 정일섭, 백석환, 김욱환, 진동규, 박무홍, 김종진 등.

모든 분들이 잘 알고 있는 내용들, 필자의 짧은 소견들을 책이라는 이름으로 정리해 보았다.

물론 더 좋은 나라, 더 좋은 세상 만들자는 뜻의 진실되고 순수한 마음으로 쓴 것이다.

삼가 이 小著를 팔천만이 하나 된
위대한 새 대한민국(the Republic of Great Korea)
탄생을 기도하는 마음으로 쓴다.

참된 질책과 우정의 대화를 위해 필자의 연락처를 적는다.
E-mail ; joyeongjae@hanmail.net / Mobile ; 011-719-3388

〈참 고 자 료〉

1. 쉽게 읽는 백범일지, 김구 저, 도진순 편역, 돌베게, 2005.11
2. 만심, 김종성저, 한진출판사, 2007.11
3. 좋은 결혼, 나쁜 결혼, 이상한 결혼, 신은자 신진아저, (주)비전비엔피, 애플북스, 2009.1
4. 젊은 시절 꼭해야할 77가지, 박기현저, 김&정, 2007.2
5. 한국 아동학의 연구 동향과 전망, 한국아동학회 엮음, 2004.5
6. 성공한 사람들의 아주 특별한 습관, 김영수 편, 김&정 2007.6
7. 부자들에겐 뭔가 특별한 것이 있다. 이상건 저, 김&정, 2006.12
8. 조선 2011.10.3 부산 권경훈기자
9. 조선 2011.9.24 이태훈기자
10. 성공적인 삶을 위한 자기관리, 배영기,2004
11. 조선 2011.10.11 한상혁기자
12. 맛있는 인생, 국방부, 2009.12
13. 조선 2011.12.30 윤주헌 기자
14. 동아 2010.3.12 김기용 기자
15. 포기하지 마라 포기하지 마라 절대로 포기하지마라, 이상문 편, 김&정, 2008.4
16. 조선 2011.2.26
17. 조선 2006.4.2
18. 조선 2011.11.1 박혜현 논설위원
19. 에너지버스, 존 고든(Jon Gordon)저, 유영만 · 이수경 역, 쌤앤파커스,2007
20. 조선 2011.11.4 강동철기자
21. 조선 2011.11.7 노형래기자
22. 조선 2011.11.8 한상혁기자
23. 조선 2011.11.10 권승준기자
24. 조선 2011.11.12 권승준기자
25. 조선 2011.11.12 군산 권창곤기자
26. 위대한 CEO세종대왕, 전경일저, 한국경제신문 한경BP, 2004.10
27. 삼국유사, 정욱 역, jinhan M&b, 2005.9
28. 조선 2011.11.11 창원 강인범기자
29. 조선 2011.11.25 부산 권경훈기자
30. 이순신과 임진왜란, 이순신역사 연구회 저, 비봉출판사,2005
31. 이순신실록 통곡, 이우각 저, 숲속의 꿈, 2007
32. 조선 2011.11.25 삼척 홍서표기자
33. 조선 2011.12.13 김지섭기자
34. 죽어서도 내가 사랑할 당신, 최정재시집, 발칙한 상상, 2008
35. 게으른 백만장자, 마크피셔 저, 신윤경역, 밀리언하우스, 2007.6
36. 조선 2011.12.3 부산 박주영기자
37. 조선 2011.12.7 이태훈기자
38. 조선 2011.8.24 이석우기자
39. 조선 2010.6.8
40. 세계적인 전기작가 에밀루드비히(Emil Ludwig)가 쓴 링컨의 생애, 에밀루드비히 저, 이용미 역, 해누리,2007
41. 가족이 희망이다. 민윤식 편 오늘 2005.6
42. 일분후의 삶. 권기태 저, 랜덤하우스코리아(주) 2007.6
43. 역사를 확 바꾼 사람들, 이규호 편저, 삶과 꿈,2001
44. 평화훈경(평화 메시지와 영계보고서), 세계 평화통일 가정연합, 성화출판사, 2007.10
45. 프로페셔널의 조건, 피터드러커 저, 이재규 역, 청림출판사,2001
46. 알몸 박정희, 최상천 저, 인물과 사상사, 2007.5
47. 내 능력의 1%를 채우는 아부의 심리학, 가와가찌 히사지 저, 김용환 역, 버들미디어, 2006.5
48. 리더십을 위한 책, 강경태 외 저, 동아일보사, 2007.7
49. 유비쿼터스시대의 블루오션 전략, 최양진 저, 가림출판사, 2005.9
50. 단 하루만 더, 머치앨봄 저, 이창희 역, 세종서적, 2006.12
51. 조선2011.9.14
52. 이기는 습관, 전옥표 저, 쌤앤파커스,2007
53. 조선 2011.9.3
54. 당태종「정관정요」, 오극 저, 편집부 역, 자유문고, 1989.5
55. 안중근 의사 자서전, 이은상 역,1979
56. 일본은 있다, 서현섭 저, 고려원,1994
57. 한국현대인물열전33선, 한국인물연구원, 2003.7
58. 선비, 이용범 저, 바움,2004
59. 한국의 명시, 김희보 편저, 가람기획, 2005.6
60. 세계의 영원한 명시, 세명사,1983
61. 3초마다 한 번씩 웃음이 터지는 책, 김진배 저, 보성출판사,2000
62. 조선 2011.8.5 이태훈기자
63. 사랑의 명시, 김희본 편저, 종로서적출판(주), 1991
64. 조선 2011.8.25
65. 프로로 산다는 것, 김영익 저, 스마트 비즈니스, 2006.7
66. 동아 2010.7.2
67. 동아 2010.10.22
68. 한국의 명수필 88선, 손광성 편역, (주)을유문화사, 1998.2
69. 필독 한국세계대표 명시, 중고교 필독 문학작품 선정위원회 편, 진문 출판사,1989
70. 성공명언 1001, 토마스.J · 빌로드 편역, 안진환 역, (주)쌤엔파커스, 2007.11.5
71. 한국의 시 · 세계의 시 명시의 감상, 경음사, 1989.6
72. 세계의 명시, 김미라 편저,도서출판대우,1997
73. 징비록, 유성룡 저, 이재호 역, (주)위즈덤하우스, 2007.7
74. 굿 리더십, 테리.R.베이컨 저, 김근주 역, (주)비전비엔티 · 비전코리아, 2007.7
75. 영국BBC 다큐멘터리 행복, 리즈호가드 저, 이경아 역, (주)위즈덤하우스, 2006.7
76. 한시 명작선, 정환근 편역, 청화사, 1981.3
77. 조선 2011.8.2
78. 실증 한단고기, 이일봉 저, 정신세계사, 2004.10
79. 배달 · 동이는 동아문화의 발상지, 안효상 저,

한뿌리 · 북캠프, 2006.5
80. 조선 2011.7.5 울란바토르에서 우정식기자
81. 모두가 성공적 삶을 살기위한 행복한 가정 성공한 가정, 칼릴A. 카바리 저, 김영경 역, 프로방스, 2002.3
82. 준비된 결혼 준비된 배우자, 린다 딜로우(Linda Dillow) 저, 양은순 역, (주)홍성사, 2006.6
83. 신완역 육도삼략, 이상옥 역해,명문당,2000
84. 박정희 평전, 전인권외 저, (주)이학사, 2006.8
85. 역사를 바꾸는 리더십, 제임스 매그리거 번스(James MacGreger Burns) 저, 조중빈 역, (사)한국방송통신대학교출판부, 2006.7
86. 위대한 기업을 만드는 강대국의 100년전략, 대국굴기, 탕진외저, 이지은 · 이주연 역, 이다미디어, 2007. 9
87. 사람을 얻는 기술, 레일라운즈 저, 임정재역, 토네이도,2007
88. 내 삶을 변화시키는 96가지 지혜, 라이너 마리아릴케(Raina Maria Rilke)저, 김선영 역, 꿈과희망, 2004.6
89. 손자병법, 이종학 역, (사)한국자유교양추진회,1985.5
90. 단계별 효경 · 충경, 성균관,2000. 6
91. 다예총서2, 다경, 육우저, 김명배 역, 태평양화학부설 태평양 박물관, 1982.11
92. 논어, 박종연 역, 을유문화사. 2006.3
93. 유태인의 자녀를 키우는 천재교육법, 루스실로저, 역, 아이템북스, 2004.9
94. 맥아더 회고록, D.맥아더(Douglas MacArthur)저, 반광식 역, 일신서적출판사, 1993.10
95. 시간 관리의 새로운 노하우 초정리법 · 시간편, 노구치 유키오 저, 홍영의 역, 고려원 미디어
96. 아, 그리운 강토여 겨레여 노래여, 고종환 편저, 문경출판사. 2003.3
97. 민족정기와 국가발전, 고종환 저, 한서출판사. 2004.2
98. 우리민족이 잘사는 길, 고종환 저,
99. 교양신서 사서오경의 명언, 우현민 편역. 창조사, 1992.2
100. 미인대칭 비비불, 최염순 저.2008
101. 동아 2010.7.5
102. 한국 정치론, 김운태외 공저, 박영사, 1991.1.
103. 정치학, 이극찬 저, 법문사,1975
104. 대한민국 선진화 전략, 박세일 저, (주)북이십일 21세기 북스, 2006.2
105. 한국의 정치, 김상준 외 공저, 법문사, 1995.2
106. 한일 50년은 청산되었는가, 김용수 저, 고려원, 1995.8
107. 효의 연구, 백남철 저, 계명사, 1977.10
108. 조선 2011.2.5
109. 위기극복의 정치리더십, 박사명 외 공저, 이매진,2007
110. 신역 부모은중경, 권오석 역, 홍싱문화사 1994.10
111. 좋은생각 2011.3
112. 꼴지 과학 대통령, 이상희 역, 열음사 2003.1
114. 꿈꾸는 다락방2:실천편, 이지성 저, (주)국일출판사, 2008.7
115. 꿈꾸는 다락방 생생하게 꿈꾸면 이루어진다. 이지성 저, (주)국일출판사, 2007.5
116. 지식경제학 미스터리, 데이비드워시 저, 김민주 외 역, 김영사, 2008.5
117. 세계적 미래학자 10인이 말하는 미래혁명, 신지은 외 저, 일송북, 2007.9
118. 마음을 움직이는 힘 배려, 한상복 저, (주)위즈덤하우스, 2006.1
119. 천 경, 자미국 저 도서출판 찬섬, 2008.6
120. 마음을 열어주는 부처님 말씀 300가지 정휴역 스님, 도서출판 민족사, 2001.6
121. 법구경 인연암, 정태혁 역, 정신세계사, 2007.8
122. 비목어, 정호승 저, (주)위즈덤하우스, 2007.12
123. 다시는 헤어지지 말자 꽃이여, 정호승 외 저, (주)랜덤하우스 2006.4
124. 내 인생에 힘이 되어준 한마디, 정호승 저, 도서출판 비채, 2006.4
125. 유대인의 지혜, 피에르이츠학 뤼르사편역, 백선희 역, 도서출판 이데, 2002.6
126. 외로우니까 사람이다, 정호승저, 도서출판 열림원, 1998.6
127. 조선 2010.1.20
128. 옛시 옛노래의 이해, 전일환 저, 제이엔 씨, 2008.8
129. 우리시의 얼굴찾기, 이동순 저, 도서출판 선, 2007.12
130. 조선 2010.6.14 · 전면광고
131. 유성의 설화, 한상수 저, 유성 문화원, 1998.12
132. 경전에서 찾은 지혜, 감성역, 증명출판사. 2003.1
133. 조선 2010.8.10 신정선 기자
134. 경전의 세계, 불광교학부편, 불광출판부, 1991.3
135. 효사상과 조상숭배, 차용준 저, 신아출판사, 2000.7
136. 체인지! 그 담대한 희망 오바마론, 마타 더휘 외 공저 늘봄, 2008.3
137. 인륜지도와 가정의례, 김정수 저, 명문당, 1995.9
138. 민석성생의 세계통치 34년실록 유턴의 세기, 정민수 저, 도서출판 높은 자아, 2007.8
139. 실패에서 성공으로, 프랭크 베트거 저, 씨앗을 뿌리는 사람. 2005.4
140. 10미터만 더 뛰어봐, 김영식 저, 중앙북스(주), 2008.9
141. 사랑한다 아들아. 마이클 다이아몬드 저, 이재석 역, (주)국일출판사, 2008.8
142. 만들어진 신, 리처드 도킨스, 김영사, 2007.7
143. 권력의 조건, 도리스 퀸스 굿윈 저, 이수연 역, (주)21세기북스. 2007.9 (라이벌까지 끌어 안은 링컨의 포용리더십)
144. 자료 : 두산백과사전
145. 아부의 기술, 리처드 스텐걸 저, 도서출판 참솔, 2007.8
146. 잭 웰치 위대한 승리, 잭웰치 저. 김주현 역. 청림출판. 2005.5
147. 돈 섹스 권력, 리처드 포스터 저, 김영호 역, 두란노,1989
148. 공공정책과 기업가형 리더십(이원종 전 충북지사의 현장사례)이원종 외 저, 박영사, 2008.12

149. 우리가 정말 알아야 할 통계 상식 백가지, 김진호 저, 현암사, 1997.10
150. 류태영 박사의 나는 긍정을 선택한다. 류태영 저, 비전과 리더십,2007.12
151. 바보처럼 공부하고 천재처럼 꿈꿔라, 신웅진, 명지출판, 2007.3
152. 우리들의 행복한 시간, 공지영 저, (주)도서출판 푸른숲, 2006.4
153. 달라이라마와 도올의 만남(2), 김용옥 저, 통나무, 2002.8
154. 세계는 평평하다. 토머스L.프리드먼 저, 김상철외 역 도서출판 창해, 2005.11
155. 행복의 역사, 대린 맥아흔 저, 윤아숙 역 (주)살림출판사, 2008.6
156. 풍경소리, 풍경소리 저, (주)샘터 2002.1
157. 윤리문제의 이론과 사회현실, 김태길 저, 철학과 현실사, 2004.11
158. 신념의 마력, 클로드 브리스톤 저, 최염순 역, 비즈니스북스,2007
159. 열등감을 희망으로 바꾼 오바마 이야기, 헤터데이워 과너 저, 유수경 역 명진 출판 주, 2008.10
160. 물은 답을 알고 있다. 에모토 마사루 저, 홍성민 역, 더난출판,2008
161. 김승희 · 윤석남의 여성이야기, 김승희 외 공저, 마음산책, 2003.4
162. 달라이라마와 도올의 만남(1), 김용옥 저, 통나무. 2002.8
163. 10년 후 당사의 모습을 바꾸는 선택과 집중의 기술, 김현기 저, 한스미디어(주), 2008.1
164. 달라이라마와 도올의 만남(3), 김용옥 저, 통나무, 2002.8
165. 아름답게 나이 든다는 것, 안젤레스 에리엔 저, 김승환 역, 눈과 마음, 2008.2
166. 한시 읽기의 즐거움, 홍상훈 저, 솔 출판사, 2007.3
167. 귀곡자(귀신같은 고수의 승리비결), 박진철 외 공저 (주)위즈덤 하우스, 2008.7
168. 동아 2010.10.13. · 이영일 · 한국 · 아프가니스탄지원 협회장
169. 5백년 내력의 명문가 이야기, 조용헌 저, 도서출판 푸른역사, 2002.8
170. 5백년 명문가의 자녀교육, 최효찬 저, (주)위즈덤하우스, 2005.10
171. 고문진보전집, 이장우 역, (주)을유문화사, 2003.10
172. 돈 걱정없는 노후 30년, 고득성, 정성진, 최병희 공저, (주)다산북스, 2006.2
173. 돈 걱정없는 노후 30년 두 번째 이야기, 고득성 저, 다산북스, 2008.5
174. 꿈이 있는 아내는 늙지 않는다. 김미경 저, 명진출판(주), 2007.9
175. 명사 28명이 소개하는 '내 인생의 시와 문장들 평생 잊지 못할 구절,신경림 외,' (주)위즈덤하우스, 2006.6
176. 끌리는 사람은 1%가 다르다. 이민규 저, 더난출판, 2006.3
177. 다시보는 채근담, 허정 역, 금산출판사, 1999.9
178. 가슴뛰는 삶, 강헌구 저, (주)에스에이 엠티유, 2008.9
179. 세계를 가슴에 품어라, 김의식 저, 명진출판(주), 2008.5
180. 아들아, 위대한 CEO의 열정을 배워라, 김창권 저, 도서출판아테네, 2008
181. 역사를 움직인 편지들, 프랭크맥린편 저, 김동연 역, 여강출판사, 2003.4
182. 역사를 바꾸는 리더십, 제임스 맥그리거빌스 저, 조중빈역, (사)한국방송통신 대학교출판부, 2006.7
183. 조갑제의 일류국가기행, 조갑제 저, 조갑제닷컴, 2007.12
184. 인간과 환경, 정용 · 옥치상 공저, 지구문화사, 1995.9
185. 대지의 순례자 애너딜라드가 전하는 자연의 이해, 애니 딜라드 저, 장은수 편집, (주)민음사, 2007.4
186. 한국인의 과학정신, 박성래 저, 평민사, 1997.9
187. 이인식의 과학나라, 이인식 저, 김영사, 2004.8
188. 천부경, 최동환 저, 지혜의나무, 2008.5
189. 한권으로 읽는 동의보감, 신동원 · 김남일 · 여인석 공저, 도서출판 들녘, 1999.6
190. 한국사회 어디로가나 · 조대엽외 저, 굿인포메이션, 2005.12
191. 함께 배우는 성, 김혜원 외 공저, 학지사, 2003.3
192. 지구환경 과학, 한욱 외 저, 청문각, 2005.9
193. 김정일 리더십 연구, 정영철 저, 선인, 2005.9
194. 과학과 기술로 본 세계사 강의, 제임스E.메클렐란III 외 공저 전대호 역, 도서출판 모티브북, 2006.2
195. 아주 특별한 1분, 고진하 저, 조화로운 삶, 2009.2
196. 머리맡에 놓아두고 싶은 탈무드 잠언집, 김하 편역, 도서출판 토파즈, 2008.9
197. 노자 도덕경, 김하풍 저, 문예출판사, 2003.12
198. 좋은생각, 2011.4
199. 공병호의 사장학, 공병호 저, (주)해냄출판사, 2009.2
200. 작지만 강력한 디테일의 힘, 왕중추 저, 올림, 2007.4
201. 아웃라이어, 말콤 글래드웰 저, 노정태 역, 김영사, 2009.2
202. 서양고사성어, 권순우 편역, 송원, 2006.12
203. 백년의 지혜, 강영수 편역, 삶과 벗, 2008.7
204. 대전 2007.11.12 송연순 기자
205. 일기일회, 법정 스님 저, 문학의 숲 2009.6
206. 세계문학에서 가려뽑은 연시, 정시언 편역 ,김&정, 2006.10
207. 살아온 기적 살아갈 기적, 장영희 저, (주)샘터사, 2009.6
208. 개미1, 베르나르 저, 이세욱 역, 주식회사 열린책들, 2009.4
209. 평화를 사랑하는 세계인으로, 문선명 저, 김영사, 2009.3
210. 청춘불패, 이외수 저, (주)해냄출판사, 2009.5
211. 교수신문, 2011.4.25
212. 부모와 아이의 마음을 통하게 하는 부모의 심리학, 이분연 저, (주)북이십일 21세기북스, 2007.10

213. 30년 후의 코리아를 꿈꿔라, 오명 저, (주)웅진씽크빅, 2009.3
214. 백년을 사는 지혜, 강영수 편역, 삶과 벗, 2008.7
215. 고민하는 힘, 강상중 저, (주)사계절출판사, 2009.4
216. 행복의 역사, 미셀포쉐 저, 조재룡 역, (주)도서출판 열린터, 2007.6
217. 인생멘토링, 필립 맥그로 저, 장석훈 역, 청림출판, 2009.4
218. 내 인생을 바꾼 1%가치, 윤승일 저, 도서출판 서돌, 2008.6
219. 여자의 심리학, 배르벨 바르데츠키 저, 강희진 역, 대한교과서(주), 2006.10
220. 여성심리학, 홍순정 외 저, 교육과학사, 1998.2
221. 복을 부르는 방법, 김찬동 저, 삼한 출판사, 2006.2
222. 40억년의 비밀, 리처드 포티저, 이한음 역, 까치글방, 2007.3
223. 단계 이규호 전집 제 1권 현대철학, 이규호 저, 연세대학교 출판부, 2005.6
224. 미학과 문화, H.마르쿠제 저, 최현 외 역, 범우사, 1999.12
225. 과학과 기술로 본 세계사 강의, 제임스 E.매클렐란III 외 저, 전대호 역, 도서출판 모티브 북, 2006.2
226. 이광재 독서록, 이광재 편역, 도서출판 연장통, 2008.1
227. 채근담, 박일봉 역, 육문사, 1993.10
228. 부모가 아이에게 물려주어야 할 최고의 유산 문용린 저, (주)웅진씽크빅,2009.5
229. 조선 2010.7.15 백규석 · 환경부 자원순환국장
230. 조선 2010.10.18 · 유태종 기자
231. 2012녹색 식생활 수첩〈환경 · 건강 · 배려를 위한 가족밥상(Good Food Better Life)〉, 농수산식품부 등,
232. 7일간의 철학여행, 샤를 페펭 저, 정혜용 역, (주)현대문학, 2008.4
233. 조선 2003.1.6 한삼희 논설위원
234. 〈아주특별한 상식 NN - 기후변화〉 기후변화, 지구의 미래에 희망은 있는가? 디나르 고르레지 저, 김민정 역, 도서출판 이후, 2007.3
235. 건강누리 2009년 1월호, (주)페이지원 발행
236. 법구경 인연담, 정태역 역, 정신세계사, 2007.8
237. 모욕의 매뉴얼을 준비하다. 김별아 저, 동화출판사/문학의 문학, 2009.2
238. 아침키스가 연봉을 높인다. 두상달 외 공저, (주)북이십일 21세기 북스, 2008.8
239. 밑줄 긋고 찾은 이 한줄의 힘, 이정란 편, 이인 북스, 2009.6
240. 좋은생각 2011.4
241. 사랑하는 아들에게 보내는 아버지의 편지, 필립체스터필드 저, 정성호 역, 평단문화사, 2005.12
242. 알면 사랑한다 최병성의 생명편지, 최병성 저, (주)좋은 생각사람들, 2009.5
243. 조선 2008.10.31
244. 행복지수를 높이는 푸하하 웃음치료 웃음 건강법, 한광일 저, 삼호 미디어, 2006.11
245. 물은 약인가 독인가? 리푸씽 저, 김중일 역, 눈과 마음, 2008.7
246. 백세청년, 김형일 저, 도솔출판사, 2006.6
247. 청백리 선현들의 빛나는 청백리 정신을 이어받자. (사)한국 도덕운동협회, 2007.10
249. 불황기 10배 성장, 손대는 분야마다 세계 1위, 신화가 된 회사 일본전산이야기, 김성호 저, (주)에스에이엠티유, 2009.5
250. 한국인 성공의 조건, 한근태 저, (주)위즈덤하우스. 2005.11
251. 당태종 읽는 CEO, 차오시 저, 황보경 역, (주)북이십일 21세기 북스, 2009.2
252. 조선 2011.10.20 윤희영의 New English
253. 조선 2011.8.16 어수웅 기자
254. 대한민국 리더들의 성공습관, 양진모 저, 도서출판 선영사, 2007.11
255. 통찰력 사전, 김원중 저, (주)글항아리, 2009.4
256. 남자의 인생을 변화시키는 41가지 심리코드 남자심리학, 우종민 저, (주)웅진씽크빅. 2009.4
257. 기적의 사과, 이시카와 다쿠지 저, 이영미 역, 김영사, 2009.7
258. 세계를 호령한 한마디, 김갑수 편역, 보성출판사, 2002.12
259. 창조바이러스 H2C. 이승한 저, 랜덤하우스 코리아(주),2009.8
260. 365매일 읽는 긍정의 한줄, 린다 피콘 저, 유미정 역, 책이 있는 풍경, 2009.3
261. 속담풀이, 도서출판 움터미디어, 2009.2
262. 조선 2011.3.26 어수웅 기자
263. 조선 2011.3.28. 사설, 외국독자가 한국문학을 찾게 하려면
264. 시인들이 좋아하는 한국애송명시, 강은교외저, 문학세계사, 2008.12
265. 북핵판도라X파일, 강석승 편저, 동서문화사, 2008.7
266. 인연의 법칙, 이재운 저, 웅진씽크빅, 2007.8
267. 리더십 골드, 존 맥스웰 저, 강주헌 역, 다산북스, 2009.9
268. 장정,김준엽 저,나남출판,2003.8
269. 조선 2009.3.17 이덕일 사람, 평생공부
270. 조선 2011.4.20
271. 동아 2010.2.5 금동근 기자
272. 조선 2011.4.22 김미리 기자
273. 당신자녀의 10년 후를 위한 교육서 책읽는 대한민국 03, 한준상 외 저, 동아일보사, 2007.8
274. 성공을 말하는 조조의 12가지 덕목, 상관이센 저, 이지은 역, 생각하는 백성, 2009.7
275. 인생은 도전할 수 있기에 아름답다, 이경준 저, 도서출판 청어, 2009.7
276. 달라이 라마의 마음공부, 달라이 라마 저, 니콜라스 브릴랜드 역, 이현주 편, (주)해냄출판사, 2007.5
277. 〈아주 특별한 상식NN-이슬람〉이슬람, 우리는 무엇을 알고 있나? 지아우딘 사르다르 외 공저, 유나영 역, 도서출판 이후, 2007.7
278. 조선 2011.12.7 김광일 논설위원 · 만물상
279. 조선 2011.11.9 허윤희 기자

280. 조선 2009.5.22 김태익 논설위원 · 만물상
281. 좋은생각 2010.8
282. 좋은생각 2010.9
283. 조선 2010.8.18 이금숙 헬스조선 기자
284. 조선 2011.9.23 부산 허윤희 기자
285. 좋은생각 2008.6
286. 조선 2011.2.9 곽아람 기자
287. 조선 2011.12.19 이덕환 · 서강대교수 · 아침논단 '국정에 목소리 높이는 과학자들'
288. 동아 2008.10.16 지명훈기자
289. 조선 2011.5.14 이영완 · 최경운기자
290. 조선 2011.1.28
291. 조선 2010.10.29 박성호 조선경제기자
292. 동아 2010.12.16
293. 조선 2010.2.4
294. 조선 2011.7.20
295. 조선 2011.7.11
296. 조선 2011.8.27
297. 동아 2011.4.20 손욱 · 한국엔지니어 클럽부회장
298. 조선 2010.1.30 이한우 출판팀장 편집진 레터
299. 조선 2010.11.2 워싱턴 · 하태원 특파원
300. 상식의 힘, 파병직 저, (주)홍익출판사, 2009.6
301. 자화육각수, 강병주 편저, 서음미디어, 2008.1
302. 부도지, 박제상 원저, 윤치원 편저, 대원출판, 2002.8
303. 성공한 사람들은 스스로 멘토가 된다. 피오나 해롤드 저, 신상권외 역, 지상사,2005
304. 기술과 경영, (사)한국산업기술진흥협회, 2009.2
305. 건강검진과 질병 · 국민건강보험공단 발행 2011.
306. 한국의 명문 월간조선 2000.7 별책부록. 조선일보사
307. 삶과 영혼의 비밀, 대승불교 양우회 편, 도서출판 양우, 2008.8
308. 바른 역사를 위한 증언 1. 박철언 저, (주)랜덤하우스 중앙, 2005.9
309. 바른 역사를 위한 증언 2. 박철언 저, (주)랜덤하우스 중앙, 2005.9
310. 젊음의 탄생, 이어령 저, 생각의 나무, 2008.4
311. 국군정신교육교본, 김갑철 외공저, 국방부, 1981.10
312. 함안조씨 참판공파보 1권, 함안조씨 참판 공파보 발간위원회,2007
313. 조선 속에 숨어 있는 역사의 한뜸, 이윤우 저 (주)영진닷컴, 2006.3
314. 꼭 읽어야 할 열권의 책, 주간조선 1935호 특별부록
315. 고대 배달문명과 우주의 비밀, 서천복 저, (재)한국 교육진흥재단, 2001.12
316. 마음을 다스리는 지혜, 박기현 저, 김&정, 2007.5
317. 혈액형 인간학 O형, 이경기 편역, 김&정, 2006.9
318. 인생의 지혜가 담긴 감동의 편지, 김영수 편, 김&정, 2006.7
319. 사람을 보는 지혜, 박기현 저, 김&정, 2007.2
320. 앗! 세상에 이런일이, 이경기 편역, 김&성, 2007.6
321. 365일에 완성하는 고사성어, 이춘배역, 오성출판사, 2003.5
322. 21세기 한국의 진로, 김창제 저, 책보출판사, 2008.5
323. 풍경소리1, 풍경소리, 2007.7
324. 이야기로 배우는 하버드의 지혜, 이민 저, 정민미디어, 2007.10
325. 시간 관리의 기술, 김소형, 손인순 편저, 텐북, 2006
326. 21세기를 움직이는 사람들 오프라 윈프리, 이윤정 편역, 김&정, 2007.3
327. 세상에서 가장 아름다운 이야기, 연용호 편, 김&정, 2006.12
328. 21세기에 완벽한 늑대로 살아가기, 김지룡 저, 김&정, 2008.5
329. 탈무드, 박찬희 편역, 꿈과희망, 2007.2
330. 가슴으로 생각하라, 정운찬 저, 따뜻한 손, 2008.3
331. 현실적인 솔로몬의 솔직한 성공법칙, 로버트 제프리스 저, 최요한 역, 조이 선교회, 2005.4
332. 성공명언 1001, 토마스 J, 벌로드 편, 안진환 역, (주)SAMTU, 2007.11
333. 선가귀감, 서산대사 저, 선문송간행회 역,보광사, 2000.4
334. 주간조선 2011.10.17∽23
335. 세계문학에서 가려뽑은 연시, 정시언 편, 김&정, 2006.10
336. 천하를 경영하는 리더십, 박기현 저, 김&정, 2008.6
337. 내 인생을 바꾼 한마디, 노웅래 편, 김&정, 2008.5
338. 논어, 박종연 역 을유문화사, 2006.3
339. 노자, 김경탁 역 (사)한국자유교양추진회,1985
340. 신역 장자(내편), 한용득 역해, 홍신문화사, 2003.6
341. 신역 장자(외편), 권오석 역해, 홍신문화사, 2002.8
342. 신역 장자(잡편), 최대림 역해, 홍신문화사, 1998.5
343. 열자, 김경탁 역, (사)한국자유교양추진회. 1985.5
344. 법제자료(기관대요), 법제처, 1983.11
345. 멋진 죽음과 개죽음, 김종성 저, 한진출판사, 2008.7
346. 불꽃속의 명당 김종성 저, 한진출판사, 2008.7
347. 어떻게 여자가 되는가. 임선희 · 유희정 편역, 고려원 1990.7
348. 이이화 역사인물이야기, 이이화 저, 역사비평사, 1989.7
349. 한국독립운동의 진상, 내다니엘 페퍼저, 김여제 역, 국가보훈처,1994.3
350. 내 어머니, 김이연 외 공저, 도서출판 답게. 2002.1
351. 정관정요, 나채훈 저, 도서출판 한림원, 1994.1
352. 바람이어라, 천부동 사람들 저, 도서출판 백암, 2004.4
353. 한암당 이유립(대 배달 민족사), 한암당 기념사업회 편저, 1987.2
354. 맥아더 회고록, D.맥아더 저, 반광식 역, 일신서적 출판사, 1993.10
355. 민족정기와 국가발전, 고종환 편저,한서울출 판사 2004.2
356. 세계를 변화시키는 리더십 기법, 존E.하가이 저, 권명달 역, 보이스사, 1996.8
357. 도쿠가와 이에야스의 인간경영, 도몬 후유지 저, 이정환 역, 작가정신, 2000.3
358. 직원 기살리는 1001가지 경영, 밥넬슨 저, 오길록 · 이성국공역, 미래경영개발연구원 2002.3
359. 전라도사람, 윤성민 저, 도서출판 다원, 1993.2

360. 한배달 역사문화강좌1. 시원문화를 찾아서, 한배달편집부 편, 도서출판 한배달. 1991.7
361. 우리민족은 어떻게 형성되었나. 이이화 저, (주)도서출판 한길사 1998.7
362. 하인리히에서 깨진 유리창까지 세상을 움직이는 100가지 법칙, 이영직 저, 스마트비즈니스, 2009.11
363. 아이의 사생활, 정지은 외 공저, 지식채널, 2009.12
364. 십팔사략, 증선지 저, 자유문고, 1989.5
365. 중 · 고교 필독 문학작품, 김동리외 공저, 진문출판사, 1993.9
366. 대전일보 2007.6.6. 송신용 칼럼
367. 승리의 바이블, 손자병법, 오현리 편, 김&정, 2007.11
368. 3.0CEO를 위한 명품 경영학, 이면희 저, 도서출판 청년정신, 2007.3
369. 21C 사회변혁과 경영인의 대응전략, 용인대 이보규 교수, 2006.7
370. 한 철학사상사 Ⅰ, 임균택 저, 호서문화사, 1996.6
371. 세계격언사전, 최근학편, 경학당, 1980.11
372. 정신교육기본교재, 이근범, 박두호, 박왕옥, 대한민국국방부, 2008.8
373. 성공하는 삶을 위한 3분투자, 이신화 편, 도서출판 매월당, 2008.2
374. 2020년 위기와 기회의 미래 유엔미래보고서 2. 박영숙 외 저, (주)교보문고, 2009.12
375. 시련은 있어도 실패는 없다. 정주영 저, 제3기획, 1991.10
376. 제임스마틴의 미래학강의, 제임스마틴 저, 류현역, 김영사, 2009.9
377. 미리가본 2018년 유엔미래보고서, 박영숙 외 공저, (주)교보문고, 2009.3
378. 한민족기원대탐사, 김성일 대표집필, 창조사회학회 출판부, 1999.5
379. 개정판 속담사전, 이기문편, 일조각, 1981.1
380. 명언, 명구활용사전, 강태정편저, 서림문화사, 2008.1
381. 고대배달문명과 우주의 비밀, 서천복 저, (주)아이티엔방송, 2002.12
382. 한철학사상사3, 임권택 저, 호서문화사, 1996.6
383. 중앙일보 2012.2.8. 이가영 기자
384. 오늘 내가 살아야 하는 의미, 천혜인스님 저, 도서출판 삶과 꿈, 2006.4
385. 노자와 21세기(상), 도올 김용옥 저, 통나무,2000.2
386. 노자와 21세기(하), 도올 김용옥 저, 통나무, 2000.2
387. 노자, 김순임 역, 삼경, 1985.5
388. 대한민국의 국가목표는 경제가 아니라 생명이어야 합니다. 황종국저, 도서출판 우리문화, 2007.9
389. 한민족의 뿌리사상, 송호수,저, 가나출판사, 1985
390. 고려와 조선국시대의 독도, 선우영준 저, 도서출판 학영사, 2007.11
391. 눈에 보이지 않는 초능력세계, 이현도 저, (주)인포피아, 2009.5
392. 김형오의 희망편지 이 아름다운 나라, 김형오 저, 생각의 나무, 2010.6
393. 만주벌 호랑이 김좌진장군, 박환 저, 사단법인 백야 김좌진장군 기념사업회, 2010.6
394. 6.25파병결단으로 한국을 살린 트루먼이야기, 조갑제 저, 조갑제닷컴, 2010.5
395. 고마운나라, 고마운 사람들, 조갑제 저, 조갑제닷컴, 2010.5
396. 부모은중경, 권오석 역해, 홍신문화사, 1994.10
397. 정의란 무엇인가(Justice), 마이클샌델(Michael J, Sandel)저,이창신 역,김영사, 2010.7
398. 다시쓴 떡장수 아들의 꿈, 조영재 저, (주)고려원, 1999.2
399. 人性과 孝道, 배갑제 저, (사)한국효도회, 1998.6
400. 수소의 가능성, 오이카와 타네아키 · 나이트오마레오 공저, 양은모 역, 한국식용수소연구소, 2010.6
401.국회교섭단체연설문,민주당이강대표,2010.2.3
402. 중국고사성어 사전, 이원수 편, 문화출판공사, 1994.11
403. 고사성어 대백과, 이우영 편저, 아이템북스, 2009.2
404. 2012지구종말, 이경기 엮음, 김&정, 2010.2
405. 동아원색세계대백과사전, 동아출판사 백과사전부 편저, (주)동아출판사, 1983.7
406. 에너지란 무엇인가. 아이작아시모프원작, 박영찬 역, 바른사, 2000.2
407. 꼬닥꼬닥 걸어가는 이길처럼, 서명숙 저, (주)북하우스퍼블리셔스, 2010.8
408. 비즈니스를 위한 명언상식, 박영수 저, 추수밭, 2010.12
409. 비즈니스를 위한 역사상식, 박영수저, 추수밭, 2010.12
410. 중국세계의 중심에 서다. 정호진 저, 종 문화사. 2010.10
411. 에코뮤니티, 김성균, 구본영 저 김오경 안양성결대 원장. 이매진, 2009.3
412. 완성의 길, 생활속의 대자유, (재)대승불교 양우회 1998.11
413. 천번수지독송법문, (재)대승불교양우회 편, 2010
414. 나를 제대로 아는 법 남을 확실히 읽는 법, 데이비드 커시, 메릴린 베이츠 공저, 정혜경 역, 행복한 마음, 2005.3
415. 시간 관리와 자아실현, 유성은 저, 생활지혜사 1993.7
416. 인문학강좌, 전영은 2010.11.19 서울신학대학교
417. 인문학강좌, 백종현, 2010.10.15 서울신학대학교
418. 인문학강좌, 윤영관, 2010.11.26 서울신학대학교
419. 인문학강좌, 이강재(서울대교수), 2010.11.12 서울신학대학교
420. 멘토, R.이안 시모어 지음, 강현구 옮김,2003
421. 십팔사략, 이준영역, 자유문고, 1998.6
422. 베껴쓰기로 연습하는 글쓰기 책, 명로진저, 타임 POP.2005
423. 심비(心碑)에 새기는 365구절, 오정현 발행, 사랑의 교회 디자인실 디자인, 2011.1
424. 네이버 용어사전(http://terms.naver.com)
425. 동아원색세계대백과사전, 동아출판사 백과사전부

편, (주)동아출판사, 1983.8
426. 의사도 못고치는 병을 밥장사가 고친다. 강순남 저, 도서출판 참빛, 2010.3
427. 조벽교수의 인재혁명, 조벽 지음, 해냄, 2010.11
428. 백자리의 푸른아침, 민병찬 저, 고요아침. 2011.6.3.
429. 조선 2010.7.17
430. 치의신보 2010.10.28.,최광철
431. 공부는 내 인생에 대한 예의다. 이형진 저, 샘앤파커스, 2011.1
432. 한국의 명수필 88선, 손광성 편저, (주)을유문화사, 1998.2
433. 눈보호운동(안경을 벗는 비법), 이현도 박사 특강자료
434. 나의 심장은 코리아로 벅차오른다. 함영준 저, 위즈덤하우스, 2006
435. 금강반야바라밀경, 대연편
436. 묘법연화경 전칠권, 대한불교 불승종 무진사 발행, 2009.3
437. 수행자 수지 발심문, 대승불교 양우회 발행, 2009.10
438. 조선 2009.5.26. 홍권희 논설위원
439. 역학원리와 명리강의, 조성우 저, 명문당, 1994.4
440. 필독 한국세계 대표명시, 중고교 필독문학작품 선정 위원회 편, 진문출판사 1993.9
441. 세계의 도시 도시계획가가 본 베스트 53, 국토 연구원 엮음, 도서출판 한울, 2005.12
442. 인류의 역사를 뒤흔든 말,말,말, 제임스 잉글리스 저, 강미경 옮김, 작가정신, 2011.2
443. 트로트가요 대백과, 아름출판사 편집부, 2009.4
444. 가요반세기, 아름출판사 편집부, 2003.11
445. 무한도전 유머, 로하스 365팀 편, 삶과 벗, 2010.12
446. 법요집, 지혜의 울림 편집국 편, 계룡산구암사, 불기 2533
447. 불자독송집, 대둔산태고사 발행
448. 386히트가요대백과 아름출판사 편집국, 아름출판사, 2010.11
449. 세광애창 700곡집, 편집국, 세광음악출판사, 1987.8
450. '고등학교 한국사 교과서' 의 거짓과 왜곡 바로잡기, 조갑제닷컴편집실, 조갑제닷컴, 2011.8
451. 신편원본해설명심보감, 이규철 편집, 대중문화사, 1980.10
452. 한권으로 읽는 사기, 김도훈 엮음, 아이템북스, 2011.6
453. 사기열전(하) 문선규역, 삼경당, 1985.5
454. 교과서에 나오는 시, 소설, 박현표 엮음, 도서출판피아, 1993.3
455. 엄마를 부탁해, 신경숙 장편소설, (주)창비, 2008.11
456. 20세기 영미시, 김옥수 저, 한빛문화, 2008.5
457. 영미시의 이해, 유희태 편저, 도서출판 박문각, 2008.4
458. 송학운 김옥경의 몸을 살리는 자연식 밥상 365, 김옥경 저, 도서출판 백년후,2011.5
459. 한국시선, 한국신시 60년기념사업회 편, 일조각. 1968.10
460. 소학(小學), 이해철역, 삼경당, 1985.5
461. 한국인의 유머〈제3권〉, 임유진 엮음, 미래문화사, 2000.3
462. 한국인의 체질에 맞는 약선밥상, 김윤선, 이영종 지음, 모아북스, 2010.3
463. RAIL로 이어지는 행복 PLUS, 2011년 9월호, 한국철도공사 발행, 2011.9
464. 회로비법(回路秘法), 이현도 씀, 2010.5.
465. 왼손에는 명상록 오른손에는 도덕경을 들어라, 후웨이홍(胡衛紅)저, 이은미 옮김, 라이온북스, 2010.10
466. 자본주의 4.0, 신자유주의를 대체할 새로운 경제 패러다임, 이나톨칼레츠키 지음, 위선주 역, 컬쳐앤스토리,2011.8
467. 생활속의 대자유 2, 일체회 편집부 역, 일체정신문화사, 2003.7
468. 생활속의 대자유 3권, 대승불교양우회 경전연구부, 도서출판 양우, 2010.5
469. 대승불교양우회 사이트(www.yangwoo.org)
470. 조선 2011.4.21 신용관 기자 신간소개
471. 화해를 위해서 - 교과서, 위안부, 야스쿠니, 독도, 박유하저,뿌리와 이파리,2005.9
472. 조씨종사보감하(趙氏宗史?鑑下), 조씨 종사보감 편찬회, 2010.4
473. 함안조씨참판공파보 1권(咸安趙氏參判公派譜一券), 함안조씨 참판공파보발간위원회, 2007.7
474. 최홍배 연구논문「독도영유권의 역사적 문헌에 대한 선행연구의 검토 · 조선이전까지를 중심으로」 2010.11
475. 하늘과 바람과 별과 시, 윤동주저, 유옥희 펴냄, 이상규 엮음, 상아,1991.3
476. 조선 2011.11.1 멕시코 · 최우석기자
477. 행복한 가정 · 성공한 가정, 칼릴 A. 카바리 저, 김영경 역, 프로방스, 2002.3
478. 법정스님 법문집 1 일기일회, 법정스님저, 문학의 숲 발행, 2009.6
479. 유림 이인구 회고록하, 임하는 보람으로 산다. 이인구 저 ,오늘의 문학사, 2007.8
480. 사는맛 사는 멋, 황창연 신부저, 바오로딸 발행, 2011.11, 황창연 신부의 행복강의
481. 한국의 해학 1, 김용철 편저, 성도문화사, 1990.1
482. 한국의 해학 2, 이상현 편저, 성도문화사, 1990.1
483. 리더여, 유머리스트가 되라. 민현기, 이동석엮음, 북오션 , 2011.12
484. 365일 매일읽는 신선한 웃음하나, 용혜원 편, 나무생각, 2011.8
485. 기똥차게 재밌는 성(性)스런 유머, 김막동, 차귀담 엮음, 도서출판 예가, 2011.11
486. 유머로 시작하라, 이상훈 저, (주)살림출판사, 2011.10
487. 좋은생각 2009.12
488. 조선 2011.4.7 신용관 기자
489. 조선 2010.4.21 윤강구, 경상대사범대 교수
490. 조선 2011.6.29 김태익 논설위원 · 만물상 자서전 쓰기
491. 조선 2010.10.20 임도혁 기자

492. 조선 2011.4.4 박해현 논설위원 · 만물상 · 리더스콘서트
493. 조선 2011.5.11 박정민 기자
494. 조선 2010.3.5 염강수 기자
495. 조선 2011.12.17 홍원상 기자
496. 조선 2011.8.17.
497. 조선 2011.9.9
551. 조선 2011.3.10 박정훈 '아직 끝나지 않은 마르크스의 저주'
552. 조선 2011.5.16
553. 조선 2011.6.6 이영완 · 전신영기자
554. 조선 2010.4.23
555. 조선 2011.12.13
556. 조선 2011.8.4 뉴욕 김신영 특파원
557. 조선 2010.10.23
558. 조선 2010.6.12
559. 조선 2010.7.24
560. 동아 2010.10.15
561. 중앙 2011.12.7 김승범 기자
562. 조선 2010.11.10
563. 조선 2011.5.19
564. 한겨레 2011.11.28 도쿄 정남구 특파원, 조일준기자
565. 조선 2011.12.15 김재곤 기자
566. 조선 2011.8.18
567. 조선 2009.10.10
568. 조선 2010.4.13
569. 조선 2010.7.6
570. 한겨레 2011.7.20 조일준 기자
571. 조선 2011.1.5
572. 조선 2010.8.13
573. 국회보 2011.09
574. 조선 2011.12.6.
575. 조선 2011.4.8
576. 동아 2011.4.2
577. 조선 2011.10.29.
578. 헌정 2011.9 이주영 국회의원 기고
579. 조선 2011.6.30
580. 건설경제 2011. 11. 29
581. 조선 2011.3.31
582. 조선 2011.4.16
583. 중앙 2011.12.7 김종수의 세상읽기 '헝그리세대 vs 앵그리세대'
584. 조선 2010.11.16
585. 조선 2010.5.22
586. 중앙 2011. 4. 23
587. 동아 2011. 3. 25
588. 조선 2011. 7. 12 김종호 기자
589. 헌정 2011.9
590. 조선 2011.12.14 박유연기자
591. 조선 2010.12.1
592. 좋은생각 10.6
593. 조선 2011.3.4 윤희영의 News English
594. 좋은생각 2010. 7
595. 매경 2011. 7. 7
596. 조선 2011. 7. 25
597. 주간조선 2007. 6. 11
598. 조선 2011.11.18 · 만물상 · 김광일 논설위원
599. 좋은생각 2010 .6
600. 조선 2010. 5. 8
601. 조선 2008.12.15
602. 매경 2011.5.4
603. 서울 2009. 5. 8
604. 동아 2009.5.8
605. 조선 2010.4.21
606. 조선 2010.8.11
607. 조선 2008.5.8
608. 조선 2010.5.5
609. 대전 2007.10.9
610. 조선 만물상 2008.11.28.
611. 동아 2009.3.30
612. 동아 2009.9.11
613. 조선 2009.6.2 원정환 기자
614. 좋은생각 2008.7
615. 조선 2011.12.15
616. 동아원색세계대백과사전
617. 조선 2010.5.5
618. 조선 2009.6.11 아기심리 보고서, 찰스 퍼니휴 지음, 고빛샘 옮김
619. 중앙 2010.7.19
620. 좋은생각 2010.1
620. 좋은생각 2010.11
621. 아이의 사생활, 조선 2009.5.13
622. 2008.7.16
623. 조선 2011.4.2
624. 조선 2011.3.30
625. 조선 2011.5.3
625. 《생각하는 아이 기다리는 엄마》 홍수현 저 (조선 2011.5.3)
626. 동아 2010.8.11, 사춘기 십대들과 소통하는 법, 다산에듀
627. 조선 2010.6.8
628. 조선 2011.11.10
629. 헌정 2010. 5
630. 월간조선 2011.4
631. 대전 2007.6.20
632. 조선 2010.1.21
633. 조선 2010.2.19
632. 조선 2010.1.21
634. 조선 2010.12.13
635. 조선 2011.4.4
636. 매경 2009.10.24
637. 조선 2011.4.21
638. 조선 2011.1.29
639. 조선 2011.5.4
640. 조선 2010.1.9
641. 동아 2009.6.17
642. 조선 2011.7.7 만물상 · 김태익 논설위원
643 좋은생각 2010.5

644. 주간조선 2007.8.6
645. 조선 2010.12.31
646. 조선 2009.7.8
647. 동아 2009.7.22
648. 조선 2011.6.1 · 사설 · 인구학적 비상사태 맞은 대한민국
649. 조선 2008.5.22
650. 조선 2010.4.7
651. 좋은 생각 2011.10
652. 조선 2011.4.5
653. 조선 2011.5.16 · 이신영 기자
654. 조선 2011.6.22 · 이동혁 기자
655. 조선 2011.7.5
656. 조선 2011.9.26 이지혜 기자
657. 조선 2008.7.30
658. 조선 2011.12.15. 박유연기자
659. 조선 2010.12.13
660. 조선 2011.1.17
661. 조선 2010.3.11
662. 중앙 2008.6.2
663. 동아 2010.5.17
664. 조선 2009.8.12
665. 조선 2011.11.1 박세미 기자
666. 조선 2011.11.19.
667. 조선 2011.10.19 이지혜 기자
668. 조선 2011.9.28 우정식 기자
669. 좋은 생각 2008.1
670. 좋은 생각 2008.6
671. 동아 2011.2.28.
672. 동아 2009.9.23.
673. 조선 2011.11.2 김동섭 보건복지전문기자
674. 조선 2011.8.17 박영석 기자
675. 대전 2007.5.21
676. 조선 2011.5.20
677. 조선 2011.4.5
678. 조선 2011.2.19
679. 조선 2010.4.21
680. 조선 2010.10.14
681. 동아 2010.1.1
682. 조선 2010. 4. 28
683. 조선 2010.9.11
684. 조선2011.1.15 ~16
685. 조선 2011.1.4
686. 조선 2010.2.23
687. 조선 2011.9.26 만물상 · 박해현 논설위원
688 . 조선 2011.4.23 「패자부활전이 있는 사회」조동성
689. 조선 2008.4.11
690. 조선 2007.1.29 조용헌 살롱
691. 조선일보 2010.3.18. 권영민 서울대 교수
692. 조선 2007.5.26
693. 국회보 2011.1
694. 조선 2011.1.17 · 주용중 논설위원
695. 주간 동아 2009.1.20
696. 조선 2009.6.27
697. 조선 2011.6.3
698. 조선 2011.7.29. 정민의 世說新語
699. 조선 2011.9.17
700. 동아 2010. 5.20
701. 서울경제 2008.6.9
702. 조선 2011.12.7 박흥식 팀장
703. 조선 2011.12.7 강경희 차장
704. 조선 2008.6.28
705. 조선 2011.7.2. 박성현의 독설
706. 좋은생각 2009.4
707. 조선 2010.8.12
708. 조선 2011.2.23
709. 조선 2009.2.20
710. 조선 2011.03.08
711. 조선 2010.8.20
712. 조선 2011.1.12
713. 매경 2009.1.16
714. 조선 2011.5.21 · 22
715. 국회보 2011.12
716. 조선 2011.11.11
717. 동아 2010.11.5
718. 조선 2011.5.19
719. 조선 2010.11.3
720. 생활 속의 대자유 2008.5
721. 조선 2011.10.10 조용헌 살롱 · 內功과 집중력
722. 조선 2010.3.12
723. 한겨레 2011.10.18 김회승 기자
724. 조선 2011.4.11
725. 조선 2008.12.27
726. 조선 2008.10.18
727. 조선 2010.1.21
728. 조선 2011.4.29 정민의 세설신어
729. 대전 2006.6.26
730. 조선 2009.6.12
731. 조선 2010. 8.11
732. 매경 2011.1.3
733. 조선 2010.8.30
734. 중앙 2011.7.6 김효은 기자
735. 조선 2011.7.23
736. 조선 2010. 10. 26
737. 조선 2010.2.2
738. 문화 2011.10.20 오후여담 · 문성웅 논설위원
739. 조선 2011.1.7
740. 조선 2010.6.11
741. 조선 2010.4.20
742. 조선 2011.6.2 장우정 기자
743. 조선 2011.9.23 김재곤 기자
744. 조선 2011.9.23 사설
745. 조선 2011.6.15
746. 조선 2011.11.29. 선정민 기자
747. 조선 2011.7.11
748. 조선 2009.7.14
749. 조선 2010.9.18
750. 조선 2009.10.8

751. 조선 2008.4.12
752. 조선 2010.3.12
752. 조선 2010.3.12
753. 조선 2010.10.5
754. 조선 2010.12.22
755. 조선 2010.6.23
756. 좋은 생각 2010.5
757. 조선 2011.7.23 권병준 기자
758. 동아 2011.10.20 횡설수설 · 김순덕 논설위원
759. 좋은생각 2009.12
760. 대전 2008.3.3
761. 조선 2010.1.9
762. 대승불교양우회,《생활속의 대자유 2011.5》
763. 조선 2011.9.21~22
764. 동아 2009.10.7
765. 동아 2011.2.10
766. 동아 2011.7.5 · 도서광고《100억짜리 생각》
767. 좋은생각 2010.8
768. 조선 2010.4.25
769. 좋은 생각 2009.12
770. 조선 2011.8.27. 태평로 · 조정훈 스포츠 부장
771. 조선 2010.10.12
772. 조선 2010.2.10
773. 동아 2010.5.10
774. 좋은 생각 2011.5
775. 자료 : 미국수면장애협회 조선 2010.7.24.
776. 좋은 생각 2008.2
777. 조선 2011.10.11 · 만물상
778. 조선 2009.7.11
779. 조선 2011.1.25
780. 조선 2011.10.7 이영완기자
781. 조선 2011.11.17 이영완 기자
782. 조선 2010.9.28
783. 조선 2011.6.30. · 이강두 · 국민생활체육회장 · 고령화사회, 생활체육은 선택이 아닌 필수
784. 좋은 생각 2008.6
785. 조선 2011.9.1 임도혁 기자
786. 동아 2011.4.13 한우신 기자
787. 조선 2011.4.13 · 이동혁 기자
788. 조선 2008.6.2 이혜운 기자
789. 동아 2010.10.13 이진한 기자 · 의사
790. 헌정 2010.10
791. 조선 2011.1.3
792. 중앙 2011.7.4 · 고종관 기자
793. 동아 2011.6.22 조은아 · 임재영기자
794. 조선 2011.1.3
795. 조선 2009.2.4
796. 동아 2011.4.2 신간소개
797. 조선 2011.7.23 김수혜 기자
798. 조선 2011.4.19
799. 조선 2011.8.12 정철환 기자
800. 조선 2011.4.15 · 최수현 기자
801. 국회보 2011.1 · 일중한의원 손기정 원장
802. 조선 2011.8.20 김태훈 기자
803. 조선 2011.4.15. 김성원 기자
804. 조선 2008.9.4.
805. 조선 2011.7.2. 허윤희 기자
806. 국회보 2011.11
807. 조선 2011.6.8
808. 동아 2010.2.18 · 이지연 기자
809. 조선 2008.2.2.
810. 조선 2011.6.8 신효섭 부장
811. 동아 2010.1.27 김상훈 기자
812. 조선 2008.5.19 조호진 기자
813. 남자생활 2011.12 낫도가 사람을 살린다 ①
814. 조선 2011.6.22 한희준 기자
815. 조선 2009.9.30
816. 조선 2011.3.1
817. 조선 2010.11.23
818. 조선 2009.3.28
819. 조선 2009.5.13
820. 조선 2010.1.27
821. 헌정 2010.3
822. 동아 2011.11.17
823. 조선 2011.9.14
824. 조선 2011.9.17 박승혁 기자
825. 조선 2010.8.9
826. 조선 2011.11.8 진중언 기자
827. 조선 2011.8.8 우정식 기자
828. 조선 2011.9.22 박유연 기자
829. 조선 2009.5.27
830. 동아 2010.2.18
831. 동아 2009.11.9
832. 조선 2011.5.18
833. 동아 2011.4.15
834. 동아 2010. 8. 25
835. 조선 2011.7.19 · 김영자 기자
836. 조선 2011.5.17
837. 동아 2010.12.27
838. 동아 2010. 12. 27
839. 동아 2009.12.7
840. 조선 2010.5.20./12.12등
841. 조선 2010.12.22 문재우 기자
842. 동아원색 세계대백과사전
842. 동아원색 세계대백과사전
843. 조선 2009.6.5 한삼희 논설위원
844. 헌정 2010.3 이종기 영남대 교수
845. 조선 2010.6.17
846. 동아 2011.1.3. 우경임 기자
847. 동아 2010.5.31./2011.1.3
848. 조선 2009.6.5
849. 조선 2010.1.23
850. 조선 2010.1.14 김경화 기자
851. 조선 2010.8.24 · 강민구 기자
852. 동아 2010.5.31 · 우경임 기자
853. 조선 2011.4.4
854. 조선 2009.6.5
855. 조선 2010.10.2

856. 조선 2011.7.12 진중언 기자
857. 조선 2011.7.1 김락규 대한생명지점장
858. 조선 2011.7.6 · 김광일 논설위원 · 만물상 - 담배 일발장전
859. 대전 2007.6.23 송연순
860. 조선 2008.6.4 임형균 기자
861. 조선 2011.8.17 김경원 헬스조선 기자
862. 조선 2011.7.6 김태훈 기자
863. 조선 2010.5.1
864. 매경 2011.7.7 박기효 기자
865. 조선 2011.10.18./2011.11.8
866. 조선 2011.4.12 최승현 기자
867. 좋은생각 2009.12
868. 조선 2010.4.3
869 . 성서교육 활동지 「깨어라! 2010.6」6p
870. 조선 2007.10.31 김윤덕 기자
871. 조선 2010.4.7 김맑아 헬스조선 기자
872. 조선 2008.8.23 · 선완규 · 휴머니스트 편집주간
873. 조선 2009.6.12
874. 조선 2011.11.21 워싱턴 임민혁 특파원
875. 조선 2010.10.17
876. 조선 2006.6.27
877. 조선 2011.12.5
878. 조선 2011.10.3 김수혜 기자
879. 조선 2010.1.22
880. 동아 2010.12.2
881. 조선 2011.3.10
882. 조선 2011.8.29
883. 조선 2011.4.25.
884. 조선 2011.7.11
885. 조선 2011.7.21
886. 조선 2011.7.19
887. 조선 2010.12.7
888. 동아 2010.12.2
889. 조선 2010.5.1
890. 조선 2010.7.6
891. 조선 2010.6.7
892. 조선 2010.12.14
893. 조선 2011.11.18 권경복 기자
894. 조선 2011.12.15
895. 조선 2008.5.23
896. 조선 2010.12.11
897. 조선 2010.6.14/ 2011.8.30
898. 조선 2010.12.16
899. 조선 2009.8.13
900. 동아 2010.5.18
901. 한겨레 2009.12.9
902. 조선 2010.5.25
903 중앙 2011.5.3
904. 조선 2010.5.26
905. 조선 2010.5.26
906. 조선 2011.4.13
907. 조선 2011.8.23
908. 조선 2010.12.2
909. 조선 2010.12.20
910. 조선 2010.8.19
911. 조선 2011.3.3
912. 조선 2011.2.25
913. 조선 2011.2.2
914. 조선 2010.12.15
915. 조선 2011.9.7
916. 조선 2011.8.31
917. 조선 2011.9.16
918. 조선 2011.9.3
919. 조선 2011.8.12
920. 조선 2011.7.15
921. 조선 2009.6.30
922. 조선 2011.5.3
923. 조선 2010.10.26
924. 조선 2010.11.16
925. 조선 2010.10.29
926. 동아 2010.10.29
927. 조선 2011.6.22
928. 조선 2011.6.22
929. 조선2010.9.13
930. 조선 2010.6.21
931. 동아 2008.1.29
932. 조선 2011.12.21 전주 김성현 기자
933. 조선 2011.12.22
934. 조선 2011.12.21 스톡홀름 이혜운 특파원
935. 조선 2011.12.21 이태훈 기자
936. 조선 2011.12.23 이미지 · 남정미 기자
937. 조선 2011.12.26 부산 권경훈 기자
938. 조선 2011.7.11 김희섭 · 백승재 기자
939. 조선 2011.8.27 A8면
940. 조선 2011.3.11
941. 동아 2008.7.28 과학세상, 한국 생명공학연구원 곽상수
942. 동아 2008.8.18
943. 조선 2011.11.7 · 만물상 · 김태익 논설위원
944. 조선 2010.7.20
945. 조선 2011.3.8
946. 조선 2011.8.19 심현정 기자
947. 조선 2011.6.14 베스트셀러산책
948. 조선 2012.1.3 이신영 · 강동철 기자
949. 조선 2012.1.3 최규민 기자
950. 조선 2010.5.5
951. 조선 2011.4.7
952. 조선 2011.10.3 조용헌 살롱
953. 조선 2011.5.6. 이태훈 기자
954. 조선 2011.2.25 · 우리 술의 세계화, 자신감이 첫걸음
955. 조선 2010.12.14
956. 조선 2011.7.21. 류정 기자
957. 조선 2009.12.1 일사일언 · 하민회 · 와우에이지 대표
958. 조선 2009. 2.21 이덕일 사랑
959. 조선 2011.7.19 · 윤희영의 New English

960. 조선 2011.9.16
961. 조선일보 2012.1.1. A1면 나누면 누구나 이렇게 웃습니다… 착한사람들이 여는 새해
962. 조선 2011.12.17 윤종용 국가지식 재산위원회 위원장 기고, '지식재산, 이제는 양보다 질이다'
963. 조선 2011.9.23 정민의 세설신어
964. 조선 2012.1.3 휴스턴=김신영 특파원
965. 조선 2010.12.23 안아름 기자
966. 동아 2010.7.12.
967. 조선 2011.12.12 박유연 기자
968. 조선 2011.10.1. 주경철의 히스토리아
969. 조선 2007.10. 4 · 만물상 · 이선민 논설위원
970. 조선 2011.11.19 · 워싱턴 임민혁 특파원
971. 조선 2007.6.6. 영웅들의 이름
972. 조선 2011.7.15 · 정우상 논설위원 · 만물상
973. 조선 2008.5.31 박세직
974. 조선 2010.11.23
975. 조선 2011.11.16 · 윤주 · 매헌윤봉길의사 기념사업회 연구위원 기고문
976. 조선 2008.5.23
977. 조선 2010.11.3
978. 조선 2011.11.12 이영완 기자
979. 조선 2010.2.24
980. 조선 2005.05.13 성자필쇠 · 강천석칼럼
981. 조선 신간소개 신용관기자
982. 동아 2010.8.18
983. 동아 2011. 8. 13 박수영 기자
984. 동아 2011.10.20.
985. 동아 2010.8.18 · 식품의약품안전청 제공
986. 헌정 2010.3. '임산부를 위한 숲태교
987. 조선 2010.8.10.
988. 좋은생각 2011.11 지정남 님
989. 조선 2011.7.5 도서광고《슈퍼멘탈 트레이딩》
990. 조선 2011.1.5 · 이동혁 기자
991. 중도일보 2011.11.4. 이인구 회장 기고문
992. 한강 2009.4
993. 조선 2011.12.30 김덕한 기자
994. 한국국민에게 고함, 박정희 저, 동서문화사, 2005.4
995. 이기는 정주영 지지 않는 이병철, 박상하 저, 무한, 2010. 2
996. 자치통감(중), 사마광 저, (주)삼성출판사, 1990.1
997. 삼국사기(상), 이재호 역, 삼경당, 1985.5
998. 삼국사기(하), 이재호 역, 삼경당, 1985.5
999. 삼국유사(상), 이재호 역, 삼경당, 1985.5
1000. 삼국유사(하), 이재호 역, 삼경당, 1985.5
1001. 참선과 건강호흡, 한기욱 저, (주)고려원 미디어, 1995.7
100. 제자백가, 김순임 역, 삼경당, 1985.5
1003. 역사의 여로, 조경래 저, (주)뿌리출판사, 1994.8
1004. 스티브 잡스(Steve Jobs), 월터 아이작슨 저, 안진환 역, (주)민음사, 2011. 10
1005. 조선 2011.8.6 김미경 일 히로시마 평화연구소 부교수
1006. 조선 2010.2.1
1007. 좋은생각 2011.4
1008. 좋은생각 2011.2
1009. 헌정 2010.3
1010. 좋은생각 2007.11
1011. 조선 2011.11.23 최형석 기자
1012. 좋은생각 2011.12
1013. 조선 2011.11.25 김성민 기자
1014. 조선 2011.6.5
1015. 조선 2011 7.5
1016. 좋은생각 2008.12
1017. 조선 2010. 3.5
1018. 조선 2009.10.26
1019. 조선 2010.8.13
1020. 여성동아 2010 9월호
1021. 매경 2011.10.14 황시형 · 박인혜 기자
1022. 조선 2010.8.26
1023. 동아 2010.2.11
1024. 조선 2009.7.17
1025. 중앙 2011.7.4 권병준 기자
1026. 주간조선 2010.1.4
1027. 교통문화선교회, 사랑의 편지
1028. 조선 2011.4.4
1029. 헌정 2009.8
1030. 좋은생각 2011.12
1031. 조선 2011.10.4
1032. 한영해설 성경,한영성경협회,2003.12
1033. 조선 2011.6.30 박은주 문화부장, 태평로 - 대한민국 패륜철
1034. 조선 2011.7.23
1035. 사기열전(상),문선규 역,삼경당,1985.5
1036. 좋은생각 2008.9
1037. 조선 2011.1.8
1038. 달라이라마 이야기,젯슨 퍼마 저,김은정 역, 도서출판 자작,2000
1039. 월간 "인산의학",2010년1월3일
1040. 이인식의 과학나라,이인식 저,김영사,2004.8
1041. 전남일보 2011.7.16
1042. 연세동문회보 2011.12
1043. 동아 2010 2.3
1044. 동아 2012.2.16 김현지 기자
1045. 동아 2012.2.16 이샘물 기자
1046. 조선 2012.2.18 김진 기자
1047. 동아 2012.2.20 전성철 · 원대연 기자